CAMPING FRANCE 2009

Sélection 2009

Près de **2 600** terrains sélectionnés dont :
1980 avec chalets, bungalows, mobile homes
1300 pour camping-cars

Selection 2009	Auswahl 2009	Selectie 2009
Nearly **2 600** selected sites including: **1 980** with chalets, bungalows, mobile homes **1300** with camper van facilities	Eine Auswahl von etwa **2 600** Campingplätzen, darunter: **1 980** mit Chalets, Bungalows, Mobil-Homes **1300** ausgestattet für Wohnmobile	Een selectie van ongeveer **2 600** campings, waarvan: **1.980** met huisjes, bungalows, stacaravans **1300** geschikt voor campers

EDITORIAL

Cher lecteur

Amateur d' « hébergement au grand air », sous tente, en caravane, en camping-car, dans un bungalow ou dans un mobile home à louer, pour vous Michelin a préparé avec le plus grand soin ce guide qui est une sélection des meilleurs terrains et emplacements en France, ceux qui offrent les cadres les plus agréables et des services de qualité.

Fidèle à l'esprit de classification cher à Michelin, ce guide vous propose en outre de connaître en un coup d'œil le niveau de chaque terrain grâce à un symbole, allant de 1 à 5 tentes.

Quelques clefs pour utiliser ce guide

→ **Pour choisir un terrain**

Le guide est découpé en 21 régions. Reportez-vous donc d'abord à la carte (p. 6) et au sommaire des régions (p .7). Votre choix fait, vous trouverez pour chaque région, reconnaissable à son bandeau de couleur, une carte détaillée où sont situées toutes les localités où se trouve au moins un terrain.

→ **Pour retrouver une localité**

Reportez-vous à l'index en fin de guide qui répertorie par ordre alphabétique toutes les localités citées.

→ **Pour décider selon certains critères**

Dans l'index thématique par régions (p. 782 à 807) sont spécifiés des aménagements ou services particuliers comme la piscine, ou des animations.

→ **Pour une description détaillée**

Pour bien profiter de la présentation de chaque terrain, consultez dans votre langue la légende des « Signes conventionnels » (p. 10 à 29), puis reportez vous aux descriptions des terrains à partir de la page 55.

→ **Pour les non francophones**

Reportez-vous au lexique (p.30) qui vous permettra de mieux comprendre les renseignements et descriptions.

Liebe Leser,

für Sie als Liebhaber der „Freiluftunterkunft" jeglicher Art – ob im Zelt, im Wohnwagen, in einem gemieteten Bungalow oder Mobil-Home – hat Michelin mit größter Sorgfalt diesen Führer zusammengestellt. Er enthält eine Auswahl der besten Camping- und Stellplätze in Frankreich, die eine angenehme Umgebung und gute Dienstleistungen bieten.

Dank der von Michelin vorgenommenen Art der Klassifizierung können Sie außerdem anhand dieses Führers durch das Zelte-Symbol (1 bis 5 Zelte) auf einen Blick die Einstufung der Plätze erkennen.

Einige Hinweise zur Benutzung des Führers

→ **Auswahl eines Campingplatzes**

Der Führer ist in 21 Regionen unterteilt. Schauen Sie sich zunächst die Karte (S. 6) und das Verzeichnis der Regionen (S. 7) an. Nachdem Sie so eine Auswahl getroffen haben, finden Sie zu jeder Region, die an ihrer farbigen Markierung zu erkennen ist, eine Detailkarte mit allen Orten, die mindestens einen Platz besitzen.

→ **Ortswahl**

Im Register am Ende dieses Bandes sind alle aufgeführten Orte alphabetisch aufgelistet.

→ **Auswahl nach bestimmten Kriterien**

Ortstabelle (S. 782 bis 807) sind Besonderheiten der Ausstattung oder Dienstleistungen, wie beispielsweise ein Swimmingpool, oder Freizeitangebote, angegeben.

→ **Detaillierte Beschreibung**

Um die Beschreibung eines jeden Platzes voll nutzen zu können, sollten Sie sich zunächst mit der „Zeichenerklärung" (S. 10 bis 29) in Ihrer Sprache vertraut machen. Ab S. 55 finden Sie die Beschreibung der Campingplätze.

→ **Für nicht französischsprachige Leser**

Das Glossar (S. 30) hilft Ihnen, die Informationen und Beschreibungen besser zu verstehen.

Dear Reader,

If you love the outdoor life – in a tent, a caravan, a camper van, a bungalow or a rental mobile home – this Michelin guide is for you. We have carefully prepared this selection of the best camping grounds in France, those with the nicest surroundings and the best facilities.

In the Michelin tradition of classification, this guide offers a quick reference for evaluating the category of the site: from 1 to 5 tents.

A few tips for using the guide

→ **To select a campsite**

The guide covers 21 regions. First, look at the map (p. 6) and at the table of regions (p .7). Once you have narrowed down your choice, turn to the detailed map for that region, easily recognized by the coloured band, where you can see all of the localities that have at least one camping ground.

→ **To find a specific locality**

Turn to the index at the end of the guide, where all the places are listed in alphabetical order.

→ **To make a selection based on specific criteria**

In the table of localities (p. 782 to 807) all of the facilities and services can be seen at a glance: swimming pool, activities, etc.

→ **For a detailed description**

To get the most information about a given camping site, look at the key to "Conventional Signs" (p. 10 to 29) to understand the symbols for each site, descriptions for which start on page 55.

→ **To understand French terms**

For further assistance in reading the descriptions, turn to the Lexicon (p. 30) for a translation of common terms

 Beste lezer,

Als liefhebber van een "verblijf in de buitenlucht", waarbij u in een tent, caravan, camper, bungalow of stacaravan overnacht, heeft Michelin met de grootste zorg deze gids voor u gemaakt, een selectie van de beste kampeerterreinen in Frankrijk, die stuk voor stuk in een mooie omgeving liggen en uitstekende kwaliteit bieden.

Zoals u weet maakt Michelin graag een indeling in categorieën, zodat u in deze gids in één oogopslag kunt zien welke klasse elk kampeerterrein heeft, dankzij een symbool van 1 tot 5 tenten.

Aanwijzingen voor een optimaal gebruik van deze gids

→ **Om een kampeerterrein te kiezen**

De gids is onderverdeeld in 21 streken. U kunt dus het beste eerst naar de kaart (blz. 6) en het overzicht van de streken (blz. 7) gaan. Als u uw keuze hebt bepaald, vindt u voor elke streek een gedetailleerde kaart waarop alle plaatsnamen staan vermeld die ten minste één kampeerterrein hebben. De streken zijn gemakkelijk terug te vinden dankzij de kleurstroken.

→ **Om een plaatsnaam terug te vinden**

In de index achter in de gids staan alle genoemde plaatsen op alfabetische volgorde.

→ **Om op basis van bepaalde criteria te beslissen**

In de lijst van plaatsnamen (blz. 782-807) staat vermeld welke voorzieningen of bijzondere diensten worden aangeboden, zoals een zwembad, of een animatieprogramma.

→ **Voor een gedetailleerde beschrijving**

Om een zo goed mogelijk beeld te krijgen van elk kampeerterrein, kunt u in uw taal de legenda van de "tekens" (blz. 10-29) raadplegen en daarna de beschrijvingen van de kampeerterreinen doornemen (vanaf blz. 55).

→ **Voor wie geen Frans spreekt**

Aan de hand van de woordenlijst (blz. 30) kunt u de gegevens en beschrijvingen beter begrijpen.

SOMMAIRE

Carte des régions
Page 6

Sommaire des régions
Page 7

Mode d'emploi
Page 8

Signes conventionnels
Page 10

Lexique
Page 30

Nos coups de cœur de l'année
Page 34

Les terrains sélectionnés
Page 55

Index thématique par région
Page 782

Index des localités citées
Page 808

CONTENTS

Regional map
Page 6

Contents by region
Page 7

Reading the entries
Page 8

Conventional signs
Page 16

Lexicon
Page 30

Our favorite sites this year
Page 34

Selected camping sites
Page 55

Localities table
Page 782

Index of place names
Page 808

INHALT	**INHOUD**
 **Karte der Regionen** ab Seite 6 **Inhaltsverzeichnis der Regionen** ab Seite 7 **Gebrauchsanweisung** ab Seite 8 **Zeichenerklärung** ab Seite 20 **Glossar** ab Seite 30 **Unsere beliebtesten Campingplätze** ab Seite 34 **Ausgewählte Campingplätze** ab Seite 55 **Ortstabelle** ab Seite 782 **Register der aufgeführten Orte** ab Seite 808	 **Kaart van de streken** Blz. 6 **Inhoudsopgave van de streken** Blz. 7 **Gebruiksaanwijzing** Blz. 8 **Tekens en afkortingen** Blz. 26 **Woordenlijst** Blz.30 **Onze favorieten van het jaar** Blz. 34 **De geselecteerde terreinen** Blz. 55 **Lijst van plaatsnamen** Blz. 782 **Inhoudsopgave van de plaatsnamen die in de gids staan** Blz. 808

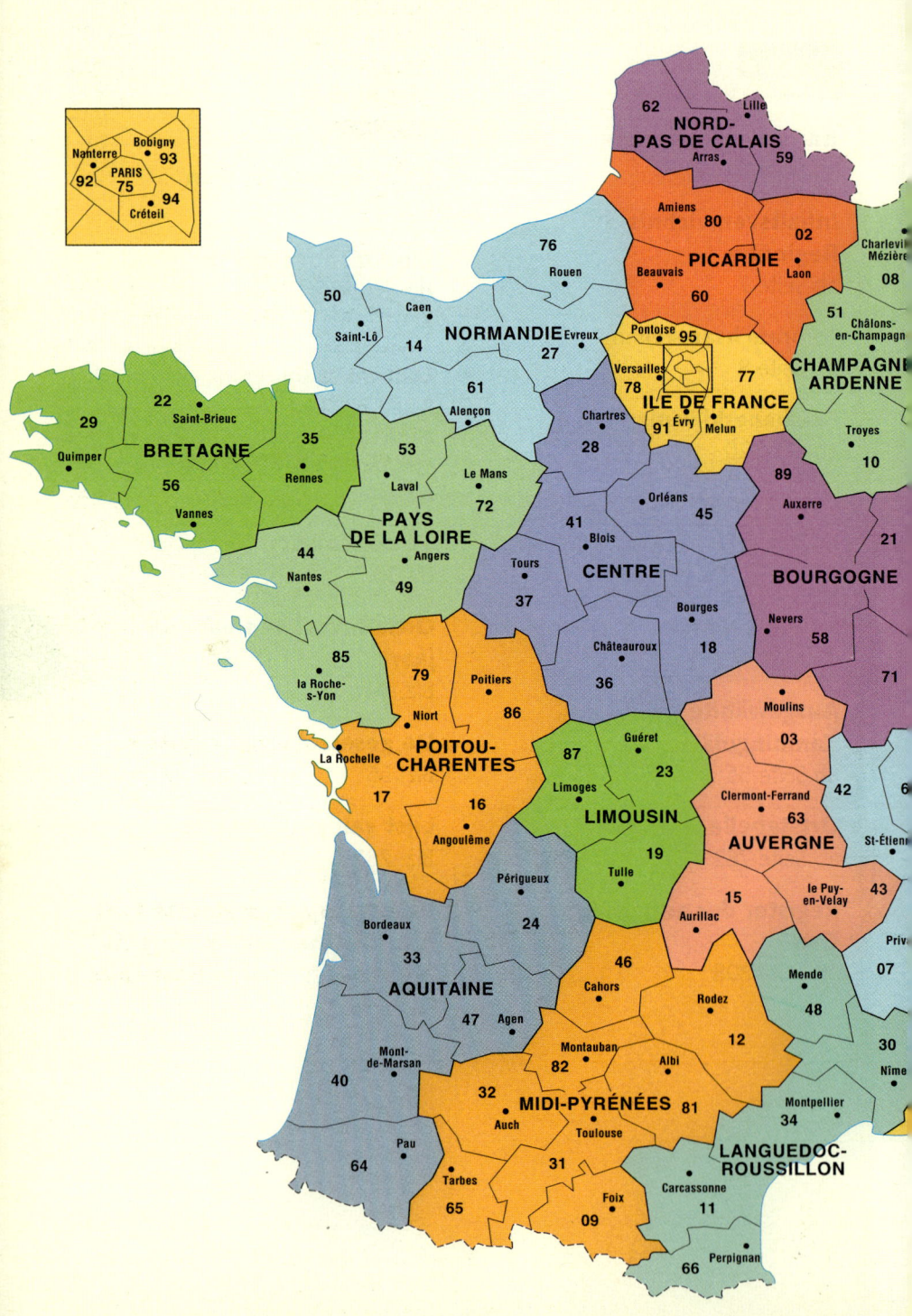

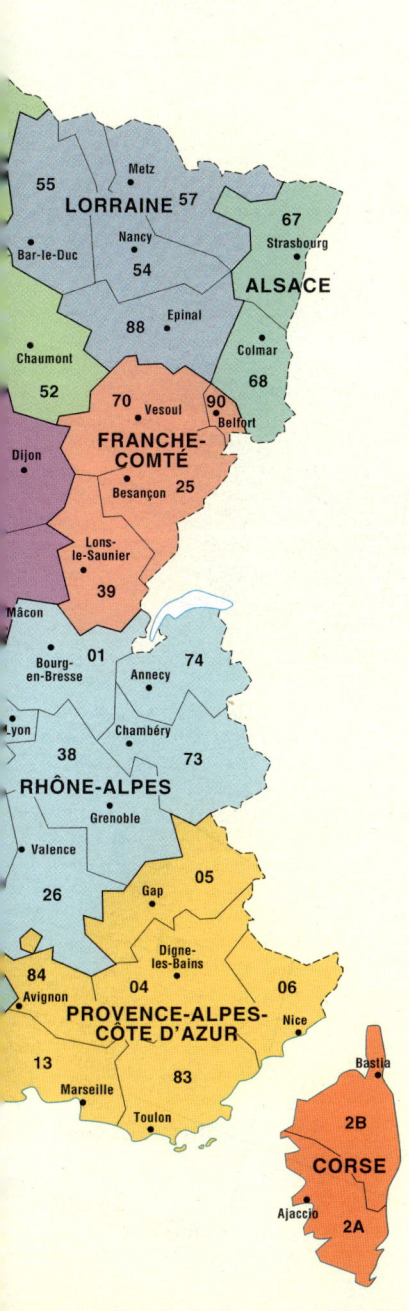

ALSACE	p. 57
AQUITAINE	p. 71
AUVERGNE	p. 149
BOURGOGNE	p. 181
BRETAGNE	p. 203
CENTRE	p. 269
CHAMPAGNE-ARDENNE	p. 295
CORSE	p. 305
FRANCHE-COMTE	p. 321
ÎLE-DE-FRANCE	p. 337
LANGUEDOC-ROUSSILLON	p. 345
LIMOUSIN	p. 401
LORRAINE	p. 417
MIDI-PYRENEES	p. 431
NORD-PAS-DE-CALAIS	p. 493
NORMANDIE	p. 501
PAYS-DE-LA-LOIRE	p. 535
PICARDIE	p. 595
POITOU-CHARENTES	p. 607
PROVENCE	p. 639
RHÔNE-ALPES	p. 697

Vous souhaitez donner votre avis sur nos publications ou nous faire part de vos expériences?

Rendez-vous sur
www.votreaviscartesetguides.michelin.fr

Nous vous en remercions par avance.

■ MODE D'EMPLOI　　　　　■ READING THE ENTRIES

Informations pratiques sur la localité et référence des publications Michelin

Practical information for each location and cross-reference to Michelin publications

Praktische Hinweise zu dem Ort und anderen Michelin-Publikationen

Praktische inlichtingen over de plaats en verwijzing naar de Michelin-uitgaven

Classement Michelin des terrains

Michelin classification of selected sites

Michelin-Klassifizierung des Campingplatzes

Classificatie van de Kampeerterreinen volgens Michelin

Coordonnées et fonctionnement du terrain

Addresses and facilities

Adresse und Ausstattung des Campingplatzes

Adressen en service van het kampeerterrein

Descriptif du terrain

Description of the site

Beschreibung des Campingplatzes

Beschrijving van het kampeerterrein

Tarifs haute saison

Peak season rates

Tarif in der Hochsaison

Tarieven hoogseizoen

Types de locations proposées et tarifs

Hire options and rates

Optionen und Preise

Huurmogelijkheden en tarieven

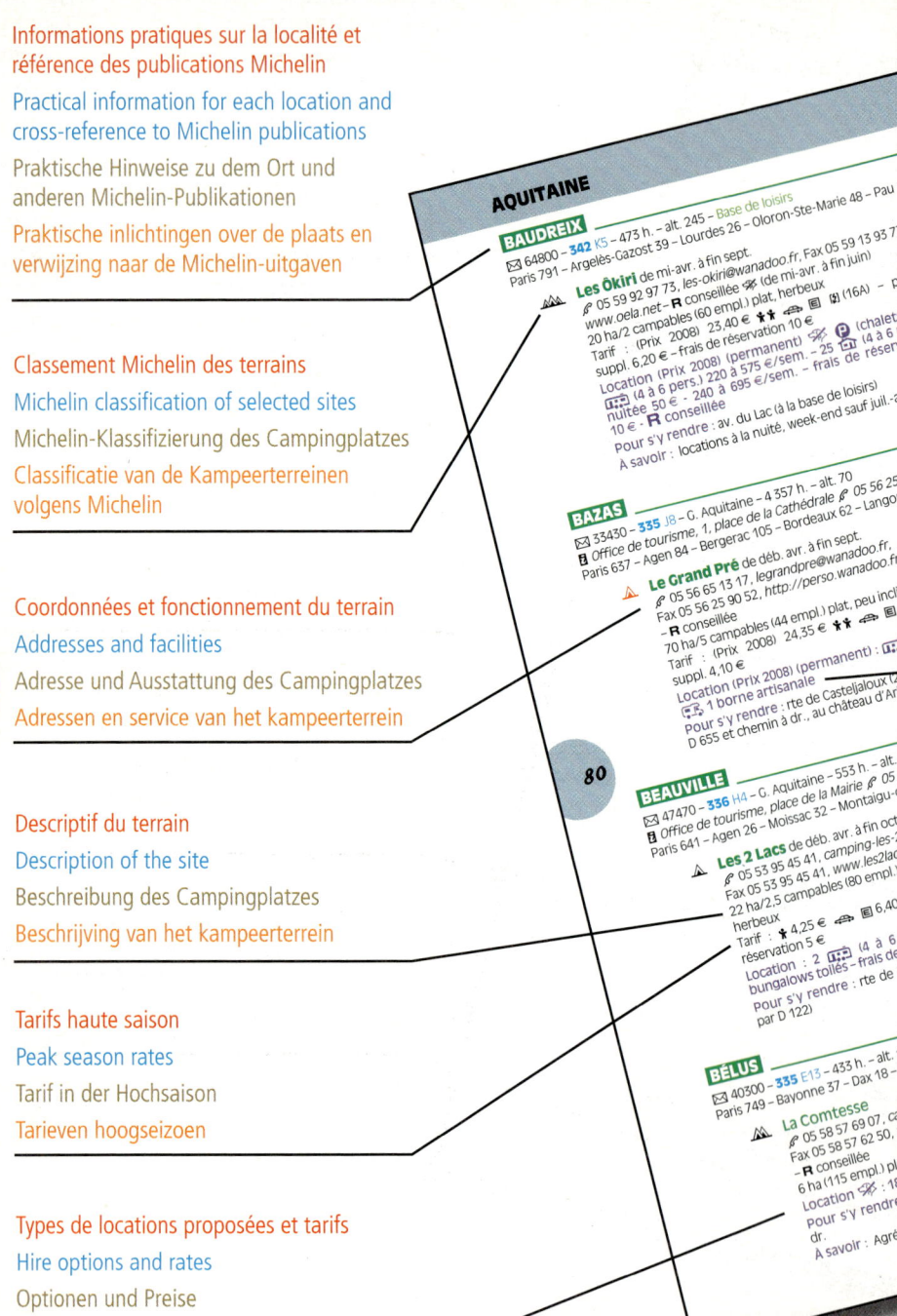

GEBRAUCHS-ANWEISUNG   GEBRUIKSAANWIJZING

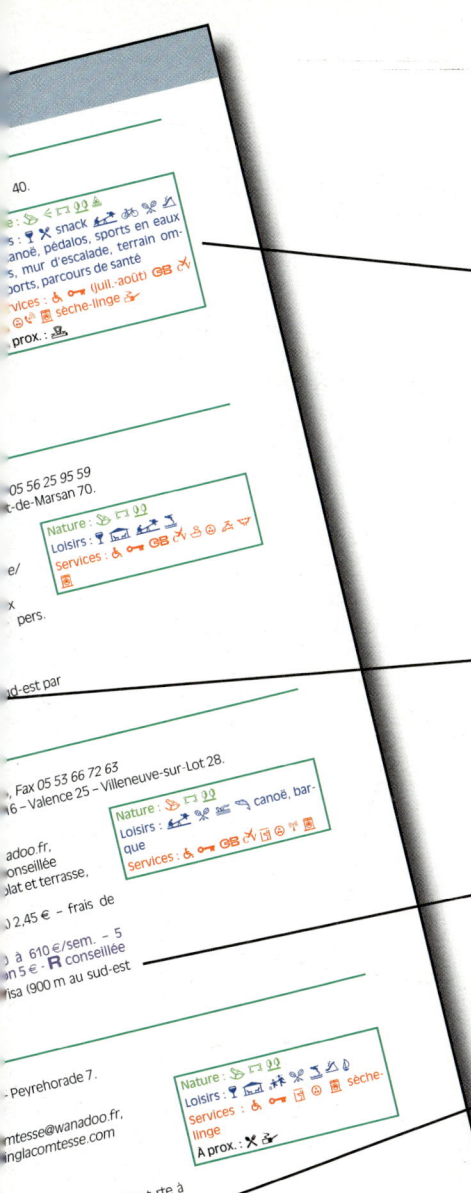

Confort, services et loisirs proposés
Comfort, service and leisure facilities available
Komfort, Serviceangebot und Freizeitmöglichkeiten
Comfort, voorzieningen en ontspanningsmogelijkhedenn

Nombres d'aires de service pour camping-cars - redevance pour l'utilisation de la borne
Number of campervan service bays - rental charge for use of the hook-up point
Anzahl der service-Einrichtungen für Wohnmobile - Gebühr für die Benutzung der Versorgungsanschlüsse
Aantal serviceplaatsen voor campers - tarief voor gebruik van de aansluitpaal

Mention d'accès au camping
Directions to the camp site
Anfahrtsweg zum Campingplatz
Aanduiding toegangswegen naar het terrein

Particularités du camping
Caracteristics of the camp site
Besonderheiten des Campingplatzes
Bijzondere kenmerken van het terrein

Pour les légendes détaillées se reporter aux pages 10 à 14
For detailed legends see pages 16 to 19
Einzelheiten der Zeichenerklärung siehe Seite 20 bis 24
Gedetailleerde verklaring van de tekens, zie blz. 26 en 29

SIGNES CONVENTIONNELS

TERRAINS

Catégories

ΔΔΔΔ ΔΔΔΔ très confortable, parfaitement aménagé

ΔΔΔ ΔΔΔ confortable, très bien aménagé

ΔΔ ΔΔ bien aménagé, de bon confort

ΔΔ ΔΔ assez bien aménagé

Δ Δ simple mais convenable

● Les terrains sont cités par ordre de préférence dans chaque catégorie. Notre classification indiquée par un nombre de tentes (ΔΔΔΔ ... Δ) est indépendante du classement officiel établi en étoiles par les préfectures.

Ouvertures

juin-sept. | terrain ouvert du 1er juin au 30 septembre
Permanent | terrain ouvert toute l'année

● Les dates de fonctionnement des locations sont précisées lorsqu'elles diffèrent de celles du camping.
Exemple : Location (avril-sept.) : 🏠

Sélections particulières

❄ caravaneige — campings spécialement équipés pour les séjours d'hiver (chauffage, branchements électriques de forte puissance, salle de séchage etc.).

👥 structure adaptée à l'accueil des enfants, proposant, entre autres, des sanitaires pour les tout-petits, des aires de jeux et des animations encadrées par des professionnels

Agrément et tranquillité

ΔΔΔΔ ... Δ | particulièrement agréable pour le cadre, la qualité et la variété des services proposés.

🕊🕊 | terrain très tranquille, isolé — tranquille surtout la nuit

⇐⇐ | vue exceptionnelle — vue intéressante ou étendue

Situation et fonctionnement

☎ | Téléphone
✉ | Adresse postale
Accès | nord – sud – est – ouest (indiquée par rapport au centre de la localité)
🔑 | Présence d'un gardien ou d'un responsable pouvant être contacté 24 h sur 24 mais ceci ne signifie pas nécessairement une surveillance effective — gardé le jour seulement.
🐕‍🦺 | Accès interdit aux chiens — En l'absence de ce signe, la présentation d'un carnet de vaccination à jour est obligatoire.
🅿 | Parking obligatoire pour les voitures en dehors des emplacements
R | Réservation conseillée
R̶ | Pas de réservation
GB | Cartes Bancaires acceptées (Eurocard, MasterCard, Visa)
CV | Chèques-vacances acceptés

Caractéristiques générales

3 ha | Superficie en hectares
60 ha / 3 campables | Superficie totale (d'un domaine) et superficie du camping proprement dit
(90 empl.) | Capacité d'accueil : en nombre d'emplacements
⌐⌐ | Emplacements nettement délimités
♀ ♀♀ ♣♣♣ | Ombrage léger — moyen — fort (sous-bois)
▲ | Au bord de l'eau avec possibilité de baignade

SIGNES CONVENTIONNELS

Confort

M	terrain d'équipement sanitaire moderne
▥	Installations chauffées
♿	Installations sanitaires accessibles aux handicapés physiques
	Lavabos en cabines individuelles (avec ou sans eau chaude)
	Salle de bains pour bébés
	Postes distributeurs d'eau chaude
	Branchements individuels : Électricité – Eau – Évacuation

Services

	Aire de service pour camping-cars
1 borne 4 €	Nombre de bornes – Type de borne
3 ▣ 15,50 €	Emplacements aménagés pour camping-cars – nombre d'emplacements – redevance journalière pour l'emplacement.
8 à 13 €	Formule Stop accueil camping-car FFCC redevance journalière pour la formule
	Lave-linge, laverie
	Supermarché — Magasin d'alimentation
	Plats cuisinés à emporter
	Borne internet
	Wifi

Loisirs

	Bar (licence III ou IV) — Restauration
	Salle de réunion, de séjour, de jeux
	Animations diverses (sportives, culturelles, détente)
	Club pour enfants
	Salle de remise en forme — Sauna
	Jeux pour enfants

	Location de vélos — Tir à l'arc
	Tennis : de plein air – couvert
	Golf miniature
	Piscine : couverte – de plein air
	Bains autorisés ou baignade surveillée
	Toboggan aquatique
	Pêche
	Voile (école ou centre nautique)
	Promenade à cheval ou équitation

● **La plupart des services et certains loisirs de plein air ne sont généralement accessibles qu'en saison, en fonction de la fréquentation du terrain et indépendamment de ses dates d'ouverture.**

À prox. | Nous n'indiquons que les aménagements ou installations qui se trouvent dans les environs.

Tarifs en €

Redevances journalières :

♦ 5 €	par personne
🚗 2 €	pour le véhicule
▣ 7,50 €	pour l'emplacement (tente/caravane)
⚡ 2,50 € (4A)	pour l'électricité (nombre d'ampères)

Redevances forfaitaires :

25 € ♦ 🚗 ▣ ⚡ (10A) | emplacement pour 2 personnes, véhicule et électricité compris

● **Les prix ont été établis en automne 2008 et s'appliquent à la haute saison (à défaut, nous mentionnons les tarifs pratiqués l'année précédente). Dans tous les cas, ils sont donnés à titre indicatif et susceptibles d'être modifiés si le coût de la vie subit des variations importantes.**

● **Le nom des campings est inscrit en caractères maigres lorsque les propriétaires ne nous ont pas communiqué tous leurs tarifs.**

SIGNES CONVENTIONNELS

Locations et tarifs

15		Nombre d'unités Location de caravanes ou mobile homes sans sanitaires
(4 pers.) 198 à 335 €/sem.		Prix à la semaine, basse saison 198 et haute saison 335, pour 4 personnes maximum
12		Nombre d'unités Location de mobile homes
(4 à 6 pers.) 274 à 488 €/sem.		Prix à la semaine, basse saison 274 et haute saison 488, pour 6 personnes maximum
20		Nombre d'unités Location de bungalows ou chalets
(4 à 6 pers.) 305 à 595 €/sem.		Prix à la semaine, basse saison 305 et haute saison 595, pour 6 personnes maximum
6		Nombre d'unités Location de chambres. S'adresser au propriétaire pour tous renseignements

LOCALITÉS

23700	Numéro de code postal
343 B8	N° de la carte Michelin et coordonnées de carroyage
G. Bretagne	Localité décrite dans Le Guide Vert Michelin Bretagne
Rennes 47	Distance en kilomètres
1 050 h.	Population
alt. 675	Altitude de la localité
	Station thermale
05000 Gap	Code postal et nom de la commune de destination
1 200/1 900 m	Altitude de la station et altitude maximum atteinte par les remontées mécaniques
2	Nombre de téléphériques ou télécabines
14	Nombre de remonte-pentes et télésièges
	Ski de fond

LÉGENDE

Voirie

- Autoroute
- Double chaussée de type autoroutier
- ❶ ❷ Echangeurs numérotés : complet, partiel
- Route principale
- Itinéraire régional ou de dégagement
- Autre route
- Sens unique – Barrière de péage
- Piste cyclable – Chemin d'exploitation, sentier
- Pentes (Montée dans le sens de la flèche) 5 à 9 % – 9 à 13 % – 13 % et plus
- B Col – Bac – Pont mobile
- Voie ferrée, gare – Voie ferrée touristique
- ③ Limite de charge (indiquée au-dessous de 5 tonnes)
- Hauteur limitée (indiquée au-dessous de 3 m)

ATTENTION : En France, nouvelle numérotation des routes nationales et départementales en cours.

Curiosités

- Eglise, chapelle – Château
- Phare – Monument mégalithique – Grotte
- Ruines – Curiosités diverses
- Table d'orientation, panorama – Point de vue

- Transports maritimes
- Information touristique

EMPLACEMENTS • AIRES DE CAMPING-CARS • LOCATIONS

Campéole

CAMPINGS ET LOCATIONS

LA NUIT EN EMPLACEMENT À PARTIR DE 11€
&
EN MOBIL-HOME À PARTIR DE 35€ POUR 5 PERSONNES

Campéole, Plus de 40 CAMPINGS
en France, en Espagne et en Italie.
Mer • Montagne • Campagne

RENSEIGNEMENTS ET RÉSERVATIONS

N° Indigo 0 826 300 200
0,15 € TTC / MN

www.campeole.com

*base tarifs 2009

VACANCES André Trigano .com
LE SPÉCIALISTE DU CAMPING

SIGNES CONVENTIONNELS

Repères

	Localité possédant un plan dans le Guide Michelin France
🛈 ✉	Information touristique – Bureau de poste principal
⛪ ♘	Eglise, chapelle – Château
⁙ ∎ ⌂	Ruines – Monument – Château d'eau
✚ ✿	Hôpital – Usine
⚐ ☾ 🗼	Fort – Barrage – Phare
🕆 ✝✝✝	Calvaire – Cimetière
✈ ✈ ⛰	Aéroport – Aérodrome – Vol à voile
▭ ⚑ 🐎	Stade – Golf – Hippodrome
🐎 ⚘	Centre équestre – Zoo – Patinoire
••• ▨	Téléphérique ou télésiège – Forêt ou bois
🏊 🏊	Piscine de plein air, couverte – Baignade
◆ ⚖ 🎾	Base de loisirs – Centre de voile – Tennis
🛒	Centre commercial
●	Localité possédant au moins un terrain de camping sélectionné
■	Localité dont un terrain au moins propose des locations
Lourdes	Localité possédant au moins un terrain avec des emplacements pour camping-cars
Moyaux	Localité disposant d'au moins un terrain agréable
🚐	Aire de service sur autoroute pour camping-cars

● Certaines prestations (piscine, tennis) de même que la taxe de séjour peuvent être facturées en sus.

● Les enfants bénéficient parfois de tarifs spéciaux ; se renseigner auprès du propriétaire.

● En cas de contestation ou de différend, lors d'un séjour sur un terrain de camping, au sujet des prix, des conditions de réservation, de l'hygiène ou des prestations, efforcez-vous de résoudre le problème directement sur place avec le propriétaire du terrain ou son représentant.

● Faute de parvenir à un arrangement amiable, et si vous êtes certain de votre bon droit, adressez-vous aux Services compétents de la Préfecture du département concerné.

● En ce qui nous concerne, nous examinons attentivement toutes les observations qui nous sont adressées afin de modifier, le cas échéant, les mentions ou appréciations consacrées aux campings recommandés dans notre guide, mais nous ne possédons ni l'organisation, ni la compétence ou l'autorité nécessaires pour arbitrer et régler les litiges entre propriétaires et usagers.

CONVENTIONAL SIGNS

CAMPING SITES

Categories

▲▲▲▲ ▲▲▲▲	Very comfortable, ideally equipped
▲▲▲ ▲▲▲	Comfortable, very well equipped
▲▲▲ ▲▲▲	Well equipped, good comfort
▲▲ ▲▲	Reasonably comfortable
▲ ▲	Quite comfortable

● Camping sites are listed in order of preference within each category. The classification we give (▲▲▲▲ ... ▲) is totally independent of the official star classification awarded by the local "préfecture".

Opening periods

| juin-sept. | Site open from beginning June to end September |
| Permanent | Site open all year round |

● Opening dates for rented accommodation are given where they are different from the camping site opening dates:
Exemple: Location (avril-sept.): 🏠

Special features

| ❄ | Winter caravan sites – These sites are specially equipped for a winter holiday in the mountains. Facilities generally include central heating, high power electric points and drying rooms for clothes and equipment. |
| 👥 | Child-friendly facility offering toilets for young children, playgrounds and activities monitored by professionals, among other things |

Peaceful atmosphere and setting

| ▲▲▲ ... ▲ | Particularly pleasant setting, quality and range of services available. |
| 🦆 🦆 | Quiet isolated site – Quiet site, especially at night |

| ≪ ≪ | Exceptional view – Interesting or extensive view |

Location and access

☎	Telephone
✉	Postal address
Accès	Direction from nearest listed locality: North – South – East – West
🔑	24 hour security – a warden will usually live on site and can be contacted during reception hours, although this does not mean round-the-clock surveillance outside normal hours – day only
🚫🐕	No dogs. In all other cases a current vaccination certificate is required.
Ⓟ	Cars must be parked away from pitches
R	Advance booking recommended
R̶	Reservations not accepted
GB	Credit cards accepted (Eurocard, MasterCard, Visa)
CV	Chèque-vacances accepted

General characteristics

3 ha	Area available (in hectares; 1ha = 2.47 acres)
60 ha/ 3 campables (90 empl.)	Total area of the property and area used for camping Capacity (number of spaces)
▭	Marked off pitches
🌱 🌳 🌳🌳	Shade – Fair amount of shade – Well shaded
	Waterside location with swimming area

Comfort

M̲	Site with modern facilities Heating installations
♿	Sanitary installations for the physically handicapped
🚿	Individual wash rooms or wash basins with or without hot water

CONVENTIONAL SIGNS

	Baby changing facilities
	Running water
	Each bay is equipped with electricity – water – drainage

Facilities

	Service bay for camper vans
1 borne 4 €	Number of points
3 ▣ 15,50 €	Sites equipped for campervans – number of sites – daily fee per site.
	Special price for camper on the site
	Washing machines, laundry
	Supermarket – Food shop
	Take away meals
	Internet point
	Wifi

Recreational facilities

	Bar (serving alcohol) – Eating places (restaurant, snack-bar)
	Common room – Games room
	Miscellaneous activities (sports, culture, leisure)
	Children's club
	Exercice room – Sauna
	Playground
	Cycle hire – Archery
	Tennis courts: open air – covered
	Mini golf
	Swimming pool: covered – open air
	Bathing allowed or supervised bathing
	Water slide
	Fishing

	Sailing (school or centre)
	Pony trekking, riding

● The majority of outdoor leisure facilities are only open in season and in peak periods opening does not necessarily correspond to the opening of the site.

À prox.	We only feature facilities in close proximity to the camping site

Charges in €

Daily charge:

5 €	per person
2 €	per vehicle
7,50 €	per pitch (tent/caravan)
2,50 € (4A)	for electricity (by no of amperes)

Rates included:

25 € (10A)	pitch for 2 people including vehicle and electricity

● We give the prices which were supplied to us by the owners in Autumn 2008 (if this information was not available we show those from the previous year). In any event these should be regarded as basic charges and may alter due to fluctuations in the cost of living.

● Listings in light typeface indicate that not all revised tariff information has been provided by the owners.

● Supplementary charges may apply to some facilities (swimming pool, tennis) as well as for long stays.

● Special rates may apply for children – ask owner for details.

Renting and charges

15	Number of units Caravan hire or mobile homes without bath rooms
(4 pers.) 198 à 335 €/sem.	Weekly rates, low season 198, high season 335, for up to 4 persons
12	Number of units Mobile home hire

CONVENTIONAL SIGNS

(4 à 6 pers.) 274 à 488 €/sem.	Weekly rates, low season 274, high season 488, for up to 6 persons	══════	Other road
20 🏠	Number of units Bungalow/Chalet hire	──┼──	One-way road – Toll barrier
(4 à 6 pers.) 305 à 595 €/sem.	Weekly rates, low season 305, high season 595, for up to 6 persons	─ ─ ─	Cycle track – Cart track, footpath
6 🛏	Number of units Rooms to rent – ask owner for full details	≫≫≫	Gradient (ascent in the direction of the arrow) 1:20 to 1:12; 1:11 to 1:8; + 1:7

LOCALITIES

23700	Postal code number	⇒⇐ B △	Pass – Ferry – Drawbridge or swing bridge
343 B8	Michelin map number and fold	╧══╧	Railway, station – Steam railways
G. Bretagne	Place described in the Michelin Green Guide Brittany	③	Load limit (given when less than 5tons)
Rennes 47	Distance in kilometres	2̄⁻8̄	Headroom (given when less than 3m)
1 050 h.	Population		
alt. 675	Altitude (in metres)		

PLEASE NOTE The route nationale and route départementale road numbers are currently being changed in France.

Sights of interest

♨	Spa	⛪ ♁	Church, chapel – Castle, château
✉ 05000 Gap	Postal number and name of the postal area	🗼 🗿 ∩	Lighthouse – Megalithic monument – Cave
1 200/1 900 m	Altitude (in metres) of resort and highest point reached by lifts	∴ ▲	Ruins – Miscellaneous sights
2 🚡	Number of cable-cars	※ ═	Viewing table, panoramic view – Viewpoint
14 🎿	Number of ski and chair-lifts		
🏃	Cross country skiing		
🚢	Maritime services		
🅸	Tourist information Centre		

Landmarks

KEY TO THE LOCAL MAPS

Roads

════	Motorway	🏘	Towns having a plan in the Michelin Guide
════	Dual carriageway with motorway characteristics	🅸 ✉	Tourist Information Centre – General Post Office
❶ ❷	Numbered junctions: complete, limited	⛪ ♁	Church, chapel – Castle, château
════	Major road	∴ ▪ 🏛	Ruins – Statue or building – Water tower
════	Secondary road network	✚ ✿	Hospital – Factory or power station
		☆ ☾ ⛯	Fort – Dam – Lighthouse
		✝ ✝✝✝	Wayside cross – Cemetery
		✈ ⛳ ▲	Airport – Airfield – Gliding airfield

CONVENTIONAL SIGNS

 Stadium – Golf course – Racecourse

 Horse riding – Zoo – Skating rink

 Cable-car or chairlift – Forest or wood

 Outdoor or indoor, Swimming pool – Bathing spot

 Outdoor leisure park/centre – Sailing – Tennis courts

 Shopping centre

● Town with at least one selected camping site

■ Locality with at least one selected site offering renting

Lourdes Locality with at least one selected site with areas reserved for camper vans

Moyaux Locality with at least one selected very quiet, isolated site

 Motorway service area for camper vans

● If during your stay in a camping site you have grounds for complaint concerning your reservation, the prices, standards of hygiene or facilities offered, try in the first place to resolve the problem with the proprietor or the person responsible.

● If the disagreement cannot be solved in this way, and if you are sure that you are within your rights, it is possible to take the matter up with the Prefecture of the "département" in question.

● We welcome all suggestions and comments, be it criticism or praise, relating to camping sites recommended in our guide. We do, however, stress the fact that we have neither facilities, nor the authority to deal with matters of complaint between campers and proprietors.

ZEICHENERKLÄRUNG

CAMPINGPLÄTZE

Kategorie

⛺⛺ ⛺⛺	Sehr komfortabel, ausgezeichnet ausgestattet
⛺ ⛺	Komfortabel, sehr gut ausgestattet
⛺ ⛺	Mit gutem Komfort ausgestattet
⛺ ⛺	Ausreichend ausgestattet
⛺ ⛺	Einfach, aber ordentlich

● Die Reihenfolge der Campingplätze innerhalb einer Kategorie entspricht unserer Empfehlung.
Unsere Klassifizierung, durch eine entsprechende Anzahl von Zelten (⛺⛺ ... ⛺) ausgedrückt, ist unabhängig von der offiziellen Klassifizierung durch Sterne, die von den Präfekturen vorgenommen wird.

Öffnungszeiten

juin-sept.	Campingplatz geöffnet von Anfang Juni bis Ende September
Permanent	Campingplatz ganzjährig geöffnet

● Vermietungszeit: Sie wird extra angegeben, wenn sie sich von der Öffnungszeit des Campingplatzes unterscheidet.
Beispiel: Location (avril-sept.): 🏠

Besondere Merkmale

❄	Diese Gelände sind speziell für Wintercamping in den Bergen ausgestattet (Heizung, Starkstromanschlüsse, Trockenräume usw.).
👫	Kinderfreundliches Konzept, das u. a. Sanitäranlagen für die Kleinsten, Spielplätze und ein Animations-Programm durch geschultes Personal bietet

Besonders schöne und ruhige Lage

⛰⛰ ... ⛰	Besonders schöne Lage, gutes und vielfältiges Serviceangebot.
🍃🍃	Ruhiger, abgelegener Campingplatz - Ruhiger Campingplatz, besonders nachts
⇐⇐	Eindrucksvolle Aussicht – Interessante oder weite Sicht

Lage und Dienstleistungen

☎ ✉	Telefon – Postanschrift
Accès	Richtung: Norden – Süden – Osten – Westen (Angabe ab Ortszentrum).
🔑	Eine Aufsichtsperson kann Tag und Nacht bei Bedarf erreicht werden: Dies bedeutet jedoch nicht, dass der Platz bewacht ist – nur tagsüber.
🐕	Hunde nicht erlaubt – wenn dieses Zeichen nicht vorhanden ist, muss ein gültiger Impfpass vorgelegt werden.
Ⓟ	Parken nur auf vorgeschriebenen Parkplätzen außerhalb der Stellplätze.
R	Reservierung empfehlenswert.
R̶	Keine Reservierung
GB	Akzeptierte Kreditkarten (Eurocard, MasterCard, Visa)
cv	"Chèques vacances" werden akzeptiert.

Allgemeine Beschreibung

3 ha	Nutzfläche (in Hektar)
60 ha/ 3 campables	Gesamtfläche (eines Geländes) und Nutzfläche für Camping.
(90 empl.)	Anzahl der Stellplätze
▭	Abgegrenzte Stellplätze
🌱 🌳 🌲	Leicht schattig – ziemlich schattig – sehr schattig.
▲	Am Wasser mit Bademöglichkeit.

ZEICHENERKLÄRUNG

Komfort

Ⓜ	Campingplatz mit moderner sanitärer Ausstattung
	Beheizte sanitäre Anlagen
♿	Sanitäre Einrichtungen für Körperbehinderte
	Individuelle Waschräume (mit oder ohne Warmwasser)
	Wickelraum
	Wasserstelle
	Individuelle Anschlüsse: Strom – Wasser – Abwasser

Dienstleistungen

	Service-Einrichtungen für Wohnmobile (Stromanschluss, Ver-/Entsorgung Wasser)
1 borne 4 €	Anzahl der Versorgungsanschlüsse
	Stellplatz für Wohnmobile – Anzahl der Stellplätze –
3 ▣ 15,50 €	Tagespreis/Stellplatz.
	Sonderpreis für Wohnmobil auf dem Campingplatz
	camping-car FFCC
	Miet-Waschmaschinen
	Supermarkt – Lebensmittelgeschäft
	Fertiggerichte zum Mitnehmen
	Internetanschluss
	Wifi

Freizeitmöglichkeiten

	Bar mit Alkoholausschank – Restaurant, Snack-Bar
	Gemeinschaftsraum, Aufenthaltsraum, Spielhalle ...
	Diverse Freizeitangebote (Sport, Kultur, Entspannung)
	Kinderspielraum
	Fitness-Center – Sauna
	Kinderspielplatz
	Fahrradverleih – Bogenschießen

	Tennisplatz – Hallentennisplatz
	Minigolfplatz
	Hallenbad – Freibad
	Baden erlaubt, teilweise mit Aufsicht
	Wasserrutschbahn
	Angeln
	Segeln (Segelschule oder Segelclub)
	Reiten

● **Die meisten dieser Freizeitmöglichkeiten stehen nur in der Hauptsaison zur Verfügung oder sie sind abhängig von der Belegung des Platzes. Auf keinen Fall sind sie identisch mit der Öffnungszeit des Platzes.**

À proximité | Wir geben nur die Einrichtungen an, welche sich in der Nähe des Platzes befinden.

Preise in €

Tagespreise:

👤 5 €	pro Person
🚗 2 €	für das Auto
▣ 7,50 €	Platzgebühr (Zelt/Wohnwagen)
[⚡] 2,50 € (4A)	Stromverbrauch (Anzahl der Ampere)

Pauschalgebühren:

25 € 👤🚗▣ | Stellplatz für 2 Personen
[⚡] (A) | Fahrzeug und Strom

● **Die Preise wurden uns im Herbst 2008 mitgeteilt, es sind Hochsaisonpreise (falls nicht, sind die Preise des Vorjahres angegeben). Die Preise sind immer nur als Richtpreise zu betrachten. Sie können sich bei steigenden Lebenshaltungskosten ändern.**

● **Der Name eines Campingplatzes ist dünn gedruckt, wenn der Eigentümer uns keine Preise genannt hat.**

● **Für einige Einrichtungen (Schwimmbad, Tennis) sowie die Kurtaxe können separate Gebühren erhoben werden.**

● **Für Kinder erhält man im Allgemeinen spezielle Kindertarife, erkundigen Sie sich beim Eigentümer.**

ZEICHENERKLÄRUNG

Vermietung und Preise

15 🏠	Anzahl der Wohneinheiten Vermietung von Wohnwagen oder Wohnmobilen ohne Sanitäreinrichtung	
(4 pers.) 198 à 335 €/sem.	Wochenpreise, Vorsaison 198 und Hochsaison 335, für maximal 4 pers.	
12 🚐	Anzahl der Wohneinheiten Vermietung von Wohnmobilen	
(4 à 6 pers.) 274 à 488 €/sem.	Wochenpreise, Vorsaison 274 und Hochsaison 488, für maximal 6 Pers.	
20 🏡	Anzahl der Wohneinheiten Vermietung von Bungalows und Chalets	
(4 à 6 pers.) 305 à 595 €/sem.	Wochenpreise, Vorsaison 305 und Hochsaison 595, für maximal 6 Pers.	
6 🛏	Anzahl der Wohneinheiten Vermietung von Zimmern. Erkundigen Sie sich beim Eigentümer nach den Bedingungen	

ORTE

23700	Postleitzahl
343 B8	Nr. der Michelin-Karte und Falte
G. Bretagne	Im Grünen Michelin-Reiseführer Bretagne beschriebener Ort
Rennes 47	Entfernung in Kilometern
1 050 h.	Einwohnerzahl
alt. 675	Höhe
♨	Heilbad
✉ 05000 Gap	Postleitzahl und Name des Verteilerpostamtes
1 200/1 900 m	Höhe des Wintersport-geländes und Maximal-Höhe, die mit Kabinenbahn oder Lift erreicht werden kann
2 🚡	Anzahl der Kabinenbahnen
14 🎿	Anzahl der Schlepp -oder Sessellifte

🎿	Langlaufloipen
⛴	Schiffsverbindungen
🛈	Informationsstelle

KARTENSKIZZEN
Straßen

	Autobahn
	Schnellstraße (kreuzungs-frei)
❶ ❷	Nummerierte Anschlussstelle: Autobahneinfahrt- und/oder -ausfahrt
	Hauptverkehrsstraße
	Regionale Verbindungsstraße oder Entlastungsstrecke
	Andere Straße
	Einbahnstraße – Gebührenstelle
	Radweg – Wirtschaftsweg, Pfad
≫≫≫	Steigungen, Gefälle (Steigung in Pfeilrichtung 5-9 %, 9-13 %, 13 % und mehr)
⤫ B ⚠	Pass – Fähre – Bewegliche Brücke
	Bahnlinie und Bahnhof – Museumseisenbahn-Linie
③	Höchstbelastung (angegeben bis 5t)
2.8	Zulässige Gesamthöhe (angegeben bis 3 m)

ACHTUNG Die Nummerierung der National- und der Landstraßen in Frankreich wird z. Zt. geändert

Sehenswürdigkeiten

🏛 ✝ ⚔	Kirche, Kapelle – Schloss, Burg
🗼 🗿 🕳	Leuchtturm – Menhir, Megalithgrab – Höhle
∴ ▲	Ruine – Sonstige Sehenswürdigkeit
🌟 ≽	Orientierungstafel, Rundblick – Aussichtspunkt

ZEICHENERKLÄRUNG

Orientierungspunkte

 Ort mit Stadtplan im Michelin-Führer

🗒 ⊠ Informationsstelle – Hauptpost

⛪ ♜ Kirche, Kapelle – Schloss, Burg

⚬⚬⚬ ▪ ♒ Ruine – Denkmal – Wasserturm

✚ ✿ Krankenhaus – Fabrik

☆ ⟨ ⛯ Festung – Staudamm – Leuchtturm

† ††† Bildstock – Friedhof

✈ ⛰ Flughafen – Flugplatz – Segelflugplatz

◯ ⚑ 🏇 Stadion – Golfplatz – Pferderennbahn

🐎 ⛸ Reitanlage – Zoo – Schlittschuhbahn

⊶⊶⊷ ▮ Seilschwebebahn oder Sessellift – Wald oder Gehölz

⛱ 🏊 Freibad – Hallenbad – Strandbad

◆ ⚓ 🍴 Freizeiteinrichtungen – Segelzentrum – Tennisplatz

🛒 Einkaufszentrum

● Ort mit mindestens einem ausgewählten Campingplatz

■ Ort mit mindestens einem Campingplatz mit Vermietung

<u>Lourdes</u> Ort mit mindestens einem Campingplatz mit Stellplätzen die nur für Wohnmobile reserviert sind

Moyaux Ort mit mindestens einem sehr ruhigen Campingplatz

🚐 Autobahnrastplätze mit Wartungsmöglichkeiten für Wohnmobile

● Falls bei Ihrem Aufenthalt auf dem Campingplatz Schwierigkeiten bezüglich der Preise, Reservierung, Hygiene o. ä. auftreten, sollten Sie versuchen, diese direkt an Ort und Stelle mit dem Campingplatzbesitzer oder seinem Vertreter zu regeln.

● Wenn Sie von Ihrem Recht überzeugt sind, es Ihnen jedoch nicht gelingt, zu einer allseits befriedigenden Lösung zu kommen, können Sie sich an die entsprechende Stelle bei der zuständigen Präfektur wenden.

● Unsererseits überprüfen wir sorgfältig alle bei uns eingehenden Leserbriefe und ändern gegebenenfalls die Platzbewertung im Führer. Wir besitzen jedoch weder die rechtlichen Möglichkeiten noch die nötige Autorität, um Rechtsstreitigkeiten zwischen Platzeigentümern und Platzbenutzern zu schlichten.

ViaMichelin

Clic je choisis, clic je réserve !

RÉSERVATION HÔTELIÈRE SUR
www.ViaMichelin.com

Préparez votre itinéraire sur le site ViaMichelin pour optimiser tous vos déplacements. Vous pouvez comparer différents parcours, sélectionner vos étapes gourmandes, découvrir les sites à ne pas manquer… Et pour plus de confort, réservez en ligne votre hôtel en fonction de vos préférences (parking, restaurant...) et des disponibilités en temps réel auprès de 60 000 hôtels en Europe (indépendants ou chaînes hôtelières).

- **Pas de frais de réservation**
- **Pas de frais d'annulation**
- **Pas de débit de la carte de crédit**
- **Les meilleurs prix du marché**
- **La possibilité de sélectionner et de filtrer les hôtels du Guide Michelin**

TEKENS

TERREINEN

Categorie

⛰️⛰️ ⛰️⛰️	Buitengewoon comfortabel, uitstekende inrichting
⛰️ ⛰️	Comfortabel, zeer goede inrichting
⛰️ ⛰️	Goed ingericht, geriefelijk
⛰️ ⛰️	Behoorlijk ingericht
⛰️ ⛰️	Eenvoudig maar behoorlijk

● De terreinen worden voor iedere categorie opgegeven in volgorde van voorkeur.
Onze classificatie wordt aangegeven met een aantal tenten (⛰️⛰️ ... ⛰️). Zij staat los van de officiële classificatie die wordt uitgedrukt in sterren.

Openingstijden

juin-sept.	Terrein geopend van begin juni tot eind september
Permanent	Terrein het gehele jaar geopend

● Wanneer de data voor het verhuren verschillen van die van het kampeerterrein, dan worden zij gepreciseerd. Bijv. Location (avril-sept.): 🏠

Bijzondere kenmerken

❄️	Geselecteerd caravaneige – Deze terreinen zijn speciaal ingericht voor winterverblijf in de bergen (verwarming, electriciteitsaansluiting met hoog vermogen, droogkamer, enz.).
👥	Kindvriendelijk etablissement met o.a. speciaal sanitair voor de kleintjes, speeltuintje en kinderactiviteiten onder begeleiding van professionals

Aangenaam en rustig verblijf

⛰️⛰️ ... ⛰️	Bijzonder aangenaam vanwege de omgeving, de kwaliteit en de diversiteit van de voorzieningen.
🍃🍃	Zeer rustig, afgelegen terrein – Rustig, vooral 's nachts
⇐⇐	Bijzonder mooi uitzicht – Interessant uitzicht of vergezicht

Ligging en service

☎️ ✉️	Telefoon – Postadres
Accès	Richting : Noord – Zuid – Oost – West (gezien vanuit het centrum van de plaats)
🔑	Er is een bewaker of een toezichthouder aanwezig die 24 uur per dag bereikbaar is. Dit betekent echter niet noodzakelijkerwijs dat er sprake is van een daadwerkelijke bewaking – alleen overdag bewaakt.
🚫🐕	Honden niet toegelaten – Bij afwezigheid van dit teken dient men een recent vaccinatieboekje te kunnen tonen.
P	Verplichte parkeerplaats voor auto's buiten de staanplaatsen
R	Reserveren raadzaam.
R̸	Reservering niet mogelijk
GB	Creditcards worden geaccepteerd (Eurocard, MasterCard, Visa)
CV	Reischeques worden geaccepteerd

Algemene kenmerken

3 ha	Oppervlakte in hectaren
60 ha/ 3 campables	Totale oppervlakte (van een landgoed) en oppervlakte van het eigenlijke kampeerterrein

TEKENS

(90 empl.)	Maximaal aantal staanplaatsen		Kinderopvang
	Duidelijk begrensde staanplaatsen		Fitness – Sauna
			Kinderspelen
	Weinig tot zeer schaduwrijk		Verhuur van fietsen – Boogschieten
	Aan de waterkant met mogelijkheid tot zwemmen		Tennis: overdekt – openlucht

Comfort

M	Terrein met moderne sanitaire voorzieningen		Mini-golf
			Zwembad : overdekt – openlucht
	Verwarmde installaties		
	Sanitaire installaties voor lichamelijk gehandicapten		Vrije zwemplaats of zwemplaats met toezicht
	Individuele wasgelegenheid of wastafels (met of zonder warm water)		Waterglijbaan
			Hengelsport
			Zeilsport (school of watersportcentrum)
	Wasplaats voor baby's		
	Waslokalen – Stromend water		Tochten te paard, paardrijden
	Individuele aansluitingen : Elektriciteit – Watertoevoeren-afvoer		

● De meeste voorzieningen en bepaalde recreatiemogelijkheden in de open lucht zijn over het algemeen alleen toegankelijk tijdens het seizoen. Dit is afhankelijk van het aantal gasten op het terrein en staat los van de openingsdata.

Voorzieningen

	Serviceplaats voor campingcars	À proximité	Wij vermelden alleen de faciliteiten of voorzieningen die zich in de omgeving van de camping bevinden.
1 borne 4 €	Aantal aansluitpalen		
3 15,50 €	Serviceplaats voor campingcars – aantal plaatsen – dagtarief voor de plaats.		
	Ter plaatse speciale formule voor camper		**Tarieven in €**
			Dagtarieven:
	Wasmachines, waslokaal	5 €	per persoon
	Supermarkt – Kampwinkel	2 €	voor het voertuig
	Dagschotels om mee te nemen	7,50 €	voor de staanplaats (tent, caravan)
	Internetpaal	2,50 € (4A)	voor elektriciteit (aantal ampères)
	Wifi		

Vaste tarieven:

Ontspanning

	Bar (met vergunning) – Eetgelegenheid (restaurant, snackbar)	25 € (10A)	Staanplaats voor 2 personen, voertuig en elektriciteit inbegrepen
	Zaal voor bijeenkomsten, dagverblijf of speelzaal		
	Diverse activiteiten (sport, cultuur, ontspanning)		

● De prijzen zijn vastgesteld in het najaar van 2008 en gelden voor het hoogseizoen (indien deze niet beschikbaar zijn, vermelden wij de tarieven van het afgelopen jaar).

TEKENS

● De prijzen worden steeds ter indicatie gegeven en kunnen gewijzigd worden indien de kosten voor levensonderhoud belangrijke veranderingen ondergaan.

● Wanneer de naam van de camping niet in vetgedrukte letters staat, betekent dit dat de eigenaar niet alle tarieven heeft doorgegeven.

● Bepaalde faciliteiten (zwembad, tennisbaan), evenals de toeristenbelasting, kunnen extra in rekening worden gebracht.

Voor kinderen geldt soms een speciaal tarief; informatie hierover bij de eigenaar.

Verhuur en tarieven

15		Aantal eenheden Verhuur van caravans – Stacaravans zonder sanitair
(4 pers.) 198 à 335 €/sem.		Prijs per week, laagseizoen 198 en hoogseizoen 335, voor maximaal 4 personen.
12		Aantal eenheden Verhuur van stacaravans
(4 à 6 pers.) 274 à 488 €/sem.		Prijs per week, laagseizoen 274 en hoogseizoen 488, voor maximaal 6 personen.
20		Aantal eenheden Verhuur van bungalows of huisjes
(4 à 6 pers.) 305 à 595 €/sem.		Prijs per week, laagseizoen 305 en hoogseizoen 595, voor maximaal 6 personen.
6		Aantal eenheden Verhuur van kamers. De eigenaar kan u meer informatie hierover verstrekken.

PLAATSEN

23700	Postcodenummer
343 B8	Nummer Michelinkaart en vouwbladnummer
G. Bretagne	Zie de Groene Michelingids Bretagne
Bourges 47	Afstanden in kilometers
1 050 h.	Aantal inwoners
alt. 675	Hoogte
♨	Kuuroord

✉ 05000 Gap	Postcode en plaatsnaam bestemming
1 200/1 900 m	Hoogte van het station en maximale hoogte van de mechanische skiliften
2 ⛷	Aantal kabelbanen
14 ⛷	Aantal skiliften en stoeltjesliften
⛷	Langlaufen
⛴	Bootverbinding
🛈	Informatie voor toeristen

VERKLARING TEKENS
Wegen en spoorwegen

	Autosnelweg
	Dubbele rijbaan van het type autosnelweg
❶ ❷	Genummerde knooppunten : volledig, gedeeltelijk
	Hoofdweg
	Regionale of alternatieve route
	Andere weg
	Eenrichtingsverkeer – Tol
	Fietspad – Bedrijfsweg, voetpad
»»»	Hellingen (pijlen in de richting van de helling) 5 tot 9 %, 9 tot 13 %, 13 % of meer
⟩⟨ B ⚠	Pas – Veerpont – Beweegbare brug
	Spoorweg, station – Spoorweg toeristentrein
③	Maximum draagvermogen (aangegeven onder 5 ton)
2ᵐ8	Vrije hoogte (aangegeven onder 3 m)

OPGELET in Frankrijk worden de nummers van de nationale en de nationale en de departementale wegen momenteel

Bezienswaardigheden

⛪ ✝ ⛩	Kerk, kapel – Kasteel
⛯ ⛩ ⌒	Vuurtoren – Megaliet – Grot
∴ ▲	Ruïnes – Andere bezienswaardigheden

TEKENS

 Oriëntatietafel, panorama – Uitzichtpunt

Ter oriëntatie

 Plaats met een plattegrond in de Michelingids

 Informatie voor toeristen – Hoofdpostkantoor

 Kerk, kapel – Kasteel

 Ruïnes – Monument – Watertoren

 Ziekenhuis – Fabriek

 Fort – Stuwdam – Vuurtoren

 Calvarie – Begraafplaats

 Luchthaven – Vliegveld – Zweefvliegen

 Stadion – Golf – Renbaan

 Manege – Dierentuin – Schaatsbaan

 Kabelbaan of stoeltjeslift – Bos

 Zwembad : openlucht, overdekt – Zwemgelegenheid

 Recreatieoord – Zeilvereniging – Tennisbaan

 Winkelcentrum

● Plaats met tenminste één geselekteerd kampeerterrein

■ Plaats met minstens één terrein met huurmogelijkheden

 Lourdes Plaats met minstens één terrein met plaatsen die alleen bestemd zijn voor campers

Moyaux Plaats met minstens één zeer rustig terrein

Serviceplaats langs de autosnelweg voor campers

● Indien er tijdens uw verblijf op een kampeerterrein een meningsverschil zou ontstaan over prijzen, reserveringsvoorwaarden, hygiëne of dienstverlening, tracht dan ter plaatse met de eigenaar van het terrein of met zijn vervanger een oplossing te vinden.

● Mocht u op deze wijze niet tot overeenstemming komen, terwijl u overtuigd bent van uw goed recht, dan kunt u zich wenden tot de prefectuur van het betreffende departement.

● Van onze kant bestuderen wij zorgvuldig alle opmerkingen die wij ontvangen, om zo nodig wijzigingen aan te brengen in de omschrijving en waardering van door onze gids aanbevolen terreinen. Onze mogelijkheden zijn echter beperkt en ons personeel is niet bevoegd om als scheidsrechter op te treden of geschillen te regelen tussen eigenaren en kampeerders.

LEXIQUE   LEXICON   GLOSSAR   WOORDENLIJST

Français	English	Deutsch	Nederlands
accès difficile	difficult approach	schwierige Zufahrt	moeilijke toegang
accès direct à	direct access to...	Zufahrt zu...	rechtstreekse toegang tot...
accidenté	uneven, hilly	uneben	heuvelachtig
adhésion	membership	Beitritt	lidmaatschap
août	August	August	augustus
après	after	nach	na
Ascension	Ascension Day	Himmelfahrt	Hemelvaartsdag
assurance obligatoire	insurance cover compulsory	Versicherungspflicht	verzekering verplicht
automne	autumn	Herbst	herfst
avant	before	vor	voor
avenue (av.)	avenue	Avenue	laan
avril	April	April	april
baie	bay	Bucht	baai
base de loisirs	leisure facilities	Freizeitanlagen	recreatiepark
bois, boisé	wood, wooded	Wald, bewaldet	bebost
bord de...	shore	Ufer, Rand	aan de oever van...
boulevard (bd)	boulevard	Boulevard	boulevard
au bourg	in the town	im Ort	in het dorp
«Cadre agréable»	pleasant setting	angenehme Umgebung	aangename omgeving
«Cadre sauvage»	wild setting	urwüchsige Umgebung	woeste omgeving
carrefour	crossroads	Kreuzung	kruispunt
cases réfrigérées	refrigerated food storage facilities	Kühlboxen	Koelvakken
centre équestre	horseriding stables	Reitzentrum	manege
château	castle	Schloss, Burg	kasteel
chemin	path	Weg	weg
conseillé	advisable	empfohlen	aanbevolen
cotisation obligatoire	membership charge obligatory	ein Mitgliedsbeitrag wird verlangt	verplichte bijdrage
croisement difficile	difficult access	schwierige Überquerung	gevaarlijk Kruispunt
en cours d'aménagement, de transformations,	work in progress rebuilding	wird angelegt, wird umgebaut	in aanbouw, wordt verbouwd
crêperie	pancake restaurant, stall-	Pfannkuchen-Restaurant	pannekoekenhuis
décembre (déc.)	December	Dezember	december
«Décoration florale»	floral decoration	Blumenschmuck	bloemversiering
derrière	behind	hinter	achter
discothèque	disco	Diskothek	discotheek
à droite	to the right	nach rechts	naar rechts
église	church	Kirche	kerk
électricité (élect.)	electricity	Elektrizität	elektriciteit
entrée	way in, entrance	Eingang	ingang
«Entrée fleurie»	flowered entrance	blumengeschmückter Eingang	door bloemen omgeven ingang
étang	pond, pool	Teich	vijver
été	summer	Sommer	zomer
exclusivement	exclusively	ausschließlich	uitsluitend
falaise	cliff	Steilküste	steile kust
famille	family	Familie	gezin
fermé	closed	geschlossen	gesloten
février (fév.)	February	Februar	februari
forêt	forest, wood	Wald	bos
garage	parking facilities	überdachter Abstellplatz	parkeergelegenheid
garage pour caravanes	garage for caravans	Unterstellmöglichkeit für Wohnwagen	garage voor caravans

LEXIQUE LEXICON GLOSSAR WOORDENLIJST

Français	English	Deutsch	Nederlands
garderie (d'enfants)	children's crèche	Kindergarten	kinderdagverblijf
gare (S.N.C.F.)	railway station	Bahnhof	station
à gauche	to the left	nach links	naar links
gorges	gorges	Schlucht	bergengten
goudronné	surfaced road	geteert	geasfalteerd
gratuit	free, no charge	kostenlos	kosteloos
gravier	gravel	Kies	grint
gravillons	fine gravel	Rollsplitt	steenslag
herbeux	grassy	mit Gras bewachsen	grasland
hiver	winter	Winter	winter
hors saison	out of season	außerhalb der Saison	buiten het seizoen
île	island	Insel	eiland
incliné	sloping	abfallend	hellend
indispensable	essential	unbedingt erforderlich	noodzakelijk, onmisbaar
intersection	crossroads	Kreuzung	kruispunt
janvier (janv.)	January	Januar	januari
juillet (juil.)	July	Juli	juli
juin	June	Juni	juni
lac	lake	See	meer
lande	heath	Heide	hei
licence obligatoire	camping licence or international camping carnet	Lizenz wird verlangt	vergunning verplicht
lieu-dit	spot, site	Flurname, Weiler	oord
mai	May	Mai	mei
mairie	town hall	Bürgermeisteramt	stadhuis
mars	March	März	maart
matin	morning	Morgen	morgen
mer	sea	Meer	zee
mineurs non accompagnés non admis	people under 18 must be accompanied by an adult	Minderjährige ohne Begleitung nicht zugelassen	minderjarigen zonder geleide niet toegelaten
montagne	mountain	Gebirge	gebergte
Noël	Christmas	Weihnachten	Kerstmis
non clos	open site	nicht eingefriedet	niet omheind
novembre (nov.)	November	November	november
océan	ocean	Ozean	oceaan
octobre (oct.)	October	Oktober	oktober
ouverture prévue	opening scheduled	Eröffnung vorgesehen	vermoedelijke opening
Pâques	Easter	Ostern	Pasen
parcours de santé	fitness trail	Fitness-Pfad	trimbaan
passage non admis	no touring pitches	kein Kurzaufenthalt	niet toegankelijk voor kampeerders op doorreis
pente	slope	Steigung, Gefälle	helling
Pentecôte	Whitsun	Pfingsten	Pinksteren
personne (pers.)	person	Person	persoon
pierreux	stony	steinig	steenachtig
pinède	pine grove	Kiefernwäldchen	dennenbos
place (pl.)	square	Platz	plein
places limitées pour le passage	limited number of touring pitches	Plätze für kurzen Aufenthalt in begrenzter Zahl vorhanden	beperkt aantal plaatsen voor kampeerders op doorreis

31

LEXIQUE	LEXICON	GLOSSAR	WOORDENLIJST

plage	beach	Strand	strand
plan d'eau	stretch of water	Wasserfläche	watervlakte
plat	flat	eben	vlak
poneys	ponies	Ponys	pony's
pont	bridge	Brücke	brug
port	port, harbour	Hafen	haven
prairie	grassland	Wiese	weide
près de...	near	nahe bei...	bij...
presqu'île	peninsula	Halbinsel	schiereiland
prévu	projected	geplant	verwacht, gepland
printemps	spring	Frühjahr	voorjaar
en priorité	giving priority to...	mit Vorrang	voorrangs...
à proximité	nearby	in der Nähe von	in de nabijheid
quartier	(town) quarter	Stadtteil	wijk
Rameaux	Palm Sunday	Palmsonntag	Palmzondag
réservé	reserved	reserviert	gereserveerd
rive droite, gauche	right, left bank	rechtes, linkes Ufer	rechter, linker oever
rivière	river	Fluss	rivier
rocailleux	stony	steinig	vol kleine steentjes
rocheux	rocky	felsig	rotsachtig
route (rte)	road	Landstraße	weg
rue (r.)	street	Straße	straat
ruisseau	stream	Bach	beek
sablonneux	sandy	sandig	zanderig
saison	(tourist) season	Reisesaison	seizoen
avec sanitaires individuels	with individual sanitary arrangements	mit sanitären Anlagen für jeden Stellplatz	met eigen sanitair
schéma	local map	Kartenskizze	schema
semaine	week	Woche	week
septembre (sept.)	September	September	september
site	site	Landschaft	landschap
situation	situation	Lage	ligging
sortie	way out, exit	Ausgang	uitgang
sous-bois	underwood	Unterholz	geboomte
à la station	at the filling station	an der Tankstelle	bij het benzinestation
supplémentaire (suppl.)	additional	zuzüglich	extra
en terrasses	terraced	in Terrassen	terrasvormig
toboggan aquatique	water slide	Wasserrutschbahn	waterglijbaan
torrent	torrent	Wildbach	bergstroom
Toussaint	All Saints' Day	Allerheiligen	Allerheiligen
tout compris	everything included	alles inbegriffen	alles inbegrepen
vacances scolaires	school holidays	Schulferien	schoolvakanties
vallonné	undulating	hügelig	heuvelachtig
verger	orchard	Obstgarten	boomgaard
vers	in the direction of	nach (Richtung)	naar (richting)
voir	see	sehen, siehe	zien, zie

Nos coups de cœur de l'année

Our favourite campsites of the year

Unsere beliebtesten Campingplätze des Jahres

Onze favoriete kampeerplekjes van het jaar

PARCS AQUATIQUES — la sélection de bib

Toboggans aux des centes vertigneuses, rivières à contre-courant, bains à remous, fontaines multicolores, pataugeoires ludiques, piscines entourées de végétation, beaucoup de campings proposent aux petits et aux grands toutes sortes de jeux d'eaux dans des parcs aquatiques plus magnifiques les uns que les autres.
Les enfants seront ravis de barboter, de plonger et de se laisser glisser sous bonne surveillance.
Les adultes, eux, se détendront en goûtant aux bienfaits du spa en camping.
Les parcs aquatiques sont donc vos nouveaux compagnons de vacances.
Bonnes baignades !

Among the most beautiful water parks, 20 hits!
Slides to dizzying descents, waterslides, multicoloured fountains, pool games for kids, swimming pools surrounded by vegetation — many campsites offer a large kind of leisure in beautiful water parks.
The children will be happy to splash, dive and plunge with adults looking after them.
Adults will relax while tasting the luxury of spa camping.
The waterparks are your new Holiday attraction.
Good swimming!

Yelloh! Village les Tournels
Provence-Alpes-Côte-d'Azur – Var (83) – Ramatuelle – p. 677

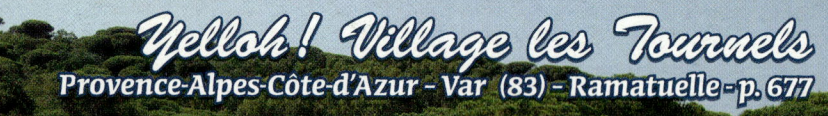

Yelloh! Village les Tournels/MICHELIN

On a aimé :
La vue et l'ombrage des pins parasols autour des piscines et le superbe espace détente agrémenté d'une salle de fitness.

À découvrir aux alentours :
Le golfe et le village de St-Tropez – Les plages de Ramatuelle – La Tarte tropézienne.

We loved :
The view and the shade cast by the pool-side umbrellas as well as the relaxation area complete with a fitness center.

Discovering the region :
The golf course and the village of St-Tropez, the beaches in Ramatuelle, and, of course the tarte « tropézienne ».

Le Ranc Davaine
Rhône-Alpes – Ardèche (07) – St-Alban-Auriolles – p.750

Le Ranc Davaine/MICHELIN

Ardèche

On a aimé :
Les petits ponts de bois qui enjambent
bassins, lagons et autres rivières à contre courant.
À découvrir aux alentours :
Vallon-Pont-d'Arc, son pont d'Arc sur l'Ardèche, la grotte de Chauvet – La descente de l'Ardèche en canoë – Les marrons glacés.

We loved :
The beautiful wooden bridges used at almost every water crossing.
Discovering the region :
Vallon-Pont-d'Arc, and its bridge over the Ardèche, the Chauvet cave, descending the Ardèche by canoe – Glazed chestnuts.

Yelloh ! Village Club Farret

Languedoc-Roussillon - Hérault (34) - Vias - p. 395

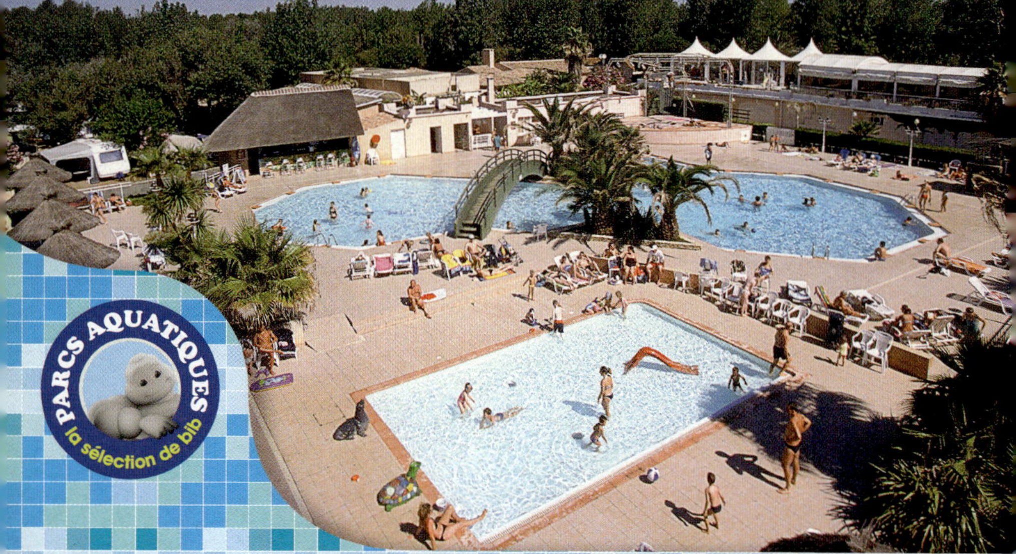

PARCS AQUATIQUES
la sélection de bib

Yelloh! Village Club Farret/MICHELIN

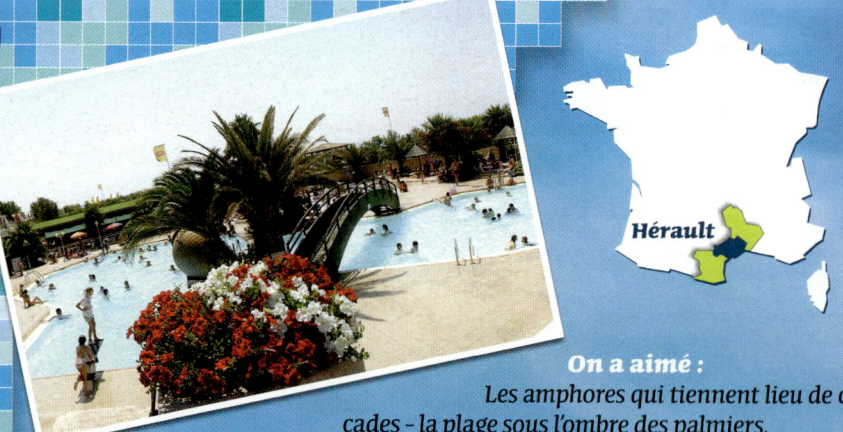

On a aimé :
Les amphores qui tiennent lieu de cascades - la plage sous l'ombre des palmiers.

À découvrir aux alentours :
La station balnéaire du Cap-d'Agde, l'Île des Loisirs - Le bassin de Thau, les huîtres de Bouzigues - Sète, l'espace Brassens, le musée Paul-Valéry.

We loved :
The amphoras - The beach under the shade of the palm trees.

Discovering the region :
The seaside resort of Cap-d'Agde, l'Ile des Loisirs - The Thau basin, the oysters of Bouzigues - Sète, the « espace » Brassens, the Paul-Valery museum.

Lou Village
Languedoc-Roussillon – Hérault (34) - Valras - p. 394

Lou Village/MICHELIN

37

On a aimé :
La multiplicité des bains : aquatonic,
bébés, enfants, adolescents et adultes avec les cinq
pistes du toboggan.
À découvrir aux alentours :
Béziers, les allées Paul Riquet, la féria du 15 août, le musée du biterrois -
Les bords du canal du midi.

We loved :
The variety of baths : aquatonic, infants, children, teens and adults
with five different water slides.
Discovering the region :
Béziers, the Paul Riquet alleys, the festival of August 15th, the Biterrois
museum, the canal du Midi.

la Sirène et L'hippocampe

Languedoc-Roussillon - Pyrénées Orientales (66) - Argelès-sur-Mer -
p. 352

PARCS AQUATIQUES la sélection de bib

La Sirène et l'Hippocampe/MICHELIN

Pyrénées Orientales

On a aimé :
Les deux parcs aquatiques paysagés, le premier, luxuriant, face aux Pyrénées, le second avec son lagon au pied d'un rocher.

À découvrir aux alentours :
Perpignan, le Castillet, le Palais des Rois de Majorque - Le joli port de Collioure - Le vignoble de Rivesaltes.

We loved :
The two landscaped waterparks, the first, luxurious and situated next to the Pyrenees, the second with its lagoon at the base of the boulders.

Discovering the region :
Perpignan, le Castillet, the Palace of the Kings of Majorca - The beautiful port of Collioure - The Rivesaltes vineyards.

La Ribeyre
Auvergne – Puy-de-Dôme (63) - Murol - p. 165

La Ribeyre/MICHELIN

On a aimé :
Le thème du parc sur le château de Murol avec la rivière à contre courant, le lagon, la cascade et les geysers.
À découvrir aux alentours :
Le château de Murol et son spectacle médiéval – Les activités nautiques du lac Chambon – Le fromage de St-Nectaire.

We loved :
The Château de Murol theme park with its river, the lagoon, waterfalls and geysers.
Discovering the region :
The Murol château and its medieval show – the water sports on lake Chambon – the cheese of St-Nectaire.

Les 3 Vallées
Midi-Pyrénées – Hautes-Pyrénées (65) – Argeles-Gazost – p. 435

PARCS AQUATIQUES la sélection de bib

40

B.Lautier/Sunelia Les 3 Vallées/MICHELIN

Hautes Pyrénées

On a aimé :
Sous le soleil, les toboggans aquatiques en plein air face aux Pyrénées et si le soleil n'est pas de la partie : l'espace balnéothérapie couvert et chauffé, idéal pour se relaxer.

À découvrir aux alentours :
Lourdes, la Grotte, la basilique – Le Cirque de Gavarnie – La descente du gave en rafting.

We loved :
Relaxing in the sun, the water slides in the shade of the Pyrenees ; the balneotherapy rooms, ideal for relaxing.

Discovering the region :
Lourdes, the Grotto, the basilica – The Gavarnie Circus, shooting the rapids on a raft.

Les Peneyrals
Aquitaine – Dordogne (24) – St-Crépin-et-Carlucet - p. 123

Les Peynerals/MICHELIN

On a aimé :
Les nombreux bassins, les toboggans multipistes et les bains bouillonnants en partie couverts.

À découvrir aux alentours :
Les grottes de Lascaux – La descente de la Dordogne en gabarres.

We loved :
The numerous pools, multiple slides and the covered, whirlpool baths.

Discovering the region :
The Lascaux grottos – descending the Dordogne by « gabarres, » or flat-bottomed boat.

St Avit Loisirs
Aquitaine - Dordogne (24) - St-Avit de Vialard - p. 122

St-Avit Loisirs/MICHELIN

On a aimé :
La rivière à bouées « Crazy river » qui épouse le relief naturel du site, la piscine couverte avec son ambiance tropicale.

À découvrir aux alentours :
Les Eyzies-de-Tayac, la statue de l'homme de Neandertal - La descente de la Vézère en canoë - le foie gras dans un petit restaurant typique.

We loved :
The « Crazy river » that showcases the dramatic landscape, the indoor pool and its tropical atmosphere.

Discovering the region :
Les Eyzies-de-Tayac, the statue of Neanderthal man - Descending the Vezere by canoe - Tasting foie gras in a local restaurant.

Château De Fonrives
Aquitaine - Lot-et-Garonne (47) - Villeréal - p. 146

Château de Fonrives/MICHELIN

Lot-et-Garonne

On a aimé :
Les pistes du toboggan aquatique face au château, l'espace balnéothérapie chauffé et couvert.
À découvrir aux alentours :
Le château de Biron - Les pruneaux d'Agen - Le vignoble de Monbazillac.

We loved :
The waterslides next to the château, the balneotherapy rooms.
Discovering the region :
The château Biron - The plums of Agen - The Monbazillac vineyards.

Le Ruisseau
Aquitaine – Pyrénées Atlantiques (64) – Bidart – p. 82

Le Ruisseau/MICHELIN

Pyrénées Atlantiques

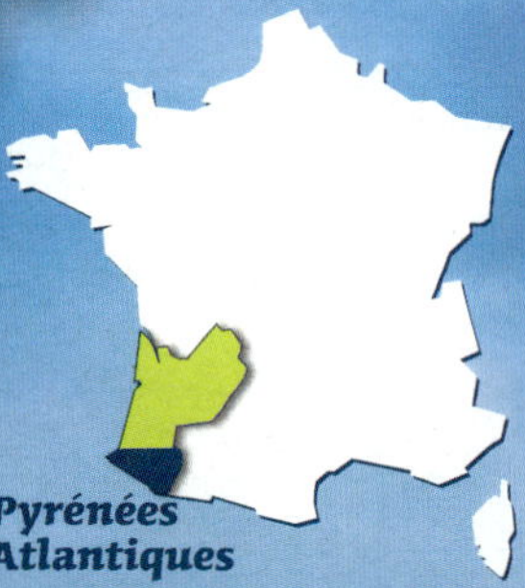

On a aimé :
L'espace aquatique dans le lac – Les transats à bulles – La rivière à contre-courant bordée de cyprès.

À découvrir aux alentours :
Biarritz, le rocher de la Vierge, le musée de la mer et son aquarium, le musée du chocolat – Le petit train de la Rhune.

We loved :
The watersports area of the lake – The cyprus-bordered river.

Discovering the region :
Biarritz, the Rocher de la Vierge, the museum of the sea and its aquarium, the chocolate museum – The « petit » train of Rhune.

Yelloh! Village Le Sylvamar
Aquitaine – Landes (40) – Labenne – p. 103

Yelloh! Village le Sylvamar/MICHELIN

On a aimé :
Les palmiers, les bananiers au milieu
des bassins et les jeux aquatiques de la rivière à
contre courant.
À découvrir aux alentours :
Bayonne, le musée Basque – Le jambon de Bayonne, le chocolat – Les fêtes
de Bayonne.

We loved :
The palm and banana trees of the lake, the watersports of the river.
Discovering the region :
Bayonne, the Basque museum – Bayonne ham or « jambon », chocolate –
Bayonne festivals.

La Pomme de Pin
Aquitaine – Landes (40) – Seignosse – p. 137

La Pomme de pin/MICHELIN

PARCS AQUATIQUES la sélection de bib

46

Landes

On a aimé :
Les pistes d'eau, la piscine chauffée, couverte si nécessaire et les éclairages nocturnes.

À découvrir aux alentours :
Les surfeurs des plages de Capbreton-Hossegor – Dax, la 1re station thermale française – Les courses de taureaux.

We loved :
The water trails, the heated pool, and the evening light shows.

Discovering the region :
The surfers on the beaches of Capbreton-Hossegore – Dax, the first French spa – The running of the bulls.

La Paillotte
Aquitaine - Landes (40) - Azur - p.78

La Paillotte/MICHELIN

Landes

On a aimé :
L'espace « bora-bora » avec ses bassins et bains bouillonnants, sa terrasse paysagée, équipée de transats en teck, dominant le lac.

À découvrir aux alentours :
Les balades en barques sur le courant d'Huchet – Port d'Albret et son lac salé.

We loved :
The « Bora Bora » room with its soaking pools and jacuzzi baths, its landscaped terrace equipped with teakwood deck chairs which offer a great view of the lake.

Discovering the region :
Boat rides on the Huchet – Port d'Albret and its saltwater lake.

Domaine De La Rive
Aquitaine - Landes (40) - Biscarrosse - p. 85

PARCS AQUATIQUES — la sélection de bib

Domaine de la Rive/MICHELIN

Landes

On a aimé :
L'espace aquatique réservé aux enfants avec ses nombreuses attractions, figurines, serpentins, mini toboggans et autres fontaines multicolores.

À découvrir aux alentours :
Le bassin d'Arcachon et la Dune du Pilat - Les activités nautiques (pédalo, canoë, barque...) sur l'étang de Biscarrosse - Les huîtres et le caviar du bassin.

We loved :
Kids-only water area complete with mini slides and multicoloured fountains.

Discovering the region :
The Arcachon basin and the Dune du Pilat - Water activities (paddle boats, canoes, row boats) on the Biscarosse pond - The oysters and caviar of the bay.

Le Village Tropical Sen-Yan
Aquitaine - Landes (40) - Mézos - p. 111

Le village Tropical Sen Yan/MICHELIN

On a aimé :
Les piscines, le toboggan aquatique au milieu de la forêt landaise agrémentée de bananiers, fougères et autres nombreuses espèces végétales tropicales.

À découvrir aux alentours :
La plage et la dune de Mimizan – L'écomusée de la Grande Lande à Marquèze.

We loved :
The pools, the water slide situated in the Landes forest - Banana trees, ferns and a variety of tropical plants included !

Discovering the region :
The beach and Mimizan dunes – The ecomuseum of the Grande lande at Marquèze.

Séquoia Parc

Poitou-Charente - Charentes-Maritimes (17) - St-Just-Luzac - p. 634

PARCS AQUATIQUES
la sélection de bib

Séquoia Parc/MICHELIN

Charentes-Maritimes

On a aimé :
La vue panoramique de la terrasse du bar sur les 2000 m² du parc aquatique, les rochers, les chutes d'eau et les 4 bassins entourés de verdure.

À découvrir aux alentours :
L'Île d'Oléron - Le Fort Louvois - Royan et les plages de la Côte Sauvage - Les huîtres de Marennes - Le joli village de Mornac-sur-Seudre.

We loved :
The panoramic view of the 2000 Sq m water park from the terrace bar, the boulders, the waterfalls, and the four pools surrounded by greenery.

Discovering the region :
L'Île d'Oléron - Le Fort Louvois - Royan and the beaches of the Cote Sauvage - Marennes oysters - the beautiful village of Mornac-sur-Seudre.

Yelloh! Village Les Pins
Bretagne – Côtes D'armor (22) - Erquy - p. 223

Yelloh! Village les Pins/MICHELIN

Côtes d'Armor

On a aimé :
Les grottes – Les rochers – Les cascades –
Le bassin semi-olympique pour les plus sportifs.
À découvrir aux alentours :
Fort La Latte – Cap Fréhel – Le char à voile – Les coquilles St-Jacques.

We loved :
The caves – The boulders –
The waterfalls – The semi-olympique pool for the « real » athletes.
Discovering the region :
Fort La Latte – Cap Fréhel –
Sand yachting – The scallops.

Mané Guernehué
Bretagne – Morbihan (56) – Baden – p. 208

Mané Guernehué/MICHELIN

PARCS AQUATIQUES – la sélection de bib

Morbihan

On a aimé :
Les pistes de glisse face aux palmiers bretons – L'espace bien-être et détente en partie couvert.

À découvrir aux alentours :
Vannes, ses remparts, son cœur historique – L'Île aux Moines – Les activités nautiques du Golfe du Morbihan.

We loved :
The sliding tracks contrasted against the Breton palm trees – The wellness center.

Discovering the region :
Vannes, its ramparts, its historic centre – L'Ile aux Moines – Water activities in the Golfe du Morbihan.

La Grande Métairie
Bretagne – Morbihan (56) – Carnac – p. 215

La Grance Métairie/MICHELIN

On a aimé :
Les îlots plantés de palmiers – Le rocher qui abrite la cascade – Le toboggan perdu dans la végétation – L'espace couvert dédié aux enfants.

À découvrir aux alentours :
Les mégalithes – La presqu'île de Quiberon – Belle-Île-en-Mer – La conserverie de « La Belle-Iloise » – Le port de La Trinité-sur-Mer.

We loved :
The boulder shaded waterfall – The slide « lost » in the vegetation – The discovery space for kids.

Discovering the region :
The megaliths – The Quiberon peninsula – The port of La Trinité-sur-Mer.

Avec Michelin découvrez la France en camping-car

Pour sillonner la France le temps d'une escapade ou des grandes vacances, 100 circuits-découverte avec toutes les informations pratiques pour la réussite de votre voyage en camping-car.
- La découverte des étapes culturelles, naturelles et loisirs.
- Nos conseils pratiques et adresses utiles : aires de service, campings, haltes chez le particulier, restaurants, boutiques, loisirs…
- La cartographie Michelin pour faciliter votre déplacement.

www.cartesetguides.michelin.fr

Une meilleure façon d'avancer

Les **terrains** sélectionnés
Selected **camping** sites
Ausgewählten **Campingplätze**
De geselekteerde **terreinen**

55

ALSACE

Si l'Alsace vous était contée, l'histoire décrirait le romantisme des châteaux forts érigés au pied des Vosges, les douces collines submergées d'une mer de ceps ou la féerie des villages de poupée égayant la plaine. Elle exalterait Colmar et l'adorable « petite Venise » avec ses balcons fleuris et ses cigognes, et inviterait à flâner dans Strasbourg dont le marché de Noël fait resplendir la cathédrale… Il se dégage de la capitale de l'Europe une chaleur que même la rudesse de l'hiver ne peut atténuer : nid douillet de la « Petite France » dont les belles maisons à colombages se reflètent dans l'Ill, ambiance conviviale des brasseries propices à la dégustation d'une bonne bière, et pittoresque décor des winstubs aptes à calmer les appétits les plus féroces avec force choucroutes, bäeckeoffes et kouglofs.

Alsace is perhaps the most romantic of France's regions, a place of fairy-tale castles, gentle vine-clad hills and picture-perfect villages perched on rocky outcrops or nestling in lush green valleys. From Colmar's Little Venice with its flower-decked balconies and famous storks to the lights of Strasbourg's Christmas market or the half-timbered houses reflected in the meanders of the River Ill, Alsace radiates a warmth that even the winter winds cannot chill. So make a beeline for the boisterous atmosphere of a brasserie and sample a real Alsace beer or head for a local "winstub" and tuck into a steaming dish of choucroute — sauerkraut with smoked pork — and a huge slice of kugelhof cake, all washed down with a glass of fruity Sylvaner or Riesling wine.

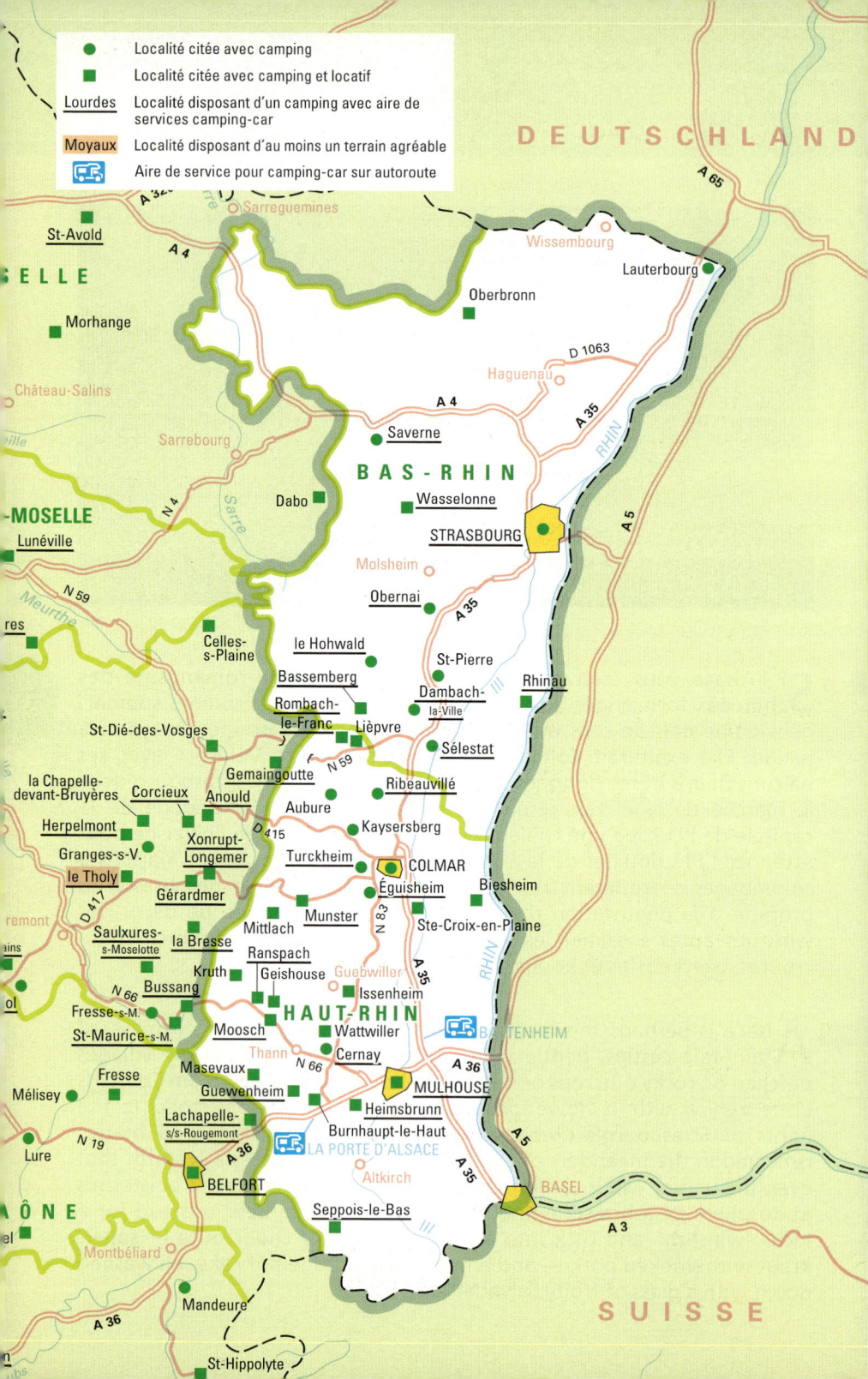

ALSACE

AUBURE

✉ 68150 – **315** H7 – G. Alsace Lorraine – 400 h. – alt. 800
Paris 435 – Colmar 27 – Gérardmer 48 – St-Dié 38 – Ste-Marie-aux-Mines 14 – Sélestat 28.

La Ménère
📞 03 89 73 92 99, aubure@cc-ribeauville.fr,
Fax 03 89 73 93 45 – **R** conseillée
1,8 ha (70 empl.) en terrasses, herbeux, gravillons
Pour s'y rendre : au bourg, près de la poste, accès conseillé par sortie sud, rte de Ribeauvillé et chemin à dr.
À savoir : à l'orée d'une pinède

Nature : 🌳 ≤ ♀
Services : ⚬⌁ 🔲 ☺
À prox. : 🚴

BASSEMBERG

✉ 67220 – **315** H7 – 260 h. – alt. 280
Paris 432 – Barr 21 – St-Dié 35 – Sélestat 19 – Strasbourg 59.

Le Giessen de mi-avr. à mi-sept.
📞 03 88 58 98 14, giessen@campeole.com, Fax 03 88 57 02 33, http://www.camping-giessen.com – **R** conseillée
4 ha (175 empl.) plat, herbeux
Tarif : 24 € ★★ ⇌ 🔲 (🗲) (10A) – pers. suppl. 5,90 € – frais de réservation 26 €
Location (de mi-avr. à mi-sept.) ♿ : 24 🏠 (4 à 6 pers.) nuitée 42 € - 336 à 770 €/sem. – 28 🏠 (4 à 6 pers.) nuitée 40 € - 315 à 749 €/sem. – bungalows toilés (avec sanitaires) – frais de réservation 26 € – **R** conseillée
🚐
Pour s'y rendre : rte de Villé (sortie nord-est sur D 39, au bord du Giessen)
À savoir : près d'un complexe aquatique

Nature : ≤ 🏞
Loisirs : 🍷 ☼ diurne 🚴
Services : ♿ ⚬⌁ GB ✂ 🏛 🔲 ♨ ☺ 🏊 🎿 🎵 🚿
À prox. : ✂ 🎣 🏞 ⛷ 🚣 skate-park

BIESHEIM

✉ 68600 – **315** J8 – G. Alsace Lorraine – 2 315 h. – alt. 189
Paris 520 – Strasbourg 85 – Freiburg im Breisgau 37 – Basel 68 – Mulhouse 50.

Intercommunal l'Île du Rhin de mi-avr. à déb. oct.
📞 03 89 72 57 95, camping@paysdebrisach.fr,
Fax 03 89 72 14 21, www.campingiledurhin.com
– **R** conseillée
3 ha (251 empl.) plat et peu incliné, herbeux
Tarif : (Prix 2008) 18,21 € ★★ ⇌ 🔲 (🗲) (6A) – pers. suppl. 4,23 €
Location (Prix 2008) : 14 🏠 (4 à 6 pers.) 302 à 604 €/sem. – **R** conseillée
Pour s'y rendre : zone touristique de l'Île du rhin (5 km à l'est par N 415, rte de Fribourg)
À savoir : site et cadre agréables entre le Rhin et le canal d'Alsace

Nature : ♀
Loisirs : snack 🏠 ☼ diurne (juil.-août) 🚴
Services : ♿ ⚬⌁ GB ✂ 🔲 ☺ 🏊 🎿
🏛 sèche-linge 🧺 🚿
À prox. : 🏞 🚣 ⛷ 🎣 ski nautique, port de plaisance

BURNHAUPT-LE-HAUT

✉ 68520 – **315** G10 – 1 505 h. – alt. 300
Paris 454 – Altkirch 16 – Belfort 32 – Mulhouse 17 – Thann 12.

Les Castors de déb. avr. à fin oct.
📞 03 89 48 78 58, camping.les.castors@wanadoo.fr,
Fax 03 89 62 74 66, www.camping.alsace.com/burnhaupt
– **R** conseillée
2,5 ha (135 empl.) plat, herbeux
Tarif : (Prix 2008) 16,40 € ★★ ⇌ 🔲 (🗲) (10A) – pers. suppl. 3,80 € – frais de réservation 2,50 €
🚐 5 🔲 15 €
Pour s'y rendre : 4 rte de Guewenheim (2,5 km au nord-ouest par D 466)
À savoir : cadre champêtre en bordure de rivière et d'un étang

Nature : ♀
Loisirs : 🍷 ✕ 🚴 🚲 🎵 🏊
Services : ♿ ⚬⌁ GB ✂ 🔲 ♨ ☺
🏛 sèche-linge

ALSACE

CERNAY

68700 – **315** H10 – G. Alsace Lorraine – 10 446 h. – alt. 275
Office de tourisme, 1, rue Latouche 03 89 75 50 35, Fax 03 89 75 49 24
Paris 461 – Altkirch 26 – Belfort 39 – Colmar 37 – Guebwiller 15 – Mulhouse 18 – Thann 6.

Les Acacias de mi-avr. à mi-oct.
 03 89 75 56 97, campolande.cernay@orange.fr,
Fax 03 89 39 72 29, www.camping-les-acacias.fr
3,5 ha (204 empl.) plat, herbeux
Tarif : (Prix 2008) 15,70 € (5A) – pers.
suppl. 3,70 € – frais de réservation 6 €
1 borne artisanale
Pour s'y rendre : r. René-Guibert (sortie rte de Belfort puis à dr. apr. le pont, au bord de la Thur)

Nature :
Loisirs :
Services :
À prox. : (découverte en saison) poneys

COLMAR

68000 – **315** I8 – G. Alsace Lorraine – 65 136 h. – alt. 194
Office de tourisme, 4, rue d'Unterlinden 03 89 20 68 92, Fax 03 89 20 69 14
Paris 450 – Basel 68 – Freiburg 51 – Nancy 140 – Strasbourg 78.

L'Ill fermé de déb. janv. à fin mars
 03 89 41 15 94, camping-ill@calixo.net,
Fax 03 89 41 15 94, www.campingdelill.com – **R** conseillée
2,2 ha (200 empl.) plat et terrasses, herbeux
Tarif : (Prix 2008) 15,30 € (10A) – pers. suppl. 3,60 €
Pour s'y rendre : 2 km à l'est par N 415, rte de Fribourg, au bord de l'ill, à Horbourg

Nature :
Loisirs : snack
Services :

DAMBACH-LA-VILLE

67650 – **315** I7 – G. Alsace Lorraine – 1 973 h. – alt. 210
Office de tourisme, 11, place du Marché 03 88 92 61 00, Fax 03 88 92 47 11
Paris 443 – Barr 17 – Obernai 24 – Saverne 61 – Sélestat 8 – Strasbourg 52.

Les Reflets du Vignoble de déb. mars à mi-déc.
 03 88 92 48 60, camping-de-l-ours@orage.fr,
Fax 03 88 92 48 60 – **R** conseillée
1,8 ha (120 empl.) plat, herbeux
Tarif : (Prix 2008) 11,30 € (6A) – pers. suppl. 2,10 €
 – 50 8,70 € 10.10 €
Pour s'y rendre : R. du Stade (1,2 km à l'est par D 210, rte d'Ebersheim et chemin à gauche)
À savoir : cadre ombragé

Nature :
Services :
À prox. :

Mittelbergheim

R. Mattes/Michelin

ALSACE

ÉGUISHEIM

✉ 68420 – **315** H8 – G. Alsace Lorraine – 1 548 h. – alt. 210
🛈 *Office de tourisme, 22a, Grand'Rue* ✆ *03 89 23 40 33, Fax 03 89 41 86 20*
Paris 452 – Belfort 68 – Colmar 7 – Gérardmer 52 – Guebwiller 21 – Mulhouse 42 – Rouffach 11.

⚠ **Des Trois Châteaux** de déb. avr. à déb. oct.
✆ 03 89 23 19 39, *camping.eguisheim@wanadoo.fr*,
Fax 03 89 24 10 19, *www.eguisheimcamping.fr* – **R** conseillée
2 ha (121 empl.) plat et peu incliné, herbeux, gravier
Tarif : 16 € 🏕 🚐 🖪 (6A) – pers. suppl. 4 € – frais de réservation 6 €
🚐 – 60 🖪 14 €
Pour s'y rendre : 10 r. du Bassin (à l'ouest)
À savoir : situation agréable près du vignoble

Nature : 🌳 ≤ ♀
Services : ♿ 🔑 GB ✂ 🖪 🌀 ⊕ 🔥

GEISHOUSE

✉ 68690 – **315** G9 – 472 h. – alt. 730
Paris 467 – Belfort 53 – Bussang 23 – Colmar 55 – Mulhouse 32.

⚠ **Au Relais du Grand Ballon** Permanent
✆ 03 89 82 30 47, *aurelaisgeishouse@wanadoo.fr*,
Fax 03 89 82 30 47, *www.aurelaisdugrandballon.com* –
places limitées pour le passage – **R** conseillée
0,3 ha (24 empl.) plat herbeux
Tarif : 16,50 € 🏕 🚐 🖪 (10A) – pers. suppl. 4 €
Location (permanent) : 4 🏠 (4 à 6 pers.) - 350 à
470 €/sem. – **R** conseillée
Pour s'y rendre : 17 Grand' Rue (sortie sud)

Nature : 🌳 🏞 ♀
Loisirs : 🍷 ✕
Services : ♿ 🔑 GB ✂ 🛒 🖪 ♨ ⊕
🍳 🖪 sèche-linge

*Si vous désirez réserver un emplacement pour vos vacances,
faites-vous préciser au préalable les conditions particulières de séjour,
les modalités de réservation, les tarifs en vigueur et les conditions de paiement.*

61

GUEWENHEIM

✉ 68116 – **315** G10 – 1 176 h. – alt. 323
Paris 458 – Altkirch 23 – Belfort 36 – Mulhouse 21 – Thann 9.

⛰ **La Doller** de déb. avr. à fin oct.
✆ 03 89 82 56 90, *campeurs-doller@wanadoo.fr*,
Fax 03 89 82 82 31, *www.campingdoller.com* – **R** conseillée
0,8 ha (40 empl.) plat, herbeux
Tarif : 🕴 3,95 € 🖪 3,40 € – 🖪 (6A) 3,40 €
Location (de mi-mai à fin sept.) : 8 🏠 (2 à 4 pers.) 290
à 350 €/sem. – **R** conseillée
🚐 1 borne flot bleu 3,50 € – 🚐 10.50 €
Pour s'y rendre : 1 r. Cdt-Charpy (1 km au nord par D 34,
rte de Thann et chemin à dr., au bord de la Doller)
À savoir : ambiance familiale dans un cadre verdoyant et fleuri

Nature : 🌳 ♀
Loisirs : 🍷 🎱 🏊 🎣 🐟
Services : ♿ 🔑 GB ✂ 🛒 🖪 ♨ ⊕
🍳 🧺 🍴 🖪
À prox. : ✕ m 🚐

HEIMSBRUNN

✉ 68990 – **315** H10 – 1 218 h. – alt. 280
Paris 456 – Altkirch 14 – Basel 50 – Belfort 34 – Mulhouse 10 – Thann 17.

⛰ **Parc la Chaumière**
✆ 03 89 81 93 43, *reception@camping-lachaumiere.com*,
Fax 03 89 81 93 43, *www.camping-lachaumiere.com* –
places limitées pour le passage – **R** conseillée
1 ha (66 empl.) plat, herbeux, gravillons
Location 🏠 : 12 🖪 – 5 🚐
🚐 1 borne artisanale – 4 🖪 🚐
Pour s'y rendre : sortie sud par D 19, rte d'Altkirch
À savoir : dans un agréable cadre arbustif

Nature : 🌳 🏞 ♀
Loisirs : 🎣 🏊 (petite piscine)
Services : 🔑 🛒 🖪 ⊕ 🍳 🚐

ALSACE

LE HOHWALD

67140 – **315** H6 – G. Alsace Lorraine – 386 h. – alt. 570 – Sports d'hiver : 600/1 100 m
Office de tourisme, square Kuntz 03 88 08 33 92, Fax 03 88 08 30 14
Paris 430 – Lunéville 89 – Molsheim 33 – St-Dié 46 – Sélestat 26 – Strasbourg 51.

Municipal Permanent
03 88 08 30 90, lecamping.herrenhaus@orange.fr,
Fax 03 88 08 30 90 – alt. 615 – **R** conseillée
2 ha (100 empl.) accidenté, en terrasses, herbeux, gravillons
Tarif : ★ 3,60 € 1,80 € 2,20 € – (₤) (6A) 4,20 €
25

Pour s'y rendre : 28 r. du Herrenhaus (sortie ouest par D 425, rte de Villé)

À savoir : à la lisière d'une forêt

Nature :
Loisirs : parcours sportif
Services :

ISSENHEIM

68500 – **315** H9 – G. Alsace Lorraine – 3 296 h. – alt. 245
Paris 487 – Strasbourg 98 – Colmar 24 – Mulhouse 22 – Belfort 52.

Le Florival de déb. avr. à fin oct.
03 89 74 20 47, contact@camping-leflorival.com,
Fax 03 89 74 20 47, www.camping-leflorival.com
– **R** conseillée
3,5 ha (85 empl.) plat, pierreux, herbeux
Tarif : (Prix 2008) ★ 3,20 € 6 € – (₤) (6A) 3 €
Location (Prix 2008) : 20 (4 à 6 pers.) - 244 à 530 €/sem. – **R** conseillée

Pour s'y rendre : rte de Soultz (2,5 km au sud-est par D 430, rte de Mulhouse et D 5 à gauche, rte d'Issenheim)

Nature :
Loisirs :
Services : sèche-linge
À prox. :

Utilisez le guide de l'année.

KAYSERSBERG

68240 – **315** H8 – G. Alsace Lorraine – 2 676 h. – alt. 242
Office de tourisme, 39, rue du Gal-de-Gaulle 03 89 78 22 78, Fax 03 89 78 27 44
Paris 438 – Colmar 12 – Gérardmer 46 – Guebwiller 35 – Munster 22 – St-Dié 41 – Sélestat 24.

Municipal de déb. avr. à fin sept.
03 89 47 14 47, camping@ville-kaysersberg.fr,
Fax 03 89 47 14 47, www.ville-kaysersberg.fr – **R** conseillée
(de déb. juil. à fin août)
1,6 ha (120 empl.) plat, herbeux
Tarif : 16,50 € ★★ (13A) – pers. suppl. 3,90 €

Pour s'y rendre : R. des Acacias (sortie nord-ouest par N 415, rte de St-Dié et à droite, au bord de la Weiss)

Nature :
Loisirs :
Services : sèche-linge

KRUTH

68820 – **315** F9 – G. Alsace Lorraine – 1 010 h. – alt. 498
Paris 453 – Colmar 63 – Épinal 68 – Gérardmer 31 – Mulhouse 40 – Thann 20 – Le Thillot 29.

Le Schlossberg de déb. avr. à fin sept.
03 89 82 26 76, info@schlossberg.fr, Fax 03 89 82 20 17,
www.schlossberg.fr – **R** conseillée
5,2 ha (200 empl.) peu incliné, terrasse, herbeux
Tarif : (Prix 2008) ★ 4,30 € 3,90 € – (₤) (6A) 3 € – frais de réservation 10 €
Location (Prix 2008) (permanent) : 6 (4 à 6 pers.) nuitée 42 € - 280 à 525 €/sem. – frais de réservation 10 € - **R** conseillée

Pour s'y rendre : 19 r. du Bourbach (2,3 km au nord-ouest par D 13b, rte de La Bresse et rte à gauche, au bord de la Bourbach)

À savoir : site agréable au coeur du Parc des Ballons

Nature :
Loisirs :
Services : sèche-linge

ALSACE

LAUTERBOURG

✉ 67630 – **315** N3 – 2 269 h. – alt. 115
🛈 *Office de tourisme, 21, rue de la 1ère Armée* ✆ *03 88 94 66 10, Fax 03 88 54 61 33*
Paris 519 – Haguenau 40 – Karlsruhe 22 – Strasbourg 63 – Wissembourg 20.

▲ Municipal des Mouettes
✆ 03 88 54 68 60, camping-lauterbourg@wanadoo.fr,
Fax 03 88 54 68 60, www.camping-lauterbourg.fr.st – places limitées pour le passage – **R** conseillée ⚠
2,7 ha (136 empl.) plat, herbeux

Pour s'y rendre : 1,5 km au sud-ouest par D 3 et chemin à gauche, à 100 m d'un plan d'eau (accès direct)

Loisirs : 🍴 snack
Services : ♿ ⛽ 🚿 🚻 🚽 ⚡ 🧺
À prox. : 🎣 🛶 🏊 ⛵

LIEPVRE

✉ 68660 – **315** H7 – 1 632 h. – alt. 272
Paris 428 – Colmar 35 – Ribeauvillé 27 – St-Dié-des-Vosges 31 – Sélestat 15.

▲ Haut-Koenigsbourg de mi-mars à mi-oct.
✆ 03 89 58 43 20, camping.haut-koenigsbourg@orange.fr,
Fax 03 89 58 98 20, www.valdargent.com/camping-ht-koenigsbourg.htm – **R** conseillée
1 ha (77 empl.) plat et peu incliné, herbeux
Tarif : 13 € 👥 🚗 🔌 (8A) – pers. suppl. 3,40 €
Location (de mi-mars à mi-oct.) ⚠ : 6 🏠 (4 à 6 pers.) nuitée 50 € - 265 à 500 €/sem. – **R** conseillée

Pour s'y rendre : R. de la Vancelle (900 m à l'est par C 1 rte de la Vancelle)

À savoir : entrée bordée par un séquoia centenaire

Nature : 🌳 🌿
Loisirs : 🎮 🎣
Services : ♿ ⛽ 🏧 🚿 🚻 🚽 ⚡ 🧺

Benutzen Sie
– zur Wahl der Fahrtroute
– zur Berechnung der Entfernungen
– zur exakten Lokalisierung eines Campingplatzes (mit Hilfe der Angaben im Ortstext) die für diesen Führer unentbehrlichen **MICHELIN-Karten** *.*

MASEVAUX

✉ 68290 – **315** F10 – G. Alsace Lorraine – 3 329 h. – alt. 425
🛈 *Office de tourisme, 1, place Gayardon* ✆ *03 89 82 41 99, Fax 03 89 82 49 44*
Paris 440 – Altkirch 32 – Belfort 24 – Colmar 57 – Mulhouse 30 – Thann 15 – Le Thillot 38.

▲ Le Masevaux de mi-fév. à fin oct.
✆ 03 89 82 42 29, contact@camping-masevaux.com,
Fax 03 89 82 42 29, www.camping-masevaux.com
– **R** conseillée
3,5 ha (149 empl.) plat, herbeux
Tarif : 15,40 € 👥 🚗 🔌 (6A) – pers. suppl. 3,80 €

Pour s'y rendre : 3 r. du Stade (au bord de la Doller)
À savoir : agréable cadre boisé et fleuri

Nature : 🌳 🌿🌿
Loisirs : snack 🎮 🎣 🛶
Services : ♿ ⛽ 🏧 🚿 🚻 🚽 ⚡ 🧺 sèche-linge
À prox. : 🏓 🎿 🎱 🏊 terrain omnisports

MITTLACH

✉ 68380 – **315** G8 – 290 h. – alt. 550
Paris 467 – Colmar 28 – Gérardmer 42 – Guebwiller 44 – Thann 46.

△ Municipal Langenwasen de mi-avr. à mi-oct.
✆ 03 89 77 63 77, mairiemittlach@wanadoo.fr,
Fax 03 89 77 74 36, www.mittlach.fr – alt. 620 – **R** conseillée
3 ha (150 empl.) peu incliné, plat et terrasses, herbeux, gravier
Tarif : (Prix 2008) 👤 3,45 € 🚗 1,15 € 🅴 2,45 € – ⚡ (6A) 2,45 €

Pour s'y rendre : Chemin du Camping (3 km au sud-ouest, au bord d'un ruisseau)
À savoir : site boisé au fond d'une vallée

Nature : 🌳 ≤ 🏔 🌿
Loisirs : 🎮
Services : 🚰 (juil.-août) 🏧 🚿 ⚡ 🧺

ALSACE

MOOSCH

✉ 68690 – **315** G9 – G. Alsace Lorraine – 1 912 h. – alt. 390
Paris 463 – Colmar 51 – Gérardmer 42 – Mulhouse 28 – Thann 8 – Le Thillot 30.

▲ La Mine d'Argent de mi-avr. à mi-oct.
📞 03 89 82 30 66, *moosch@camping-la-mine-argent.com*,
Fax 03 89 82 30 66, *www.camping-la-mine-argent.com* – places limitées pour le passage – **R** conseillée
2 ha (75 empl.) peu incliné, plat, en terrasses, herbeux
Tarif : 15,20 € ★★ ⇌ 🅴 ⓩ (6A) – pers. suppl. 3,80 €
🚻

Nature : 🌳 ≤ 🌿
Loisirs : 🏛 ⚽
Services : ⌕ 🆋 ⓥ 🛒 ⊕ 🔳 sèche-linge

Pour s'y rendre : r. de la Mine d'Argent (1,5 km au sud-ouest par r. de la Mairie, au bord d'un ruisseau)
À savoir : dans un site vallonné et verdoyant

MULHOUSE

✉ 68100 – **315** I10 – G. Alsace Lorraine – 110 359 h. – alt. 240
🛈 Office de tourisme, 9, avenue du Maréchal Foch 📞 03 89 35 48 48, Fax 03 89 45 66 16
Paris 465 – Basel 34 – Belfort 43 – Besançon 130 – Colmar 46 – Dijon 218 – Freiburg 59 – Nancy 174 – Reims 379.

▲ L'Ill de déb. avr. à fin oct.
📞 03 89 06 20 66, *campingdelill@wanadoo.fr*,
Fax 03 89 61 18 34, *www.camping-de-lill.com* – **R**
5 ha (210 empl.) plat, herbeux
Tarif : (Prix 2008) ★ 3,70 € 🅴 3,70 € – ⓩ (5A) 3,50 € – frais de réservation 5 €
Location (Prix 2008) (de déb. avr. à mi-oct.) 🏕 : 8 🚐
(4 à 6 pers.) 245 à 340 €/sem. – frais de réservation 15 €
- **R** conseillée
🚻 – 16 🅴 11 € – 🌙 11 €

Nature : 🌳🌳
Loisirs : 🏛
Services : ♿ ⌕ 🆋 ⓥ 🚿 🛒 ≈ ⊕ 🍴 🔳 🏊
À prox. : patinoire ✂ 🏃 ⛸ 🏂
pistes de bi-cross et skate-board

Pour s'y rendre : 1 r. Pierre-de-Coubertin (au sud-ouest, par autoroute A 36, sortie Dornach)
À savoir : cadre boisé en bordure de rivière

Benutzen Sie
– zur Wahl der Fahrtroute
– zur Berechnung der Entfernungen
– zur exakten Lokalisierung eines Campingplatzes (mit Hilfe der Angaben im Ortstext)
die für diesen Führer unentbehrlichen **MICHELIN-Karten** .

Le lac Blanc

ALSACE

MUNSTER

✉ 68140 – **315** G8 – G. Alsace Lorraine – 4 884 h. – alt. 400
🛈 *Office de tourisme, 1, rue du Couvent* ☎ *03 89 77 31 80, Fax 03 89 77 07 17*
Paris 458 – Colmar 19 – Gérardmer 34 – Guebwiller 40 – Mulhouse 60 – St-Dié 54 – Strasbourg 96.

⛰ **Village Center Le Parc de la Fecht** de fin avr. à mi-sept.
☎ 08 25 00 20 30, resa@village-center.com, Fax 03 89 77 42 28, www.village-center.com – ℝ
4 ha (260 empl.) plat, herbeux
Tarif : (Prix 2008) 20 € ★★ 🚗 🅴 (6A) – pers. suppl. 6 € – frais de réservation 30 €
Location (Prix 2008) (de déb. déc. à fin oct.) : 7 🏠 (4 à 6 pers.) nuitée 36 € - 252 à 600 €/sem. - frais de réservation 30 € - ℝ conseillée
🍴 – 🍽 🛁 10 €
Pour s'y rendre : Rte de Gunsbach (1 km à l'est par D 10, rte de Turckheim)
À savoir : cadre boisé, au bord de la Fecht

| Nature : ♤♤ |
| Loisirs : 🎭 🎪 diurne (Juil.-août) nocturne (Juil.-août) 🏇 |
| Services : ⚬━ 🚻 🚿 🍽 🔥 ☎ 🛒 |
| À prox. : 🛶 |

Si vous recherchez :
👨‍👩‍👧 Un terrain offrant des équipements et des loisirs adaptés aux enfants
💤 Un terrain agréable ou très tranquille
L - M Un terrain effectuant la location de caravanes, de mobile homes, de bungalows ou de chalets
P Un terrain ouvert toute l'année
🚐 Un terrain possédant une aire de services pour camping-cars
Consultez le tableau des localités

OBERBRONN

✉ 67110 – **315** J3 – G. Alsace Lorraine – 1 424 h. – alt. 260
Paris 460 – Bitche 25 – Haguenau 24 – Saverne 36 – Strasbourg 53 – Wissembourg 37.

⛰ **L'Oasis** de déb. avr. à fin oct.
☎ 03 88 09 71 96, oasis.oberbronn@laregie.fr, Fax 03 88 09 97 87, www.oasis-alsace.com – ℝ
2,5 ha (148 empl.) plat et peu incliné, herbeux, pierreux
Tarif : (Prix 2008) 14 € ★★ 🚗 🅴 (6A) – pers. suppl. 1,90 €
Location (Prix 2008) (permanent) : 28 🏠 (4 à 6 pers.) nuitée 65 € - 262 à 593 €/sem. - huttes, gîte d'étape – ℝ conseillée
🍴 – 7 🅴 14 €
Pour s'y rendre : 3 r. du Frohret (1,5 km au sud par D 28, rte d'Ingwiller et chemin à gauche)
À savoir : à la lisière d'une forêt

| Nature : 🌳 🌲 |
| Loisirs : 🍴 snack 🎭 🏇 🎱 🛶 parcours sportif, centre de remise en forme "l'Oasis" |
| Services : ♿ ⚬━ 🚻 🚿 🍽 🔥 🛁 🛒 ☎ |
| À prox. : 🏊 |

OBERNAI

✉ 67210 – **315** I6 – G. Alsace Lorraine – 10 471 h. – alt. 185
🛈 *Office de tourisme, place du Beffroi* ☎ *03 88 95 64 13, Fax 03 88 49 90 84*
Paris 488 – Colmar 50 – Erstein 15 – Molsheim 12 – Sélestat 27 – Strasbourg 31.

⛰ **Municipal le Vallon de l'Ehn** Permanent
☎ 03 88 95 38 48, camping@obernai.fr, Fax 03 88 48 31 47, www.camping-alsace.com – ℝ conseillée
3 ha (150 empl.) plat, peu incliné, herbeux
Tarif : ★ 4 € 🚗 4,70 € – 🛖 (16A) 3,70 €
🍴 – 25 🅴 12,70 €
Pour s'y rendre : 1 r. de Berlin (sortie ouest par D 526, rte d'Ottrott, pour caravanes : accès conseillé par rocade au sud de la ville)

| Nature : 🌲 |
| Loisirs : 🎭 🏇 🛶 |
| Services : ♿ ⚬━ 🚻 🚿 🍽 🔥 🛁 ☎ 🛒 🛁 sèche-linge |
| À prox. : 🎱 🎿 🛶 🏇 (centre équestre) parc public |

ALSACE

RANSPACH

✉ 68470 – **315** G9 – G. Alsace Lorraine – 893 h. – alt. 430
Paris 459 – Belfort 54 – Bussang 15 – Gérardmer 38 – Thann 13.

▲ Les Bouleaux Permanent

📞 03 89 82 64 70, *contact@alsace-camping.com*,
Fax 03 89 39 14 17, *www.alsace-camping.com* – **R** conseillée
1,75 ha (100 empl.) plat, herbeux

Tarif : (Prix 2008) ★ 4 € 🚗 📧 4 € – (½) (6A) 3,50 € – frais de réservation 7 €

Location (Prix 2008) (permanent) : 5 🏠 (4 à 6 pers.) nuitée 50 € - 300 à 430 €/sem. – 11 🏠 (4 à 6 pers.) nuitée 60 € - 320 à 500 €/sem. – frais de réservation 7 € - **R** conseillée

🚐 1 borne 3 € – 2 📧 16 € – 🛒 (½) 16 €

Pour s'y rendre : 8 r. des Bouleaux (au sud du bourg par N 66)

Nature : ≤ ♀
Loisirs : 🍴 snack 🏠 ♬ 🛥
Services : ♿ ⚡ 🆔 ✂ 🏠 🚿 ♨
😊 🛁 🍽 🔥 sèche-linge

Donnez-nous votre avis
sur les terrains que nous recommandons.
Faites-nous connaître vos observations et vos découvertes.
par mail à l'adresse : leguidecampingfrance@fr.michelin.com.

RHINAU

✉ 67860 – **315** K7 – G. Alsace Lorraine – 2 348 h. – alt. 158
🏢 Office de tourisme, 35, rue du Rhin 📞 03 88 74 68 96, Fax 03 88 74 83 28
Paris 525 – Marcolsheim 26 – Molsheim 38 – Obernai 28 – Sélestat 28 – Strasbourg 39.

▲ Ferme des Tuileries avr.-sept.

📞 03 88 74 60 45, *camping.fermetuileries@neuf.fr*,
Fax 03 88 74 85 35, *www.fermedestuileries.com* – **R** ✂
4 ha (150 empl.) plat, herbeux

Tarif : 13,70 € ★★ 🚗 📧 (½) (6A) – pers. suppl. 3,50 €

Location (avr.-déc.) : 5 🏠 (4 à 6 pers.) - 350 à 600 €/sem.

🚐 1 borne artisanale 2 € – 15 📧 13,70 €

Pour s'y rendre : 1 r. des Tuileries (sortie nord-ouest, rte de Benfeld)

Nature : 🌊 ♀
Loisirs : snack 🏠 🚴 ✂ ♬ 🏊 🛥 (plan d'eau) 🏖 🚣
Services : ⚡ ✂ 🚽 🆔 🚿 ♨ 🔥 sèche-linge ♿

Les chaumes de la route des Crêtes

ALSACE

RIBEAUVILLÉ

✉ 68150 – **315** H7 – G. Alsace Lorraine – 4 929 h. – alt. 240
Paris 439 – Colmar 16 – Gérardmer 56 – Mulhouse 60 – St-Dié 42 – Sélestat 14.

▲▲▲ **Municipal Pierre-de-Coubertin** de mi-mars à mi-nov.
📞 03 89 73 66 71, camping.ribeauville@wanadoo.fr, Fax 03 89 73 66 71, www.camping-alsace.com/ribeauville/index.htm –
3,5 ha (260 empl.) plat, herbeux
Tarif : ♣ 4 € 🚗 🔲 5 € – (⚡) (16A) 3,50 €
🚐 1 borne artisanale –
Pour s'y rendre : 23 r. de Landau (sortie est par D 106 puis r. à gauche)

ROMBACH-LE-FRANC

✉ 68660 – **315** H7 – 820 h. – alt. 290
Paris 431 – Colmar 38 – Ribeauvillé 30 – St-Dié 34 – Sélestat 18.

▲ **Municipal les Bouleaux** de mi-avr. à mi-oct.
📞 03 89 58 41 56, camping.rombach@calixo.net, Fax 03 89 58 93 21, www.valdargent.com/camping-rombach-les-bouleaux.htm – croisement difficile pour caravanes – **R** conseillée
1,3 ha (50 empl.) non clos, plat et peu incliné, herbeux
Tarif : (Prix 2008) ♣ 2,40 € 🚗 1,65 € 🔲 ,85 € – (⚡) (13A) 2,20 €
Location (Prix 2008) (permanent) ⚡ : 5 🏠 (4 à 6 pers.) - 250 à 370 €/sem. – **R** conseillée
🚐 3 🔲 2,85 €
Pour s'y rendre : Rte de la Hingrie (1,5 km au nord-ouest)
À savoir : dans un vallon entouré de sapins et traversé par un ruisseau

ST-PIERRE

✉ 67140 – **315** I6 – 532 h. – alt. 179
Paris 498 – Barr 4 – Erstein 21 – Obernai 12 – Sélestat 15 – Strasbourg 40.

▲ **Municipal Beau Séjour** de mi-mai à fin sept.
📞 03 88 08 52 24, camping.saintpierre@laposte.net, Fax 03 88 08 52 24, www.pays-de-barr.com – **R** conseillée
0,6 ha (47 empl.) plat, herbeux
Tarif : (Prix 2008) 14 € ♣♣ 🚗 🔲 (⚡) (6A) – pers. suppl. 3 €
Pour s'y rendre : R. de l'Église (au bourg, derrière l'église, au bord du Muttlbach)

STE-CROIX-EN-PLAINE

✉ 68127 – **315** I8 – 2 121 h. – alt. 192
Paris 471 – Belfort 78 – Colmar 10 – Freiburg-im-Breisgau 49 – Guebwiller 21 – Mulhouse 37.

▲▲▲ **Clairvacances** de déb. avr. à mi-oct.
📞 03 89 49 27 28, clairvacances@wanadoo.fr, Fax 03 89 49 31 37, www.clairvacances.com – **R** conseillée
4 ha (135 empl.) plat, herbeux
Tarif : 24 € ♣♣ 🚗 🔲 (⚡) (8A) – pers. suppl. 7 € – frais de réservation 6 €
Location (de déb. avr. à mi-oct.) ⚡ : 10 🚐 (4 à 6 pers.) 290 à 765 €/sem. – frais de réservation 6 € - **R** conseillée
Pour s'y rendre : Rte de Herrlisheim (2,7 km au nord-ouest par D 1)
À savoir : agréable décoration arbustive

ALSACE

SAVERNE

✉ 67700 – **315** I4 – G. Alsace Lorraine – 11 201 h. – alt. 200
🛈 *Office de tourisme, 37, Grand'Rue* ✆ *03 88 91 80 47, Fax 03 88 71 02 90*
Paris 450 – Lunéville 88 – St-Avold 89 – Sarreguemines 65 – Strasbourg 39.

▲ **Municipal**
✆ 03 88 91 35 65, *d.krau@mairie-saverne.fr*,
Fax 03 88 91 35 65
2,1 ha (144 empl.) peu incliné, plat, herbeux

Pour s'y rendre : R. Knoepffler (1,3 km au sud-ouest par D 171)

Nature : ≤ 🌳
Loisirs : 🏠 🎯
Services : ♿ ⚡ 🏪 🚿 🧺 ♨ 🛒
À prox. : ✂ 🐴 poneys (centre équestre)

SÉLESTAT

✉ 67600 – **315** I7 – G. Alsace Lorraine – 17 179 h. – alt. 170
🛈 *Office de tourisme, boulevard Leclerc* ✆ *03 88 58 87 20, Fax 03 88 92 88 63*
Paris 441 – Colmar 24 – Gérardmer 65 – St-Dié 44 – Strasbourg 55.

▲ **Municipal les Cigognes** de mi-avr. à fin sept.
✆ 03 88 92 03 98, *accueil@selestat-tourisme.com*,
Fax 03 88 92 17 64, *www.selestat-tourisme.com*
– **R** conseillée
0,7 ha (48 empl.) plat, herbeux
Tarif : (Prix 2008) 14,20 € 👥 🚗 📧 🅿 (16A) – pers. suppl. 3,55 €
🚐

Pour s'y rendre : R. de la Brigade Alsace-Lorraine (r. de la 1ère D.F.L.)

Nature : 🌳
Services : 🔑 🚿 🧺 ♨ 🛒
À prox. : ✂ 🏊 ⛵

Les indications d'accès à un terrain sont généralement indiquées, dans notre guide, à partir du centre de la localité.

SEPPOIS-LE-BAS

✉ 68580 – **315** H11 – 946 h. – alt. 390
Paris 454 – Altkirch 13 – Basel 42 – Belfort 38 – Montbéliard 34.

▲▲ **Village Center Les Lupins** de déb. avr. à mi-sept.
✆ 03 89 25 65 37, *dirlupins@village-center.com*,
Fax 03 89 25 54 92 – **R** conseillée
3,5 ha (158 empl.) plat, terrasses, herbeux
Tarif : (Prix 2008) 20 € 👥 🚗 📧 🅿 (6A) – pers. suppl. 6 €
Location (Prix 2008) (de déb. avr. à mi-sept.) 🅿 : 6 🏠 (4 à 6 pers.) 322 à 602 €/sem. – 10 🏠 (4 à 6 pers.) - 392 à 672 €/sem. - frais de réservation 30 € - **R** conseillée
🚐 5 📧 15 €

Pour s'y rendre : 1 r. de la Gare (sortie nord-est par D 17I I, rte d'Altkirch)

À savoir : sur le site verdoyant de l'ancienne gare

Nature : 🌲 🌳
Loisirs : 🏠 🎯 diurne (juil.-août) nocturne (juil.-août) 🎯 ⛵
Services : ♿ ⚡ 🏧 🚿 🧺 ♨ 🛒 🍴 🧺 sèche-linge
À prox. : ✗ ✂

STRASBOURG

✉ 67000 – **315** K5 – G. Alsace Lorraine – 272 700 h. – alt. 143
🛈 *Office de tourisme, place de la Gare* ✆ *0388325149 Office de tourisme, 17, place de la cathédrale* ✆ *0388522828, Fax 0388522829*
Paris 488 – Stuttgart 160 – Baden-Baden 63 – Karlsruhe 87 – Metz 162.

▲ **La Montagne Verte** Permanent
✆ 03 88 30 25 46, *aquadis1@wanadoo.fr*,
Fax 03 86 37 95 83, *www.aquadis-loisirs.com* – **R** conseillée
2,5 ha (190 empl.) plat, herbeux
Tarif : 18,20 € 👥 🚗 📧 🅿 (6A) – pers. suppl. 3,90 € – frais de réservation 16 €
🚐 1 borne artisanale – 15 📧 18,20 €

Pour s'y rendre : 2 r. Robert-Forrer

Nature : 🌳
Loisirs : 🍴 snack 🏠
Services : ♿ ⚡ 🏧 🚿 ♨ 🛒 🧺 sèche-linge
À prox. : 🎯 ✂

ALSACE

TURCKHEIM

✉ 68230 – **315** H8 – G. Alsace Lorraine – 3 594 h. – alt. 225
🛈 *Office de tourisme, Corps de Garde* ℘ *03 89 27 38 44, Fax 03 89 80 83 22*
Paris 471 – Colmar 7 – Gérardmer 47 – Munster 14 – St-Dié 51 – Le Thillot 66.

▲▲ **Les Cigognes** de déb. mars à fin oct.
℘ 03 89 27 02 00, *municipc@calixo.net, www.camping-turckheim.com* – **R** conseillée
2,5 ha (117 empl.) plat, herbeux
Tarif : 15,10 € ★★ 🚗 🅴 🕻 (10A) – pers. suppl. 4 €
🚐
Pour s'y rendre : à l'ouest du bourg, derrière le stade - accès par chemin entre le passage à niveau et le pont
À savoir : au bord d'un petit canal et près de la Fecht

Nature : 🌳 ♀
Loisirs : 🏊
Services : ♿ ⚡ 🆖 ♻ 🚻 🛒 ♨ 🚿
☺ 🏠 sèche-linge
À prox. : ✂

WASSELONNE

✉ 67310 – **315** I5 – G. Alsace Lorraine – 5 542 h. – alt. 220
🛈 *Syndicat d'initiative, 22, place du Général Leclerc* ℘ *03 88 59 12 00, Fax 03 88 04 23 57*
Paris 464 – Haguenau 42 – Molsheim 15 – Saverne 15 – Sélestat 51 – Strasbourg 27.

▲▲ **Municipal** de mi-avr. à mi-oct.
℘ 03 88 87 00 08, *camping-wasselonne@wanadoo.fr*,
Fax 03 88 68 48 90, *www.suisse-alsace.com* – **R**
1,5 ha (100 empl.) en terrasses, herbeux
Tarif : (Prix 2008) 14,50 € ★★ 🚗 🅴 🕻 (10A) – pers. suppl. 3,70 €
Location (Prix 2008) (permanent) : 12 🏠 (4 à 6 pers.)
nuitée 62 € - 320 à 435 €/sem. – **R** conseillée
🚐 – 10 🅴 11,50 € – 🛒 🕻 13,90 €
Pour s'y rendre : R. des Sapins (1 km à l'ouest par D 224, rte de Wangenbourg)
À savoir : dans l'enceinte du centre de loisirs

Nature : ≤ ♀
Loisirs : 🏊 🎣
Services : ⚡ 🆖 ♻ 🚻 ☺ 🏠 sèche-linge 🚿
À prox. : ✗ ✂ 🎿

WATTWILLER

✉ 68700 – **315** H10 – 1 593 h. – alt. 356
Paris 478 – Strasbourg 116 – Freiburg im Breisgau 81 – Basel 56 – Mulhouse 23.

▲▲▲ **Les Sources** ♿♿ – de mi-avr. à déb. oct.
℘ 03 89 75 44 94, *camping.les.sources@wanadoo.fr*,
Fax 03 89 75 71 98, *www.camping-les-sources.com*
– **R** conseillée
15 ha (360 empl.) en terrasses, pierreux, gravier
Tarif : 30 € ★★ 🚗 🅴 🕻 (5A) – pers. suppl. 7 € – frais de réservation 10 €
Location (de mi-avr. à fin déc.) : 51 🏠 (4 à 6 pers.)
nuitée 35 € - 255 à 580 €/sem. – 23 🏠 (4 à 6 pers.)
nuitée 50 € - 350 à 760 €/sem. – frais de réservation 18 € - **R** conseillée
Pour s'y rendre : Rte des Crêtes

Nature : 🌲 🌳 🏔
Loisirs : 🍽 ✗ pizzeria 🎭 ☀ diurne
(juil.-août) 🎣 🏊 ✂ 🎯 🎿 🏊
Services : ♿ ⚡ 🆖 ♻ 🚻 🛒 ☺ 🕻 🚰
🏠 sèche-linge 🚿 🚐
À prox. : poneys

69

AQUITAINE

Bienvenue en Aquitaine, immuable terre d'accueil où déjà l'homme préhistorique avait élu domicile. La région se compose d'une mosaïque de paysages, mais tous ses habitants partagent le même sens de l'hospitalité. Après une visite aux maîtres ès foies gras et confits du Périgord et du Quercy, suivie d'un crochet par le Bordelais, ses châteaux et son vignoble si justement réputé, direction la Côte d'Argent, ses surfeurs, ses bars à tapas et ses amateurs de rugby ou de corridas élevés au gâteau basque et au piment d'Espelette… On cultive ici le goût du défi et de la fête, comme en témoignent ces paisibles villages préparant derrière leurs façades à colombages et volets rouges de fougueuses réjouissances où danses, jeux et chants célèbrent l'identité d'un peuple aux traditions toujours vivantes.

Aquitaine has welcomed mankind throughout the ages. Its varied mosaic of landscapes is as distinctive as its inhabitants' hospitality and good humour: a quick stop to buy confit of goose can easily lead to an invitation to look around the farm! No stay in Aquitaine would be complete without visiting at least one of Bordeaux' renowned vineyards. Afterwards head for the « Silver Coast », loved by surfers and rugby fans alike, have a drink in a tapas bar or even take ringside seats for a bullfight! This rugged, sunny land between the Pyrenees and the Atlantic remains fiercely proud of its identity: spend a little time in a sleepy Basque village and you'll soon discover that, at the first flourish of the region's colours, red and green, the locals still celebrate their traditions in truly vigorous style.

AQUITAINE

AGEN

✉ 47000 – **336** F4 – G. Aquitaine – 30 170 h. – alt. 50
? *Office de tourisme, 107, boulevard Carnot* ✆ 05 53 47 36 09, Fax 05 53 47 29 98
Paris 662 – Auch 74 – Bordeaux 141 – Pau 159 – Toulouse 116.

Château d'Allot (location exclusive de mobile homes) de mi-avr. à fin sept.
✆ 05 53 68 33 11, *reza@grandbleu.fr*, Fax 05 53 68 33 11, *www.grandbleu.fr*
12 ha/3 campables plat, herbeux, petit lac
Location : 50 (4 à 6 pers.) nuitée 40 € - 168 à 756 €/sem. – **R** conseillée
Pour s'y rendre : 10 km au sud par D 305, puis D 17, rte de Layrac et à gauche av. le pont de la Garonne - A 62, sortie 7 Agen, puis Layrac par RN 21 et Agen par D 17, à dr. du pont de la Garonne

Nature : 🌳 ♤♤
Loisirs : 🍽 ✕ 🏊 🎾 ⚽ 🏓 🎣
parcours de santé, practice de golf
Services : ⚡ 🅶🅱 🏪 🚻

Le Moulin de Mellet de déb. avr. à fin sept.
✆ 05 53 87 50 89, *moulin.mellet@wanadoo.fr*, *www.camping-moulin-mellet.com* – **R** conseillée
5 ha/3,5 campables (48 empl.) plat, herbeux, ruisseau, petit étang
Tarif : (Prix 2008) 21,30 € 👥 🚗 ⚡ (10A) – pers. suppl. 5,50 €
Location (permanent) : 4 (4 à 6 pers.) nuitée 30 € - 210 à 595 €/sem. – **R** conseillée
Pour s'y rendre : Rte de Prayssas (8 km au nord-ouest par N 113 et à dr. par D 107)

Nature : ♤♤
Loisirs : 🏊 🚣 🎣
Services : ♿ ⚡ 🏪 🚿 🚻

AINHOA

✉ 64250 – **342** C5 – G. Pays Basque – 599 h. – alt. 130
Paris 791 – Bayonne 28 – Biarritz 29 – Cambo-les-Bains 11 – Pau 125 – St-Jean-de-Luz 26.

Xokoan Permanent
✆ 05 59 29 90 26, Fax 05 59 29 73 82 – **R** conseillée
0,6 ha (30 empl.) plat, peu incliné, herbeux
Tarif : 15,50 € 👥 🚗 ⚡ (10A) – pers. suppl. 5,50 €
Location (mars-nov.) : 2 – 6 🛏 – **R** conseillée
1 borne artisanale – 10

Pour s'y rendre : à Dancharia (2,5 km au sud-ouest puis à gauche av. la douane, au bord d'un ruisseau (frontière))

Nature : 💰 ♤♤
Loisirs : 🍽 ✕ 🏊
Services : ♿ ⚡ 🅶🅱 🏪 🚿 ☺ 🚻
sèche-linge
À prox. : 🛒

Aire Naturelle Harazpy avr.-sept.
✆ 05 59 29 89 38, Fax 05 59 29 89 38
1 ha (25 empl.) peu incliné, terrasses, herbeux
Tarif : 👤 ⚡ (10A) – pers. suppl. 5,50 €
1 borne artisanale – 4
Pour s'y rendre : Pl. de l'Église (au nord-ouest du bourg)

Nature : 💰 ≤ 🌳
Loisirs : 🏊
Services : ♿ ⚡ 🚿 ☺ 🚻 sèche-linge

AIRE-SUR-L'ADOUR

✉ 40800 – **335** J12 – G. Aquitaine – 6 003 h. – alt. 80
? *Office de tourisme, place Général-de-Gaulle* ✆ 05 58 71 64 70, Fax 05 58 71 64 70
Paris 722 – Auch 84 – Condom 68 – Dax 77 – Mont-de-Marsan 33 – Orthez 69 – Pau 51 – Tarbes 72.

Les Ombrages de l'Adour de mi-avr. à fin oct.
✆ 05 58 71 75 10, *hetapsarl@yahoo.fr*, Fax 05 58 71 32 59, *www.camping-adour-landes.com* – **R**
2 ha (100 empl.) plat, herbeux
Tarif : (Prix 2008) 👤 3,50 € 🚗 2 € 4 € – ⚡ (10A) 2,80 €
Location (Prix 2008) (de mi-avr. à fin oct.) : 6 (4 à 6 pers.) nuitée 64 € - 195 à 385 €/sem. – **R** conseillée
– 15 10 €
Pour s'y rendre : R. des Graviers (près du pont, derrière les arènes, au bord de l'Adour)
À savoir : Location à la nuitée hors sais.

Nature : ♤♤
Loisirs : 🚣
Services : ⚡ 🏪 ☺ 🚻

AQUITAINE

ALLES-SUR-DORDOGNE

✉ 24480 – **329** G6 – 321 h. – alt. 70
Paris 534 – Bergerac 36 – Le Bugue 12 – Les Eyzies-de-Tayac 22 – Périgueux 54 – Sarlat-la-Canéda 41.

 Port de Limeuil de déb. mai à fin sept.
℘ 05 53 63 29 76, *didierbonvallet@aol.com*,
Fax 05 53 63 04 19, *www.leportdelimeuil.com* – **R** conseillée
7 ha/4 campables (90 empl.) plat, herbeux, sablonneux
Tarif : 28,90 € ⚹⚹ 🚗 🅴 🔌 (10A) – pers. suppl. 6,50 € – frais de réservation 15 €
Location (Prix 2008) (de fin avr. à fin sept.) : 9 🛖 (4 à 6 pers.) 190 à 790 €/sem. – 1 gîte – frais de réservation 15 € - **R** conseillée
🚐
Pour s'y rendre : 3 km au nord-est sur D 51e, près du pont de Limeuil, au confluent de la Dordogne et de la Vézère

> Nature : 🌊 ♀♀ ⛰
> Loisirs : 🍸 🍽 🏊 🚴 🛶 canoë
> Services : ♿ 🔑 🅶🅱 📺 🍳 ⊙ 🔥 🍽 🏕 sèche-linge 🧺 🚿
> À prox. : 🍴 🐴

Utilisez le guide de l'année.

ANGLET

✉ 64600 – **342** C2 – G. Pays Basque – 35 263 h. – alt. 20
🏢 Office de tourisme, 1, avenue de la Chambre d'Amour ℘ 05 59 03 77 01, Fax 05 59 03 55 91
Paris 773 – Bordeaux 187 – Pamplona 108 – Donostia-San Sebastián 51 – Pau 117.

△ **Le Parme** de déb. avr. à déb. nov.
℘ 05 59 23 03 00, *campingdeparme@wanadoo.fr*,
Fax 05 59 41 29 55, *www.campingdeparme.com*
– **R** conseillée
3,5 ha (197 empl.) en terrasses, plat, peu incliné, herbeux, gravier
Tarif : (Prix 2008) 20,80 € ⚹⚹ 🚗 🅴 🔌 (6A) – pers. suppl. 3,50 € – frais de réservation 20 €
Location (Prix 2008) (de déb. avr. à déb. nov.) 🚫 (de déb. juil. à fin août) : 29 🛖 (2 à 4 pers.) 225 à 500 €/sem. – 25 🛖 (4 à 6 pers.) 320 à 740 €/sem. – 14 🏠 (4 à 6 pers.) - 335 à 790 €/sem. – frais de réservation 20 € - **R** conseillée
🚐
Pour s'y rendre : 2 allée Etchecopar

> Nature : 🌳 ♀♀
> Loisirs : 🍸 snack 🍽 🏊 🚴 terrain omnisports
> Services : ♿ 🔑 (juil.-août) 🅶🅱 📺 🍳 ⊙ 🔥 🍽 🏕 sèche-linge 🧺 🚿

△ **Fontaine-Laborde**
℘ 05 59 03 48 16, *fontaine-laborde@wanadoo.fr*,
Fax 05 59 03 11 72, *www.fontaine-laborde.com* 🚫
1 ha (99 empl.) plat, terrasse, herbeux, sablonneux
À savoir : fréquenté en majorité par jeunes surfeurs – réservé aux tentes

> Nature : ♀
> Loisirs : 🍸 snack
> Services : 🍳 ⊙ 🧺

ANGOISSE

✉ 24270 – **329** H3 – 572 h. – alt. 345
Paris 445 – Bordeaux 180 – Périgueux 51 – Limoges 53 – Brive 55.

△ **Rouffiac en Périgord** (location exclusive de mobile homes et chalets) Permanent
℘ 05 53 52 68 79, *contact@semitour.com*, *www.semitour.com* – empl. traditionnels également disponibles
– **R** conseillée
54 ha/6 campables en terrasses et peu incliné, herbeux
Location (Prix 2008) 🚫 : 🛖 (4 à 6 pers.) 130 à 540 €/sem. – 🏠 (4 à 6 pers.) - 150 à 550 €/sem.
– **R** conseillée
Pour s'y rendre : à Base de loisirs de Rouffiac (4 km au sud-est par D 80, rte de Payzac, à 150 m d'un plan d'eau (accès direct))
À savoir : Site agréable près d'une base nautique

> Nature : 🌊 🌳 ♀♀
> Loisirs : 🍽
> Services : ♿ 🔑 🅶🅱 📺 🍳
> À prox. : 🍸 🍴 🎣 🏊 ⛵ (plage) 🏄 💧 mur d'escalade, téléski nautique, canoë, pédalos

75

AQUITAINE

ANTONNE-ET-TRIGONANT

✉ 24420 – **329** F4 – 1 079 h. – alt. 106
Paris 484 – Bordeaux 139 – Périgueux 10 – Limoges 91 – Brive 67.

▲ **Au Fil de l'Eau** de mi-juin à mi-sept.
℘ 05 53 06 17 88, *campingaufildeleau@wanadoo.fr*,
Fax 05 53 08 97 76, *http://campingaufildeleau.com*
– **R** conseillée
1,5 ha (50 empl.) non clos, plat, herbeux
Tarif : ★ 3,50 € ⛺ 🅿 5,50 € – ⚡ (5A) 3 €
Location ⚐ : 6 🏠 (2 à 4 pers.) nuitée 35 € · 150 à 300 €/sem. – 3 🏕 (4 à 6 pers.) nuitée 45 € · 200 à 420 €/sem. – **R** conseillée
Pour s'y rendre : 6 allée des Platanes (sortie nord-est et rte d'Escoire à dr., au bord de l'Isle)

Donnez-nous votre avis
sur les terrains que nous recommandons.
Faites-nous connaître vos observations et vos découvertes.
par mail à l'adresse : leguidecampingfrance@fr.michelin.com.

ARAMITS

✉ 64570 – **342** H2 – G. Aquitaine – 653 h. – alt. 293
Paris 829 – Mauléon-Licharre 27 – Oloron-Ste-Marie 15 – Pau 49 – St-Jean-Pied-de-Port 61.

▲ **Barétous-Pyrénées** de déb. fév. à mi-oct.
℘ 05 59 34 12 21, *atso64@hotmail.com*, Fax 05 59 34 67 19,
www.camping-pyrenees.com – **R** conseillée
2 ha (50 empl.) plat, herbeux
Tarif : 24,50 € ★★ ⛺ 🅿 ⚡ (10A) – pers. suppl. 5,50 € – frais de réservation 13 €
Location (de déb. fév. à mi-oct.) ⚐ : 8 🏕 (4 à 6 pers.) 245 à 642 €/sem. – 3 bungalows toilés – frais de réservation 16 € - **R** conseillée
Pour s'y rendre : Quartier Ripaude (sortie ouest par D 918, rte de Mauléon-Licharre, au bord du Vert de Barlanes)

ARES

✉ 33740 – **335** E2 – 4 680 h. – alt. 6
🅸 Office de tourisme, esplanade G. Dartiquelongue ℘ 05 56 60 18 07, Fax 05 56 60 39 41
Paris 627 – Arcachon 47 – Bordeaux 48.

▲ **Village Vacances Les Rives de St-Brice** (location exclusive de maisonnettes) fermé de déb. nov. à mi-déc.
℘ 05 57 26 99 31, *info@nemea.fr*, Fax 05 57 26 99 27,
www.nemea.fr
4 ha plat
Location 🅿 : 132 🏠 (4 à 6 pers.) - 115 à 1 203 €/sem.
– **R** conseillée
Pour s'y rendre : 61 r. Jean-Briaud (1,7 km au sud-est, près d'étangs et à 450 m du bassin)

▲ **Les Goëlands** de déb. mars à fin oct.
℘ 05 56 82 55 64, *camping-les-goelands@wanadoo.fr*,
Fax 05 56 82 07 51, *www.goelands.com* – **R** conseillée
10 ha/6 campables (400 empl.) plat et vallonné, sablonneux
Tarif : (Prix 2008) 23,50 € ★★ ⛺ 🅿 (6A) – pers. suppl. 6 € – frais de réservation 16,50 €
Location (Prix 2008) (de déb. mars à fin oct.) : 10 🏕 (4 à 6 pers.) 350 à 600 €/sem. – frais de réservation 16,50 €
- **R** conseillée
Pour s'y rendre : Av. de la Liberation (1,7 km au sud-est, près d'étangs et à 500 m du bassin)

AQUITAINE

ARES

La Cigale de mi-mai à fin sept.
☎ 05 56 60 22 59, contact@camping-lacigale-ares.com,
Fax 05 57 70 41 66, www.camping-lacigale-ares.com
– **R** conseillée
2,4 ha (100 empl.) plat, herbeux, sablonneux
Tarif : 30,50 € (6A) – pers. suppl. 6 € – frais de réservation 16 €

Pour s'y rendre : 53 r. du Gén.-de-Gaulle (sortie nord)

Nature :
Loisirs : snack
Services :

Pasteur de mi-mars à mi-oct.
☎ 05 56 60 33 33, pasteur.vacances@wanadoo.fr,
www.atlantic-vacances.com – places limitées pour le passage – **R** conseillée
1 ha (50 empl.) plat, herbeux, sablonneux
Tarif : 24 € (6A) – pers. suppl. 5 € – frais de réservation 16 €
Location (permanent) : 16 (4 à 6 pers.) nuitée 45 € - 250 à 680 €/sem. – 14 (4 à 6 pers.) nuitée 42 € - 220 à 650 €/sem. – frais de réservation 16 € - **R** conseillée
– 10 €

Pour s'y rendre : 1 r. du Pilote (sortie sud-est, à 300 m du bassin)

Nature :
Loisirs : (petite piscine)
Services :

Les Abberts de déb. mai à mi-sept.
☎ 05 56 60 26 80, campinglesabberts@wanadoo.fr,
Fax 05 56 60 26 80, www.lesabberts.com – **R** conseillée
2 ha (125 empl.) plat, sablonneux, herbeux
Tarif : 29 € (6A) – pers. suppl. 5,70 € – frais de réservation 15 €
Location (de mi-mars à fin déc.) (de mi-mars à fin nov.) : (4 à 6 pers.) nuitée 105 € - 209 à 689 €/sem. – 3 tentes – frais de réservation 15 € - **R** conseillée

Pour s'y rendre : 17 r. des Abberts (sortie nord puis r. à gauche)

Nature :
Loisirs : snack (petite piscine)
Services :

Si vous désirez réserver un emplacement pour vos vacances, faites-vous préciser au préalable les conditions particulières de séjour, les modalités de réservation, les tarifs en vigueur et les conditions de paiement.

Bassin d'Arcachon depuis Petit-Piquey

J. Malburet/Michelin

AQUITAINE

ATUR

✉ 24750 – **329** F5 – 1 491 h. – alt. 224
Paris 499 – Bordeaux 134 – Périgueux 6 – Brive 83 – Angoulême 92.

▲▲▲ Le Grand Dague de fin avr. à fin sept.
℘ 05 53 04 21 01, *info@legranddague.fr*,
Fax 05 53 04 22 01, *www.legranddague.fr* – **R** conseillée
22 ha/7 campables (93 empl.) incliné, herbeux
Tarif : 27 € ✶✶ 🚗 🗐 [⚡] (10A) – pers. suppl. 6,75 €
Location ⚐ : 104 🏠 (4 à 6 pers.) 180 à 623 €/sem.
– **R** conseillée
Pour s'y rendre : rte du Grand Dague (3 km au sud-est par rte de St-Laurent-sur-Manoire et chemin, par déviation sud - venant de Brive ou Limoges : prendre dir. Bergerac et chemin à dr.)
À savoir : Pub aménagé dans une ferme restaurée

> **Nature** : 🌳 ⛰ 🌲🌲
> **Loisirs** : 🍷 🍴 🏠 🏊 🎯 🎮 paint-ball
> **Services** : ♿ ⚐ 🅶🅱 🚻 🚿 ♻ 💨
> 🚰 🍳 🧺

AUREILHAN

✉ 40200 – **335** D9 – G. Aquitaine – 640 h. – alt. 10
Paris 689 – Bordeaux 103 – Mont-de-Marsan 79 – La Teste 59 – Dax 64.

▲▲▲ Village Center Aurilandes ♣♣ – de fin avr. à mi-sept.
℘ 05 58 09 10 88, Fax 05 58 09 01 89, *www.village-center.com* – **R** conseillée
6 ha (520 empl.) plat, sablonneux, herbeux
Tarif : 24 € ✶✶ 🚗 🗐 – pers. suppl. 6 € – frais de réservation 30 €
Location : 72 🏠 (4 à 6 pers.) 301 à 847 €/sem. – bungalows toilés – tentes – frais de réservation 30 € – **R** conseillée
🚐 1 borne artisanale
Pour s'y rendre : 1 km au nord-est, près du lac

> **Nature** : 🌲🌲 ≈
> **Loisirs** : 🍴 🎣 🏊 🎯 🎮 🚣 jacuzzi 🎯 🚴 🛶 🏐 terrain omnisports, ponton d'amarrage
> **Services** : ♿ ⚐ 🅶🅱 🚗 🚻 🚿 ♻ 🧺 sèche-linge 🧽 ⚙
> **À prox.** : 🐎 poneys

AZUR

✉ 40140 – **335** D12 – 447 h. – alt. 9
Paris 730 – Bayonne 54 – Dax 25 – Mimizan 79 – Soustons 8 – Tartas 52.

▲▲▲ La Paillotte ♣♣ – de déb. juin à mi-sept.
℘ 05 58 48 12 12, *info@paillotte.com*, Fax 05 58 48 10 73,
www.paillotte.com – **R** conseillée ⚐
7 ha (310 empl.) plat, sablonneux, herbeux
Tarif : (Prix 2008) 38 € ✶✶ 🚗 🗐 [⚡] (10A) – pers. suppl. 7,50 € – frais de réservation 5 €
Location (Prix 2008) (de fin avr. à mi-sept.) : 🏠 (4 à 6 pers.) à 994 €/sem. – 🏡 (4 à 6 pers.) – à 1 197 €/sem. – frais de réservation 5 € – **R** conseillée
Pour s'y rendre : 66 rte des Campings (1,5 km au sud-ouest, au bord du lac de Soustons)
À savoir : Cadre, plantations et chalets aux couleurs exotiques

> **Nature** : 🌳 ⛰ ⛲ 🌲🌲 ≈
> **Loisirs** : 🍷 🍴 🏠 🎯 🏊 🎮 🚣 canoë, pédalos
> **Services** : ♿ ⚐ 🅶🅱 🚗 🚻 ♻ 💨 🚰 🍳 🧺 sèche-linge 🧽 ⚙
> **À prox.** : 🚴 ⛳ 🎣 🎏 ⛵

▲▲ Municipal Azur Rivage de mi-juin à mi-sept.
℘ 05 58 48 30 72, *info@campingazurivage.com*,
Fax 05 58 48 30 72, *www.campingazurivage.com*
– **R** conseillée
6,5 ha (250 empl.) plat, sablonneux, pierreux, herbeux
Tarif : (Prix 2008) 17,34 € ✶✶ 🚗 🗐 [⚡] (10A) – pers. suppl. 3,78 € – frais de réservation 12 €
Location (Prix 2008) (de déb. mars à fin oct.) : 20 🏠 (4 à 6 pers.) 211 à 575 €/sem. – frais de réservation 12 € – **R** conseillée
Pour s'y rendre : 720 rte des Campings (2 km au sud, à 100 m du lac de Soustons)
À savoir : Piscine ludique

> **Nature** : 🌳 🌲🌲
> **Loisirs** : 🎯 🏊 🎮
> **Services** : ♿ ⚐ (juil.-août) 🅶🅱 🚗 🚻 ♻ 🚰 🧺 🧽 ⚙ cases réfrigérées
> **À prox.** : 🚴 ⛳ 🎣 🎏 ⛵ canoë, pédalos

AQUITAINE

BADEFOLS-SUR-DORDOGNE

✉ 24150 – **329** F6 – G. Périgord Quercy – 187 h. – alt. 42
Paris 542 – Bergerac 27 – Périgueux 54 – Sarlat-la-Canéda 47.

Les Bö-Bains de déb. avr. à fin sept.
℘ 05 53 73 52 52, *info@bo-bains.com*, Fax 05 53 73 52 55, *www.bo-bains.com* – places limitées pour le passage
– **R** conseillée
5 ha (97 empl.) plat, terrasse, herbeux
Tarif : (Prix 2008) 33 € ⚥ 🚗 🔲 ⚡ (10A) – pers. suppl. 8,50 € – frais de réservation 16 €
Location (Prix 2008) : 40 🏠 (4 à 6 pers.) nuitée 50 € - 299 à 799 €/sem. – 40 🏠 (4 à 6 pers.) nuitée 50 € - 299 à 859 €/sem. – frais de réservation 23 € - **R** conseillée
Pour s'y rendre : rte de Lalinde (sortie ouest, par D 29, au bord de la Dordogne)

Nature : 🌳 ♤♤
Loisirs : 🍴 ✗ snack 🎪 nocturne 🏃 🚴 🏊 🎣 🎾
Services : ♿ ⊶ 🌐 ✂ 🔲 ⊕ 🚿 🚽 🚰 🧺 sèche-linge 🧹
À prox. : ✂

Pour choisir et suivre un itinéraire
Pour calculer un kilométrage
Pour situer exactement un terrain (en fonction des indications fournies dans le texte) :
Utilisez les **cartes MICHELIN**,
compléments indispensables de cet ouvrage.

BARBASTE

✉ 47230 – **336** D4 – 1 416 h. – alt. 45
🛈 Syndicat d'initiative, place de la Mairie ℘ 05 53 65 84 83, Fax 05 53 65 51 38
Paris 700 – Agen 34 – Condom 29 – Damazan 17 – Gabarret 33.

Chalets René Queyreur (location exclusive de chalets)
Permanent
℘ 05 53 65 51 38, *mairie.barbaste@wanadoo.fr*,
Fax 05 53 97 18 36
5 ha plat, sablonneux
Location : 20 🏠 (4 à 6 pers.) - 183 à 445 €/sem.
– **R** conseillée
Pour s'y rendre : au lieu-dit : Las Mourelles (2 km au sud-est par rte de Réaup et à gauche, chemin du stade)
À savoir : cadre sauvage et boisé, au milieu des fougères

Nature : 🌿 ♤♤
Loisirs : 🏊
Services : ✂ 🔲 🚿

Vignes près de Moirax

J. Malburet/Michelin

AQUITAINE

BAUDREIX

✉ 64800 – **342** K5 – 473 h. – alt. 245 – Base de loisirs
Paris 791 – Argelès-Gazost 39 – Lourdes 26 – Oloron-Ste-Marie 48 – Pau 17 – Tarbes 40.

Les Ôkiri de mi-avr. à fin sept.
☎ 05 59 92 97 73, les-okiri@wanadoo.fr, Fax 05 59 13 93 77, www.oela.net – **R** conseillée ✄ (de mi-avr. à fin juin)
20 ha/2 campables (60 empl.) plat, herbeux
Tarif : (Prix 2008) 23,40 € ★★ 🚗 ▣ 🛁 (16A) – pers. suppl. 6,20 € – frais de réservation 10 €
Location (Prix 2008) (permanent) ✄ 🅿 (chalets) : 5 🏠 (4 à 6 pers.) 220 à 575 €/sem. – 25 🏠 (4 à 6 pers.) nuitée 50 € - 240 à 695 €/sem. – frais de réservation 10 € - **R** conseillée
Pour s'y rendre : av. du Lac (à la base de loisirs)
À savoir : locations à la nuité, week-end sauf juil.-août

> Nature : 🌊 ⟵ 🏞 ♀♀ ⛰
> Loisirs : 🍴 ✕ snack 🚲 🛵 ✂ ⛵
> 🛶 canoë, pédalos, sports en eaux vives, mur d'escalade, terrain omnisports, parcours de santé
> Services : ♿ ⚬ᴝ (juil.-août) 🇬🇧 ♻
> 🅿 ⊕ ♨ 🛋 sèche-linge ⚒
> À prox. : 🏊

BAZAS

✉ 33430 – **335** J8 – G. Aquitaine – 4 357 h. – alt. 70
🄵 Office de tourisme, 1, place de la Cathédrale ☎ 05 56 25 25 84, Fax 05 56 25 95 59
Paris 637 – Agen 84 – Bergerac 105 – Bordeaux 62 – Langon 17 – Mont-de-Marsan 70.

Le Grand Pré de déb. avr. à fin sept.
☎ 05 56 65 13 17, legrandpre@wanadoo.fr, Fax 05 56 25 90 52, http://perso.wanadoo.fr/legrandpre/ – **R** conseillée
70 ha/5 campables (44 empl.) plat, peu incliné, herbeux
Tarif : (Prix 2008) 24,35 € ★★ 🚗 ▣ 🛁 (16A) – pers. suppl. 4,10 €
Location (Prix 2008) (permanent) : 🏠 – 🛏
🚐 1 borne artisanale
Pour s'y rendre : rte de Casteljaloux (2,1 km au sud-est par D 655 et chemin à dr., au château d'Arbien)

> Nature : 🌊 🏞 ♀♀
> Loisirs : 🍴 🏛 🚲 🛵
> Services : ♿ ⚬ᴝ 🇬🇧 ♻ ⊕ ♨ ⚒ ⛲
> 🅿

BEAUVILLE

✉ 47470 – **336** H4 – G. Aquitaine – 553 h. – alt. 208
🄵 Office de tourisme, place de la Mairie ☎ 05 53 47 63 06, Fax 05 53 66 72 63
Paris 641 – Agen 26 – Moissac 32 – Montaigu-de-Quercy 16 – Valence 25 – Villeneuve-sur-Lot 28.

Les 2 Lacs de déb. avr. à fin oct.
☎ 05 53 95 45 41, camping-les-2-lacs@wanadoo.fr, Fax 05 53 95 45 41, www.les2lacs.info – **R** conseillée
22 ha/2,5 campables (80 empl.) non clos, plat et terrasse, herbeux
Tarif : ★ 4,25 € 🚗 ▣ 6,40 € – 🛁 (6A) 2,45 € – frais de réservation 5 €
Location : 2 🏠 (4 à 6 pers.) 220 à 610 €/sem. – 5 bungalows toilés – frais de réservation 5 € - **R** conseillée
Pour s'y rendre : rte de Bourg de Visa (900 m au sud-est par D 122)

> Nature : 🌊 🏞 ♀♀
> Loisirs : 🚲 ✂ 🏊 🛶 canoë, barque
> Services : ♿ ⚬ᴝ 🇬🇧 ♻ 🅿 ⊕ ♨ ⚒

BÉLUS

✉ 40300 – **335** E13 – 433 h. – alt. 135
Paris 749 – Bayonne 37 – Dax 18 – Orthez 36 – Peyrehorade 7.

La Comtesse
☎ 05 58 57 69 07, campinglacomtesse@wanadoo.fr, Fax 05 58 57 62 50, www.campinglacomtesse.com – **R** conseillée
6 ha (115 empl.) plat, herbeux
Location ✄ : 18 🏠
Pour s'y rendre : 2,5 km au nord-ouest par D 75 et rte à dr.
À savoir : Agréable peupleraie autour de l'étang

> Nature : 🌊 🏞 ♀♀
> Loisirs : 🍴 🏛 🚻 ✂ 🛝 ♨
> Services : ♿ ⚬ᴝ 🅿 ⊕ ♨ 🛋 sèche-linge
> À prox. : ✕ ⚒

AQUITAINE

BELVÈS

✉ 24170 – **329** H7 – G. Périgord Quercy – 1 431 h. – alt. 175
🛈 Office de tourisme, 1, rue des Filhols ✆ 05 53 29 10 20
Paris 553 – Bergerac 52 – Le Bugue 24 – Les Eyzies-de-Tayac 25 – Sarlat-la-Canéda 34 – Villeneuve-sur-Lot 66.

Les Hauts de Ratebout – de fin avr. à mi-sept.
✆ 05 53 29 02 10, ratebout@franceloc.fr,
Fax 05 53 29 08 28, www.hauts-ratebout.fr – **R** conseillée
12 ha/6 campables (200 empl.) plat, incliné, en terrasses, herbeux
Tarif : (Prix 2008) 38,70 € ✶✶ 🚗 🔲 (6A) – pers. suppl. 7,50 € – frais de réservation 25 €
Location (Prix 2008) 🏠 : 63 🚐 (4 à 6 pers.) 159 à 945 €/sem. – maisons périgourdines – frais de réservation 25 € - **R** conseillée
Pour s'y rendre : 7 km au sud-est par D 710, rte de Fumel, D 54 et rte à gauche
À savoir : Sur les terres d'une ferme périgourdine restaurée, domine la vallée

Le Moulin de la Pique – de mi-avr. à mi-oct.
✆ 05 53 29 01 15, info@rcn-lemoulindelapique.fr,
Fax 05 53 28 29 09, www.rcn-campings.fr – **R** conseillée
15 ha/6 campables (200 empl.) plat, terrasses, herbeux
Tarif : 47,25 € ✶✶ 🚗 🔲 (6A) – pers. suppl. 8 € – frais de réservation 15 €
Location : 46 🚐 – frais de réservation 15 € - **R** conseillée
Pour s'y rendre : au lieu-dit : Le Moulin de la Pique (3 km au sud-est par D 710, rte de Fumel, au bord de la Nauze, d'un étang et d'un bief)
À savoir : Autour d'un moulin du 18e s, cadre champêtre agrémenté d'un étang

Les Nauves – de fin avr. à fin sept.
✆ 05 53 29 12 64, campinglesnauves@hotmail.com,
www.lesnauves.com – **R** conseillée
40 ha/5 campables (100 empl.) peu incliné, herbeux
Tarif : 23,90 € ✶✶ 🚗 🔲 (6A) – pers. suppl. 4,60 € – frais de réservation 15 €
Location (de déb. avr. à fin sept.) : 4 🏠 (2 à 4 pers.) 147 à 399 €/sem. – 23 🚐 (4 à 6 pers.) 308 à 609 €/sem. – 4 🏠 (4 à 6 pers.) – 392 à 707 €/sem. – 3 bungalows toilés – 5 tentes – frais de réservation 15 € - **R** conseillée
🚐
Pour s'y rendre : au lieu-dit : Le Bos-Rouge (4,5 km au sud-ouest par D 53, rte de Monpazier et rte de Larzac à gauche)

BEYNAC-ET-CAZENAC

✉ 24220 – **329** H6 – G. Périgord Quercy – 506 h. – alt. 75
🛈 Office de tourisme, La Balme ✆ 05 53 29 43 08, Fax 05 53 29 43 08
Paris 537 – Bergerac 62 – Brive-la-Gaillarde 63 – Fumel 60 – Gourdon 28 – Périgueux 66 – Sarlat-la-Canéda 12.

Le Capeyrou de déb. avr. à fin sept.
✆ 05 53 29 54 95, lecapeyrou@wanadoo.fr,
Fax 05 53 28 36 27, www.campinglecapeyrou.com
– **R** conseillée
4,5 ha (120 empl.) plat, herbeux
Tarif : (Prix 2008) ✶ 5,30 € 🚗 🔲 6,70 € – 🔲 (10A) 4 € – frais de réservation 10 €
🚐 1 borne artisanale 5 €
Pour s'y rendre : sortie est, face à la station-service, au bord de la Dordogne

81

AQUITAINE

BIARRITZ

✉ 64200 – **342** C4 – G. Pays Basque – 30 055 h. – alt. 19
🛈 *Office de tourisme, square d'Ixelles - Javalquinto* ✆ 05 59 22 37 00, Fax 05 59 24 14 19
Paris 772 – Bayonne 9 – Bordeaux 190 – Pau 122 – San Sebastian 47.

▲ Biarritz-Camping de mi-mai à mi-sept.
✆ 05 59 23 00 12, biarritz.camping@wanadoo.fr,
Fax 05 59 43 74 67, *www.biarritz.camping.fr* – **R** conseillée

3 ha (190 empl.) plat et peu incliné, terrasses, herbeux
Tarif : 28 € ✿✿ 🚗 🅿 🚿 (10A) – pers. suppl. 5,50 € – frais de réservation 15 €
Location : 🏠 (4 à 6 pers.) 230 à 600 €/sem. – frais de réservation 15 € - **R** conseillée
Pour s'y rendre : 28 r. d'Harcet

Nature : 🌳🌳 (peupleraie)
Loisirs : 🍽 snack jacuzzi 🏓 🎾
Services : ♿ 🔑 📶 🚲 🛁 🍴 ☎ 🍴
🧺 sèche-linge 🍳 🐕
À prox. : 🏇 🏌 golf (18 trous)

Benutzen Sie
– zur Wahl der Fahrtroute
– zur Berechnung der Entfernungen
– zur exakten Lokalisierung eines Campingplatzes (mit Hilfe der Angaben im Ortstext)
die für diesen Führer unentbehrlichen **MICHELIN-Karten**.

BIAS

✉ 40170 – **335** D10 – 514 h. – alt. 41
Paris 706 – Castets 33 – Mimizan 7 – Morcenx 30 – Parentis-en-Born 32.

▲ Municipal le Tatiou
✆ 05 58 09 04 76, campingletatiou@wanadoo.fr,
Fax 05 58 82 44 30, *www.campingletatiou.com* – **R** conseillée
10 ha (460 empl.) plat, sablonneux, herbeux
Pour s'y rendre : Rte de Lespecier (2 km à l'ouest)

Nature : 🌲 🌳🌳 (pinède)
Loisirs : 🍽 snack, pizzeria 🎱 🏓
🚲 🎾 🎣
Services : ♿ 🔑 Ⓜ 📶 🛁 ☎ 🍴
🧺 sèche-linge 🍳 🐕

82

BIDART

✉ 64210 – **342** C2 – G. Pays Basque – 4 670 h. – alt. 40
🛈 *Office de tourisme, rue d'Erretegia* ✆ 05 59 54 93 85, Fax 05 59 54 70 51
Paris 783 – Bordeaux 196 – Pau 119 – Bayonne 13 – Anglet 9.

▲▲ Yelloh! Village Ilbarritz 🅰🅻 – de déb. avr. à fin sept.
✆ 05 59 23 00 29, contact@camping-ilbarritz.com,
Fax 05 59 41 24 59, *www.camping-ilbarritz.com* – **R** conseillée
6 ha (400 empl.) en terrasses, peu incliné, herbeux, sablonneux
Tarif : 39 € ✿✿ 🚗 🅿 🚿 (10A) – pers. suppl. 6 €
Location ✄ : 39 🏠 (4 à 6 pers.) 203 à 791 €/sem. – 58 🏡 (4 à 6 pers.) - 203 à 1 113 €/sem. - **R** conseillée
🚐 1 borne artisanale
Pour s'y rendre : av. de Biarritz (2 km au nord)
À savoir : belle décoration florale

Nature : 🌿 🌳🌳
Loisirs : 🍽 snack, pizzeria 🎱 🎭 🏃
🏓 🎾 🏖 (découverte en saison)
école de surf
Services : ♿ 🔑 📶 🚲 🛁 ☎ 🍴
🧺 sèche-linge 🍳 🐕
À prox. : 🎣 🏌 golf (18 trous), discothèque

▲▲▲ Le Ruisseau 🅰🅻 – (location exclusive de mobile homes) de fin mai à fin sept.
✆ 05 59 41 94 50, francoise.dumont3@wanadoo.fr,
Fax 05 59 41 95 73, *www.camping-le-ruisseau.fr* – empl. traditionnels également disponibles – **R** conseillée
15 ha/7 campables plat et en terrasses, herbeux
Location : 100 🏠 (4 à 6 pers.) nuitée 45 € - 320 à 980 €/sem. - **R** conseillée
🚐 1 borne
Pour s'y rendre : Rte d'Arbonne (2 km à l'est, au bord de l'Ouhabia et d'un ruisseau - en deux parties distinctes)
À savoir : bel espace aquatique

Nature : 🌿 🌳🌳
Loisirs : 🍽 cafétéria, pizzeria 🎱 🎭
🏃 🏓 🏊 jacuzzi 🎾 🚲 🏌
🎣 🏖 🛶 parcours de santé
Services : ♿ 🔑 📶 🚲 🛁 ☎ 🍴
🧺 sèche-linge 🍳 🐕

AQUITAINE

BIDART

Berrua ▲▲ – de mi-avr. à déb. oct.
📞 05 59 54 96 66, *contact@berrua.com*, Fax 05 59 54 78 30, *www.berrua.com* – **R** conseillée
5 ha (270 empl.) peu incliné et en terrasses, herbeux
Tarif : 38,30 € ✳✳ 🚗 📧 (6A) – pers. suppl. 6,70 € – frais de réservation 30 €
Location (de déb. avr. à déb. oct.) 🚫 (de déb. juil. à fin août) : 98 ⛺ (4 à 6 pers.) 343 à 1 029 €/sem. – 10 🏠 (4 à 6 pers.) - 483 à 1 029 €/sem. – frais de réservation 30 € - **R** conseillée
🚐
Pour s'y rendre : R. Berrua (500 m à l'est, rte d'Arbonne)
À savoir : cadre soigné et fleuri

Nature : 🌳
Loisirs : 🍴 snack, pizzeria 🎱 hammam 🏊 🚴 💆
Services : ♿ 🔑 GB 🚿 M 🚻 🧺 💧 🍳 sèche-linge 🧊

Ur-Onea de déb. avr. à fin sept.
📞 05 59 26 53 61, *uronea@wanadoo.fr*, Fax 05 59 26 53 94, *www.uronea.com* – **R** conseillée
5 ha (280 empl.) peu incliné et en terrasses, herbeux, sablonneux
Tarif : 31 € ✳✳ 🚗 📧 (10A) – pers. suppl. 5,80 € – frais de réservation 26 €
Location (de mi-mars à fin sept.) 🚫 : ⛺ (4 à 6 pers.) 275 à 675 €/sem. – 🏠 (4 à 6 pers.) - 340 à 750 €/sem. – frais de réservation 40 € - **R** conseillée
🚐 20 📧 31 €
Pour s'y rendre : R. de la Chapelle (300 m à l'est, à 500 m de la plage)

Nature : 🌳
Loisirs : 🍴 pizzeria, snack 🎱 🏊
Services : ♿ 🔑 GB 🚿 M 🚻 🧺 💧 🍳 sèche-linge 🧊 cases réfrigérées, réfrigérateurs

Pavillon Royal de mi-mai à fin sept.
📞 05 59 23 00 54, *info@pavillon-royal.com*, Fax 05 59 23 44 47, *www.pavillon-royal.com* – **R** conseillée
🚫
5 ha (303 empl.) plat et en terrasses, sablonneux, herbeux
Tarif : 47 € ✳✳ 🚗 📧 (5A) – pers. suppl. 9,50 € – frais de réservation 25 €
🚐
Pour s'y rendre : Av. du Prince-de-Galles (2 km au nord, au bord de la plage)
À savoir : situation privilégiée entre golf, château et océan

Nature : 🌊 🌳
Loisirs : 🍴 🍽 pizzeria 🎱 🏊
Services : ♿ 🔑 🅿 (tentes) GB 🚿 🚻 🧺 💧 🍳 sèche-linge 🧊
À prox. : 🐎 golf (18 trous), discothèque

83

Oyam de déb. avr. à mi-sept.
📞 05 59 54 91 61, *accueil@camping-oyam.com*, Fax 05 59 54 76 87, *www.camping-oyam.com* – **R** conseillée
5 ha (230 empl.) plat, peu incliné, terrasses, herbeux
Tarif : (Prix 2008) 30,50 € ✳✳ 🚗 📧 (3A) – pers. suppl. 5,50 € – frais de réservation 15 €
Location (Prix 2008) 🚫 (de mi-juin à mi-sept.) : 75 ⛺ (4 à 6 pers.) 245 à 861 €/sem. – 20 🏠 (4 à 6 pers.) - 294 à 819 €/sem. – 14 appartements – bungalows toilés – frais de réservation 15 € - **R** conseillée
Pour s'y rendre : chemin Oyhamburua (1 km à l'est par rte d'Arbonne puis rte à dr.)

Nature : 🌳 (peupleraie)
Loisirs : 🍴 snack 🎱 🏊
Services : ♿ 🔑 🚿 💧 🍳 🧺

Le Parc
📞 05 59 26 54 71, Fax 05 59 26 54 71, *www.camping-le parc.com*
3 ha (200 empl.) en terrasses, herbeux
Location : ⛺ – pavillons
Pour s'y rendre : 1,2 km au sud, à 400 m de la plage

Nature : 🌳
Loisirs : 🍴 🎱 🏊
Services : ♿ M 🧺 💧 🍳 🚻

---

*Des vacances réussies sont des vacances bien préparées !
Ce guide est fait pour vous y aider… mais :
– N'attendez pas le dernier moment pour réserver
– Évitez la période critique du 14 juillet au 15 août
Pensez aux ressources de l'arrière-pays,
à l'écart des lieux de grande fréquentation.*

AQUITAINE

BIGANOS

✉ 33380 – **335** F7 – 6 950 h. – alt. 16
🛈 *Office de tourisme, rue Jean Zay* ✆ 05 57 70 67 56
Paris 629 – Andernos-les-Bains 15 – Arcachon 27 – Bordeaux 47.

▲ **Le Marache** de fin mars à déb. nov.
✆ 05 57 70 61 19, contact@marachevacances.com,
Fax 05 56 82 62 60, www.marachevacances.com
– **R** conseillée
2 ha (115 empl.) plat, herbeux, sablonneux
Tarif : (Prix 2008) ♦ 3,50 € ⇌ 🅴 13 € – (💡) (16A) 4 € – frais de réservation 15 €
Location (Prix 2008) : 23 🏠 (4 à 6 pers.) 240 à 680 €/sem. – 3 🏡 (4 à 6 pers.) – 275 à 705 €/sem. – frais de réservation 20 € - **R** conseillée
🚐 1 borne artisanale 5 € – 8 🅴 10 €
Pour s'y rendre : 25 r. Gambetta (sortie nord par D 3, rte d'Audenge et rte à dr.)

Nature : 🌳 ♀
Loisirs : 🍴 🏠 ☾ nocturne 🏊 terrain omnisports
Services : ♿ ⚡ GB ✂ 🗑 🅿 🚿 🧺

*The classification (1 to 5 tents, **black** or **red**) that we award to selected sites in this Guide is a system that is our own. It should not be confused with the classification (1 to 4 stars) of official organisations.*

BIRON

✉ 24540 – **329** G8 – G. Périgord Quercy – 140 h. – alt. 200
Paris 583 – Beaumont 25 – Bergerac 46 – Fumel 20 – Sarlat-la-Canéda 58 – Villeneuve-sur-Lot 35.

⛺ **Domaine du Moulinal** 🚻 – de fin avr. à fin sept.
✆ 05 53 40 84 60, lemoulinal@perigord.com,
Fax 05 53 40 81 49, www.lemoulinal.com – places limitées pour le passage – **R** conseillée
10 ha/5 campables (300 empl.) plat, terrasses, herbeux
Tarif : (Prix 2008) 37 € ♦♦ ⇌ 🅴 (💡) (6A) – pers. suppl. 10 € – frais de réservation 25 €
Location (Prix 2008) : 40 🏠 (4 à 6 pers.) 294 à 966 €/sem. – 60 🏡 (4 à 6 pers.) - 175 à 686 €/sem. – 10 bungalows toilés – frais de réservation 25 € - **R** conseillée
🚐 1 borne
Pour s'y rendre : au lieu-dit : Le Moulinal (4 km au sud, rte de Lacapelle-Biron puis 2 km par rte de Villeréal à dr.)
À savoir : Situation agréable au bord d'un étang, végétation luxuriante et variée

Nature : 💰 ⬅ 🌳 ♀♀
Loisirs : 🍴 🍴 🏠 ☾ 🏃 salle d'animation 🚣 🚴 ♆ ✂ 🎯 🏊 (plage) ♒ 🛶 terrain omnisports, canoë
Services : ♿ ⚡ GB ✂ 🗑 🅿 🚿 🧺 🚽 🍽 sèche-linge 🔧 🧺
À prox. : 🐎

BISCARROSSE

✉ 40600 – **335** E8 – G. Aquitaine – 9 281 h. – alt. 22
🛈 *Office de tourisme, 55, place Georges Dufau* ✆ 05 58 78 20 96, Fax 05 58 78 23 65
Paris 656 – Arcachon 40 – Bayonne 128 – Bordeaux 74 – Dax 91 – Mont-de-Marsan 84.

⛺ **Yelloh! Village Mayotte Vacances** 🚻 – de déb. avr. à fin sept.
✆ 05 58 78 00 00, camping@mayottevacances.com,
Fax 05 58 78 83 91, www.mayottevacances.com
– **R** conseillée
15 ha (730 empl.) plat, sablonneux, herbeux
Tarif : 43 € ♦♦ ⇌ 🅴 (💡) (10A) – pers. suppl. 7,50 € – frais de réservation 30 €
Location : 198 🏠 (4 à 6 pers.) nuitée 120 € – 294 à 1 113 €/sem. – 27 🏡 (4 à 6 pers.) nuitée 99 € – 504 à 1 036 €/sem. – frais de réservation 30 € - **R** conseillée
🚐 1 borne – 4 🅴 43 €
Pour s'y rendre : 368 chemin des Roseaux (6 km au nord par rte de Sanguinet puis, à Goubern, 2,5 km par rte de gauche, à 150 m de l'étang de Cazaux (accès direct).

Nature : 💰 🌳 ♀♀
Loisirs : 🍴 🍴 snack 🏠 ☾ 🏃 🎣 💆 hammam discothèque, balnéo 🚣 🚴 ⛳ ✂ 🎯 🏊 ♒ terrain omnisports
Services : ♿ ⚡ GB ✂ 🗑 🅿 🚿 🧺 🚽 🍽 sèche-linge 🔧 🧺
À prox. : 🎣 🛶 ♆

AQUITAINE

BISCARROSSE

Domaine de la Rive – de déb. avr. à déb. sept.
 05 58 78 12 33, *info@camping-de-la-rive.fr*,
Fax 05 58 78 12 92, *www.larive.fr* – **R** conseillée
15 ha (640 empl.) plat, sablonneux, herbeux
Tarif : 43 € (6A) – pers. suppl. 7,80 € – frais de réservation 37 €
Location : 300 (4 à 6 pers.) nuitée 49 € - 266 à 1 162 €/sem. – 40 (4 à 6 pers.) nuitée 66 € - 462 à 1 092 €/sem. – frais de réservation 37 € – **R** conseillée
Pour s'y rendre : rte de Bordeaux (8 km au nord-est par D 652, rte de Sanguinet, puis 2,2 km par rte à gauche, au bord de l'étang de Cazaux)
À savoir : Bel ensemble aquatique avec décoration florale et arbustive

Nature :
Loisirs : snack, pizzeria (plage) terrain omnisports, ski nautique, théâtre de plein air
Services : cases réfrigérées

Les Écureuils – de déb. mai à fin sept.
 05 58 09 80 00, *camping.les.ecureuils@wanadoo.fr*,
Fax 05 58 09 81 21, *www.ecureuils.fr* – places limitées pour le passage – **R** conseillée
6 ha (230 empl.) plat, herbeux, sablonneux
Tarif : 42 € (10A) – pers. suppl. 8 € – frais de réservation 32 €
 1 borne artisanale
Pour s'y rendre : Port Navarrosse (4,2 km au nord par rte de Sanguinet et rte de Navarrosse à gauche, à 400 m de l'étang de Cazaux)
À savoir : Belle décoration arbustive et florale

Nature :
Loisirs : snack, pizzeria jacuzzi (plage) canoë
Services : sèche-linge
À prox. :

Bimbo de déb. mai à fin sept.
 05 58 09 82 33, *campingbimbo@wanadoo.fr*,
Fax 05 58 09 80 14, *www.campingbimbo.fr* – places limitées pour le passage – **R** conseillée
6 ha (177 empl.) plat, sablonneux, herbeux
Tarif : 36 € (6A) – pers. suppl. 8 € – frais de réservation 23 €
Location (permanent) : 27 (4 à 6 pers.) nuitée 79 € - 245 à 885 €/sem. – 10 (4 à 6 pers.) nuitée 125 € - 385 à 995 €/sem. – frais de réservation 23 € – **R** conseillée
Pour s'y rendre : 176 chemin de Bimbo (3,5 km au nord par rte de Sanguinet et rte de Navarrosse à gauche)

Nature :
Loisirs : snack, pizzeria terrain omnisports
Services : sèche-linge cases réfrigérées
À prox. :

85

La Fontaine de Nava (location exclusive de mobile homes) juil.-août
 05 58 09 83 11, *info@lesfontainesdenava.com*,
Fax 05 58 09 82 62, *www.lesfontainesdenava.com*
12 ha/7 campables plat, sablonneux, herbeux
Location : 40 (4 à 6 pers.) 340 à 800 €/sem.
Pour s'y rendre : Chemin de Bimbo-Navarrosse (3,5 km au nord par rte de Sanguinet et rte de Navarrosse)

Nature :
Loisirs : snack
Services :

Campéole de Navarrosse – de fin avr. à fin sept.
 05 58 09 84 32, *navarrosse@campeole.com*,
Fax 05 58 09 86 22, *www.camping-navarrose.com*
– **R** conseillée
9 ha (500 empl.) plat, sablonneux, herbeux
Tarif : 25,90 € (10A) – pers. suppl. 8,90 € – frais de réservation 26 €
Location (de déb. avr. à fin sept.) : 46 (4 à 6 pers.) nuitée 35 € - 245 à 1 141 €/sem. – 86 (4 à 6 pers.) nuitée 27 € - 189 à 721 €/sem. – bungalows toilés avec et sans sanitaires – frais de réservation 26 € – **R** conseillée
 – 12 €
Pour s'y rendre : 712 chemin de Navarrosse (5 km au nord, rte de Sanguinet et rte de Navarrosse à gauche, au bord de l'étang de Cazaux)

Nature :
Loisirs : ponton d'amarrage
Services : sèche-linge
À prox. :

AQUITAINE

BISCARROSSE

à Biscarrosse-Plage NO : 9,5 km par D 146– ✉ 40600

▲▲▲ **Campéole le Vivier**
📞 05 58 78 25 76, *cplvivier@atciat.com*, Fax 05 58 78 35 23, *www.campeole.com* – ℞ conseillée
17 ha (830 empl.) plat, vallonné, sablonneux, herbeux
Location : 6 🛖 – 43 🛖 – bungalows toilés avec et sans sanitaires
Pour s'y rendre : au nord de la station, à 700 m de la plage

Nature : 𝟬𝟬(pinède)
Loisirs : 🏠 🎱 🏃 salle d'animation 🎮 🚲 ⛱ 🏊
Services : ♿ 🔑 🚽 ☺ 🛢 sèche-linge 🚿 cases réfrigérées, point d'informations touristiques
À prox. : 🏊

BLASIMON

✉ 33540 – **335** K6 – 711 h. – alt. 80
🛈 *Office de tourisme, 8, Lousteau Neuf* 📞 05 56 71 59 62
Paris 607 – Bordeaux 47 – Mérignac 63 – Pessac 60 – Talence 57.

▲ **Le Lac** de déb. juin à mi-sept.
📞 05 56 71 59 62, *blasimon@entredeuxmers.com*,
Fax 05 56 71 53 37, *www.entredeuxmers.com* – ℞
50 ha/0,5 campable (35 empl.) plat, herbeux
Tarif : 17 € 👫 🚗 🗐 ⚡ (4A) – pers. suppl. 4 €
Pour s'y rendre : Domaine départemental de Blasimon

Nature : 🌊 🌳
Services : ♿ 🚻 🚿 🚽 ☺ 🚰 🛢
à la base de loisirs : snack 🚤 🏄
🎱 🏊 (plage)

Les indications d'accès à un terrain sont généralement indiquées, dans notre guide, à partir du centre de la localité.

BLAYE

✉ 33390 – **335** H4 – G. Aquitaine – 4 666 h. – alt. 7
🛈 *Office de tourisme, allées Marines* 📞 05 57 42 12 09, Fax 05 57 42 91 94
Paris 546 – Bordeaux 49 – Jonzac 52 – Libourne 45.

▲ **Municipal de la Citadelle** de déb. mai à fin sept.
📞 05 57 42 00 20, *mairie@blaye.net, http://www.blaye.net* – ℞
1 ha (47 empl.) plat, peu incliné, terrasses, herbeux
Tarif : (Prix 2008) 9,90 € 👫 🚗 🗐 ⚡ (10A) – pers. suppl. 4,80 €
🚐 1 borne
Pour s'y rendre : à l'ouest, dans l'enceinte de la citadelle

Nature : 🌊 🌲 🌳 𝟬𝟬
Services : 🚻 ☺

Enclos - Pays basque

AQUITAINE

BRANTÔME

✉ 24310 – **329** E3 – G. Périgord Quercy – 2 043 h. – alt. 104
🛈 *Syndicat d'initiative, boulevard Charlemagne* ☎ *05 53 05 80 52, Fax 05 53 05 80 52*
Paris 470 – Angoulême 58 – Limoges 83 – Nontron 23 – Périgueux 27 – Ribérac 38 – Thiviers 26.

▲ **Peyrelevade** –
☎ 05 53 05 75 24, Fax 05 53 05 04 53 25 – **R** conseillée
5 ha (170 empl.) plat, herbeux
Location : 5
Pour s'y rendre : rte de Thiviers (1 km à l'est par D 78, au bord de la Dronne)

Nature :
Loisirs :
Services :
À prox. : canoë kayak

LE BUGUE

✉ 24260 – **329** G6 – G. Périgord Quercy – 2 778 h. – alt. 62
🛈 *Office de tourisme, porte de la Vézère* ☎ *05 53 07 20 48, Fax 05 53 54 92 60*
Paris 522 – Bergerac 47 – Brive-la-Gaillarde 72 – Cahors 86 – Périgueux 42 – Sarlat-la-Canéda 32.

▲ **La Linotte** – de déb. avr. à mi-sept.
☎ 05 53 07 17 61, *info@camping-vagues-oceanes.com*,
Fax 05 53 54 16 96, *www.camping-vagues-oceanes.com*
– **R** conseillée
13 ha/2,5 campables (101 empl.) en terrasses, plat et peu incliné, herbeux
Tarif : (Prix 2008) 33 € ✱✱ 🚐 🔲 🔌 (6A) – pers. suppl. 7,20 € – frais de réservation 26 €
Location (Prix 2008) 🏠 : 12 🛖 (2 à 4 pers.) nuitée 55 € - 130 à 520 €/sem. – 45 🛖 (4 à 6 pers.) nuitée 55 € - 200 à 850 €/sem. – 8 🏡 (4 à 6 pers.) nuitée 75 € - 300 à 790 €/sem. – frais de réservation 26 € - **R** conseillée
🛒 1 borne artisanale 4,60 €
Pour s'y rendre : 3,5 km au nord-est par D 710, rte de Périgueux, D 32e à dr., rte de Rouffignac et chemin
À savoir : Bel espace aquatique avec pataugeoire ludique

Nature :
Loisirs : 🍽 🎪 🏊 jacuzzi, terrain omnisports
Services : sèche-linge

▲ **Les Trois Caupain** de déb. avr. à fin oct.
☎ 0553072460 ou 0685484425, *info@camping-bugue.com*, Fax 05 53 08 72 66, *www.camping-des-trois-caupain.com* – **R**
4 ha (160 empl.) plat, herbeux
Tarif : (Prix 2008) 20,10 € ✱✱ 🚐 🔲 🔌 (16A) – pers. suppl. 4,50 €
Location (Prix 2008) (de déb. avr. à fin oct.) : 34 🛖 (4 à 6 pers.) nuitée 35 € - 185 à 600 €/sem. – frais de réservation 12 € - **R** conseillée
🛒 – 12 🔲 9,90 € – 9.9 €
Pour s'y rendre : Le Port

Nature :
Loisirs : pizzeria, snack, canoë-kayak, terrain omnisports
Services : sèche-linge
À prox. :

LE BUISSON-DE-CADOUIN

✉ 24480 – **329** G6 – 2 075 h. – alt. 63
🛈 *Office de tourisme, place André Boissière* ☎ *05 53 22 06 09, Fax 05 53 22 06 09*
Paris 532 – Bergerac 38 – Périgueux 52 – Sarlat-la-Canéda 36 – Villefranche-du-Périgord 35.

▲ **Domaine de Fromengal** – de déb. avr. à fin oct.
☎ 05 53 63 11 55, *fromengal@domaine-fromengal.com*,
Fax 05 53 73 03 28, *www.domaine-fromengal.com* – **R** conseillée
22 ha/3 campables (90 empl.) en terrasses, herbeux, bois attenant
Tarif : (Prix 2008) ✱ 8 € 🚐 🔲 11 € – 🔌 (5A) 3,50 € – frais de réservation 19 €
Location (Prix 2008) : 9 🛖 (2 à 4 pers.) 210 à 530 €/sem. – 25 🛖 (4 à 6 pers.) 260 à 760 €/sem. – 18 🏡 (4 à 6 pers.) - 310 à 900 €/sem. – 4 bungalows toilés – frais de réservation 19 € - **R** conseillée
🛒 1 borne artisanale
Pour s'y rendre : 6,5 km au sud-ouest par D 29, rte de Lalinde, D 2 à gauche, rte de Cadouin et chemin à dr.

Nature :
Loisirs :
Services : sèche-linge

AQUITAINE

BUNUS

✉ 64120 – **342** F5 – 139 h. – alt. 186
Paris 820 – Bayonne 61 – Hasparren 38 – Mauléon-Licharre 22 – St-Jean-Pied-de-Port 21 – St-Palais 21.

▲ **Inxauseta** de fin juin à fin août
    ℘ 05 59 37 81 49, *inxauseta@laposte.net*,
    Fax 05 59 37 81 49, *www.inxauseta.com* – **R** conseillée
    0,8 ha (40 empl.) peu incliné, terrasses, herbeux
    Tarif : (Prix 2008) ♣ 3,50 € 🚗 ▤ 3,50 € – [½] (5A) 2,20 €
    Pour s'y rendre : au bourg, près de l'église
    À savoir : belles salles de détente dans une ancienne maison basque rénovée

| Nature : ⚐ ≤ ♤♤ |
| Loisirs : 🏠 |
| Services : ⚲ ⚒ @ |

CAMBO-LES-BAINS

✉ 64250 – **342** D4 – G. Pays Basque – 4 416 h. – alt. 67 – ♨ (fin février-mi déc.)
🛈 Syndicat d'initiative, avenue de la Mairie ℘ 05 59 29 70 25, Fax 05 59 29 90 77
Paris 783 – Bayonne 20 – Biarritz 21 – Pau 115 – St-Jean-de-Luz 31 – St-Jean-Pied-de-Port 35 – San Sebastian 62.

▲ **Bixta eder** de mi-avr. à mi-oct.
    ℘ 05 59 29 94 23, *camping.bixtaeder@wanadoo.fr*,
    Fax 05 59 29 23 70, *www.camping-bixtaeder.com*
    – **R** conseillée
    1 ha (90 empl.) incliné, plat, herbeux, gravier
    Tarif : (Prix 2008) 18,50 € ♣♣ 🚗 ▤ [½] (10A) – pers. suppl. 4 €
    Location (Prix 2008) (de déb. mars à fin nov.) : 3 🏠 (4 à 6 pers.) - 350 à 490 €/sem. – frais de réservation 28 € · **R** conseillée
    Pour s'y rendre : Av. d'Espagne (1,3 km au sud-ouest par D 918, rte de St-Jean-de-Luz)

| Nature : ⌂ ♤♤ |
| Loisirs : 🏠 |
| Services : ⚒ ⚲ (juin-sept.) 🅖🅑 ⚒ ▦ ♨ ♨ sèche-linge |
| À prox. : ✂ 🏊 |

Donnez-nous votre avis sur les terrains que nous recommandons. Faites-nous connaître vos observations et vos découvertes par mail à l'adresse : leguidecampingfrance@fr.michelin.com.

88

CAMPAGNE

✉ 24260 – **329** G6 – G. Périgord Quercy – 310 h. – alt. 60
Paris 542 – Bergerac 51 – Belvès 19 – Les Eyzies-de-Tayac 7 – Sarlat-la-Canéda 27.

⛰ **Le Val de la Marquise** de déb. avr. à mi-oct.
    ℘ 05 53 54 74 10, *contact@levaldelamarquise.com*,
    Fax 05 53 54 00 70, *www.levaldelamarquise.com*
    – **R** conseillée
    4 ha (104 empl.) plat et en terrasses, herbeux
    Tarif : 21,80 € ♣♣ 🚗 ▤ [½] (15A) – pers. suppl. 4,90 €
    Location ✂ : 2 🏠 (2 à 4 pers.) à 385 €/sem. – 12 🏠 (4 à 6 pers.) 252 à 730 €/sem. – 8 🏠 (4 à 6 pers.) - 280 à 790 €/sem. – frais de réservation 16 € · **R** conseillée
    🚐, 1 borne artisanale
    Pour s'y rendre : au lieu-dit : Le Moulin (500 m à l'est par D 35, rte de St-Cyprien, au bord d'un étang)

| Nature : ⌂ ♤♤ |
| Loisirs : snack 🏠 ⚐ 🏊 ≋ |
| Services : ⚒ ⚲ 🅖🅑 ⚒ ▦ ♨ ≋ @ ♨ ▦ sèche-linge ⚒ |

CAPBRETON

✉ 40130 – **335** C13 – G. Aquitaine – 6 659 h. – alt. 6
🛈 Office de tourisme, avenue Georges Pompidou ℘ 05 58 72 12 11, Fax 05 58 41 00 29
Paris 749 – Bayonne 22 – Biarritz 29 – Mont-de-Marsan 90 – St-Vincent-de-Tyrosse 12 – Soustons 19.

▲ **Municipal Bel Air**
    ℘ 05 58 72 12 04, *secretariat-general@capbreton.fr* – **R** indispensable
    1,5 ha (119 empl.) plat, sablonneux
    Pour s'y rendre : sortie nord par D 152, rte d'Hossegor, près du Parc des Sports

| Nature : ⌂ ♤♤ |
| Services : ⚒ ⚲ ▦ ≋ @ ▦ sèche-linge |
| À prox. : ✂ |

AQUITAINE

CARSAC-AILLAC

✉ 24200 – **329** I6 – G. Périgord Quercy – 1 217 h. – alt. 80
Paris 536 – Brive-la-Gaillarde 59 – Gourdon 18 – Sarlat-la-Canéda 9.

▲▲ **Le Plein Air des Bories** de fin avr. à fin sept.
    ✆ 05 53 28 15 67, contact@camping-desbories.com,
Fax 05 53 28 15 67, www.camping-desbories.com
– **R** conseillée
3,5 ha (110 empl.) plat, sablonneux, herbeux
Tarif : (Prix 2008) ♣ 6,30 € – 🅴 7,80 € – (6A) 2,90 € – frais de réservation 16 €
Location (Prix 2008) (de mi-avr. à fin sept.) : 4 🛖 (2 à 4 pers.) nuitée 23 € - 160 à 405 €/sem. – 13 🛖 (4 à 6 pers.) nuitée 33 € - 230 à 605 €/sem. – frais de réservation 10 € - **R** conseillée
Pour s'y rendre : Les Bories (1,3 km au sud par D 703, rte de Vitrac et chemin à gauche, au bord de la Dordogne)
À savoir : Décoration arbustive et florale des emplacements

Nature : 🌳 ⛰ ♀♀
Loisirs : 🍹 🏊 🎣 🎿 (découverte en saison) 🛶 canoë
Services : ♿ ⚡ GB 🚐 🍽 🚿 ☕ 🛒 🏠

▲ **Le Rocher de la Cave** de déb. mai à fin sept.
    ✆ 05 53 28 14 26, rocher.de.la.cave@wanadoo.fr,
Fax 05 53 28 27 10, www.rocherdelacave.com – **R** conseillée
5 ha (150 empl.) plat, herbeux
Tarif : (Prix 2008) ♣ 5,10 € 🚗 🅴 6,60 € – (10A) 3 €
Location (Prix 2008) : 21 🛖 (4 à 6 pers.) 240 à 630 €/sem. – 13 bungalows toilés – avec et sans sanitaires – **R** conseillée
Pour s'y rendre : La Pommarède (1,7 km au sud par D 703, rte de Vitrac et chemin à gauche, au bord de la Dordogne)

Nature : 🌳 ♀♀ ⛰
Loisirs : 🍹 🏊 🎣 🛶 canoë
Services : ♿ ⚡ GB 🚐 🍽 ☕ 📞 🛒
🏠 sèche-linge 👕

CASTELJALOUX

✉ 47700 – **336** C4 – G. Aquitaine – 4 755 h. – alt. 52 – Base de loisirs
🛈 Office de tourisme, Maison du Roy ✆ 05 53 93 00 00, Fax 05 53 20 74 32
Paris 674 – Agen 55 – Langon 55 – Marmande 23 – Mont-de-Marsan 73 – Nérac 30.

▲▲ **Les Chalets de Clarens** (location exclusive de chalets)
Permanent
    ✆ 05 53 93 07 45, castel.chalets@orange.fr,
Fax 05 53 93 07 45, www.castel-chalets.com
4 ha plat, sablonneux
Location : 24 🛖 (4 à 6 pers.) nuitée 50 € - 275 à 489 €/sem. – **R** conseillée
🚐 1 borne eurorelais 10 € – 20 🅴 10 €
Pour s'y rendre : 2,5 km au sud-ouest par D 933, rte de Mont-de-Marsan, au bord du lac et près de la base de loisirs

Nature : 🌳 ≤ ♀♀(pinède) ⛰
Loisirs : 🛖 🎣 🛶
Services : ♿ ⚡ GB 🚐 🍽 🛒
À prox. : 🍹 🍴 snack 🎮 🏇
(centre équestre) golf, pédalos, VTT

CASTELMORON-SUR-LOT

✉ 47260 – **336** E3 – 1 664 h. – alt. 49
🛈 Syndicat d'initiative, Mairie ✆ 05 53 84 90 36, Fax 05 53 88 19 21
Paris 600 – Agen 33 – Bergerac 63 – Marmande 35 – Villeneuve-sur-Lot 21.

▲▲▲ **Port-Lalande** (location exclusive de chalets) de déb. avr. à fin sept.
    ✆ 05 53 79 37 04, resa@grandbleu.fr, Fax 05 53 79 37 04, www.grandbleu.fr
4 ha plat, herbeux
Location 🅿 : 60 🛖 (4 à 6 pers.) - 175 à 503 €/sem. – **R** conseillée
Pour s'y rendre : 1,5 km au sud-est, au bord du Lot et d'un petit port de plaisance
À savoir : bord du Lot et d'un petit port de plaisance

Nature : 🌳 ≤
Loisirs : 🛖 🎿 🎣 🏊 ♨ hammam espace balnéo 🎣 🛶 ponton d'amarrage
Services : ♿ ⚡ GB 🚐 🍽 🏠 sèche-linge

AQUITAINE

CASTELNAUD-LA-CHAPELLE

✉ 24250 – **329** H7 – G. Périgord Quercy – 426 h. – alt. 140
Paris 539 – Le Bugue 29 – Les Eyzies-de-Tayac 27 – Gourdon 25 – Périgueux 71 – Sarlat-la-Canéda 13.

▲ **Maisonneuve** de fin mars à fin oct.
☎ 05 53 29 51 29, contact@campingmaisonneuve.com,
Fax 05 53 30 27 06, www.campingmaisonneuve.com
– **R** conseillée
6 ha/3 campables (140 empl.) non clos, plat, herbeux
Tarif : ♦ 5,70 € – 🚗 🏠 7,80 € – (10A) 4,80 € – frais de réservation 15 €
Location : 10 🏠 (4 à 6 pers.) nuitée 48 € - 260 à 660 €/sem. – gîte d'étape – frais de réservation 15 € - **R** conseillée
🚐 1 borne artisanale 12 €
Pour s'y rendre : chemin de Maisonneuve (1 km au sud-est par D 57 et chemin à gauche, au bord du Céou)
À savoir : Ancienne ferme restaurée et fleurie

Nature : ≤ ⌂ ♀♀
Loisirs : ♀ snack 🏠 🏊 m 🎣 ≋
Services : ♿ ⚬ GB ✂ 🗄 🏠 ⊛
🍴 sèche-linge 🏠

▲ **Lou Castel** de déb. juin à mi-sept.
☎ 05 53 29 89 24, loucastel2@wanadoo.fr,
Fax 05 53 28 94 85, www.loucastel.com – **R** conseillée
5,5 ha/2,5 campables (110 empl.) plat, herbeux, pierreux, bois attenant
Tarif : ♦ 5,40 € – 🚗 🏠 6,90 € – (16A) 4,20 €
Location (permanent) : 16 🏡 (2 à 4 pers.) à 548 €/sem. – 24 🏠 (4 à 6 pers.) 180 à 660 €/sem. – 10 🏕 (4 à 6 pers.) nuitée 60 € - 190 à 720 €/sem. – 3 bungalows toilés – **R** conseillée
Pour s'y rendre : au lieu-dit : Prente-Garde (sortie sud par D 57 puis 3,4 km par rte du château à dr. - pour caravanes, accès fortement conseillé par Pont-de-Cause et D 50, rte de Veyrines-de-Domme)
À savoir : Agréable chênaie

Nature : 🌲 ⌂ ♀♀
Loisirs : 🏠 🏊 🎣 ≋ terrain omnisports
Services : ♿ ⚬ ✂ 🗄 🏠 ⊛ ≋ ♀
🍴

CASTELS

✉ 24220 – **329** H6 – 445 h. – alt. 50
Paris 551 – Bordeaux 181 – Montauban 145 – Brive-la-Gaillarde 73 – Périgueux 56.

▲ **La Noyeraie** (location exclusive de chalets) Permanent
☎ 05 53 31 24 29, contact@chaletlanoyeraie.fr,
Fax 05 53 31 24 43, www.chaletlanoyeraie.fr
1,5 ha plat, herbeux
Location ℗ : 13 🏠 (4 à 6 pers.) - 210 à 610 €/sem. – frais de réservation 15 € - **R** conseillée
Pour s'y rendre : au lieu-dit : Le Grelat

Nature : ♀
Loisirs : 🏠 🏊
Services : ⚬ ✂ 🎿 🍴 sèche-linge

CASTETS

✉ 40260 – **335** E11 – 1 808 h. – alt. 48
🅘 Office de tourisme, place Pierre Barrère ☎ 05 58 89 44 79
Paris 710 – Dax 21 – Mimizan 40 – Mont-de-Marsan 61 – St-Vincent-de-Tyrosse 32.

△ **Municipal Le Galan** de déb. fév. à fin nov.
☎ 05 58 89 43 52, contact@camping-legalan.com,
Fax 05 58 55 00 07, www.camping-legalan.com – **R** conseillée
4 ha (200 empl.) plat, peu incliné, sablonneux, herbeux
Tarif : (Prix 2008) ♦ 3,20 € – 🚗 1,10 € – 🏠 6,40 € – (10A) 10 €
Location (Prix 2008) : 10 🏠 (4 à 6 pers.) 115 à 470 €/sem. – 2 🏕 (4 à 6 pers.) - 140 à 550 €/sem. – 3 bungalows toilés – **R** conseillée
🚐 1 borne artisanale 3 € – 🚽 10.6 €
Pour s'y rendre : 73 r. du Stade (1 km à l'est par D 42, rte de Taller et rte à dr.)

Nature : ⌂ ♀♀
Loisirs : 🏠 🏊
Services : ♿ ⚬ GB ✂ 🗄 🏠 ⊛ ≋ ♀
🍴
À prox. : ✗

AQUITAINE

CASTILLON LA BATAILLE

✉ 33350 – **335** K5 – G. Aquitaine – 3 113 h. – alt. 17
🛈 *Office de tourisme, 7, allée de la République* ✆ *05 57 40 27 58, Fax 05 57 40 49 76*
Paris 549 – Bergerac 46 – Libourne 18 – Montpon-Ménestérol 27 – Sauveterre-de-Guyenne 21.

⚠ **Municipal la Pelouse** de déb. mai à fin oct.
✆ *05 57 40 04 22, camping.la.pelouse@orange.fr*
– **R** conseillée
0,5 ha (38 empl.) plat, herbeux
Tarif : (Prix 2008) 11 € 👥 🚐 🔲 (15A) – pers. suppl. 3,50 €
Location (Prix 2008) : – R conseillée
🚐 1 borne artisanale 8 €
Pour s'y rendre : 2 prom. du Bourdieu (à l'est du bourg, au bord de la Dordogne)

Nature : 🌳🌳
Loisirs : 🎣 🐟
Services : ⛽ 🔑 🚿 ⊕ 🗑

*Avant de vous installer, consultez les tarifs en cours,
affichés obligatoirement à l'entrée du terrain,
et renseignez-vous sur les conditions particulières de séjour.
Les indications portées dans le guide ont pu être modifiées depuis la mise à jour.*

CASTILLONNÈS

✉ 47330 – **336** F2 – G. Aquitaine – 1 325 h. – alt. 119
🛈 *Office de tourisme, place des Cornières* ✆ *05 53 36 87 44*
Paris 561 – Agen 64 – Bergerac 27 – Marmande 44 – Périgueux 75.

⚠ **Municipal la Ferrette**
✆ *05 53 36 94 68, rouquet47@hotmail.fr,*
Fax 05 53 36 88 77
1 ha (32 empl.) non clos, plat et peu incliné, herbeux
Location : gîtes
Pour s'y rendre : sortie nord par N 21, rte de Bergerac

Nature : 💬 🌳🌳
Services : ♿ 🔑 🔲 ⊕ 🗑
À prox. : 🍴 🏊

CAZAUX

✉ 33260 – **335** E7
🛈 *Syndicat d'initiative, place du Général-de-Gaulle* ✆ *05 56 22 91 75*
Paris 649 – Arcachon 18 – Belin-Béliet 51 – Biscarrosse 136 – Bordeaux 67.

⚠ **Municipal du Lac**
✆ *05 56 22 22 33, mairiecazaux@latestedebuch.fr,*
Fax 05 56 22 97 89 – **R** conseillée
1,5 ha (90 empl.) plat, herbeux, sablonneux
🚐 1 borne artisanale
Pour s'y rendre : 1,3 km au sud-ouest par rte du lac, à 100 m du canal des Landes et à prox. de l'étang de Cazaux

Nature : 🌳
Loisirs : 🍸 🎣
Services : ♿ 🔑 🚻 ⊕ 🗑 sèche-linge 🧹 cases réfrigérées
À prox. : 🏖

CÉNAC-ET-ST-JULIEN

✉ 24250 – **329** I7 – G. Périgord Quercy – 1 068 h. – alt. 70
Paris 537 – Le Bugue 34 – Gourdon 20 – Sarlat-la-Canéda 12 – Souillac 32.

🏕 **Le Pech de Caumont** de déb. avr. à fin sept.
✆ *05 53 28 21 63, info@pech-de-caumont.com,*
Fax 05 53 29 99 73, *www.pech-de-caumont.com*
– **R** conseillée
2,2 ha (100 empl.) en terrasses, peu incliné, herbeux
Tarif : 19 € 👥 🚐 🔲 (6A) – pers. suppl. 4,90 € – frais de réservation 12,50 €
Location 🏕 : 13 🏠 (4 à 6 pers.) 205 à 510 €/sem. – 6 🏡 (4 à 6 pers.) – 255 à 565 €/sem. – frais de réservation 12,50 € – **R** conseillée
Pour s'y rendre : 2 km au sud
À savoir : Domine la vallée de la Dordogne, face au village de Domme

Nature : 🌿 💬 🌳🌳
Loisirs : 🍸 🏊 🎣 🏊
Services : ♿ 🔑 💳 🔄 🔲 🏪 ⊕ 🛒 🚐 🗑 🚿

91

AQUITAINE

LA CHAPELLE-AUBAREIL

✉ 24290 – **329** I5 – 373 h. – alt. 230
Paris 515 – Brive-la-Gaillarde 40 – Les Eyzies-de-Tayac 21 – Montignac 9 – Sarlat-la-Canéda 19.

▲▲ **La Fage** de déb. mai à fin sept.
℘ 05 53 50 76 50, *camping.lafage@wanadoo.fr*,
Fax 05 53 50 76 50, *www.camping-lafage.com* – **R** conseillée
5 ha (60 empl.) en terrasses, peu incliné, herbeux
Tarif : ♟ 5,50 € – 🚗 📧 7 € – (∮) (10A) 3,50 € – frais de réservation 9 €
Location : 12 🏠 (4 à 6 pers.) nuitée 30 € - 230 à 710 €/sem. – 4 🏠 (4 à 6 pers.) nuitée 40 € - 270 à 620 €/sem. – 3 tentes – frais de réservation 9 € - **R** conseillée
Pour s'y rendre : La Fage (1,2 km au nord-ouest par rte de St-Amand-de-Coly (vers D 704) et chemin à gauche)

Ne pas confondre :
▲ ... à ... ▲▲▲ : *appréciation* **MICHELIN**
et
★ ... à ... ★★★★ : *classement officiel*

CLAIRAC

✉ 47320 – **336** E3 – G. Aquitaine – 2 385 h. – alt. 52
🛈 Office de tourisme, 16, place Viçoze ℘ 05 53 88 71 59, Fax 05 53 88 71 59
Paris 690 – Agen 42 – Casteljaloux 34 – Marmande 24 – Villeneuve-sur-lot 30.

▲ **La Plage**
℘ 05 53 79 03 51 – **R**
0,8 ha (50 empl.) plat, herbeux
Pour s'y rendre : au bourg (au bord du Lot)

COLY

✉ 24120 – **329** I5 – 230 h. – alt. 113 – *Base de loisirs*
Paris 504 – Brive-la-Gaillarde 29 – Lanouaille 45 – Périgueux 53 – Sarlat-la-Canéda 24.

▲▲▲ **Résidence Les Cottages du Lac** (location exclusive de chalets) Permanent
℘ 05 53 50 86 29, *evasion@quietude.fr*, Fax 05 53 50 69 16, *www.quietude-evasion.com*
18 ha plat, herbeux, étangs
Location ♿ : 74 🏠 (4 à 6 pers.) nuitée 100 € - 266 à 1 127 €/sem. – **R** conseillée
Pour s'y rendre : au lieu-dit : La Prade (2 km au sud-est par D 62, rte de la Cassagne, au bord d'un plan d'eau)

CONTIS-PLAGE

✉ 40170 – **335** D10
Paris 714 – Bayonne 87 – Castets 32 – Dax 52 – Mimizan 24 – Mont-de-Marsan 76.

▲▲▲ **Yelloh! Village Lous Seurrots** ♨ – de déb. avr. à fin sept.
℘ 05 58 42 85 82, *info@lous-seurrots.com*,
Fax 05 58 42 49 11, *www.lous-seurrots.com* – **R** conseillée
14 ha (610 empl.) plat et vallonné, incliné, sablonneux, herbeux
Tarif : 39 € ♟♟ 🚗 📧 (6A) – pers. suppl. 7 €
Location : 🏠 (4 à 6 pers.) - 280 à 1 155 €/sem. – **R** conseillée
Pour s'y rendre : sortie sud-est par D 41, près du Courant de Contis, à 700 m de la plage

AQUITAINE

CORNILLE

✉ 24750 – **329** F4 – 562 h. – alt. 190
Paris 482 – Bordeaux 148 – Périgueux 10 – Coulounieix-Chamiers 17 – Saint-Yrieix-la-Perche 57.

▲▲▲ **Le Parc de la Forêt** (location exclusive de chalets)
⌀ 05 53 35 50 45
50 ha/6 campables vallonné, herbeux
Location 🅿 : 48 🏠

Nature : 🌳 ≤ ♀
Loisirs : 🍽 pizzeria 🛁 hammam 🏇 ✂ 🎣 🎿 🐎 poneys (centre équestre)
Services : ♿ 🚿 🎯 sèche-linge 🧺

COURBIAC

✉ 47370 – **336** I3 – 112 h. – alt. 145
Paris 623 – Bordeaux 172 – Agen 46 – Montauban 59 – Bergerac 79.

▲▲▲ **Le Pouchou** Permanent
⌀ 05 53 40 72 68, le.pouchou@wanadoo.fr,
Fax 05 53 40 72 68, www.camping-le-pouchou.com
– **R** conseillée
15 ha/2 campables (20 empl.) non clos, peu incliné, herbeux
Tarif : 16,50 € 👥 🚗 📧 🛁 (10A) – pers. suppl. 4 €
Location (permanent) : 4 🛖 (2 à 4 pers.) nuitée 35 € - 161 à 336 €/sem. – 6 🏠 (4 à 6 pers.) nuitée 50 € - 259 à 525 €/sem. – **R** conseillée
🚐, 1 borne raclet – 2 📧 13 € – 🛒 10 €
Pour s'y rendre : 1,8 km à l'ouest par rte de Tournon-d'Agenais et chemin à gauche
À savoir : cadre agréable, vallonné autour d'un petit étang

Nature : 🌳 ≤ ♀
Loisirs : 🍽 🛁 🚴 🎿 💬 départ sentiers pédestres, billard
Services : ♿ 🔑 🌐 🚗 ♨ 🎯 📶 ☎ 🎯 sèche-linge

COUX-ET-BIGAROQUE

✉ 24220 – **329** G7 – 818 h. – alt. 85
Paris 548 – Bergerac 44 – Le Bugue 14 – Les Eyzies-de-Tayac 17 – Sarlat-la-Canéda 31 – Villeneuve-sur-Lot 73.

▲▲▲ **Les Valades** de mi-mai à fin sept.
⌀ 05 53 29 14 27, info@lesvalades.com, http://www.lesvalades.com – **R** conseillée
11 ha (75 empl.) en terrasses, herbeux, étang, sous bois
Tarif : 23,50 € 👥 🚗 📧 🛁 (10A) – pers. suppl. 5,60 €
Location (permanent) : 6 🛖 (4 à 6 pers.) 225 à 660 €/sem. – 19 🏠 (4 à 6 pers.) - 225 à 730 €/sem. – **R** conseillée
Pour s'y rendre : au lieu-dit : Les Valades (4 km au nord-ouest par D 703, rte des Eyzies puis à gauche)
À savoir : Cadre naturel et vallonné

Nature : 🌳 ≤ 💧♀
Loisirs : 🍽 pizzeria 🏇 ✂ 🎿
Services : ♿ 🔑 🚗 M 🎯 ♨ 🎯 📶 🧺

COUZE-ET-ST-FRONT

✉ 24150 – **329** F7 – 759 h. – alt. 45
Paris 544 – Bergerac 21 – Lalinde 4 – Mussidan 46 – Périgueux 57.

▲▲▲ **Les Moulins** Permanent
⌀ 06 89 85 76 24, camping-des-moulins@wanadoo.fr,
Fax 05 53 61 18 36, www.campingdesmoulins.com – places limitées pour le passage – **R** conseillée
2,5 ha (42 empl.) plat et peu incliné, herbeux
Tarif : (Prix 2008) 20 € 👥 🚗 📧 🛁 (10A) – pers. suppl. 5 €
– frais de réservation 10 €
Location (Prix 2008) : 10 🛖 (4 à 6 pers.) nuitée 38 € - 320 à 600 €/sem. – frais de réservation 10 € – **R** conseillée
🚐, 1 borne artisanale 5 € – 8 📧 12 €
Pour s'y rendre : au lieu-dit : Les Maury-Bas (sortie sud-est par D 660, rte de Beaumont et à dr., près du terrain de sports, au bord de la Couze)
À savoir : Cadre verdoyant face au village perché sur un éperon rocheux

Nature : ≤ 💧♀
Loisirs : 🍽 🛁 🏸 🏇 ✂ 🎣 🎿 💬
Services : ♿ 🔑 🌐 🚗 ♨ 📶 🎯 sèche-linge

93

AQUITAINE

CUZORN

✉ 47500 – **336** H2 – 870 h. – alt. 95
Paris 581 – Bergerac 59 – Cahors 55 – Fumel 7 – Villeneuve-sur-Lot 32.

Les Loges de Mélis (location exclusive de chalets)
Permanent
☏ 05 53 40 96 46, loges-de-melis@wanadoo.fr,
Fax 05 53 40 84 03, www.loges-melis.com
7 ha/1 campable en terrasses, herbeux
Location : 10 🏠 (4 à 6 pers.) nuitée 80 € - 250 à 680 €/sem. – **R** conseillée
Pour s'y rendre : 3 km au nord par D 710 et chemin à gauche
À savoir : location au w.-end et à la nuitée hors sais.

Nature : 🌳
Loisirs : 🎣 🏊 🚴 golf (4 trous)
Services : ♿ 🅿 🚿 🗑

DAGLAN

✉ 24250 – **329** I7 – 535 h. – alt. 101
🛈 Syndicat d'initiative, le Bourg ☏ 05 53 29 88 84, Fax 05 53 29 88 84
Paris 547 – Cahors 48 – Fumel 40 – Gourdon 18 – Périgueux 80 – Sarlat-la-Canéda 22.

Le Moulin de Paulhiac 👥 – de mi-mai à mi-sept.
☏ 05 53 28 20 88, francis.armagnac@wanadoo.fr,
Fax 05 53 29 33 45, www.moulin-de-paulhiac.com
– **R** conseillée
5 ha (150 empl.) plat, herbeux
Tarif : (Prix 2008) 👤 7 € 🚗 🔌 9,75 € – (10A) 4,20 € – frais de réservation 8 €
Location (Prix 2008) : 10 🏕 (4 à 6 pers.) 252 à 693 €/sem. – frais de réservation 10 € - **R** conseillée
🚰 1 borne artisanale
Pour s'y rendre : 4 km au nord-ouest par D 57, rte de St-Cybranet, au bord du Céou

Nature : 🌳 🌲
Loisirs : 🍴 snack 🏊 🚴 🎣 (découverte en saison)
Services : ♿ 🚿 GB 🗑 🧺 sèche-linge

La Peyrugue de déb. avr. à déb. oct.
☏ 05 53 28 40 26, camping@peyrugue.com, www.peyrugue.com – **R** conseillée
5 ha/2,5 campables (85 empl.) terrasse, non clos, peu incliné à incliné, herbeux, pierreux
Tarif : 👤 5,75 € 🚗 🔌 10 € – (6A) 3,50 €
Location : 5 🏕 (4 à 6 pers.) 260 à 575 €/sem. – 8 🏠 (4 à 6 pers.) - 315 à 650 €/sem. – **R** conseillée
Pour s'y rendre : 1,5 km au nord par D 57, rte de St-Cybranet, à 150 m du Céou

Nature : 🌳 🌲
Loisirs : 🍴 🏊 🚴
Services : ♿ 🚿 GB 🗑 sèche-linge

DAX

✉ 40100 – **335** E12 – G. Aquitaine – 19 515 h. – alt. 12 – ♨
🛈 Office de tourisme, 11, cours Foch ☏ 05 58 56 86 86, Fax 05 58 56 86 80
Paris 727 – Bayonne 54 – Biarritz 61 – Bordeaux 144 – Mont-de-Marsan 54 – Pau 85.

Les Pins du Soleil 👥 –
☏ 05 58 91 37 91, info@pinsoleil.com, Fax 05 58 91 00 24,
www.pinsoleil.com – **R** conseillée
6 ha (145 empl.) plat et peu incliné, herbeux, sablonneux
Location : 40 🏕 – 10 🏠 – 4 bungalows toilés
🚰 1 borne artisanale – 13 €
Pour s'y rendre : 5,8 km au nord-ouest par N 124, rte de Bayonne et à gauche par D 459

Nature : 🌲
Loisirs : snack 🏊 🚴 🎣
Services : ♿ 🚿 🗑 sèche-linge

AQUITAINE

DAX

Les Chênes – de fin mars à fin oct.
05 58 90 05 53, camping-chenes@wanadoo.fr, Fax 05 58 90 42 43, www.camping-les-chenes.fr
– **R** conseillée
5 ha (230 empl.) plat, herbeux, sablonneux, gravillons
Tarif : (Prix 2008) 16,70 € ♣♣ ⇌ 📧 ⚡ (5A) – pers. suppl. 6 € – frais de réservation 7,50 €
Location (Prix 2008) : 34 🏠 (4 à 6 pers.) 296 à 500 €/sem. – 20 studios – frais de réservation 7,50 € - **R** conseillée
🚐
Pour s'y rendre : allée du Bois-de-Boulogne (1,8 km à l'ouest du centre ville, au bois de Boulogne, à 200 m de l'Adour).
À savoir : agréable chênaie près d'un étang

Nature : 🌳 🌿
Loisirs : 🛋 🚶 🚴
Services : ♿ 🔑 GB 🗑 🚿 ⚡
🚿 ⛽ 🧺 sèche-linge 🧺
À prox. : 🍴 ✂ 🐎 practice de golf

Abesses de mi-mars à fin oct.
05 58 91 65 34, chenes@thermesadour.com, Fax 05 58 91 65 34, www.thermes-dax.com – **R** conseillée
4 ha (198 empl.) plat, herbeux, sablonneux, petit étang
Tarif : 15,65 € ♣♣ ⇌ 📧 ⚡ (10A) – pers. suppl. 3,90 €
Location : 16 🏠 (4 à 6 pers.) 241 €/sem. – 11 🏠 (4 à 6 pers.) 286 €/sem. – **R** conseillée
🚐 1 borne artisanale
Pour s'y rendre : 7,5 km au nord-ouest par rte de Bayonne, D 16 à dr. et chemin d'Abesse
À savoir : locations minimum 20 nuits

Nature : 🌳 🌿
Loisirs : 🛋 🏊
Services : ♿ 🔑 GB 🗑 🚿 ⚡
🧺 sèche-linge

L'Étang d'Ardy de mi-avr. à fin oct.
05 58 97 57 74, info@etangardy.com, www.etangardy.com – **R** conseillée
5 ha/3 campables (102 empl.) plat, herbeux, sablonneux
Tarif : 26 € ♣♣ ⇌ 📧 ⚡ (10A) – pers. suppl. 4,50 €
Location : 22 🏠 (4 à 6 pers.) 265 à 630 €/sem. – 6 🏠 (4 à 6 pers.) - 270 à 710 €/sem. – **R** conseillée
Pour s'y rendre : allée d'Ardy (5,5 km au nord-ouest par N 124, rte de Bayonne puis av. la bretelle de raccordement, 1,7 km par chemin à gauche, au bord d'un étang)

Nature : 🌳 🌿
Loisirs : 🛋 🏊
Services : ♿ 🔑 GB 🗑 – 56 sanitaires individuels (🚿⛽🚽 wc) ⚡ 🧺

Le Bascat de mi-mars à déb. nov.
05 58 56 16 68, info@campinglebascat.com, Fax 05 58 56 20 56, www.campinglebascat.com – **R** conseillée
3,5 ha (160 empl.) plat et en terrasses, gravier, herbeux
Tarif : 15,80 € ♣♣ ⇌ 📧 ⚡ (6A) – pers. suppl. 3,80 € – frais de réservation 5 €
Location : 36 🏠 (4 à 6 pers.) nuitée 38 € - 214 à 298 €/sem. – frais de réservation 5 € - **R** conseillée
🚐 1 borne artisanale – 8 📧 13,80 € – 🚿 10 €
Pour s'y rendre : r. de Jouandin (2,8 km à l'ouest du centre ville par le bois de Boulogne, accès à partir du Vieux Pont (rive gauche) et av. longeant les berges de l'Adour)

Nature : 🌳 🌿
Loisirs : 🛋
Services : ♿ 🔑 GB 🗑 🚿 ⚡
🚿 ⛽ 🧺 sèche-linge 🧺

DOMME

✉ 24250 – **329** I7 – G. Périgord Quercy – 987 h. – alt. 250
🏛 Office de tourisme, place de la Halle 🕿 05 53 31 71 00, Fax 05 53 31 71 09
Paris 538 – Cahors 51 – Fumel 50 – Gourdon 20 – Périgueux 76 – Sarlat-la-Canéda 12.

Les Ventoulines (location exclusive de chalets) de fin mars à déb. nov.
05 53 28 36 29, lesventoulines@wanadoo.fr, Fax 05 53 29 47 25, www.cottage-ventoulines.com
3 ha non clos, en terrasses, herbeux
Location ✈ : 18 🏠 (4 à 6 pers.) - 320 à 855 €/sem. – **R** conseillée
Pour s'y rendre : 3,6 km au sud-est

Nature : 🌳 🌿
Loisirs : 🛋 🚶 🚴
Services : ♿ 🔑 🅿 GB 🗑 🚿 ⚡

AQUITAINE

DOMME

Village de la Combe (location exclusive de chalets) de mi-mars à fin oct.
📞 05 53 29 77 42, lacombe24@wanadoo.fr, www.villagedelacombe.com
2 ha plat, en terrasses, herbeux
Location : 12 🏠 (4 à 6 pers.) - 340 à 690 €/sem.
Pour s'y rendre : Le Pradal (1,5 km au sud-est)
À savoir : Location 2 nuits minimum hors sais.

Nature : 🌳 ♤♤
Loisirs : 🏛 🏊
Services : ♿ ⛔ ✂ 🏪 🛒

Perpetuum 👥 – de déb. mai à déb. oct.
📞 05 53 28 35 18, leperpetuum.domme@wanadoo.fr, Fax 05 53 29 63 64, www.campingleperpetuum.com.
– **R** conseillée
4,5 ha (120 empl.) plat, herbeux
Tarif : 🧍 5,60 € 🚗 2 € 🏠 6 € – ⚡ (10A) 3,50 € – frais de réservation 10 €
Location (Prix 2008) (de déb. mai à fin sept.) 🎿 : 3 🏠 (2 à 4 pers.) 180 à 450 €/sem. – 🏠 (4 à 6 pers.) 230 à 700 €/sem. – frais de réservation 10 € - **R** conseillée
🚐 1 borne raclet 17,22 €
Pour s'y rendre : au lieu-dit : La Rivière (2 km au sud, au bord de la Dordogne)

Nature : 🌳 🏞 ♤♤
Loisirs : snack 🏛 🎯 salle d'animation 🏊 🛶
Services : ♿ ⛔ ✂ 🅿 🏪 🛒 🚿 🛒
sèche-linge 🧺
À prox. : 🛥

Le Bosquet de déb. avr. à fin sept.
📞 05 53 28 37 39, info@lebosquet.com, Fax 05 53 29 41 95, www.lebosquet.com – **R** conseillée
1,5 ha (60 empl.) plat, herbeux
Tarif : 15 € 🧍🧍 🚗 🏠 🏠 (6A) – pers. suppl. 4 € – frais de réservation 6 €
Location : 20 🏠 (4 à 6 pers.) nuitée 32 € - 200 à 460 €/sem. – frais de réservation 6 € - **R** conseillée
🚐 1 borne artisanale 1,50 € – 🛢 8 €
Pour s'y rendre : au lieu-dit : La Rivière (à 900 m au sud de Vitrac-Port)

Nature : 🌳 🌲 🏞 ♤♤
Loisirs : snack 🏛 🛶
Services : ♿ ⛔ GB ✂ 🅿 🛒 ♨
🛒 🛒 🏠
À prox. : canoë

Le Moulin de Caudon de mi-mai à mi-sept.
📞 05 53 31 03 69, camping.moulin.caudon@wanadoo.fr, http://www.campingdordogne.com – **R** conseillée
2 ha (60 empl.) plat, herbeux
Tarif : (Prix 2008) 🧍 3,30 € 🚗 🏠 2,70 € – ⚡ (12A) 2,70 €
Location (Prix 2008) : 5 🏠 (4 à 6 pers.) nuitée 30 € - 340 à 480 €/sem. – **R** conseillée
Pour s'y rendre : 6 km au nord-est par D 46e et D 50, rte de Groléjac, près de la Dordogne - pour les caravanes, accès conseillé par Vitrac-Port

Nature : 🏞 ♤♤
Loisirs : 🏛 🛶
Services : ♿ ⛔ (saison) ✂ 🅿 🏠 ♨
🛒
À prox. : 🛥

EYMET

✉ 24500 – **329** D8 – G. Périgord Quercy – 2 552 h. – alt. 54
🛈 Office de tourisme, place de la Bastide 📞 05 53 23 74 95, Fax 05 53 23 74 95
Paris 560 – Bergerac 24 – Castillonnès 19 – Duras 22 – Marmande 33 – Ste-Foy-la-Grande 31.

Municipal Le Château de déb. avr. à fin oct.
📞 05 53 23 80 28, jeanjacques@eymetcamping.com, Fax 05 53 83 02 20 – **R** conseillée
1,5 ha (66 empl.) plat, herbeux, jardin public attenant
Tarif : 12,95 € 🧍🧍 🚗 🏠 🏠 (10A) – pers. suppl. 3,80 €
Pour s'y rendre : r. de la Sole (derrière le château, au bord du Dropt)
À savoir : Site agréable bordé par la rivière, le parc et les remparts

Nature : 🏞 ♤♤
Loisirs : 🐟 canoë
Services : ♿ ⛔ ✂ 🅿 🏠 ♨ 🛒 🛒
À prox. : 🎯

🚐 ✗ *ATTENTION...*
🐎 *ces éléments ne fonctionnent généralement qu'en saison,*
🏊 🏇 *quelles que soient les dates d'ouverture du terrain.*

AQUITAINE

LES EYZIES-DE-TAYAC

✉ 24620 – **329** H6 – G. Périgord – 909 h. – alt. 70
🛈 Office de tourisme, 19, av. de la Préhistoire ✆ 05 53 06 97 05, Fax 05 53 06 90 79
Paris 536 – Brive-la-Gaillarde 62 – Fumel 62 – Lalinde 35 – Périgueux 47 – Sarlat-la-Canéda 21.

▲▲▲ La Rivière de déb. avr. à déb. nov.
✆ 05 53 06 97 14, la-riviere@wanadoo.fr,
Fax 05 53 35 20 85, www.lariviereleseyzies.com – **R** conseillée
7 ha/3 campables (120 empl.) plat, herbeux
Tarif : 21,90 € ♦♦ 🚗 ▤ (6A) – pers. suppl. 5,10 € – frais de réservation 4 €
Location : 10 🏠 (4 à 6 pers.) nuitée 45 € - 330 à 690 €/sem. – 6 🛏 – frais de réservation 4 € - **R** conseillée
🚐 1 borne artisanale 4,50 € – 🌙 10 €
Pour s'y rendre : 3 rte du Sorcier (1 km au nord-ouest par D 47, rte de Périgueux et rte à gauche apr. le pont, à 200 m de la Vézère)

Nature : 🌳 ♀♀
Loisirs : 🍸 ✗ 🏊 🎣 🏊
Services : ♿ ⚡ GB ℅ ▥ 🏠 ⊕ 🚐 ♨ ♈ 🖨 sèche-linge ⚙
À prox. : canoë kayak

▲ La Ferme du Pelou de mi-mars à mi-nov.
✆ 05 53 06 98 17, contact@leseyzies.com,
Fax 05 53 06 98 17, www.lafermedupelou.com – **R** conseillée
1 ha (65 empl.) plat et peu incliné, herbeux
Tarif : ♦ 3,45 € 🚗 ▤ 3,60 € – ⚡ (9A) 2,80 €
Location : 🏠 (4 à 6 pers.) 165 à 450 €/sem. – **R** conseillée
🚐 1 borne 3,60 € – 5 ▤ 3,60 €
Pour s'y rendre : au lieu-dit : Le Pelou (4 km au nord-est par D 706, rte de Montignac puis rte à dr.)
À savoir : Ferme d'élevage en activité

Nature : 🌿 🌳 ♀♀
Loisirs : 🏊 🏊
Services : ♿ ⚡ ℅ ▥ 🏠 ⊕ 🖨 sèche-linge
À prox. : 🐎

*Avant de prendre la route, consultez www.ViaMichelin.fr :
votre meilleur itinéraire, le choix de votre hôtel, restaurant,
des propositions de visites touristiques.*

97

FOSSEMAGNE

✉ 24210 – **329** G5 – 528 h. – alt. 70
Paris 492 – Brive-la-Gaillarde 49 – Excideuil 33 – Les Eyzies-de-Tayac 27 – Périgueux 26.

▲ Municipal le Manoire juil.-août
✆ 05 53 04 43 46, Fax 05 53 06 49 94 – **R** conseillée
1 ha (35 empl.) plat, herbeux
Tarif : 8,40 € ♦♦ 🚗 ▤ ⚡ (10A) – pers. suppl. 2,20 € – frais de réservation 23 €
Pour s'y rendre : au sud-ouest du bourg, près d'un plan d'eau

Nature : 🌳 ♀♀ ⛰
Services : ♿ ⚡ GB ℅ ⊕ 🚐
À prox. : ✗ 🎣 pédalos, canoë

FUMEL

✉ 47500 – **336** H3 – G. Aquitaine – 5 423 h. – alt. 70
🛈 Office de tourisme, place Georges Escande ✆ 05 53 71 13 70, Fax 05 53 71 35 16
Paris 594 – Agen 55 – Bergerac 64 – Cahors 48 – Montauban 76 – Villeneuve-sur-Lot 27.

▲ Domaine de Guillalmes (location exclusive de chalets) de fin mars à fin déc.
✆ 05 53 71 01 99, info@guillalmes.com, Fax 05 53 71 02 57, www.holidayvillagelot.com
3 ha plat, herbeux
Location (Prix 2008) : 17 🏠 (4 à 6 pers.) - 285 à 750 €/sem. – **R** conseillée
🚐 1 borne artisanale 4 € – 10 ▤ 20 €
Pour s'y rendre : 3 km à l'est par D 911, rte de Cahors puis à la sortie de Condat, 1 km par rte à dr., au bord du Lot

Nature : 🌿 ♀♀
Loisirs : 🍸 snack 🚴 ✗ 🏊 💧 canoë
Services : ♿ ⚡ 🅿 GB ℅ ▥ 🏠 ⚙

AQUITAINE

FUMEL

⚠ Les Catalpas Permanent
📞 05 53 71 11 99, les-catalpas@wanadoo.fr,
Fax 05 53 71 11 99, www.les-catalpas.com – **R** conseillée
2,3 ha (80 empl.) plat, herbeux, goudronné
Tarif : 19 € ★★ 🚗 🅴 🚿 (10A) – pers. suppl. 4 €
🚐 1 borne artisanale 10,50 € – 10 🅴 10,50 € – 🌙 🚿 10.5 €

Pour s'y rendre : rte de Puy-l'Évêque (2 km à l'est par D 911, rte de Cahors puis, à la sortie de Condat, 1,2 km par rte à dr., au bord du Lot)

Nature : 🌳 ♀♀
Loisirs : 🛶 🏊 (bassin)
Services : 🔑 🚻 🚿 🛁 ☕ 🍴 🛒

GABARRET

✉ 40310 – **335** L11 – 1 296 h. – alt. 153
🛈 Syndicat d'initiative, 111, rue Armagnac 📞 05 58 44 34 95
Paris 715 – Agen 66 – Auch 76 – Bordeaux 140 – Mont-de-Marsan 47 – Pau 94.

⚠ Parc Municipal Touristique la Chêneraie de déb. mars à fin oct.
📞 05 58 44 92 62, la-cheneraie@orange.fr,
Fax 05 58 44 35 38 – **R** conseillée
0,7 ha (36 empl.) peu incliné, plat, herbeux
Tarif : (Prix 2008) ★ 2,15 € 🚗 🅴 2,90 € – 🚿 (10A) 1,70 €
Location (Prix 2008) (permanent) : 4 🏠 (4 à 6 pers.)
138 à 250 €/sem. – 10 🛖 (4 à 6 pers.) nuitée 52 € – 170 à 290 €/sem. – **R** conseillée

Pour s'y rendre : av. de la Chêneraie (sortie est par D 35, rte de Castelnau-d'Auzan et chemin à dr.)

Nature : 🌳 🌲 ♀♀
Services : ♿ 🚿 🛁 ☕ 🛒
À prox. : 🏊 🛶

We recommend that you consult the up to date price list posted at the entrance of the site. Inquire about possible restrictions.
The information in this Guide may have been modified since going to press.

GRADIGNAN

✉ 33170 – **335** H6 – 22 193 h. – alt. 26
Paris 592 – Bordeaux 9 – Lyon 550 – Nantes 336 – Toulouse 241.

⚠ Beausoleil Permanent
📞 05 56 89 17 66, campingbeausoleil@wanadoo.fr,
Fax 05 56 89 17 66, www.camping-gradignan.com
– **R** conseillée
0,5 ha (31 empl.) plat, peu incliné, gravillons, herbeux
Tarif : 19 € ★★ 🚗 🅴 🚿 (10A) – pers. suppl. 3,50 €
Location 🚿 : 3 🏠 (4 à 6 pers.) 300 à 475 €/sem.
– **R** conseillée
🚐 1 borne artisanale – 19 🅴 16 €

Pour s'y rendre : 371 cours du Gén.-de-Gaulle (sur rocade : sortie 16, Gradignan)

Nature : 🌲 ♀
Services : ♿ 🔑 🚻 🅿 🛁 ☕ 🍴 🛒 🚿 🌙 🛒

GROLÉJAC

✉ 24250 – **329** I7 – 580 h. – alt. 67
Paris 537 – Gourdon 14 – Périgueux 80 – Sarlat-la-Canéda 13.

⛰ Les Granges ♣♣ – de fin avr. à mi-sept.
📞 05 53 28 11 15, contact@lesgranges-fr.com,
Fax 05 53 28 57 13, www.lesgranges-fr.com – places limitées pour le passage – **R** conseillée
6 ha (188 empl.) plat, incliné et en terrasses, herbeux
Tarif : (Prix 2008) 27,60 € ★★ 🚗 🅴 🚿 (6A) – pers. suppl. 7,30 € – frais de réservation 30 €
Location (Prix 2008) : 48 🏠 (4 à 6 pers.) nuitée 37 € – 291 à 853 €/sem. – 20 🛖 (4 à 6 pers.) nuitée 37 € – 291 à 853 €/sem. – frais de réservation 30 € – **R** conseillée

Pour s'y rendre : au lieu-dit : Les Granges (au bourg)

Nature : 🌳 🌲 ♀♀
Loisirs : 🍽 ✖ pizzeria 🎪 🎲 nocturne ★★ 🛶 🏊 🎯 🏊 🛶
Services : ♿ 🔑 🚻 🅿 🚿 🛁 ☕ 🍴 🛒 🚿 🌙 🛒 sèche-linge 🧺
À prox. : 🏊

AQUITAINE

GROLÉJAC

▲▲▲ **Résidence le Pech de Sireuil** (location exclusive de chalets) Permanent
℘ 05 65 32 60 27, lepechdesireuil@orange.fr, www.pechdesireuil.com
5 ha non clos, plat, vallonné, herbeux
Location (Prix 2008) : 14 🏠 (4 à 6 pers.) - 275 à 750 €/sem. – R conseillée
Pour s'y rendre : 2 km au nord par D 704 et à dr., rte de Milhac

Nature : 🌳 ⌂ ♡♡
Loisirs : 🏊
Services : ♿ ☞ 🅿 🏧 🗄

▲ **Municipal le Roc Percé**
℘ 05 53 59 48 70, Fax 05 53 29 39 74, www.baseloisirs-grolejac.com – R conseillée
2 ha (92 empl.) non clos, plat, herbeux
Pour s'y rendre : 2 km au sud par D 704, D 50, rte de Domme et rte de Nabirat à gauche, au bord d'un plan d'eau

Nature : 🌳 ≤ ⌂ ♡♡ ♨
Loisirs : 🏓 🛶 canoë, pédalos, barques
Services : ♿ ☞ 🗄 🅿 🚿 🗄

HAGETMAU

✉ 40700 – **335** H13 – G. Aquitaine – 4 403 h. – alt. 96
🛈 Office de tourisme, place de la République ℘ 05 58 79 38 26, Fax 05 58 79 47 27
Paris 737 – Aire-sur-l'Adour 34 – Dax 45 – Mont-de-Marsan 29 – Orthez 25 – Pau 56 – Tartas 30.

▲▲▲ **Municipal de la Cité Verte**
℘ 05 58 79 79 79, laciteverte@netcourrier.com,
Fax 05 58 79 79 99, www.laciteverte.com – R conseillée
0,4 ha (24 empl.) plat, herbeux
Pour s'y rendre : au sud par av. du Dr-Édouard-Castera, près des arènes et de la piscine, au bord d'une rivière
À savoir : Proche des structures municipales sportives et de loisirs

Nature : 🌳 ⌂ ♡♡
Loisirs : self-service 🍴 🏓 🐬
Services : ☞ 🅿 – 24 sanitaires individuels (🚿 ⚙ 🚻 wc) 😊 🚿 🗄
À prox. : ✂ 🏞 🚶 parcours sportif, golf

AQUITAINE

HASPARREN

✉ 64240 – **342** E4 – G. Pays Basque – 5 477 h. – alt. 50
i *Office de tourisme, 2, place Saint-Jean* ✆ *05 59 29 62 02, Fax 05 59 29 13 80*
Paris 783 – Bayonne 24 – Biarritz 34 – Cambo-les-Bains 9 – Pau 106.

▲ **Chapital** de déb. mai à mi-sept.
✆ 05 59 29 62 94 – **R** conseillée
2,5 ha (138 empl.) plat, en terrasses, peu incliné, herbeux
Tarif : ♦ 4,40 € ⇌ 1 € 🅴 7 € – ⓰ (10A) 3,70 €
Location (de déb. avr. à déb. nov.) : 5 🏠 – 3 studios
– **R** conseillée
Pour s'y rendre : 500 m à l'ouest par D 22, rte de Cambo-les-Bains

Nature : 🌳🌳
Loisirs : 🎮
Services : ♿ ⛔ ⚙ 🅿 ⓧ 🍴
À prox. : 🛒

HAUTEFORT

✉ 24390 – **329** H4 – G. Périgord Quercy – 1 184 h. – alt. 160
i *Office de tourisme, place du Marquis J. F. de Hautefort* ✆ *05 53 50 40 27*
Paris 466 – Bordeaux 190 – Périgueux 60 – Brive-la-Gaillarde 57 – Tulle 93.

▲ **Village Vacances Les Sources** (location exclusive de chalets) Permanent
✆ 05 53 51 96 56, *info@hautefort-gites-dordogne.com,*
www.hautefort-gites-dordogne.com
30 ha/5 campables vallonné, herbeux
Location 🚭 🅿 : 18 🏠 (4 à 6 pers.) - 250 à 970 €/sem.
– 6 🛏 – **R** conseillée
Pour s'y rendre : au lieu-dit : La Génèbre

Nature : 🌲 ≤ château de Hautefort
Loisirs : 🍽 🏠 🎯 🏊 quad, paintball
Services : ♿ ⛔ 🆓 ⓧ 🧺 🍴 🍳

⚠ ✗ **LET OP :**
deze gegevens gelden in het algemeen alleen in het seizoen,
wat de openingstijden van het terrein ook zijn.

HENDAYE

✉ 64700 – **342** B4 – G. Pays Basque – 12 596 h. – alt. 30
i *Office de tourisme, 67, boulevard de la Mer* ✆ *05 59 20 00 34, Fax 05 59 20 79 17*
Paris 799 – Biarritz 31 – Pau 143 – St-Jean-de-Luz 12 – San Sebastian 21.

à la Plage N : 1 km

🏕 **Ametza** de déb. juin à fin sept.
✆ 05 59 20 07 05, *ametza@neuf.fr,* Fax 05 59 20 32 16
– **R** conseillée
4,5 ha (300 empl.) en terrasses, plat, peu incliné, herbeux
Tarif : 29,50 € ♦♦ ⇌ 🅴 ⓰ (6A) – pers. suppl. 5,50 € – frais de réservation 15 €
Location : 28 🚐 (4 à 6 pers.) 295 à 790 €/sem. – 4 🏠
(4 à 6 pers.) - 360 à 750 €/sem. – frais de réservation
15 € – **R** conseillée
Pour s'y rendre : r. de l'Empereur (1 km à l'est)

Nature : 🌳🌳(peupleraie)
Loisirs : 🍽 snack 🏠 🎯 🎾 🏊
Services : ♿ ⛔ 🆓 ⓧ 🅿 🧺 ⓐ ☎
🍳 🍴 sèche-linge 🚿 🛒

🏕 **Eskualduna** de déb. juin à fin sept.
✆ 05 59 20 04 64, *contact@camping-eskualduna.fr,*
Fax 05 59 20 69 28, *www.camping-eskualduna.fr*
– **R** conseillée
10 ha (285 empl.) plat, incliné et en terrasses, herbeux
Tarif : (Prix 2008) ♦ 6 € ⇌ 6 € 🅴 6 € – ⓰ (6A) 6 € – frais de réservation 20 €
Location (Prix 2008) (de déb. mai à fin oct.) : 67 🚐 (4 à 6 pers.) 210 à 890 €/sem. – frais de réservation 20 € - **R** conseillée
🚐 1 borne artisanale 5 €
Pour s'y rendre : rte de la Corniche (2 km à l'est, au bord d'un ruisseau)

Nature : 🌳🌳🌳
Loisirs : 🍽 snack 🏠 ⚙ 🎯 🎾 🏊
Services : ⛔ 🆓 ⓧ 🅿 🧺 ⓐ 🚿
🍳 🍴 🍴 🚿 🛒 réfrigérateurs
À prox. : navettes gratuites pour les plages

AQUITAINE

HENDAYE

Dorrondeguy de déb. avr. à fin sept.
 05 59 20 26 16, *camping.dorrondeguy@wanadoo.fr*,
Fax 05 59 20 26 16, *www.camping-dorrondeguy.com* – R
4 ha (120 empl.) terrasse, plat, peu incliné, herbeux
Tarif : 25 € (8A) – pers. suppl. 6 €
Location (de déb. avr. à fin oct.) (de déb. avr. à fin oct.) : 25 (4 à 6 pers.) nuitée 40 € - 230 à 700 €/sem. – 5 (4 à 6 pers.) nuitée 60 € - 300 à 700 €/sem. – bungalows toilés – frais de réservation 15 € - R conseillée
1 borne artisanale – 5 15 €
Pour s'y rendre : r. de la Glacière

> Nature :
> Loisirs : fronton pelote basque
> Services :

La Corniche
 05 59 20 06 87, *campingdelacorniche@wanadoo.fr*,
Fax 05 59 20 06 87, *www.camping-corniche.com*
– R conseillée
5 ha (268 empl.) en terrasses, plat et peu incliné, herbeux, bois attenant
Location : 5
Pour s'y rendre : 3 km au nord-est par D 912 et chemin à dr.

> Nature :
> Loisirs : snack, pizzeria
> Services : sèche-linge

HOURTIN

✉ 33990 – **335** E3 – G. Aquitaine – 2 324 h. – alt. 18
🛈 Office de tourisme, rue du Port 05 56 09 19 00, Fax 05 56 09 22 33
Paris 638 – Andernos-les-Bains 55 – Bordeaux 65 – Lesparre-Médoc 17 – Pauillac 26.

Les Ourmes – de fin avr. à fin sept.
 05 56 09 12 76, *info@lesourmes.com*,
Fax 05 56 09 23 90, *www.lesourmes.com* – R conseillée
7 ha (300 empl.) plat, herbeux, sablonneux
Tarif : 28,50 € (6A) – pers. suppl. 4,80 € – frais de réservation 16 €
Location (Prix 2008) (de fin avr. à fin sept.) : 36 (4 à 6 pers.) nuitée 35 € - 320 à 750 €/sem. – frais de réservation 16 € - R conseillée
1 borne artisanale – 14 €
Pour s'y rendre : 90 av. du Lac (1,5 km à l'ouest)

> Nature :
> Loisirs : snack nocturne
> Services : (juil.-août) sèche-linge
> À prox. : (centre équestre)

La Rotonde - Le Village Western – de déb. avr. à fin sept.
 05 56 09 10 60, *la-rotonde@wanadoo.fr*,
Fax 05 56 73 81 37, *www.village-western.com* – R conseillée
17 ha/11 campables (300 empl.) plat, herbeux, sablonneux
Tarif : (Prix 2008) 6,05 € 2,51 € 10,95 € – (10A) 4,25 € – frais de réservation 18 €
Location (Prix 2008) : 62 (4 à 6 pers.) 250 à 765 €/sem. – 10 (4 à 6 pers.) - 250 à 665 €/sem. – 18 bungalows toilés – tipis – frais de réservation 18 € - R conseillée
Pour s'y rendre : chemin de Bécassine (1,5 km à l'ouest par av. du Lac et chemin à gauche, à 500 m du lac (accès direct))
À savoir : Original décor Western

> Nature :
> Loisirs : snack, Tex-Mex nocturne (centre équestre)
> Services : sèche-linge
> À prox. :

Aires Naturelles l'Acacia et le Lac de déb. juin à fin sept.
 05 56 73 80 80, *camping.lacacia@orange.fr*, *www.camping-lacacia.com* – R conseillée
5 ha/2 campables (50 empl.) plat, herbeux, sablonneux, pinède attenante
Tarif : 4,50 € 4,20 € – (9A) 2,50 €
Pour s'y rendre : au lieu-dit Ste-Hélène-de-Hourtin, rte de Carcans (7 km au sud-ouest par D 3 et chemin à dr.)

> Nature :
> Loisirs :
> Services : sèche-linge

AQUITAINE

HOURTIN-PLAGE

✉ 33990 – **335** D2
Paris 556 – Andernos-les-Bains 66 – Bordeaux 76 – Lesparre-Médoc 26 – Soulac-sur-Mer 42.

La Côte d'Argent – de mi-mai à mi-sept.
✆ 05 56 09 10 25, *info@camping-cote-dargent.com*,
Fax 05 56 09 24 96, *www.cca33.com* – **R** conseillée
20 ha (750 empl.) plat, vallonné, en terrasses, sablonneux
Tarif : 41 € (6A) – pers. suppl. 7,50 € – frais de réservation 35 €
Location : 248 (4 à 6 pers.) 385 à 896 €/sem. – hôtel – frais de réservation 35 € - **R** conseillée
1 borne eurorelais 30 € – 10 30 €
Pour s'y rendre : 500 m de la plage

Nature :
Loisirs : pizzeria, snack, terrain omnisports
Services : sèche-linge, cases réfrigérées

Si vous recherchez :
- Un terrain au bord de l'eau avec possibilité de baignade
- Un terrain agréable ou très tranquille
- L Un terrain effectuant la location de caravanes, de mobile homes, de bungalows ou de chalets
- P Un terrain ouvert toute l'année
- Un terrain possédant une aire de services pour camping-cars

Consultez le tableau des localités

LA HUME

✉ 33470 – **335** E7 – G. Aquitaine
Paris 645 – Bordeaux 59 – Mérignac 62 – Pessac 56 – Talence 56.

Village Club Khélus (location exclusive de chalets et maisonnettes) Permanent
✆ 05 56 66 88 88, *kalisea@wanadoo.fr*, Fax 05 56 66 94 89, *www.kalisea.fr*
20 ha plat, sablonneux
Location : (4 à 6 pers.) – 213 à 1 076 €/sem. – maisonnettes – **R** conseillée
Pour s'y rendre : 6,5 km au sud-ouest par A 660, rte d'Arcachon et D 652, rte de la Hume puis chemin à gauche, à prox. du parc Aqualand

Nature :
Loisirs : pizzeria
Services : sèche-linge

Village Center Verdalle de mi-mai à mi-sept.
✆ 05 56 66 12 62, Fax 05 56 66 12 62, *www.village-center.com* – **R** conseillée
1,5 ha (108 empl.) plat, sablonneux, pierreux
Tarif : 22 € (10A) – pers. suppl. 6 € – frais de réservation 30 €
Location (Prix 2008) : 6 (2 à 4 pers.) 245 à 476 €/sem. – frais de réservation 30 € - **R** conseillée
Pour s'y rendre : au nord, par av. de la Plage et chemin à dr., près du bassin, accès direct à la plage

Nature :
Services :
À prox. :

IHOLDY

✉ 64640 – **342** E5 – G. Pays Basque – 412 h. – alt. 135
Paris 800 – Bayonne 41 – Cambo-les-Bains 26 – Hasparren 18 – St-Jean-Pied-de-Port 22 – St-Palais 19.

Municipal Ur-Alde
✆ 05 59 37 71 34, *camping.iholdi@orange.fr*,
Fax 05 59 37 71 34, *www.camping-iholdy.fr* – **R** conseillée
1,5 ha (47 empl.) plat et peu incliné, herbeux
Pour s'y rendre : sortie est, rte de St-Palais et chemin à dr., au bord d'un plan d'eau

Nature :
Loisirs :
Services :

AQUITAINE

ITXASSOU

✉ 64250 – **342** D5 – G. Pays Basque – 1 770 h. – alt. 39
Paris 787 – Bayonne 24 – Biarritz 25 – Cambo-les-Bains 5 – Pau 119 – St-Jean-de-Luz 34 – St-Jean-Pied-de-Port 32.

▲ **Hiriberria** Permanent
📞 05 59 29 98 09, *hiriberria@wanadoo.fr*,
Fax 05 59 29 20 88, *www.hiriberria.com* – **R** conseillée
4 ha (228 empl.) plat, en terrasses, peu incliné, herbeux
Tarif : 21 € ★★ 🚗 🅴 (10A) – pers. suppl. 5,75 €
Location (de déb. mars à fin nov.) : 13 🏠 (4 à 6 pers.)
nuitée 55 € - 275 à 555 €/sem. – 17 🏠 (4 à 6 pers.)
nuitée 65 € - 320 à 605 €/sem. – **R** conseillée
🚐 1 borne artisanale 3,50 € – 10 🅴 21 €
Pour s'y rendre : 1 km au nord-ouest par D 918, rte de Cambo-les-Bains et chemin à dr.
À savoir : joli petit village de chalets

Nature : ← 🗖 ♀♀ (peupleraie)
Loisirs : 🎯 🏓 🏊 (découverte en saison)
Services : ♿ ⚡ 🆖 💈 🍴 🛒 ♨
🚰 🧺 🧼 🚻

LA BASTIDE-CLAIRENCE

✉ 64240 – **342** E4 – G. Pays Basque – 881 h. – alt. 50
ℹ *Office de tourisme, maison Darrieux* 📞 05 59 29 65 05, Fax 05 59 29 65 05
Paris 767 – Bayonne 26 – Hasparren 9 – Peyrehorade 29 – Sauveterre-de-Béarn 40.

▲ **Les Collines Iduki** (location exclusive d'appartements et maisonnettes) Permanent
📞 05 59 70 20 81, *informations@iduki.net*,
Fax 05 59 70 20 25, *www.iduki.net*
2,5 ha en terrasses
Location (Prix 2008) : 37 🏠 (4 à 6 pers.) nuitée 103 € - 264 à 1 930 €/sem. – **R** indispensable
Pour s'y rendre : au bourg
À savoir : jolies constructions basques

Nature : 🌳 ← ♀♀
Loisirs : 🍴 🏓 🏊 🛶
Services : ♿ ⚡ 🅿 🆖 💈 🔋 🧺 sèche-linge
À prox. : ✂

LABENNE

✉ 40530 – **335** C13 – 3 345 h. – alt. 12
ℹ *Office de tourisme, place de la République* 📞 05 59 45 40 99
Paris 755 – Bayonne 12 – Capbreton 6 – Dax 36 – Hasparren 37 – Peyrehorade 37.

▲ **Municipal Les Pins Bleus** de déb. avr. à déb. nov.
📞 05 59 45 41 13, *lespinsbleus@wanadoo.fr*,
Fax 05 59 45 44 70, *www.lespinsbleus.com* – **R** conseillée
plat, sablonneux, herbeux
Tarif : (Prix 2008) 16,80 € ★★ 🚗 🅴 (12A) – pers. suppl. 4,65 € – frais de réservation 16,50 €
Location (Prix 2008) : 14 🏠 (4 à 6 pers.) 138 à 520 €/sem. – 21 🏠 (4 à 6 pers.) - 210 à 575 €/sem. – bungalows toilés – frais de réservation 16,50 € – **R** conseillée
🚐 1 borne artisanale 2 € – 14 🅴 8 € – 🌙 🍴 10 €
Pour s'y rendre : av. de l'Océan

Nature : ♀♀
Loisirs : snack 🏓 🏃 🏊 🚴 🛶
Services : ⚡ 🆖 💈 🔋 ☕ 🧺 sèche-linge, cases réfrigérées

à Labenne-Océan O : 4 km par D 126 – ✉ 40530

▲ **Yelloh! Village le Sylvamar** 👥 – de déb. avr. à fin sept.
📞 05 59 45 75 16, *camping@sylvamar.fr*,
Fax 05 59 45 46 39, *www.sylvamar.fr* – **R** conseillée
20 ha/10 campables (580 empl.) plat, sablonneux, herbeux
Tarif : 42 € ★★ 🚗 🅴 (16A) – pers. suppl. 7 €
Location 🏖 : 209 🏠 (4 à 6 pers.) 203 à 1 379 €/sem. – 🏠 (4 à 6 pers.) - 203 à 1 379 €/sem. – **R** conseillée
Pour s'y rendre : av. de l'Océan (par D 126, rte de la Plage, près du Boudigau)
À savoir : Bel ensemble aquatique et quelques chalets grand confort

Nature : 🌳 🗖 ♀♀
Loisirs : 🍷 snack, pizzeria 🏓 🎬 🏃 🐴 🏊 🛶 🎭 théâtre de plein air, terrain omnisports
Services : ♿ ⚡ 🆖 💈 🔋 ☕ 🚰 🧺 🍴 sèche-linge 🧼 🧺 cases réfrigérées, point d'informations touristiques
À prox. : 🏇 parc animalier

103

AQUITAINE

LABENNE

▲ Côte d'Argent ▲▲ – de déb. avr. à fin oct.
📞 05 59 45 42 02, info@camping-cotedargent.com,
Fax 05 59 45 73 31, www.camping-cotedargent.com
– **R** conseillée
4 ha (215 empl.) plat, herbeux, sablonneux
Tarif : (Prix 2008) 24,90 € ⚭⚭ 🚗 📧 🛉 (6A) – pers.
suppl. 4,55 € – frais de réservation 25 €
Location (Prix 2008) : 6 🏚 (2 à 4 pers.) nuitée 33 € - 190
à 485 €/sem. – 22 🏚 (4 à 6 pers.) nuitée 33 € - 273 à
650 €/sem. – 35 🏠 (4 à 6 pers.) nuitée 33 € - 252 à
610 €/sem. – 6 bungalows toilés – frais de réservation
25 € - **R** conseillée
🚐 1 borne eurorelais 3,10 €
Pour s'y rendre : 60 av. de l'Océan (par D 126, rte de la plage)

Nature : 🌊 ♀♀
Loisirs : ♀ snack, pizzeria ♀ diurne
🎪 🏓 🚲 ⛹ 🏊 terrain omnisports
Services : 🚿 🚰 📧 💧 ♨ 🏊
☺ 🚿 ☎ 🕇 💧 sèche-linge 🚿
À prox. : 🏖 🍴 parc aquatique

Om een reisroute uit te stippelen en te volgen,
om het aantal kilometers te berekenen,
om precies de ligging van een terrein te bepalen
(aan de hand van de inlichtingen in de tekst),
*gebruikt u de **Michelinkaarten**,*
een onmisbare aanvulling op deze gids.

LACANAU

✉ 33680 – **335** E5 – 3 142 h. – alt. 17
Paris 625 – Bordeaux 47 – Mérignac 45 – Pessac 51 – Talence 56.

▲ Le Gîte Autrement (location exclusive de chalets)
Permanent
📞 05 56 03 57 48, gite-autrement@wanadoo.fr,
Fax 05 56 03 57 48, www.gite-autrement.com
1 ha plat, herbeux
Location (Prix 2008) : 6 🏠 (4 à 6 pers.) nuitée 52 € - 276
à 743 €/sem. – **R** conseillée
Pour s'y rendre : au lieu-dit : Narsot
À savoir : possibilité de petit-déjeuner et table d'hôte le soir.

Nature : ♀♀
Services : 🚰 📧 🕇

LACANAU-OCÉAN

✉ 33680 – **335** D4 – G. Aquitaine
🛈 *Office de tourisme, place de L'Europe* 📞 05 56 03 21 01, Fax 05 56 03 11 89
Paris 636 – Andernos-les-Bains 38 – Arcachon 87 – Bordeaux 63 – Lesparre-Médoc 52.

▲ Yelloh! Village Les Grands Pins ▲▲ – de déb. avr. à fin sept.
📞 05 56 03 20 77, reception@lesgrandspins.com,
Fax 05 57 70 03 89, www.lesgrandspins.com – **R** conseillée
11 ha (570 empl.) vallonné et en terrasses, sablonneux
Tarif : 44 € ⚭⚭ 🚗 📧 🛉 (10A) – pers. suppl. 9 € – frais de réservation 30 €
Location : 169 🏚 (4 à 6 pers.) 203 à 1 218 €/sem. – frais de réservation 30 € - **R** conseillée
🚐 1 borne artisanale 1 €
Pour s'y rendre : plage Nord, av. des Grands-Pins (au nord de la station, à 500 m de la plage -accès direct-)

Nature : 🌲 🌊 ♀♀(pinède)
Loisirs : ♀ ✗ pizzeria 🎪 ♀ 🏊 🎵
hammam jacuzzi 🏓 🚲 🍴 ⛹ 🏊
terrain omnisports, parcours de santé et de VTT
Services : 🚿 🚰 📞 (saison) 📧 ♨
🚿 ☺ ☎ 🕇 💧 🏊 🚿 cases réfrigérées

▲ Airotel de l'Océan ▲▲ –
📞 05 56 03 24 45, airotel.lacanau@wanadoo.fr,
Fax 05 57 70 01 87, www.airotel-ocean.com – **R** conseillée
9 ha (550 empl.) plat et en terrasses, vallonné, sablonneux
Location ✗ : 🏚 – 111 🏚
🚐 20 📧
Pour s'y rendre : R. du Repos (au nord de la station)

Nature : ♀♀(pinède)
Loisirs : ♀ ✗ pizzeria 🎪 ♀ 🏊 🎵 discothèque 🏓 🚲 🍴 ⛹ 🏊 école de surf
Services : 🚿 🚰 📧 ♨ 🚿 🏊 🛒
🚿 cases réfrigérées

AQUITAINE

LANOUAILLE

 24270 – **329** H3 – 966 h. – alt. 209 – Base de loisirs
🛈 *Syndicat d'initiative, place Thomas Robert Bugeaud* ✆ 05 53 62 17 82
Paris 446 – Brantôme 47 – Limoges 55 – Périgueux 46 – Uzerche 47.

Moulin de la Jarousse (location exclusive de chalets)
Permanent
✆ 05 53 52 37 91, *jarousse@wanadoo.fr*,
Fax 05 53 52 40 43, *www.location-en-dordogne.com*
8 ha en terrasses, lac, forêt
Location : 8 🏠 (4 à 6 pers.) nuitée 60 € - 330 à 840 €/sem. – 7 yourtes, cabanes dans les arbres – **R** conseillée
Pour s'y rendre : 4 km à l'est
À savoir : cadre sauvage et boisé dominant le lac

Nature : 🌳 ≤ ⛰
Loisirs : 🎠 🚴 🎣 🏹 (découverte en saison) ⛵ 🦆 quad enfant, animaux de la ferme
Services : ⚙ 🅿 ♿ 🚽 📶 ☎ 🔥

Benutzen Sie
– zur Wahl der Fahrtroute
– zur Berechnung der Entfernungen
– zur exakten Lokalisierung eines Campingplatzes (mit Hilfe der Angaben im Ortstext) die für diesen Führer unentbehrlichen **MICHELIN-Karten** .

LARRAU

✉ 64560 – **342** G4 – G. Pays Basque – 214 h. – alt. 636
Paris 840 – Bordeaux 254 – Pamplona 110 – Donostia-San Sebastián 142 – Pau 74.

Les Chalets d'Iraty (location exclusive de chalets)
Permanent
✆ 05 59 28 51 29, *info@chalets-pays-basque.com*,
Fax 05 59 28 72 38, *www.chalets-pays-basque.com* –
alt. 1 327 – **R**
2 000 ha/4 campables plat, incliné, herbeux, pierreux
Location (Prix 2008) 🅿 (hiver) : 🏠 (4 à 6 pers.) - 275 à 325 €/sem. – **R** conseillée
À savoir : implantés dans la forêt d'Iraty

Nature : 🌳 ⛰
Loisirs : 🍽 ✕ 🚴 ✂
Services : 🇬🇧 ♿ 📶 🔥 ⛱ 🔧
À prox. : 🦆 🎿 ski de fond

D'Iraty
– alt. 1 000 – **R**
5 ha (70 empl.) non clos, plat, incliné, herbeux, pierreux
Location : 🏠 – **R**
Pour s'y rendre : 14,8 km au nord-ouest par D 19, rte du Col de Hégui-Zouri
À savoir : dans la fôret d'Iraty, GR 10

Nature : 🌳 ⛰
Loisirs : 🎣
Services : 🗑 ☺ ⛱

LARUNS

✉ 64440 – **342** J7 – G. Aquitaine – 1 425 h. – alt. 523
🛈 *Office de tourisme, Maison de la Vallée d'Ossau* ✆ 05 59 05 31 41, Fax 05 59 05 35 49
Paris 811 – Argelès-Gazost 49 – Lourdes 51 – Oloron-Ste-Marie 34 – Pau 39.

Les Gaves Permanent
✆ 05 59 05 32 37, *campingdesgaves@wanadoo.fr*,
Fax 05 59 05 47 14, *www.campingdesgaves.com* – places limitées pour le passage – **R** conseillée
2,4 ha (101 empl.) plat, herbeux, gravier
Tarif : (Prix 2008) 23,30 € 👥 🚗 📧 (10A) – pers. suppl. 4,30 € – frais de réservation 17 €
Location (Prix 2008) (permanent) 🅿 (chalets) : 4 🛏 (4 à 6 pers.) 294 à 595 €/sem. – 5 🏠 (4 à 6 pers.) - 350 à 679 €/sem. – 5 appartements – gîtes – frais de réservation 20 € – **R** conseillée
🚐 1 borne – 4 🅿 10 € – 🚌 10 €
Pour s'y rendre : quartier : Pon (1,5 km au sud-est par rte du col d'Aubisque et chemin à gauche, au bord du Gave d'Ossau)

Nature : ❋ 🌳 ≤ 🏔 ⛰
Loisirs : 🍽 🏊 🎠
Services : ⚙ 🇬🇧 ♿ 📶 ☺ ⛱ 🚿 🔥

AQUITAINE

LÈGE-CAP-FERRET

33950 – **335** E6 – 6 307 h. – alt. 9
Office de tourisme, 12, avenue de l'Océan 05 56 60 63 26
Paris 629 – Arcachon 65 – Belin-Beliet 56 – Bordeaux 50 – Cap-Ferret 24.

La Prairie de déb. mars à fin oct.
05 56 60 09 75, camping.la.prairie@wanadoo.fr, www.campinglaprairie.com – **R** conseillée
2,5 ha (118 empl.) plat, herbeux, sablonneux
Tarif : 17,5 € ★★ 🚗 🗐 (10A) – pers. suppl. 3,10 €
Location (Prix 2008) : 12 🛖 (4 à 6 pers.) nuitée 35 € - 210 à 622 €/sem. – 5 bungalows toilés – **R** conseillée
Pour s'y rendre : 93 bis av. du Medoc (1 km au nord-est par D 3, rte du Porge)

LÉON

40550 – **335** D11 – G. Aquitaine – 1 453 h. – alt. 9
Syndicat d'initiative, 65, place Jean Baptiste Courtiau 05 58 48 76 03, Fax 05 58 48 70 38
Paris 724 – Castets 14 – Dax 30 – Mimizan 42 – Mont-de-Marsan 75 – St-Vincent-de-Tyrosse 32.

Lou Puntaou – de déb. avr. à déb. oct.
05 58 48 74 30, reception@loupuntaou.com, Fax 05 58 48 70 42, www.loupuntaou.com – places limitées pour le passage – **R** conseillée
14 ha (720 empl.) plat, herbeux, sablonneux
Tarif : 35 € ★★ 🚗 🗐 (15A) – pers. suppl. 6 € – frais de réservation 28 €
Location : 120 🛖 (4 à 6 pers.) nuitée 60 € - 320 à 890 €/sem. – 133 🏠 (4 à 6 pers.) nuitée 60 € - 320 à 760 €/sem. – frais de réservation 28 € - **R** conseillée
🅿️, 1 borne
Pour s'y rendre : 1,5 km au nord-ouest par D 142, à 100 m de l'étang de Léon

Ce guide n'est pas un répertoire de tous les terrains de camping mais une sélection des meilleurs campings dans chaque catégorie.

LESCUN

64490 – **342** I7 – G. Aquitaine – 203 h. – alt. 900
Paris 846 – Lourdes 89 – Oloron-Ste-Marie 37 – Pau 70.

Le Lauzart de déb. mai à mi-sept.
05 59 34 51 77, campinglauzart@wanadoo.fr, Fax 05 59 34 51 77
1 ha (50 empl.) plat, peu incliné, en terrasses, pierreux, herbeux, rochers
Tarif : 15,75 € ★★ 🚗 🗐 (10A) – pers. suppl. 3,20 €
🅿️, 1 borne artisanale – 12 🗐 5 €
Pour s'y rendre : 1,5 km au sud-ouest par D 340
À savoir : cadre sauvage et montagnard

LESPERON

40260 – **335** E11 – 864 h. – alt. 75
Paris 698 – Castets 12 – Mimizan 34 – Mont-de-Marsan 59 – Sabres 43 – Tartas 30.

Parc de Couchoy de déb. juin à mi-sept.
05 58 89 60 15, colinmrose@aol.com, Fax 05 58 89 60 15, www.parcdecouchoy.com – **R** conseillée
1,3 ha (71 empl.) plat, herbeux, sablonneux
Tarif : 25 € ★★ 🚗 🗐 (6A) – pers. suppl. 7 €
Location : 14 🛖 (4 à 6 pers.) 190 à 495 €/sem. – **R** conseillée
Pour s'y rendre : rte de Linxe (3 km à l'ouest par D 331)

AQUITAINE

LESTELLE-BÉTHARRAM

✉ 64800 – **342** K6 – G. Aquitaine – 786 h. – alt. 299
🛈 *Office de tourisme, Mairie* ☎ 05 59 71 96 35
Paris 801 – Laruns 35 – Lourdes 17 – Pau 28.

Le Saillet de déb. avr. à fin sept.
☎ 05 59 71 98 65, *le-saillet@orange.fr, www.camping-le-saillet.com* – **R** conseillée
4 ha (85 empl.) plat, herbeux
Tarif : 18,50 € ★★ ⛺ 🅿 (10A) – pers. suppl. 4 €
Location (permanent) : 🏠 (4 à 6 pers.) – 300 à 650 €/sem. – frais de réservation 20 € - **R** conseillée
🚐 1 borne artisanale – 15 🅿 12 €
Pour s'y rendre : au bourg, au bord du Gave de Pau

Nature : 🌳 🏞 ♨
Loisirs : 🎣 ✂ 🏊 🎯 fronton
Services : ♿ 🔑 🚿 🧺 ☎ 📶 ❄
🍴 sèche-linge
À prox. : 🏄 sports en eaux vives

Benutzen Sie
– zur Wahl der Fahrtroute
– zur Berechnung der Entfernungen
– zur exakten Lokalisierung eines Campingplatzes (mit Hilfe der Angaben im Ortstext)
die für diesen Führer unentbehrlichen **MICHELIN-Karten** .

LIMEUIL

✉ 24510 – **329** G6 – G. Périgord Quercy – 315 h. – alt. 65
🛈 *Syndicat d'initiative, Le Bourg* ☎ 05 53 63 38 90
Paris 528 – Bergerac 43 – Brive-la-Gaillarde 78 – Périgueux 48 – Sarlat-la-Canéda 38.

La Ferme des Poutiroux Permanent
☎ 05 53 63 31 62, *infos@poutiroux.com, www.poutiroux.com* – **R** conseillée
2,5 ha (45 empl.) plat, en terrasses, peu incliné, herbeux
Tarif : ★ 5 € ⛺ 🅿 5,50 € – 🅿 (6A) 4 € – frais de réservation 12 €
Location : 8 🏠 (2 à 4 pers.) nuitée 22 € - 160 à 380 €/sem. – 15 🏠 (4 à 6 pers.) nuitée 28 € - 170 à 490 €/sem. – 5 🏠 (4 à 6 pers.) nuitée 33 € - 220 à 540 €/sem. – frais de réservation 12 € – **R** conseillée
🚐 1 borne artisanale 3 €
Pour s'y rendre : sortie nord-ouest par D 31, rte de Trémolat puis 1 km par chemin de Paunat à dr.

Nature : 🌳 ≤
Loisirs : 🏠 🎣 🏊
Services : ♿ 🔑 🚿 ☎ 🧺

107

La Vallée de Laurhibar

AQUITAINE

LINXE

✉ 40260 – **335** D11 – 1 056 h. – alt. 33
🛈 *Office de tourisme, 57, route de l'Océan* ✆ *05 58 42 93 01*
Paris 712 – Castets 10 – Dax 31 – Mimizan 37 – Soustons 27.

▲ Municipal le Grandjean de fin juin à déb. sept.
✆ 05 58 42 90 00, camping.grandjean@wanadoo.fr,
Fax 05 58 42 94 67 – **R** conseillée
2 ha (100 empl.) plat, sablonneux, gravillons
Tarif : (Prix 2008) ✱ 3 € ⇔ 🅴 6,80 € – 🅖 (10A) 12 €
Location (Prix 2008) : 2 🏠 (4 à 6 pers.) 434 €/sem.
– **R** conseillée
Pour s'y rendre : 190 rte de Mixe (1,5 km au nord-ouest par D 42, rte de St-Girons et D 397, rte à dr.)
À savoir : agréable pinède

Nature : 🌳🌳(pinède)
Loisirs : 🏠 🎣
Services : 🅰 ⚬ 🆎 ♿ 🅼 🅱 ⓐ ⚱
🏠 sèche-linge

*Demandez à votre libraire le catalogue des **publications MICHELIN**.*

LIT-ET-MIXE

✉ 40170 – **335** D10 – 1 441 h. – alt. 13
🛈 *Office de tourisme, 23, rue de l'Église* ✆ *05 58 42 72 47, Fax 05 58 42 43 02*
Paris 710 – Castets 21 – Dax 42 – Mimizan 22 – Tartas 46.

▲▲▲▲ Village Center Les Vignes 👥 – de déb. avr. à mi-sept.
✆ 05 58 42 85 10, Fax 05 58 42 74 36, www.village-cen ter.com – **R** conseillée
15 ha (450 empl.) plat, sablonneux, herbeux
Tarif : 40 € ✱✱ ⇔ 🅴 🅖 (10A) – pers. suppl. 8 € – frais de réservation 30 €
Location (Prix 2008) : 🏠 (4 à 6 pers.) 252 à 1 162 €/sem. – 🏠 (4 à 6 pers.) - 252 à 1 162 €/sem. – 40 bungalows toilés – frais de réservation 30 € - **R** conseillée
Pour s'y rendre : 2,7 km au sud-ouest par D 652 et D 88, à dr., rte du Cap de l'Homy
À savoir : bel ensemble agrémenté de plantations variées

Nature : 🌳(pinède)
Loisirs : 🍷 🍴 snack 🏠 🌿 🎪 chapiteau d'animations 🎣 🚴 ✂ 🎯
🏊 ⛱ terrain omnisports
Services : 🅰 ⚬ 🆎 ♿ 🅱 🅰 ⚱
🚰 🏠 sèche-linge ⚙ 🛒

▲ Municipal du Cap de l'Homy
✆ 05 58 42 83 47, contact@camping-cap-.com,
Fax 05 58 42 49 79, www.camping-cap.com – **R** conseillée
10 ha (474 empl.) vallonné et plat, sablonneux
Location 🚫 : 15 bungalows toilés
🚰 1 borne artisanale –
Pour s'y rendre : à Cap-de-l'Homy (8 km à l'ouest par D 652 et D 88 à dr., à 300 m de la plage (accès direct))

Nature : 🌊 🌳🌳(pinède)
Loisirs : 🏠
Services : 🅰 ⚬ 🆎 🅰 ⚱ 🛒 🅱
🏊
À prox. : 🍴 snack pizzeria 🛒 🚴 surf

MARCILLAC-ST-QUENTIN

✉ 24200 – **329** I6 – 664 h. – alt. 235
Paris 522 – Brive-la-Gaillarde 48 – Les Eyzies-de-Tayac 18 – Montignac 21 – Périgueux 74 – Sarlat-la-Canéda 10.

▲ Les Tailladis Permanent
✆ 05 53 59 10 95, tailladis@wanadoo.fr, Fax 05 53 29 47 56, www.tailladis.com – **R** conseillée
25 ha/8 campables (90 empl.) plat, en terrasses et incliné, herbeux, pierreux
Tarif : ✱ 5,35 € ⇔ 🅴 6,95 € – 🅖 (6A) 3,60 € – frais de réservation 10 €
Location (de déb. avr. à mi-nov.) : 3 🏠 (4 à 6 pers.) 350 à 580 €/sem. – 4 🏠 (4 à 6 pers.) - 425 à 700 €/sem.
– frais de réservation 10 € – **R** conseillée
Pour s'y rendre : au lieu-dit : Les Tailladis (2 km au nord, à prox. de la D 48, au bord de la Beune et d'un petit étang)

Nature : 🌊 🌲 🌳🌳
Loisirs : 🍷 🍴 🏊 🏠
Services : 🅰 ⚬ 🆎 ♿ 🅼 🅱 🅰 ⚱
🚰 🏠 sèche-linge ⚙ 🛒

AQUITAINE

MAUBUISSON

✉ 33121 – **335** E4 – G. Aquitaine
Paris 637 – Bordeaux 59 – Mérignac 57 – Pessac 63 – Talence 68.

La Dune Bleue de fin avr. à fin sept.
📞 05 57 70 12 12, bombannes.camping@ucpa.asso.fr,
Fax 05 57 70 12 10, www.camping-dunebleue.com
– **R** conseillée
4 ha (280 empl.) vallonné, sablonneux, herbeux
Tarif : (Prix 2008) 18 € ⚤ 🚐 🔲 (10A) – pers. suppl. 5 €
– frais de réservation 9 €
Location (Prix 2008) : bungalows toilés – frais de réservation 9 € - **R** conseillée
Pour s'y rendre : au Domaine de Bombannes

Nature : 𝟬𝟬(pinède)
Loisirs : 🎵
Services : 👤 🚿 (juil-août) 🇬🇧 🚗
🛏 ☀ 🔥
À prox. : 🍽 🍺 snack 🚴 🏇 🐴 🏊
🏖 🎣 canoë, pédalos 🚲

MAULÉON-LICHARRE

✉ 64130 – **342** C5 – G. Pays Basque – 3 347 h. – alt. 140
🏛 Office de tourisme, 10, rue Doct Jean-Baptiste Heugas 📞 05 59 28 02 37, Fax 05 59 28 02 21
Paris 802 – Oloron-Ste-Marie 31 – Orthez 39 – Pau 60 – St-Jean-Pied-de-Port 40 – Sauveterre-de-Béarn 25.

Uhaitza le Saison de déb. mars à fin nov.
📞 05 59 28 18 79, camping.uhaitza@wanadoo.fr,
Fax 05 59 28 06 23, www.camping-uhaitza.com – **R**
1 ha (50 empl.) plat, herbeux
Tarif : ⚤ 4,50 €, 🚗 2,80 € 🔲 5,20 € – ⚡ (10A) 4,80 € – frais de réservation 10 €
Location (permanent) 🏠 (de mi-juil. à fin août) : 🏕
(4 à 6 pers.) 230 à 510 €/sem. – 🏠 (4 à 6 pers.) - 230 à
570 €/sem. – frais de réservation 10 € - **R** conseillée
🚐 1 borne Seifel 5 €
Pour s'y rendre : rte de Libarrenx (1,5 km au sud par D 918, rte de Tardets-Sorholus, au bord du Saison)

Nature : 🌳 🏞 𝟬𝟬
Loisirs : 🍽 🎵 🏊 🎣 🐟
Services : 👤 🚿 🚗 🛏 🔥 ♿ 🚻
🚲 🍳 🔥

⚠ **Aire Naturelle la Ferme Landran** de mi-avr. à fin sept.
📞 05 59 28 19 55, landran@wanadoo.fr, Fax 05 59 28 23 20,
www.gites64.com/la-ferme-landran – **R** conseillée
1 ha (25 empl.) incliné et en terrasses, herbeux
Tarif : 11,80 € ⚤ 🚐 🔲 (6A) – pers. suppl. 2 €
Location (permanent) 🏠 : 2 🏠 (4 à 6 pers.) nuitée
45 € - 220 à 330 €/sem. – gîte d'étape – **R** conseillée
🚐 1 borne eurorelais 3 €
Pour s'y rendre : 4,5 km au sud-ouest par D 918, rte de
St-Jean-Pied-de-Port puis 1,5 km par chemin de Lambarre à dr.
À savoir : camping à la ferme

Nature : 🌳 🌲 🌿
Loisirs : 🏞 🏇
Services : 👤 🚿 🛏 🔥 🔥

MÉNESPLET

✉ 24700 – **329** B5 – 1 289 h. – alt. 43
Paris 532 – Bergerac 44 – Bordeaux 69 – Libourne 35 – Montpon-Ménestérol 5 – Périgueux 60.

⚠ **Camp'Gîte** Permanent
📞 05 53 81 84 39, aquabrite@hotmail.com,
Fax 05 53 81 62 74, www.camp-gite.com – **R** conseillée
1 ha (29 empl.) plat, herbeux
Tarif : 16 € ⚤ 🚐 🔲 (16A) – pers. suppl. 5 €
Location : 🏠
Pour s'y rendre : au lieu-dit : Les Loges (3,8 km au sud-ouest du bourg, par rte de Laser)
À savoir : sur place également chambres et table d'hôte

Nature : 🌳 🏞 🌿
Loisirs : 🏞
Services : 👤 🚿 🇬🇧 🚗 🛏 🔥 ♿ 📞
🔥

---

*Utilisez les **cartes MICHELIN**,
complément indispensable de ce guide.*

109

AQUITAINE

MESSANGES

✉ 40660 – **335** C12 – 647 h. – alt. 8
🛈 *Office de tourisme, route des Lacs* ✆ 05 58 48 93 10
Paris 734 – Bayonne 45 – Castets 24 – Dax 33 – Soustons 13.

▲▲▲ Airotel le Vieux Port ♁♨ – de déb. avr. à fin sept.
✆ 08 25 70 40 40, *contact@levieuxport.com*,
Fax 05 58 48 01 69, *www.levieuxport.com* – **R** conseillée
40 ha/30 campables (1406 empl.) vallonné, plat, sablonneux, herbeux
Tarif : 52 € ♁♨ 🚗 🏠 🕯 (6A) – pers. suppl. 8 €
Location ✄ : 34 ⛺ (2 à 4 pers.) nuitée 55 € - 250 à 700 €/sem. – 246 ⛺ (4 à 6 pers.) nuitée 65 € - 250 à 1 190 €/sem. – 95 🏠 (4 à 6 pers.) nuitée 85 € - 380 à 1 400 €/sem. – frais de réservation 37 € - **R** conseillée
🚐 1 borne sanistation
Pour s'y rendre : Plage Sud (2,5 km au sud-ouest par D 652, rte de Vieux-Boucau-les-Bains puis 800 m par chemin à dr., à 500 m de la plage -accès direct)
À savoir : agréable parc aquatique paysagé

Nature : 🌲(pinède)
Loisirs : 🍴 ✖ pizzeria, cafétéria, sandwicherie 🏊 ⛳ 🏇 🚲 ✂ 🎯 🎱 🏓 🎳 poneys terrain omnisports
Services : ♿ 🔑 🅶🅱 ⚡ 🧺 💧 ♨ ❄ 🧹 🚽 🛁 sèche-linge 🛒 🚿 cases réfrigérées

▲▲▲ Airotel Lou Pignada ♁♨ – (location exclusive de caravanes, mobile homes et chalets)
✆ 0 825 70 40 40, *contact@loupignada.com*,
Fax 05 58 48 26 53, *www.loupignada.com*
8 ha plat, sablonneux, herbeux
Location ✄ : 8 ⛺ (2 à 4 pers.) nuitée 83 € - 250 à 700 €/sem. – 125 ⛺ (4 à 6 pers.) nuitée 104 € - 250 à 1 001 €/sem. – 25 🏠 (4 à 6 pers.) nuitée 137 € - 340 à 1 064 €/sem. – frais de réservation 37 € - **R** conseillée
🚐 1 borne raclet
Pour s'y rendre : rte d'Azur (2 km au sud par D 652 puis 500 m par rte à gauche)

Nature : 🌳 ♨♨
Loisirs : 🍴 ✖ pizzeria ⚡ 🏇 🎯 🎱
🎳 🚲 ✂ 🏊 🎳 🏓 terrain omnisports
Services : ♿ 🔑 🅶🅱 ⚡ 🧺 💧 ♨ ❄
🧹 sèche-linge 🛒 🚿 cases réfrigérées
À prox. : 🎣

▲▲▲ La Côte de déb. avr. à fin sept.
✆ 05 58 48 94 94, *info@campinglacote.com*,
Fax 05 58 48 94 44, *www.campinglacote.com* – **R** conseillée
3,5 ha (143 empl.) plat, herbeux, sablonneux
Tarif : 22,80 € ♁♨ 🚗 🏠 🕯 (10A) – pers. suppl. 4,90 € – frais de réservation 12 €
Location : 10 ⛺ (4 à 6 pers.) nuitée 50 € - 230 à 600 €/sem. – frais de réservation 20 € - **R** conseillée
🚐 1 borne artisanale
Pour s'y rendre : 2,3 km au sud-ouest par D 652, rte de Vieux-Boucau-les-Bains et chemin à dr.

Nature : 🌴 ♨♨
Loisirs : 🏊 jacuzzi 🚲 🎳
Services : ♿ 🔑 🅶🅱 ⚡ 🧺 💧 ♨ ❄
🧹 🚽 sèche-linge, cases réfrigérées
À prox. : 🎣

▲▲ Les Acacias de fin mars à mi-oct.
✆ 05 58 48 01 78, *lesacacias@lesacacias.com*,
Fax 05 58 48 23 14, *www.lesacacias.com* – **R** conseillée
1,7 ha (128 empl.) plat, herbeux, sablonneux
Tarif : 19,30 € ♁♨ 🚗 🏠 🕯 (10A) – pers. suppl. 3,80 € – frais de réservation 10 €
Location : 9 ⛺ (4 à 6 pers.) 225 à 610 €/sem.
– **R** conseillée
🚐 1 borne 8 € – 5 🅿 19,30 €
Pour s'y rendre : quartier Delest (2 km au sud par D 652, rte de Vieux-Boucau-les-Bains puis 1 km par rte à gauche)

Nature : 🌳 ♀
Loisirs : 🏊 🚲
Services : ♿ 🔑 🅶🅱 ⚡ 🧺 💧 ♨ 🚿
🧹 sèche-linge
À prox. : 🎣

LES GUIDES VERTS MICHELIN
Paysages, monuments
Routes touristiques
Géographie
Histoire, Art
Itinéraire de visite
Plans de villes et de monuments

AQUITAINE

MÉZOS

✉ 40170 – **335** E10 – 817 h. – alt. 23
🛈 *Office de tourisme, avenue du Born* ✆ 05 58 42 64 37, Fax 05 58 42 64 60
Paris 700 – Bordeaux 118 – Castets 24 – Mimizan 16 – Mont-de-Marsan 62 – Tartas 47.

Le Village Tropical Sen Yan 👥 – de déb. juin à fin sept.
✆ 05 58 42 60 05, *reception@sen-yan.com*,
Fax 05 58 42 64 56, *www.sen-yan.com* – **R** conseillée
8 ha (310 empl.) plat, sablonneux
Tarif : 37,50 € 👥 🚐 🔲 🚿 (6A) – pers. suppl. 7 € – frais de réservation 26 €
Location (de fin avr. à mi-sept.) 🚫 : 120 🏠 (4 à 6 pers.) nuitée 37 € - 259 à 868 €/sem. – 41 🏠 (4 à 6 pers.) nuitée 29 € - 231 à 1 015 €/sem. – frais de réservation 26 € - **R** conseillée
Pour s'y rendre : av. de la Gare (1 km à l'est par rte du Cout)
À savoir : bel ensemble avec piscines, palmiers et plantations

Nature : 🌳 ≤ 🏞 ♀♀
Loisirs : 🍹 🍴 🏊 💆 🚶 ⛸ 🏇 🎣
🚴 🎯 🎿 🔲 🛶 terrain omnisports
Services : ♿ 🔑 🚾 ✂ 🗑 🚻 🚿
🚰 🚽 🏠 sèche-linge 🧺 🛒

Si vous recherchez :
👥   Un terrain offrant des équipements et des loisirs adaptés aux enfants
🌳   Un terrain agréable ou très tranquille
L - M   Un terrain effectuant la location de caravanes, de mobile homes, de bungalows ou de chalets
P   Un terrain ouvert toute l'année
🚐   Un terrain possédant une aire de services pour camping-cars
Consultez le tableau des localités

MIALET

✉ 24450 – **329** G2 – 717 h. – alt. 320
Paris 436 – Limoges 49 – Nontron 23 – Périgueux 51 – Rochechouart 37.

L'Étang de Vivale (location exclusive de chalets) de mi-mars à mi-nov.
✆ 05 53 52 66 05, *vivale@orange.fr*, Fax 05 53 52 47 94, *www.vivaledordogne.com*
30 ha plat et vallonné, herbeux
Location 🚫 : 20 🏠 (4 à 6 pers.) - 440 à 690 €/sem. – **R** conseillée
Pour s'y rendre : 32 rte de Nontron (700 m à l'ouest par D 79, rte de Nontron, au bord du lac)
À savoir : Bord du lac

Nature : 🌳 ≤ 🏞 ♀
Loisirs : 🍹 🏞 🏊 🚴 🎿 🎣 canoë, barques
Services : ♿ 🔑 🅿 🚾 ✂ 🗑

MIMIZAN

✉ 40200 – **335** D9 – G. Aquitaine – 6 864 h. – alt. 13
🛈 *Office de tourisme, 38, avenue Maurice Martin* ✆ 05 58 09 11 20, Fax 05 58 09 40 31
Paris 692 – Arcachon 67 – Bayonne 109 – Bordeaux 109 – Dax 72 – Langon 107 – Mont-de-Marsan 77.

⚠ Les Écureuils de déb. juin à fin sept.
✆ 05 58 09 00 51, *muriel.lassalle078@orange.fr*,
Fax 05 58 09 00 51, *http://les-ecureuils.free.fr* – **R** conseillée
2,7 ha (100 empl.) plat, sablonneux, herbeux
Tarif : (Prix 2008) 18,90 € 👥 🚐 🔲 🚿 (6A) – pers. suppl. 5,40 €
Location (Prix 2008) (de déb. avr. à mi-oct.) 🚫 : 12 🏠 (4 à 6 pers.) 240 à 600 €/sem. – 4 🏠 (4 à 6 pers.) - 260 à 700 €/sem. – **R** conseillée
Pour s'y rendre : rte de Bayonne (2,5 km au sud par D 652, rte de Bias)

Nature : ♀♀
Loisirs : 🔲 🏊 🎿
Services : ♿ 🔑 🚾 ✂ 🗑 ⊙ 🚻 🚿
🛒

AQUITAINE

MIMIZAN

Municipal du Lac de déb. avr. à fin sept.
☎ 05 58 09 01 21, lac@mimizan-camping.com,
Fax 05 58 09 43 06, www.mimizan-camping.com
– **R** conseillée
8 ha (466 empl.) plat, sablonneux, herbeux
Tarif : 17,80 € ♦♦ 🚗 📧 (3A) – pers. suppl. 6,90 € –
frais de réservation 18 €
Location : 16 bungalows toilés – frais de réservation
18 € - **R** conseillée
🚐 1 borne flot bleu – 21 📧 12,60 €
Pour s'y rendre : 2 km au nord par D 87, rte de Gastes, au bord de l'étang d'Aureilhan

Nature : 🌳
Loisirs : 🐎
Services : ♿ ⚿ 🔲 ✂ 📧 ♨ 🚻 🚿
À prox. : 🚣 🐟 ⚓ golf, pédalos, canoë

à Mimizan-Plage O : 6 km– ✉ 40200
🛈 Office de tourisme, 38, av. Maurice Martin ☎ 05 58 09 11 20, Fax 05 58 09 40 31

Airotel Club Marina-Landes ♦♦ – de déb. mai à mi-sept.
☎ 05 58 09 12 66, contact@clubmarina.com,
Fax 05 58 09 16 40, www.marinalandes.com – **R** conseillée
9 ha (583 empl.) plat, sablonneux
Tarif : (Prix 2008) 42 € ♦♦ 🚗 📧 (10A) – pers. suppl. 8 €
– frais de réservation 34 €
Location (Prix 2008) : 82 🏠 (4 à 6 pers.) 230 à
1 050 €/sem. – 24 🏡 (4 à 6 pers.) – 215 à 1 050 €/sem. –
studios – bungalows toilés – frais de réservation 34 € -
R conseillée
🚐 2 bornes artisanale et euro-relais 2 €
Pour s'y rendre : r. Marina (500 m de la plage Sud)

Nature : 🍽 🌳🌳
Loisirs : 🍴 ✗ self-service 🎵 🏊 🏃
🎱 salle d'animation, discothèque
🚴 🚲 ✂ 🎣 🏓
Services : ♿ ⚿ 🔲 ✂ 📧 ♨ 🚿
🚻 📺 🍳 🚰
À prox. : 🐎

Municipal de la Plage ♦♦ – de déb. avr. à fin sept.
☎ 05 58 09 00 32, contact@mimizan-camping.com,
Fax 05 58 09 44 94, www.mimizan-camping.com
– **R** conseillée
16 ha (680 empl.) plat, vallonné, sablonneux, herbeux
Tarif : 20,15 € ♦♦ 🚗 📧 (10A) – pers. suppl. 8,25 € –
frais de réservation 18 €
Location 🅿 (chalets) : 26 🏠 (4 à 6 pers.) 200 à
640 €/sem. – 15 🏡 (4 à 6 pers.) – 250 à 690 €/sem. –
frais de réservation 18 € - **R** conseillée
🚐 1 borne flot bleu 1,50 € – 33 📧 16,50 €
Pour s'y rendre : bd de l'Atlantique (quartier nord)

Nature : 🌳
Loisirs : 🏊 🏃 🏃 terrain omnisports, mur d'escalade
Services : ♿ ⚿ 🔲 ✂ 📧 ♨ 🚿
🚻 🚰 cases réfrigérées

MOLIÈRES

✉ 24480 – **329** F7 – G. Périgord Quercy – 292 h. – alt. 150
Paris 542 – Bergerac 31 – Le Bugue 20 – Les Eyzies-de-Tayac 31 – Sarlat-la-Canéda 47 – Villeneuve-sur-Lot 56.

La Grande Veyière de mi-juin à mi-sept.
☎ 05 53 63 25 84, la-grande-veyiere@wanadoo.fr, www.la
grandeveyiere.com – **R** conseillée
4 ha (64 empl.) peu incliné à incliné, en terrasses, herbeux
Tarif : (Prix 2008) ♦ 4,50 € 🚗 📧 6,35 € – (6A) 2,75 € –
frais de réservation 10 €
Location (Prix 2008) (de déb. mai à fin sept.) : 8 🏠 (2 à
4 pers.) 296 à 340 €/sem. – 14 🏠 (4 à 6 pers.) nuitée
35 € - 355 à 596 €/sem. – frais de réservation 10 € - **R**
conseillée
Pour s'y rendre : 2,2 km au sud-est par D 27, rte de
Cadouin et chemin à dr.
À savoir : Agréable cadre naturel, verdoyant

Nature : 🐟 🌳🌳
Loisirs : 🍴 🎵 🏊 🏃
Services : ♿ ⚿ 🔲 ✂ 📧 ♨ 🚿
🚻

---

*De categorie (1 tot 5 tenten, in **zwart** of **rood**) die wij aan de geselekteerde terreinen in deze gids toekennen, is onze eigen indeling.*
Niet te verwarren met de door officiële instanties gebruikte classificatie (1 tot 4 sterren).

AQUITAINE

MOLIETS-PLAGE

✉ 40660 – **335** C11 – G. Aquitaine
Paris 716 – Bordeaux 156 – Mont-de-Marsan 89 – Bayonne 67 – Anglet 70.

Le Saint-Martin – de déb. avr. à mi-nov.
📞 05 58 48 52 30, contact@camping-saint-martin.fr, Fax 05 58 48 50 73, www.camping-saint-martin.fr – **R** conseillée
18 ha (660 empl.) vallonné, plat, peu incliné, sablonneux
Tarif : 44,50 € ♦♦ ⬛ ▣ ▤ (10A) – pers. suppl. 7 € – frais de réservation 35 €

Location : 84 🏠 (4 à 6 pers.) - 530 à 1 300 €/sem. – bungalows toilés – frais de réservation 35 € - **R** conseillée
Pour s'y rendre : av. de l'Océan (sur D 117, accès direct à la plage)

Nature : 🌲 ♀♀
Loisirs : ♀ ✕ pizzeria, snack 🎬 ♦ 🏃 ⛳ 🏊 🏟 terrain omnisports
Services : ♿ 🔑 🆒 ♻ 🧺 ♨ 🚿 🚽 ⬛ 🛁 sèche-linge 🧺 🚿
À prox. : 🚲 ✕ golf (27 trous)

MONPAZIER

✉ 24540 – **329** G7 – G. Périgord Quercy – 516 h. – alt. 180
🛈 Office de tourisme, place des Cornières 📞 05 53 22 68 59, Fax 05 53 74 30 08
Paris 575 – Bergerac 47 – Fumel 26 – Périgueux 75 – Sarlat-la-Canéda 50 – Villeneuve-sur-Lot 46.

Village Center Le Moulin de David – de fin avr. à déb. sept.
📞 05 53 22 65 25, Fax 05 53 23 99 76, www.village-center.com – **R** conseillée
16 ha/4 campables (160 empl.) plat, terrasse, herbeux
Tarif : 24 € ♦♦ ⬛ ▣ ▤ (10A) – pers. suppl. 8 € – frais de réservation 30 €

Location (Prix 2008) : 50 🏠 (4 à 6 pers.) 217 à 854 €/sem. – 8 tentes – frais de réservation 30 € - **R** conseillée
Pour s'y rendre : 3 km au sud ouest par D 2, rte de Villeréal et chemin à gauche, au bord d'un ruisseau

Nature : 🌊 🌲 ♀♀
Loisirs : ♀ ✕ pizzeria 🎬 ♦ nocturne 🏃 ⛳ 🚲 🏊 🏟 (plan d'eau) 🛶
Services : ♿ 🔑 🆒 ♻ 🧺 ♨ 🚿 🚽 ⬛ 🛁 sèche-linge 🧺 🚿

MONTIGNAC

✉ 24290 – **329** H5 – G. Périgord Quercy – 3 023 h. – alt. 77
🛈 Office de tourisme, place Bertran-de-Born 📞 05 53 51 82 60, Fax 05 53 50 49 72
Paris 513 – Brive-la-Gaillarde 39 – Périgueux 54 – Sarlat-la-Canéda 25.

Le Moulin du Bleufond de déb. avr. à fin oct.
📞 05 53 51 83 95, le.moulin.du.bleufond@wanadoo.fr, Fax 05 53 51 19 92, www.bleufond.com – **R** conseillée
1,3 ha (84 empl.) plat, herbeux
Tarif : ♦ 5,70 € ⬛ ▣ 6,70 € – ▤ (10A) 3,30 €
Location (de déb. avr. à fin sept.) : 17 🏠 (4 à 6 pers.) nuitée 88 € - 218 à 640 €/sem. – **R** conseillée
Pour s'y rendre : av. Aristide-Briand (500 m au sud par D 65 rte de Sergeac, près de la Vézère).
À savoir : Beaux emplacements disposés autour de l'ancien moulin

Nature : 🌊 🌲 ♀♀
Loisirs : snack 🎬 🧖 jacuzzi 🏊
Services : ♿ 🔑 (juil.-août) 🆒 ♻ 🧺 ♨ 🚿 🚽 ⬛ 🛁 sèche-linge 🚿
À prox. : ✕ 🛶 canoë

MONTORY

✉ 64470 – **342** H4 – 349 h. – alt. 350
Paris 827 – Bordeaux 241 – Pamplona 121 – Pau 56 – Irun / Irún 125.

Les Chalets de Soule (location exclusive de mobile homes) Permanent
📞 05 59 28 53 28, leschaletsdesoule@wanadoo.fr, www.leschaletsdesoule.com
2 ha plat, herbeux
Location (Prix 2008) 🅿 : 12 🏠 (4 à 6 pers.) 295 à 460 €/sem. – **R** conseillée
Pour s'y rendre : quartier Cazenave

Nature : 🌊 🌲 ♀♀
Loisirs : 🏃 🎿
Services : 🔑 ♻ 🧺 ⬛
À prox. : ✕ quad

113

AQUITAINE

MONTPON-MÉNESTÉROL

✉ 24700 – **329** B5 – 5 385 h. – alt. 93
🛈 *Office de tourisme, place Clemenceau* ☎ *05 53 82 23 77, Fax 05 53 81 86 74*
Paris 532 – Bergerac 40 – Bordeaux 75 – Libourne 43 – Périgueux 56 – Ste-Foy-la-Grande 23.

▲ Le Port Vieux
☎ 05 53 80 22 16, *daniel.taillez455@orange.fr* – **R** conseillée
2 ha (120 empl.) plat, herbeux
Location : 3 🏠 – 2 tentes
Pour s'y rendre : sortie nord par D 708, rte de Ribérac et à gauche av. le pont, au bord de l'Isle
À savoir : Bord de l'Isle

Nature : 🏞 ♀♀
Loisirs : 🎣 🛶
Services : & ⚊ 🚿 🚻 ⊙ ♨ ▽ 🍽
À prox. : ≋ canoë

LE MOUTCHIC

✉ 33680 – **335** E4
Paris 632 – Bordeaux 55 – Mérignac 51 – Pessac 57 – Talence 63.

⚠ Talaris Vacances de déb. avr. à mi-sept.
☎ 05 56 03 04 15, *camping@talaris-vacances.fr*,
Fax 05 56 26 21 56, *www.talaris-vacances.fr* – **R** conseillée
10 ha (336 empl.) plat, herbeux, petit étang
Tarif : 35,90 € ✦✦ 🚗 🔲 (6A) – pers. suppl. 6,50 € – frais de réservation 20 €
Location : 20 🏠 (4 à 6 pers.) 224 à 980 €/sem. – 30 🏠 (4 à 6 pers.) – 350 à 1 295 €/sem. – bungalows toilés – avec et sans sanitaire – frais de réservation 20 € · **R** conseillée
🚐 1 borne artisanale 14,50 € – 🔧 14,5 €
Pour s'y rendre : rte de l'Ocean (2 km à l'est par rte de Lacanau)
À savoir : agréable cadre boisé

Nature : ♀♀
Loisirs : 🍸 🏞 🌙 nocturne 🚶 🚴 ✂ ⛳ 🏊
Services : & ⚊ 🇬🇧 🐕 🚿 🍽 ⊙
🗑 ♨ 🍽 💨 🎯

⚠ Le Tedey de fin avr. à mi-sept.
☎ 05 56 03 00 15, *camping@le-tedey.com*,
Fax 05 56 03 01 90, *www.le-tedey.com* – **R** conseillée 🐕
(de déb. juil. à fin août)
14 ha (700 empl.) plat, sablonneux, dunes boisées attenantes
Tarif : 24,80 € ✦✦ 🚗 🔲 (10A) – pers. suppl. 5,10 € – frais de réservation 20 €
Location 🐕 : 36 🏠 (4 à 6 pers.) 290 à 675 €/sem. – frais de réservation 20 € - **R** conseillée
🚐 1 borne artisanale – 15 🔲 24,80 €
Pour s'y rendre : rte de Longarisse (3 km au sud et chemin à gauche)
À savoir : sous les pins, agréable situation au bord de l'étang et à proximité de l'océan

Nature : 🏖 🏞 ♀♀ ⛱
Loisirs : 🍸 🌙 nocturne 🚤 🚴 🏊
Services : & ⚊ 🇬🇧 🐕 🚿 🍽 ♨
⊙ 🗑 🍽 💨 🎯
À prox. : 🎣

NAVARRENX

✉ 64190 – **342** H5 – G. Aquitaine – 1 133 h. – alt. 125
🛈 *Office de tourisme, place des Casernes* ☎ *05 59 66 54 80, Fax 05 59 66 54 80*
Paris 787 – Oloron-Ste-Marie 23 – Orthez 22 – Pau 43 – St-Jean-Pied-de-Port 62 – Sauveterre-de-Béarn 22.

▲ Beau Rivage de mi-mars à mi-oct.
☎ 05 59 66 10 00, *beaucamping@free.fr, www.beaucamping.com* – **R** conseillée
2 ha (60 empl.) plat, en terrasses, herbeux
Tarif : (Prix 2008) 21,50 € ✦✦ 🚗 🔲 (10A) – pers. suppl. 4,75 €
Location (Prix 2008) 🐕 : 4 🏠 (4 à 6 pers.) nuitée 60 € - 300 à 595 €/sem. – 8 chalets (sans sanitaires) – **R** conseillée
Pour s'y rendre : allée des Marronniers (à l'ouest du bourg, entre le Gave d'Oloron et les remparts du village)

Nature : ≤ 🏞 ♀
Loisirs : 🚤 🏊
Services : & ⚊ 🇬🇧 🐕 🎱 🚿 ⊙ 📡
🍽
À prox. : ✂ 🛶

AQUITAINE

NONTRON

✉ 24300 – **329** E2 – G. Périgord Quercy – 3 500 h. – alt. 260
🛈 Office de tourisme, 3, avenue du Général Leclerc ☏ 05 53 56 25 50, Fax 05 53 60 34 13
Paris 464 – Bordeaux 175 – Périgueux 49 – Angoulême 47 – Saint-Junien 53.

De Nontron de déb. janv. à mi-déc.
☏ 05 53 56 02 04, camping-de-nontron@orange.fr,
Fax 05 53 56 80 45, www.campingdenontron.com –
2 ha (78 empl.) plat, herbeux, bord de rivière
Tarif : (Prix 2008) ♦ 3 € ⇔ 🅴 3 € – (10A) 3,50 €
Location (Prix 2008) ⚹ : 8 gîtes – **R** conseillée
🚐 1 borne artisanale 4 € – 🅻 9 €
Pour s'y rendre : au lieu-dit : dessus de chez Rouchillou (sur RD 675)

Nature : 🏞 ♀♀
Loisirs : 🏊 ⚡
Services : ♿ ⚙ GB ⚒ ⊕ 🍴 sèche-linge

OLORON-STE-MARIE

✉ 64400 – **342** I5 – G. Aquitaine – 10 992 h. – alt. 224
🛈 Office de tourisme, allée du Comte de Tréville ☏ 05 59 39 98 00, Fax 05 59 39 43 97
Paris 809 – Bayonne 105 – Dax 83 – Lourdes 58 – Mont-de-Marsan 101 – Pau 34.

Le Stade de déb. mai à fin sept.
☏ 05 59 39 11 26, camping-du-stade@wanadoo.fr,
Fax 05 59 39 11 26, www.camping-du-stade.com
– **R** conseillée
5 ha (170 empl.) plat, herbeux
Tarif : (Prix 2008) 16,50 € ♦♦ ⇔ 🅴 (10A) – pers. suppl. 4 € – frais de réservation 10 €
Location (permanent) : 11 🛖 (4 à 6 pers.) - 300 à 550 €/sem. – frais de réservation 10 € - **R** conseillée
🚐 1 borne artisanale 4 €
Pour s'y rendre : chemin Lagravette (4,5 km au sud, dir. Saragosse).

Nature : 🌿 ♀
Loisirs : 🍴 🏊 ⚡
Services : ♿ ⚙ GB ⚒ 🅿 🍴 ⊕ 🚿 ⚡
🅿
À prox. : 🏊, snack 🎯 🎱 🎳 🛶 🚴

ONDRES

✉ 40440 – **335** C13 – 3 650 h. – alt. 37
🛈 Office de tourisme, Les Floralies - RN 10 ☏ 05 59 45 19 19, Fax 05 59 45 19 20
Paris 761 – Bayonne 8 – Biarritz 15 – Dax 48.

Du Lac Permanent
☏ 05 59 45 28 45, contact@camping-du-lac.fr,
Fax 05 59 45 29 45, www.camping-du-lac.fr – **R** conseillée
3 ha (100 empl.) plat, terrasses, herbeux, sablonneux
Tarif : 32 € ♦♦ ⇔ 🅴 (10A) – pers. suppl. 6 € – frais de réservation 20 €
Location ⚹ : 9 🛖 (2 à 4 pers.) 224 à 525 €/sem. – 19 🏠 (4 à 6 pers.) 266 à 780 €/sem. – 2 🛖 (4 à 6 pers.) - 336 à 900 €/sem. – 7 bungalows toilés – frais de réservation 20 € - **R** conseillée
Pour s'y rendre : 2,2 km au nord par N 10 puis D 26, rte d'Ondres-Plage puis dir. le Turc, chemin à dr., près d'un étang

Nature : 🌿 🏞 ♀♀
Loisirs : 🍴 ✗ 🏊 ≋ hammam ⚡
Services : ♿ ⚙ GB ⚒ 🅿 ♨ ⊕
🅿 🍴 sèche-linge 🔧
À prox. : 🎣

OSSÈS

✉ 64780 – **342** E5 – G. Pays Basque – 694 h. – alt. 102
Paris 805 – Biarritz 43 – Cambo-les-Bains 23 – Pau 129 – St-Étienne-de-Baïgorry 10 – St-Jean-Pied-de-Port 14.

Aire Naturelle Mendikoa de déb. juil. à déb. sept.
☏ 05 59 37 73 67, Fax 05 59 37 70 29, www.camping-mendikoa.com – croisement difficile pour caravanes – **R** conseillée
1 ha (25 empl.) plat, peu incliné, herbeux
Tarif : ♦ 🅴 (3A) – pers. suppl. 1 €
Pour s'y rendre : sortie sud par D 918, rte de St-Jean-Pied-de-Port puis 1,7 km par chemin à gauche
À savoir : camping à la ferme

Nature : 🌿 ≤ ♀♀
Loisirs : 🏊
Services : ⚙ ⚒ ⊕

AQUITAINE

PARCOUL

✉ 24410 – **329** B4 – G. Périgord Quercy – 411 h. – alt. 70
Paris 503 – Bergerac 69 – Blaye 72 – Bordeaux 75 – Périgueux 67.

▲ Le Paradou
☎ 05 53 91 42 78, le.paradou.24@wanadoo.fr,
Fax 05 53 90 49 92, www.leparadou24.fr
20 ha/4 campables (100 empl.) plat, herbeux, pierreux
Location : 🏕 – 🏠 – **R** conseillée
Pour s'y rendre : au parc de loisirs à Vaures (2 km au sud-ouest par D 674, rte de La Roche-Chalais)

Nature : 🗘 ♀♀
Loisirs : 🛶
Services : ♿ ⚬ 🧊 ⊙ 🌀 ⛽ 🍴
location de réfrigérateurs
À prox. : au parc de loisirs : 🍽 cafétéria 🏃 ⛵ ⛳ ✕ 🛏 (étang)
🏊 pédalos

PARENTIS-EN-BORN

✉ 40160 – **335** E8 – G. Aquitaine – 4 429 h. – alt. 32
🛈 Office de tourisme, place du Général-de-Gaulle ☎ 05 58 78 43 60
Paris 658 – Arcachon 43 – Bordeaux 76 – Mimizan 25 – Mont-de-Marsan 76.

▲ Municipal Pipiou de mi-fév. à mi-nov.
☎ 05 58 78 57 25, pipiou@parentis.com,
Fax 05 58 78 93 17, www.parentis.com/fr/camping.htm – **R**
6 ha (324 empl.) plat, sablonneux
Tarif : 15 € 🚶🚶 🚗 📧 🛉 (10A) – pers. suppl. 5 € – frais de réservation 18 €
Location (Prix 2008) (permanent) 🐾 : 🏕 (4 à 6 pers.)
119 à 599 €/sem. – frais de réservation 18 € - **R** conseillée
Pour s'y rendre : rte des Campings (2,5 km à l'ouest par D 43 et rte à dr., à 100 m de l'étang)

Nature : 🗘 ▲
Loisirs : 🍽 pizzeria 🏃
Services : ♿ ⚬ 🌐 ✂ 📧 ⊙ 🌀
🏃 ⛵ ♨ sèche-linge 🛏 🚿
À prox. : 🛏 🎣 🐠

▲ L'Arbre d'Or
☎ 05 58 78 41 56, arbre-dor@hotmail.fr,
Fax 05 58 78 49 62, www.arbre-dor.com – **R** conseillée
4 ha (200 empl.) non clos, plat, sablonneux, herbeux
Location : 7 🏕 – 3 🏠
Pour s'y rendre : 1,5 km à l'ouest par D 43, rte de l'Étang

Nature : ♀♀ (pinède)
Loisirs : 🍽 snack 🏕 ⛵ 🛶 🏊
Services : ♿ ⚬ 🌐 🌀 ♨ 📶 📧 🚿

PAUILLAC

✉ 33250 – **335** G3 – G. Aquitaine – 5 175 h. – alt. 20
🛈 Office de tourisme, La Verrerie ☎ 05 56 59 03 08, Fax 05 56 59 23 38
Paris 625 – Arcachon 113 – Blaye 16 – Bordeaux 54 – Lesparre-Médoc 23.

▲ Municipal les Gabarreys de déb. avr. à mi-oct.
☎ 05 56 59 10 03, camping.les.gabarreys@wanadoo.fr,
Fax 05 56 73 30 68, www.pauillac-medoc.com – **R** conseillée
1,6 ha (59 empl.) plat, gravillons, herbeux
Tarif : (Prix 2008) 17,30 € 🚶🚶 🚗 📧 🛉 (10A) – pers. suppl. 4,50 € – frais de réservation 9,50 €
Location (Prix 2008) : 6 🏕 (4 à 6 pers.) nuitée 38 € - 260 à 500 €/sem. – frais de réservation 9,50 € - **R** conseillée
🚐 1 borne artisanale 3,80 € – 3 📧 13,50 € – 🚽 13 €
Pour s'y rendre : rte de la Rivière (1 km au sud, près de la Gironde)

Nature : 🌊 🗘 ♀♀
Loisirs : 🏕 ⛵ 🏃 🛏
Services : ♿ ⚬ 🌐 ✂ 📧 ⊙ 🌀
sèche-linge

Si vous recherchez :
▲ Un terrain au bord de l'eau avec possibilité de baignade
🍃 Un terrain agréable ou très tranquille
L   Un terrain effectuant la location de caravanes, de mobile homes, de bungalows ou de chalets
P   Un terrain ouvert toute l'année
🚐 Un terrain possédant une aire de services pour camping-cars
Consultez le tableau des localités

AQUITAINE

LE PENON

✉ 40510 – **335** C13 – G. Aquitaine
Paris 752 – Bordeaux 166 – Mont-de-Marsan 89 – Bayonne 29 – Anglet 36.

▲▲▲ **Village Camping Océliances** 👨‍👦 – de fin avr. à fin sept.
📞 05 58 43 30 30, *oceliances@wanadoo.fr,*
Fax 05 58 41 64 21, *www.oceliances.com* – **R** conseillée
15 ha (542 empl.) plat, vallonné, sablonneux
Tarif : 25,90 € 👫 🚗 🔌 (6A) – pers. suppl. 6,60 € – frais de réservation 16 €
Location 🏷️ : 113 🏠 (4 à 6 pers.) 298 à 984 €/sem. – 10 🏠 (4 à 6 pers.) - 461 à 1 210 €/sem. – 18 bungalows toilés – **R** conseillée
Pour s'y rendre : par D 79e, à 500 m de la plage

Nature : 🌳🌳
Loisirs : 🍷 snack, pizzeria 🎬 🎮 🏃
🚴 🚲 🏊 surf
Services : ♿ 🚿 GB ⚙️ 🧺 ⚡ 🍳
🧊 🧹 🛒 🏠 sèche-linge 🧊 🚿
cases réfrigérées
À prox. : 🍴 golf (18 trous), parc de loisirs aquatiques (1,5 km), terrain omnisports

Si vous recherchez :
👨‍👦 Un terrain offrant des équipements et des loisirs adaptés aux enfants
🌿 Un terrain agréable ou très tranquille
L - M Un terrain effectuant la location de caravanes, de mobile homes, de bungalows ou de chalets
P Un terrain ouvert toute l'année
🚐 Un terrain possédant une aire de services pour camping-cars

Consultez le tableau des localités

PETIT-PALAIS-ET-CORNEMPS

✉ 33570 – **335** K5 – G. Aquitaine – 551 h. – alt. 35
Paris 532 – Bergerac 51 – Castillon-la-Bataille 18 – Libourne 20 – Montpon-Ménestérol 20 – La Roche-Chalais 22.

▲ **Le Pressoir** Permanent
📞 05 57 69 73 25, *contact@campinglepressoir.com,*
Fax 05 57 69 77 36, *www.campinglepressoir.com*
– **R** conseillée
2 ha (100 empl.) peu incliné et plat, herbeux
Tarif : (Prix 2008) 13 € 👫 🚗 🔌 (10A) – pers. suppl. 5,60 € – frais de réservation 15 €
Location (Prix 2008) : 🏠 (4 à 6 pers.) 399 à 658 €/sem. – 5 bungalows toilés – frais de réservation 15 € - **R** conseillée
Pour s'y rendre : 29 chemin de Queyray (1,7 km au nord-ouest par D 21, rte de St-Médard-de-Guizières et chemin à gauche)

Nature : 🌊 🌲 🌳🌳
Loisirs : 🍷 🍴 🏊 🚣
Services : ♿ 🚿 GB ⚙️ 🧺 ⚡ 🧹
🛒

PEYRIGNAC

✉ 24210 – **329** I5 – 394 h. – alt. 200
Paris 508 – Brive-la-Gaillarde 33 – Juillac 33 – Périgueux 44 – Sarlat-la-Canéda 37.

▲ **La Garenne** Permanent
📞 05 53 50 57 73, *s.lagarenne@wanadoo.fr, http://www.la garennedordogne.com* – **R** conseillée
4 ha/1,5 campable (70 empl.) plat, peu incliné, herbeux
Tarif : 15 € 👫 🚗 🔌 (6A) – pers. suppl. 4 €
Location : 10 🏠 (4 à 6 pers.) nuitée 35 € - 260 à 460 €/sem. – 7 🏠 (4 à 6 pers.) nuitée 47 € - 490 à 300 €/sem. – frais de réservation 8 € - **R** conseillée
Pour s'y rendre : au lieu-dit : Le Combal (800 m au nord du bourg, près du stade)

Nature : 🌊 🌳🌳
Loisirs : 🎬 🚴 🏊
Services : ♿ 🚿 GB ⚙️ 🧺 M 🏠 🧊
⚡ 🧹 🛒 🏠
À prox. : 🍴 🎣

AQUITAINE

PEYRILLAC-ET-MILLAC

✉ 24370 – **329** J6 – 213 h. – alt. 88
Paris 521 – Brive-la-Gaillarde 45 – Gourdon 23 – Sarlat-la-Canéda 22 – Souillac 8.

Au P'tit Bonheur de déb. avr. à fin sept.
☎ 05 53 29 77 93, *auptitbonheur@wanadoo.fr*,
Fax 05 53 29 77 93, *www.camping-auptitbonheur.com*
– **R** conseillée
2,8 ha (90 empl.) incliné et en terrasses, herbeux, pierreux
Tarif : 20,50 € ✶✶ ⇌ 🅴 (10A) – pers. suppl. 5 € – frais de réservation 15 €
Location : 12 🏠 (2 à 4 pers.) 450 €/sem. – 17 🏠 (4 à 6 pers.) nuitée 33 € - 230 à 590 €/sem. – 8 🏠 (4 à 6 pers.) nuitée 37 € - 260 à 670 €/sem. – frais de réservation 15 € - **R** conseillée
🅿 1 borne artisanale
Pour s'y rendre : à Millac, au lieu-dit : Combe de Lafon (2,5 km au nord par rte du Bouscandier)

PISSOS

✉ 40410 – **335** G9 – G. Aquitaine – 1 097 h. – alt. 46
Paris 657 – Arcachon 72 – Biscarrosse 34 – Bordeaux 75 – Dax 85.

Municipal de l'Arriu de déb. juil. à mi-sept.
☎ 05 58 08 90 38, *mairie.pissos@wanadoo.fr*,
Fax 05 58 08 92 93, *www.pissos.fr* – **R**
3 ha (74 empl.) plat, sablonneux
Tarif : (Prix 2008) ✶ 3,20 € 🅴 4,50 € – 🔌 (12A) 2,10 €
Location (permanent) : 20 🏠 (4 à 6 pers.) - 280 à 400 €/sem. – 5 bungalows toilés – **R** conseillée
Pour s'y rendre : chemin de l'Arriu (1,2 km à l'est par D 43, rte de Sore et chemin à dr., après la piscine)

PLAZAC

✉ 24580 – **329** H5 – G. Périgord Quercy – 577 h. – alt. 110
Paris 527 – Bergerac 65 – Brive-la-Gaillarde 53 – Périgueux 40 – Sarlat-la-Canéda 32.

Le Lac de déb. mai à fin sept.
☎ 05 53 50 75 86, *contact@campinglelac-dordogne.com*,
Fax 05 53 50 58 36, *www.campinglelac-dordogne.com*
– **R** conseillée
7 ha/2,5 campables (100 empl.) peu incliné et plat, en terrasses, herbeux
Tarif : ✶ 5,30 € ⇌ 🅴 5,30 € – 🔌 (10A) 3,20 € – frais de réservation 12 €
Location : 18 🏠 (4 à 6 pers.) 235 à 530 €/sem. – frais de réservation 12 € - **R** conseillée
Pour s'y rendre : 800 m au sud-est par D 45, rte de Thonac, près d'un lac
À savoir : Bord du lac

PONT-DU-CASSE

✉ 47480 – **336** G4 – 4 259 h. – alt. 67
Paris 658 – Bordeaux 147 – Toulouse 122 – Montauban 96 – Agen 7.

Village de Loisirs Darel (location exclusive de chalets)
☎ 05 53 67 96 41, Fax 05 53 67 51 05 – **R** conseillée
34 ha/2 campables plat, vallonné, herbeux
Location 🚫 🅿 : 12 🏠
Pour s'y rendre : 7 km au nord-est par D 656, rte de Cahors et à dr. dir. St-Ferréol
À savoir : situation agréable en sous-bois, proche du centre équestre

AQUITAINE

LE PORGE

✉ 33680 – **335** E5 – 1 507 h. – alt. 8
🛈 *Office de tourisme, 3, place Saint-Seurin* ☎ 05 56 26 54 34
Paris 624 – Andernos-les-Bains 18 – Bordeaux 47 – Lacanau-Océan 21 – Lesparre-Médoc 54.

▲▲▲ **Municipal la Grigne** de déb. avr. à fin sept.
☎ 05 56 26 54 88, *campingduporge2@wanadoo.fr*,
Fax 05 56 26 52 07, *www.leporge.fr* – **R** conseillée
30 ha (700 empl.) vallonné, plat, sablonneux
Tarif : 24,30 € ★★ 🚗 🅴 🗲 (10A) – pers. suppl. 4,70 € – frais de réservation 15 €
Location ⚡ : 18 🏠 (4 à 6 pers.) 280 à 670 €/sem. – frais de réservation 15 € - **R** conseillée
Pour s'y rendre : 35 av. de l'Océan (9,5 km à l'ouest par D 107, à 1 km du Porge-Océan)

| Nature : 🌳🌲(pinède) |
| Loisirs : 🍽 snack 🎬 🏊 🚴 🎣 |
| Services : ♿ 🔑 🌐 🧺 🛒 🚿 🔥 |
| 🧺 sèche-linge 🛒 🧹 |

PYLA-SUR-MER

✉ 33115 – **335** D7
🛈 *Syndicat d'initiative, 2 avenue Ermitage* ☎ 05 56 54 02 22, Fax 05 56 22 58 84
Paris 648 – Arcachon 8 – Biscarrosse 34 – Bordeaux 66.

▲▲▲ **Yelloh! Village Panorama du Pyla** 👥 – de mi-avr. à fin sept.
☎ 05 56 22 10 44, *mail@camping-panorama.com*,
Fax 05 56 22 10 12, *www.camping-panorama.com* – **R** conseillée
15 ha/10 campables (450 empl.) vallonné, terrasses, plat, sablonneux
Tarif : 41 € ★★ 🚗 🅴 🗲 (6A) – pers. suppl. 7 € – frais de réservation 30 €
Location : 80 🏠 (4 à 6 pers.) nuitée 90 € - 233 à 1 073 €/sem. – 10 🏠 (4 à 6 pers.) nuitée 90 € - 233 à 1 003 €/sem. – 15 bungalows toilés – frais de réservation 30 € - **R** conseillée
Pour s'y rendre : rte de Biscarrosse (7 km au sud par D 218, accès piétonnier à la plage par escalier abrupt et chemin)

| Nature : ≤ 🌳🌲(pinède) |
| Loisirs : 🍽 ✕ crêperie, snack 🎬 🌊 🏊 🚴 🎣 🎾 🏐 delta-plane, parapente, piste de skate |
| Services : ♿ 🔑 🌐 🧺 🛒 🚿 😀 🔥 🧺 sèche-linge 🛒 🧹 - cases réfrigérées |

▲▲▲ **Le Petit Nice** 👥 – de déb. avr. à fin sept.
☎ 05 56 22 74 03, *info@petitnice.com*, Fax 05 56 22 14 31,
www.petitnice.com – **R** conseillée
5 ha (225 empl.) en terrasses, plat, incliné, vallonné, sablonneux, herbeux
Tarif : (Prix 2008) 39 € ★★ 🚗 🅴 🗲 (6A) – pers. suppl. 7 € – frais de réservation 30 €
Location (Prix 2008) : 90 🏠 (4 à 6 pers.) nuitée 86 € - 602 à 1 064 €/sem. – 5 bungalows toilés – frais de réservation 30 € - **R** conseillée
Pour s'y rendre : rte de Biscarrosse

| Nature : 🌳🌲(pinède) |
| Loisirs : 🍽 snack, pizzeria 🎬 🏊 🚴 🎣 🎾 |
| Services : ♿ 🔑 🌐 🧺 🛒 🚿 🔥 🧺 sèche-linge 🛒 🧹 - cases réfrigérées |

RAUZAN

✉ 33420 – **335** K6 – 1 035 h. – alt. 69
🛈 *Syndicat d'initiative, 12, rue de la Chapelle* ☎ 05 57 84 03 88, Fax 05 57 84 05 09
Paris 596 – Bergerac 57 – Bordeaux 39 – Langon 35 – Libourne 21.

▲ **Le Vieux Château** de déb. avr. à fin sept.
☎ 05 57 84 15 38, *hoekstra.camping@wanadoo.fr*,
Fax 05 57 84 18 34, *www.vieux-chateau.com* – **R**
2,5 ha (74 empl.) non clos, plat, peu incliné, herbeux
Tarif : 18,50 € ★★ 🚗 🅴 (6A) – pers. suppl. 3,95 €
Location (Prix 2008) (permanent) ⚡ : 4 🏠 (4 à 6 pers.) nuitée 40 € - 185 à 525 €/sem. – 2 🏠 (4 à 6 pers.) nuitée 45 € - 210 à 535 €/sem. – **R** conseillée
Pour s'y rendre : sortie nord par D 123, rte de St-Jean-de-Blaignac et chemin à gauche (1,2 km), chemin piétonnier reliant le camping au village
À savoir : au pied des ruines d'une forteresse du 12e s.

| Nature : 🌳🌲(peupleraie) |
| Loisirs : 🎬 🏊 |
| Services : ♿ 🔑 🌐 🚿 😀 🔥 🧺 |

AQUITAINE

RIVIÈRE-SAAS-ET-GOURBY

✉ 40180 – **335** E12 – G. Aquitaine – 939 h. – alt. 50
Paris 742 – Bordeaux 156 – Mont-de-Marsan 68 – Bayonne 44 – Anglet 47.

▲ **Lou Bascou** de déb. avr. à fin oct.
📞 05 58 97 57 29, loubascou@orange.fr, http://www.campingloubascou.fr – **R** conseillée
1 ha (60 empl.) plat, herbeux
Tarif : 21 € 👫 👬 🚗 🗉 (10A) – pers. suppl. 8 €
Location (permanent) : 9 🏠 (4 à 6 pers.) nuitée 62 € - 337 à 597 €/sem. – **R** conseillée
🚐 – 19 🗉 16 €
Pour s'y rendre : 250 rte de Houssat (au nord-est du bourg)

Nature : 🌳 ≤ 🌲 ♀
Loisirs : 🏠
Services : 👤 🔑 🚿 ⚡ ⊙ 🚻 🛒
sèche-linge
À prox. : 🏊 ✂

LA ROCHE-CHALAIS

✉ 24490 – **329** B5 – 2 801 h. – alt. 60
🛈 Syndicat d'initiative, 9, place du Puits qui Chante 📞 05 53 90 18 95
Paris 510 – Bergerac 62 – Blaye 67 – Bordeaux 68 – Périgueux 70.

▲ **Municipal de Gerbes** de mi-avr. à fin sept.
📞 05 53 91 40 65, camping.la.roche.chalais@wanadoo.fr, Fax 05 53 90 32 01, www.larochechalais.com – **R** conseillée
3 ha (100 empl.) plat et terrasses, herbeux, petit bois attenant
Tarif : (Prix 2008) 👫 2,40 € 🚗 🗉 3 € – 🔌 (10A) 3,40 €
Pour s'y rendre : r. de la Dronne (1 km à l'ouest, au bord de la rivière)

Nature : 🌳 🌲 ♀♀
Loisirs : 🏠 👶 🏊 canoë
Services : 👤 🔑 🚿 🛒 ⊙ 🚻

LA ROQUE-GAGEAC

✉ 24250 – **329** I7 – G. Périgord Quercy – 449 h. – alt. 85
🛈 Office de tourisme, le Bourg 📞 05 53 29 17 01, Fax 05 53 31 24 48
Paris 535 – Brive-la-Gaillarde 71 – Cahors 53 – Fumel 52 – Lalinde 45 – Périgueux 71 – Sarlat-la-Canéda 9.

 Village Center Beau Rivage 👫 – de déb. mai à fin sept.
📞 05 53 28 32 05, camping.beau.rivage@wanadoo.fr, Fax 05 53 29 63 56, www.camping-beau-rivage.com – **R** conseillée
8 ha (199 empl.) plat et en terrasses, herbeux, sablonneux
Tarif : (Prix 2008) 23,70 € 👫 👬 🚗 🗉 🔌 (16A) – pers. suppl. 5,60 €
Location (Prix 2008) : 22 🏕 (4 à 6 pers.) 260 à 630 €/sem. – **R** conseillée
Pour s'y rendre : au lieu-dit : Gaillardou (4 km à l'est, au bord de la Dordogne)

Nature : ♀♀ 🏞
Loisirs : 🍽 ✕ 🏠 🎭 nocturne 🤸 👶 ✂ 🏊 🛶 canoë
Services : 👤 🔑 🌐 🚿 📶 🚻 🛒 ⊙
🧺 🏪 🛒 sèche-linge 🏊 ⚙
À prox. : 🚲

ROUFFIGNAC

✉ 24580 – **329** G5 – G. Périgord – 1 484 h. – alt. 300
🛈 Syndicat d'initiative, le Bourg 📞 05 53 05 39 03
Paris 531 – Bergerac 58 – Brive-la-Gaillarde 57 – Périgueux 32 – Sarlat-la-Canéda 37.

▲ **La Ferme Offrerie** de fin avr. à mi-sept.
📞 05 53 35 33 26, campingoffrerie@gmail.com, Fax 05 53 05 76 30, www.camping-ferme-offrerie.com – **R** conseillée
3,5 ha (48 empl.) plat, peu incliné, terrasses, herbeux
Tarif : 👤 4,80 € 🚗 🗉 5,20 € – 🔌 (10A) 3 €
Location (de mi-avr. à mi-sept.) : 15 🏕 (4 à 6 pers.) nuitée 40 € - 295 à 505 €/sem. – **R** conseillée
🚐 1 borne 2 € – 4 🗉 10,30 € – 🔌 13,5 €
Pour s'y rendre : au lieu-dit : Le Grand Boisset (2 km au sud par D 32, rte des Grottes de Rouffignac et à dr.)

Nature : 🌳 🌲 ♀
Loisirs : 🏠 👶 🏊
Services : 🔑 🚿 📶 🗳 ⊙ 🚻 🛒

AQUITAINE

ROUFFIGNAC

La Nouvelle Croze de déb. mai à fin sept.
05 53 05 38 90 , contact@lanouvellecroze.com, www.la nouvellecroze.com – **R** conseillée
1,3 ha (40 empl.) plat, herbeux
Tarif : 4,85 € – 6,30 € – (5A) 3 €
Location (de déb. avr. à fin oct.) : 16 (4 à 6 pers.) 188 à 520 €/sem. – **R** conseillée
Pour s'y rendre : 2,5 km au sud-est par D 31, rte de Fleurac et chemin à dr.

Bleu Soleil de déb. avr. à fin sept.
05 53 05 48 30, infos@camping-bleusoleil.com, www.camping-bleusoleil.com – **R** conseillée
70 ha/7 campables (110 empl.) en terrasses
Tarif : 5,10 € – 7,10 € – (10A) 3,20 € – frais de réservation 13 €
Location (de mi-mars à fin sept.) : 21 (4 à 6 pers.) - 161 à 644 €/sem. – frais de réservation 13 € - **R** conseillée
Pour s'y rendre : au lieu-dit : Domaine Toutvent (1,5 km au nord par D 31, rte de Thenon et rte à dr.)

SABRES

40630 – **335** G10 – G. Aquitaine – 1 107 h. – alt. 78
Paris 676 – Arcachon 92 – Bayonne 111 – Bordeaux 94 – Mimizan 41 – Mont-de-Marsan 36.

Le Domaine de Peyricat
05 58 07 51 88, aquitaine-reservation@relaisoleil.com, Fax 05 58 07 51 86, www.relaisoleil.com/sabres – **R** conseillée
20 ha/2 campables (69 empl.) plat, sablonneux, herbeux
Location – **R** conseillée
Pour s'y rendre : Rte de Luglon (sortie sud)
À savoir : nombreuses activités sportives

ST-ANTOINE-D'AUBEROCHE

24330 – **329** G5 – 146 h. – alt. 152
Paris 491 – Brive-la-Gaillarde 96 – Limoges 105 – Périgueux 24.

La Pelonie de mi-avr. à mi-oct.
05 53 07 55 78, lapelonie@aol.com, Fax 05 53 03 74 27, www.lapelonie.com – **R** conseillée
3 ha (60 empl.) non clos, plat, herbeux
Tarif : 19,20 € (6A) – pers. suppl. 4,80 € – frais de réservation 10 €
Location : 10 (4 à 6 pers.) nuitée 35 € - 245 à 553 €/sem. – 3 tentes – frais de réservation 10 € - **R** conseillée
1 borne – 2 19,20 €
Pour s'y rendre : au lieu-dit : La Bourgie (1,8 km au sud-ouest en dir. de Milhac-Gare - de Fossemagne, 6 km par RN 89 et chemin à dr.)

ST-ANTOINE-DE-BREUILH

24230 – **329** B6 – 1 844 h. – alt. 18
Paris 555 – Bergerac 30 – Duras 28 – Libourne 34 – Montpon-Ménestérol 23.

La Rivière Fleurie de mi-avr. à mi-sept.
05 53 24 82 80, info@la-riviere-fleurie.com, Fax 05 53 24 82 80, www.la-riviere-fleurie.com – **R** conseillée
2,5 ha (60 empl.) plat, herbeux
Tarif : 23,40 € (10A) – pers. suppl. 5,50 €
Location : 5 (2 à 4 pers.) à 380 €/sem. – 14 (4 à 6 pers.) nuitée 34 € - 229 à 690 €/sem. – 4 studios – frais de réservation 15 € - **R** conseillée
Pour s'y rendre : 180 r. Théophile-Cart (3 km au sud-ouest, à 100 m de la Dordogne, à St-Aulaye)

121

AQUITAINE

ST-AULAYE

✉ 24410 – **329** B4 – G. Périgord Quercy – 1 399 h. – alt. 61
🛈 Syndicat d'initiative, place Pasteur ✆ 05 53 90 63 74
Paris 504 – Bergerac 56 – Blaye 79 – Bordeaux 81 – Périgueux 56.

▲ Municipal de la Plage de mi-juin à mi-sept.
✆ 05 53 90 62 20, mairie-staulaye@voila.fr,
Fax 05 53 90 59 89 – **R** conseillée
1 ha (70 empl.) plat, herbeux
Tarif : (Prix 2008) 10 € ★★ ⇌ 🄴 (5A) – pers. suppl. 1,80 €
Location (Prix 2008) : 11 ▱ (4 à 6 pers.) 120 à 355 €/sem. – 14 🏠 (4 à 6 pers.) 110 à 325 €/sem. – huttes – frais de réservation 30 € · **R** conseillée
🚐 1 borne artisanale 3 €
Pour s'y rendre : au lieu-dit : Les Ponts (sortie nord par D 38, rte de Aubeterre, au bord de la Dronne)

Nature : 🗻 ♤♤
Loisirs : 🏛 🚣 🚲 ✕ 🏓 🏊
canoë
Services : ♿ 🚿 🚗 ⊕ 🛆 🏪 sèche-linge
À prox. : snack 🛴 ≋ (plage) 🏊

Si vous recherchez :
≋ *Un terrain au bord de l'eau avec possibilité de baignade*
🌿 *Un terrain agréable ou très tranquille*
L *Un terrain effectuant la location de caravanes, de mobile homes, de bungalows ou de chalets*
P *Un terrain ouvert toute l'année*
🚐 *Un terrain possédant une aire de services pour camping-cars*
Consultez le tableau des localités

ST-AVIT-DE-VIALARD

✉ 24260 – **329** G6 – 118 h. – alt. 210
Paris 520 – Bergerac 39 – Le Bugue 7 – Les Eyzies-de-Tayac 17 – Périgueux 40.

▲▲▲▲ St-Avit Loisirs ♣♣ – de déb. avr. à fin sept.
✆ 05 53 02 64 00, contact@saint-avit-loisirs.com,
Fax 05 53 02 64 39, www.saint-avit-loisirs.com – places limitées pour le passage – **R** conseillée
40 ha/6 campables (350 empl.) plat, peu incliné, herbeux
Tarif : ★ 10,20 € ⇌ 5,60 € 🄴 14,71 € – 🛆 (6A) 5,30 € – frais de réservation 19 €
Location (fermé de mi-déc. à déb. janv.) : 3 ▱ (4 à 6 pers.) nuitée 110 € · 413 à 958 €/sem. – 25 🏠 (4 à 6 pers.) nuitée 123 € – 502 à 1 061 €/sem. – 30 🚍 appartements – frais de réservation 25 € · **R** conseillée
Pour s'y rendre : rte de St-Alvère (1,8 km au nord-ouest)
À savoir : vaste domaine vallonné et boisé, bel espace aquatique

Nature : 🌿 🗻 ♤♤
Loisirs : 🍴 ✕ self-service, pizzeria 🏛 🎬 👥 ♪ salle d'animation 🏊 🚲 🐎 ✕ 🏓 🚣 🛶 terrain omnisports, quad, visites guidées,
Services : ♿ 🚿 🇬🇧 🚗 🏧 🏪 ⊕ 🛆 ⌂ 💈 🍴 sèche-linge 🧺 🧹

ST-AVIT-SÉNIEUR

✉ 24440 – **329** F7 – G. Périgord-Quercy – 403 h. – alt. 164
Paris 545 – Bergerac 33 – Cahors 77 – Périgueux 65 – Villeneuve-sur-Lot 53.

▲ Le Hameau des Laurières (location exclusive de chalets)
✆ 05 53 23 76 99, efeyfant@club-internet.fr,
Fax 05 53 23 77 02, http://www.lehameau.com/laurieres
1 ha en terrasses, incliné, herbeux
Location : 🏠 – 🏘
Pour s'y rendre : au lieu-dit : les Gaudounes (1 km au sud-est, dir. Montferrand)

Nature : 🌿
Loisirs : 🏛 🏊
Services : ♿ 🅿 🏪 🏪 sèche-linge
À prox. : ✕

AQUITAINE

ST-ÉMILION

33330 – **335** K5 – G. Aquitaine – 2 345 h. – alt. 30

Office de tourisme, place des Créneaux ☎ 05 57 55 28 28, Fax 05 57 55 28 29
Paris 584 – Bergerac 58 – Bordeaux 40 – Langon 49 – Libourne 9 – Marmande 59.

Domaine de la Barbanne – de mi-avr. à fin sept.
☎ 05 57 24 75 80, barbanne@wanadoo.fr,
Fax 05 57 24 69 68, www.camping-saint-emilion.com – traversée de St-Émilion interdite aux caravanes et camping-cars – **R** conseillée
4,5 ha (160 empl.) plat, herbeux
Tarif : 34 € (10A) – pers. suppl. 8,95 € – frais de réservation 20 €
Location : 17 (4 à 6 pers.) 260 à 760 €/sem. – 16 – **R** conseillée
1 borne eurorelais 5 € – 20 34 €
Pour s'y rendre : 3 km au nord par D 122, rte de Lussac et rte à dr., navette gratuite pour St-Émilion
À savoir : Les vignes et un petit lac offrent un cadre pittoresque et charmant

Nature :
Loisirs : centre de documentations touristiques canoë, pédalos, parcours de santé
Services : sèche-linge

Benutzen Sie
– zur Wahl der Fahrtroute
– zur Berechnung der Entfernungen
– zur exakten Lokalisierung eines Campingplatzes (mit Hilfe der Angaben im Ortstext) die für diesen Führer unentbehrlichen **MICHELIN-Karten** .

ST-CIRQ

24260 – **329** G6 – 106 h. – alt. 50
Paris 541 – Bergerac 53 – Le Bugue 6 – Les Eyzies-de-Tayac 6 – Périgueux 45.

Brin d'Amour avr.-oct.
☎ 05 53 07 23 73, campingbrindamour@orange.fr,
www.brindamourcamping.com – **R** conseillée
4 ha (60 empl.) peu incliné et plat, en terrasses, herbeux, petit étang
Tarif : (Prix 2008) 21 € (9A) – pers. suppl. 5 € – frais de réservation 12 €
Location (Prix 2008) : 15 (4 à 6 pers.) 290 à 600 €/sem. – 10 (4 à 6 pers.) nuitée 45 € - 270 à 590 €/sem. – frais de réservation 12 € - **R** conseillée
1 borne – 4
Pour s'y rendre : 3,3 km au nord par D 31, rte de Manaurie et chemin à dr.

Nature :
Loisirs :
Services :

ST-CRÉPIN-ET-CARLUCET

24590 – **329** I6 – G. Périgord Quercy – 407 h. – alt. 262
Paris 514 – Brive-la-Gaillarde 40 – Les Eyzies-de-Tayac 29 – Montignac 21 – Périgueux 74 – Sarlat-la-Canéda 14.

Les Peneyrals – de mi-mai à mi-sept.
☎ 05 53 28 85 71, camping.peneyrals@wanadoo.fr,
Fax 05 53 28 80 99, www.peneyrals.com – **R** conseillée
12 ha/8 campables (250 empl.) en terrasses, herbeux, pierreux, fort dénivelé, étang
Tarif : 8,20 € 12,10 € – (10A) 3,90 € – frais de réservation 18 €
Location : 33 (4 à 6 pers.) 300 à 950 €/sem. – 27 (4 à 6 pers.) - 330 à 980 €/sem. – frais de réservation 30 € - **R** conseillée
1 borne
Pour s'y rendre : au lieu-dit : Le Poujol (par D 56, rte de Proissans à St-Crépin)
À savoir : cadre vallonné avec emplacements en sous-bois ou au bord d'un étang

Nature :
Loisirs : snack, pizzeria
Services : sèche-linge

AQUITAINE

ST-CRÉPIN-ET-CARLUCET

Combas village de gîtes (location exclusive de chalets) Permanent
📞 05 53 28 64 00, combas@perigordgites.com, Fax 05 53 28 64 09, www.perigordgites.com
4 ha vallonné, herbeux
Location ♿ 🅿 : 22 🏠 (4 à 6 pers.) - 260 à 960 €/sem.
– **R** conseillée
À savoir : Anciens bâtiments de ferme, en pierre, réaménagés en gîtes

Nature : 🌳 ♀
Loisirs : 🍴 🏠 🚴 ✂ ⛵
Services : ⚬ 🟩 🅱 ♨ 🔥 ♻

ST-CYBRANET

✉ 24250 – **329** I7 – 350 h. – alt. 78
Paris 542 – Cahors 51 – Les Eyzies-de-Tayac 29 – Gourdon 21 – Sarlat-la-Canéda 16.

Bel Ombrage de déb. juin à déb. sept.
📞 05 53 28 34 14, belombrage@wanadoo.fr, Fax 05 53 59 64 64, www.belombrage.com – **R** conseillée
6 ha (180 empl.) plat, herbeux
Tarif : 🧍 5,30 € 🚗 🅿 7 € – 🔌 (10A) 3,80 €
Pour s'y rendre : au lieu-dit : Lalbarède (800 m au nord-ouest, au bord du Céou)

Nature : 🌳 🌊 ♀♀ ⛰
Loisirs : 🍳 🚴 ⛵
Services : ♿ ⚬ ✂ 🅱 ♨ 🔥 sèche-linge

LES GUIDES VERTS MICHELIN
Paysages, monuments
Routes touristiques
Géographie
Histoire, Art
Itinéraire de visite
Plans de villes et de monuments

ST-CYPRIEN

🅱 Office de tourisme, place Charles-de-Gaulle 📞 05 53 30 36 09, Fax 05 53 28 55 05
Paris 550 – Bordeaux 187 – Périgueux 55 – Bergerac 57 – Sarlat-la-Canéda 22.

Le Cro-Magnon ♣♣ – de mi-juin à mi-sept.
📞 05 53 29 13 70, contact@domaine-cro-magnon.com, Fax 05 53 29 15 79, www.domaine-cro-magnon.com
– **R** conseillée
27 ha/6 campables (160 empl.) plat, pierreux, herbeux
Tarif : 🧍 7,40 € 🚗 4,10 € 🅿 10,90 € – 🔌 (6A) 4,50 € – frais de réservation 19 €
Location : 6 🏕 (4 à 6 pers.) nuitée 84 € - 470 à 789 €/sem. – 11 🏠 (4 à 6 pers.) nuitée 89 € - 624 à 822 €/sem. – frais de réservation 25 € - **R** conseillée
Pour s'y rendre : au lieu-dit : Le Raisse, à Allas-Les-Mines
À savoir : Cadre sauvage et boisé

Nature : 🌳 🌊 ♀♀
Loisirs : 🍴 self service, pizzeria 🏃 🏊 spa 🚴 🚲 ✂ 🎯 ⬜ (découverte en saison) 🎾 terrain omnisports
Services : ♿ ⚬ 🟩 ✂ 🅱 ♻ ♨
🔥 sèche-linge 🧺 ♻

ST-ÉTIENNE-DE-BAIGORRY

✉ 64430 – **342** D5 – G. Pays Basque – 1 525 h. – alt. 163
🅱 Office de tourisme, place de l'Église 📞 05 59 37 47 28, Fax 05 59 37 49 58
Paris 813 – Biarritz 51 – Cambo-les-Bains 31 – Iruëa/Pamplona 72 – Pau 116 – St-Jean-Pied-de-Port 11.

Municipal l'Irouleguy de déb. mars à mi-déc.
📞 05 59 37 43 96 - 0559374080, comstetiennebaigorry@wanadoo.fr, Fax 05 59 37 48 20 – **R** conseillée
1,5 ha (67 empl.) plat, herbeux
Tarif : (Prix 2008) 11,40 € 🧍🧍 🚗 🅿 🔌 (6A) – pers. suppl. 3 €
Pour s'y rendre : quartier Borciriette (sortie nord-est par D 15, rte de St-Jean-Pied-de-Port et chemin à gauche devant la piscine, au bord de la Nive)
À savoir : cadre verdoyant bordé par la rivière

Nature : ≤ ♀♀
Services : ♿ ⚬ ✂ 🅱 ♨
À prox. : 🛒 🍴 snack ✂ ⛵

AQUITAINE

ST-GENIÈS

✉ 24590 – **329** I6 – G. Périgord Quercy – 815 h. – alt. 232
Paris 515 – Brive-la-Gaillarde 41 – Les Eyzies-de-Tayac 29 – Montignac 13 – Périgueux 66 – Sarlat-la-Canéda 14.

La Bouquerie – de mi-avr. à mi-sept.
℡ 05 53 28 98 22, *labouquerie@wanadoo.fr*,
Fax 05 53 29 19 75, *www.labouquerie.com* – places limitées pour le passage – **R** conseillée
8 ha/4 campables (183 empl.) plat, peu incliné et en terrasses, herbeux, pierreux, étang
Tarif : 6,80 € – 9,30 € – (10A) 4 € – frais de réservation 15 €
Location : 89 (4 à 6 pers.) nuitée 36 € - 250 à 690 €/sem. – 12 (4 à 6 pers.) nuitée 37 € - 260 à 700 €/sem. – frais de réservation 15 € - **R** conseillée
Pour s'y rendre : 1,5 km au nord-ouest par D 704, rte de Montignac et chemin à dr.
À savoir : Beaux emplacements sous une chênaie

Nature :
Loisirs : snack nocturne
Services : sèche-linge
À prox. :

ST-GIRONS-PLAGE

✉ 40560 – **335** C11
Paris 728 – Bordeaux 142 – Mont 79 – Bayonne 73 – Anglet 76.

Eurosol – de mi-mai à mi-sept.
℡ 05 58 47 90 14, *contact@camping-eurosol.com*,
Fax 05 58 47 76 74, *www.camping-eurosol.com* – **R** conseillée
18 ha (590 empl.) vallonné, plat, incliné, sablonneux, herbeux
Tarif : 33,50 € – (10A) – pers. suppl. 5 € – frais de réservation 25 €
Location : 122 (4 à 6 pers.) 294 à 847 €/sem. – 16 (4 à 6 pers.) – 294 à 798 €/sem. – frais de réservation 25 € - **R** conseillée
1 borne eurorelais 32,50 € – 10 32,50 €
Pour s'y rendre : rte de la Plage (350 m de la plage)

Nature : (pinède)
Loisirs : snack, pizzeria terrain omnisports, surf
Services : sèche-linge
À prox. :

Campéole les Tourterelles de déb. mai à fin sept.
℡ 05 58 47 93 12, *tourterelles@campeole.com*,
Fax 05 58 47 92 03, *www.campeole.com* – **R** conseillée
18 ha (822 empl.) plat, incliné, vallonné, sablonneux
Tarif : 28 € – (16A) – pers. suppl. 6,90 € – frais de réservation 25 €
Location (Prix 2008) : 50 (4 à 6 pers.) nuitée 40 € - 280 à 910 €/sem. – bungalows toilés (avec et sans sanitaire) – frais de réservation 25 € - **R** conseillée
1 borne flot bleu 2 €
Pour s'y rendre : 5,2 km à l'ouest par D 42, à 300 m de l'océan -accès direct

Nature : (pinède)
Loisirs :
Services :
À prox. :

ST-JEAN-DE-LUZ

✉ 64500 – **342** C4 – G. Pays Basque – 13 247 h. – alt. 3
🛈 Office de tourisme, place du Maréchal Foch ℡ 05 59 26 03 15, Fax 05 59 26 21 47
Paris 785 – Bayonne 24 – Biarritz 18 – Pau 129 – San Sebastian 31.

Itsas Mendi de déb. avr. à fin sept.
℡ 05 59 26 56 50, *itsas@wanadoo.fr*, Fax 05 59 26 54 44, *www.itsas-mendi.com* – **R** conseillée
8,5 ha (472 empl.) en terrasses et incliné, herbeux
Tarif : (Prix 2008) 34,50 € – (10A) – pers. suppl. 7 € – frais de réservation 10 €
Location (Prix 2008) : (4 à 6 pers.) nuitée 80 € - 310 à 900 €/sem. – frais de réservation 10 € - **R** conseillée
1 borne artisanale
Pour s'y rendre : quartier Acotz (5 km au nord-est, à 500 m de la plage)
À savoir : bel espace aquatique

Nature :
Loisirs : jacuzzi ecole de surf
Services : cases réfrigérées

AQUITAINE

ST-JEAN-DE-LUZ

Atlantica ▲▲ – de déb. avr. à fin sept.
📞 05 59 47 72 44, *info@campingatlantica.com*,
Fax 05 59 54 72 27, *www.camping.atlantica.com*
– **R** conseillée
3,5 ha (200 empl.) plat, en terrasses, herbeux
Tarif : (Prix 2008) 31,50 € ✶✶ ⇔ 🔲 [⚡](6A) – pers. suppl. 6,15 € – frais de réservation 25 €
Location (Prix 2008) ✈ : 67 🚐 (4 à 6 pers.) nuitée 42 € – 250 à 800 €/sem. – 3 🏠 (4 à 6 pers.) nuitée 55 € - 310 à 800 €/sem. – frais de réservation 25 € - **R** conseillée
🚐 1 borne artisanale
Pour s'y rendre : quartier Acotz (5 km au nord-est, à 500 m de la plage)
À savoir : décoration arbustive et florale

Nature : 🏞 ♢♢
Loisirs : 🍴 snack 🎲 ❄ diurne 🏃 🎯 🏊 terrain omnisports
Services : ♿ ⚙ GB 🛒 🔥 🚿 ♨ 🚐 🚰 🚽 🎒 ♻ 🛁 cases réfrigérées

Inter-Plages avr.-sept.
📞 05 59 26 56 94, *www.campinginterplages.com* – **R**
2,5 ha (100 empl.) plat, incliné, herbeux
Tarif : (Prix 2008) ✶ [⚡](10A) – pers. suppl. 8 €
Location (Prix 2008) ✈ : 10 🚐 (2 à 4 pers.) nuitée 33 € - 310 à 490 €/sem. – 10 🚐 (4 à 6 pers.) nuitée 39 € - 330 à 590 €/sem. – 5 🏠 (4 à 6 pers.) nuitée 45 € – 350 à 630 €/sem. – frais de réservation 20 €
🚐 1 borne artisanale 4,50 € – 3 🔲 30 €
Pour s'y rendre : quartier Acotz (5 km au nord-est, à 150 m de la plage (accès direct))
À savoir : belle situation surplombant l'océan

Nature : 📉 ≤ ⌒ ♀
Loisirs : 🎲 🎯 🚴 🏊
Services : ♿ ⚙ 🔥 🛒 🚿 ♨ 🚐 🚽
🍴 🛁
À prox. : 🏊 🍴 ✗ snack 🚰 🏫 école de surf

La Ferme Erromardie de mi-mars à mi-oct.
📞 05 59 26 34 26, *contact@camping-erromardie.com*,
Fax 05 59 51 26 02, *www.camping-erromardie.com*
– **R** conseillée
2 ha (176 empl.) plat, herbeux
Tarif : (Prix 2008) 25,30 € ✶✶ ⇔ 🔲 [⚡](6A) – pers. suppl. 5,70 € – frais de réservation 17 €
Location (Prix 2008) : 32 🚐 (4 à 6 pers.) nuitée 40 € - 255 à 660 €/sem. – frais de réservation 17 € - **R** conseillée
🚐 1 borne artisanale 8 €
Pour s'y rendre : 40 chemin Erromardie (1,8 km au nord-est, près de la plage)

Nature : ⌒ ♢♢
Loisirs : 🍴 snack 🎲
Services : ♿ ⚙ GB 🛒 🔥 🚿 ♨ 🚜
☺ 🎒 🍴 🚐 🚽 🛁

Merko-Lacarra de fin mars à mi-oct.
📞 05 59 26 56 76, *contact@merkolacarra.com*,
Fax 05 59 54 73 81, *www.merkolacarra.com* – **R** conseillée
2 ha (128 empl.) plat, peu incliné à incliné, herbeux
Tarif : 31 € ✶✶ 🔲 [⚡](16A) – pers. suppl. 6 € – frais de réservation 16 €
Location (de fin mars à déb. oct.) ✈ : 27 🚐 (4 à 6 pers.) 259 à 735 €/sem. – frais de réservation 27,50 € - **R** conseillée
🚐 1 borne raclet 6 €
Pour s'y rendre : 820 rte des Plages (5 km au nord-est, à 150 m de la plage)

Loisirs : 🎲 🎯
Services : ♿ ⚙ GB 🛒 🔥 🚿 ☺ 🍴
🛁
À prox. : 🏊 🍴 ✗ 🚰 🏫 école de surf

Les Tamaris-Plage ▲▲ – de déb. avr. à déb. nov.
📞 05 59 26 55 90, *tamaris1@wanadoo.fr*,
Fax 05 59 47 70 15, *www.tamaris-plage.com* – **R** conseillée
1,5 ha (79 empl.) plat et peu incliné, herbeux
Tarif : (Prix 2008) 17 € ✶✶ ⇔ 🔲 [⚡](10A) – pers. suppl. 5 €
Location (Prix 2008) (permanent) : 31 🚐 (4 à 6 pers.) nuitée 43 € – 301 à 644 €/sem. – 6 bungalows toilés – **R** conseillée
🚐 1 borne eurorelais 2 € – 3 🔲 12 € – 🚐 14 €
Pour s'y rendre : quartier Acotz (5 km au nord-est, à 80 m de la plage)

Nature : ⌒ ♀
Loisirs : 🎲 🎯 ♨ hammam jacuzzi 🚜
Services : ♿ ⚙ GB 🛒 M 🔥 🚿 ☺
🍴 🛁
À prox. : 🏊 🍴 ✗ snack 🚰 🏫 école de surf

AQUITAINE

ST-JEAN-PIED-DE-PORT

64220 – **342** E6 – G. Pays Basque – 1 417 h. – alt. 159
Office de tourisme, 14, place Charles-de-Gaulle ☏ 05 59 37 03 57, Fax 05 59 37 34 91
Paris 817 – Bayonne 54 – Biarritz 55 – Dax 105 – Oloron-Ste-Marie 70 – Pau 106 – San Sebastian 96.

Europ'Camping de mi-avr. à fin sept.
☏ 05 59 37 12 78, europcamping64@orange.fr,
Fax 05 59 37 29 82, www.europ-camping.com – **R** conseillée
2 ha (110 empl.) peu incliné, plat, herbeux
Tarif : (Prix 2008) 27 € ★★ 🚗 🅴 (6A) – pers. suppl. 5,60 € – frais de réservation 22 €
Location (Prix 2008) 🏠 : 33 🏕 (4 à 6 pers.) nuitée 50 € - 230 à 650 €/sem. – frais de réservation 22 € - **R** conseillée
🚐 1 borne 6 €
Pour s'y rendre : quartier l' Ascarat (2 km au nord-ouest par D 918, rte de Bayonne et chemin à gauche)
À savoir : location à la nuitée sauf en saison

Nature : 🌳 ≤ 🌲🌲
Loisirs : 🍴 snack 🎱 ⌦ 🏊
Services : ♿ 🔑 GB 🎿 🚿 🅿️ 🛒 🚙
🍴 🏪 ⛽
À prox. : 🎣

Narbaïtz de mi-mars à mi-sept.
☏ 05 59 37 10 13, camping-narbaitz@wanadoo.fr,
Fax 05 59 37 21 42, www.camping-narbaitz.com
– **R** conseillée
2,5 ha (133 empl.) plat et peu incliné, herbeux
Tarif : (Prix 2008) 27 € ★★ 🚗 🅴 (10A) – pers. suppl. 5 € – frais de réservation 18 €
Location (Prix 2008) (permanent) 🏠 : 12 🏕 (4 à 6 pers.) nuitée 50 € - 290 à 630 €/sem. – 3 🏠 (4 à 6 pers.) nuitée 100 € - 500 à 950 €/sem. – frais de réservation 18 € - **R** conseillée
🚐 1 borne
Pour s'y rendre : au lieu-dit : Ascarat (2,5 km au nord-ouest par D 918, rte de Bayonne et à gauche, à 50 m de la Nive et au bord d'un ruisseau)

Nature : ≤ 🌲🌲
Loisirs : 🎱 ⛹ 🏊
Services : ♿ 🔑 GB 🎿 🚽 🅿️ 🛒 ♨️ 📞
🏪 ⛽
À prox. : 🎣

ST-JORY-DE-CHALAIS

24800 – **329** G3 – 596 h. – alt. 260
Paris 442 – Brantôme 31 – Châlus 23 – St-Yrieix-la-Perche 28 – Thiviers 13.

Maisonneuve de déb. avr. à fin oct.
☏ 05 55 55 10 63, camping.maisonneuve@wanadoo.fr,
Fax 05 55 55 10 63, www.camping-maisonneuve.com
– **R** conseillée
10 ha/3 campables (43 empl.) plat, peu incliné, herbeux, petit étang
Tarif : ★ 6 € 🚗 🅴 10 € – ⚡ (10A) 3,50 €
🚐 1 borne raclet – 2 🅴 29 €
Pour s'y rendre : 1 chemin de Maisonneuve (sortie au nord-est par D 98, rte de Chaleix et chemin à dr.)
À savoir : autour de bâtisses anciennes en pierres du pays

Nature : 🌳 ⌦ 🌲🌲
Loisirs : 🍴 snack 🚴 🏊 🎣
Services : ♿ 🔑 GB 🎿 🅿️ 🛒 🚙
🍴 🏪 ⛽

ST-JULIEN-DE-LAMPON

24370 – **329** J6 – 576 h. – alt. 120
Paris 528 – Brive-la-Gaillarde 51 – Gourdon 17 – Sarlat-la-Canéda 17 – Souillac 14.

Le Mondou de déb. avr. à mi-oct.
☏ 05 53 29 70 37, lemondou@camping-dordogne.info,
Fax 05 53 29 70 37, www.camping-dordogne.info
– **R** conseillée
1,2 ha (60 empl.) peu incliné, pierreux, herbeux
Tarif : ★ 4,75 € 🚗 🅴 4,50 € – ⚡ (6A) 2,75 €
Location 🏠 : 4 🏕 (4 à 6 pers.) 175 à 575 €/sem.
– **R** conseillée
Pour s'y rendre : au lieu-dit : Le Colombier (1 km à l'est par D 50, rte de Mareuil et chemin à dr.)

Nature : 🌳 ⌦ 🌲🌲
Loisirs : 🎱 🏊
Services : ♿ 🔑 🎿 🅿️ 🛒 📞 🍴 🏪 ⛽

AQUITAINE

ST-JULIEN-EN-BORN

✉ 40170 – **335** D10 – 1 316 h. – alt. 22
🛈 *Office de tourisme, rue des Écoles* ✆ 05 58 42 89 80
Paris 706 – Castets 23 – Dax 43 – Mimizan 18 – Morcenx 30.

⛰ **Municipal la Lettre Fleurie** de déb. avr. à fin sept.
✆ 05 58 42 74 09, contact@camping-municipal-plage.com,
Fax 05 58 42 41 51, *www.camping-plage.com* – **R** conseillée
8,5 ha (457 empl.) plat et sablonneux
Tarif : (Prix 2008) 19,49 € 👫 🚗 🔲 ⚡ (6A) – pers.
suppl. 3,85 € – frais de réservation 15 €

Pour s'y rendre : rte de Contis-Plage (4 km au nord-ouest par rte de Mimizan)

Nature : 🌿 ♀♀(pinède)
Loisirs : 🍴 🏊 🚣 ✂ 🎣
Services : ♿ ⚡ GB ✗ 🔲 ♨ 🚿 ⚕
🏠 sèche-linge 🔲, 🍴 cases réfrigérées

ST-JUSTIN

✉ 40240 – **335** J11 – 888 h. – alt. 90
🛈 *Office de tourisme, place des Tilleuls* ✆ 05 58 44 86 06, Fax 05 58 44 86 06
Paris 694 – Barbotan-les-Thermes 19 – Captieux 41 – Labrit 31 – Mont-de-Marsan 25 – Villeneuve-de-Marsan 17.

⛰ **Le Pin** de déb. mars à fin nov.
✆ 05 58 44 88 91, camping.lepin@wanadoo.fr,
Fax 05 58 44 88 91, *www.campinglepin.com* – **R**
3 ha (70 empl.) plat, herbeux, sablonneux
Tarif : 21 € 👫 🚗 🔲 ⚡ (6A) – pers. suppl. 5 € – frais de réservation 19 €
Location (permanent) : 9 🏠 (2 à 4 pers.) 170 à 400 €/sem. – 6 🏠 (4 à 6 pers.) nuitée 44 € – 210 à 550 €/sem. – 7 🏠 (4 à 6 pers.) nuitée 44 € – 210 à 580 €/sem. – frais de réservation 19 € – **R** conseillée
🚐 1 borne artisanale 9 € – 🚐 9 €

Pour s'y rendre : rte de Roquefort (2,3 km au nord sur D 626, au bord d'un petit étang)

Nature : ♀♀
Loisirs : 🍴 ✂ 🏊 🚣 🐎
Services : ♿ ⚡ GB ✗ 🔲 🚿 ♨ ⚕ 🛁 🍴

ST-LAURENT-MEDOC

✉ 33112 – **335** G4 – 3 585 h. – alt. 6
🛈 *Syndicat d'initiative, 5, rue du Général-de-Gaulle* ✆ 05 56 59 92 66, Fax 05 56 59 92 66
Paris 603 – Bordeaux 45 – Mérignac 41 – Pessac 48 – Talence 55.

⛰ **Le Paradis** de déb. avr. à fin oct.
✆ 05 56 59 42 15, leparadismedoc@orange.fr,
Fax 05 56 59 42 15, *www.leparadismedoc.com* – **R** conseillée
3 ha (70 empl.) plat, herbeux
Tarif : ✱ ⚡ (10A) – pers. suppl. 4 € – frais de réservation 12 €
Location : 18 🏠 (4 à 6 pers.) 170 à 610 €/sem. – 4 🏠 (4 à 6 pers.) - 295 à 650 €/sem. – 4 bungalows toilés – frais de réservation 12 €
🚐 🚐 10 €

Pour s'y rendre : 2.5 km au nord par N 215, rte de Lesparre

Nature : 🌊 ♀♀
Loisirs : 🍴 🏊 🚣 piste de bi-cross
Services : ♿ ⚡ GB ✗ 🔲 🚿 ⚕ 🛁 🍴

Si vous recherchez :

👨‍👦 Un terrain offrant des équipements et des loisirs adaptés aux enfants
🌿 Un terrain agréable ou très tranquille
L - M Un terrain effectuant la location de caravanes, de mobile homes, de bungalows ou de chalets
P Un terrain ouvert toute l'année
🚐 Un terrain possédant une aire de services pour camping-cars
Consultez le tableau des localités

AQUITAINE

ST-LÉON-SUR-VÉZÈRE

24290 – **329** H5 – G. Périgord Quercy – 419 h. – alt. 70
Paris 523 – Brive-la-Gaillarde 48 – Les Eyzies-de-Tayac 16 – Montignac 10 – Périgueux 47 – Sarlat-la-Canéda 24.

Le Paradis – de déb. avr. à fin oct.
05 53 50 72 64, le-paradis@perigord.com,
Fax 05 53 50 75 90, www.le-paradis.fr – **R** conseillée
7 ha (200 empl.) plat, herbeux
Tarif : (Prix 2008) 30,10 € (10A) – pers. suppl. 7,30 € – frais de réservation 20 €
Location (Prix 2008) : 21 (4 à 6 pers.) 365 à 885 €/sem. – frais de réservation 20 € - **R** conseillée
1 borne artisanale 1,50 €
Pour s'y rendre : au lieu-dit : La Rebeyrolle (4 km au sud-ouest par D 706, rte des Eyzies-de-Tayac, au bord de la Vézère)
À savoir : Installations de qualité autour d'une ancienne ferme restaurée

Nature :
Loisirs : piste de bi-cross, canoë, terrain omnisports
Services :

En juin et septembre les campings sont plus calmes, moins fréquentés et pratiquent souvent des tarifs " hors saison ".

ST-MARTIAL-DE-NABIRAT

24250 – **329** I7 – 513 h. – alt. 175
Paris 546 – Cahors 42 – Fumel 45 – Gourdon 11 – Périgueux 83 – Sarlat-la-Canéda 20.

Calmésympa de déb. juin à fin sept.
05 53 28 43 15, duarte-jacqueline@wanadoo.fr,
www.tourisme-céou.com/calmesympa.htm – **R**
2,7 ha (50 empl.) en terrasses et peu incliné, herbeux
Tarif : 13,90 € (8A) – pers. suppl. 3,50 €
Location (de fin mars à fin sept.) : 8 (4 à 6 pers.) 195 à 570 €/sem. – gîtes – **R** conseillée
Pour s'y rendre : au lieu-dit : La Grèze (2,2 km au nord-ouest par D 46, rte de Domme et chemin à gauche)

Nature :
Loisirs :
Services :

129

ST-MARTIN-DE-SEIGNANX

40390 – **335** C13 – 3 903 h. – alt. 57
Paris 766 – Bayonne 11 – Capbreton 15 – Dax 42 – Hasparren 31 – Peyrehorade 26.

Lou P'tit Poun – de déb. juin à mi-sept.
05 59 56 55 79, contact@louptitpoun.com,
Fax 05 59 56 53 71, www.louptitpoun.com – **R** conseillée
6,5 ha (168 empl.) plat et peu incliné, en terrasses, herbeux
Tarif : 33 € (10A) – pers. suppl. 7,50 € – frais de réservation 30 €
Location : 8 (4 à 6 pers.) 270 à 730 €/sem. – 10 (4 à 6 pers.) - 310 à 750 €/sem. – frais de réservation 30 € - **R** conseillée
1 borne artisanale 7 €
Pour s'y rendre : 110 av. du Quartier-Neuf (4,7 km au sud-ouest par N 117, rte de Bayonne et un chemin à gauche)

Nature :
Loisirs :
Services :

ST-MÉDARD-DE-GUIZIÈRES

33230 – **335** K4 – 2 106 h. – alt. 15
Paris 528 – Bergerac 57 – Bordeaux 56 – Chalais 34 – Périgueux 87 – Ste-Foy-la-Grande 41.

Municipal le Gua mai-oct.
05 57 69 82 37, accueil@mairie-coutras.fr – **R** conseillée
1,5 ha (54 empl.) plat, herbeux
Tarif : (Prix 2008) 2,15 € 2,80 € – (10A) 2,50 €
Pour s'y rendre : 1,5 km au nord par D 21 et à gauche, au bord de la rivière

Nature :
Services :
À prox. :

AQUITAINE

ST-PÉE-SUR-NIVELLE

✉ 64310 – **342** C4 – G. Pays Basque – 4 331 h. – alt. 30
🛈 Office de tourisme, place du Fronton ☎ 05 59 54 11 69, Fax 05 59 85 86 38
Paris 785 – Bayonne 22 – Biarritz 17 – Cambo-les-Bains 17 – Pau 129 – St-Jean-de-Luz 14.

Goyetchea de mi-juin à mi-sept.
☎ 05 59 54 19 59, info@camping-goyetchea.com,
www.camping-goyetchea.com – **R** conseillée
3 ha (140 empl.) plat et peu incliné, herbeux
Tarif : 23,70 € ✱✱ ⇌ 🄴 [〕] (6A) – pers. suppl. 4,60 € – frais de réservation 11 €
Location (de mi-avr. à mi-sept.) ⌀ : 20 🄷 (4 à 6 pers.) 200 à 650 €/sem. – frais de réservation 11 € - **R** conseillée
Pour s'y rendre : quartier Ibarron (800 m au nord par D 855, rte d'Ahetze et à dr.)

Nature : 🏞 ⇐ 🌳🌳
Loisirs : 🎱 🛝
Services : ♿ ⚑ 🆎 ✂ 🚿 ⊛ 🅿
sèche-linge 🧺

L'Ibarron de fin avr. à fin sept.
☎ 05 59 54 10 43, camping.dibarron@wanadoo.fr,
Fax 05 59 54 51 95, www.camping-ibarron.com – **R** conseillée
2,9 ha (194 empl.) plat, herbeux
Tarif : (Prix 2008) 23 € ✱✱ ⇌ 🄴 [〕] (6A) – pers. suppl. 4,50 € – frais de réservation 10 €
Location (Prix 2008) ⌀ : 21 🄷 (4 à 6 pers.) 245 à 590 €/sem. – **R** conseillée
🚐 1 borne artisanale 4 € – 15 🄴 19 €
Pour s'y rendre : quartier Ibarron (sortie ouest, rte de St-Jean-de-Luz, près de la Nivelle)

Nature : 🌳🌳
Loisirs : 🎱 🛝
Services : ♿ ⚑ ✂ 🚿 ⊛ 📞 🅿
À prox. : 🛒 🍷 ✕ 🧺 🚴

Kataloge der **MICHELIN-Veröffentlichungen** erhalten Sie beim Buchhändler und direkt von **Michelin** (Karlsruhe).

130

ST-RÉMY

✉ 24700 – **329** C6 – 353 h. – alt. 80
Paris 542 – Bergerac 33 – Libourne 46 – Montpon-Ménestérol 10 – Ste-Foy-la-Grande 16.

La Tuilière
☎ 05 53 82 47 29, la-tuiliere@wanadoo.fr,
Fax 05 53 82 47 29, www.campinglatuiliere.com – **R** conseillée
8 ha (100 empl.) peu incliné, plat, herbeux
Location : 7 🄲 – 9 🄷 – 3 🏠
Pour s'y rendre : 2,7 km au nord-ouest par D 708, rte de Montpon-Ménestérol, au bord d'un étang

Nature : 🌳🌳🌳
Loisirs : 🍷 ✕ crêperie 🎱 🛝 🚴 🏓 🏊 🎣 ⛵
Services : ♿ ⚑ 🚽 🆎 🚿 ⊛ 📞 🅿

ST-SAUD-LACOUSSIÈRE

✉ 24470 – **329** F2 – 868 h. – alt. 370
Paris 443 – Brive-la-Gaillarde 105 – Châlus 23 – Limoges 57 – Nontron 16 – Périgueux 62.

Château Le Verdoyer 🏕⚐ – de mi-avr. à déb. oct.
☎ 05 53 56 94 64, chateau@verdoyer.fr, Fax 05 53 56 38 70,
www.verdoyer.fr – **R** conseillée
15 ha/5 campables (150 empl.) peu incliné et en terrasses, herbeux, pierreux, étangs
Tarif : 34 € ✱✱ ⇌ 🄴 [〕] (10A) – pers. suppl. 6,50 € – frais de réservation 20 €
Location : 20 🄷 (4 à 6 pers.) nuitée 90 € - 240 à 700 €/sem. – 10 🏠 (4 à 6 pers.) nuitée 285 à 700 €/sem. – 5 🛖 – 1 appartement – frais de réservation 20 € - **R** conseillée
🚐 1 borne artisanale
Pour s'y rendre : 2,5 km au nord-ouest par D 79, rte de Nontron et D 96, rte d'Abjat-sur-Bandiat, près d'étangs

Nature : 🏞 🄴 🌳🌳
Loisirs : 🍷 ✕ snack 🎱 ♨ 🛝 🚴 🏓 🎿 🏊 ⛵
Services : ♿ ⚑ 🆎 ✂ 🚿 ⊛ 📞 🅿
🚽 📺 sèche-linge 🧺 ♻
cases réfrigérées
À prox. : 🎒 💧

AQUITAINE

ST-VINCENT-DE-COSSE

✉ 24220 – **329** H6 – 351 h. – alt. 80
Paris 540 – Bergerac 61 – Brive-la-Gaillarde 65 – Fumel 58 – Gourdon 31 – Périgueux 64 – Sarlat-la-Canéda 14.

 Le Tiradou de mi-avr. à mi-oct.
℘ 05 53 30 30 73, contact@camping-le-tiradou.com,
Fax 05 53 31 16 24, www.camping-le-tiradou.com
– **R** conseillée
2 ha (60 empl.) plat, herbeux
Tarif : (Prix 2008) ⚥ 4,70 € ⛟ 🅴 6,60 € – 🅷 (6A) 3,10 € – frais de réservation 10 €
Location (Prix 2008) 🏝 (juil.-août) : 13 🏠 (4 à 6 pers.) 215 à 550 €/sem. – 5 🏠 (4 à 6 pers.) - 245 à 620 €/sem.
– frais de réservation 15 € - **R** conseillée
Pour s'y rendre : au lieu-dit : Larrit (500 m au sud-ouest du bourg, au bord d'un ruisseau)

Nature : 🌲 🌳🌳
Loisirs : snack 🏊 jacuzzi 🎣 ⛵
Services : ♿ 🔑 GB 🚲 🛒 ♻ ☎ 🚿
🧺 sèche-linge 🛁

Si vous recherchez :
⛱ Un terrain au bord de l'eau avec possibilité de baignade
🌿 Un terrain agréable ou très tranquille
L   Un terrain effectuant la location de caravanes, de mobile homes, de bungalows ou de chalets
P   Un terrain ouvert toute l'année
🚐 Un terrain possédant une aire de services pour camping-cars
Consultez le tableau des localités

STE-EULALIE-EN-BORN

✉ 40200 – **335** D9 – 785 h. – alt. 26
Paris 673 – Arcachon 58 – Biscarrosse 98 – Mimizan 11 – Parentis-en-Born 15.

 Les Bruyères de déb. mai à fin sept.
℘ 05 58 09 73 36, bonjour@camping-les-bruyeres.com,
Fax 05 58 09 75 58, www.camping-les-bruyeres.com
– **R** conseillée
3 ha (177 empl.) plat, sablonneux, herbeux
Tarif : 24 € ⚥ ⛟ 🅴 🅷 (10A) – pers. suppl. 6 €
Location : 4 🛖 (2 à 4 pers.) 238 à 460 €/sem. – 20 🏠 (4 à 6 pers.) nuitée 33 € - 231 à 670 €/sem. – **R** conseillée
Pour s'y rendre : 719 rte de Laffont (2,5 km au nord par D 652)
À savoir : produits régionaux maison à déguster et à emporter

Nature : 🏞 🌲 🌳🌳
Loisirs : 🍴 snack 🏊 🎣 ⛵
Services : ♿ 🔑 GB 🚲 🛒 ☎ ♻ 🚿
🗑 🧺 🛁

STE-FOY-LA-GRANDE

✉ 33220 – **335** M5 – G. Périgord – 2 788 h. – alt. 10
🛈 Office de tourisme, 102, rue de la République ℘ 05 57 46 03 00, Fax 05 57 46 16 62
Paris 555 – Bordeaux 71 – Langon 59 – Marmande 53 – Périgueux 67.

⛱ **La Bastide** de Pâques à la Toussaint
℘ 05 57 46 13 84, contact@camping-bastide.com,
Fax 05 57 46 13 84, http://www.camping-bastide.com
– **R** conseillée
1,2 ha (38 empl.) plat, herbeux
Tarif : (Prix 2008) 20 € ⚥ ⛟ 🅴 🅷 (10A) – pers. suppl. 5 €
– frais de réservation 10 €
Location (Prix 2008) 🏝 : 12 🏠 (4 à 6 pers.) 200 à 680 €/sem. – frais de réservation 10 € - **R** conseillée
🚐 5 🅴
Pour s'y rendre : au lieu-dit : La Pineuilh (sortie nord-est par D 130, au bord de la Dordogne)

Nature : 🏞 🌳🌳
Loisirs : 🏊 ⛵
Services : ♿ 🔑 GB 🚲 🛒 ☎ ♻ 🧺 sèche-linge
À prox. : 🎣

AQUITAINE

SALIES-DE-BÉARN

✉ 64270 – **342** G4 – G. Aquitaine – 4 759 h. – alt. 50 – ⚜
🛈 *Office de tourisme, rue des Bains* ✆ 05 59 38 00 33, Fax 05 59 38 02 95
Paris 762 – Bayonne 60 – Dax 36 – Orthez 17 – Pau 64 – Peyrehorade 26.

 Municipal de Mosqueros de mi-mars à fin oct.
✆ 05 59 38 12 94, *mairie.salies@wanadoo.fr*,
Fax 05 59 38 06 43, *www.tourisme-bearn-gaves.com*
– **R** conseillée
0,7 ha (67 empl.) plat, en terrasses, herbeux
Tarif : (Prix 2008) ✤ 3,05 € – ⛺ 🅴 5,50 € – (⚡10A) 2,60 €
🚐, 15 🅴 5,50 €

Pour s'y rendre : quartier Mosquéros (sortie ouest par D 17, rte de Bayonne, à la base de plein air)
À savoir : à la base de plein air

Nature : 🌳 ♨
Loisirs : 🏊
Services : ♿ 🔑 🚿 🚻 🗑 ♨ 🚰
🧺
À prox. : 🍴 🏊

Si vous recherchez :

👨‍👧 Un terrain offrant des équipements et des loisirs adaptés aux enfants
🌳 Un terrain agréable ou très tranquille
L - M Un terrain effectuant la location de caravanes, de mobile homes, de bungalows ou de chalets
P Un terrain ouvert toute l'année
🚐 Un terrain possédant une aire de services pour camping-cars
Consultez le tableau des localités

SALIGNAC-EYVIGUES

✉ 24590 – **329** I6 – G. Périgord Quercy – 1 008 h. – alt. 297
🛈 *Syndicat d'initiative, place du 19 Mars 1962* ✆ 05 53 28 81 93, Fax 05 53 28 85 26
Paris 509 – Brive-la-Gaillarde 34 – Cahors 84 – Périgueux 70 – Sarlat-la-Canéda 18.

 Le Temps de Vivre de mi-avr. à fin sept.
✆ 05 53 28 93 21, *contact@temps-de-vivre.com*,
www.temps-de-vivre.com – **R** conseillée
1 ha (50 empl.) en terrasses et peu incliné, pierreux, herbeux, bois attenant
Tarif : 22,20 € ✤✤ ⛺ 🅴 (10A) – pers. suppl. 5 € – frais de réservation 10 €
Location (de déb. avr. à mi-oct.) : 13 🏠 (4 à 6 pers.) 235 à 623 €/sem. – 2 bungalows toilés – frais de réservation 20 € - **R** conseillée
🚐, 1 borne artisanale 10 € – 🚐 (⚡) 10 €
Pour s'y rendre : rte de Carlux (1,5 km au sud par D 61 et chemin à dr.)

Nature : 🌳 🌲 ♨
Loisirs : 🍷 🏓 🎯 🏊
Services : ♿ 🔑 🌐 🚿 M 🗑 ♨ 🚰
🧺 🧴 sèche-linge ⚡

SALLES

✉ 33770 – **335** F7 – 4 487 h. – alt. 23
🛈 *Office de tourisme, rue de la Haute Landes* ✆ 05 56 88 30 11, Fax 05 56 88 43 95
Paris 632 – Arcachon 36 – Belin-Béliet 11 – Biscarrosse 122 – Bordeaux 49.

 Le Park du Val de l'Eyre de fin mars à mi-oct.
✆ 05 56 88 47 03, *levaldeleyre2@wanadoo.fr*,
Fax 05 56 88 47 27, *www.valdeleyre.com* – **R** conseillée
13 ha/4 campables (150 empl.) plat, vallonné, sablonneux, herbeux
Tarif : 26,80 € ✤✤ ⛺ 🅴 (25A) – pers. suppl. 6 €
Location (de déb. mars à mi-nov.) : 23 🏠 (4 à 6 pers.) nuitée 70 € – 360 à 685 €/sem. – 13 🏡 (4 à 6 pers.) nuitée 118 € – 425 à 705 €/sem. – frais de réservation 20 € - **R** conseillée
🚐, 1 borne artisanale
Pour s'y rendre : sortie sud-ouest par D 108e S, rte de Lugos, au bord de l'Eyre et d'un étang - par A 63 : sortie 21

Nature : 🌳 ♨
Loisirs : 🍷 snack 🎯 🏓 🎯 🏊
Services : ♿ 🚿 🚻 🗑 ♨ 🚰 ⚡
sèche-linge ⚡
À prox. : 🛶 canoë

AQUITAINE

SALLES

✉ 47150 – **336** H2 – 257 h. – alt. 120
Paris 588 – Agen 59 – Fumel 12 – Monflanquin 11 – Villeneuve-sur-Lot 29 – Villeréal 18.

▲ **Des Bastides** de fin avr. à mi-sept.
☎ 05 53 40 83 09, info@campingdesbastides.com,
Fax 05 53 40 81 76, www.campingdesbastides.com – ®
6 ha (96 empl.) en terrasses, herbeux
Tarif : 26,50 € ★★ ⛺ 🔌 (6A) – pers. suppl. 6 € – frais de réservation 18 €
Location ⚐ : 6 🏠 (4 à 6 pers.) 238 à 616 €/sem. – 6 🏡 (4 à 6 pers.) - 238 à 695 €/sem. – frais de réservation 18 € - **R** conseillée
Pour s'y rendre : au lieu-dit : Terre Rouge (1 km au nord-est, rte de Fumel, au croisement des D 150 et D 162)

Nature : ⛰ 🌳🌳
Loisirs : 🍴 snack 🏊 🚲 🛶
Services : ♿ 🔑 🅖🅑 🚿 🛒 🔋 ⚡ ♨ 💨 🍽 sèche-linge 🧺

SANGUINET

✉ 40460 – **335** E8 – G. Aquitaine – 1 982 h. – alt. 24
🅘 Office de tourisme, 1, place de la Mairie ☎ 05 58 78 67 72, Fax 05 58 78 67 26
Paris 643 – Arcachon 27 – Belin-Béliet 26 – Biscarrosse 120 – Bordeaux 60.

▲ **Municipal Lou Broustaricq** 👥 – de mi-mars à mi-nov.
☎ 05 58 82 74 82, loubrousta@wanadoo.fr,
Fax 05 58 82 10 74, www.lou-broustaricq.com – places limitées pour le passage – **R** conseillée ⚐
18,8 ha (570 empl.) plat, sablonneux
Tarif : (Prix 2008) 35 € ★★ 🚗 🔌 (10A) – pers. suppl. 3,60 € – frais de réservation 25 €
Location (Prix 2008) : 152 🏠 (4 à 6 pers.) 280 à 860 €/sem. – frais de réservation 25 € - **R** conseillée
Pour s'y rendre : 2315 rte de Langeot (2,8 km au nord-ouest par rte de Bordeaux, à 300 m de l'étang de Cazaux)

Nature : 🌊 ⛰ 🌳
Loisirs : 🍴 snack 🎮 🏊 🏋 🚲
🛶 ⛵
Services : ♿ 🔑 🅖🅑 🚿 🛒 🔋 ♨ ⚡
🍽 🔧 sèche-linge 🧺 🏪
À prox. : 🚣

133

SARBAZAN

✉ 40120 – **335** J10 – 941 h. – alt. 90
Paris 685 – Barbotan-les-Thermes 27 – Captieux 32 – Labrit 24 – Mont-de-Marsan 25.

▲ **Municipal** (location exclusive de chalets) de déb. avr. à fin oct.
☎ 05 58 45 64 93, mairiedesarbazan@wanadoo.fr,
Fax 05 58 45 69 91 – empl. traditionnels également disponibles
1 ha non clos, plat, herbeux
Location (Prix 2008) ♿ : 6 🏡 (4 à 6 pers.) - 120 à 260 €/sem. – **R** conseillée
Pour s'y rendre : 93 rte du Graba (à l'est du bourg)
À savoir : sous de grands pins, près d'un petit étang

Nature : 🌊 🌳🌳(pinède)
Loisirs : 🏋
Services : 🛒 🍽
À prox. : 🏠 ✂ 🎾 parcours de santé

SARE

✉ 64310 – **342** C5 – G. Pays Basque – 2 184 h. – alt. 70
🅘 Office de tourisme, Herriko Etxea ☎ 05 59 54 20 14, Fax 05 59 54 29 15
Paris 794 – Biarritz 26 – Cambo-les-Bains 19 – Pau 138 – St-Jean-de-Luz 14 – St-Pée-sur-Nivelle 9.

▲ **La Petite Rhune** de mi-juin à mi-sept.
☎ 05 59 54 23 97, la-petite-rhune@wanadoo.fr,
Fax 05 59 54 23 42, www.lapetiterhune.com – places limitées pour le passage – **R** conseillée
1,5 ha (56 empl.) peu incliné, herbeux
Tarif : (Prix 2008) 23,80 € ★★ 🚗 🔌 (10A) – pers. suppl. 4,80 € – frais de réservation 10 €
Location (Prix 2008) (permanent) ⚐ : 15 🏡 (4 à 6 pers.) - 220 à 580 €/sem. – 3 appartements – 1 gîte – frais de réservation 10 € - **R** conseillée
Pour s'y rendre : quartier Lehenbiscaye (2 km au sud par rte reliant D 406 et D 306)

Nature : 🌊 ≤ 🌳🌳
Loisirs : 🏠 🏊 🎾 (petite piscine) terrain omnisports
Services : 🔑 ✂ 🛒 🔋 ♨ 🍽 sèche-linge
À prox. : 🍴 ✗

AQUITAINE

SARLAT-LA-CANÉDA

✉ 24200 – **329** I6 – G. Périgord Quercy – 9 707 h. – alt. 145
🛈 *Office de tourisme, rue Tourny* ✆ *05 53 31 45 45, Fax 05 53 59 19 44*
Paris 526 – Bergerac 74 – Brive-la-Gaillarde 52 – Cahors 60 – Périgueux 77.

La Palombière ⚠ – de fin avr. à mi-sept.
✆ 05 53 59 42 34, *la.palombiere@wanadoo.fr*,
Fax 05 53 28 45 40, *www.lapalombiere.fr* – places limitées pour le passage – **R** *conseillée*
8,5 ha/4 campables (177 empl.) peu incliné et en terrasses, pierreux, herbeux
Tarif : 🚶 7,50 € 🚗 🅿 10,70 € – 🔌 (10A) 3 € – frais de réservation 22 €
Location : 35 🏠 (4 à 6 pers.) 280 à 820 €/sem. – 10 🛖 (4 à 6 pers.) - 280 à 865 €/sem. – frais de réservation 22 € - **R** *conseillée*
Pour s'y rendre : au lieu-dit : Galmier (9 km au nord-est)

Le Moulin du Roch ⚠ – de mi-mai à fin sept.
✆ 05 53 59 20 27, *moulin.du.roch@wanadoo.fr*,
Fax 05 53 59 20 95, *www.moulin-du-roch.com* ✂
8 ha (200 empl.) plat, peu incliné et en terrasses, herbeux, petit étang
Tarif : 33 € 🚶🚶 🚗 🅿 (6A) – pers. suppl. 9,50 € – frais de réservation 15 €
Location : 17 🏠 (2 à 4 pers.) nuitée 25 € - 160 à 590 €/sem. – 32 🏠 (4 à 6 pers.) nuitée 35 € - 250 à 910 €/sem. – frais de réservation 15 € - **R** *conseillée*
Pour s'y rendre : rte des Eyzies-de-Tayac (10 km au nord-ouest par D 47, au bord d'un ruisseau)
À savoir : ancien moulin périgourdin

Village Center Aqua Viva ⚠ – de fin avr. à mi-sept.
✆ 0 825 00 20 30, *contact@village-center.com*,
Fax 04 67 51 63 89, *www.village-center.com* – **R** *conseillée*
11 ha (186 empl.) plat, en terrasses, herbeux, fort dénivelé
Tarif : 29 € 🚶🚶 🚗 🅿 – pers. suppl. 5 € – frais de réservation 30 €
Location 🅿 : 🏠 (4 à 6 pers.) nuitée 24 € - 168 à 763 €/sem. – 🛖 (4 à 6 pers.) nuitée 19 € - 133 à 623 €/sem. – frais de réservation 30 € - **R** *conseillée*
Pour s'y rendre : rte de Sarlat-Souillac (7 km au sud-est, au bord de l'Enéa et d'un petit étang)

La Châtaigneraie ⚠ – de déb. mai à mi-sept.
✆ 05 53 59 03 61, *lachataigneraie@wanadoo.fr*,
Fax 05 53 29 86 16, *www.lachataigneraie24.com* – **R** *conseillée*
9 ha (140 empl.) plat, en terrasses, herbeux, sablonneux
Tarif : 29,90 € 🚶🚶 🚗 🅿 (10A) – pers. suppl. 7,50 € – frais de réservation 18 €
Location ✂ (juil.-août) : 7 🏠 (2 à 4 pers.) 240 à 480 €/sem. – 44 🏠 (4 à 6 pers.) 370 à 890 €/sem. – frais de réservation 18 € - **R** *conseillée*
Pour s'y rendre : au lieu-dit : La Garrigue-Basse (10 km à l'est)
À savoir : jolie parc aquatique et ludique entourée de murets de pierres du pays

Les Grottes de Roffy de fin avr. à fin sept.
✆ 05 53 59 15 61, *roffy@perigord.com*, Fax 05 53 31 09 11, *www.roffy.fr* – **R** *conseillée*
5 ha (166 empl.) en terrasses, herbeux
Tarif : 27,50 € 🚶🚶 🚗 🅿 (10A) – pers. suppl. 7,20 € – frais de réservation 15 €
Location : 15 🏠 (4 à 6 pers.) nuitée 42 € - 296 à 812 €/sem. – 2 gîtes – frais de réservation 15 € - **R** *conseillée*
Pour s'y rendre : au lieu-dit : Roffy (8 km à l'est)

AQUITAINE

SARLAT-LA-CANÉDA

Domaine de Loisirs le Montant – de déb. mai à fin sept.
℘ 05 53 59 18 50, contact@camping-sarlat.com, Fax 05 53 59 37 73, www.camping-sarlat.com – **R** conseillée
70 ha/8 campables (101 empl.) en terrasses, herbeux
Tarif : (Prix 2008) ♦ 5,50 € – 🚗 🗉 8,50 € – (10A) 3,60 € – frais de réservation 9 €
Location (Prix 2008) (de déb. avr. à déb. nov.) : 6 (4 à 6 pers.) nuitée 44 € - 220 à 625 €/sem. – 31 (4 à 6 pers.) nuitée 47 € - 240 à 685 €/sem. – gîtes – frais de réservation 9 € - **R** conseillée
Pour s'y rendre : au lieu-dit : Négrelat (2 km au sud-ouest par D 57, rte de Bergerac puis 2,3 km par chemin à dr.)
À savoir : locatif varié et de qualité dans un cadre sauvage, vallonné et boisé

Domaine Des Chênes Verts de fin mars à mi-oct.
℘ 05 53 59 21 07, chenes-verts@wanadoo.fr, Fax 05 53 31 05 51, www.chenes-verts.com – places limitées pour le passage – **R** conseillée
8 ha (143 empl.) plat, peu incliné, en terrasses, herbeux
Tarif : 20 € ♦♦ 🚗 🗉 (6A) – pers. suppl. 3 €
Location : 40 (4 à 6 pers.) nuitée 40 € – 260 à 800 €/sem. – 60 (4 à 6 pers.) nuitée 50 € – 280 à 950 €/sem. – frais de réservation 18 € - **R** conseillée
1 borne artisanale 3 €
Pour s'y rendre : rte Sarlat-Souillac (8,5 km au sud-est)

Les Terrasses du Périgord de fin avr. à déb. sept.
℘ 05 53 59 02 25, terrasses-du-perigord@wanadoo.fr, Fax 05 53 59 16 48, www.terrasses-du-perigord.com – **R** conseillée
5 ha (85 empl.) plat, en terrasses, herbeux
Tarif : 19,80 € ♦♦ 🚗 🗉 (16A) – pers. suppl. 5 € – frais de réservation 8 €
Location : 9 (4 à 6 pers.) nuitée 30 € - 125 à 560 €/sem. – 7 (4 à 6 pers.) nuitée 40 € – 210 à 670 €/sem. – frais de réservation 10 € - **R** conseillée
1 borne artisanale – 2 🗉 16,80 € – 15 €
Pour s'y rendre : au lieu-dit : Pech d'Orance (2,8 km au nord-est)

Village Vacances d'Argentouleau (location exclusive de chalets) de déb. fév. à mi-nov.
℘ 05 53 59 30 23, vilvac.argentouleau@wanadoo.fr, Fax 05 53 59 30 23, www.sarlat-location.com
2 ha plat, herbeux, gravier
Location ♿ ℗ : 8 (4 à 6 pers.) nuitée 45 € - 260 à 680 €/sem. – frais de réservation 16 € - **R** conseillée
Pour s'y rendre : 2 rte d'Argentouleau

Les Périères de déb. avr. à fin sept.
℘ 05 53 59 05 84, les-perieres@wanadoo.fr, Fax 05 53 28 57 51, www.lesperieres.com – **R** conseillée
11 ha/4 campables (100 empl.) en terrasses, herbeux
Tarif : (Prix 2008) 30,90 € ♦♦ 🚗 🗉 (6A) – pers. suppl. 4,20 € – frais de réservation 10 €
Location (Prix 2008) (de déb. avr. à fin déc.) : maisonnettes – frais de réservation 10 € - **R** conseillée
1 borne artisanale 30,90 €
Pour s'y rendre : r. Jean-Gabin (1 km au nord-est, à la sortie de la ville)
À savoir : Beaux emplacements en terrasses autour d'un espace aquatique moderne

135

AQUITAINE

SARLAT-LA-CANÉDA

La Ferme de Villeneuve – de déb. avr. à fin oct.
05 53 30 30 90, *contact@fermedevilleneuve.com*,
Fax 05 53 30 24 44, *www.fermedevilleneuve.com*
– **R** conseillée
20 ha/2,5 campables (100 empl.) en terrasses, incliné, herbeux, étang
Tarif : 5,40 € – 6,10 € – (6A) 3,30 € – frais de réservation 6 €
Location : 14 (2 à 4 pers.) 150 à 300 €/sem. – 10 (4 à 6 pers.) 275 à 585 €/sem. – frais de réservation 6 € - **R** conseillée
Pour s'y rendre : à Villeneuve (8 km au nord-ouest par D 47, rte des Eyzies-de-Tayac et rte à gauche)

Nature :
Loisirs : pizzeria
Services : sèche-linge
À prox. : salle d'animation

Les Charmes de déb. avr. à mi-oct.
05 53 31 02 89, *les.charmes@wanadoo.fr*,
Fax 05 53 31 06 32, *www.campinglescharmesdordogne.com* – **R** conseillée
5,5 ha/1,8 campable (100 empl.) plat et peu incliné, en terrasses, herbeux
Tarif : 5,30 € – 6,80 € – (6A) 3,40 € – frais de réservation 6 €
Location : 2 (2 à 4 pers.) 172 à 464 €/sem. – 6 (4 à 6 pers.) 229 à 660 €/sem. – 5 (4 à 6 pers.) - 201 à 697 €/sem. – 2 bungalows toilés – frais de réservation 6 € - **R** conseillée
1 borne artisanale
Pour s'y rendre : à Malartigues (10 km à l'ouest par D 47, rte des Eyzies-de-Tayac puis 2,8 km par rte à gauche et D 25 à gauche)

Nature :
Loisirs : terrain omnisports
Services :

Les Acacias de déb. avr. à fin sept.
05 53 31 08 50, *camping-acacias@wanadoo.fr*, *www.acacias.fr* – **R** conseillée
4 ha (122 empl.) plat, peu incliné, terrasses, herbeux
Tarif : 16 € (6A) – pers. suppl. 5 € – frais de réservation 10 €
Location : 10 (4 à 6 pers.) nuitée 32 € - 230 à 600 €/sem. – frais de réservation 10 € - **R** conseillée
1 borne artisanale 4 € – 40 16 €
Pour s'y rendre : à La Canéda, r. Louis-de-Champagne (6 km au sud-est par D 704 et à dr. à l'hypermarché Leclerc)
À savoir : navette en bus pour Sarlat

Nature :
Loisirs : snack
Services : sèche-linge

SAUVETERRE-DE-BÉARN

64390 – **342** G4 – G. Aquitaine – 1 304 h. – alt. 69
Office de tourisme, place Royale 05 59 38 32 86
Paris 772 – Bayonne 70 – Mauléon-Licharre 25 – Oloron-Ste-Marie 42 – Orthez 21 – Peyrehorade 25.

Le Gave de mi-avr. à mi-oct.
05 59 38 53 30, *dede@campingdugave.fr* – **R** conseillée
1,5 ha (55 empl.) plat, herbeux
Tarif : (Prix 2008) 14,90 € (6A) – pers. suppl. 3 €
Location (Prix 2008) (de déb. mars à mi-oct.) : 4 (4 à 6 pers.) 210 à 360 €/sem. - **R** conseillée
Pour s'y rendre : chemin du Camping (sortie sud par D 933, rte de St-Palais puis chemin à gauche av. le pont, au bord du Gave d'Oloron)

Nature :
Loisirs :
Services : sèche-linge
À prox. : canoë, sports en eaux vives

La catégorie (1 à 5 tentes, **noires** ou rouges) que nous attribuons
aux terrains sélectionnés dans ce guide est une appréciation qui nous est propre.
Elle ne doit pas être confondue avec le classement (1 à 4 étoiles)
établi par les services officiels.

AQUITAINE

SAUVETERRE-LA-LÉMANCE

✉ 47500 – **336** I2 – 623 h. – alt. 100
Paris 572 – Agen 68 – Fumel 14 – Monflanquin 27 – Puy-l'Évêque 17 – Villefranche-du-Périgord 10.

 Moulin du Périé de mi-mai à fin sept.
📞 05 53 40 67 26, moulinduperie@wanadoo.fr,
Fax 05 53 40 62 46, www.camping-moulin-perie.com
– **R** conseillée
4 ha (125 empl.) plat, herbeux
Tarif : ★ 7 € ⇔ 🅴 9,50 € – 🗲 (10A) 4,15 € – frais de réservation 25 €
Location 🏕 : 16 🏠 (4 à 6 pers.) nuitée 90 € - 270 à 812 €/sem. – 4 🏠 (4 à 6 pers.) nuitée 106 € – 336 à 742 €/sem. – 10 bungalows toilés – frais de réservation 40 € - **R** conseillée
🚐 1 borne artisanale – 10 🅴 9,50 €
Pour s'y rendre : 3 km à l'est par rte de Loubejac, au bord d'un ruisseau

Nature : 🌳 🏞 ♣♣(peupleraie)
Loisirs : 🍸 ✕ 🎣 🏊 🚴 🎿 (petit étang)
Services : 🚿 🔑 🅶🅱 🚙 🛢 🔥 ☎
🍴 🧺

Si vous recherchez :
⚠ Un terrain au bord de l'eau avec possibilité de baignade
🏞 Un terrain agréable ou très tranquille
L Un terrain effectuant la location de caravanes, de mobile homes, de bungalows ou de chalets
P Un terrain ouvert toute l'année
🚐 Un terrain possédant une aire de services pour camping-cars
Consultez le tableau des localités

SEIGNOSSE

✉ 40510 – **335** C12 – 2 427 h. – alt. 15
🅱 Office de tourisme, avenue des Lacs 📞 05 58 43 32 15, Fax 05 58 43 32 66
Paris 747 – Biarritz 36 – Dax 32 – Mont-de-Marsan 85 – Soustons 11.

🏔 **La Pomme de Pin** de mi-avr. à mi-sept.
📞 05 58 77 00 71, info@camping-lapommedepin.com,
Fax 05 58 77 11 47, www.camping-lapommedepin.com
– **R** conseillée
5 ha (229 empl.) plat, herbeux, sablonneux
Tarif : (Prix 2008) 22,30 € ★★ ⇔ 🅴 🗲 (6A) – pers. suppl. 5 € – frais de réservation 20 €
Location (Prix 2008) : 22 🏠 (4 à 6 pers.) nuitée 44 € - 290 à 710 €/sem. – frais de réservation 20 € - **R** conseillée
🚐 1 borne eurorelais 12 € – 10 🅴 12 €
Pour s'y rendre : rte de Seignosse (2 km au sud-est par D 652 et D 337, rte de Saubion)
À savoir : bel espace aquatique

Nature : 🏞 ♣♣(pinède)
Loisirs : 🍸 snack, pizzeria 🎣 🏊
🏖 (découverte en saison)
Services : 🚿 🔑 🅶🅱 🚙 🛢 🔥
☎ 🍴 🛢 sèche-linge 🧊 🧺 cases réfrigérées

SÉRIGNAC-PÉBOUDOU

✉ 47410 – **336** F2 – 169 h. – alt. 139
Paris 567 – Agen 64 – Bergerac 34 – Marmande 41 – Périgueux 81.

🏔 **La Vallée de Gardeleau** de fin mars à fin oct.
📞 05 53 36 96 96, valleegardeleau@wanadoo.fr,
Fax 05 53 36 96 96, http://perso.wanadoo.fr/camping.val leegardeleau.fr – **R** conseillée
2 ha (33 empl.) plat, peu incliné, herbeux
Tarif : ★ 4 € ⇔ 🅴 6,20 € – 🗲 (10A) 6 €
Location 🏕 : 7 🏠 (4 à 6 pers.) à 545 €/sem. – bungalows toilés – frais de réservation 10 € - **R** conseillée
Pour s'y rendre : au lieu-dit : Gardeleau (2,2 km à l'ouest par rte de St-Nazaire et chemin à gauche)

Nature : 🌳 🏞 ♣♣(chênaie)
Loisirs : 🍸 brasserie 🎣 🏊
Services : 🚿 🔑 🅶🅱 🚙 🛢 🔥 ☎ 🍴
🧺

137

AQUITAINE

SIORAC-EN-PÉRIGORD

✉ 24170 – **329** G7 – G. Périgord Quercy – 893 h. – alt. 77
🛈 *Syndicat d'initiative, place de Siorac* ✆ 05 53 31 63 51
Paris 548 – Bergerac 45 – Cahors 68 – Périgueux 60 – Sarlat-la-Canéda 29.

▲ **Le Port** de mi-mai à fin sept.
✆ 05 53 31 63 81, *contact@campingduport.net*,
Fax 05 53 28 42 65, *www.campingduport.net* – **R**
2,5 ha (83 empl.) plat, herbeux
Tarif : 15 € 👥👥 🚗 🔲 ⚡ (10A) – pers. suppl. 4,25 €
Location (de déb. mai à mi-nov.) : 8 🛖 (4 à 6 pers.)
nuitée 35 € - 155 à 450 €/sem. – **R** conseillée
Pour s'y rendre : au lieu-dit : Le Port (au nord-est du bourg, accès par D 25, rte de Buisson-Cussac et chemin devant Intermarché, au bord de la Dordogne et de la Nauze)

Nature : 🌳 ♣♣
Loisirs : 🏊 🐎 🏖 🎣
Services : ♿ 🔑 (15 juil.-20 août) 🚿
🔲 ⊕ 🚻
À prox. : 🍴 snack ✂ canoë, golf

Benutzen Sie
– zur Wahl der Fahrtroute
– zur Berechnung der Entfernungen
– zur exakten Lokalisierung eines Campingplatzes (mit Hilfe der Angaben im Ortstext) die für diesen Führer unentbehrlichen **MICHELIN-Karten**.

SOCOA

✉ 64122 – **342** B2 – G. Pays Basque
Paris 793 – Bordeaux 207 – Pau 130 – Bayonne 25 – Anglet 21.

△△△ **Larrouleta** Permanent
✆ 05 59 47 37 84, *info@larrouleta.com*, Fax 05 59 47 42 54,
www.larrouleta.com – **R** conseillée
5 ha (263 empl.) plat et peu incliné, herbeux
Tarif : 20 € 👥👥 🚗 🔲 ⚡ (5A) – pers. suppl. 6 €
🚐 1 borne artisanale 17,50 €
Pour s'y rendre : 210 rte de Socoa (3 km au sud, au bord d'un plan d'eau et d'une rivière)

Nature : ♣♣(peupleraie)
Loisirs : 🍴 snack 🏊 🐎 🎾 🎣
(découverte en saison) 🏖 🎣 pédalos
Services : ♿ 🔑 🌐 🚿 🧺 🔲 ⊕ 🚻
⊕ 🚿 💧 🍳 🚻 sèche-linge 🧺 🛁

SORDE-L'ABBAYE

✉ 40300 – **335** E13 – G. Aquitaine – 535 h. – alt. 17
Paris 758 – Bayonne 47 – Dax 27 – Oloron-Ste-Marie 63 – Orthez 28.

▲ **Municipal la Galupe** de mi-juin à mi-sept.
✆ 05 58 73 18 13, *mairie.sordelabbaye@wanadoo.fr*,
Fax 05 58 73 16 41 – **R** conseillée
0,6 ha (28 empl.) plat, herbeux, pierreux
Tarif : (Prix 2008) 👤 2 € 🚗 🔲 3,50 € – ⚡ (6A) 2 €
Pour s'y rendre : 242 chemin du Camping (1,3 km à l'ouest par D 29, rte de Peyrehorade, D 123 à gauche et chemin av. le pont, près du Gave d'Oloron)

Nature : 🌿 🌳 ♀
Services : ♿ 🚿 🔲 ⊕

SOULAC-SUR-MER

✉ 33780 – **335** E1 – G. Aquitaine – 2 720 h. – alt. 7
🛈 *Office de tourisme, 68, rue de la plage* ✆ 05 56 09 86 61, Fax 05 56 73 63 76
Paris 515 – Bordeaux 99 – Lesparre-Médoc 31 – Royan 12.

△△△ **Les Lacs** 👥 – de déb. avr. à mi-nov.
✆ 05 56 09 76 63, *info@camping-les-lacs.com*,
Fax 05 56 09 98 02, *www.camping-les-lacs.com* – **R** conseillée
5 ha (187 empl.) plat, sablonneux, herbeux
Tarif : 32 € 👥👥 🚗 🔲 ⚡ (5A) – pers. suppl. 5 €
Location : 🛖 (4 à 6 pers.) 180 à 880 €/sem. – 🏠 (4 à 6 pers.) - 260 à 820 €/sem. – **R** conseillée
🚐 1 borne – 2 🔲 11 €
Pour s'y rendre : 126 rte des Lacs (3 km à l'est par D 101)

Nature : 🌿 🌳 ♣♣
Loisirs : 🍴 pizzeria, snack 🏊 🎮 🏃
🐎 🎣 🏖 🎣
Services : ♿ 🔑 🌐 🚿 🔲 ⊕ ⊕
🧺 🚿 💧 🚻 🛁
À prox. : 🐎

AQUITAINE

SOULAC-SUR-MER

Le Lilhan de mi-juin à mi-sept.
📞 05 56 09 82 87, contact@lelilhan.com,
Fax 05 56 09 94 82, www.lelilhan.com – **R** conseillée
4 ha (185 empl.) plat, sablonneux
Tarif : (Prix 2008) 24,15 € ✱✱ 🚗 📧 (10A) – pers.
suppl. 4,50 € – frais de réservation 18 €
Location (Prix 2008) : 60 🏠 (4 à 6 pers.) 195 à
795 €/sem. – appartements – frais de réservation 18 € -
R conseillée
Pour s'y rendre : 2,8 km à l'est par D 101e 2 et D 101

Nature : 🌊 ♣♣
Loisirs : snack 🏊 🛁 jacuzzi 🎣
✂ 🚲
Services : ♿ ⚡ (juil.août) 🇬🇧 ✂ 🔆
♨ ⛽ ♻ 🔥 🚿

L'Océan de déb. juin à mi-sept.
📞 05 56 09 76 10, camping.ocean@orange.fr,
Fax 05 56 09 74 75, http://perso.wanadoo.fr/camping.ocean – **R** conseillée
6 ha (300 empl.) plat, sablonneux, herbeux
Tarif : 26 € ✱✱ 🚗 📧 (10A) – pers. suppl. 4,50 €
Pour s'y rendre : 62 allée de la Négade (sortie est par
D 101e 2 et D 101, à 300 m de la plage)
À savoir : cadre naturel, presque sauvage !

Nature : 🌊 ♣♣♣
Loisirs : 🍴 🏊 🚲 ✂
Services : ♿ ⚡ ✂ 🇬🇧 ♻ 🔥
sèche-linge 🚿 ⛽

Si vous recherchez :
👥 *Un terrain offrant des équipements et des loisirs adaptés aux enfants*
🌳 *Un terrain agréable ou très tranquille*
L - M *Un terrain effectuant la location de caravanes, de mobile homes, de bungalows ou de chalets*
P *Un terrain ouvert toute l'année*
🚐 *Un terrain possédant une aire de services pour camping-cars*
Consultez le tableau des localités

139

SOUSTONS

✉ 40140 – **335** D12 – G. Aquitaine – 5 743 h. – alt. 9
🏢 *Office de tourisme, grange de Labouyrie* 📞 05 58 41 52 62, Fax 05 58 41 30 63
Paris 732 – Biarritz 53 – Castets 23 – Dax 29 – Mont-de-Marsan 81 – St-Vincent-de-Tyrosse 13.

L'Airial de déb. avr. à mi-oct.
📞 05 58 41 12 48, contact@camping-airial.com,
Fax 05 58 41 53 83, www.camping-airial.com – **R** conseillée
16 ha (480 empl.) plat, vallonné, sablonneux
Tarif : (Prix 2008) 25,60 € ✱✱ 🚗 📧 (10A) – pers.
suppl. 5,10 € – frais de réservation 18,80 €
Location (Prix 2008) 🏖 : 20 🏠 (4 à 5 pers.) 260 à
670 €/sem. – 28 🏡 (4 à 6 pers.) - 290 à 705 €/sem. – 8
studios – **R** conseillée
Pour s'y rendre : rte du Port-d'Albret (2 km à l'ouest par
D 652, rte de Vieux-Boucau-les-Bains, à 200 m de l'étang de
Soustons)

Nature : ♣♣
Loisirs : 🍴 🏊 ☀ diurne 🎣 🚲 ✂
🔆 🚿
Services : ♿ 🇬🇧 ✂ ♨ ⛽ 🔥 ♻ 🔥
sèche-linge 🚿, cases réfrigérées

Village Vacances Le Dunéa (location exclusive de chalets)
📞 05 58 48 00 59, clubdunea@libertysurf.fr,
Fax 05 58 48 03 22, www.club-dunea.com 🏖
0,5 ha plat, vallonné, sablonneux
Location (Prix 2008) : 22 🏡 (4 à 6 pers.) nuitée 80 € -
270 à 1 250 €/sem. – **R** conseillée
Pour s'y rendre : à Port-d'Albret-Sud (à 200 m du lac)
À savoir : location à la nuitée hors sais.

Nature : 🌊 ♣
Loisirs : 🏊 ⛵
Services : ⚡ P 🇬🇧 ✂ 🔥 🔥
À prox. : ✂ 🐎 golf

AQUITAINE

TAMNIÈS

✉ 24620 – **329** H6 – 317 h. – alt. 200
Paris 522 – Brive-la-Gaillarde 47 – Les Eyzies-de-Tayac 14 – Périgueux 60 – Sarlat-la-Canéda 14.

Le Pont de Mazerat de déb. avr. à fin sept.
℘ 05 53 29 14 95, *le.pont.de.mazerat@wanadoo.fr*,
Fax 05 53 31 15 90, *www.lepontdemazerat.com*
– **R** conseillée
2,8 ha (83 empl.) plat et en terrasses, herbeux
Tarif : 👤 5 € – 🚗 📧 6,95 € – [⚡] (10A) 3,20 € – frais de réservation 10,50 €
Location : 10 🛖 (2 à 4 pers.) 190 à 385 €/sem. – 24 🛖 (4 à 6 pers.) 235 à 610 €/sem. – frais de réservation 10,50 € - **R** conseillée
🚐, 1 borne artisanale
Pour s'y rendre : 1,6 km à l'est par D 48, au bord du Beune et à prox. d'un plan d'eau

Nature : 🌳 ♀♀
Loisirs : 🍴 snack 🎣 🏊 🏇
Services : 🚿 🔑 (juil.-sept.) 🇬🇧 🚗
🏠 ♿ ❄ 🍽 🔧
À prox. : ✂ 🏊 🐎

The Guide changes, so renew your Guide every year.

LE TEICH

✉ 33470 – **335** E7 – 4 822 h. – alt. 5
ℹ Office de tourisme, Hôtel de ville ℘ 05 56 22 80 46, Fax 05 56 22 89 65
Paris 633 – Arcachon 20 – Belin-Béliet 34 – Bordeaux 50.

Ker Helen 👥 – de déb. avr. à déb. nov.
℘ 05 56 66 03 79, *camping.kerhelen@wanadoo.fr*,
Fax 05 56 66 51 59, *www.kerhelen.com* – **R** conseillée
4 ha (140 empl.) plat, herbeux
Tarif : 👤 5 € – 🚗 📧 13 € – [⚡] (10A) 3,70 € – frais de réservation 16 €
Location : 25 🛖 (4 à 6 pers.) nuitée 27 € - 268 à 720 €/sem. – 9 🏠 (4 à 6 pers.) nuitée 27 € - 268 à 700 €/sem. – 10 bungalows toilés – frais de réservation 16 € - **R** conseillée
🚐, 1 borne artisanale 10 € – 🚙 [⚡] 13.50 €
Pour s'y rendre : av. de la Côte-d'Argent (2 km à l'ouest par D 650, rte de Gujan-Mestras)

Nature : 🌳 ♀♀
Loisirs : 🍴 snack 🌙 nocturne 🏃 🎣 🏊 🏇
Services : 🚿 🔑 🚗 🏠 ♿ ❄ 🍽
🔧 🍴 📧 sèche-linge 🧊 🚗

TERRASSON-LAVILLEDIEU

✉ 24120 – **329** I5 – G. Périgord Quercy – 6 180 h. – alt. 90
ℹ Office de tourisme, place du Foirail ℘ 05 53 50 86 82, Fax 05 53 50 55 61
Paris 497 – Brive-la-Gaillarde 22 – Juillac 28 – Périgueux 53 – Sarlat-la-Canéda 32.

La Salvinie avr.-oct.
℘ 05 53 50 06 11, *camping.lasalvinie@orange.fr*
– **R** conseillée
2,5 ha (70 empl.) plat, herbeux
Tarif : 13,70 € 👥👥 🚗 📧 [⚡] (6A) – pers. suppl. 3,70 €
Location : 3 🛖 (2 à 4 pers.) 200 à 350 €/sem. – 4 🛖 (4 à 6 pers.) 250 à 500 €/sem. – **R** conseillée
Pour s'y rendre : sortie sud par D 63, rte de Chavagnac puis 3,4 km par rte de Condat, à dr. apr. le pont

Nature : ≤ 🌳 ♀
Loisirs : 🎣 🏊 🏊
Services : 🚿 🔑 🇬🇧 🚗 🏠 ♿ ❄

Village Vacances le Clos du Moulin (location exclusive de chalets) Permanent
℘ 05 53 51 68 95, *contact@leclosdumoulin.com*,
Fax 05 53 51 68 95, *www.leclosdumoulin.com*
1 ha plat, herbeux
Location 🅿 : 14 🏠 (4 à 6 pers.) - 250 à 850 €/sem. – frais de réservation 16 € - **R** conseillée
Pour s'y rendre : au lieu-dit : Le Bouch (6 km à l'ouest de Terrasson-Lavilledieu par N 89, rte de St-Lazare et D 62, rte de Coly, au bord de rivière)

Loisirs : 🍴 🚲 🏊
Services : 🚿 🔑 🚗 🏠 🍽 📧 climatisation

AQUITAINE

LA TESTE-DE-BUCH

✉ 33260 – **335** E7 – G. Aquitaine – 22 970 h. – alt. 5
🛈 *Office de tourisme, place Jean Hameau* ☎ 05 56 54 63 14, Fax 05 56 54 45 94
Paris 642 – Andernos-les-Bains 35 – Arcachon 5 – Belin-Béliet 44 – Biscarrosse 34 – Bordeaux 60.

▲ La Pinèda ⚑ – de déb. avr. à fin sept.
☎ 05 56 22 23 24, *info@campinglapinede.net*,
Fax 05 56 22 98 03, *www.campinglapinede.net* – **R** conseillée
5 ha (200 empl.) plat, sablonneux, herbeux
Tarif : (Prix 2008) 30,70 € ⚑⚑ 🚗 🅿 (6A) – pers. suppl. 7 € – frais de réservation 25 €
Location (Prix 2008) : 140 🏠 (4 à 6 pers.) nuitée 112 € - 147 à 917 €/sem. – frais de réservation 25 € - **R** conseillée
Pour s'y rendre : au bord du canal des Landes
À savoir : bel espace aquatique et ludique

Nature : 🌳 ♣♣
Loisirs : 🍴 pizzeria 🎮 ♿ 🎾 🏊
🚴 🎯 🏊 🎭
Services : ♿ 🚿 GB ⚙ 🗑 🔧 🍴 ♻
sèche-linge 🧺
À prox. : base de ski nautique

Si vous recherchez :
▲ Un terrain au bord de l'eau avec possibilité de baignade
♨ Un terrain agréable ou très tranquille
L Un terrain effectuant la location de caravanes, de mobile homes, de bungalows ou de chalets
P Un terrain ouvert toute l'année
🚐 Un terrain possédant une aire de services pour camping-cars
Consultez le tableau des localités

THENON

✉ 24210 – **329** H5 – 1 205 h. – alt. 194
🛈 *Syndicat d'initiative, 25, avenue de la IVe République* ☎ 05 53 06 35 10
Paris 515 – Brive-la-Gaillarde 41 – Excideuil 36 – Les Eyzies-de-Tayac 33 – Périgueux 34.

▲ Le Jarry Carrey avr.-sept.
☎ 05 53 05 20 78, *contact@lejarrycarrey.fr*,
Fax 05 67 34 05 00, *www.lejarrycarrey.com* – **R** conseillée
9 ha/3 campables (67 empl.) non clos, peu incliné et en terrasses, incliné, herbeux
Tarif : 16,85 € ⚑⚑ 🚗 🅿 🔧 (10A) – pers. suppl. 4,30 €
Location (de déb. avr. à déb. nov.) : 9 🏠 (4 à 6 pers.) nuitée 57 € - 192 à 535 €/sem. – 4 🏠 (4 à 6 pers.) nuitée 65 € - 270 à 619 €/sem. – **R** conseillée
Pour s'y rendre : 4 km au sud-est par D 67, rte de Montignac, près de deux étangs

Nature : ≤ ♣♣
Loisirs : 🍴 snack 🏊 ♻
Services : ♿ 🚿 GB ⚙ 🗑 🔧 ♻
🚻 💧 🗑 sèche-linge 🧺

141

THIVIERS

✉ 24800 – **329** G3 – G. Périgord Quercy – 3 261 h. – alt. 273
🛈 *Office de tourisme, place du Marechal Foch* ☎ 05 53 55 12 50, Fax 05 53 55 12 50
Paris 449 – Brive-la-Gaillarde 81 – Limoges 62 – Nontron 33 – Périgueux 34 – St-Yrieix-la-Perche 32.

▲ Municipal le Repaire mai-sept.
☎ 05 53 52 69 75, *campingthiviers@wanadoo.fr*,
Fax 05 53 52 69 75, *www.thiviers.fr* – **R** conseillée
10 ha/4,5 campables (100 empl.) plat, peu incliné, terrasses, herbeux, bois attenants
Tarif : (Prix 2008) ⚑ 4 € 🚗 🅿 6 € – 🔧 (6A) 3 €
Location (Prix 2008) 🚐 : 10 🏠 (4 à 6 pers.) nuitée 58 € - 325 à 410 €/sem. – **R** conseillée
Pour s'y rendre : 2 km au sud-est par D 707, rte de Lanouaille et chemin à dr.
À savoir : beaux emplacements autour d'un petit étang

Nature : 🌳 ♀
Loisirs : 🎾 🏊 ♻ parcours de santé
Services : ♿ 🚿 (saison) ⚙ 🗑 🔧 ♻ 🗑
À prox. : 🎯 🏊 (plage)

AQUITAINE

TOCANE-ST-APRE

✉ 24350 – **329** D4 – 1 484 h. – alt. 95
🛈 Syndicat d'initiative, Mairie ℘ 05 53 90 44 94, Fax 05 53 90 44 94
Paris 498 – Brantôme 24 – Mussidan 33 – Périgueux 25 – Ribérac 15.

▲ **Municipal le Pré Sec** de déb. mai à fin sept.
℘ 05 53 90 40 60, mairie.tocane@wanadoo.fr,
Fax 05 53 90 25 03, www.tocane-saint-apre.com – ℞
1,8 ha (80 empl.) non clos, plat, herbeux
Tarif : (Prix 2008) 9,50 € ⚭ 🚐 🎪 🔌 (30A) – pers. suppl. 1,80 €
Location (Prix 2008) (permanent) : 14 🏠 (4 à 6 pers.) - 228 à 360 €/sem. – ℞
Pour s'y rendre : bd Charles-Roby (au nord du bourg par D 103, rte de Montagrier, au stade, au bord de la Dronne)

Nature : 🌳 🏞 ♨♨
Loisirs : 🏛 🚣 ⚔ 🎣 🛶 canoë, piste de skate
Services : ♿ ⚒ (15 juin-15 sept.) 🚿 🚽 ♻ ⛲ ⚒

TOURTOIRAC

✉ 24390 – **329** H4 – G. Périgord Quercy – 612 h. – alt. 140
Paris 465 – Brive-la-Gaillarde 57 – Lanouaille 20 – Limoges 75 – Périgueux 35 – Uzerche 64.

⛺ **Les Tourterelles** 👥 – de mi-avr. à fin sept.
℘ 05 53 51 11 17, les-tourterelles@aliceadsl.fr, www.les-tourterelles.com – ℞ conseillée
12 ha/3,5 campables (113 empl.) plat et peu incliné, en terrasses, herbeux
Tarif : 29 € ⚭ 🚐 🎪 🔌 (6A) – pers. suppl. 5 € – frais de réservation 20 €
Location : 15 🛖 (4 à 6 pers.) nuitée 55 € - 410 à 550 €/sem. – 4 🏠 (4 à 6 pers.) nuitée 75 € - 430 à 685 €/sem. – frais de réservation 20 € - ℞ conseillée
Pour s'y rendre : au lieu-dit Clos Faure (1,5 km au nord-ouest par D 73, rte de Coulaures)

Nature : 🌳 🏞 ♨♨
Loisirs : 🍹 🍴 🏛 🎯 🚣 🛶 🐎 poneys
Services : ♿ ⚒ 🚿 🚽 🏪 ♻ ⛲ ⚒

TRENTELS

✉ 47140 – **336** H3 – 825 h. – alt. 30
Paris 607 – Agen 42 – Bergerac 72 – Cahors 60 – Montauban 82 – Villeneuve-sur-Lot 15.

▲ **Municipal de Lustrac** (location exclusive de chalets)
Permanent
℘ 05 53 70 77 22, mairie.trentels@wanadoo.fr,
Fax 05 53 40 03 41 – empl. traditionnels également disponibles – ℞ conseillée
0,5 ha plat, herbeux
Location (Prix 2008) ♿ : 7 🏠 (4 à 6 pers.) nuitée 60 € - 160 à 440 €/sem. – ℞ conseillée
Pour s'y rendre : à Lustrac (2,5 km au nord-est par D 911, rte de Fumel et chemin à dr., dir. Lustrac, au bord du Lot)

Nature : 🌳 🏞 ♨♨
Loisirs : 🏛 🛶 canoë
Services : ⚒ 🚿 ♻ sèche-linge
À prox. : 🍴

TURSAC

✉ 24620 – **329** H6 – G. Périgord Quercy – 340 h. – alt. 75
Paris 536 – Bordeaux 172 – Périgueux 48 – Brive 57 – Bergerac 61.

⛺ **Le Vézère Périgord** de mi-avr. à déb. oct.
℘ 05 53 06 96 31, info@levezereperigord.com,
Fax 05 53 06 79 16, www.levezereperigord.com – ℞ conseillée
3,5 ha (103 empl.) en terrasses et peu incliné, herbeux, pierreux
Tarif : 21 € ⚭ 🚐 🎪 🔌 (10A) – pers. suppl. 5 €
Location : 2 🛖 (4 à 6 pers.) nuitée 35 € - 245 à 532 €/sem. – 4 bungalows toilés – ℞ conseillée
🚏 1 borne artisanale
Pour s'y rendre : 800 m au nord-est par D 706, rte de Montignac et chemin à dr.

Nature : 🌳 🏞 ♨♨♨
Loisirs : 🍹 snack 🏛 🚣 🚴 ⚔ 🎣
Services : ♿ ⚒ 🏧 🚿 🚽 🏪 ♻ ⛲ ⚒ sèche-linge 🧺
À prox. : canoë

AQUITAINE

URDOS

✉ 64490 – **342** I7 – 108 h. – alt. 780
Paris 850 – Jaca 38 – Oloron-Ste-Marie 41 – Pau 75.

△ **Municipal Le Gave d'Aspe** de déb. mai à mi-sept.
⌕ 05 59 34 88 26, info@campingaspe.com, www.campingaspe.com – **R** conseillée
1,5 ha (80 empl.) non clos, plat et peu incliné, terrasse, herbeux, pierreux
Tarif : (Prix 2008) 13 € ✱✱ 🚗 🔲 [⚡] (30A) – pers. suppl. 3 €
🚐 1 borne eurorelais 2 €
Pour s'y rendre : r. du Moulin de la Tourette (1,5 km au nord-ouest par N 134 et chemin devant l'ancienne gare, au bord du Gave d'Aspe)

Nature : 🌿 ≤ 🌳🌳
Loisirs : 🏠 🚣
Services : ♿ 🔑 ✂ ☺ ⚡ ⛽ 🧺 sèche-linge

URRUGNE

✉ 64122 – **342** B4 – G. Pays Basque – 7 043 h. – alt. 34
ℹ Office de tourisme, place René Soubelet ⌕ 05 59 54 60 80, Fax 05 59 54 63 49
Paris 791 – Bayonne 29 – Biarritz 23 – Hendaye 8 – San Sebastian 27.

⛰ **Col d'Ibardin** 👨‍👧 – de déb. mai à fin sept.
⌕ 05 59 54 31 21, info@col-ibardin.com,
Fax 05 59 54 62 28, www.col-ibardin.com – **R** conseillée
8 ha (191 empl.) peu incliné, herbeux
Tarif : 36,50 € ✱✱ 🚗 🔲 [⚡] (10A) – pers. suppl. 6 €
Location (de déb. avr. à fin oct.) 🏕 : 🏠 (4 à 6 pers.)
340 à 735 €/sem. – 24 🏡 (4 à 6 pers.) - 406 à 875 €/sem.
– **R** conseillée
Pour s'y rendre : rte d'Olhette (4 km au sud par D 4, rte d'Ascain, au bord d'un ruisseau)
À savoir : au milieu d'une forêt de chênes, emplacements bordés par un ruisseau

Nature : 🌿 🏞 🌳🌳(chênaie)
Loisirs : 🍸 🏠 🏊 🎣 ✂ 🎾 terrain omnisports
Services : ♿ 🔑 GB ✂ ⛽ 🧺 ☺ 🛒 🚿 ⚡ 🧺 sèche-linge 🔧 🚲

143

URT

✉ 64240 – **342** E4 – G. Pays Basque – 1 702 h. – alt. 41
ℹ Office de tourisme, Mairie ⌕ 05 59 56 20 33
Paris 757 – Bayonne 17 – Biarritz 24 – Cambo-les-Bains 28 – Pau 97.

⛰ **Etche Zahar** de fin mars à déb. nov.
⌕ 05 59 56 27 36, info@etche-zahar.fr, www.etche-zahar.fr – **R** conseillée 🐕 (août)
1,5 ha (43 empl.) non clos, plat, peu incliné, herbeux
Tarif : ✱ 3,70 € 🚗 2,50 € 🔲 9 € – [⚡] (10A) 3,20 € – frais de réservation 12 €
Location (de mi-fév. à fin déc.) : 6 🏠 (4 à 6 pers.)
nuitée 33 € - 240 à 567 €/sem. – 8 🏡 (4 à 6 pers.)
nuitée 38 € - 260 à 590 €/sem. – 5 bungalows toilés – frais de réservation 12 € **R** conseillée
🚐 1 borne – 1 🔲 9 € – 🚐 [⚡] 13,2 €
Pour s'y rendre : allée de Mesplès (1 km à l'ouest par D 257, dir. Urcuit et à gauche)
À savoir : bel ensemble de chalets entre bois et cultures

Nature : 🌿 🏞
Loisirs : 🏠 🚲 🎣
Services : ♿ 🔑 ✂ ✓ M ⛽ ☺ ⚡ 🧺 sèche-linge 🔧
À prox. : 🍽

Si vous recherchez :

👨‍👧 *Un terrain offrant des équipements et des loisirs adaptés aux enfants*
🌿 *Un terrain agréable ou très tranquille*
L – M *Un terrain effectuant la location de caravanes, de mobile homes, de bungalows ou de chalets*
P *Un terrain ouvert toute l'année*
🚐 *Un terrain possédant une aire de services pour camping-cars*

Consultez le tableau des localités

AQUITAINE

VENDAYS-MONTALIVET

✉ 33930 – **335** E2 – 1 827 h. – alt. 9
🛈 *Office de tourisme, 62, avenue de l'Ocean* ☏ 05 56 09 30 12, Fax 05 56 09 36 11
Paris 535 – Bordeaux 82 – Lesparre-Médoc 14 – Soulac-sur-Mer 21.

▲ La Chesnays de mi-avr. à fin sept.
☏ 05 56 41 72 74, lachesnays@camping-montalivet.com,
Fax 05 56 41 72 74, www.camping-montalivet.com
– **R** conseillée
1,5 ha (59 empl.) plat, herbeux
Tarif : 21,50 € ★★ 🚗 🅴 ⚡ (10A) – pers. suppl. 4 € – frais de réservation 10 €
Location (de déb. avr. à déb. oct.) 🚫 : 5 🏠 (4 à 6 pers.) nuitée 45 € - 290 à 640 €/sem. – 2 bungalows toilés – frais de réservation 10 € - **R** conseillée
Pour s'y rendre : au lieu-dit : Mayan

▲ Le Mérin de déb. avr. à fin oct.
☏ 05 56 41 78 64, contact@campinglemerin.com,
Fax 05 56 41 78 64/05 56 41 73 03, www.campinglemerin.com – **R** conseillée
3,5 ha (165 empl.) plat, herbeux, sablonneux
Tarif : 14,55 € ★★ 🚗 🅴 ⚡ (10A) – frais de réservation 20 €
Location 🚫 : 4 🏠 (2 à 4 pers.) nuitée 25 € - 150 à 250 €/sem. – chalets et mobile-homes (sans sanitaires) – **R** conseillée
Pour s'y rendre : 7 rte du Merin (3,7 km au nord-ouest par D 102, rte de Montalivet et chemin à gauche)

VENSAC

✉ 33590 – **335** E2 – 694 h. – alt. 5
Paris 528 – Bordeaux 82 – Lesparre-Médoc 14 – Soulac-sur-Mer 18.

▲ Les Acacias de déb. juin à mi-sept.
☏ 05 56 09 58 81, contact@les-acacias-du-medoc.fr,
Fax 05 56 09 50 67, www.les-acacias-du-medoc.fr
– **R** conseillée
3,5 ha (175 empl.) plat, herbeux, sablonneux
Tarif : 24 € ★★ 🚗 🅴 ⚡ (6A) – pers. suppl. 4,50 € – frais de réservation 20 €
Location (de déb. mai à mi-sept.) : 5 🏠 (2 à 4 pers.) 215 à 450 €/sem. – 27 🏠 (4 à 6 pers.) 240 à 780 €/sem. – frais de réservation 30 € - **R** conseillée
🚐 1 borne raclet 3 € – 2 🅴 10 € – 🚰 10 €
Pour s'y rendre : 44 rte de St-Vivien (1,5 km au nord-est par N 215, rte de Verdon-sur-Mer et chemin à dr.)

VÉZAC

✉ 24220 – **329** I6 – 594 h. – alt. 90
Paris 535 – Bergerac 65 – Brive-la-Gaillarde 60 – Fumel 53 – Gourdon 27 – Périgueux 69 – Sarlat-la-Canéda 9.

▲ Les Deux Vallées Permanent
☏ 05 53 29 53 55, les2v@perigord.com, Fax 05 53 31 09 81,
www.les-2-vallees.com – **R** conseillée
2,5 ha (100 empl.) plat, herbeux
Tarif : ★ 5,70 € 🚗 🅴 7,75 € – ⚡ (10A) 3,50 € – frais de réservation 15 €
Location (Prix 2008) 🚫 : 11 🏠 (4 à 6 pers.) nuitée 50 € - 275 à 650 €/sem. – frais de réservation 15 € - **R** conseillée
🚐 1 borne artisanale – 3 🅴 21 €
Pour s'y rendre : à La Gare (à l'ouest, derrière l'ancienne gare, au bord d'un petit étang)
À savoir : de certains emplacements, vue imprenable sur le château de Beynac

AQUITAINE

VIELLE-ST-GIRONS

✉ 40560 – **335** D11 – 1 026 h. – alt. 27
Office de tourisme, route de Linxe ℘ 05 58 47 94 94, Fax 05 58 47 90 00
Paris 719 – Castets 16 – Dax 37 – Mimizan 32 – Soustons 28.

Sunêlia Le Col Vert – de déb. avr. à fin sept.
℘ 08 90 71 00 01, *contact@colvert.com*,
Fax 05 58 42 91 88, *www.colvert.com* – **R** conseillée
24 ha (800 empl.) plat, sablonneux, herbeux
Tarif : 32,50 € – pers. suppl. 6,50 € – frais de réservation 30 €
Location : 50 (4 à 6 pers.) 214 à 840 €/sem. – 27 (4 à 6 pers.) - 299 à 938 €/sem. – 20 bungalows toilés – frais de réservation 30 € · **R** conseillée
1 borne artisanale – 4 8 € – 8 €
Pour s'y rendre : Le Lac (5,5 km au sud par D 652, au bord de l'étang de Léon)
À savoir : balnéo et jeux pour enfants de qualité

Nature : (pinède)
Loisirs : snack, pizzeria, hammam jacuzzi, terrain omnisports
Services : – 6 sanitaires individuels (wc) cases réfrigérées
À prox. : poneys canoë, pédalos, barques

L'Océane
℘ 05 58 42 94 37, *camping.oceane@cario.fr*,
Fax 05 58 42 00 48, *www.camping-oceane.fr* – places limitées pour le passage – **R**
3 ha (50 empl.) non clos, plat, sablonneux, herbeux
Location : – **R** conseillée
Pour s'y rendre : Rte des Lacs (1 km au nord)
À savoir : agréable pinède

Nature : (pinède)
Loisirs :
Services : sèche-linge

Le Parc du Bel Air de déb. juin à fin sept.
℘ 05 58 42 99 28, *camping-belair2@wanadoo.fr*,
Fax 05 58 42 99 28, *www.camping-belair.fr* – **R** conseillée
1 ha (50 empl.) plat, sablonneux, herbeux
Tarif : (Prix 2008) 18,20 € (6A) – pers. suppl. 3 €
Location (Prix 2008) (de mi-avr. à fin sept.) : 4 (4 à 6 pers.) 326 à 678 €/sem. – **R** conseillée
Pour s'y rendre : Rte de Moliets (5,2 km au sud-ouest par D 652, rte de Léon et D 328, rte de Pichelèbe à dr.)

Nature : (pinède)
Loisirs :
Services :

VIEUX-BOUCAU-LES-BAINS

✉ 40480 – **335** C12 – G. Aquitaine – 1 379 h. – alt. 5
Office de tourisme, Le Mail ℘ 05 58 48 13 47, Fax 05 58 48 15 37
Paris 740 – Bayonne 41 – Biarritz 48 – Castets 28 – Dax 37 – Mimizan 55 – Mont-de-Marsan 90.

Municipal les Sablères de déb. avr. à mi-oct.
℘ 05 58 48 12 29, *camping-lessableres@wanadoo.fr*,
Fax 05 58 48 20 70, *www.les-sableres.com* – **R** conseillée
11 ha (560 empl.) vallonné, sablonneux, herbeux
Tarif : 22,70 € (10A) – pers. suppl. 3 € – frais de réservation 15 €
Location : 7 (4 à 6 pers.) 210 à 570 €/sem. – 11 (4 à 6 pers.) - 250 à 800 €/sem. – frais de réservation 15 € · **R** conseillée
1 borne artisanale
Pour s'y rendre : Bd du Marensin (au nord-ouest, à 250 m de la plage (accès direct))

Nature :
Loisirs : terrain omnisports
Services : sèche-linge, cases réfrigérées
À prox. : snack pizzeria

LES GUIDES VERTS MICHELIN
Paysages, monuments
Routes touristiques
Géographie
Histoire, Art
Itinéraire de visite
Plans de villes et de monuments

145

AQUITAINE

VIEUX-MAREUIL

✉ 24340 – **329** E3 – 342 h. – alt. 129
Paris 499 – Bordeaux 166 – Périgueux 43 – Angoulême 43 – Soyaux 41.

▲ L'Étang Bleu

📞 05 53 60 92 70, *marc@letangbleu.com*,
Fax 05 53 56 66 66, *www.letangbleu.com* – **R** conseillée
10 ha/6 campables (167 empl.) plat, herbeux, bois attenant, étang

Location : 5
1 borne artisanale

Pour s'y rendre : 2 km au nord par D 93, rte de St-Sulpice-de-Mareuil

Nature : 🌳 ⛰ ♀
Loisirs : 🍴 snack 🎯 🚴 🏊
Services : ♿ 🚿 🚻 ⊕ 🛒 ♻

VILLERÉAL

✉ 47210 – **336** G2 – G. Aquitaine – 1 186 h. – alt. 103
🏢 Office de tourisme, place de la Halle 📞 05 53 36 09 65, Fax 05 53 36 47 85
Paris 566 – Agen 61 – Bergerac 35 – Cahors 76 – Marmande 56 – Sarlat-la-Canéda 65 – Villeneuve-sur-Lot 31.

▲ Château de Fonrives – de déb. avr. à mi-oct.

📞 05 53 36 63 38, *contact@campingchateaufonrives.com*,
Fax 05 53 36 09 98, *www.campingchateaufonrives.com*
– **R** conseillée
20 ha/10 campables (200 empl.) plat, peu incliné, terrasses, herbeux, pierreux
Tarif : (Prix 2008) 30,50 € 🚻 🚗 🔌 (6A) – pers. suppl. 4,50 € – frais de réservation 25 €
Location (Prix 2008) : 12 🏠 (4 à 6 pers.) nuitée 50 € - 180 à 665 €/sem. – 16 🏠 (4 à 6 pers.) nuitée 50 € - 200 à 745 €/sem. – frais de réservation 25 € - **R** conseillée
– 5 🔲 30,50 € – 🔌 30.50 €
Pour s'y rendre : Rte d'Issigeac (2,2 km au nord-ouest par D 207 et à gauche, au château)

Nature : 🌳 ⛰ ♀♀
Loisirs : 🍴 ✗ 🎯 hammam jacuzzi 🚴 🏹 🏊 🎱 🎣
parcours sportif
Services : ♿ 🚿 GB 🚻 🛒 ⊕ 🏊
♻ 🔥 sèche-linge 🧺 ♨

▲ Fontaine du Roc de déb. avr. à fin sept.

📞 05 53 36 08 16, *fontaine.du.roc@wanadoo.fr*,
Fax 05 53 61 60 23, *www.fontaineduroc.com* – **R** conseillée
2 ha (50 empl.) plat, herbeux
Tarif : 🚻 5,50 € 🚗 🔲 8 € – 🔌 (10A) 4,50 € – frais de réservation 15 €
Location : 3 🏠 (4 à 6 pers.) nuitée 60 € - 350 à 570 €/sem. – **R** conseillée
Pour s'y rendre : Les Moulaties - Dévillac (7,5 km au sud-est par D 255 et à gauche)

Nature : 🌳 ⛰ ♀♀
Loisirs : 🎮 🎣 jacuzzi 🚴 🏊
Services : ♿ 🚿 🧺 🚻 ⊕ 🛒 ♻

VITRAC

✉ 24200 – **329** I7 – G. Périgord Quercy – 767 h. – alt. 150
🏢 Office de tourisme, lieu-dit le bourg 📞 05 53 28 57 80
Paris 541 – Brive-la-Gaillarde 64 – Cahors 54 – Gourdon 23 – Lalinde 52 – Périgueux 85 – Sarlat-la-Canéda 8.

▲▲▲ Domaine Soleil Plage ▲▲ – de déb. avr. à fin sept.

📞 05 53 28 33 33, *info@soleilplage.fr*, Fax 05 53 28 30 24,
www.soleilplage.fr – **R** conseillée
8 ha/5 campables (199 empl.) plat, herbeux
Tarif : (Prix 2008) 31,40 € 🚻 🚗 🔲 🔌 (10A) – pers. suppl. 7,70 € – frais de réservation 35 €
Location (Prix 2008) (de déb. avr. à déb. nov.) ⓟ : 40 🏠 (4 à 6 pers.) nuitée 48 € - 280 à 750 €/sem. – 20 🏠 (4 à 6 pers.) nuitée 59 € - 310 à 800 €/sem. – frais de réservation 35 € - **R** conseillée
1 borne artisanale 3 € – 🔌 13 €
Pour s'y rendre : à Caudon, par Montfort (2,5 km à l'est, au bord de la Dordogne)
À savoir : Espace aquatique paysagé près d'un joli petit village de chalets

Nature : 🌳 ⛰ ♀♀
Loisirs : 🍴 ✗ pizzeria 🎮 🎯 🏹
🎣 🚴 🏓 🛶 🏊 (plage) – canoë, terrain omnisports
Services : ♿ 🚿 GB 🚻 M 🛒 ⊕
♻ 🔥 🔥 sèche-linge 🧺 ♨
À prox. : golf, practice de golf

AQUITAINE

VITRAC

La Bouysse de déb. avr. à fin sept.
📞 05 53 28 33 05, *info@labouysse.com*, Fax 05 53 30 38 52, *www.labouysse.com* – **R** conseillée
6 ha/3 campables (160 empl.) plat, peu incliné, herbeux, petit bois attenant
Tarif : 5,70 € 7,70 € – (10A) 4 € – frais de réservation 20 €
Location (chalets) : 4 (4 à 6 pers.) 330 à 680 €/sem. – 9 (4 à 6 pers.) - 350 à 695 €/sem. – appartements – **R** conseillée
Pour s'y rendre : à Caudon (2,5 km à l'est, près de la Dordogne)
À savoir : Décoration florale et arbustive

Nature :
Loisirs : (plage) canoë
Services : sèche-linge
À prox. : golf, practice de golf

AUVERGNE

🇫🇷 Chut... ! Chefs d'orchestre d'une symphonie muette depuis des millénaires, imperturbables sanctuaires de la nature à l'état brut, les volcans d'Auvergne dorment paisiblement. Seuls remous perceptibles : les grondements de Vulcania où de spectaculaires animations célèbrent ces titans assoupis... Dômes et puys sculptés par le feu forment un immense château d'eau se déversant en une multitude de lacs, de rivières et de sources pures, élixirs chargés de vertus légendaires. Pour mieux s'abandonner à ces « thermes de Jouvence », les curistes en quête de bien-être s'immergent dans l'ambiance élégante des villes d'eau où la tentation reste grande, malgré les conseils diététiques, de céder à la chaleur revigorante d'une potée, aux effluves d'un cantal affiné ou à l'inimitable saveur sucrée-salée d'un pounti.

🇬🇧 Shhh! Auvergne's volcanoes are dormant and have been for many millennia, forming a natural rampart against the inroads of man and ensuring that this beautiful wilderness will never be entirely tamed. If you listen very carefully, you may just make out a distant rumble from Vulcania, where spectacular theme park attractions celebrate these sleeping giants. The region's domes and peaks are the source of countless mountain springs that cascade down the steep slopes into brooks, rivers and crystal-clear lakes. Renowned for the therapeutic qualities of its waters, the region has long played host to well-heeled *curistes* in its elegant spa resorts, but many visitors find it impossible to follow doctor's orders when faced with the enticing aroma of a country stew or a full-bodied Cantal cheese!

AUVERGNE

ABREST

✉ 03200 – **326** H6 – 2 428 h. – alt. 290 – Base de loisirs
Paris 361 – Clermont 70 – Moulins 63 – Montluçon 94 – Roanne 73.

La Croix St-Martin de déb. avr. à fin oct.
☎ 04 70 32 67 74, camping-vichy@orange.fr, www.camping-vichy.com – **R** conseillée
3 ha (100 empl.) plat, herbeux
Tarif : (Prix 2008) ♦ 4,40 € – ⛺ – (½) (10A) 2,90 €
Location (Prix 2008) : 8 🏠 (4 à 6 pers.) nuitée 28 € – 245 à 480 €/sem. – **R** conseillée
🚐 1 borne artisanale 5 € – 10 🏠 10 € – 🚐 10 €
Pour s'y rendre : 99 av. des Graviers (au nord, près de l'Allier)

Nature : 🌳
Loisirs : 🚲 🏊
Services : ♿ 🔌 🚿 ✂ 🏪 ☕ 📞 📶 🧺 sèche-linge
À prox. : 🎰 casino ✂ 🏇 🏌 golf, canoë, swin golf

ALLEYRAS

✉ 43580 – **331** E4 – 231 h. – alt. 779
Paris 549 – Brioude 71 – Langogne 43 – Le Puy-en-Velay 32 – St-Chély-d'Apcher 59.

Municipal Au Fil de l'Eau de déb. avr. à fin oct.
☎ 04 71 57 56 86, mairie.camping-municipal@akeonet.com, Fax 04 71 57 56 86, http://campingmunicipalaufildeleau.wifeo.com – alt. 660 – **R** conseillée
0,9 ha (60 empl.) plat et peu incliné, terrasse, herbeux
Tarif : (Prix 2008) 11 € ♦♦ ⛺ 🏠 (6A) – pers. suppl. 4 €
Location : huttes – **R** conseillée
🚐 1 borne flot bleu 3 €
Pour s'y rendre : Le Pont-d' Alleyras (2,5 km au nord-ouest, accès direct à l'Allier)

Nature : 🌳 🌲
Loisirs : 🏊
Services : ♿ 🔌 (juil.-août) ✂ ☕ 🧺 sèche-linge
À prox. : 🚣 ✂ 🏊 canoë

AMBERT

✉ 63600 – **326** J9 – G. Auvergne – 7 309 h. – alt. 535
🏛 Office de tourisme, 4, place de Hôtel de Ville ☎ 04 73 82 61 90, Fax 04 73 82 48 36
Paris 438 – Brioude 63 – Clermont-Ferrand 77 – Montbrison 47 – Le Puy-en-Velay 71 – Thiers 53.

Municipal Les Trois Chênes de déb. mai à fin sept.
☎ 04 73 82 34 68, tourisme@ville-ambert.fr, Fax 04 73 82 34 68, www.camping-ambert.com – **R** conseillée
3 ha (120 empl.) plat, herbeux
Tarif : 17,50 € ♦♦ ⛺ 🏠 🏠 (10A) – pers. suppl. 4,20 €
Location (permanent) : 13 🏠 (4 à 6 pers.) - 290 à 490 €/sem. – **R** conseillée
🚐 1 borne eurorelais 2 € – 4 🏠 10,50 € – 🚐 10.50 €
Pour s'y rendre : Rte du Puy (1,5 km au sud par D 906, rte de la Chaise-Dieu, près de la Dore)
À savoir : agréable cadre verdoyant

Nature : 🌲 🌳 🦌
Loisirs : 🎮 🏊 ♨
Services : ♿ 🔌 🚿 ✂ 🏪 ☕ 🏊 🚐 🧺 sèche-linge
Au plan d'eau : 🎣 🏊 🏇 🎿 terrain omnisports, parcours de santé – 🍴 snack 🍺

151

ARNAC

✉ 15150 – **330** B4 – 173 h. – alt. 620
Paris 541 – Argentat 38 – Aurillac 35 – Mauriac 36 – Égletons 61.

Village Vacances La Gineste (location exclusive de mobile homes et chalets) Permanent
☎ 04 71 62 91 90, mairiearnac@wanadoo.fr, Fax 04 71 62 92 72, www.mairie-arnac.fr
3 ha en terrasses, herbeux
Location (Prix 2008) 🅿 : 80 🏠 (4 à 6 pers.) nuitée 40 € - 200 à 370 €/sem. – 40 🏠 (4 à 6 pers.) nuitée 60 € - 250 à 590 €/sem. – **R** indispensable
Pour s'y rendre : La Gineste (3 km au nord-ouest par D 61, rte de Pleaux puis 1,2 km par chemin à dr.)
À savoir : situation agréable sur une presqu'île du lac d'Enchanet

Nature : 🌲 🌳 🌊
Loisirs : 🎣 ✕ 🎮 🎱 🏊 🚲 ✂ 🏊 ≋ (plage) 🏇 🐎 quad
Services : 🔌 🚿 ✂ 📞 🏪 🚐 🧺
À prox. : sports nautiques

AUVERGNE

ARPAJON-SUR-CÈRE

✉ 15130 – **330** C5 – 5 545 h. – alt. 613
Paris 559 – Argentat 56 – Aurillac 5 – Maurs 44 – Sousceyrac 46.

▲ **La Cère**
📞 04 71 64 55 07, Fax 04 71 64 55 07, *http://www.caba.fr*
– **R** conseillée
2 ha (106 empl.) plat, herbeux
Location : 10
Pour s'y rendre : au sud de la ville, accès par D 920, face à la station Esso, au bord de la rivière
À savoir : cadre boisé et soigné

AURILLAC

✉ 15000 – **330** C5 – G. Auvergne – 30 551 h. – alt. 610
🛈 Office de tourisme, place du square 📞 04 71 48 46 58, Fax 04 71 48 99 39
Paris 557 – Brive-la-Gaillarde 98 – Clermont-Ferrand 158 – Montauban 174 – Montluçon 263.

▲ **Municipal l'Ombrade** de mi-juin à mi-sept.
📞 04 71 48 28 87, *tourisme@caba.fr*, Fax 04 71 48 28 87,
http://www.caba.fr – **R** conseillée
7,5 ha (200 empl.) plat et en terrasses, herbeux
Tarif : (Prix 2008) ♀ ♂ (10A) – pers. suppl. 3,50 €
🚐 1 borne artisanale 6 € – 40 🅿 12,60 €
Pour s'y rendre : 1 km au nord par D 17 et chemin du Gué-Bouliaga à dr., de part et d'autre de la Jordanne

LES GUIDES VERTS MICHELIN
Paysages, monuments
Routes touristiques
Géographie
Histoire, Art
Itinéraire de visite
Plans de villes et de monuments

152

AYDAT

✉ 63970 – **326** E9 – G. Auvergne – 1 647 h. – alt. 850
🛈 Office de tourisme, le Lac 📞 04 73 79 37 69
Paris 438 – La Bourboule 33 – Clermont-Ferrand 21 – Issoire 38 – Pontgibaud 31 – Rochefort-Montagne 28.

▲▲ **Lac d'Aydat** de déb. mai à mi-sept.
📞 04 73 79 38 09, *info@camping-lac-aydat.com*,
Fax 04 73 79 34 13, *www.camping-lac-aydat.com*
– **R** conseillée
7 ha (150 empl.) accidenté et plat, en terrasses, herbeux, pierreux
Tarif : 22 € ♀ ♂ 🚐 🅿 (15A) – pers. suppl. 5 € – frais de réservation 20 €
Location (permanent) : 6 🛖 (2 à 4 pers.) nuitée 30 € – 150 à 380 €/sem. – 28 🛖 (4 à 6 pers.) nuitée 40 € – 200 à 460 €/sem. – 17 🏠 (4 à 6 pers.) nuitée 50 € – 300 à 620 €/sem. – frais de réservation 20 € – **R** conseillée
🚐 1 borne artisanale 10 €
Pour s'y rendre : Forêt du Lac (2 km au nord-est par D 90 et chemin à dr., près du lac)
À savoir : agréable pinède

▲ **Des Volcans**
📞 04 73 79 33 90, *keith-harvey@compuserve.com*,
Fax 04 73 79 33 90 – alt. 1 020 – **R** conseillée
1,3 ha (54 empl.) peu incliné, herbeux
Pour s'y rendre : La Garandie (3,2 km à l'ouest d'Aydat par D 788)

AUVERGNE

BAGNOLS

✉ 63810 – **326** C9 – G. Auvergne – 532 h. – alt. 862
Paris 483 – Bort-les-Orgues 19 – La Bourboule 23 – Bourg-Lastic 38 – Clermont-Ferrand 64.

Municipal la Thialle de déb. avr. à déb. nov.
☎ 04 73 22 28 00, *mairie.bagnols63@wanadoo.fr*,
Fax 04 73 22 20 04 – **R** conseillée
2,8 ha (70 empl.) plat, herbeux, gravillons
Tarif : ✶ 3,18 € ⇔ 1,75 € 🅴 1,80 € – (½) (10A) 3,80 €
Location : 3 🏠 (4 à 6 pers.) nuitée 48 € - 215 à 490 €/sem. – huttes – **R** conseillée
🚐 1 borne
Pour s'y rendre : Rte de St-Donat (sortie sud-est par D 25, au bord de la Thialle)

Nature : 🌳
Loisirs : 🏛 🏄 ♞ 🌊 (petite piscine) 〰
Services : ♿ ⌕ (saison) 🚿 🚻 ♨
À prox. : 🚣 ✗

BILLOM

✉ 63160 – **326** H8 – G. Auvergne – 4 246 h. – alt. 340
🛈 Office de tourisme, 13, rue Carnot ☎ 04 73 68 39 85, Fax 04 73 68 38 91
Paris 437 – Clermont-Ferrand 28 – Cunlhat 30 – Issoire 31 – Thiers 27.

Municipal le Colombier de déb. juin à mi-sept.
☎ 04 73 68 91 50, *mairie-billom@wanadoo.fr*,
Fax 04 73 73 37 60, *www.billom.fr* – **R**
1 ha (40 empl.) plat et peu incliné, herbeux
Tarif : (Prix 2008) ✶ 2,60 € ⇔ 1,40 € 🅴 2,10 € – (½) (18A) 2,80 €
Location (Prix 2008) (permanent) : 12 🏠 (4 à 6 pers.) nuitée 60 € - 320 à 370 €/sem. – **R** conseillée
Pour s'y rendre : Allée des Tennis (au nord-est de la localité par rte de Lezoux)

Nature : 🛏 🌳
Loisirs : 🏛 🏄
Services : ♿ ⌕ 🚿 🚻 ♨ ♻
À prox. : 🍴 ✗ 🎣 🏊 🌊 🐎

Pour choisir et suivre un itinéraire
Pour calculer un kilométrage
Pour situer exactement un terrain (en fonction des indications fournies dans le texte) :
Utilisez les **cartes MICHELIN** *,*
compléments indispensables de cet ouvrage.

153

LA BOURBOULE

✉ 63150 – **326** D9 – G. Auvergne – 2 043 h. – alt. 880 – ♨ (début fév.-fin oct.)
🛈 Office de tourisme, place de la République ☎ 04 73 65 57 71, Fax 04 73 65 50 21
Paris 469 – Aubusson 82 – Clermont-Ferrand 50 – Mauriac 71 – Ussel 51.

Les Clarines de mi-déc. à mi-oct.
☎ 04 73 81 02 30, *clarines.les@wanadoo.fr*,
Fax 04 73 81 09 34, *www.camping-les-clarines.com*
– **R** conseillée
3,75 ha (194 empl.) incliné, peu incliné, en terrasses, herbeux, gravillons
Tarif : 19,20 € ✶✶ ⇔ 🅴 (½) (10A) – pers. suppl. 4,85 €
Location : 29 🚐 (4 à 6 pers.) 330 à 620 €/sem. – gîtes – **R** conseillée
🚐 10 🅴 13,80 €
Pour s'y rendre : 1424 av. du Gén.-Leclerc

Nature : 🌳🌳
Loisirs : 🍷 🏛 📺 diurne 🏄 🌊
Services : ⌕ 🇬🇧 🚿 🚻 ♨ ♻ 🧺 ⚡ 🍳 sèche-linge
À prox. : 🎣 🛶

Municipal les Vernières de déb. avr. à fin sept.
☎ 04 73 81 10 20, *ville-labourboule@wanadoo.fr*,
Fax 04 73 65 54 98 – **R**
1,5 ha (165 empl.) plat et terrasse, herbeux
Tarif : (Prix 2008) 12,60 € ✶✶ ⇔ 🅴 (½) (10A) – pers. suppl. 3 €
🚐 1 borne eurorelais 2 €
Pour s'y rendre : Av. de Lattre-de-Tassigny (sortie est par D 130, rte du Mont-Dore, près de la Dordogne)

Nature : ≤ 🛏 🌳
Loisirs : 🏛 🏄
Services : ♿ ⌕ 🚿 🚻 ♨ ♻
À prox. : ✗ 🌊 🛶

AUVERGNE

BRAIZE

✉ 03360 – **326** C2 – 257 h. – alt. 240
Paris 297 – Dun-sur-Auron 30 – Cérilly 16 – Culan 35 – Montluçon 40.

▲ **Le Champ de la Chapelle** de mi-avr. à fin oct.
📞 04 70 06 15 45, champdelachapelle@wanadoo.fr, www.champdelachapelle.com – **R** conseillée
5,6 ha (80 empl.) plat et peu incliné, accidenté, herbeux
Tarif : ♣ 3,25 € ⇔ 2 € 🅴 5 € – (10A) 3,50 €
Pour s'y rendre : Lieu-dit : Champ de la Chapelle (5,7 km au sud par D 28, rte de Meaulnes et D 978a à gauche, rte de Tronçais puis 1 km par chemin empierré, à gauche)
À savoir : agréable situation en forêt

> Nature : 🌳 ♨
> Loisirs : 🎣 ≋ (plage)
> Services : ♿ ⚡ 🚗 🅶🅱 🚐 🍴 🎯 🚿
> 🍽
> à l'étang de St-Bonnet : 🍷 ✗ ✗ 🛏
> ⚓ club nautique

CASSANIOUZE

✉ 15340 – **330** C4 – 547 h. – alt. 638
Paris 590 – Aurillac 35 – Entraygues-sur-Truyère 26 – Montsalvy 18 – Rodez 53.

▲ **Le Coursavy** de mi-avr. à mi-sept.
📞 04 71 49 97 70, camping.coursavy@wanadoo.fr,
Fax 04 71 49 97 70, www.campingcoursavy.com
– **R** conseillée
2 ha (50 empl.) plat, terrasse, herbeux
Tarif : ♣ 3,80 € ⇔ 🅴 12 € – (5A) 2,50 €
Location : 4 🏠 (4 à 6 pers.) - 230 à 385 €/sem.
– **R** conseillée
Pour s'y rendre : Coursavy (10 km au sud-ouest par D 601, rte de Conques et D 141 à gauche, rte d'Entraygues, au bord du Lot et d'un ruisseau)
À savoir : cadre champêtre dans la vallée verdoyante du Lot

> Nature : 🌳 ≲ ♨
> Loisirs : 🍷 🎣
> Services : ♿ ⚡ 🚗 🅰 🎯 🍴 🍽
> À prox. : 🏊 (petite piscine) canoë kayak

CEAUX-D'ALLEGRE

✉ 43270 – **331** E2 – 412 h. – alt. 905
Paris 523 – Allègre 5 – La Chaise-Dieu 21 – Craponne-sur-Arzon 23 – Le Puy-en-Velay 25 – Retournac 38.

▲ **La Vie Moderne** de mi-avr. à mi-oct.
📞 04 71 00 79 66, lavie.moderne@laposte.net, www.lavie moderne.com – **R** conseillée
0,5 ha (35 empl.) plat, herbeux, pierreux
Tarif : (Prix 2008) 11,50 € ♣♣ ⇔ 🅴 (20A) – pers. suppl. 3 €
Location (Prix 2008) : 6 🏠 (4 à 6 pers.) nuitée 40 € - 360 à 500 €/sem. – 6 yourtes – **R** conseillée
Pour s'y rendre : Langlade (1 km au nord-est par D 134, rte de Bellevue-la-Montagne et chemin à gauche, au bord de la Borne et près d'un étang)

> Nature : 🌳 ⛰
> Services : ♿ (juil.-août) 🎯 🅰
> À prox. : ✗ 🐟

CEYRAT

✉ 63122 – **326** F8 – G. Auvergne – 5 593 h. – alt. 560
🛈 Syndicat d'initiative, 1, rue Frédéric Brunmurol 📞 04 73 61 53 23
Paris 423 – Clermont-Ferrand 6 – Issoire 36 – Le Mont-Dore 42 – Royat 5.

▲ **Le Chanset** Permanent
📞 04 73 61 30 73, camping.lechanset@wanadoo.fr,
Fax 04 73 61 30 73, www.ceyrat.com – alt. 600 – **R** conseillée
5 ha (140 empl.) plat et incliné, herbeux
Tarif : 19,10 € ♣♣ ⇔ 🅴 (10A) – pers. suppl. 3,30 €
Location : 10 🏕 (4 à 6 pers.) 140 à 480 €/sem. – 15 🏠 (4 à 6 pers.) – 240 à 540 €/sem. – **R** conseillée
🚐 1 borne artisanale 2 € – 15 🅴 11,50 € – 🚿 17,50 €
Pour s'y rendre : R. du Camping (av. J.-B.-Marrou)

> Nature : ♨
> Loisirs : 🍷 snack 🎯 🛏 🎯
> Services : ♿ ⚡ 🚗 🅶🅱 🎯 🍽 📺 🚿 🎯
> 🧺 🔧 🌀 sèche-linge 🧺 🎯

154

AUVERGNE

LA CHAISE-DIEU

✉ 43160 – **331** E2 – G. Auvergne – 772 h. – alt. 1 080
🛈 Office de tourisme, place de la Mairie ✆ 04 71 00 01 16, Fax 04 71 00 03 45
Paris 503 – Ambert 29 – Brioude 35 – Issoire 39 – Le Puy-en-Velay 42 – St-Étienne 81 – Yssingeaux 59.

▲ **Municipal les Prades** de déb. juin à mi-sept.
✆ 04 71 00 07 88, andre.brivadis@orange.fr,
Fax 04 71 00 03 43 – **R** conseillée
3 ha (100 empl.) peu incliné, herbeux
Tarif : 👤 3 € 🚗 🅿 3 € – 🔌 (10A) 2,90 €
Location : huttes
Pour s'y rendre : 2 km au nord-est par D 906, rte d'Ambert, près du plan d'eau de la Tour (accès direct)

Nature : 🌲🌲(sapinière)
Loisirs : 🏊
Services : ♿ ⚡ 🚿 🏪 ⊙ 🗑
À prox. : ✂ 🎾 🐎 poneys

CHAMBON-SUR-LAC

✉ 63790 – **326** E9 – G. Auvergne – alt. 877 – Sports d'hiver : 1 150/1 760 m ✠9 ⛷
Paris 456 – Clermont-Ferrand 37 – Condat 39 – Issoire 32 – Le Mont-Dore 18.

⛰ **Le Pré Bas** 👥 – de mi-avr. à fin sept.
✆ 04 73 88 63 04, prebas@campingauvergne.com,
Fax 04 73 88 65 93, www.campingauvergne.com
– **R** conseillée
3,8 ha (180 empl.) plat et peu incliné, herbeux
Tarif : (Prix 2008) 17,90 € 👥👥 🚗 🅿 🔌 (6A) – pers.
suppl. 4,10 € – frais de réservation 17 €
Location (Prix 2008) : 105 🏠 (4 à 6 pers.) nuitée 80 € -
236 à 790 €/sem. – frais de réservation 17 € - **R**
conseillée
🚐 1 borne artisanale – 30 🅿 13,70 € – 🚙 14 €
Pour s'y rendre : Varrennes (près du lac (accès direct))
À savoir : belle décoration florale et arbustive

Nature : ≼ 🌳 🌲
Loisirs : 🍽 snack, pizzeria 🎬 🎱 🏃
🛁 jacuzzi 🏊 🎾 ⛵ 🏖 terrain omnisports
Services : ♿ ⚡ 📶 🚿 🏪 ⊙ 🗑 🚽
🅿 sèche-linge 🛁
À prox. : 🚴 hammam ≼ 🛶 canoë, quad

⛰ **Serrette** de déb. mai à mi-sept.
✆ 04 73 88 67 67, camping.de.serrette@wanadoo.fr,
Fax 04 73 88 81 73, www.campingdeserrette.com –
alt. 1 000 – **R** conseillée
2 ha (75 empl.) en terrasses, incliné, herbeux, pierreux
Tarif : (Prix 2008) 👤 4,70 € 🚗 🅿 5,70 € – 🔌 (6A) 4,70 € –
frais de réservation 10 €
Location (Prix 2008) 🏕 : 6 🏠 (2 à 4 pers.) nuitée 47 €
- 155 à 330 €/sem. – 4 🏠 (4 à 6 pers.) nuitée 85 € - 290
à 595 €/sem. – 5 🏡 (4 à 6 pers.) nuitée 88 € - 299 à
613 €/sem. – frais de réservation 10 € - **R** conseillée
Pour s'y rendre : Serrette (2,5 km à l'ouest par D 996, rte
du Mont-Dore et D 636 (à gauche) rte de Chambon des
Neiges (hors schéma))

Nature : 🌊 ≼ lac et montagnes 🌲
Loisirs : 🎬 🏊 (découverte l'été)
Services : ♿ ⚡ 🚿 🏪 ⊙ 🗑
Au lac : ✂ 🎣 ≼ (plage) 🐎

⛰ **La Plage** de déb. mai à mi-sept.
✆ 04 73 88 60 04, lac.chambon@wanadoo.fr, www.lac-
chambon-plage.fr – **R** conseillée
7 ha (372 empl.) plat, incliné, en terrasses, herbeux,
pierreux
Tarif : (Prix 2008) 19,80 € 👥👥 🚗 🅿 🔌 (10A) – pers.
suppl. 3,80 €
Location (Prix 2008) (de mi-avr. à mi-oct.) : 18 🏠 (4 à 6
pers.) nuitée 45 € - 250 à 590 €/sem. – 10 🛏 – hôtel
– **R** conseillée
🚐 1 borne 6 €
Pour s'y rendre : 3 km à l'est par D 996, rte de Murol et
chemin à dr.
À savoir : agréable situation près du lac

Nature : ≼ 🌳 🌲🌲 ⛰
Loisirs : 🍽 ✕ 🎬 salle d'animation
et de spectacles 🏊 🎾 🏃
Services : ♿ ⚡ (juil.-août) 🏪 ✓
🅿 🚿 ⊙ 🗑 🚽 sèche-linge 🚐 🛁

155

AUVERGNE

CHAMBON-SUR-LAC

Les Bombes de déb. mai à mi-sept.
04 73 88 64 03, les-bombes.camping@orange.fr, www.camping-les-bombes.com – **R** conseillée
5 ha (150 empl.) plat, herbeux
Tarif : 4,90 € 7,30 € – (10A) 4,50 € – frais de réservation 12 €
Location : 14 (4 à 6 pers.) nuitée 60 € – 280 à 630 €/sem. – frais de réservation 12 € - **R** conseillée
1 borne flot bleu 3 €
Pour s'y rendre : Chemin de Petary (à l'est de Chambon-sur-Lac vers rte de Murol et à dr., au bord de la Couze de Chambon)
À savoir : location à la nuitée hors sais.

Nature : Vallée de Chaudefour
Loisirs : snack
Services :
Au lac : (plage)

LE CHAMBON-SUR-LIGNON

43400 – **331** H3 – G. Lyon Drôme Ardèche – 2 642 h. – alt. 967
Office de tourisme, 1, rue des Quatre Saisons 04 71 59 71 56, Fax 04 71 65 88 78
Paris 573 – Annonay 48 – Lamastre 32 – Le Puy-en-Velay 45 – Privas 57 – St-Étienne 60 – Yssingeaux 22.

Les Hirondelles juil.-août
04 71 59 73 84, les.hirondelles.bader@wanadoo.fr, Fax 04 71 65 88 30, www.campingleshirondelles.fr – alt. 1 000 – **R** conseillée
1 ha (45 empl.) plat, en terrasses, herbeux
Tarif : 22,15 € (6A) – pers. suppl. 4,20 €
Location (de fin juin à fin août) : 5 (4 à 6 pers.) - 220 à 410 €/sem. – 1 appartement – **R** conseillée
1 borne artisanale – 18 €
Pour s'y rendre : 1 km au sud par D 151 et D 7 à gauche, rte de la Suchère
À savoir : cadre agréable dominant le village

Nature :
Loisirs :
Services :
Au plan d'eau : (centre équestre) parcours sportif, golf

Le Lignon de mi-mai à mi-sept.
04 71 59 72 86, fvalla@campingdulignon.eu, Fax 04 71 59 72 86, www.campingdulignon.com – alt. 1 000 – **R** conseillée (de déb. avr. à fin avr.)
2 ha (130 empl.) plat, herbeux
Tarif : 15 € (10A) – pers. suppl. 5 €
Location (de mi-avr. à mi-oct.) (de déb. juin à fin août) : 9 bungalows toilés – frais de réservation 15 € - **R** conseillée
1 borne 4 €
Pour s'y rendre : 7 rte du Stade (sortie sud-ouest par D 15, rte de Mazet-sur-Voy et à dr. av. le pont, près de la rivière)

Nature :
Loisirs :
Services :
au plan d'eau : (centre équestre) - parcours sportif, golf, parcours aventures

CHAMPAGNAC-LE-VIEUX

43440 – **331** D1 – G. Auvergne – 277 h. – alt. 880
Paris 486 – Brioude 16 – La Chaise-Dieu 25 – Clermont-Ferrand 76 – Le Puy-en-Velay 67.

Le Chanterelle de déb. avr. à fin oct.
04 71 76 34 00, camping@champagnac.com, Fax 04 71 76 34 00, www.champagnac.com – **R** conseillée
4 ha (90 empl.) en terrasses, herbeux, gravillons
Tarif : (Prix 2008) 2,80 € 1,80 € 5,30 € – (10A) 2,80 €
Location (Prix 2008) : 20 (4 à 6 pers.) - 276 à 560 €/sem. – 10 bungalows toilés – **R** conseillée
Pour s'y rendre : Le Prat-Barrat (1,4 km au nord par D 5, rte d'Auzon, et chemin à dr.)
À savoir : dans un site verdoyant, près d'un plan d'eau

Nature :
Loisirs :
Services : sèche-linge
À prox. : (plage) (centre équestre) parcours de santé

Les indications d'accès à un terrain sont généralement indiquées, dans notre guide, à partir du centre de la localité.

AUVERGNE

CHAMPS-SUR-TARENTAINE

✉ 15270 – **330** D2 – G. Auvergne – 1 044 h. – alt. 450
🛈 Syndicat d'initiative, Mairie ☏ 04 71 78 72 75, Fax 04 71 78 75 09
Paris 500 – Aurillac 90 – Clermont-Ferrand 82 – Condat 24 – Mauriac 38 – Ussel 36.

⚠ Municipal de la Tarentaine de mi-juin à mi-sept.
☏ 04 71 78 71 25, contact@champs-marchal.org,
Fax 04 71 78 75 09, www.champs-marchal.org – **R** conseillée
4 ha (126 empl.) plat, herbeux
Tarif : ✶ 2,45 € 🚗 1,50 € 🏠 1,80 € – ⚡ (10A) 2,10 €
Pour s'y rendre : Rte de Saignes (1 km au sud-ouest par D 679 et D 22, rte de Bort-les-Orgues et au bord de la Tarentaine)

Nature : 🌳 ⌂ ♨
Loisirs : 🏊 🌊
Services : ♿ 🔑 🗑 🚿 🍴 ⛽ 🗑
À prox. : 🏇 🚴 ✂ 🏠 ⛵

⚠ Les Chalets de l'Eau Verte (location exclusive de chalets) Permanent
☏ 04 71 78 78 78, contact@auvergne-chalets.fr,
Fax 04 73 83 20 30, http://www.auvergne-chalets.fr
– **R** conseillée
8 ha peu incliné, plat, herbeux
Location 🅿 : 6 🏠 (4 à 6 pers.) - 273 à 769 €/sem.
– **R** conseillée
Pour s'y rendre : Le Jagounet
À savoir : location 2 nuits minimum hors sais.

Nature : 🌳
Loisirs : 🌊
Services : 🚻 🔑 🛒 🗑
À prox. : ✂ ⚓ ♨ 🏇

CHÂTELGUYON

✉ 63140 – **326** F7 – G. Auvergne – 5 241 h. – alt. 430 – ♨ (déb. mai-fin sept.)
🛈 Office de tourisme, 1, avenue de l'Europe ☏ 04 73 86 01 17, Fax 04 73 86 27 03
Paris 411 – Aubusson 93 – Clermont-Ferrand 21 – Gannat 31 – Vichy 43 – Volvic 11.

⛰ Clos de Balanède 👥 – de mi-avr. à fin sept.
☏ 04 73 86 02 47, clos-balanede.sarl-camping@wanadoo.fr,
Fax 04 73 86 05 64, www.balanede.com – **R** conseillée
4 ha (285 empl.) plat et peu incliné, herbeux
Tarif : ✶ 4,60 € 🚗 2 € 🏠 3 € – ⚡ (10A) 4,10 €
Location : 16 🏠 (2 à 4 pers.) 300 à 470 €/sem. – 20 🏕 (4 à 6 pers.) 360 à 550 €/sem. – 3 🏠 (4 à 6 pers.) - 400 à 580 €/sem. – **R** conseillée
🚐 20 🏠 17,60 €
Pour s'y rendre : Rte de la Piscine (sortie sud-est par D 985, rte de Riom)

Nature : 🌳🌳
Loisirs : 🍴 snack 🏠 🎣 🏇 🚴
🏠 ⛵ 🏊
Services : ♿ 🔑 🚻 🗑 🚿 ⚡ 🗑
🚐 🗑 sèche-linge 🔧

157

Le lac de Guéry et massif du Sancy

AUVERGNE

CHAUDES-AIGUES

✉ 15110 – **330** G5 – G. Auvergne – 986 h. – alt. 750 – (fin avril-fin oct.) –
🛈 Syndicat d'initiative, 1, avenue Georges Pompidou ☎ 04 71 23 52 75, Fax 04 71 23 51 98
Paris 538 – Aurillac 94 – Entraygues-sur-Truyère 62 – Espalion 54 – St-Chély-d'Apcher 30 – St-Flour 27.

▲ **Municipal le Château du Couffour** de déb. mai à mi-oct.
☎ 04 71 23 57 08, Fax 04 71 23 57 08, www.chaudesaigues.com – alt. 900 – **R** conseillée
2,5 ha (170 empl.) plat, peu incliné, terrasses, herbeux
Tarif : (Prix 2008) ★ 2,50 € 🚗 1,50 € 🅴 1,50 € – ⚡ (6A) 2,50 €
🚐 1 borne artisanale
Pour s'y rendre : au stade (2 km au sud par D 921, rte de Laguiole puis chemin à dr.)

Nature : 🌿 ≤ ♀
Loisirs : 🍴 🎣 ✕
Services : ♿ 🚿 ⚡ 🚽 ⚙ 🧺
À prox. : casino 🚲 🚣 escalade

COULEUVRE

✉ 03320 – **326** E2 – 645 h. – alt. 267
Paris 289 – Bourbon-l'Archambault 18 – Cérilly 10 – Cosne-d'Allier 27 – Moulins 42.

▲ **Municipal la Font St-Julien** de déb. avr. à fin sept.
☎ 04 70 66 10 45, MAIRIE-COULEUVRE@wanadoo.fr, Fax 04 70 66 10 09 – **R** conseillée
2 ha (50 empl.) peu incliné, herbeux
Tarif : (Prix 2008) ★ 1,85 € 🚗 🅴 2,05 € – ⚡ (12A) 2,50 €
Pour s'y rendre : La Font St-Julien (sortie sud-ouest par D 3, rte de Cérilly et à dr.)
À savoir : Bord d'un étang

Nature : 🌿 ♀
Loisirs : 🎣 ✕ 🏊 🐾 parc animalier
Services : 🧹 🚽 ⚙ 🧺

COURNON-D'AUVERGNE

✉ 63800 – **326** G8 – G. Auvergne – 18 866 h. – alt. 380 – Base de loisirs
Paris 422 – Clermont-Ferrand 12 – Issoire 31 – Le Mont-Dore 54 – Thiers 40 – Vichy 61.

▲▲ **Municipal le Pré des Laveuses** de déb. avr. à fin oct.
☎ 04 73 84 81 30, camping@cournon-auvergne.fr, Fax 04 73 84 65 90, www.cournon-auvergne.fr/camping – **R** conseillée
5 ha (150 empl.) plat, herbeux, pierreux, gravier
Tarif : (Prix 2008) 19,90 € ★★ 🚗 🅴 ⚡ (10A) – pers. suppl. 4,70 €
Location (Prix 2008) (permanent) : 12 🏕 (4 à 6 pers.) 210 à 350 €/sem. – 18 🏠 (4 à 6 pers.) - 242 à 488 €/sem. – **R** conseillée
🚐 1 borne flot bleu 2,20 € – 10 🅴 4,40 €
Pour s'y rendre : 1,5 km à l'est par rte de Billom et rte de la plage à gauche
À savoir : entre un plan d'eau aménagé et l'Allier

Nature : ♀♀ 🏞
Loisirs : 🍹 🍴 🎣
Services : ♿ 🚿 🚻 🧹 🚽 ⚙ 🧺 🏪 🧺 sèche-linge
À prox. : 🚣 🚣 🏊 (couverte l'hiver) 🐎

COURPIÈRE

✉ 63120 – **326** I8 – G. Auvergne – 4 612 h. – alt. 320
🛈 Office de tourisme, place de la Cité Administrative ☎ 04 73 51 20 27, Fax 04 73 51 20 27
Paris 399 – Ambert 40 – Clermont-Ferrand 50 – Issoire 53 – Lezoux 18 – Thiers 15.

▲ **Municipal les Taillades** de déb. juil. à fin août
☎ 04 73 51 22 80, mairie@ville-courpiere.fr, Fax 04 73 51 21 55, www.ville-courpiere.fr – **R**
0,5 ha (40 empl.) plat, herbeux
Tarif : (Prix 2008) 7,90 € ★★ 🚗 🅴 ⚡ (10A) – pers. suppl. 2,60 €
Pour s'y rendre : Allée des Taillades (sortie sud par D 906, rte d'Ambert, D 7 à gauche, rte d'Aubusson-d'Auvergne et chemin à dr., à la piscine et près d'un ruisseau)

Nature : 🌿 🏞
Loisirs : 🏊
Services : ♿ 🧹 🚽 ⚙ 🧺
À prox. : 🚣 🚲 ✕ 🐎 (centre équestre)

AUVERGNE

CUNLHAT

✉ 63590 – **326** I9 – 1 350 h. – alt. 700
🛈 Office de tourisme, 8, Grande Rue ☏ 04 73 82 57 00
Paris 420 – Ambert 26 – Clermont-Ferrand 58 – Issoire 38 – Thiers 36.

La Barge de fin mai à mi-sept.
☏ 04 73 82 57 10, contact@revea-vacances.com, www.revea-vacances.fr – **R** conseillée
6 ha/1 campable plat et en terrasses, herbeux
Tarif : 12 € ⚹⚹ 🚗 🔌 (5A) – pers. suppl. 2,80 € – frais de réservation 10 €
Location (de déb. avr. à fin oct.) : 20 🏠 (4 à 6 pers.) nuitée 64 € - 170 à 370 €/sem. – frais de réservation 20 € - **R** conseillée
Pour s'y rendre : à la Base de Loisirs (1,2 km au sud par D 105, rte de St-Amant-Roche-Savine, près d'un plan d'eau)

DOMPIERRE-SUR-BESBRE

✉ 03290 – **326** J3 – 3 477 h. – alt. 234
🛈 Office de tourisme, 145, Grande Rue ☏ 04 70 34 61 31, Fax 04 70 34 27 16
Paris 324 – Bourbon-Lancy 19 – Decize 46 – Digoin 27 – Lapalisse 36 – Moulins 31.

Municipal de mi-mai à mi-sept.
☏ 04 70 34 55 57, mairie-de-dompierre-sur-besbre@wanadoo.fr, Fax 04 70 48 11 39 – **R** conseillée
2 ha (70 empl.) plat, herbeux
Tarif : (Prix 2008) ⚹ 2,20 € 🚗 🔌 1,80 € – 🔌 (10A) 2,10 €
🚐 1 borne artisanale 2,40 €
Pour s'y rendre : Parc des Sports (sortie sud-est par N 79, rte de Digoin, près de la Besbre et à prox. d'un étang)
À savoir : Décoration arbustive et florale

FERRIÈRES-SUR-SICHON

✉ 03250 – **326** I6 – 561 h. – alt. 545
Paris 375 – Lapalisse 30 – Roanne 50 – Thiers 35 – Vichy 27.

Municipal le Galizan Permanent
☏ 04 70 41 10 10, mairie.ferrieres@wanadoo.fr, Fax 04 70 41 15 22 – **R**
0,7 ha (32 empl.) plat, herbeux, pierreux
Tarif : (Prix 2008) ⚹ 2,20 € 🚗 1,10 € 🔌 1,10 € – 🔌 (10A) 2,20 €

Pour s'y rendre : 700 m au sud-est du bourg par D 122, rte Thiers et chemin à gauche apr. le petit pont, près du Sichon et d'un étang

GANNAT

✉ 03800 – **326** G6 – G. Auvergne – 5 838 h. – alt. 345
🛈 Office de tourisme, 11, place Hennequin ☏ 04 70 90 17 78, Fax 04 70 90 19 45
Paris 383 – Clermont-Ferrand 49 – Montluçon 78 – Moulins 58 – Vichy 20.

Municipal le Mont Libre de déb. avr. à fin oct.
☏ 04 70 90 12 16, camping.gannat@wanadoo.fr, Fax 04 70 90 12 16, www.bassin-gannat.com – **R** conseillée
1,5 ha (70 empl.) en terrasses, herbeux
Tarif : 12,40 € ⚹⚹ 🚗 🔌 (10A) – pers. suppl. 2,20 €
Location (de déb. avr. à fin oct.) 🏠 (4 à 6 pers.) - 210 à 375 €/sem. - **R** conseillée
🚐 1 borne 3,50 € – 6 🔌 12,40 € – 🚚 🔌 12,40 €
Pour s'y rendre : 10 rte de la Batisse (1 km au sud par N 9 et rte à dr.)

AUVERGNE

ISLE-ET-BARDAIS

✉ 03360 – **326** D2 – 321 h. – alt. 285
Paris 280 – Bourges 60 – Cérilly 9 – Montluçon 52 – St-Amand-Montrond 26 – Sancoins 22.

Les Écossais de déb. avr. à fin sept.
☏ 04 70 66 62 57, *association.paysdetroncais@wanadoo.fr*, *www.campingstroncais.com* – **R** conseillée
2 ha (70 empl.) plat, peu incliné, herbeux
Tarif : (Prix 2008) ⚹ 2,69 € ⇔ 1,28 € 🔲 1,28 € – 🔥 (10A) 2,94 € – frais de réservation 12 €
Location (Prix 2008) (permanent) : 7 🏠 (4 à 6 pers.) - 237 à 372 €/sem. – huttes – **R** conseillée
Pour s'y rendre : Pl. du Champ-de-Foire (1 km au sud par rte des Chamignoux)
À savoir : Au bord de l'étang de Pirot et à l'orée de la forêt de Tronçais

Nature : 🌲 ⛺ ♀♀
Loisirs : 🍴 🏠 ✂ ♨ ≋ (plage)
Services : ⚙ 🆗 ✂ 🔲 ⊚ 🗑 sèche-linge
À prox. : 🎣 ↝

ISSOIRE

✉ 63500 – **326** G9 – G. Auvergne – 13 773 h. – alt. 400
🛈 Office de tourisme, place Charles de Gaulle ☏ 04 73 89 15 90, Fax 04 73 89 96 13
Paris 446 – Aurillac 121 – Clermont-Ferrand 36 – Le Puy-en-Velay 94 – Rodez 177 – St-Étienne 173 – Thiers 56 – Tulle 169.

La Grange Fort de mi-avr. à déb. oct.
☏ 04 73 71 02 43, *chateau@lagrangefort.eu*, Fax 04 73 71 07 69, *www.lagrangefort.eu* – par A 75 sortie 13 dir. Parentignat – **R** conseillée
23 ha/4 campables (120 empl.) plat, peu incliné, herbeux
Tarif : ⚹ 6,20 € ⇔ 2,75 € 🔲 12,50 € – 🔥 (6A) 3,25 € – frais de réservation 25 €
Location (de mi-avr. à mi-oct.) ✂ : 8 🏕 (4 à 6 pers.) nuitée 50 € - 53 à 105 €/sem. – 9 🏠 (4 à 6 pers.) nuitée 55 € - 60 à 105 €/sem. – 🛏 – appartements – frais de réservation 25 € - **R** conseillée
🚐 1 borne artisanale 2,50 € – 10 🔲 15 €
Pour s'y rendre : 4 km au sud-est par D 996, rte de la Chaise-Dieu puis à dr, 3 km par D 34, rte d'Auzat-sur-Allier
À savoir : autour d'un pittoresque château médiéval dominant l'Allier

Nature : 🌲 ← ⛺ ♀
Loisirs : 🍴 ✗ snack 🏠 ≋ jacuzzi 🎣 🚲 ✂ 🔲 🏊
Services : ♿ ⚙ 🅿 🆗 ✂ 🔲 🚿
🌊 ☺ 🚻 🗑 sèche-linge 🧺

Municipal du Mas de déb. avr. à fin oct.
☏ 04 73 89 03 59, *camping-mas@wanadoo.fr*, Fax 04 73 89 41 05, *http://camping-issoire.com* – **R** conseillée
3 ha (138 empl.) plat, herbeux
Tarif : (Prix 2008) 16,40 € ⚹⚹ ⇔ 🔲 🔥 (10A) – pers. suppl. 4,20 €
Location (Prix 2008) : 6 🏠 (4 à 6 pers.) nuitée 42 € - 264 à 410 €/sem. – frais de réservation 30 € - **R** conseillée
🚐 1 borne flot bleu 2,70 € – 6 🔲 13,70 €
Pour s'y rendre : R. du Dr-Bienfait (2,5 km à l'est par D 9, rte d'Orbeil et à dr., à 50 m d'un plan d'eau et à 300 m de l'Allier, par A 75 sortie 12)

Nature : ← ♀
Loisirs : 🏠 ⊙ diurne 🎣 ♨
Services : ⚙ 🆗 ✂ 🔲 ⊚ 🗑
🚻 🗑 sèche-linge
À prox. : 🎣 ✗ 🚲 ⚽ ✂ ↝ bowling, VTT

JALEYRAC

✉ 15200 – **330** C3 – 374 h. – alt. 450
Paris 495 – Aurillac 61 – Bort-les-Orgues 23 – Mauriac 10 – Salers 24 – Ussel 51.

Municipal de Lavaurs de fin juin à fin août
☏ 04 71 69 73 65, *mairie.jaleyrac@wanadoo.fr*, Fax 04 71 69 74 19 – **R**
1 ha (33 empl.) plat et peu incliné, herbeux
Tarif : (Prix 2008) ⚹ 1,70 € ⇔ 1,20 € 🔲 1,40 € – 🔥 (25A) 2,20 €
Location (Prix 2008) : huttes – **R**
Pour s'y rendre : Lieu-dit : Lavaurs (7 km au sud-ouest par D 138, D 922, rte de Mauriac et D 38 à dr., près d'un étang, accès conseillé par D 922, rte de Mauriac et D 38 à dr.)

Nature : 🌲 ⛺
Loisirs : 🏠 🎣 ✂
Services : ♿ ⚙ 🔲 ⊚ 🗑
À prox. : ✗ ↝

AUVERGNE

LACAPELLE-DEL-FRAISSE

15120 – **330** C6 – 251 h. – alt. 830
Paris 624 – Clermont-Ferrand 174 – Aurillac 23 – Rodez 74 – Onet-le-Château 81.

Les Chalets du Veinazes (location exclusive de chalets) de mi-mars à mi-nov.
04 71 62 56 90, info@cantal-chalets.com, www.cantal-chalets.com
2,5 ha plat, herbeux
Location (Prix 2008) : 13 (4 à 6 pers.) - 214 à 498 €/sem. – **R** conseillée
Pour s'y rendre : Lieu-dit : La Case (2 km au sud-est par D 20)

Nature :
Loisirs :
À prox. :

LACAPELLE-VIESCAMP

15150 – **330** B5 – 434 h. – alt. 550
Paris 547 – Aurillac 19 – Figeac 57 – Laroquebrou 12 – St-Céré 48.

La Presqu'Île du Puech de mi-mai à mi-sept.
04 71 46 42 38, truyere@aol.com, www.camping-lac-auvergne.com – **R** conseillée
2 ha (97 empl.) peu incliné à incliné, pierreux, herbeux
Tarif : 16 € – (10A) 3 € – frais de réservation 10 €
Location (de déb. avr. à mi-sept.) (de déb. avr. à fin juin) : 9 (4 à 6 pers.) 550 €/sem. – huttes – frais de réservation 16 € - **R** conseillée
10 8 €
Pour s'y rendre : Le Puech des Ouilhes (3 km au sud-ouest par D 18, rte d'Aurillac et rte à dr., à 150 m du lac de St-Étienne-Cantalès)
À savoir : Site et situation agréables dans une presqu'île du lac

Nature : Cadre agréable dans une presqu'île (pinède)
Loisirs :
Services :
À prox. : snack canoë, base nautique

LANOBRE

15270 – **330** D2 – G. Auvergne – 1 416 h. – alt. 650
Paris 493 – Bort-les-Orgues 7 – La Bourboule 33 – Condat 30 – Mauriac 38 – Ussel 33.

La Siauve
04 71 40 31 75 – alt. 660
8 ha (220 empl.) en terrasses, herbeux
Location : 14 – 19 – huttes
Pour s'y rendre : 3 km au sud-ouest par D 922, rte de Bort-les-Orgues et rte à dr., à 200 m du lac (accès direct)
À savoir : location à la nuitée hors sais.

Nature :
Loisirs : pizzeria diurne
Services :
À prox. : (plage) base nautique

LAPALISSE

03120 – **326** I5 – G. Auvergne – 3 332 h. – alt. 280
Office de tourisme, 26, rue Winston Churchill 04 70 99 08 39, Fax 04 70 99 28 09
Paris 346 – Digoin 45 – Mâcon 122 – Moulins 50 – Roanne 49 – St-Pourçain-sur-Sioule 30.

Camping Communautaire de déb. avr. à fin sept.
04 70 99 26 51, office.tourisme@cc-paysdelapalisse.fr, Fax 04 70 99 33 53, www.cc-paysdelapalisse.com – **R**
0,8 ha (66 empl.) plat, herbeux
Tarif : 2,30 € 1,70 € 1,75 € – (5) 2,30 €
Location (de déb. mars à fin nov.) : 6 (4 à 6 pers.) - 150 à 350 €/sem. – **R** conseillée
1 borne eurorelais 5 €
Pour s'y rendre : Rte de Roanne (sortie sud-est par N 7, au bord de la Besbre, chemin piétonnier reliant le camping au centre-ville)

Nature :
Loisirs :   parcours de santé
Services :

AUVERGNE

LAPEYROUSE

63700 – **326** E5 – 587 h. – alt. 510
Paris 350 – Clermont-Ferrand 74 – Commentry 15 – Montmarault 14 – St-Éloy-les-Mines 14 – Vichy 55.

Municipal les Marins Permanent
04 73 52 02 73, *63lapeyrouse@free.fr*,
Fax 04 73 52 03 89, *http://63lapeyrouse.free.fr* – **R** conseillée
2 ha (68 empl.) plat, herbeux
Tarif : 12 € — 5 €
Location : (4 à 6 pers.) - 300 à 500 €/sem.
– **R** conseillée
Pour s'y rendre : 2 km au sud-est par D 998, rte d'Echassières et D 100 à dr., rte de Durmignat
À savoir : décoration arbustive des emplacements, près d'un plan d'eau

LAVOÛTE-SUR-LOIRE

43800 – **331** F3 – 687 h. – alt. 561
Paris 540 – La Chaise-Dieu 37 – Craponne-sur-Arzon 28 – Le Puy-en-Velay 13 – St-Étienne 70 – Saugues 56.

Municipal les Longes de déb. mai à mi-sept.
04 71 08 18 79, *mairie.lavoutesurloire@wanadoo.fr*,
Fax 04 71 08 16 96, *www.cc/emblavez.fr* – **R** conseillée
1 ha (57 empl.) plat, herbeux
Tarif : (Prix 2008) 2,20 € — 1,90 € 2,20 € – (6A) 2 €
Location (permanent) : (4 à 6 pers.) - 400 à 200 €/sem. – **R** conseillée
32 8 €
Pour s'y rendre : Les Longes (1 km à l'est par D 7, rte de Rosières puis 400 m par r. à gauche, près de la Loire (accès direct))

MASSIAC

15500 – **330** H3 – G. Auvergne – 1 857 h. – alt. 534
Office de tourisme, 24, rue du Dr Mallet 04 71 23 07 76, Fax 04 71 23 08 50
Paris 484 – Aurillac 84 – Brioude 23 – Issoire 38 – Murat 37 – St-Flour 30.

Municipal de l'Alagnon
04 71 23 03 93, *bureausg@mairiedemassiac.fr*,
Fax 04 71 23 03 93 – **R** conseillée
2,5 ha (90 empl.) plat, herbeux
Pour s'y rendre : 800 m à l'ouest par N 122, rte de Murat, au bord de la rivière

MAURIAC

15200 – **330** B3 – G. Auvergne – 4 019 h. – alt. 722
Office de tourisme, 1, rue Chappe d'Auteroche 04 71 67 30 26, Fax 04 71 68 25 08
Paris 490 – Aurillac 53 – Le Mont-Dore 77 – Riom-és-Montagnes 37 – Salers 20 – Tulle 73.

Val St-Jean de fin avr. à fin sept.
04 71 67 31 13, *contact@revea-vacances.com*,
Fax 04 71 68 17 34, *www.revea-vacances.fr* – **R** conseillée
3,5 ha (100 empl.) en terrasses, peu incliné, herbeux
Tarif : 23,10 € (10A) – pers. suppl. 5,40 € – frais de réservation 10 €
Location (de déb. avr. à déb. nov.) : 20 (4 à 6 pers.) – nuitée 105 € - 230 à 640 €/sem. – chalets (sans sanitaires) – frais de réservation 25 € – **R** conseillée
Pour s'y rendre : à Base de loisirs (2,2 km à l'ouest par D 681, rte de Pleaux et D 682 à dr., accès direct à un plan d'eau)

AUVERGNE

MAURS

✉ 15600 – **330** B6 – G. Auvergne – 2 253 h. – alt. 290
🛈 Office de tourisme, place de l'Europe ☎ 04 71 46 73 72, Fax 04 71 46 74 81
Paris 568 – Aurillac 43 – Entraygues-sur-Truyère 50 – Figeac 22 – Rodez 60 – Tulle 93.

▲ **Municipal le Vert** de déb. mai à fin sept.
☎ 04 71 49 04 15, mairie@ville-maurs.fr, Fax 04 71 49 00 81
– **R** conseillée
1,2 ha (58 empl.) plat, herbeux
Tarif : (Prix 2008) ♦ 2,40 € ⇌ 1,30 € 🅴 5 € [½] (9A)
Location (Prix 2008) (permanent) : 4 ⌂ (4 à 6 pers.) -
90 à 450 €/sem. – **R** conseillée
Pour s'y rendre : Av. du Stade (800 m au sud-est par D 663,
rte de Décazeville, au bord de la Rance)

LE MAYET-DE-MONTAGNE

✉ 03250 – **326** J6 – G. Auvergne – 1 598 h. – alt. 535
🛈 Office de tourisme, rue Roger Degoulange ☎ 04 70 59 38 40, Fax 04 70 59 37 24
Paris 369 – Clermont-Ferrand 81 – Lapalisse 23 – Moulins 73 – Roanne 47 – Thiers 44 – Vichy 27.

▲ **Municipal du Lac** de mi-mars à fin oct.
☎ 04 70 59 70 52, accueil.mairie.lemayetdemontagne@wa
nadoo.fr, Fax 04 70 59 38 38, http://lemayetdemonta
gne.planet-allier.com – **R**
1 ha (50 empl.) peu incliné, plat, herbeux
Tarif : (Prix 2008) ♦ 1,30 € ⇌ 🅴 1,90 € – [½] (10A) 1,80 €
Location (Prix 2008) (de mi-avr. à mi-oct.) 🚫 : 3 🚐 (4
à 6 pers.) 120 à 280 €/sem. – huttes – **R** conseillée
Pour s'y rendre : Chemin de Fumouse (1,2 km au sud par
D 7, rte de Laprugne)
À savoir : près du lac des Moines

Utilisez le guide de l'année.

MONISTROL-D'ALLIER

✉ 43580 – **331** D4 – G. Auvergne – 256 h. – alt. 590
Paris 535 – Brioude 58 – Langogne 56 – Le Puy-en-Velay 28 – St-Chély-d'Apcher 57 – Saugues 16.

▲ **Municipal le Vivier** de déb. avr. à mi-sept.
☎ 04 71 57 24 14, mairie.monistroldallier@wanadoo.fr,
Fax 04 71 57 25 03, www.monistroldallier.com – **R** conseil-
lée
1 ha (48 empl.) plat, herbeux, pierreux
Tarif : (Prix 2008) 14,70 € ♦♦ ⇌ 🅴 [½] (10A) – pers.
suppl. 2,80 €
Pour s'y rendre : Le bourg (au sud, près de l'Allier (accès
direct))

MONTAIGUT-LE-BLANC

✉ 63320 – **326** F9 – G. Auvergne – 601 h. – alt. 500
Paris 443 – Clermont-Ferrand 33 – Issoire 17 – Pontgibaud 46 – Rochefort-Montagne 43 – St-Nectaire 10.

▲ **Municipal le Pré** de mi-mai à fin sept.
☎ 04 73 96 75 07, montaigut-le-blanc@wanadoo.fr,
Fax 04 73 96 70 05, www.ville-montaigut-le-blanc.fr
– **R** conseillée
3 ha (100 empl.) plat, herbeux
Tarif : ♦ 3,70 € ⇌ 🅴 3,10 € – [½] (6A) 3,60 €
Location (permanent) : 7 ⌂ (4 à 6 pers.) - 220 à
500 €/sem. – frais de réservation 15 € - **R** conseillée
🅿, 1 borne 2 €
Pour s'y rendre : Pl. Amouroux (au bourg, près de la poste,
au bord de la Couze de Chambon)

163

AUVERGNE

LE MONT-DORE

✉ 63240 – **326** D9 – G. Auvergne – 1 682 h. – alt. 1 050 – ⚓ (déb. mai-fin oct.) – Sports d'hiver : 1 050/1 850 m
🛷 2 ⛷ 18 ⛸
🛈 Office de tourisme, avenue du Maréchal Leclerc 📞 04 73 65 20 21, Fax 04 73 65 05 71
Paris 462 – Aubusson 87 – Clermont-Ferrand 43 – Issoire 49 – Mauriac 77 – Ussel 56.

▲ **Municipal l'Esquiladou** de mi-avr. à mi-oct.
📞 04 73 65 23 74, camping.esquiladou@orange.fr,
Fax 04 73 65 23 74, www.mairie-mont-dore.fr – alt. 1 010
– **R** conseillée
1,8 ha (100 empl.) en terrasses, gravillons
Tarif : ♦ 3,40 € 🚗 🅿 3,50 € – 🔌 (10A) 4,30 €
Location (de fin déc. à mi-oct.) : 17 🏠 (4 à 6 pers.)
nuitée 80 € - 300 à 500 €/sem. – **R** conseillée
Pour s'y rendre : Rte des Cascades (par D 996, rte de
Murat-le-Quaire et rte à dr., à Queureuilh)
À savoir : dans un site montagneux, verdoyant et boisé

Nature : ← 🌲
Loisirs : 🏊 spa 🏌
Services : ♿ ⛔ 📶 ✂ 🧺 🚿 ⊕ 🛒
sèche-linge
À prox. : ✗ 🍴 🚴 🎿 🐎

*Si vous désirez réserver un emplacement pour vos vacances,
faites-vous préciser au préalable les conditions particulières de séjour,
les modalités de réservation, les tarifs en vigueur et les conditions de paiement.*

MURAT-LE-QUAIRE

✉ 63150 – **326** D9 – G. Auvergne – 499 h. – alt. 1 050
Paris 478 – Clermont 45 – Aurillac 120 – Cournon 60 – Riom 60.

▲ **Le Panoramique** de déb. mai à fin sept.
📞 04 73 81 18 79, camping.panoramique@wanadoo.fr,
Fax 04 73 65 57 34, membres.lycos.fr/campingpanorami
que – alt. 1 000 – **R** conseillée
3 ha (85 empl.) en terrasses, herbeux
Tarif : (Prix 2008) 19,60 € ♦♦ 🚗 🅿 🔌 (10A) – pers.
suppl. 5,30 €
Location (Prix 2008) (de fin déc. à déb. nov.) 🏠 : 6 🏠
(4 à 6 pers.) - 350 à 595 €/sem. – **R** conseillée
🚐 1 borne 3 € – 10 🅿 15,20 € – 🚽 12 €
Pour s'y rendre : Le Pessy (1,4 km à l'est par D 219, rte du
Mont-Dore et chemin à gauche)
À savoir : belle situation dominante

Nature : 🌳 ← Les Monts Dore et la
vallée
Loisirs : 🍴 snack 🎱 🏌 🎿
Services : ♿ ⛔ 📶 ✂ 🧺 ⊕ 🛒 🛒
🚿

Le Lac Chambon

AUVERGNE

MURAT-LE-QUAIRE

⚠ **Municipal les Couderts** de déb. avr. à mi-oct.
📞 04 73 65 54 81, campinglescouderts@orange.fr, Fax 04 73 81 17 44 – alt. 1 040 –
1,7 ha (58 empl.) plat, peu incliné, en terrasses, herbeux
Tarif : (Prix 2008) 5,50 € – (10A) 4,70 €
Location (Prix 2008) (permanent) : 5 (4 à 6 pers.) - 255 à 515 €/sem. – huttes – **R** conseillée
Pour s'y rendre : Rte de la Banne d'Ordanche (sortie nord, au bord d'un ruisseau)

Nature :
Loisirs :
Services : sèche-linge

⚠ **Municipal du Plan d'Eau** de déb. juil. à fin août
📞 04 73 81 10 05, campinglescouderts@orange.fr, Fax 04 73 81 17 44 – alt. 1 050 –
0,8 ha (40 empl.) plat, peu incliné, herbeux
Tarif : (Prix 2008) 5,50 € – (10A) 4,70 €
Pour s'y rendre : Rte de la Banne d'Ordanche (1 km au nord, sur D 609, au bord d'un ruisseau et près d'un plan d'eau)

Nature :
Loisirs :
Services :
À prox. : (plan d'eau) parcours de santé

MUROL

✉ 63790 – **326** E9 – G. Auvergne – 563 h. – alt. 830
Paris 456 – Besse-en-Chandesse 10 – Clermont-Ferrand 37 – Condat 37 – Issoire 30 – Le Mont-Dore 19.

La Ribeyre de déb. mai à mi-sept.
📞 04 73 88 64 29, laribeyre@free.fr, Fax 04 73 88 68 41, www.camping-laribeyre.com – **R** conseillée
10 ha (400 empl.) plat, herbeux, étang
Tarif : 36,10 € – pers. suppl. 6,90 € – frais de réservation 20 €
Location : 66 (4 à 6 pers.) 357 à 1 022 €/sem. – chalets sans sanitaires – frais de réservation 20 € - **R** conseillée
Pour s'y rendre : Lieu-dit : Jassat (1,2 km au sud, rte de Jassat, au bord d'un ruisseau)
À savoir : magnifique parc aquatique

Nature :
Loisirs : pizzeria, snack (plan d'eau)
Services : sèche-linge
À prox. : canoë

Le Repos du Baladin de déb. mai à mi-sept.
📞 04 73 88 61 93, reposbaladin@free.fr, Fax 04 73 88 66 41, http://reposbaladin.free.fr – **R** conseillée
1,6 ha (62 empl.) plat et peu incliné, terrasses, herbeux
Tarif : 4,30 € 8,70 € – (5A) 4 € – frais de réservation 13 €
Location : 16 (4 à 6 pers.) nuitée 40 € - 210 à 600 €/sem. – 6 – frais de réservation 13 € - **R** conseillée
Pour s'y rendre : Groire (1,5 km à l'est par D 146, rte de St-Diéry)

Nature :
Loisirs :
Services :

NÉBOUZAT

✉ 63210 – **326** E8 – 635 h. – alt. 860
Paris 434 – La Bourboule 34 – Clermont-Ferrand 20 – Pontgibaud 19 – St-Nectaire 30.

Les Dômes de déb. mai à fin sept.
📞 04 73 87 14 06, camping.les-domes@wanadoo.fr, Fax 04 73 87 18 81, www.les-domes.com – alt. 815 – **R** conseillée
1 ha (65 empl.) plat, herbeux
Tarif : 21,50 € – (10A) – pers. suppl. 6,50 €
Location : 3 (4 à 6 pers.) nuitée 42 € - 249 à 469 €/sem. – 5 (4 à 6 pers.) nuitée 55 € - 329 à 595 €/sem. – bungalows – **R** conseillée
1 borne artisanale 21,50 € – 6 21,50 €
Pour s'y rendre : Les 4 rtes de Nébouzat (par D 216, rte de Rochefort-Montagne)
À savoir : entrée fleurie, cadre verdoyant soigné

Nature :
Loisirs : (découverte en saison)
Services :
À prox. :

165

AUVERGNE

NÉRIS-LES-BAINS

✉ 03310 – **326** C5 – G. Auvergne – 2 708 h. – alt. 364
🛈 Office de tourisme, carrefour des Arènes ✆ 04 70 03 11 03, Fax 04 70 09 05 29
Paris 336 – Clermont-Ferrand 86 – Montluçon 9 – Moulins 73 – St-Pourçain-sur-Sioule 55.

⛺ **Municipal du Lac**
✆ 04 70 03 24 70, campingdulac-neris@orange.fr,
Fax 04 70 03 79 99, www.ville-neris-les-bains.fr – ℝ
3,5 ha (135 empl.) plat, peu incliné, terrasse, herbeux, gravillons
Location : 🏠 – studios – huttes – **R** conseillée
Pour s'y rendre : Av. Marx-Dormoy (au sud-ouest par D 155, rte de Villebret, au bord de la rivière)
À savoir : situation agréable près de l'ancienne gare et d'un lac

Nature : 🌳 ⛺ ♀
Loisirs : 🍴 snack 🎱 🏊 🚴 🐟
Services : 🚿 ⛔ 🔌 ♿ 🏪 🚻 🗑
À prox. : 🚲 ✂ 🎣 ⛵ 🏞 parcours de santé, golf

NEUSSARGUES-MOISSAC

✉ 15170 – **330** F4 – 1 030 h. – alt. 834
🛈 Syndicat d'initiative, Mairie ✆ 04 71 20 56 69
Paris 509 – Aurillac 58 – Brioude 49 – Issoire 64 – St-Flour 22.

⛺ **Municipal de la Prade** de déb. juin à fin sept.
✆ 04 71 20 50 21, camping@neussargues-moissac.fr,
www.neussargues-moissac.fr – **R** conseillée
1 ha (32 empl.) en terrasses, plat, herbeux, petit bois
Tarif : (Prix 2008) 9,25 € 👫 🚗 🔌 (10A) – pers. suppl. 1,70 €
Location (Prix 2008) (permanent) 🅿 (chalets) : 6 🏠 (4 à 6 pers.) 250 à 318 €/sem. – 6 🏠 (4 à 6 pers.) – 246 à 437 €/sem. – **R** conseillée
Pour s'y rendre : sortie ouest par D 304, rte de Murat, au bord de l'Alagnon

Nature : ≤ ⛺
Loisirs : 🎱 🚴 🐟
Services : 🚿 ⛔ 🏪 🗑 ♿ 🚻 🗑

NEUVÉGLISE

✉ 15260 – **330** F5 – G. Auvergne – 1 022 h. – alt. 938
🛈 Office de tourisme, le Bourg ✆ 04 71 23 85 43, Fax 04 71 23 86 40
Paris 528 – Aurillac 78 – Entraygues-sur-Truyère 70 – Espalion 66 – St-Chély-d'Apcher 42 – St-Flour 17.

⛺ **Le Belvédère** de fin avr. à fin sept.
✆ 04 71 23 50 50, belvedere.cantal@wanadoo.fr,
Fax 04 71 23 58 93, www.campinglebelvedere.com – accès aux emplacements par forte pente, mise en place et sortie des caravanes à la demande – alt. 670 – **R** conseillée
5 ha (120 empl.) en terrasses, herbeux, pierreux
Tarif : 24 € 👫 🚗 🔌 (6A) – pers. suppl. 6 € – frais de réservation 16 €
Location (de mi-avr. à mi-oct.) : 18 🏠 (4 à 6 pers.) nuitée 36 € - 230 à 540 €/sem. – 7 🏠 (4 à 6 pers.) nuitée 52 € - 320 à 730 €/sem. – 4 bungalows toilés – frais de réservation 16 € – **R** conseillée
🚐 1 borne artisanale 4 €
Pour s'y rendre : Lanau (6,5 km au sud par D 48, D 921, rte de Chaudes-Aigues et chemin de Gros à dr.)
À savoir : agréable situation dominante

Nature : 🌳 ≤ gorges de la Truyère ⛺ ♀
Loisirs : 🍴 snack 🎱 🏊 🚴 🐟
Services : 🚿 ⛔ 📶 🏪 🚻 🗑 ♿
⛺ 🚐 ⛽ 🏪 sèche-linge 🧺

NONETTE

✉ 63340 – **326** G10 – G. Auvergne – 289 h. – alt. 480
Paris 467 – Clermont-Ferrand 51 – Cournon-d'Auvergne 47 – Riom 66 – Chamalières 53.

⛺ **Les Loges** de déb. avr. à mi-oct.
✆ 04 73 71 65 82, les.loges.nonette@wanadoo.fr,
Fax 04 73 71 67 23, www.lesloges.com – **R** conseillée
4 ha (126 empl.) plat, herbeux
Tarif : (Prix 2008) 21 € 👫 🚗 🔌 (6A) – pers. suppl. 4,80 € – frais de réservation 10 €
Location (Prix 2008) : 25 🏠 (4 à 6 pers.) 160 à 620 €/sem. – frais de réservation 10 € – **R** conseillée
Pour s'y rendre : 2 km au sud par D 722, rte du Breuil-sur-Couze puis 1 km par chemin près du pont, au bord de l'Allier

Nature : 🌳 ⛺ ♀
Loisirs : 🍴 🚴 🐟 ⛵ canoë-kayak
Services : 🚿 ⛔ 📶 🏪 🚻 🗑 ♿
🏪 🛠
À prox. : ✂

AUVERGNE

ORCET

✉ 63670 – **326** G8 – 2 681 h. – alt. 400
Paris 424 – Billom 16 – Clermont-Ferrand 14 – Issoire 25 – St-Nectaire 30.

▲ **Clos Auroy** de déb. janv. à mi-déc.
📞 04 73 84 26 97, *contact@campingclub.info*,
Fax 04 73 84 26 97, *www.camping-le-clos-auroy.com*
– **R** conseillée
3 ha (91 empl.) plat et en terrasses, herbeux
Tarif : ★ 5,50 € ⇔ 🅿 11 € – (6A) 3,50 € – frais de réservation 20 €
Location (permanent) 🏠 (de fin août à fin oct.) : 8 🛖 (4 à 6 pers.) nuitée 60 € - 300 à 725 €/sem. – frais de réservation 20 € - **R** conseillée
🚐 1 borne eurorelais 3,50 €
Pour s'y rendre : R. de la Narse (200 m au sud du bourg, près de l'Auzon)
À savoir : belle délimitation arbustive des emplacements

Nature : 🌳
Loisirs : snack 🍽 diurne (juil.-août) jacuzzi 🏊 🎣
Services : 🚿 ⚡ 🌐 🧺 🗑 ♿ 🚻 🚾 🛁 sèche-linge
À prox. : 🍴

Ce guide n'est pas un répertoire de tous les terrains de camping mais une sélection des meilleurs campings dans chaque catégorie.

ORLÉAT

✉ 63190 – **326** H7 – 1 623 h. – alt. 380
Paris 440 – Clermont 34 – Roanne 76 – Vichy 38 – Moulins 98.

▲ **Le Pont-Astier** de déb. mai à fin sept.
📞 04 73 53 64 40, *orleat@orange.fr*, Fax 04 73 53 64 40 – **R**
2 ha (90 empl.) plat, herbeux
Location (de déb. mai à fin sept.) : 🛖 – **R**
Pour s'y rendre : à Pont-Astier (5 km à l'est par D 85, D 224 et chemin à gauche, au bord de la Dore)

Nature : 🌲 🌳
Loisirs : 🍽 🍴 🏊 🎣 🏓 🏊
Services : 🚿 ⚡ 🌐 🧺 🗑 ♿ 🚻
À prox. : 🎣

167

PAULHAGUET

✉ 43230 – **331** D2 – 981 h. – alt. 562
🛈 Office de tourisme, place Lafayette 📞 04 71 76 62 67
Paris 495 – Brioude 18 – La Chaise-Dieu 24 – Langeac 15 – Le Puy-en-Velay 47.

▲ **La Fridière**
📞 04 71 76 65 54, *camping.paulhaguet@wanadoo.fr*,
www.campingfr.nl – **R** conseillée
3 ha (45 empl.) plat, herbeux
🚐 1 borne eurorelais
Pour s'y rendre : au sud-est par D 4, au bord de la Senouire

Nature : 🌳 🏞
Loisirs : 🍴 🏊 🏓 🎣
Services : 🚿 ⚡ 🌐 🗑 ♿ 🛁 🚻

PERS

✉ 15290 – **330** B5 – 234 h. – alt. 570
Paris 547 – Argentat 45 – Aurillac 25 – Maurs 24 – Sousceyrac 25.

▲ **Le Viaduc** de mi-avr. à mi-oct.
📞 04 71 64 70 08, *campingduviaduc@wanadoo.fr*,
www.camping-cantal.com – **R** conseillée
1 ha (65 empl.) en terrasses, herbeux, gravillons
Tarif : (Prix 2008) 15,70 € ★ 🚗 🅿 🔌 (10A) – pers. suppl. 3,80 € – frais de réservation 12 €
Location (Prix 2008) : 8 🛖 (4 à 6 pers.) 280 à 520 €/sem. – 1 🏠 (4 à 6 pers.) - 320 à 520 €/sem. – frais de réservation 12 € - **R** conseillée
🚐 1 borne artisanale 5 €
Pour s'y rendre : Le Ribeyrès (5 km au nord-est par D 32, D 61 et chemin du Ribeyres à gauche, au bord du lac de St-Etienne-Cantalès)
À savoir : situation agréable

Nature : 🏞 🌲 🌳 🏊
Loisirs : 🍴 🏖 🏊 🎣 canoë kayak
Services : 🚿 ⚡ 🌐 🏊 ♿ 🗑 🛁
À prox. : sports nautiques

AUVERGNE

PIERREFITTE-SUR-LOIRE

✉ 03470 – **326** J3 – 534 h. – alt. 228
Paris 324 – Bourbon-Lancy 20 – Lapalisse 50 – Moulins 42 – Paray-le-Monial 28.

▲ Municipal le Vernay
📞 04 70 47 02 49, mairie-pierrefitte-sur-loire@wanadoo.fr, Fax 04 70 47 03 72 – **R** conseillée
2 ha (35 empl.) plat, herbeux
Location : 6 🏠
Pour s'y rendre : sortie nord-ouest par N 79, rte de Dompierre, D 295 à gauche, rte de Saligny-sur-Roudon puis 900 m par chemin à dr. apr. le pont, à 200 m du canal
À savoir : près d'un plan d'eau

> Nature : ≤ 🏞
> Services : ♿ 🔑 🍽 ⓘ
> À prox. : 🍴 ✕ 🏇 ✂ 🏊 (plage) 🎣 parcours de santé, pédalos, canoë

PLEAUX

✉ 15700 – **330** B4 – 1 823 h. – alt. 641
🛈 Office de tourisme, place Georges Pompidou 📞 04 71 40 91 40
Paris 534 – Argentat 29 – Aurillac 46 – Égletons 44.

▲ Municipal de Longayroux de déb. avr. à fin oct.
📞 04 71 40 48 30, pleaux@wanadoo.fr, Fax 04 71 40 49 03, http://mairie.wanadoo.fr/pleaux/ – croisement difficile sur 6 km – places limitées pour le passage – **R** conseillée
0,6 ha (48 empl.) peu incliné, herbeux, gravillons
Tarif : (Prix 2008) 13,70 € 👫 🚗 ⚡ (5A) – pers. suppl. 3,20 €
Location (Prix 2008) : huttes – **R** conseillée
Pour s'y rendre : à Longayroux (15 km au sud par D 6, rte de St-Christophe-les-Gorges, au bord du lac d'Enchanet)
À savoir : dans un site agréable

> Nature : 🌲 ≤ 🏞 ⚘
> Loisirs : 🍹 🏇 ✂ (plage) 🎣
> Services : ♿ 🔑 (juil.-août) 🚿 ⓘ 🍽

PONT-DE-MENAT

✉ 63560 – **326** E6 – G. Auvergne
Paris 369 – Aubusson 85 – Clermont-Ferrand 53 – Gannat 26 – Montluçon 42 – Riom 35 – St-Pourçain-sur-Sioule 51.

▲ Municipal les Tarteaux de déb. avr. à fin sept.
📞 04 73 85 52 47, mairiemenat@wanadoo.fr, Fax 04 73 85 50 22, www.commune-de-menat.com – **R**
1,7 ha (100 empl.) plat et peu incliné, herbeux
Tarif : (Prix 2008) 👤 2,20 € 🚗 1,40 € ⓘ 1,40 € – ⚡ (5A) 2,20 €
Location (Prix 2008) (permanent) : 15 🏠 (4 à 6 pers.) nuitée 57 € – 215 à 315 €/sem. – **R** conseillée
Pour s'y rendre : Le Pont de Menat (800 m au sud-ouest, rive gauche de la Sioule)
À savoir : agréable site dans les gorges

> Nature : 🌲 ≤ 🏞 ⚘ ⚠
> Loisirs : 🎣
> Services : ♿ 🔑 (juil.-août) 🚿 🍽 🧺 ⓘ 🍴
> À prox. : 🍴 ✕ 🏇 ✂ 🏊

PONTGIBAUD

✉ 63230 – **326** E8 – G. Auvergne – 776 h. – alt. 735
🛈 Office de tourisme, rue du Commerce 📞 04 73 88 90 99, Fax 04 73 88 90 09
Paris 432 – Aubusson 68 – Clermont-Ferrand 23 – Le Mont-Dore 37 – Riom 26 – Ussel 68.

▲ Municipal de la Palle de mi-avr. à fin sept.
📞 04 73 88 96 99, camping.pontgibaud@wanadoo.fr, Fax 04 73 88 77 77, www.ville-pontgibaud.fr – **R** conseillée
4,5 ha (120 empl.) plat, herbeux
Tarif : (Prix 2008) 11,80 € 👫 🚗 ⓘ ⚡ (10A) – pers. suppl. 3 €
🚐 1 borne 2 € – ⛽ 8.70 €
Pour s'y rendre : Rte de la Miouse (500 m au sud-ouest par D 986, rte de Rochefort-Montagne, au bord de la Sioule)

> Nature : 🏞
> Loisirs : 🏇 🎣
> Services : ♿ 🔑 (juil.-août) GB 🚿 🍽 ⓘ 📶 🧺
> À prox. : 🍴 ✕

AUVERGNE

LE PUY-EN-VELAY

✉ 43000 – **331** F3 – G. Auvergne – 20 490 h. – alt. 629
🛈 *Office de tourisme, 2, place du Clauzel* ✆ *04 71 09 38 41, Fax 04 71 05 22 62*
Paris 539 – Aurillac 168 – Clermont-Ferrand 129 – Lyon 134 – Mende 87 – St-Étienne 76 – Valence 110.

Bouthezard de mi-mars à déb. oct.
✆ 04 71 09 55 09 – **R** conseillée
1 ha (80 empl.) plat, herbeux
Tarif : 13,50 € ⚹⚹ 🚗 📧 💧 (6A) – pers. suppl. 3,10 €
🚏 1 borne flot bleu – 3 📧 10 €
Pour s'y rendre : à Aiguilhe (au nord-ouest, au bord de la Borme)

Nature : 🌳🌳
Loisirs : 🏊
Services : 🚻 ⛔ 🛁 🚽 🗑 ♻ ⚡ 🏪
À prox. : ✂ ▢ ⛵

PUY-GUILLAUME

✉ 63290 – **326** H7 – 2 624 h. – alt. 285
Paris 374 – Clermont-Ferrand 53 – Lezoux 27 – Riom 35 – Thiers 15.

Municipal de la Dore de déb. avr. à fin sept.
✆ 04 73 94 78 51, *campingdeladore@orange.fr, www.puy-guillaume.com* – **R** conseillée
3 ha (100 empl.) plat, herbeux
Tarif : 16 € ⚹⚹ 🚗 📧 💧 (6A) – pers. suppl. 3,60 € – frais de réservation 5 €
Pour s'y rendre : 86 r. Joseph-Claussat (sortie ouest par D 63, rte de Randan et à dr. av. le pont, près de la rivière)

Nature : 🌳
Loisirs : 🏊 🚴 ⛵
Services : 🚻 ⛔ ♻ ⚡ 🏪
À prox. : 🍽 ✂ ✂ parcours de santé

*Demandez à votre libraire le catalogue des **publications MICHELIN**.*

LE ROUGET

✉ 15290 – **330** B5 – 901 h. – alt. 614
Paris 613 – Clermont-Ferrand 177 – Aurillac 24 – Figeac 41 – Decazeville 41.

Village Vacances Le Moulin du Teil (location exclusive de chalets)
✆ 04 71 46 10 29, Fax 04 71 46 15 41 – **R** conseillée
10 ha plat, herbeux
Location ♿ : 20 🏠
Pour s'y rendre : 1 r. des Chalets

Loisirs : 🍽 🌙 nocturne 🚴 ⛵ 🎣
balnéo, base nautique, canoë, pédalos
Services : 🗄 sèche-linge
À prox. : ✂ 🏋 ✂ ⛵ poneys parcours de santé

Le Val d'Allier

AUVERGNE

ROYAT

✉ 63130 – **326** F8 – G. Auvergne – 4 658 h. – alt. 450 – ⚑ (fin mars-fin oct.)
🅸 Syndicat d'initiative, 1, avenue Auguste Rouzaud ✆ 04 73 29 74 70, Fax 04 73 35 81 07
Paris 423 – Aubusson 89 – La Bourboule 47 – Clermont-Ferrand 5 – Le Mont-Dore 40.

▲ **Indigo Royat** ⚐ – de déb. avr. à mi-oct.
✆ 04 73 35 97 05, royat@camping-indigo.com,
Fax 04 73 35 67 69, www.camping-indigo.com – **R** conseillée
7 ha (200 empl.) en terrasses, peu incliné, gravier, herbeux
Tarif : (Prix 2008) ⚐ 5 € ⚐ 🅴 9,80 € – ⚐ (10A) 6,20 € – frais de réservation 18 €
Location (Prix 2008) : 31 ⚐ (4 à 6 pers.) nuitée 58 € - 310 à 700 €/sem. – 6 ⚐ (4 à 6 pers.) nuitée 68 € - 365 à 790 €/sem. – huttes – frais de réservation 18 € - **R** conseillée
⚐ 1 borne 3,60 €
Pour s'y rendre : Rte de Gravenoire (2 km au sud-est par D 941c, rte du Mont-Dore et à dr. D 5, rte de Charade)
À savoir : agréable cadre, verdoyant et ombragé

Nature : ⚐
Loisirs : ⚐ snack, pizzeria ⚐ diurne nocturne (juil.-août) ⚐
Services : ⚐

SAIGNES

✉ 15240 – **330** C2 – G. Auvergne – 1 006 h. – alt. 480
Paris 483 – Aurillac 78 – Clermont-Ferrand 91 – Mauriac 26 – Le Mont-Dore 55 – Ussel 39.

▲ **Municipal Bellevue** de déb. juil. à fin août
✆ 04 71 40 68 40, saignes.mairie@wanadoo.fr,
Fax 04 71 40 61 65, www.saignes-mairie.fr – **R** conseillée
1 ha (42 empl.) plat, herbeux
Tarif : (Prix 2008) ⚐ 2 € ⚐ 1 € 🅴 1,18 € – ⚐ (16A) 2,20 €
Pour s'y rendre : à Bellevue (sortie nord-ouest, au stade)

Nature : ⚐
Loisirs : ⚐
Services : ⚐
À prox. : ⚐

ST-AMANT-ROCHE-SAVINE

✉ 63890 – **326** I9 – 530 h. – alt. 950
Paris 474 – Ambert 12 – La Chaise-Dieu 39 – Clermont-Ferrand 65 – Issoire 45 – Thiers 48.

▲ **Municipal Saviloisirs** de déb. mai à fin oct.
✆ 04 73 95 73 60, saviloisirs@wanadoo.fr,
Fax 04 73 95 72 62, www.saviloisirs.com – **R**
1,3 ha (19 empl.) en terrasses, herbeux
Tarif : ⚐ 3 € ⚐ 3,10 € 🅴 1,85 € ⚐ (16A)
Location (permanent) : 30 ⚐ (4 à 6 pers.) nuitée 60 € - 222 à 360 €/sem. – frais de réservation 70 € - **R** conseillée
⚐ 1 borne
Pour s'y rendre : 7 place de la Liberté (à l'est du bourg)

Nature : ⚐
Loisirs : ⚐
Services : ⚐ sèche-linge
À prox. : ⚐

ST-BONNET-TRONÇAIS

✉ 03360 – **326** D3 – G. Auvergne – 783 h. – alt. 224
Paris 301 – Bourges 57 – Cérilly 12 – Montluçon 44 – St-Amand-Montrond 20 – Sancoins 30.

▲ **Champ Fossé** de déb. avr. à fin sept.
✆ 04 70 06 11 30, champfosse@campingstroncais.com,
Fax 04 70 06 15 01, www.campingstroncais.com
– **R** conseillée
3 ha (110 empl.) peu incliné, herbeux
Tarif : (Prix 2008) ⚐ 4,10 € ⚐ 1,16 € 🅴 4,10 € – ⚐ (10A) 3,08 € – frais de réservation 12 €
Location (Prix 2008) (permanent) : 2 ⚐ (4 à 6 pers.) 266 à 440 €/sem. – gîtes – **R** conseillée
Pour s'y rendre : Pl. du Champ-de-Foire (700 m au sud-ouest)
À savoir : belle situation au bord de l'étang de St-Bonnet

Nature : ⚐
Loisirs : ⚐
Services : ⚐ sèche-linge
À prox. : ⚐ (plage) ⚐ canoë, pédalos

AUVERGNE

ST-DIDIER-EN-VELAY

✉ 43140 – **331** H2 – 2 891 h. – alt. 830

🛈 Office de tourisme, 11, rue de l'ancien Hôtel de Ville ✆ 04 71 66 25 72, Fax 04 71 61 25 83

Paris 538 – Annonay 49 – Monistrol-sur-Loire 11 – Le Puy-en-Velay 58 – St-Étienne 25.

▲ **La Fressange** mai-sept.
✆ 04 71 66 25 28, campinglafressange@orange.fr,
Fax 04 71 66 25 28, http://www.saint-didier.com/camping
– **R** conseillée
1,5 ha (104 empl.) incliné, peu incliné, en terrasses, herbeux
Tarif : 15,85 € ✶✶ 🚗 🗏 (15A) – pers. suppl. 4,39 €
Location (permanent) : 11 🏠 (4 à 6 pers.) nuitée 45 € -
155 à 470 €/sem. – **R** conseillée
Pour s'y rendre : 800 m au sud-est par D 45, rte de St-Romain-Lachalm et à gauche, au bord d'un ruisseau

Loisirs : 🚴
Services : ♿ 🚿 GB 🚰 🍴 ♨ ♻
À prox. : ✂ 🏊 parcours sportif

Utilisez les cartes MICHELIN, complément indispensable de ce guide.

ST-ÉLOY-LES-MINES

✉ 63700 – **326** E6 – 4 134 h. – alt. 490

Paris 358 – Clermont-Ferrand 64 – Guéret 86 – Montluçon 31 – Moulins 72 – Vichy 58.

▲ **Municipal la Poule d'Eau**
✆ 04 73 85 45 47, selm.maire@wanadoo.fr,
Fax 04 73 85 07 75 – 🚐
1,8 ha (50 empl.) peu incliné, herbeux
Pour s'y rendre : sortie sud par N 144, rte de Clermont puis à dr., 1,3 km par D 110, rte de Pionsat
À savoir : cadre verdoyant au bord de deux plans d'eau

Nature : ≤ 🏞 ♀ ▲
Loisirs : 🚣 🚴
Services : ♿ 🚿 🛁 ♨
À prox. : 🍴 ✱ snack ✂ 🎳 🎣 🏊 (plage) parcours de santé

ST-FLOUR

✉ 15100 – **330** G4 – G. Auvergne – 6 625 h. – alt. 783

🛈 Office de tourisme, 17 bis, place d'Armes ✆ 04 71 60 22 50, Fax 04 71 60 05 14

Paris 513 – Aurillac 70 – Issoire 67 – Millau 132 – Le Puy-en-Velay 94 – Rodez 111.

⛺ **International Roche-Murat** de déb. avr. à fin oct.
✆ 04 71 60 43 63, courrier@camping-saint-flour.com,
Fax 04 71 60 02 10, www.camping-saint-flour.com
– **R** conseillée
3 ha (119 empl.) en terrasses, herbeux, pinède attenante
Tarif : 14,30 € ✶✶ 🚗 🗏 (10A) – pers. suppl. 2,95 €
Location (permanent) : 11 🏠 (4 à 6 pers.) - 284 à
445 €/sem. – **R** conseillée
🚐 1 borne artisanale
Pour s'y rendre : Rte de Clermont-Ferrand (4,7 km au nord-est par D 921, N 9 et av. l'échangeur de l'autoroute A 75, chemin à gauche, au rd-pt - par A 75 : sortie 28)

Nature : ≤ 🏞
Loisirs : 🎮 🚴
Services : ♿ 🚿 🌡 🛒 🍴 ♨ ♻ ♒
🧺 sèche-linge

ST-GERMAIN-L'HERM

✉ 63630 – **326** I10 – G. Auvergne – 515 h. – alt. 1 050

🛈 Office de tourisme, route de la Chaise-Dieu ✆ 04 73 72 05 95, Fax 04 73 72 05 95

Paris 476 – Ambert 27 – Brioude 33 – Clermont-Ferrand 66 – Le Puy-en-Velay 69 – St-Étienne 107.

⛺ **St-Éloy** de fin mai à mi-sept.
✆ 04 73 72 05 13, contact@revea-vacances.com, www.revea-vacances.fr – **R** conseillée
3 ha (63 empl.) plat, en terrasses et vallonné, herbeux
Tarif : 14,10 € ✶✶ 🚗 🗏 (8A) – pers. suppl. 3 € – frais de réservation 10 €
Location (Prix 2008) : huttes – **R** conseillée
Pour s'y rendre : sortie sud-est, sur D 999, rte de la Chaise-Dieu

Nature : ≤
Loisirs : 🎮 🚴 🏊
Services : ♿ 🚿 GB 🚰 ♨ ♻ 🛁
À prox. : ✂ ✱

AUVERGNE

ST-GÉRONS

✉ 15150 – **330** B5 – 177 h. – alt. 526
Paris 538 – Argentat 35 – Aurillac 24 – Maurs 33 – Sousceyrac 25.

▲ La Presqu'île d'Espinet de déb. juin à fin août
☎ 04 71 62 28 90, camping.despinet@orange.fr,
Fax 04 71 62 28 90, www.camping-espinet.com – **R** conseillée
3 ha (105 empl.) peu incliné, herbeux, bois
Tarif : 17,50 € ✱✱ 🚗 🗐 ⚡ (10A) – pers. suppl. 4 € – frais de réservation 10 €
Location (de déb. juin à fin sept.) : 11 🏠 (4 à 6 pers.) – nuitée 45 € - 300 à 450 €/sem. – frais de réservation 10 €. - **R** conseillée
Pour s'y rendre : Espinet (8,5 km au sud-est par rte d'Espinet, à 300 m du lac de St-Étienne-Cantalès)
À savoir : dans un site agréable

Nature : 🌳 🏞 ≋
Loisirs : 🎣 🎠 🏊
Services : ♿ ⛽ 🚐 ⚡ 🚿
À prox. : 🍴 snack ✂ 🏖 (plage) 🎣

ST-GERVAIS-D'AUVERGNE

✉ 63390 – **326** D6 – G. Auvergne – 1 272 h. – alt. 725 – Base de loisirs
🏛 Office de tourisme, rue du Général Desaix ☎ 04 73 85 80 94
Paris 377 – Aubusson 72 – Clermont-Ferrand 55 – Gannat 41 – Montluçon 47 – Riom 39 – Ussel 87.

▲ Municipal de l'Étang Philippe
☎ 04 73 85 74 84, ville.stgervais.auvergne@wanadoo.fr,
Fax 04 73 85 74 84, www.ville-stgervais-auvergne.fr
– **R** conseillée
3 ha (130 empl.) plat et peu incliné, herbeux
Location : 6 🏠
🚐 1 borne eurorelais
Pour s'y rendre : sortie nord par D 987, rte de St-Éloy-les-Mines, près d'un plan d'eau

Nature : 🏞 ♨ ⛰
Loisirs : 🎮
Services : ♿ ⛽ 🚐 ⚡ 🚿
À prox. : 🛒 🎣 ✂ 🎠 🏖 (plage) 🐎

ST-HIPPOLYTE

✉ 63140 – **326** F7 – G. Auvergne
Paris 409 – Clermont 20 – Montluçon 77 – Vichy 46 – Moulins 90.

▲ La Croze de déb. mai à mi-oct.
☎ 04 73 86 08 27, campinglacroze@wanadoo.fr,
Fax 04 73 86 43 32, www.campingcroze.com – **R** conseillée
3,7 ha (100 empl.) plat, peu incliné et en terrasses, herbeux, pierreux
Tarif : 12,80 € ✱✱ 🚗 🗐 ⚡ (10A) – pers. suppl. 2,65 €
Location (Prix 2008) (permanent) : 13 🏠 – 9 🏠 – **R** conseillée
🚐 6 🗐 12,80 €
Pour s'y rendre : St-Hippolyte (1 km au sud-est par D 227, rte de Riom)

Nature : 🌳 ♨
Loisirs : 🎣 🎠 🏊
Services : ♿ ⛽ 🌐 🚐 ⚡ 🚿 🍴
🔥 sèche-linge

ST-JUST

✉ 15320 – **330** H5 – 222 h. – alt. 950
Paris 531 – Chaudes-Aigues 29 – Ruynes-en-Margeride 22 – St-Chély-d'Apcher 16 – St-Flour 28.

▲ Municipal de mi-avr. à fin sept.
☎ 04 71 73 72 57, commune.stjust@wanadoo.fr,
Fax 04 71 73 71 44, www.saintjust.com – **R**
2 ha (60 empl.) plat et peu incliné, terrasse, herbeux
Tarif : 11,60 € ✱✱ 🚗 🗐 ⚡ (10A) – pers. suppl. 2,10 €
Location (permanent) : 7 🏠 (4 à 6 pers.) 215 à 388 €/sem. – gîtes – **R** conseillée
🚐 1 borne 2 € – 🚽 10 €
Pour s'y rendre : Le bourg (au sud-est, au bord d'un ruisseau - par A 75 : sortie 31 ou 32 -)
À savoir : location à la nuitée hors sais.

Nature : 🌳 ♨
Loisirs : 🎮 🌙 nocturne 🚴
Services : ⛽ 🚐 ⚡ 🔥 sèche-linge
À prox. : 🎣 🍴 ✂ 🎠 ✂ 🏊

AUVERGNE

ST-MAMET-LA-SALVETAT

✉ 15220 – **330** B5 – 1 321 h. – alt. 680
🛈 *Office de tourisme, le Bourg* 📞 *04 71 49 33 00*
Paris 555 – Argentat 53 – Aurillac 20 – Maurs 24 – Sousceyrac 27.

▲ Municipal
📞 04 71 64 75 21, Fax 04 71 64 79 80 – **R** conseillée
0,8 ha (41 empl.) peu incliné, herbeux
Location : 3 🏠 – 7 🏚
Pour s'y rendre : chemin du stade (à l'est, accès par D 20, rte de Montsalvy)

Nature : 🌿 🌳
Loisirs : 🎮 🐴
Services : ♿ 🔑 🚿 ⚡ 🗑
À prox. : ⛳ 🏊 🏖

ST-MARTIN-VALMEROUX

✉ 15140 – **330** C4 – G. Auvergne – 911 h. – alt. 646
🛈 *Syndicat d'initiative, le Bourg* 📞 *04 71 69 27 62, Fax 04 71 69 24 52*
Paris 510 – Aurillac 33 – Mauriac 21 – Murat 53 – Salers 10.

▲ Municipal le Moulin du Teinturier de mi-juin à mi-sept.
📞 04 71 69 43 12, *mairie.saint-martin-valmeroux@wanadoo.fr*, Fax 04 71 69 24 52 – **R** conseillée
3 ha (100 empl.) plat, herbeux
Tarif : (Prix 2008) 13,30 € 👫 🚗 🔌 (10A) – pers. suppl. 2,80 €
Location (Prix 2008) (permanent) : 20 🏚 (4 à 6 pers.) - 175 à 500 €/sem. – **R** conseillée
Pour s'y rendre : à l'ouest, sur D 37, rte de Ste-Eulalie-Nozières, au bord de la Maronne

Nature : 🌲 🌳
Loisirs : 🎮 🐴 🐟
Services : ♿ 🔑 🚿 🚻 ⛺ ♨ 🚰
🗑
À prox. : ⛳ 🚲 🏊 poneys 🚐

---

*The classification (1 to 5 tents, **black** or **red**) that we award to selected sites in this Guide is a system that is our own.*
It should not be confused with the classification (1 to 4 stars) of official organisations.

173

ST-NECTAIRE

✉ 63710 – **326** E9 – G. Auvergne – 675 h. – alt. 700 – ♨ (mi avril-mi oct.)
🛈 *Office de tourisme, les Grands Thermes* 📞 *04 73 88 50 86, Fax 04 73 88 40 48*
Paris 453 – Clermont-Ferrand 43 – Issoire 37 – Le Mont-Dore 24.

▲ le Viginet de déb. avr. à fin sept.
📞 04 73 88 53 80, *contact@revea-vacances.com*, *www.revea-vacances.fr* – **R** conseillée
2 ha (61 empl.) plat, peu incliné et incliné, herbeux, pierreux
Tarif : 19,60 € 👫 🚗 🔌 (10A) – pers. suppl. 4,20 € – frais de réservation 10 €
Location : 10 🏚 (4 à 6 pers.) nuitée 105 € - 210 à 590 €/sem. – huttes – frais de réservation 25 € - **R** conseillée
Pour s'y rendre : sortie sud-est par D 996 puis 600 m par chemin à gauche (face au garage Ford)
À savoir : situation dominante

Nature : 🌿 🌲 🌳 ♀
Loisirs : 🎮 ⏰ diurne 🐴 🏊
Services : ♿ 🔑 🚻 🚿 ⚡ 🗑
À prox. : ⛳ 🚶 parcours de santé,

▲ La Clé des Champs de déb. avr. à déb. oct.
📞 04 73 88 52 33, *campingcledeschamps@free.fr*, *www.campingcledeschamps.com* – **R** conseillée
1 ha (84 empl.) plat, peu incliné et en terrasses, herbeux
Tarif : (Prix 2008) 19,50 € 👫 🚗 🔌 (6A) – pers. suppl. 5 € – frais de réservation 16 €
Location (Prix 2008) (permanent) : 15 🏠 (4 à 6 pers.) nuitée 29 € - 180 à 580 €/sem. – 9 🏚 (4 à 6 pers.) nuitée 38 € - 230 à 710 €/sem. – **R** conseillée
🚐 1 borne eurorelais 4 € – 3 🔌 9 € – 🚽 10 €
Pour s'y rendre : St-Nectaire (sortie sud-est par D 996 et D 642, rte des Granges, au bord d'un ruisseau et à 200 m de la Couze de Chambon)

Nature : 🌳 ♀
Loisirs : 🎮 🐴 🏊 🐟
Services : ♿ 🔑 🚻 📶 🚿 ⚡ ⛺ 🚰
🗑

AUVERGNE

ST-PAULIEN

✉ 43350 – **331** E3 – 1 912 h. – alt. 795

🛈 Office de tourisme, place Saint-Georges ℘ 04 71 00 50 01, Fax 04 71 00 50 01
Paris 529 – La Chaise-Dieu 28 – Craponne-sur-Arzon 25 – Le Puy-en-Velay 14 – St-Étienne 89 – Saugues 44.

▲ La Rochelambert de déb. avr. à fin sept.
℘ 04 71 00 54 02, infos@camping-rochelambert.com,
Fax 04 71 00 54 02, www.camping-rochelambert.com
– **R** conseillée
3 ha (100 empl.) plat, herbeux, en terrasses
Tarif : (Prix 2008) ★ 3,90 € – 🚗 5,30 € – (10A) 10 € – frais de réservation 5 €
Location (Prix 2008) : 12 🛖 (4 à 6 pers.) nuitée 58 € - 220 à 470 €/sem. – huttes – frais de réservation 5 € - **R** conseillée
🚐 4 📧 14 €
Pour s'y rendre : 2,7 km au sud-ouest par D 13, rte d'Allègre et D 25 à gauche, rte de Loudes, près de la Borne (accès direct)

Nature : 🌳
Loisirs : 🍴 snack 🏊 🎯 ⛵
Services : ♿ 🔌 🆎 🅿 🚿 🗑
sèche-linge

*Donnez-nous votre avis sur les terrains que nous recommandons.
Faites-nous connaître vos observations et vos découvertes
par mail à l'adresse : leguidecampingfrance@fr.michelin.com.*

ST-POURÇAIN-SUR-SIOULE

✉ 03500 – **326** G5 – G. Auvergne – 5 266 h. – alt. 234

🛈 Office de tourisme, 29, rue Marcellin Berthelot ℘ 04 70 45 32 73, Fax 04 70 45 60 27
Paris 325 – Montluçon 66 – Moulins 33 – Riom 61 – Roanne 79 – Vichy 28.

▲ Municipal de l'Ile de la Ronde de déb. mai à fin sept.
℘ 04 70 45 45 43, contact@ville-saint-pourcain-sur-sioule.com, Fax 04 70 45 55 27, www.ville-saint-pourcain-sur-sioule.com – **R** conseillée
1,5 ha (50 empl.) plat, herbeux
Tarif : (Prix 2008) ★ 1,95 € – 🚗 1,65 € – 📧 1,90 € – ⚡ (3A) 2,15 €
🚐 1 borne flot bleu 2 €
Pour s'y rendre : Île de la Ronde (quai de la Ronde)
À savoir : dans un parc public, agréable à côtoyer en bordure de la Sioule

Nature : 🌳 ♀
Loisirs : 🏊 🎣
Services : ♿ 🔌 🅿 🚿 🗑
À prox. : 🛒 🍴 ⛵ 🚐

ST-RÉMY-SUR-DUROLLE

✉ 63550 – **326** I7 – G. Auvergne – 1 925 h. – alt. 620
Paris 395 – Chabreloche 13 – Clermont-Ferrand 55 – Thiers 7.

▲ Municipal les Chanterelles
℘ 04 73 94 31 71, contact@revea-vacances.com,
Fax 04 73 94 31 71, www.revea-vacances.fr – **R** conseillée
5 ha (150 empl.) incliné et en terrasses, herbeux
Pour s'y rendre : 3 km au nord-est par D 201 et chemin à dr. - par A 72 : sortie 3
À savoir : situation agréable en moyenne montagne et à proximité d'un plan d'eau

Nature : ⛰ ♀
Loisirs : 🎯 🏊
Services : ♿ 🔌 🆎 ☕ 🗑
Au plan d'eau : 🚣 🏓 🍴 🎯 📧 ⛳
⛵ (plage) 🏊 🎾 squash

▲ Parc résidentiel de la Motte (location exclusive de chalets) de mi-avr. à fin sept.
℘ 0 825 801 440, contact@revea-vacances.com,
Fax 04 73 93 71 00, www.revea-vacances.fr – **R**
3 ha plat, herbeux, incliné
Location : 20 🛖 (4 à 6 pers.) - 175 à 490 €/sem. – frais de réservation 25 € - **R** conseillée
Pour s'y rendre : 2,5 km au nord-est par D 201 et chemin à dr. - par A 72 sortie 3

Nature : 🌲
Loisirs : 🎯 🏊
Services : 🔌 🆎 ☕ 🗑
Au plan d'eau : 🚣 🍴 🎯 ⛵ 📧 ⛳
⛵ (plage) 🏊 🎾 squash

AUVERGNE

ST-YORRE

✉ 03270 – **326** H6 – G. Auvergne – 2 840 h. – alt. 275
Paris 362 – Clermont-Ferrand 65 – Montluçon 108 – Moulins 65 – Roanne 67.

▲ **Municipal la Gravière** de déb. mai à fin sept.
☎ 04 70 59 21 00, camping-st-yorre@orange.fr, www.camping-vichy.com – **R** conseillée
1,5 ha (80 empl.) plat, herbeux
Tarif : (Prix 2008) 12,20 € ✶✶ 🚗 🅴 ⚡ (10A) – pers. suppl. 3,10 €
🚐 1 borne artisanale 3,50 € – 🚰 8 €
Pour s'y rendre : R. de la Gravière (sortie sud-ouest par D 55e, rte de Randan, près de l'Allier avec accès direct (rive gauche))

Nature : 🌳 ♀♀
Loisirs : 🏊
Services : & 🔌 ♺ 🗑 🚿 ♻ 🚻 🍽 🍴
À prox. : 🍽 ✂ 🏊 🎣 parcours sportif

STE-SIGOLÈNE

✉ 43600 – **331** H2 – 5 432 h. – alt. 808
🛈 Office de tourisme, place du 8 mai ☎ 04 71 66 13 07
Paris 551 – Annonay 50 – Monistrol-sur-Loire 8 – Montfaucon-en-Velay 14 – Le Puy-en-Velay 55 – St-Étienne 39.

⛰ **Le Vaubarlet** 👥 – de déb. mai à fin sept.
☎ 04 71 66 64 95, camping@vaubarlet.com, Fax 04 71 66 11 98, www.vaubarlet.com – alt. 600 – **R** conseillée
15 ha/3 campables (131 empl.) plat, herbeux
Tarif : 22 € ✶✶ 🚗 🅴 ⚡ (6A) – pers. suppl. 4 € – frais de réservation 15 €
Location : 6 🏠 (4 à 6 pers.) nuitée 45 € - 180 à 650 €/sem. – 5 🏠 (4 à 6 pers.) nuitée 45 € - 285 à 650 €/sem. – 12 bungalows toilés – frais de réservation 30 € - **R** conseillée
🚐 1 borne artisanale – 🚰 14 €
Pour s'y rendre : Vaubarlet (6 km au sud-ouest par D 43, rte de Grazac)
À savoir : dans une vallée verdoyante traversée par la Dunière

Nature : 🌳 ≤
Loisirs : 🍽 pizzeria 🎭 🎬 diurne 🏃
🏊 🚴
Services : & 🔌 GB ♺ 🗑 🚿 ♻ 🍴
🖨 sèche-linge ✂

SAUGUES

✉ 43170 – **331** D4 – G. Auvergne – 2 013 h. – alt. 960
🛈 Office de tourisme, cours Dr Gervais ☎ 04 71 77 71 34, Fax 04 71 77 71 38
Paris 529 – Brioude 51 – Mende 72 – Le Puy-en-Velay 43 – St-Chély-d'Apcher 42 – St-Flour 52.

⛰ **Municipal Sporting de la Seuge** de mi-avr. à mi-oct.
☎ 04 71 77 80 62, adm.mairie-saugues@wanadoo.fr, Fax 04 71 77 66 40, www.mairie-saugues.com – **R** conseillée
3 ha (112 empl.) plat, herbeux, pierreux
Tarif : (Prix 2008) 7,50 € ✶✶ 🚗 🅴 ⚡ (10A) – pers. suppl. 2,80 €
Location (Prix 2008) (permanent) : 15 🏠 (4 à 6 pers.) - 185 à 455 €/sem. – **R** conseillée
🚐 1 borne – 3 🅴 10 € – 🚰 10 €
Pour s'y rendre : Av. du Gévaudan (sortie ouest par D 589, rte du Malzieu-Ville et à dr., au bord de la Seuge et près de deux plans d'eau et d'une pinède)

Nature : ≤ ♀
Loisirs : 🎭 🏊 ✂ 🏊 🎣
Services : & GB ♺ 🗑 🚿 ♻ 🍴 🖨 sèche-linge
À prox. : 🐴 🚣 🎣 🏇 parcours sportif, terrain omnisports, pédalos

SAUVESSANGES

✉ 63840 – **326** K10 – 531 h. – alt. 910
Paris 469 – Ambert 32 – La Chaise-Dieu 29 – Craponne-sur-Arzon 8 – Montbrison 44 – St-Étienne 55.

▲ **Municipal le Bandier** de déb. avr. à fin oct.
☎ 04 73 95 94 29, sauvessanges.mairie@wanadoo.fr, Fax 04 73 95 93 95, www.chez.com/sauvessanges – places limitées pour le passage – **R** conseillée
1,5 ha (23 empl.) plat, herbeux
Tarif : (Prix 2008) ✶ 1,70 € 🚗 1,10 € 🅴 2,10 € – ⚡ (6A) 2,20 €
Pour s'y rendre : 2 km au sud-est par D 251, rte d'Usson-en-Forez, près du stade et à 100 m de l'Ance

Nature : 🌿 🌳
Loisirs : 🎭 🏊
Services : & (juil.-août) ♺ 🍴 🚿 🍽

175

AUVERGNE

SAZERET

✉ 03390 – **326** E4 – 149 h. – alt. 370
Paris 348 – Gannat 44 – Montluçon 34 – Montmarault 4 – Moulins 49 – St-Pourçain-sur-Sioule 31.

La Petite Valette de déb. avr. à fin oct.
☎ 04 70 07 64 57, *la.petite.valette@wanadoo.fr*,
Fax 04 70 07 25 48, *www.valette.nl* – croisement difficile à certains endroits (chemin) – **R** conseillée (de déb. avr. à fin oct.)
4 ha (55 empl.) plat, peu incliné, herbeux, étang
Tarif : 4,95 € — 7,95 € — (6A) 2,95 € – frais de réservation 15,90 €
2 22,55 €

Pour s'y rendre : La Valette (5,5 km au nord-est, accès par rte des Deux-Chaises longeant la N 79 et chemin des Prugnes à gauche, par A 71 sortie 11 puis 1 km par D 46 et 4 km à gauche par rte des Deux-Chaises longeant la N 79)

À savoir : décoration arbustive et florale autour d'une ancienne ferme

Si vous recherchez :
- Un terrain offrant des équipements et des loisirs adaptés aux enfants
- Un terrain agréable ou très tranquille
- L - M Un terrain effectuant la location de caravanes, de mobile homes, de bungalows ou de chalets
- P Un terrain ouvert toute l'année
- Un terrain possédant une aire de services pour camping-cars

Consultez le tableau des localités

SINGLES

✉ 63690 – **326** C9 – 210 h. – alt. 737
Paris 484 – Bort-les-Orgues 27 – La Bourboule 23 – Bourg-Lastic 20 – Clermont-Ferrand 65.

Le Moulin de Serre – de mi-avr. à mi-sept.
☎ 04 73 21 16 06, *moulindeserre@orange.fr*,
Fax 04 73 21 12 56, *www.moulindeserre.com* – **R** conseillée
7 ha/2,6 campables (90 empl.) plat, herbeux
Tarif : 22,55 € — (10A) – pers. suppl. 4,20 € – frais de réservation 15 €
Location : 23 (4 à 6 pers.) nuitée 29 € - 155 à 670 €/sem. – 12 bungalows toilés – frais de réservation 15 € - **R** conseillée
1 borne artisanale 4 €

Pour s'y rendre : 1,7 km au sud de la Guinguette, par D 73, rte de Bort-les-Orgues, au bord de la Burande

À savoir : cadre verdoyant dans une petite vallée

TAUVES

✉ 63690 – **326** C9 – G. Auvergne – 863 h. – alt. 820
Paris 474 – Bort-les-Orgues 27 – La Bourboule 13 – Bourg-Lastic 29 – Clermont-Ferrand 55.

Les Aurandeix de déb. avr. à fin sept.
☎ 04 73 21 14 06, *camping.les.aurandeix@orange.fr*,
Fax 04 73 21 14 06, *www.camping-les-aurandeix.fr*
– **R** conseillée
2 ha (90 empl.) plat, en terrasses, incliné, herbeux
Tarif : (Prix 2008) 19,30 € — (10A) – pers. suppl. 4,10 € – frais de réservation 10 €
Location (Prix 2008) : huttes – frais de réservation 18,50 € - **R** conseillée
1 borne artisanale 5 € – 10 €

Pour s'y rendre : au Stade (à l'est du bourg)

AUVERGNE

THIERS

✉ 63300 – **326** I7 – G. Auvergne – 13 338 h. – alt. 420 – Base de loisirs
🛈 Office de tourisme, maison du Pirou ✆ 04 73 80 65 65, Fax 04 73 80 01 32
Paris 388 – Clermont-Ferrand 43 – Roanne 75 – St-Étienne 108 – Vichy 36.

▲ Base de Loisirs Iloa de mi-mai à mi-sept.
✆ 04 73 80 92 35, communication@ville-thiers.fr,
Fax 04 73 80 88 81, www.ville-thiers.fr – **R** conseillée
1 ha (46 empl.) plat, herbeux
Tarif : (Prix 2008) 11,60 € 👥 🚗 📧 ⚡ (6A) – pers. suppl. 3,40 €
🚐 1 borne artisanale
Pour s'y rendre : Le Courty (6,5 km à l'ouest par rte de Vichy, D 94 à gauche et D 44, rte de Dorat, à 350 m d'un plan d'eau (accès direct), par A 72 : sortie Thiers-Ouest)

Loisirs : 🏇 ✂ 🎣
Services : ♿ 🚿 🍴 🏪 🧺 ♨ 🚗 ⛽
🌳 🔥
À la base de loisirs : 🍷 ✂ 🛁 ⛵ 🏊
🎣

THIÉZAC

✉ 15800 – **330** E4 – G. Auvergne – 614 h. – alt. 805
🛈 Office de tourisme, le Bourg ✆ 04 71 47 03 50, Fax 04 71 47 03 83
Paris 542 – Aurillac 26 – Murat 23 – Vic-sur-Cère 7.

▲ Municipal de la Bédisse
✆ 04 71 47 00 41, otthiezac@wanadoo.fr – **R** conseillée
1,5 ha (116 empl.) plat, herbeux
Pour s'y rendre : sortie sud-est par D 59, rte de Raulhac et à gauche, sur les deux rives de la Cère

Nature : 🌳 ≤ 🏞 ♨♨
Loisirs : 🎮 🎣
Services : ♿ 🚿 🛁 🧺 🕒 🔥
À prox. : 🏇 ✂ 🛁 🏊

TREIGNAT

✉ 03380 – **326** B4 – 475 h. – alt. 450
Paris 342 – Boussac 11 – Culan 27 – Gouzon 25 – Montluçon 25.

▲ Municipal de l'Étang d'Herculat de mi-avr. à fin sept.
✆ 04 70 07 03 89, Fax 04 70 07 03 72 – **R** conseillée
1,6 ha (35 empl.) incliné, peu incliné, plat, herbeux
Tarif : (Prix 2008) 👥 5,60 € 🚗 📧 – ⚡ (10A) 1,70 €
Location : studios – huttes – **R** conseillée
Pour s'y rendre : 2,3 km au nord-est, accès par chemin à gauche, apr. l'église
À savoir : situation agréable au bord de l'étang

Nature : 🌳 🏞 ⛰
Loisirs : 🎮 🏇 🎣
Services : ♿ 🚰 (juil.-août) 🧺 ♨ 🚗

177

TRIZAC

✉ 15400 – **330** D3 – G. Auvergne – 657 h. – alt. 960
Paris 518 – Aurillac 69 – Mauriac 24 – Murat 50.

▲ Municipal le Pioulat
✆ 04 71 78 64 20, mairie.trizac@wanadoo.fr – **R** conseillée
1,5 ha (60 empl.) plat, peu incliné et en terrasses, herbeux
Location : huttes
Pour s'y rendre : sortie sud, rte de Mauriac, au bord d'un étang

Nature : ≤ 🏞
Loisirs : 🎮 🎣
Services : ♿ 🚰 🍴 🧺 🕒 🔥
À prox. : ✂

VALLON-EN-SULLY

✉ 03190 – **326** C3 – G. Auvergne – 1 712 h. – alt. 192
Paris 313 – La Châtre 55 – Cosne-d'Allier 23 – Montluçon 25 – Moulins 89 – St-Amand-Montrond 28.

▲ Municipal les Soupirs de mi-juin à mi-sept.
✆ 04 70 06 50 96, mairie.vallonensully@wanadoo.fr,
Fax 470065118 – 🅿
2 ha (50 empl.) plat, herbeux, étang
Tarif : (Prix 2008) 👥 1,50 € 🚗 1,50 € 📧 2 € – ⚡ (20A) 4 €
Pour s'y rendre : Allée des Soupirs (1 km au sud-est par D 11, entre le Cher et le Canal du Berry, et chemin à dr.)

Nature : 🌳 ♀
Loisirs : 🎣
Services : 🚰 (juil.-août) 🕒
À prox. : 🍴 snack 🏇 ✂

AUVERGNE

VIC-SUR-CÈRE

✉ 15800 – **330** D5 – G. Auvergne – 1 890 h. – alt. 678
🛈 *Office de tourisme, avenue André Mercier* ✆ *04 71 47 50 68, Fax 04 71 47 58 56*
Paris 549 – Aurillac 19 – Murat 29.

▲ **La Pommeraie** de déb. mai à mi-sept.
✆ 04 71 47 54 18, pommeraie@wanadoo.fr,
Fax 04 71 49 63 30, www.camping-la-pommeraie.com –
alt. 750 – **R** conseillée
2,8 ha (100 empl.) en terrasses, herbeux, pierreux
Tarif : 29 € ♣♣ 🚗 🅴 (6A) – pers. suppl. 6 € – frais de
réservation 16 €
Location : 42 🏠 (4 à 6 pers.) nuitée 50 € - 275 à
665 €/sem. – studios – frais de réservation 16 € - **R**
conseillée
Pour s'y rendre : Daïsses (2,5 km au sud-est par D 54,
D 154 et chemin à dr.)
À savoir : belle situation dominante

> Nature : ≤ les monts, la vallée et la ville 🏘 ♀
> Loisirs : 🍸 ✗ 🏠 ⓝ nocturne 🏃
> ✂ 🏊 centre de randonnées
> Services : ♿ ⚡ 🅶🅱 ♂ 🗑 🅐 ⌂
> 🚿 🚾 🧺 🏠 sèche-linge 🛒 🍴

▲ **Municipal du Carladez**
✆ 04 71 47 51 04, vicsurcere@wanadoo.fr,
Fax 04 71 47 50 59, www.vicsurcere.com – **R** conseillée
3 ha (250 empl.) plat, herbeux
Pour s'y rendre : Rte de Salvanhac, (au bord de la Cère)

> Nature : ≤ ♀
> Loisirs : 🏠 🎠
> Services : ♿ ⚡ 🅶🅱 🗑 ⓐ ⌂ sèche-linge
> À prox. : 🍴 ✂ ♒ 🏊 🚐

Si vous recherchez :
▲ *Un terrain au bord de l'eau avec possibilité de baignade*
🏊 *Un terrain agréable ou très tranquille*
L *Un terrain effectuant la location de caravanes, de mobile homes, de bungalows ou de chalets*
P *Un terrain ouvert toute l'année*
🚐 *Un terrain possédant une aire de services pour camping-cars*
Consultez le tableau des localités

VIVEROLS

✉ 63840 – **326** K10 – 390 h. – alt. 860
Paris 463 – Ambert 25 – Clermont-Ferrand 103 – Montbrison 38 – St-Étienne 57.

▲ **Municipal le Pradoux** de déb. avr. à fin oct.
✆ 04 73 95 34 31, VIVEROLS@wanadoo.fr,
Fax 04 73 95 33 07 – places limitées pour le passage
– **R** conseillée
1,2 ha (49 empl.) plat, herbeux
Tarif : ♣ 1,70 € 🚗 1,70 € 🅴 1,70 € – 🅙 (4A) 3 €
🚐 1 borne flot bleu 2 €
Pour s'y rendre : Le Ruisseau (au sud-ouest du bourg par
D 111, rte de Medeyrolles, près de la Ligonne)

> Loisirs : 🏠 🎠
> Services : ♿ ⚡ 🗑 ⓐ ⌂ ⌂
> À prox. : ✂ 🎣 🚐

VOLLORE-VILLE

✉ 63120 – **326** I8 – 684 h. – alt. 540
Paris 406 – Ambert 45 – Clermont-Ferrand 57 – Issoire 60 – Lezoux 24 – Thiers 18.

▲ **Le Grun Chignore** fermé de mi-déc. à mi-janv.
✆ 04 73 53 73 37, camping-du-chignore@hotmail.fr,
Fax 04 73 53 73 37, www.campingauvergne.fr – **R** conseil-
lée
1,5 ha (33 empl.) plat et terrasse, herbeux
Tarif : ♣ 2,50 € 🚗 1,30 € 🅴 3 € – 🅙 (10A) 3,10 € – frais de
réservation 20 €
Pour s'y rendre : Lieu-dit : Les Plaines (1 km au nord-est
par D 7, rte de Celles-sur-Durolle, à 150 m d'un étang)

> Nature : ≤ 🏘
> Loisirs : 🍸 snack 🏊 (petite piscine)
> Services : ♿ ⚡ 🅶🅱 ♂ 🗑 ⓐ ⌂
> Au lac d'Aubusson : ✂ 🚤 (plage) 🎣 ♒

AUVERGNE

VOREY

43800 – **331** F2 – 1 451 h. – alt. 540
Office de tourisme, rue Louis Jouvet ✆ 04 71 01 30 67
Paris 544 – Ambert 53 – Craponne-sur-Arzon 18 – Le Puy en Velay 23 – St-Étienne 70 – Yssingeaux 28.

Les Moulettes de déb. mai à mi-sept.
✆ 04 71 03 70 48, *contact@camping-les-moulettes.fr*,
www.camping-les-moulettes.fr – **R** conseillée
1,3 ha (45 empl.) plat, herbeux
Tarif : (Prix 2008) ★ 4 € ⇔ 🅴 6,50 € – ⚡ (10A) 3 €
Location (Prix 2008) (permanent) : 6 🏠 (4 à 6 pers.)
230 à 450 €/sem. – **R** conseillée
🚐, 1 borne artisanale 3 €

Pour s'y rendre : Chemin de Félines (à l'ouest du centre bourg, au bord de l'Arzon)

Nature : 🏞 🌳🌳
Loisirs : 🍷 snack 🎮 🛝 🏊
Services : ♿ 🔌 🚿 🚽 ⊕ 🧺 🛒 🗑
À prox. : ✂ 🎣 🚴

BOURGOGNE

Découvrir la Bourgogne c'est un peu se transporter, avec une machine à remonter le temps, à l'époque des grands-ducs d'Occident. Nés de leur goût d'absolu, nobles châteaux et riches abbayes témoignent d'un passé où grandiloquence rimait avec prestige. Qui oserait leur reprocher cette folie des grandeurs après avoir visité Dijon, cité d'art par excellence ? Et comment leur contester le titre de « princes des meilleurs vins de la chrétienté » lorsque des légions de gourmets sillonnent la Côte d'Or pour explorer ses caves, antres capiteux où mûrissent des crus d'exception ? Les ripailles se poursuivent autour de moelleuses gougères, d'un odorant époisses ou d'un délicieux pain d'épice. Après ces péchés gourmands, un retour à des plaisirs plus sages s'impose, telle une promenade en péniche au fil des canaux.

A visit to Burgundy takes travellers back through time to an era when its mighty Dukes rivalled even the kings of France; stately castles and rich abbeys still bear witness to a golden age of ostentation and prestige. As we look back now, it is difficult to reproach them for the flamboyance which has made Dijon a world-renowned city of art. And who would dispute Burgundy's claim to the "best wines in Christendom« when wine-lovers still flock to the region in search of the finest vintages? A dedication to time-honoured traditions also rules the region's cuisine, from strong-smelling époisses cheese to gingerbread dripping with honey. After such extravagant pleasures, what could be better than a barge trip down the region's canals and rivers to digest in peace amid unspoilt countryside?

BOURGOGNE

ANCY-LE-FRANC

✉ 89160 – **319** H5 – G. Bourgogne – 1 108 h. – alt. 180
🛈 Syndicat d'initiative, 59, Grande Rue ☏ 03 86 75 03 15, Fax 03 86 75 04 41
Paris 215 – Auxerre 54 – Châtillon-sur-Seine 38 – Montbard 27 – Tonnerre 18.

▲ **Municipal** de mi-juin à mi-sept.
☏ 03 86 75 13 21, mairie.ancyfranc@orange.fr,
Fax 03 86 75 19 51
0,5 ha (30 empl.) plat, herbeux
Tarif : (Prix 2008) ♦ 2 € ⇌ 1 € 🅴 3 € – 🔌 3 €
Pour s'y rendre : sortie sud par D 905, rte de Montbard, face au château, au bord d'un ruisseau et près d'un étang

Nature : 🌳🌳
Services : ♿ ☺
À prox. : ✂

ANDRYES

✉ 89480 – **319** D6 – 445 h. – alt. 162
Paris 204 – Auxerre 39 – Avallon 44 – Clamecy 10 – Cosne-sur-Loire 49.

▲ **Au Bois Joli** de déb. avr. à fin oct.
☏ 03 86 81 70 48, info@campingauboisjoli.com,
Fax 03 86 81 70 48, www.campingauboisjoli.com
– **R** conseillée
5 ha (100 empl.) incliné et en terrasses, herbeux, pierreux
Tarif : 21,75 € ♦♦ ⇌ 🅴 🔌 (6A) – pers. suppl. 4 €
Location (de déb. avr. à fin oct.) ✂ : 4 🏠 (4 à 6 pers.) 215 à 575 €/sem. – **R** conseillée
🚐
Pour s'y rendre : Rte de Villeprenoy (800 m au sud-ouest)
À savoir : Cadre boisé

Nature : 🌲 🌳🌳
Loisirs : brasserie, (dîner seulement)
🏛 🚴 🏍 🏊 quad
Services : ♿ 🔑 GB ✂ 🚻 🅿 ☺ 🚿
🚰 ♨ 🍽 🧺
À prox. : ✂

Si vous désirez réserver un emplacement pour vos vacances, faites-vous préciser au préalable les conditions particulières de séjour, les modalités de réservation, les tarifs en vigueur et les conditions de paiement.

183

ARNAY-LE-DUC

✉ 21230 – **320** G7 – G. Bourgogne – 1 829 h. – alt. 375
🛈 Office de tourisme, 15, rue Saint-Jacques ☏ 03 80 90 07 55
Paris 285 – Autun 28 – Beaune 36 – Chagny 38 – Dijon 59 – Montbard 74 – Saulieu 29.

▲ **l'Étang de Fouché** de mi-avr. à mi-oct.
☏ 03 80 90 02 23, info@campingfouche.com,
Fax 03 80 90 11 91, www.campingfouche.com – **R** conseillée
8 ha (209 empl.) plat, peu incliné, herbeux
Tarif : 18,50 € ♦♦ ⇌ 🅴 🔌 (6A) – pers. suppl. 5,40 € – frais de réservation 15 €
Location (de mi-avr. à mi-oct.) : 19 🏠 (4 à 6 pers.) - 210 à 658 €/sem. – frais de réservation 30 € - **R** conseillée
🚐
Pour s'y rendre : R. du 8-Mai-1945 (700 m à l'est par D 17c, rte de Longecourt)
À savoir : Situation plaisante au bord d'un étang

Nature : 🌲 ⬅ 🏞 🐟 🛶
Loisirs : 🍴 snack, brasserie 🏛 ☀ diurne 🎪 🚴 🏍
Services : ♿ 🔑 GB ✂ 🚻 🅿 ☺ 🚿
🚰 ♨ 🍽 🧺 sèche-linge 🛒 🧼
À prox. : ✂ 🏖 (plage) 🏊

ASQUINS

✉ 89450 – **319** F7 – G. Bourgogne – 280 h. – alt. 146
Paris 219 – Dijon 123 – Auxerre 49 – Avallon 17 – Montbard 77.

▲ **Municipal le Patis** de déb. juin à fin sept.
☏ 03 86 33 30 80, mairie.asquins@wanadoo.fr,
Fax 03 86 33 20 07 – **R** conseillée
1 ha (33 empl.) plat, herbeux
Tarif : (Prix 2008) ♦ 2 € ⇌ 2 € 🅴 2 € – 🔌 (20A) 3 €
🚐
Pour s'y rendre : Rte de Givry

Nature : 🐟
Loisirs : 🏛 🚴
Services : ♿ 🔑 ✂ 🚻 🅿 ☺ 🧺
À prox. : 🏊

BOURGOGNE

AUTUN

✉ 71400 – **320** F8 – G. Bourgogne – 16 419 h. – alt. 326
🛈 Office de tourisme, 2, avenue Charles de Gaulle ☎ 03 85 86 80 38, Fax 03 85 86 80 49
Paris 287 – Auxerre 128 – Avallon 78 – Chalon-sur-Saône 51 – Dijon 85 – Mâcon 111 – Moulins 97 – Nevers 104.

▲ **Municipal de la Porte d'Arroux** de déb. avr. à fin oct.
☎ 03 85 52 10 82, contact@camping-autun.com,
Fax 03 85 52 88 56, www.camping-autun.com – **R** conseillée
2,8 ha (104 empl.) plat, herbeux
Tarif : (Prix 2008) ★ 3,23 € ⇔ 1,55 € 🅴 5,70 € – ⚡ (6A) 2,95 €
Location (Prix 2008) (de déb. avr. à fin oct.) : – **R** conseillée
🚐 – 4 🅴 14,40 € – 🛏 10 €
Pour s'y rendre : Les Chaumottes (sortie nord par D 980, rte de Saulieu, faubourg d'Arroux, au bord du Ternin)
À savoir : Beaux emplacements ombragés au bord du Ternin

Nature : 🌳 🌳
Loisirs : 🍺 brasserie 🎣 ⚽ 🚴 🏊 🛶 canoë
Services : ♿ 🔑 GB ✂ 🚿 ☺ 📞 🏪

AUXERRE

✉ 89000 – **319** E5 – G. Bourgogne – 37 790 h. – alt. 130
🛈 Office de tourisme, 1-2, quai de la République ☎ 03 86 52 06 19, Fax 03 86 51 23 27
Paris 166 – Bourges 144 – Chalon-sur-Saône 176 – Chaumont 143 – Dijon 152 – Nevers 110 – Sens 59 – Troyes 81.

▲ **Municipal** de mi-avr. à fin sept.
☎ 03 86 52 11 15, camping.mairie@auxerre.com,
Fax 03 86 51 17 54 – **R** conseillée
4,5 ha (220 empl.) plat, herbeux
Tarif : ★ 3,15 € 🅴 2,75 € – ⚡ (6A) 2,55 €
🚐
Pour s'y rendre : Rte de Vaux (au sud-est de la ville, près du stade, à 150 m de l'Yonne)

Nature : 🌳 🌳
Loisirs : 🎣 ⚽
Services : ♿ 🔑 ✂ 🚿 🧺 ☺ 🏊
🎰 sèche-linge 🚗
À prox. : ✂ 🎮 🖼 ⛷

AVALLON

✉ 89200 – **319** G7 – G. Bourgogne – 8 217 h. – alt. 250
🛈 Syndicat d'initiative, 6, rue Bocquillot ☎ 03 86 34 14 19, Fax 03 86 34 28 29
Paris 220 – Dijon 106 – Auxerre 55 – Autun 80 – Cosne 91.

▲ **Municipal Sous Roches** de déb. avr. à mi-oct.
☎ 03 86 34 10 39, campingsousroches@ville-avallon.fr,
Fax 03 86 34 10 39 – **R** conseillée
2,7 ha (402 empl.) en terrasses, plat, herbeux
Tarif : (Prix 2008) ★ 3 € ⇔ 2 € 🅴 2 € – ⚡ (6A) 3 €
🚐 1 borne artisanale 5 € – 8 🅴 13,80 €
Pour s'y rendre : r. Sous Roche

Nature : 🍃
Loisirs : 🎣 ⚽
Services : ♿ 🔑 ✂ ☺ 🎰 sèche-linge

BEAUNE

✉ 21200 – **320** I7 – G. Bourgogne – 21 923 h. – alt. 220
🛈 Office de tourisme, 1, rue de l'Hôtel Dieu ☎ 03 80 26 21 30, Fax 03 80 26 21 39
Paris 308 – Autun 49 – Auxerre 149 – Chalon-sur-Saône 29 – Dijon 45 – Dole 65.

▲ **Municipal les Cent Vignes** de mi-mars à fin nov.
☎ 03 80 22 03 91, campinglescentvignes@mairie-beaune.fr, Fax 03 80 22 03 91 – **R** conseillée
2 ha (116 empl.) plat, herbeux, gravillons
Tarif : (Prix 2008) 16,30 € ★★ ⇔ 🅴 – ⚡ (10A) – pers. suppl. 3,60 €
Pour s'y rendre : 10 r. Auguste-Dubois (sortie nord par r. du Faubourg-St-Nicolas et D 18 à gauche)
À savoir : Belle délimitation des emplacements et entrée fleurie

Nature : 🌳 🍃
Loisirs : 🍺 ✂ snack 🎣 ⚽ terrain omnisports
Services : ♿ 🔑 GB ✂ 🚿 ☺ 🚰
🎰 sèche-linge 🚗

BOURGOGNE

BLIGNY-SUR-OUCHE

✉ 21360 – **320** I7 – 750 h. – alt. 360
🛈 Office de tourisme, 21, place de l'Hôtel de Ville ✆ 03 80 20 16 51, Fax 03 80 20 17 90
Paris 295 – Dijon 63 – Chalon-sur-Saône 48 – Le Creusot 62 – Beaune 19.

▲ Les Isles mai-sept.
✆ 03 80 20 00 64, infos@camping-des-isles.fr,
Fax 03 80 20 00 64, www.camping-des-isles.fr – **R** conseillée
1,2 ha (70 empl.) plat, herbeux
Tarif : 14,69 € ✶✶ 🚗 🅴 [✽] (6A) – pers. suppl. 2,79 €
🚐 6 🅴 3,59 € – 🚛 [✽] 13.90 €
Pour s'y rendre : 2 allée de la Gare

Nature : 🌳🌳
Services : ♿ ⛽ GB ✂ 🧺 🍴 📞
À prox. : ✂

BOURBON-LANCY

✉ 71140 – **320** C10 – G. Bourgogne – 5 634 h. – alt. 240 – ♨ – Base de loisirs
🛈 Office de tourisme, place d'Aligre ✆ 03 85 89 18 27, Fax 03 85 89 28 38
Paris 308 – Autun 62 – Mâcon 110 – Montceau-les-Mines 55 – Moulins 36 – Nevers 72.

▲ Saint-Prix de déb. avr. à fin oct.
✆ 03 85 89 20 98, aquadis1@wanadoo.fr,
Fax 03 86 37 95 83, www.aquadis-loisirs.com – **R** conseillée
– camping en 2 parties distinctes
2,5 ha (128 empl.) plat, peu incliné et en terrasses, herbeux
Tarif : 16 € ✶✶ 🚗 🅴 (6A) – pers. suppl. 4,40 € – frais de réservation 8 €
Location (de déb. avr. à fin oct.) : 22 🏠 (4 à 6 pers.) nuitée 65 € - 287 à 535 €/sem. – frais de réservation 16 € - **R** conseillée
🚐 – 10 🅴 16 €
Pour s'y rendre : 2 r. St-Prix (vers sortie sud-ouest, rte de Digoin, à la piscine)
À savoir : À 200 m d'un plan d'eau

Nature : 🏞 🌳🌳
Loisirs : 🎣 🚴
Services : ⛽ GB ✂ 🧺 🍴 🎮 ♨ 🔥
🍽
À prox. : 🍴 🍔 snack 🎾 ✂ 🎿 ⛵ (plage) 🏇 🏃 terrain omnisports, cinéma

Utilisez le guide de l'année.

CHABLIS

✉ 89800 – **319** F5 – G. Bourgogne – 2 594 h. – alt. 135
🛈 Office de tourisme, 1, rue du Maréchal de Lattre ✆ 03 86 42 80 80, Fax 03 86 42 49 71
Paris 181 – Dijon 138 – Orléans 172 – Troyes 76.

▲ Municipal du Serein de déb. juin à mi-sept.
✆ 03 86 42 44 39, ot-chablis@chablis.net,
Fax 03 86 42 49 71, www.chablis.net – **R**
2 ha (50 empl.) plat, herbeux
Tarif : (Prix 2008) ✶ 1,80 € 🚗 🅴 4,60 € – [✽] (10A) 1,80 €
Pour s'y rendre : Quai Paul-Louis-Courier (600 m à l'ouest par D 956, rte de Tonnerre et chemin à dr. apr. le pont, au bord du Serein)

Nature : 🏞 🌳
Loisirs : 🎣
Services : ⛽ GB ✂ 🧺 ♨

CHAGNY

✉ 71150 – **320** I8 – G. Bourgogne – 5 591 h. – alt. 215
🛈 Office de tourisme, 2, place des Halles ✆ 03 85 87 25 95, Fax 03 85 87 14 44
Paris 327 – Autun 44 – Beaune 15 – Chalon-sur-Saône 20 – Mâcon 77 – Montceau 47.

▲ Le Pâquier Fané avr.-oct.
✆ 03 85 87 21 42, cyrilydia@hotmail.fr, http://site.voila.fr/campingdupaquierfane
1,8 ha (85 empl.) plat, herbeux
Tarif : 16,60 € ✶✶ 🚗 🅴 [✽] (6A) – pers. suppl. 2,30 €
Pour s'y rendre : r. Pâquier-Fané (à l'ouest, au bord de la Dheune)
À savoir : Cadre agréable au bord de la Dheune

Nature : 🏞 🌳
Loisirs : snack 🚴
Services : ♿ ⛽ GB ✂ 🧺 🍴 ♨ 🔥
🍽
À prox. : ✂ 🎿

BOURGOGNE

CHAMBILLY

✉ 71110 – **320** E12 – 497 h. – alt. 249
Paris 363 – Chauffailles 28 – Digoin 27 – Dompierre-sur-Besbre 55 – Lapalisse 36 – Roanne 34.

▲ **La Motte aux Merles** avr.-oct.
℘ 03 85 25 37 67 – **R** conseillée
1 ha (25 empl.) plat, herbeux, peu incliné
Tarif : ♣ 2,95 € – ⇔ 🔲 3,90 € – (⨂) (8A) 2,40 €
Location : 2 🏠 (2 à 4 pers.) nuitée 31 € - 214 €/sem.
– **R** conseillée
🚐 3 🔲 12,20 €
Pour s'y rendre : Rte de la Palisse (5 km au sud-ouest par D 990 et chemin à gauche)

Nature : 🌳 ≤
Loisirs : 🐎 🚴 🛶 (petite piscine)
Services : 🚻 ⚡ 🝁 🚮 ♻ 🗑

LA CHARITÉ-SUR-LOIRE

✉ 58400 – **319** B8 – G. Bourgogne – 5 460 h. – alt. 170
🛈 Syndicat d'initiative, 5, place Sainte-Croix ℘ 03 86 70 15 06, Fax 03 86 70 21 55
Paris 212 – Bourges 51 – Clamecy 54 – Cosne-sur-Loire 30 – Nevers 25.

▲ **Municipal la Saulaie**
℘ 03 86 70 00 83, contact@lacharitesurloire-tourisme.com
– **R** conseillée
1,7 ha (100 empl.) plat, herbeux
Pour s'y rendre : Rte de Bourges (sortie sud-ouest)
À savoir : Dans l'Île de la Saulaie, près de la plage

Nature : ♀
Loisirs : 🏠 🛶 🐬
Services : 🚻 ⚡ 🚮 ♻ 🗑
À prox. : ✂ 🎣 canoë

CHAROLLES

✉ 71120 – **320** F11 – G. Bourgogne – 3 027 h. – alt. 279
🛈 Office de tourisme, 24, rue Baudinot ℘ 03 85 24 05 95, Fax 03 85 24 28 12
Paris 374 – Autun 80 – Chalon-sur-Saône 67 – Mâcon 55 – Moulins 81 – Roanne 61.

▲ **Municipal** de déb. avr. à fin sept.
℘ 03 85 24 04 90, camping.charolles@orange.fr,
Fax 03 85 24 04 90 – **R** conseillée
1 ha (60 empl.) plat, herbeux, gravillons
Tarif : (Prix 2008) ♣ 2 € – ⇔ 1,50 € 🔲 3,50 € – (⨂) (6A) 2 €
🚐 – 🚗 8 €
Pour s'y rendre : Rte de Viry (sortie nord-est, rte de Mâcon et D 33 à gauche)
À savoir : Cadre agréable au bord de l'Arconce

Nature : 🏞 ♀
Loisirs : 🏃
Services : 🚻 ⚡ 🔌 🝁 🚮 ♻ 🗑 📶
À prox. : 🏠 🛶 🎣 🚐

House boat sur le canal de Bourgogne

BOURGOGNE

CHÂTEAU-CHINON

✉ 58120 – **319** G9 – G. Bourgogne – 2 990 h. – alt. 510
🛈 Syndicat d'initiative, place Saint-Christophe ✆ 03 86 85 06 58, Fax 03 86 85 06 58
Paris 281 – Autun 39 – Avallon 60 – Clamecy 65 – Moulins 89 – Nevers 65 – Saulieu 45.

▲ **Municipal du Perthuy d'Oiseau** de déb. mai à fin sept.
✆ 03 86 85 08 17, mairiechateauchinonville@wanadoo.fr, Fax 03 86 85 01 00 – **R** conseillée
1,8 ha (52 empl.) peu incliné à incliné, herbeux
Tarif : (Prix 2008) ⋆ 2 € ⇔ 2,50 € 🅴 1,50 € – ⚡ (10A) 2,50 €
🚐
Pour s'y rendre : R. du Perthuy-d'Oiseau (sortie sud par D 27, rte de Luzy et à dr.)
À savoir : À l'orée d'une forêt

Nature : 🌳 ≤ 🏕 ♀
Loisirs : 🏠
Services : ♿ 🚿 🗑 ⊙ 🚿

Les indications d'accès à un terrain sont généralement indiquées, dans notre guide, à partir du centre de la localité.

CHÂTILLON-SUR-SEINE

✉ 21400 – **320** H2 – G. Bourgogne – 6 269 h. – alt. 219
🛈 Office de tourisme, place Marmont ✆ 03 80 91 13 19, Fax 03 80 91 21 46
Paris 233 – Auxerre 85 – Avallon 75 – Chaumont 60 – Dijon 83 – Langres 74 – Saulieu 79 – Troyes 69.

▲ **Municipal Louis-Rigoly** de déb. avr. à fin sept.
✆ 03 80 91 03 05, tourism-chatillon-sur-seine@wanadoo.fr, Fax 03 80 91 21 46, www.mairie-chatillon-sur-seine.fr – **R** conseillée
0,8 ha (54 empl.) peu incliné, plat, herbeux, goudronné
Tarif : ⋆ 3,40 € ⇔ 1,45 € 🅴 3,20 € – ⚡ (6A) 4,60 €
🚐 1 borne raclet 4,10 €
Pour s'y rendre : Esplanade St-Vorles (par rte de Langres)
À savoir : Sur les hauteurs ombragées de la ville

Nature : 🌳 🏕 ♀
Services : ♿ 🔑 🚿 ⊙ 🗑
À prox. : 🍴 ✕ 🛶 🏊 🚿

187

CHAUFFAILLES

✉ 71170 – **320** G12 – 4 119 h. – alt. 405
🛈 Office de tourisme, 1, rue Gambetta ✆ 03 85 26 07 06, Fax 03 85 26 03 92
Paris 404 – Charolles 32 – Lyon 77 – Mâcon 64 – Roanne 33.

▲▲ **Municipal les Feuilles** mai-sept.
✆ 03 85 26 48 12, campingchauffailles@orange.fr, Fax 03 85 26 55 02, www.chauffailles.fr – **R** conseillée
4 ha (75 empl.) plat et peu incliné, herbeux, gravillons
Tarif : (Prix 2008) 11 € ⋆⋆ ⇔ 🅴 ⚡ (5A) – pers. suppl. 3,50 €
Location : huttes – **R** conseillée
Pour s'y rendre : au sud-ouest par r. du Chatillon
À savoir : Cadre verdoyant au bord du Botoret

Nature : 🏕 ♀
Loisirs : 🏠 🛝 ✂ 🐟
Services : ♿ 🔑 GB 🚿 🗑 🧺 ⊙ 🚿
À prox. : 🏊

CHEVENON

✉ 58160 – **319** C10 – G. Bourgogne – 662 h. – alt. 190
Paris 251 – Dijon 188 – Moulins 51 – Tours 231.

▲ **Municipal** Permanent
✆ 03 86 68 71 71 – **R**
4 ha/2 campables (63 empl.) plat et peu incliné, herbeux, en terrasses
Tarif : (Prix 2008) ⋆ 2,25 € ⇔ 1,15 € 🅴 1,75 € – ⚡ (16A) 9,15 €
Pour s'y rendre : Allée des Loisirs (1,4 km au sud-ouest par D 200, rte de Magny-Cours)

Nature : 🏕 ♀♀
Services : ♿ 🔑 🚿 🗑 ⊙
À prox. : ⛳ 🏖 (plage) 🏊 🚿

BOURGOGNE

CLAMECY

✉ 58500 – **319** E7 – G. Bourgogne – 4 806 h. – alt. 144
🛈 *Office de tourisme, rue du Grand Marché* ☎ 03 86 27 02 51, Fax 03 86 27 20 65
Paris 208 – Auxerre 42 – Avallon 38 – Bourges 105 – Cosne-sur-Loire 52 – Dijon 145 – Nevers 69.

▲ **Le Pont Picot** de mi-avr. à déb. oct.
☎ 03 86 27 05 97, *tourism.clamecy@wanadoo.fr*,
Fax 03 86 27 20 65, www.vaux-yonne.com – ℞
1 ha (90 empl.) plat, herbeux
Tarif : (Prix 2008) ⚹ 2,80 € ⟷ 2 € 🅴 2 € – [⚡] (16A) 2,80 €
🚐

Nature : 🌳 ♀
Loisirs : 🏊
Services : ♿ ⚿ 🚿 ⊙ 🅿 sèche-linge
À prox. : canoë

Pour s'y rendre : R. de Chevroches (au sud, au bord de l'Yonne et du canal du Nivernais, accès conseillé par Beaugy)
À savoir : Situation agréable dans une petite île

LA CLAYETTE

✉ 71800 – **320** F12 – G. Bourgogne – 2 069 h. – alt. 369
🛈 *Office de tourisme, 3, route de Charolles* ☎ 03 85 28 16 35, Fax 03 85 28 28 34
Paris 387 – Charolles 20 – Lapalisse 64 – Lyon 85 – Mâcon 54 – Roanne 41.

⛰ **les Bruyères** de déb. avr. à mi-oct.
☎ 03 85 28 09 15, *aquadis1@wanadoo.fr*,
Fax 03 85 28 09 15, www.aquadis-loisirs.com – ℞
2,2 ha (100 empl.) plat, peu incliné, herbeux, gravier
Tarif : (Prix 2008) 15,06 € ⚹⚹ ⟷ 🅴 – [⚡] (6A) – pers. suppl. 3,60 € – frais de réservation 10 €

Nature : 🏞 ♀♀
Loisirs : 🏊 🎣
Services : ♿ ⚿ 🌐 🚿 🛒 ⊙ 🅿
À prox. : ✂ 🏇 ⛵ ≈ 🚣

Location (Prix 2008) (de déb. avr. à mi-oct.) : 🛖 – frais de réservation 16 € · ℞ conseillée
🚐 – 5 🅴 15,06 €

Pour s'y rendre : 9 rte de Gibles (à l'est sur D 79, rte de St-Bonnet-de-Joux)
À savoir : Face au lac et au château

Ce guide n'est pas un répertoire de tous les terrains de camping mais une sélection des meilleurs campings dans chaque catégorie.

CLUNY

✉ 71250 – **320** H11 – G. Bourgogne – 4 376 h. – alt. 248
🛈 *Office de tourisme, 6, rue Mercière* ☎ 03 85 59 05 34, Fax 03 85 59 06 95
Paris 384 – Chalon-sur-Saône 49 – Charolles 43 – Mâcon 25 – Montceau-les-Mines 44 – Roanne 81 – Tournus 33.

⛰ **Municipal St-Vital** de fin avr. à déb. oct.
☎ 03 85 59 08 34, *camping.st.vital@orange.fr*,
Fax 03 85 59 08 34 – ℞ conseillée
3 ha (174 empl.) plat, herbeux, peu incliné
Tarif : (Prix 2008) 15,30 € ⚹⚹ ⟷ 🅴 [⚡] (6A) – pers. suppl. 3,95 €

Nature : ≤
Services : ⚿ 🌐 🚿 🛒 🅿
À prox. : ✂ 🏊 ⛵ 🏇

Pour s'y rendre : R. des Griottons (sortie est par D 15, rte d'Azé)

CORANCY

✉ 58120 – **319** G9 – G. Bourgogne – 366 h. – alt. 368
Paris 275 – Château-Chinon 7 – Corbigny 38 – Decize 59 – Nevers 69 – St-Honoré-les-Bains 32.

▲ **Les Soulins** de déb. avr. au déb. nov.
☎ 03 86 78 01 62, *campingcorancy@orange.fr*, www.corancy.com – ℞ conseillée
1,2 ha (42 empl.) plat et peu incliné, herbeux
Tarif : ⚹ 3,50 € ⟷ 🅴 4,50 € – [⚡] (10A) 3,25 €
🚐 12,50 €

Nature : 🌳 ≤
Loisirs : 🏓 🎣
Services : ♿ ⚿ 🚿 🅿 ⊙ 🛒
À prox. : ≈

Pour s'y rendre : 3,5 km au nord-ouest par D 12, D 161, rte de Montigny-en-Morvan et D 230 à gauche apr. le pont
À savoir : Près du lac

BOURGOGNE

CORMATIN

✉ 71460 – **320** I10 – G. Bourgogne – 452 h. – alt. 212
🛈 Office de tourisme, le bourg ✆ 03 85 50 71 49
Paris 371 – Chalon-sur-Saône 37 – Mâcon 36 – Montceau-les-Mines 41.

Le Hameau des Champs de déb. avr. à fin sept.
✆ 03 85 50 76 71, camping.cormatin@wanadoo.fr,
Fax 03 85 50 76 98, www.le-hameau-des-champs.com
– **R** conseillée
5,2 ha (60 empl.) plat, herbeux
Tarif : (Prix 2008) ⚹ 3,50 € ⇔ 🅴 5,50 € – [⚡] (13A) 3,20 €
Location (Prix 2008) (permanent) : 10 🏠 (4 à 6 pers.) -
342 à 475 €/sem. – **R** conseillée
🚐
Pour s'y rendre : sortie nord par D 981, rte de Chalon-sur-Saône, à 150 m d'un plan d'eau et de la Voie Verte Givry-Cluny

Nature : 🌳
Loisirs : 🍴 snack 🎣 🚴
Services : ♿ 🔌 GB 🚿 🍴 ⊙ 🚰 ⚡
🗑
À prox. : 🛥

COUCHES

✉ 71490 – **320** H8 – G. Bourgogne – 1 409 h. – alt. 320
🛈 Syndicat d'initiative, 3, Grande Rue ✆ 03 85 49 69 47, Fax 03 85 49 69 47
Paris 328 – Autun 26 – Beaune 31 – Le Creusot 16 – Chalon-sur-Saône 26.

Municipal la Gabrelle de mi-juin à mi-sept.
✆ 03 85 45 59 49, camping-la-gabrelle@orange.fr – **R** conseillée
1 ha (50 empl.) en terrasses, herbeux
Tarif : (Prix 2008) ⚹ 2 € ⇔ 4 € 🅴 3,20 € – [⚡] (6A) 2,80 €
🚐 1 borne artisanale 5 € –
Pour s'y rendre : 1,7 km au nord-ouest par D 978, rte d'Autun, près d'un petit plan d'eau

Nature : 🌿
Loisirs : 🍴 snack 🎣 🚴
Services : ♿ 🔌 GB ⊙ 📞 🐕 🗑

CRÊCHES-SUR-SAÔNE

✉ 71680 – **320** I12 – 2 753 h. – alt. 180
🛈 Syndicat d'initiative, 466, route nationale 6 ✆ 03 85 37 48 32, Fax 03 85 36 57 91
Paris 398 – Bourg-en-Bresse 45 – Mâcon 9 – Villefranche-sur-Saône 30.

Municipal Port d'Arciat de mi-mai à mi-sept.
✆ 03 85 37 11 83, camping-creches.sur.saone@wanadoo.fr, Fax 03 85 36 57 91, http://membres.lycos.fr/campingduportdarciat – **R** conseillée
5 ha (160 empl.) plat, herbeux
Tarif : (Prix 2008) 14,50 € ⚹⚹ ⇔ 🅴 [⚡] (6A) – pers. suppl. 3,70 €
🚐
Pour s'y rendre : Rte du Port d'Arciat (1,5 km à l'est par D 31, rte de Pont de Veyle)
À savoir : En bordure de Saône et près d'un plan d'eau, accès direct

Nature : 🌱
Loisirs : 🚴 🛥
Services : ♿ 🔌 GB 🚿 🏊 ⊙ 🗑
À prox. : 🍴 snack 🎣 🛶 🏊

CRUX-LA-VILLE

✉ 58330 – **319** E9 – 453 h. – alt. 319
Paris 248 – Autun 85 – Avallon 138 – La Charité-sur-Loire 45 – Clamecy 39 – Nevers 41.

Le Merle de déb. avr. à fin oct.
✆ 03 86 58 38 42, aquadis1@wanadoo.fr,
Fax 03 86 37 95 83, www.aquadis-loisirs.com – **R** conseillée
2,6 ha (100 empl.) plat, peu incliné, herbeux
Tarif : 17 € ⚹⚹ ⇔ 🅴 (6A) – pers. suppl. 4,40 € – frais de réservation 8 €
Location (de déb. mars à fin oct.) : 8 🛖 (4 à 6 pers.) -
nuitée 40 € - 180 à 460 €/sem. – 5 🏠 (4 à 6 pers.) -
nuitée 45 € - 210 à 530 €/sem. – frais de réservation 16 € - **R** conseillée
🚐 5 🅴 17 €
Pour s'y rendre : Lieu-dit : Le Merle (4,5 km au sud-ouest par D 34, rte de St-Saulge et D 181 à dr., rte de Ste-Marie, au bord de l'étang)

Nature : 🌳 🌊 ⛰
Loisirs : snack 🎣 🚴 🛥
Services : ♿ 🔌 GB 🚿 🏊 ⊙ 🗑
À prox. : pédalos, canoë

BOURGOGNE

DIGOIN

✉ 71160 – **320** D11 – G. Bourgogne – 8 947 h. – alt. 232
🛈 *Office de tourisme, 8, rue Guilleminot* ✆ *03 85 53 00 81, Fax 03 85 53 27 54*
Paris 337 – Autun 69 – Charolles 26 – Moulins 57 – Roanne 57 – Vichy 69.

△ **La Chevrette** de déb. mars à fin oct.
✆ 03 85 53 11 49, lachevrette@wanadoo.fr,
Fax 03 85 88 59 70, www.lachevrette.com – **R** conseillée
1,6 ha (100 empl.) plat et terrasse, herbeux, gravillons
Tarif : ★ 4 € 🚗 🅿 6,50 € – 🔌 (10A) 3,40 €
Location (de déb. mars à mi-oct.) 🚫 : 2 🏠
– **R** conseillée
Pour s'y rendre : 41 r. de la Chevrette (sortie ouest en dir. de Moulins, vers la piscine municipale, près de la Loire)

Nature : 🌳 ♀
Loisirs : snack 🎱 🚲
Services : ♿ ⚡ GB ♻ ▥ ☺ ♨ 🚿
🏠 🧺 sèche-linge
À prox. : 🏊 🛶

DIJON

✉ 21000 – **320** K6 – G. Bourgogne – 149 867 h. – alt. 245
🛈 *Office de tourisme, 34, rue des Forges* ✆ *08 92 70 05 58, Fax 03 80 30 90 02*
Paris 316 – Besançon 93 – Chalon 72 – Le Creusot 91 – Dole 51.

△ **du Lac Kir** de déb. avr. à mi-oct.
✆ 03 80 43 54 72, campingdijon@wanadoo.fr,
Fax 03 80 45 57 06, www.camping-dijon.com – **R** conseillée
2,5 ha (121 empl.) plat, herbeux
Tarif : (Prix 2008) 15,30 € ★★ 🚗 🅿 🔌 (6A) – pers. suppl. 3,40 € – frais de réservation 5 €
Location (Prix 2008) (de déb. avr. à mi-oct.) 🚫 : 8 🏕
(4 à 6 pers.) nuitée 45 € - 427 à 525 €/sem. – frais de réservation 15 € - **R** conseillée
🚐 – 15 🅿 15,30 €
Pour s'y rendre : 3 bd Chaloine-Kir

Nature : 🌳 ♀
Services : ♿ ⚡ GB ♻ ▥ ☺ ♨ 🚿
À prox. : 🏊 🛶 🚣

DOMPIERRE-LES-ORMES

✉ 71520 – **320** G11 – 792 h. – alt. 480
Paris 405 – Chauffailles 28 – Cluny 23 – Mâcon 35 – Montceau-les-Mines 52 – Paray-le-Monial 37.

🅰 **Le Village des Meuniers** de déb. mai à fin sept.
✆ 03 85 50 36 60, contact@villagedesmeuniers.com,
Fax 03 85 50 36 61, www.villagedesmeuniers.com – **R**
3 ha (113 empl.) en terrasses, plat et peu incliné, herbeux
Tarif : ★ 6,75 € 🚗 🅿 10,15 € – 🔌 (15A) 4,20 € – frais de réservation 15 €
Location (permanent) : 15 🏕 (4 à 6 pers.) nuitée 140 €
- 291 à 724 €/sem. – gîtes – frais de réservation 15 € -
R conseillée
🚐 – 🛻 🅿 13,7 €
Pour s'y rendre : Les Meuniers (sortie nord-ouest par D 41, rte de la Clayette et chemin à dr., près du stade)
À savoir : Situation dominante et panoramique

Nature : 🌄 ⇐ 🌳
Loisirs : 🍷 snack 🎱 🌙 nocturne 🛝 🏊 🛶 🎣
Services : ♿ GB ♻ ▥ ☺ ♨ 🚿 📶
🧺
À prox. : ⚽ terrain omnisports

Si vous recherchez :

👥 Un terrain offrant des équipements et des loisirs adaptés aux enfants
🌿 Un terrain agréable ou très tranquille
L - M Un terrain effectuant la location de caravanes, de mobile homes, de bungalows ou de chalets
P Un terrain ouvert toute l'année
🚐 Un terrain possédant une aire de services pour camping-cars
Consultez le tableau des localités

BOURGOGNE

ÉPINAC

✉ 71360 – **320** H8 – 2 522 h. – alt. 340
🛈 Office de tourisme, 10, rue Roger Salengro ☎ 03 85 82 04 20
Paris 304 – Arnay-le-Duc 20 – Autun 19 – Chagny 29 – Beaune 34.

▲ **Municipal le Pont Vert** de déb. avr. à déb. nov.
☎ 03 85 82 00 26, info@campingdupontvert.com,
Fax 03 85 82 13 67, www.campingdupontvert.com
– **R** conseillée
2,9 ha (71 empl.) plat, herbeux
Tarif : (Prix 2008) 16,35 € ★★ 🚗 🅴 (⚡) (10A) – pers. suppl. 2,65 €
Location (Prix 2008) (de déb. avr. à déb. nov.) : huttes – frais de réservation 18,50 € - **R** conseillée
🚐
Pour s'y rendre : R. de la Piscine (sortie sud par D 43 et chemin à dr., au bord de la Drée)

Demandez à votre libraire le catalogue des **publications MICHELIN.**

Nature : 🌳 🗋 ♀
Loisirs : 🏛
Services : ♿ ☎ GB ✂ 🅿 🏊 ⊙ ☏ ☏ 🚽
À prox. : 🍴 snack 🏇 🚴 🎣

GIGNY-SUR-SAÔNE

✉ 71240 – **320** J10 – 504 h. – alt. 178
Paris 355 – Chalon-sur-Saône 29 – Le Creusot 51 – Louhans 30 – Mâcon 47 – Tournus 13.

▲▲▲ **Domaine de l'Épervière** de fin mars à fin sept.
☎ 03 85 94 16 90, info@domaine-eperviere.com,
Fax 03 85 94 16 97, www.domaine-eperviere.com – places limitées pour le passage – **R** conseillée
7 ha (100 empl.) plat, herbeux, gravillons
Tarif : ★ 8,10 € 🅴 11,90 € – (⚡) (10A) 5,30 € – frais de réservation 10 €
Location (de fin mars à fin sept.) 🏠 : 5 🏕 (4 à 6 pers.) 399 à 829 €/sem. – gîtes – frais de réservation 20 € - **R** conseillée
🚐
Pour s'y rendre : R. du Château (1 km au sud, à l'Épervière)
À savoir : Agréable parc boisé au bord d'un étang

Nature : 🌳 🗋 ♀♀
Loisirs : 🍴 ✕ pizzeria 🏛 ≋ jacuzzi pateaugoire pour enfants 🏇 🚴 🎱 🎳 (bassin) 🎣
Services : ♿ ☎ GB 🅿 🏊 ⊙ ☏ ☏ 🚽 🏪
À prox. : ✂

GIMOUILLE

✉ 58470 – **319** B10 – 512 h. – alt. 210
Paris 257 – Dijon 195 – Nevers 11 – Bourges 59 – Montluçon 91.

▲▲▲ **Domaine du Grand Bois** (location exclusive de chalets et de roulottes) de déb. avr. à fin déc.
☎ 03 86 21 09 21, reservation@grand-bois.com,
Fax 03 86 21 09 22, www.grand-bois.com – **R** conseillée
15 ha vallonné, herbeux
Location ♿ (5 chalets) 🅿 : 🏕 (4 à 6 pers.) - 490 à 1239 €/sem. – 7 roulottes – **R** conseillée
Pour s'y rendre : Rte de Fertot

Nature : 🌳
Loisirs : 🍴 🏛 🎣 🏇 🚴 ✕ 🎱 🎳 🎣 poneys (centre équestre) canoë
Services : ♿ ☎ GB ✂ 🅿 🏛 sèche-linge 🚽
À prox. : ✕

GUEUGNON

✉ 71130 – **320** E10 – 8 563 h. – alt. 243
Paris 335 – Autun 53 – Bourbon-Lancy 27 – Digoin 16 – Mâcon 57 – Montceau-les-Mines 29 – Moulins 63.

▲ **Municipal de Chazey**
☎ 03 85 85 23 11, officedetourisme@gueugnon.fr,
Fax 03 85 85 50 61, www.gueugnon.fr – **R** conseillée
1 ha (20 empl.) plat, herbeux
Location : 3 🏠
Pour s'y rendre : 4 km au sud par D 994, rte de Digoin et chemin à dr.
À savoir : Près d'un petit canal et de deux plans d'eau

Nature : 🌳 🗋
Loisirs : 🏛 🏇
Services : ♿ ☎ 🅿 ⊙ 🏊
À prox. : 🚴 ≋ (plage) 🎣

BOURGOGNE

L'ISLE-SUR-SEREIN

✉ 89440 – **319** H6 – 716 h. – alt. 190
Paris 209 – Auxerre 50 – Avallon 17 – Montbard 36 – Tonnerre 36.

▲ **Municipal le Parc du Château** de mi-avr. à fin sept.
☏ 03 86 33 93 50, mairie-isle-sur-serein@wanadoo.fr,
Fax 03 86 33 91 81, www.isle-sur-serein.com – **R** conseillée
1 ha (40 empl.) plat, herbeux
Tarif : (Prix 2008) ★ 2,40 € ⇔ 1,60 € 🅴 1,70 € – ⚡ (32A) 2,60 €
Location (Prix 2008) : 4 🛖 (4 à 6 pers.) nuitée 40 € - 200 €/sem. – **R** conseillée
🚐 1 borne artisanale 3 € – 2 🅴 3,10 €
Pour s'y rendre : Rte d'Avallon (800 m au sud par D 86, au stade, à 150 m du Serein)

Nature : ♀
Services : ⚬━ 🏛 🅿 ♿ 🛁
À prox. : 🐎 ✂ parcours sportif

ISSY-L'EVÊQUE

✉ 71760 – **320** D9 – 907 h. – alt. 310
Paris 325 – Bourbon-Lancy 25 – Gueugnon 17 – Luzy 12 – Montceau-les-Mines 39 – Paray-le-Monial 37.

▲ **L'Étang Neuf** de fin avr. à mi-sept.
☏ 03 85 24 96 05, info@camping-etang-neuf.com, www.camping-etang-neuf.com – **R** conseillée
6 ha/3 campables (71 empl.) plat, peu incliné, herbeux, gravillons
Tarif : (Prix 2008) 21 € ★★ ⇔ 🅴 ⚡ (6A) – pers. suppl. 4,50 € – frais de réservation 10 €
Location (Prix 2008) (de fin avr. à mi-sept.) 🚫 : 2 🛖 (4 à 6 pers.) à 499 €/sem. – 6 🏠 (4 à 6 pers.) - 199 à 420 €/sem. – frais de réservation 10 € – **R** conseillée
🚐
Pour s'y rendre : L'Étang Neuf (1 km à l'ouest par D 42, rte de Grury et chemin à dr.)
À savoir : Situation agréable en bordure d'un étang et d'un bois

Nature : 🌳 ≤ 🌊
Loisirs : 🍴 🎮 🚣 ⛵
Services : ♿ ⚬━ 🏧 ✂ 🅿 ♨ 📶
🧊
À prox. : 🐟 🛶 🏊 🐎

LAIVES

✉ 71240 – **320** J10 – 901 h. – alt. 198
Paris 355 – Chalon-sur-Saône 20 – Mâcon 48 – Montceau-les-Mines 49 – Tournus 14.

▲ **Les Lacs de Laives - la Héronnière** de fin avr. à mi-sept.
☏ 03 85 44 98 85, contact@camping-laheronniere.com, Fax 03 85 44 98 85, www.camping-laheronniere.com – **R** conseillée
1,5 ha (80 empl.) plat, herbeux
Tarif : 22,50 € ★★ ⇔ 🅴 ⚡ (10A) – pers. suppl. 4,80 € – frais de réservation 5 €
🚐 4 🅴 22,50 €
Pour s'y rendre : Rte de la Ferté (4,2 km au nord par D 18, rte de Buxy et rte à dr.)
À savoir : Près des lacs de Laives

Nature : 🌳 🏞 ♀
Loisirs : 🚲 🏊
Services : ♿ ⚬━ 🏧 ✂ 🅿 ♨ 🧊
À prox. : 🍴 snack 🛶

LIGNY-LE-CHÂTEL

✉ 89144 – **319** F4 – G. Bourgogne – 1 289 h. – alt. 130
Paris 178 – Auxerre 22 – Sens 60 – Tonnerre 28 – Troyes 64.

▲ **Municipal la Noue Marou**
☏ 03 86 47 56 99, Fax 03 86 47 44 02 – **R** conseillée
2 ha (42 empl.) plat, herbeux
Pour s'y rendre : sortie sud-ouest par D 8, rte d'Auxerre et chemin à gauche, au bord du Serein

Nature : 🌳
Loisirs : 🎣
Services : ⚬━ 🅿 ♨ 🧊
À prox. : 🐎 ✂ 🛶

BOURGOGNE

LOUHANS

✉ 71500 – **320** L10 – G. Bourgogne – 6 237 h. – alt. 179
🛈 *Office de tourisme, 1, Arcade Saint-Jean* ✆ *03 85 75 05 02, Fax 03 85 75 48 70*
Paris 373 – Bourg-en-Bresse 61 – Chalon-sur-Saône 38 – Dijon 85 – Dole 76 – Tournus 31.

Municipal mai-sept.
✆ 03 85 75 19 02, *villedelouhansag@wanadoo.fr*,
Fax 03 85 76 75 11 – **R** conseillée
1 ha (60 empl.) plat, herbeux, gravillons
Tarif : (Prix 2008) ♦ 1,90 € ⇌ 1,80 € 🄴 1,80 € –
🄵 (6A) 3,70 €
Pour s'y rendre : 1 km au sud-ouest par D 971, rte de Tournus et D 12, rte de Romenay, à gauche apr. le stade
À savoir : Cadre verdoyant en bordure de rivière

Nature : 🌳 ♀♀
Services : ♿ ⚿ (juil.-août) 🅲 🏪 ☺
À prox. : ✂ ⏃ 🏊

*The classification (1 to 5 tents, **black** or red) that we award to selected sites in this Guide is a system that is our own. It should not be confused with the classification (1 to 4 stars) of official organisations.*

LUZY

✉ 58170 – **319** G11 – G. Bourgogne – 2 234 h. – alt. 275
🛈 *Syndicat d'initiative, place Chanzy* ✆ *03 86 30 02 65*
Paris 314 – Autun 34 – Château-Chinon 39 – Moulins 62 – Nevers 78.

Château de Chigy 👥 – de fin avr. à fin sept.
✆ 03 86 30 10 80, *reception@chateaudechigy.com.fr*,
Fax 03 86 30 09 22, *www.chateaudechigy.com.fr*
– **R** conseillée
70 ha/15 campables (200 empl.) plat, peu incliné et en terrasses, herbeux
Tarif : 26 € ♦♦ ⇌ 🄴 🄵 (4A) – pers. suppl. 6 €
Location : 6 🛖 (4 à 6 pers.) nuitée 51 € - 269 à 595 €/sem. – 30 🏠 (4 à 6 pers.) nuitée 69 € - 329 à 770 €/sem. – 3 appartements – 10 tentes – 6 gîtes
– **R** conseillée
Pour s'y rendre : 4 km au sud-ouest par D 973, rte de Bourbon-Lancy puis chemin à gauche
À savoir : Vaste domaine autour d'un château : prairies, bois, étangs

Nature : 🌲 ≤
Loisirs : ♀ ✗ snack 🍴 ☀ diurne
(en saison) nocturne (en saison) 🏃
⛳ 🏇 🏊 (découverte en saison)
🚣 🎣 terrain omnisports
Services : ♿ ⚿ 🅶🅱 🅲 🏪 ♨ 🔥
🚿

Une péniche sur le canal de Bourgogne

BOURGOGNE

MARCENAY

✉ 21330 – **320** G2 – 116 h. – alt. 220
Paris 232 – Auxerre 72 – Chaumont 73 – Dijon 89 – Montbard 35 – Troyes 66.

Les Grèbes du Lac mai-sept.
☎ 03 80 81 61 72, info@campingmarcenaylac.com,
Fax 03 25 81 02 64 – **R** conseillée
2,4 ha (90 empl.) plat, herbeux
Tarif : (Prix 2008) 16,50 € ✶✶ ⇔ 🅴 (10A) – pers.
suppl. 3,50 €
Location (Prix 2008) : 5 🛖 (4 à 6 pers.) nuitée 45 € -
250 à 400 €/sem. – **R** conseillée
Pour s'y rendre : 800 m au nord
À savoir : Situation agréable près d'un lac

Nature : 🌳 🏞 ⛱
Loisirs : 🍷 🏖
Services : ♿ 🔑 GB 🚲 🧺 🚿 ⊕
🚮 🧴 🛒
À prox. : 🍽 🏊 🚤 (plage)

MATOUR

✉ 71520 – **320** G12 – G. Bourgogne – 998 h. – alt. 500
🛈 Office de tourisme, ☎ 03 85 59 72 24, Fax 03 85 59 72 54
Paris 405 – Chauffailles 22 – Cluny 24 – Mâcon 36 – Paray-le-Monial 47.

Le Paluet de déb. mai à fin sept.
☎ 03 85 59 70 58, lepaluet@matour.fr, Fax 03 85 59 74 54,
www.matour.com – **R** conseillée
3 ha (75 empl.) plat et peu incliné, terrasses, herbeux,
gravillons
Tarif : 17,10 € ✶✶ ⇔ 🅴 (10A) – pers. suppl. 4,30 € –
frais de réservation 10 €
Location (de mi-mars à mi-nov.) : 8 🛖 (4 à 6 pers.) -
350 à 432 €/sem. – frais de réservation 10 € - **R**
conseillée
🚐 – 🍻 🧺 10 €
Pour s'y rendre : Le bourg (à l'ouest, rte de la Clayette et à
gauche)
À savoir : Au bord d'un étang et proche d'un complexe de
loisirs

Nature : 🌳 🏞 ♀
Loisirs : 🏓 🏖 🚲 🎾 🏊 ⛵ 🎣
terrain omnisports
Services : ♿ 🔑 (saison) GB 🚲
⊕ 🚮 🚿 🛒 sèche-linge

MEURSAULT

✉ 21190 – **320** I8 – G. Bourgogne – 1 598 h. – alt. 243
🛈 Office de tourisme, place de l'Hôtel de Ville ☎ 03 80 21 25 90, Fax 03 80 21 61 62
Paris 326 – Dijon 56 – Chalon-sur-Saône 28 – Le Creusot 40 – Beaune 9.

La Grappe d'Or de déb avr. à mi-oct.
☎ 03 80 21 22 48, info@camping-meursault.com,
Fax 03 80 21 65 74, www.camping-meursault.com
– **R** conseillée
4,5 ha (170 empl.) en terrasses, peu incliné, plat, herbeux,
gravillons
Tarif : 21 € ✶✶ ⇔ 🅴 (12A) – pers. suppl. 3,70 € – frais
de réservation 10 €
Location (de fin avr. à déb. oct.) 🏄 : 13 🛖 (4 à 6
pers.) nuitée 77 € - 294 à 539 €/sem. – frais de réser-
vation 15 € - **R** conseillée
🚐 1 borne artisanale 3,50 €
Pour s'y rendre : 2 rte de Volnay

Nature : ≤ ♀
Loisirs : 🍽 snack 🏖 🚲 🎾 🏊 ⛵
Services : 🔑 GB 🚲 🚿 ⊕ 🚮 🛒

Si vous recherchez :

⛱ Un terrain au bord de l'eau avec possibilité de baignade
🌳 Un terrain agréable ou très tranquille
L Un terrain effectuant la location de caravanes, de mobile homes,
de bungalows ou de chalets
P Un terrain ouvert toute l'année
🚐 Un terrain possédant une aire de services pour camping-cars

Consultez le tableau des localités

BOURGOGNE

MIGENNES

✉ 89400 – **319** E4 – 8 165 h. – alt. 87
🛈 *Office de tourisme, 1, place François Mitterrand* ✆ *03 86 80 03 70, Fax 03 86 92 95 32*
Paris 162 – Dijon 169 – Auxerre 22 – Sens 46 – Joigny 10.

▲ **Les Confluents** de fin mars à déb. nov.
✆ 03 86 80 94 55, *planethome2003@yahoo.fr*,
Fax 03 86 80 94 55, *www.les-confluents.com* – **R** conseillée
1,5 ha (63 empl.) plat, herbeux
Tarif : ★ 3,45 € 🚗 4,60 € – 🏠 (10A) 4,25 €
Location (de fin mars à déb. nov.) : 10 🏠 (4 à 6 pers.)
nuitée 32 € - 285 à 375 €/sem. – **R** conseillée
🚐 – 🚌 🏠 14,05 €
Pour s'y rendre : Allée Léo-Lagrange

Nature : 🌳 ♀
Loisirs : snack 🏊 🎣 🚴
Services : 🔌 🚿 🚻 🚽 ♨ 🧺 🚰
🏠 📺 🧺
À prox. : 🎣 🏊 canoë sports nautiques

MONTBARD

✉ 21500 – **320** G4 – G. Bourgogne – 6 300 h. – alt. 221
🛈 *Office de tourisme, place Henri Vincenot* ✆ *03 80 92 53 81, Fax 03 80 89 17 68*
Paris 240 – Autun 87 – Auxerre 81 – Dijon 81 – Troyes 100.

▲ **Municipal** mars-oct.
✆ 03 80 92 69 50, *camping.montbard@wanadoo.fr*,
Fax 03 80 92 21 60, *www.montbard.com* – **R**
2,5 ha (80 empl.) plat, herbeux, gravillons
Tarif : ★ 5 € 🚗 5 € – 🏠 (16A) 4 €
Location : 2 🏠 – huttes
🚐
Pour s'y rendre : R. Michel-Servet (par D 980 déviation nord-ouest de la ville, près de la piscine)
À savoir : Agréable décoration arbustive des emplacements

Nature : ≤ 🌳 ♀
Loisirs : 🏊 🎣
Services : ♿ 🚿 🚻 ♨ 🧺 🚰 🏠
À prox. : 🏨 hammam 🏊 🎣 🧴 (centre aquatique)

The Guide changes, so renew your Guide every year.

MONTIGNY-EN-MORVAN

✉ 58120 – **319** G9 – 357 h. – alt. 350
Paris 269 – Château-Chinon 13 – Corbigny 26 – Nevers 64 – Prémery 56 – St-Saulge 38.

▲ **Municipal du Lac** de déb. mai à fin sept.
✆ 03 86 84 71 77, *mairie.montigny-en-morvan@orange.fr*,
Fax 03 86 84 76 46 – **R**
2 ha (59 empl.) plat et peu accidenté, pierreux, herbeux
Tarif : (Prix 2008) ★ 2,50 € 🚗 1,70 € 🏠 2 € – 🏠 (30A) 1,90 €
Pour s'y rendre : à Bonin (2,3 km au nord-est par D 944, D 303 rte du barrage de Pannecière-Chaumard et chemin à dr.)
À savoir : Site agréable près d'un lac

Nature : 🌊 ♀
Loisirs : 🎣 🏊
Services : ♿ 🔌 🚿 🚻 🧺 ♨
À prox. : 🛶

NOLAY

✉ 21340 – **320** H8 – G. Bourgogne – 1 547 h. – alt. 299
🛈 *Office de tourisme, 24, rue de la République* ✆ *03 80 21 80 73, Fax 03 80 21 80 73*
Paris 316 – Autun 30 – Beaune 20 – Chalon-sur-Saône 34 – Dijon 64.

▲ **La Bruyère** Permanent
✆ 03 80 21 87 59, *camping-la-bruyere@mutualite21.org*,
Fax 03 80 21 87 59 – **R** conseillée
1,2 ha (22 empl.) plat, terrasses, herbeux
Tarif : 10,30 € ★★ 🚗 🏠 (20A) – pers. suppl. 2,20 €
Location (permanent) : 🏠 – **R** conseillée
🚐
Pour s'y rendre : R. du Moulin Larché (1,2 km à l'ouest par D 973, rte d'Autun et chemin à gauche)

Nature : 🌊 ≤
Loisirs : 🏊
Services : ♿ 🔌 🚿 🚻 🧺 ♨ 🏠
sèche-linge

BOURGOGNE

PALINGES

✉ 71430 – **320** F10 – 1 494 h. – alt. 274
Paris 352 – Charolles 16 – Lapalisse 70 – Lyon 136 – Mâcon 70 – Paray-le-Monial 19.

▲ **Le Lac** de déb. avr. à fin oct.
☎ 03 85 88 14 49, camping.palinges@hotmail.fr,
http://www.caravaneo.com/site_pro/239/index.php
– **R** conseillée
1,5 ha (44 empl.) en terrasses, peu incliné, herbeux
Tarif : 18,50 € ★★ 🚗 🅿 (10A) – pers. suppl. 3,30 €
Location (de déb. avr. à fin oct.) : 6 🏠 (4 à 6 pers.)
nuitée 60 € – 240 à 630 €/sem. – **R** conseillée
🚐
Pour s'y rendre : 1 km au nord-est par D 128, rte de Génelard
À savoir : Près d'un plan d'eau

Nature : 🏞
Loisirs : 🏊 🎣 🚴
Services : ♿ 🔌 M 🚿 🍽 🏪 📞
🧊 réfrigérateur, congélateur
À prox. : 🍴 🏖 (plage) 🛶

Utilisez les cartes MICHELIN, complément indispensable de ce guide.

PONT-ET-MASSÈNE

✉ 21140 – **320** G5 – 173 h. – alt. 265
Paris 250 – Dijon 79 – Auxerre 85 – Le Creusot 94 – Beaune 76.

▲ **Le Lac de Pont** de fin avr. à fin sept.
☎ 03 80 97 01 26, campinglacdepont@orange.fr,
www.campinglacdepont.fr – **R** conseillée
2,5 ha (150 empl.) plat, peu incliné, herbeux, bois attenant
Tarif : (Prix 2008) ★ 4,50 € 🅿 5,50 € – 🔌 (6A) 3,50 € – frais de réservation 5 €
🚐 artisanale – 🍽 9 €
Pour s'y rendre : Pont et Massène (au bourg, accès par le pont, sur D 103Z en dir. de Précy-sous-Thil)
À savoir : Agréable site boisé, près d'un lac

Nature : 🌲 ≤ 🏞 🌳 ▲
Loisirs : pizzeria 🏊 🎣 🚴 🛶
Services : ♿ 🔌 🏪 🚿 🍽 🏪 📞
🧊 🏖
À prox. : 🍷 🍴 club nautique

POUILLY-EN-AUXOIS

✉ 21320 – **320** H6 – G. Bourgogne – 1 502 h. – alt. 390
🛈 Office de tourisme, le Colombier ☎ 03 80 90 74 24, Fax 03 80 90 74 24
Paris 270 – Avallon 66 – Beaune 42 – Dijon 44 – Montbard 59.

▲ **Le Vert Auxois** de déb. mai à fin sept.
☎ 03 80 90 71 89, vert.auxois@wanadoo.fr, http://camping.vertauxois.free.fr – **R** conseillée
1 ha (70 empl.) plat, herbeux
Tarif : (Prix 2008) 13,30 € ★★ 🚗 🅿 🔌 (6A) – pers. suppl. 3 €
🚐 – 🍽 8,50 €
Pour s'y rendre : 15 r. du Vert-Auxois (vers sortie nord-ouest et r. du 8-Mai à gauche après l'église)

Services : ♿ 🔌 🚿 🍽 🏪 📞 🧊
sèche-linge
À prox. : 🚐

PRÉMERY

✉ 58700 – **319** C8 – G. Bourgogne – 2 201 h. – alt. 237
🛈 Office de tourisme, Tour du Château ☎ 03 86 68 99 07, Fax 03 86 37 98 72
Paris 231 – La Charité-sur-Loire 28 – Château-Chinon 57 – Clamecy 41 – Cosne-sur-Loire 49 – Nevers 29.

▲ **Municipal**
☎ 03 86 37 99 42, mairie-premery@wanadoo.fr,
Fax 03 86 37 98 72 – **R** conseillée
1,6 ha (46 empl.) plat et peu incliné, herbeux, gravillons
Location : 10 🏠 – huttes
Pour s'y rendre : sortie nord-est par D 977, rte de Clamecy et chemin à dr.
À savoir : Près de la Nièvre et d'un plan d'eau

Loisirs : 🛶
Services : ♿ 🔌 🚿 🏪 🧊
À prox. : 🎣 🏖 🏖

BOURGOGNE

ST-GERMAIN-DU-BOIS

✉ 71330 – **320** L9 – 1 765 h. – alt. 210
Paris 367 – Chalon-sur-Saône 33 – Dole 58 – Lons-le-Saunier 29 – Mâcon 75 – Tournus 40.

▲ **Municipal de l'Étang Titard** de mi-mai à mi-sept.
⌀ 03 85 72 06 15, *mairie-71330-saint-germain-du-bois@wanadoo.fr*, Fax 03 85 72 03 38 – **R** conseillée
1 ha (40 empl.) plat, terrasse, peu incliné, herbeux
Tarif : (Prix 2008) ⚹ 1,90 € 🚗 🅴 1,95 € – [⚡] (10A) 1,85 €
Pour s'y rendre : Rte de Louhans (sortie sud par D 13)
À savoir : Près d'un étang

Nature : ♀
Loisirs : 💬
Services : ♿ 🚿 🚲 🅟 ⊙ 🅿 🗑
À prox. : ✂ 🏊 🚣 🎿 parcours sportif

ST-HONORÉ-LES-BAINS

✉ 58360 – **319** G10 – G. Bourgogne – 763 h. – alt. 300 – ♨ (2 avril-13 oct.)
🛈 Syndicat d'initiative, 13, rue Henri Renaud ⌀ 03 86 30 71 70, Fax 03 86 30 71 70
Paris 303 – Château-Chinon 28 – Luzy 22 – Moulins 69 – Nevers 67 – St-Pierre-le-Moutier 68.

⛰ **Camping et Gîtes des bains** 👫 – de déb. avr. à fin oct.
⌀ 03 86 30 73 44, *camping-les-bains@wanadoo.fr*, Fax 03 86 30 61 88, *www.campinglesbains.com* – **R**
4,5 ha (130 empl.) plat, herbeux
Tarif : 19,50 € ⚹⚹ 🚗 🅴 (6A) – pers. suppl. 4,50 €
Location (permanent) : 19 gîtes – **R** conseillée
🚐 – 3 🅴 11 € – 🚙 11 €
Pour s'y rendre : 15 av. Jean-Mermoz (sortie ouest, rte de Vandenesse)

Nature : 🌳 ♀
Loisirs : 🍷 snack 🎪 🏊 🎿 🚣
🐴 poneys
Services : ♿ 🚿 🅶🅱 🚲 🅟 ⊙ 🚿 💦
🗑 sèche-linge 🧺
À prox. : ✂

▲ **Municipal Plateau du Gué**
⌀ 03 86 30 76 00, *mairie-de-st-honore-les-bains@wanadoo.fr*, Fax 03 86 30 73 33 – **R** conseillée
1,2 ha (73 empl.) peu incliné et plat, herbeux
Pour s'y rendre : au bourg, 13 r. Eugène-Collin, à 150 m de la poste

Nature : ♀
Loisirs : 💬 🎪
Services : ♿ 🚿 🅟 🗑 ⊙ 🗑

197

ST-LÉGER-DE-FOUGERET

✉ 58120 – **319** G9 – 356 h. – alt. 500
Paris 308 – Dijon 122 – Nevers 65 – Le Creusot 69 – Beaune 90.

▲ **L'Etang de Fougeraie** de déb. avr. à fin sept.
⌀ 03 86 85 11 85, *campingfougeraie@orange.fr*, *www.campingfougeraie.com* – **R** conseillée
7 ha (60 empl.) plat et vallonné, terrasses, herbeux
Tarif : (Prix 2008) 15,50 € ⚹⚹ 🚗 🅴 [⚡] (6A) – pers. suppl. 4,50 €
Location (Prix 2008) (permanent) : 3 🏠 (4 à 6 pers.) - 290 à 460 €/sem. – **R** conseillée
Pour s'y rendre : Hameau de Champs (2,4 km au sud-est par D 157, rte d'Onlay)
À savoir : Cadre champêtre autour d'un étang

Nature : 🌿 ≤
Loisirs : 🍷 ✂ 🚲 🎿 🚣
Services : ♿ 🚿 🅶🅱 🚲 🅟 ⊙ 🗑
🗑 sèche-linge 🧺 réfrigérateur

Si vous recherchez :

👫 *Un terrain offrant des équipements et des loisirs adaptés aux enfants*
🌿 *Un terrain agréable ou très tranquille*
L - M *Un terrain effectuant la location de caravanes, de mobile homes, de bungalows ou de chalets*
P *Un terrain ouvert toute l'année*
🚐 *Un terrain possédant une aire de services pour camping-cars*
Consultez le tableau des localités

BOURGOGNE

ST-PÉREUSE

✉ 58110 – **319** F9 – 286 h. – alt. 355
Paris 289 – Autun 54 – Château-Chinon 15 – Clamecy 57 – Nevers 53.

Manoir de Bezolle Permanent
☏ 03 86 84 42 55, *info@camping-bezolle.com*,
Fax 03 86 84 43 77, *www.bezolle.com* – **R** conseillée
8 ha/5 campables (140 empl.) en terrasses, plat, peu incliné, herbeux, petits étangs
Tarif : 28 € ✶✶ 🚗 🅴 ⚡ (10A) – pers. suppl. 6 €
Location : 4 🏠 (4 à 6 pers.) nuitée 75 € – 375 à 630 €/sem. – 12 🏠 (4 à 6 pers.) nuitée 75 € – 375 à 630 €/sem. – 4 bungalows toilés – 2 yourtes – **R** conseillée
🅿 1 borne artisanale 5 €

Pour s'y rendre : au sud-est par D 11, à 300 m de la D 978, rte de Château-Chinon

À savoir : Dans le parc du Manoir

Nature : 🌳 ≤ 🏔
Loisirs : 🍷 ✕ 🏓 ⚽ 🏐 🎯 🐎
Services : 🛁 ⛽ 🅶🅱 🛒 🧺 💧 ♿ 🚿
🚐 🛒 🎽 sèche-linge 🍽 ✂

ST-POINT

✉ 71520 – **320** H11 – G. Bourgogne – 316 h. – alt. 335
Paris 396 – Beaune 90 – Cluny 14 – Mâcon 26 – Paray-le-Monial 55.

Lac de St-Point-Lamartine de déb. avr. à fin oct.
☏ 03 85 50 52 31, *camping.stpoint@wanadoo.fr*,
Fax 03 85 50 51 92, *http://perso.wanadoo.fr/camping.stpoint* – **R**
3 ha (102 empl.) plat et peu incliné, terrasses, herbeux
Tarif : (Prix 2008) 12,50 € ✶✶ 🚗 🅴 ⚡ (13A) – pers. suppl. 2,20 €
Location (Prix 2008) (de déb. avr. à fin oct.) : 11 🏠 (4 à 6 pers.) nuitée 39 € - 186 à 404 €/sem. – **R** conseillée

Pour s'y rendre : sortie sud par D 22, rte de Tramayes, au bord d'un lac

Nature : 🌳 ≤ 🏞
Loisirs : 🏊 ⚽ 🚴 🎯
Services : 🛁 ⛽ 🅶🅱 ✂ 🧺 💧 ♿ 🚿 🍽
🛒
À prox. : 🍷 snack 🍴 🎽 terrain omnisports, loc. pédalos

ST-SAUVEUR-EN-PUISAYE

✉ 89520 – **319** C6 – G. Bourgogne – 939 h. – alt. 259
🅘 Office de tourisme, place du Château ☏ 03 86 45 61 31, Fax 03 86 45 63 13
Paris 174 – Dijon 184 – Moulins 146 – Tours 242 – Troyes 120.

Parc des Joumiers de fin mars à déb. nov.
☏ 03 86 45 66 28, *campingmoteljoumiers@wanadoo.fr*,
Fax 03 86 45 60 27, *www.camping-motel-joumiers.com* – **R** conseillée
21 ha/7 campables (100 empl.) plat et peu incliné, herbeux, étang
Tarif : ✶ 3,80 € 🚗 2,70 € 🅴 4 € – ⚡ (10A) 3,80 €
Location (de fin mars à déb. nov.) : 13 🏠 (4 à 6 pers.) nuitée 140 € - 348 à 451 €/sem. – 3 🏠 (4 à 6 pers.) nuitée 140 € - 348 à 451 €/sem. – motel – **R** conseillée
🚐 – 10 🅴 14 €

Pour s'y rendre : Rte de Mezilles (2,3 km au nord-ouest par D 7 et chemin à dr.)

À savoir : Au bord d'un étang

Nature : 🌳 🏞 ≜
Loisirs : ✕ 🎯 🎽
Services : 🛁 ⛽ 🅶🅱 ✂ 🧺 💧 ♿ 🚿
🚐 🛒 🎽
À prox. : pédalos

SALORNAY-SUR-GUYE

✉ 71250 – **320** H10 – 702 h. – alt. 210
Paris 377 – Chalon-sur-Saône 51 – Cluny 12 – Paray-le-Monial 44 – Tournus 29.

Municipal de la Clochette de fin mai à déb. sept.
☏ 03 85 59 90 11, *mairie.salornay@wanadoo.fr*,
Fax 03 85 59 47 52 – **R** conseillée
1 ha (60 empl.) plat et terrasse, herbeux
Tarif : ✶ 2 € 🅴 2 € – ⚡ (10A) 3 € – frais de réservation 5 €
🚐

Pour s'y rendre : Pl. de la Clochette (au bourg, accès par chemin devant la poste)

À savoir : Au bord de la Gande

Nature : 🏞 ♀
Loisirs : 🎽
Services : 🛁 ✂ 🧺 💧 ♿
À prox. : 🍴

BOURGOGNE

SANTENAY

✉ 21590 – **320** I8 – 904 h. – alt. 225
🛈 Office de tourisme, gare SNCF ℘ 03 80 20 63 15, Fax 03 80 20 69 15
Paris 330 – Autun 39 – Beaune 18 – Chalon-sur-Saône 25 – Le Creusot 29 – Dijon 63 – Dole 83.

▲ **Les Sources** de mi-avr. à fin oct.
℘ 03 80 20 66 55, info@campingsantenay.com,
Fax 03 80 20 67 36, www.campingsantenay.com
– **R** conseillée
3,1 ha (150 empl.) peu incliné et plat, herbeux
Tarif : 20,50 € ⛺⛺ 🚗 📧 (⚡) (6A) – pers. suppl. 3,70 € –
frais de réservation 5 €
🚐
Pour s'y rendre : Av. des Sources (1 km au sud-ouest par
rte de Cheilly-les-Maranges, près du centre thermal)

Nature : ≤ ⚘
Loisirs : snack 🎠 🏊
Services : 🚿 🔑 ⊞ 🚻 🛒 ♨ 📞 ❄
🍳 ♨ 🧺
À prox. : 🛴 🏊

SAULIEU

✉ 21210 – **320** F6 – G. Bourgogne – 2 837 h. – alt. 535
🛈 Syndicat d'initiative, 24, rue d'Argentine ℘ 03 80 64 00 21, Fax 03 80 64 00 21
Paris 248 – Autun 40 – Avallon 39 – Beaune 65 – Clamecy 78 – Dijon 73.

▲ **Municipal le Perron** de déb. avr. à mi-sept.
℘ 03 80 64 16 19, camping.saulieu@wanadoo.fr,
Fax 03 80 64 16 19, www.saulieu.fr – **R** conseillée
8 ha (157 empl.) plat et peu incliné, herbeux
Tarif : (Prix 2008) 17,50 € ⛺⛺ 🚗 📧 (⚡) (10A) – pers.
suppl. 3 €
Location (Prix 2008) (permanent) : huttes – frais de
réservation 27,50 € - **R** conseillée
🚐
Pour s'y rendre : Le Perron (1 km au nord-ouest par N 6,
rte de Paris, près d'un étang)

Loisirs : 🏓 🎠 🚴 🏓 🏊
Services : 🚿 🔑 ⊞ ♨ 🛢 🛒 ♨
⛺ 🧺 ♨

SAVIGNY-LÈS-BEAUNE

✉ 21420 – **320** I7 – G. Bourgogne – 1 422 h. – alt. 237
🛈 Syndicat d'initiative, 13, rue Vauchey Very ℘ 03 80 26 12 56, Fax 03 80 26 12 56
Paris 314 – Dijon 39 – Chalon 38 – Le Creusot 51 – Dole 70.

▲ **Les Premiers Prés** de mi-mars à mi-nov.
℘ 03 80 26 15 06, contact.camping@x-treme-bar.fr,
Fax 03 80 26 15 06, www.camping-savigny-les-beaune.fr
– **R** conseillée
1,5 ha (90 empl.) plat et peu incliné, herbeux
Tarif : 14,50 € ⛺⛺ 🚗 📧 (⚡) (6A) – pers. suppl. 3 € – frais
de réservation 14,50 €
🚐
Pour s'y rendre : Rte de Bouilland (1 km au nord-ouest par
D 2)
À savoir : Cadre verdoyant au bord d'un ruisseau

Nature : ⚘⚘
Loisirs : 🎠
Services : 🚿 🔑 ⊞ ♨ 🛒 ♨ 📞

LES SETTONS

✉ 58230 – **319** H8 – G. Bourgogne – Base de loisirs
Paris 259 – Autun 41 – Avallon 44 – Château-Chinon 25 – Clamecy 60 – Nevers 87 – Saulieu 23.

▲ **Les Mésanges** de déb. mai à mi-sept.
℘ 03 86 84 55 77, campinglesmesanges@orange.fr,
Fax 03 86 84 55 77 – **R** conseillée
5 ha (100 empl.) peu incliné et en terrasses, herbeux, étang
Tarif : (Prix 2008) ⛺ 4,20 € 🚗 2,80 € 📧 3,50 € –
(⚡) (4A) 3,40 €
🚐, 1 borne artisanale – 🚐 10,40 €
Pour s'y rendre : 4 km au sud par D193, D 520, rte de
Planchez et rte de Chevigny à gauche, à 200 m du lac
À savoir : Situation agréable au bord d'un étang

Nature : 🌳 🏞 ⚘
Loisirs : 🎠 🏊
Services : 🚿 🔑 ⊞ 🛢 ♨ ⛺ 🧺 🛒
sèche-linge
À prox. : 🚣

199

BOURGOGNE

LES SETTONS

⚠ Plage du Midi de déb. avr. à mi-oct.
📞 03 86 84 51 97, campplagedumidi@aol.com,
Fax 03 86 84 57 31, www.settons-camping.com – **R** conseillée
4 ha (160 empl.) peu incliné, herbeux
Tarif : ♣ 4,30 € 🚗 2,30 € 🅴 3 € – ⚡ (10A) 3,40 €
Location (Prix 2008) (de déb. avr. à mi-oct.) : 15 🏠 (4 à 6 pers.) nuitée 40 € - 370 à 457 €/sem. – **R** conseillée
🚐
Pour s'y rendre : Rive droite - Lac des Settons (2,5 km au sud-est par D 193 et rte à dr.)
À savoir : Au bord d'un lac

Nature : ≤ ♀ ⛰
Loisirs : 🍸
Services : ♿ ⚬┯ 🆖🅱 ⚙ 🔥 🚿 ⌬ ♻
🏠 sèche-linge 🧺
À prox. : 🍴 ✂ ♨ pédalos

⚠ La Plage des Settons de déb. avr. à mi-oct.
📞 03 86 84 51 99, camping-plages-des-settons@wanadoo.fr, www.settons-tourisme.com – **R** conseillée
2,6 ha (68 empl.) en terrasses, gravillons, herbeux
Tarif : ♣ 4,40 € 🚗 2,40 € 🅴 2,50 € – ⚡ (15A) 5,50 €
🚐 35 🅴 2,50 € – 🍱 ⚡ 11 €
Pour s'y rendre : Rive gauche aval (300 m au sud du barrage)
À savoir : Agréables emplacements en terrasses, face au lac

Nature : 🌳 ≤ 🏕 ⛰
Loisirs : 🎣 ⛵
Services : ♿ ⚬┯ 🆖🅱 ⚙ 🔥 🚿 ⌬ ♻
À prox. : 🍸 🍴 ⛳ ✂

Benutzen Sie
– zur Wahl der Fahrtroute
– zur Berechnung der Entfernungen
*– zur exakten Lokalisierung eines Campingplatzes (mit Hilfe der Angaben im Ortstext) die für diesen Führer unentbehrlichen **MICHELIN-Karten**.*

---

200 TONNERRE

✉ 89700 – **319** G4 – G. Bourgogne – 5 979 h. – alt. 156
🛈 Office de tourisme, place Marguerite de Bourgogne 📞 03 86 55 14 48, Fax 03 86 54 41 82
Paris 199 – Auxerre 38 – Montbard 45 – Troyes 60.

⚠ Municipal de la Cascade de déb. avr. à fin oct.
📞 03 86 55 15 44, ot.tonnerre@wanadoo.fr, www.tonnerre.fr – **R**
3 ha (115 empl.) plat, herbeux
Tarif : (Prix 2008) ♣ 2,95 € 🅴 1,10 € – ⚡ (10A) 3,60 €
Location (Prix 2008) (permanent) : 🏠 – **R** conseillée
🚐 – 8 🅴 9,60 €
Pour s'y rendre : Av. Aristide-Briand (sortie nord par D 905, rte de Troyes et D 944, dir. centre-ville, au bord du canal de l'Yonne)

Nature : ♀
Loisirs : snack 🎣 🚴
Services : ♿ ⚬┯ 🆖🅱 🍽 🔥 🚿 ⌬ ♻
À prox. : 🏊 🛶

TOURNUS

✉ 71700 – **320** J10 – G. Bourgogne – 6 231 h. – alt. 193
🛈 Office de tourisme, 2, place de l'abbaye 📞 03 85 27 00 20, Fax 03 85 27 00 21
Paris 360 – Bourg-en-Bresse 70 – Chalon-sur-Saône 28 – Lons-le-Saunier 58 – Louhans 31 – Mâcon 37 – Montceau-les-Mines 65.

⚠ Municipal En Bagatelle de fin mars à fin sept.
📞 03 85 51 16 58, reception@camping-tournus.com,
Fax 03 85 51 16 58, www.camping-tournus.com
– **R** conseillée
2 ha (90 empl.) plat, herbeux
Tarif : ♣ 5,20 € 🅴 8,30 € – ⚡ (10A) 4,40 € – frais de réservation 5 €
🚐 – 10 🅴 8,30 €
Pour s'y rendre : 14 r. des Canes (1 km au nord de la localité par r. St-Laurent, en face de la gare, attenant à la piscine et à 150 m de la Saône (accès direct)

Loisirs : 🎣
Services : ♿ ⚬┯ 🆖 🔥 🚿 ⌬ ♻ 🌐
🍱
À prox. : ✂ 🎿 🏊

BOURGOGNE

VANDENESSE-EN-AUXOIS

✉ 21320 – **320** H6 – 216 h. – alt. 360
Paris 275 – Arnay-le-Duc 16 – Autun 42 – Châteauneuf 3 – Dijon 44.

Le Lac de Panthier – de déb. avr. à mi-oct.
⌀ 03 80 49 21 94, info@lac-de-panthier.com,
Fax 03 80 49 25 80, www.lac-de-panthier.com – **R** conseillée
5,2 ha (207 empl.) en terrasses, plat et peu incliné, herbeux
Tarif : 25 € – (6A) – pers. suppl. 7 € – frais de réservation 15 €
Location (de déb. avr. à mi-oct.) : (4 à 6 pers.) 336 à 644 €/sem. – (4 à 6 pers.) – 385 à 693 €/sem. – frais de réservation 30 € - **R** conseillée

Pour s'y rendre : 2,5 km au nord-est par D 977bis, rte de Commarin et rte à gauche, près du lac

Nature :
Loisirs : pizzeria, grill
Services :
À prox. :

VARZY

✉ 58210 – **319** D7 – G. Bourgogne – 1 303 h. – alt. 249
🛈 Office de tourisme, rue Delangle ⌀ 03 86 29 74 08
Paris 224 – La Charité-sur-Loire 37 – Clamecy 17 – Cosne-sur-Loire 43 – Nevers 53.

Municipal du Moulin Naudin de déb. mai à fin sept.
⌀ 03 86 29 43 12, mairievarzy@wanadoo.fr,
Fax 03 86 29 72 73 – **R** conseillée
3 ha (50 empl.) plat, peu incliné et terrasse, herbeux
Tarif : (Prix 2008) 2,60 € 1,70 € 2,10 € – (5A) 2,10 €

Pour s'y rendre : Rte de Corvol l'Orgueilleux (1,5 km au nord par D 977)
À savoir : Près d'un plan d'eau

Nature :
Loisirs :
Services :
À prox. :

VENAREY-LES-LAUMES

✉ 21150 – **320** G4 – G. Bourgogne – 3 274 h. – alt. 235
🛈 Office de tourisme, place Bingerbrück ⌀ 03 80 96 89 13, Fax 03 80 96 13 22
Paris 259 – Avallon 54 – Dijon 66 – Montbard 15 – Sauliu 42 – Semur-en-Auxois 13 – Vitteaux 20.

Municipal Alésia de déb. avr. à mi-oct.
⌀ 03 80 96 07 76, camping.venarey@wanadoo.fr,
Fax 03 80 96 07 76 – **R** conseillée
1,5 ha (67 empl.) plat, herbeux, gravillons
Tarif : (Prix 2008) 2,50 € 4 € – (16A) 2,50 €
Location (Prix 2008) (permanent) : 5 (4 à 6 pers.) nuitée 70 € - 160 à 420 €/sem. – **R** conseillée
10 10 €

Pour s'y rendre : Av. Jean-Jaurès (sortie ouest par D 954, rte de Semur-en-Auxois et r. à dr., av. le pont, au bord de la Brenne et près d'un plan d'eau)

Nature :
Loisirs :
Services :
À prox. : (plage)

VERMENTON

✉ 89270 – **319** F6 – G. Bourgogne – 1 199 h. – alt. 125
🛈 Syndicat d'initiative, 25, rue Général-de-Gaulle ⌀ 03 86 81 54 26, Fax 03 86 81 67 54
Paris 190 – Auxerre 24 – Avallon 28 – Vézelay 28.

Municipal les Coullemières de déb. avr. à fin sept.
⌀ 03 86 81 53 02, camping.vermenton@orange.fr,
Fax 03 86 81 53 02, www.camping.vermenton.com
– **R** conseillée
1 ha (50 empl.) plat, herbeux
Tarif : 14 € – (6A) – pers. suppl. 3,35 €
Location (Prix 2008) (de déb. avr. à fin sept.) : 4 (4 à 6 pers.) 350 à 400 €/sem. – **R** conseillée
4 14 €

Pour s'y rendre : Les Coullemières (au sud-ouest de la localité, derrière la gare)
À savoir : Cadre agréable près de la Cure (plan d'eau)

Nature :
Loisirs :
Services : (saison)
À prox. : (plage) canoë, parcours sportif

BOURGOGNE

VIGNOLES

21200 – **320** J7 – 727 h. – alt. 202
Paris 317 – Dijon 40 – Chalon 34 – Le Creusot 51 – Dole 60.

Les Bouleaux Permanent
03 80 22 26 88, Fax 03 80 22 26 88 – **R** conseillée
1,6 ha (46 empl.) plat, herbeux
Tarif : 3,65 € 1,70 € 3,10 € – (6A) 4,40 €
Pour s'y rendre : 11 r. Jaune (à Chevignerot, au bord d'un ruisseau)

BRETAGNE

Brute comme ses côtes de granit, riante comme ses petits ports de pêche avec leurs flottes colorées, émouvante comme ses calvaires et ses enclos paroissiaux, mystérieuse comme ses dolmens, ses menhirs et ses forêts enchantées, la Bretagne doit son charme à son essence maritime, à la variété de ses paysages et à l'originalité de sa culture. Attachés à leurs légendes, leur langue et leurs coutumes héritées d'un lointain passé celte, les Bretons cultivent leur identité à travers force manifestations folkloriques, festoù-noz et autres rassemblements où se défient bardes, sonneurs et bagadoùs. Des pauses friandes ponctuent généreusement cette riche palette festive de bolées de cidre, de crêpes, de galettes-saucisses et de tous les trésors gourmands qui font la réputation de la gastronomie locale.

Brittany — Breizh to its inhabitants — is a region of harsh granite coastlines, mysterious forests, pretty ports and brightly painted fishing boats. Its charm lies in its brisk sea breeze, its incredibly varied landscapes and the people themselves, born, so they say, with a drop of salt water in their blood. Proud of the language handed down from their Celtic ancestors, today's Bretons nurture their identity with intense and vibrant celebrations of folklore and custom. Of course, such devotion to culture requires plenty of good, wholesome nourishment: sweet and savoury pancakes, thick slices of butter cake and mugs of cold cider. However, Brittany's gastronomic reputation extends much further and gourmets can feast on the oysters, lobster and crab for which it is famous.

BRETAGNE

AMBON

✉ 56190 – **308** P9 – 1 255 h. – alt. 30
🛈 Syndicat d'initiative, 1, place du Requerio ✆ 02 97 41 20 49
Paris 465 – Muzillac 7 – Redon 42 – La Roche-Bernard 22 – Sarzeau 20 – Vannes 24.

▲▲▲ Le Bédume de déb. avr. à fin sept.
✆ 02 97 41 68 13, *cledelles.reservations@wanadoo.fr*,
Fax 02 97 41 56 79, *www.lescledelles.com* – **R** conseillée
5 ha (200 empl.) plat, herbeux
Tarif : (Prix 2008) 22 € 👫 🚗 🖻 ⚡ (6A) – pers. suppl. 5 €
– frais de réservation 10 €
Location (Prix 2008) (de mi-mars à mi-nov.) : 15 🏠 (4 à 6 pers.) nuitée 105 € - 305 à 710 €/sem. – frais de réservation 10 € - **R** conseillée
Pour s'y rendre : à Betahon-Plage (6 km au sud-est par rte de Bétahon)
À savoir : Près de la plage (accès direct)

Nature : 🌳 ♀
Loisirs : 🍴 🏠 🎮 🏇 🚴 🏊 ⛵
terrain omnisports
Services : ♿ 🅶🅱 🚿 🍳 👕 🖻 sèche-linge 🧺 🚰

▲▲▲ D'Arvor avr.-sept.
✆ 02 97 41 16 69, *info@campingdarvor.com*,
Fax 02 97 48 10 77, *www.campingdarvor.com* – places limitées pour le passage – **R** conseillée
4 ha (140 empl.) plat, herbeux, étang
Tarif : 21,30 € 👫 🚗 🖻 ⚡ (4A) – pers. suppl. 4,80 € – frais de réservation 6 €
Location : 70 🏠 (4 à 6 pers.) nuitée 50 € – 210 à 720 €/sem. – 1 🏠 (4 à 6 pers.) - 240 à 620 €/sem. – frais de réservation 17 € - **R** conseillée
Pour s'y rendre : 1,5 km à l'ouest par D 20, rte de Sarzeau et à gauche, rte de Brouel

Nature : ♀
Loisirs : 🍴 snack 🏠 🎮 🏃 🏇 🚴 🏊 ⛵ 🚰
Services : ♿ 🔑 🅶🅱 🚿 🍳 👕 🖻 sèche-linge

▲▲▲ Les Peupliers avr.-oct.
✆ 02 97 41 12 51, Fax 02 97 41 12 51, *www.campingdespeupliers.com* – places limitées pour le passage – **R** conseillée
4 ha (165 empl.) plat, peu incliné, herbeux
Tarif : 🌟 5,50 € 🚗 🖻 8 € – ⚡ (10A) 3,70 €
Location : 6 🏠 (2 à 4 pers.) nuitée 35 € - 150 à 370 €/sem. – 12 🏠 (4 à 6 pers.) nuitée 40 € - 190 à 600 €/sem. – **R** conseillée
🏠 6 🖻 20 €
Pour s'y rendre : sortie par D 140, rte de Damgan puis 800 m à l'ouest par chemin à dr.

Nature : 🌳 ♀
Loisirs : 🍴 🏠 🎮 nocturne 🏇 ⛵ 🚰 terrain omnisports
Services : ♿ 🔑 🚿 🖻 🏊 🍳 👕 💧 🖐 sèche-linge 🚰

▲ Le Kermadec
✆ 02 97 41 15 90, Fax 02 97 41 15 90, *www.campingkermadec.com* – **R** conseillée
1,2 ha (35 empl.) plat, herbeux
Location 🚫 : 5 🏠 – 3 🏠 – 12 🏠
Pour s'y rendre : 2,5 km au sud-ouest par D 140, rte de Damgan et rte à dr.

Nature : 🦌 🌳 ♀
Loisirs : 🏇 ⛵ 🚰
Services : 🖻 🏊 🍳 🖻

▲ L' Escale de déb. mai à fin sept.
✆ 02 97 41 16 25, *camp.escale@wanadoo.fr*,
Fax 02 97 41 16 25, *www.campingescale.com* – places limitées pour le passage – **R** conseillée
4 ha (120 empl.) plat, herbeux
Tarif : (Prix 2008) 🌟 3,80 € 🖻 5,80 € – ⚡ (10A) 2,80 €
Location (Prix 2008) (de déb. avr. à fin oct.) 🚫 : 12 🏠 (4 à 6 pers.) nuitée 40 € - 195 à 550 €/sem. – **R** conseillée
Pour s'y rendre : Treherve

Nature : 🌳
Loisirs : 🍴
Services : ♿ 🔑 🚿 Ⓜ 🖻 🍳 🍳 💧 🖐
🚰
À prox. : 🍴 🏇 🐴 poneys

---

*Si vous désirez réserver un emplacement pour vos vacances,
faites-vous préciser au préalable les conditions particulières de séjour,
les modalités de réservation, les tarifs en vigueur et les conditions de paiement.*

BRETAGNE

ARRADON

✉ 56610 – **308** O9 – 4 719 h. – alt. 40
🛈 Syndicat d'initiative, 2, place de l'église ✆ 02 97 44 77 44
Paris 467 – Auray 18 – Lorient 62 – Quiberon 49 – Vannes 8.

Penboch de déb. avr. à fin sept.
✆ 02 97 44 71 29, info@camping-penboch.fr,
Fax 02 97 44 79 10, www.camping-penboch.fr – **R** conseillée
3,5 ha (175 empl.) plat, herbeux
Tarif : 39,30 € ★★ 🚗 📧 (10A) – pers. suppl. 6,20 € – frais de réservation 20 €
Location (de déb. avr. à fin sept.) ✂ (de déb. juil. à fin août) : 🏠 (4 à 6 pers.) 265 à 910 €/sem. – 🏡 – frais de réservation 20 € - **R** conseillée
🚐 – 🐚 13 €
Pour s'y rendre : 9 chemin de Penboch (2 km au sud-est par rte de Roguedas, à 200 m de la plage)
À savoir : cadre verdoyant et ombrage plaisant

Nature : 🌊 🌳 ♀♀
Loisirs : 🍸 snack 🏠 🎠 🔥 🏊
terrain omnisports
Services : ♿ 🔑 GB ✂ 🏠 🛒 🚿 ♨
🐴 ☎ 🚻 🍳 sèche-linge 🧺
À prox. : ⛵

L'Allée de déb. avr. à fin sept.
✆ 02 97 44 01 98, campingdelallee@free.fr,
Fax 02 97 44 73 74, www.camping-allee.com – **R** conseillée
3 ha (148 empl.) plat et peu incliné, herbeux
Tarif : (Prix 2008) ★ 4,80 € 📧 8,80 € – 🔌 (10A) 4,20 € – frais de réservation 20 €
Location (Prix 2008) (de déb. avr. à fin sept.) : 14 🏠 (4 à 6 pers.) 280 à 680 €/sem. – frais de réservation 20 € – **R** conseillée
Pour s'y rendre : L'Allée (1,5 km à l'ouest par rte du Moustoir et à gauche)

Nature : 🌊 🌳 ♀
Loisirs : 🏠 🎠 🏊
Services : ♿ 🔑 (juil.-août) GB ✂
🛒 🍳 ☺ 🚻 sèche-linge
À prox. : ✂ ♦ 🎠 golf

⚠ Municipal du Parc Priol de mi-juin à mi-sept.
✆ 02 97 44 70 49, info.tourisme@arradon.fr,
Fax 02 94 77 05 42, www.arradon.com – **R**
1 ha (200 empl.) plat, herbeux
Tarif : (Prix 2008) ★ 2,70 € 🚗 1,40 € 📧 2,70 € – 🔌 (6A) 2,70 €
Pour s'y rendre : Parc Priol

Loisirs : 🤸
Services : ✂ 🍳 ☺ 🛒
À prox. : ✂ 🔥 ⛵ 🎣 ♦

ARZANO

✉ 29300 – **308** K7 – 1 324 h. – alt. 91
Paris 508 – Carhaix-Plouguer 54 – Châteaulin 82 – Concarneau 40 – Pontivy 46 – Quimper 58.

Ty Nadan 👥 – de déb. avr. à déb. sept.
✆ 02 98 71 75 47, info@tynadan-vacances.fr,
Fax 02 98 71 77 31, www.tynadan-vacances.fr – **R** conseillée
20,5 ha/5 campables (325 empl.) plat et peu incliné, herbeux
Tarif : ★ 9,10 € 📧 22,90 € – 🔌 (10A) 6,70 € – frais de réservation 30 €
Location (de déb. avr. à déb. sept.) : 60 🏠 (4 à 6 pers.) 294 à 945 €/sem. – 9 🏡 (4 à 6 pers.) - 414 à 1 176 €/sem. – 2 appartements – 6 bungalows toilés – 2 gîtes – frais de réservation 30 € – **R** conseillée
🚐
Pour s'y rendre : Rte d'Arzano (3 km à l'ouest par rte de Locunolé, au bord de l'Ellé)
À savoir : Espace aquatique couvert et nombreuses activités loisirs et sportives

Nature : 🌊 🌳 ♀♀ ⛰
Loisirs : 🍸 ✂ crêperie, pizzeria 🏠
🌙 diurne nocturne (soirées à thème) 🤸 🚴 jacuzzi discothèque, salle d'animation 🎠 🚴 🎯
✂ 🔥 🏊 ♦ 🎠 poneys mur d'escalade, canoë de mer, quad
Services : ♿ 🔑 GB ✂ 🛒 🚿 ♨ 🐴
☎ 🚻 🍳 sèche-linge 🧺 🧺
À prox. : parc aventure

Donnez-nous votre avis
sur les terrains que nous recommandons.
Faites-nous connaître vos observations et vos découvertes.
par mail à l'adresse : leguidecampingfrance@fr.michelin.com.

BRETAGNE

ARZON

✉ 56640 – **308** N9 – G. Bretagne – 2 056 h. – alt. 9
🛈 *Office de tourisme, rond-point du Crouesty* ✆ 02 97 53 69 69, Fax 02 97 53 76 10
Paris 487 – Auray 52 – Lorient 94 – Quiberon 81 – La Trinité-sur-Mer 66 – Vannes 33.

▲ Municipal le Tindio de fin mars à déb. nov.
✆ 02 97 53 75 59, letindio@arzon.fr, Fax 02 97 53 91 23, www.arzon.eu – R conseillée
5 ha (220 empl.) plat et peu incliné, herbeux
Tarif : (Prix 2008) ✶ 3,31 € – 🚗 1,75 € – 🅴 5,10 € – (10A) 2,95 €
🛖 – 17 🅴 11,72 € – 🛏 9,62 €
Pour s'y rendre : R. de Bilouris (800 m au nord-est, à Kerners)
À savoir : en bordure de mer

Loisirs : 🐎
Services : ♿ ⛊ GB ✗ 🚻 ♨ ☀
🛀 ⚙ 🍴 🧺 sèche-linge
À prox. : 🚣 🐎 (centre équestre) golf

BADEN

✉ 56870 – **308** N9 – 3 360 h. – alt. 28
Paris 473 – Auray 9 – Lorient 52 – Quiberon 40 – Vannes 15.

▲▲▲ Mané Guernehué 👥 – de déb. avr. à fin oct.
✆ 02 97 57 02 06, info@camping-baden.com, Fax 02 97 57 15 43, www.camping-baden.com – R conseillée
18 ha/8 campables (377 empl.) plat, peu incliné à incliné et en terrasses, herbeux, étangs
Tarif : 41 € ✶✶ 🚗 🅴 (10A) – pers. suppl. 7,50 € – frais de réservation 20 €
Location (de déb. avr. à fin oct.) : 100 🏠 (4 à 6 pers.)
nuitée 78 € - 238 à 1 015 €/sem. – 15 🏕 (4 à 6 pers.)
nuitée 102 € - 294 à 885 €/sem. – frais de réservation 20 € – R conseillée
🛖 – 🛏 13 €
Pour s'y rendre : 52 r. Mane-Er-Groez (1 km au sud-ouest par rte de Mériadec et à dr.)

Nature : 🌳 🌊 🌿
Loisirs : 🍴 ✗ pizzeria, crêperie 🎭 diurne nocturne (soirées à thème) 🎣 🚴 ⚓ jacuzzi salle d'animation 🏓 ♨ 🏊 🅿 🛝 🏊
🎯 parcours sportif, terrain omnisports, promenades en poneys
Services : ♿ ⛊ GB ✗ 🚻 ♨ ☀
🛀 ⚙ 🍴 🧺 sèche-linge 🧺 💧
À prox. : ✂ golf

BANNALEC

✉ 29380 – **308** I17 – 4 785 h. – alt. 98
🛈 *Office de tourisme, Kerbail* ✆ 02 98 39 43 34, Fax 02 98 39 53 44
Paris 535 – Rennes 184 – Quimper 43 – Lorient 39 – Lanester 40.

▲ Les Genêts d'Or de déb. avr. à fin sept.
✆ 02 98 39 54 35, info@holidaybrittany.com, Fax 02 98 39 54 35, www.holidaybrittany.com – R ✗
3 ha (52 empl.) plat, herbeux
Tarif : 16 € ✶✶ 🚗 🅴 (6A) – pers. suppl. 3,50 €
Pour s'y rendre : Kermerour-Pont Kereon

Nature : 🌳 🍎(verger)
Loisirs : 🎭
Services : ♿ ⛊ ☀ 🧺 sèche-linge

BÉGARD

✉ 22140 – **309** C3 – 4 474 h. – alt. 142
Paris 499 – Rennes 147 – St-Brieuc 46 – Lannion 20 – Morlaix 50.

▲ Donant de mi-avr. à mi-sept.
✆ 02 96 45 46 46, camping.begard@wanadoo.fr, Fax 02 96 45 46 48, www.camping-donant-bretagne.com – R conseillée
4 ha (91 empl.) en terrasses, plat, herbeux
Tarif : ✶ 3,15 € 🚗 1,90 € 🅴 3,15 € – 🔌 (12A) 2,80 €
Location (permanent) : 10 🏠 (4 à 6 pers.) - 179 à 451 €/sem. – 5 bungalows toilés – R conseillée
🛖
Pour s'y rendre : Gwenezhan

Nature : 🌿
Loisirs : 🎭 Salle d'animation 🐎
Services : ♿ ⛊ (1er juil.-31 août) GB ✗ 🅼 🚻 ♨ ☀ 🧺 sèche-linge
À prox. : 🍴 🏊 🅿 🛝 🏊

BRETAGNE

BEG-MEIL

✉ 29170 – **308** H7 – G. Bretagne
Paris 562 – Rennes 211 – Quimper 23 – Brest 95 – Lorient 65.

La Piscine – de mi-mai à mi-sept.
📞 02 98 56 56 06, contact@campingdelapiscine.com,
Fax 02 98 56 57 64, www.campingdelapiscine.com
– **R** conseillée
3,8 ha (185 empl.) plat, herbeux, petit étang
Tarif : 29,40 € ★★ ⇔ 🔲 (10A) – pers. suppl. 6 € – frais de réservation 20 €

Location (de mi-avr. à mi-sept.) 🚫 : 30 🏠 (4 à 6 pers.) 190 à 730 €/sem. – frais de réservation 20 € - **R** conseillée
🏠 – 1 🔲 25 €
Pour s'y rendre : 51 Hent-Kerleya (4 km au nord-ouest)

Nature : 🌊 🏞 ♀
Loisirs : 🎠 🏃 🐎 🚴 🏊 ⛵
piste de bi-cross
Services : ♿ 🔑 GB 🐕 🗂 🚿 ♨ 🔌 🧺 🔥 sèche-linge 🧹 🛒
À prox. : 🎯 🏇 ♦ 🐕 golf

La Roche Percée – (location exclusive de mobile homes) de déb. avr. à fin sept.
📞 02 98 94 94 15, patrick.chauvin15@wanadoo.fr,
Fax 02 98 94 48 05, www.camping-larochepercee.com
2 ha plat, peu incliné, herbeux

Location : 50 🏠 (4 à 6 pers.) nuitée 95 € - 260 à 920 €/sem. – frais de réservation 16 € - **R** conseillée
Pour s'y rendre : 1,5 km au nord par D 45, rte de Fouesnant, à 500 m de la plage de Kerveltrec

Nature : 🌊 🏞
Loisirs : 🍷 🏃 🐎 🚴 🏊 ⛵
Services : 🔑 GB 🐕 🗂 🚿 ♨ 🔌 🧺 sèche-linge
À prox. : 🍴 crêperie 🎯 🐕 golf

Le Kervastard de mi-mai à déb. sept.
📞 02 98 94 91 52, camping.le.kervastard@wanadoo.fr,
Fax 02 98 94 99 83, www.campinglekervastard.com
– **R** conseillée
2 ha (128 empl.) plat, herbeux
Tarif : 27,40 € ★★ ⇔ 🔲 🚱 (10A) – pers. suppl. 5,90 € – frais de réservation 16 €

Location (de déb. avr. à fin sept.) : 20 🏠 (4 à 6 pers.) 280 à 660 €/sem. – frais de réservation 16 € - **R** conseillée
🏠

Nature : 🏞
Loisirs : 🎠 🚴 🏊
Services : ♿ 🔑 GB 🐕 🗂 🚿 ♨ 🔌 sèche-linge
À prox. : 🧹 🎯 ♦

Le lac de Guerlédan

BRETAGNE

BELLE-ÎLE-EN-MER

✉ 56360 – **308** – G. Bretagne – 2 457 h. – alt. 7

En été réservation indispensable pour le passage des véhicules et des caravanes. Départ Quiberon (Port-Maria), arrivée au Palais - Traversée 45 mn - renseignements et tarifs : Société Morbihannaise de Navigation, 56360 Le Palais (Belle-Île-en-Mer) ✆ 08 20 05 60 00

🛈 Office de tourisme, quai Bonnelle, Le Palais ✆ 02 97 31 81 93, Fax 02 97 31 56 17

Bangor
✉ 56360 – **308** L11 – G. Bretagne – 738 h. – alt. 45

▲ **Municipal de Bangor**
✆ 02 97 31 89 75, mairie.bangor@wanadoo.fr, Fax 02 97 31 89 75 – **R** conseillée
0,8 ha (55 empl.) incliné, peu incliné, herbeux
Pour s'y rendre : R. Pierre-Cadre (à l'ouest du bourg)

Nature : 🌳 🗲
Services : 🔑 ☺
À prox. : ✂ 🐎 poneys

Le Palais
✉ 56360 – **308** M10 – G. Bretagne – 2 457 h. – alt. 7

▲▲▲ **Bordenéo** de déb. avr. à fin sept.
✆ 02 97 31 88 96, camping.bordeneo@wanadoo.fr, Fax 02 97 31 87 77, www.bordeneo.com – **R** conseillée
3 ha (202 empl.) plat, herbeux
Tarif : (Prix 2008) ♦ 5,50 € – ⇔ 1,70 € – 🅴 7,80 € – 🚰 (5A) 2,80 € – frais de réservation 15 €
Location (Prix 2008) (de déb. avr. à fin sept.) ✂ : 🏠 (4 à 6 pers.) 280 à 585 €/sem. – frais de réservation 15 € - **R** conseillée
Pour s'y rendre : 1,7 km au nord-ouest par rte de Port Fouquet, à 500 m de la mer
À savoir : Décoration florale et arbustive

Nature : 🌳 🗲 🌲🌲
Loisirs : 🍽 snack 🎮 🏊 🚲 🛷 🐎 poneys
Services : 🦽 🔑 GB ✂ 🗑 ☺ 🚿 🍳 🛒
À prox. : 🎣 🎯 💧 canoë de mer, école de plongée

▲▲ **L'Océan** de déb. avr. à fin sept.
✆ 02 97 31 83 86, ocean-belle-ile@wanadoo.fr, Fax 02 97 31 87 60, www.camping-ocean-belle-ile.com – **R** conseillée
2,7 ha (125 empl.) plat, peu incliné, herbeux
Tarif : (Prix 2008) ♦ 4,90 € – 🅴 8,10 € – 🚰 (20A) 3,05 € – frais de réservation 6 €
Location (Prix 2008) (permanent) : 7 🏠 (4 à 6 pers.) nuitée 83 € - 442 à 691 €/sem. – 9 🏕 (4 à 6 pers.) nuitée 80 € - 428 à 672 €/sem. – bungalows toilés – frais de réservation 6 € - **R** conseillée
Pour s'y rendre : Rosboscer (au sud-ouest du bourg, à 500 m du port)

Nature : 🌳 🗲 🌲🌲(pinède)
Loisirs : snack, crêperie 🎮 🛷
Services : 🦽 🔑 GB ✂ 🗑 ☺ 🚿 🛒 🍳
À prox. : 🎣 ✂ 🎯 💧 🐎 poneys école de plongée, canoë de mer, golf

BELZ

✉ 56550 – **308** L8 – 3 289 h. – alt. 12
Paris 494 – Rennes 143 – Vannes 34 – Lorient 25 – Lanester 22.

▲ **Le Moulin des Oies** de mi-avr. à fin sept.
✆ 02 97 55 53 26, moulindesoies@wanadoo.fr, http://le moulindesoies.free.fr ✉ 56550 Belz – **R** conseillée
1,9 ha (90 empl.) plat, herbeux
Tarif : (Prix 2008) 15,30 € ♦♦ ⇔ 🅴 🚰 (6A) – pers. suppl. 3,90 € – frais de réservation 12 €
Location (de déb. avr. à fin sept.) ✂ : 17 🏠 (4 à 6 pers.) 240 à 625 €/sem. – frais de réservation 13 € - **R** conseillée
Pour s'y rendre : 21 r. de la Côte
À savoir : En bordure de la Ria d'Étel

Nature : 🌳 🗲
Loisirs : 🎮 🛥 (bassin d'eau de mer)
Services : 🔑 GB ✂ 🗑 ☺ 🛒

Benutzen Sie
– zur Wahl der Fahrtroute
– zur Berechnung der Entfernungen
– zur exakten Lokalisierung eines Campingplatzes (mit Hilfe der Angaben im Ortstext) die für diesen Führer unentbehrlichen **MICHELIN-Karten**.

BRETAGNE

BÉNODET

29950 – **308** G7 – G. Bretagne – 2 750 h.
Office de tourisme, 29, avenue de la Mer 02 98 57 00 14, Fax 02 98 57 23 00
Paris 563 – Concarneau 19 – Fouesnant 8 – Pont-l'Abbé 13 – Quimper 17 – Quimperlé 47.

Le Letty de mi-juin à déb. sept.
02 98 57 04 69, reception@campingduletty.com,
Fax 02 98 66 22 56, www.campingduletty.com – **R** conseillée
10 ha (493 empl.) plat, herbeux
Tarif : 6,50 € 2 € 9 € – (10A) 4 €
Location (Prix 2008) (de mi-juin à déb. sept.) : – **R** conseillée
Pour s'y rendre : Creisanguer
À savoir : Agréable situation en bordure de plage

Nature :
Loisirs : rôtisserie hammam bibliothèque, salle d'animation, salle de bridge squash, canoë kayak
Services : sèche-linge
À prox. :

La Pointe St-Gilles – de fin avr. à fin sept.
02 98 57 05 37, sunelia@stgilles.fr, Fax 02 98 57 27 52,
www.stgilles.fr – places limitées pour le passage – **R** conseillée
11 ha/7 campables (486 empl.) plat, herbeux
Tarif : 38 € (10A) – pers. suppl. 8 € – frais de réservation 30 €
Location (de fin avr. à fin sept.) : 130 (4 à 6 pers.) nuitée 49 € - 364 à 1 085 €/sem. – frais de réservation 30 € ; **R** conseillée
13 €
Pour s'y rendre : Corniche de la Mer
À savoir : Agréable situation face à l'océan

Nature :
Loisirs : pizzeria nocturne jacuzzi parcours sportif
Services : sèche-linge
À prox. :

Le Poulquer de mi-mai à fin sept.
02 98 57 04 19, campingdupoulquer@wanadoo.fr,
Fax 02 98 66 20 30, www.campingdupoulquer.com
– **R** conseillée
3 ha (240 empl.) plat et peu incliné, herbeux
Tarif : 6,20 € 2,90 € 6,90 € – (10A) 4,20 € – frais de réservation 16 €
Location (de mi-mai à fin sept.) : 25 (4 à 6 pers.) 250 à 620 €/sem. – frais de réservation 16 € – **R** conseillée
Pour s'y rendre : R. du Poulquer (150 m de la mer)
À savoir : Cadre verdoyant et ombragé

Nature :
Loisirs : snack
Services : sèche-linge
À prox. :

BINIC

22520 – **309** F3 – G. Bretagne – 3 110 h. – alt. 35
Office de tourisme, avenue du Général-de-Gaulle 02 96 73 60 12, Fax 02 96 73 35 23
Paris 463 – Guingamp 37 – Lannion 69 – Paimpol 31 – St-Brieuc 15 – St-Quay-Portrieux 6.

Le Panoramic de déb. avr. à fin sept.
02 96 73 60 43, camping.le.panoramic@wanadoo.fr,
Fax 02 96 69 27 66, http://www.lepanoramic.net
– **R** conseillée
4 ha (150 empl.) plat, peu incliné, en terrasses, herbeux
Tarif : (Prix 2008) 23,70 € (10A) – pers. suppl. 5,30 € – frais de réservation 10 €
Location (Prix 2008) (de déb. avr. à fin sept.) : 24 (4 à 6 pers.) nuitée 55 € - 249 à 740 €/sem. – 8 (4 à 6 pers.) nuitée 60 € - 270 à 610 €/sem. – frais de réservation 10 € – **R** conseillée
8 23,70 €
Pour s'y rendre : R. Gasselin (1 km au sud)

Nature :
Loisirs : snack
Services : sèche-linge
À prox. : poneys golf, canoë de mer

211

BRETAGNE

BINIC

Municipal des Fauvettes
☎ 02 96 73 60 83, *ville.binic@wanadoo.fr, http://www.ville-binic.fr* – **R** conseillée
1 ha (83 empl.) plat, terrasse, peu incliné, herbeux
Location : 3 – 3 studios
1 borne
Pour s'y rendre : r. des Fauvettes
À savoir : Agréable situation dominante et panoramique

Nature : ≤ sur la baie de St-Brieuc
Loisirs :
Services :

LE BONO

56400 – **308** N9 – 1 859 h. – alt. 10
Paris 475 – Auray 6 – Lorient 49 – Quiberon 37 – Vannes 17.

Parc-Lann mai-sept.
☎ 02 97 57 93 93, *campingduparclann@wanadoo.fr*,
Fax 02 97 57 93 93 – **R** conseillée
2 ha (60 empl.) plat, herbeux
Tarif : (Prix 2008) 14,70 € ✶✶ ⇔ 🗐 (6A) – pers. suppl. 3,80 €
8 €
Pour s'y rendre : 1,2 km au nord-est par D 101e, rte de Plougoumelen

Loisirs :
Services : (juil.-août)
À prox. :

---

*The classification (1 to 5 tents, **black** or red) that we award to selected sites in this Guide is a system that is our own.
It should not be confused with the classification (1 to 4 stars) of official organisations.*

BREST

29200 – **308** E4 – G. Bretagne – 149 634 h. – alt. 35
🛈 *Office de tourisme, Place de la Liberté* ☎ 02 98 44 24 96, Fax 02 98 44 53 73
Paris 596 – Lorient 133 – Quimper 72 – Rennes 246 – St-Brieuc 145.

Le Goulet Permanent
☎ 02 98 45 86 84, *campingdugoulet@wanadoo.fr,
www.campingdugoulet.com* – **R** conseillée
4,5 ha (155 empl.) en terrasses, herbeux, gravier
Tarif : (Prix 2008) 24,52 € ✶✶ ⇔ 🗐 (6A) – pers. suppl. 5 € – frais de réservation 10 €
Location (Prix 2008) : 40 (4 à 6 pers.) 170 à 680 €/sem. – frais de réservation 10 € – **R** conseillée
Pour s'y rendre : Lieu-dit : Lanhouarnec (6 km à l'ouest par D 789, rte du Conquet puis à gauche rte de Ste-Anne-du-Portzic)
À savoir : Décoration arbustive

Nature :
Loisirs : snack salle d'animation
Services : sèche-linge

BRIGNOGAN-PLAGES

29890 – **308** F3 – G. Bretagne – 849 h. – alt. 17
🛈 *Office de tourisme, 7, avenue du Général-de-Gaulle* ☎ 02 98 83 41 08, Fax 02 98 83 41 08
Paris 585 – Brest 41 – Carhaix-Plouguer 83 – Landerneau 27 – Morlaix 49 – St-Pol-de-Léon 31.

La Côte des Légendes de déb. avr. à déb. nov.
☎ 02 98 83 41 65, *camping-cote-des-legendes@wanadoo.fr*, Fax 02 98 83 59 94, *www.campingcotedeslegendes.com* – **R** conseillée
3,5 ha (150 empl.) plat, herbeux, sablonneux
Tarif : (Prix 2008) 16,60 € ✶✶ ⇔ 🗐 (10A) – pers. suppl. 4 €
Location (Prix 2008) (de déb. avr. à déb. nov.) : 11 (4 à 6 pers.) 270 à 552 €/sem. – **R** conseillée
– 6 🗐 7,85 €
Pour s'y rendre : Rte de la Plage (2 km au nord-ouest)
À savoir : Bord de plage

Nature :
Loisirs :
Services : (juil.- août)
À prox. :

BRETAGNE

BRIGNOGAN-PLAGES

△ **Les Nymphéas** juil-août
📞 02 98 83 52 57, *lucien.maze@freesbee.fr, www.campinglesnympheas.com* – **R** conseillée
1,2 ha (52 empl.) plat, herbeux
Tarif : 15 € ⚥⚥ 🚗 🔲 🅢 (6A) – pers. suppl. 3,50 €
Location (de déb. mai à fin sept.) : 5 🏠 (4 à 6 pers.)
300 à 470 €/sem. – **R** conseillée
Pour s'y rendre : sortie sud par D 770, rte de Lesneven
À savoir : Décoration florale et arbustive variée

Nature : 🌳 ⚘
Loisirs : 🏊 🎣 (petite piscine)
Services : 🛎 🔑 🚿 ♿ 🧺

CALLAC

✉ 22160 – **309** B4 – G. Bretagne – 2 459 h. – alt. 172
🛈 Syndicat d'initiative, Mairie 📞 02 96 45 81 30, Fax 02 96 45 91 70
Paris 510 – Carhaix-Plouguer 22 – Guingamp 28 – Morlaix 41 – St-Brieuc 58.

△ **Municipal Verte Vallée** de mi-juin à mi-sept.
📞 02 96 45 58 50, *commune@mairie-callac.fr*,
Fax 02 96 45 91 70 – **R** conseillée
1 ha (60 empl.) peu incliné et incliné, herbeux
Tarif : (Prix 2008) ⚥ 2,40 € 🚗 1,20 € 🔲 1,85 € – 🅢 (20A) 1,85 €
🏕 – 8 🔲 3,24 €
Pour s'y rendre : R. de la Verte Vallée (sortie ouest par D 28, rte de Morlaix et av. Ernest-Renan à gauche, à 50 m d'un plan d'eau)

Nature : 🌲 🌳
Loisirs : 🚴 ✂ 🎿
Services : ♿ 🔑 (juil.-août) 🚿 🚲 ♿

*Donnez-nous votre avis sur les terrains que nous recommandons.
Faites-nous connaître vos observations et vos découvertes
par mail à l'adresse : leguidecampingfrance@fr.michelin.com.*

213

CAMARET-SUR-MER

✉ 29570 – **308** D5 – G. Bretagne – 2 668 h. – alt. 4
🛈 Office de tourisme, 15, quai Kleber 📞 02 98 27 93 60, Fax 02 98 27 87 22
Paris 597 – Brest 4 – Châteaulin 45 – Crozon 11 – Morlaix 91 – Quimper 60.

△△△ **Le Grand Large** de déb. avr. à fin sept.
📞 02 98 27 91 41, *contact@campinglegrandlarge.com*,
Fax 02 98 27 93 72, *www.campinglegrandlarge.com*
– **R** conseillée
2,8 ha (123 empl.) plat et peu incliné, herbeux
Tarif : ⚥ 4,80 € 🔲 13,40 € – 🅢 (6A) 3,50 € – frais de réservation 16 €
Location (de déb. avr. à fin sept.) : 27 🏠 (4 à 6 pers.)
260 à 750 €/sem. – frais de réservation 16 € – **R** conseillée
🏕
Pour s'y rendre : Lambézen (3 km au nord-est par D 355 et rte à dr., à 400 m de la plage)

Nature : 🌲 ≤ 🌳
Loisirs : 🍹 🏊 ♨ 🎿 🏓
Services : ♿ 🔑 🇬🇧 🚿 🚲 🅿 ♿ ⚓
🍴 🧺 sèche-linge 🧊 🎣

CAMORS

✉ 56330 – **308** M7 – 2 353 h. – alt. 113
Paris 472 – Auray 24 – Lorient 39 – Pontivy 31 – Vannes 31.

△ **Municipal du Petit Bois** de déb. juil. à fin août
📞 02 97 39 18 76, *commune.de.camors@wanadoo.fr*,
Fax 02 97 39 28 99, *www.camors56.com* – **R** conseillée
1 ha (30 empl.) en terrasses, plat, herbeux
Tarif : (Prix 2008) ⚥ 2,50 € 🚗 2 € 🔲 2 € – 🅢 (6A) 2,40 €
🏕
Pour s'y rendre : Le Petit Bois (1 km à l'ouest par D 189, rte de Lambel-Camors)
À savoir : Près d'étangs et d'une forêt domaniale

Nature : 🌲
Services : ♿ 🚿 🅿 ♿ ⚓ 🍴 🧺
À prox. : 🏊 ✂ 🎿 🏓 🐎 parcours sportif

BRETAGNE

CANCALE

✉ 35260 – **309** K2 – G. Bretagne – 5 203 h. – alt. 50
🛈 Office de tourisme, 44, rue du Port ✆ 02 99 89 63 72, Fax 02 99 89 75 08
Paris 398 – Avranches 61 – Dinan 35 – Fougères 73 – Le Mont-St-Michel 49 – St-Malo 16.

▲ Le Bois Pastel de déb. avr. à fin sept.
✆ 02 99 89 66 10, camping.bois-pastel@wanadoo.fr,
Fax 02 99 89 60 11, www.campingboispastel.fr – **R** conseillée
4,2 ha (199 empl.) plat, herbeux
Tarif : (Prix 2008) ♦ 4,50 € ⇔ 2 € 🄴 11 € – (6A) 4 € – frais de réservation 15 €
Location (Prix 2008) (de déb. avr. à fin sept.) : 17 🏠 (4 à 6 pers.) nuitée 60 € - 290 à 660 €/sem. – frais de réservation 15 € - **R** conseillée
🚐
Pour s'y rendre : 13 r. de la Corgnais (7 km au nord-ouest par D 201, rte côtière et à gauche)

Nature : 🌊 ♀
Loisirs : 🍴 👫 🏊
Services : ♿ 🔑 🚿 ✂ 🔲 💈 🔲 sèche-linge 🧺 🚗
À prox. : ✂ 🏇 ⛵ 🐎 poneys canoë de mer

▲ Notre-Dame du Verger
✆ 02 99 89 72 84, Fax 02 99 89 60 11 – **R** conseillée
2,5 ha (56 empl.) en terrasses et peu incliné, herbeux
🚐 1 borne artisanale
Pour s'y rendre : 6,5 km au nord-ouest par D 201, rte côtière, à 500 m de la plage (accès direct par sentier)

Loisirs : 🍴 🏠 🏊
Services : 🔑 🚿 ✂ 💈 🔲 sèche-linge
À prox. : ✂ 🏇 ⛵ 🐎 poneys canoë de mer

CAP-COZ

✉ 29170 – **308** H7 – G. Bretagne
Paris 558 – Rennes 207 – Quimper 22 – Brest 93 – Lorient 61.

▲ Les Mimosas Permanent
✆ 02 98 56 55 81, contact@camping-les-mimosas.com,
www.camping-les-mimosas.com – **R** conseillée
1,2 ha (95 empl.) plat et peu incliné, terrasses, herbeux
Tarif : ♦ 3,30 € ⇔ 2,60 € 🄴 13,20 € – (6A) 6 € – frais de réservation 10 €
Location (permanent) : 20 🏠 (4 à 6 pers.) nuitée 40 € - 210 à 560 €/sem. – frais de réservation 10 € - **R** conseillée
Pour s'y rendre : 104 descente du Cap-Coz (1 km au nord-ouest)

Nature : 🗻 ♀
Loisirs : 🏊
Services : 🔑 ✂ 🔲 💈 🔲
À prox. : ✂ 🔲 ⛵ 🐎 golf

▲ Pen an Cap de déb. mai à mi-sept.
✆ 02 98 56 09 23, contact@penancap.com, www.penancap.com – **R** conseillée
1,3 ha (100 empl.) peu incliné, herbeux, verger
Tarif : ♦ 4 € ⇔ 🄴 6,30 € – (6A) 3 €
Location : 8 🏠 (4 à 6 pers.) nuitée 50 € - 200 à 530 €/sem. – **R** conseillée
Pour s'y rendre : au nord de la station, à 300 m de la mer

Nature : 🌊 ♀
Loisirs : 🍴 👫 🏊
Services : 🔑 ✂ 🔲 💈 🔲
À prox. : ✂ 🔲 ⛵ 🐎 golf

CARANTEC

✉ 29660 – **308** H2 – G. Bretagne – 2 724 h. – alt. 37
🛈 Office de tourisme, 4, rue Pasteur ✆ 02 98 67 00 43, Fax 02 98 67 90 51
Paris 552 – Brest 71 – Lannion 53 – Morlaix 14 – Quimper 90 – St-Pol-de-Léon 10.

▲▲▲ Yelloh! Village Les Mouettes de mi-mai à déb. sept.
✆ 02 98 67 02 46, camping@les-mouettes.com,
Fax 02 98 78 31 46, www.les-mouettes.com – places limitées pour le passage – **R** conseillée ✄
7 ha (273 empl.) plat et en terrasses, herbeux, étang
Tarif : 44 € ♦♦ ⇔ 🄴 (6A) – pers. suppl. 8 €
Location ✄ : 138 🏠 (4 à 6 pers.) nuitée 29 € - 315 à 1 113 €/sem. – 34 🏡 (4 à 6 pers.) nuitée 61 € - 497 à 1 477 €/sem. – **R** conseillée
Pour s'y rendre : La Grande Grève (1,5 km au sud-ouest par rte de St-Pol-de-Léon et rte à dr.)
À savoir : Agréable parc aquatique paysager avec toboggans géants

Nature : 🌊 🗻 ♀
Loisirs : 🍴 pizzeria 🏠 🌙 nocturne bibliothèque 👫 🏇 🏊
Services : ♿ 🔑 🚿 ✂ 🔲 💈 🔲 🏊 ⛵ 🔲 🍴 sèche-linge 🧺 🚗

BRETAGNE

CARHAIX-PLOUGUER

29270 – **308** J5 – G. Bretagne – 7 648 h. – alt. 138
Office de tourisme, rue Brizeux ℘ 02 98 93 04 42, Fax 02 98 93 23 63
Paris 506 – Brest 86 – Concarneau 66 – Guingamp 49 – Lorient 74 – Morlaix 51 – Pontivy 59 – Quimper 61 – St-Brieuc 79.

Municipal de la Vallée de l'Hyères de déb. mai à mi-sept.
℘ 02 98 99 10 58, valleedelhyeres@wanadoo.fr, www.ville-carhaix.com – **R**
1 ha (62 empl.) plat, herbeux
Tarif : (Prix 2008) ♦ 1,95 € – 🚗 1,50 € – 🅴 1,85 € – (🔌) (6A) 2,15 €

Pour s'y rendre : Rte de Kerniguez (2,3 km à l'ouest en dir. de Morlaix et rte devant la gendarmerie, au bord de l'Hyères et d'étangs)

À savoir : Belle décoration arbustive autour des étangs

> 🛏 🍴 ATTENTION...
> ☕ ces éléments ne fonctionnent généralement qu'en saison,
> 🛶 🐴 quelles que soient les dates d'ouverture du terrain.

CARNAC

56340 – **308** M9 – G. Bretagne – 4 444 h. – alt. 16
Office de tourisme, 74, avenue des Druides ℘ 02 97 52 13 52, Fax 02 97 52 86 10
Paris 490 – Auray 13 – Lorient 49 – Quiberon 19 – Quimperlé 63 – Vannes 33.

La Grande Métairie ♣♠ – de fin mars à déb. sept.
℘ 02 97 52 24 01, info@lagrandemetairie.com, Fax 02 97 52 83 58, www.lagrandemetairie.com – places limitées pour le passage – **R** conseillée
15 ha/11 campables (575 empl.) plat et peu incliné, herbeux, rocheux
Tarif : 43,20 € ♦♦ 🚗 🅴 ♦ (16A) – pers. suppl. 7,70 €
Location (de fin mars à déb. sept.) : 🏠 (4 à 6 pers.) nuitée 90 € - 330 à 800 €/sem. – **R** conseillée 🚐

Pour s'y rendre : Rte des Alignements de Kermario (2,5 km au nord-est)

À savoir : Domaine au bord de l'étang de Kerloquet, bel espace aquatique

Le Moustoir ♣♠ – de déb. avr. à fin sept.
℘ 02 97 52 16 18, info@lemoustoir.com, Fax 02 97 52 88 37, www.lemoustoir.com – **R** conseillée
5 ha (165 empl.) incliné, plat, herbeux
Tarif : (Prix 2008) 30,60 € ♦♦ 🚗 🅴 ♦ (10A) – pers. suppl. 4,80 €
Location (Prix 2008) (de déb. avr. à fin sept.) : 80 🏠 (4 à 6 pers.) nuitée 290 € - 210 à 684 €/sem. – **R** conseillée 🚐

Pour s'y rendre : 71 rte du Moustoir (3 km au nord-est)

Moulin de Kermaux avr.-sept.
℘ 02 97 52 15 90, moulin-de-kermaux@wanadoo.fr, Fax 02 97 52 83 85, www.camping-moulin-de-kermaux.com – **R** conseillée
3 ha (150 empl.) plat et peu incliné, herbeux
Tarif : (Prix 2008) ♦ 4,50 € 🚗 🅴 14,40 € – (🔌) (6A) 3,50 € – frais de réservation 20 €
Location (Prix 2008) 🏕 : 35 🏠 (4 à 6 pers.) 240 à 600 €/sem. – frais de réservation 20 € – **R** conseillée
🚐 1 borne artisanale 3,50 € – 10 🏠 – (🔌) 16,20 €

Pour s'y rendre : 2,5 km au nord-est

215

BRETAGNE

CARNAC

▲ **Les Bruyères** de déb. avr. à mi-oct.
📞 02 97 52 30 57, camping.les.bruyeres@wanadoo.fr,
Fax 02 97 52 30 57, www.camping-lesbruyeres.com
– **R** conseillée
2 ha (112 empl.) plat, herbeux
Tarif : ★ 4,35 € 🅴 8 € – (⚡) (10A) 4,60 €
Location (de déb. avr. à mi-oct.) : 10 🏠 (4 à 6 pers.)
nuitée 32 € - 210 à 560 €/sem. – frais de réservation 16 € - **R** conseillée
🅿️

Pour s'y rendre : Kérogile (3 km au nord)

Nature : 🌳 ♀
Loisirs : 🏠 🏊 ✂
Services : 🔑 GB ♿ 🏪 @ 🛒
À prox. : 🛒 🍽 🐴 bowling, golf

▲ **Le Lac** de déb. avr. à mi-sept.
📞 02 97 55 78 78, camping.dulac@wanadoo.fr, www.camping-carnac.com – **R** conseillée
2,5 ha (140 empl.) plat, terrasses, légèrement vallonné, herbeux
Tarif : 23 € ★★ 🚗 🅴 (⚡) (6A) – pers. suppl. 4,80 € – frais de réservation 20 €
Location : 10 🏠 (4 à 6 pers.) 210 à 700 €/sem. – frais de réservation 20 € - **R** conseillée
🅿️, 1 borne artisanale – 10 🅴 19,40 € – 🚐 (⚡) 14.10 €

Pour s'y rendre : 6,3 km au nord-est
À savoir : Cadre et site agréables au bord du lac

Nature : 🌳 ≤ 🏞 ♀
Loisirs : 🏠 🛶 🏊 🚲 🏊 terrain multisports
Services : 🍴 🔑 GB ♿ 🏪 🛒 @ 🅿️
🛁 🧺 sèche-linge 🧺
À prox. : 🛒 🍽 🎮 🍽 🐴, école de plongée, golf, bowling

▲ **L'Étang** de déb. avr. à mi-oct.
📞 02 97 52 14 06, Fax 02 97 52 23 19 – **R** conseillée
2,5 ha (165 empl.) plat, herbeux
Tarif : 23 € ★★ 🚗 🅴 (⚡) – pers. suppl. 5,50 €
Location : 30 🏠 (4 à 6 pers.) nuitée 40 € - 220 à 540 €/sem. – **R** conseillée

Pour s'y rendre : à Kerlann (2 km au nord par D 119 dir. Auray puis à gauche, à 50 m de l'étang)
À savoir : Cadre verdoyant

Nature : 🌳 🏞
Loisirs : 🍽 🏊 ✂ 🏊 🚲
Services : 🔑 ♿ 🏪 🛒 @ 🅿️
À prox. : 🛒 🍽 🐴 golf

▲ **Kérabus** de déb. mai à mi-sept.
📞 02 97 52 24 90, contact@camping-kerabus.com,
Fax 02 97 52 63 17, www.camping-kerabus.com
– **R** conseillée
1,4 ha (73 empl.) plat, herbeux
Tarif : 22 € ★★ 🚗 🅴 (⚡) (6A) – pers. suppl. 4,85 €
Location (de déb. mai à mi-sept.) : 10 🏠 (4 à 6 pers.)
nuitée 43 € - 448 à 588 €/sem. – **R** conseillée
🅿️

Pour s'y rendre : 13 allée des Alouettes (2 km au nord-est)

Nature : 🌳 ♀
Loisirs : 🏊
Services : 🔑 GB ♿ 🏪 🛒
À prox. : 🛒 🍽 ✂ 🐴 terrain omnisports, golf

▲ **La Rivière**
📞 02 97 55 78 29 – **R**
0,5 ha (33 empl.) plat, herbeux
Pour s'y rendre : 6,5 km au nord-est
À savoir : agréable cadre arbustif et ombragé

Nature : 🌳 🏞 ♀
Services : 🔑 🏪 @
À prox. : 🛒 ✂ 🎮 🍽 🐴 école de plongée, bowling, golf

à Carnac-Plage S : 1,5 km – ✉ 56340

▲▲▲ **Les Menhirs** 👥 – de fin avr. à fin sept.
📞 02 97 52 94 67, contact@lesmenhirs.com,
Fax 02 97 52 25 38, www.lesmenhirs.com – places limitées pour le passage – **R** conseillée
6 ha (360 empl.) plat, herbeux
Tarif : 49,42 € ★★ 🚗 🅴 (10A) – pers. suppl. 7,85 € – frais de réservation 20 €
Location (de fin avr. à fin sept.) : 44 🏠 (4 à 6 pers.) 344 à 789 €/sem. – frais de réservation 20 € - **R** conseillée
🅿️

Pour s'y rendre : Allée St-Michel (400 m de la plage)

Nature : 🏞 ♀♀
Loisirs : 🍽 snack, pizzeria 🏠 🎬 🏃
🛶 🚂 jacuzzi salle d'animation, espace forme 🏊 ✂ 🏊 🏊 🛝 poneys terrain omnisports
Services : 🍴 🔑 GB ♿ 🏪 🛒 @ 🅿️
🛒 🧺 sèche-linge 🧺 🛒
À prox. : 🛒 🚲 🐴

BRETAGNE

CARNAC

Les Druides de mi-avr. à mi-sept.
📞 02 97 52 08 18, *contact@camping-les-druides.com*,
Fax 02 97 52 96 13, *www.camping-les-druides.com*
– **R** conseillée
2,5 ha (110 empl.) plat, peu incliné, herbeux
Tarif : 32,70 € ♦♦ 🚗 📧 (6A) – pers. suppl. 5,60 € –
frais de réservation 18 €
Location (de mi-avr. à mi-sept.) 🏊 : 13 🏠 (4 à 6 pers.) 300 à 750 €/sem. – frais de réservation 18 € - **R** conseillée
🚐
Pour s'y rendre : 55 chemin de Beaumer (à l'est, quartier Beaumer, à 500 m de la plage)

Nature : ♀
Loisirs : 🏊 🐎 ⛵ terrain omnisports
Services : ♿ 🔑 🏧 🚿 📧 ⊕ 🛒
🌬 🏠 sèche-linge
À prox. : 🛒 🎿 💧 🐎

Le Men-Du de déb. avr. à déb. oct.
📞 02 97 52 04 23, *mendu@wanadoo.fr*, Fax 02 97 52 04 23, *www.camping-mendu.com* – **R** conseillée
1,5 ha (100 empl.) plat, peu incliné, herbeux
Tarif : 26 € ♦♦ 🚗 📧 (15A) – pers. suppl. 4,50 € – frais de réservation 15 €
Location (de déb. avr. à déb. oct.) : 19 🏠 (4 à 6 pers.)
nuitée 50 € - 270 à 600 €/sem. – frais de réservation 15 € - **R** conseillée
Pour s'y rendre : 22bis chemin de Beaumer (quartier le Men-Du, à 300 m de la plage)

Nature : 🌳 ♀
Loisirs : snack
Services : 🔑 🏧 📧 ⊕ 📞 📧
À prox. : 🛒 🎿 💧 🐎

L'Océan
📞 02 97 52 03 98, *angelina.oliviero@wanadoo.fr*,
Fax 02 97 52 03 98, *www.camping-delocean.com*
0,5 ha (50 empl.) plat et peu incliné, herbeux
Location : 🏠
🚐 1 borne artisanale
Pour s'y rendre : au quartier le Men-Du (250 m de la plage)

Nature : ♀
Loisirs : 🐎
Services : ♿ 🔑 📧 ⊕ 🛒 📧
À prox. : 🛒 🎿 💧 🐎

CAUREL

✉ 22530 – **309** D5 – 387 h. – alt. 188
Paris 461 – Carhaix-Plouguer 45 – Guingamp 48 – Loudéac 24 – Pontivy 22 – St-Brieuc 48.

Nautic International de mi-mai à mi-sept.
📞 02 96 28 57 94, *contact@campingnautic.fr*,
Fax 02 96 26 02 00, *www.campingnautic.fr* – **R** conseillée
3,6 ha (120 empl.) peu incliné et plat, en terrasses, herbeux
Tarif : ★ 6 € 🚗 1,80 € 📧 9 € – 🔌 (10A) 4,80 € – frais de réservation 15,24 €
Pour s'y rendre : au lieu-dit Beau-Rivage (2 km au sud-ouest, au bord du lac de Guerlédan)
À savoir : Agréable cadre verdoyant

Nature : 🌊 🌳 ♀ 🌲
Loisirs : 🏠 🐎 🎿 ⛵ 🚣 ponton d'amarrage
Services : ♿ 🔑 🏧 🚿 📧 ⊕ 🛒 🌬
📧 sèche-linge 🛒
À prox. : 🍷 🍴 crêperie 🚣 canoë

LA CHAPELLE-AUX-FILTZMEENS

✉ 35190 – **309** L4 – 382 h. – alt. 40
Paris 388 – Rennes 39 – Saint-Malo 42 – Fougères 83 – Cesson-Sévigné 44.

Le Domaine du Logis de déb. avr. à fin oct.
📞 02 99 45 25 45, *domainedulogis@wanadoo.fr*,
Fax 02 99 45 30 40, *www.domainedulogis.com* – **R** conseillée
20 ha/6 campables (180 empl.) plat, herbeux
Tarif : ★ 5,50 € 📧 18 € – 🔌 (10A) 4 € – frais de réservation 10 €
Location (de déb. avr. à fin sept.) 🏊 : 9 🏠 (4 à 6 pers.) 290 à 690 €/sem. – frais de réservation 10 € - **R** conseillée
Pour s'y rendre : Le Logis

Nature : 🌳 ♀
Loisirs : 🍷 snack, brasserie 🏠 🎮
🐎 🎿 🚣
Services : ♿ 🏧 📧 ⊕ 📞 📶 📧 🚿
🛒
À prox. : 🎣

BRETAGNE

CHÂTEAUGIRON

✉ 35410 – **309** M6 – G. Bretagne – 5 500 h. – alt. 45
🛈 *Office de tourisme, le Château* ✆ *02 99 37 89 02*
Paris 336 – Angers 114 – Châteaubriant 45 – Fougères 56 – Nozay 66 – Rennes 17 – Vitré 32.

▲ **Municipal les Grands Bosquets** de déb. avr. à fin sept.
✆ 02 99 37 41 69, *mairie@ville-chateaugiron.fr*, Fax 02 99 37 43 55, *www.ville-chateaugiron.fr*
0,6 ha (33 empl.) plat, herbeux
Tarif : (Prix 2008) ★ 1,65 € 📧 2,60 € – [½] (5A) 2,20 €
Pour s'y rendre : Rte d'Ossé (sortie est par D 34)
À savoir : au bord d'un plan d'eau

Nature : 🌳 ▲
Services : 🚿
À prox. : 🚴 🍴 terrain omnisports

CHÂTEAULIN

✉ 29150 – **308** G5 – G. Bretagne – 5 157 h. – alt. 10
🛈 *Office de tourisme, quai Cosmao* ✆ *02 98 86 02 11, Fax 02 98 86 38 74*
Paris 548 – Brest 49 – Douarnenez 27 – Châteauneuf-du-Faou 24 – Quimper 29.

▲ **La Pointe Superbe** de mi-mars à fin oct.
✆ 02 98 86 51 53, *lapointecamping@aol.com*, Fax 02 98 86 51 53, *www.lapointesuperbecamping.com*
2,5 ha (60 empl.) plat et peu incliné, terrasses, herbeux, forêt
Tarif : 19 € ★★ 🚗 📧 [½] (10A) – pers. suppl. 4 €
🚐
Pour s'y rendre : Rte de St-Coulitz
À savoir : Cadre agréable et soigné en lisière de forêt

Nature : 🌊 🌲 ♀♀
Loisirs : 🛖 🚴
Services : ♿ ⛔ 🚿 📧 🚿 ♨ ⛲

CHÂTELAUDREN

✉ 22170 – **309** E3 – 921 h. – alt. 105
🛈 *Syndicat d'initiative, 31, rue de la gare* ✆ *02 96 79 77 71, Fax 02 96 79 77 78*
Paris 469 – Guingamp 17 – Lannion 49 – St-Brieuc 18 – St-Quay-Portrieux 21.

▲ **Municipal de l'Étang** de déb. mai à fin sept.
✆ 02 96 74 10 38, *mairiechatelaudren@wanadoo.fr*, Fax 02 96 74 22 19
0,2 ha (17 empl.) plat, herbeux
Tarif : (Prix 2008) ★ 2,65 € 🚗 📧 3,54 € – [½] (10A) 2,65 €
Pour s'y rendre : R. de la Gare (au bourg, au bord d'un étang)

Nature : 🌲
Services : ♿ ⛔ 📧 🚿
À prox. : 🚴 🐎 poneys

CHÂTILLON-EN-VENDELAIS

✉ 35210 – **309** O5 – 1 551 h. – alt. 133
Paris 311 – Fougères 17 – Rennes 49 – Vitré 13.

▲ **Municipal du Lac** de mi-mai à fin sept.
✆ 02 99 76 06 32, *accueil.mairie@chatillon-en-vendelais.fr*, Fax 02 99 76 12 39
0,6 ha (61 empl.) peu incliné, herbeux
Tarif : ★ 2,37 € 🚗 1,16 € 📧 1,79 € – [½] (5A) 3,27 €
Pour s'y rendre : L'Épine (500 m au nord par D 108, au bord de l'étang de Châtillon)
À savoir : site agréable et cadre verdoyant

Nature : 🌊 ⬅ 🌲 ♀ ▲
Loisirs : 🛖
Services : 📧 🚿
À prox. : 🍴 crêperie 🚣 pédalos

CLÉDEN-CAP-SIZUN

✉ 29770 – **308** D6 – 1 037 h. – alt. 30
Paris 608 – Audierne 11 – Douarnenez 27 – Quimper 46.

▲ **La Baie** Permanent
✆ 02 98 70 64 28
0,4 ha (27 empl.) peu incliné et terrasse, herbeux
Tarif : ★ 3,20 € 🚗 1,60 € 📧 3 € – [½] (8A) 2,50 €
Pour s'y rendre : à Lescleden (2,5 km à l'ouest)

Nature : 🌊 ⬅
Loisirs : 🍴 ✂
Services : ⛔ 🚿 ♨ 🧺

BRETAGNE

CLÉDER

✉ 29233 – **308** G3 – 3 641 h. – alt. 51
🛈 *Office de tourisme, place de Gaulle* ✆ 02 98 69 43 01
Paris 564 – Brest 56 – Brignogan-Plages 22 – Morlaix 28 – St-Pol-de-Léon 9.

⚠ Village de Roguennic
✆ 02 98 69 63 88, Fax 02 98 61 95 45, *www.campingvillage roguennic.com* – **R** conseillée
8 ha (300 empl.) plat et accidenté, sablonneux, herbeux, dunes, bois attenant
Location : 50 🏠
🚐 1 borne eurorelais
Pour s'y rendre : 5 km au nord
À savoir : Au bord d'une très belle plage de sable fin

Nature : 🌲 ⛺
Loisirs : 🎮 🤸 🛝
Services : 🚻 🚰 🔌 ♿ 🧺 🛒
Au centre de loisirs : snack pizzeria
✂ 🏃 parcours sportif

CONCARNEAU

✉ 29900 – **308** H7 – G. Bretagne – 19 453 h. – alt. 4
🛈 *Office de tourisme, quai d'Aiguillon* ✆ 02 98 97 01 44, Fax 02 98 50 88 81
Paris 546 – Brest 96 – Lorient 49 – Quimper 22 – St-Brieuc 131 – Vannes 102.

⚠ Les Prés Verts de déb. mai à mi-sept.
✆ 02 98 97 09 74, *info@presverts.com*, Fax 02 98 97 32 06, *www.presverts.com* – **R** conseillée
2,5 ha (150 empl.) plat et peu incliné, herbeux
Tarif : 24,90 € 👥 🚗 📧 🔌 (6A) – pers. suppl. 6 €
Location (Prix 2008) (de déb. mai à mi-sept.) ✂ : 4 🚐
(4 à 6 pers.) 310 à 550 €/sem. – 6 🏠 (4 à 6 pers.) - 330 à 620 €/sem. – frais de réservation 20 € - **R** conseillée
Pour s'y rendre : Kernous-Plage (3 km au nord-ouest par rte du au bord de mer et à gauche, à 250 m de la plage (accès direct))
À savoir : Décoration florale et arbustive

Nature : 🌲 ♀
Loisirs : 🎮 🛝 🏃
Services : 🚰 🇬🇧 🚿 🔌 ♿ 🧺 sèche-linge 🧺
À prox. : 🛒 ✂ 🎣 💧 🐴 poneys

⚠ Lochrist de mi-juin à mi-sept.
✆ 02 98 97 25 95, *campingdelochrist@wanadoo.fr*, Fax 02 98 50 66 99, *www.campingdelochrist.com* – **R** conseillée
1,5 ha (100 empl.) plat, herbeux
Tarif : 👤 4 € 🚗 1,80 € 📧 4,70 € – 🔌 (10A) 3,70 €
Location (de déb. avr. à mi-nov.) : 6 🚐 (4 à 6 pers.) 195 à 565 €/sem. – **R** conseillée
Pour s'y rendre : Rte de Quimper (3,5 km au nord par D 783 et chemin à gauche)
À savoir : Dans un verger, autour d'une ancienne ferme restaurée

Loisirs : 🍴 🎮 🏃
Services : 🚰 🚿 🔌 ♿ 🧺 sèche-linge
À prox. : 🛒 ✂ 🎣 💧 🐴

⚠ Les Sables Blancs de déb. avr. à fin sept.
✆ 02 98 97 16 16, *contact@camping-lessablesblancs.com*, Fax 02 98 97 16 44, *www.camping-lessablesblancs.com* – **R** conseillée
3 ha (149 empl.) en terrasses, peu incliné, plat, herbeux
Tarif : (Prix 2008) 21,30 € 👥 🚗 📧 🔌 (10A) – pers. suppl. 5,20 €
Location (Prix 2008) (de déb. avr. à fin sept.) : 21 🚐 (4 à 6 pers.) nuitée 90 € - 190 à 630 €/sem. – 4 🏠 (4 à 6 pers.) nuitée 110 € - 240 à 500 €/sem. – **R** conseillée
🚐
Pour s'y rendre : R. des Fleurs

Nature : 🌲 🗻 ♀
Loisirs : 🍴 snack 🏃
Services : ♿ 🚰 🇬🇧 🚿 🔌 ♻ ♿ 📶 🛒
À prox. : 🛒 ✂ 🎣 💧 🐴

219

Benutzen Sie
– zur Wahl der Fahrtroute
– zur Berechnung der Entfernungen
– zur exakten Lokalisierung eines Campingplatzes (mit Hilfe der Angaben im Ortstext)
die für diesen Führer unentbehrlichen **MICHELIN-Karten**.

BRETAGNE

LE CONQUET

✉ 29217 – **308** C4 – G. Bretagne – 2 408 h. – alt. 30
🛈 *Office de tourisme, parc de Beauséjour* ☎ *02 98 89 11 31, Fax 02 98 89 08 20*
Paris 619 – Brest 24 – Brignogan-Plages 59 – St-Pol-de-Léon 85.

▲ Le Théven - Les Blancs sablons
☎ 02 98 89 06 90, *cledelles.conquet@wanadoo.fr*,
Fax 02 98 89 06 90, *www.lescledelles.com* – **R** conseillée
12 ha (360 empl.) plat, sablonneux, herbeux
🛻 1 borne
Pour s'y rendre : 5 km au nord-est par rte de la plage des Blancs Sablons, à 400 m de la plage - passerelle pour piétons reliant la ville

Nature : 🌊 🏖
Services : ♿ 🔑 ☺ 🚿 sèche-linge 🧺

CRACH

✉ 56950 – **308** M9 – 3 030 h. – alt. 35
Paris 482 – Auray 6 – Lorient 46 – Quiberon 29 – Vannes 25.

▲▲▲ Le Fort Espagnol de mi-mai à déb. sept.
☎ 02 97 55 14 88, *fort-espagnol@wanadoo.fr*, *www.fort-espagnol.com* – **R** conseillée
5 ha (190 empl.) peu incliné et plat, herbeux
Tarif : (Prix 2008) ✴ 6,50 € 🅔 13 € – 🔌 (10A) 3,70 € – frais de réservation 20 €
Location (Prix 2008) (de mi-mai à déb. sept.) 🚫 : 16 🏠 (4 à 6 pers.) nuitée 60 € - 370 à 700 €/sem. – 4 🏠 (4 à 6 pers.) nuitée 65 € - 400 à 740 €/sem. – 10 bungalows toilés – frais de réservation 20 € - **R** conseillée
Pour s'y rendre : Rte du Fort Espagnol (800 m à l'est, rte de la Rivière d'Auray)

Nature : 🌊 🏖 🌲🌲 (pinède)
Loisirs : 🍴 pizzeria 🎣 🏓 🎱 🛶
Services : ♿ 🔑 🛒 📺 🚿 🧺
🌊 ☺ 🧊 🚰 🔧
À prox. : 🛒 ✂ 🎣

CROZON

✉ 29160 – **308** E5 – G. Bretagne – 7 535 h. – alt. 85
🛈 *Office de tourisme, boulevard de Pralognan* ☎ *02 98 27 07 92, Fax 02 98 27 24 89*
Paris 587 – Brest 60 – Châteaulin 35 – Douarnenez 40 – Morlaix 81 – Quimper 49.

▲ Les Pieds dans l'Eau
☎ 02 98 27 62 43, *lespiedsdansleau@free.fr*, *www.lespiedsdansleau.free.fr* – **R** conseillée
1,8 ha (118 empl.) peu incliné, herbeux
Pour s'y rendre : à St-Fiacre (6 km au nord-ouest par rte de Roscanvel et à dr., au bord de la mer)

Nature : 🌊 ≤ 🏖
Loisirs : 🎣 🏓
Services : ♿ 🔑 🚻 ☺ 🚿 🧺

La Côte d'Émeraude

BRETAGNE

CROZON

⚠ **L'Aber** Permanent
📞 02 98 27 02 96, contact@camping-aber.com, www.camping-aber.com – **R** conseillée
1,6 ha (100 empl.) en terrasses, plat, peu incliné, herbeux
Tarif : (Prix 2008) 14,60 € 👥 🚗 🔲 ⚡ (5A) – pers. suppl. 3,70 € – frais de réservation 5 €
Location : 11 🏠 (4 à 6 pers.) nuitée 48 € - 200 à 455 €/sem. – frais de réservation 5 € – **R** conseillée
Pour s'y rendre : Rte de l'Aber (5 km à l'est par D 887, rte de Châteaulin, puis à Tal-ar-Groas, 1 km à dr.)
À savoir : Agréable situation en terrasses dominant la mer

Nature : ≤ baie de Douarnenez
Loisirs : 🍷 snack 🎯
Services : ♿ 🔑 📶 ✂ 🔲 ☺ 🍴

DINÉAULT

✉ 29150 – **308** G5 – 1 391 h. – alt. 160
Paris 560 – Rennes 208 – Quimper 36 – Brest 54 – Concarneau 58.

⚠ **Ty Provost** de déb. juin à mi-sept.
📞 02 98 86 29 23, contact@typrovost.com, www.typrovost.com – **R** conseillée
1,2 ha (50 empl.) terrasses, plat et peu incliné, herbeux
Tarif : 👤 3,80 € 🚗 2,10 € 🔲 5,80 € – ⚡ (6A) 2,80 €
Location (permanent) : 5 🏠 (4 à 6 pers.) nuitée 55 € - 245 à 445 €/sem. – 7 🏡 (4 à 6 pers.) nuitée 55 € - 230 à 498 €/sem. – **R** conseillée
🏕
Pour s'y rendre : à Dineault (4,5 km au nord-ouest par rte de la Gare et chemin à dr. - de Dineault, 4 km au sud-est par C 1, rte de Châteaulin et chemin à gauche)
À savoir : cadre et situation agréables

Nature : ≤
Loisirs : 🍷 🏠 🛶
Services : ♿ 🔑 (juin-15 sept.) 📶 ✂ 🔲 ☺ 🍴 sèche-linge

DOL-DE-BRETAGNE

✉ 35120 – **309** L3 – G. Bretagne – 4 563 h. – alt. 20
🏛 Syndicat d'initiative, 3, Grande Rue des Stuarts 📞 02 99 48 15 37, Fax 02 99 48 14 13
Paris 378 – Alençon 154 – Dinan 26 – Fougères 54 – Rennes 56 – St-Malo 28.

221

⛺ **Domaine des Ormes** de mi-mai à mi-sept.
📞 02 99 73 53 00, info@lesormes.com, Fax 02 99 73 53 55, www.lesormes.com – places limitées pour le passage – **R** conseillée
160 ha/40 campables (750 empl.) plat et peu incliné, herbeux
Tarif : 👤 7,50 € 🔲 25 € – ⚡ (6A) 4,60 € – frais de réservation 20 €
Location (Prix 2008) (permanent) : 57 🏠 (4 à 6 pers.) 350 à 1 115 €/sem. – 12 🏡 (4 à 6 pers.) - 465 à 998 €/sem. – hôtel, studios, gîtes, cabanes perchées – frais de réservation 20 € – **R** conseillée
Pour s'y rendre : Epiniac (7,5 km au sud par D 795, rte de Combourg puis chemin à gauche)
À savoir : grands espaces et nombreuses activités autour d'un château du 16e s.

Nature : 🌳 ≤ 〰
Loisirs : 🍷 🍴 pizzeria 🏠 🛡 🏃 discothèque, salle d'animation 🛶 🚴 🎾 🎯 🏊 ⛳ 🏇 poneys (centre équestre) golf, théâtre de plein air, terrain omnisports, pratice de golf
Services : ♿ 🔑 📶 🔲 ☺ 📞 🍴 sèche-linge 🧺 🚿

⛺ **Le Vieux Chêne** de déb. avr. à mi-sept.
📞 02 99 48 09 55, vieux.chene@wanadoo.fr, Fax 02 99 48 13 37, www.camping-vieuxchene.fr – **R** conseillée
4 ha/2 campables (199 empl.) plat, peu incliné, herbeux
Tarif : 👤 5,75 € 🔲 17,90 € – ⚡ (10A) 4 € – frais de réservation 15 €
Location (de déb. avr. à mi-sept.) : 6 🏠 (4 à 6 pers.) 350 à 800 €/sem. – 18 🏡 (4 à 6 pers.) - 350 à 800 €/sem. – **R** conseillée
🏕 – 2 🔲 13 – 🔋 ⚡ 13 €
Pour s'y rendre : Le Mottay (5 km à l'est, par N 176, rte de Pontorson, à Baguer-Pican, accès conseillé par la déviation, sortie Dol-de-Bretagne-Est et D 80)
À savoir : Situation plaisante autour d'une ferme bordée d'étangs

Nature : 🌳 🏞 〰
Loisirs : 🍷 snack, crêperie 🏠 🛶 ✂ 🏃 🎾 🏊 ⛳ poneys
Services : ♿ 🔑 📶 ✂ 🔲 ☺ 🍴 🚻 📞 🍴 sèche-linge 🧺 🚿

BRETAGNE

ERDEVEN

✉ 56410 – **308** M9 – 2 523 h. – alt. 18

🛈 Syndicat d'initiative, 7, rue Abbé-Le-Barh ☎ 02 97 55 64 60, Fax 02 97 55 66 75
Paris 492 – Auray 15 – Carnac 10 – Lorient 28 – Quiberon 20 – Quimperlé 46 – Vannes 34.

⛰ Les Sept Saints 👥 – de déb. mai à mi-sept.
☎ 02 97 55 52 65, info@septsaints.com, Fax 02 97 55 22 67, www.septsaints.com – **R** conseillée
7 ha/5 campables (200 empl.) plat et peu incliné, herbeux
Tarif : ♦ 7 € 🚗 🅔 18 € – 🔌 (16A) 5,50 € – frais de réservation 20 €
Location (de déb. avr. à fin sept.) : 50 🏕 (4 à 6 pers.) 285 à 790 €/sem. – 19 🏠 (4 à 6 pers.) - 300 à 830 €/sem. – frais de réservation 20 € - **R** conseillée
Pour s'y rendre : 2 km au nord-ouest par D 781, rte de Plouhinec et rte à gauche

Nature : 🌲🌲(pinède)
Loisirs : 🍷 🎱 🚴 jacuzzi 🐎 🚲 🏊 ⛳ terrain omnisports
Services : ♿ 🔑 🏧 🍳 🔥 🛋 🧺 sèche-linge 🧼 🚿
À prox. : 🎣 ✂️ 🎯 🐎 canoë de mer, char à voile

⛰ Les Mégalithes
☎ 02 97 55 68 76, ot.erdeven@wanadoo.fr – **R** conseillée
4,3 ha (100 empl.) plat, herbeux
🚐 1 borne raclet
Pour s'y rendre : 1,5 km au sud par D 781, rte de Carnac et rte à dr.

Nature : 🌲
Loisirs : 🚴 🏊
Services : ♿ 🔑 🏧 🍳 🔥 🛋 sèche-linge
À prox. : ✂️ 🎯 🐎 (centre équestre) canoë de mer, char à voile

⛰ La Croëz-Villieu de déb. mai à fin sept.
☎ 02 97 55 90 43, camping-la-croez-villieu@wanadoo.fr, Fax 02 97 55 64 83, www.la-croez-villieu.com – places limitées pour le passage – **R** conseillée
3 ha (134 empl.) plat, herbeux
Tarif : ♦ 5 € 🚗 2,10 € 🅔 5,90 € – 🔌 (6A) 3,50 € – frais de réservation 16 €
Location (de déb. avr. à fin sept.) : 20 🏕 (4 à 6 pers.) 256 à 642 €/sem. – frais de réservation 16 € - **R** conseillée
🚐 10 🅔 13,10 €
Pour s'y rendre : La Croez-Villieu (1 km au sud-ouest par rte de Kerhillio)

Nature : 🌲 🌿
Loisirs : 🍷 🎱 🚴 🏊
Services : 🔑 🐾 🍳 🔥 🛋 sèche-linge
À prox. : 🎣 ✂️ 🎯 🐎 (centre équestre) canoë de mer, char à voile

⛰ Kerzerho de déb. juin à fin août
☎ 02 97 55 63 17, info@camping-kerzerho.com, Fax 02 97 55 63 17, www.camping-kerzerho.com – places limitées pour le passage – **R** conseillée
6 ha (287 empl.) plat, herbeux, étang
Tarif : ♦ 5,25 € 🚗 🅔 13,50 € – 🔌 (10A) 5,30 € – frais de réservation 20 €
Location (de déb. mai à fin sept.) : 60 🏕 (4 à 6 pers.) 230 à 715 €/sem. – frais de réservation 20 € - **R** conseillée
Pour s'y rendre : Rte de Plouharnel

Nature : 🌲 🌿
Loisirs : snack 🎱 🎯 🏊 🏓
Services : ♿ 🔑 🏧 🐾 🍳 🔥 🛋 sèche-linge 🚿
À prox. : sentiers de randonnées

🏕 Idéal Camping de déb. avr. à fin sept.
☎ 02 97 55 67 66, info@camping-l-ideal.com, Fax 02 97 55 93 12, www.camping-l-ideal.com – **R**
0,6 ha (30 empl.) plat, herbeux
Tarif : (Prix 2008) ♦ 5 € 🚗 🅔 13 € – 🔌 (10A) 5 €
Location (Prix 2008) : 🏕 (4 à 6 pers.) 260 à 740 €/sem. – frais de réservation 20 € - **R** conseillée
🚐 2 🅔 33 €
Pour s'y rendre : rte des Plages

Nature : 🌿
Loisirs : 🍷 🎱 🖼 🏊
Services : ♿ 🔑 🏧 🐾 🔥 🛋 sèche-linge 🚿

Benutzen Sie
– zur Wahl der Fahrtroute
– zur Berechnung der Entfernungen
– zur exakten Lokalisierung eines Campingplatzes (mit Hilfe der Angaben im Ortstext)
die für diesen Führer unentbehrlichen **MICHELIN-Karten**.

BRETAGNE

ERQUY

✉ 22430 – **309** H3 – G. Bretagne – 3 760 h. – alt. 12
🛈 Office de tourisme, 3, rue du 19 Mars 1962 ℘ 02 96 72 30 12, Fax 02 96 72 02 88
Paris 451 – Dinan 46 – Dinard 39 – Lamballe 21 – Rennes 102 – St-Brieuc 33.

▲ **Le Vieux Moulin** ♨ – de fin avr. à déb. sept.
℘ 02 96 72 34 23, camp.vieux.moulin@wanadoo.fr,
Fax 02 96 72 36 63, www.camping-vieux-moulin.com
– **R** conseillée
2,5 ha (173 empl.) plat et peu incliné, herbeux
Tarif : 37,60 € ✶✶ 🚗 🅴 (10A) – pers. suppl. 6,10 € – frais de réservation 30 €
Location : 70 🏠 (4 à 6 pers.) nuitée 50 € – 340 à 950 €/sem. – frais de réservation 30 € – **R** conseillée
🅿 1 borne artisanale
Pour s'y rendre : 14 r. des Moulins (2 km à l'est)
À savoir : Cadre verdoyant, convivial et soigné

Nature : 🏕 ♀
Loisirs : 🍴 pizzeria, grill 🏊 🏇 ⛳ discothèque, spa 🚴 🛶 🎿
Services : 👤 🔑 🅶🅱 🚿 🔲 ♨ 🗑 🗑 🚽 🧺
À prox. : 🐎 🌊 🏊 ♀ 🐴 (centre équestre) école de plongée, canoë de mer

▲ **Yelloh! Village Les Pins** de fin avr. à mi-sept.
℘ 02 96 72 31 12, camping.des.pins@wanadoo.fr,
Fax 02 96 63 67 94, www.yellohvillage-les-pins.com – **R** conseillée
10 ha (385 empl.) peu incliné et plat, herbeux
Tarif : (Prix 2008) 34 € ✶✶ 🚗 🅴 (6A) – pers. suppl. 5 € – frais de réservation 30 €
Location (Prix 2008) : 140 🏠 (4 à 6 pers.) nuitée 84 € - 315 à 1148 €/sem. – 6 🏠 (4 à 6 pers.) - 378 à 826 €/sem. – bungalows toilés – **R** conseillée
Pour s'y rendre : Le Guen (1 km au nord)
À savoir : Agréable espace aquatique

Nature : 🌲 🏕 ♀
Loisirs : 🍴 🍽 🍴 🏇 ⛳ 🏊 jacuzzi balnéo 🚴 🛶 🎿
Services : 👤 🅶🅱 🚿 🔲 ♨ ⚽ 🗑 🧺 sèche-linge 🧺 🛒
À prox. : 🐎 🏊 ♀ 🐴 (centre équestre) école de plongée, canoë de mer

▲ **Bellevue** de mi-avr. à mi-sept.
℘ 02 96 72 33 04, campingbellevue@yahoo.fr,
Fax 02 96 72 48 03, http://www.campingbellevue.fr – **R** conseillée
2 ha (140 empl.) plat, herbeux
Tarif : 24,80 € ✶✶ 🚗 🅴 (10A) – pers. suppl. 5 €
Location (de déb. avr. à mi-sept.) 🚫 : 14 🏠 (4 à 6 pers.) 290 à 640 €/sem. – frais de réservation 15 € - **R** conseillée
🅿 1 borne artisanale
Pour s'y rendre : 5,5 km au sud-ouest
À savoir : Entrée fleurie et décoration arbustive des emplacements

223

Nature : 🏕 ♀
Loisirs : 🍴 🍽 🏇 🏊 🔲 (découverte en saison)
Services : 👤 🔑 🅶🅱 🚿 🗑 🧺 sèche-linge
À prox. : 🍴 crêperie 🌊 ♀ 🐴 (centre équestre) école de plongée, canoë de mer

▲ **St-Pabu** de déb. avr. à mi-oct.
℘ 02 96 72 24 65, camping@saintpabu.com,
Fax 02 96 72 87 17, www.saintpabu.com – **R** conseillée
5,5 ha (409 empl.) plat, peu incliné et en terrasses, herbeux
Tarif : 24 € ✶✶ 🚗 🅴 (10A) – pers. suppl. 5 € – frais de réservation 20 €
Location : 35 🏠 (4 à 6 pers.) nuitée 60 € - 285 à 660 €/sem. – frais de réservation 20 € - **R** conseillée
🅿 1 borne artisanale
Pour s'y rendre : Saint-Pabu (4 km au sud-ouest)
À savoir : Face à la baie d'Erquy, près de la plage

Nature : 🌲 ← 🏕
Loisirs : 🍴 🍽 🏇
Services : 👤 🔑 🅶🅱 🚿 🔲 🗑 🧺 ♨ 🗑 sèche-linge 🧺
À prox. : 🐎 🌊 🏊 ♀ 🐴 (centre équestre) école de plongée, char à voile

▲ **Les Roches** de déb. avr. à fin sept.
℘ 02 96 72 32 90, info@camping-les-roches.com,
Fax 02 96 63 57 84, www.camping-les-roches.com – **R** conseillée
3 ha (160 empl.) plat, peu incliné et en terrasses, herbeux
Tarif : (Prix 2008) 🚶 3,80 € 🚗 2,80 € 🅴 3,80 € - 🅴 (10A) 3,20 € – frais de réservation 7 €
Location (Prix 2008) (de déb. avr. à déb. nov.) : 11 🏠 (4 à 6 pers.) nuitée 45 € - 252 à 455 €/sem. – frais de réservation 7 € - **R** conseillée
🅿 🚐 9,25 €
Pour s'y rendre : R. Pierre-Vergos (3 km au sud-ouest)
À savoir : Décoration arbustive

Nature : 🌲
Loisirs : 🍽 🏇 🏊
Services : 👤 🔑 🅶🅱 🚿 🔲 🗑 ♨ ⚽ 🗑 sèche-linge 🧺
À prox. : 🐎 🌊 ♀ 🐴 (centre équestre) école de plongée, canoë de mer

BRETAGNE

ERQUY

Des Hautes Grées de déb. avr. à déb. oct.
02 96 72 34 78, hautesgrees@wanadoo.fr,
Fax 02 96 72 30 15, www.camping-hautes-grees.com
– **R** conseillée
2,5 ha (148 empl.) plat et peu incliné, herbeux
Tarif : ♣ 5,10 € – 🚗 🅿 8,85 € – [½] (10A) 4,50 € – frais de réservation 15,50 €
Location : 30 (4 à 6 pers.) nuitée 58 € - 220 à 630 €/sem. – frais de réservation 15,50 € - **R** conseillée
1 borne artisanale 3 € – 10 €
Pour s'y rendre : 123 r. St-Michel (3,5 km au nord-est, à 400 m de la plage St-Michel)

Nature :
Loisirs : jacuzzi
Services : sèche-linge
À prox. : école de plongée, canoë de mer

ÉTABLES-SUR-MER

22680 – **309** E3 – G. Bretagne – 2 514 h. – alt. 65
Office de tourisme, 9, rue de la République 02 96 70 65 41, Fax 02 96 70 68 27
Paris 467 – Guingamp 31 – Lannion 56 – St-Brieuc 19 – St-Quay-Portrieux 3.

L'Abri-Côtier de déb. mai à mi-sept.
02 96 70 61 57, camping.abricotier@wanadoo.fr,
Fax 02 96 70 65 23, www.camping-abricotier.fr – **R** conseillée
2 ha (140 empl.) plat et peu incliné, herbeux
Tarif : (Prix 2008) ♣ 4,70 € – 🚗 🅿 7,50 € – [½] (10A) 4 €
Location (Prix 2008) : 11 (4 à 6 pers.) 280 à 560 €/sem. – **R** conseillée
Pour s'y rendre : R. de la Ville-es-Rouxel (1 km au nord par rte de St-Quay-Portrieux et à gauche)

Nature :
Loisirs : jacuzzi
Services : sèche-linge
À prox. : poneys golf, canoë de mer

Si vous recherchez :
- Un terrain offrant des équipements et des loisirs adaptés aux enfants
- Un terrain agréable ou très tranquille
- L - M Un terrain effectuant la location de caravanes, de mobile homes, de bungalows ou de chalets
- P Un terrain ouvert toute l'année
- Un terrain possédant une aire de services pour camping-cars

Consultez le tableau des localités

LE FAOUËT

56320 – **308** J6 – G. Bretagne – 2 806 h. – alt. 68
Office de tourisme, 3, rue des Cendres 02 97 23 23 23, Fax 02 97 23 11 66
Paris 516 – Carhaix-Plouguer 35 – Lorient 40 – Pontivy 47 – Quimperlé 21.

Municipal Beg er Roch
02 97 23 15 11, lecamping.lefaouet@wanadoo.fr,
Fax 02 97 23 11 66 – **R** conseillée
3 ha (65 empl.) plat, herbeux
Location : 8 – 10 bungalows toilés
Pour s'y rendre : 2 km au sud-est par D 769, rte de Lorient
À savoir : Cadre agréable au bord de l'Ellé

Nature :
Loisirs :
Services : sèche-linge

FEINS

35440 – **309** M5 – 710 h. – alt. 104
Paris 369 – Avranches 55 – Fougères 44 – Rennes 30 – St-Malo 50.

Municipal l'Étang de Boulet
02 99 69 63 23, feins@wanadoo.fr, Fax 02 99 69 66 25, www.feins.fr – **R** conseillée
1,5 ha (40 empl.) plat, herbeux
Pour s'y rendre : 2 km au nord-est par D 91, rte de Marcillé-Raoul et chemin à gauche
À savoir : situation agréable près de l'étang de Boulet

Nature :
Loisirs :
Services : sèche-linge
À prox. : (centre équestre)

BRETAGNE

LA FORÊT-FOUESNANT

✉ 29940 – **308** H7 – G. Bretagne – 2 809 h. – alt. 19
🛈 Office de tourisme, 2, rue du Port ✆ 02 98 51 42 07, Fax 02 98 51 44 52
Paris 553 – Rennes 202 – Quimper 18 – Brest 94 – Lorient 56.

▲▲▲ Kerleven – de mi-avr. à fin sept.
✆ 02 98 56 98 83, contact@camping-de-kerleven.com,
Fax 02 98 56 82 22, www.camping-de-kerleven.com
– **R** conseillée
4 ha (185 empl.) plat et en terrasses, herbeux
Tarif : 32,60 € ⁂ (10A) – pers. suppl. 7,50 € – frais de réservation 8 €
Location : 32 (4 à 6 pers.) nuitée 50 € - 200 à 760 €/sem. – frais de réservation 8 € - **R** conseillée
1 borne eurorelais 2 €
Pour s'y rendre : 2 km au sud-est, à 200 m de la plage

Nature :
Loisirs : crêperie, snack
Services :
sèche-linge
À prox. :

▲▲▲ Les Saules – de déb. mai à fin sept.
✆ 02 98 56 98 57, camping.les.saules@wanadoo.fr,
Fax 02 98 56 86 60, www.camping-les-saules.com
– **R** conseillée
4 ha (242 empl.) plat et peu incliné, herbeux
Tarif : 30 € ⁂ (6A) – pers. suppl. 6,50 € – frais de réservation 17 €
Location (de déb. avr. à fin sept.) : 36 (4 à 6 pers.) 310 à 870 €/sem. – frais de réservation 17 € - **R** conseillée
Pour s'y rendre : 54 rte de la Plage (2,5 km au sud-est, près de la plage de Kereven (accès direct))

Nature :
Loisirs : crêperie, snack
Services :
sèche-linge
À prox. : golf

▲▲▲ Kéranterec – de mi-avr. à mi-déc.
✆ 02 98 56 98 11, info@camping-keranterec.com,
Fax 02 98 56 81 73, www.camping-keranterec.com
– **R** conseillée
6,5 ha (265 empl.) plat, peu incliné et en terrasses, herbeux
Tarif : 34 € ⁂ (10A) – pers. suppl. 8,50 € – frais de réservation 30 €
Location (de mi-avr. à mi-sept.) : 40 (4 à 6 pers.) nuitée 50 € - 280 à 850 €/sem. – frais de réservation 30 € - **R** conseillée
1 borne eurorelais 4 € – 14 €
Pour s'y rendre : Kerleven (2,8 km au sud-est)
À savoir : Autour d'une ancienne ferme restaurée, au bord de l'océan

Nature :
Loisirs : pizzeria, crêperie nocturne salle d'animation
Services :
sèche-linge
À prox. : golf, école de plongée

▲▲▲ Manoir de Penn ar Ster de mi-fév. à mi-nov.
✆ 02 98 56 97 75, info@camping-pennarster.com,
www.camping-pennarster.com – **R** conseillée
3 ha (105 empl.) plat, peu incliné et en terrasses, herbeux
Tarif : 26,70 € ⁂ (10A) – pers. suppl. 7 € – frais de réservation 15 €
Location : 7 (4 à 6 pers.) nuitée 85 € - 260 à 650 €/sem. – frais de réservation 15 € - **R** conseillée
1 borne artisanale 5 € – 5 17 €
Pour s'y rendre : 2 chemin de Penn-Ar-Ster (sortie nord-est, rte de Quimper et à gauche)
À savoir : Entrée accueillante avec mini-golf aménagé en jardin d'agrément

Nature :
Loisirs :
Services :
sèche-linge
À prox. : golf, école de plongée

225

Pour choisir et suivre un itinéraire
Pour calculer un kilométrage
Pour situer exactement un terrain (en fonction des indications fournies dans le texte) :
Utilisez les **cartes MICHELIN**,
compléments indispensables de cet ouvrage.

BRETAGNE

FOUESNANT

✉ 29170 – **308** G7 – G. Bretagne – 8 076 h. – alt. 30
🛈 *Office de tourisme, Espace Kernevelech* ✆ *02 98 51 18 88, Fax 02 98 56 64 02*
Paris 555 – Carhaix-Plouguer 69 – Concarneau 11 – Quimper 16 – Quimperlé 39 – Rosporden 18.

Sunelia L'Atlantique ⚤ – de fin avr. à mi-sept.
✆ 02 98 56 14 44, *sunelia@latlantique.fr*,
Fax 02 98 56 18 67, *www.latlantique.fr* – places limitées pour le passage – **R** conseillée
10 ha (432 empl.) plat, herbeux
Tarif : 39 € ⚤ 🚗 🔲 (6A) – pers. suppl. 7 € – frais de réservation 30 €
Location 🏠 : 130 (4 à 6 pers.) nuitée 75 € - 385 à 1 106 €/sem. – 6 (4 à 6 pers.) nuitée 75 € – 385 à 826 €/sem. – frais de réservation 30 € - **R** conseillée
🚐 1 borne artisanale 15 €
Pour s'y rendre : 4,5 km au sud, à 400 m de la plage (accès direct)
À savoir : Bel ensemble aquatique

Nature : 🌊 🏖 ♀
Loisirs : 🍴 snack, crêperie 🎭 🎯
salle d'animation 🎣 🚲 🎳 🏓 ⛳
Services : ♿ 🚿 🌐 🛗 🔌 🏪 ♻
🚻 🧺 🧽 sèche-linge 🧊 ✂
À prox. : 🐴 golf

FOUGÈRES

✉ 35300 – **309** O4 – G. Bretagne – 21 779 h. – alt. 115
🛈 *Office de tourisme, 2, rue Nationale* ✆ *02 99 94 12 20, Fax 02 99 94 77 30*
Paris 326 – Caen 148 – Le Mans 132 – Nantes 158 – St-Brieuc 148.

Municipal de Paron de fin avr. à fin sept.
✆ 02 99 99 40 81, *campingmunicipal35@orange.fr*,
Fax 02 99 99 70 83 – **R** conseillée
2,5 ha (90 empl.) plat et peu incliné, herbeux
Tarif : (Prix 2008) ⚤ 2,50 € 🚗 1,60 € 🔲 5 € – ⚡ (10A) 3,30 €
🚐 – 25 🔲 5 €
Pour s'y rendre : Rte de la Chapelle-Janson (1,5 km à l'est par D 17, accès recommandé par rocade est)
À savoir : agréable cadre arbustif

Nature : 🏖 ♀♀
Loisirs : 🎣
Services : 🚿 🌐 ♿ 🛗 🔌 🏪
À prox. : 🏹 🎯 🎳 🏓 ♿ 🐴 (centre équestre) canoë

LE FRET

✉ 29160 – **308** D5 – G. Bretagne
Paris 591 – Rennes 239 – Quimper 56 – Brest 10 – Concarneau 79.

Gwel Kaër de déb. avr. à fin sept.
✆ 02 98 27 61 06, *info@camping-gwel-kaer.com*,
Fax 02 98 27 61 06, *www.camping-gwel-kaer.com* – **R**
2,2 ha (98 empl.) en terrasses, plat et peu incliné, herbeux
Tarif : ⚤ 3,90 € 🚗 2 € 🔲 3,90 € – ⚡ (10A) 3,50 €
Location 🏠 : 6 (4 à 6 pers.) nuitée 40 € - 260 à 495 €/sem. – **R** conseillée
Pour s'y rendre : Le Fret (sortie sud-est par D 55, rte de Crozon, au bord de mer)

Nature : 🌊 ≤ ♀ ⛰
Loisirs : 🎣
Services : ♿ 🚿 (15 juin-15 sept.)
🌐 🛗 🔌 🏪 ♻

LE GUERNO

✉ 56190 – **308** Q9 – G. Bretagne – 582 h. – alt. 60
Paris 460 – Muzillac 8 – Redon 30 – La Roche-Bernard 17 – Sarzeau 34 – Vannes 34.

Municipal de Borg-Néhué de déb. avr. à fin oct.
✆ 02 97 42 94 76, *mairie.leguerno@wanadoo.fr*,
Fax 02 97 42 84 36, *www.leguerno.fr* – **R** conseillée
1,4 ha (50 empl.) plat, herbeux
Tarif : 7,65 € ⚤ 🚗 🔲 (10A) – pers. suppl. 2,55 €
Location (permanent) : 9 (4 à 6 pers.) nuitée 92 € - 153 à 408 €/sem. – **R** conseillée
🚐
Pour s'y rendre : R. du Borg-Nehué (500 m au nord-ouest par rte de Noyal-Muzillac)

Nature : 🏖 🌳 ♀
Loisirs : 🎣
Services : ♿ 🛗 🔌 ♻ 🏪
À prox. : ✂

BRETAGNE

GUIDEL

✉ 56520 – **308** K8 – 9 156 h. – alt. 38
🛈 *Office de tourisme, 9, rue Saint-Maurice* ✆ 02 97 65 01 74, Fax 02 97 65 09 36
Paris 511 – Nantes 178 – Quimper 60 – Rennes 162.

▲▲▲ **Les Jardins de Kergal** de déb. avr. à fin sept.
✆ 06 83 46 53 08, jardins.kergal@wanadoo.fr,
Fax 02 97 32 88 27, www.camping-lorient.com – **R** conseillée
5 ha (153 empl.) plat, herbeux
Tarif : ★ 6,90 € ⇌ 🅿 15,90 € (½) (16A) – frais de réservation 20 €
Location (de déb. avr. à fin oct.) : 20 🏠 (4 à 6 pers.) 340 à 655 €/sem. – 25 🏕 (4 à 6 pers.) - 340 à 795 €/sem. – frais de réservation 20 € - **R** conseillée
🚐 1 borne artisanale
Pour s'y rendre : rte des Plages (3 km au sud-ouest par D 306, rte de Guidel-Plages et chemin à gauche)
À savoir : Agréable cadre boisé

Nature : 🌳 ♀♀
Loisirs : 🍸 🍽 🏇 🚴 ✂ 🎯 🏊 ⛵
⛳ terrain omnisports
Services : 👤 🔑 🏪 🚿 🍽 🛁 🚽 ♿
🧺 sèche-linge
À prox. : 💧 🏇 (centre équestre) parcours sportif

GUILVINEC

✉ 29730 – **308** F8 – G. Bretagne – 3 042 h. – alt. 5
🛈 *Office de tourisme, 62, rue de la Marine* ✆ 02 98 58 29 29, Fax 02 98 58 34 05
Paris 584 – Douarnenez 44 – Pont-l'Abbé 10 – Quimper 30.

▲▲▲ **Yelloh! Village la Plage** 👥 – de déb. avr. à mi-sept.
✆ 02 98 58 61 90, info@yellohvillage-la-plage.com,
Fax 02 98 58 89 06, www.villagelaplage.com – **R** conseillée
7 ha (410 empl.) plat, herbeux, sablonneux
Tarif : 40 € ★★ ⇌ 🅿 (10A) – pers. suppl. 7 €
Location : 103 🏠 (4 à 6 pers.) 203 à 1 183 €/sem. – 4 🏕 (4 à 6 pers.) - 350 à 1 043 €/sem. – 10 tentes – **R** conseillée
🚐 1 borne artisanale 6 €
Pour s'y rendre : Le Guilvinec (2 km à l'ouest, rte de la corniche vers Penmarch, à 100 m de la plage (accès direct))

Nature : ♀
Loisirs : 🍸 crêperie, pizzeria, snack 🏠 💆 🏇 🚴 ✂ 🏊 ⛵
Services : 👤 🔑 🏪 🚿 🍽 🛁 ♿
🧺 sèche-linge 🔧
À prox. : 💧

227

HUELGOAT

✉ 29690 – **308** I4 – G. Bretagne – 1 687 h. – alt. 149
🛈 *Syndicat d'initiative, Moulin du Chaos* ✆ 02 98 99 72 32
Paris 523 – Brest 66 – Carhaix-Plouguer 18 – Châteaulin 36 – Landerneau 45 – Morlaix 30 – Quimper 57.

▲▲ **La Rivière d'Argent** de fin avr. à mi-oct.
✆ 02 98 99 72 50, campriviere@wanadoo.fr, www.lariviere dargent.com – **R** conseillée
5 ha (90 empl.) plat, herbeux
Tarif : ★ 3,30 € ⇌ 1,20 € 🅿 3,80 € – (½) (10A) 3,70 € – frais de réservation 12 €
Location (permanent) : 10 🏠 (4 à 6 pers.) nuitée 42 € - 210 à 530 €/sem. – frais de réservation 18 € - **R** conseillée
🚐 1 borne artisanale 3 € – 4 🅿 5 €
Pour s'y rendre : La Coudraie (3,4 km à l'est par D 769a, rte de Locmaria-Berrien et chemin à dr.)
À savoir : Agréable situation en bordure de rivière et en lisière de forêt

Nature : 🌳 🏞 ♀
Loisirs : 🍸 snack 💆 ✂ 🏊
Services : 👤 🔑 🏪 🚿 🍽 ♿ 🛁
🍽 🧺 🔧

▲ **Municipal du Lac**
✆ 02 98 99 78 80, mairie.huelgoat@wanadoo.fr,
Fax 02 98 99 75 72
1 ha (85 empl.) plat, herbeux
Pour s'y rendre : 800 m à l'ouest par rte de Brest, au bord d'une rivière et d'un étang

Nature : 🏞
Services : 👤 🔑 ♿ 🛁 🚽
À prox. : 🏊

BRETAGNE

ÎLE-AUX-MOINES

✉ 56780 – **308** N9 – G. Bretagne – 610 h. – alt. 16
Paris 483 – Rennes 132 – Vannes 15 – Lorient 59.

▲ **Municipal du Vieux Moulin** de mi-mai à mi-oct.
📞 02 97 26 30 68, mairie@mairie-ileauxmoines.fr,
Fax 02 97 26 38 27 – **R** conseillée
1 ha (44 empl.) plat et peu incliné, herbeux
Tarif : ✹ 6 €

Pour s'y rendre : Le Vieux Moulin (sortie sud-est du bourg, rte de la Pointe de Brouel)
À savoir : réservé aux tentes

Nature : 🌊
Loisirs : 🏖
Services : 🚻 GB ⚡ ♿
À prox. : 🍴

JOSSELIN

✉ 56120 – **308** P7 – G. Bretagne – 2 419 h. – alt. 58
ℹ Office de tourisme, place de la Congrégation 📞 02 97 22 36 43, Fax 02 97 22 20 44
Paris 428 – Dinan 86 – Lorient 76 – Pontivy 35 – Rennes 79 – St-Brieuc 79 – Vannes 41.

▲ **Le Bas de la Lande** de déb. avr. à fin oct.
📞 02 97 22 22 20, campingbasdelalande@wanadoo.fr,
Fax 02 97 73 93 85, www.josselin.com www.guegon.fr – **R**
2 ha (60 empl.) plat, peu incliné et en terrasses, herbeux, pinède attenante
Tarif : (Prix 2008) ✹ 3 € 🚗 2 € 🅴 3 € – (6A) 3,10 €
Location (Prix 2008) (permanent) 🛏 : 4 🏠 (4 à 6 pers.) 300 à 366 €/sem. – **R** conseillée
🚙, 4 🅴 14,10 €

Pour s'y rendre : Le Bas de la Lande (2 km à l'ouest par D 778 et D 724, rte de Guégon à gauche, à 50 m de l'Oust, sortie ouest Guégon par voie rapide)

Nature : 🌲
Loisirs : 🍽 🏠 ⚡
Services : ♿ 🔑 ⚡ 🅿 🚿 🧺 sèche-linge
À prox. : 🎣

JUGON-LES-LACS

✉ 22270 – **309** I4 – G. Bretagne – 1 348 h. – alt. 29
ℹ Office de tourisme, place du Martray 📞 02 96 31 70 75
Paris 417 – Lamballe 22 – Plancoët 16 – St-Brieuc 59 – St-Méen-le-Grand 35.

▲▲ **Au Bocage du Lac** de déb. avr. à mi-oct.
📞 02 96 31 60 16, contact@campingjugon.com,
Fax 02 96 31 75 04, www.campingjugon.com – **R** conseillée
4 ha (180 empl.) plat et peu incliné, herbeux
Tarif : (Prix 2008) 22,90 € ✹✹ 🚗 🅴 ⚡ (5A) – pers. suppl. 5 € – frais de réservation 15 €
Location (Prix 2008) (de déb. avr. à mi-oct.) : 6 🏠 (4 à 6 pers.) nuitée 76 € - 263 à 597 €/sem. – 31 🏠 (4 à 6 pers.) nuitée 83 € - 263 à 597 €/sem. – bungalows toilés – gîtes – frais de réservation 15 € - **R** conseillée
🚙

Pour s'y rendre : Le Bocage (1 km au sud-est par D 52, rte de Mégrit)
À savoir : Au bord du grand étang de Jugon

Nature : 🌲 🌳
Loisirs : 🍽 🏠 🎮 ⚡ 🎣 🏊 🏓 poneys parc animalier
Services : ♿ 🔑 GB ⚡ M 🅿 🚿 ☕ 🧺 sèche-linge
À prox. : 🚴 🎿 🛶 canoë de mer

KERVEL

✉ 29550 – **308** F6
Paris 586 – Rennes 234 – Quimper 24 – Brest 67 – Concarneau 47.

▲▲▲ **International de Kervel** 👥 – de mi-avr. à fin sept.
📞 02 98 92 51 54, camping.kervel@wanadoo.fr,
Fax 02 98 92 54 96, www.campings-franceloc.com – **R** conseillée
7 ha (330 empl.) plat, herbeux
Tarif : (Prix 2008) 27 € ✹✹ 🚗 🅴 ⚡ (10A) – pers. suppl. 6,50 € – frais de réservation 25 €
Location (Prix 2008) : 120 🏠 (4 à 6 pers.) nuitée 37 € - 147 à 819 €/sem. – 6 🏠 (4 à 6 pers.) nuitée 50 € - 198 à 892 €/sem. – frais de réservation 25 € - **R** conseillée
🚙 1 borne flot bleu

Pour s'y rendre : Kervel

Nature : 🌳🌳
Loisirs : 🍽 🏠 🌙 nocturne 🎮 ⚡ 🚴 🎿 🏊 🏓 terrain omnisports
Services : ♿ 🔑 GB ⚡ M 🅿 ☕ 🧺 🅿 🧺 sèche-linge 🧊 ⚡

BRETAGNE

KERVOYAL

✉ 56750 – **308** P9
Paris 471 – Rennes 124 – Vannes 30 – Lorient 87.

▲ **Oasis** de déb. avr. à fin oct.
☎ 02 97 41 10 52, *camping-loasis@wanadoo.fr*,
Fax 02 97 41 10 52, *www.campingloasis.com* – **R** conseillée
3 ha (150 empl.) plat, herbeux
Tarif : (Prix 2008) 19,50 € 👥 🚐 ▣ (6A) – pers.
suppl. 3,20 €
Location (Prix 2008) (de déb. avr. à fin sept.) : 14 🏠 (4 à 6 pers.) 250 à 540 €/sem. – frais de réservation 15 € - **R** conseillée
🚐 1 borne eurorelais
Pour s'y rendre : R. du Port Lestre - Damgan (100 m de la plage)

Nature : 🌊 ⚓
Loisirs : 🏇
Services : 🚿 🚾 🏠 ♨ 🛒
À prox. : ✂ 🎣 🏊 🐴

LAMPAUL-PLOUDALMEZEAU

✉ 29830 – **308** D3 – 606 h. – alt. 24
Paris 613 – Brest 27 – Brignogan-Plages 36 – Ploudalmézeau 4.

▲ **Municipal des Dunes** de mi-juin à mi-sept.
☎ 02 98 48 14 29, *lampaul-ploudalmezeau.mairie@wanadoo.fr*, Fax 02 98 48 19 32 – **R** conseillée
1,5 ha (150 empl.) non clos, plat, sablonneux, herbeux, dunes
Tarif : (Prix 2008) 6,10 € 👥 🚐 ▣ (10A) – pers.
suppl. 3,50 €
🚐 1 borne artisanale 2 €
Pour s'y rendre : Le Vourc'h (700 m au nord du bourg, à côté du terrain de sports et à 100 m de la plage (accès direct))

Nature : 🌊
Loisirs : 🏠
Services : 🚿 🚾 (juil.-août) ♨ 🛒
♨ 🔥 sèche-linge

LANCIEUX

✉ 22770 – **309** J3 – G. Bretagne – 1 220 h. – alt. 24
🏢 Office de tourisme, square Jean Conan ☎ 02 96 86 25 37
Paris 413 – Dinan 22 – Dol-de-Bretagne 36 – Lamballe 39 – St-Brieuc 60 – St-Malo 15.

▲ **Municipal les Mielles** de déb. avr. à fin sept.
☎ 02 96 86 22 98, *campinglesmielles@orange.fr*,
Fax 02 96 86 28 20, *mairie de lancieux* – **R**
2,5 ha (153 empl.) plat à peu incliné, herbeux
Tarif : (Prix 2008) 👤 6,95 € 🚐 ▣ – (10A) 3,10 €
Pour s'y rendre : R. Jules-Jeunet (au sud-ouest du bourg, à 300 m de la plage)

Services : 🚿 🚾 GB ♨ 🛒 ♨ 🔥
À prox. : ✂ 🎣 🏊 🐴 golf

LANDÉDA

✉ 29870 – **308** D3 – 2 949 h. – alt. 52
Paris 604 – Brest 28 – Brignogan-Plages 25 – Ploudalmézeau 17.

▲ **Les Abers** de déb. mai à fin sept.
☎ 02 98 04 93 35, *info@camping-des-abers.com*,
Fax 02 98 04 84 35, *www.camping-des-abers.com*
– **R** conseillée
4,5 ha (180 empl.) plat, en terrasses, sablonneux, herbeux, dunes
Tarif : 17 € 👥 🚐 ▣ (10A) – pers. suppl. 3,40 €
Location : 22 🏠 (4 à 6 pers.) 270 à 580 €/sem.
– **R** conseillée
🚐 1 borne artisanale – 80 ▣ 17 €
Pour s'y rendre : Plage de Ste-Marguerite (2,5 km au nord-ouest, aux Dunes de Ste-Marguerite)
À savoir : Situation agréable au bord de la plage et table d'orientation explicative sur le site

Nature : 🌊 🌲 ⛰
Loisirs : 🏠 🎣 🏇 🚲
Services : 🚿 🚾 GB ♨ 🛒 ♨ 🛒
🔥 sèche-linge 🧺
À prox. : 🍽 ✂

229

BRETAGNE

LANLOUP

✉ 22580 – **309** E2 – G. Bretagne – 214 h. – alt. 58
Paris 484 – Guingamp 29 – Lannion 44 – St-Brieuc 36 – St-Quay-Portrieux 15.

▲ **Le Neptune** de déb. avr. à mi-oct.
📞 02 96 22 33 35, contact@leneptune.com,
Fax 02 96 22 68 45, www.leneptune.com – **R** conseillée
2 ha (84 empl.) plat, peu incliné, herbeux
Tarif : (Prix 2008) ⚹ 5,30 € 🚗 🅿 8,50 € – [½] (10A) 3,90 €
Location (Prix 2008) : 10 🏠 (4 à 6 pers.) 260 à 610 €/sem.
– 10 🏠 (4 à 6 pers.) - 220 à 650 €/sem. – **R** conseillée
🚐

Pour s'y rendre : Kerguistin (sortie ouest du bourg)
À savoir : Cadre arbustif plaisant

Nature : 🌳 ♀
Loisirs : 🍴 🎱 🏊 🚴 🎣 🎿 (découverte en saison)
Services : ♿ ⛔ 🚿 🚻 🛁 🍳 📶 🧺 sèche-linge ⚡
À prox. : ✂

LANNION

✉ 22300 – **309** B2 – G. Bretagne – 18 368 h. – alt. 12
🅘 Office de tourisme, 2, quai d'Aiguillon 📞 02 96 46 41 00, Fax 02 96 37 19 64
Paris 516 – Brest 96 – Morlaix 42 – St-Brieuc 65.

▲ **Municipal des 2 Rives** de déb. mars à fin sept.
📞 02 96 46 31 40, anthony.pezron@ville-lannion.fr,
Fax 02 96 46 53 35, www.ville-lannion.fr – **R** conseillée
2,3 ha (105 empl.) plat et peu incliné, herbeux
Tarif : (Prix 2008) ⚹ 3,30 € 🚗 2 € 🅿 3,30 € – [½] (16A) 2 €
Location (Prix 2008) (permanent) : 14 🏠 (4 à 6 pers.) -
260 à 441 €/sem. – 8 bungalows toilés – **R** conseillée
🚐 1 borne flot bleu 7,30 €

Pour s'y rendre : R. du Moulin du Duc (2 km au sud-est par D 767, rte de Guingamp et rte à dr. apr. le centre commercial Leclerc)
À savoir : Plaisante décoration arbustive sur les deux rives du Léguer

Nature : 🌳
Loisirs : 🍴 🏊 🎣
Services : ♿ ⛔ (juil.-août) 📶 🚿
🍳 📶 🧺 ♿ 🚻 sèche-linge
À prox. : 🎣 ✂ 🎱 🏇 (centre équestre) sentier pédestre, canoë

230

LANTIC

✉ 22410 – **309** E3 – 1 117 h. – alt. 50
Paris 466 – Brest 139 – Lorient 133 – Rennes 116 – St-Brieuc 18.

▲ **Les Étangs** de déb. avr. à fin sept.
📞 02 96 71 95 47, contact@campinglesetangs.com,
Fax 02 96 71 95 47, www.campinglesetangs.com – **R** conseillée
1,5 ha (82 empl.) peu incliné, plat, herbeux
Tarif : 16 € ⚹⚹ 🚗 🅿 [½] (6A) – pers. suppl. 3,80 € – frais de réservation 5 €
Location : 5 🏠 (2 à 4 pers.) nuitée 35 € - 190 à 371 €/sem. – 10 🏠 (4 à 6 pers.) nuitée 45 € - 240 à 561 €/sem. – **R** conseillée
🚐 1 🅿 14,70 € – 🐕 8 €

Pour s'y rendre : Le Pont de la Motte (2 km à l'est par D 4, rte de Binic, près de deux étangs)

Nature : 🌲 ♀
Loisirs : 🎣 🏊
Services : ♿ ⛔ 📶 🚴 🍳 📶 🌊 🍳
🚻 🧺
À prox. : ✂ 🏇 🎣 🏇 poneys golf, canoë de mer

LARMOR-PLAGE

✉ 56260 – **308** K8 – G. Bretagne – 8 470 h. – alt. 4 – Base de loisirs
Paris 510 – Lorient 7 – Quimper 74 – Vannes 66.

▲ **La Fontaine** Permanent
📞 02 97 33 71 28, camping-la-fontaine@sellor.com,
Fax 02 97 33 70 32, www.campingdelafontaine.fr – **R** conseillée
4 ha (130 empl.) plat, peu incliné, herbeux
Tarif : (Prix 2008) 17,80 € ⚹⚹ 🚗 🅿 [½] (16A) – pers. suppl. 4,40 € – frais de réservation 13,50 €
Location : 11 🏠 (4 à 6 pers.) 238 à 495 €/sem.
– **R** conseillée
🚐 1 borne eurorelais – 🐕 [½] 11 €

Pour s'y rendre : Imp. de Quéhello (à l'ouest de la station, à 300 m du D 152 (accès conseillé) et à 1,2 km de la base de loisirs)

Nature : 🌲 🌳
Loisirs : 🎱 🏊 🎣 🚴
Services : ♿ ⛔ 📶 🚴 🏪 📶 🍳
🌊 📶 🧺 sèche-linge
À prox. : 🚴 ✂ 🎣 🏇

BRETAGNE

LESCONIL

✉ 29740 – **308** F8 – G. Bretagne
Paris 581 – Douarnenez 41 – Guilvinec 6 – Loctudy 7 – Pont-l'Abbé 9 – Quimper 28.

▲ **Les Dunes** de déb. juin à mi-sept.
📞 02 98 87 81 78, *campingdesdunes0556@orange.fr*,
Fax 02 98 82 27 05 – **R** conseillée
2,8 ha (120 empl.) plat, herbeux
Tarif : 24,30 € ★★ 🚗 🔌 (10A) – pers. suppl. 4,75 €
🚐 1 borne artisanale
Pour s'y rendre : 67 r. Paul-Langevin (1 km à l'ouest, rte de Guilvinec, à 150 m de la plage (accès direct))
À savoir : entrée fleurie agrémentée de divers objets marins

Nature : 🌳
Loisirs : 🏠 🐎
Services : ♿ 🔑 GB 🚿 🛒 ♨ ⚡
🧺 sèche-linge
À prox. : 🍴 ✂ 🏖 ⚓ 🐴

▲ **La Grande Plage** de déb. mai à fin sept.
📞 02 98 87 88 27, *campinggrandeplage@hotmail.com*,
Fax 02 98 87 88 27, *www.campinggrandeplage.com*
– **R** conseillée
1,8 ha (100 empl.) plat et incliné, herbeux
Tarif : 21,25 € ★★ 🚗 🔌 (6A) – pers. suppl. 4,45 €
Location : 5 🏠 (4 à 6 pers.) 255 à 540 €/sem.
– **R** conseillée
🚐 1 borne eurorelais 5,30 € – 🚽 12,30 €
Pour s'y rendre : 71 r. Paul-Langevin (1 km à l'ouest, rte de Guilvinec, à 300 m de la plage (accès direct))

Nature : 🌳 ♀
Loisirs : 🏠 🐎
Services : ♿ 🔑 🚿 M 🛒 ♨ ⚡
sèche-linge
À prox. : 🍴 ✂ 🏖 ⚓ 🐴

▲ **Keralouet** de déb. avr. à fin sept.
📞 02 98 82 23 05, *campingkeralouet@wanadoo.fr*,
Fax 02 98 87 76 65, *www.campingkeralouet.com*
– **R** conseillée
1 ha (64 empl.) plat, herbeux
Tarif : 14,70 € ★★ 🚗 🔌 (10A) – pers. suppl. 3 €
Location (permanent) : 2 🏠 (4 à 6 pers.) 252 à 482 €/sem. – 8 🏡 (4 à 6 pers.) - 252 à 555 €/sem.
– **R** conseillée
🚐 10 🔌 11,90 €
Pour s'y rendre : 11 r. Eric-Tabarly (1 km à l'est sur rte de Loctudy)

Nature : ♀
Loisirs : 🐎
Services : ♿ 🔑 GB 🚿 🛒 ♨ ⚡
À prox. : 🍴 ✂ 🏖 ⚓ 🐴

231

LOCMARIA-PLOUZANÉ

✉ 29280 – **308** D4 – 4 246 h. – alt. 65
Paris 610 – Brest 15 – Brignogan-Plages 50 – Ploudalmézeau 23.

▲ **Municipal de Portez** de déb. mai à fin oct.
📞 02 98 48 49 85, *camping-portez@locmaria-plouzane.fr*,
Fax 02 98 48 49 85 – **R** conseillée
2 ha (110 empl.) non clos, plat, en terrasses, herbeux
Tarif : (Prix 2008) ★ 3,15 € 🚗 4,30 € 🔌 4,20 € – 🔌 (8A) 2,50 € – frais de réservation 5,20 €
Pour s'y rendre : Portez (3,5 km au sud-ouest par D 789 et rte de la plage de Trégana, à 200 m de la plage)

Nature : ≤ 🌳
Loisirs : 🏠 🐎
Services : ♿ 🔑 (15 juin-15 sept.) 🚿
🛒 ♨ ⚡ 🧺 sèche-linge

Si vous recherchez :
▲ *Un terrain au bord de l'eau avec possibilité de baignade*
🌿 *Un terrain agréable ou très tranquille*
L *Un terrain effectuant la location de caravanes, de mobile homes, de bungalows ou de chalets*
P *Un terrain ouvert toute l'année*
🚐 *Un terrain possédant une aire de services pour camping-cars*

Consultez le tableau des localités

BRETAGNE

LOCMARIAQUER

✉ 56740 – **308** N9 – G. Bretagne – 1 367 h. – alt. 5
🛈 *Office de tourisme, rue de la Victoire* ☎ *02 97 57 33 05, Fax 02 97 57 44 30*
Paris 488 – Auray 13 – Quiberon 31 – La Trinité-sur-Mer 10 – Vannes 31.

▲▲▲ **Lann-Brick** *de fin mars à déb. oct.*
☎ *02 97 57 32 79, camping.lannbrick@wanadoo.fr,*
Fax *02 97 57 45 47, www.camping-lannbrick.com*
– **R** conseillée
1,2 ha (98 empl.) plat, herbeux
Tarif : 21,50 € ★★ 🚐 📧 [Ω] (6A) – pers. suppl. 4,50 € – frais de réservation 10 €
Location (Prix 2008) : 15 🏠 (4 à 6 pers.) 260 à 575 €/sem. – 1 🏡 (4 à 6 pers.) - 250 à 465 €/sem. – frais de réservation 10 € - **R** conseillée
Pour s'y rendre : Lieu-dit : Lann-Brick (2,5 km au nord-ouest par rte de Kérinis, à 200 m de la mer)

Nature : 🌳 🌿
Loisirs : 🍽 🏛 🚣 🚴 🏊 balnéo
Services : ♿ ⚡ 🚿 🧺 ♨ 🔥 sèche-linge
À prox. : 🎯 🚣 ♦

Si vous recherchez :
👥 *Un terrain offrant des équipements et des loisirs adaptés aux enfants*
🌿 *Un terrain agréable ou très tranquille*
L - M *Un terrain effectuant la location de caravanes, de mobile homes, de bungalows ou de chalets*
P *Un terrain ouvert toute l'année*
🚐 *Un terrain possédant une aire de services pour camping-cars*
Consultez le tableau des localités

LOCMIQUÉLIC

✉ 56570 – **308** K8 – 3 945 h. – alt. 10
Paris 500 – Auray 38 – Lorient 15 – Quiberon 38 – Quimperlé 33.

▲ **Municipal du Blavet**
☎ *02 97 33 91 73, mairie-de-locmiquelic@megalis.org,*
Fax *02 97 33 54 94* – 🅿
1 ha (50 empl.) plat, herbeux
Pour s'y rendre : au nord par D 111, rte du port de Pen-Mané, près d'un plan d'eau et à 250 m du Blavet (mer)

Nature : 🌿
Loisirs : 🚣
Services : ⚡ ♨ 🔥
À prox. : 🎯 🏊 ♦ swin golf

LOCTUDY

✉ 29750 – **308** F8 – G. Bretagne – 3 659 h. – alt. 8
🛈 *Office de tourisme, place des Anciens Combattants* ☎ *02 98 87 53 78, Fax 02 98 87 57 07*
Paris 578 – Bénodet 18 – Concarneau 35 – Pont-l'Abbé 6 – Quimper 25.

▲ **Les Hortensias** *de déb. avr. à fin sept.*
☎ *02 98 87 46 64, leshortensias@libertysurf.fr, www.camping-loctudy.com* – **R** conseillée
1,5 ha (100 empl.) plat, herbeux
Tarif : 20,30 € ★★ 🚐 📧 [Ω] (6A) – pers. suppl. 4 €
Location 🏠 : 15 🏠 (4 à 6 pers.) 225 à 610 €/sem. – **R** conseillée
🚐 1 borne artisanale – 10 📧 16,90 €
Pour s'y rendre : 38 r. des Tulipes (3 km au sud-ouest par rte de Larvor, à 500 m de la plage de Lodonnec)

Nature : 🌿
Loisirs : 🚣 🏊 ♦
Services : ♿ ⚡ 🚿 🧺 ♨ 🔥 sèche-linge
À prox. : 🍽 🎯 🎣 ♦

LOGONNA-DAOULAS

✉ 29460 – **308** F5 – G. Bretagne – 1 579 h. – alt. 45
Paris 571 – Brest 27 – Camaret-sur-Mer 50 – Le Faou 12 – Landerneau 19.

▲ **Le Roz**
☎ *02 98 20 67 86* – **R** conseillée
1 ha (65 empl.) peu incliné, incliné, herbeux
🚐 1 borne artisanale – 6 📧
Pour s'y rendre : 2 km à l'ouest par rte de la Pointe du Bindy, à 50 m de la plage

Nature : 🌊 🌳
Loisirs : 🚣
Services : ♿ ⚡ 🧺 ♨ 🚿 🔥

BRETAGNE

LOUANNEC

✉ 22700 – **309** B2 – 2 384 h. – alt. 53
Paris 527 – Rennes 175 – Lannion 10 – Morlaix 48.

Municipal Ernest Renan
📞 02 96 23 11 78, camping-louannec@wanadoo.fr,
Fax 02 96 49 04 47, http://www.louannec.com/camping-louannec.html – **R** conseillée
4 ha (265 empl.) plat, herbeux
Location : 8 🏠
🚐 1 borne artisanale
Pour s'y rendre : 1 km à l'ouest, au bord de mer

Nature : ≤ ⛰
Loisirs : 🍴 🏠 ⚡ diurne 🏇 🏊 🚣
Services : ♿ 🔑 🚿 🗑 🏪 ⚗
sèche-linge 🧺 🧹
À prox. : 🎾

MARCILLÉ-ROBERT

✉ 35240 – **309** N7 – 856 h. – alt. 345
Paris 333 – Bain-de-Bretagne 33 – Châteaubriant 30 – La Guerche-de-Bretagne 11 – Rennes 39 – Vitré 26.

Municipal de l'Étang Permanent
📞 02 99 43 67 34, mairie.marcille-robert@wanadoo.fr,
Fax 02 99 43 54 34 – **R** conseillée
0,5 ha (22 empl.) plat, en terrasses, herbeux
Tarif : (Prix 2008) 👤 2,70 € 🚗 🅿 2 € – (⚡) (10A) 1,95 €
Pour s'y rendre : R. des Bas-Gasts (sortie sud par D 32, rte d'Arbrissel)
À savoir : cadre agréable surplombant un étang

Nature : 🌳 ≤ 🏞 ♀
Services : ♿ 🚻 🗑 🧺 ⚙
À prox. : 🏇 🍴 🎣 pédalos

Om een reisroute uit te stippelen en te volgen,
om het aantal kilometers te berekenen,
om precies de ligging van een terrein te bepalen
(aan de hand van de inlichtingen in de tekst),
gebruikt u de **Michelinkaarten** *,*
een onmisbare aanvulling op deze gids.

233

MARTIGNÉ-FERCHAUD

✉ 35640 – **309** O8 – 2 634 h. – alt. 90
🛈 Syndicat d'initiative, place Sainte-Anne 📞 02 99 47 84 37
Paris 340 – Bain-de-Bretagne 31 – Châteaubriant 15 – La Guerche-de-Bretagne 16 – Rennes 46.

Municipal du Bois Feuillet
📞 02 99 47 84 38, mairie-de-martigne-ferchaud@wanadoo.fr, Fax 02 99 47 84 65, www.ville-martigne-ferchaud.fr
– **R** conseillée
1,7 ha (50 empl.) en terrasses, herbeux, plat
🚐 1 borne artisanale
Pour s'y rendre : nord-est du bourg
À savoir : près de l'étang des Forges (accès direct)

Nature : ≤ 🏞
Loisirs : 🏠
Services : ♿ 🔑 🗑 ⚙ 🧺 ⚗ 🚿
À prox. : 🏇 🍴 🏊 (plage) 🎣 ♀
pédalos

MATIGNON

✉ 22550 – **309** I3 – 1 537 h. – alt. 70
🛈 Office de tourisme, place du Général-de-Gaulle 📞 02 96 41 12 53, Fax 02 96 41 29 70
Paris 425 – Dinan 30 – Dinard 23 – Lamballe 23 – St-Brieuc 44 – St-Cast-le-Guildo 7.

Le Vallon aux Merlettes de déb. mai à fin sept.
📞 02 96 41 11 61, giblanchet@wanadoo.fr, www.camping-matignon.com – **R** conseillée
3 ha (100 empl.) plat, peu incliné, herbeux
Tarif : 👤 3,60 € 🚗 🅿 5,50 € – (⚡) (8A) 3,10 €
Location (de déb. avr. à fin oct.) : 5 🏠 (4 à 6 pers.)
nuitée 40 € - 200 à 430 €/sem. – frais de réservation
10 € - **R** conseillée
🚐 1 borne artisanale 2 € – 4 🅿 6,30 €
Pour s'y rendre : 43 r. du Dr-Jobert (au sud-ouest par D 13, rte de Lamballe, au stade)

Nature : 🌳 ♀
Loisirs : 🏠 🍴 📶
Services : ♿ 🔑 GB 🗑 🧺 ⚙ ⚗ 🌀
À prox. : 🎿 🏊 ♀ 🏇 (centre équestre) école de plongée, canoë de mer, golf

BRETAGNE

MEUCON

✉ 56890 – **308** O8 – 1 268 h. – alt. 80
Paris 467 – Rennes 116 – Vannes 8 – Lorient 62 – Lanester 59.

Le Haras Permanent
☎ 02 97 44 66 06, camping-vannes@wanadoo.fr,
Fax 02 97 44 49 41, http://campingvannes.free.fr
– **R** conseillée
14 ha/1 campable (140 empl.) plat, peu incliné, herbeux, bois
Tarif : ♦ 5 € ⇔ 2 € 🅴 7 € – (½) (10A) 6 €
Location : 33 🛖 (4 à 6 pers.) nuitée 80 € - 220 à 650 €/sem. – 6 🛖 (4 à 6 pers.) nuitée 100 € - 250 à 680 €/sem. – frais de réservation 20 € - **R** conseillée
🚐 1 borne artisanale 14 € – 8 🅴 14 €
Pour s'y rendre : Kersimon / Vannes-Meucon

Nature : 🌳 ⌂ ♀
Loisirs : 🍴 snack 🎠 🚴 ✂ 🎯 ⛱
🏊 petit parc animalier
Services : ♿ 🔑 🌐 🚿 🍴 ♨ ⚡
🧺 sèche-linge
À prox. : 🍴 🐎 poneys (centre équestre) ULM

MOËLAN-SUR-MER

✉ 29350 – **308** J8 – G. Bretagne – 6 592 h. – alt. 58
🛈 Office de tourisme, 20, place de l'Église ☎ 02 98 39 67 28, Fax 02 98 39 63 93
Paris 523 – Carhaix-Plouguer 66 – Concarneau 27 – Lorient 27 – Quimper 50 – Quimperlé 10.

L'Île Percée vac. de Printemps à mi-sept.
☎ 02 98 71 16 25 – **R** conseillée
1 ha (65 empl.) plat, herbeux
Tarif : 19,60 € ♦♦ ⇔ 🅴 (½) (10A) – pers. suppl. 3,80 € – frais de réservation 8 €
Pour s'y rendre : Plage de Trenez (5,8 km à l'ouest par D 116, rte de Kerfany-les-Pins, puis 1,7 km par rte à gauche)
À savoir : agréable site sauvage surplombant l'océan

Nature : 🌳 ⛰
Loisirs : 🍴
Services : ♿ 🔑 🌐 🚴 🚿 🏊 ♨ ⚡
À prox. : snack 🐎 sentiers pédestres

MORGAT

✉ 29160 – **308** E5 – G. Bretagne
Paris 590 – Rennes 238 – Quimper 55 – Brest 15 – Concarneau 79.

Les Bruyères de déb. mai à mi-sept.
☎ 02 98 26 14 87, info@camping-bruyeres-crozon.com,
Fax 02 98 26 17 73, www.camping-bruyeres-crozon.com
– **R** conseillée
4 ha (130 empl.) plat, herbeux
Tarif : (Prix 2008) ♦ 3,90 € ⇔ 1,90 € 🅴 3,90 € – (½) (5A) 2,90 €
Location (de déb. avr. à fin sept.) ✂ : 🛖 (4 à 6 pers.) 260 €/sem. – **R** conseillée
🚐 1 borne artisanale
Pour s'y rendre : Le Bouis

Nature : 🌳
Services : 🔑 🌐 🚴 🚿 🏊 ☎ ⚡

MOUSTERLIN

✉ 29170 – **308** G7 – G. Bretagne
Paris 563 – Rennes 212 – Quimper 22 – Brest 94 – Lorient 65.

Le Grand Large ♣♣ – de déb. avr. à mi-sept.
☎ 02 98 56 04 06, grandlarge@franceloc.fr,
Fax 02 98 56 58 26, www.campings-franceloc.fr – places limitées pour le passage – **R** conseillée
5,8 ha (287 empl.) plat, herbeux
Tarif : 34,70 € ♦♦ ⇔ 🅴 (½) (10A) – pers. suppl. 7 € – frais de réservation 25 €
Location : 180 🛖 (4 à 6 pers.) nuitée 60 € - 154 à 924 €/sem. – 2 bungalows toilés – frais de réservation 25 € - **R** conseillée
🚐 1 borne artisanale
Pour s'y rendre : à la Pointe de Mousterlin (près de la plage)

Nature : 🌳 ♀
Loisirs : 🍴 snack 🎠 🎯 🍹 jacuzzi 🎠 🚴 ✂ 🏊 ⛱ terrain omnisports
Services : ♿ 🔑 🌐 🚴 🚿 🏊 ♨ 🧺
📺 🧺 sèche-linge 🧹 ⚡
À prox. : 💧 🐎

BRETAGNE

MOUSTERLIN

▲ **Kost-Ar-Moor** de mi-avr. à mi-sept.
✆ 02 98 56 04 16, *kost-ar-moor@wanadoo.fr*,
Fax 02 98 56 65 02, *www.camping-fouesnant.com* – **R** conseillée
3,5 ha (177 empl.) plat, herbeux
Tarif : 23 € ★★ 🚗 🅴 (10A) – pers. suppl. 5 € – frais de réservation 15 €
Location (de déb. avr. à mi-sept.) : 15 🏠 (4 à 6 pers.) nuitée 45 € - 240 à 650 €/sem. – 5 appartements – frais de réservation 15 € - **R** conseillée
🚐 1 borne artisanale
Pour s'y rendre : Rte du Grand Large - Mousterlin (500 m de la plage)

Nature : 🌳 ♀♀
Loisirs : 🍷 🏠 🏄
Services : ♿ 🔑 GB ✂ 🗑 ♨ 🅿 ☎
🍴 🧺 sèche-linge 🧹
À prox. : ✂ 💧 🐎 golf

MUZILLAC

✉ 56190 – **308** Q9 – 3 805 h. – alt. 20
🛈 *Office de tourisme,* Place St Julien ✆ 02 97 41 53 04
Paris 460 – Nantes 86 – Redon 36 – La Roche-Bernard 16 – Vannes 26.

▲ **Le Relais de l'Océan** de déb. avr. à fin sept.
✆ 02 97 41 66 48, *relais-ocean@orange.fr*,
Fax 02 97 48 65 88, *www.relais-ocean.com* – **R** conseillée
1,7 ha (90 empl.) plat, herbeux
Tarif : ★ 4 € 🚗 🅴 6,70 € – 🅹 (10A) 4,10 € – frais de réservation 18 €
Location : 35 🏠 (4 à 6 pers.) 243 à 635 €/sem. – frais de réservation 18 € - **R** conseillée
Pour s'y rendre : Toulan (3 km à l'ouest par D 20, rte d'Ambon et rte de Damgan à gauche)

Nature : 🏠
Loisirs : 🏠 🏄 🚲 ✂ 🛷
Services : ♿ 🔑 GB ✂ 🗑 ♨ 🅿
☎ 🧺 sèche-linge
À prox. : 🛒

▲ **Municipal**
✆ 02 97 41 67 01, *mairie.muzillac@wanadoo.fr*,
Fax 02 97 41 41 58, *www.muzillac.fr* – **R** conseillée
1 ha (100 empl.) plat, herbeux
Pour s'y rendre : à l'est par rte de Péaule et chemin près du stade

Loisirs : 🏠
Services : ♿ 🔑 🗑 ♨ 🅿
À prox. : ✂

NAIZIN

✉ 56500 – **308** O7 – 1 524 h. – alt. 106
Paris 454 – Ploërmel 40 – Pontivy 16 – Rennes 106 – Vannes 41.

▲ **Municipal de Coetdan** de mi-avr. à fin oct.
✆ 02 97 27 43 27, *mairie-de-naizin@wanadoo.fr*,
Fax 02 97 27 46 82 – 🅁
0,7 ha (28 empl.) plat et peu incliné, herbeux
Tarif : (Prix 2008) ★ 1,70 € 🚗 1,20 € 🅴 1,70 € – 🅹 (12A) 1,70 €
Pour s'y rendre : 600 m à l'est par D 17 et D 203 dir. Réguiny
À savoir : Cadre agréable près d'un plan d'eau

Nature : 🏠 ♀
Loisirs : 🛷
Services : ♿ ✂ 🅿
À prox. : 🏄 🚶 parcours de santé, pédalos, ferme animalière

NÉVEZ

✉ 29920 – **308** I8 – G. Bretagne – 2 466 h. – alt. 40
🛈 *Office de tourisme,* place de l' Église ✆ 02 98 06 87 90, Fax 02 98 06 73 09
Paris 541 – Concarneau 14 – Pont-Aven 8 – Quimper 40 – Quimperlé 25.

▲ **Les Chaumières** de mi-mai à mi-sept.
✆ 02 98 06 73 06, *campingdeschaumieres@wanadoo.fr*,
Fax 02 98 06 78 34, *camping-des-chaumieres.com* – **R** conseillée
3 ha (110 empl.) plat, herbeux
Tarif : 19,80 € ★★ 🚗 🅴 🅹 (10A) – pers. suppl. 4,70 €
Location (de déb. avr. à fin sept.) : 6 🏠 (4 à 6 pers.) nuitée 45 € - 230 à 550 €/sem. – frais de réservation 10 € - **R** conseillée
🚐 1 borne artisanale 3 €
Pour s'y rendre : Hameau de Kérascoët (3 km au sud par D 77 et rte à dr.)

Nature : 🌳 🏠 ♀
Loisirs : 🏄
Services : ♿ 🔑 (juil.-août) GB ✂
🛷 ♨ 🧺 sèche-linge
À prox. : 🍷 crêperie ✂ 🛷 💧 🐎 poneys

235

BRETAGNE

NOYAL-MUZILLAC

✉ 56190 – **308** Q9 – 1 920 h. – alt. 52
Paris 468 – Rennes 108 – Vannes 31 – Lorient 88.

Moulin de Cadillac de déb. mai à fin sept.
☏ 02 97 67 03 47, *infos@moulin-cadillac.com*,
Fax 02 97 67 00 02, *www.camping-moulin-cadillac.com*
– **R** conseillée
7 ha (192 empl.) plat, herbeux, étangs, bois attenant
Tarif : (Prix 2008) ♦ 4,70 € – 🚗 🅴 7 € – [⚡] (10A) 3,20 € – frais de réservation 10 €
Location (Prix 2008) (de déb. avr. à fin sept.) : 🏠 (4 à 6 pers.) 160 à 620 €/sem. – 🏡 (4 à 6 pers.) - 160 à 580 €/sem. – frais de réservation 10 € - **R** conseillée
🚐 1 borne artisanale – 6 🅴 19,60 €
Pour s'y rendre : Moulin de Cadillac (4,5 km au nord-ouest par rte de Berric)
À savoir : Entrée fleurie et cadre agréable, au bord du Kervily

Nature : 🌳 🔲 ♀
Loisirs : 🍴 🏠 🌙 nocturne salle d'animation 🎾 🎯 🏊 ⛵ 🚣 parc animalier, terrain omnisports
Services : ♿ 🔑 🏪 ♻ 🧺 🗑 ♨ 🔥 sèche-linge ✂
À prox. : poneys

PAIMPOL

✉ 22500 – **309** D2 – G. Bretagne – 7 932 h. – alt. 15
🛈 *Office de tourisme, 19, rue du Général Leclerc* ☏ 02 96 20 83 16, Fax 02 96 55 11 12
Paris 494 – Guingamp 29 – Lannion 33 – St-Brieuc 46.

Municipal de Cruckin-Kérity de déb. avr. à mi-oct.
☏ 02 96 20 78 47, *contact@camping-paimpol.com*,
Fax 02 96 20 75 00, *www.camping-paimpol.com* – **R** conseillée
2 ha (146 empl.) plat, herbeux
Tarif : (Prix 2008) ♦ 3,20 € – 🚗 🅴 7 € – [⚡] (6A) 3 €
🚐 1 borne artisanale – 1 🅴 9,40 € – 🚙 [⚡] 9,40 €
Pour s'y rendre : Kérity (2 km au sud-est par D 786, rte de St-Quay-Portrieux, attenant au stade, à 100 m de la plage de Cruckin)

Nature : 🌳 🔲
Loisirs : 🏠 🎾
Services : ♿ 🔑 🏪 ♻ 🧺 🗑 ♨ 🔥 sèche-linge
À prox. : crêperie ✂ 🎯 🏊 ♂ parcours de santé, piste de bi-cross

PAIMPONT

✉ 35380 – **309** I6 – G. Bretagne – 1 395 h. – alt. 159
🛈 *Syndicat d'initiative, 5, esplanade de Brocéliande* ☏ 02 99 07 84 23, Fax 02 99 07 84 24
Paris 390 – Dinan 60 – Ploërmel 26 – Redon 47 – Rennes 41.

Municipal Paimpont Brocéliande de déb. mai à fin sept.
☏ 02 99 07 89 16, *mairie.paimpont@wanadoo.fr*,
Fax 02 99 07 88 18, *www.camping-paimpont-broceliande.com* – **R**
1,5 ha (90 empl.) plat, herbeux
Tarif : (Prix 2008) ♦ 2,75 € – 🚗 1,20 € 🅴 2,45 € – [⚡] (5A) 2,75 €
🚐 1 borne eurorelais 3 €
Pour s'y rendre : R. du Chevalier-Lancelot-du-Lac (sortie nord par D 773, à prox. de l'étang)

Loisirs : 🏠 🎾
Services : ♿ (juil.-août) 🏪 ♻ ♨ 🔥 sèche-linge
À prox. : ✂ 🚐

PARAMÉ

✉ 35400 – **309** K3
Paris 404 – Rennes 71 – St-Brieuc 5 – St-Malo 91 – Fougères 89.

Municipal les Îlots de déb. juil. à fin août
☏ 02 99 56 98 72, *camping@ville-saint-malo.fr*,
Fax 02 99 21 92 62, *http://www.ville-saint-malo.fr/campings* – **R** conseillée
2 ha (156 empl.) plat, herbeux
Tarif : (Prix 2008) 16,75 € ♦♦ 🚗 🅴 [⚡] (10A) – pers. suppl. 5,80 €
🚐 1 borne artisanale 3,50 € – 120 🅴 16,75 €
Pour s'y rendre : Av. de la Guimorais à Rothéneuf (près de la plage du Havre)

Loisirs : 🎾
Services : ♿ 🔑 🏪 ♻ 🧺 ♨
À prox. : ✂ 🎣 🏊 ♒ ♂ 🐎 (centre équestre)

BRETAGNE

PÉNESTIN

56760 – **308** Q10 – 1 527 h. – alt. 20
Office de tourisme, allée du Grand Pré ℘ 02 99 90 37 74, Fax 02 99 90 47 08
Paris 458 – La Baule 29 – Nantes 84 – La Roche-Bernard 18 – St-Nazaire 43 – Vannes 48.

Inly de déb. avr. à mi-sept.
℘ 02 99 90 35 09, inly-info@wanadoo.fr,
Fax 02 99 90 40 93, www.camping-inly.com – places limitées pour le passage – **R** conseillée
30 ha/12 campables (500 empl.) plat, herbeux, pierreux
Tarif : 39 € ★★ ⇔ 圄 [₰] (10A) – pers. suppl. 6 €
Location : 130 (4 à 6 pers.) nuitée 59 € - 203 à 1 015 €/sem. – **R** conseillée
1 borne – 10 圄 39 €
Pour s'y rendre : 2 km au sud-est par D 201 et rte à gauche

Nature : ⚘ ⌂ ♀
Loisirs : ♠ ✕ snack, crêperie, pizzeria ⌂ ♨ diurne nocturne (soirées à thème) ♠♠ ≋ ☼ ∿ ℥ ≊ △
⚘ poneys canoë
Services : ⚬━ ⌖ ⚙ ⊙ ⚐ ⛋⁾
▣ sèche-linge ⚒ ⚘

Les Îles ★▴ – de déb. avr. à mi-oct.
℘ 02 99 90 30 24, mncommunal@wanadoo.fr,
Fax 02 99 90 44 55, www.camping-des-iles.fr – **R** conseillée
3,5 ha (184 empl.) plat, herbeux, étang
Tarif : 39,50 € ★★ ⇔ 圄 [₰] (6A) – pers. suppl. 5 € – frais de réservation 20 €
Location : 62 (4 à 6 pers.) 280 à 880 €/sem. – 11 ⌂ (4 à 6 pers.) - 320 à 950 €/sem. – 8 tentes – frais de réservation 20 € - **R** conseillée
1 borne artisanale 5 €
Pour s'y rendre : 119 rte des Trois-Îles (4,5 km au sud par D 201 à dr., à la Pointe du Bile)
À savoir : En bordure d'Océan

Nature : ⌂ ♀ ⛱
Loisirs : ♠ snack ⌂ ♨ nocturne (soirées à thème) ♠♠ ≋ ◉ ✕
℥ △ terrain omnisports
Services : ⚮ ⚬━ ⌖ ⚙ ⚐ Ⓜ ▣ ♨ ⊙ ⛋⁾ ⛋ ▣ sèche-linge ⚒ ⚘
À prox. : ⚘ poneys

Le Cénic de mi-avr. à mi-sept.
℘ 02 99 90 45 65, info@lecenic.com, Fax 02 99 90 45 05, www.lecenic.com – **R** conseillée
5,5 ha (310 empl.) plat, peu incliné, herbeux
Tarif : ★ 6 € ⇔ 2 € 圄 15 € – [₰] (6A) 4 € – frais de réservation 15 €
Location : 65 (4 à 6 pers.) nuitée 65 € - 240 à 650 €/sem. – 15 ⌂ (4 à 6 pers.) nuitée 65 € - 240 à 650 €/sem. – frais de réservation 15 € - **R** conseillée
1 borne artisanale 3 € – 7 圄 18 € – 🝰 10 €
Pour s'y rendre : Le Cénic (1,5 km à l'est par D 34, rte de la Roche-Bernard, au bord d'un étang)
À savoir : bel ensemble aquatique couvert

Nature : ♀
Loisirs : ♠ ⌂ ♨ salle d'animation ♠♠ ⌕ ≋ ℥ △
Services : ⚮ ⚬━ ⌖ ⚙ ▣ ⛋⁾ ⊙ ▣ sèche-linge

237

Les Parcs de déb. avr. à fin sept.
℘ 02 99 90 30 59, camplesparcs@free.fr, Fax 02 99 90 37 42, www.camping-lesparcs.com – **R** conseillée
2,5 ha (75 empl.) plat et peu incliné, herbeux
Tarif : (Prix 2008) 20,60 € ★★ ⇔ 圄 [₰] (6A) – pers. suppl. 4,70 € – frais de réservation 15 €
Location (Prix 2008) (de déb. avr. à mi-oct.) : 24 (4 à 6 pers.) 190 à 580 €/sem. – frais de réservation 15 € - **R** conseillée
Pour s'y rendre : Rte de la Roche-Bernard (500 m à l'est par D 34)

Nature : ⌂ ♀♀
Loisirs : ♠ ℥ (petite piscine)
Services : ⚮ ⚬━ ⌖ ⚙ ⛋⁾ ⊙ ⛋⁾ ▣
À prox. : ⛺ ✕ ⚓

PENMARCH

29760 – **308** E8 – G. Bretagne – 5 889 h. – alt. 7
Office de tourisme, place Maréchal Davout ℘ 02 98 58 81 44
Paris 585 – Audierne 40 – Douarnenez 45 – Pont-l'Abbé 12 – Quimper 31.

Municipal de Toul ar Ster
℘ 02 98 58 86 88, mairie@penmarch.fr, Fax 02 98 58 41 57
– **R** conseillée
3 ha (202 empl.) plat, herbeux, sablonneux
Pour s'y rendre : 1,4 km au sud-est par rte de Guilvinec par la côte et rte à dr., à 100 m de la plage (accès direct)

Nature : ⚘
Services : ⚮ ⚬━ ⊙ ▣
À prox. : ⚓

BRETAGNE

PENTREZ-PLAGE

✉ 29550 – **308** F5
Paris 566 – Brest 55 – Châteaulin 18 – Crozon 18 – Douarnenez 23 – Quimper 33.

▲ Domaine de Ker'Ys de déb. avr. à mi-sept.
☎ 0 820 201 207, *info@homair.com*, Fax 04 42 95 03 63, *www.ker-ys.com* – **R** conseillée
3 ha (190 empl.) plat et peu incliné, herbeux
Tarif : (Prix 2008) 27,20 € ⚟ ⚟ 🚐 🔲 🚿 (10A) – pers. suppl. 6,20 € – frais de réservation 10 €
Location (Prix 2008) : 30 🏠 (4 à 6 pers.) 224 à 686 €/sem. – frais de réservation 25 € - **R** conseillée
Pour s'y rendre : St-Nic (près de la plage)

Nature : 🌊 ♀
Loisirs : 🏊 ☀ diurne 🏃 ⛱ 🏊 ⚽
Services : ♿ 🚿 🅖🅑 ♻ 🚿 ⚡ 🗑 sèche-linge
À prox. : 🍴 crêperie ✂

PERROS-GUIREC

✉ 22700 – **309** B2 – G. Bretagne – 7 614 h. – alt. 60
🅘 *Office de tourisme, 21, place de l'Hôtel de Ville* ☎ 02 96 23 21 15, Fax 02 96 23 04 72
Paris 527 – Lannion 12 – St-Brieuc 76 – Tréguier 19.

▲▲▲ Yelloh! Village Le Ranolien ⛺ – de déb. avr. à mi-sept.
☎ 02 96 91 65 65, *info@yellohvillage-ranolien.com*, Fax 02 96 91 41 90, *www.leranolien.fr* – places limitées pour le passage – **R** conseillée
16 ha (520 empl.) plat, peu incliné, accidenté, herbeux, rocheux
Tarif : 40 € ⚟ ⚟ 🚐 🔲 🚿 (10A) – pers. suppl. 8 €
Location : 317 🏠 (4 à 6 pers.) 203 à 1 225 €/sem. – **R** conseillée
🚐 8 🔲 30 €
Pour s'y rendre : Ploumanac'h (1 km au sud-est, à 200 m de la mer)
À savoir : Au coeur de la côte de granit rose dans un cadre naturel et sauvage

Nature : ≤ 🌊 ♀
Loisirs : 🍴 crêperie, snack, pizzeria 🏊 ☀ 🏃 ♨ ♨ hammam jacuzzi salle d'animation, discothèque, bibliothèque, piscine balnéothérapie, spa ⛱ 🐎 🏊 ⚽ terrain omnisports
Services : ♿ 🚿 🅖🅑 ♻ 🚿 🗑 ⚡ 🌡 🗑 sèche-linge 🧺 🧹

▲ Claire Fontaine de mi-mai à mi sept.
☎ 02 96 23 03 55, Fax 02 96 49 06 19, *www.camping-clairefontaine.com* – **R** conseillée
3 ha (180 empl.) plat, peu incliné, herbeux
Tarif : 21 € ⚟ ⚟ 🚐 🔲 🚿 (6A) – pers. suppl. 8 € – frais de réservation 10 €
Location (mai-sept.) : 2 🛖 (2 à 4 pers.) 240 à 340 €/sem. – 2 🏠 (4 à 6 pers.) - 320 à 650 €/sem. – 6 🛏
🚐 1 borne artisanale
Pour s'y rendre : 2,6 km au sud-ouest par r. des Frères-Mantrier, rte de Pleumeur-Bodou et rte à dr.
À savoir : Cadre agréable autour d'une ancienne ferme de caractère rénovée

Nature : ♀
Loisirs : 🏊
Services : 🚿 ♻ 🗑 ⚡ 🗑 sèche-linge
À prox. : ✂ 🍴 🐎 🏃 (centre équestre) golf

LE PERTRE

✉ 35370 – **309** P6 – 1 361 h. – alt. 174
Paris 303 – Châteaubriant 55 – Laval 25 – Redon 116 – Rennes 53 – Vitré 20.

▲ Municipal le Chardonneret Permanent
☎ 06 79 50 41 77, *mairielepertre@lepertre.fr*, Fax 02 99 96 98 92, *www.lepertre.fr* – **R**
1 ha (31 empl.) plat et peu incliné, herbeux
Tarif : (Prix 2008) ⚟ 2,65 € 🚐 🔲 1,75 € – 🚿 (30A) 3,40 €
Pour s'y rendre : Le Chardonneret (sortie sud-ouest par D 43, rte de Brielles et r. à dr.)
À savoir : près d'un plan d'eau

Nature : 🌲 🌊
Services : ♿ ♻ 🚽 ☺
À prox. : ⛱ ✂ 🐎 🏃 🚤 (plage)

238

BRETAGNE

PLANCOËT

✉ 22130 – **309** I3 – 2 589 h. – alt. 41
🛈 Syndicat d'initiative, 1, rue des Venelles ✆ 02 96 84 00 57
Paris 417 – Dinan 17 – Dinard 20 – St-Brieuc 46 – St-Malo 26.

▲ **Municipal du Verger** de déb. juin à fin sept.
✆ 02 96 84 03 42, mairie-plancoet@wanadoo.fr,
Fax 02 96 84 19 49 – **R** conseillée
1,2 ha (100 empl.) plat, herbeux
Tarif : 👤 2,45 € – 🚗 1,15 € 🔲 2,40 € – (½) (30A) 2,15 € – frais de réservation 2,40 €

Pour s'y rendre : R. du Verger (vers sortie sud-est, rte de Dinan, derrière la caserne des sapeurs-pompiers, au bord de l'Arguenon et d'un petit plan d'eau)

Nature : 🌳 ♀
Loisirs : 🎣
Services : ♿ 🔌 (juil.-août) 🇬🇧 ✂
🔥 ♨ ♻ 🧺 sèche-linge
À prox. : 🎾 🐎 (centre équestre) golf, canoë, kayak

PLANGUENOUAL

✉ 22400 – **309** G3 – 1 550 h. – alt. 76
Paris 440 – Guingamp 52 – Lannion 84 – St-Brieuc 19 – St-Quay-Portrieux 38.

▲ **Municipal** de mi-juin à fin sept.
✆ 02 96 32 71 93, mairie.planguenoual@wanadoo.fr
– **R** conseillée
1,5 ha (64 empl.) plat et en terrasses, herbeux
Tarif : (Prix 2008) 👤 3,45 € – 🚗 🔲 6,15 € – (½) (6A) 2,25 €

Pour s'y rendre : Le Val (2,5 km au nord-ouest par D 59)

Nature : 🌊 🌿
Services : 🔌 (juil.-août) ♿ 🔥 ♨ 🧺
À prox. : 🎾 🎣 🐎 (centre équestre) golf, école de plongée, canoë de mer

PLÉNEUF-VAL-ANDRÉ

✉ 22370 – **309** G3 – G. Bretagne – 3 680 h. – alt. 52
🛈 Office de tourisme, 1, cours Winston Churchill ✆ 02 96 72 20 55, Fax 02 96 63 00 34
Paris 446 – Dinan 43 – Erquy 9 – Lamballe 16 – St-Brieuc 28 – St-Cast-le-Guildo 30 – St-Malo 51.

▲ **Le Minihy** de mi-juin à mi-sept.
✆ 02 96 72 22 95, campingminihy@voila.fr, www.camping-minihy-val-andre.com – **R**
1 ha (65 empl.) plat et peu incliné, herbeux
Tarif : (Prix 2008) 👤 4,40 € – 🚗 🔲 7,30 € – (½) (6A) 3,40 € – frais de réservation 10 €

Location (Prix 2008) (de déb. avr. à fin oct.) : 1 🏠 (4 à 6 pers.) nuitée 50 € - 290 à 510 €/sem. – 9 🏠 (4 à 6 pers.) nuitée 50 € - 290 à 510 €/sem. – **R** conseillée
🚐 1 borne artisanale – 10 🔲 15 €

Pour s'y rendre : 1 r. de la Cour (au sud-ouest, rte du port de Dahouët et r. du Minihy)

Nature : ♀
Loisirs : 🎣 🐎
Services : 🔌 🇬🇧 ✂ 🔥 ♨ 📞 🧺
À prox. : 🎾 🔲 ♂ 🐎 (centre équestre) golf, école de plongée, canoë de mer

239

PLESTIN-LES-GRÈVES

✉ 22310 – **309** A3 – G. Bretagne – 3 415 h. – alt. 45
🛈 Syndicat d'initiative, place de la Mairie ✆ 02 96 35 61 93, Fax 02 96 54 12 54
Paris 528 – Brest 79 – Guingamp 46 – Lannion 18 – Morlaix 24 – St-Brieuc 77.

▲▲▲ **Municipal St-Efflam** de déb. avr. à fin sept.
✆ 02 96 35 62 15, campingmunicipalplestin@wanadoo.fr,
Fax 02 96 35 09 75, www.camping-municipal-bretagne.com
– **R** conseillée
4 ha (190 empl.) plat, peu incliné, terrasses, herbeux
Tarif : (Prix 2008) 👤 2,75 € – 🚗 1,75 € 🔲 3,55 € –
(½) (10A) 2,45 €

Location (Prix 2008) (de déb. mars à fin sept.) : 9 🏠 (4 à 6 pers.) nuitée 40 € - 183 à 410 €/sem. – 8 🏠 (4 à 6 pers.) nuitée 40 € - 198 à 450 €/sem. – **R** conseillée
🚐 1 borne raclet 3 €

Pour s'y rendre : R. de Lan-Carré (3,5 km au nord-est, à St-Efflam, par N 786, rte de St-Michel-en-Grève, à 200 m de la mer)

À savoir : Face à la mer, situation en terrasses, à l'orée d'un petit bois

Nature : 🌿
Loisirs : 🍴 🏠 🐎
Services : ♿ 🔌 (juil.-août) 🇬🇧 ✂
🔥 ⛱ 🧺
À prox. : ✖ 🎣

BRETAGNE

PLESTIN-LES-GRÈVES

Aire Naturelle Ker-Rolland
02 96 35 08 37, usert3625@aol.com, Fax 02 96 35 08 37 – **R** indispensable
1,6 ha (22 empl.) plat, herbeux
Pour s'y rendre : 2,2 km au sud-ouest par D 786, rte de Morlaix et à gauche, rte de Plouégat-Guérand
À savoir : camping à la ferme

Loisirs :
Services :

PLEUBIAN

22610 – **309** D1 – G. Bretagne – 2 691 h. – alt. 48
Office de tourisme, place du Château 02 96 22 84 85
Paris 506 – Lannion 31 – Paimpol 13 – St-Brieuc 58 – Tréguier 13.

Le Port la Chaîne de déb. avr. à fin sept.
02 96 22 92 38, info@portlachaine.com,
Fax 02 96 22 87 92, www.portlachaine.com – **R** conseillée
4,9 ha (200 empl.) en terrasses, plat et peu incliné, herbeux
Tarif : 27,10 € (16A) – pers. suppl. 6,10 € – frais de réservation 15 €
Location : 43 (4 à 6 pers.) 266 à 819 €/sem. – frais de réservation 24 € - **R** conseillée
Pour s'y rendre : 2 km au nord par D 20, rte de Larmor-Pleubian et rte à gauche
À savoir : Cadre boisé au bord de la mer

Nature :
Loisirs : snack nocturne
Services : sèche-linge
À prox. :

*Avant de vous installer, consultez les tarifs en cours, affichés obligatoirement à l'entrée du terrain, et renseignez-vous sur les conditions particulières de séjour.
Les indications portées dans le guide ont pu être modifiées depuis la mise à jour.*

PLEUMEUR-BODOU

22560 – **309** A2 – G. Bretagne – 3 825 h. – alt. 94
Office de tourisme, 11, rue des Chardons 02 96 23 91 47, Fax 02 96 23 91 48
Paris 523 – Lannion 8 – Perros-Guirec 10 – St-Brieuc 72 – Trébeurden 4 – Tréguier 26.

Le Port de déb. avr. à déb. oct.
02 96 23 87 79, renseignements@camping-du-port.com, Fax 02 96 15 30 40, www.camping-du-port.com – **R** conseillée
2 ha (80 empl.) non clos, plat et peu incliné, accidenté, herbeux, rochers
Tarif : 18,50 € (16A) – pers. suppl. 5,50 €
Location : 17 (4 à 6 pers.) nuitée 40 € - 190 à 590 €/sem. – 6 (4 à 6 pers.) nuitée 40 € - 190 à 590 €/sem. – **R** conseillée
1 borne eurorelais 5 €
Pour s'y rendre : à Landrellec (6 km au nord)
À savoir : Au bord de la mer, quelques emplacements ont les pieds dans l'eau

Nature :
Loisirs : snack
Services :
À prox. : (centre équestre) golf

PLÉVEN

22130 – **309** I4 – 565 h. – alt. 80
Paris 431 – Dinan 24 – Dinard 28 – St-Brieuc 38 – St-Malo 34.

Municipal de déb. avr. à mi-nov.
02 96 84 46 71, camping.pleven@wanadoo.fr, Fax 02 96 84 46 71 – **R** conseillée
1 ha (40 empl.) plat et peu incliné, herbeux
Tarif : (Prix 2008) 1,50 € 1 € 1,50 € – (16A) 1,20 €
Pour s'y rendre : Le bourg
À savoir : Dans l'agréable parc fleuri de la mairie

Nature :
Loisirs :
Services :
À prox. :

240

BRETAGNE

PLOBANNALEC-LESCONIL

✉ 29740 – **308** F8 – 3 007 h. – alt. 16
Paris 578 – Audierne 38 – Douarnenez 38 – Pont-l'Abbé 6 – Quimper 25.

▲▲▲ **Yelloh! Village le Manoir de Kerlut** ♦♦ – de déb.
mai à mi-sept.
☎ 02 98 82 23 89, info@yellohvillage-manoir-de-ker
lut.com, Fax 02 98 82 26 49, www.domainemanoirdeker
lut.com – **R** conseillée
12 ha/8 campables (240 empl.) plat, herbeux
Tarif : 39 € ♦♦ ⊕ 🅴 (10A) – pers. suppl. 7 €
Location : 159 🏠 (4 à 6 pers.) 203 à 1 183 €/sem. – 21
🏠 (4 à 6 pers.) - 301 à 1 043 €/sem. – 8 tentes
– **R** conseillée
Pour s'y rendre : Rte de Plobannalec (1,6 km au sud par
D 102, rte de Lesconil et chemin à gauche, accès à la plage
par navettes gratuites)

> Nature : 🏕 ♀
> Loisirs : 🍴 crêperie 🏠 🏊 🚴 🎿
> 🎯 🛝 🚴 ✂ 🎯 🏐
> Services : ♿ ⚿ 🏧 ✂ 📧 ♻ 📞 ⓘ
> 🧺 sèche-linge 🧊
> À prox. : 🛒 🎬 🐎 🐴

Ne pas confondre :
▲ ... à ... ▲▲▲▲ : *appréciation* **MICHELIN**
et
★ ... à ... ★★★★ : *classement officiel*

PLOEMEL

✉ 56400 – **308** M9 – 2 047 h. – alt. 46
Paris 485 – Auray 8 – Lorient 34 – Quiberon 23 – Vannes 27.

▲▲ **Municipal St-Laurent** Permanent
☎ 02 97 56 85 90, camping.saint.laurent@wanadoo.fr,
Fax 02 97 56 85 90, www.campingdesaintlaurent.com
– **R** conseillée
3 ha (90 empl.) plat, peu incliné, herbeux
Tarif : (Prix 2008) ♦ 3,50 € ⊕ 🅴 5,50 € – 🅸 (10A) 3,50 €
Location (Prix 2008) ✂ : 5 🏠 (4 à 6 pers.) 210 à
590 €/sem. – **R** conseillée
🚐 1 borne artisanale 2 € – 3 📧 10 € – 🚐 10 €
Pour s'y rendre : Kergonvo (2,5 km au nord-ouest, rte de
Belz, à prox. du carr. D 22 et D 186)

> Nature : 🏕 ♀(pinède)
> Loisirs : snack 🏊 🚴 🎿
> Services : ⚿ 🏧 ✂ 📧 ♻ 📞 ⓘ
> À prox. : golf

▲▲ **Kergo** de déb. mai à fin sept.
☎ 02 97 56 80 26, camping.kergo@wanadoo.fr,
Fax 02 97 56 80 26, www.campingkergo.com – **R** conseillée
2,5 ha (135 empl.) peu incliné et plat, herbeux
Tarif : (Prix 2008) 16,10 € ♦♦ ⊕ 📧 🅸 (10A) – pers.
suppl. 3,60 €
Location (de déb. avr. à fin oct.) : 10 🏠 (4 à 6 pers.)
nuitée 45 € - 230 à 560 €/sem. – frais de réservation
10 € - **R** conseillée
Pour s'y rendre : à Kergo (2 km au sud-est par D 186, rte
de la Trinité-sur-Mer et à gauche)

> Nature : 🌊 ♀
> Loisirs : 🏠 🏊 🚴
> Services : ♿ ⚿ 🏧 ✂ 📧 ♻ 📞 ⓘ
> 🧺

PLOÉVEN

✉ 29550 – **308** F6 – 436 h. – alt. 60
🛈 Syndicat d'initiative, Mairie ☎ 02 98 81 51 84, Fax 02 98 81 58 79
Paris 585 – Brest 64 – Châteaulin 15 – Crozon 25 – Douarnenez 15 – Quimper 25.

▲ **La Mer** de déb. juin à fin sept.
☎ 02 98 81 29 19, campingdelamer29@orange.fr,
Fax 02 98 81 29 19, www.campingdelamer29.fr – **R** conseillée
1 ha (54 empl.) plat, herbeux
Tarif : ♦ 3,20 € ⊕ 2,10 € 📧 3,20 € – 🅸 (6A) 2,90 €
Pour s'y rendre : Ty-An-quer-Plage (3 km au sud-ouest, à
300 m de la plage)

> Services : ⚿ ✂ 🌊 📞 ⓘ 📧

241

BRETAGNE

PLOMEUR

✉ 29120 – **308** F7 – G. Bretagne – 3 203 h. – alt. 33
🛈 *Office de tourisme, 1, place de l'Église* ☎ *02 98 82 09 05*
Paris 579 – Douarnenez 39 – Pont-l'Abbé 6 – Quimper 26.

⚠ Aire Naturelle Kéraluic
☎ 02 98 82 10 22, camping@keraluic.fr, Fax 02 98 82 10 22, www.keraluic.fr – **R** indispensable
1 ha (25 empl.) plat, herbeux
Location : 6
Pour s'y rendre : Rte de Pont-l'Abbé (4,3 km au nord-est par D 57, rte de Plonéour-Lanvern et à St-Jean-Trolimon à dr.)
À savoir : Ancien corps de ferme agréablement rénové

Nature :
Loisirs :
Services :

⚠ Lanven de déb. avr. à fin sept.
☎ 02 98 82 00 75, campinglanven@wanadoo.fr, Fax 02 98 82 04 37, www.campinglanven.com – **R**
2,2 ha (120 empl.) plat, herbeux
Tarif : (Prix 2008) 15,60 € ♦♦ 🚗 🗐 (6A) – pers. suppl. 3,80 €
🚐 1 borne artisanale 4 €
Pour s'y rendre : Lieu-dit : La Chapelle de Beuzec (3,5 km au nord-ouest par D 57, rte de Plonéour-Lanvern puis à gauche, rte de la chapelle Beuzec et chemin à droite)

Nature :
Loisirs : 🍷 crêperie, (dîner seulement)
Services :

Raadpleeg, voordat U zich op een kampeerterrein installeert, de tarieven die de beheerder verplicht
is bij de ingang van het terrein aan te geven.
Informeer ook naar de speciale verblijfsvoorwaarden.
De in deze gids vermelde gegevens kunnen
sinds het verschijnen van deze hereditie gewijzigd zijn.

PLOMODIERN

✉ 29550 – **308** F5 – G. Bretagne – 2 076 h. – alt. 60
🛈 *Syndicat d'initiative, place de l'Église* ☎ *02 98 81 27 37, Fax 02 98 81 59 91*
Paris 559 – Brest 60 – Châteaulin 12 – Crozon 25 – Douarnenez 18 – Quimper 28.

▲ L'Iroise de mi-avr. à fin sept.
☎ 02 98 81 52 72, campingiroise@aol.com, Fax 02 98 81 26 10, www.camping-iroise.com – **R** conseillée
2,5 ha (132 empl.) peu incliné, en terrasses, herbeux
Tarif : ♦ 6,25 € 🚗 🗐 12,90 € – (6A) 3,80 € – frais de réservation 16 €
Location : 15 (4 à 6 pers.) 275 à 560 €/sem. – 13 (4 à 6 pers.) - 255 à 620 €/sem. – frais de réservation 16 € - **R** conseillée
🚐 1 borne P.I.V.
Pour s'y rendre : Plage de Pors-ar-Vag (5 km au sud-ouest)
À savoir : Cadre et situation agréables

Nature : ← Lieue de Grève
Loisirs : 🍷 jacuzzi balnéo
Services : sèche-linge
À prox. : ✗ club nautique

PLONÉOUR-LANVERN

✉ 29720 – **308** F7 – 4 800 h. – alt. 71
🛈 *Syndicat d'initiative, place Charles-de-Gaulle* ☎ *02 98 82 70 10, Fax 02 98 82 70 19*
Paris 578 – Douarnenez 25 – Guilvinec 14 – Plouhinec 21 – Pont-l'Abbé 7 – Quimper 25.

⚠ Municipal de Mariano de mi-juin à mi-sept.
☎ 02 98 87 74 80 , camping@plonoeur-lanvern.fr, Fax 02 98 82 66 09, www.plonoeur-lanvern.fr – **R**
1 ha (59 empl.) plat, herbeux
Tarif : ♦ 2 € 🚗 2 € 🗐 3,50 € – (6A) 3 €
🚐 1 borne eurorelais 2 €
Pour s'y rendre : Imp. du Plateau (au nord)
À savoir : Agréable décoration arbustive

Nature :
Loisirs :
Services :
À prox. : (centre équestre)

BRETAGNE

PLOUARZEL

✉ 29810 – **308** C4 – 2 458 h. – alt. 89
🛈 *Office de tourisme, place Saint-Arzel ✆ 02 98 89 69 46, Fax 02 98 89 69 22*
Paris 614 – Brest 23 – Brignogan-Plages 52 – Ploudalmézeau 15.

▲ Municipal de Porsévigné
✆ 02 98 89 69 16, plouarzel.mairie@wanadoo.fr,
Fax 02 98 89 32 02, www.plouarzel.com
1,9 ha (100 empl.) peu incliné, herbeux, sablonneux
Pour s'y rendre : 5,2 km à l'ouest par rte de Trezien et rte
à dr. (île Segal), à 100 m de la plage

Nature : 🌳 ≤
Services : ♿ 😊

PLOUDALMÉZEAU

✉ 29830 – **308** D3 – 4 994 h. – alt. 57
🛈 *Office de tourisme, 1, rue François Squiban ✆ 02 98 48 12 88, Fax 02 98 48 11 88*
Paris 611 – Brest 26 – Landerneau 40 – Morlaix 75 – Quimper 95.

▲ Dunes de Tréompan
✆ 02 98 48 09 85, blue.camping@wanadoo.fr,
Fax 02 98 48 09 85, www.holidays-camping.eu – **R** conseil-
lée
2 ha (134 empl.) non clos, plat, herbeux, sablonneux, dunes
Pour s'y rendre : 3,5 km au nord par D 26, rte de Portsall,
à 200 m de la plage de Tréompan (accès direct)

Nature : 🌳
Services : ♿ 🚿 😊

*La catégorie (1 à 5 tentes, **noires** ou **rouges**) que nous attribuons
aux terrains sélectionnés dans ce guide est une appréciation qui nous est propre.
Elle ne doit pas être confondue avec le classement (1 à 4 étoiles)
établi par les services officiels.*

PLOUÉZEC

243

✉ 22470 – **309** E2 – 3 181 h. – alt. 100
🛈 *Syndicat d'initiative, rue du Lieutenant-Colonel Simon ✆ 02 96 22 72 92*
Paris 489 – Guingamp 28 – Lannion 39 – Paimpol 6 – St-Brieuc 41.

⛰ Domaine du Launay de déb. avr. à fin oct.
✆ 02 96 20 63 15, domainedulaunay@wanadoo.fr,
Fax 02 96 16 43 86, www.domaine-du-launay.com
– **R** conseillée
4 ha (90 empl.) peu incliné, herbeux
Tarif : 18 € ★★ 🚗 🔌 (16A) – pers. suppl. 3,50 € – frais
de réservation 10 €
Location 🚫 : 🏠 (2 à 4 pers.) 220 à 400 €/sem. – 🏠
(4 à 6 pers.) 320 à 580 €/sem. – 🏠 (4 à 6 pers.) - 430 à
660 €/sem. – frais de réservation 10 € - **R** conseillée
🚐 1 borne artisanale 3 €
Pour s'y rendre : 11 rte de Toul-Veing (3,1 km au sud-
ouest par D 77, rte de Yvias et rte à dr.)
À savoir : Belle décoration arbustive

Nature : 🌳 ≤ 🏕 ♀
Loisirs : 🍴 🏛 salle d'animation
🐎 🚴 🏊 swin-golf
Services : ♿ 🚿 🏧 🅿 🔌 🚰 🧺
sèche-linge
À prox. : ✂ 🐕 🐴 poneys 🚐

⛰ Le Cap Horn de déb. avr. à mi-oct.
✆ 02 96 20 64 28, lecaphorn@hotmail.com,
Fax 02 96 20 63 88, www.lecaphorn.com – **R** conseillée
4 ha (149 empl.) en terrasses et peu incliné, herbeux,
pierreux
Tarif : 21 € ★★ 🚗 🔌 (6A) – pers. suppl. 5 € – frais de
réservation 10 €
Location (Prix 2008) (de déb. avr. à fin oct.) : 20 🏠 –
frais de réservation 10 € - **R** conseillée
🚐 6 🔌 21 €
Pour s'y rendre : Rte de Port-Lazo (2,3 km au nord-est par
D 77, accès direct à la plage)
À savoir : Situation dominant l'Anse de Paimpol et l'Île de
Bréhat

Nature : 🌳 ≤ 🏕
Loisirs : 🍴 🏛 🎠 🚴 🏊 kayak de
mer
Services : ♿ 🚿 🏧 🅿 🔌 🚿 🧺
😊 📞 🚰 sèche-linge 🧺
À prox. : ✂ 🏇 🐕 poneys

BRETAGNE

PLOUGASNOU

✉ 29630 – **308** I2 – G. Bretagne – 3 393 h. – alt. 55
🛈 *Syndicat d'initiative, place du Général Leclerc* ☎ *02 98 67 31 88*
Paris 545 – Brest 76 – Guingamp 62 – Lannion 34 – Morlaix 22 – Quimper 95.

De Mesqueau Permanent
☎ 02 98 67 37 45, *domaine-de-mesqueau@orange.fr*,
Fax 02 98 67 37 45 – **R** conseillée
16 ha/3 campables (100 empl.) plat, herbeux
Tarif : (Prix 2008) 15 € ✶✶ 🚗 🄴
Location (avr.-oct.) : 20 🏠 – **R** conseillée
🚐 1 borne
Pour s'y rendre : 3,5 km au sud par D 46, rte de Morlaix puis 800 m par rte à gauche, à 100 m d'un plan d'eau (accès direct)

Nature : 🌳 ♀
Loisirs : 🏠 🎾 ✂
Services : ♿ ⚷ GB ✗ 🏪 🄴 @ 🚿 📶

PLOUGASTEL-DAOULAS

✉ 29470 – **308** E4 – 12 248 h. – alt. 113
🛈 *Office de tourisme, 4 bis, place du Calvaire* ☎ *02 98 40 34 98, Fax 02 98 40 68 85*
Paris 596 – Brest 12 – Morlaix 60 – Quimper 64.

St-Jean fermé de fin déc. à déb. janv.
☎ 02 98 40 32 90, *info@campingsaintjean.com*,
Fax 02 98 04 23 11, *www.campingsaintjean.com*
– **R** conseillée
1,6 ha (125 empl.) plat, peu incliné, en terrasses, herbeux, gravillons
Tarif : 20 € ✶✶ 🚗 🄴 (10A) – pers. suppl. 5 € – frais de réservation 15 €
Location : 38 🏠 (4 à 6 pers.) nuitée 50 € - 190 à 690 €/sem. – 6 🏠 (4 à 6 pers.) nuitée 65 € - 270 à 600 €/sem. – frais de réservation 15 € - **R** conseillée
🚐 1 borne artisanale 4 € – 10 🄴 20 €
Pour s'y rendre : au lieu-dit : St-Jean (4,6 km au nord-est par D 29 et N 165, sortie centre commercial Leclerc)
À savoir : situation et site agréables au bord de l'Estuaire de l'Elorn

Nature : 🌳 ≤ 🏞 ⛰
Loisirs : 🍹 🏠 🎾 🎱 ⛵ kayak de mer
Services : ♿ ⚷ GB ✗ 🏪 🄴 ♨ 🧺 @ 🚿 ♻ 🧺 sèche-linge

PLOUGONVELIN

✉ 29217 – **308** C4 – 2 868 h. – alt. 44
🛈 *Office de tourisme, boulevard de la Mer* ☎ *02 98 48 30 18, Fax 02 98 48 25 94*
Paris 616 – Brest 21 – Brignogan-Plages 56 – Quimper 95 – St-Pol-de-Léon 82.

Les Terrasses de Bertheaume (location exclusive de mobile homes) Permanent
☎ 02 98 48 32 37, *sarl.alb@orange.fr*, Fax 02 98 48 32 37, *www.camping-brest.com* – empl. traditionnels également disponibles
2 ha en terrasses, herbeux
Location (Prix 2008) : 33 🏠 (4 à 6 pers.) 206 à 620 €/sem. – **R** conseillée
Pour s'y rendre : rte de Perzel

Nature : 🌳 ≤
Loisirs : 🏠 🎾 🏊 (petite piscine)
Services : ⚷ ✗ @ 🧺 sèche-linge
À prox. : école de plongée

PLOUGOULM

✉ 29250 – **308** G3 – 1 621 h. – alt. 60
Paris 560 – Brest 58 – Brignogan-Plages 27 – Morlaix 24 – Roscoff 10.

Municipal du Bois de la Palud
☎ 02 98 29 81 82, *mairie-de-plougoulm@wanadoo.fr*,
Fax 02 98 29 92 26 – **R** conseillée
0,7 ha (34 empl.) en terrasses et peu incliné, herbeux
Pour s'y rendre : 900 m à l'ouest du carr. D 10-D 69 (croissant de Plougoulm), par rte de Plouescat et chemin à dr.

Nature : 🌳 ≤ 🏞 ♀
Services : ♿ ⚷ ♨ 🚿
À prox. : 🎾

BRETAGNE

PLOUGOUMELEN

✉ 56400 – **308** N9 – 1 762 h. – alt. 27
Paris 471 – Auray 10 – Lorient 51 – Quiberon 39 – Vannes 14.

▲ **Municipal Kergouguec** de mi-juin à mi-sept.
☎ 02 97 57 88 74, mairie.plougoumelen@wanadoo.fr,
Fax 02 97 57 95 22 (Mairie), plougoumelen.fr – **R** conseillée
1,5 ha (80 empl.) plat à peu incliné, herbeux
Tarif : (Prix 2008) ★ 2,50 € ⇌ 1,50 € 🅴 2,10 € – (6A) 3 €
Pour s'y rendre : R. Notre-Dame-de-Béquerel (500 m au sud du bourg, par rte de Baden, au stade)

Nature : 🌳
Loisirs : ✂
Services : ♿ ⚷ ⛟ 🗑 ⊕ 🔥
À prox. : golf

▲ **La Fontaine du Hallate** de mi-mars à mi-nov.
☎ 09 64 04 90 16, clegloanic@campinghallate.com,
www.campinghallate.com – **R** conseillée
1 ha (94 empl.) peu incliné, plat, herbeux
Tarif : 14 € ★ ★ ⇌ 🅴 (6A) – pers. suppl. 2,20 € – frais de réservation 15 €
Location : 12 🚐 (4 à 6 pers.) nuitée 50 € - 280 € 480 €/sem. – frais de réservation 15 € - **R** conseillée
🚐 1 borne artisanale 2 €
Pour s'y rendre : 8 chemin du Poul-Fétan (3,2 km au sud-est vers Ploeren et rte de Baden à dr., au lieu-dit Hallate)

Nature : 🌊 ≤
Loisirs : 🎠
Services : ⚷ ⛟ ⊕ 🔥 sèche-linge
À prox. : ✂ golf

PLOUGRESCANT

✉ 22820 – **309** C1 – 1 402 h. – alt. 53
Paris 516 – Lannion 26 – Perros-Guirec 23 – St-Brieuc 68 – Tréguier 8.

▲ **Le Varlen** de déb. avr. à mi-nov.
☎ 02 96 92 52 15, info@levarlen.com, Fax 02 96 92 50 34,
www.levarlen.com – **R** conseillée
1 ha (65 empl.) plat, herbeux
Tarif : 17,50 € ★ 🅴 (10A) – pers. suppl. 3,70 € – frais de réservation 8 €
Location : 14 🚐 (4 à 6 pers.) nuitée 50 € - 198 € 560 €/sem. – 4 studios – 3 bungalows toilés – frais de réservation 8 € – **R** conseillée
🚐 1 borne artisanale 17,50 € – 🚐 🅴 12,70 €
Pour s'y rendre : 4 rte de Pors-Hir (2 km au nord-est, à 200 m de la mer)

Nature : 🌊 ☁
Loisirs : 🍴 🏠 🎠
Services : ♿ ⚷ 🆎 ⛟ 🗑 📶 ⊕
🚐 📶 🕭 🔥 🚿
À prox. : ✕

245

Aber Ildut

BRETAGNE

PLOUGRESCANT

Le Gouffre de déb. avr. à mi-sept.
☏ 02 96 92 02 95, *campingdugouffre@orange.fr*,
Fax 02 96 92 52 99, *www.camping-gouffre.com* – places limitées pour le passage – **R** conseillée
3 ha (130 empl.) plat, peu incliné, herbeux
Tarif : ♦ 4 € ⇔ 🗐 5 € – (½) (16A) 3 € – frais de réservation 15 €
Location : 10 (4 à 6 pers.) nuitée 40 € - 200 à 520 €/sem. – frais de réservation 15 € - **R** conseillée
1 borne artisanale
Pour s'y rendre : Hent C'rech Kermorvant (2,7 km au nord par rte de la pointe du Château)

Nature : 🌳 ≤ ⌂
Services : ♿ ⚬╼ (juil.-août) GB ♻
M 🍽 ⊕ 🚿
À prox. : 💈 🎱 🏇 (centre équestre) canoë

PLOUGUERNEAU

✉ 29880 – **308** D3 – 5 628 h. – alt. 60
🛈 Office de tourisme, place de l'Europe ☏ 02 98 04 70 93
Paris 604 – Brest 27 – Landerneau 33 – Morlaix 68 – Quimper 93.

Du Vougot de déb. avr. à fin oct.
☏ 02 98 25 61 51, *campingduvougot@hotmail.fr*,
Fax 02 98 25 61 51, *www.campingplageduvougot.com*
– **R** conseillée
2,5 ha (55 empl.) plat, peu incliné, sablonneux, herbeux
Tarif : 19,30 € ♦♦ ⇔ 🗐 (10A) – pers. suppl. 4,20 € – frais de réservation 6 €
Location : (4 à 6 pers.) nuitée 50 € - 220 à 580 €/sem. – frais de réservation 8 € - **R** conseillée
1 borne artisanale 3 €
Pour s'y rendre : Rte de Prat-Ledan (7,4 km au nord-est par D 13 et D 10, rte de Guissény, puis D 52 grève du Vougot, à 250 m de la mer)
À savoir : Emplacements spacieux et agréablement délimités par arbustes

Nature : 🌳 ⌂
Loisirs : 🛝
Services : ⚬╼ GB ♻ 🍽 ⊕ ♨ 🚿
À prox. : centre nautique

La Grève Blanche de déb. mai à mi-oct.
☏ 02 98 04 70 35, *lroudaut@free.fr*, Fax 02 98 04 63 97,
www.campinggreveblanche.com – **R** conseillée
2,5 ha (100 empl.) plat, peu incliné, herbeux, sablonneux, rochers
Tarif : (Prix 2008) ♦ 3,10 € ⇔ 1,60 € 🗐 3,10 € – (½) (9A) 2,50 €
1 borne artisanale 3 € – 🛏 8 €
Pour s'y rendre : 4 km au nord par D 32, rte du Mont-St-Michel et à gauche, au bord de plage

Nature : ≤ ⛰
Loisirs : 🍸 🛝
Services : ♿ ⚬╼ ♻ ⊕ 🚿

PLOUGUERNÉVEL

✉ 22110 – **309** C5 – 2 222 h. – alt. 219
Paris 479 – Carhaix-Plouguer 28 – Guingamp 45 – Loudéac 42 – Pontivy 34 – St-Brieuc 54.

Municipal de Kermarc'h de déb. avr. à fin oct.
☏ 02 96 29 10 91, *village.kermarc@orange.fr*, *www.plouguernevel.com/kermarch* – **R**
3,5 ha/0,5 campable (24 empl.) en terrasses et peu incliné, herbeux
Tarif : (Prix 2008) ♦ 3,65 € ⇔ 1,88 € 🗐 1,88 € – (½) (24A) 2,35 €
Location (Prix 2008) (permanent) : gîte d'étape, gîtes – **R** conseillée
Pour s'y rendre : Kermarc'h (3,8 km au sud-ouest, au village de vacances)
À savoir : Autour d'une ancienne ferme restaurée

Nature : 🌳
Loisirs : 🛝
Services : ♿ ♻ ⊕

Utilisez le guide de l'année.

BRETAGNE

PLOUHA

✉ 22580 – **309** E2 – G. Bretagne – 4 397 h. – alt. 96
🛈 Office de tourisme, 5, avenue Laënnec ✆ 02 96 20 24 73, Fax 02 96 22 57 05
Paris 479 – Guingamp 24 – Lannion 49 – St-Brieuc 31 – St-Quay-Portrieux 10.

Domaine de Keravel de mi-mai à fin sept.
✆ 02 96 22 49 13, keravel@wanadoo.fr, www.keravel.com
– **R** conseillée
5 ha/2 campables (116 empl.) en terrasses et peu incliné, herbeux
Tarif : 6,60 € – 10,90 € – (10A) 3,80 €
Location (permanent) : 6 (4 à 6 pers.) nuitée 49 € - 300 à 590 €/sem. – 7 (4 à 6 pers.) nuitée 61 € - 280 à 750 €/sem. – appartements – **R** conseillée
Pour s'y rendre : La Trinité (2 km au nord-est par rte de la Trinité, près de la chapelle)
À savoir : Dans l'agréable parc d'un manoir

Nature : 🌳
Loisirs :
Services :
À prox. : poneys golf, canoë de mer

PLOUHARNEL

✉ 56340 – **308** M9 – 1 700 h. – alt. 21
🛈 Office de tourisme, rond-point de l'Océan ✆ 02 97 52 32 93
Paris 490 – Auray 13 – Lorient 33 – Quiberon 15 – Quimperlé 51 – Vannes 33.

Kersily de déb. avr. à fin oct.
✆ 02 97 52 39 65, camping.kersily@wanadoo.fr,
Fax 02 97 52 44 76, www.camping-kersily.com – **R** conseillée
2,5 ha (120 empl.) plat et peu incliné, herbeux
Tarif : (Prix 2008) 4,70 € 2 € 5,90 € –
(10A) 2,80 € – frais de réservation 10 €
Location (Prix 2008) : 23 (4 à 6 pers.) nuitée 40 € – 200 à 540 €/sem. – frais de réservation 10 € – **R** conseillée
1 borne artisanale 2 €
Pour s'y rendre : Ste-Barbe (2,5 km au nord-ouest par D 781, rte de Lorient et rte de Ste-Barbe, à gauche)

Nature :
Loisirs : snack nocturne salle d'animation
Services : sèche-linge
À prox. : poneys golf, terrain omnisports

Les Goélands de déb. juin à mi-sept.
✆ 02 97 52 31 92, angelina.oliviero@wanadoo.fr – **R** conseillée
1,6 ha (80 empl.) plat, herbeux
Tarif : (Prix 2008) 17,50 € (5A) – pers. suppl. 5 € – frais de réservation 15 €
Location (Prix 2008) (de déb. avr. à mi-oct.) : 10 (4 à 6 pers.) nuitée 50 € - 240 à 490 €/sem. – 5 (4 à 6 pers.) nuitée 60 € - 300 à 750 €/sem. – frais de réservation 15 € - **R** conseillée
1 borne oley 5 €
Pour s'y rendre : 1,5 km à l'est par D 781, rte de Carnac puis 500 m par rte à gauche

Nature :
Services :
À prox. : poneys golf

PLOUHINEC

✉ 29780 – **308** E6 – 4 106 h. – alt. 101
🛈 Office de tourisme, place Jean Moulin ✆ 02 98 70 74 55, Fax 02 98 70 72 76
Paris 594 – Audierne 5 – Douarnenez 18 – Pont-l'Abbé 27 – Quimper 33.

Kersiny-Plage de déb. avr. à fin sept.
✆ 02 98 70 82 44, info@kersinyplage.com,
Fax 09 56 08 64 82, www.kersinyplage.com – **R** conseillée
2 ha (100 empl.) en terrasses, peu incliné, herbeux
Tarif : 17,20 € (8A) – pers. suppl. 4,40 € – frais de réservation 10 €
Location : 3 (4 à 6 pers.) – 210 à 515 €/sem. – frais de réservation 10 € - **R** conseillée
1 borne artisanale
Pour s'y rendre : 1 r. Nominoé (sortie ouest par D 784, rte d'Audierne puis 1 km au sud par rte de Kersiny, à 100 m de la plage (accès direct))
À savoir : Agréable situation

Nature : mer et côte
Services :
À prox. :

247

BRETAGNE

PLOUHINEC

✉ 56680 – **308** L8 – 4 143 h. – alt. 10
Paris 503 – Auray 22 – Lorient 18 – Quiberon 30 – Quimperlé 36.

Moténo de déb. avr. à fin sept.
☎ 02 97 36 76 63, info@camping-moteno.com,
Fax 02 97 85 81 84, www.camping-le-moteno.com
– **R** conseillée
4 ha (230 empl.) plat, herbeux
Tarif : 32 € ⚹⚹ 🚗 🅴 [½] (10A) – pers. suppl. 6 € – frais de réservation 22 €
Location : 69 🏠 (4 à 6 pers.) nuitée 70 € - 192 à 950 €/sem. – 29 🏠 (4 à 6 pers.) nuitée 70 € - 253 à 849 €/sem. – frais de réservation 22 € - **R** conseillée
Pour s'y rendre : R. du Passage d'Étel (4,5 km au sud-est par D 781 et à dr., rte du Magouër)

Nature : 🏕 ♀
Loisirs : 🍴 snack 🎳 🎭, salle d'animation 🏇 🚴 🏊 terrain omnisports
Services : 🚻 🚿 🛒 🚗 🗑 🅿 🗄 sèche-linge 🧺 🚰

La Lande du Bélier (location exclusive de mobile homes)
☎ 02 97 85 80 98, lldb@wanadoo.fr, Fax 02 97 85 84 59, www.la-lande-du-belier.com – **R** indispensable
5,5 ha plat, herbeux
Location : 30 🏠
Pour s'y rendre : Rte de Carnac (1,5 km par D 781)
À savoir : parc paysagé

Nature : 🏕 ♀ (pinède)
Loisirs : 🍴 snack 🎳
Services : 🚿 📞
À prox. : 🍴 🛶

Municipal Kérabus
☎ 02 97 36 61 67, mairie.plouhinec56@wanadoo.fr,
Fax 02 97 85 88 89 – **R**
4 ha (100 empl.) non clos, plat, herbeux, pinède attenante
🚐 1 borne aire service – 45 🅴
Pour s'y rendre : au stade (3 km au sud-est par D 781, rte de Carnac et à dr., rte du Magouër)

Nature : 🌳 🏕
Loisirs : 🏇 🛠 poneys
Services : ♿ 🚿 🚗 🗑 🅿
À prox. : 🛶

PLOUIGNEAU

✉ 29610 – **308** I3 – 4 138 h. – alt. 156
Paris 526 – Brest 72 – Carhaix-Plouguer 43 – Guingamp 44 – Lannion 32 – Morlaix 11.

Aire Naturelle la Ferme de Croas Men de déb. avr. à fin oct.
☎ 02 98 79 11 50, fermecroasmen@free.fr,
Fax 02 98 79 11 50, http://pagesperso-orange.fr/camping.croamen/ – **R** conseillée
1 ha (25 empl.) plat, herbeux, verger
Tarif : (Prix 2008) 14 € ⚹⚹ 🚗 🅴 [½] (6A) – pers. suppl. 3 €
Location (Prix 2008) : 3 🏠 (2 à 4 pers.) 200 à 380 €/sem.
– 1 🏠 (4 à 6 pers.) - 250 à 420 €/sem. – **R** conseillée
🚐 1 borne artisanale
Pour s'y rendre : Croas Men (2,5 km au nord-ouest par D 712 et D 64, rte de Lanmeur puis 4,7 km par rte de Lanleya à gauche et rte de Garlan)
À savoir : Sur le domaine d'une ferme en activité

Nature : 🌳
Loisirs : 🎳 🏇
Services : ♿ 🚿 🚗 🗑 🎣 🅿
À prox. : 🐎

PLOUNÉVEZ-LOCHRIST

✉ 29430 – **308** F3 – 2 278 h. – alt. 70
Paris 576 – Brest 41 – Landerneau 24 – Landivisiau 22 – St-Pol-de-Léon 22.

Municipal Odé-Vras de mi-juin à mi-sept.
☎ 02 98 61 65 17, accueil@plounevez-lochrist.fr,
www.plounevez-lochrist.fr – **R** conseillée
3 ha (135 empl.) plat, sablonneux, herbeux
Tarif : (Prix 2008) ⚹ 2,50 € 🚗 🅴 2,04 € – [½] 2,14 €
Pour s'y rendre : Odé-Vras (4,5 km au nord, par D 10, à 300 m de la baie de Kernic (accès direct))

Nature : 🏕 ♀
Loisirs : 🎳 🏇
Services : 🚿 🛒 🚗 🗑 🅿 🗄 sèche-linge

BRETAGNE

PLOZÉVET

✉ 29710 – **308** E7 – G. Bretagne – 2 748 h. – alt. 70
🛈 Office de tourisme, place Henri Normant ✆ 02 98 91 45 15, Fax 02 98 91 47 00
Paris 588 – Audierne 11 – Douarnenez 19 – Pont-l'Abbé 22 – Quimper 27.

La Corniche de déb. avr. à fin sept.
✆ 02 98 91 33 94, infos@campinglacorniche.com,
Fax 02 98 91 41 53, www.campinglacorniche.com
– **R** conseillée
2 ha (120 empl.) plat, herbeux
Tarif : ♦ 4,50 € – 🚗 2 € 📧 6 € – (10A) 3,20 € – frais de réservation 10 €
Location : 10 (4 à 6 pers.) – 290 à 610 €/sem. – 5 (4 à 6 pers.) - 320 à 640 €/sem. – frais de réservation 10 € - **R** conseillée
1 borne artisanale 4 €
Pour s'y rendre : Chemin de la Corniche (sortie sud par rte de la Mer)

Nature : 🌊
Loisirs : 🍸 🏠 🛝 🛵
Services : 👤 ⚿ 🅿 ✂ 🗑 ♨ 🚰
🧺 🚿 sèche-linge
À prox. : 🛒

PLURIEN

✉ 22240 – **309** H3 – 1 235 h. – alt. 48
🛈 Office de tourisme, manoir de Montangué ✆ 02 96 72 18 52
Paris 436 – Dinard 34 – Lamballe 25 – Plancoët 23 – St-Brieuc 37 – St-Cast-le-Guildo 18.

Municipal la Saline
✆ 02 96 72 17 40, commune.plurien@orange.fr – **R**
3 ha (150 empl.) plat, peu incliné et en terrasses, herbeux
Pour s'y rendre : 1,2 km au nord-ouest par D 34, rte de Sables-d'Or-les-Pins, à 500 m de la mer

Nature : ≤
Loisirs : 🐎
Services : 👤 ⚿ 🅿 ♨ 🗑 sèche-linge
À prox. : 🛒 ✂ 🎣 🏊 🎣 🐎 (centre équestre) golf, école de plongée, canoë de mer

249

PONTRIEUX

✉ 22260 – **309** D2 – 1 121 h. – alt. 13
🛈 Syndicat d'initiative, place de Trocquer ✆ 02 96 95 14 03
Paris 491 – Guingamp 18 – Lannion 27 – Morlaix 67 – St-Brieuc 43.

Traou-Mélédern Permanent
✆ 02 96 95 69 27, campingpontrieux@free.fr, http://campingpontrieux.free.fr – **R** conseillée
1 ha (50 empl.) plat, herbeux
Tarif : ♦ 3 € – 🚗 📧 4 € – (6A) 3 €
Pour s'y rendre : 400 m au sud du bourg, au bord du Trieux

Nature : 🌲
Loisirs : 🐎
Services : 👤 ⚿ (de mi-juin à mi-sept.) ✂ 🗑 ♨ 🅿
À prox. : port de plaisance, canoë

PONT-SCORFF

✉ 56620 – **308** K8 – G. Bretagne – 2 623 h. – alt. 42
🛈 Syndicat d'initiative, rue de Lorient ✆ 02 97 32 50 27, Fax 02 97 32 59 91
Paris 509 – Auray 47 – Lorient 11 – Quiberon 56 – Quimperlé 13.

Ty Nénez Permanent
✆ 02 97 32 51 16, camping-ty-nenez@wanadoo.fr,
Fax 02 97 32 43 77, www.lorient-camping.com – **R** conseillée
1,5 ha (50 empl.) plat, peu incliné, herbeux
Tarif : 10,95 € ♦♦ 🚗 📧 (16A) – pers. suppl. 2,30 €
Location : 2 (2 à 4 pers.) nuitée 37 € - 259 à 497 €/sem. – 6 (4 à 6 pers.) nuitée 37 € - 259 à 518 €/sem. – **R** conseillée
1 borne raclet 2 € – 9 📧 8,10 € – 🚐 8.1 €
Pour s'y rendre : Rte de Lorient (1,8 km au sud-ouest par D 6)

Loisirs : 🍸
Services : 👤 ⚿ 🅿 ✂ 🗑 ♨ 🚰 🗑
À prox. : 🛒 ✂

BRETAGNE

PORDIC

✉ 22590 – **309** F3 – 5 176 h. – alt. 97
Paris 459 – Guingamp 33 – Lannion 65 – St-Brieuc 11 – St-Quay-Portrieux 12.

Les Madières de déb. avr. à fin oct.
☏ 02 96 79 02 48, campinglesmadieres@wanadoo.fr, www.campinglesmadieres.com – **R** conseillée
1,6 ha (93 empl.) plat et peu incliné, herbeux
Tarif : (Prix 2008) ★ 4,80 € 🚗 🅴 7,50 € – (ᚴ) (10A) 3,50 €
Location (Prix 2008) : 2 🏚 (2 à 4 pers.) nuitée 35 € - 250 à 390 €/sem. – 7 🏚 (4 à 6 pers.) nuitée 40 € - 280 à 540 €/sem. – frais de réservation 10 € - **R** conseillée
Pour s'y rendre : Le Vau Madec (2 km au nord-est par rte de Binic et à dr.)
À savoir : Agréable cadre verdoyant et ombragé, de quelques emplacements vue sur la mer et le port de St-Quay-Portrieux

Nature : 🌳 🏞 ♨♨
Loisirs : 🍸 snack 🏊
Services : & 🚻 🆖 🅒 🍳 🅰 ⊕ 🏪 sèche-linge
À prox. : 🍴 ✂ 🎣 ♘ 🚴 poneys golf, canoë de mer

Le Roc de l'Hervieu mai-sept.
☏ 02 96 79 30 12, le.roc.de.lhervieu@wanadoo.fr, Fax 02 96 79 30 12, www.campinglerocdelhervieu.fr – places limitées pour le passage – **R** conseillée
2,5 ha (179 empl.) plat, herbeux
Tarif : 19,80 € ★★ 🚗 🅴 (ᚴ) (10A) – pers. suppl. 4,20 €
Location : 4 🏚 (2 à 4 pers.) 242 à 268 €/sem. – **R** conseillée
🚐 1 borne artisanale 3 €
Pour s'y rendre : 3 km au nord-est par rte de la Pointe de Pordic et chemin à dr.

Nature : 🌳 🏞
Loisirs : 🏊 🚴
Services : & 🚻 🅒 🍳 🅰 ⊕ 🏪
À prox. : 🍴 ✂ 🎣 ♘ 🚴 poneys golf, canoë de mer

PORT-MANECH

✉ 29920 – **308** I8 – G. Bretagne
Paris 545 – Carhaix-Plouguer 73 – Concarneau 18 – Pont-Aven 12 – Quimper 44 – Quimperlé 29.

St-Nicolas de déb. mai à mi-sept.
☏ 02 98 06 89 75, info@campinglesaintnicolas.com, Fax 02 98 06 74 61, www.campinglesaintnicolas.com – 🐕
3 ha (180 empl.) plat, incliné et en terrasses, herbeux
Tarif : (Prix 2008) 25 € ★★ 🚗 🅴 (ᚴ) (10A) – pers. suppl. 5,20 € – frais de réservation 15 €
Location (Prix 2008) (de déb. avr. à fin sept.) ✈ : 11 🏚 (4 à 6 pers.) 210 à 640 €/sem. – frais de réservation 15 € - **R** conseillée
Pour s'y rendre : Port-Manech (au nord du bourg, à 200 m de la plage)
À savoir : décoration arbustive et florale

Nature : 🏞 ♨♨
Loisirs : 🎱 🚴 🏊
Services : & 🚻 🆖 🅒 🅰 ⊕ 🏪 sèche-linge
À prox. : 🍸

LE POULDU

✉ 29360 – **308** J8 – G. Bretagne
Paris 521 – Concarneau 37 – Lorient 25 – Moëlan-sur-Mer 10 – Quimper 61 – Quimperlé 14.

Les Embruns de déb. avr. à mi-sept.
☏ 02 98 39 91 07, camping-les-embruns@wanadoo.fr, Fax 02 98 39 97 87, www.camping-les-embruns.com – **R** conseillée
4 ha (180 empl.) plat et peu incliné, herbeux, sablonneux, verger
Tarif : 29,90 € ★★ 🚗 🅴 (ᚴ) (10A) – pers. suppl. 5,50 € – frais de réservation 20 €
Location : 30 🏚 (4 à 6 pers.) 290 à 780 €/sem. – 3 🏠 (4 à 6 pers.) - 290 à 630 €/sem. – frais de réservation 20 € - **R** conseillée
🚐 1 borne artisanale 4 € – 18 🅴 12 € – 🚽 12 €
Pour s'y rendre : R. du Philosophe-Alain (au bourg, à 350 m de la plage)
À savoir : Belle décoration arbustive et florale

Nature : 🏞 ♀
Loisirs : 🍸 🎱 ☀ diurne 🚴 🏊 🏋
(découverte en saison)
Services : & 🚻 🆖 🅒 🅼 💆 🅰 ⊕ 🅿 🚰 🏪 sèche-linge 🧺 ✂
À prox. : ✂ ♘ 🚴

BRETAGNE

LE POULDU

▲ **Keranquernat** de fin avr. à déb. sept.
📞 02 98 39 92 32, camping.keranquernat@wanadoo.fr, www.camping.keranquernat.com – **R** conseillée
1,5 ha (100 empl.) plat et peu incliné, herbeux
Tarif : ★ 4 € 🚗 🅿 9 € – (6A) 3,50 € – frais de réservation 8 €
Location (de fin avr. à déb. déc.) : 10 (4 à 6 pers.) 199 à 426 €/sem. – **R** conseillée
Pour s'y rendre : Le.Pouldou (sortie nord-est)
À savoir : cadre agréable sous les pommiers, au milieu des fleurs

Nature : 🌳 🏞 ♀
Loisirs : 🏠 🎿
Services : 🅿 ⚡ (juil.-août) ✂ 🗑 ⛺ ♨ 🔄 sèche-linge
À prox. : 🎯 💧 🐎 poneys

▲ **Les Grands Sables** de déb. avr. à mi-sept.
📞 02 98 39 94 43, campinggrandssables@aliceadsl.fr, Fax 02 98 39 97 47, www.camping-lesgrandssables.com – **R** conseillée
2,4 ha (147 empl.) plat, peu incliné, terrasses, herbeux, sablonneux
Tarif : (Prix 2008) 18,70 € ★★ 🚗 🅿 🛒 (6A) – pers. suppl. 4,50 € – frais de réservation 8 €
Location (Prix 2008) : 10 (2 à 4 pers.) 155 à 338 €/sem. – 11 (4 à 6 pers.) 215 à 470 €/sem. – frais de réservation 8 € - **R** conseillée
🚐 1 borne artisanale – 🚗 7,50 €
Pour s'y rendre : 22 r. Philosophe-Alain (au bourg, à 200 m de la plage)
À savoir : Dans un cadre verdoyant et ombragé

Nature : ♀
Loisirs : 🎿
Services : ⚡ ✂ 🗑 ♨ 🔄
À prox. : 🎯 💧 🐎

▲ **Locouarn** de déb. juin à mi-sept.
📞 02 98 39 91 79, info@camping-locouarn.com, www.camping-locouarn.com – **R** conseillée
2,5 ha (100 empl.) plat et peu incliné, herbeux
Tarif : ★ 3,25 € 🚗 🅿 6,90 € – 🛒 (10A) 4 € – frais de réservation 3 €
Location (de mi-avr. à mi-sept.) : 13 (4 à 6 pers.) nuitée 50 € - 180 à 480 €/sem. – frais de réservation 5 € - **R** conseillée
Pour s'y rendre : Locouarn (2 km au nord par D 49, rte de Quimperlé)
À savoir : Cadre verdoyant

Loisirs : 🏊
Services : 🅿 ⚡ ✂ 🗑 ♨ 🔄 🚰 sèche-linge
À prox. : 🚣 🍽 🎯 💧 🐎 poneys

POULLAN-SUR-MER

✉ 29100 – **308** E6 – 1 517 h. – alt. 79
Paris 596 – Rennes 244 – Quimper 30 – Brest 80 – Concarneau 57.

▲ **Le Pil Koad** 👥👥 – de fin avr. à fin sept.
📞 02 98 74 26 39, info@pil-koad.com, Fax 02 98 74 55 97, www.pil-koad.com – **R** conseillée
5,7 ha (110 empl.) plat, herbeux
Tarif : 30,80 € ★★ 🚗 🅿 🛒 (10A) – pers. suppl. 5,10 €
Location (de déb. avr. à fin sept.) : 3 (2 à 4 pers.) 252 à 483 €/sem. – 30 (4 à 6 pers.) 294 à 728 €/sem. – 20 🏠 (4 à 6 pers.) – 357 à 819 €/sem. – **R** conseillée
🚐 1 borne 2 € – 🚗 🛒 13 €
Pour s'y rendre : Rte de Douarnenez (600 m à l'est de la localité de Poullan-sur-Mer)

Nature : 🌳 🏞 ♀
Loisirs : 🍷 🍴 🏠 📺 nocturne 🎪 🎿 🚴 🏓 🎯 🏊 🎣 terrain omnisports
Services : ♿ ⚡ GB ✂ 🗑 ⛺ ♨ 🔄 🚰 🧺 🍳 sèche-linge 🚿 🛠

PRIMEL-TRÉGASTEL

✉ 29630 – **308** I2 – G. Bretagne
Paris 554 – Rennes 198 – Quimper 105 – Brest 79 – Lannion 38.

▲ **Municipal de la Mer**
📞 02 98 72 37 06, camping-plougasnou@orange.fr, Fax 02 98 72 37 06, www.mairie-plougasnou.fr – **R**
1 ha (63 empl.) plat et peu incliné, terrasse, herbeux
🚐 1 borne artisanale
Pour s'y rendre : 4 km au nord par D 46
À savoir : Situation agréable et site au bord de la mer

Nature : 🌳 ← Île de Batz et Roscoff
Loisirs : 🏠 🎿
Services : ♿ ⚡ 🗑 ♨ 🔄 sèche-linge
À prox. : 🍷 snack crêperie

251

BRETAGNE

PRIMELIN

✉ 29770 – **308** D6 – 787 h. – alt. 78
Paris 605 – Audierne 7 – Douarnenez 28 – Quimper 44.

Municipal de Kermalero de déb. mars à fin oct.
☎ 02 98 74 84 75, *campingkermalero@wanadoo.fr*,
Fax 02 98 74 84 75, *www.primelin.fr* – **R** conseillée
1 ha (75 empl.) plat et peu incliné, herbeux
Tarif : (Prix 2008) 12,50 € ★★ 🚗 🖹 🔌 (6A) – pers.
suppl. 3 € – frais de réservation 9 €
Location (Prix 2008) : 4 🏠 (2 à 4 pers.) nuitée 26 € -
290 €/sem. – frais de réservation 9 € - **R** conseillée
🚐 1 borne 2 €
Pour s'y rendre : Kermalero (sortie ouest vers le port)

Nature : 🌊 ≤ 🏞
Loisirs : 🎪 🏇
Services : ♿ 🔌 (juil.-août) 🚿 ⊕ 🚮
🚰 🚽 🖨 sèche-linge
À prox. : ✂ 🍴

PRIZIAC

✉ 56320 – **308** K6 – 986 h. – alt. 163
Paris 498 – Concarneau 55 – Lorient 42 – Pontivy 39 – Rennes 148 – Saint-Brieuc 83 – Vannes 90.

Municipal Bel Air de mi-avr. à fin sept.
☎ 02 97 34 63 55, *mairie.priziac@wanadoo.fr*,
Fax 02 97 34 64 67 – **R** conseillée
1,5 ha (50 empl.) plat, herbeux
Tarif : (Prix 2008) ★ 2,40 € 🚗 1,15 € 🖹 1,65 € – 🔌 1,95 €
Location (Prix 2008) (de mi-mars à fin oct.) : 4 🏠 (4 à 6
pers.) nuitée 45 € - 180 à 420 €/sem. – **R** conseillée
🚐 1 borne artisanale
Pour s'y rendre : Étang du Bel-Air (500 m au nord par
D 109 et à gauche)
À savoir : cadre verdoyant et ombragé près d'un plan
d'eau

Nature : 🌊 ♀♀
Loisirs : 🎪
Services : ♿ 🚿 🚮 ⊕ 🖨
À prox. : 🍷 🏇 ✂ 🏊 ⚓ (plage) 💧
pédalos, base nautique

*Demandez à votre libraire le catalogue des **publications MICHELIN**.*

QUIBERON

✉ 56170 – **308** M10 – G. Bretagne – 5 073 h. – alt. 10
🛈 Office de tourisme, 14, rue de Verdun ☎ 08 25 13 56 00, Fax 02 97 30 58 22
Paris 505 – Auray 28 – Concarneau 98 – Lorient 47 – Vannes 47.

Le Bois d'Amour 👥 – de fin mars à fin sept.
☎ 04 42 20 47 25, *info@homair.com*, Fax 04 42 95 03 63,
www.camping-leboisdamour.com – **R** conseillée
4,6 ha (290 empl.) plat, sablonneux, herbeux
Tarif : (Prix 2008) ★ 9 € 🚗 🖹 17 € – 🔌 (6A) 5 € – frais de
réservation 10 €
Location (Prix 2008) : 🏠 (4 à 6 pers.) 210 à 749 €/sem.
– frais de réservation 25 € - **R** conseillée
🚐 1 borne
Pour s'y rendre : R. St-Clément (1,5 km au sud-est, à
300 m de la mer et du centre de thalassothérapie)

Nature : 🏞 ♀
Loisirs : 🍴 snack 🎪 🏓 🏇 🏊 🚴
🏊
Services : ♿ 🔌 🏧 🚿 🖨 ⊕ 🚮 🔧
🖨 sèche-linge 🧺
À prox. : ✂ 🏇 💧 🐎 (centre éques-
tre) practice de golf

Les Joncs du Roch de déb. avr. à fin sept.
☎ 02 97 50 24 37, *campinglesjoncsduroch@9business.fr*,
Fax 02 97 50 24 37, *www.campinglesjoncsduroch.9busi
ness.fr* – **R** conseillée
2,3 ha (163 empl.) plat, herbeux
Tarif : (Prix 2008) 25,10 € ★★ 🚗 🖹 🔌 (10A) – pers.
suppl. 4,90 € – frais de réservation 28,60 €
Location (Prix 2008) : 12 🏠 (4 à 6 pers.) 290 à
640 €/sem. – 3 bungalows toilés – frais de réservation
28,60 € - **R** conseillée
Pour s'y rendre : R. de l'Aérodrome (2 km au sud-est, à
500 m de la mer)

Nature : 🏞 ♀
Loisirs : 🎪 🏇 terrain omnis-
ports
Services : ♿ 🔌 🏧 🚿 🖨 ⊕ 🚮
🚰 🚽 🖨 sèche-linge
À prox. : snack ✂ 🏇 💧 🐎 poneys
(centre équestre) practice de golf

BRETAGNE

QUIMPER

✉ 29000 – **308** G7 – G. Bretagne – 63 238 h. – alt. 41 – Base de loisirs
🛈 *Office de tourisme, place de la Résistance* ✆ 02 98 53 04 05, Fax 02 98 53 31 33
Paris 564 – Brest 73 – Lorient 67 – Rennes 215 – St-Brieuc 130 – Vannes 121.

▲▲▲ L'Orangerie de Lanniron ▲▲ – de mi-mai à mi-sept.
✆ 02 98 90 62 02, *camping@lanniron.com*,
Fax 02 98 52 15 56, *www.lanniron.com* – **R** conseillée
17 ha/4 campables (199 empl.) plat, herbeux
Tarif : ★ 7,20 € ⇔ ▣ 18,60 € – (½) (10A)
Location (permanent) 🏠 : 20 🏚 (4 à 6 pers.) 392 à 840 €/sem. – 10 studios – 5 maisonnettes – **R** conseillée
🚐 1 borne artisanale 4 €
Pour s'y rendre : 3 km au sud par bd périphérique puis sortie vers Bénodet et rte à dr., près de la zone de loisirs de Creac'h Gwen
À savoir : Dans le parc d'un manoir du XVe s., au bord de l'Odet

Nature : 🗗 ♀♀
Loisirs : 🍹 ✕ 🏛 🌙 nocturne 🛝 🐎 🚴 🎯 🛶 canoë-kayak de mer
Services : ♿ 🔑 GB ✂ 🍽 🚿 ⚡ 🚾 💧 ♨ sèche-linge 🧺 🧹
À prox. : 🛒 patinoire 🎣 🏊 💧 parcours sportif

QUIMPERLÉ

✉ 29300 – **308** J7 – G. Bretagne – 10 850 h. – alt. 30
🛈 *Office de tourisme, 45, place Saint-Michel* ✆ 02 98 96 04 32, Fax 02 98 96 16 12
Paris 517 – Carhaix-Plouguer 57 – Concarneau 32 – Pontivy 76 – Quimper 49 – Rennes 169 – Saint Brieuc 110 – Vannes 74.

▲ Municipal de Kerbertrand de déb. juin à mi-sept.
✆ 02 98 39 31 30, *contact@quimperletourisme.com*,
Fax 02 98 96 16 12, *www.quimperle-tourisme.com*
– **R** conseillée
1 ha (40 empl.) plat, herbeux
Tarif : (Prix 2008) ★ 2,60 € ⇔ 1,12 € ▣ 2 € – (½) 1,70 €
🚐 1 borne artisanale
Pour s'y rendre : R. du Camping (1,5 km à l'ouest par D 783, rte de Concarneau et chemin à dr., après le stade, face au centre Leclerc)

Nature : ♀
Loisirs : 🏛 🛝
Services : ☺
À prox. : 🛒 ✕ 🎣 🏊 canoë

RAGUENÈS-PLAGE

✉ 29920 – **308** I8 – G. Bretagne
Paris 545 – Carhaix-Plouguer 73 – Concarneau 17 – Pont-Aven 12 – Quimper 38 – Quimperlé 29.

▲▲▲ Les Deux Fontaines de déb. mai à déb. sept.
✆ 02 98 06 81 91, *info@les2fontaines.fr*,
Fax 02 98 06 71 80, *www.les2fontaines.com* – **R** conseillée
8 ha (293 empl.) plat, herbeux
Tarif : (Prix 2008) 18 € ★★ ⇔ ▣ (½) (10A) – pers. suppl. 3,70 € – frais de réservation 15 €
Location (Prix 2008) : 21 🏚 (4 à 6 pers.) nuitée 110 € – 110 à 798 €/sem. – 15 🏠 (4 à 6 pers.) nuitée 145 € – 145 à 868 €/sem. – frais de réservation 15 € - **R** conseillée
🚐 1 borne 5 € – 🚐 (½) 15 €
Pour s'y rendre : Feunteun-Vihan (1,3 km au nord par rte de Névez et rte de Trémorvezen)

Nature : 🌳 🗗 ♀♀
Loisirs : 🍹 ✕ 🏛 🌙 🎱 🛝 🎯 ✂ 🏊 🏖
Services : ♿ 🔑 GB ✂ 🍽 🚿 ⚡ 🚾 💧 ♨ sèche-linge 🧺 🧹
À prox. : 💧 🐎 poneys

▲▲▲ Le Raguenès-Plage de déb. avr. à fin sept.
✆ 02 98 06 80 69, *info@camping-le-raguenes-plage.com*,
Fax 02 98 06 89 05, *www.camping-le-raguenes-plage.com*
– **R** conseillée
6 ha (287 empl.) plat, herbeux
Tarif : ★ 5,90 € ⇔ 2 € ▣ 16,10 € – (½) (10A) 4,90 €
Location : 🏚 (4 à 6 pers.) 280 à 820 €/sem. – **R** conseillée
🚐 100 ▣ 29,90 €
Pour s'y rendre : 19 r. des Îles
À savoir : Agréable cadre boisé, près de l'océan (accès direct)

Nature : ♀♀
Loisirs : 🍹 ✕ snack, pizzeria 🏛 🌙 diurne ⏚ 🛝 🎯 🏊
Services : ♿ 🔑 GB ✂ 🍽 🚿 🔥 ♨ 🚾 💧 ♨ 🚾 🍳 sèche-linge 🧺 🧹
À prox. : 💧

BRETAGNE

RAGUENÈS-PLAGE

L'Océan de mi-mai à mi-sept.
02 98 06 87 13, campingocean@orange.fr,
Fax 02 98 06 78 26, www.camping-ocean.fr – **R** conseillé
2,2 ha (150 empl.) plat, herbeux, sablonneux
Tarif : 25,30 € – (10A) – pers. suppl. 5,50 €
Location : 7 (4 à 6 pers.) 330 à 550 €/sem.
– **R** conseillée
1 borne artisanale
Pour s'y rendre : Raguenes (sortie nord, rte de Névez et à dr., à 350 m de la plage (accès direct))
À savoir : Décoration florale

Le Vieux Verger-Ty Noul de mi-avr. à fin sept.
02 98 06 86 08, contact@campingduvieuxverger.com,
Fax 02 98 06 63 07, www.campingduvieuxverger.com
– **R** conseillée
2,5 ha (128 empl.) plat, herbeux
Tarif : (Prix 2008) 4,50 € 2,20 € 4,30 € –
(10A) 4 € – frais de réservation 10 €
Location (Prix 2008) : 8 (4 à 6 pers.) 230 à 520 €/sem. - frais de réservation 10 € - **R** conseillée
Pour s'y rendre : Keroren-Raguenez (sortie nord, rte de Névez)

RENNES

35000 – **309** L6 – G. Bretagne – 206 229 h. – alt. 40
Office de tourisme, 11, rue Saint-Yves 02 99 67 11 11, Fax 02 99 67 11 00
Paris 349 – Angers 129 – Brest 246 – Caen 185 – Le Mans 155 – Nantes 108.

Municipal des Gayeulles
02 99 36 91 22, camping.rennes@wanadoo.fr,
Fax 02 23 20 06 34, www.camping-rennes.com – **R** conseillée
3 ha (179 empl.) plat, herbeux
1 borne – 30
Pour s'y rendre : R. Maurice-Audin (sortie nord-est vers N 12, rte de Fougères puis av. des Gayeulles, près d'un étang)
À savoir : dans l'agréable parc des Gayeulles

LA ROCHE-BERNARD

56130 – **308** R9 – G. Bretagne – 796 h. – alt. 38
Office de tourisme, 14, rue du Docteur Cornudet 02 99 90 67 98, Fax 02 99 90 67 99
Paris 444 – Nantes 70 – Ploërmel 55 – Redon 28 – St-Nazaire 37 – Vannes 42.

Municipal le Pâtis de déb. avr. à fin sept.
02 99 90 60 13, mairie-LRB@wanadoo.fr,
Fax 02 99 90 88 28 – **R** conseillée
1 ha (58 empl.) plat, herbeux
Tarif : (Prix 2008) 3 € 2 € 4 € – (6A) 3 €
1 borne sanistation 2 € – 18 9,40 €
Pour s'y rendre : 3 chemin du Patis (à l'ouest du bourg vers le port de plaisance)
À savoir : près de la Vilaine (accès direct)

ROCHEFORT-EN-TERRE

56220 – **308** Q8 – G. Bretagne – 693 h. – alt. 40
Office de tourisme, 7, place du Puits 02 97 43 33 57, Fax 02 97 43 33 57
Paris 431 – Ploërmel 34 – Redon 26 – Rennes 82 – La Roche-Bernard 27 – Vannes 36.

Le Moulin Neuf
02 97 43 37 52, Fax 02 97 43 35 45 – **R** conseillée
2,5 ha (60 empl.) plat et incliné, herbeux
Pour s'y rendre : 1 km au sud-ouest par D 774, rte de Péaule et chemin à dr., à 500 m d'un plan d'eau

BRETAGNE

ROHAN

✉ 56580 – **308** O6 – G. Bretagne – 1 521 h. – alt. 55
Paris 451 – Lorient 72 – Pontivy 17 – Quimperlé 86 – Vannes 53.

Municipal le Val d'Oust
☎ 02 97 51 57 58, *mairie.rohan@wanadoo.fr*,
Fax 02 97 51 52 11 – **R**
1 ha (45 empl.) plat, herbeux
Pour s'y rendre : Rte de St-Gouvry (sortie nord-ouest)
À savoir : au bord du canal de Nantes-à-Brest et près d'un plan d'eau

Nature : 🌳🌳
Loisirs : 🏃
Services : ♿ ☺ 🚻
À prox. : 🍴 crêperie ✂ ≡ (plage) parcours sportif

ROSPORDEN

✉ 29140 – **308** I7 – G. Bretagne – 6 441 h. – alt. 125
🛈 Syndicat d'initiative, rue Lebas ☎ 02 98 59 27 26
Paris 544 – Carhaix-Plouguer 51 – Châteaulin 50 – Concarneau 15 – Quimper 22 – Quimperlé 28.

Municipal Roz-an-Duc de mi-juin à déb. sept.
☎ 02 98 59 90 27, *mairie.rosporden@fr.oleane.com*,
Fax 02 98 59 92 00 mairie, *www.rosporden.fr*
– **R** conseillée
1 ha (49 empl.) non clos, plat et en terrasses, herbeux
Tarif : (Prix 2008) ★ 2,40 € – 🚗 1,30 € – 🔲 2,35 € –
[⚡] (10A) 2,40 €
Pour s'y rendre : Rte de Coray (1 km au nord par D 36, rte de Châteauneuf-du-Faou et à dr., à la piscine, à 100 m d'un étang)
À savoir : Agréable cadre boisé au bord de l'Aven

Nature : 🌳 🏞 🌳🌳
Services : ♿ ☛ 🚿 ☺ 🚻 sèche-linge
À prox. : 🛒 ✂ 🎣 🏊 🚣 parcours sportif

To select the best route and follow it with ease,
To calculate distances,
To position a site precisely from details given in the text :
Get the appropriate **MICHELIN regional map***.*

255

ST-BENOÎT-DES-ONDES

✉ 35114 – **309** K3 – 799 h. – alt. 1
Paris 390 – Cancale 9 – Dinard 21 – Dol-de-Bretagne 13 – Le Mont-St-Michel 41 – Rennes 68 – St-Malo 15.

L'Île Verte
☎ 02 99 58 62 55
1,2 ha (43 empl.) plat, herbeux
Pour s'y rendre : au sud du bourg, près de l'église, à 400 m du bord de mer
À savoir : agréable cadre fleuri

Nature : 🌳 🏞
Loisirs : 🏃 🚴
Services : ♿ ☛ 🚿 ☺ 🍴 🚻 sèche-linge
À prox. : ✂ 🍺

ST-BRIAC-SUR-MER

✉ 35800 – **309** J3 – G. Bretagne – 2 054 h. – alt. 30
🛈 Office de tourisme, 49, Grande Rue ☎ 02 99 88 32 47, Fax 02 99 88 32 47
Paris 411 – Dinan 24 – Dol-de-Bretagne 34 – Lamballe 41 – St-Brieuc 62 – St-Cast-le-Guildo 22 – St-Malo 13.

Émeraude de déb. avr. à mi-sept.
☎ 02 99 88 34 55, *camping.emeraude@wanadoo.fr*,
Fax 02 99 88 99 13, *www.camping-emeraude.com*
– **R** conseillée
3,2 ha (194 empl.) plat et peu incliné, herbeux
Tarif : ★ 6 € ⇔ 🔲 13,30 € – [⚡] (6A) 3,80 € – frais de réservation 16 €
Location : 48 🏠 (4 à 6 pers.) nuitée 65 € - 252 à 686 €/sem. – 14 🏠 (4 à 6 pers.) nuitée 75 € – 301 à 686 €/sem. – frais de réservation 16 € – **R** conseillée
🚐 1 borne raclet 2,30 €
Pour s'y rendre : 7 chemin de la Souris
À savoir : bel espace aquatique

Nature : 🌳 ❀
Loisirs : 🍴 snack 🎲 🏃 🎱 🏊
Services : ♿ ☛ 🅿 🚿 Ⓜ 🚻 ☺
🏊 🚿 🍴 sèche-linge 🎱
À prox. : ✂ 🔲 🍺 🐎 golf

BRETAGNE

ST-BRIEUC

✉ 22000 – **309** F3 – G. Bretagne – 46 087 h. – alt. 78
🛈 *Office de tourisme, 7, rue Saint-Gouéno* ✆ 08 25 00 22 22, Fax 02 96 61 42 16
Paris 451 – Brest 144 – Dinan 61 – Lorient 115 – Morlaix 84 – Quimper 127 – St-Malo 71.

Les Vallées
✆ 02 96 94 05 05, *campingdesvallees@wanadoo.fr*,
Fax 02 96 94 05 05, *htp:www.saint-brieuc.fr/services/cam
ping/camping1htm* – **R** conseillée
4 ha (108 empl.) plat, terrasses, herbeux
Location : 18
1 borne artisanale
Pour s'y rendre : bd Paul-Doumer (à prox. du Parc de Brézillet)

Nature :
Loisirs : snack
Services : sèche-linge
A prox. : hammam (centre équestre) nouveau centre aquatique

ST-CAST-LE-GUILDO

✉ 22380 – **309** I3 – G. Bretagne – 3 187 h. – alt. 52
🛈 *Office de tourisme, place Charles-de-Gaulle* ✆ 02 96 41 81 52, Fax 02 96 41 76 19
Paris 427 – Avranches 91 – Dinan 32 – St-Brieuc 50 – St-Malo 31.

Château de Galinée – de mi-mai à mi-sept.
✆ 02 96 41 10 56, *contact@chateaudegalinee.com*,
Fax 02 96 41 03 72, *www.chateaudegalinee.com*
– **R** conseillée
12 ha (272 empl.) plat, herbeux
Tarif : 6,50 € – 18,50 € – (10A) 5 € – frais de réservation 20 €
Location (de mi-avr. à mi-sept.) : 50 (4 à 6 pers.) 315 à 903 €/sem. – 6 (4 à 6 pers.) - 266 à 580 €/sem. – bungalows toilés – frais de réservation 20 € - **R** conseillée
Pour s'y rendre : R. de Galinée (7 km au sud, accès par D 786, près du carrefour avec la rte de St-Cast-le-Guildo)
À savoir : Bel ensemble de piscines et plantations

Nature :
Loisirs : snack
Services : sèche-linge
A prox. : golf, canoë de mer

Le Châtelet – de fin avr. à mi-sept.
✆ 02 96 41 96 33, *chateletcp@aol.com*, Fax 02 96 41 97 99,
www.lechatelet.com – **R** conseillée
7,6 ha/3,9 campables (180 empl.) en terrasses, plat et peu incliné, herbeux, petit étang
Tarif : 7 € – 21 € – (8A) 6 € – frais de réservation 23 €
Location : 1 (2 à 4 pers.) 330 à 570 €/sem. – 35 (4 à 6 pers.) 360 à 870 €/sem. – frais de réservation 23 € - **R** conseillée
1 borne raclet
Pour s'y rendre : r. des Nouettes (1 km à l'ouest, à 250 m de la plage (accès direct))
À savoir : Cadre et situation dominante, agréables sur la baie de la Frênaye

Nature :
Loisirs : snack
Services : sèche-linge
A prox. : golf, canoë de mer

Les Mielles (location exclusive de mobile homes) de mi-mars à mi-nov.
✆ 02 96 41 87 60, *info@campings-vert-bleu.com*,
Fax 02 96 81 04 77, *www.campings-vert-bleu.com*
– **R** conseillée
3,5 ha plat, herbeux
Location : 14 (4 à 6 pers.) 335 à 742 €/sem. – frais de réservation 16 € - **R** conseillée
1 borne artisanale
Pour s'y rendre : Bd de la Vieux-Ville (sortie sud par D 19, rte de St-Malo, attenant au stade et à 200 m de la plage)

Nature :
Loisirs : diurne
Services : sèche-linge
A prox. : golf, canoë de mer

The Guide changes, so renew your Guide every year.

BRETAGNE

ST-CONGARD

✉ 56140 – **308** R8 – 637 h. – alt. 20
Paris 420 – Josselin 33 – Ploërmel 24 – Redon 26 – Vannes 42.

Municipal du Halage de mi-juin à mi-sept.
☎ 02 97 43 50 13, mairie-st-congard@wanadoo.fr,
Fax 02 97 43 54 75 –
0,8 ha (42 empl.) plat à peu incliné, herbeux
Tarif : (Prix 2008) ✶ 2,40 € ⇌ 🅴 2,40 € – (½) (30A) 2,40 €
Pour s'y rendre : Rte de Malestroit (au bourg, près de l'église et de l'Oust)

Nature : 🐚 ⌂ ♀
Loisirs : 🏇
Services : ♻️ ⊕

ST-COULOMB

✉ 35350 – **309** K2 – 2 168 h. – alt. 35
Paris 398 – Cancale 6 – Dinard 18 – Dol-de-Bretagne 21 – Rennes 76 – St-Malo 6.

Du Guesclin de fin mars à déb. nov.
☎ 02 99 89 03 24, reservation@camping-duguesclin.com,
www.camping-duguesclin.com – places limitées pour le passage – **R** conseillée
0,9 ha (43 empl.) peu incliné, herbeux
Tarif : 17,30 € ✶✶ ⇌ 🅴 (10A) – pers. suppl. 3,90 €
Location : 15 🛖 (4 à 6 pers.) 260 à 498 €/sem. – frais de réservation 15 € - **R** conseillée
Pour s'y rendre : R. de Tannée (2,5 km au nord-est par D 355, rte de Cancale et rte à gauche)

Nature : 🐚 ≤ ⌂
Loisirs : 🏊 🚲
Services : ♿ ⚡ ♻️ 🛵 ⊕ 🍴 🛒 📞
🚰 🧺

De Tannée de déb. mai à fin sept.
☎ 02 99 89 41 20, campingdetannee@orange.fr,
Fax 02 99 89 41 20, www.campingdetannee.com
– **R** conseillée
0,44 ha (23 empl.) peu incliné, plat
Tarif : ✶ 3,90 € ⇌ 🅴 8,50 € – (½) (10A) 3,80 € – frais de réservation 10 €
Location (de déb. avr. à fin oct.) 🚫 : 6 🛖 (4 à 6 pers.) nuitée 150 € - 250 à 560 €/sem. – frais de réservation 10 € - **R** conseillée
Pour s'y rendre : R. de Tannée
À savoir : belle vue sur le fort Duguesclin

Nature : 🐚 ≤ ⌂
Loisirs : 🔲 (découverte en saison)
Services : ♿ ⚡ 🛒 ⊕ 📞 🧺

257

ST-GILDAS-DE-RHUYS

✉ 56730 – **308** N9 – G. Bretagne – 1 436 h. – alt. 10
🅸 Office de tourisme, place Monseigneur Ropert ☎ 02 97 45 31 45
Paris 483 – Arzon 9 – Auray 48 – Sarzeau 7 – Vannes 29.

Le Menhir de fin mai à déb. sept.
☎ 02 97 45 22 88, campingmenhir@aol.com,
Fax 02 97 45 37 18, www.campingdumenhir.com
– **R** conseillée
5 ha/3 campables (180 empl.) plat et peu incliné, herbeux
Tarif : ✶ 6,50 € ⇌ 🅴 16,50 € – (½) (10A) 5 € – frais de réservation 18,50 €
Location 🚫 : 30 🛖 (4 à 6 pers.) 229 à 700 €/sem. – frais de réservation 18,50 € - **R** conseillée
🚰 1 borne artisanale
Pour s'y rendre : 3,5 km au nord - accès conseillé par D 780, rte de Port-Navalo

Nature : ⌂ 🌳
Loisirs : 🍴 snack, pizzeria 🍹 nocturne 🏇 🚲 ✂️ 🎯 🏊
Services : ♿ ⚡ 🇬🇧 ♻️ 🛒 🛵 ⊕ 🚰 🧺 sèche-linge 🧺
À prox. : 💧 🐎 (centre équestre) golf

BRETAGNE

ST-GILDAS-DE-RHUYS

Goh'Velin de déb. avr. à mi-sept.
02 97 45 21 67, gohvelin@cegetel.net,
Fax 02 97 45 21 67, www.gohvelin.fr – **R** conseillée
1 ha (93 empl.) plat et peu incliné, herbeux
Tarif : 4,40 € – 6,20 € – (6A) 3,30 € – frais de réservation 10 €
Location (de déb. mai à mi-sept.) : 13 (4 à 6 pers.) nuitée 50 € - 230 à 550 €/sem. – frais de réservation 10 € - **R** conseillée
Pour s'y rendre : 89 r. Guernevé (1,5 km au nord, à 300 m de la plage)

Nature :
Loisirs :
Services :
À prox. : (centre équestre) golf

ST-JACUT-LES-PINS

56220 – **308** R8 – 1 552 h. – alt. 63
Paris 419 – Ploërmel 38 – Redon 13 – La Roche-Bernard 26 – Vannes 47.

Municipal les Étangs de Bodéan de mi-juin à mi-sept.
02 99 91 28 65, mairie.stjacutlespins@wanadoo.fr,
Fax 02 99 91 30 44, st-jacut-les-pins.fr – **R**
1 ha (50 empl.) plat et peu incliné, herbeux
Tarif : (Prix 2008) 2,20 € – 2,60 € – 2,20 €
Pour s'y rendre : Le Gué-Blandin (2,5 km au sud-ouest par D 137, rte de St-Gorgon)
À savoir : belle décoration arbustive, au bord d'un étang

Nature :
Loisirs :
Services :

Si vous recherchez :
△ Un terrain au bord de l'eau avec possibilité de baignade
 Un terrain agréable ou très tranquille
L Un terrain effectuant la location de caravanes, de mobile homes, de bungalows ou de chalets
P Un terrain ouvert toute l'année
 Un terrain possédant une aire de services pour camping-cars
Consultez le tableau des localités

ST-JEAN-DU-DOIGT

29630 – **308** I2 – G. Bretagne – 628 h. – alt. 15
Paris 544 – Brest 77 – Guingamp 61 – Lannion 33 – Morlaix 22 – Quimper 96.

Municipal du Pont Ar Gler de fin juin à fin août
02 98 67 32 15, st-jean-du-doigt-mairie@wanadoo.fr,
Fax 02 98 67 84 64 – **R** conseillée
1 ha (34 empl.) plat et en terrasses, herbeux
Tarif : 2,80 € – 1,45 € – 2,60 € – (6A) 2,30 €
Pour s'y rendre : à Pont-ar-Gler (au bourg, face à l'église)

Nature :
Loisirs :
Services :

ST-JOUAN-DES-GUÉRETS

35430 – **309** K3 – 2 484 h. – alt. 31
Paris 396 – Rennes 63 – St-Brieuc 8 – St-Malo 83 – Fougères 81.

Le P'tit Bois – de déb. avr. à mi-sept.
02 99 21 14 30, camping.ptitbois@wanadoo.fr,
Fax 02 99 81 74 14, www.ptitbois.com – **R** conseillée
6 ha (274 empl.) plat, herbeux
Tarif : 8 € – 19 € – (10A) 5 € – frais de réservation 10 €
Location : 115 (4 à 6 pers.) nuitée 36 € - 252 à 980 €/sem. – frais de réservation 10 € - **R** conseillée
 1 borne artisanale 7 €
Pour s'y rendre : St-Malo (accès par N 137)
À savoir : Bel ensemble paysager

Nature :
Loisirs : pizzeria, snack hammam jacuzzi salle d'animation   terrain omnisports
Services :   sèche-linge
À prox. : poneys

BRETAGNE

ST-JULIEN

✉ 56170 – **308** M10
Paris 503 – Auray 27 – Lorient 46 – Quiberon 2 – Vannes 46.

▲▲ **Beauséjour** de déb. mai à mi-sept.
☏ 02 97 30 44 93, *info@campingbeausejour.com*,
Fax 02 97 50 44 73, *www.campingbeausejour.com*
– **R** conseillée
2,4 ha (160 empl.) plat et peu incliné, herbeux, sablonneux
Tarif : (Prix 2008) ♣ 4 € 🚗 🅴 14 € – ⚡ (10A) 4,70 € – frais de réservation 18 €
Location (Prix 2008) (de déb. mai à fin sept.) : 15 🏠 (4 à 6 pers.) - 270 à 640 €/sem. – frais de réservation 18 € - **R** conseillée
🚐
Pour s'y rendre : Bd du Parco-St-Julien (800 m au nord, à 50 m de la mer)

Loisirs : 🐎 🏊 🚲
Services : ♿ 🔑 (juil.-août) 🆖 ✂
🍴🚿🧺🚛🛒
À prox. : 🏹 🍽 ✗ 🏊 ✗ 🐾 🔥 🎣 🐎
école de plongée, char à voile

▲▲ **Do.Mi.Si.La.Mi.** de déb. avr. à déb. nov.
☏ 02 97 50 22 52, *camping@domisilami.com*,
Fax 02 97 50 26 69, *www.domisilami.com* – **R**
4,4 ha (350 empl.) plat et peu incliné, herbeux
Tarif : ♣ 4,30 € 🚗 🅴 12,40 € – ⚡ (10A) 4,20 €
Location 🅿 : 38 🚙 (4 à 6 pers.) nuitée 36 € - 264 à 693 €/sem. – **R**
🚐, 3 🅴 14 €
Pour s'y rendre : 31 r. de la Vierge (600 m au nord, à 50 m de la mer)
À savoir : décoration arbustive

Nature : 🌳
Loisirs : 🍽 ✗ 🏠 🏊 🚲 terrain omnisports
Services : ♿ 🔑 🆖 ✂ 🍴🚿🧺
🚛 🛒 🚚 🆗 sèche-linge ✂
À prox. : 🏹 snack ✗ 🐾 🔥 🎣 🐎
école de plongé, char à voile

ST-LUNAIRE

✉ 35800 – **309** J3 – G. Bretagne – 2 250 h. – alt. 20
🏛 Office de tourisme, 72, boulevard du Général-de-Gaulle ☏ 02 99 46 31 09, Fax 02 99 46 31 09
Paris 410 – Rennes 76 – St-Brieuc 14 – St-Malo 67 – Fougères 95.

259

▲▲ **La Touesse** de déb. avr. à fin sept.
☏ 02 99 46 61 13, *camping.la.touesse@wanadoo.fr*,
Fax 02 99 16 02 58, *www.campinglatouesse.com*
– **R** conseillée
2,5 ha (160 empl.) plat, herbeux
Tarif : 25,20 € ♣♣ 🚗 🅴 ⚡ (10A) – pers. suppl. 5,20 € – frais de réservation 16 €
Location : 6 🏠 (2 à 4 pers.) 182 à 420 €/sem. – 50 🚙 (4 à 6 pers.) 245 à 609 €/sem. – 3 studios – frais de réservation 16 € – **R** conseillée
🚐, 1 borne artisanale 6 €
Pour s'y rendre : 171 r. Ville-Géhan (2 km à l'est par D 786, rte de Dinard, à 400 m de la plage)

Nature : 🌲
Loisirs : 🍽 snack, pizzeria 🏠 🛝
🏊
Services : ♿ 🔑 ✂ 🚽 🚿 🍴
🚛 🆗 sèche-linge 🧺 ✂
À prox. : ✗ 🐾 🔥 🎣 🐎 poneys
golf

ST-MARCAN

✉ 35120 – **309** M3 – 380 h. – alt. 60
Paris 370 – Dinan 42 – Dol-de-Bretagne 14 – Le Mont-St-Michel 17 – Rennes 68 – St-Malo 32.

▲ **Le Balcon de la Baie** de déb. avr. à fin oct.
☏ 02 99 80 22 95, *lebalcondelabaie@wanadoo.fr*,
Fax 02 99 80 22 95, *www.lebalcondelabaie.com* – **R** conseillée
2,8 ha (66 empl.) peu incliné, plat, herbeux
Tarif : ♣ 4,80 € 🚗 🅴 5,40 € – ⚡ (6A) 4 €
Location : 12 🚙 (4 à 6 pers.) 300 à 520 €/sem.
– **R** conseillée
Pour s'y rendre : Le Verger (500 m au sud-est par D 89, rte de Pleine-Fougères et à gauche)

Nature : 🌊 ≤ Baie du Mont-St-Michel 👀
Loisirs : 🏠 🏊 🏊
Services : ♿ 🔑 🆖 ✂ 🍴🚿🧺🛒
🚐

BRETAGNE

ST-MICHEL-EN-GRÈVE

✉ 22300 – **309** A2 – G. Bretagne – 399 h. – alt. 12
🛈 Syndicat d'initiative, rue de la Côte-des-Bruyères ✆ 02 96 35 74 87, Fax 02 96 54 12 54
Paris 526 – Guingamp 43 – Lannion 11 – Morlaix 31 – St-Brieuc 75.

▲▲▲ **Les Capucines** de mi-mars à déb. oct.
✆ 02 96 35 72 28, les.capucines@wanadoo.fr,
Fax 02 96 35 78 98, www.lescapucines.fr – **R** conseillée
4 ha (100 empl.) peu incliné, plat, herbeux
Tarif : 27 € ♦♦ 🚗 ▣ ⚡(7A) – pers. suppl. 5,50 € – frais de réservation 15 €
Location : 9 🏠 (4 à 6 pers.) 290 à 650 €/sem. – 5 🏡 (4 à 6 pers.) – 340 à 650 €/sem. – frais de réservation 15 € - **R** conseillée
🚐 1 borne artisanale
Pour s'y rendre : Kervourdon (1,5 km au nord par rte de Lannion et chemin à gauche)
À savoir : Cadre agréable avec décoration arbustive soignée

Nature : 🌳 ⌂ ♀
Loisirs : 🍷 🏠 🏊 🚲 🏇 🎿 terrain omnisports
Services : ♿ ⚷ 🅶🅱 ✂ 🍽 🚿 ♨ 🚻
🧺 🔥 sèche-linge 🧊 🚰

Informieren Sie sich über die gültigen Gebühren, bevor Sie Ihren Platz beziehen. Die Gebührensätze müssen am Eingang des Campingplatzes angeschlagen sein. Erkundigen Sie sich auch nach den Sonderleistungen. Die im vorliegenden Band gemachten Angaben können sich seit der Überarbeitung geändert haben.

ST-PÈRE

✉ 35430 – **309** K3 – 1 750 h. – alt. 50
Paris 392 – Cancale 14 – Dinard 15 – Dol-de-Bretagne 16 – Rennes 62 – St-Malo 16.

▲▲▲ **Bel Évent** de déb. avr. à fin sept.
✆ 02 99 58 83 79, contact@camping-bel-event.com,
Fax 02 99 58 82 24, www.camping-bel-event.com
– **R** conseillée
2,5 ha (109 empl.) plat, herbeux
Tarif : ♦ 3,60 € 🚗 2,40 € ▣ 9,20 € – ⚡(10A) 4,20 € – frais de réservation 15 €
Location 🚫 : 14 🏠 (4 à 6 pers.) 240 à 570 €/sem. – 1 🏡 (4 à 6 pers.) – 460 à 720 €/sem. – frais de réservation 15 €
🚐 1 borne artisanale
Pour s'y rendre : 1,5 km au sud-est par D 74 rte de Châteauneuf et chemin à dr.

Loisirs : 🍷 🏠 🏊 🚲 🏇 🎿
Services : ♿ ⚷ 🅶🅱 ✂ 🍽 🚿 ♨
☺ 👕 🔥 sèche-linge 🧊
À prox. : 🏇

ST-PHILIBERT

✉ 56470 – **308** N9 – 1 258 h. – alt. 15
Paris 486 – Auray 11 – Locmariaquer 7 – Quiberon 27 – La Trinité-sur-Mer 6.

▲▲▲ **Les Palmiers**
✆ 02 97 55 01 17, contact@campingspalmiers.com,
www.campingspalmiers.com – **R** conseillée
2 ha (115 empl.) plat et peu incliné, herbeux
Pour s'y rendre : Kernivilit (2 km à l'ouest, à 500 m de la rivière de Crach (mer))
À savoir : ancienne ferme restaurée et fleurie

Nature : ♀
Loisirs : 🍷 crêperie 🏠 salle d'animation 🏊 🚲 🎿
Services : ♿ ⚷ 🍽 🅼 🚿 ♨ ☺ 👕 🔥 sèche-linge
À prox. : 🛒 ✂ 🎣

▲▲▲ **Le Chat Noir**
✆ 02 97 55 04 90, chatnoir@campinglechatnoir.com,
Fax 02 97 55 04 90, www.camping-lechatnoir.com – **R** indispensable
1,7 ha (98 empl.) plat et peu incliné, herbeux
Location : 31 🏠
Pour s'y rendre : 1 km au nord

Nature : ⌂ ♀♀
Loisirs : 🏠 🏊 🎿
Services : ♿ ⚷ 🍽 🚿 ♨ 🔥 sèche-linge
À prox. : 🛒 ✂ 🎣

BRETAGNE

ST-POL-DE-LÉON

✉ 29250 – **308** H2 – G. Bretagne – 7 121 h. – alt. 60
🛈 *Office de tourisme, Pavillon du Tourisme* ☎ 02 98 69 05 69, Fax 02 98 69 01 20
Paris 557 – Brest 62 – Brignogan-Plages 31 – Morlaix 21 – Roscoff 6.

Ar Kleguer de déb. avr. à fin sept.
☎ 02 98 69 18 81, *info@camping-ar-kleguer.com*,
www.camping-ar-kleguer.com – **R** conseillée
5 ha (173 empl.) plat, peu incliné, accidenté, herbeux, rochers
Tarif : ⚹ 5,35 € 🚗 2,30 € 🅴 7,20 € – (⚡) (10A) 4 € – frais de réservation 18 €
Location : 36 🏠 (4 à 6 pers.) nuitée 42 € - 270 à 660 €/sem. – 9 🏕 (4 à 6 pers.) nuitée 42 € - 270 à 660 €/sem. – frais de réservation 18 € - **R** conseillée
🅿 1 borne
Pour s'y rendre : Plage Ste-Anne (à l'est de la ville, rte de Ste-Anne, près de la plage)
À savoir : Agréable parc paysager et animalier

Nature : 🌳 ⬅ 🏞 ♀ ≈
Loisirs : 🍴 🏠 🎮 🎣 🏊 🎿 🛶
terrain omnisports couvert
Services : 🚿 ⛱ (juill.-août) 🅶🅱 🅲
🅼 🧺 ♨ ♿ 👶 🚾 🍽 sèche-linge

Le Trologot de déb. mai à fin sept.
☎ 02 98 69 06 26, *camping-trologot@wanadoo.fr*,
Fax 02 98 29 18 30, *www.camping-trologot.com*
– **R** conseillée
2 ha (100 empl.) plat, herbeux
Tarif : ⚹ 4,60 € 🚗 2 € 🅴 6,50 € – (⚡) (10A) 3,30 € – frais de réservation 10 €
Location (de déb. avr. à fin sept.) : 15 🏠 (4 à 6 pers.) nuitée 40 € - 280 à 590 €/sem. – frais de réservation 15 € - **R** conseillée
🅿 1 borne eurorelais
Pour s'y rendre : Grève du Man (à l'est, rte de l'îlot St-Anne, près de la plage)

Nature : 🏞 ♀
Loisirs : 🍴 🎣 🛶
Services : 🚿 ⛱ 🅶🅱 🅲 🧺 ♨ ♿ 🚾
sèche-linge

Les indications d'accès à un terrain sont généralement indiquées, dans notre guide, à partir du centre de la localité.

261

ST-RENAN

✉ 29290 – **308** D4 – 6 818 h. – alt. 50
🛈 *Office de tourisme, place du Vieux Marché* ☎ 02 98 84 23 78, Fax 02 98 32 60 18
Paris 605 – Brest 14 – Brignogan-Plages 43 – Ploudalmézeau 14.

▲ Municipal de Lokournan
☎ 02 98 84 37 67, *saint-renan.mairie@saint-renan.fr*,
Fax 02 98 32 43 20, *www.saint-renan.com* – **R** conseillée
0,8 ha (30 empl.) plat, sablonneux, herbeux
Pour s'y rendre : sortie nord-ouest par D 27 et chemin à dr., près du stade
À savoir : près d'un petit lac

Nature : 🌳 🏞 ♀♀
Services : 🚿 🛁 ♨
À prox. : 🏊

ST-SAMSON-SUR-RANCE

✉ 22100 – **309** J4 – 1 151 h. – alt. 64
Paris 401 – Rennes 57 – Fougères 79.

▲ Municipal Beauséjour de déb. juin à fin sept.
☎ 02 96 39 53 27, *beausejour.stsamson@orange.fr*,
Fax 02 96 87 94 12, *www.beausejour-camping.com*
– **R** conseillée
3 ha (120 empl.) plat, herbeux
Tarif : (Prix 2008) ⚹ 4 € 🚗 2 € 🅴 5 € – (⚡) (10A) 3,10 €
🅿 1 borne artisanale 2 €
Pour s'y rendre : La Hisse (3 km à l'est, par D 57 et D 12 à dr.)
À savoir : Décoration arbustive

Loisirs : 🏠 🛶
Services : 🚿 ⛱ 🅶🅱 🅲 🧺 ♨ 🚾 🍽
À prox. : 🍴 ⛳ 🎿 🏊 🎣 🐎
poneys (centre équestre)

BRETAGNE

STE-ANNE-D'AURAY

✉ 56400 – **308** N8 – G. Bretagne – 1 844 h. – alt. 42
🛈 Office de tourisme, 26, rue de Vannes ☎ 02 97 57 69 16, Fax 02 97 57 79 22
Paris 475 – Auray 7 – Hennebont 33 – Locminé 27 – Lorient 44 – Quimperlé 58 – Vannes 16.

▲ **Municipal du Motten** de déb. juin à fin sept.
☎ 02 97 57 60 27, contact@sainte-anne-auray.com,
Fax 02 97 57 72 33 – **R** conseillée
1,5 ha (115 empl.) plat, herbeux
Tarif : (Prix 2008) ✦ 2,60 € ⇌ 1,60 € 🅔 2,20 € –
(ᶃ) (10A) 3 €

Pour s'y rendre : Allée des Pins (1 km au sud-ouest par
D 17, rte d'Auray et r. du Parc à dr.)

STE-ANNE-LA-PALUD

✉ 29550 – **308** F6 – G. Bretagne – alt. 65
Paris 587 – Rennes 235 – Quimper 25 – Brest 65 – Concarneau 48.

▲ **La Plage de Tréguer** de déb. avr. à fin sept.
☎ 02 98 92 53 52, camping-treguer-plage@wanadoo.fr,
Fax 02 98 92 54 89, www.camping-treguer-plage.com
– **R** conseillée
5,8 ha (272 empl.) plat, sablonneux, herbeux
Tarif : (Prix 2008) ✦ 5,10 € ⇌ 🅔 6,30 € – (ᶃ) (6A) 3,40 € –
frais de réservation 8 €
Location (Prix 2008) (de déb. avr. à fin mai) : 17 🏠 (2 à
4 pers.) nuitée 35 € - 149 à 390 €/sem. – 20 🏠 (4 à 6
pers.) nuitée 52 € - 239 à 660 €/sem. – frais de réservation 8 € - **R** conseillée
🚐 1 borne artisanale – 🛁 8,50 €

Pour s'y rendre : Plage de Ste-Anne-la-Palud (1,3 km au
nord)
À savoir : Agréable cadre sauvage au bord de la plage

Benutzen Sie
– zur Wahl der Fahrtroute
– zur Berechnung der Entfernungen
– zur exakten Lokalisierung eines Campingplatzes (mit Hilfe der Angaben im Ortstext)
die für diesen Führer unentbehrlichen **MICHELIN-Karten** .

SARZEAU

✉ 56370 – **308** O9 – G. Bretagne – 6 143 h. – alt. 30
🛈 Office de tourisme, rue du Père Coudrin ☎ 02 97 41 82 37, Fax 02 97 41 74 95
Paris 478 – Nantes 111 – Redon 62 – Vannes 23.

⛰ **Le Bohat** – de fin avr. à fin sept.
☎ 02 97 41 78 68, contact@domainelebohat.com,
Fax 02 97 41 70 97, www.domainelebohat.com – **R** conseillée
4,5 ha (225 empl.) plat, herbeux
Tarif : ... € ✦✦ ⇌ 🅔 (10A) – pers. suppl. 4,80 € –
...vation 15 €
... mi-avr. à déb.nov.) ... : 19 🏠 (4 à 6
... 33 € - 198 à 665 €/sem. – frais de réser-
... **R** conseillée
...tisanale
: 2,8 km à l'ouest

...treste@campingletreste.com,
...ww.an-trest.com – **R** conseillée
...herbeux
🚐
...u Roaliguen (2,5 km au sud)

BRETAGNE

SARZEAU

▲ **La Grée Penvins** de déb. avr. à fin sept.
☎ 02 97 67 33 96, info@campinglagreepenvins.com,
Fax 02 97 67 40 70, www.campinglagreepenvins.com – ℞
2,5 ha (125 empl.) plat, terrasse, herbeux, sablonneux
Tarif : 15,20 € ★★ 🚗 🅴 (6A) – pers. suppl. 3,35 €
Location 🏠 : 8 🛖 (4 à 6 pers.) 255 à 570 €/sem. –
frais de réservation 12 € · ℞ conseillée
Pour s'y rendre : 8 rte de la Chapelle (9 km au sud-est par
D 198)
À savoir : accès direct à la plage de la Pointe de Penvins

Nature : 🌳 ⛺
Services : ♿ 🔑 🚿 ♨ 🧺 ⊙ 🗑
À prox. : 🍴 ✂ 🎣 💧

▲ **Ferme de Lann Hoedic** de déb. avr. à fin oct.
☎ 02 97 48 01 73, contact@camping-lannhoedic.fr,
www.camping-lannhoedic.fr – ℞ conseillée
3,6 ha (128 empl.) peu incliné, plat, herbeux
Tarif : ★ 4,40 € 🚗 🅴 7,80 € – [½] (10A) 3 € – frais de réservation 10 €
Location 🏠 (de fin juin à déb. sept.) : 10 🛖 (4 à 6
pers.) 235 à 600 €/sem. – frais de réservation 15 € · ℞
conseillée
🚐 1 borne artisanale 19,60 € – 🚃 10 €
Pour s'y rendre : R. Jean-de-la-Fontaine - Lieu dit Lann Hoedic

Nature : 🌳
Loisirs : 🐎 🚲
Services : 🔑 🚿 ♨ 🧺 ⊙ 🗑
🚗 🍳 sèche-linge
À prox. : 🐴

SCAËR

✉ 29390 – **308** I6 – 5 267 h. – alt. 190
🛈 Office de tourisme, 42, rue Jean Jaurès ☎ 02 98 59 49 37
Paris 544 – Carhaix-Plouguer 38 – Concarneau 29 – Quimper 35 – Quimperlé 25 – Rosporden 15.

▲ **Municipal de Kérisole** de mi-juin à fin août
☎ 02 98 57 60 91, mairie@ville-scaer.fr, www.ville-scaer.fr – ℞
4 ha/2,3 campables (83 empl.) plat, peu incliné, herbeux
Tarif : (Prix 2008) ★ 2,55 € 🚗 1,75 € 🅴 3,05 € – [½] (10A) 2,65 €
Location (Prix 2008) (de mi-mars à fin oct.) : 3 🛖 (4 à 6
pers.) 280 à 404 €/sem. – ℞ conseillée
🚐 1 borne artisanale – 20 🅴 4,80 €
Pour s'y rendre : sortie est par rte du Faouët

Nature : 🌳
Loisirs : 🏠 🐎 🚊
Services : ♿ 🔑 🚿 🧺 ⊙ 🗑 sèche-linge
À prox. : ✂ 🏊 parcours de santé

263

SÉRENT

✉ 56460 – **308** P8 – 2 716 h. – alt. 80
Paris 432 – Josselin 17 – Locminé 31 – Ploërmel 19 – Redon 47 – Vannes 31.

▲ **Municipal du Pont Salmon** de déb. juin à fin sept.
☎ 02 97 75 91 98, mairie.serent@fr.oleane.com,
Fax 02 97 75 98 35, www.serent.fr – ℞ conseillée
1 ha (40 empl.) plat, herbeux
Tarif : (Prix 2008) ★ 2 € 🚗 2,20 € 🅴 1,75 € – [½] (10A) 2,35 €
Location (Prix 2008) (permanent) : 4 🏠 (4 à 6 pers.)
nuitée 75 € - 220 à 335 €/sem. – ℞ conseillée
🚐 10 🅴 6 €
Pour s'y rendre : au stade (au bourg, vers rte de Ploërmel)

Loisirs : 🐎 🏊
Services : 🔑 🚿 🧺 ⊙ 🗑
À prox. : ✂

SIZUN

✉ 29450 – **308** G4 – G. Bretagne – 1 850 h. – alt. 112
🛈 Office de tourisme, 3, rue de l'Argoat ☎ 02 98 68 88 40
Paris 572 – Brest 37 – Carhaix-Plouguer 44 – Châteaulin 36 – Landerneau 16 – Morlaix 36 – Quimper 59.

▲ **Municipal du Gollen** de mi-avr. à fin sept.
☎ 02 98 24 11 43, mairie.sizun@wanadoo.fr,
Fax 02 98 68 86 56, www.mairie-sizun.fr – ℞
0,6 ha (30 empl.) non clos, plat, herbeux
Tarif : (Prix 2008) ★ 2,80 € 🚗 2 € 🅴 2,50 € – [½] (10A) 4 €
🚐 1 borne 2 €
Pour s'y rendre : Le Gollen (1 km au sud par D 30, rte de
St-Cadou et à gauche, au bord de l'Elorn)

Nature : 🌳
Loisirs : 🎣
Services : ♿ 🚿 🧺 ⊙ 🗑
À prox. : ✂ 🏊

BRETAGNE

TADEN

✉ 22100 – **309** J4 – G. Bretagne – 1 741 h. – alt. 46
Paris 405 – Rennes 56 – St-Brieuc 65 – St-Malo 27 – Fougères 74.

 Municipal de la Hallerais de mi-mars à déb. nov.
☎ 02 96 39 15 93, camping.la.hallerais@wanadoo.fr,
Fax 02 96 39 94 64, http://www.wdirect.fr/hallerais.htm
– **R** conseillée
5 ha (228 empl.) plat, peu incliné et en terrasses, herbeux
Tarif : 20,60 € ★★ ⇔ ▣ ▨ (6A) – pers. suppl. 3,85 €
Location : 3 ▭ (4 à 6 pers.) nuitée 30 € - 167 à
384 €/sem. – 11 ⌂ (4 à 6 pers.) nuitée 40 € - 194 à
450 €/sem. – **R** conseillée
▨ 1 borne flot bleu 2 € – 13 ▣ 20,60 €
Pour s'y rendre : 4 r. de la Robardais (au sud-ouest du bourg)
À savoir : Cadre et situation dominante sur la vallée de la Rance

Nature : ☘ ⬜ ♀♀
Loisirs : 🍴 ✗ 🏠 🚣 ✂ 🛏
Services : 🚿 ⚡ GB 🔧 ▣ ♨ ⊗
♿ 🔌 ♒ sèche-linge ⚙ 🚲
À prox. : 🎣 🚴 🐎 poneys (centre équestre) canoë

TAUPONT

✉ 56800 – **308** Q7 – 1 908 h. – alt. 81
Paris 422 – Josselin 16 – Ploërmel 5 – Rohan 37 – Vannes 50.

 La Vallée du Ninian de déb. avr. à mi-sept.
☎ 02 97 93 53 01, infos@camping-ninian.com,
Fax 02 97 93 57 27, www.camping-ninian.com – **R** conseillée
2,7 ha (100 empl.) plat, herbeux, verger
Tarif : ★ 4 € ⇔ ▣ 6 € – ▨ (6A) 3,50 € – frais de réservation 10 €
Location : 8 ▭ (4 à 6 pers.) nuitée 50 € - 230 à
580 €/sem. – frais de réservation 10 € - **R** conseillée
▨ 1 borne raclet 4 €
Pour s'y rendre : Le Rocher - Ville Bonne (sortie nord par
D 8, rte de la Trinité-Phoët, puis 2,5 km par rte à gauche,
accès direct à la rivière et au village par passerelle)

Nature : ☘ ⬜ ♀
Loisirs : 🍴 ☾ nocturne 🚣 ♒ ✂
Services : 🚿 ⚡ GB 🔧 ▣ ♨ ⊗
♿ ♒ sèche-linge ⚙

TELGRUC-SUR-MER

✉ 29560 – **308** E5 – 1 822 h. – alt. 90
🇮 Syndicat d'initiative, 6, rue du Ménez-Hom ☎ 02 98 27 78 60
Paris 572 – Châteaulin 25 – Douarnenez 29 – Quimper 39.

△ **Armorique** de déb. avr. à fin sept.
☎ 02 98 27 77 33, contact@campingarmorique.com,
Fax 02 98 27 38 38, www.campingarmorique.com – **R** conseillée
2,5 ha (100 empl.) en terrasses, plat à peu incliné, herbeux
Tarif : (Prix 2008) ★ 5,50 € ⇔ ▣ 10 € – ▨ (10A) 3,50 € –
frais de réservation 16 €
Location (Prix 2008) : 25 ▭ (4 à 6 pers.) 220 à
550 €/sem. – 10 ⌂ (4 à 6 pers.) - 290 à 685 €/sem. –
frais de réservation 16 € - **R** conseillée
▨ 1 borne raclet 10 €
Pour s'y rendre : 112 r. de la Plage (1,2 km au sud-ouest
par rte de Trez-Bellec-Plage)

Nature : ☘ ⇐ ♀
Loisirs : 🍴 ✗ 🏠 🚣 ✂
Services : 🚿 ⚡ GB 🔧 ▣ ♨ ⚙ ⊗
♒ sèche-linge 🚲

THEIX

✉ 56450 – **308** P9 – 5 029 h. – alt. 5
Paris 464 – Ploërmel 51 – Redon 58 – La Roche-Bernard 33 – Vannes 9.

△ **Rhuys** de déb. avr. à mi-oct.
☎ 02 97 54 14 77, campingderhuys@wanadoo.fr,
Fax 02 97 54 14 77 – **R**
2 ha (60 empl.) peu incliné, herbeux
Tarif : (Prix 2008) ★ 5,40 € ⇔ ▣ 9,50 € – ▨ (10A) 3 €
Location : 8 ▭ (4 à 6 pers.) 180 à 630 €/sem. – frais de
réservation 15 € - **R** conseillée
▨ 1 borne artisanale – ⛽ ▨ 10 €
Pour s'y rendre : Le Poteau Rouge Atlantheix (3,5 km au
nord-ouest, par N 165, venant de Vannes : sortie Sarzeau)

Loisirs : 🚣 ✂ (petite piscine)
Services : 🚿 ⚡ GB 🔧 ▣ ♨ ⚙ ⊗
♒ ♿ 🔌
À prox. : 🛒 🍴 ✗ ✂ 🎣 ▣ ✂

BRETAGNE

TINTÉNIAC

✉ 35190 – **309** K5 – G. Bretagne – 2 434 h. – alt. 40
🛈 *Syndicat d'initiative, 17, rue de la Libération* ☎ 02 99 68 09 52
Paris 377 – Avranches 70 – Dinan 28 – Dol-de-Bretagne 30 – Fougères 75 – Rennes 30 – St-Malo 42.

▲ **Les Peupliers** de déb. avr. à fin sept.
☎ 02 99 45 49 75, camping.les.peupliers@wanadoo.fr, www.les-peupliers-camping.fr – **R** conseillée
4 ha (100 empl.) plat, herbeux
Tarif : ⚹ 5,50 € ⇔ 🅴 7,20 € – [⚡] (6A) 2,90 €
Location (de déb. mars à fin oct.) : 5 🏠 (4 à 6 pers.) 290 à 530 €/sem. – 2 🏠 (4 à 6 pers.) – 350 à 570 €/sem. – **R** conseillée
🚐 1 borne artisanale 11,60 € – 3 🅴 21,10 €
Pour s'y rendre : Domaine de la Besnelais (2 km au sud-est par l'ancienne rte de Rennes, au bord d'étangs, par N 137, sortie Tinténiac Sud)
À savoir : en bordure d'étangs ombragés par des sapins et des peupliers

Nature : 🌳 ≈
Loisirs : 🍴 🏠 🚴 🎾 ⛱
Services : ♿ ⛽ 🅶🅱 🚗 Ⓜ 🚿 ≈ ☺
⛱ 🚻 sèche-linge

LA TOUR-DU-PARC

✉ 56370 – **308** P9 – 741 h.
Paris 476 – La Baule 62 – Redon 57 – St-Nazaire 81 – Vannes 22.

▲ **Le Cadran Solaire** de déb. avr. à fin sept.
☎ 02 97 67 30 40, cadransolaire56@yahoo.fr, www.campingcadransolaire.com – **R** conseillée
2 ha (115 empl.) plat, herbeux
Tarif : (Prix 2008) ⚹ 4,20 € ⇔ 🅴 8,20 € – [⚡] (8A) 2,90 € – frais de réservation 10 €
Location (Prix 2008) (de déb. avr. à fin oct.) 🎣 : 8 🏠 (4 à 6 pers.) 250 à 530 €/sem. – frais de réservation 10 € - **R** conseillée
Pour s'y rendre : R. de Benester (2 km au sud par D 324, rte de Sarzeau)

Nature : ≈ ♣♣
Loisirs : 🏠 🚴 🎾
Services : ♿ ⛽ 🅶🅱 🚗 Ⓜ 🚿 ☺
🚻 sèche-linge 🚗
À prox. : ♨ 🐎 (centre équestre)

265

TRÉBEURDEN

✉ 22560 – **309** A2 – G. Bretagne – 3 451 h. – alt. 81
🛈 *Office de tourisme, place de Crec'h Héry* ☎ 02 96 23 51 64, Fax 02 96 15 44 87
Paris 525 – Lannion 10 – Perros-Guirec 14 – St-Brieuc 74.

△ **L'Espérance** de déb. avr. à fin sept.
☎ 02 96 91 95 05, accueil@camping-esperance.com, www.camping-esperance.com – **R** conseillée
1 ha (70 empl.) non clos, plat, herbeux
Tarif : (Prix 2008) ⚹ 4,50 € ⇔ 2,80 € 🅴 4,80 € – [⚡] (15A) 3,50 € – frais de réservation 15 €
Location (Prix 2008) : 6 🏠 (4 à 6 pers.) nuitée 50 € – 250 à 500 €/sem. – frais de réservation 20 € – **R** conseillée
🚐 1 borne
Pour s'y rendre : 5 km au nord-ouest par D 788, rte de Trégastel, près de la mer

Nature : ≤ ≈
Loisirs : 🍴 🏠
Services : ♿ ⛽ 🚗 🚿 ≈ ☺ 🚻 sèche-linge
À prox. : 🛶 🎣 🎾 🏓 ♨ ♨ 🐎 (centre équestre) golf

TRÉBOUL

✉ 29100 – **308** E6
Paris 591 – Rennes 239 – Quimper 29 – Brest 75 – Concarneau 53.

▲ **Kerleyou** de déb. mai à mi-sept.
☎ 02 98 74 13 03, campingdekerleyou@wanadoo.fr, Fax 02 98 74 09 61, www.camping-kerleyou.com – **R** conseillée
3,5 ha (100 empl.) plat et peu incliné, herbeux
Tarif : ⚹ 4 € ⇔ 🅴 8,95 € – [⚡] (10A) 3,25 € – frais de réservation 11 €
Location (de déb. avr. à mi-sept.) : 28 🏠 (4 à 6 pers.) nuitée 62 € – 205 à 632 €/sem. – 12 🏠 (4 à 6 pers.) nuitée 70 € – 248 à 645 €/sem. – frais de réservation 20 €
Pour s'y rendre : R. du Préfet-Collignon (1 km à l'ouest)

Nature : 🌲 ≈ ♣♣
Loisirs : 🍴 crêperie, pizzeria 🏠 🚴 ⛱
Services : ♿ ⛽ 🅶🅱 🚗 🚿 ☺ 🚻 sèche-linge

BRETAGNE

TRÉBOUL

Trézulien de déb. avr. à fin sept.
 02 98 74 12 30, contact@camping-trezulien.com,
Fax 02 98 74 01 16, www.camping-trezulien.com
– **R** conseillée
3 ha (150 empl.), en terrasses, peu incliné, plat, herbeux
Tarif : (Prix 2008) ♣ 3,10 € ⇔ 1,60 € 🗐 3,10 € –
[½] (10A) 3,20 €
Location (Prix 2008) : – **R** conseillée
1 borne artisanale 4 € – 30 🗐 11,50 €
Pour s'y rendre : 15 rte de Trézulien (par r. Frédéric-Le-Guyader)

Nature : ≤ ♀♀
Loisirs : 🍸 parc aquatique
Services : (saison) 🇬🇧
😊

TRÉDION

✉ 56250 – **308** P8 – G. Bretagne – 888 h. – alt. 85
Paris 441 – Josselin 24 – Locminé 26 – Ploërmel 28 – Redon 53 – Vannes 25.

Municipal l'Étang aux Biches juil.-août
 02 97 67 14 06, Fax 02 97 67 13 41 – **R** conseillée
10 ha/0,5 campable (34 empl.) peu incliné et plat, herbeux, bois
Tarif : (Prix 2008) ♣ 1,60 € ⇔ 1,10 € 🗐 1,10 € – [½] 1,90 €
Pour s'y rendre : Lieu-dit : l'Étang aux Biches (1,3 km au sud par D 1, rte d'Elven)
À savoir : Situation agréable au bord de deux étangs

Nature : ≤ ♀
Loisirs : parcours sportif
Services : 😊

Avant de prendre la route, consultez www.ViaMichelin.fr : votre meilleur itinéraire, le choix de votre hôtel, restaurant, des propositions de visites touristiques.

TREFFIAGAT

✉ 29730 – **308** F8 – 2 168 h. – alt. 20
Paris 582 – Audierne 39 – Douarnenez 41 – Pont-l'Abbé 8 – Quimper 28.

Les Ormes mai-sept.
 02 98 58 21 27, campingdesormes@aol.com,
Fax 02 98 58 91 36 – **R** conseillée
2 ha (76 empl.) plat, herbeux
Tarif : (Prix 2008) ♣ 3,50 € ⇔ 2,10 € 🗐 3,70 € – [½] (6A) 3 € – frais de réservation 7 €
1 borne artisanale – 6 🗐
Pour s'y rendre : Kerlay (2 km au sud, à 400 m de la plage (accès direct))

Nature :
Loisirs :
Services : 😊
À prox. :

TRÉGASTEL

✉ 22730 – **309** B2 – G. Bretagne – 2 234 h. – alt. 58
 Office de tourisme, place Sainte-Anne 02 96 15 38 38, Fax 02 96 23 85 97
Paris 526 – Lannion 11 – Perros-Guirec 9 – St-Brieuc 75 – Trébeurden 11 – Tréguier 26.

Tourony-Camping de déb. avr. à fin sept.
 02 96 23 86 61, contact@camping-tourony.com,
Fax 02 96 15 97 84, www.camping-tourony.com
– **R** conseillée
2 ha (100 empl.) plat, herbeux
Tarif : 20,40 € ♣♣ ⇔ 🗐 [½] (10A) – pers. suppl. 4,90 € – frais de réservation 13 €
Location : 13 (4 à 6 pers.) 240 à 545 €/sem. – 4 (4 à 6 pers.) - 240 à 545 €/sem. – frais de réservation 13 € - **R** conseillée
1 borne artisanale
Pour s'y rendre : 105 r. de Poul-Palud (1,8 km à l'est par D 788, rte de Perros-Guirec, à 500 m de la plage)
À savoir : En bordure d'un étang et près de la mer

Nature : ♀
Loisirs : 🍸 snack
Services : (juil.-août) 🇬🇧 sèche-linge
À prox. : (centre équestre) golf, terrain omnisports

BRETAGNE

TRÉGUENNEC

✉ 29720 – **308** F7 – 342 h. – alt. 31
Paris 582 – Audierne 27 – Douarnenez 27 – Pont-l'Abbé 11 – Quimper 29.

▲ **Kerlaz** de déb. avr. à fin sept.
📞 02 98 87 76 79, contact@kerlaz.com, www.kerlaz.com
– **R** conseillée
1,25 ha (80 empl.) plat, herbeux
Tarif : 👤 3,90 € 🚗 2,20 € 🏠 5,30 € – 🔌 (10A) 3,50 € – frais de réservation 10 €
Location : 10 🏕 (4 à 6 pers.) 255 à 575 €/sem. – 5 🏠 (4 à 6 pers.) nuitée 70 € – 290 à 575 €/sem. – frais de réservation 10 € - **R** conseillée
🚐 1 borne artisanale 12 €
Pour s'y rendre : Rte de la Mer (au bourg, par D 156)

Nature : 🌳
Loisirs : 🍽 🏊 🚲 🎾 (découverte en saison)
Services : 🔑 (juil.-août) 🅖🅑 🧺 🍳 🌀 sèche-linge
À prox. : 🍴 crêperie 🐴 (centre équestre)

TRÉGUNC

✉ 29910 – **308** H7 – 6 354 h. – alt. 45
🛈 Office de tourisme, Kérambourg 📞 02 98 50 22 05, Fax 02 98 50 18 48
Paris 543 – Concarneau 7 – Pont-Aven 9 – Quimper 29 – Quimperlé 27.

▲ **Le Pendruc** de mi-juin à mi-sept.
📞 02 98 97 66 28, info@domainedependruc.com, Fax 02 98 50 24 30, www.domainedependruc.com
– **R** conseillée
6 ha (200 empl.) plat, herbeux
Tarif : 👤 5 € 🚗 2 € 🏠 8 € – 🔌 (6A) 3,50 € – frais de réservation 10 €
Location (de déb. avr. à fin sept.) 🚫 : 🏕 (4 à 6 pers.) 220 à 720 €/sem. – frais de réservation 20 € - **R** conseillée
🚐 1 borne artisanale 20 €
Pour s'y rendre : à Roz Penanguer (2,8 km au sud-ouest, rte de Pendruc et à gauche)

Nature : 🌊
Loisirs : 🍽 snack 🏊 🎾 🚲 ⛵
Services : 🔑 🅖🅑 🧺 🍳 🌀 sèche-linge
À prox. : 🍴 ⚓

▲ **La Pommeraie** 👥 – de mi-mai à mi-sept.
📞 02 98 50 02 73, pommeraie@club-internet.fr, www.campingdelapomeraie.com – **R** conseillée
7 ha (198 empl.) plat, herbeux, verger
Tarif : 29 € 👥 🚗 🏠 🔌 (10A) – pers. suppl. 5,90 €
Location (Prix 2008) (de déb. avr. à mi-oct.) : 60 🏕 (4 à 6 pers.) nuitée 44 € – 220 à 720 €/sem. – **R** conseillée
🚐 1 borne
Pour s'y rendre : St-Philibert (6 km au sud par D 1, rte de la Pointe de Trévignon et à gauche rte de St-Philibert)

Nature : 🌳 🌿
Loisirs : 🍽 crêperie 🏊 🎾 🚲 🎣 jacuzzi salle d'animation 🏓 🚲 🎯 ⛷ terrain omnisports
Services : ♿ 🔑 🅖🅑 🧺 🍳 🌀 ⛲ 💧 📞 🍳 sèche-linge 🧺 🚿

267

TRÉLÉVERN

✉ 22660 – **309** B2 – 1 309 h. – alt. 76
Paris 524 – Lannion 13 – Perros-Guirec 9 – St-Brieuc 73 – Trébeurden 19 – Tréguier 15.

▲ **Port-l'Épine** de mi-mai à mi-sept.
📞 02 96 23 71 94, camping-de-port-lepine@wanadoo.fr, Fax 02 96 23 77 83, www.camping-port-lepine.com
– **R** conseillée
3 ha (160 empl.) plat, peu incliné, terrasses, herbeux
Tarif : 30 € 👥 🚗 🏠 🔌 (16A) – pers. suppl. 7 €
Location : 12 🏕 (4 à 6 pers.) nuitée 37 € – 222 à 602 €/sem. – 15 🏠 (4 à 6 pers.) nuitée 46 € – 276 à 721 €/sem. – 5 bungalows toilés – **R** conseillée
🚐 1 borne artisanale
Pour s'y rendre : 10 venelle de Pors-Garo (1,5 km au nord-ouest puis un chemin à gauche, à Port-l'Épine)
À savoir : Au calme entre plage de galets et collines

Nature : 🌊 ⚓ 🌳 🌿 ⛰
Loisirs : 🍽 snack, crêperie 🎾 🚲 ⛵
Services : ♿ 🔑 🅖🅑 🧺 🍳 ⛲ ⚓ 📞 🍳 sèche-linge 🧺

BRETAGNE

LA TRINITÉ-SUR-MER

56470 – **308** M9 – G. Bretagne – 1 530 h. – alt. 20
Office de tourisme, 30, cours des Quais ✆ 02 97 55 72 21, Fax 02 97 55 78 07
Paris 488 – Auray 13 – Carnac 4 – Lorient 52 – Quiberon 23 – Quimperlé 66 – Vannes 31.

La Baie – de mi-mai à mi-sept.
✆ 02 97 55 73 42, contact@campingdelabaie.com,
Fax 02 76 01 33 37, *www.campingdelabaie.com* – places limitées pour le passage – **R** conseillée
2,2 ha (170 empl.) plat, herbeux, sablonneux
Tarif : (Prix 2008) ✱ 7,80 € ⇔ 🅴 22,60 € – (½) (10A) 4,50 € – frais de réservation 22 €
Location (Prix 2008) : 🛖 (4 à 6 pers.) 287 à 791 €/sem. – frais de réservation 22 € – **R** conseillée
Pour s'y rendre : Plage de Kervillen (1,5 km au sud, à 100 m de la plage)

La Plage – de mi-mai à mi-sept.
✆ 02 97 55 73 28, camping@camping-plage.com,
Fax 02 97 55 88 31, *www.camping-plage.com* – **R** conseillée
3 ha (200 empl.) plat et peu incliné, herbeux, sablonneux
Tarif : 39,90 € ✱✱ ⇔ 🅴 (½) (10A) – pers. suppl. 5,20 € – frais de réservation 15 €
Location : 30 🛖 (4 à 6 pers.) nuitée 47 € - 292 à 815 €/sem. – frais de réservation 15 € – **R** conseillée
🚐 1 borne 3,50 € – (½) 13 €
Pour s'y rendre : Plage de Kervillen (1 km au sud, accès direct à la plage)

Kervilor de déb. mai à mi-sept.
✆ 02 97 55 76 75, ebideau@camping-kervilor.com,
Fax 02 97 55 87 26, *www.camping-kervilor.com* – **R** conseillée
5 ha (230 empl.) plat et peu incliné, herbeux
Tarif : ✱ 5,15 € ⇔ 3,60 € 🅴 13,80 € – (½) (10A) 4,10 € – frais de réservation 18 €
Location (de déb. avr. à fin sept.) : 28 🛖 (4 à 6 pers.) 280 à 780 €/sem. – frais de réservation 18 € – **R** conseillée
Pour s'y rendre : Rte du Latz (1,6 km au nord)

Park-Plijadur de déb. avr. à fin sept.
✆ 02 97 55 72 05, parkplijadur@hotmail.com,
Fax 02 53 46 15 13, *www.parkplijadur.com* – **R** conseillée
5 ha (198 empl.) plat, herbeux, sablonneux
Tarif : 31,20 € ✱✱ ⇔ 🅴 (½) (10A) – pers. suppl. 5,50 € – frais de réservation 20 €
Location ⌀ (de déb. juil. à fin août) : 16 🛖 (4 à 6 pers.) nuitée 50 € - 230 à 850 €/sem. – 2 🏠 (4 à 6 pers.) nuitée 80 € - 330 à 900 €/sem. – frais de réservation 20 € – **R** conseillée
🚐 1 borne artisanale 2,30 € – (½) 10.50 €
Pour s'y rendre : 94 rte de Carnac (1,3 km au nord-ouest sur D 781)
À savoir : Au bord d'un étang

VANNES

56000 – **308** O9 – G. Bretagne – 51 759 h. – alt. 20
Office de tourisme, 1, rue Thiers ✆ 08 25 13 56 10, Fax 02 97 47 29 49
Paris 459 – Quimper 122 – Rennes 110 – St-Brieuc 107 – St-Nazaire 86.

Municipal de Conleau
✆ 02 97 63 13 88, camping@mairie-vannes.fr,
Fax 02 97 40 38 82, *www.mairie-vannes.fr* – **R** conseillée
5 ha (260 empl.) incliné à peu incliné, herbeux
🚐 1 borne – 33 🅴
Pour s'y rendre : à la Pointe de Conleau (au sud, dir. parc du Golfe par l'av. du Mar.-Juin)
À savoir : Site agréable

CENTRE

La Belle au bois dormant sommeillerait encore, dit-on, dans l'un des splendides châteaux qui bordent la Loire et ses affluents : Chambord, Azay-le-Rideau, Chenonceau... Autant de logis royaux au décor de conte de fées, agrémentés de jardins étourdissants de beauté. Une foule de spectacles son et lumière y font revivre aujourd'hui les fastes de la Cour, prenant le relais des écrivains qui, de Ronsard à Genevoix en passant par Balzac et George Sand, ont immortalisé la Vallée des rois, trempé leur plume aux étangs de la giboyeuse Sologne ou dépeint l'envoûtante atmosphère du bocage berrichon. Après avoir savouré un délicieux poulet en barbouille, prêtez donc l'oreille aux histoires de loups-garous contées par vos hôtes… Vous constaterez que les gens du pays manient aussi bien les mots que les casseroles !

Sleeping Beauty is said to slumber still within the thick walls of one of the Loire's fairy-tale castles, like Chambord, Azay-le-Rideau or Chenonceau. A list of the region's architectural wonders and glorious gardens would be endless; but its treasures are shown to full effect in a season of »son et lumière« shows. The landscape has inspired any number of writers, from Pierre de Ronsard, "the Prince of Poets", to Balzac and Georges Sand; all succumbed to the charm of this valley of kings, without forgetting to give the game-rich woodlands their due. To savour the region's two-fold talent for storytelling and culinary arts, first tuck into a delicious chicken stew, then curl up by the fireside to hear your hosts' age-old local legends.

CENTRE

AUBIGNY-SUR-NÈRE

✉ 18700 – **323** K2 – G. Châteaux de la Loire – 5 907 h. – alt. 180
🛈 *Office de tourisme, 1, rue de l'Église* ✆ *02 48 58 40 20, Fax 02 48 58 40 20*
Paris 180 – Bourges 48 – Cosne-sur-Loire 41 – Gien 30 – Orléans 67 – Salbris 32 – Vierzon 44.

Les Étangs de déb. avr. à fin sept.
✆ 02 48 58 02 37, *camping.aubigny@orange.fr*,
Fax 02 48 58 02 37, *www.camping-aubigny.com* –
3 ha (100 empl.) plat, herbeux
Tarif : (Prix 2008) 17,90 € ✶✶ 🚗 🔲 ⚡ (10A) – pers. suppl. 2,30 €
Location (Prix 2008) (permanent) : 3 🏠 (4 à 6 pers.)
nuitée 49 € - 266 à 581 €/sem. – 4 🏠 (4 à 6 pers.)
nuitée 45 € - 238 à 489 €/sem. – **R** conseillée
Pour s'y rendre : Rte de Oizon (1,4 km à l'est par D 923, près d'un étang (accès direct))

Nature : ♀♀(chênaie)
Loisirs : 🎣 ⛱
Services : 🚻 ⚡ 🏪 🚲 🔲 ⚰ 🏊
À prox. : ✂ 🔲 🛶

AZAY-LE-RIDEAU

✉ 37190 – **317** L5 – G. Châteaux de la Loire – 3 100 h. – alt. 51
🛈 *Office de tourisme, 4, rue du Château* ✆ *02 47 45 44 40, Fax 02 47 45 31 46*
Paris 265 – Châtellerault 61 – Chinon 21 – Loches 58 – Saumur 47 – Tours 26.

Municipal le Sabot de mi-avr. à déb. oct.
✆ 02 47 45 42 72, *camping.lesabot@wanadoo.fr*,
Fax 02 47 45 49 11, *www.azaylerideau.fr* – **R** conseillée
6 ha (256 empl.) plat, herbeux
Tarif : (Prix 2008) 13,80 € ✶✶ 🚗 🔲 ⚡ (10A) – pers. suppl. 3,30 €
🚐
Pour s'y rendre : R. du Stade (sortie est par D 84, rte d'Artannes et r. à dr., à prox. du château, au bord de l'Indre)
À savoir : situation agréable, entrée fleurie

Nature : 🌳 ♀
Loisirs : 🎣 ⛱ 🚲 🛶
Services : 🚻 ⚡ 🏪 🚲 🔲 ⚰ ♨ 🍴
🧺 sèche-linge
À prox. : ✂ 🚶 🛶

BALLAN-MIRÉ

✉ 37510 – **317** M4 – 7 059 h. – alt. 88
🛈 *Office de tourisme, 1, place du 11 novembre* ✆ *02 47 53 87 47*
Paris 251 – Azay-le-Rideau 17 – Langeais 20 – Montbazon 13 – Tours 12.

La Mignardière de déb. avr. à fin sept.
✆ 02 47 73 31 00, *info@mignardiere.com*,
Fax 02 47 73 31 01, *www.mignardiere.com* – **R** conseillée
2,5 ha (177 empl.) plat, herbeux, petit bois attenant
Tarif : 24,50 € ✶✶ 🚗 🔲 ⚡ (10A) – pers. suppl. 5,50 €
Location (de déb. avr. à fin sept.) : 12 🏠 (4 à 6 pers.)
nuitée 50 € - 224 à 595 €/sem. – 21 🏠 (4 à 6 pers.)
nuitée 50 € - 245 à 686 €/sem. – **R** conseillée
🚐
Pour s'y rendre : 22 av. des Aubépines (2,5 km au nord-est du bourg, à prox. du plan d'eau de Joué-Ballan)

Nature : 🔲 ♀
Loisirs : ⛱ 🚲 ⚡ ✂ 🔲 🛶
Services : 🚻 ⚡ 🏪 🚲 🔲 🍴 ♨
🏊 ⚰ 🍴 🧺 🛒
À prox. : 🍴 grill 🐴 poneys golf

272

BARAIZE

✉ 36270 – **323** F8 – 301 h. – alt. 240
Paris 318 – Orléans 192 – Châteauroux 47 – Guéret 86 – Déols 55.

Municipal Montcocu de déb. juin à fin sept.
✆ 02 54 25 34 28, *syndicat.laceguzon@wanadoo.fr* – pour caravanes : à partir du lieu-dit "Montcocu", pente à 12% sur 1 km – **R** conseillée
1 ha (26 empl.) en terrasses, herbeux
Tarif : (Prix 2008) 🚶 1,80 € 🔲 2,20 € – ⚡ (10A) 2,50 €
Location (Prix 2008) (de déb. juin à fin sept.) : 9 bungalows toilés – **R** conseillée
Pour s'y rendre : Montcocu (4,8 km au sud-est par D 913, rte d'Éguzon et D 72, à gauche rte de Pont-de-Piles)
À savoir : Situation et site agréables dans la vallée de la Creuse

Nature : 🌳 🔲 ♀ ⛰
Loisirs : 🍴 🛶 canoë
Services : 🚻 ⚡ ✂ 🔲 ♨

CENTRE

LA BAZOCHE-GOUET

✉ 28330 – **311** B7 – G. Châteaux de la Loire – 1 249 h. – alt. 185
🛈 *Syndicat d'initiative, place du Marché* ✆ 02 37 49 23 45
Paris 146 – Brou 18 – Chartres 61 – Châteaudun 33 – La Ferté-Bernard 31 – Vendôme 48.

▲ Municipal la Rivière de Pâques à fin sept.
✆ 02 37 49 36 49, commune-bazoche-gouet@wanadoo.fr,
Fax 02 37 49 27 16 – **R** conseillée
1,8 ha (30 empl.) plat, herbeux
Tarif : 10,50 € ⚊ ⚊ (10A) – pers. suppl. 2,70 €
Pour s'y rendre : 1,5 km au sud-ouest par D 927, rte de la Chapelle-Guillaume et chemin à gauche
À savoir : au bord de l'Yerre et près d'étangs

Loisirs :
Services :

BEAULIEU-SUR-LOIRE

✉ 45630 – **318** N6 – 1 693 h. – alt. 156
🛈 *Office de tourisme, place d'Armes* ✆ 02 38 35 87 24, Fax 02 38 35 30 10
Paris 170 – Aubigny-sur-Nère 36 – Briare 15 – Gien 27 – Cosne-sur-Loire 21.

▲ Municipal Touristique du Canal de mi-avr. à déb. nov.
✆ 02 38 35 32 16, renault.campingbeaulieu@orange.fr,
Fax 02 38 35 86 57, www.beaulieu-sur-loire.fr – **R** conseillée
0,6 ha (37 empl.) plat, herbeux
Tarif : (Prix 2008) ⚊ 2,40 € ⚊ 1,20 € – (10A) 2,70 €
🚐 1 borne artisanale
Pour s'y rendre : Rte de Bonny-sur-Loire (sortie est par D 926, près du canal (halte nautique))

Nature :
Services :
À prox. : canoë

*Donnez-nous votre avis
sur les terrains que nous recommandons.
Faites-nous connaître vos observations et vos découvertes.
par mail à l'adresse : leguidecampingfrance@fr.michelin.com.*

273

LE BLANC

✉ 36300 – **323** C7 – G. Limousin Berry – 6 998 h. – alt. 85
🛈 *Office de tourisme, place de la Libération* ✆ 02 54 37 05 13, Fax 02 54 37 31 93
Paris 326 – Bellac 62 – Châteauroux 61 – Châtellerault 52 – Poitiers 62.

▲ l'Isle d'Avant
✆ 02 54 37 88 22, swaouanc@gmail.com,
Fax 02 54 37 20 46, www.canoe-decouverte.com
– **R** conseillée
1 ha (75 empl.) plat, herbeux
🚐 1 borne artisanale
Pour s'y rendre : 2 km à l'est sur N 151, rte de Châteauroux, au bord de la Creuse

Nature :
Loisirs :
Services : sèche-linge
À prox. : canoë

BONNEVAL

✉ 28800 – **311** E6 – G. Châteaux de la Loire – 4 285 h. – alt. 128
🛈 *Office de tourisme, 2, square Westerham* ✆ 02 37 47 55 89, Fax 02 37 96 28 62
Paris 117 – Ablis 61 – Chartres 31 – Châteaudun 14 – Étampes 90 – Orléans 60.

▲ Municipal le Bois Chièvre de déb. avr. à fin oct.
✆ 02 37 47 54 01, camping-bonneval-28@orange.fr,
www.camping-bonneval.fr – **R** conseillée
4,5 ha/2,5 campables (130 empl.) plat et peu incliné, herbeux, gravier, bois attenant
Tarif : 15 € ⚊ ⚊ (6A) – pers. suppl. 3,50 €
🚐 – 20 15 €
Pour s'y rendre : Rte de Vouvray (1,5 km au sud par rte de Conie et rte à dr., au bord du Loir)
À savoir : agréable chênaie dominant le Loir

Nature :
Loisirs :
Services :
À prox. :

CENTRE

BOURGES

✉ 18000 – **323** K4 – G. Limousin Berry – 72 480 h. – alt. 153
🛈 *Office de tourisme, 21, rue Victor Hugo* ✆ *02 48 23 02 60, Fax 02 48 23 02 69*
Paris 244 – Châteauroux 65 – Dijon 254 – Nevers 69 – Orléans 121 – Tours 157.

Municipal Robinson de mi-mars à mi-nov.
✆ 02 48 20 16 85, camping@ville-bourges.fr,
Fax 02 48 50 32 39, www.ville.bourges.fr – **R**
2,2 ha (116 empl.) plat, peu incliné, herbeux, gravier
Tarif : ⚹ 3,90 € 🅴 5 € – (16A) 7,70 €
Pour s'y rendre : 26 bd de l'Industrie (vers sortie sud par N 144, rte de Montluçon et à gauche, près du Lac d'Auron, sortie A 71 : suivre Bourges Centre et fléchage)

BOURGUEIL

✉ 37140 – **317** J5 – G. Châteaux de la Loire – 4 109 h. – alt. 42
🛈 *Syndicat d'initiative, 16, place de l'église* ✆ *02 47 97 91 39, Fax 02 47 97 91 39*
Paris 281 – Angers 81 – Chinon 16 – Saumur 23 – Tours 45.

Municipal Parc Capitaine de mi-mai à mi-sept.
✆ 02 47 97 85 62, contact@bourgueil.fr,
Fax 02 47 97 85 62, www.bourgueil.fr – **R** conseillée
2 ha (80 empl.) plat, herbeux
Tarif : (Prix 2008) ⚹ 2 € 🅴 6 € – (10A) 2 €
Pour s'y rendre : 31 av. du Gén-de-Gaulle (1,5 km au sud par D 749, rte de Chinon)
À savoir : cadre verdoyant et ombragé près d'un plan d'eau

BRACIEUX

✉ 41250 – **318** G6 – 1 158 h. – alt. 70
🛈 *Syndicat d'initiative, 10 Les Jardins du Moulin* ✆ *02 54 46 09 15, Fax 02 54 46 09 15*
Paris 185 – Blois 19 – Montrichard 39 – Orléans 64 – Romorantin-Lanthenay 30.

Municipal des Châteaux de fin mars à fin nov.
✆ 02 54 46 41 84, campingdebracieux@wanadoo.fr,
Fax 02 54 46 41 21, www.campingdeschateaux.com
– **R** conseillée
8 ha (380 empl.) plat, herbeux
Tarif : 23,80 € ⚹⚹ 🚗 🅴 (6A) – pers. suppl. 4,90 €
Location : 14 🏠 (4 à 6 pers.) 280 à 540 €/sem. – 10 🏡 (4 à 6 pers.) - 323 à 580 €/sem. – **R** conseillée
🚐 1 borne 6 €
Pour s'y rendre : 11 r. Roger-Brun (sortie nord, rte de Blois, au bord du Beuvron)
À savoir : cadre boisé composé d'essences variées

BRIARE

✉ 45250 – **318** N6 – G. Château de la Loire – 5 994 h. – alt. 135
🛈 *Office de tourisme, 1, place de Gaulle* ✆ *02 38 31 24 51*
Paris 160 – Orléans 85 – Gien 11 – Montargis 50 – Châlette-sur-Loing 48.

Le Martinet avr.-sept.
✆ 02 38 31 24 50, campingbriare@recrea.fr,
Fax 02 38 31 24 50 – **R** conseillée
4,5 ha (160 empl.) plat, herbeux
Tarif : (Prix 2008) 14 € ⚹⚹ 🚗 🅴 (10A) – pers. suppl. 2,85 €
Location (Prix 2008) : 3 🏠 (2 à 4 pers.) 259 à 294 €/sem.
– **R** conseillée
🚐 1 borne artisanale 2,50 € – 40 🅴 2,50 €
Pour s'y rendre : 1 km au nord par le centre-ville entre la Loire et le canal

CENTRE

BUZANÇAIS

✉ 36500 – **323** E5 – 4 581 h. – alt. 111
🛈 Syndicat d'initiative, 11, passage du Marché ✆ 02 54 84 22 00, Fax 02 54 02 13 45
Paris 286 – Le Blanc 47 – Châteauroux 25 – Châtellerault 78 – Tours 91.

▲ Municipal la Tête Noire
✆ 02 54 84 17 27, *mairie.buzancais@buzancais.fr*,
Fax 02 54 02 13 45, *www.buzancais.fr* – **R** conseillée
2,5 ha (134 empl.) plat, herbeux
Location : 4 🏠
🚐 1 borne artisanale – 10 📧
Pour s'y rendre : au nord-ouest par la r. des Ponts, au bord de l'Indre

Nature : 🌲 ♀♀
Loisirs : 🎣 🏇 🏊
Services : ♿ 🚿 🍴 🧺 ⊘ 🏪
À prox. : ✂ 🏊 terrain omnisports, piste de roller, skate-board

CANDÉ-SUR-BEUVRON

✉ 41120 – **318** E7 – 1 208 h. – alt. 70
🛈 Syndicat d'initiative, 10, route de Blois ✆ 02 54 44 00 44, Fax 02 54 44 00 44
Paris 199 – Blois 15 – Chaumont-sur-Loire 7 – Montrichard 21 – Orléans 78 – Tours 51.

▲ La Grande Tortue de mi-avr. à mi-sept.
✆ 02 54 44 15 20, *grandetortue@wanadoo.fr*,
Fax 02 54 44 19 45, *www.la-grande-tortue.com* – **R** conseillée
5 ha (208 empl.) plat, peu incliné, herbeux, sablonneux
Tarif : 31,50 € 👫 🚐 📧 💧 (10A) – pers. suppl. 8,50 € – frais de réservation 12 €
Location (de déb. mars à fin nov.) : 20 🏠 (4 à 6 pers.) 300 à 665 €/sem. – 7 🏠 (4 à 6 pers.) - 420 à 728 €/sem. – bungalows toilés – frais de réservation 12 € - **R** conseillée
🚐 – 🍴 💧 15 €
Pour s'y rendre : 3 rte de Pontlevoy (500 m au sud par D 751, rte de Chaumont-sus-Loire et à gauche, rte de la Pieuse, à prox. du Beuvron)

Nature : 🌲 🌳 ♀♀
Loisirs : 🍴 snack 🎣 🏇 🏊 (découverte en saison)
Services : ♿ 🚿 GB 🧺 🏪 ⊘ 🛒 🏊‍♀️ 💈 🧺 🚿

CHAILLAC

✉ 36310 – **323** D8 – 1 170 h. – alt. 180
Paris 333 – Argenton-sur-Creuse 35 – Le Blanc 34 – Magnac-Laval 34 – La Trimouille 23.

▲ Municipal les Vieux Chênes Permanent
✆ 02 54 25 61 39, *chaillac.mairie@wanadoo.fr*,
Fax 02 54 25 65 41 – **R** conseillée
2 ha (40 empl.) incliné à peu incliné, herbeux
Tarif : (Prix 2008) 👤 1,80 € 🚐 2,90 € 📧 2,30 € – 💧 2,90 €
Location (Prix 2008) (permanent) : 3 🏠 (4 à 6 pers.) nuitée 58 € - 183 à 287 €/sem. – **R** conseillée
🚐 1 borne sanistation
Pour s'y rendre : Allée des Vieux-Chênes (au sud-ouest du bourg, au terrain de sports, au bord d'un étang et à 500 m d'un plan d'eau)
À savoir : cadre verdoyant, fleuri et soigné

Nature : 🌳 ♀
Loisirs : 🏇 🏊 parcours de santé
Services : 🚿 🧺 🍴 🧺 ⊘ 🛒 🏪
À prox. : ✂ 🏊 🛶 pédalos

CHARTRES

✉ 28000 – **311** E5 – G. Île de France – 40 361 h. – alt. 142
Paris 92 – Orléans 84 – Dreux 38 – Rambouillet 45 – Versailles 78.

▲ Les Bords de l'Eure
✆ 02 37 28 79 43, *camping-roussel-chartres@wanadoo.fr*,
Fax 02 37 28 79 43, *www.auxbordsdeleure.com* – **R**
4 ha (100 empl.) plat, herbeux
Pour s'y rendre : 9 r. de Launay
À savoir : agréable cadre boisé près de la rivière

Nature : ♀♀
Loisirs : 🎣 🏇
Services : ♿ 🚿 🍴 🧺 🏪 ⊘ 🛒 🏊‍♀️ 🏪
À prox. : ✂ 🏊 parcours sportif

CENTRE

CHÂTEAUMEILLANT

✉ 18370 – **323** J7 – 2 058 h. – alt. 247
🛈 Office de tourisme, 69, rue de la Libération ☎ 02 48 61 39 89
Paris 313 – Aubusson 79 – Bourges 66 – La Châtre 19 – Guéret 59 – Montluçon 46 – St-Amand-Montrond 37.

Municipal l'Étang Merlin de déb. mai à fin sept.
☎ 02 48 61 31 38, ot.chateaumeillant@wanadoo.fr,
Fax 02 48 61 33 73, http://monsite.wanadoo.fr/cha
lets.etang.merlin – **R** conseillée
1,5 ha (30 empl.) plat, herbeux
Tarif : (Prix 2008) ✶ 2,50 € 🅴 3 € – [⚡] (5A) 2 €
Location (Prix 2008) (permanent) : 6 (4 à 6 pers.)
- 147 à 275 €/sem. – **R** conseillée

Pour s'y rendre : Rte de Vicq (1 km au nord-ouest par D 70, rte de Beddes et D 80 à gauche)
À savoir : chalets agréablement situés sur la rive de l'étang

Nature :
Loisirs :
Services :
À prox. :

CHÂTEAUROUX

✉ 36000 – **323** G6 – G. Limousin Berry – 49 632 h. – alt. 155
🛈 Office de tourisme, 1, place de la Gare ☎ 02 54 34 10 74, Fax 02 54 27 57 97
Paris 265 – Blois 101 – Bourges 65 – Châtellerault 98 – Guéret 89 – Limoges 125 – Montluçon 100 – Tours 115.

Municipal le Rochat Belle-Isle
☎ 02 54 34 26 56, camping.le-rochat@orange.fr,
Fax 02 54 34 26 56 – **R** conseillée
4 ha (205 empl.) plat, herbeux, gravillons
Pour s'y rendre : au nord par av. de Paris et r. à gauche, au bord de l'Indre et à 100 m d'un plan d'eau
À savoir : à proximité, bus gratuit pour l'accès au centre ville

Nature :
Loisirs :
Services : sèche-linge
À prox. : bowling parcours de santé, cyber café

CHÂTILLON-COLIGNY

✉ 45230 – **318** O5 – G. Bourgogne – 1 946 h. – alt. 130
🛈 Office de tourisme, 2, place Coligny ☎ 02 38 96 02 33
Paris 140 – Auxerre 70 – Gien 26 – Joigny 48 – Montargis 23.

Municipal de la Lancière de déb. avr. à fin sept.
☎ 02 38 92 54 73, lalanciere@wanadoo.fr – places limitées pour le passage – **R** conseillée
1,9 ha (55 empl.) plat, herbeux
Tarif : (Prix 2008) ✶ 1,90 € 🚗 1,20 € 🅴 1,60 € – [⚡] (6A) 2,95 €

Pour s'y rendre : R. de la Lancière (au sud du bourg, entre le Loing et le canal de Briare (halte fluviale))

Nature :
Loisirs : (petite piscine)
Services : cases réfrigérées

La CHÂTRE

✉ 36400 – **323** H7 – G. Limousin Berry – 4 547 h. – alt. 210
🛈 Office de tourisme, 134, rue Nationale ☎ 02 54 48 22 64, Fax 02 54 06 09 15
Paris 298 – Bourges 69 – Châteauroux 37 – Guéret 53 – Montluçon 65 – Poitiers 138 – St-Amand-Montrond 51.

Intercommunal le Val Vert de déb. juin à fin sept.
☎ 02 54 48 32 42, c.slow@cc-lachatre-stesevere.fr,
Fax 02 54 48 32 87 – **R** conseillée
2 ha (77 empl.) en terrasses, plat, herbeux
Tarif : (Prix 2008) 8,35 € ✶✶ 🚗 🅴 [⚡] (6A) – pers. suppl. 2,50 €

Pour s'y rendre : Vavres (sortie sud-est par D 943, rte de Montluçon puis 2 km par D 83a, rte de Briante à dr. et chemin, à prox. de l'Indre)
À savoir : dans un site campagnard très verdoyant

Nature :
Services :
À prox. :

CENTRE

CHAUMONT-SUR-LOIRE

✉ 41150 – **318** E7 – G. Châteaux de la Loire – 1 031 h. – alt. 69
🛈 *Office de tourisme, 24, rue du Maréchal Leclerc* ✆ *02 54 20 91 73, Fax 02 54 20 90 34*
Paris 201 – Amboise 21 – Blois 18 – Contres 24 – Montrichard 19 – St-Aignan 35.

△ **Municipal Grosse Grève** de mi-mai à fin déc.
✆ 02 54 20 95 22, *mairie.chaumontsloire@wanadoo.fr*,
Fax 02 54 20 99 61, *www.chaumont-sur-loire.fr* – **R**
4 ha (150 empl.) plat et peu accidenté, herbeux, sablonneux
Tarif : (Prix 2008) ✶ 2,70 € 🚗 🅴 2,70 € – [½] (10A) 1,80 €
🚐

Pour s'y rendre : à Grosse Grève-Les Varennes (sortie est par D 751, rte de Blois et r. à gauche, av. le pont, au bord de la Loire)

| Loisirs : 🏃 🏊 |
| Services : ♿ 🚿 🧺 🗑 ☺ 🏠 sèche-linge |
| À prox. : 🚲 |

CHÉMERY

✉ 41700 – **318** F7 – 849 h. – alt. 90
🛈 *Office de tourisme, rue Nationale* ✆ *02 54 71 31 08, Fax 02 54 71 31 08*
Paris 213 – Blois 32 – Montrichard 29 – Romorantin-Lanthenay 29 – St-Aignan 15 – Selles-sur-Cher 11.

△ **Municipal le Gué** de mi-avr. à fin sept.
✆ 02 54 71 37 11, *ot.chemery@wanadoo.fr*,
Fax 02 54 71 45 21 – **R** conseillée
1,2 ha (50 empl.) plat, herbeux
Tarif : (Prix 2008) 14,30 € ✶✶ 🚗 🅴 [½] (10A) – pers. suppl. 3,50 €
🚐

Pour s'y rendre : Rte de Couddes (à l'ouest du bourg, au bord d'un ruisseau)

| Nature : 🌳 ♀ |
| Loisirs : 🏊 |
| Services : 🚿 🧺 🗑 ☺ 🏠 |
| À prox. : 🏊 |

Avant de vous installer, consultez les tarifs en cours,
affichés obligatoirement à l'entrée du terrain,
et renseignez-vous sur les conditions particulières de séjour.
Les indications portées dans le guide ont pu être modifiées depuis la mise à jour.

277

CHEMILLÉ-SUR-INDROIS

✉ 37460 – **317** P6 – 197 h. – alt. 97
🛈 *Syndicat d'initiative, le bourg* ✆ *02 47 92 60 75*
Paris 244 – Châtillon-sur-Indre 25 – Loches 16 – Montrichard 27 – St-Aignan 21 – Tours 57.

△ **Les Coteaux du Lac** de déb. avr. à fin sept.
✆ 02 47 92 77 83, *lescoteauxdulac@wanadoo.fr*,
Fax 02 47 92 72 95, *www.lescoteauxdulac.com* – **R** conseillée
1 ha (72 empl.) plat et peu incliné, herbeux
Tarif : 18,30 € ✶✶ 🚗 🅴 [½] (6A) – pers. suppl. 5 € – frais de réservation 12 €
🚐 – 4 🅴 18,30 € – 🛒 [½] 13 €

Pour s'y rendre : à Base de loisirs (au sud-ouest du bourg)
À savoir : agréable situation près d'un plan d'eau

| Nature : ≤ |
| Services : 🚿 🏪 🧺 ☺ 📞 🏠 |
| À prox. : 🍷 brasserie 🏃 🎾 🏊 ⛵ 🚣 poneys, pédalos |

CHINON

✉ 37500 – **317** K6 – G. Châteaux de la Loire – 8 716 h. – alt. 40
🛈 *Office de tourisme, place Hofheim* ✆ *02 47 93 17 85, Fax 02 47 93 93 05*
Paris 285 – Châtellerault 51 – Poitiers 80 – Saumur 29 – Thouars 51 – Tours 46.

△ **Intercommunal de l'Île Auger**
✆ 02 47 93 08 35, *communaute.r.csb@wanadoo.fr*,
Fax 02 47 93 91 15, *www.ville-chinon.com* – **R**
4,5 ha (277 empl.) plat, herbeux

Pour s'y rendre : Quai Danton
À savoir : situation agréable face au château et en bordure de la Vienne

| Nature : ≤ ville et château ♀ |
| Loisirs : 🏃 🏊 |
| Services : ♿ 🚻 ☺ 🏠 |
| À prox. : 🎾 🏓 🚣 |

CENTRE

CLOYES-SUR-LE-LOIR

✉ 28220 – **311** D8 – G. Châteaux de la Loire – 2 636 h. – alt. 97
🛈 Office de tourisme, 11, place Gambetta, Fax 02 37 98 55 27
Paris 143 – Blois 54 – Chartres 57 – Châteaudun 13 – Le Mans 93 – Orléans 65.

Parc de Loisirs - Le Val Fleuri
📞 02 37 98 50 53, info@parc-de-loisirs.com,
Fax 02 37 98 33 84, www.parc-de-loisirs.com – places limitées pour le passage – **R** conseillée
5 ha (196 empl.) plat, herbeux
Location : – **R** conseillée
Pour s'y rendre : sortie nord par N 10, rte de Chartres puis D 23 à gauche
À savoir : situation agréable au bord du Loir

Nature :
Loisirs : snack, pizzeria, poneys, canoë, pédalos, jet-ski
Services : sèche-linge
À prox. :

COULLONS

✉ 45720 – **318** L6 – 2 274 h. – alt. 166
Paris 165 – Aubigny-sur-Nère 18 – Gien 16 – Orléans 60 – Sancerre 47 – Sully-sur-Loire 22.

Municipal Plancherotte de déb. avr. à fin oct.
📞 02 38 29 20 42, coullons.mairie@wanadoo.fr, www.coullons.fr – **R** conseillée
1,9 ha (60 empl.) plat, herbeux
Tarif : (Prix 2008) 9,45 € ★★ 🚗 🔌 (10A) – pers. suppl. 1,65 €
🏠 20 📧 12 €
Pour s'y rendre : Rte de la Brosse (1 km à l'ouest par D 51, rte de Cerdon et rte à gauche, à 50 m d'un plan d'eau (accès direct)
À savoir : beaux emplacements délimités

Nature :
Services :
À prox. : (centre équestre) piste de bi-cross

Les indications d'accès à un terrain sont généralement indiquées, dans notre guide, à partir du centre de la localité.

COURVILLE-SUR-EURE

✉ 28190 – **311** D5 – 2 739 h. – alt. 170
🛈 Syndicat d'initiative, 2, rue de l'Arsenal 📞 02 37 23 22 22
Paris 111 – Bonneval 47 – Chartres 20 – Dreux 37 – Nogent-le-Rotrou 35.

Municipal les Bords de l'Eure de déb. mai à mi-sept.
📞 02 37 23 76 38, accueil@orange-business.fr,
Fax 02 37 18 07 99, www.courville-sur-eure.fr – **R** conseillée
2 ha (80 empl.) plat, herbeux
Tarif : (Prix 2008) 9,48 € ★★ 🚗 🔌 (6A) – pers. suppl. 2,24 €
Pour s'y rendre : Rte de St-Germain-le-Gaillard (sortie sud par D 114)
À savoir : cadre arboré sur les bords de la rivière

Nature :
Loisirs :
Services :
À prox. :

DESCARTES

✉ 37160 – **317** N7 – G. Châteaux de la Loire – 4 019 h. – alt. 50
🛈 Office de tourisme, place Blaise Pascal 📞 02 47 92 42 20, Fax 02 47 59 72 20
Paris 292 – Châteauroux 94 – Châtellerault 24 – Chinon 51 – Loches 32 – Tours 59.

Municipal la Grosse Motte
📞 02 47 59 85 90, otm@ville-descartes.fr,
Fax 02 47 92 72 20, www.ville-descartes.fr – **R**
1 ha (50 empl.) plat et vallonné, herbeux
Location : – gîte d'étape – **R**
Pour s'y rendre : Allée Léo-Lagrange (sortie sud par D 750, rte du Blanc et allée à dr., au bord de la Creuse)
À savoir : parc ombragé attenant à un complexe de loisirs et à un jardin public

Nature :
Loisirs :
Services :
À prox. : canoë

CENTRE

ÉGUZON

✉ 36270 – **323** F8 – G. Limousin Berry – 1 373 h. – alt. 243 – Base de loisirs
🅱 Office de tourisme, 2, rue Jules Ferry ✆ 02 54 47 43 69, Fax 02 54 47 35 60
Paris 319 – Argenton-sur-Creuse 20 – La Châtre 47 – Guéret 50 – Montmorillon 64 – La Souterraine 39.

▲ **Municipal du Lac Les Nugiras** Permanent
✆ 02 54 47 45 22, nugiras@orange.fr, Fax 02 54 47 45 22 – ℞
4 ha (180 empl.) plat et en terrasses, peu incliné, herbeux, pierreux
Tarif : (Prix 2008) 11,40 € ✦✦ 🚗 📧 (💡) (10A) – pers. suppl. 2,80 €
Location (Prix 2008) (permanent) : 7 🏠 (4 à 6 pers.) nuitée 106 € - 218 à 400 €/sem. – bungalows toilés – **R** conseillée
🚐
Pour s'y rendre : Rte de Messant (3 km au sud-est par D 36, rte du lac de Chambon puis 500 m par rte à dr., à 450 m du lac)

Nature : ≤ ♀
Loisirs : 🍸 🏊
Services : 🔧 ⛽ 🚿 🗑 🛒 ⚡ 🏪
🚿
À prox. : 🚲 🏖 (plage) 🛶 🎣 ♀ canoë, pédalos, escalade, ski nautique

FONTAINE-SIMON

✉ 28240 – **311** C4 – 838 h. – alt. 200
Paris 117 – Chartres 40 – Dreux 40 – Évreux 66 – Mortagne-au-Perche 41 – Nogent-le-Rotrou 27.

▲ **Municipal** de déb. avr. à fin oct.
✆ 02 37 81 88 11, fontaine-simon@wanadoo.fr, Fax 02 37 81 83 47, www.mairie-fontaine-simon.fr – ℞
4 ha (112 empl.) plat, herbeux
Tarif : (Prix 2008) 13 € ✦✦ 🚗 📧 (💡) (6A) – pers. suppl. 2,26 €
Pour s'y rendre : R. de la Ferrière (1,2 km au nord par rte de Senonches et rte à gauche)
À savoir : au bord de l'Eure et d'un plan d'eau

Loisirs : 🎣 🏖 🏊
Services : 🔧 (juil.-août) 🚿 🗑 🛒 ⚡
🚿 🏪
À prox. : 🍴 🍨 hammam 🎱 🏖 🛶
pédalos

279

FOUGÈRES

✉ 36190 – **323** F8
Paris 326 – Aigurande 19 – Argenton-sur-Creuse 26 – Crozant 9 – Guéret 49.

▲ **Municipal de Fougères** de déb. avr. à fin oct.
✆ 02 54 47 20 01, campingfougeres.36@wanadoo.fr, Fax 02 54 47 34 41, www.berrysud.com – ℞
4,5 ha (150 empl.) en terrasses, plat, peu incliné, herbeux, pierreux
Tarif : (Prix 2008) 13,20 € ✦✦ 🚗 📧 (💡) (10A) – pers. suppl. 3,50 €
Location (Prix 2008) (de déb. mars à fin déc.) : 15 🏠 (4 à 6 pers.) - 260 à 490 €/sem. – **R** conseillée
Pour s'y rendre : Plage de Fougèrees
À savoir : site agréable au bord du lac de Chambon

Nature : ≤ ♀
Loisirs : 🏛 🎣 ✂ 🎱 🏊 🏖 🛶
Services : 🔧 ⛽ 🅖🅑 🚿 🗑 ⚡ 📶 🏪
À prox. : 🍴 snack 🎵 pédalos, canoë

FRÉTEVAL

✉ 41160 – **318** E4 – G. Châteaux de la Loire – 897 h. – alt. 89
Paris 158 – Beaugency 39 – Blois 40 – Cloyes-sur-le-Loir 17 – Vendôme 19.

△ **La Maladrerie** de mi-mars à fin oct.
✆ 02 54 82 62 75, campingdelamaladrerie@aliceadsl.fr, Fax 02 54 82 62 75 – places limitées pour le passage – **R** conseillée
16 ha/1,5 campable (107 empl.) plat, pierreux, herbeux
Tarif : ♦ 2,50 € 🚗 5,45 € – (💡) (6A) 2,30 €
Pour s'y rendre : La Maladrerie (au nord-ouest du bourg par rte du Plessis et chemin à gauche apr. le passage à niveau, au bord de deux étangs)

Nature : ♀♀
Loisirs : 🍸 ✂ 🎵 🎱 🛶
Services : 🔧 ⛽ 🚿 🗑 🛒 ⚡ 🏪

CENTRE

GARGILESSE-DAMPIERRE

✉ 36190 – **323** F7 – G. Limousin Berry – 324 h. – alt. 220
🛈 *Office de tourisme, le Bourg* ✆ *02 54 47 85 06, Fax 02 54 47 71 22*
Paris 310 – Châteauroux 45 – Guéret 59 – Poitiers 113.

▲ **La Chaumerette**.
✆ 02 54 47 73 44, *lachaumerette@orange.fr* – ℞
2,6 ha (72 empl.) plat, herbeux, pierreux

Nature : 🌳 ♒
Loisirs : 🍷 snack 🎣
Services : ♿ 🛎 ♨

Pour s'y rendre : 1,4 km au sud-ouest par D 39, rte d'Argenton-sur-Creuse et chemin à gauche menant au barrage de la Roche au Moine

À savoir : cadre pittoresque, en partie sur une île de la Creuse

GIEN

✉ 45500 – **318** M5 – G. Châteaux de la Loire – 15 332 h. – alt. 162
🛈 *Office de tourisme, place Jean Jaurès* ✆ *02 38 67 25 28, Fax 02 38 38 23 16*
Paris 149 – Auxerre 85 – Bourges 77 – Cosne-sur-Loire 46 – Orléans 70 – Vierzon 74.

⛺ **Sunelia les Bois du Bardelet** 👥 – de déb. avr. à fin sept.
✆ 02 38 67 47 39, *contact@bardelet.com*,
Fax 02 38 38 27 16, *www.bardelet.com* – ℞ conseillée
15 ha/8 campables (260 empl.) plat, herbeux, étangs
Tarif : 25,60 € 👥 🚗 🔌 (6A) – pers. suppl. 6,50 € – frais de réservation 30 €

Nature : 🌳 ♒
Loisirs : 🍷 🍴 🎲 🛝 🏊 🚴 🎣
🏖 ⛵ 🎣 canoë
Services : ♿ ⚡ 🏪 🧺 🧊 ♨
♨ 🧺 🚻 sèche-linge 🧺

Location (de déb. avr. à fin sept.) 🅿 : 27 🏠 (4 à 6 pers.) nuitée 42 € - 310 à 924 €/sem. – 54 🏡 (4 à 6 pers.) nuitée 34 € - 250 à 1 001 €/sem. – frais de réservation 30 € - ℞ conseillée
🏕 – 25 🏘 19,20 € – 🚌 🚐 10 €

Pour s'y rendre : Rte de Bourges (5 km au sud-ouest par D 940 et 2 km par rte à gauche - pour les usagers venant de Gien, accès conseillé par D 53, rte de Poilly-lez-Gien et 1ère rte à dr.)

À savoir : cadre agréable, au bord d'un étang et belle piscine d'intérieur

---

Le lac de Vassivière

S. Sauvignier/Michelin

CENTRE

LA GUERCHE-SUR-L'AUBOIS

✉ 18150 – **323** N5 – 3 397 h. – alt. 184
🛈 *Office de tourisme, 1, place Auguste Fournier* ☎ 02 48 74 25 60
Paris 242 – Bourges 48 – La Charité-sur-Loire 31 – Nevers 22 – Sancoins 16.

⚠ **Municipal le Robinson** de mi-avr. à mi-oct.
☎ 02 48 74 18 86, vangeluwe.laurence@orange.fr,
Fax 02 48 74 18 86, www.mairie-la-guerche-sur-lau
bois.com – **R** conseillée
1,5 ha (33 empl.) plat et peu incliné, herbeux
Tarif : 13 € ⚥ 🚗 📧 ⚡ (10A) – pers. suppl. 1 €
Location (permanent) : 4 🏠 (4 à 6 pers.) – 250 à
280 €/sem. – **R** conseillée
🚐 1 borne artisanale 5 €
Pour s'y rendre : 2 r. de Couvache (1,4 km au sud-est par
D 200, rte d'Apremont puis à dr., 600 m par D 218 et che-
min à gauche)
À savoir : situation agréable au bord d'un plan d'eau

Nature : 🏞 ♀
Loisirs : 🎯 🎣 ≋
Services : ♿ ⚬— 🚽 🕭 ♨ ⛳ 🏠
À prox. : 🍴 🚣 ≋ pédalos

Demandez à votre libraire le catalogue des **publications MICHELIN.**

L'ÎLE-BOUCHARD

✉ 37220 – **317** L6 – G. Châteaux de la Loire – 1 764 h. – alt. 41
🛈 *Office de tourisme, 16, place Bouchard* ☎ 02 47 58 67 75, Fax 02 47 58 67 75
Paris 284 – Châteauroux 118 – Châtellerault 49 – Chinon 16 – Saumur 42 – Tours 45.

⚠ **Municipal les Bords de Vienne** de déb. avr. à
mi-oct.
☎ 02 47 95 23 59, info@campingbordsdevienne.com,
Fax 02 47 98 45 29, http://campingbordsdevienne.com – **R**
1 ha (90 empl.) plat, herbeux
Tarif : (Prix 2008) 16 € ⚥ 🚗 📧 ⚡ (16A) – pers. suppl. 4 €
Location (Prix 2008) (permanent) : gîte d'étape
– **R** conseillée
🚐

Nature : ♀♀
Loisirs : ≋
Services : ♿ ⚬— 🚽 🕭 ♨ ⛳ 🏠
À prox. : 🚲 🍴 ≋ canoë

Pour s'y rendre : 4 bis allée du Camping (près du quartier
St-Gilles, en amont du pont sur la Vienne, près de la rivière)

ISDES

✉ 45620 – **318** K5 – 476 h. – alt. 152
Paris 174 – Bourges 75 – Gien 35 – Orléans 40 – Romorantin-Lanthenay 61 – Vierzon 69.

⚠ **Municipal les Prés Bas** de mi-mars à déb. nov.
☎ 06 75 22 13 24, mail.isdes@wanadoo.fr,
Fax 02 38 29 07 59, www.isdes.fr – **R**
0,5 ha (20 empl.) plat, herbeux
Tarif : (Prix 2008) 🏕 2 € 🚗 1 € 📧 2 € ⚡ (9A)
Location (permanent) : gîte d'étape – **R**
Pour s'y rendre : Rte de Sully-sur-Loire (sortie nord-est par
D 59, près d'un étang)

Nature : 🏞
Loisirs : ≋
Services : ♿ ♨ ⛳ 🏠
À prox. : 🚣

JARS

✉ 18260 – **323** M2 – G. Limousin Berry – 505 h. – alt. 285
Paris 188 – Aubigny-sur-Nère 24 – Bourges 47 – Cosne-sur-Loire 21 – Gien 44 – Sancerre 15.

⚠ **La Balance** mai-oct.
☎ 02 48 58 74 50, Fax 02 48 73 88 79 – **R** conseillée
0,9 ha (25 empl.) peu incliné, plat, herbeux
Tarif : (Prix 2008) 🏕 1,75 € 🚗 1,15 € 📧 1,75 € – ⚡ 2 €
Location : gîte d'étape
Pour s'y rendre : 800 m au sud-ouest par D 74 et chemin à
dr.
À savoir : près d'un étang

Nature : ♀
Services : ♨ ⛳
À prox. : 🍴 🚣 ≋ canoë

CENTRE

LORRIS

✉ 45260 – **318** M4 – G. Châteaux de la Loire – 2 674 h. – alt. 126
🛈 *Office de tourisme, 2, rue des Halles* ✆ *02 38 94 81 42, Fax 02 38 94 88 00*
Paris 132 – Gien 27 – Montargis 23 – Orléans 55 – Pithiviers 45 – Sully-sur-Loire 19.

▲ L'Étang des Bois
✆ 02 38 92 32 00, *canal.orleans@wanadoo.fr*,
Fax 02 38 46 82 92, *www.canal.orleans.monsite.wanadoo.fr*
– **R** conseillée
3 ha (150 empl.) plat, gravillons
Pour s'y rendre : 6 km à l'ouest par D 88, rte de Château-neuf-sur-Loire, près de l'étang des Bois
À savoir : cadre boisé dans un site agréable

Nature : 🌳 ♀♀
Loisirs : 🍴 ⛱
Services : ⚬ 🚿 ⚡ ♻
À prox. : ✂ 🏊 ⛵ (plage) 🐟 🐴 (centre équestre)

LUNERY

✉ 18400 – **323** J5 – 1 536 h. – alt. 150
Paris 256 – Bourges 23 – Châteauroux 51 – Issoudun 28 – Vierzon 39.

▲ Intercommunal de Lunery
✆ 02 48 68 07 38, *fercher@fr.oleane.com*,
Fax 02 48 55 26 78 – **R** conseillée
0,5 ha (37 empl.) plat, herbeux
🚐 1 borne artisanale
Pour s'y rendre : au bourg, près de l'église
À savoir : autour des vestiges d'un ancien moulin, près du Cher

Nature : 🌳 ♀
Loisirs : 🍴 🐴
Services : ♿ ⚬ 🚿 ♻
À prox. : 🍷 ✂ ✕

LUÇAY-LE-MÂLE

✉ 36360 – **323** E4 – G. Limousin Berry – 1 706 h. – alt. 160
Paris 240 – Le Blanc 73 – Blois 60 – Châteauroux 43 – Châtellerault 92 – Loches 39 – Tours 80.

▲ Municipal la Foulquetière
✆ 02 54 40 52 88, *mairie@ville-lucaylemale.fr*,
Fax 02 54 40 42 47
1,5 ha (30 empl.) plat, peu incliné, herbeux
Location 🏠 : 3 🏡
🚐 1 borne artisanale – 🚐 11 €
Pour s'y rendre : 3,8 km au sud-ouest par D 960, rte de Loches, D 13, rte d'Ecueillé à gauche et chemin à dr.
À savoir : à 80 m d'un plan d'eau très prisé des pêcheurs

Nature : 🌳 ♀
Loisirs : 🐴
Services : ♿ 🚿 ⚡ ⚬ ⛱ ♻
À prox. : 🍷 ✕ 🚣 ✂ ⛱ 🏊 (plage) 🐟 canoë, pédalos

La forêt solognote en automne

S. Sauvignier/Michelin

CENTRE

MARCILLY-SUR-VIENNE

✉ 37800 – **317** M6 – 509 h. – alt. 60
Paris 280 – Azay-le-Rideau 32 – Chinon 30 – Châtellerault 29 – Descartes 18 – Richelieu 21 – Tours 47.

⚠ Intercommunal la Croix de la Motte
– ℞
1,5 ha (61 empl.) plat, herbeux
Pour s'y rendre : 1,2 km au nord par D 18, rte de l'Île-Bouchard et r. à dr.
À savoir : plaisant cadre ombragé, près de la Vienne

Nature : 🌳 🌊 ⚘
Loisirs : 🏊 🌊
Services : ♿ 🏠 ♻ ☺ 🗑
À prox. : ≈ (plage) canoë

MAREUIL-SUR-CHER

✉ 41110 – **318** E8 – 957 h. – alt. 63
🛈 Syndicat d'initiative, 3, rue du Passeur ✆ 02 54 75 31 48, Fax 02 54 75 31 48
Paris 225 – Blois 47 – Châtillon-sur-Indre 41 – Montrichard 16 – St-Aignan 6.

⚠ Municipal le Port
✆ 02 54 32 79 51, leportdemareuil@orange.fr,
Fax 02 47 92 72 95, www.campingleportdemareuil.com
– **R** conseillée
1 ha (50 empl.) plat, herbeux
Pour s'y rendre : Au bourg (près de l'église et du château)
À savoir : décoration arbustive, en bordure du Cher

Nature : 🌳 🌊 ⚘
Loisirs : 🏊 🎣 🌊 canoë
Services : ♿ ⛽ ☺ ♻ 🗑
À prox. : 🍽

LES GUIDES VERTS MICHELIN
Paysages, monuments
Routes touristiques
Géographie
Histoire, Art
Itinéraire de visite
Plans de villes et de monuments

283

MENNETOU-SUR-CHER

✉ 41320 – **318** I8 – G. Limousin Berry – 903 h. – alt. 100
🛈 Office de tourisme, 21, Grande Rue ✆ 02 54 98 12 29
Paris 209 – Bourges 56 – Romorantin-Lanthenay 18 – Selles-sur-Cher 27 – Vierzon 16.

⚠ Municipal Val Rose de déb. mai à déb. sept.
✆ 02 54 98 11 02, mairie.mennetou@wanadoo.fr,
Fax 02 54 98 10 56 – ℞
0,8 ha (50 empl.) plat, herbeux
Tarif : (Prix 2008) ♦ 1,50 € 🔳 2,50 € – ⚡ (6A) 2 €
🚐
Pour s'y rendre : R. de Val Rose (au sud du bourg, à dr. après le pont sur le canal, à 100 m du Cher)

Nature : 🌊 ⚘
Loisirs : 🏊
Services : ♿ ⛽ ☑ 🗑 ☺
À prox. : 🍽 🎣 🌊 ⚓ canoë 🚐

MESLAND

✉ 41150 – **318** D6 – 528 h. – alt. 79
Paris 205 – Amboise 19 – Blois 23 – Château-Renault 20 – Montrichard 27 – Tours 45.

⚠⚠⚠ Parc du Val de Loire 👥 – de déb. avr. à mi-sept.
✆ 02 54 70 27 18, parcduvaldeloire@wanadoo.fr,
Fax 02 54 70 21 71, www.parcduvaldeloire.com – **R** conseillée
15 ha (300 empl.) plat et peu incliné, herbeux
Tarif : 30,50 € ♦♦ 🚗 🔳 ⚡ (10A) – pers. suppl. 7 € – frais de réservation 15 €
Location (de déb. avr. à mi-sept.) : 50 🏠 (4 à 6 pers.) – nuitée 35 € - 210 à 623 €/sem. – 30 🏕 (4 à 6 pers.) – nuitée 35 € - 210 à 644 €/sem. – frais de réservation 15 € - **R** conseillée
🚐 – 1 🔳 20 € – 🚗 ⚡ 13 €
Pour s'y rendre : 155 rte de Fleuray (1,5 km à l'ouest)
À savoir : cadre boisé face au vignoble

Nature : 🌳 🌊 ⚘⚘
Loisirs : 🍽 🍴 🏛 🛝 🏊 🚴 🎱 🛶 🏓 🎣 🎯
Services : ♿ ⛽ 🏧 🛒 ☑ 🗑 ☺ ♻ ♨ 🧺 💈 🍴 🏠 🍽 🥤 ♻

CENTRE

MONTARGIS

✉ 45200 – **318** N4 – 15 030 h. – alt. 95

🛈 *Office de tourisme, rue du Port* 📞 02 38 98 00 87, Fax 02 38 98 82 01

Paris 109 – Auxerre 252 – Nemours 36 – Nevers 126 – Orléans 73.

▲ Municipal de la Forêt de déb. fév. à fin nov.

📞 02 38 98 00 20, campings.agglo.montargoise@wanadoo.fr, Fax 02 38 95 02 29 – **R**

5,5 ha (100 empl.) plat, pierreux, sablonneux, herbeux

Tarif : (Prix 2008) ★ 2,40 € ⇔ 1,80 € 🅴 2,40 € – [⚡] (10A) 2,90 €

🚐 1 borne raclet 3 € – 10 🅴 12,80 €

Pour s'y rendre : 38 av. Louis-Maurice-Chautemps (sortie nord par D 943 et 1 km par D 815, rte de Paucourt)

> Nature : 🌳🌳(chênaie)
> Loisirs : 🏛 🏇
> Services : & 🕭 🚿 🏠 🎱 ⛲ ⚡
> À prox. : ✂ 🎿

MONTBAZON

✉ 37250 – **317** N5 – G. Châteaux de la Loire – 3 434 h. – alt. 59

🛈 *Office de tourisme, esplanade du Val de l'Indre* 📞 02 47 26 97 87, Fax 02 47 26 22 42

Paris 247 – Châtellerault 59 – Chinon 41 – Loches 33 – Montrichard 42 – Saumur 73 – Tours 15.

▲ La Grange Rouge de déb. mai à fin sept.

📞 02 47 26 06 43, ma.widd@wanadoo.fr, Fax 02 47 26 03 13, www.camping-montbazon.com – **R** conseillée

2 ha (108 empl.) plat, herbeux

Tarif : (Prix 2008) 16,35 € ★★ ⇔ 🅴 [⚡] (6A) – pers. suppl. 3,20 €

Location (Prix 2008) (de mi-avr. à fin sept.) : 6 🚐 (4 à 6 pers.) nuitée 52 € · 285 à 505 €/sem. – frais de réservation 12 € · **R** conseillée

Pour s'y rendre : Rte de Tours (apr. le pont sur l'Indre)

À savoir : situation plaisante en bordure de rivière et près du centre ville

> Nature : 🌳🌳
> Loisirs : snack, brasserie 🏛 🎿
> Services : & 🕭 🚿 GB 🚿 🏠 🎱 ⛲
> À prox. : ✂ 🎣 🏇 parcours sportif

MONTLOUIS-SUR-LOIRE

✉ 37270 – **317** N4 – G. Châteaux de la Loire – 9 657 h. – alt. 60

🛈 *Office de tourisme, place François Mitterrand* 📞 02 47 45 00 16, Fax 02 47 45 87 10

Paris 235 – Amboise 14 – Blois 49 – Château-Renault 32 – Loches 39 – Montrichard 33 – Tours 11.

▲ les Peupliers de déb. mai à fin sept.

📞 04 71 50 07 70, aquadis1@wanadoo.fr, Fax 03 86 37 95 83, www.aquadis-loisirs.com – **R** conseillée

6 ha (252 empl.) plat, herbeux

Tarif : 14,50 € ★★ ⇔ 🅴 [⚡] (6A) – pers. suppl. 3,90 € – frais de réservation 8 €

Location (de déb. avr. à fin oct.) : 🚐 – frais de réservation 16 € · **R** conseillée

Pour s'y rendre : Rte de la Vieille-Brioude (1,5 km à l'ouest par D 751, rte de Tours, à 100 m de la Loire)

À savoir : plaisant cadre boisé

> Nature : 🛏 🌳🌳
> Loisirs : 🍷 🏛 🏇
> Services : & 🕭 🚿 GB 🚿 🏠 🎱 ⛲
> 🅿 🚿
> À prox. : ✂ 🎿 🚣

MONTOIRE-SUR-LE-LOIR

✉ 41800 – **318** C5 – G. Châteaux de la Loire – 4 275 h. – alt. 65

🛈 *Syndicat d'initiative, 16, place Clemenceau* 📞 02 54 85 23 30, Fax 02 54 85 23 87

Paris 186 – Blois 52 – Château-Renault 21 – La Flèche 81 – Le Mans 70 – St-Calais 24 – Vendôme 19.

▲ Municipal les Reclusages

📞 02 54 85 02 53, mairie.montoire@wanadoo.fr, Fax 02 54 85 05 29 – **R** conseillée

2 ha (133 empl.) plat, herbeux

Pour s'y rendre : sortie sud-ouest, rte de Tours et rte de Lavardin à gauche apr. le pont

À savoir : au bord du Loir

> Nature : 🌳🌳
> Loisirs : 🍷 🚣
> Services : & 🕭 🚿 🏠 🎱 ⛲
> À prox. : 🎿 🏇 ✂ 🎣

CENTRE

MORÉE

✉ 41160 – **318** E4 – 994 h. – alt. 96
Paris 154 – Blois 42 – Châteaudun 24 – Orléans 58 – Vendôme 21.

Municipal de la Varenne de déb. mai à fin oct.
☎ 02 54 82 06 16, *mairie-de-moree@wanadoo.fr*,
Fax 02 54 89 15 10 – **R** conseillée
0,8 ha (43 empl.) plat, herbeux
Tarif : (Prix 2008) 4 € ▣ 3,50 € – (½) (8A) 3 €
– 10 ▣ 8 € – 8 €

Nature :
Loisirs : (plage)
Services :
À prox. :

Pour s'y rendre : 28 r. des Prés (à l'ouest du bourg, au bord d'un plan d'eau, accès conseillé par D 19, rte de St-Hilaire-la-Gravelle et chemin à gauche)

MUIDES-SUR-LOIRE

✉ 41500 – **318** G5 – 1 157 h. – alt. 82
🛈 Syndicat d'initiative, place de la Libération ☎ 02 54 87 58 36, Fax 02 54 87 58 36
Paris 169 – Beaugency 17 – Blois 20 – Chambord 9 – Vendôme 53.

Château des Marais – de mi-mai à mi-sept.
☎ 02 54 87 05 42, *chateau.des.marais@wanadoo.fr*,
Fax 02 54 87 05 43, *www.chateau-des-marais.com*
– **R** conseillée
8 ha (198 empl.) plat, herbeux
Tarif : 40 € ▣ (10A) – pers. suppl. 8 € – frais de réservation 28 €

Nature :
Loisirs : nocturne
Services :
À prox. : canoë

Location  : (4 à 6 pers.) à 920 €/sem. – (4 à 6 pers.) - à 960 €/sem. – – (hôtel) – frais de réservation 28 € · **R** conseillée
1 borne artisanale 8 € – 20 ▣ 40 €

Pour s'y rendre : 27 r. de Chamau bord (au sud-est par D 103, rte de Crouy-sur-Cosson - pour caravanes : accès par D 112 et D 103 à dr.)

À savoir : dans l'agréable parc boisé du château (XVIIe s.)

Municipal Bellevue de fin avr. à mi-sept.
☎ 02 54 87 01 56, *mairie.muides@wanadoo.fr*,
Fax 02 54 87 01 25 – **R** conseillée
2,5 ha (100 empl.) plat, herbeux, sablonneux
Tarif : 3,15 € ▣ 2,20 € – (½) (8A) 3 €
1 borne artisanale 7 €

Services : (juin-août)
À prox. :

Pour s'y rendre : au nord du bourg par D 112, rte de Mer et à gauche av. le pont, près de la Loire

---

Paysage de la Brenne

CENTRE

NEUNG-SUR-BEUVRON

✉ 41210 – **318** H6 – 1 112 h. – alt. 102
Paris 183 – Beaugency 33 – Blois 39 – Lamotte-Beuvron 20 – Romorantin-Lanthenay 21 – Salbris 26.

Municipal de la Varenne de déb. avr. à fin oct.
📞 02 54 83 68 52, camping.lavarenne@wanadoo.fr,
Fax 02 54 83 68 52, www.neung-sur-beuvron.fr – **R** conseillée
4 ha (73 empl.) plat, peu incliné, herbeux, sablonneux
Tarif : (Prix 2008) 10 € (10A) – pers. suppl. 2,30 €
Location (Prix 2008) (de déb. avr. à fin nov.) : 4 (4 à 6 pers.) 210 à 375 €/sem. – frais de réservation 90 € - **R** conseillée
– 10 €
Pour s'y rendre : 34 r. de Veillas (1 km au nord-est, accès par r. à gauche de l'église, près du Beuvron)
À savoir : agréable cadre boisé

Nature : 𝄞 (chênaie)
Loisirs :
Services :

NEUVY-ST-SÉPULCHRE

✉ 36230 – **323** G7 – G. Limousin Berry – 1 654 h. – alt. 186
Paris 295 – Argenton-sur-Creuse 24 – Châteauroux 29 – La Châtre 16 – Guéret 67 – La Souterraine 74.

Municipal les Frênes de mi-juin à mi-sept.
📞 02 54 30 82 51, mairie.neuvysaintsepulchre@wanadoo.fr, Fax 02 54 30 88 94 – **R** conseillée
1 ha (35 empl.) plat, herbeux
Tarif : 11 € (9A) – pers. suppl. 2 €
Location (permanent) : 2 (4 à 6 pers.) nuitée 80 € - 200 à 230 €/sem. – **R** conseillée
Pour s'y rendre : Rte de l'Augère (sortie ouest par D 927, rte d'Argenton-sur-Creuse puis 600 m par r. à gauche et chemin à dr., à 100 m d'un étang et de la Bouzanne)

Nature :
Loisirs :
Services : sèche-linge
À prox. : snack

NIBELLE

✉ 45340 – **318** K3 – 752 h. – alt. 123
🛈 Office de tourisme, 42, rue Saint-Sauveur 📞 02 38 32 23 50
Paris 102 – Chartres 91 – Châteauneuf-sur-Loire 24 – Neuville-aux-Bois 27 – Pithiviers 20.

Parc de Nibelle de déb. mars à fin nov.
📞 02 38 32 23 55, info@parc-nibelle.com,
Fax 02 38 32 03 87, www.parc-nibelle.com – **R**
10 ha (120 empl.) plat, pierreux, herbeux
Tarif : (Prix 2008) 26 € (4A) – pers. suppl. 10 €
Location (Prix 2008) (de déb. avr. à mi-déc.) : 2 (2 à 4 pers.) nuitée 46 € - 155 à 413 €/sem. – 12 (4 à 6 pers.) nuitée 70 € - 97 à 570 €/sem. – 3 (4 à 6 pers.) nuitée 70 € - 90 à 514 €/sem. – frais de réservation 5 € - **R** conseillée
Pour s'y rendre : Rte de Boiscommun (2 km à l'est par D 230, puis D 9 à dr.)
À savoir : agréable cadre boisé et soigné

Nature :
Loisirs : snack
Services :
À prox. :

NOGENT-LE-ROTROU

✉ 28400 – **311** A6 – G. Normandie Vallée de la Seine – 11 524 h. – alt. 116
🛈 Office de tourisme, 44, rue Villette-Gaté 📞 02 37 29 68 86, Fax 02 37 29 68 86
Paris 146 – Alençon 65 – Chartres 54 – Châteaudun 55 – Le Mans 76 – Mortagne-au-Perche 36.

Municipal des Viennes
📞 02 37 52 80 51, courriel@ville-nogent-le-rotrou.fr,
Fax 02 37 29 68 69, www.ville-nogent-le-rotrou.fr
– **R** conseillée
0,5 ha (30 empl.) plat, herbeux
Pour s'y rendre : R. des Viennes (au nord de la ville par av. des Prés (D 103))
À savoir : au bord de l'Huisne

Nature :
Loisirs :
Services :
À prox. :

CENTRE

NOUAN-LE-FUZELIER

✉ 41600 – **318** J6 – 2 319 h. – alt. 113
🛈 Syndicat d'initiative, place de la Gare ✆ 02 54 88 76 75
Paris 177 – Blois 59 – Cosne-sur-Loire 74 – Gien 56 – Lamotte-Beuvron 8 – Orléans 44 – Salbris 13.

La Grande Sologne
✆ 02 54 88 70 22, camping-lagrande-sologne@wanadoo.fr,
Fax 02 54 88 41 74 – **R** conseillé
10 ha/4 campables (180 empl.) plat, herbeux
Location : 4
1 borne –
Pour s'y rendre : sortie sud par N 20 puis chemin à gauche en face de la gare
À savoir : cadre boisé au bord d'un étang

OLIVET

✉ 45160 – **318** I4 – G. Châteaux de la Loire – 19 195 h. – alt. 100
🛈 Office de tourisme, 236, rue Paul Genain ✆ 02 38 63 49 68, Fax 02 38 63 50 45
Paris 137 – Orléans 4 – Blois 70 – Chartres 78 – Vierzon 82.

Municipal de déb. avr. à mi-oct.
✆ 02 38 63 53 94, campingolivet@wanadoo.fr,
Fax 02 38 63 58 96, www.camping-olivet.org – **R** conseillée
1 ha (46 empl.) plat, herbeux
Tarif : (Prix 2008) 16,05 € 👫 🚗 🔌 (16A) – pers. suppl. 3,40 € – frais de réservation 5 €
8 📧 16,15 €
Pour s'y rendre : R. du Pont Bouchet (2 km au sud-est par D 14, rte de St-Cyr-en-Val)
À savoir : situation agréable au confluent du Loiret et du Dhuy

ONZAIN

✉ 41150 – **318** E6 – G. Châteaux de la Loire – 3 141 h. – alt. 69
🛈 Syndicat d'initiative, 3, rue Gustave Marc ✆ 02 54 20 78 52
Paris 201 – Amboise 21 – Blois 19 – Château-Renault 24 – Montrichard 23 – Tours 44.

Le Dugny 👪 –
✆ 02 54 20 70 66, info@dugny.fr, Fax 02 54 33 71 69,
www.dugny.fr – **R** conseillée
8 ha (302 empl.) peu incliné, herbeux, pierreux
Location : 100 – 5
15 📧
Pour s'y rendre : 4,3 km au nord-est par D 58, rte de Chouzy-sur-Cisse, D 45 rte de Chambon-sur-Cisse et chemin à gauche, au bord d'un étang

PIERREFITTE-SUR-SAULDRE

✉ 41300 – **318** J6 – 851 h. – alt. 125
🛈 Syndicat d'initiative, 10, place de l'Église ✆ 02 54 88 67 15, Fax 02 54 88 67 15
Paris 185 – Aubigny-sur-Nère 23 – Blois 73 – Bourges 55 – Orléans 52 – Salbris 13.

Yelloh! Village Sologne Parc des Alicourts 👪 –
de fin avr. à déb. sept.
✆ 02 54 88 63 14, info@lesalicourts.com,
Fax 02 54 88 58 40, www.lesalicourts.com – **R** conseillée
21 ha/10 campables (420 empl.) plat, en terrasses, herbeux, sablonneux
Tarif : 42 € 👫 🚗 📧 🔌 (6A) – pers. suppl. 10 €
Location 🚫 : 135 (4 à 6 pers.) nuitée 104 € - 434 à 1 120 €/sem. – 105 (4 à 6 pers.) nuitée 81 € - 385 à 1 071 €/sem. – **R** conseillée
1 borne
Pour s'y rendre : 6 km au nord-est par D 126 et D 126b, au bord d'un étang
À savoir : beau domaine ou détente et plaisirs de l'eau seront comblés

287

CENTRE

PREUILLY-SUR-CLAISE

✉ 37290 – **317** O7 – G. Châteaux de la Loire – 1 293 h. – alt. 80
Paris 299 – Le Blanc 31 – Châteauroux 64 – Châtellerault 35 – Loches 36 – Tours 84.

▲ **Municipal**
📞 02 47 94 50 04, *mairie-preuilly@wanadoo.fr*,
Fax 02 47 94 63 26 – **R** conseillée
0,7 ha (37 empl.) plat, herbeux
Pour s'y rendre : au sud-ouest du bourg, près de la piscine, de la Claise et d'un étang
À savoir : cadre verdoyant au milieu d'un complexe de loisirs

ROMORANTIN-LANTHENAY

✉ 41200 – **318** H7 – G. Châteaux de la Loire – 18 350 h. – alt. 93
🛈 Office de tourisme, place de la Paix 📞 02 54 76 43 89, Fax 02 54 76 96 24
Paris 202 – Blois 42 – Bourges 74 – Châteauroux 72 – Orléans 67 – Tours 95 – Vierzon 38.

▲ **Tournefeuille** Permanent
📞 02 54 95 37 08, *camping.romo@wanadoo.fr*,
Fax 02 54 76 54 90, *www.camping-romorantin.com*
– **R** conseillée
1,5 ha (103 empl.) plat, herbeux
Tarif : 18 € 👥 👥 🚗 🏠 ⚡ (10A) – pers. suppl. 7 €
Location (Prix 2008) (permanent) : 🏠 (4 à 6 pers.) - 350 à 450 €/sem. – frais de réservation 5 € - **R** conseillée
🚐 – 2 🏠 13,50 € – 🚗 13.5 €
Pour s'y rendre : 32 r. des Lices (sortie est, rte de Salbris, r. de Long-Eaton, au bord de la Sauldre)

LES GUIDES VERTS MICHELIN
Paysages, monuments
Routes touristiques
Géographie
Histoire, Art
Itinéraire de visite
Plans de villes et de monuments

ROSNAY

✉ 36300 – **323** D6 – 526 h. – alt. 112
Paris 307 – Argenton-sur-Creuse 31 – Le Blanc 16 – Châteauroux 44.

▲ **Municipal** Permanent
📞 02 54 37 80 17, *rosnay-mairie@wanadoo.fr*,
Fax 02 54 37 02 86 – **R** conseillée
2 ha (36 empl.) plat, herbeux
Tarif : 👤 2 € 🚗 1,70 € 🏠 2,30 € – ⚡ (10A) 2 €
🚐 – 15 🏠 4 €
Pour s'y rendre : Rte de St-Michel-en-Brenne (500 m au nord par D 44)
À savoir : agréable structure bordée par un étang

ST-AMAND-MONTROND

✉ 18200 – **323** L2 – G. Limousin Berry – 11 447 h. – alt. 160
🛈 Office de tourisme, place de la République 📞 02 48 96 16 86, Fax 02 48 96 46 64
Paris 282 – Bourges 52 – Châteauroux 65 – Montluçon 56 – Moulins 79 – Nevers 70.

▲ **Municipal de la Roche** avr.-sept.
📞 02 48 96 09 36, *ot-sam@wanadoo.fr*, Fax 02 48 96 09 36,
www.ville-saint-amand-montrond.fr – **R** conseillée
4 ha (120 empl.) plat, peu incliné, herbeux
Tarif : (Prix 2008) 👤 2,80 € 🚗 🏠 3,90 € – ⚡ (5A) 2,60 €
Pour s'y rendre : sortie sud-est par N 144, rte de Montluçon et chemin de la Roche à dr. av. le canal, près du Cher

CENTRE

ST-AVERTIN

✉ 37550 – **317** N4 – 14 092 h. – alt. 49
🛈 Office de tourisme, 36, rue Rochepinard ☎ 02 47 27 01 72, Fax 02 47 27 04 86
Paris 245 – Orléans 121 – Tours 7 – Blois 70 – Joué 9.

Les Rives du Cher de déb. avr. à mi-oct.
☎ 02 47 27 27 60, contact@camping-lesrivesducher.com, Fax 02 47 25 82 89, www.camping-lesrivesducher.com – **R** conseillée
2 ha (90 empl.) plat, herbeux
Tarif : ♦ 4 € ⇔ 2,65 € 🗐 4 € – (½) (10A) 5,30 €
Location (de déb. avr. à mi-oct.) : 4 🛖 (4 à 6 pers.) 314 à 657 €/sem. – **R** conseillée
🚐 – 22 🗐 9,25 €
Pour s'y rendre : 61 r. de Rochepinard (au nord par rive gauche du Cher)
À savoir : près d'un plan d'eau

Nature : 🖙 ♀
Services : 🚻 🔑 🖃 🗸 🎝 🛁 ☕
⊙ 🕾 🕆 sèche-linge
À prox. : 🏊 ✂ 🖼 🏄 ♦

ST-PÈRE-SUR-LOIRE

✉ 45600 – **318** L5 – 1 003 h. – alt. 115
Paris 147 – Aubigny-sur-Nère 38 – Châteauneuf-sur-Loire 40 – Gien 25 – Montargis 39 – Orléans 49 – Sully-sur-Loire 2.

Hortus, le Jardin de Sully Permanent
☎ 02 38 36 35 94, info@camping-hortus.com, www.camping-hortus.com – **R** conseillée
2,7 ha (80 empl.) plat, herbeux, pierreux, gravier
Tarif : (Prix 2008) 20,50 € ♦♦ ⇔ 🗐 (½) (10A) – pers. suppl. 5,50 € – frais de réservation 5 €
Location (Prix 2008) : 15 🛖 (4 à 6 pers.) 260 à 580 €/sem. – frais de réservation 5 € – **R** conseillée
🚐 1 borne
Pour s'y rendre : 1 rte de St-Benoit (à l'ouest par D 60, rte de Châteauneuf-sur-Loire, près du fleuve)

Loisirs : 🛖 🏊
Services : 🚻 🔑 🖃 🗸 🎝 ☕ 🛁
🔧 🕆 🕾
À prox. : ✂ 🏄 parcours de santé

ST-SATUR

✉ 18300 – **323** N2 – G. Limousin Berry – 1 731 h. – alt. 155
🛈 Office de tourisme, 25, rue du Commerce ☎ 02 48 54 01 30, Fax 02 48 54 01 30
Paris 194 – Aubigny-sur-Nère 42 – Bourges 50 – Cosne-sur-Loire 12 – Gien 55 – Sancerre 4.

René Foltzer mai-sept.
☎ 02 48 54 04 67, aquadis1@wanadoo.fr, Fax 03 86 37 95 83, www.aquadis-loisirs.com – **R** conseillée ✂
1 ha (85 empl.) plat, herbeux
Tarif : 12 € ♦♦ ⇔ 🗐 (½) (6A) – pers. suppl. 2,50 € – frais de réservation 8 €
🚐 10 🗐 12 €
Pour s'y rendre : à St-Thibault (1 km à l'est par D 2)
À savoir : près de la Loire (accès direct)

Nature : 🖙 ♀♀
Loisirs : 🛖 ✂
Services : 🚻 🔑 🖃 🗸 🎝 ☕ 🛁
🔧 🕆 🕾
À prox. : 🚴 🖼 🏄 🏊 🏄 golf, canoë

STE-CATHERINE-DE-FIERBOIS

✉ 37800 – **317** M6 – G. Châteaux de la Loire – 611 h. – alt. 114
Paris 263 – Azay-le-Rideau 25 – Chinon 37 – Ligueil 19 – Tours 31.

Parc de Fierbois 🅰🅰 – de mi-mai à mi-sept.
☎ 02 47 65 43 35, parc.fierbois@wanadoo.fr, Fax 02 47 65 53 75, www.fierbois.com – places limitées pour le passage – **R** conseillée
30 ha/12 campables (320 empl.) plat et terrasses, herbeux
Tarif : 46,50 € ♦♦ ⇔ 🗐 (½) (10A) – pers. suppl. 8 €
Location (de mi-mai à mi-sept.) : 35 🛖 (4 à 6 pers.) nuitée 35 € - 245 à 966 €/sem. – 19 🛖 (4 à 6 pers.) nuitée 237 € - 259 à 1 015 €/sem. – 10 bungalows toilés – 8 gîtes – **R** conseillée
🚐 – 🚐 13,5 €
Pour s'y rendre : 1,2 km au sud
À savoir : agréable et vaste domaine avec bois, lac et parc aquatique

Nature : 🖙 ♀♀ 🛁
Loisirs : 🍹 ✂ pizzeria 🛖 🎯 🏊 🎣
🚴 ⚽ ✂ 🏄 🏊 🏄 🏊 (plage)
🏄 🔧
Services : 🚻 🔑 🖃 🗸 🎝 ☕ 🛁
🔧 🕆 🕾 🛁 sèche-linge 🧺 ✂
cases réfrigérées
À prox. : canoë, pédalos, parcours aventure

CENTRE

STE-MAURE-DE-TOURAINE

✉ 37800 – **317** M6 – G. Châteaux de la Loire – 3 909 h. – alt. 85
🛈 *Office de tourisme, rue du Château* ✆ *02 47 65 66 20, Fax 02 47 34 04 28*
Paris 273 – Le Blanc 71 – Châtellerault 39 – Chinon 32 – Loches 31 – Thouars 73 – Tours 40.

▲ **Municipal de Marans** de déb. avr. à fin sept.
✆ 02 47 65 44 93 – ℝ
1 ha (66 empl.) plat et peu incliné, herbeux
Tarif : (Prix 2008) ⚹ 2,60 € ⇔ 🅴 2,35 € – 🛞 (10A) 2,55 €
🚐 1 borne Artisanale – 2 🅴
Pour s'y rendre : r. de Toizelet (1,5 km au sud-est par D 760, rte de Loches, et à gauche, à 150 m d'un plan d'eau)

Loisirs : 🏃 parcours sportif
Services : ♿ ⚡ 🚿 ⊙ ♨
À prox. : 🎣

SALBRIS

✉ 41300 – **318** J7 – G. Châteaux de la Loire – 6 029 h. – alt. 104
🛈 *Office de tourisme, 1, rue du Général Girault* ✆ *02 54 97 22 27, Fax 02 54 97 22 27*
Paris 187 – Aubigny-sur-Nère 32 – Blois 65 – Lamotte-Beuvron 21 – Romorantin-Lanthenay 27 – Vierzon 24.

▲ **Sologne** de déb. avr. à fin sept.
✆ 02 54 97 06 38, campingdesologne@wanadoo.fr, mon site.orange.fr/camping.salbris – ℝ conseillée
2 ha (81 empl.) plat, herbeux
Tarif : 17 € ⚹⚹ ⇔ 🅴 🛞 (10A) – pers. suppl. 4,50 €
Location 🚫 : 5 🏠 (4 à 6 pers.) 335 à 455 €/sem.
– ℝ conseillée
🚐
Pour s'y rendre : 8 allée de la Sauldre (sortie nord-est par D 55, rte de Pierrefitte-sur-Sauldre, au bord d'un plan d'eau et près de la Sauldre)

Nature : 🌳 ♨
Loisirs : 🏊 🎣
Services : ♿ ⚡ 🇬🇧 🚿 ⊙ ♨ 🚰
🍽 🛒
À prox. : 🛒 🍴 🎰 🛶 🎣

The Guide changes, so renew your Guide every year.

SAVIGNY-EN-VÉRON

✉ 37420 – **317** J5 – 1 272 h. – alt. 40
Paris 292 – Chinon 9 – Langeais 27 – Saumur 20 – Tours 54.

▲▲ **Municipal la Fritillaire** de déb. avr. à fin sept.
✆ 02 47 58 03 79, lafritillaire.veron@ffcc.fr,
Fax 02 47 58 03 81, www.lafritillaire.camp-in-France.com
– ℝ conseillée
2,5 ha (100 empl.) plat, herbeux, bois attenant
Tarif : (Prix 2008) 14,30 € ⚹⚹ ⇔ 🅴 🛞 (10A) – pers. suppl. 2,60 € – frais de réservation 5 €
🚐 – 2 🅴 13,30 € – 🚱 10 €
Pour s'y rendre : R. Basse (à l'ouest du centre bourg, à 100 m d'un étang)

Nature : 🌲 🌳
Loisirs : 🎠
Services : ♿ ⚡ 🇬🇧 🚿 Ⓜ 🚽 🛒 ⊙ ♨ 🚰 🍽
À prox. : 🛒 🍴 🎰 🛶 🐎 🏇

SONZAY

✉ 37360 – **317** L3 – 1 120 h. – alt. 94
Paris 257 – Château-la-Vallière 39 – Langeais 26 – Tours 25.

▲▲▲ **L'Arada Parc** de fin mars à fin oct.
✆ 02 47 24 72 69, info@laradaparc.com, Fax 02 47 24 72 70, www.laradaparc.com – ℝ conseillée
1,7 ha (94 empl.) plat et peu incliné, herbeux
Tarif : 24,10 € ⚹⚹ ⇔ 🅴 🛞 (10A) – pers. suppl. 4,75 € – frais de réservation 9 €
Location (de fin mars à fin oct.) : 12 🏠 (4 à 6 pers.)
nuitée 38 € - 252 à 644 €/sem. – frais de réservation 9 €
– ℝ conseillée
🚐
Pour s'y rendre : R. de la Baratière (sortie ouest par D 68, rte de Souvigné et à dr.)

Nature : 🌲 🌳
Loisirs : 🍴 snack 🎰 🎠 🚲 🏊
Services : ♿ ⚡ 🇬🇧 🚿 Ⓜ 🚽 ⊙ ♨
🚰 🍽 🛒
À prox. : 🏃 🎣

CENTRE

SUÈVRES

✉ 41500 – **318** F5 – G. Châteaux de la Loire – 1 371 h. – alt. 83
🛈 Syndicat d'initiative, place de la Mairie ✆ 02 54 87 85 27
Paris 170 – Beaugency 18 – Blois 15 – Chambord 16 – Vendôme 46.

Château de la Grenouillère – de fin avr. à mi-sept.
✆ 02 54 87 80 37, la.grenouillere@wanadoo.fr,
Fax 02 54 87 84 21, www.camping-loire.com – **R** conseillée
11 ha (250 empl.) plat, herbeux
Tarif : 39 € ✸✸ 🚐 🗐 🚿 (10A) – pers. suppl. 7 € – frais de réservation 20 €

Location (de fin avr. à mi-sept.) 🚫 : 11 🏠 (4 à 6 pers.) à 760 €/sem. – 24 🏠 (4 à 6 pers.) - à 830 €/sem. – frais de réservation 20 € - **R** conseillée
🚐

Pour s'y rendre : Rte d'Orléans (3 km au nord-est sur RD 52)
À savoir : parc boisé et verger agréable

Nature : 🗨 🌳
Loisirs : 🍽 ✕ pizzeria 🎮 ♦ 🏃
🛥 🚲 💧 ✕ 🏊 ⛷
Services : ♿ ⛽ 🅶🅱 ♻ 🏠 ♨ ⚙
🗨 ♒ 🗑 sèche-linge 🔌 🚿

Ne pas confondre :
🔺 ... à ... 🔺🔺🔺 : appréciation **MICHELIN**
et
★ ... à ... ★★★★ : classement officiel

THORÉ-LA-ROCHETTE

✉ 41100 – **318** C5 – 883 h. – alt. 75
Paris 176 – Blois 42 – Château-Renault 25 – La Ferté-Bernard 58 – Vendôme 9.

🔺 Intercommunal la Bonne Aventure
✆ 02 54 72 00 59, campings@cpvendome.com,
Fax 02 54 89 41 01, www.vendome.com
2 ha (60 empl.) plat, herbeux
Pour s'y rendre : 1,7 km au nord par D 82, rte de Lunay et rte à dr., près du stade, au bord du Loir

Nature : 🌊 🌳
Loisirs : 🎮 🛥 🚲 ✕ 🐬
Services : ♿ ⛽ 🗑 ♨ 🏠
À prox. : 🏊

VALENÇAY

✉ 36600 – **323** F4 – G. Châteaux de la Loire – 2 736 h. – alt. 140
🛈 Office de tourisme, 2, avenue de la Résistance ✆ 02 54 00 04 42, Fax 02 54 00 27 67
Paris 233 – Blois 59 – Bourges 73 – Châteauroux 42 – Loches 50 – Vierzon 51.

🔺 Municipal les Chênes
✆ 02 54 00 03 92, commune@mairie-valencay.fr,
Fax 02 54 00 03 92 – **R** conseillée
5 ha (50 empl.) plat et peu incliné, herbeux
🚐 1 borne artisanale
Pour s'y rendre : 1 km à l'ouest sur D 960, rte de Luçay-le-Mâle
À savoir : agréable cadre de verdure en bordure d'étang

Nature : 🗨 🌳
Loisirs : 🎮 🎣 🐬
Services : ♿ ⛽ 🗑 ♨ 🏠

VATAN

✉ 36150 – **323** G4 – G. Limousin Berry – 1 972 h. – alt. 140
🛈 Office de tourisme, place de la République ✆ 02 54 49 71 69
Paris 235 – Blois 78 – Bourges 50 – Châteauroux 31 – Issoudun 21 – Vierzon 28.

🔺 Municipal de mi-avr. à mi-sept.
✆ 02 54 49 91 37, vatan.mairie1@wanadoo.fr,
Fax 02 54 49 93 72, www.vatan-en-berry.com – 🅁
2,4 ha (55 empl.) plat, herbeux, pierreux
Tarif : 10 € ✸✸ 🚐 🗐 🚿 (60A) – pers. suppl. 4 €
Location (de déb. avr. à fin sept.) : 3 🏠 (4 à 6 pers.) - 180 à 230 €/sem. – **R** conseillée
🚐

Pour s'y rendre : R. du Collège (sortie ouest par D 2, rte de Guilly et à gauche)
À savoir : bord d'un étang d'agrément

Nature : 🗨 🌳
Loisirs : 🎮 🏊
Services : ♿ ♻ 🗑 ♨ ⚙ 🗨 🏠
À prox. : ✕ 🏊

291

CENTRE

VEIGNÉ

✉ 37250 – **317** N5 – 5 474 h. – alt. 58
Paris 252 – Orléans 128 – Tours 16 – Joué-lès-Tours 11 – Saint-Cyr-sur-Loire 20.

▲ **La Plage** de déb. avr. à mi-oct.
☏ 02 47 26 23 00, campingveigne@aol.com,
Fax 02 47 73 11 47, www.touraine-vacance.com – ℝ
2 ha (120 empl.) plat, herbeux
Tarif : ✶ 3,90 € 🚗 1,70 € 🅴 3,90 € – 🛈 (10A) 4,40 € – frais de réservation 10 €
Location (de déb. avr. à mi-oct.) : 15 bungalows toilés – frais de réservation 18 € - ℝ conseillée
🚐
Pour s'y rendre : Rte de Tours (sortie nord par D 50)

Nature : 🌳
Loisirs : 🍽 ✗ 🏊 ⚲ nocturne 🚴 🏋
Services : 👤 🔑 (saison) 🛒 🚗 🗑 💧 ⚙ 🔥 sèche-linge
À prox. : canoë-kayak

LA VILLE-AUX-DAMES

✉ 37700 – **317** N4 – 4 647 h. – alt. 50
Paris 244 – Orléans 120 – Tours 7 – Blois 53 – Joué 14.

▲ **Les Acacias** Permanent
☏ 02 47 44 08 16, camplvad@orange.fr, Fax 02 47 46 26 65, www.camplvad.com – ℝ conseillée
2,6 ha (90 empl.) plat, herbeux
Tarif : ✶ 2,90 € 🅴 5,90 € – 🛈 (10A) 4,60 €
Location (permanent) : 3 🏠 (2 à 4 pers.) nuitée 38 € – 209 €/sem. – 7 🏠 (4 à 6 pers.) nuitée 70 € - 280 à 499 €/sem. – ℝ conseillée
🚐
Pour s'y rendre : R. Berthe-Morisot (au nord-est du bourg, près du D 751)

Nature : 🌳🌳
Loisirs : snack 🎣
Services : 👤 🔑 🛒 🚗 💧 🗑 ⚙ 🔥 sèche-linge
À prox. : 🍽 snack ✗ 🎣 parcours de santé

VILLIERS-LE-MORHIER

✉ 28130 – **311** F4 – 1 327 h. – alt. 99
Paris 83 – Orléans 108 – Chartres 24 – Versailles 61 – Mantes-la-Jolie 54.

▲ **Les Îlots de St-Val** Permanent
☏ 02 37 82 71 30, lesilots@campinglesilotsdestval.com, Fax 02 37 82 77 67, www.campinglesilotsdestval.com – places limitées pour le passage – ℝ conseillée
10 ha/6 campables (153 empl.) plat et incliné, herbeux, pierreux
Tarif : ✶ 5,40 € 🅴 5,40 € – 🛈 (10A) 6,40 €
Location (permanent) ✂ : 11 🏠 (4 à 6 pers.) 215 à 375 €/sem. – 4 🏠 (4 à 6 pers.) - 215 à 375 €/sem. – ℝ conseillée
🚐
Pour s'y rendre : Les Îlots de St-Val (4,5 km au nord-ouest par D 983, rte de Nogent-le-Roi puis 1 km par D 1013, rte de Neron à gauche)

Nature : 🌊
Loisirs : 🏊 🎣 ✗
Services : 👤 🔑 🛒 🚗 💧 🗑 ⚙ 🚿
À prox. : 🏇 🐎 (centre équestre) golf

VITRY-AUX-LOGES

✉ 45530 – **318** K4 – 1 724 h. – alt. 120
Paris 111 – Bellegarde 17 – Châteauneuf-sur-Loire 11 – Malesherbes 48 – Orléans 38 – Pithiviers 30.

▲ **Étang de la Vallée**
☏ 02 38 59 35 77, canal.orleans@wanadoo.fr, Fax 02 38 46 82 92, www.canal.orleans.monsite.wanadoo.fr – ℝ conseillée ✂
3,7 ha (180 empl.) plat, herbeux
Pour s'y rendre : 3,3 km au nord-est, à 100 m de l'étang
À savoir : agréable cadre boisé à proximité d'une base de loisirs

Nature : 🌊 🌳
Loisirs : 🎣 🏋
Services : 👤 🔑 🗑 ⚙ 🚿 ♿ 🔥
À prox. : 🍽 snack 🏊 (plage) 🚣 pédalos

CENTRE

VOUVRAY

✉ 37210 – **317** N4 – G. Châteaux de la Loire – 3 046 h. – alt. 55
? *Office de tourisme, 12, rue Rabelais* ✆ *02 47 52 68 73, Fax 02 47 52 70 88*
Paris 240 – Amboise 18 – Château-Renault 25 – Chenonceaux 30 – Tours 10.

▲ **Le Bec de Cisse** de déb. mai à fin sept.
✆ 02 47 52 68 81, *camping.becdecisse@neuf.fr*,
Fax 02 47 52 67 76 – **R** conseillée
2 ha (33 empl.) plat, herbeux
Tarif : 16,80 € ⚹⚹ 🚗 🅔 🔧 (10A) – pers. suppl. 3,50 €
🚐

Pour s'y rendre : Le Bec de Cisse (au sud du bourg, au bord de la Cisse)

| Nature : 🌳 ♀ |
| Services : ♿ ⚿ 🗑 ⛟ ⊕ 🚿 |
| À prox. : ✂ 🏊 ≌ 🛶 parc de loisirs de Rochecorbon |

CHAMPAGNE-ARDENNE

🇫🇷 Le visiteur de la région Champagne-Ardenne a les yeux qui pétillent, et une soudaine effervescence s'empare de ses papilles lorsque surgit devant lui un océan de ceps. Il s'imagine déjà sablant le champagne, ce subtil breuvage baptisé « vin du diable » avant qu'un moine ne perce le secret de ses bulles. Faisant étape à Reims, il succombe à la beauté de sa cathédrale, puis à la douceur de ses biscuits roses. À Troyes, il s'éprend autant de la poésie des ruelles bordées de maisons à colombages que du fumet s'échappant de friandes andouillettes. Pour expier ses péchés, il se retire dans les profondeurs boisées des Ardennes, mais loin d'être un chemin de croix, l'escapade réserve d'agréables surprises : observation de grues cendrées, dégustation d'un ragoût de marcassin… Une autre façon de coincer la bulle !

🇬🇧 It's easy to spot visitors bound for Champagne by the sparkle in their eyes and their delight as they look out over mile upon mile of vineyards: in their minds' eye, they are already raising a glass of the famous delicacy which was known as »devil's wine« before a monk discovered the secret of its divine bubbles. As they continue their voyage, the beautiful cathedral of Reims rises up before them. At Troyes, they drink in the sight of its half-timbered houses and feast on andouillettes, the local chitterling sausages. After these treats, our visitors can explore the Ardennes forest, by bike or along its hiking trails, but this woodland retreat, bordered by the gentle Meuse, has other delights in store: watching the graceful flight of the crane over an unruffled lake, or trying a plate of local wild boar.

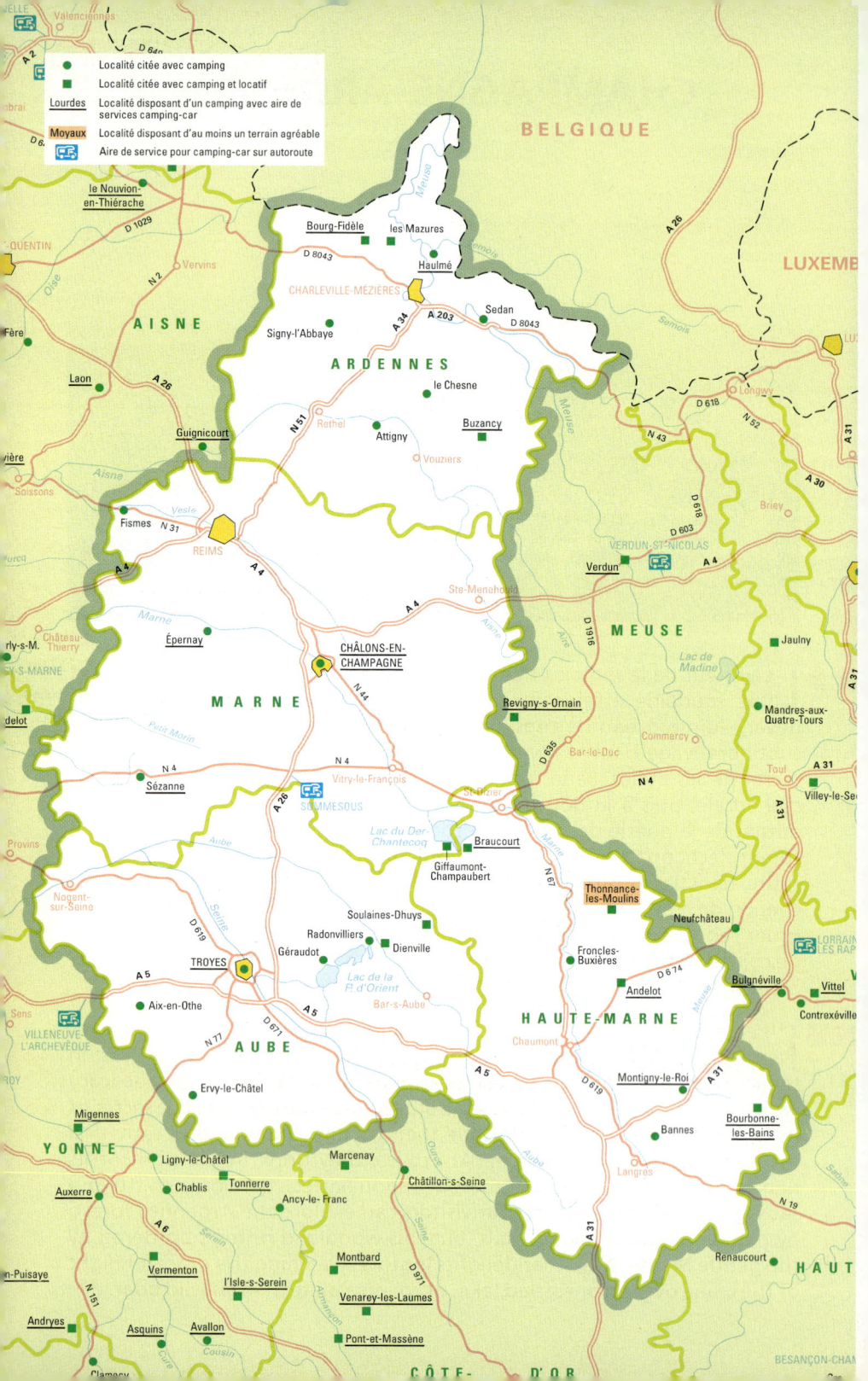

CHAMPAGNE-ARDENNE

AIX-EN-OTHE

✉ 10140 – **313** CA – G. Champagne Ardenne – 2 131 h. – alt. 149
🛈 Office de tourisme, 21, rue des Vannes ☏ 03 25 80 81 71, Fax 03 25 46 75 09
Paris 144 – Châlons-en-Champagne 116 – Troyes 33 – Auxerre 66 – Sens 39.

△ **Municipal de la Nosle**
☏ 03 25 46 75 44, mairie-aix-en-othe@wanadoo.fr,
Fax 03 25 46 75 09, www.ville-aix-en-othe.com – **R** conseillée
3 ha (90 empl.) plat, herbeux

Nature : 🌳
Services : ♿ ⊙ 🚿
À prox. : 🛒 🍽 ✗ 🏊 🚣

ANDELOT

✉ 52700 – **313** L4 – 1 004 h. – alt. 286
🛈 Syndicat d'initiative, place Cantarel ☏ 03 25 03 78 60
Paris 287 – Bologne 14 – Chaumont 23 – Joinville 33 – Langres 58 – Neufchâteau 34.

△ **Municipal du Moulin** de mi-avr. à fin oct.
☏ 03 25 32 61 28, mairie.andelot@wanadoo.fr, www.andelot.eu – **R**
1,9 ha (56 empl.) plat, herbeux
Tarif : (Prix 2008) ★ 2,50 € ⛺ 🅴 4 € – ⚡ (9A) 3 €
🚐 1 borne raclet
Pour s'y rendre : R. Gué (1 km au nord par D 147, rte de Vignes-la-Côte, au bord du Rognon)
À savoir : cadre agréable en bordure de rivière

Nature : 🌊
Loisirs : 🏊 🚴 m
Services : ♿ ⊶ 🚻 🚿 ⊙ 🧺 🚮

ATTIGNY

✉ 08130 – **306** J6 – 1 200 h. – alt. 83
Paris 202 – Charleville-Mézières 37 – Reims 57 – Rethel 18.

△ **Municipal le Vallage**
– **R**
1,2 ha (68 empl.) plat, herbeux, goudronné
Pour s'y rendre : sortie nord, rte de Charleville-Mézières et r. à gauche apr. le pont sur l'Aisne, près d'un étang

Nature : 🌊
Services : 🏛 🚻 ⊙ 🚮 🚮
À prox. : 🚴 ✗

BANNES

✉ 52360 – **313** M6 – 392 h. – alt. 388
Paris 291 – Chaumont 35 – Dijon 86 – Langres 9 – Nancy 128.

△ **Hautoreille** Permanent
☏ 03 25 84 83 40, campinghautoreille@orange.fr,
Fax 03 25 84 83 40, www.campinghautoreille.com
– **R** conseillée
3,5 ha (100 empl.) plat, peu incliné, herbeux
Tarif : 16,90 € ★★ ⛺ 🅴 ⚡ (6A) – pers. suppl. 4 €
Pour s'y rendre : 6 r. du Boutonnier (sortie sud-ouest par D 74, rte de Langres puis 700 m par chemin à gauche)

Nature : 🌿
Loisirs : 🍽 ✗ 🏊
Services : ♿ ⊶ 🐕 🏛 🚻 ⊙ 🧺 🚮

BOURBONNE-LES-BAINS

✉ 52400 – **313** O6 – G. Alsace Lorraine – 2 495 h. – alt. 290 – ♨ (début mars-fin nov.)
🛈 Office de tourisme, place des Bains ☏ 03 25 90 01 71, Fax 03 25 90 14 12
Paris 313 – Chaumont 55 – Dijon 124 – Langres 39 – Neufchâteau 53 – Vesoul 58.

△ **Le Montmorency** de déb. avr. à fin oct.
☏ 03 25 90 08 64, c.montmorency@wanadoo.fr,
Fax 03 25 84 23 74, www.camping-montmorency.com
– **R** conseillée
2 ha (74 empl.) peu incliné, herbeux, gravillons
Tarif : ★ 3,70 € ⛺ 🅴 3,80 € – ⚡ (10A) 3,40 €
Location : 8 🛖 (4 à 6 pers.) nuitée 36 € - 315 €/sem.
– **R** conseillée
🚐 1 borne eurorelais 3 € – 6 🅴 11,20 €
Pour s'y rendre : R. du Stade (sortie ouest par rte de Chaumont et r. à dr., à 100 m du stade)

Nature : ≤ 🌳
Services : ⊶ 🆖 🐕 🏛 ⊙ 🧺 🚮
À prox. : ✗ 🏊 (découverte en saison)

CHAMPAGNE-ARDENNE

BOURG-FIDÈLE

✉ 08230 – **306** J3 – 771 h. – alt. 370
Paris 237 – Charleville-Mézières 22 – Fumay 21 – Hirson 39 – Rethel 52.

▲ **La Murée** Permanent
☎ 03 24 54 24 45, campingdelamuree@wanadoo.fr, www.campingdelamuree.com – **R** conseillée
1,5 ha (23 empl.) peu incliné, herbeux
Tarif : (Prix 2008) 18 € ✶✶ ⇔ 🄴 (10A) – pers. suppl. 3,70 €
🄿 2 🄴 14 €
Pour s'y rendre : 35 r. Catherine-de-Clèves (1 km au nord par D 22, rte de Rocroi)
À savoir : cadre boisé en bordure d'étangs

Nature : 🌊 ♀
Loisirs : 🍴 snack 🚣 🐟
Services : ♿ ⚡ 🚿 🍽 🔥 🧺 🗑 ⚙
sèche-linge

Pour choisir et suivre un itinéraire
Pour calculer un kilométrage
Pour situer exactement un terrain (en fonction des indications fournies dans le texte) :
Utilisez les **cartes MICHELIN**,
compléments indispensables de cet ouvrage.

BRAUCOURT

✉ 52290 – **313** I2
Paris 220 – Bar-sur-Aube 29 – Brienne-le-Château 29 – Châlons-en-Champagne 69 – Joinville 31 – St-Dizier 17.

▲ **Presqu'île de Champaubert** de déb. avr. à fin nov.
☎ 03 25 04 13 20, ilechampaubert@free.fr, Fax 03 25 94 33 51, http://ilechampaubert.free.fr
– **R** conseillée
3,6 ha (200 empl.) plat, herbeux
Tarif : (Prix 2008) 29 € ✶✶ ⇔ 🄴 (10A) – pers. suppl. 5 €
Location (Prix 2008) : 10 🛖 (4 à 6 pers.) nuitée 60 € - 210 à 693 €/sem. – **R** conseillée
🄿 1 borne artisanale – 12 🄴 17 €
Pour s'y rendre : 3 km au nord-ouest par D 153
À savoir : situation agréable au bord du lac de Der-Chantecoq

Nature : ≤ 🏞 ♀♀ ▲
Loisirs : 🍴 snack 🎣 🎱 🚣 🏓 🐟
Services : ♿ ⚡ 🚽 🚿 🍽 🔥 🧺
sèche-linge
À prox. : 🏊 💧 canoë kayak, pédalos

Village et vignoble d'Hautvillers

CHAMPAGNE-ARDENNE

BUZANCY

✉ 08240 – **306** L6 – 411 h. – alt. 176
Paris 228 – Châlons-en-Champagne 86 – Charleville-Mézières 58 – Metz 130 – Reims 84.

La Samaritaine de déb. mai à mi-sept.
℘ 03 24 30 08 88, info@campinglasamaritaine.com,
Fax 03 24 30 29 39, www.campinglasamaritaine.com
– **R** conseillée
2 ha (110 empl.) plat, herbeux, pierreux
Tarif : 20,50 € ★★ ⇔ 🅴 (🕈) (10A) – pers. suppl. 4,50 €
Location : 10 ⬜ (4 à 6 pers.) 315 à 527 €/sem. – 9 🏠 (4 à 6 pers.) - 406 à 639 €/sem. – **R** conseillée
🚐 1 borne artisanale 3 €
Pour s'y rendre : 3 r. des Étangs (1,4 km au sud-ouest par chemin à dr. près de la base de loisirs)

Nature : 🌳
Loisirs : snack 🎱
Services : 🚿 🔑 GB 🚗 M 🗑 🛁 ♿
🧺 🔧
À prox. : 🏊

CHÂLONS-EN-CHAMPAGNE

✉ 51000 – **306** I9 – G. Champagne Ardenne – 47 339 h. – alt. 83
🛈 Office de tourisme, 3, quai des Arts ℘ 03 26 65 17 89, Fax 03 26 65 35 65
Paris 188 – Charleville-Mézières 101 – Metz 157 – Nancy 162 – Reims 47 – Troyes 82.

Municipal avr.-oct.
℘ 03 26 68 38 00, cadredevie.mairie@chalons-en-champagne.net, Fax 03 26 68 38 00 – **R** conseillée
3,5 ha (148 empl.) plat, herbeux, gravier
Tarif : 24,30 € ★★ ⇔ 🅴 (🕈) (10A) – pers. suppl. 5,10 €
🚐 1 borne artisanale
Pour s'y rendre : sortie sud-est par N 44, rte de Vitry-le-François et D 60, rte de Sarry
À savoir : entrée fleurie et cadre agréable au bord d'un étang

Nature : 🌲 ♀
Loisirs : snack 🎱 🏇 🎣 ✶ 🎮
Services : 🚿 🔑 GB 🚗 🗑 🛁 ♿
🧺 🔧 🏠 sèche-linge

LE CHESNE

✉ 08390 – **306** K5 – G. Champagne Ardenne – 939 h. – alt. 164 – Base de loisirs
Paris 232 – Buzancy 20 – Charleville-Mézières 39 – Rethel 32 – Vouziers 18.

Lac de Bairon
℘ 03 24 30 11 66, campinglacdebairon@cg08.fr,
Fax 03 24 30 11 66 – **R** conseillée
6,8 ha (170 empl.) plat et en terrasses, herbeux, gravillons
🚐 1 borne flot bleu
Pour s'y rendre : 2,8 km au nord-est par D 991, rte de Charleville-Mézières et rte de Sauville, à dr. - pour caravanes : accès conseillé par D 977, rte de Sedan et D 12 à gauche
À savoir : situation agréable au bord du lac

Nature : 🌳 ≤ ♀♀ ▲
Loisirs : 🎱 🏇 🚴
Services : 🚿 🔑 🗑 🛁 ♿ 🔧
À prox. : 🏠 sèche-linge ✂ 🏊 ⚓ canoë

DIENVILLE

✉ 10500 – **313** H3 – 747 h. – alt. 128 – Base de loisirs
Paris 209 – Bar-sur-Aube 20 – Bar-sur-Seine 33 – Brienne-le-Château 8 – Troyes 38.

Le Tertre 👥 – de fin mars à mi-oct.
℘ 03 25 92 26 50, campingduterte@wanadoo.fr,
Fax 03 25 92 26 50, www.campingduterte.fr – **R** conseillée
3,5 ha (155 empl.) plat, herbeux, gravier
Tarif : (Prix 2008) ★ 3,80 € ⇔ 🅴 8,40 € – (🕈) (6A) 2,80 € – frais de réservation 12 €
Location (Prix 2008) (permanent) : 13 🏠 (4 à 6 pers.) - 150 à 450 €/sem. – frais de réservation 12 € – **R** conseillée
Pour s'y rendre : Rte de Radonvilliers (sortie ouest sur D 11)
À savoir : face à la station nautique de la base de loisirs

Nature : 🌳
Loisirs : 🍽 snack 🏇 🎣 🚴
Services : 🚿 🔑 GB 🚗 🗑 🛁 ♿ 🧺 🔧 🏠
À prox. : ✂ 🏊 🎣 ski nautique jet-ski

CHAMPAGNE-ARDENNE

ÉPERNAY

51200 – **306** F8 – G. Champagne Ardenne – 25 844 h. – alt. 75
Office de tourisme, 7, avenue de Champagne ☎ 03 26 53 33 00, Fax 03 26 51 95 22
Paris 143 – Amiens 199 – Charleville-Mézières 113 – Meaux 96 – Troyes 109.

Municipal de fin avr. à déb. oct.
☎ 03 26 55 32 14, camping@ville-epernay.fr,
Fax 03 26 52 36 09, *www.epernay.fr* – **R** conseillée
2 ha (119 empl.) plat, herbeux
Tarif : (Prix 2008) 3,50 € ⇔ 2 € 🅴 3,75 € – (½) (5A) 3 €
🚐 1 borne flot bleu
Pour s'y rendre : Allée de Cumières (1,5 km au nord par D 301, au bord de la Marne (halte nautique))

Nature : 🏞 ♀
Loisirs : 🏇 🚴 mur d'escalade
Services : ♿ 🔑 GB 📧 🚿 ☺ 🗑

ERVY-LE-CHÂTEL

10130 – **313** D5 – G. Champagne Ardenne – 1 214 h. – alt. 160
Office de tourisme, boulevard des Grands Fossés ☎ 03 25 70 04 45, Fax 03 25 70 22 04
Paris 169 – Auxerre 48 – St-Florentin 18 – Sens 62 – Tonnerre 25 – Troyes 38.

Municipal les Mottes
☎ 03 25 70 07 96, mairie-ervy-le-chatel@wanadoo.fr,
Fax 03 25 70 02 52 – **R**
0,7 ha (53 empl.) plat, herbeux
Pour s'y rendre : 1,8 km à l'est par D 374, rte d'Auxon, D 92 et chemin à dr. apr. le passage à niveau
À savoir : en bordure d'une petite rivière et d'un bois

Nature : 🌳
Loisirs : 🐟
Services : ♿ 🔑 🚿 ☺ 🗑

Les indications d'accès à un terrain sont généralement indiquées, dans notre guide, à partir du centre de la localité.

FISMES

51170 – **306** E7 – G. Champagne Ardenne – 5 313 h. – alt. 70
Office de tourisme, 28, rue René Letilly ☎ 03 26 48 81 28, Fax 03 26 48 12 09
Paris 131 – Fère-en-Tardenois 20 – Laon 37 – Reims 29 – Soissons 30.

Municipal
☎ 03 26 48 10 26, Fax 03 26 48 82 25 – **R** conseillée
0,8 ha (33 empl.) plat, herbeux, gravillons
Pour s'y rendre : au nord-ouest par N 31, près du stade

Services : 🔑 ☺
À prox. : 🛒

Méandres de la Meuse

CHAMPAGNE-ARDENNE

FRONCLES-BUXIÈRES

52320 – **313** K4 – 1 760 h. – alt. 226
Paris 288 – Bar-sur-Aube 42 – Chaumont 27 – Joinville 21 – Rimaucourt 22.

Municipal les Deux Ponts de mi-mars à mi-oct.
03 25 02 31 21, *mairie.froncles@wanadoo.fr*,
Fax 03 25 02 09 80 – **R**
0,5 ha (23 empl.) plat, herbeux
Tarif : (Prix 2008) 2,10 € – 2,60 € – (6A) 3,10 €
Pour s'y rendre : R. des Ponts (sortie nord par D 253, rte de Doulaincourt, au bord de la Marne et près du canal de la Marne à la Saône)

GÉRAUDOT

10220 – **313** F4 – G. Champagne Ardenne – 291 h. – alt. 146
Paris 192 – Bar-sur-Aube 36 – Bar-sur-Seine 28 – Brienne-le-Château 26 – Troyes 24.

L'Épine aux Moines
03 25 41 24 36, Fax 03 25 41 24 36 – **R** conseillée
2,8 ha (186 empl.) plat et peu incliné, herbeux
Pour s'y rendre : 1,3 km au sud-est par D 43
À savoir : cadre verdoyant près du lac de la Forêt d'Orient

GIFFAUMONT-CHAMPAUBERT

51290 – **306** K11 – G. Champagne Ardenne – 234 h. – alt. 130
Office de tourisme, Maison du Lac 03 26 72 62 80, Fax 03 26 72 64 69
Paris 213 – Châlons-en-Champagne 67 – Saint-Dizier 25 – Bar-le-Duc 52 – Vitry-le-François 31.

Résidence de Tourisme Marina-Holyder
(location exclusive de maisonnettes)
03 26 72 99 90, *locader@wanadoo.fr*, Fax 03 26 72 99 91, *www.marina-holyder.com*
2 ha plat, herbeux
Location (Prix 2008) : 14 (4 à 6 pers.) nuitée 105 € - 480 à 890 €/sem. – **R** conseillée
Pour s'y rendre : 11 Presqu'île de Rougemer

HAULMÉ

08800 – **306** K3 – 84 h. – alt. 175
Paris 248 – Charleville-Mézières 19 – Dinant 64 – Namur 99 – Sedan 39.

Base de Loisirs Départementale de mi-mars à fin oct.
03 24 32 81 61, *campinghaulme@cg08.fr*,
Fax 03 24 32 37 66 – **R**
15 ha (405 empl.) plat, herbeux
Tarif : (Prix 2008) 12,95 € (6A) – pers. suppl. 3,30 €
1 borne flot bleu – 5 12,95 €
Pour s'y rendre : sortie nord-est, puis 800 m par chemin à dr. apr. le pont
À savoir : au bord de la Semoy

LES MAZURES

08500 – **306** J3 – 774 h. – alt. 330 – Base de loisirs
Paris 249 – Charleville-Mézières 20 – Fumay 16 – Hirson 50 – Rethel 63.

Départemental Lac des Vieilles Forges
03 24 40 17 31, *campingvieillesforges@cg08.fr*,
Fax 03 24 40 17 31 – **R** conseillée
12 ha/3 campables (300 empl.) en terrasses, gravillons
Location : gîtes
Pour s'y rendre : 2 km au sud par D 40, rte de Renwez puis 2 km par rte à dr., à 100 m du lac
À savoir : terrasses ombragées dominant le lac

301

CHAMPAGNE-ARDENNE

MONTIGNY-LE-ROI

✉ 52140 – **313** M6 – 2 211 h. – alt. 404
Paris 296 – Bourbonne-les-Bains 21 – Chaumont 35 – Langres 23 – Neufchâteau 50 – Vittel 50.

Le Château de mi-avr. à mi-oct.
☎ 03 25 87 38 93, *campingmontigny52@wanadoo.fr*,
Fax 03 25 87 38 93, *www.campingduchateau.com*
– **R** conseillée
6 ha/2 campables (75 empl.) plat, en terrasses, herbeux
Tarif : ♦ 4 € ⇌ 🄴 4 € – (ᵪ) (5A) 3 €
🅿 1 borne raclet 2 €
Pour s'y rendre : R. Hubert-Collot (accès par centre bourg et chemin piétonnier pour accéder au village)
À savoir : dans un parc boisé dominant la vallée de la Meuse

Nature : ≤
Loisirs : 🛝 ⚙
Services : & ⚬ GB ✓ ▥ 🗎 ♨ ⚐
À prox. : ✕ snack

RADONVILLIERS

✉ 10500 – **313** H3 – 367 h. – alt. 130
Paris 206 – Bar-sur-Aube 22 – Bar-sur-Seine 35 – Brienne-le-Château 6 – Troyes 36.

Municipal le Garillon
☎ 03 25 92 21 46, Fax 03 25 92 21 34
1 ha (55 empl.) plat, herbeux
Pour s'y rendre : sortie sud-ouest par D 11, rte de Piney et à dr., au bord d'un ruisseau et à 250 m du lac, (haut de la digue par escalier)

Services : & ♨ ⚐
À prox. : ✕

SEDAN

✉ 08200 – **306** L4 – G. Champagne Ardenne – 20 548 h. – alt. 154
🅱 Office de tourisme, place du Château Fort ☎ 03 24 27 73 73, Fax 03 24 29 03 28
Paris 246 – Châlons-en-Champagne 117 – Charleville-Mézières 25 – Luxembourg 104 – Reims 101 – Verdun 81.

Municipal
☎ 03 24 27 13 05, Fax 03 24 27 13 05 – **R** conseillée
3 ha (130 empl.) plat, herbeux
Pour s'y rendre : Bd Fabert
À savoir : sur la prairie de Torcy, au bord de la Meuse (halte fluviale)

Nature : ♀
Loisirs : 🛝
Services : & ⚬ 🗎 ⚐

Rives du lac d'Orient au Mesnil-St-Père

CHAMPAGNE-ARDENNE

SÉZANNE

✉ 51120 – **306** E10 – G. Champagne Ardenne – 5 585 h. – alt. 137
🛈 Office de tourisme, place de la République ✆ 03 26 80 51 43, Fax 03 26 80 54 13
Paris 116 – Châlons-en-Champagne 59 – Meaux 78 – Melun 89 – Sens 83 – Troyes 62.

▲ **Municipal** de déb. avr. à fin sept.
✆ 03 26 80 57 00, campingdesezanne@wanadoo.fr,
Fax 03 26 80 57 00 – **R** conseillée
1 ha (79 empl.) incliné, herbeux
Tarif : (Prix 2008) 10 € 👥 🚗 🏠 (10A) – pers. suppl. 2,20 €
🚐 1 borne

Loisirs : 🏇 🏊 🎿
Services : 👤 🚻 🚿 ⊗ ♨
À prox. : ✂

Pour s'y rendre : Rte de Launat (sortie ouest par D 373, rte de Paris (près N 4) puis 700 m par chemin à gauche et rte à dr.).

SIGNY-L'ABBAYE

✉ 08460 – **306** I4 – G. Champagne Ardenne – 1 340 h. – alt. 240
🛈 Syndicat d'initiative, cour Rogelet ✆ 03 24 53 10 10, Fax 03 24 53 10 10
Paris 208 – Charleville-Mézières 31 – Hirson 41 – Laon 74 – Rethel 23 – Rocroi 30 – Sedan 52.

▲ **Municipal l'Abbaye**
✆ 03 24 52 87 73, mairie-signy-l.abbaye@wanadoo.fr,
Fax 03 24 52 87 44 – **R** conseillée
1,2 ha (60 empl.) plat, herbeux, gravillons

Services : 🚻 🏠 ⊗
À prox. : ✂

Pour s'y rendre : au nord, près du stade, au bord de la Vaux

SOULAINES-DHUYS

✉ 10200 – **313** I3 – 267 h. – alt. 153
Paris 228 – Bar-sur-Aube 18 – Brienne-le-Château 17 – Chaumont 48 – Troyes 58.

▲ **La Croix Badeau** de fin mars à déb. oct.
✆ 03 25 27 05 43, responsable@croix-badeau.com,
www.croix-badeau.com – **R** conseillée
1 ha (39 empl.) peu incliné, herbeux, gravier, gravillons
Tarif : (Prix 2008) 13,50 € 👥 🚗 🏠 (10A) – pers. suppl. 2,70 €

Nature : 🌳
Loisirs : 🏠
Services : 👤 🚻 🚿 🏠 ♨ 🚐
À prox. : 🏇 ✂

Pour s'y rendre : 6 r. de la Croix-Badeau (au nord-est du bourg, près de l'église)

THONNANCE-LES-MOULINS

✉ 52230 – **313** L3 – 107 h. – alt. 282
Paris 254 – Bar-le-Duc 64 – Chaumont 48 – Commercy 55 – Ligny-en-Barrois 38 – Neufchâteau 38 – St-Dizier 42.

⛰ **La Forge de Sainte Marie** 👥 – de fin avr. à mi-sept.
✆ 03 25 94 42 00, la.forge.de.sainte.marie@wanadoo.fr,
Fax 03 25 94 41 43, www.laforgedesaintemarie.com
– **R** conseillée
32 ha/3 campables (133 empl.) plat et en terrasses, peu incliné, herbeux, étang
Tarif : 👤 7,20 € 🚗 🏠 15,50 € (6A)
Location : 32 🚐 (4 à 6 pers.) 225 à 720 €/sem. – 15 gîtes – **R** conseillée

Nature : 🌲 🌳 ♨
Loisirs : 🍴 ✗ 🎬 🏇 🚴 🎿
Services : 👤 🚻 🚿 🏠 ♨ 🚐 sèche-linge

Pour s'y rendre : Rte de Joinville (1,71 km à l'ouest par D 427, au bord du Rongeant)
À savoir : cadre agréable autour d'une ancienne forge restaurée

TROYES

✉ 10000 – **313** E4 – G. Champagne Ardenne – 60 958 h. – alt. 113
🛈 Office de tourisme, 16, boulevard Carnot ✆ 03 25 82 62 70, Fax 03 25 73 06 81
Paris 170 – Dijon 185 – Nancy 186.

▲ **Municipal** de déb. avr. à mi-oct.
✆ 03 25 81 02 64, info@troyescamping.net,
Fax 03 25 81 02 64, www.troyescamping.net – **R**
3,8 ha (110 empl.) plat, herbeux
Tarif : 19 € 👥 🚗 🏠 (5A) – pers. suppl. 4,50 €
🚐 1 borne artisanale 3 € – 15 🏠 16 €

Nature : ♨
Loisirs : 🏠 🏇 🚴
Services : 👤 🚻 🏠 ♨ 🚐 sèche-linge
À prox. : 🏊

Pour s'y rendre : à Pont-Ste-Marie, 7 r. Roger-Salengro (2 km au nord-est, rte de Nancy)
À savoir : agréable décoration arbustive

303

CORSE

Joyau émergeant de la Méditerranée, la Corse éblouit quiconque la visite. Les citadelles campées sur ses côtes rappellent combien accéder à ses trésors se mérite. Il faut un brin de témérité pour affronter ses routes sinueuses ou s'aventurer dans le maquis, inextricable enchevêtrement végétal. Mais heureux le promeneur qui croise une chapelle isolée, traverse un village hors du temps, tombe nez à nez avec un troupeau de mouflons ou découvre un merveilleux panorama. Les Corses défendent fièrement ce patrimoine, et savent réconforter le randonneur fourbu avec une simple assiette de cochonnailles, un morceau de fromage ou une pâtisserie maison. Quant aux adeptes du farniente, les anses sableuses de l'île de Beauté, aux eaux d'une limpidité tropicale, leur promettent de merveilleux moments de détente...

Corsica catches the eye like a jewel in the Mediterranean sun. Its citadels, high on the island's rocky flanks, will reward your efforts as you follow the twisting roads. Enjoy spectacular views and breathe in the fragrance of wild rosemary as you make your way up the rugged, maquis-covered hills: the sudden sight of a secluded chapel, a vision of a timeless village or an encounter with a herd of mountain sheep are among the memories that walkers, cyclists, riders and drivers take home with them. After exploring the island's wild interior, you will be ready to plunge into the clear, turquoise sea or just recharge your solar batteries as you bask on the warm sand. And after a long day, weary travellers can always be revived with platters of cooked meats, cheese and home-made pastries.

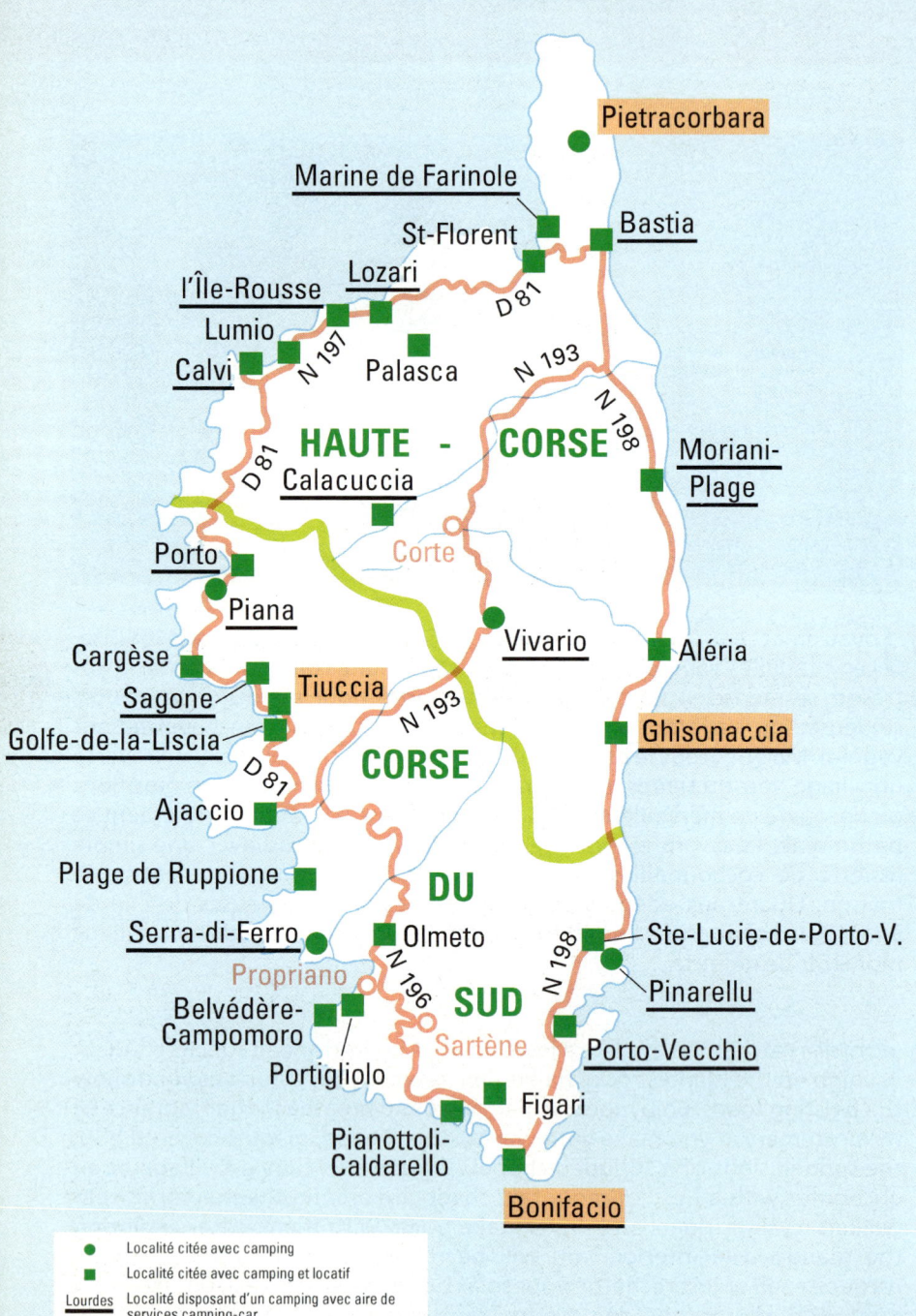

CORSE

AJACCIO

✉ 20000 – **345** B8 – G. Corse – 52 880 h.
🚢 SNCM quai l'Herminier ☎3260 dites «SNCM» (0,15 €/mn); CMN 15 bd Sampiero 0 810 20 13 20 - Fax 04 95 21 57 60
🛈 Office de tourisme, boulevard du Roi Jérôme ☎ 04 95 51 53 03, Fax 04 95 51 53 01
Bastia 147 – Bonifacio 131 – Calvi 166 – Corte 80 – L'Île-Rousse 141.

▲ **Les Mimosas**
☎ 04 95 20 99 85, campingmimosas@wanadoo.fr,
Fax 04 95 10 01 77, www.camping-lesmimosas.com –
2,5 ha (70 empl.) plat et en terrasses
Location :
Pour s'y rendre : Rte d'Alata (sortie nord par D 61 et à gauche, rte des Milelli)

Nature :
Loisirs : snack
Services :

LES GUIDES VERTS MICHELIN
Paysages, monuments
Routes touristiques
Géographie
Histoire, Art
Itinéraire de visite
Plans de villes et de monuments

ALÉRIA

✉ 20270 – **345** G7 – G. Corse – 1 966 h. – alt. 20
🛈 Office de tourisme, Casa Luciana ☎ 04 95 57 01 51, Fax 04 95 57 03 79
Bastia 71 – Corte 50 – Vescovato 52.

 Marina d'Aléria de mi-avr. à déb. oct.
☎ 04 95 57 01 42, info@marina-aleria.com,
Fax 04 95 57 04 29, www.marina-aleria.com – conseillée
17 ha/7 campables (220 empl.) plat, sablonneux, herbeux
Tarif : 36,70 € 🚻 🚐 📧 ⚡ (9A) – pers. suppl. 6,60 € – frais de réservation 20 €
Location 🏠 : 120 ⛺ (4 à 6 pers.) 230 à 790 €/sem. - 31 🏠 (4 à 6 pers.) - 190 à 696 €/sem. – frais de réservation 20 € - conseillée
Pour s'y rendre : Plage de Padulone (3 km à l'est de Cateraggio par N 200, au bord du Tavignano)
À savoir : décoration florale

Nature :
Loisirs : pizzeria, grill  diurne
Services : cases réfrigérées
À prox. : sports nautiques

Le lac de Melo

CORSE

BASTIA

✉ 20200 – **345** F3 – G. Corse – 37 884 h.
🚢 SNCM Nouveau Port ✆3260 dites « SNCM » (0,15 €/mn); CMN Port de Commerce ✆0 810 20 13 20 - Fax 04 95 32 37 01
🛈 *Office de tourisme, place Saint-Nicolas* ✆ *04 95 54 20 40, Fax 04 95 54 20 41*
Ajaccio 148 – Bonifacio 171 – Calvi 92 – Corte 69 – Porto 136.

San Damiano de déb. avr. à fin oct.
✆ 04 95 33 68 02, *san.damiano@wanadoo.fr*,
Fax 04 95 30 84 10, *www.campingsandamiano.com*
– **R** conseillée
12 ha (280 empl.) plat, sablonneux
Tarif : (Prix 2008) 7,50 € – 7 € – (6A) 3,40 €
Location (Prix 2008) : 30 (4 à 6 pers.) - 364 à 798 €/sem. – **R** conseillée
1 borne artisanale
Pour s'y rendre : Lido de la Marana (9 km au sud-est par N 193 et D 107 à gauche)

Nature : (pinède)
Loisirs :
Services :
À prox. : poneys

BELVÉDÈRE-CAMPOMORO

✉ 20110 – **345** B10 – G. Corse – 135 h. – alt. 5
Ajaccio 88 – Bonifacio 72 – Porto 82 – Sartène 24.

La Vallée de déb. mai à fin sept.
✆ 04 95 74 21 20, *camping_la_vallee@netcourrier.com*,
Fax 04 95 74 21 20, *www.campomoro-lavallee.com* – **R**
3,5 ha (199 empl.) plat, peu incliné, terrasses, herbeux, sablonneux
Tarif : (Prix 2008) 9 € – 5 € – 5 € – (10A) 6 €
Location (Prix 2008) : (4 à 6 pers.) - 460 à 920 €/sem. – appartements – **R** conseillée
Pour s'y rendre : au bourg (50 m de la plage)

Nature :
Services :
À prox. :

BONIFACIO

✉ 20169 – **345** D11 – G. Corse – 2 658 h. – alt. 55
🛈 *Office de tourisme, 2, rue Fred Scamaroni* ✆ *04 95 73 11 88, Fax 04 95 73 14 97*
Ajaccio 132 – Corte 150 – Sartène 50.

U-Farniente – de déb. avr. à mi-oct.
✆ 04 95 73 05 47, *pertamina@wanadoo.fr*,
Fax 04 95 73 11 42, *www.camping-pertamina.com* – **R**
15 ha/3 campables (150 empl.) plat, peu incliné, pierreux
Tarif : 33 € – pers. suppl. 9,50 € – frais de réservation 19 €
Location : 16 (4 à 6 pers.) nuitée 68 € - 310 à 970 €/sem. – 54 (4 à 6 pers.) nuitée 64 € - 250 à 995 €/sem. – 6 appartements – 8 villas – 12 bungalows toilés – frais de réservation 19 € - **R** conseillée
Pour s'y rendre : Pertamina Village (5 km au nord-est par N 198, rte de Bastia)
À savoir : agréable domaine

Nature :
Loisirs : pizzeria
Services : cases réfrigérées

Rondinara de mi-mai à fin sept.
✆ 04 95 70 43 15, *reception@rondinara.fr*,
Fax 04 95 70 56 79, *www.rondinara.fr* – **R**
5 ha (120 empl.) peu incliné et en terrasses, pierreux
Tarif : 7,60 € – 3,50 € – 3,60 € – (6A) 3,50 €
Location (Prix 2008) : 36 (4 à 6 pers.) nuitée 350 € - 580 à 1 020 €/sem. – frais de réservation 15 € - **R** conseillée
1 borne eurorelais
Pour s'y rendre : Suartone (18 km au nord-est par N 198, rte de Porto-Vecchio et D 158 à dr., rte de la pointe de la Rondinara, à 400 m de la plage)
À savoir : belle décoration florale et site agréable

Nature :
Loisirs : snack, crêperie
Services :
À prox. : canoë, pédalos, quad

CORSE

BONIFACIO

Les Îles de déb. avr. à déb. oct.
04 95 73 11 89, *camping.des.iles.bonifacio@wanadoo.fr*, Fax 04 95 71 21 55 –
8 ha (100 empl.) peu incliné, vallonné, pierreux
Tarif : 7,50 € 3,80 € 4,50 € – (5A) 3,50 €
Location : 15 (4 à 6 pers.) 370 à 650 €/sem. – 20 (4 à 6 pers.) - 400 à 800 €/sem. – chalets sans sanitaires – conseillée
Pour s'y rendre : 4,5 km à l'est, rte de Piantarella, vers l'embarcadère de Cavallo

Nature : ≤ la Sardaigne et les îles
Loisirs : snack
Services :

Pian del Fosse de mi-avr. à mi-oct.
04 95 73 16 34, *pian.del.fosse@wanadoo.fr*, Fax 04 95 73 16 34, *www.piandelfosse.com* – conseillée
5,5 ha (100 empl.) peu incliné et incliné, en terrasses, pierreux, oliveraie
Tarif : (Prix 2008) 7,50 € 3,20 € 3,50 € – (10A) 3,80 € – frais de réservation 15 €
Location (Prix 2008) (de mi-avr. à fin sept.) : 11 (4 à 6 pers.) 310 à 720 €/sem. – 6 (4 à 6 pers.) - 500 à 890 €/sem. – 12 bungalows toilés – frais de réservation 15 € - conseillée
1 borne artisanale
Pour s'y rendre : Rte de Santa-Manza (3,8 km au nord-est par D 58)
À savoir : belles terrasses ombragées

Nature : ≤
Loisirs :
Services :
À prox. :

La Trinité avr.-sept.
04 95 73 10 91, *info@campinglatrinite.com*, Fax 04 95 73 16 90, *www.campinglatrinite.com* –
4 ha (100 empl.) accidenté, plat et peu incliné, sablonneux, herbeux, rocheux
Tarif : 20,35 € – pers. suppl. 6,35 €
Location : 4 (2 à 4 pers.) 300 à 420 €/sem. – 6 (4 à 6 pers.) 500 à 763 €/sem. – 2 (4 à 6 pers.) - 451 à 680 €/sem.
Pour s'y rendre : Rte de Sartène (4,5 km au nord-ouest par N 196)

Nature : ≤ Bonifacio
Loisirs : snack
Services :
À prox. : escalade

Campo-di-Liccia de déb. avr. à mi-oct.
04 95 73 03 09, *info@campingdiliccia.com*, Fax 04 95 73 19 94, *www.campingdiliccia.com* – conseillée
5 ha (161 empl.) plat, peu incliné, terrasses
Tarif : (Prix 2008) 6,30 € 2,70 € – (10A) 3,60 € – frais de réservation 16 €
Location (Prix 2008) : (4 à 6 pers.) 260 à 720 €/sem. – (4 à 6 pers.) - 305 à 754 €/sem. – chalets sans sanitaires – frais de réservation 16 € - conseillée
1 borne raclet 3 €
Pour s'y rendre : Rte de Porto-Vecchio (5,2 km au nord-est par N 198, rte de Bastia)
À savoir : agréable cadre boisé

Nature :
Loisirs : snack, pizzeria
Services : (juil.-août) cases réfrigérées

Si vous recherchez :

- Un terrain offrant des équipements et des loisirs adaptés aux enfants
- Un terrain agréable ou très tranquille
- L - M Un terrain effectuant la location de caravanes, de mobile homes, de bungalows ou de chalets
- P Un terrain ouvert toute l'année
- Un terrain possédant une aire de services pour camping-cars

Consultez le tableau des localités

CORSE

CALACUCCIA

✉ 20224 – **345** D5 – G. Corse – 340 h. – alt. 830
🛈 *Office de tourisme, avenue Valdoniello* ☎ *04 95 47 12 62, Fax 04 95 47 12 62*
Ajaccio 107 – Bastia 76 – Porto-Vecchio 146 – Corte 27.

▲ **Acquaviva** de mi-avr. à mi-oct.
☎ 04 95 47 00 39, *stella.acquaviva@wanadoo.fr*,
Fax 04 95 48 08 82, *http://www.acquaviva-fr.com* – ℝ
4 ha (25 empl.) plat, incliné, herbeux, pierreux
Tarif : (Prix 2008) ✱ 6 € ⇔ 3 € 🄴 5 € – ⓖ (0A) 4 €
Location (Prix 2008) (permanent) : hôtel – ℝ conseillée
🚐 10 🄴 20 € – 🚐 19 €
Pour s'y rendre : en face station essence Total

> Nature : 🌳 ← Lac et montagnes ♀
> Services : ♿ ⊶ 🄶🄱 ✂ M 🏠 ♨
> 🅿
> À prox. : 🏊 🚣 canoë-kayak, planche à voile

CALVI

✉ 20260 – **345** B4 – G. Corse – 5 177 h.
🚢 CCR pour SNCM quai Landry ☎ 04 95 65 01 38 - Fax 04 95 65 09 75
🛈 *Office de tourisme, Port de Plaisance* ☎ *04 95 65 16 67, Fax 04 95 65 14 09*
Bastia 92 – Corte 88 – L'Île-Rousse 25 – Porto 73.

▲▲ **Paduella**
☎ 04 95 65 06 16, *camping.paduella@wanadoo.fr*,
Fax 04 95 31 43 90, *www.campingpaduella.com* – ℝ conseillée
4 ha (130 empl.) plat et en terrasses, sablonneux
Pour s'y rendre : 1,8 km au sud-est par N 197, rte de l'Île-Rousse, à 400 m de la plage
À savoir : agréable cadre boisé de différentes essences

> Nature : 🌳🌳
> Loisirs : 🍹
> Services : ♿ ⊶ 🄶 🏊 😊 🏠 ♨ 🛒
> À prox. : 🛒

▲▲ **Bella Vista** de mi-avr. à déb. oct.
☎ 04 95 65 11 76, *bellavista.camping@wanadoo.fr*,
Fax 04 95 65 03 03, *www.camping-bellavista.com* – ℝ ✗
6 ha/4 campables (156 empl.) plat et peu incliné
Tarif : (Prix 2008) ✱ 7 € ⇔ 3,50 € 🄴 3,50 € – ⓖ (10A) 4 €
Location (Prix 2008) : 9 🏠 (4 à 6 pers.) nuitée 70 € - 350 à 850 €/sem. – ℝ conseillée
🚐 1 borne artisanale – 15 🄴 7 €
Pour s'y rendre : Rte de Pietramaggiore (1,5 km au sud par N 197 et rte de Pietra-Major à dr.)

> Nature : 🌳 🌳🌳
> Loisirs : snack 🛝
> Services : ♿ ⊶ 🅿 (juil.-août) 🄶🄱
> ✂ 😊 ⛺ 🏠 ♨ ♨

▲▲ **Paradella**
☎ 04 95 65 00 97, *info@camping-paradella.com*,
Fax 04 95 65 11 11, *www.camping-paradella.com* – ℝ
5 ha (150 empl.) plat, sablonneux, herbeux
Location ✗ : 🏠 – ℝ conseillée
Pour s'y rendre : Rte de la Forêt de Bonifato (9,5 km au sud-est par N 197, rte de l'Île-Rousse et D 81 à dr., rte de l'aéroport)
À savoir : beaux emplacements sous les eucalyptus

> Nature : 🏞 🌳🌳
> Loisirs : 🛝 🚴 ✂ 🏊
> Services : ♿ ⊶ 😊 🚽 🏠 ♨

▲▲ **Les Castors** de mi-avr. à mi-oct.
☎ 04 95 65 13 30, *lescastors2@wanadoo.fr*,
Fax 04 95 65 31 95, *www.castors.fr* – ℝ ✗
2 ha (80 empl.) plat, herbeux
Tarif : (Prix 2008) ✱ 9,60 € ⇔ 3,50 € 🄴 4,30 € – ⓖ (15A) 4,20 €
Location (Prix 2008) (de mi-avr. à mi-nov.) ✗ : 26 🚐 (4 à 6 pers.) 465 à 870 €/sem. – 34 🏠 (4 à 6 pers.) - 405 à 1 065 €/sem. – frais de réservation 10 € - ℝ conseillée
🚐 1 borne eurorelais
Pour s'y rendre : Rte de Pietramaggiore (1 km au sud par N 197 et rte de Pietra-Major à dr.)

> Loisirs : pizzeria, snack 🛝 🏊
> Services : ⊶ 🄶🄱 ✂ 😊 🚽 🏠 ♨
> À prox. : 🏊

CORSE

CALVI

Dolce Vita mai-sept.
04 95 65 05 99, Fax 04 95 65 31 25, www.dolce-vita.org –
6 ha (200 empl.) plat, herbeux, sablonneux
Tarif : 8,60 € 3 € 3 € – (10A) 4 €
1 borne artisanale 3,50 €
Pour s'y rendre : 4,5 km au sud-est par N 197, rte de l'Île-Rousse, à l'embouchure de la Figarella, à 200 m de la mer

Nature : 🌳
Loisirs : snack
Services :

CARGÈSE

20130 – **345** A7 – G. Corse – 982 h. – alt. 75
Office de tourisme, rue du Dr Dragacci 04 95 26 41 31, Fax 04 95 26 48 80
Ajaccio 51 – Calvi 106 – Corte 119 – Piana 21 – Porto 33.

Torraccia de déb. mai à fin sept.
04 95 26 42 39, contact@camping-torraccia.com,
Fax 04 95 26 42 39, www.camping-torraccia.com –
3 ha (66 empl.) en terrasses, accidenté, pierreux
Tarif : (Prix 2008) 7,50 € 3,10 € 3,10 €
(10A) 3,10 €
Location (Prix 2008) (.) : 20 (4 à 6 pers.) - 300 à 798 €/sem. – frais de réservation 15 € - **R** conseillée
Pour s'y rendre : Rte de Piana (4,5 km au nord par D 81, rte de Porto)

Nature : ≤ vallée, montagne et la côte
Loisirs :
Services :

FARINOLE (Marina de)

20253 – **345** F3 – 179 h. – alt. 250
Bastia 20 – Rogliano 61 – St-Florent 13.

A Stella avr.-oct.
04 95 37 14 37, Fax 04 95 37 13 84 –
3 ha (100 empl.) plat, peu incliné et en terrasses, pierreux, herbeux
Tarif : 22,50 € (10A) – pers. suppl. 6 €
Location : 4 (2 à 4 pers.) nuitée 50 € - 315 à 390 €/sem. – 2 (4 à 6 pers.) nuitée 85 € - 590 à 730 €/sem. – appartements
1 borne – 18,50 €
Pour s'y rendre : par D 80, au bord de la mer

Nature :
Loisirs :
Services :

311

Le Niolo

CORSE

FIGARI

✉ 20114 – **345** D11 – G. Corse – 1 005 h. – alt. 80
Ajaccio 122 – Bonifacio 18 – Porto-Vecchio 20 – Sartène 39.

U Moru de déb. juin à fin sept.
☎ 04 95 71 23 40, u-moru@wanadoo.fr, Fax 04 95 71 26 19, www.u-moru.com – **R** conseillée
6 ha/4 campables (100 empl.) peu incliné, plat, herbeux, sablonneux
Tarif : ♦ 7,20 € – 🚗 2,80 € 🅴 3,50 € – (½) (16A) 3,50 €
Location : 11 🛖 (4 à 6 pers.) 590 à 850 €/sem. – **R** conseillée
Pour s'y rendre : Rte de Porto-Vecchio (5 km au nord-est par D 859)

Nature : 🏕 ⟵ 🏞 ♀♀
Loisirs : snack 🍴 🏄 🏊 (petite piscine)
Services : ⚡ 🏪 🚿 🧺 🔥 🍱 ♨, réfrigérateur
À prox. : ✂ 🏇

GHISONACCIA

✉ 20240 – **345** F7 – G. Corse – 3 168 h. – alt. 25
🛈 Office de tourisme, RN 198 ☎ 04 95 56 12 38
Bastia 85 – Aléria 14 – Ghisoni 27 – Venaco 56.

Marina d'Erba Rossa de déb. mai à fin sept.
☎ 04 95 56 25 14, erbarossa@wanadoo.fr, Fax 04 95 56 27 23, www.marina-erbarossa.com – **R** conseillée
12 ha/8 campables (160 empl.) plat, herbeux
Tarif : ♦ 8,50 € 🚗 🅴 22,50 € – (½) (10A) 5 € – frais de réservation 21 €
Location (de déb. avr. à fin oct.) : 200 🛖 (4 à 6 pers.) nuitée 23 € - 210 à 1 099 €/sem. – 112 🏠 (4 à 6 pers.) nuitée 45 € - 315 à 1 113 €/sem. – frais de réservation 25 € - **R** conseillée
Pour s'y rendre : Rte de la Mer (4 km à l'est par D 144, au bord de plage)
À savoir : bel ensemble résidentiel

Nature : 🏞 ♀♀ ▲
Loisirs : 🍴 ✂ pizzeria 🎵 🎲 🏇 🏄 🚴 ✂ 🎯 🏊 parc animalier
Services : ⚡ 🏪 🚿 🧺 🔥 🍱 ♨ 🏪 🍱 🚿 cases réfrigérées
À prox. : discothèque 🏇 plongée sports nautiques

Arinella-Bianca de mi-avr. à fin sept.
☎ 04 95 56 04 78, arinella@arinellabianca.com, Fax 04 95 56 12 54, www.arinellabianca.com – **R** conseillée
10 ha (416 empl.) plat, herbeux, sablonneux
Tarif : 43,50 € ♦♦ 🚗 🅴 (6A) – pers. suppl. 10,50 € – frais de réservation 35 €
Location (de mi-avr. à mi-oct.) : 174 🛖 (4 à 6 pers.) 130 à 1 250 €/sem. – 57 🏠 (4 à 6 pers.) - 250 à 1 120 €/sem. – frais de réservation 35 € - **R** conseillée
🚐 1 borne raclet 10 €
Pour s'y rendre : Rte de la Mer (3,5 km à l'est par D 144 puis 700 m par chemin à dr.)
À savoir : cadre agréable au bord de la plage

Nature : ♀♀ ▲
Loisirs : 🍴 ✂ pizzeria 🎵 🎲 🏇 🎣 discothèque ✂ 🏊
Services : ⚡ 🏪 🅿 🚿 🧺 🔥 🎯 🍱 ♨ 🚿 cases réfrigérées
À prox. : 🏇

ILE ROUSSE

✉ 20220 – **345** C4 – G. Corse – 2 774 h.
🚢 CCR pour SNCM av. Joseph-Calizi ☎ 04 95 60 09 56 - Fax 04 95 60 02 56
🛈 Syndicat d'initiative, 7, place Paoli ☎ 04 95 60 04 35, Fax 04 95 60 24 74
Bastia 67 – Calvi 25 – Corte 63.

Le Bodri
☎ 04 95 60 10 86, Fax 04 95 60 39 02, www.campinglebodri.com – **R**
6 ha (333 empl.) plat, peu incliné à incliné, pierreux
Location : 20 🏠
🚐 1 borne artisanale
Pour s'y rendre : 2,5 km au sud-ouest, rte de Calvi, à 300 m de la plage

Loisirs : snack, pizzeria 🏄
Services : ⚡ 🏪 🔥 🍱 ♨ cases réfrigérées
À prox. : 🏖

CORSE

LA LISCIA (Golfe de)

✉ 20111 – **345** B7 – G. Corse
Ajaccio 26 – Calvi 131 – Corte 94 – Vico 25.

 La Liscia de déb. mai à mi-oct.
📞 04 95 52 20 65, *francois.ferraro@wanadoo.fr*,
Fax 04 95 52 30 24, *www.la-liscia.com* ✉ 20111 Calcatoggio
– **R** conseillée
3 ha (100 empl.) plat et en terrasses, herbeux
Tarif : (Prix 2008) 23 € ⚹⚹ 🚙 ▣ (ℱ) (10A) – pers. suppl. 6 €
– frais de réservation 15 €
Location (Prix 2008) ✂ : 11 🏠 (2 à 4 pers.) 320 à
450 €/sem. – 5 🏠 (4 à 6 pers.) 350 à 750 €/sem. – frais
de réservation 15 € - **R** conseillée
🚐 1 borne artisanale
Pour s'y rendre : 5 km au nord-ouest de Calcatoggio par
D 81, au bord de la Liscia

Nature : 🌳🌳
Loisirs : 🍴 snack, pizzeria 🏠 🚲
Services : 🚿 🔑 ☎ 🛒 ♻ ♿ 🧺
🚻

*Si vous désirez réserver un emplacement pour vos vacances,
faites-vous préciser au préalable les conditions particulières de séjour,
les modalités de réservation, les tarifs en vigueur et les conditions de paiement.*

LOZARI

✉ 20226 – **345** D4 – G. Corse
Bastia 61 – Belgodère 10 – Calvi 33 – L'Île-Rousse 8.

 Le Clos des Chênes de déb. mai à fin sept.
📞 04 95 60 15 13, *cdc.lozari@wanadoo.fr*,
Fax 04 95 60 21 16, *http://www.closdeschenes.fr*
✉ 20226 Belgodere – **R**
5 ha (235 empl.) plat, peu incliné, pierreux
Tarif : ⚹ 8,50 € 🚙 ▣ 9 € – (ℱ) (10A) 6,50 €
Location (de déb. avr. à fin sept.) ✂ : 4 🏠 (2 à 4 pers.)
260 à 400 €/sem. – 20 🏠 (4 à 6 pers.) 320 à 780 €/sem.
– 17 🏠 (4 à 6 pers.) - 370 à 825 €/sem. – frais de
réservation 25 € - **R** conseillée
🚐 1 borne eurorelais 10 €
Pour s'y rendre : Lozari (1,5 km au sud par N 197, rte de
Belgodère)

Nature : 🌊 🌳
Loisirs : 🍴 snack 🏠 🏖 ✂ 🎣 ⛱
Services : 🚿 🔑 ☎ 🛒 🛒 ♻ ♿ 🧺
🧊 cases réfrigérées

313

Les Agriates

CORSE

LUMIO

✉ 20260 – **345** B4 – G. Corse – 1 040 h. – alt. 150
Ajaccio 158 – Bastia 83 – Corte 77 – Calvi 10.

▲ **Le Panoramic** de déb. mai à fin sept.
☎ 04 95 60 73 13, panoramic@web-office.fr,
Fax 04 95 60 73 13, www.le-panoramic.com – **R**
6 ha (100 empl.) en terrasses, pierreux, sablonneux
Tarif : ★ 6,80 € ⇌ 2,50 € 🅴 3 € – [½] (6A) 3,50 €
Location ⌬ : ⌂ (4 à 6 pers.) 390 à 790 €/sem.
– **R** conseillée
Pour s'y rendre : Rte de Lavatoggio (2 km au nord-est sur D 71, rte de Belgodère)
À savoir : belles terrasses ombragées

Nature : 🌊 ♧♧
Loisirs : pizzeria ⛳
Services : ⚷ 🛒 ⊕ 🏠 ♨

MORIANI-PLAGE

✉ 20230 – **345** G5 – G. Corse
Bastia 40 – Corte 67 – Vescovato 21.

▲ **Merendella** de mi-mai à mi-oct.
☎ 04 95 38 53 47, merendella@orange.fr,
Fax 04 95 38 44 01, www.merendella.com – **R** conseillée ✗
(de déb. juil. à déb. sept.)
7 ha (196 empl.) plat, herbeux, sablonneux
Tarif : ★ 7,90 € ⇌ 🅴 3,25 € – [½] (10A) 4,60 € – frais de réservation 16 €
Location (de déb. avr. à fin oct.) : 6 ⌂ (2 à 4 pers.) 300 à 450 €/sem. – 2 ⌂ (4 à 6 pers.) 430 à 705 €/sem. – 18 ⌂ (4 à 6 pers.) - 465 à 755 €/sem. – chalets (sans sanitaires) – frais de réservation 16 € - **R** conseillée
⌬ 1 borne – 50 🅴 7,35 €
Pour s'y rendre : Moriani-Plage (1,2 km au sud par N 198, rte de Porto-Vecchio, au bord de plage)

Nature : ⛺ ♧♧(chênaie)
Loisirs : 🍴 ⛳
Services : ♿ ⚷ GB 🛒 ⊕ 🏠
À prox. : ✕ snack ♧ 🐎 (centre équestre) plongée

*The classification (1 to 5 tents, **black** or red) that we award to selected sites in this Guide is a system that is our own.*
It should not be confused with the classification (1 to 4 stars) of official organisations.

OLMETO

✉ 20113 – **345** C9 – G. Corse – 1 115 h. – alt. 320
🛈 Syndicat d'initiative, Village ☎ 04 95 74 65 87, Fax 04 95 74 62 86
Ajaccio 64 – Propriano 8 – Sartène 20.

à la Plage SO : 7 km par D 157

▲ **Village Club du Ras L'Bol**
☎ 04 95 74 04 25, fpaoletti@raslbol.com,
Fax 04 95 74 01 30, www.raslbol.com – **R** conseillée
6 ha (150 empl.) en terrasses, plat, peu incliné, herbeux, rochers
Location : ⌂
Pour s'y rendre : 7 km par D 157, à 50 m de la plage

Nature : ♧
Loisirs : 🍴 ✕ snack, pizzeria ⚽ 🚲
Services : ⚷ 🛒 ⊕ 🏠 ♨
À prox. : 🐎 discothèque, canoë, pédalos

▲ **L'Esplanade** de déb. avr. à fin sept.
☎ 04 95 76 05 03, campinglesplanade@club-internet.fr,
Fax 04 95 76 16 22, www.camping-esplanade.com – **R**
4,5 ha (100 empl.) en terrasses, plat, peu incliné, vallonné, accidenté, rochers
Tarif : ★ 7,80 € ⇌ 3,30 € 🅴 4,10 € – [½] (6A) 3 €
Location (de déb. avr. à fin oct.) ⌬ : 53 ⌂ (4 à 6 pers.) - 365 à 790 €/sem. – **R** conseillée
Pour s'y rendre : (1,6 km par D 157, à la Tour de la Calanda, à 100 m de la plage (accès direct))

Nature : ⛺ ♧♧
Loisirs : pizzeria ⚽ 🚲
Services : ♿ ⚷ GB 🛒 ⊕ 🏠 ♨

CORSE

PALASCA

20226 – **345** D4 – G. Corse – 117 h. – alt. 350
Ajaccio 132 – Bastia 78 – Corte 53 – Calvi 40.

Village de l'Ostriconi de mi-avr. à mi-oct.
04 95 60 10 05, *info@village-ostriconi.com*,
Fax 04 95 60 01 47, *www.village-ostriconi.com* – R
5 ha (134 empl.) accidenté, plat, en terrasses, pierreux, herbeux
Tarif : (Prix 2008) 7,50 € – 3,10 € – 3,10 € – (4A) 3,90 €
Location (Prix 2008) : 6 (4 à 6 pers.) 393 à 646 €/sem. – 18 (4 à 6 pers.) - 393 à 646 €/sem. – 3 studios – frais de réservation 15 € - R conseillée
Pour s'y rendre : Ostriconi

Nature :
Loisirs :
Services : cases réfrigérées

PIANA

20115 – **345** A6 – G. Corse – 428 h. – alt. 420
Syndicat d'initiative, 04 95 27 84 42, Fax 04 95 27 82 72
Ajaccio 72 – Calvi 85 – Évisa 33 – Porto 13.

Plage d'Arone
04 95 20 64 54 – R
3,8 ha (125 empl.) plat, sablonneux, pierreux
1 borne artisanale
Pour s'y rendre : 11,5 km au sud-ouest par D 824, à 500 m de la plage
À savoir : agréable cadre fleuri

Nature :
Services :

Si vous recherchez :

    Un terrain au bord de l'eau avec possibilité de baignade
    Un terrain agréable ou très tranquille
L   Un terrain effectuant la location de caravanes, de mobile homes, de bungalows ou de chalets
P   Un terrain ouvert toute l'année
    Un terrain possédant une aire de services pour camping-cars
Consultez le tableau des localités

PIANOTTOLI-CALDARELLO

20131 – **345** D11 – G. Corse – 729 h. – alt. 60
Ajaccio 113 – Bonifacio 19 – Porto-Vecchio 29 – Sartène 31.

Kévano Plage de déb. avr. à fin sept.
04 95 71 83 22, *kevanoplage@orange.fr*,
Fax 04 95 71 83 83, *camping-kevano.com* – R conseillée
6 ha (100 empl.) en terrasses, plat, peu incliné, sablonneux, accidenté, rochers
Tarif : 9 € – 4 € – (½) (3A) 2,50 € – frais de réservation 30 €
Pour s'y rendre : 3,3 km au sud-est par D 122 et rte à dr., à 500 m de la plage
À savoir : cadre sauvage au milieu du maquis et des rochers de granit

Nature :
Loisirs : snack, pizzeria
Services :

PIETRACORBARA

20233 – **345** F2 – G. Corse – 433 h. – alt. 150
Paris 967 – Ajaccio 170 – Bastia 21 – Biguglia 31 – Borgo 40.

La Pietra
04 95 35 27 49, Fax 04 95 35 28 57 – R
3 ha (66 empl.) plat, herbeux
Pour s'y rendre : 4 km au sud-est par D 232 et chemin à gauche, à 500 m de la plage
À savoir : beaux emplacements délimités

Nature :
Loisirs : snack
Services :
À prox. : quad

CORSE

PINARELLU

✉ 20144 – **345** F9 – G. Corse
Ajaccio 146 – Bonifacio 44 – Porto-Vecchio 16.

California de mi-mai à mi-oct.
📞 04 95 71 49 24, Fax 04 95 71 49 24, www.camping.california.net ✉ 20144 Ste-Lucie-de-Porto-Vecchio – R (juil.-août)
7 ha/5 campables (100 empl.) peu accidenté et plat, sablonneux, étang
Tarif : ★ 9 € – 🚗 2 € – 🅴 6,50 € – [⚡] (6A) 3 €
🚐 1 borne artisanale
Pour s'y rendre : Pinarellu (800 m au sud par D 468 et 1,5 km par chemin à gauche, à 50 m de la plage -accès direct-)

Nature : 🌊 ♀ ⚠
Loisirs : snack 🎠 ✂
Services : ♿ ⚬ 🅿 (saison) ⚙ 🔒 🌊 💧 🔥 🧺 ⛲
À prox. : 🐴 sports nautiques, quad

PORTIGLIOLO

✉ 20110 – **345** C10 – G. Corse
Ajaccio 80 – Propriano 9 – Sartène 15.

Lecci e Murta
📞 04 95 76 02 67, Fax 04 95 77 03 38, www.camping-leccie-murta.com ✉ 20110 Propriano – R conseillée ✇
4 ha (150 empl.) en terrasses, plat, pierreux, herbeux
Location : 30 🏠
Pour s'y rendre : 500 m de la plage
À savoir : site sauvage

Nature : 🌊 ⬅ 🌳 ♀♀
Loisirs : 🍷 ✕ pizzeria 🎠 ✂ 🛶
Services : ⚬ 🅿 🌊 💧 🔥 🧺 ⛲ cases réfrigérées

U Livanti (location exclusive de chalets) de déb. avr. à la Toussaint
📞 04 95 76 08 06, livanti@orange.fr, Fax 04 95 76 25 14, www.ulivanti.com ✉ 20110 Propriano ✇
6 ha terrasse, incliné, peu incliné, sablonneux
Location 🅿 : 92 🏠 (4 à 6 pers.) - 290 à 1 350 €/sem. – frais de réservation 10 € - R conseillée
Pour s'y rendre : Rte de Campomoro (sortie sud-est par D 121)
À savoir : au bord de la plage de Portigliolo

Loisirs : 🍷 ✕ snack 🌙 nocturne
Services : ⚬ ⚙ 🌊 🔥
À prox. : 🐟 plongée, canoë, ski nautique

PORTO

✉ 20150 – **345** B6 – G. Corse
🛈 Office de tourisme, place de La Marine 📞 04 95 26 10 55, Fax 04 95 26 14 25
Ajaccio 84 – Calvi 73 – Corte 93 – Évisa 23.

Les Oliviers de fin mars à mi-nov.
📞 04 95 26 14 49, lesoliviersporto@wanadoo.fr, Fax 04 95 26 12 49, www.camping-oliviers-porto.com ✉ 20150 Ota – R conseillée ✇
5,4 ha (216 empl.) en terrasses
Tarif : ★ 9,50 € – 🚗 4 € – 🅴 6,80 € – [⚡] 4,50 € – frais de réservation 15 €
Location : 40 🏠 (4 à 6 pers.) nuitée 63 € - 430 à 990 €/sem. – frais de réservation 16 € - R conseillée
Pour s'y rendre : par D 81, au pont, au bord du Porto

Nature : 🌊 🌳 ♀♀
Loisirs : snack 🎠 🏋 ♨ hammam 🛶 ⛵
Services : ⚬ 🅿 (juil.-août) 🇬🇧 ⚙ 🔒 🌊 💧 🔥 🧺 ⛲ cases réfrigérées
À prox. : 🍽 ✕ 🚴 🐟

Funtana al Ora avr.-oct.
📞 04 95 26 11 65, Fax 04 95 26 10 83, www.funtanaalora.com ✉ 20150 Ota – R conseillée
2 ha (70 empl.) en terrasses, rochers
Tarif : ★ [⚡] (10A) – pers. suppl. 7,50 € – frais de réservation 15 €
Location : 7 🏠 (4 à 6 pers.) - 300 à 830 €/sem. – frais de réservation 15 €
🚐 1 borne eurorelais 3,50 € – 20 🅴
Pour s'y rendre : Rte d'Évisa (1,4 km au sud-est par D 84, à 200 m du Porto)

Nature : 🌊 🌳 ♀♀
Loisirs : 🎮 🛶 terrain omnisports
Services : ♿ ⚬ ⚙ 🌊 💧 🔥 🧺 ⛲ sèche-linge cases réfrigérées

CORSE

PORTO

Sole e Vista avr.-oct.
04 95 26 15 71, campingsporto@voila.fr,
Fax 04 95 26 10 79, www.camping-sole-e-vista.com
– **R** conseillée
3,5 ha (150 empl.) en terrasses, rochers
Tarif : 7,50 € – 3 € – 3 € – (16A) 3,50 €
Location : 26 (4 à 6 pers.) nuitée 55 € - 350 à 650 €/sem. – **R** conseillée
1 borne artisanale
Pour s'y rendre : accès principal par parking du super-marché - accès secondaire : 1 km à l'est par D 124, rte d'Ota, à 150 m du Porto

Le Porto de mi-juin à fin sept.
04 95 26 13 67, francoise.ceccaldi@gmail.com,
Fax 04 95 26 10 79, www.camping-le-porto.com
– 20150 Ota – **R** conseillée
2 ha (60 empl.) en terrasses, herbeux
Tarif : (Prix 2008) 5,60 € – 2,40 € – 2,60 € – (5A) 3,30 €
Pour s'y rendre : sortie ouest par D 81, rte de Piana, à 200 m du Porto
À savoir : belles terrasses ombragées

PORTO-VECCHIO

20137 – **345** E10 – G. Corse – 10 326 h. – alt. 40
SAPV pour SNCM Port de Commerce 04 95 70 06 03 - Fax 04 95 70 33 59
Office de tourisme, rue du Docteur Camille de Rocca Serra 04 95 70 09 58, Fax 04 95 70 03 72
Ajaccio 141 – Bonifacio 28 – Corte 121 – Sartène 59.

U Pirellu de déb. avr. à fin sept.
04 95 70 23 44, u.pirellu@wanadoo.fr,
Fax 04 95 70 60 22, www.u-pirellu.com – accès à certains emplacements par forte pente – **R**
5 ha (150 empl.) incliné et en terrasses, pierreux
Tarif : (Prix 2008) 8,50 € – 4 € – 4 € – (8A) 3,50 €
Location (Prix 2008) (de mi-avr. à fin sept.) : 11 (4 à 6 pers.) - 350 à 1 150 €/sem. – frais de réservation 8 € - **R** conseillée
Pour s'y rendre : Rte de Palombaggia (9 km à l'est, à Piccovagia)
À savoir : agréable chênaie

La Vetta de déb. juin à fin sept.
04 95 70 09 86, info@campinglavetta.com,
Fax 04 95 70 43 21, www.campinglavetta.com – **R**
8 ha (100 empl.) incliné, en terrasses, pierreux, herbeux, rochers
Tarif : (Prix 2008) 7,30 € – 3 € – 4 € – (10A) 3 €
Location (Prix 2008) (de déb. mai à déb. oct.) : 29 (4 à 6 pers.) nuitée 79 € - 420 à 1 372 €/sem. – 6 (4 à 6 pers.) - 805 à 1 295 €/sem. – **R** conseillée
Pour s'y rendre : La Trinité (5,5 km au nord)

Arutoli de déb. avr. à fin oct.
04 95 70 12 73, info@arutoli.com, Fax 04 95 70 63 95, www.arutoli.com – **R**
4 ha (150 empl.) plat, peu incliné, herbeux
Tarif : 6,93 € – 3,32 € – 3,42 € – (6A) 3,21 €
Location : 26 (4 à 6 pers.) nuitée 72 € - 332 à 905 €/sem. – frais de réservation 62 € - **R** conseillée
Pour s'y rendre : Rte de l'Ospédale (2 km au nord-ouest par D 368)
À savoir : agréable cadre boisé et fleuri

CORSE

PORTO-VECCHIO

Pitrera de mi-mai à mi-oct.
04 95 70 20 10, *pitrera@wanadoo.fr*, Fax 04 95 70 54 43, *www.pitrera.com* – R conseillée
3 ha (75 empl.) accidenté, incliné à peu incliné, terrasses, pierreux
Tarif : (Prix 2008) 25 € ♦♦ ⇔ 🄴 [¼] (3A) – pers. suppl. 7,30 €
Location (Prix 2008) (permanent) : 30 🏠 (4 à 6 pers.) nuitée 75 € - 600 à 850 €/sem. – frais de réservation 15 € - R conseillée
Pour s'y rendre : La Trinité (5,8 km au nord par N 198, rte de Bastia)

Nature : 🌳🌳
Loisirs : ✗ pizzeria 🎵 nocturne 🚴
Services : ♿ ⚷ GB 🚗 ♨ 🛒 ⊛ 🏪 ⛄ cases réfrigérées

Golfo di Sogno mai-sept.
04 95 70 08 98, *reception@golfo-di-sogno.fr*, Fax 04 95 70 41 43, *www.golfo-di-sogno.fr*
22 ha (650 empl.) plat, sablonneux
Tarif : (Prix 2008) 23 € ♦♦ ⇔ 🄴 [¼] (10A) – pers. suppl. 6 €
Location (Prix 2008) ∦ : 12 🚐 (4 à 6 pers.) 340 à 765 €/sem. – 61 🏠 (4 à 6 pers.) - 445 à 990 €/sem. – 12 villas – chalets sans sanitaires – R conseillée
🚐 1 borne flot bleu 4 €
Pour s'y rendre : Rte de Cala-Rossa (6 km au nord-est par D 468)

Nature : 🌲 🌳🌳(pinède) ⛱
Loisirs : ♣ ✗ 🎠 ✂ 🏊 🎤 base nautique
Services : ⚷ GB 🚗 ⊛ 🏪 🚤 ✈

U-Stabiacciu de déb. avr. à mi-oct.
04 95 70 37 17, *stabiacciu@wanadoo.fr*, Fax 04 95 70 62 59, *www.ustabiacciu.com* – R
4,5 ha (160 empl.) plat, herbeux, sablonneux
Tarif : (Prix 2008) ♦ 7 € ⇔ 2,40 € 🄴 2,80 € – [¼] (5A) 3,20 €
Location (Prix 2008) ∦ : 7 🏠 (4 à 6 pers.) - 325 à 630 €/sem. – chalets sans sanitaires – frais de réservation 15 € - R conseillée
Pour s'y rendre : Rte de Palombaggia (2 km au sud)

Nature : 🌳🌳
Loisirs : ♣ grill 🎳 bowling 🎠 🎯
Services : ⚷ GB 🚗 🛒 🏪 ⊛ 🍽 🚤
À prox. : 🐎

La Baie des Voiles
04 95 70 01 23, *labaie-des-voiles@aol.com*, Fax 04 95 70 01 23, *http://labaiedesvoiles.free.fr* – R
3 ha (180 empl.) plat et en terrasses, sablonneux, herbeux, rochers
Pour s'y rendre : 6 km au nord-est, au bord de la plage

Nature : 🌳🌳 ⛱
Loisirs : ♣ snack 🎳
Services : ♿ ⚷ 🛒 🏪 ⊛ 🏪
À prox. : 🚤

Bella Vista de déb. juin à mi-sept.
04 95 70 58 01, *camping.bellavista@wanadoo.fr*, Fax 04 95 70 61 44, *http://www.campingbellavista.com.fr* – R ∦
2,5 ha (100 empl.) en terrasses, herbeux, pierreux
Tarif : (Prix 2008) ♦ 7 € ⇔ 3,50 € 🄴 3,50 € – [¼] (10A) 4 €
Location (de déb. mai à fin sept.) : 🚐 (4 à 6 pers.) 450 à 700 €/sem. – 🏠 (4 à 6 pers.) - 700 à 1 350 €/sem. – frais de réservation 10 € - R conseillée
Pour s'y rendre : Rte de Palombaggia (9,3 km à l'est, à Piccovagia)

Nature : ≤ 🌳
Loisirs : pizzeria, grill 🎳
Services : ♿ ⚷ 🚗 🛒 🏪 📞 🍽 🏪
À prox. : 🐎 plongée

L'Oso de déb. juin à mi-sept.
04 95 71 60 99, Fax 04 93 70 37 33 – R
3,2 ha (90 empl.) plat, herbeux
Tarif : ♦ 6 € ⇔ 3 € 🄴 3 € – [¼] 3 €
Location : 16 🏠 (4 à 6 pers.) - 280 à 560 €/sem.
Pour s'y rendre : 8 km au nord-est, au bord de l'Oso

Nature : 🌳
Loisirs : 🎳 (petite piscine)
Services : ♿ ⚷ 🚗 🛒 🏪 ⊛ 🏪

CORSE

PORTO-VECCHIO

Les Ilots d'Or de mi-avr. à mi-oct.
 04 95 70 01 30, *info@campinglesilotsdor.com*,
Fax 04 95 70 01 30, *www.campinglesilotsdor.com* – ℞
4 ha (180 empl.) plat et en terrasses, sablonneux, herbeux, rochers
Tarif : (Prix 2008) ✸ 6,50 € ⇌ 2,50 € 🅴 3,50 € – [½] (6A) 3 €
Location (Prix 2008) (de déb. mai à fin sept.) ✂ : 3 🏠
(4 à 6 pers.) 350 à 700 €/sem. – 23 🏠 (4 à 6 pers.) - 350 à 700 €/sem. – ℞ conseillée
Pour s'y rendre : Rte de Pezza-Cardo (6 km au nord-est, au bord de plage)

Nature : ♉♉
Loisirs : snack
Services : ♿ ⚿ ✂ 🅱 ♨ ♒ ☺ 🅻 🎱

Les Jardins du Golfe de fin mai à fin sept.
 04 95 70 46 92, *campingjdg@a-stella.org*,
Fax 04 95 72 10 28, *www.campingjdga-stella.com* – ℞
4 ha (200 empl.) plat, herbeux, sablonneux
Tarif : (Prix 2008) ✸ 5,50 € ⇌ 2,50 € 🅴 2,50 € – [½] (20A) 2,60 €
Location (Prix 2008) (de déb. avr. à déb. nov.) : 9 🏠 (4 à 6 pers.) - 330 à 700 €/sem. – ℞ conseillée
🚐 1 borne artisanale 5 €
Pour s'y rendre : Rte de Palombaggia (5,2 km au sud)

Nature : ♉♉
Loisirs : 🍷 snack 🏊 (petite piscine)
Services : ⚿ 🆖 ✂ ♒ ☺ ⛽ 🎱

Benutzen Sie
– *zur Wahl der Fahrtroute*
– *zur Berechnung der Entfernungen*
– *zur exakten Lokalisierung eines Campingplatzes (mit Hilfe der Angaben im Ortstext)*
die für diesen Führer unentbehrlichen **MICHELIN-Karten** .

SAGONE

✉ 20118 – **345** B7 – G. Corse
Ajaccio 38 – Calvi 119 – Corte 106 – Sartène 110.

Le Sagone de fin mars à déb. oct.
 04 95 28 04 15, *sagone.camping@wanadoo.fr*,
Fax 04 95 28 08 28, *www.camping-sagone.com* – ℞ conseillée
9 ha (300 empl.) plat, herbeux
Tarif : 26 € ✸✸ ⇌ 🅴 [½] (10A) – pers. suppl. 8,50 € – frais de réservation 18,80 €
Location (de fin mars à mi-oct.) : 6 🏠 – 30 🏠 – frais de réservation 18,80 € - ℞ conseillée
🚐 1 borne artisanale 5 €
Pour s'y rendre : 2 km au nord par D 70, rte de Vico
À savoir : agréable cadre fleuri et ombragé, au bord de la Sagone

Nature : 🌳 🌊 ♉♉
Loisirs : pizzeria, self-service 🏠 🍸 nocturne 🎮
Services : ♿ ⚿ 🆖 ✂ 🅱 ♨ ♒ ☺ 🏊 🅻 🍴 cases réfrigérées
À prox. : 🚴 🐎 plongée

ST-FLORENT

✉ 20217 – **345** E3 – G. Corse – 1 474 h.
🅘 *Office de tourisme, centre Administratif* 04 95 37 06 04, Fax 04 95 35 30 74
Bastia 22 – Calvi 70 – Corte 75 – L'Île-Rousse 45.

La Pinede de mi-mai à fin sept.
 04 95 37 07 26 , *camping.la.pinede@wanadoo.fr*,
Fax 04 95 37 17 73, *www.camping-la-pinede.com* – ℞
3 ha (130 empl.) plat, incliné et en terrasses, pierreux, herbeux
Tarif : 30 € ✸✸ ⇌ 🅴 [½] (6A) – pers. suppl. 6 €
Location (de déb. avr. à fin oct.) ✂ : 21 🏠 (4 à 6 pers.) - 340 à 790 €/sem. – ℞ conseillée
Pour s'y rendre : Lieu-dit : Seriggio (1,8 km au sud par rte de l'Île-Rousse et chemin à gauche apr. le pont, au bord de l'Aliso)

Nature : 🌳 ♉♉
Loisirs : 🏊 🛥 ponton d'amarrage
Services : ♿ ⚿ 🆖 ✂ ♒ ☺ ⛽ 🎱
🏊 🍴 réfrigérateurs
À prox. : 🐎

CORSE

STE-LUCIE-DE-PORTO-VECCHIO

✉ 20144 – **345** F9 – G. Corse
🛈 *Syndicat d'initiative, Mairie annexe* ☎ 04 95 71 48 99, Fax 04 95 71 48 99
Ajaccio 142 – Porto-Vecchio 16.

▲▲ **Santa-Lucia** de mi-avr. à déb. oct.
☎ 04 95 71 45 28, *informations@campingsantalucia.com*,
Fax 04 95 71 45 28, *www.campingsantalucia.com*
– **R** conseillée
3 ha (160 empl.) plat et peu incliné, sablonneux, pierreux, rochers
Tarif : (Prix 2008) ✶ 7,95 € 🚗 3,20 € 🔲 4,90 € – [⚡] (6A) 2,80 € – frais de réservation 8 €
Location (Prix 2008) (de déb. avr. à déb. oct.) ⌀ : 22 🏠 (2 à 4 pers.) nuitée 30 € - 255 à 475 €/sem. – 21 🏠 (4 à 6 pers.) nuitée 45 € - 465 à 790 €/sem. – frais de réservation 15 € - **R** conseillée
Pour s'y rendre : Rte de Porto-Vecchio (sortie sud-ouest)
À savoir : agréable cadre boisé

Nature : 🌳🌳
Loisirs : snack 🏃 ⛱ 🎯 🏊
Services : ♿ 🔑 GB 🛒 🚻 ☺ 💧 🏪 🚿
À prox. : 🛒 🐴 plongée

▲ **Fautea**
☎ 04 95 71 41 51, Fax 04 95 71 57 62 – **R**
5 ha (100 empl.) en terrasses, sablonneux, pierreux
Pour s'y rendre : 5 km au nord-est par N 198

Nature : 🌳
Loisirs : ⛱
Services : 🔑 🚻 🏊 ≋ ☺ 📞 🏪 🚿
À prox. : ✕ ✂ 🐴 plongée

SERRA-DI-FERRO

✉ 20140 – **345** B9 – G. Corse – 352 h. – alt. 140
Ajaccio 47 – Propriano 20 – Sartène 32.

▲ **Alfonsi U Caseddu** de déb. juin à mi-oct.
☎ 04 95 74 01 80, Fax 04 95 74 07 67 – **R** ⌀
3,5 ha (100 empl.) plat, peu incliné, sablonneux, herbeux
Tarif : ✶ 6 € 🚗 3 € 🔲 10 € – [⚡] (10A) 3,50 €
🚐 1 borne artisanale
Pour s'y rendre : à Porto-Pollo (5 km au sud par D 155, rte de Propriano et D 757 à dr.)
À savoir : agréable situation en bord de mer

Nature : 🌳 ⛰
Loisirs : 🍴 ✕ pizzeria
Services : ♿ 🔑 GB 🛒 🚻 ☺ 🏪

TIUCCIA

✉ 20111 – **345** B7 – G. Corse
Ajaccio 30 – Cargèse 22 – Vico 22.

▲▲ **Les Couchants**
☎ 04 95 52 26 60, *camping.les-couchants@wanadoo.fr*,
Fax 04 95 52 31 77 ✉ 20111 Casaglione – **R**
5 ha (120 empl.) en terrasses, peu incliné, herbeux
Location ⌀ : 8 🏠
Pour s'y rendre : Rte de Casaglione (4,9 km au nord par D 81 et D 25 à dr.)
À savoir : agréable cadre fleuri

Nature : 🌊 🌅 🌳🌳
Loisirs : 🍴 ✕ ⛱ 🏊
Services : ♿ 🔑 🚻 ☺ ≋ 🏪 🚿

VIVARIO

✉ 20219 – **345** E6 – G. Corse – 509 h. – alt. 850
Bastia 89 – Aléria 49 – Corte 22 – Bocognano 22.

▲ **Aire Naturelle le Soleil** de mi-avr. à mi-oct.
☎ 04 95 47 21 16, *camping-lesoleil@orange.fr*,
Fax 04 95 47 21 16 – alt. 800 – **R** conseillée
1 ha (25 empl.) en terrasses, peu incliné et plat, herbeux
Tarif : (Prix 2008) 17,50 € ✶✶ 🚗 🔲 [⚡] (14A) – pers. suppl. 5,50 €
🚐 1 borne 15 €
Pour s'y rendre : Tattone (6 km au sud-ouest par N 193, rte d'Ajaccio, près de la gare)

Nature : 🌊 🌳
Loisirs : 🍴 pizzeria
Services : 🔑 GB ☺
À prox. : 🌊

FRANCHE-COMTÉ

Il était une fois… la Franche-Comté ! Ses contes et légendes s'inspirent d'une nature mystérieuse qui réserve bien des surprises aux visiteurs curieux. La forêt de résineux s'y étend par monts et par vaux, jetant de doux sortilèges aux explorateurs de grottes, gouffres et gorges qu'elle dissimule. La magie des lieux tient aussi à l'abondance des torrents, cascades et lacs dont les larges taches bleutées contrastent avec le vert des pâturages. Les artisans comtois transforment comme par enchantement le bois en horloges, jouets et pipes pour les touristes en quête de souvenirs. Et l'éventail des arômes déployés par les produits du terroir envoûte les gastronomes : fromage de comté au goût de noisette, savoureuses charcuteries fumées et radieux cortège de vins distillant des bouquets subtils et fruités.

Once upon a time in a land called Franche-Comté…many of France's tales and legends begin in the secret wilderness of this secluded region on the Swiss border. The Jura's peaks and dales, clad in a cloak of fragrant conifers, cast a gentle charm over its explorers: the magic spell is also woven by the waterfalls, grottoes and mysterious lakes, their dark blue waters reflecting the surrounding hills. Nimble-fingered craftsmen transform the local wood into clocks, toys and pipes which will delight anyone with a love of fine craftsmanship. Hungry travellers will want to savour the rich, hazelnut tang of Comté cheese, but beware: the delicate smoked and salted meats, in which you can almost taste the pine and juniper, plus Franche-Comté's sumptuous and subtly fruity wines may lure you back for more!

FRANCHE-COMTÉ

ARBOIS

✉ 39600 – **321** E5 – G. Franche-Comté Jura – 3 698 h. – alt. 350
🛈 Office de tourisme, 10, rue de l'Hôtel de Ville ☏ 03 84 66 55 50, Fax 03 84 66 25 50
Paris 407 – Besançon 46 – Dole 34 – Lons-le-Saunier 40 – Salins-les-Bains 13.

▲ **Les Vignes** de déb. mai à fin sept.
☏ 03 84 66 14 12, *arbois.camping@rsl39.com*,
Fax 03 84 66 14 12 – **R** conseillée
2,3 ha (139 empl.) en terrasses et peu incliné, herbeux,
gravillons, gravier
Tarif : (Prix 2008) 18 € ⛺ 🚗 🔌 (10A) – pers. suppl. 4 €
Location (Prix 2008) : 4 🏠 (4 à 6 pers.) nuitée 70 € -
245 à 490 €/sem. – **R** conseillée
Pour s'y rendre : sortie est par D 107, rte de Mesnay, près
du stade et de la piscine
À savoir : Emplacements agréablement ombragés

Nature : 🌲 🛶 ⚑
Loisirs : 🍴 🏇
Services : ♿ 🔑 GB ⚙ 🖥 ♨ 🔥 ⊘
⛺ 🚰 🍳 🧺
À prox. : 🏊

Benutzen Sie
– zur Wahl der Fahrtroute
– zur Berechnung der Entfernungen
– zur exakten Lokalisierung eines Campingplatzes (mit Hilfe der Angaben im Ortstext)
die für diesen Führer unentbehrlichen **MICHELIN-Karten** .

BELFORT

✉ 90000 – **315** F11 – G. Franche-Comté Jura – 50 417 h. – alt. 360
🛈 Office de tourisme, 2 bis, rue Clemenceau ☏ 03 84 55 90 90, Fax 03 84 55 90 70
Paris 422 – Lure 33 – Luxeuil-les-Bains 52 – Montbéliard 23 – Mulhouse 41 – Vesoul 63.

▲ **L'Étang des Forges** de mi-avr. à fin sept.
☏ 03 84 22 54 92, *contact@camping-belfort.com*,
Fax 03 84 22 76 55, *www.camping-belfort.com*
– **R** conseillée
3,4 ha (90 empl.) plat, herbeux, pierreux
Tarif : 19,50 € ⛺ 🚗 🔌 (6A) – pers. suppl. 3 €
Location : 2 🏠 (2 à 4 pers.) 161 à 357 €/sem. – 1 🏠 (4
à 6 pers.) 266 à 462 €/sem. – 9 🏡 (4 à 6 pers.) - 266 à
462 €/sem. – **R** conseillée
🚐 1 borne flot bleu
Pour s'y rendre : r. du Gén. Béthouart (1,5 km au nord par
D 13, rte d'Offemont et à dr. - par A 36 sortie 13)

Nature : 🌲
Loisirs : 🍴 🏇 🎯 🏊 (bassin)
Services : ♿ 🔑 GB ⚙ 🖥 ♨ 🔥 ⊘
⛺ 🍳 🧺 sèche-linge
À prox. : 🎣

323

Le Niolo

G. Magnin/Michelin

FRANCHE-COMTÉ

BONLIEU

✉ 39130 – **321** F7 – G. Franche-Comté Jura – 225 h. – alt. 785
Paris 439 – Champagnole 23 – Lons-le-Saunier 32 – Morez 24 – St-Claude 42.

▲ **L'Abbaye** de déb. mai à fin sept.
℘ 03 84 25 57 04, camping.abbaye@wanadoo.fr,
Fax 03 84 25 50 82, www.camping-abbaye.com – ℝ
3 ha (80 empl.) incliné, plat, herbeux
Tarif : 17,50 € ✶✶ 🚗 🅴 (6A) – pers. suppl. 4,30 €
Location (de mi-avr. à fin oct.) ⌘ : 4 🏠 (4 à 6 pers.)
nuitée 45 € - 260 à 455 €/sem. – **R** conseillée
🚐 6 🅴 14 €
Pour s'y rendre : 2 rte du Lac (1,5 km à l'est par N 78, rte de St-Laurent-en-Grandvaux)

Nature : 🌳 ← 🏞
Loisirs : 🍷 🎿 ⛵
Services : ♿ ⚡ GB ✂ 🏠 ♨ 🔄 📶
🏠 🚿
À prox. : 🐎

BONNAL

✉ 25680 – **321** I1 – 24 h. – alt. 270
Paris 392 – Besançon 47 – Belfort 51 – Épinal 106 – Montbéliard 46.

▲▲▲ **Le Val de Bonnal** de déb. mai à déb. sept.
℘ 03 81 86 90 87, val-de-bonnal@wanadoo.fr,
Fax 03 81 86 03 92, valdebonnal.fr – **R** conseillée
120 ha/15 campables (320 empl.) plat, herbeux
Tarif : 38,50 € ✶✶ 🚗 🅴 (10A) – pers. suppl. 10,50 € – frais de réservation 20 €
Location ⌘ : 8 🏠 (4 à 6 pers.) 330 à 775 €/sem. – 2 🏡 (4 à 6 pers.) - 390 à 850 €/sem. – **R** conseillée
🚐 1 borne
Pour s'y rendre : R. du Moulin
À savoir : Situation agréable en bordure de l'Ognon et près d'un plan d'eau

Nature : 🌳 🏞 💧
Loisirs : 🍷 snack 🏠 ♨ nocturne 🚴 🎠 🏊 🎿 ⛵
Services : ♿ ⚡ GB ✂ ♨ 🔄 📶 🛎
🏠 sèche-linge 🧊 🚿
À prox. : ✕

CHALEZEULE

✉ 25220 – **321** G3 – 952 h. – alt. 252
Paris 410 – Dijon 96 – Lyon 229 – Nancy 209.

▲ **Municipal de la Plage** de déb. avr. à fin sept.
℘ 03 81 88 04 26, laplage.besancon@ffcc.fr,
Fax 03 81 50 54 62, www.laplage.camp-in-france.com .
blog: http://calou25.travelblog.f – **R** conseillée
1,8 ha (113 empl.) plat, terrasse, herbeux
Tarif : (Prix 2008) ✶ 3,95 € 🚗 🅴 5,40 € – (6A) 3,60 € – frais de réservation 5 €
🚐 1 borne artisanale 4 € – 3 🅴 17,40 € – 🌙 10,50 €
Pour s'y rendre : 12 rte de Belfort (4,5 km au nord-est par N 83, au bord du Doubs)

Nature : 💧
Loisirs : snack
Services : ♿ ⚡ GB ✂ 🍴 🔄 📶
🏠 sèche-linge
À prox. : ⌘ 🏃 🎿 🐟

CHAMPAGNOLE

✉ 39300 – **321** F6 – G. Franche-Comté Jura – 8 616 h. – alt. 541
🛈 Office de tourisme, rue Baronne Delort ℘ 03 84 52 43 67, Fax 03 84 52 54 57
Paris 420 – Besançon 66 – Dole 68 – Genève 86 – Lons-le-Saunier 34 – Pontarlier 46 – St-Claude 53.

▲ **Municipal de Boyse** de déb. juin à mi-sept.
℘ 03 84 52 00 32, camping.boyse@wanadoo.fr,
Fax 03 84 52 01 16, www.camping.champagnole.com
– **R** conseillée
7 ha (240 empl.) plat, peu incliné, herbeux
Tarif : 17,40 € ✶✶ 🚗 🅴 (10A) – pers. suppl. 4,40 €
Location (permanent) ⌘ : 25 🏡 (4 à 6 pers.) - 245 à 510 €/sem. – **R** conseillée
🚐 1 borne 3,50 €
Pour s'y rendre : 20 r. Georges-Vallerey (sortie nord-ouest par D 5, rte de Lons-le-Saunier et r. à gauche)
À savoir : Accès direct à l'Ain

Nature : 🌳 💧💧
Loisirs : snack 🏠 ♨ 🚴 🏃 🎿
Services : ♿ ⚡ GB ✂ Ⓜ 🔄 📶
🏠 sèche-linge 🚿
À prox. : ✕ 🏞 🐟 , parcours sportif
🚐

FRANCHE-COMTÉ

CHANCIA

✉ 01590 – **321** D8 – 142 h. – alt. 320
Paris 452 – Bourg-en-Bresse 48 – Lons-le-Saunier 46 – Nantua 30 – Oyonnax 16 – St-Claude 29.

▲ **Municipal les Cyclamens** de déb. mai à fin sept.
☎ 04 74 75 82 14, *campinglescyclamens@wanadoo.fr*, *www.camping-chancia.com* – places limitées pour le passage – **R** conseillée
2 ha (160 empl.) plat, herbeux
Tarif : (Prix 2008) ★ 2,60 € 🚗 2,50 € 🅴 2,60 € – (ᵩ) (10A) 2,40 €
🚐 🍴 (ᵩ) 16 €

Pour s'y rendre : La Presqu'île (1,5 km au sud-ouest par D 60e et chemin à gauche, au confluent de l'Ain et de la Bienne)

À savoir : code postal dans l'Ain (01) mais terrain situé dans le Jura (39) !

Nature : 🌳 ≤ ⚲
Loisirs : 🎣 ⚔
Services : 👤 ⚡ 🚿 🔥 ⊛ 🚽 🗑
À prox. : 🏊 🎣 🥤 , terrain omnisports

CHÂTILLON

✉ 39130 – **321** E7 – 127 h. – alt. 500
Paris 421 – Champagnole 24 – Clairvaux-les-Lacs 15 – Lons-le-Saunier 19 – Poligny 24.

▲ **Domaine de l'Épinette** de déb. juin à mi-sept.
☎ 03 84 25 71 44, *contact@domaine-epinette.com*, Fax 03 84 25 75 96, *www.domaine-epinette.com* – **R** conseillée
7 ha (150 empl.) en terrasses, plat et peu incliné, herbeux, pierreux
Tarif : 27 € ★★ 🚗 🅴 (ᵩ) (6A) – pers. suppl. 4,50 € – frais de réservation 30 €
Location : 33 🏠 (4 à 6 pers.) nuitée 37 € - 220 à 605 €/sem. – 2 🏡 (4 à 6 pers.) nuitée 35 € - 205 à 592 €/sem. – frais de réservation 30 € – **R** conseillée
🚐 1 borne artisanale – 4 🅴 19,50 € – 🍴 12 €

Pour s'y rendre : Rte de Blye (1,3 km au sud par D 151)

Nature : 🌳 ≤
Loisirs : 🏊 🥤
Services : 👤 ⚡ 🌐 ⚔ 🔥 ⊛ 🚽
À prox. : canoë

325

CLAIRVAUX-LES-LACS

✉ 39130 – **321** E7 – G. Franche-Comté Jura – 1 472 h. – alt. 540
🛈 *Office de tourisme, 36, Grande Rue* ☎ 03 84 25 27 47, Fax 03 84 25 23 00
Paris 428 – Bourg-en-Bresse 94 – Champagnole 34 – Lons-le-Saunier 22 – St-Claude 34 – St-Laurent-en-Grandvaux 24.

▲▲ **Yelloh! Village le Fayolan** 🅰️🅱️ – de déb. mai à déb. sept.
☎ 03 84 25 26 19, *reservation@rsl39.com*, Fax 03 84 25 26 20, *www.relaisoleiljura.com* – **R** conseillée
13 ha (516 empl.) peu incliné, plat et en terrasses, herbeux, gravillons, pinède
Tarif : (Prix 2008) 36 € ★★ 🚗 🅴 (ᵩ) (6A) – pers. suppl. 6,50 € – frais de réservation 20 €
Location (Prix 2008) 🏕 : 93 🏠 (4 à 6 pers.) 210 à 854 €/sem. – 7 🏡 (4 à 6 pers.) - 210 à 784 €/sem. – **R** conseillée

Pour s'y rendre : Rte de Châtel-de-Joux (1,2 km au sud-est par D 118)

À savoir : Au bord du lac

Nature : ≤ 🏞 ⚲ 🌲
Loisirs : 🍽 snack 🎣 🎳 ★ 🚣 salle d'animation ⚔ 🏓 🏊 🛶
Services : 👤 🌐 ⚔ 🔥 ⊛ 🚽 🗑 🚿
🚐 🍴 🏪
À prox. : 🎣 , parcours de santé

▲ **Le Grand Lac** de mi-juin à déb. sept.
☎ 03 84 25 22 14, *legrandlac@rsl39.com*, Fax 03 84 25 26 20, *www.relaisoleiljura.com* – **R** conseillée
2,5 ha (191 empl.) peu incliné à incliné, plat, terrasses, herbeux
Tarif : (Prix 2008) 21 € ★★ 🚗 🅴 (ᵩ) (6A) – pers. suppl. 4 € – frais de réservation 12 €
Location (Prix 2008) 🏕 : 23 🏠 (4 à 6 pers.) 210 à 581 €/sem. – frais de réservation 12 € – **R** conseillée

Pour s'y rendre : Chemin du Langard (800 m au sud-est par D 118, rte de Châtel-de-Joux et chemin à dr.)

Nature : ≤ ⚲ 🌲
Services : 👤 ⚡ 🌐 ⚔ 🔥 ⊛ 🚽
À prox. : 🏊 🎣 canoë

FRANCHE-COMTÉ

CROMARY

✉ 70190 – **314** E8 – 164 h. – alt. 219
Paris 419 – Belfort 88 – Besançon 21 – Gray 50 – Montbéliard 72 – Vesoul 34.

▲ **L'Esplanade**
☎ 03 84 91 82 00, Fax 03 84 91 82 00, *www.lesplanade.nl*
– **R** conseillée
2,7 ha (65 empl.) plat, herbeux
Pour s'y rendre : au sud du bourg par D 276
À savoir : Dans un site champêtre avec un accès direct à la rivière

Nature : 🌳 ⇐ 🏞
Loisirs : snack 🛝 🌊
Services : ♿ ⚬ 🚻 ⊕ 🗑

DOLE

✉ 39100 – **321** C4 – G. Franche-Comté Jura – 24 949 h. – alt. 220
🏢 Office de tourisme, 6, place Grévy ☎ 03 84 72 11 22, Fax 03 84 82 49 27
Paris 363 – Besançon 55 – Chalon-sur-Saône 67 – Dijon 50 – Genève 155 – Lons-le-Saunier 57.

▲ **Le Pasquier** de mi-mars à mi-oct.
☎ 03 84 72 02 61, *lola@camping-le-pasquier.com*,
Fax 03 84 79 23 44, *http://www.camping-le-pasquier.com* –
R
2 ha (120 empl.) plat, herbeux, gravillons
Tarif : (Prix 2008) 17,20 € ⁑ 🚙 🔲 🔋 (10A) – pers.
suppl. 3,30 € – frais de réservation 10 €
Location (Prix 2008) : 5 🏠 (4 à 6 pers.) nuitée 58 € -
390 à 475 €/sem. – 4 🏠 (4 à 6 pers.) nuitée 49 € - 320 à
380 €/sem. – frais de réservation 10 € - **R** conseillée
🚐 1 borne artisanale 4,60 €
Pour s'y rendre : 18 chemin Georges-et-Victor-Thévenot
(au sud-est par av. Jean-Jaurès)
À savoir : Cadre verdoyant, près du Doubs

Nature : 🌳
Loisirs : 🍽 snack 🛝 🌊 (petite piscine)
Services : ♿ ⚬ GB 🐕 🗑 ⊕ ⚙ 🚿 🧺 sèche-linge
À prox. : 🏊

*Si vous désirez réserver un emplacement pour vos vacances,
faites-vous préciser au préalable les conditions particulières de séjour,
les modalités de réservation, les tarifs en vigueur et les conditions de paiement.*

DOUCIER

✉ 39130 – **321** E7 – G. Franche-Comté Jura – 270 h. – alt. 526
Paris 427 – Champagnole 21 – Lons-le-Saunier 25.

⛺ **Domaine de Chalain** de fin avr. à mi-sept.
☎ 03 84 25 78 78, *chalain@chalain.com*, Fax 03 84 25 70 06,
www.chalain.com – **R** conseillée
30 ha/18 campables (804 empl.) plat, herbeux, pierreux
Tarif : (Prix 2008) 34 € ⁑ 🚙 🔲 🔋 (7A) – pers. suppl. 6 €
Location (Prix 2008) 🏕 : 48 🏠 (4 à 6 pers.) 280 à
805 €/sem. – 35 🏠 (4 à 6 pers.) – 420 à 994 €/sem. –
huttes – **R** conseillée
🚐 1 borne
Pour s'y rendre : 3 km au nord-est
À savoir : Agréablement situé entre forêts et lac de Chalain

Nature : ⇐ 🌳 ⛰
Loisirs : 🍽 snack 🛝 🎣 🏊 🚣
🚴 🛶 ⛳ 🎯 🎱 🌊 , parcours VTT
Services : ♿ ⚬ GB 🐕 🏛 🗑 ⊕
⚙ 🚿 🧺 ⛱ 🧊

FONCINE-LE-HAUT

✉ 39460 – **321** G7 – G. Franche-Comté Jura – 945 h. – alt. 790
Paris 444 – Champagnole 24 – Clairvaux-les-Lacs 34 – Lons-le-Saunier 62 – Mouthe 13.

▲ **Municipal Le Val de Saine**
☎ 03 84 51 93 11, *foncine@juramontsrivieres.fr*,
Fax 03 84 51 90 19
1 ha (72 empl.) plat, herbeux, non clos
Pour s'y rendre : sortie sud-ouest par D 437, rte de St-
Laurent-en-Grandvaux et à gauche, au stade, au bord de la
Saine

Nature : 🌳🌳
Loisirs : 🎯 🌊
Services : ♿ ⚬ 🚻 ⊕ 🏊 🗑 🚿
À prox. : parcours de santé

FRANCHE-COMTÉ

FONCINE-LE-HAUT

▲ **Les chalets du Val de Saine** (location exclusive de chalets) Permanent
📞 03 84 51 93 11, foncine@juramontsrivieres.fr, Fax 03 84 51 90 19, www.camping-haut-jura.com – alt. 900
1,2 ha plat, herbeux
Location 🅿 : 14 🏠 (4 à 6 pers.) - 250 à 450 €/sem. – **R** conseillée
Pour s'y rendre : 58 Grande-Rue

Nature : 🌳
Loisirs : 🎣
Services : 🚿 🛒
À prox. : 🏊 🍽 ✂ 🎿

FRESSE

✉ 70270 – **314** H6 – 634 h. – alt. 472
Paris 405 – Belfort 31 – Épinal 71 – Luxeuil-les-Bains 30 – Vesoul 48.

▲ **La Broche** de mi-avr. à mi-oct.
📞 03 84 63 31 40, contact@camping.com, Fax 03 84 63 31 40, www.camping-broche.com – **R** conseillée
2 ha (50 empl.) peu incliné, plat, terrasse, herbeux
Tarif : 11,50 € ★★ 🚗 📧 🅟 (5A) – pers. suppl. 3 €
Location : 6 🏠 (2 à 4 pers.) nuitée 21 € - 160 à 170 €/sem.
🚐 🍴 11,50 €
Pour s'y rendre : sortie ouest, rte de Melesey et chemin à gauche
À savoir : Dans un site vallonné et boisé, au bord d'un étang

Nature : 🌳 🍃
Loisirs : 🎣
Services : ♿ 🔑 🚿 🛒 ♨

HUANNE-MONTMARTIN

✉ 25680 – **321** I2 – 72 h. – alt. 310
Paris 392 – Baume-les-Dames 14 – Besançon 37 – Montbéliard 52 – Vesoul 34.

▲▲▲ **Le Bois de Reveuge** de fin avr. à mi-sept.
📞 03 81 84 38 60, info@campingduboisdereveuge.com, Fax 03 81 84 44 04, www.campingduboisdereveuge.com – **R** conseillée
20 ha/11 campables (281 empl.) en terrasses, gravier, herbeux, sous-bois attenant
Tarif : 31 € ★★ 🚗 📧 🅟 (6A) – pers. suppl. 7 € – frais de réservation 25 €
Location 🌳 : 82 🏕 (4 à 6 pers.) 287 à 686 €/sem. – 17 🏠 (4 à 6 pers.) – 315 à 735 €/sem. – frais de réservation 25 € - **R** conseillée
🚐 1 borne artisanale – 20 📧 19 €
Pour s'y rendre : Rte de Rougemont (1,1 km au nord par D 113)
À savoir : Autour de deux étangs à la lisière d'un bois

Nature : 🌳 🏞 ♨
Loisirs : snack, pizzeria 🍴 🏃
🏊 🚴 🎿 🎣 🔍 (découverte l'été) 🎪
Services : ♿ 🔑 🇬🇧 🚿 🛒 ♨ 🚿
🚐 🚾 🍴 🚮
À prox. : canoë

327

LABERGEMENT-STE-MARIE

✉ 25160 – **321** H6 – 920 h. – alt. 859
Paris 454 – Champagnole 41 – Pontarlier 17 – St-Laurent-en-Grandvaux 41 – Salins-les-Bains 45 – Yverdon-les-Bains 41.

▲ **Le Lac** de déb. mai à fin sept.
📞 03 81 69 31 24, camping.lac.remoray@wanadoo.fr, www.camping-lac-remoray.com – **R** conseillée
1,8 ha (70 empl.) plat, peu incliné et en terrasses, herbeux
Tarif : ★ 4 € 🚗 📧 🅟 (6A) 3,50 € – frais de réservation 5 €
Location (Prix 2008) (permanent) : 4 🏕 (4 à 6 pers.) 180 à 400 €/sem. – 4 🏠 (4 à 6 pers.) 290 à 595 €/sem. – frais de réservation 5 € - **R** conseillée
🚐 1 borne artisanale – 10 📧 14,50 €
Pour s'y rendre : 10 r. du Lac (sortie sud-ouest par D 437, rte de Mouthe et r. à dr.)
À savoir : À 300 m du lac de Remoray

Nature : 🍃
Loisirs : 🍽 ✂ 🎱
Services : ♿ 🔑 🇬🇧 🚿 🛒 ♨ 🏠
🚿
À prox. : ✂ 🎿 🎣

FRANCHE-COMTÉ

LACHAPELLE-SOUS-ROUGEMONT

✉ 90360 – **315** G10 – 460 h. – alt. 400
Paris 442 – Belfort 16 – Basel 66 – Colmar 55 – Mulhouse 29 – Thann 18.

⚠ **La Seigneurie** de déb. avr. à fin oct.
☎ 03 84 23 00 13, *mairielachapelle-rougemont@wanadoo.fr*, Fax 03 84 23 05 04, *www.campingdelaseigneurie.com* – **R**
3 ha (120 empl.) plat, herbeux
Tarif : (Prix 2008) ★ 3,60 € 🚗 3 € 📧 3,60 € – 🔌 (6A) 3,20 €
🚐 1 borne eurorelais 1,70 €
Pour s'y rendre : Lieu-dit : La Seigneurie (3,2 km au nord par D 11, rte de Lauw)
À savoir : En lisière de forêt, près d'un étang

Nature : 🌳 ♀
Loisirs : 🍸 🏄
Services : ♿ 🔑 GB ✂ 🚻 ⊙ 🍽
À prox. : ✗ 🐟

LEVIER

✉ 25270 – **321** G5 – 1 700 h. – alt. 719
Paris 443 – Besançon 45 – Champagnole 37 – Pontarlier 22 – Salins-les-Bains 24.

⚠ **La Forêt** de déb. mai à mi-sept.
☎ 03 81 89 53 46, *camping@camping-dela-foret.com*, Fax 03 81 89 53 46, *www.camping-dela-foret.com*
– **R** conseillée
1,5 ha (70 empl.) plat, herbeux, peu incliné et terrasse
Tarif : (Prix 2008) 20 € ★★ 🚗 📧 🔌 (6A) – pers. suppl. 3,60 € – frais de réservation 10 €
Location (Prix 2008) (de mi-avr. à fin oct.) : 2 🏠 (4 à 6 pers.) 400 à 480 €/sem. – 2 🏠 (4 à 6 pers.) – 370 à 460 €/sem. – frais de réservation 10 € - **R** conseillée
🚐 10 📧 19 €
Pour s'y rendre : Rte de Septfontaines (1 km au nord-est par D 41)
À savoir : À la lisière d'une forêt

Nature : 🌳 ♀♀
Loisirs : 🏠 🏄 🎣
Services : ♿ 🔑 GB ✂ 🚻 ⊙ 🍽 ⛳
🍽 🍴
À prox. : parcours sportif

LONS-LE-SAUNIER

✉ 39000 – **321** D6 – G. Franche-Comté Jura – 18 483 h. – alt. 255 – ♨ (début avril-fin oct.)
🛈 Office de tourisme, place du 11 Novembre ☎ 03 84 24 65 01, Fax 03 84 43 22 59
Paris 408 – Besançon 84 – Bourg-en-Bresse 73 – Chalon-sur-Saône 61 – Dijon 94 – Dole 56 – Mâcon 98 – Pontarlier 82.

⚠ **La Marjorie** de fin mars à mi-oct.
☎ 03 84 24 26 94, *info@camping-marjorie.com*, Fax 03 84 24 08 40, *www.camping-marjorie.com*
– **R** conseillée
9 ha/3 campables (204 empl.) plat, herbeux, goudronné, pierreux
Tarif : (Prix 2008) 18,80 € ★★ 🚗 📧 🔌 (6A) – pers. suppl. 4,50 € – frais de réservation 15 €
Location (Prix 2008) : 4 🏠 (4 à 6 pers.) 210 à 525 €/sem. – 11 🏠 (4 à 6 pers.) – 190 à 465 €/sem. – frais de réservation 15 € - **R** conseillée
🚐 1 borne artisanale 4 € – 38 📧 18,80 €
Pour s'y rendre : 640 bd de l'Europe (au nord-est en dir. de Besançon par bd de Ceinture)
À savoir : Agréable décoration arbustive, au bord d'un ruisseau

Nature : 🌳 ♀
Loisirs : 🍸 🏠 🎱 nocturne (juil.-août) 🏃
Services : ♿ 🔑 GB ✂ 🛒 ⊙ 🍽 🚻 🍴 sèche-linge 🧺
À prox. : ✗ 🏊 🎣

LES GUIDES VERTS MICHELIN
Paysages, monuments
Routes touristiques
Géographie
Histoire, Art
Itinéraire de visite
Plans de villes et de monuments

FRANCHE-COMTÉ

LURE

✉ 70200 – **314** G6 – G. Franche-Comté Jura – 8 727 h. – alt. 290
🛈 Office de tourisme, 35, avenue Carnot ✆ 03 84 62 80 52, Fax 03 84 62 74 61
Paris 387 – Belfort 37 – Besançon 77 – Épinal 77 – Montbéliard 35 – Vesoul 30.

▲ Intercommunal de Lure
✆ 03 84 30 43 40, magalie-sarre@pays-delure.fr,
Fax 03 84 89 00 31, www.pays-de-lure.fr – **R** conseillée
1 ha (45 empl.) plat, herbeux

Loisirs : 🏠 ✎
Services : 👤 ⚡ 🚻 🚿 ♨ 🏪
À prox. : 🛒 🐴 poneys

Pour s'y rendre : 1,4 km au sud-est par D 64 vers rte de Belfort puis 800 m par D 18 à dr., rte de l'Isle-sur-le-Doubs, à 50 m de l'Ognon (accès direct)

MAICHE

✉ 25120 – **321** K3 – G. Franche-Comté Jura – 3 978 h. – alt. 777
🛈 Syndicat d'initiative, place de la Mairie ✆ 03 81 64 11 88, Fax 03 81 64 02 30
Paris 501 – Baume-les-Dames 69 – Besançon 74 – Montbéliard 43 – Morteau 29 – Pontarlier 60.

▲ Municipal St-Michel
✆ 03 81 64 12 56, camping.maiche@wanadoo.fr,
Fax 03 81 64 12 56, www.mairie-maiche.fr – **R** conseillée
2 ha (70 empl.) peu incliné, en terrasses, herbeux, bois attenant

Nature : 🌳
Loisirs : 🏇
Services : 👤 ⚡ 🚻 🚿 ♨ 🏪
À prox. : 🍴 hammam jacuzzi 🏊 ⛷ ✎ complexe aquatique

Location : 5 🏠 – (sans sanitaires) - gîte d'étape
Pour s'y rendre : 1,3 km au sud, sur D 422 reliant la D 464, rte de Charquemont et la D 437, rte de Pontarlier - accès conseillé par D 437, rte de Pontarlier

MAISOD

✉ 39260 – **321** E8 – G. Franche-Comté Jura – 271 h. – alt. 520
Paris 436 – Lons-le-Saunier 30 – Oyonnax 34 – St-Claude 29.

▲▲ Trelachaume de mi-avr. à déb. sept.
✆ 03 84 42 03 26, info@trelachaume.fr, Fax 09 59 73 74 70,
www.trelachaume.fr – **R** conseillée
3 ha (180 empl.) plat, peu incliné à incliné, herbeux, pierreux
Tarif : (Prix 2008) 16,80 € 👥 🚗 🔌 ⚡ (16A) – pers. suppl. 3,50 €

Nature : 🏞 🌳
Loisirs : 🏠 🏇
Services : 👤 ⚡ 📞 ✂ 🚻 ♨ 🏕 🏪

Location (Prix 2008) (de déb. avr. à mi-sept.) 🛶 : 5 🚐
(2 à 4 pers.) 200 à 370 €/sem. – 6 🏠 (4 à 6 pers.) - 295 à 590 €/sem. – **R** conseillée
Pour s'y rendre : 50 rte du Mont du Cerf (2,2 km au sud par D 301 et rte à dr.)

MALBUISSON

✉ 25160 – **321** H6 – G. Franche-Comté Jura – 400 h. – alt. 900 – Base de loisirs
🛈 Office de tourisme, 69, Grande Rue ✆ 03 81 69 31 21, Fax 03 81 69 71 94
Paris 456 – Besançon 74 – Champagnole 42 – Pontarlier 16 – St-Claude 72 – Salins-les-Bains 46.

▲▲ Les Fuvettes de déb. avr. à fin sept.
✆ 03 81 69 31 50, les-fuvettes@wanadoo.fr,
Fax 03 81 69 70 46, www.camping-fuvettes.com
– **R** conseillée
6 ha (320 empl.) plat et peu incliné, herbeux, pierreux
Tarif : (Prix 2008) 27 € 👥 🚗 🔌 ⚡ (6A) – pers. suppl. 5 €
– frais de réservation 10 €

Nature : 🏞 🌳 🏖
Loisirs : 🍴 snack 🏠 🏇 🎯 🏊 ✎
Services : 👤 ⚡ (juil.-août) 📞 ✂
🅿 🏪 🚻 ♨ 🏕 🛒 🚿

Location (Prix 2008) : 35 🛖 (4 à 6 pers.) nuitée 50 € - 230 à 620 €/sem. – 6 🏠 (4 à 6 pers.) nuitée 70 € - 295 à 670 €/sem. – frais de réservation 15 € - **R** conseillée
🚐 🛶 10 €
Pour s'y rendre : 24 rte de la Plage-et-des-Pérrières (1 km au sud-ouest)
À savoir : Au bord du lac de St-Point

FRANCHE-COMTÉ

MANDEURE

✉ 25350 – **321** K2 – G. Franche-Comté Jura – 5 142 h. – alt. 336
Paris 473 – Baume-les-Dames 41 – Maîche 34 – Sochaux 15 – Montbéliard 15.

▲ **Municipal les Grands Ansanges**
🕿 03 81 35 23 79, *mairie.mandeure@ville-mandeure.com*,
Fax 03 81 30 09 26, *www.ville-mandeure.com* – **R** conseillée
1,7 ha (96 empl.) plat, herbeux
Pour s'y rendre : R. de l'Église (au nord-ouest, sortie vers Pont-de-Roide, au bord du Doubs)

MARIGNY

✉ 39130 – **321** E6 – 174 h. – alt. 519
Paris 426 – Arbois 32 – Champagnole 17 – Doucier 5 – Lons-le-Saunier 27 – Poligny 29.

La Pergola – de mi-mai à mi-sept.
🕿 03 84 25 70 03, *contact@lapergola.com*,
Fax 03 84 25 75 96, *www.lapergola.com* – **R** conseillée
10 ha (350 empl.) en terrasses, herbeux, pierreux
Tarif : 36 € (12A) – pers. suppl. 7 € – frais de réservation 30 €
Location : 126 (4 à 6 pers.) nuitée 68 € - 296 à 861 €/sem. – frais de réservation 30 € - **R** conseillée
1 borne – 22
Pour s'y rendre : 800 m au sud
À savoir : Bel ensemble de piscines dominant le lac de Chalain

Les indications d'accès à un terrain sont généralement indiquées, dans notre guide, à partir du centre de la localité.

330

MÉLISEY

✉ 70270 – **314** H6 – 1 794 h. – alt. 330
🛈 *Office de tourisme, place de la Gare* 🕿 03 84 63 22 80, Fax 03 84 63 26 94
Paris 397 – Belfort 33 – Épinal 63 – Luxeuil-les-Bains 22 – Vesoul 40.

▲ **La Pierre** de mi-mai à mi-sept.
🕿 03 84 63 23 08, *mairie.melisey@wanadoo.fr*,
Fax 03 84 20 87 19 – places limitées pour le passage
– **R** conseillée
1,5 ha (50 empl.) plat, peu incliné, herbeux
Tarif : 🛉 2,70 € 1,20 € 2,50 € – (6A) 2 €
Location (permanent) : 4 (4 à 6 pers.) - 220 à 300 €/sem. – **R** conseillée
Pour s'y rendre : Les Granges Baverey (2,7 km au nord sur D 293, rte de Mélay)
À savoir : Cadre pittoresque dans un site boisé

MESNOIS

✉ 39130 – **321** E7 – 154 h. – alt. 460
Paris 431 – Besançon 90 – Lons-le-Saunier 18 – Chalon-sur-Saône 77 – Bourg-en-Bresse 79.

Beauregard de déb. avr. à fin sept.
🕿 03 84 48 32 51, *reception@juracampingbeauregard.com*, Fax 03 84 48 32 51, *www.juracampingbeauregard.com* – **R** conseillée
4,5 ha (192 empl.) peu incliné et en terrasses, herbeux
Tarif : 21,50 € 🛉🛉 (6A) – pers. suppl. 4,10 € – frais de réservation 8 €
Location : 20 (4 à 6 pers.) 290 à 643 €/sem. – bungalows toilés – frais de réservation 8 € - **R** conseillée
Pour s'y rendre : 2 Grande-Rue (sortie sud)

FRANCHE-COMTÉ

MONNET-LA-VILLE

✉ 39300 – **321** E6 – 330 h. – alt. 550
Paris 421 – Arbois 28 – Champagnole 11 – Doucier 10 – Lons-le-Saunier 25 – Poligny 25.

⚠ **Le Gît** de déb. juin à fin août
📞 03 84 51 21 17, *christian.olivier22@wanadoo.fr*,
http://www.campingdugit.com – **R** conseillée
4,5 ha (100 empl.) plat, peu incliné, herbeux
Tarif : 👤 3,50 € 🚗 2,50 € 🅴 2,50 € – (5A) 2,50 €
Pour s'y rendre : à Monnet-le-Bourg, 7 chemin du Gît (1 km au sud-est par D 40, rte de Mont-sur-Monnet et chemin à dr.)

Nature : 🌳 ≤
Loisirs : 🏛
Services : 👤 🔑 🚿 🗑 🛁 💧

⚠ **Sous Doriat** de déb. mai à fin sept.
📞 03 84 51 21 43, *camping.sousdoriat@wanadoo.fr*,
Fax 03 84 51 21 43, *www.camping-sous-doriat.com*
– **R** conseillée
2,5 ha (130 empl.) plat, herbeux
Tarif : 15,90 € 👤👤 🚗 🅴 (10A) – pers. suppl. 3,80 € – frais de réservation 10 €
Location : 6 🏠 (4 à 6 pers.) nuitée 39 € - 227 à 441 €/sem. – 4 🏠 (4 à 6 pers.) nuitée 24 € - 168 à 329 €/sem. – frais de réservation 10 € - **R** conseillée
Pour s'y rendre : 34 r. Marcel-Hugon (sortie nord par D 27e, rte de Ney)

Nature : ≤ ♀
Loisirs : 🏛 🐎
Services : 👤 🔑 GB 🚿 🗑 🛁 💧 🚽
À prox. : 🍽 🍷 ✗

MONTAGNEY

✉ 25680 – **321** H2 – 112 h. – alt. 255
Paris 386 – Baume-les-Dames 23 – Besançon 40 – Montbéliard 61 – Vesoul 27.

⚠ **La Forge** de déb. mai à fin sept.
📞 03 81 86 01 70, *contact@professionsportloisirs.org*,
Fax 03 81 86 01 70, *www.professionsportloisirs.org* – **R**
1,2 ha (56 empl.) plat, herbeux
Tarif : (Prix 2008) 👤 5 € 🚗 🅴 2 € (½) 3 €
Location (Prix 2008) : 3 🏠 (4 à 6 pers.) nuitée 55 € - 250 à 360 €/sem. – **R** conseillée
Pour s'y rendre : Montagney-Servigney (au nord du bourg)
À savoir : Agréable situation au bord de l'Ognon

Nature : 🌳
Loisirs : 🎣
Services : 👤 🔑 GB 🚿 🗑 💧 🚽
À prox. : canoë

Site de Nans-sous-Sainte-Anne

FRANCHE-COMTÉ

ORNANS

✉ 25290 – **321** G4 – G. Franche-Comté Jura – 4 037 h. – alt. 355

🛈 Office de tourisme, 7, rue Pierre Vernier ☎ 03 81 62 21 50, Fax 03 81 62 02 63

Paris 428 – Baume-les-Dames 42 – Besançon 26 – Morteau 48 – Pontarlier 37 – Salins-les-Bains 37.

Domaine Le Chanet de fin mars à fin oct.
☎ 03 81 62 23 44, contact@lechanet.com,
Fax 03 81 62 13 97, www.lechanet.com – **R** conseillée
1,4 ha (95 empl.) incliné et peu incliné, herbeux
Tarif : 25 € ♦♦ 🚗 🄴 (16A) – pers. suppl. 4,50 € – frais de réservation 15 €
Location (permanent) : 18 🏠 (4 à 6 pers.) nuitée 55 € - 300 à 610 €/sem. – 3 gîtes – frais de réservation 15 € - **R** conseillée
🛎 1 borne artisanale 3 € – 7 🄴 13,50 €
Pour s'y rendre : 9 chemin du Chanet (1,5 km au sud-ouest par D 241, rte de Chassagne-St-Denis et chemin à dr., à 100 m de la Loue)

Nature : 🌳 ≤ 🌲🌲
Loisirs : 🍴 snack, pizzeria 🎣 🏃
🏊 (petite piscine)
Services : ♿ 🔑 🆘 🚻 🔥 🧺
🧹 🍳 🔥 sèche-linge 🛒
À prox. : ✂ 🎣

The classification (1 to 5 tents, **black** or red) that we award to selected sites in this Guide is a system that is our own.
It should not be confused with the classification (1 to 4 stars) of official organisations.

OUNANS

✉ 39380 – **321** D5 – 282 h. – alt. 230

Paris 383 – Arbois 16 – Arc-et-Senans 13 – Dole 23 – Poligny 25 – Salins-les-Bains 21.

La Plage Blanche de déb. avr. à mi-oct.
☎ 03 84 37 69 63, reservation@la-plage-blanche.com,
Fax 03 84 37 60 21, www.la-plage-blanche.com – **R** conseillée
5 ha (220 empl.) plat, herbeux
Tarif : 22 € ♦♦ 🚗 🄴 (10A) – pers. suppl. 5,50 €
Location (de déb. avr. à fin sept.) : 13 🏠 (4 à 6 pers.) 460 à 660 €/sem. – 20 bungalows toilés – **R** conseillée
🛎 1 borne artisanale
Pour s'y rendre : 3 r. de la Plage (1,5 km au nord par D 71, rte de Montbarey et chemin à gauche)
À savoir : Au bord de la Loue

Nature : 🌳 🌲
Loisirs : 🍴 snack, brasserie, pizzeria 🎣 🏃 🏊
Services : ♿ 🔑 🆘 🚻 🔥 ☕ 🧺 sèche-linge 🛒 🍳
à la base de loisirs : canoë, VTT

Le Val d'Amour avr.-sept.
☎ 03 84 37 61 89, camping@levaldamour.com,
Fax 03 84 37 78 60, www.levaldamour.com – **R** conseillée
3,7 ha (100 empl.) plat, herbeux, verger
Tarif : (Prix 2008) ♦ 4,70 € 🚗 🄴 5 € – 🄽 (10A) 3 € – frais de réservation 6 €
Location (Prix 2008) : 8 🏠 (4 à 6 pers.) 150 à 510 €/sem. – 8 🏡 (4 à 6 pers.) - 150 à 510 €/sem. – frais de réservation 6 € - **R** conseillée
🛎 1 borne artisanale 2,50 €
Pour s'y rendre : sortie est par D 472, dir. Chambray
À savoir : Arbres et arbustes offrent un beau cadre harmonieux

Nature : 🌳 🌲🌲
Loisirs : snack 🎬 diurne (juil.-août) nocturne 🎣 🚲 🏊 piste de bi-cross
Services : ♿ 🔑 🆘 🚻 🔥 🧺 🍳
sèche-linge

PESMES

✉ 70140 – **314** B9 – G. Franche-Comté Jura – 1 057 h. – alt. 205

🛈 Office de tourisme, 19, rue Jacques Prévost ☎ 06 87 73 13 05, Fax 03 84 31 23 37

Paris 387 – Besançon 52 – Vesoul 64 – Dijon 69 – Dole 28.

La Colombière
☎ 03 84 31 20 15 – **R** conseillée
1 ha (70 empl.) plat, herbeux
Location : 4 🏠
🛎 12 €
Pour s'y rendre : sortie sud, par D 475, rte de Dole, bord de l'Ognon

Nature : 🌲
Loisirs : 🎣 🐬
Services : ♿ 🔑 🚻 🔥 🧺 🍳
À prox. : 🍴 ✂ 🚲 canoë kayak

FRANCHE-COMTÉ

POLIGNY

✉ 39800 – **321** E5 – G. Franche-Comté Jura – 4 511 h. – alt. 373
🛈 Office de tourisme, 20, place des Déportés ✆ 03 84 37 24 21, Fax 03 84 37 22 37
Paris 397 – Besançon 57 – Dole 45 – Lons-le-Saunier 30 – Pontarlier 63.

▲ **La Croix du Dan** de mi-juin à mi-sept.
✆ 03 84 73 77 58, cccgrimont@wanadoo.fr,
Fax 03 84 73 77 59 – **R** conseillée
1,5 ha (87 empl.) plat, herbeux
Tarif : (Prix 2008) ★ 1,75 € ⇌ 1,75 € 🔲 2,20 € – (½) 6,40 €
Pour s'y rendre : Rte de Lons (1 km au sud-ouest par N 83 dir. Lons-le-Saunier)

Nature : ≤ ♀
Loisirs : 🏇
Services : ♿ ⚲ GB ✓ 🔲 ⊕ ⚐ 🟦

PONTARLIER

✉ 25300 – **321** I5 – G. Franche-Comté Jura – 18 360 h. – alt. 838
🛈 Office de tourisme, 14 bis, rue de la Gare ✆ 03 81 46 48 33, Fax 03 81 46 83 32
Paris 462 – Basel 180 – Beaune 164 – Belfort 126 – Besançon 60 – Dole 88 – Genève 115 – Lausanne 67 – Lons-le-Saunier 82 – Neuchâtel 56.

▲ **Le Larmont** Permanent
✆ 03 81 46 23 33, lelarmont.pontarlier@wanadoo.fr,
Fax 03 81 46 23 34 – alt. 880 – **R** conseillée
4 ha (75 empl.) en terrasses, herbeux, gravier
Tarif : 18,30 € ★★ ⇌ 🔲 (½) (10A) – pers. suppl. 3,20 €
Location : 7 🏠 (4 à 6 pers.) nuitée 60 € - 315 à 434 €/sem. – **R** conseillée
🚐 1 borne raclet 5,50 € – 10 🔲 – 🚌 9 €
Pour s'y rendre : au sud-est en dir. de Lausanne, près du centre équestre

Nature : 🌲 ≤ 🏞
Loisirs : 🎮 🏇 🐎 poneys
Services : ♿ ⚲ GB ✓ 🔲 🛒 ⊕ ⚐
⚐ 🟦 🍽 🛒
À prox. : parcours sportif

*Donnez-nous votre avis
sur les terrains que nous recommandons.
Faites-nous connaître vos observations et vos découvertes.
par mail à l'adresse : leguidecampingfrance@fr.michelin.com.*

333

PONT-DU-NAVOY

✉ 39300 – **321** E6 – 226 h. – alt. 470
Paris 420 – Arbois 26 – Champagnole 11 – Lons-le-Saunier 23 – Poligny 23.

▲ **Le Bivouac** de mi-avr. à mi-oct.
✆ 03 84 51 26 95, kawayet@aol.com, Fax 03 84 51 29 70,
www.bivouac-jura.com – **R** conseillée
2,3 ha (90 empl.) plat, herbeux
Tarif : ★ 3,80 € ⇌ 🔲 4,50 € – (½) (16A) 2,80 €
Location (permanent) : 6 🏕 (4 à 6 pers.) 300 à 380 €/sem. – 17 🏠 (4 à 6 pers.) – 400 à 480 €/sem.
🚐 1 borne artisanale – 10 🔲 15,50 €
Pour s'y rendre : 500 m au sud par D 27, rte de Montigny-sur-l'Ain, au bord de l'Ain

Nature : ≤
Loisirs : 🍷 snack 🏊 🏞
Services : ♿ ⚲ GB ✓ 🔲 🛒 ⊕ 🟦

QUINGEY

✉ 25440 – **321** F4 – 1 049 h. – alt. 275
Paris 397 – Baume-les-Dames 40 – Besançon 23 – Morteau 78 – Pontarlier 73 – Salins-les-Bains 20.

▲ **Municipal les Promenades** de déb. mai à fin sept.
✆ 03 81 63 74 01, mairie-quingey@wanadoo.fr,
Fax 03 81 63 74 01, www.campingquingey.fr – **R** conseillée
1,5 ha (61 empl.) plat, herbeux, gravier
Tarif : (Prix 2008) 14,30 € ★★ ⇌ 🔲 (½) (10A) – pers. suppl. 3,60 €
Pour s'y rendre : Les Promenades (sortie sud, rte de Lons-le-Saunier et chemin à gauche apr. le pont)

Nature : 🏞 ♀♀
Loisirs : ✂ 🏞
Services : ♿ ⚲ (juil.-août) GB ✓
🔲 ⊕ ⚐ 🟦 🍽
À prox. : 🏇 🚴 canoë

FRANCHE-COMTÉ

RENAUCOURT

✉ 70120 – **314** C7 – 115 h. – alt. 209
Paris 338 – Besançon 58 – Bourbonne-les-Bains 49 – Épinal 98 – Langres 55.

Municipal la Fontaine aux Fées
📞 03 84 92 04 18, Fax 03 84 92 04 18 – **R** conseillée
2 ha (24 empl.) plat, herbeux
Pour s'y rendre : 1,3 km au sud-ouest par rte de Volon
À savoir : À la lisière d'un bois, près d'un étang

ST-CLAUDE

✉ 39200 – **321** F8 – G. Franche-Comté Jura – 12 303 h. – alt. 450
🛈 Office de tourisme, 1, avenue de Belfort 📞 03 84 45 34 24, Fax 03 84 41 02 72
Paris 465 – Annecy 88 – Bourg-en-Bresse 90 – Genève 60 – Lons-le-Saunier 59.

Municipal du Martinet mai-sept.
📞 03 84 45 00 40, www.saint-claude.fr – **R** conseillée
2,9 ha (130 empl.) plat et incliné, herbeux
Tarif : 11,70 € – pers. suppl. 2,80 €
Pour s'y rendre : 2 km au sud-est par rte de Genève et D 290 à dr., au confluent du Flumen et du Tacon
À savoir : Blotti dans un agréable site montagneux

ST-HIPPOLYTE

✉ 25190 – **321** K3 – G. Franche-Comté Jura – 1 045 h. – alt. 380
🛈 Office de tourisme, place de l'Hôtel de Ville 📞 03 81 96 58 00
Paris 490 – Basel 93 – Belfort 48 – Besançon 89 – Montbéliard 32 – Pontarlier 71.

Les Grands Champs de déb. mai à mi-sept.
📞 03 81 96 54 53, tourisme@ville-saint-hippolyte.fr – **R**
2,2 ha (65 empl.) en terrasses et peu incliné, herbeux, pierreux
Tarif : ★ 3 € 🚗 🏠 3,50 € – (⚡) (9A) 3 €
Location (permanent) : huttes – **R** conseillée
Pour s'y rendre : Les Grands Champs (1 km au nord-est par D 121, rte de Montécheroux et chemin à dr., près du Doubs (accès direct))

Mouthier-Haute Pierre

FRANCHE-COMTÉ

ST-LAURENT-EN-GRANDVAUX

✉ 39150 – **321** F7 – G. Franche-Comté Jura – 1 767 h. – alt. 904
🛈 *Office de tourisme, 7, place Charles Thevenin* ☎ *03 84 60 15 25, Fax 03 84 60 85 73*
Paris 442 – Champagnole 22 – Lons-le-Saunier 45 – Morez 11 – Pontarlier 57 – St-Claude 31.

▲ **Municipal Champ de Mars** de mi-déc. à fin sept.
☎ 03 84 60 19 30, *champmars.camping@orange.fr*,
Fax 03 84 60 19 72, *www.st-laurent39.fr* – ℟
3 ha (150 empl.) plat et peu incliné, herbeux
Tarif : 👤 2,90 € ⇌ 🅴 2,75 € – ⚡ (10A) 2,15 €
Location : 10 🏠 (4 à 6 pers.) nuitée 100 € - 260 à 460 €/sem. – **R** conseillée
🚐 12 🅴 8,55 € – 🚐 7.7 €
Pour s'y rendre : 8 r. du Camping (sortie est par N 5)

ST-POINT-LAC

✉ 25160 – **321** H6 – G. Franche-Comté Jura – 190 h. – alt. 860 – Base de loisirs
Paris 453 – Champagnole 39 – Pontarlier 13 – St-Laurent-en-Grandvaux 45 – Salins-les-Bains 43 – Yverdon-les-Bains 44.

▲ **Municipal** de déb. mai à fin sept.
☎ 03 81 69 61 64, *camping-saintpointlac@wanadoo.fr*,
Fax 03 81 69 65 74, *www.campingsaintpointlac.com*
– **R** conseillée
1 ha (84 empl.) plat, herbeux, gravillons
Tarif : (Prix 2008) 14,50 € 👤👤 ⇌ 🅴 ⚡ (16A) – pers. suppl. 2,50 €
🚐 1 borne 5 €
Pour s'y rendre : 8 r. du Port (au bourg)
À savoir : Près du lac de St-Point

SALINS-LES-BAINS

✉ 39110 – **321** F5 – G. Franche-Comté Jura – 3 333 h. – alt. 340 – ♨ (début mars-fin oct.)
🛈 *Office de tourisme, place des Salines* ☎ *03 84 73 01 34, Fax 03 84 37 92 85*
Paris 419 – Besançon 41 – Dole 43 – Lons-le-Saunier 52 – Poligny 24 – Pontarlier 46.

▲ **Municipal** avr.-sept.
☎ 03 84 37 92 70, *www.salinscamping.com* – **R** conseillée
1 ha (44 empl.) plat, herbeux, gravillons
Tarif : 15,80 € 👤👤 ⇌ 🅴 ⚡ (10A) – pers. suppl. 3,20 €
Location : 3 🚐 (4 à 6 pers.) nuitée 40 € - 280 €/sem.
– **R** conseillée
Pour s'y rendre : Pl. de la Gare (sortie nord, rte de Besançon)

LA TOUR-DU-MEIX

✉ 39270 – **321** D7 – 162 h. – alt. 470
Paris 430 – Champagnole 42 – Lons-le-Saunier 24 – St-Claude 36 – St-Laurent-en-Grandvaux 37.

▲▲ **Surchauffant** de fin avr. à mi-sept.
☎ 03 84 25 41 08, *info@camping-surchauffant.fr*,
Fax 03 84 35 56 88, *www.camping-surchauffant.fr*
– **R** conseillée
2,5 ha (180 empl.) plat, herbeux, pierreux
Tarif : (Prix 2008) 20,30 € 👤👤 ⇌ 🅴 ⚡ (5A) – pers. suppl. 4,65 €
Location (Prix 2008) 🏠 : 23 🚐 (4 à 5 pers.) 280 à 581 €/sem. - 24 🏠 (4 à 6 pers.) - 350 à 623 €/sem.
– **R** conseillée
🚐 1 borne artisanale
Pour s'y rendre : Le Pont de la Pyle (1 km au sud-est par D 470 et chemin à gauche, à 150 m du lac de Vouglans (accès direct))
À savoir : Dans un site agréable

FRANCHE-COMTÉ

UXELLES

✉ 39130 – **321** I2 – 39 h. – alt. 598
Paris 440 – Besançon 93 – Genève 86 – Lausanne 102 – Annecy 136.

Relais Soleil les Crozats (location exclusive de chalets et de chambres) Permanent
✆ 03 84 25 26 19, *reservation@rsl39.com*,
Fax 03 84 25 26 20, *www.relaisoleiljura.com* – **R**
2 ha peu incliné, plat, herbeux
Location (Prix 2008) ⊘ **P** : 15 ⌂ (4 à 6 pers.) - 364 à 819 €/sem. – 28 ⊨ – frais de réservation 12 € - **R** conseillée
Pour s'y rendre : Le bourg

Nature : ❄ 🌳
Loisirs : 🍴 ✕ 🛥 🏊 🚴 🛶 hammam
Services : ⚷ GB ✔ 🔌 sèche-linge 🔧

VESOUL

✉ 70000 – **314** E7 – G. Franche-Comté Jura – 17 168 h. – alt. 221 – Base de loisirs
🅘 *Office de tourisme, 2,rue Gevrey* ✆ 03 84 97 10 85, Fax 03 84 97 10 84
Paris 360 – Belfort 68 – Besançon 47 – Épinal 91 – Langres 76 – Vittel 86.

International du Lac Permanent
✆ 03 84 76 22 86, *camping_dulac@yahoo.fr, www.camping-vesoul.com* – **R** conseillée
3 ha (160 empl.) plat, herbeux
Tarif : 15,60 € ✦✦ 🚗 🔲 ⚡ (6A) – pers. suppl. 3,60 €
Location ⊘ : 5 🚐 (4 à 6 pers.) 270 à 520 €/sem. – 12 ⌂ (4 à 6 pers.) nuitée 26 € - 238 €/sem. – **R** conseillée
🚐 1 borne raclet 2,50 € – 26 🔲 15 €
Pour s'y rendre : Av. des Rves-du-Lac (2,5 km à l'ouest)
À savoir : Près d'un vaste lac

Nature : 🌳 ⛰
Loisirs : 🛥 🛶
Services : ♿ ⚷ GB ✔ 🍴 🛒 👶 ⚗ 🚿 🔌 sèche-linge
À prox. : 🍴 ✕ snack 🎣 ✕ 🚲 🏊

VILLERSEXEL

✉ 70110 – **314** G7 – 1 444 h. – alt. 287
🅘 *Office de tourisme, 33, rue des Cités* ✆ 03 84 20 59 59, Fax 03 84 20 59 59
Paris 386 – Belfort 41 – Besançon 59 – Lure 18 – Montbéliard 34 – Vesoul 27.

⚠ Le Chapeau Chinois
✆ 03 84 63 40 60, *villersexelcamp@aol.com*,
Fax 03 84 63 40 60 – **R** conseillée
2 ha (80 empl.) plat, herbeux
Location ⊘ : ⊨ – gîtes
Pour s'y rendre : 1 km au nord par D 486, rte de Lure et chemin à dr. apr. le pont
À savoir : Au bord de l'Ognon

Nature : 🌳 ⚘
Loisirs : 🛥 ✕ 🏊 🛶
Services : ♿ ⚷ 🚿 ⚗
À prox. : ✕ 🔥 canoë

ÎLE-DE-FRANCE

L'Île-de-France s'identifie à Paris. Historique, culturelle, moderne, la capitale, que domine la silhouette élancée de la tour Eiffel, mêle sans vergogne palais royaux devenus musées, édifices contemporains, petites maisons bohèmes et immeubles haussmanniens. Mille ambiances s'y côtoient : calme villageois des ruelles fleuries, effervescence des Grands Boulevards, convivialité bruyante des bistrots, intimité des ateliers d'artistes, décontraction des terrasses de café où s'affiche parfois une star du show-biz, affriolants spectacles de cabaret... Hors la métropole, la région recèle d'autres richesses : nobles demeures entourées de hautes futaies, parc enchanté de Disneyland, joyeuses guinguettes des bords de Marne... Sans oublier Versailles qui abrite « le plus beau château du monde », paré de tous ses ors.

Paris, the City of Light, is the heart of the île de France, a chic and cosmopolitan capital where former royal palaces are adorned with glass pyramids, railway stations become museums and alleyways of bohemian houses lead off from broad, plane-planted boulevards. Paris is never-ending in its contrasts: from bustling department stores to elegant cafés, from the bateaux-mouches, gliding past the city by night, to the whirlwind glitz of a cabaret. But the land along the Seine is not content to stay in the shadows of France's illustrious first city; the region is home to secluded chateaux, the magic of Disneyland and the gaiety of the summer cafés on the banks of the Marne. And who could forget the sheer splendour of Versailles, the most beautiful palace in the world?

ÎLE-DE-FRANCE

BAGNEAUX-SUR-LOING

✉ 77167 – **312** F6 – 1 595 h. – alt. 45
Paris 84 – Fontainebleau 21 – Melun 39 – Montargis 30 – Pithiviers 39 – Sens 48.

▲ **Municipal de Pierre le Sault** avr.-oct.
📞 01 64 29 24 44, camping.bagneaux-sur-loing@orange.fr,
Fax 01 64 29 24 44 – places limitées pour le passage – ⛺
3 ha (160 empl.) plat, herbeux, bois attenant
Tarif : ★ 2,60 € 🚗 🔲 2,20 € – (½) (6A) 3,10 €
Location : 4 🏠 (2 à 4 pers.) nuitée 31 € - 148 à 180 €/sem.

Pour s'y rendre : au nord-est de la ville, près du terrain de sports, entre le canal et le Loing, à 200 m d'un plan d'eau

Nature : 🌳 ♀
Loisirs : 🎣 🏓 ✂
Services : ♿ 🔑 🚿 🏪 🛒 ♨ 🚰 ♻ 🧺
sèche-linge
À prox. : 🛼 piste de roller skate

BLANDY

✉ 77115 – **312** F4 – G. Île-de-France – 721 h. – alt. 86
Paris 55 – Fontainebleau 22 – Melun 12 – Montereau-Fault-Yonne 29 – Provins 41.

▲ **Le Pré de l'Étang** de mi-mars à fin oct.
📞 01 60 66 96 34, campingdupredeletang@orange.fr,
Fax 01 60 66 96 34, http://camping.blandy.77.mon site.orange.fr – **R** conseillée
1,7 ha (62 empl.) plat, herbeux
Tarif : 19,50 € ★★ 🚗 🔲 (½)(10A) – pers. suppl. 4,60 €
Location : 3 🏠 (2 à 4 pers.) nuitée 29 € - 174 €/sem.
🚐 1 borne – 2 🔲 15 €

Pour s'y rendre : 34 r. St-Martin (sortie est, rte de St-Méry)
À savoir : cadre verdoyant en bordure d'un petit étang

Nature : 🌲 🌳
Loisirs : 🏓
Services : ♿ 🔑 ✂ 🏪 ☺

Utilisez le guide de l'année.

339

BOULANCOURT

✉ 77760 – **312** D6 – 325 h. – alt. 79
Paris 79 – Étampes 33 – Fontainebleau 28 – Melun 44 – Nemours 27 – Pithiviers 24.

▲ **Île de Boulancourt** Permanent
📞 01 64 24 13 38, camping-ile-de-boulancourt@wanadoo.fr, Fax 01 64 24 10 43, www.camping-iledeboulancourt.com – places limitées pour le passage – ⛺
5 ha (100 empl.) plat, herbeux
Tarif : (Prix 2008) ★ 4 € 🚗 🔲 5 € – (½) (3A) 2 €
Location (Prix 2008) ✂ : gîtes – **R** conseillée
🚐 1 borne eurorelais 2 € – 6 🔲 15 € – 🚽 10 €

Pour s'y rendre : 6 allée des Marronniers (au sud par D 103a, rte d'Augerville-la-Rivière)
À savoir : cadre boisé et agréable situation dans une boucle de l'Essonne

Nature : 🌲 ♀♀
Loisirs : 🎣 ♨
Services : 🔑 ✂ 🏪 ♻ ☺ 🛒
À la base de loisirs de Buthiers : 🏊
golf, pratice de golf - ✂

CREVECOEUR-EN-BRIE

✉ 77610 – **312** G3 – 299 h. – alt. 116
Paris 51 – Melun 36 – Boulogne 59 – Argenteuil 66 – Montreuil 47.

▲ **Caravaning des 4 Vents** de déb. mars à déb. nov.
📞 01 64 07 41 11, f.george@free.fr, Fax 01 64 07 45 07,
www.caravaning-4vents.fr – places limitées pour le passage – **R** conseillée
9 ha (199 empl.) plat, herbeux
Tarif : 25 € ★★ 🚗 🔲 (½) (6A) – pers. suppl. 5 €
Location ✂ : 6 🏠 (4 à 6 pers.) - 560 €/sem.
– **R** conseillée
🚐 1 borne artisanale 5 € – 12 🔲 25 €

Pour s'y rendre : r. de Beauregard (1 km à l'ouest par rte de la Houssaye et rte à gauche)

Nature : 🌲 ♀
Loisirs : 🎣 🏓 🏊
Services : ♿ 🔑 GB 🏪 🛒 ♨ 🚰 ♻
À prox. : ✂ 🐎 poneys

ÎLE-DE-FRANCE

ÉTAMPES

✉ 91150 – **312** B5 – G. Île de France – 21 839 h. – alt. 80 – Base de loisirs
🛈 *Office de tourisme, place de l'Hôtel de Ville* ✆ 01 69 92 69 00, Fax 01 69 92 69 28
Paris 51 – Chartres 59 – Évry 35 – Fontainebleau 45 – Melun 49 – Orléans 76 – Versailles 58.

▲ Le Vauvert fermé de mi-déc. à mi-janv.
✆ 01 64 94 21 39, Fax 01 69 92 72 59 – places limitées pour le passage – ℝ
8 ha (288 empl.) plat, herbeux
Tarif : 22 € ★★ 🚗 🅴 (ⅎ) (10A) – pers. suppl. 6 €
Pour s'y rendre : rte de Saclas (2,3 km au sud par D 49)
À savoir : cadre agréable, au bord de la Juine

Nature : 🞀
Loisirs : 🍸 🏠 ⛱ ✶
Services : ♿ ⚿ 🚿 🚻 🍴 ♨ ✦
À la base de loisirs : 🞀 🌊 🏊 🐎 (centre équestre), escalade

La FERTÉ-SOUS-JOUARRE

✉ 77260 – **312** H2 – 8 584 h. – alt. 58
🛈 *Office de tourisme, 34, rue des Pelletiers* ✆ 01 60 01 87 99, Fax 01 60 22 99 82
Paris 67 – Melun 70 – Reims 83 – Troyes 116.

▲ Le Caravaning des Bondons Permanent
✆ 01 60 22 00 98, castel@chateaudesbondons.com,
Fax 01 60 22 97 01 – places limitées pour le passage – ℝ conseillée
30 ha/10 campables (247 empl.) plat et peu incliné, herbeux, étang
Tarif : 24 € ★★ 🚗 🅴 (ⅎ) (5A) – pers. suppl. 7 €
Location (permanent) : hôtel – ℝ
Pour s'y rendre : 47/49 r. des Bondons (2 km à l'est par D 407 et D 70, rte de Montmenard puis 1,4 km)
À savoir : dans le parc du Château des Bondons

Nature : 🞀 🞀 ♤♤
Loisirs : ✕
Services : ♿ ⚿ 🏧 🚻 🍴 ♨ ✦
À prox. : ✶ 🏊 🐎 (centre équestre)

JABLINES

✉ 77450 – **312** F2 – G. Île-de-France – 574 h. – alt. 46 – Base de loisirs
Paris 44 – Meaux 14 – Melun 57.

▲ L' International de fin mars à fin oct.
✆ 01 60 26 09 37, welcome@camping-jablines.com,
Fax 01 60 26 43 33, www.camping-jablines.com – ℝ conseillée
300 ha/4 campables (150 empl.) plat, herbeux
Tarif : 25 € ★★ 🚗 🅴 (ⅎ) (10A) – pers. suppl. 7 € – frais de réservation 10 €
Location 🚐 : 9 🏠 (4 à 6 pers.) nuitée 62 € - 500 à 620 €/sem. – frais de réservation 10 € - ℝ conseillée
🚿 1 borne eurorelais 2,50 € – 60 🅴 25 €
Pour s'y rendre : à la Base de loisirs (2 km au sud-ouest par D 45, rte d'Annet-sur-Marne, à 9 km du Parc Disneyland-Paris)
À savoir : situation agréable dans une boucle de la Marne

Nature : 🞀 🞀
Loisirs : ⛱
Services : ♿ ⚿ 🚿 🛒 🚿 🍴 ♨ ✦ 🌊 sèche-linge 🧺
À la base de loisirs : 🍸 cafétéria 🍴 ✶ ♨ ⛵ (plan d'eau) ⛷ téléski nautique, poneys (centre équestre)

MARNE-LA-VALLÉE

✉ 77206 – **312** E2 – G. Île-de-France
Paris 27 – Meaux 29 – Melun 40.

à Disneyland Paris 38 km à l'Est de Paris par A4 – ✉ 77777

▲▲▲ Davy Crockett Ranch (location exclusive de mobile homes) Permanent
✆ 0825 30 60 30, dlp.cpg.conciergerie@disney.com,
Fax 01 60 45 69 33, www.disneylandparis.com
57 ha plat, sablonneux
Location 🚐 : 🏠 – ℝ indispensable
Pour s'y rendre : par A 4 sortie 13 et rte du Ranch Davy Crockett
À savoir : tarifs : forfaits journaliers comprenant l'entrée aux parcs à thèmes. Se renseigner auprès de la centrale de réservation.

Nature : 🞀 🞀 ♤♤
Loisirs : 🍸 self-service 🍴 🎮 ⛱
🚴 🞀 🌊 ⛷ poneys parc animalier, théâtre de plein air
Services : ♿ ⚿ 🚿 Ⓜ 🚻 🍴 ♨ ✦
🌊 🚿 🧺

ÎLE-DE-FRANCE

MELUN

✉ 77000 – **312** E4 – G. Île de France – 35 695 h. – alt. 43
🛈 Office de tourisme, 18, rue Paul Doumer ✆ 01 64 52 64 52, Fax 01 60 56 54 31
Paris 47 – Chartres 105 – Fontainebleau 18 – Meaux 55 – Orléans 104 – Reims 145 – Sens 75.

▲ **La Belle Étoile** de déb. avr. à mi-oct.
✆ 01 64 39 48 12, info@campinglabelleetoile.com,
Fax 01 64 37 25 55, www.campinglabelleetoile.com – ℝ
3,5 ha (190 empl.) plat, herbeux
Tarif : ★ 6,20 € – ⟷ 🅴 6,30 € – 🛠 (6A) 3,30 € – frais de réservation 8 €
Location ⌂ : 8 ▥ (4 à 6 pers.) nuitée 49 € - 427 à 700 €/sem. – frais de réservation 8 € - ℝ conseillée
🚐 1 borne artisanale 2 €
Pour s'y rendre : quai Mar.-Joffre (au sud-est par N 6, rte de Fontainebleau, av. de la Seine et quai Joffre (rive gauche), à la Rochette près du fleuve)

Nature : ♀
Loisirs : 🏠 🏇 ≋ (bassin)
Services : ⌐ 🆖 🎣 🕮 🛒 🚿
🛒 👕 🧺 sèche-linge
À prox. : 🚿 hammam ✂ 🏓 🛷 ⛴
(petite piscine) 💧

Si vous désirez réserver un emplacement pour vos vacances, faites-vous préciser au préalable les conditions particulières de séjour, les modalités de réservation, les tarifs en vigueur et les conditions de paiement.

MONTJAY-LA-TOUR

✉ 77410 – **312** E2
Paris 38 – Melun 50 – Boulogne 45 – Argenteuil 41 – Montreuil 25.

▲ **Le Parc de Paris** Permanent
✆ 01 60 26 20 79, camping.leparc@club-internet.fr,
Fax 01 60 27 02 75, www.campingleparc.fr – places limitées pour le passage – ℝ conseillée
10 ha (340 empl.) plat et en terrasses, peu incliné, gravier, herbeux
Tarif : 29 € ★★ ⟷ 🅴 🛠 (6A) – pers. suppl. 7 € – frais de réservation 25 €
Location : 60 ▥ (4 à 6 pers.) nuitée 67 € - 315 à 890 €/sem. – frais de réservation 25 € · ℝ conseillée
🚐 1 borne artisanale 8 € – 12 🅴 26 € – 🚌 🛠 29 €
Pour s'y rendre : r. Adèle-Claret (sortie est par D 105 vers la D 104 dir. Annet)

Nature : 🌳 ♀♀
Loisirs : snack 🏠 🎱 🏇
Services : ♿ ⌐ 🆖 🎣 🕮 🛒 🚿
⊕ 👕 🧺 sèche-linge
À prox. : ✂

341

PARIS

✉ 75000 Plans de Paris : 50 à 57 – G. Paris – 2 125 246 h. – alt. 30
🛈 25, rue des Pyramides (1er) ✆ 08 92 68 30 00, Fax 01 49 52 53 00Office de tourisme, 20, bd Diderot, Gare de Lyon ✆ 08 92 68 30 00, Fax 01 49 52 53 00Office de tourisme, 18, rue de Dunkerque, Gare du Nord ✆ 08 92 68 30 00, Fax 01 49 52 53 00Office de tourisme, 11, bis, rue Scribe ✆ 08 92 68 30 00, Fax 01 49 52 53 00Office de tourisme, place du Tertre Montmartre ✆ 08 92 68 30 00, Fax 01 49 52 53 00Office de tourisme, Tour Eiffel ✆ 08 92 68 30 00, Fax 01 49 52 53 00Office de tourisme, Carrousel du Louvre ✆ 08 92 68 30 00, Fax 01 49 52 53 00

Au Bois de Boulogne – ✉ 75016

▲ **Du Bois de Boulogne** Permanent
✆ 01 45 24 30 00, paris@campingparis.fr,
Fax 01 42 24 42 95, www.campingparis.fr – ℝ conseillée – réservé aux usagers résidant hors Île de France
7 ha (510 empl.) plat, gravillons, herbeux
Tarif : (Prix 2008) 36,20 € ★★ ⟷ 🅴 🛠 (10A) – pers. suppl. 6,70 € – frais de réservation 14 €
Location (Prix 2008) : 64 ▥ (4 à 6 pers.) 455 à 808 €/sem. – frais de réservation 14 € - ℝ conseillée
🚐 1 borne artisanale 7 €
Pour s'y rendre : 2 allée du Bord de l'Eau (entre le pont de Suresnes et le pont de Puteaux, au bord de la Seine)

Nature : 🌳 ♀♀
Loisirs : 🍽 ✂
Services : ♿ ⌐ 🆖 🎣 🕮 🛒 🚿
⊕ 🧺 sèche-linge 🧊

ÎLE-DE-FRANCE

POMMEUSE

✉ 77515 – **312** H3 – 2 476 h. – alt. 67
Paris 58 – Château-Thierry 49 – Créteil 54 – Meaux 23 – Melun 47 – Provins 43.

▲ **Le Chêne Gris** ♣♣ – de fin avr. à déb. nov.
📞 01 64 04 21 80, *arenaudet@irisparc.com*,
Fax 01 64 20 05 89, *www.lechenegris.com* – **R** conseillée
6 ha (198 empl.) en terrasses, herbeux, gravier
Tarif : (Prix 2008) 37 € ♣♣ 🚗 🅴 🅿 (10A) – pers. suppl. 3,75 €

Location (Prix 2008) 🏕 : 150 🚐 (4 à 6 pers.) 413 à 833 €/sem. – 25 tentes – **R** conseillée

Pour s'y rendre : 24 pl. de la Gare-de-Faremoutiers (2 km au sud-ouest, derrière la gare de Faremoutiers-Pommeuse)

Nature : 🏞 ♤♤
Loisirs : 🎣 🏊 ⛳ 🚴 🏇 🎿
Services : ♿ 🚿 GB 🌳 🍴 🏪 🛁 ☺
🛶 🛥 🛶 🏪 sèche-linge 🛁
À prox. : ✂ 🎮 🏛

RAMBOUILLET

✉ 78120 – **311** G4 – G. Île-de-France – 24 758 h. – alt. 160
🛈 Office de tourisme, place de la Libération 📞 01 34 83 21 21, Fax 01 34 83 21 31
Paris 53 – Chartres 42 – Étampes 44 – Mantes-la-Jolie 50 – Orléans 93 – Versailles 35.

▲ **Huttopia Rambouillet** de déb. avr. à déb. nov.
📞 01 30 41 07 34, *rambouillet@huttopia.com*,
Fax 01 30 41 00 17, *www.huttopia.com* – **R** conseillée
8 ha (93 empl.) plat, gravier, herbeux
Tarif : (Prix 2008) ♣ 6,50 € 🚗 🅴 11 € – 🅿 (10A) 6,20 € – frais de réservation 18 €

Location (Prix 2008) 🅿 : 10 🏠 (4 à 6 pers.) nuitée 105 € - 661 à 913 €/sem. – canadiennes, roulottes – frais de réservation 18 € - **R** conseillée
🚐 1 borne artisanale 4,20 €

Pour s'y rendre : rte du Château-d'Eau (4 km au sud par N 10, rte de Chartres)

À savoir : en bordure d'un étang, au coeur de la forêt

Nature : 🌲 🏞 ♤♤
Loisirs : 🍴 ✂ 🏊 ⛳ 🚴 🎿 🛶
Services : ♿ 🚿 GB 🌳 🍴 🏪 🛁 ☺
🛶 🛥 🛶 🏪 sèche-linge 🛁 🏖
À prox. : 🏛 🐾 parc animalier

Les indications d'accès à un terrain sont généralement indiquées, dans notre guide, à partir du centre de la localité.

TOUQUIN

✉ 77131 – **312** H3 – 950 h. – alt. 112
Paris 57 – Coulommiers 12 – Melun 36 – Montereau-Fault-Yonne 48 – Provins 31.

▲ **Les Étangs Fleuris** de déb. avr. à mi-sept.
📞 01 64 04 16 36, *contact@etangs-fleuris.com*,
Fax 01 64 04 12 28, *www.etangsfleuris.com* – **R** conseillée
5,5 ha (175 empl.) plat, peu incliné, herbeux
Tarif : 18 € ♣♣ 🚗 🅴 🅿 (10A) – pers. suppl. 9 €

Location (de déb. avr. à déb. nov.) 🏕 : 10 🚐 (4 à 6 pers.) 390 à 680 €/sem. – **R** conseillée

Pour s'y rendre : rte de la Boisserotte (3 km à l'est)

Nature : 🌲 🏞 ♤♤
Loisirs : 🍴 🏊 🚴 🏇 🎿 🛶 terrain omnisports
Services : 🚿 GB 🌳 🍴 🏪 ☺ 🛶
🛥 🛶 🏪 sèche-linge
À prox. : ✂ 🐾 (centre équestre)

VENEUX-LES-SABLONS

✉ 77250 – **312** F5 – 4 617 h. – alt. 76
Paris 72 – Fontainebleau 9 – Melun 26 – Montereau-Fault-Yonne 14 – Nemours 21 – Sens 45.

▲ **Les Courtilles du Lido** de mi-avr. à mi-sept.
📞 01 60 70 46 05, *lescourtilles-dulido@wanadoo.fr*,
Fax 01 64 70 62 65, *http://www.les-courtilles-du-lido.fr* – **R**
5 ha (196 empl.) plat, herbeux
Tarif : 19,50 € ♣♣ 🚗 🅴 🅿 (10A) – pers. suppl. 4 €

Location (de déb. avr. à fin sept.) 🏕 : 🚐 (4 à 6 pers.) 285 à 680 €/sem. – **R** conseillée
🚐 1 borne artisanale 4 €

Pour s'y rendre : chemin du Passeur (1,5 km au nord-est)

Nature : 🏞 ♤♤
Loisirs : 🍴 🏊 🚴 🎿
Services : 🚿 GB 🌳 🍴 🏪 🛶 ☺ 🛶 🏖
🛶 🏪 sèche-linge

ÎLE-DE-FRANCE

VERDELOT

✉ 77510 – **312** J2 – G. Champagne Ardenne – 653 h. – alt. 115
Paris 89 – Melun 70 – Reims 80 – Troyes 104.

▲ **Caravaning de la Fée** de mi-mars à mi-nov.
    ☎ 01 64 04 80 19, caravaninglafee@wanadoo.fr,
    Fax 01 64 04 81 84, www.caravaning-de-la-fee.com – places limitées pour le passage – **R**
    5,8 ha (100 empl.) peu incliné, herbeux
    Tarif : 23,10 € ⚥⚥ 🚗 🅿 🛉 (10A) – pers. suppl. 6,50 €
    🚐, 1 borne sanistation
    Pour s'y rendre : 6 chemin de la Gare (500 m au sud par rte de St-Barthélémy et à dr.)
    À savoir : au bord du Petit Morin et d'un étang

Nature : 🌿 🌲 🍎(verger)
Loisirs : 🛝 🛴 🎣
Services : ♿ 🔑 🚽 🚿 ⚡ 🚮 🛒 🧺
À prox. : 🍴 🐎 (centre équestre)

VERSAILLES

✉ 78000 – **311** I3 – G. Île de France – 85 726 h. – alt. 130
Paris 29 – Chartres 80 – Fontainebleau 73 – Rambouillet 35 – Rouen 123.

▲ **Huttopia Versailles** de mi-déc. à déb. nov.
    ☎ 01 39 51 23 61, versailles@huttopia.com,
    Fax 01 39 53 68 29, www.huttopia.com – **R** conseillée
    4,6 ha (180 empl.) incliné, peu incliné, en terrasses, pierreux, herbeux
    Tarif : (Prix 2008) ⚥ 8,20 € 🚗 🅿 14,40 € – 🛉 (10A) 4,20 € – frais de réservation 18 €
    Location (Prix 2008) : 15 🏚 (4 à 6 pers.) nuitée 79 € - 497 à 749 €/sem. – 20 🏠 (4 à 6 pers.) nuitée 105 € - 661 à 1 064 €/sem. – 10 tentes – roulottes – frais de réservation 18 € - **R** conseillée
    🚐, 1 borne artisanale 4,20 €
    Pour s'y rendre : 31 r. Berthelot
    À savoir : cadre boisé proche de la ville

Nature : 🌳🌳
Loisirs : snack 🛝 🏊
Services : ♿ 🔑 🏧 🚽 🚿 ⚡ 🚮 😊 ☎
🍳 🧺 sèche-linge
À prox. : 🍴

VILLIERS-SUR-ORGE

✉ 91700 – **312** C4 – 3 753 h. – alt. 75
Paris 25 – Chartres 71 – Dreux 89 – Évry 15 – Melun 41 – Versailles 32.

▲ **Le Beau Village** Permanent
    ☎ 01 60 16 17 86, le-beau-village@wanadoo.fr,
    Fax 01 60 16 31 46, www.beau-village.com – places limitées pour le passage – **R** conseillée
    2,5 ha (100 empl.) plat, herbeux
    Tarif : 18 € ⚥⚥ 🚗 🅿 🛉 (10A) – pers. suppl. 4,50 €
    Location 🏕 : 12 🏚 (4 à 6 pers.) nuitée 70 € - 245 à 400 €/sem. – **R** conseillée
    🚐, 1 borne flot bleu 2 € – 15 🅿 18 €
    Pour s'y rendre : 1 voie des Prés (600 m au sud-est par le centre-ville, au bord de l'Orge, 800 m de la gare de St-Geneviève-des-Bois - par A 6 sortie 6)

Nature : 🌿 🌲 🍎
Loisirs : 🍹 🎱 🛝
Services : ♿ 🔑 🏧 🛒 🅿 🚮 🚿
⚡ ☎ sèche-linge
À prox. : 🍴 🏞

LANGUEDOC-ROUSSILLON

Kaléidoscope est le mot qui convient pour évoquer la diversité des paysages et des cultures du Languedoc-Roussillon. Au rythme endiablé des sardanes et des ferias, vous serez tour à tour conquis par la beauté vertigineuse des gorges du Tarn, l'altière splendeur des Pyrénées, l'envoûtante atmosphère des grottes, l'admirable solitude des « citadelles du vertige » cathares, les entêtants parfums de la garrigue, la splendeur des remparts de Carcassonne, l'exubérance des retables catalans, la quiétude du canal du Midi, la rude majesté des Cévennes... Cascade de sensations fortes qui mettent l'estomac à rude épreuve : à vous d'y remédier avec une assiette d'aligot, une bourride sétoise ou un cassoulet géant, suivi d'un roquefort affiné juste ce qu'il faut et arrosé d'un vin de pays à la belle couleur... rubis !

Languedoc-Roussillon is home to one of France's most diverse collages of landscape and culture: the feverish rhythm of its festivals, the dizzying beauty of the Tarn Gorges, the bewitching spell of its caves and stone statues, the seclusion of its clifftop citadels, the heady perfumes of its sunburnt garrigue, the nonchalant flamingos on its long salt flats, the splendour of Carcassonne's ramparts, the quiet waters of the Midi Canal and the harsh majesty of the Cévennes. Taking in so many sights and sensations is likely to exhaust most explorers, but remedies are close at hand: a plate of "aligot", mashed potato, garlic and cheese, and a simmering cassoulet, the famously rich combination of duck, sausage, beans and herbs, followed by a slice of Roquefort cheese and a glass of ruby-red wine.

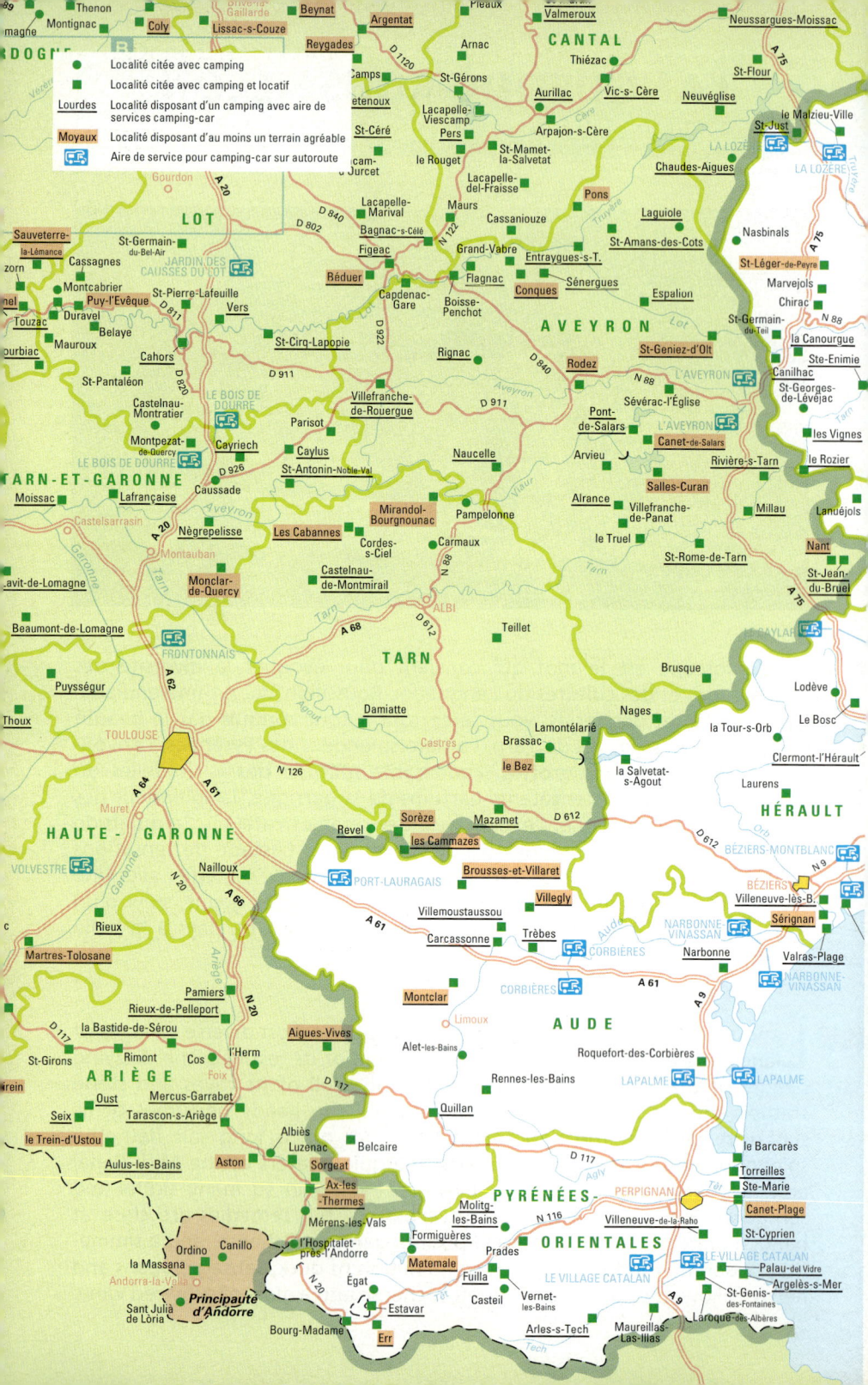

LANGUEDOC-ROUSSILLON

AGDE

✉ 34300 – **339** F9 – G. Languedoc Roussillon – 19 988 h. – alt. 5
🛈 *Office de tourisme, 1, place Molière* ☎ 04 67 94 29 68, Fax 04 67 94 03 50
Paris 754 – Béziers 24 – Lodève 60 – Millau 118 – Montpellier 56 – Sète 25.

Les Champs Blancs de déb. avr. à fin sept.
☎ 04 67 94 23 42, champs.blancs@wanadoo.fr,
Fax 04 67 94 87 81, www.champs-blancs.fr – **R** conseillée
15 ha/4 campables (336 empl.) plat, gravier, herbeux
Tarif : 22 € ★★ 🚗 🔌 (10A) – pers. suppl. 10 € – frais de réservation 25 €
Location (de mi-avr. à fin sept.) ✂ : 60 🏠 (4 à 6 pers.) 283 à 829 €/sem. – 20 🏠 (4 à 6 pers.) - 346 à 845 €/sem. – frais de réservation 25 € – **R** conseillée
Pour s'y rendre : rte de Rochelongue (2 km au sud)
À savoir : bel espace aquatique

Nature : 🌳 ♀♀
Loisirs : 🍷 snack, pizzeria 🎳 🎭 🏃
🐴 🎯 🏊 ⛵ terrain omnisports
Services : ♿ ⚡ 🚿 ♻ 🏪 – 100 sanitaires individuels (🚽⇌🚿 wc)
📺 💈 sèche-linge 🧺 🍳
À prox. : 🛒

Yelloh! Village Mer et Soleil 👥 – de déb. avr. à mi-oct.
☎ 04 67 94 21 14, contact@camping-mer-soleil.com,
Fax 04 67 94 81 94, www.camping-mer-soleil.com
– **R** conseillée
8 ha (477 empl.) plat, sablonneux, herbeux
Tarif : 42 € ★★ 🚗 🔌 (6A) – pers. suppl. 8 € – frais de réservation 16 €
Location ♿ ✂ : 147 🏠 (4 à 6 pers.) nuitée 25 € – à 1 155 €/sem. – 40 bungalows toilés – **R** conseillée
🚐 1 borne artisanale 10 € – 🚐 10 €
Pour s'y rendre : rte de Rochelongue (3 km au sud)

Nature : 🌳 ♀♀
Loisirs : 🍷 ✖ (le soir) pizzeria, snack 🎳 🎭 nocturne 🎪 🎠 jacuzzi 🐴 🎯 🏊 ⛵ espace balnéo couvert
Services : ♿ ⚡ 🚿 ♻ 🏪 🔥 ♻ 🏪
💈 sèche-linge 🧺 🍳
À prox. : 🐴

Village Vacances Les Pescalunes (location exclusive de chalets) de fin mars à déb. nov.
☎ 04 67 01 37 06, resa@grandbleu.fr, www.grandbleu.fr
3 ha fort dénivelé
Location ♿ 🅿 : 78 🏠 (4 à 6 pers.) - 217 à 945 €/sem.
– **R** conseillée
Pour s'y rendre : 13 r. Luxembourg

Nature : ≤ ♀♀
Loisirs : 🎳 🎭 🏃 🏊
Services : ⚡ 🚿 ♻ 🏪 🎯 🍳 💈 sèche-linge

Neptune de déb. avr. à mi-sept.
☎ 04 67 94 23 94, info@campinglneptune.com,
Fax 04 67 94 48 77, www.campingleneptune.com
– **R** conseillée ✂
2,1 ha (165 empl.) plat, herbeux
Tarif : 27,20 € ★★ 🚗 🔌 (6A) – pers. suppl. 6,90 € – frais de réservation 25 €
Location : 10 🏠 (4 à 6 pers.) 191 à 672 €/sem. – frais de réservation 25 € - **R** conseillée
Pour s'y rendre : 46 bd du St-Christ (2 km au sud, près de l'Hérault)
À savoir : décoration arbustive et florale

Nature : 🌳 ♀
Loisirs : 🍷 🎯 🚴 🏊
Services : ♿ ⚡ (juil.-août) ♻ 🏪
🔥 ♻ 🎯 🍳 💈
À prox. : 🎯 🎣 🐴

Les Romarins de déb. avr. à fin sept.
☎ 04 67 94 18 59, contact@romarins.com,
Fax 04 67 26 58 80, www.romarins.com – **R** conseillée
2 ha (120 empl.) plat, herbeux, sablonneux, gravillons
Tarif : (Prix 2008) 25,70 € ★★ 🚗 🔌 (6A) – pers. suppl. 6,55 € – frais de réservation 20 €
Location (Prix 2008) ✂ : 20 🏠 (4 à 6 pers.) 205 à 870 €/sem. – bungalows toilés (avec et sans sanitaires) – frais de réservation 20 € - **R** conseillée
Pour s'y rendre : rte du Grau (3 km au sud, près de l'Hérault)

Nature : 🌳 ♀♀
Loisirs : 🍷 snack 🎯 🏊
Services : ♿ ⚡ ♻ 🏪 🔥 ♻ 🏪
🍳

LANGUEDOC-ROUSSILLON

AGDE

▲ **Le Rochelongue** de déb. avr. à fin sept.
℘ 04 67 21 25 51, le.rochelongue@wanadoo.fr,
Fax 04 67 94 04 23, www.camping-le-rochelongue.fr –
places limitées pour le passage – **R** conseillée
2 ha (105 empl.) plat, gravillons, herbeux
Tarif : 40 € ♦♦ ⇔ 🅴 (6A) – pers. suppl. 7 € – frais de réservation 20 €
Location ⌘ : 12 🏠 (4 à 6 pers.) nuitée 95 € - 195 à 760 €/sem. – frais de réservation 20 € - **R** conseillée
Pour s'y rendre : chemin des Roncier, à Rochelongue (4 km au sud, à 500 m de la plage)

Nature : 🞿 ♀♀(peupleraie)
Loisirs : ♀ snack, pizzeria 🏊 🚴
🏞
Services : ♿ ⛔ 🅲🅱 🗝 🍽 🍳 🛎 ⓘ
☕ 🏨 sèche-linge 🧺 🛒
À prox. : 🐾 🎯 🏇 🐎 base nautique, golf, parc d'attractions aquatiques

AIGUES-MORTES

✉ 30220 – **339** K7 – G. Provence – 6 012 h. – alt. 3
🛈 Office de tourisme, place Saint-Louis ℘ 04 66 53 73 00, Fax 04 66 53 65 94
Paris 745 – Arles 49 – Montpellier 38 – Nîmes 42 – Sète 56.

▲▲▲ **Yelloh! Village La Petite Camargue** ♣♦ – de fin avr. à mi-sept.
℘ 04 66 53 98 98, info@yellohvillage-petite-camargue.com, Fax 04 66 53 98 80, www.yellohvillage-petite.camargue.com – **R** conseillée
42 ha/10 campables (553 empl.) plat, herbeux, sablonneux
Tarif : 43 € ♦♦ ⇔ 🅴 (10A) – pers. suppl. 8 €
Location ⌘ : 🏠 (4 à 6 pers.) 203 à 973 €/sem. – **R** conseillée
🔌 1 borne artisanale
Pour s'y rendre : 3,5 km à l'ouest par D 62, rte de Montpellier, accès à la plage par navettes gratuites
À savoir : animations et services adaptés aux adolescents

Nature : 🞿 ♀♀
Loisirs : ♀ 🎯 pizzeria, bodega 🏊
☕ 🏞 discothèque, bibliothèque
🏊 🚴 🐾 🎯 🏇 poneys (centre équestre) terrains omnisports
Services : ♿ ⛔ 🅲🅱 🗝 🅼 🍳 🛎
☕ ⓘ 🏨 sèche-linge 🧺 🛒

349

ALET-LES-BAINS

✉ 11580 – **344** E5 – G. Languedoc Roussillon – 464 h. – alt. 186
Paris 786 – Montpellier 187 – Carcassonne 35 – Castelnaudary 49 – Limoux 10.

▲ **Val d'Aleth** Permanent
℘ 04 68 69 90 40, camping@valdaleth.com,
Fax 04 68 69 94 60, www.valdaleth.com – **R** conseillée
0,5 ha (37 empl.) plat, pierreux, herbeux
Tarif : 19 € ♦♦ ⇔ 🅴 (10A) – pers. suppl. 3,75 € – frais de réservation 5 €
Pour s'y rendre : chemin de la Paoulette

Nature : 🞿 ♀♀
Loisirs : 🏊 🛒
Services : ♿ ⛔ 🅲🅱 🗝 🅼 🍳 ⓘ
🏨 sèche-linge

ALLÈGRE-LES-FUMADES

✉ 30500 – **339** K3 – 616 h. – alt. 135
🛈 Office de tourisme, Hameau des Fumades ℘ 04 66 24 80 52, Fax 04 66 24 83 29
Paris 696 – Alès 16 – Barjac 102 – La Grand-Combe 28 – St-Ambroix 14.

▲▲▲ **Domaine des Fumades** ♣♦ – de mi-avr. à fin sept.
℘ 04 66 24 80 78, domaine.des.fumades@wanadoo.fr,
Fax 04 66 24 82 42, www.domaine-des-fumades.com – **R** indispensable
15 ha/6 campables (230 empl.) plat et peu incliné, herbeux, pierreux
Tarif : (Prix 2008) 32,70 € ♦♦ ⇔ 🅴 (6A) – pers. suppl. 7 € – frais de réservation 10 €
Location (Prix 2008) : 107 🏠 (4 à 6 pers.) nuitée 79 € - 140 à 1 022 €/sem. – 27 🛖 (4 à 6 pers.) nuitée 70 € - 154 à 980 €/sem. – **R** indispensable
Pour s'y rendre : accès par D 241, à prox. de l'Établissement thermal, au bord de l'Alauzène

Nature : 🌳 🞿 ♀♀
Loisirs : ♀ 🎯 pizzeria 🏊 ☕ 🏞
salle d'animation 🏊 🚴 🐾 🎯
🛒
Services : ♿ ⛔ 🅲🅱 🗝 🍳 🛎 ⓘ
🏨 sèche-linge 🧺 🛒
À prox. : 🐾

LANGUEDOC-ROUSSILLON

ANDUZE

✉ 30140 – **339** I4 – G. Languedoc Roussillon – 3 004 h. – alt. 135
🛈 *Office de tourisme, plan de Brie* ✆ 04 66 61 98 17, Fax 04 66 61 79 71
Paris 718 – Alès 15 – Florac 68 – Lodève 84 – Montpellier 60 – Nîmes 46 – Le Vigan 52.

L'Arche – de déb. avr. à fin sept.
✆ 04 66 61 74 08, camping.arche@wanadoo.fr,
Fax 04 66 61 88 94, www.camping-arche.fr – **R** conseillée
5 ha (250 empl.) terrasse, plat, peu incliné, herbeux, sablonneux
Tarif : (Prix 2008) 32,50 € ★★ 🚗 🅴 [⚡] (10A) – pers. suppl. 6,80 € – frais de réservation 15 €
Location (Prix 2008) ⚡ : 29 🏠 (4 à 6 pers.) – 300 à 925 €/sem. – frais de réservation 15 € - **R** conseillée
🚐 1 borne raclet 2 € – 6 🅴 12 € – 🍽 12 €
Pour s'y rendre : 1105 chemin de Recoulin (2 km au nord-ouest, au bord du Gardon)

Cévennes-Provence de mi-mars à fin oct.
✆ 04 66 61 73 10, marais@camping-cevennes-provence.fr,
Fax 04 66 61 60 74, www.camping-cevennes-provence.fr
– **R** conseillée
30 ha/15 campables (230 empl.) en terrasses, plat, peu incliné, herbeux, pierreux, très fort dénivelé
Tarif : 24,60 € ★★ 🚗 🅴 [⚡] (6A) – pers. suppl. 5,90 € – frais de réservation 13 €
Location : 16 🏠 (4 à 6 pers.) - 300 à 630 €/sem.
– **R** conseillée
🚐 1 borne flot bleu
Pour s'y rendre : à Corbès-Thoiras (au Mas du Pont, au bord du Gardon de Mialet et près du Gardon de St-Jean)
À savoir : emplacements près de la rivière ou panoramiques dominant la vallée

Les Fauvettes – de fin avr. à mi-sept.
✆ 04 66 61 72 23, camping-les-fauvettes@wanadoo.fr,
www.lesfauvettes.fr – **R** conseillée
7 ha/3 campables (133 empl.) en terrasses, plat, peu incliné, herbeux, fort dénivelé
Tarif : (Prix 2008) 23,60 € ★★ 🚗 🅴 [⚡] (10A) – pers. suppl. 5 €
Location (Prix 2008) : 🏠 (4 à 6 pers.) 315 à 680 €/sem.
– 🏠 (4 à 6 pers.) - 260 à 560 €/sem. – **R** conseillée
Pour s'y rendre : rte de St-Jean-du-Gard (1,7 km au nord-ouest)

Le Bel Eté de déb. avr. à fin sept.
✆ 04 66 61 76 04, contact@camping-bel-ete.com,
Fax 04 66 61 76 04, www.camping-bel-ete.com – **R** conseillée
2,26 ha (97 empl.) plat, herbeux
Tarif : 28,40 € ★★ 🚗 🅴 [⚡] (6A) – pers. suppl. 5,80 € – frais de réservation 15 €
Location : 12 🏠 (4 à 6 pers.) nuitée 50 € - 320 à 675 €/sem. – frais de réservation 15 € - **R** conseillée
Pour s'y rendre : rte de Nîmes (2,5 km au sud-est, accès direct au Gardon)

LES GUIDES VERTS MICHELIN
Paysages, monuments
Routes touristiques
Géographie
Histoire, Art
Itinéraire de visite
Plans de villes et de monuments

LANGUEDOC-ROUSSILLON

ARGELÈS-SUR-MER

✉ 66700 – **344** J7 – G. Languedoc Roussillon – 9 069 h. – alt. 19
🛈 *Office de tourisme, place de l'Europe* ☎ 04 68 81 15 87, Fax 04 68 81 16 01
Paris 872 – Céret 28 – Perpignan 22 – Port-Vendres 9 – Prades 66.

Centre

Le Front de Mer – de déb. avr. à fin sept.
☎ 04 68 81 08 70, *front.de.mer@cegetel.net*,
Fax 04 68 81 87 21, *www.camping-front-mer.com*
– **R** conseillée
10 ha (588 empl.) plat, herbeux
Tarif : 35 € ✶✶ 🚗 🔌 (6A) – pers. suppl. 6,10 € – frais de réservation 20 €
Location : 115 🏠 (4 à 6 pers.) nuitée 40 € - 250 à 875 €/sem. – frais de réservation 20 € - **R** conseillée
Pour s'y rendre : av. du Grau (250 m de la plage)
À savoir : bel espace aquatique

Pujol de déb. juin à mi-sept.
☎ 04 68 81 00 25, *postmaster@campingdepujol.com*,
Fax 04 68 81 21 21, *www.campingdepujol.com* – **R** conseillée
6,2 ha (312 empl.) plat, herbeux, sablonneux
Tarif : 27 € ✶✶ 🚗 🔌 (6A) – pers. suppl. 6 €
Location (de déb. juin à fin sept.) 🚫 : 30 🏠 (4 à 6 pers.) nuitée 25 € - 230 à 610 €/sem. – **R** conseillée
Pour s'y rendre : rte du Tamariguer

Paris-Roussillon de mi-mai à mi-sept.
☎ 04 68 81 19 71, *contact@parisroussillon.com*,
Fax 04 68 81 68 77, *www.parisroussillon.com* – **R**
3,5 ha (200 empl.) plat, herbeux
Tarif : (Prix 2008) 27,50 € ✶✶ 🚗 🔌 (10A) – pers. suppl. 4,80 € – frais de réservation 14 €
Location (Prix 2008) (de déb. avr. à fin sept.) : 7 🏠 (2 à 4 pers.) 190 à 490 €/sem. – 15 🏠 (4 à 6 pers.) 235 à 640 €/sem. – 5 🛏 – 4 appartements – frais de réservation 14 € - **R** conseillée
Pour s'y rendre : av. de la Retirada

Le Stade de déb. avr. à fin sept.
☎ 04 68 81 04 40, *info@campingdustade.com*,
Fax 04 68 95 84 55, *www.campingdustade.com* – **R** conseillée
2,4 ha (185 empl.) plat, herbeux
Tarif : 24 € ✶✶ 🚗 🔌 (10A) – pers. suppl. 5,50 € – frais de réservation 8 €
Location 🚫 : 10 🏠 (4 à 6 pers.) 280 à 600 €/sem. – frais de réservation 10 € - **R** conseillée
Pour s'y rendre : 87 av. du 8-Mai (rte de la Plage)

La Massane de mi-mars à mi-oct.
☎ 04 68 81 06 85, *info@camping-massane.com*,
Fax 04 68 81 59 18, *www.camping-massane.com*
– **R** conseillée
2,7 ha (184 empl.) plat, herbeux
Tarif : 25,50 € ✶✶ 🚗 🔌 (6A) – pers. suppl. 5,50 € – frais de réservation 12 €
Location 🚫 (de mi-juin à mi-sept.) : 6 🏠 (2 à 4 pers.) 170 à 410 €/sem. – 24 🏠 (4 à 6 pers.) 250 à 590 €/sem. – frais de réservation 12 € - **R** conseillée
Pour s'y rendre : av. Molière

LANGUEDOC-ROUSSILLON

ARGELÈS-SUR-MER

Les Ombrages de déb. juin à fin sept.
04 68 81 29 83, les-ombrages@freesurf.fr,
Fax 04 68 95 81 87, www.les-ombrages.com – **R** conseillé
4,1 ha (270 empl.) plat, herbeux, sablonneux
Tarif : 25,50 € (10A) – pers. suppl. 5,60 € – frais de réservation 20 €
Location (juil.-août) : 10 (4 à 6 pers.) 210 à 590 €/sem. – 2 (4 à 6 pers.) - 180 à 490 €/sem. – frais de réservation 20 € - **R** conseillée
1 borne artisanale
Pour s'y rendre : av. du Gén.-de-Gaulle (400 m de la plage)

Comangès déb. avr. à déb. oct.
04 68 81 15 62, info@campingcomanges.com,
Fax 04 68 95 87 74, www.campingcomanges.com
– **R** conseillée
1,2 ha (90 empl.) plat, herbeux
Tarif : 26,50 € (10A) – pers. suppl. 6,50 € – frais de réservation 20 €
Location : 17 (4 à 6 pers.) nuitée 47 € - 220 à 710 €/sem. – frais de réservation 20 € - **R** conseillée
1 borne artisanale - 10 €
Pour s'y rendre : av. du Gén.-de-Gaulle (300 m de la plage)

Europe de déb. avr. à fin sept.
04 68 81 08 10, camping.europe@wanadoo.fr,
Fax 04 68 95 71 84, www.camping-europe.net – **R** conseillée
1,2 ha (91 empl.) plat, herbeux
Tarif : (Prix 2008) 23,35 € (10A) – pers. suppl. 4,65 € – frais de réservation 20 €
Location (Prix 2008) (juil.-août) : 11 (4 à 6 pers.) nuitée 50 € - 210 à 600 €/sem. – frais de réservation 20 € - **R** conseillée
1 borne artisanale
Pour s'y rendre : av. Gén.-de-Gaulle (500 m de la plage)

Nord

La Sirène et l'Hippocampe – de mi-avr. à fin sept.
04 68 81 04 61, contact@camping-lasirene.fr,
Fax 04 68 81 69 74, www.camping-lasirene.fr – places limitées pour le passage – **R** conseillée
21 ha (903 empl.) plat, herbeux, pierreux
Tarif : 40 € (12A) – pers. suppl. 6 € – frais de réservation 20 €
Location : 463 (4 à 6 pers.) 199 à 1 463 €/sem. – 20 (4 à 6 pers.) - 220 à 1 043 €/sem. – frais de réservation 20 € - **R** conseillée
Pour s'y rendre : rte de Taxo
À savoir : parc aquatique paysager

Les Marsouins de mi-avr. à fin sept.
04 68 81 14 81, marsouins@campmed.com,
Fax 04 68 95 93 58, www.campmed.com – **R** conseillée
10 ha (587 empl.) plat, herbeux
Tarif : 32 € (6A) – pers. suppl. 7 € – frais de réservation 20 €
Location : 21 (2 à 4 pers.) 210 à 483 €/sem. – 133 (4 à 6 pers.) 231 à 714 €/sem. – frais de réservation 20 € - **R** conseillée
1 borne artisanale 4 € – 12 32 €
Pour s'y rendre : chemin de la Retirada

LANGUEDOC-ROUSSILLON

ARGELÈS-SUR-MER

▲▲▲ Club Airotel Les Galets ▲▲ – de déb. avr. à fin sept.
📞 04 68 81 08 12, *lesgalets@campinglesgalets.fr*,
Fax 04 68 81 68 76, *www.campmed.com* – places limitées pour le passage – **R** conseillée
5 ha (232 empl.) plat, herbeux
Tarif : 36,50 € ✱✱ 🚗 🔲 (6A) – pers. suppl. 7,80 € – frais de réservation 45 €
Location : 126 (4 à 6 pers.) nuitée 139 € - 150 à 973 €/sem. – 32 (4 à 6 pers.) nuitée 139 € - 150 à 973 €/sem. – frais de réservation 45 € - **R** conseillée
1 borne – 6 🔲 4 € – 10 €
Pour s'y rendre : rte de Taxo à la Mer

Nature : 🏕 ♣♣
Loisirs : 🍴 pizzeria, snack 🎬 nocturne 🏃 🐎 🏊 terrain omnisports
Services : ♿ 🔑 GB 🚿 🍽 🎭 ☕ 🚻 sèche-linge 🏪 🛁
À prox. : 🐎 poneys

▲▲▲ Le Roussillonnais de mi-avr. à fin sept.
📞 04 68 81 10 42, *leroussillonnais@orange.fr*,
Fax 04 68 95 96 11, *www.leroussillonnais.com* – **R** conseillée
10 ha (719 empl.) plat, sablonneux, herbeux
Tarif : (Prix 2008) 25,30 € ✱✱ 🚗 🔲 (6A) – pers. suppl. 5,20 € – frais de réservation 15 €
Location (Prix 2008) (de mi-mai à fin sept.) 🚫 : 24 (4 à 6 pers.) 295 à 630 €/sem. – 26 (4 à 6 pers.) - 260 à 650 €/sem. – frais de réservation 15 € - **R** conseillée
1 borne eurorelais 1,50 € – 18 🔲 10 €
Pour s'y rendre : bd de la Mer (près de la plage (accès direct))
À savoir : navette centre ville par petit train

Nature : ♣♣ 🌳
Loisirs : 🍴 pizzeria, snack 🎬 nocturne 🐎 🍽 terrain omnisports
Services : ♿ 🔑 (juil.- août) GB 🚿 🍽 🎭 ☕ 🚻 sèche-linge 🏪 🛁
À prox. : 🐴 🐎 poneys

▲▲▲ Le Soleil ▲▲ – de mi-mai à mi-sept.
📞 04 68 81 14 48, *camping.lesoleil@wanadoo.fr*,
Fax 04 68 81 44 34, *www.campmed.com* – **R** conseillée 🚫
17 ha (844 empl.) plat, herbeux, sablonneux
Tarif : 36,20 € ✱✱ 🚗 🔲 (6A) – pers. suppl. 9,30 €
Location : 74 (4 à 6 pers.) 252 à 665 €/sem.
– **R** conseillée
1 borne artisanale
Pour s'y rendre : rte du Littoral (près de la plage (accès direct))
À savoir : cadre agréable au bord de la mer

Nature : 🏕 ♣♣ 🌳
Loisirs : 🍴 ✂ pizzeria, brasserie 🎬 nocturne 🏃 🎵 discothèque 🐎 🍽 🏊 🐴
Services : ♿ 🔑 GB 🚿 🍽 🎭 ☕ 🚻 sèche-linge 🏪 🛁

353

▲▲ La Marende de fin avr. à fin sept.
📞 04 68 81 12 09, *info@marende.com*, Fax 04 68 81 88 52, *www.marende.com* – **R** conseillée
3 ha (208 empl.) plat, herbeux, sablonneux
Tarif : 32 € ✱✱ 🚗 🔲 (10A) – pers. suppl. 6 € – frais de réservation 15 €
Location : 51 (4 à 6 pers.) nuitée 50 € - 240 à 670 €/sem. – frais de réservation 15 € - **R** conseillée
1 borne artisanale
Pour s'y rendre : av. du Littoral (400 m de la plage)

Nature : 🏕 ♣♣
Loisirs : 🍴 snack 🎬 nocturne jacuzzi 🐎 🏊 terrain omnisports
Services : ♿ 🔑 GB 🚿 🍽 🎭 ☕ 🚻 sèche-linge 🛁
À prox. : 🍽 🚶 🐎

Sud

▲▲ Les Criques de Porteils ▲▲ – de déb. avr. à déb. oct.
📞 04 68 81 12 73, *contact@criquesdeporteils.fr*,
Fax 04 68 95 85 76, *www.lescriques.com* – **R** conseillée
4,5 ha (250 empl.) en terrasses, plat, incliné, pierreux, fort dénivelé
Tarif : 39 € ✱✱ 🚗 🔲 (5A) – pers. suppl. 9 € – frais de réservation 25 €
Location : 25 (4 à 6 pers.) 219 à 989 €/sem. – 10 bungalows toilés – frais de réservation 25 € – **R** conseillée
1 borne eurorelais 5 € – 4 🔲 17 €
Pour s'y rendre : au lieu-dit : Corniche de Collioure (accès direct à la plage par escalier abrupt)

Nature : 🌊 baie d'Argelès-sur-Mer 🏕 ♣ 🌳
Loisirs : 🍴 snack, pizzeria 🏃 🐎 🏊
Services : ♿ 🔑 GB 🚿 M 🎭 ☕ 🚻 sèche-linge 🏪 🛁 cases réfrigérées

LANGUEDOC-ROUSSILLON

ARGELÈS-SUR-MER

La Coste Rouge de déb. juin à mi-sept.
☎ 04 68 81 08 94, info@lacosterouge.com,
Fax 04 68 95 94 17, www.lacosterouge.com – places limitées pour le passage – **R** conseillée
3,7 ha (145 empl.) terrasse, plat, peu incliné, herbeux, gravier
Tarif : 28 € ★★ ⛺ 🚗 🔲 (6A) – pers. suppl. 4,90 € – frais de réservation 13 €
Location (de déb. avr. à fin oct.) : 50 🏠 (4 à 6 pers.) 209 à 749 €/sem. – 6 studios – frais de réservation 13 € - **R** conseillée
Pour s'y rendre : rte de Collioure (3 km au sud-est)

Nature : 🌲 ♤♤
Loisirs : 🍴 ✗ 🏊 ⛵ 🏖
Services : ♿ 🔑 GB ⛺ 🧺 🛒 🗑 @
🏠 🚿
À prox. : 🚴 🏇 🎣 🐎 ski nautique, jet ski

ARLES-SUR-TECH

✉ 66150 – **344** G8 – G. Languedoc Roussillon – 2 700 h. – alt. 280
🛈 Office de tourisme, rue Barjau ☎ 04 68 39 11 99
Paris 886 – Amélie-les-Bains-Palalda 4 – Perpignan 45 – Prats-de-Mollo-la-Preste 19.

Le Vallespir de déb. avr. à fin oct.
☎ 04 68 39 90 00, info@campingvallespir.com,
Fax 04 68 39 90 09, www.camping-le-vallespir.com
– **R** conseillée
2,5 ha (135 empl.) plat et peu incliné, herbeux
Tarif : 21,80 € ★★ ⛺ 🚗 🔲 (10A) – pers. suppl. 6 €
Location : 33 🏠 (4 à 6 pers.) 211 à 602 €/sem.
– **R** conseillée
🚐 1 borne artisanale
Pour s'y rendre : à Alzine Rodone, D 115 (2 km au nord-est, rte d'Amélie-les-Bains-Palalda, au bord du Tech)

Nature : 🌲 ♤♤
Loisirs : 🍴 snack, snack le soir 🏠
🏊 ✗ ⛵ 🏖
Services : ♿ 🔑 GB ⛺ 🧺 🛒 🗑 @
🚿 🏠

BAGNOLS-SUR-CÈZE

✉ 30200 – **339** M4 – G. Provence – 18 103 h. – alt. 51
🛈 Office de tourisme, Espace Saint-Gilles ☎ 04 66 89 54 61, Fax 04 66 89 83 38
Paris 653 – Alès 54 – Avignon 34 – Nîmes 56 – Orange 25 – Pont-St-Esprit 12.

Les Genêts d'Or de mi-avr. à mi-sept.
☎ 04 66 89 58 67, info@camping-genets-dor.com,
Fax 04 66 89 58 67, www.camping-genets-dor.com
– **R** conseillée ✗ (de déb. juil. à mi-août)
8 ha/3,5 campables (95 empl.) plat, herbeux
Tarif : 28,50 € ★★ ⛺ 🚗 🔲 (10A) – pers. suppl. 4,75 € – frais de réservation 8 €
Location : 8 🏠 (4 à 6 pers.) 367 à 599 €/sem.
– **R** conseillée
Pour s'y rendre : chemin de Carmignan (sortie nord par N 86 puis 2 km par D 360 à dr., au bord de la Cèze)

Nature : ♤♤ 🌳
Loisirs : 🍴 ✗ 🏊 ⛵ 🏖
Services : ♿ 🔑 GB ⛺ 🧺 🛒 🗑 @
🏠 sèche-linge 🚿 🏠
À prox. : canoë

BALARUC-LES-BAINS

✉ 34540 – **339** H8 – G. Languedoc Roussillon – 5 688 h. – alt. 3 – ♨
🛈 Syndicat d'initiative, Pavillon Sévigné ☎ 04 67 46 81 46, Fax 04 67 46 81 54
Paris 781 – Agde 32 – Béziers 52 – Frontignan 8 – Lodève 54 – Montpellier 33 – Sète 9.

Les Vignes avr.-oct.
☎ 04 67 48 04 93, camping.lesvignes@free.fr,
Fax 04 67 18 74 32, www.camping-lesvignes.com – places limitées pour le passage – **R** conseillée
2 ha (169 empl.) plat, gravier
Tarif : 21,50 € ★★ ⛺ 🚗 🔲 (6A) – pers. suppl. 5,50 € – frais de réservation 10 €
Location : 13 🏠 (4 à 6 pers.) 200 à 565 €/sem. – 8 🏕 (4 à 6 pers.) - 255 à 525 €/sem. – frais de réservation 10 € - **R** conseillée
Pour s'y rendre : chemin des Vignes (1,7 km au nord-est par D 129, D 2e 6, à dr., rte de Sète et chemin à gauche)

Nature : 🌲 ♤♤
Loisirs : snack 🏠 🏊 ⛵
Services : ♿ 🔑 GB ⛺ 🧺 🛒 🗑
🏠 🚿 🏠

LANGUEDOC-ROUSSILLON

BALARUC-LES-BAINS

▲ **Le Mas du Padre** ♣ – de déb. avr. à mi-oct.
☎ 04 67 48 53 41, contact@mas-du-padre.com,
Fax 04 67 48 08 94, www.mas-du-padre.com – **R** conseillée
1,8 ha (116 empl.) plat, peu incliné, herbeux, gravillons
Tarif : 32,20 € ★★ ⇔ 🖹 [⚡] (10A) – pers. suppl. 4,55 € – frais de réservation 10 €
Location : 7 🏠 (2 à 4 pers.) 245 à 546 €/sem. – 11 🏚 (4 à 6 pers.) 294 à 651 €/sem. – 3 bungalows toilés – frais de réservation 10 € - **R** conseillée
Pour s'y rendre : 4 chemin du Mas-du-Padre (2 km au nord-est par D 2e et chemin à dr.)
À savoir : jolie décoration arbustive et florale

Nature : ⛺ 🌳🌳
Loisirs : 🏠 🎯 🛋 🏊
Services : 🚿 🔑 🛒 🚗 🍽 ♨ 🏪 réfrigérateurs

LE BARCARÈS

✉ 66420 – **344** J6 – 3 514 h. – alt. 3
Paris 839 – Narbonne 56 – Perpignan 23 – Quillan 84.

▲ **Sunelia Le California** ♣ – de déb. avr. à fin sept.
☎ 04 68 86 16 08, camping-california@wanadoo.fr,
Fax 04 68 86 18 20, www.camping-california.fr – **R** conseillée
5 ha (265 empl.) plat, herbeux, pierreux, sablonneux
Tarif : 32 € ★★ ⇔ 🖹 [⚡] (10A) – pers. suppl. 5 € – frais de réservation 30 €
Location : 100 🏚 (4 à 6 pers.) 315 à 980 €/sem. – 40 🏠 (4 à 6 pers.) - à 910 €/sem. – frais de réservation 30 € - **R** conseillée
Pour s'y rendre : 1,5 km au sud-ouest par D 90

Nature : ⛺ 🌳🌳
Loisirs : 🍷 snack, pizzeria 🏠 🎯 🛋
🏖 🏊 ✂ 🏊 ⛳
Services : 🚿 🔑 🛒 🚗 🍽 ♨ 🏪 ☎
🏪 sèche-linge 🛒 🔧
À prox. : ⚓ initiation plongée

▲ **Yelloh! Village Le Pré Catalan** ♣ – de fin avr. à mi-sept.
☎ 04 68 86 12 60, info@precatalan.com,
Fax 04 68 86 40 17, www.precatalan.com – **R** conseillée
4 ha (250 empl.) plat, sablonneux, herbeux
Tarif : 37 € ★★ ⇔ 🖹 [⚡] (10A) – pers. suppl. 7 € – frais de réservation 25 €
Location : 80 🏚 (4 à 6 pers.) 343 à 1 134 €/sem. – frais de réservation 25 € - **R** conseillée
Pour s'y rendre : rte de St-Laurent (1,5 km au sud-ouest par D 90 puis 600 m par chemin à dr.)

Nature : ⛺ 🌳🌳
Loisirs : 🍷 snack, pizzeria 🏠 🎯 🛋
🏊 🏊 ⛳ terrain omnisports
Services : 🚿 🔑 🛒 🚗 🍽 ♨ 🏪 ☎
🏪 sèche-linge 🔧
À prox. : ⚓ initiation plongée

▲ **L'Europe** Permanent
☎ 04 68 86 15 36, reception@europe-camping.com,
Fax 04 68 86 47 88, www.europe-camping.com – places limitées pour le passage – **R** conseillée
6 ha (360 empl.) plat, herbeux
Tarif : (Prix 2008) 45,20 € ★★ ⇔ 🖹 [⚡] (16A) – pers. suppl. 8 € – frais de réservation 30 €
Location (Prix 2008) : 15 🏚 (4 à 6 pers.) 280 à 760 €/sem. – 36 🏠 (4 à 6 pers.) - 280 à 840 €/sem. – frais de réservation 30 € - **R** conseillée
Pour s'y rendre : rte de St-Laurent (2 km au sud-ouest par D 90, à 200 m de l'Agly)

Nature : ⛺ 🌳
Loisirs : 🍷 ✂ pizzeria 🏠 🎯 🛋
🏖 🏊 ✂ 🏊 ⛳
Services : 🚿 🔑 🛒 🚗 – 360 sanitaires individuels (🚿⚡ wc) ♨ 🛒 🚗
☎ 🏪 🔧 🛒

▲ **La Croix du Sud** ♣ – de déb. avr. à fin sept.
☎ 04 68 86 16 61, camplacroixdusud@wanadoo.fr,
Fax 04 68 86 20 03, www.lacroixdusud.fr – places limitées pour le passage – **R** conseillée
3,5 ha (200 empl.) plat, herbeux
Tarif : 37 € ★★ ⇔ 🖹 [⚡] (6A) – pers. suppl. 9 € – frais de réservation 30 €
Location : 85 🏚 (4 à 6 pers.) 190 à 850 €/sem. – 22 🏠 (4 à 6 pers.) - 250 à 750 €/sem. – frais de réservation 30 € - **R** conseillée
Pour s'y rendre : rte de St-Laurent (1,4 km au sud-ouest par D 90, par D 83 sortie 10)

Nature : ⛺ 🌳🌳
Loisirs : 🍷 🎯 🛋 🏊 ⛳ terrain omnisports
Services : 🚿 🔑 🛒 🚗 M 🍽 ♨ 🏊
♨ ☎ 🏪 sèche-linge 🔧

LANGUEDOC-ROUSSILLON

LE BARCARÈS

L'Oasis – de déb. mai à mi-sept.
04 68 86 12 43, camping.loasis@wanadoo.fr,
Fax 04 68 86 46 83, www.camping-oasis.com – **R** conseillée
10 ha (496 empl.) plat, herbeux, sablonneux
Tarif : (Prix 2008) 29 € ✱✱ ⟵ 🗐 ⚡(10A) – pers. suppl. 6,50 € – frais de réservation 25 €
Location (Prix 2008) (de fin avr. à mi-sept.) : 172 🚐 (4 à 6 pers.) nuitée 29 € - 203 à 819 €/sem. – frais de réservation 25 € - **R** conseillée
Pour s'y rendre : rte de St-Laurent (1,3 km au sud-ouest par D 90)

Nature : 🌳 ♀
Loisirs : 🍴 snack, pizzeria 🎭 ✱✱
Services : ♿ ⚡ GB ✂ 🗐 🚿 ⚡ 🍴 sèche-linge 🧺 🔧

Le Soleil Bleu – (location exclusive de mobile homes et chalets) de déb. avr. à déb. oct.
04 68 86 15 50, infos@lesoleilbleu.com,
Fax 04 68 86 40 90, www.lesoleilbleu.com
3 ha plat
Location ♿ : 118 🚐 (4 à 6 pers.) nuitée 50 € - 200 à 885 €/sem. – 30 🏠 (4 à 6 pers.) nuitée 50 € - 240 à 915 €/sem. – frais de réservation 30 € - **R** conseillée
Pour s'y rendre : au lieu-dit : Mas de la Tourre, rte de St-Laurent (1,4 km au sud-ouest par D 90, à 100 m de l'Agly)

Nature : 🌳 ♀♀
Loisirs : 🍴 snack, pizzeria 🎭 ✱✱ ✂ 🚴 🏊 terrain omniports
Services : ⚡ GB ✂ 🚿 ⚡ 🍴 sèche-linge 🧺 🔧

Las Bousigues –
– places limitées pour le passage – **R**
3 ha (199 empl.) plat, sablonneux, pierreux
Location : 🚐 – 🏠 – **R**
Pour s'y rendre : Av. des Corbières (900 m à l'ouest)

Nature : 🌳 ♀♀
Loisirs : 🍴 snack 🎭 ✱✱ ✂ 🏊 terrain omniports
Services : ♿ 🗐 🚿 – 31 sanitaires individuels (🚿 wc) ⚡ 🍴 sèche-linge 🔧

La Presqu'Île – de déb. mai à fin sept.
04 68 86 12 80, contact@lapresquile.com,
Fax 04 68 86 25 09, www.lapresquile.com – places limitées pour le passage – **R** conseillée
3,5 ha (163 empl.) plat, sablonneux, herbeux
Tarif : 35 € ✱✱ ⟵ 🗐 ⚡(6A) – pers. suppl. 6 € – frais de réservation 23 €
Location (de déb. avr. à fin sept.) : 9 🚐 (2 à 4 pers.) 190 à 540 €/sem. – 40 🚐 (4 à 6 pers.) 210 à 760 €/sem. – 40 🏠 (4 à 6 pers.) 210 à 760 €/sem. – frais de réservation 23 € - **R** conseillée
Pour s'y rendre : à Port-Barcarès

Nature : 🌳 ♀♀ (pinède)
Loisirs : 🍴 🎭 ✱✱ 🛁 jacuzzi 🚴 ✂ 🏊 terrain omniports, ponton d'amarrage
Services : ♿ ⚡ GB ✂ 🗐 🚿 ⚡ 🍴 sèche-linge 🧺 🔧

BARJAC

✉ 30430 – **339** L3 – 1 379 h. – alt. 171
🏛 Office de tourisme, place Charles Guynet ✆ 04 66 24 53 44, Fax 04 66 60 23 08
Paris 666 – Alès 34 – Aubenas 45 – Pont-St-Esprit 33 – Vallon-Pont-d'Arc 13.

La Combe avr.-sept.
04 66 24 51 21, camping.lacombe@wanadoo.fr,
Fax 04 66 24 51 21, www.campinglacombe.com
– **R** conseillée
2,5 ha (100 empl.) plat et peu incliné, herbeux
Tarif : (Prix 2008) 17,50 € ✱✱ ⟵ 🗐 ⚡(6A) – pers. suppl. 7,80 €
Location (Prix 2008) (de déb. avr. à mi-nov.) : 3 🚐 (2 à 4 pers.) nuitée 30 € - 205 à 335 €/sem. – 10 🚐 (4 à 6 pers.) nuitée 50 € - 265 à 520 €/sem. – 4 🏠 (4 à 6 pers.) nuitée 50 € - 325 à 600 €/sem. – 4 bungalows toilés – frais de réservation 15 € - **R** conseillée
🚐, 1 borne eurorelais 5 €
Pour s'y rendre : rte de Mas Reboul (3 km à l'ouest par D 901, rte des Vans et D 384 à dr.)

Nature : 🌲 ♀♀
Loisirs : 🍴 🎭 ✂ 🏊
Services : ⚡ GB ✂ 🗐 🚿 ⚡ 🍴

LANGUEDOC-ROUSSILLON

BÉDOUÈS

✉ 48400 – **330** J8 – 299 h. – alt. 565
Paris 624 – Alès 69 – Florac 5 – Mende 39.

▲ **Chon du Tarn** de déb. avr. à mi-oct.
℘ 04 66 45 09 14, info@camping-chondutarn.com,
Fax 04 66 45 22 91, http://www.camping-chondutarn.com
– **R** conseillée
2 ha (100 empl.) plat, peu incliné, herbeux
Tarif : 12,40 € ★★ ⇔ 🅴 [ǵ] (6A) – pers. suppl. 3,50 €
🚐, 1 borne artisanale
Pour s'y rendre : à Bédouès (sortie nord-est, rte de Co-curès)
À savoir : cadre agréable et verdoyant au bord du Tarn

| Nature : 🌳 ≤ ♀(verger) |
| Loisirs : 🐎 ≌ |
| Services : & ⛽ ⚙ 🏪 ⊙ 🚿 🚻 🗑 |
| À prox. : 🍷 snack, escalade |

BELCAIRE
✉ 11340 – **344** C6 – G. Languedoc Roussillon – 392 h. – alt. 1 002
🛈 Office de tourisme, 22, avenue d'Ax les Thermes ℘ 04 68 20 75 89, Fax 04 68 20 79 13
Paris 810 – Ax-les-Thermes 26 – Axat 32 – Foix 54 – Font-Romeu-Odeillo-Via 82 – Quillan 29.

△ **Municipal le Lac** de déb. juin à fin sept.
℘ 04 68 20 39 47, mairie.belcaire@wanadoo.fr,
Fax 04 68 20 36 48 – **R** conseillée
0,6 ha (37 empl.) peu incliné, herbeux
Tarif : ★ 3 € ⇔ 🅴 4,50 € – [ǵ] (10A) 1,50 €
Pour s'y rendre : chemin du Lac (sortie ouest par D 613, rte d'Ax-les-Thermes, à 150 m d'un plan d'eau)

| Nature : ♀♀ |
| Loisirs : ≌ |
| Services : & 🚻 GB ⚙ ⊙ 🗑 |
| À prox. : ✕ ≌ 🐎 |

Benutzen Sie
– zur Wahl der Fahrtroute
– zur Berechnung der Entfernungen
– zur exakten Lokalisierung eines Campingplatzes (mit Hilfe der Angaben im Ortstext)
*die für diesen Führer unentbehrlichen **MICHELIN-Karten**.*

BESSÈGES

✉ 30160 – **339** J3 – 3 137 h. – alt. 170
🛈 Office de tourisme, 50, rue de la République ℘ 04 66 25 08 60
Paris 651 – Alès 32 – La Grand-Combe 20 – Les Vans 18 – Villefort 34.

▲ **Les Drouilhèdes** de déb. avr. à fin sept.
℘ 04 66 25 04 80, info@campingcevennes.com,
Fax 04 66 25 10 95, www.campingcevennes.com
– **R** conseillée
2 ha (90 empl.) plat, herbeux, pierreux
Tarif : 26,90 € ★★ ⇔ 🅴 [ǵ] (6A) – pers. suppl. 4,75 € – frais de réservation 13,50 €
Location : 6 🏠 (4 à 6 pers.) - 330 à 625 €/sem. – frais de réservation 13,50 € - **R** conseillée
Pour s'y rendre : 2 km à l'ouest par D 17, rte de Génolhac puis 1 km par D 386 à dr., au bord de la Cèze

| Nature : 🌳 ≤ 🏞 ♀♀ 🏔 |
| Loisirs : 🍷 🐎 ✕ ≌ 🏊 |
| Services : & ⛽ GB ⚙ 🏪 🛒 ♨ ⊙ 🚿 🚻 🗑 🧺 |

BLAJOUX

✉ 48320 – **330** I8
Paris 638 – Montpellier 180 – Mende 34 – Millau 87 – La Grand-Combe 72.

△ **Village Vacances de Blajoux** (location exclusive de maisonnettes) Permanent
℘ 04 66 49 46 00, sla@lozere-resa.com, Fax 04 66 49 46 00, villages-gites-blajoux.com
0,8 ha plat, terrasse
Location : 28 🏠 (4 à 6 pers.) nuitée 77 € - 207 à 713 €/sem. – frais de réservation 20 € – **R** conseillée
À savoir : location au w.-end et à la nuitée hors sais.

| Nature : 🌳 ≤ |
| Loisirs : 🏛 🏊 |
| Services : & 🅿 GB ⚙ 🗄 🍴 🗑 |

LANGUEDOC-ROUSSILLON

BOISSET-ET-GAUJAC

✉ 30140 – **339** J4 – 1 787 h. – alt. 140
Paris 722 – Montpellier 103 – Nîmes 53 – Alès 14 – Lunel 79.

▲▲ **Domaine de Gaujac** ♣♣ – de déb. avr. à fin sept.
⚐ 04 66 61 67 57, *gravieres@clubinternet.fr*,
Fax 04 66 60 53 90, *www.domaine-de-gaujac.com*
– **R** conseillée
10 ha/6,5 campables (275 empl.) plat, herbeux, terrasse, peu incliné
Tarif : 25,50 € ♣♣ 🚗 📧 💧 (6A) – pers. suppl. 5,70 € – frais de réservation 20 €
Location : 34 🏠 (4 à 6 pers.) nuitée 88 € - 275 à 616 €/sem. – 11 🏠 (4 à 6 pers.) nuitée 95 € - 300 à 665 €/sem. – frais de réservation 20 € - **R** conseillée
🚐 1 borne artisanale 3,50 € – 8 📧 10 €
Pour s'y rendre : 2406 chemin de la Madelaine

Nature : 🌳🌳
Loisirs : 🍷 ✕ pizzeria 🏊 ♨ 🤸
jacuzzi ⛹ ✕ 🏋 🚣
Services : ♿ 🚐 🆎 ✂ 🚻 🧺 🏊
😊 ⛲ 🚰 📧 sèche-linge 🧊 🛁
À prox. : 🎣

Les indications d'accès à un terrain sont généralement indiquées, dans notre guide, à partir du centre de la localité.

BOISSON

✉ 30500 – **339** K3
Paris 682 – Alès 19 – Barjac 17 – La Grand-Combe 28 – Lussan 17 – St-Ambroix 11.

▲▲ **Château de Boisson** ♣♣ – de mi-avr. à déb. oct.
⚐ 04 66 24 85 61, *reception@chateaudeboisson.com*,
Fax 04 66 24 80 14, *www.chateaudeboisson.com*
– **R** conseillée
7,5 ha (165 empl.) plat, herbeux, fort dénivelé
Tarif : 38 € ♣♣ 🚗 📧 💧 (6A) – pers. suppl. 7 € – frais de réservation 25 €
Location ✂ (juil. -août) : 68 🏠 (4 à 6 pers.) nuitée 70 € - 210 à 924 €/sem. – 15 appartements – frais de réservation 25 € - **R** conseillée
🚐 1 borne artisanale
Pour s'y rendre : au bourg
À savoir : beaux emplacements au pied d'un château cévenol restauré

Nature : 🌊 🌲 🌳🌳
Loisirs : 🍷 ✕ snack, pizzeria 🏊 ♨
🤸 ⛹ ✕ 🏋 🚣
Services : ♿ 🚐 🆎 ✂ 🅼 🚻 🏊 –
7 sanitaires individuels (🚿🚽🚻 wc)
😊 ⛲ 🚰 📧 sèche-linge 🧊 🛁
réfrigérateurs

Le lac de Villefort

LANGUEDOC-ROUSSILLON

LE BOSC

✉ 34700 – **339** F6 – 739 h. – alt. 90
Paris 706 – Montpellier 51 – Béziers 58 – Sète 68 – Frontignan 66.

Relais du Salagou (location exclusive de chalets) de mi-mars à mi-nov.
✆ 04 67 44 76 44, *relaisdusalagou@wanadoo.fr*,
Fax 04 67 44 70 29, *www.relais-du-salagou.com* – **R** conseillée
12 ha/3 campables

> Nature : ♀♀
> Loisirs : 🍷 🏠 ⇌ hammam jacuzzi ⚒ ✂ 🏠 🛏 🏊 parcours de santé
> Services : 🚿 🅖🅑 🎣 🛋 🍽 🔥 sèche-linge

Location ♿ Ⓟ : 19 🏠 (4 à 6 pers.) - 281 à 895 €/sem. – frais de réservation 9 € – **R** conseillée
Pour s'y rendre : 8 r. des Terrasses

BOURG-MADAME

✉ 66760 – **344** C2 – G. Languedoc Roussillon – 1 166 h. – alt. 1 140
🛈 *Office de tourisme, 1, place Catalogne* ✆ 04 68 04 55 33
Paris 847 – Andorra-la-Vella 68 – Ax-les-Thermes 45 – Carcassonne 143 – Foix 88 – Font-Romeu-Odeillo-Via 18 – Perpignan 103.

Mas Piques Permanent
✆ 04 68 04 62 11, *campiques@wanadoo.fr*,
Fax 04 68 04 68 32, *wwwcampingmaspiques.fr* – places limitées pour le passage – **R** conseillée
1,5 ha (103 empl.) plat, herbeux
Tarif : 18,90 € ✶✶ 🚗 🔲 🗲 (6A) – pers. suppl. 4,10 €

> Nature : ≤ ♀♀(peupleraie)
> Loisirs : 🏠
> Services : ♿ 🚿 🅖🅑 🎣 🍽 🔥 🏊 ⚒ 🛁 🔥 sèche-linge
> À prox. : 🎾 terrain omnisports

Location (Prix 2008) : 6 🛖 (2 à 4 pers.) nuitée 53 € - 380 €/sem. – 8 🛖 (4 à 6 pers.) nuitée 65 € - 490 à 610 €/sem. – **R** conseillée
Pour s'y rendre : r. du Train-Jaune (au nord de la ville, près du Rahur (frontière))

BRISSAC

✉ 34190 – **339** H5 – G. Languedoc Roussillon – 442 h. – alt. 145
Paris 732 – Ganges 7 – Montpellier 41 – St-Hippolyte-du-Fort 19 – St-Martin-de-Londres 17 – Le Vigan 25.

Le Val d'Hérault de mi-mars à fin oct.
✆ 04 67 73 72 29, *levaldherault@orange.fr*,
Fax 04 67 73 30 81, *www.camping-levaldherault.com* – **R** conseillée
4 ha (135 empl.) peu incliné et en terrasses, pierreux
Tarif : ✶ 5,25 € 🚗 🔲 10,20 € – 🗲 (6A) 4,10 € – frais de réservation 10 €

> Nature : 🍃 ≤ 🌲 ♀♀
> Loisirs : 🍷 snack 🏠 ☾ nocturne ⚒ 🏊
> Services : ♿ 🚿 🅖🅑 🎣 🛋 🏊 ⚒ 🛁 🍽 🔥 🛏 🚿
> À prox. : ≋ (plage) escalade

Location : 20 🛖 (4 à 6 pers.) nuitée 62 € - 535 à 775 €/sem. – 4 🏠 (4 à 6 pers.) nuitée 63 € - 603 à 673 €/sem. – frais de réservation 10 € – **R** conseillée
🚐, 1 borne artisanale
Pour s'y rendre : av. d'Issensac (4 km au sud par D 4, rte de Causse-de-la-Selle, à 250 m de l'Hérault (accès direct))

BROUSSES-ET-VILLARET

✉ 11390 – **344** E2 – G. Languedoc Roussillon – 307 h. – alt. 412
Paris 768 – Carcassonne 21 – Castelnaudary 36 – Foix 88 – Mazamet 29 – Revel 31.

Le Martinet-Rouge Birdie de déb. mars à fin nov.
✆ 04 68 26 51 98, *camping.lemartinetrouge@orange.fr*,
www.camping-lemartinetrouge.com – **R** conseillée
2,5 ha (63 empl.) plat, vallonné, herbeux, pierreux, rochers
Tarif : 17,50 € ✶✶ 🚗 🔲 🗲 (10A) – pers. suppl. 3,50 €

> Nature : 🍃 🌲 ♀♀
> Loisirs : 🍷 snack 🏠 👶 ⚒ 🏊 🛁
> terrain omnisports
> Services : ♿ 🚿 🎣 🛋 🏊 ⚒ ☀ 🍽 🔥
> À prox. : ✗

Location : 7 🛖 (4 à 6 pers.) nuitée 45 € - 280 à 495 €/sem. – 3 🏠 (4 à 6 pers.) nuitée 55 € - 280 à 550 €/sem. – **R** conseillée
🚐, 1 borne - 2 🔲 15 €
Pour s'y rendre : 500 m au sud par D 203 et chemin à dr., à 200 m de la Dure

LANGUEDOC-ROUSSILLON

CANET

✉ 34800 – **339** F7 – 1 598 h. – alt. 42
Paris 717 – Béziers 47 – Clermont-l'Hérault 6 – Gignac 10 – Montpellier 39 – Sète 39.

▲▲ **Les Rivières** de déb. avr. à mi-sept.
📞 04 67 96 75 53, *camping-les-rivieres@wanadoo.fr*,
Fax 04 67 96 58 35, *www.camping-lesrivieres.com*
– **R** conseillée
3 ha (90 empl.) plat, herbeux, pierreux
Tarif : (Prix 2008) 26 € ★★ 🚗 📧 ⚡ (6A) – pers. suppl. 5 €
– frais de réservation 10 €
Location (Prix 2008) 🚫 : 🏠 (4 à 6 pers.) 230 à 650 €/sem. – 🏠 (4 à 6 pers.) - 210 à 540 €/sem. – frais de réservation 10 € - **R** conseillée
🚐 1 borne artisanale
Pour s'y rendre : au lieu-dit : la Sablière (1,8 km au nord par D 131e)
À savoir : belle situation au bord de l'Hérault

Nature : 🌳 🌲 ♀♀ ⚡
Loisirs : 🍴 snack, pizzeria 🏊 jacuzzi ⚽ 🚴 ⛷ 🎣
Services : ♿ 🔌 🐎 🚿 🚻 ☺ 🚽 🛒
À prox. : 🐎

*Si vous désirez réserver un emplacement pour vos vacances,
faites-vous préciser au préalable les conditions particulières de séjour,
les modalités de réservation, les tarifs en vigueur et les conditions de paiement.*

CANET-PLAGE

✉ 66140 – **344** J6 – G. Languedoc Roussillon
Paris 849 – Argelès-sur-Mer 20 – Le Boulou 35 – Canet-en-Roussillon 3 – Perpignan 13 – St-Laurent-de-la-Salanque 13.

▲▲▲▲ **Le Brasilia** ★★ – de fin avr. à fin sept.
📞 04 68 80 23 82, *camping-le-brasilia@wanadoo.fr*,
Fax 04 68 73 32 97, *www.brasilia.fr* – **R** conseillée
15 ha (826 empl.) plat, sablonneux, herbeux
Tarif : 47,50 € ★★ 🚗 📧 ⚡ (10A) – pers. suppl. 8,50 € – frais de réservation 30 €
Location ♿ : 🏠 (4 à 6 pers.) 203 à 1 225 €/sem. – 🏠 (4 à 6 pers.) - 196 à 840 €/sem. – frais de réservation 30 € - **R** conseillée
🚐 1 borne artisanale
Pour s'y rendre : 2 av. Anneaux-du-Roussillon (au bord de la Têt et accès direct à la plage)
À savoir : cadre agréable, emplacements verdoyants et ombragés

Nature : 🌳 🌲 ♀♀ ⚡
Loisirs : 🍴 ✖ snack, pizzeria 🏊 ⭐
⚽ 🎵 discothèque 🏓 🚴 ⛷ 🎣 terrain omnisports
Services : ♿ 🔌 🏧 🐎 🚿 🚻 ☺ 🎣 🛒 🚽 sèche-linge 🧺 ♿
À prox. : ⛳ 🐎 golf

▲▲▲ **Ma Prairie** ★★ –
📞 04 68 73 26 17, *ma.prairie@wanadoo.fr*,
Fax 04 68 73 28 82, *www.maprairie.com* – **R**
4 ha (260 empl.) plat, herbeux
Location : 🏠 – **R** conseillée 🚐
Pour s'y rendre : à Canet-Village, 1 av. des Coteaux (2,5 km à l'ouest, sortir par D 11, rte d'Elne et chemin à dr.)
À savoir : joli cadre bien arboré et fleuri

Nature : 🌲 ♀♀
Loisirs : 🍴 ✖ snack 🏊 🌙 nocturne
⚽ 🏓 🚴 ⛷ terrain omnisports
Services : ♿ 🔌 🚿 🚻 ☺ 🚽 🛒 sèche-linge
À prox. : 🛒

▲▲▲ **Les Peupliers** de fin mai à mi-sept.
📞 04 68 80 35 87, *contact@camping-les-peupliers.fr*,
Fax 04 68 73 38 75, *www.camping-les-peupliers.fr*
– **R** conseillée
4 ha (245 empl.) plat, herbeux, pierreux
Tarif : ★ 6 € 🚗 4 € 📧 16,50 € – ⚡ (8A) 4,50 € – frais de réservation 23 €
Location : 🏠 (4 à 6 pers.) 175 à 742 €/sem. – 🏠 (4 à 6 pers.) - 287 à 756 €/sem. – frais de réservation 23 € - **R** conseillée
Pour s'y rendre : av. des Anneaux-du-Roussslon (500 m de la mer)

Nature : 🌲 ♀♀
Loisirs : 🍴 snack, pizzeria 🎮 🏓 ⛷
Services : ♿ 🔌 🏧 🐎 🚿 🚻 ☺ 🚽 sèche-linge 🧺 ♿
À prox. : 🛒 ✖ 🎣 ⛳ 🐎

LANGUEDOC-ROUSSILLON

CANET-PLAGE

▲▲▲ **Mar Estang** – de fin avr. à mi-sept.
📞 04 68 80 35 53, *contact@marestang.com*,
Fax 04 68 73 32 94, *www.marestang.com* – **R** conseillée
11 ha (600 empl.) plat, herbeux
Tarif : 33 € – (6A) – pers. suppl. 10 € – frais de réservation 25 €
Location (bungalows toilés) : 250 (4 à 6 pers.) 199 à 989 €/sem. – 32 bungalows toilés – frais de réservation 25 € - **R** conseillée
1 borne eurorelais 4 € – 8 12 €
Pour s'y rendre : rte de St-Cyprien-Plage (1,5 km au sud par D 18a, près de l'étang et de la plage - accès direct par souterrain)

▲ **Les Fontaines** de déb. mai à mi-sept.
📞 04 68 80 22 57, *campinglesfontaines@wanadoo.fr*,
Fax 04 68 80 22 57, *www.camping-les-fontaines.com* – **R** conseillée
5,3 ha (160 empl.) plat, pierreux, herbeux
Tarif : (Prix 2008) 29,50 € – (10A) – pers. suppl. 6 € – frais de réservation 15 €
Location (Prix 2008) : 80 (4 à 6 pers.) 231 à 679 €/sem. – frais de réservation 15 € - **R** conseillée
1 borne artisanale 6 €
Pour s'y rendre : rte de St-Nazaire

Utilisez le guide de l'année.

CANILHAC

✉ 48500 – **330** G8 – 102 h. – alt. 700
Paris 593 – La Canourgue 8 – Marvejols 26 – Mende 52 – St-Geniez-d'Olt 24 – Sévérac-le-Château 20.

▲ **Municipal la Vallée** de mi-juin à mi-sept.
📞 04 66 32 91 14, *commune.canilhac@wanadoo.fr*,
Fax 04.66.32.80.05, *http://www.la-canourgue.com/tourisme/fetes.htm* – **R** conseillée
1 ha (50 empl.) plat, herbeux
Tarif : 12 € – (16A) – pers. suppl. 3 €
Location : 2 (4 à 6 pers.) 250 à 350 €/sem. – **R** conseillée
1 borne artisanale
Pour s'y rendre : au lieu-dit : Miège Rivière (12 km au nord par N 9, rte de Marvejols, D 988 à gauche, rte de St-Geniez-d'Olt et chemin à gauche, au bord du Lot - par A 75, sortie 40 dir. St-Laurent-d'Olt puis 5 km par D 988)
À savoir : dans une petite vallée verdoyante

LA CANOURGUE

✉ 48500 – **330** H8 – G. Languedoc Roussillon – 1 922 h. – alt. 563
🛈 Syndicat d'initiative, rue de la ville 📞 04 66 32 83 67
Paris 588 – Marvejols 21 – Mende 40 – Millau 53 – Rodez 70.

▲▲ **Chalets du Golf - Le Val d'Urugne** (location exclusive de chalets) de déb. avr. à fin oct.
📞 04 66 32 84 00, *lozereleisure@wanadoo.fr*,
Fax 04 66 32 88 14, *www.lozereleisure.com* – empl. traditionnels également disponibles
8 ha
Location : 22 (4 à 6 pers.) - 225 à 690 €/sem. – **R** conseillée
1 borne raclet 6 € – 11 €
Pour s'y rendre : rte des Gorges du Tarn (3,6 km au sud-est par D 988, rte de Chanac, après le golf, au bord de l'Urugne)

LANGUEDOC-ROUSSILLON

LA CANOURGUE

Village Vacances de la Canourgue (location exclusive de gîtes) Permanent
04 66 32 87 08, sla@lozere-resa.com, Fax 04 66 32 87 08, www.lozere-resa.com
3 ha en terrasses, non clos
Location ⓟ : 48 🏠 (4 à 6 pers.) – 165 à 725 €/sem. – frais de réservation 20 € – **R** conseillée
Pour s'y rendre : au lieu-dit : Les Bruyières (1,5 km à l'ouest, rte de Banassac, à dr. juste av. Intermarché)

Nature : 🌳🌳
Loisirs : 🏠 🛝
Services : ♿ ✂ 🍴 📞 sèche-linge
À prox. : 🛒

LE CAP-D'AGDE

✉ 34300 – **339** G9 – G. Languedoc Roussillon
🛈 Office de tourisme, rond-point du Bon Accueil 04 67 01 04 04, Fax 04 67 26 22 99
Paris 767 – Montpellier 57 – Béziers 29 – Narbonne 59 – Sète 25.

La Clape de Pâques à fin sept.
04 67 26 41 32, contact@camping-laclape.com, Fax 04 67 26 45 25, www.camping-laclape.com – **R** conseillée
7 ha (450 empl.) plat, herbeux, pierreux
Tarif : (Prix 2008) 29,90 € ★★ 🚐 🄴 ⚡ (10A) – pers. suppl. 6,90 € – frais de réservation 24 €
Location (Prix 2008) 🔑 : 80 🏚 (4 à 6 pers.) 305 à 666 €/sem. – 23 🏠 (4 à 6 pers.) – 349 à 738 €/sem. – frais de réservation 24 € – **R** conseillée
🚐 1 borne artisanale – 30 🄴 1 €
Pour s'y rendre : 2 r. du Gouverneur (près de la plage - accès direct)
À savoir : services et stationnements pour camping-cars extérieur au terrain

Nature : 🌿 🌳🌳
Loisirs : 🍴 snack 🏠 🎣 🛝 terrain omnisports
Services : ♿ 🔑 📧 ✂ 🍴 🧊 🏪
☀ 📞 🍴 sèche-linge 🧺 🧊 réfrigérateurs
À prox. : 🎾 🎣 ⛳

CARCASSONNE

✉ 11000 – **344** F3 – G. Languedoc Roussillon – 43 950 h. – alt. 110
🛈 Office de tourisme, 28, rue de Verdun 04 68 10 24 30, Fax 04 68 10 24 38
Paris 768 – Albi 110 – Béziers 90 – Narbonne 61 – Perpignan 114 – Toulouse 92.

Campéole la Cité de mi-mars à mi-oct.
04 68 25 11 77, cpllacite@atciat.com, Fax 04 68 47 33 13, www.campeoles.com – **R**
7 ha (200 empl.) plat, herbeux
Tarif : (Prix 2008) 26,90 € ★★ 🚐 🄴 ⚡ (10A) – pers. suppl. 7 € – frais de réservation 25 €
Location (Prix 2008) : 12 🏚 (4 à 6 pers.) nuitée 33 € - 44 à 721 €/sem. – 21 bungalows toilés – frais de réservation 25 € – **R** conseillée
🚐 1 borne artisanale – 50 🄴 21 €
Pour s'y rendre : rte de St-Hilaire (sortie est par N 113, rte de Narbonne puis 1,8 km par D 104, près d'un bras de l'Aude)

Nature : 🌿 🌳🌳
Loisirs : snack, pizzeria 🏠 🎣 🚶
🛝 terrain omnisports
Services : ♿ 🔑 📧 ✂ 🍴 🧊 ☀ 📞
🍴 sèche-linge 🧺 🧊

CARNON-PLAGE

✉ 34280 – **339** I7 – G. Languedoc Roussillon
🛈 Office de tourisme, rue du Levant 04 67 50 51 15, Fax 04 67 50 54 04
Paris 758 – Aigues-Mortes 20 – Montpellier 20 – Nîmes 56 – Sète 37.

Les Saladelles de déb. avr. à mi-sept.
04 67 68 23 71, camping.saladelles@wanadoo.fr, Fax 04 67 68 23 71, www.sivom-etang-or.fr – **R** conseillée
7,6 ha (384 empl.) plat, sablonneux
Tarif : (Prix 2008) 18,30 € ★★ 🚐 🄴 ⚡ (15A) – pers. suppl. 3,70 €
Location (Prix 2008) 🔑 : 40 🏚 (4 à 6 pers.) 172 à 625 €/sem. – frais de réservation 10 € – **R** conseillée
🚐 1 borne artisanale 12,50 € – 18 🄴 12,50 €
Pour s'y rendre : par D 59, Carnon-est, à 100 m de la plage
À savoir : stationnement pour camping-cars extérieur au terrain

Nature : 🌳🌳
Loisirs : 🚶
Services : ♿ 🔑 📧 ✂ 🍴 ☀ 🧊

LANGUEDOC-ROUSSILLON

CASTEIL

✉ 66820 – **344** F7 – 130 h. – alt. 780
🛈 Syndicat d'initiative, 1, rue du Canigou ✆ 04 68 05 67 63, Fax 04 68 05 61 34
Paris 878 – Montpellier 215 – Perpignan 59 – Carcassonne 126 – Canet 68.

Domaine St-Martin de fin mars à mi-nov.
✆ 04 68 05 52 09, info@domainestmartin.com, www.do mainestmartin.com – accès aux emplacements par forte pente, mise en place et sortie des caravanes à la demande – **R** conseillée
4,5 ha (50 empl.) en terrasses, pierreux, rochers, fort dénivelé
Tarif : 23,60 € 👥 🚗 🅿 (10A) – pers. suppl. 3,60 € – frais de réservation 15 €
Location (de fin mars à mi-oct.) : 6 🏠 (4 à 6 pers.) nuitée 35 € - 210 à 550 €/sem. – frais de réservation 15 € - **R** conseillée
Pour s'y rendre : 6 bd de la Cascade (sortie nord par D 116 et chemin à dr.)
À savoir : cadre pittoresque au pied du Massif du Canigou, près d'une cascade

Nature : 🌲 🏞 〰
Loisirs : 🍴 ✕ (soir) 🎮 🏊
Services : ♿ ⚡ 🚿 🚽 ⊕ 💧 📶 🧺 sèche-linge
À prox. : ✂

Benutzen Sie
– zur Wahl der Fahrtroute
– zur Berechnung der Entfernungen
– zur exakten Lokalisierung eines Campingplatzes (mit Hilfe der Angaben im Ortstext)
die für diesen Führer unentbehrlichen **MICHELIN-Karten** *.*

CASTRIES

✉ 34160 – **339** I6 – G. Midi Pyrénées – 5 146 h. – alt. 70
🛈 Syndicat d'initiative, 19, rue Sainte Catherine ✆ 04 99 74 01 77, Fax 04 99 74 01 77
Paris 746 – Lunel 15 – Montpellier 19 – Nîmes 44.

Fondespierre Permanent
✆ 04 67 91 20 03, ACCUEIL@campingfondespierre.com, www.campingfondespierre.com – **R** conseillée
3 ha (103 empl.) en terrasses et peu incliné, pierreux
Tarif : 28,50 € 👥 🚗 🅿 (10A) – pers. suppl. 5,50 € – frais de réservation 15 €
Location : 16 🏠 (4 à 6 pers.) 392 à 665 €/sem. – 7 bungalows toilés – frais de réservation 15 € - **R** conseillée
🅿 1 borne artisanale 4,50 €
Pour s'y rendre : 277 rte de Fontmarie (2,5 km au nord-est par N 110, rte de Sommières et rte à gauche)

Nature : 🌲 🏞 〰
Loisirs : 🎮 🚲 🏊
Services : ♿ ⚡ 🆖 🚿 🚽 ⊕ 💧 📶 🧺 sèche-linge
À prox. : ✂

CENDRAS

✉ 30480 – **339** J4 – 1 952 h. – alt. 155
Paris 694 – Montpellier 76 – Nîmes 50 – Avignon 76 – Arles 81.

La Croix Clémentine de déb. avr. à mi-sept.
✆ 04 66 86 52 69, clementine@clementine.fr,
Fax 04 66 86 54 84, www.clementine.fr – **R** conseillée
10 ha (250 empl.) en terrasses, plat, herbeux, pierreux, rochers, fort dénivelé
Tarif : 25 € 👥 🚗 🅿 (6A) – pers. suppl. 8 € – frais de réservation 8 €
Location : 10 🏠 (4 à 6 pers.) nuitée 80 € - 290 à 800 €/sem. – avec et sans sanitaires – frais de réservation 8 € - **R** conseillée
🅿 1 borne raclet 6 € – 5 🅿 25 €
Pour s'y rendre : rte de Mende (2 km au nord-ouest par D 916 et D 32 à gauche)
À savoir : cadre agréable et boisé

Nature : 🌲 🏞 〰
Loisirs : 🍴 snack, pizzeria 🎮 🌙 nocturne 🚲 ✂ 🏊
Services : ♿ ⚡ 🆖 🚿 🚽 ⊕ 💧 📶 🧺 sèche-linge 🧊 réfrigérateur
À prox. : 🐎

LANGUEDOC-ROUSSILLON

LE CHAMBON

✉ 30450 – **339** J3 – 240 h. – alt. 260
Paris 640 – Alès 31 – Florac 59 – Génolhac 10 – La-Grand-Combe 19 – St-Ambroix 25.

▲ **Municipal le Luech** juil.-août
📞 04 66 61 51 32, *mairie-de-chambon@wanadoo.fr*,
Fax 04 66 61 47 92 – **R** conseillée
0,5 ha (43 empl.) non clos, peu incliné et en terrasses, pierreux, herbeux
Tarif : 👤 2,15 € 🚗 1,50 € 🅴 2,75 € – [ƒ] (4A) 3,12 €
Pour s'y rendre : 600 m au nord-ouest par D 29, rte de Chamborigaud, au bord du Luech

Nature : 🌳🌳
Services : ♿ 🚿 🅿 🗑 ⊕
À prox. : 🚲 ✂

CHASTANIER

✉ 48300 – **330** K6 – 89 h. – alt. 1 090
Paris 570 – Châteauneuf-de-Randon 17 – Langogne 10 – Marvejols 71 – Mende 44 – Saugues 42.

▲ **Pont de Braye** de mi-mai à mi-sept.
📞 04 66 69 53 04 – **R** conseillée
1,5 ha (35 empl.) plat et terrasses, herbeux
Tarif : (Prix 2008) 15,10 € 👥 🚗 🅴 [ƒ] (5A) – pers. suppl. 3,40 €
🚐 2 🅴 12,50 €
Pour s'y rendre : 1 km à l'ouest, carr. D 988 et D 34, au bord du Chapeauroux

Loisirs : 🏠
Services : ♿ 🚿 🅿 ⊕ 🅿 🗑
À prox. : 🍽 ✂ 🐎 (centre équestre)

Ce guide n'est pas un répertoire de tous les terrains de camping mais une sélection des meilleurs campings dans chaque catégorie.

CHIRAC

✉ 48100 – **330** H7 – 1 006 h. – alt. 625
Paris 587 – Montpellier 173 – Mende 37 – Marvejols 6 – Espalion 78.

▲ **Village Vacances** (location exclusive de chalets) de mi-juin à mi-sept.
📞 04 66 48 48 48, *sla@lozere-resa.com*, Fax 04 66 32 78 07, *www.lozere-resa.com* – **R** conseillée
1,5 ha plat, herbeux
Location ♿ 🅿 : 15 🛖 (4 à 6 pers.) nuitée 72 € - 199 à 598 €/sem. – frais de réservation 20 €
Pour s'y rendre : au lieu-dit : Les Bruyères (sortie nord du bourg - A 75 sortie 39 puis D 809 rte de Marvejols)

Nature : 🌲 🏔
Loisirs : 🐎 ✂ 🏊 terrain omnisports
Services : 📶 🅿 🗑
À prox. : 🎣

CLERMONT-L'HÉRAULT

✉ 34800 – **339** F7 – G. Languedoc Roussillon – 6 532 h. – alt. 92
🛈 Office de tourisme, 9, rue René Gosse 📞 04 67 96 23 86, Fax 04 67 96 98 58
Paris 718 – Béziers 46 – Lodève 24 – Montpellier 42 – Pézenas 22 – Sète 55.

▲▲ **Municipal Campotel Lac du Salagou** Permanent
📞 04 67 96 13 13, *centretouristique@wanadoo.fr*,
Fax 04 67 96 32 12, *www.le-salagou.fr* – **R** conseillée
7,5 ha (388 empl.) plat et en terrasses, peu incliné, pierreux, gravier, herbeux.
Tarif : (Prix 2008) 👤 2,50 € 🚗 🅴 8 € – [ƒ] (10A) 3,30 € – frais de réservation 15 €
Location (Prix 2008) : 8 🛖 (4 à 6 pers.) 350 à 460 €/sem. – 15 gîtes – frais de réservation 15 € - **R** conseillée
🚐 1 borne artisanale 2 €
Pour s'y rendre : au Lac du Salagou (5 km au nord-ouest par D 156e 4, à 300 m du lac)
À savoir : situation agréable à proximité du lac et de la base nautique

Nature : 🏔 🏞 🌳🌳
Loisirs : 🏠 🐎
Services : ♿ 🚿 📶 🅿 🗑 🏊 ⊕ 🅿
🗑 🧊 cases réfrigérées
À prox. : 🍽 ✂ pizzeria 🐎 🚲 🏊 🎣
💧

LANGUEDOC-ROUSSILLON

COLLIAS

✉ 30210 – **339** L5 – 829 h. – alt. 45
Paris 694 – Alès 45 – Avignon 32 – Bagnols-sur-Cèze 35 – Nîmes 25 – Pont-du-Gard 8.

Le Barralet de déb. avr. à mi-sept.
☎ 04 66 22 84 52, *camping@barralet.fr*, Fax 04 66 22 89 17, *www.camping-barralet.com* – **R** conseillée
2 ha (120 empl.) plat, peu incliné, herbeux
Tarif : 22 € – pers. suppl. 6,50 € – frais de réservation 10 €
Location : 22 (4 à 6 pers.) 250 à 575 €/sem. – frais de réservation 10 € - **R** conseillée
Pour s'y rendre : r. des Aires (1 km au nord-est par D 3, rte d'Uzès et chemin à dr.)

Nature :
Loisirs : pizzeria, terrain omnisports, canoë
Services :

CONNAUX

✉ 30330 – **339** M4 – 1 623 h. – alt. 86
Paris 661 – Avignon 32 – Alès 52 – Nîmes 48 – Orange 29 – Pont-St-Esprit 20 – Uzès 21.

Le Vieux Verger Permanent
☎ 04 66 82 91 62, *campinglevieuxverger@wanadoo.fr*, Fax 04 66 82 60 02, *www.campinglevieuxverger.com*
– **R** conseillée
3 ha (60 empl.) en terrasses, pierreux, herbeux
Tarif : 17,50 € – pers. suppl. 4,90 € – frais de réservation 10 €
Location : 7 (4 à 6 pers.) nuitée 89 € - 359 à 499 €/sem. – 4 (4 à 6 pers.) nuitée 89 € - 399 à 539 €/sem. – frais de réservation 25 € - **R** conseillée
Pour s'y rendre : av. des Platanes (au sud du bourg, à 200 m de la N 86)

Nature :
Loisirs : snack
Services :
À prox. :

CRESPIAN

✉ 30260 – **339** J5 – 206 h. – alt. 80
Paris 731 – Alès 32 – Anduze 27 – Nîmes 24 – Quissac 11 – Sommières 12.

Mas de Reilhe – de déb. avr. à fin sept.
☎ 04 66 77 82 12, *info@camping-mas-de-reilhe.fr*, Fax 04 66 80 26 50, *www.camping-mas-de-reilhe.fr*
– **R** conseillée
2 ha (95 empl.) plat, pierreux, herbeux, terrasse, fort dénivelé
Tarif : 24,40 € – pers. suppl. 5,60 € – frais de réservation 19 €
Location (Prix 2008) : 4 (4 à 6 pers.) 385 à 700 €/sem. – 5 (4 à 6 pers.) - 385 à 665 €/sem. – 10 bungalows toilés – frais de réservation 19 € - **R** conseillée
1 borne artisanale
Pour s'y rendre : rte de Sommières (sortie sud par N 110)

Nature : (pinède)
Loisirs : snack, pizzeria
Services :
À prox. :

DOMAZAN

✉ 30390 – **339** M5 – 740 h. – alt. 52
Paris 683 – Alès 60 – Avignon 17 – Nîmes 33 – Orange 32 – Pont-St-Esprit 46.

Le Bois des Écureuils Permanent
☎ 04 66 57 10 03, *le.bois.des.ecureuils@wanadoo.fr*, Fax 04 66 57 10 03, *www.boisdesecureuils.com* – **R** conseillée
1,5 ha (46 empl.) plat, gravillons, gravier
Tarif : 19 € – (10A) – pers. suppl. 3,50 €
Location : 5 (2 à 4 pers.) nuitée 25 € - 185 à 315 €/sem. – 7 (4 à 6 pers.) nuitée 35 € - 315 à 500 €/sem. – **R** conseillée
Pour s'y rendre : rte d'Avignon (4 km au nord-est par N 100)

Nature : (chênaie)
Loisirs :
Services :

LANGUEDOC-ROUSSILLON

EGAT

66120 – **344** D7 – G. Languedoc Roussillon – 494 h. – alt. 1 650
Paris 856 – Andorra-la-Vella 70 – Ax-les-Thermes 53 – Bourg-Madame 15 – Font-Romeu-Odeillo-Via 4 – Saillagouse 12.

Las Clotes
04 68 30 26 90, Fax 04 68 30 26 90 – **R** conseillée
2 ha (80 empl.) en terrasses, herbeux, rochers
Pour s'y rendre : 400 m au nord du bourg, au bord d'un petit ruisseau
À savoir : agréable situation dominante à flanc de colline rocheuse

Nature : ≤ Sierra del Cadi et Puigmal
Loisirs :
Services :

ERR

66800 – **344** D8 – 551 h. – alt. 1 350 – Sports d'hiver : 1 850/2 520 m ⸺8 ⸺
Paris 854 – Andorra-la-Vella 77 – Ax-les-Thermes 52 – Bourg-Madame 10 – Font-Romeu-Odeillo-Via 15 – Saillagouse 3.

Le Puigmal de déb. nov. à fin sept.
04 68 04 71 83, contact@camping-le-puigmal.fr, Fax 04 68 04 04 88, www.camping-le-puigmal.com – **R**
3,2 ha (125 empl.) plat, peu incliné, herbeux
Tarif : 17,60 € ⸺ ⸺ ⸺ (6A) – pers. suppl. 4,10 €
Location : 8 ⸺ (4 à 6 pers.) 320 à 510 €/sem. – **R** conseillée
⸺, 1 borne artisanale
Pour s'y rendre : à Err-Bas (par D 33b, au bord d'un ruisseau)

Nature : ≤ ♧♧(peupleraie)
Loisirs :
Services : sèche-linge
À prox. : parc aqua-ludique

Las Closas de déb. nov. à fin sept.
04 68 04 71 42, camping.las.closas@wanadoo.fr, Fax 04 68 04 07 20, www.camping-las-closas.com – **R** conseillée
2 ha (118 empl.) plat, peu incliné, herbeux
Tarif : 16,30 € ⸺ ⸺ ⸺ (10A) – pers. suppl. 4 €
Location : 3 ⸺ (4 à 6 pers.) nuitée 125 € - 306 à 508 €/sem. – **R** conseillée
Pour s'y rendre : à Err-Bas, 1 pl. St-Génis (par D 33b)

Nature : ♧♧
Loisirs :
Services : sèche-linge
À prox. : parc aqua-ludique

Saint-Guilhem-le-Désert

LANGUEDOC-ROUSSILLON

ESTAVAR

✉ 66800 – **344** D8 – 409 h. – alt. 1 200
Paris 861 – Montpellier 254 – Perpignan 98 – Limoux 112.

△△△ **L'Enclave** 👥 – de déb. avr. à fin sept.
📞 04 68 04 72 27, *contact@camping-lenclave.com*,
Fax 04 68 04 07 15, *www.camping.lenclave.com*
– **R** conseillée
3,5 ha (175 empl.) terrasse, plat, peu incliné, herbeux, pierreux
Tarif : 30 € 👥 🚗 📧 ⚡ (10A) – pers. suppl. 5,30 € – frais de réservation 10 €
Location : 10 🏠 (4 à 6 pers.) 200 à 725 €/sem. – frais de réservation 10 € · **R** conseillée
🚐 1 borne eurorelais 6 € – 4 📧 20 € – 🌙 ⚡ 26 €
Pour s'y rendre : r. des Vinyals (sortie est par D 33, au bord de l'Angoust)

Nature : 🌲 🞵 ♀♀
Loisirs : 🎱 🕴 🏊 jacuzzi - salle d'animations 🚣 🎿 🏊 🏹 randonnées accompagnées
Services : 👤 ⚲ 🆖 🚿 🚻 🗑 ♿
🚰 ♻ 🔥 sèche-linge
À prox. : 🍴 ✕ 🎣 🐎

Si vous recherchez :

👥 *Un terrain offrant des équipements et des loisirs adaptés aux enfants*
🐾 *Un terrain agréable ou très tranquille*
L - M *Un terrain effectuant la location de caravanes, de mobile homes, de bungalows ou de chalets*
P *Un terrain ouvert toute l'année*
🚐 *Un terrain possédant une aire de services pour camping-cars*
Consultez le tableau des localités

FLORAC

✉ 48400 – **330** J9 – G. Languedoc Roussillon – 1 996 h. – alt. 542
ℹ *Office de tourisme, 33, avenue J. Monestier* 📞 04 66 45 01 14, Fax 04 66 45 25 80
Paris 622 – Alès 65 – Mende 38 – Millau 84 – Rodez 123 – Le Vigan 72.

△△△ **Municipal le Pont du Tarn** de déb. avr. à fin oct.
📞 04 66 45 18 26, *contact@camping-florac.com*,
www.camping-florac.com – **R** conseillée
3 ha (181 empl.) plat, terrasse, herbeux, pierreux
Tarif : 19,30 € 👥 🚗 📧 ⚡ (10A) – pers. suppl. 3,80 € – frais de réservation 12 €
Location : 22 🏠 (4 à 6 pers.) 180 à 650 €/sem. – frais de réservation 12 € · **R** conseillée
🚐 1 borne artisanale 4,20 €
Pour s'y rendre : rte du Pont de Monvert (2 km au nord par N 106, rte de Mende et D 998 à dr., accès direct au Tarn)

Nature : ≤ ♀
Loisirs : 🚣 🎣 🏊 ≋
Services : 👤 ⚲ 🆖 🚿 🗑 ♿ 🚰 ♻ 🔥
À prox. : 🎿 🐎

FORMIGUÈRES

✉ 66210 – **344** D7 – G. Languedoc Roussillon – 435 h. – alt. 1 500
ℹ *Office de tourisme, 1, place de l'Église* 📞 04 68 04 47 35, Fax 04 68 04 43 51
Paris 883 – Montpellier 248 – Perpignan 96.

△△△ **La Devèze** Permanent
📞 04 68 04 66 73, *campingladeveze@wanadoo.fr*,
Fax 04 68 04 66 73, *http://campingladeveze.site.voila.fr* –
alt. 1 600 – **R** conseillée
4 ha (74 empl.) en terrasses, plat, pierreux
Tarif : 16,60 € 👥 🚗 📧 ⚡ (10A) – pers. suppl. 3,50 €
Location : 11 🏠 (4 à 6 pers.) nuitée 60 € - 320 à 450 €/sem. – **R** conseillée
🚐 1 borne artisanale – 30 📧 12,60 € – 🌙 10 €
Pour s'y rendre : rte de la Devèze

Nature : 🌲 🞵 ♀♀(pinède)
Loisirs : 🎱
Services : 👤 ⚲ 🆖 🚿 Ⓜ 🚻 🗑 ♿
☺ 🚰 ♻ 🔥 sèche-linge 🎣

367

LANGUEDOC-ROUSSILLON

FRONTIGNAN

✉ 34110 – **339** H8 – G. Languedoc Roussillon – 19 145 h. – alt. 2
Paris 775 – Lodève 59 – Montpellier 26 – Sète 10.

à Frontignan-Plage S : 1 km– ✉ 34110

Les Tamaris – de déb. avr. à fin sept.
📞 04 67 43 44 77, les-tamaris@wanadoo.fr,
Fax 04 67 18 97 90, www.les-tamaris.fr – **R** conseillée
4 ha (250 empl.) plat, herbeux, pierreux
Tarif : 42 € ★★ ⇔ 🅴 (10A) – pers. suppl. 9 € – frais de réservation 25 €
Location (de déb. avr. à mi-sept.) 🏠 : 12 🏚 (2 à 4 pers.) 140 à 500 €/sem. – 54 🏚 (4 à 6 pers.) 210 à 920 €/sem. – 32 🏠 (4 à 6 pers.) – 280 à 980 €/sem. – frais de réservation 25 € - **R** conseillée
🚐 1 borne raclet 5 €
Pour s'y rendre : 140 av. d'Ingril (au nord-est par D 60)
À savoir : cadre agréable, au bord de la plage

Nature : 🌳 ⛱ 🏖
Loisirs : 🍽 ✖ pizzeria 🏠 🎵 nocturne 🎭 ⚓ ⛵
Services : ♿ 🔒 GB ✂ M 🎪 ♨ 🚿 🚽 🧺 sèche-linge 🧊 🛒
cases réfrigérées

FUILLA

✉ 66820 – **344** F7 – 329 h. – alt. 547
Paris 902 – Font-Romeu-Odeillo-Via 42 – Perpignan 55 – Prades 9 – Vernet-les-Bains 10.

Le Rotja de déb. avr. à fin oct.
📞 04 68 96 52 75, camping@camping-lerotja.com,
Fax 04 68 96 52 75, www.camping-lerotja.com – **R** conseillée
1,6 ha (100 empl.) plat, peu incliné, herbeux, pierreux, verger
Tarif : 22 € ★★ ⇔ 🅴 (6A) – pers. suppl. 4 € – frais de réservation 12,50 €
Location : 6 🏚 (4 à 6 pers.) nuitée 35 € - 205 à 500 €/sem. – frais de réservation 12,50 € - **R** conseillée
🚐 1 borne artisanale 22 € – 🚙 🅿 22 €
Pour s'y rendre : 34 av. de la Rotja (au bourg)

Nature : 🌳 ⛰ 🌲 ♨
Loisirs : snack 🚴 🏊 (petite piscine)
Services : ♿ 🔒 GB ✂ 🎪 ♨ 🎭 ☀ 🍽
À prox. : 🏖 🍽 ✖ ✂

GALLARGUES-LE-MONTUEUX

✉ 30660 – **339** J6 – 2 303 h. – alt. 35
Paris 727 – Aigues-Mortes 21 – Montpellier 39 – Nîmes 25 – Sommières 11.

Les Amandiers –
📞 04 66 35 28 02, camping-lesamandiers@orange.fr,
Fax 04 66 51 48 57, www.camping-lesamandiers.fr
3 ha (150 empl.) plat, herbeux, pierreux
Location 🏠 : 40 🏚
🚐 1 borne artisanale – 2 🅴 – 🚙 18,50 €
Pour s'y rendre : sortie sud-ouest, rte de Lunel et r. du stade, à dr.

Nature : 🌳 ♨
Loisirs : 🍽 snack 🏠 🎭 🎵 🎪
hammam ⚓ ✂ 🏊
Services : ♿ 🔒 🎪 ♨ 🎭 ☀ 🍽
sèche-linge 🧊 🛒
À prox. : 🎣

GÉNOLHAC

✉ 30450 – **339** I2 – G. Languedoc Roussillon – 840 h. – alt. 490
🛈 Office de tourisme, l'Arceau 📞 04 66 61 18 32, Fax 04 66 61 18 32
Paris 632 – Alès 37 – Florac 49 – La Grand-Combe 26 – Nîmes 81 – Villefort 15.

Les Esparnettes avr.-sept.
📞 04 66 61 44 50 – **R** conseillée
1,5 ha (63 empl.) plat, herbeux
Tarif : 10,80 € ★★ ⇔ 🅴 (4A) – pers. suppl. 2,30 €
Pour s'y rendre : au Pont-de-Rastel (4,5 km au sud par D 906, rte de Chamborigaud puis 400 m par D 278 à dr., au bord du Luech)

Nature : 🌳 ⛰ ♨
Loisirs : 🏠 🏖 🏊
Services : ♿ 🔒 (juil.-août) ✂ 🎪 ♨
🛒
À prox. : ✂

LANGUEDOC-ROUSSILLON

GIGNAC

✉ 34150 – **339** G7 – G. Languedoc Roussillon – 3 955 h. – alt. 53
🛈 Office de tourisme, place du Gen Claparède ✆ 04 67 57 58 83, Fax 04 67 57 67 95
Paris 719 – Béziers 58 – Clermont-l'Hérault 12 – Lodève 25 – Montpellier 30 – Sète 57.

▲ Municipal la Meuse
✆ 04 67 57 92 97, camping.meuse@wanadoo.fr,
Fax 04 67 57 25 65, www.ville-gignac.fr – **R** indispensable
3,4 ha (86 empl.) plat, herbeux
🚐 1 borne eurorelais
Pour s'y rendre : 1,2 km au nord-est par D 32, rte d'Aniane puis chemin à gauche, à 200 m de l'Hérault et d'une base nautique

Nature : 🏞
Loisirs : snack 🎱
Services : ♿ ⛓ 🚿 ♨ 🗑
À prox. : 🎯 🏊 parcours sportif, mur d'escalade, canoë

GOUDARGUES

✉ 30630 – **339** L3 – G. Provence – 945 h. – alt. 77
🛈 Office de tourisme, 4, route de Pont-Saint-Esprit ✆ 04 66 82 30 02
Paris 667 – Alès 51 – Bagnols-sur-Cèze 17 – Barjac 20 – Lussan 17 – Pont-St-Esprit 25.

▲ St-Michelet de mi-avr. à déb. sept.
✆ 04 66 82 24 99, lesaintmichelet@orange.fr, www.lesaint michelet.com – **R** conseillée
4 ha (160 empl.) plat, peu incliné, terrasse, herbeux, pierreux
Tarif : (Prix 2008) 21,40 € 🚻 🚗 🔌 ⚡(6A) – pers. suppl. 5,50 €
Location (Prix 2008) : 31 🏠 (4 à 6 pers.) 260 à 570 €/sem. – **R** conseillée
Pour s'y rendre : rte de Frigoulet (1 km au nord-ouest par D 371, au bord de la Cèze)

Nature : 🌳 🏞
Loisirs : 🍴 snack 🎱 🏊 🎯 🐬
Services : ♿ ⛓ 🇬🇧 🚴 🚿 ♨ 🗑
🎙 📻 🔥

▲ Les Amarines 2 de déb. avr. à mi-oct.
✆ 04 66 82 24 92, les.amarines@wanadoo.fr,
Fax 04 66 82 38 64, www.campinglesamarines.com – **R** conseillée
3,7 ha (120 empl.) plat, herbeux
Tarif : (Prix 2008) 22,80 € 🚻 🚗 🔌 ⚡(6A) – pers. suppl. 5,20 €
Location (Prix 2008) 🏕 : 19 🏠 (4 à 6 pers.) nuitée 102 € - 272 à 640 €/sem. – **R** conseillée
Pour s'y rendre : au lieu-dit : La Verune (1 km au nord-est par D 23, au bord de la Cèze)

Nature : 🏞
Loisirs : 🎱 🏊 🐬
Services : ♿ ⛓ 🇬🇧 🚴 🚿 ♨ 🗑 🔥 sèche-linge réfrigérateur

▲ La Grenouille de déb. avr. à déb. oct.
✆ 04 66 82 21 36, camping-la-grenouille@wanadoo.fr,
Fax 04 66 82 27 77, www.camping-la-grenouille.com – **R** conseillée
0,8 ha (50 empl.) plat, peu incliné, herbeux, pierreux
Tarif : 18 € 🚻 🚗 🔌 ⚡(6A) – pers. suppl. 3 €
🚐 1 borne eurorelais
Pour s'y rendre : 2 av. du Lavoir (près de la Cèze (accès direct) et au bord d'un ruisseau)

Nature : 🌳 🏞
Loisirs : 🎯 🏊 (petite piscine) 🐬
Services : ♿ ⛓ 🇬🇧 🚴 🚿 ♨ 🗑
À prox. : 🍴

La GRANDE-MOTTE

✉ 34280 – **339** J7 – G. Languedoc Roussillon – 6 458 h. – alt. 1
🛈 Office de tourisme, allée des Parcs ✆ 04 67 56 42 00, Fax 04 67 29 91 42
Paris 747 – Aigues-Mortes 12 – Lunel 16 – Montpellier 28 – Nîmes 45 – Palavas-les-Flots 16 – Sète 47.

▲ Le Garden 👥 – de déb. avr. à mi-oct.
✆ 04 67 56 50 09, campinglegarden@orange.fr,
Fax 04 67 56 25 69, www.legarden.fr – **R**
3 ha (209 empl.) plat, sablonneux
Tarif : 39,50 € 🚻 🚗 🔌 ⚡(10A) – pers. suppl. 9,50 €
Location (Prix 2008) : 116 🏠 (4 à 6 pers.) 385 à 812 €/sem. – frais de réservation 20 € - **R** conseillée
Pour s'y rendre : av. de la Petite-Motte (sortie ouest par D 59, à 300 m de la plage)

Nature : 🏞 (pinède)
Loisirs : 🍴 ✖ pizzeria 🎱 🏃 🐬 🏊
Services : ♿ ⛓ 🇬🇧 Ⓜ 🚿 ♨ 🗑 🎙 🔥 sèche-linge 🥤
À prox. : 🐎 poneys

LANGUEDOC-ROUSSILLON

La GRANDE-MOTTE

Les Cigales de déb. avr. à déb. oct.
 04 67 56 50 85, camping.lescigales@wanadoo.fr,
Fax 04 67 56 50 85, www.sivom-etang-or.fr rubrique camping – **R** conseillée
2,5 ha (180 empl.) plat, sablonneux
Tarif : (Prix 2008) 18 € ♣♣ ⇌ 🄴 (10A) – pers. suppl. 5,20 € – frais de réservation 10 €
Location (Prix 2008) : 20 🛖 (4 à 6 pers.) 170 à 640 €/sem. – frais de réservation 10 € - **R** conseillée
Pour s'y rendre : allée des Pins (sortie ouest par D 59)

Nature : ♀♀
Loisirs : 🏇
Services : ⌂ GB ⇌ 🄴 ☺ ♨ ☲ 🄵
sèche-linge
À prox. : 🂠 poneys

GRANDRIEU

✉ 48600 – **330** J6 – 773 h. – alt. 1 160
🛈 Syndicat d'initiative, place du Foirail 04 66 46 34 51
Paris 554 – Langogne 28 – Châteauneuf-de-Randon 19 – Marvejols 61 – Mende 46 – Saugues 26.

Municipal le Valadio de mi-juin à mi-sept.
 04 66 46 31 39, mairie.grandrieu@wanadoo.fr,
Fax 04 66 46 37 50 – alt. 1 200 – **R** conseillée
1 ha (33 empl.) plat et en terrasses, peu incliné, pierreux, herbeux
Tarif : 🕴 1,80 € ⇌ 🄴 2,70 € – 🄵 (10A) 1,80 €
Pour s'y rendre : au lieu-dit : Valadio (au sud du bourg, accès par r. devant la poste, à 100 m du Grandrieu et d'un plan d'eau)

Nature : ≤
Loisirs : 🏇 ♨
Services : ♿ ⇌ 🄴 ☺
À prox. : 🂠 ≋

LE GRAU-DU-ROI

✉ 30240 – **339** J7 – G. Provence – 5 875 h. – alt. 2
🛈 Office de tourisme, 30, rue Michel Rédarès 04 66 51 67 70, Fax 04 66 51 06 80
Paris 751 – Aigues-Mortes 7 – Arles 55 – Lunel 22 – Montpellier 34 – Nîmes 49 – Sète 52.

Le Boucanet ♣♣ – de mi-avr. à déb. oct.
 04 66 51 41 48, contact@campingboucanet.fr,
Fax 04 66 51 41 87, www.campingboucanet.fr – **R** conseillée ✍
7,5 ha (458 empl.) plat, sablonneux
Tarif : (Prix 2008) 38,50 € ♣♣ ⇌ 🄴 🄵 (6A) – pers. suppl. 9 € – frais de réservation 25 €
Location (Prix 2008) : 🛖 (4 à 6 pers.) 287 à 1 295 €/sem. – frais de réservation 25 € - **R** conseillée
🚐, 1 borne eurorelais 4 € – 5 🄴 38,50 €
Pour s'y rendre : rte de Carnon (2 km au nord-ouest du Grau-du-Roi (rive droite) par rte de la Grande-Motte, au bord de plage)

Nature : ⌂ ♀ △
Loisirs : 🍽 ✕ 🏛 🏇 🚴 ♨
🂠 🏊 △
Services : ♿ ⊶ GB ⇌ 🄴 ☺ ♨ 🄵
🄶 sèche-linge 🛒 🚿 cases réfrigérées
À prox. : 🂠 🂠 golf

ISPAGNAC

✉ 48320 – **330** J8 – G. Languedoc Roussillon – 759 h. – alt. 518
🛈 Office de tourisme, le village 04 66 44 20 89, Fax 04 66 44 20 90
Paris 612 – Florac 11 – Mende 28 – Meyrueis 46 – Ste-Enimie 17.

Municipal du Pré Morjal de déb. avr. à fin oct.
 04 66 44 23 77, contact@lepremorjal.fr, www.lepremorjal.fr – **R** conseillée
2 ha (123 empl.) plat, herbeux
Tarif : 19,90 € ♣♣ ⇌ 🄴 🄵 (16A) – pers. suppl. 4 € – frais de réservation 10 €
Location (permanent) : 8 🛖 (4 à 6 pers.) nuitée 45 € – 230 à 470 €/sem. – **R** conseillée
Pour s'y rendre : chemin du Beldou (sortie ouest par D 907bis, rte de Millau et chemin à gauche, près du Tarn)
À savoir : agréable cadre boisé aux portes des Gorges du Tarn

Nature : ≋ ≤ ⌂ ♀♀
Loisirs : 🍽 🏇 △
Services : ♿ ⊶ GB ⇌ 🄴 🄶 ☺ ♨
🅖 ☲ 🄵
À prox. : 🚴 🂠 🂠

LANGUEDOC-ROUSSILLON

JUNAS

✉ 30250 – **339** J6 – 721 h. – alt. 75
Paris 730 – Aigues-Mortes 30 – Aimargues 15 – Montpellier 42 – Nîmes 26 – Sommières 5.

▲ **Les Chênes** de déb. avr. à mi-oct.
    ℘ 04 66 80 99 07, chenes@wanadoo.fr, Fax 04 66 51 33 23,
    www.camping-les-chenes.fr – **R** conseillée
    1,7 ha (90 empl.) en terrasses, plat, peu incliné, pierreux
    Tarif : 18,70 € ♥♥ 🚗 🗐 🛢 (10A) – pers. suppl. 4 € – frais de réservation 10 €
    Location 🏠 : 12 🛖 (4 à 6 pers.) 230 à 601 €/sem. – frais de réservation 10 € - **R** conseillée
    Pour s'y rendre : 95 chemin des Teuillières-Basses (1,3 km au sud par D 140, rte de Sommières et chemin à gauche, au lieu-dit les Tuileries Basses)

▲ **L'Olivier** de déb. mai à mi-sept.
    ℘ 04 66 80 39 52, contact@campinglolivier.fr,
    Fax 04 13 33 05 85, www.campinglolivier.fr – **R** conseillée
    1 ha (47 empl.) plat, peu incliné, pierreux, herbeux, rochers
    Tarif : 17 € ♥♥ 🚗 🗐 🛢 (6A) – pers. suppl. 4,50 € – frais de réservation 10 €
    Location (de fin mars à fin sept.) : 6 🛖 (4 à 6 pers.) nuitée 38 € - 280 à 550 €/sem. – 6 🛖 (4 à 6 pers.) nuitée 42 € - 310 à 550 €/sem. – 3 bungalows toilés – frais de réservation 10 € - **R** conseillée
    Pour s'y rendre : rte de Congenies (sortie est par D 140 et chemin à dr.)

LANUÉJOLS

✉ 30750 – **339** F4 – 330 h. – alt. 905
Paris 656 – Alès 109 – Mende 68 – Millau 35 – Nîmes 113 – Le Vigan 49.

▲ **Domaine de Pradines** de fin avr. à mi-sept.
    ℘ 04 67 82 73 85, contact@domaine-de-pradines.com,
    Fax 04 67 82 73 04, www.domaine-de-pradines.com – alt. 800 – **R** conseillée
    30 ha (75 empl.) plat, peu incliné, herbeux
    Tarif : (Prix 2008) ♥ 🚗 🗐 🛢 (12A) 3 €
    Location (Prix 2008) (permanent) : 7 🛖 (4 à 6 pers.) nuitée 48 € - 435 à 480 €/sem. – 2 🛖 (4 à 6 pers.) nuitée 60 € - 380 à 580 €/sem. – chambres d'hôte, 5 yourtes - **R** conseillée
    Pour s'y rendre : rte de Millau (3,5 km à l'ouest par D 28, rte de Roujarie et chemin à gauche)

LAROQUE-DES-ALBÈRES

✉ 66740 – **344** I7 – 1 909 h. – alt. 100
🛈 Office de tourisme, 20, rue Carbonnell ℘ 04 68 95 49 97, Fax 04 68 95 42 58
Paris 881 – Argelès-sur-Mer 11 – Le Boulou 14 – Collioure 18 – La Jonquera 26 – Perpignan 24.

▲ **Les Albères** de déb. avr. à fin sept.
    ℘ 04 68 89 23 64, camping-des-alberes@wanadoo.fr,
    Fax 04 68 89 14 30, www.camping-des-alberes.com – **R** conseillée
    5 ha (211 empl.) en terrasses, peu incliné, plat, pierreux, herbeux, fort dénivelé
    Tarif : 27 € ♥♥ 🚗 🗐 🛢 (6A) – pers. suppl. 6 € – frais de réservation 20 €
    Location : 16 🛖 (4 à 6 pers.) 330 à 590 €/sem. – 9 🛖 (4 à 6 pers.) - 210 à 590 €/sem. – frais de réservation 20 € - **R** conseillée
    Pour s'y rendre : rte du Moulin de Cassagnes (sortie nord-est par D 2, rte d'Argelès-sur-Mer puis 0,4 km par chemin à dr.)
    À savoir : petite ferme animalière

LANGUEDOC-ROUSSILLON

LATTES

✉ 34970 – **339** I7 – G. Languedoc Roussillon – 13 768 h. – alt. 3
🛈 *Office de tourisme, 679, avenue de Montpellier* ✆ 04 67 22 52 91
Paris 766 – Montpellier 7 – Nîmes 54 – Béziers 68 – Arles 80.

Le Parc de déb. avr. à fin oct.
✆ 04 67 65 85 67, *camping-le-parc@wanadoo.fr*,
Fax 04 67 20 20 58, *www.leparccamping.com* – **R** conseillée
1,6 ha (100 empl.) plat, pierreux, herbeux
Tarif : 25,50 € ★★ ⇔ 🅴 (10A) – pers. suppl. 5,40 € – frais de réservation 15 €
Location : 24 (4 à 6 pers.) 250 à 670 €/sem. – frais de réservation 15 € - **R** conseillée
Pour s'y rendre : rte de Mauguio (2 km au nord-est par D 172)

Nature : 🌳 ♀♀
Loisirs : sandwicherie 🏊
Services : 🚻 ⚲ 🍽 ⚙ 🧺 ♨ 🚿 🗑
À prox. : 🛒 ✕ centre commercial

Utilisez les cartes MICHELIN,
complément indispensable de ce guide.

LAUBERT

✉ 48170 – **330** J7 – 134 h. – alt. 1 200 – Sports d'hiver : 1 200/1 264 m ⛷1 ⛸
Paris 584 – Langogne 28 – Marvejols 46 – Mende 19.

▲ Municipal la Pontière
✆ 04 66 47 72 09, *mairie.laubert@wanadoo.fr*,
Fax 04 66 47 71 37 – **R** conseillée
2 ha (33 empl.) peu incliné et accidenté, pierreux, rochers, herbeux
Location : 3 gîtes – Gîtes d'étape
Pour s'y rendre : 500 m au sud-ouest par N 88 et D 6, rte de Rieutort-de-Randon à dr.

Nature : ♀♀
Loisirs : 🍽 snack 🎠 🏊
Services : 🚻 ⚲ 🍽 ⚙ 🗑

LAURENS

✉ 34480 – **339** E7 – 932 h. – alt. 140
Paris 736 – Bédarieux 14 – Béziers 22 – Clermont-l'Hérault 40 – Montpellier 91 – Sète 61.

▲▲▲ L'Oliveraie ⚠ – fermé de mi-déc. à mi-janv.
✆ 04 67 90 24 36, *oliveraie@free.fr*, Fax 04 67 90 11 20,
www.oliveraie.com – **R** conseillée
7 ha (116 empl.) plat, peu incliné, terrasse, herbeux, pierreux
Tarif : 28,10 € ★★ ⇔ 🅴 (10A) – pers. suppl. 5 € – frais de réservation 20 €
Location 🚫 (de déb. oct. à fin mars) : 10 (2 à 4 pers.) à 420 €/sem. – 11 (4 à 6 pers.) 320 à 600 €/sem. – 2 🏠 (4 à 6 pers.) - 430 à 650 €/sem. – frais de réservation 20 € - **R** conseillée
Pour s'y rendre : chemin de Bédarieux (2 km au nord et chemin à dr.)

Nature : 🌳 ♀♀
Loisirs : 🍽 pizzeria 🌙 nocturne 🎭 🏊 🎠 ✕ 🎣 🏊 🐎 poneys
Services : 🚻 ⚲ 🍽 ⚙ 🧺 ♨ 🚿 🗑 ♨ 🧊 🅿 🧺 🍴 ⛱
À prox. : 🎣

LODÈVE

✉ 34700 – **339** E6 – G. Languedoc Roussillon – 6 900 h. – alt. 165
🛈 *Office de tourisme, 7, place de la République* ✆ 04 67 88 86 44, Fax 04 67 44 07 56
Paris 695 – Alès 98 – Béziers 63 – Millau 60 – Montpellier 55 – Pézenas 39.

▲▲ Municipal les Vailhès avr.-sept.
✆ 04 67 44 25 98, Fax 04 67 44 65 97 – **⛔**
4 ha (246 empl.) en terrasses, herbeux
Tarif : ★ 3,11 € ⇔ 🅴 4,26 € – 🅴 (10A) 2,50 €
Pour s'y rendre : 7 km au sud par N 9, rte de Montpellier puis 2 km par D 148, rte d'Octon et chemin à gauche - par voie rapide sortie 54
À savoir : belle situation au bord du lac du Salagou

Nature : 🌊 ⭐ 🌳 ♀ ⚓
Loisirs : 🏊 🚴 🏄
Services : 🚻 ⚲ ⚙ ⚓ 🗑
À prox. : 🎣

372

LANGUEDOC-ROUSSILLON

LE MALZIEU-VILLE

✉ 48140 – **330** I5 – G. Languedoc-Roussillon – 970 h. – alt. 860
🛈 *Office de tourisme, tour de Bodon* ☏ 04 66 31 82 73
Paris 541 – Mende 51 – Le Puy-en-Velay 74 – Saint-Flour 150.

Les Chalets de la Margeride (location exclusive de chalets) Permanent
☏ 04 66 42 56 00, info@chalets-margeride.com,
Fax 04 66 42 56 01, www.chalets-margeride.com
50 ha/2 campables en terrasses, herbeux
Location : 21 ⌂ (4 à 6 pers.) - 281 à 675 €/sem. – frais de réservation 9 € - **R** conseillée
Pour s'y rendre : au lieu-dit : Chassagne (4,5 km au nord-ouest par D 989, rte de St-Chély-d'Apcher et D 4, rte de la Garde - par A 75 : sortie 32)
À savoir : agréable situation panoramique sur les Monts de la Margeride

Nature : ≤ Plateau de la Margeride
Loisirs : (découverte en saison)
Services : sèche-linge
À prox. :

La Piscine mai-sept.
☏ 04 66 31 47 63, Fax 04 66 31 47 63 – **R** conseillée
1 ha (64 empl.) plat et peu incliné, pierreux, herbeux
Tarif : (Prix 2008) 15 € – pers. suppl. 3 €
Pour s'y rendre : 1,5 km au nord par D 989, rte de St-Chély-d'Apcher et chemin à gauche apr. le pont, près de la piscine et d'un plan d'eau

Nature :
Loisirs :
Services : (juil.-août)
À prox. : brasserie, terrain omnisports, canoë, pédalos

Benutzen Sie
– zur Wahl der Fahrtroute
– zur Berechnung der Entfernungen
– zur exakten Lokalisierung eines Campingplatzes (mit Hilfe der Angaben im Ortstext)
die für diesen Führer unentbehrlichen **MICHELIN-Karten**.

373

MARSEILLAN

✉ 34340 – **339** G8 – G. Languedoc Roussillon – 6 199 h. – alt. 3
🛈 *Office de tourisme, avenue de la Méditerranée* ☏ 04 67 21 82 43, Fax 04 67 21 82 58
Paris 754 – Agde 7 – Béziers 31 – Montpellier 49 – Pézenas 20 – Sète 24.

à Marseillan-Plage S : 6 km par D 51^E – ✉ 34340

Yelloh! Village Méditerranées - La Nouvelle Floride – de déb. avr. à fin sept.
☏ 04 67 21 94 49, info@nouvelle-floride.com,
Fax 04 67 21 81 05, www.lesmediterranees.com
– **R** conseillée
7 ha (475 empl.) plat, herbeux, sablonneux
Tarif : 46 € (6A) – pers. suppl. 8 €
Location : 101 ⌂ (4 à 6 pers.) 203 à 1 232 €/sem.
– **R** conseillée
1 borne
Pour s'y rendre : av. des Campings
À savoir : situation agréable en bordure de plage

Nature :
Loisirs : pizzeria, brasserie, snack, crêperie, salle d'animation, terrain omnisports
Services : sèche-linge
À prox. : discothèque

Yelloh! Village Méditerranées - Le Charlemagne de déb. avr. à déb. oct.
☏ 04 67 21 92 49, info@charlemagne-camping.com,
Fax 04 67 21 86 11, www.lesmediterranees.com
– **R** conseillée
6,7 ha (480 empl.) plat, sablonneux, herbeux
Tarif : 46 € (10A) – pers. suppl. 8 € – frais de réservation 50 €
Location : 130 ⌂ (4 à 6 pers.) 203 à 1 085 €/sem.
– **R** conseillée
1 borne artisanale
Pour s'y rendre : av. des Campings (250 m de la plage)

Nature : (peupleraie)
Loisirs : pizzeria, discothèque
Services : sèche-linge
À prox. : terrain omnisports

LANGUEDOC-ROUSSILLON

MARSEILLAN

Le Galet avr.-sept.
04 67 21 95 61, reception@camping-galet.com, Fax 04 67 21 87 23, www.camping-galet.com – **R** conseillée
3 ha (275 empl.) plat, sablonneux, herbeux
Tarif : 38 € ♦♦ ⇔ 🗐 ⚡ (10A) – pers. suppl. 6 € – frais de réservation 25 €
Location : 5 🏠 (2 à 4 pers.) 280 à 550 €/sem. – 43 🏠 (4 à 6 pers.) 320 à 860 €/sem. – frais de réservation 25 € - **R** conseillée
Pour s'y rendre : av. des Campings (250 m de la plage)

Nature : 🌳 ⚡⚡
Loisirs : snack, pizzeria 🏊 🎾 🎣
Services : ♿ 🔑 🚐 🚿 🔥 ♨ ♻
🗜 sèche-linge
À prox. : 🛒 🍽 ✗ 🚿

La Créole de déb. avr. à fin oct.
04 67 21 92 69, campinglacreole@wanadoo.fr, Fax 04 67 26 58 16, www.campinglacreole.com – **R** conseillée
1,5 ha (110 empl.) plat, sablonneux, herbeux
Tarif : (Prix 2008) 26,50 € ♦♦ ⇔ 🗐 ⚡ (6A) – pers. suppl. 5 € – frais de réservation 16 €
Location (Prix 2008) (de déb. avr. à fin sept.) 🏄 : 15 🏠 (4 à 6 pers.) 230 à 580 €/sem. – frais de réservation 16 € - **R** conseillée
🚐 1 borne artisanale
Pour s'y rendre : 74 av. des Campings
À savoir : en bordure d'une belle plage de sable fin

Nature : 🌳 ⚡⚡ 🏖
Loisirs : crêperie 🏊
Services : ♿ 🔑 🚐 🚿 🔥 ♨ ♻ ⚡ 🗜
À prox. : 🛥 🍽 🚿 ✗ 🎣 🐎 (centre équestre)

LE MARTINET

✉ 30960 – **339** J3 – 764 h. – alt. 252
Paris 682 – Alès 21 – Aubenas 69 – Florac 61 – Nîmes 65 – Vallon-Pont-d'Arc 41.

Municipal Aimé Giraud
04 66 24 95 00, mairie.lemartinet@wanadoo.fr, Fax 04 66 24 96 96 – **R** conseillée
1 ha (27 empl.) plat, herbeux
Pour s'y rendre : sortie nord-ouest, rte de la Grand'Combe, à l'intersection de la D 59 et D 162, au bord de l'Auzonnet

Nature : ← 🌳 ♀
Loisirs : 🏠 🎣
Services : ♿ 🔑 🚐 ♨ ⚡
À prox. : ✗ 🚣 🏊

MARVEJOLS

✉ 48100 – **330** H7 – G. Languedoc Roussillon – 5 501 h. – alt. 650
🛈 Office de tourisme, place Henri IV 04 66 32 02 14, Fax 04 66 32 02 14
Paris 573 – Espalion 64 – Florac 50 – Mende 28 – St-Chély-d'Apcher 34.

VAL V.V.F. Camping et Village de mi-mai à mi-sept.
04 66 32 03 69, marvejols@valvvf.fr, Fax 04 66 32 43 56 – **R** conseillée
3 ha (57 empl.) plat, herbeux
Tarif : 16 € ♦♦ ⇔ 🗐 ⚡ (5A) – pers. suppl. 4 € – adhésion obligatoire 30 €
Location (de mi-avr. à fin sept.) 🏄 : 9 🏠 (4 à 6 pers.) - 252 à 770 €/sem. – 41 gîtes – **R** conseillée
Pour s'y rendre : 1,3 km à l'est par D 999, D 1, rte de Montrodat et chemin à dr., au bord du Colagnet - par A 75, sortie 38

Nature : 🌳 ⚡⚡
Loisirs : 🏠
Services : ♿ 🔑 Ⓟ 🚐 🚿 🔥 ♨ ♻
🗑 🗜
À prox. : 🚣 🏊 ✗ 🎣 🐎 (centre équestre) terrain omnisports

MASSILLARGUES-ATTUECH

✉ 30140 – **339** J4 – 522 h. – alt. 156
Paris 726 – Montpellier 56 – Nîmes 43 – Avignon 78 – Arles 74.

Le Fief d'Anduze 👥 – de déb. avr. à fin sept.
04 66 61 81 71, lefief@wanadoo.fr, Fax 04 66 61 87 80, www.campinglefiefdanduze.com – **R** conseillée
5,5 ha (112 empl.) plat, herbeux
Tarif : 18,50 € ♦♦ ⇔ 🗐 ⚡ (10A) – pers. suppl. 4,30 €
Location : 7 🏠 (4 à 6 pers.) nuitée 49 € – 290 à 570 €/sem. – **R** conseillée
🚐 1 borne artisanale 18,50 €
Pour s'y rendre : à Atuech, 195 chemin du Plan-d'Eau (1,5 km au nord, par D 982, près d'un étang)

Nature : 🌲 ⚡⚡
Loisirs : pizzeria, snack 🏠 🎾
🐎 🎣 terrain omnisports
Services : 🔑 🚐 🚿 🔥 ♨ ♻ ⚡
🗜 🚿
À prox. : 🎣

LANGUEDOC-ROUSSILLON

MATEMALE

66210 – **344** D7 – 242 h. – alt. 1 514
Office de tourisme, 29, rue du Pont de l'Aude 04 68 30 59 57, Fax 04 68 30 59 57
Paris 855 – Font-Romeu-Odeillo-Via 20 – Perpignan 92 – Prades 46.

Le Lac
04 68 30 94 49, camping-lac-matemale@orange.fr,
Fax 04 68 04 35 16, www.camping-lac-matemale.com –
alt. 1 540 – places limitées pour le passage – **R** conseillée
3,5 ha (110 empl.) vallonné, plat, peu incliné, forêt de sapins, attenante
1 borne artisanale
Pour s'y rendre : 1,7 km au sud-ouest par D 52, rte des Angles et rte à gauche, à 150 m du lac, accès direct au village par chemin piétonnier
À savoir : Dans un site agréable de haute montagne

Nature : (pinède)
Loisirs : jacuzzi en extérieur
Services : sèche-linge
À prox. : snack discothèque base de loisirs

En juin et septembre les campings sont plus calmes, moins fréquentés et pratiquent souvent des tarifs " hors saison ".

MAUREILLAS-LAS-ILLAS

66480 – **344** H8 – 2 281 h. – alt. 130
Syndicat d'initiative, avenue Mal Joffre 04 68 83 48 00
Paris 873 – Gerona 71 – Perpignan 31 – Port-Vendres 31 – Prades 69.

Les Bruyères de mi-mars à mi-nov.
04 68 83 26 64, mi-paule.grimaux@hotmail.fr,
Fax 04 68 83 14 75, www.campinglesbruyeres.com
– **R** conseillée
4 ha (95 empl.) en terrasses, pierreux, herbeux, fort dénivelé
Tarif : 18,50 € (6A) – pers. suppl. 4,60 € – frais de réservation 6,50 €
Location : 3 (2 à 4 pers.) nuitée 60 € - 210 à 350 €/sem. – 19 (4 à 6 pers.) nuitée 87 € - 318 à 525 €/sem. – frais de réservation 10 € – **R** conseillée
Pour s'y rendre : rte de Ceret (1,2 km à l'ouest par D 618)
À savoir : agréable cadre boisé de chênes-lièges

Nature :
Loisirs :
Services :
À prox. :

Les Pins - Le Congo
04 68 83 23 21, lespinslecongo@hotmail.fr,
Fax 04 68 83 45 64 – **R** conseillée
2,5 ha (70 empl.) plat, herbeux
Location : 12
Pour s'y rendre : 1 km à l'ouest par D 618, rte de Céret, au bord d'un cours d'eau

Nature :
Loisirs :
Services : sèche-linge
À prox. :

MENDE

48000 – **330** J7 – G. Languedoc Roussillon – 11 804 h. – alt. 731
Office de tourisme, Place du Foirail 04 66 94 00 23, Fax 04 66 94 21 10
Paris 584 – Clermont-Ferrand 174 – Florac 38 – Langogne 46 – Millau 96 – Le Puy-en-Velay 88.

Tivoli Permanent
04 66 65 00 38, camping.tivoli0601@orange.fr,
Fax 04 66 65 00 38, www.campingtivoli.com – **R** conseillée
1,8 ha (100 empl.) plat, herbeux
Tarif : (Prix 2008) 18 € (6A) – pers. suppl. 4,20 € – frais de réservation 20 €
Location (Prix 2008) (de mi-avr. à mi-oct.) : 18 (4 à 6 pers.) nuitée 44 € - 245 à 530 €/sem. – frais de réservation 20 € – **R** conseillée
Pour s'y rendre : 2 km au sud-ouest par N 88, rte de Rodez et chemin à dr., face au complexe sportif, au bord du Lot

Nature :
Loisirs :
Services :
À prox. :

LANGUEDOC-ROUSSILLON

MEYRUEIS

✉ 48150 – **330** I9 – G. Languedoc Roussillon – 851 h. – alt. 698
🛈 *Office de tourisme, Tour de l'Horloge* ☎ 04 66 45 60 33, Fax 04 66 45 65 27
Paris 643 – Florac 36 – Mende 57 – Millau 43 – Rodez 99 – Sévérac-le-Château 44 – Le Vigan 56.

▲▲▲ Capelan de déb. mai à mi-sept.
☎ 04 66 45 60 50, camping.le.capelan@wanadoo.fr,
Fax 04 66 45 60 50, www.campingcapelan.com – **R** conseillée
2,8 ha (100 empl.) plat, herbeux
Tarif : 24 € ★★ 🚗 🅴 ⚡ (6A) – pers. suppl. 4,70 € – frais de réservation 16 €
Location 🏠 : 41 🏘 (4 à 6 pers.) 170 à 710 €/sem. – frais de réservation 19 € - **R** conseillée
🚐 1 borne artisanale 4,50 €
Pour s'y rendre : rte du Rozier (1 km au nord-ouest par D 996, au bord de la Jonte, accès au village par passerelle)
À savoir : site agréable dans les gorges de la Jonte

Nature : ⇐ 🏕 ♀
Loisirs : 🍽 🏊 🏇 🎣 ⚽ 🎱
Services : ♿ ⛽ 🌐 🚗 Ⓜ 🚿 ♨ – 3 sanitaires individuels (🚽 wc) ⊕ ♨ 🚰 🍴 🧺 sèche-linge 🛒
À prox. : 🍴 🏇 (centre équestre) voies d'escalades sur rochers

▲▲ Le Champ d'Ayres de mi-avr. à mi-sept.
☎ 04 66 45 60 51, campinglechampdayres@wanadoo.fr,
Fax 04 66 45 60 51, www.campinglechampdayres.com
– **R** conseillée
1,5 ha (85 empl.) peu incliné, herbeux
Tarif : 21 € ★★ 🚗 🅴 ⚡ (10A) – pers. suppl. 4,50 € – frais de réservation 15 €
Location : 14 🏘 (4 à 6 pers.) 240 à 590 €/sem. – 7 🏠 (4 à 6 pers.) - 160 à 450 €/sem. – frais de réservation 15 € - **R** conseillée
🚐 1 borne eurorelais 4 €
Pour s'y rendre : rte de la Brèze (500 m à l'est par D 57, rte de Campis, près de la Brèze)

Nature : 🌳 ⇐ 🏕 ♀
Loisirs : 🍽 🏕 🏇 🏊
Services : ♿ ⛽ 🌐 🚗 🔲 ♨ ⊕ ⚡ 🍴 🚰
À prox. : 🍴 🚴 🏇 (centre équestre)

▲ La Cascade de déb. avr. à fin sept.
☎ 04 66 45 45 45, contact@camping-la-cascade.com,
www.camping-la-cascade.com – **R** conseillée
1 ha (50 empl.) plat et un peu vallonné, herbeux
Tarif : 18,40 € ★★ 🚗 🅴 ⚡ (10A) – pers. suppl. 3,90 €
Location 🏠 : 13 🏠 (4 à 6 pers.) - 255 à 640 €/sem. – gîte d'étape – **R** conseillée
🚐 1 borne artisanale 3 €
Pour s'y rendre : au lieu-dit : Salvinsac (3,8 km au nord-est par D 996, rte de Florac et chemin à dr., près de la Jonte et d'une cascade)
À savoir : cadre et site agréables au milieu d'une nature préservée

Nature : 🌳 ⇐
Loisirs : 🏕 🏇
Services : ♿ ⛽ 🌐 🚗 🔲 ♨ ♻ 🍴 🚰
À prox. : 🍴 🏊 🏇

▲ Le Pré de Charlet de déb. avr. à mi-oct.
☎ 04 66 45 63 65, lepredecharlet@gmail.com,
Fax 04 66 45 63 65, www.camping-lepredecharlet.com
– **R** conseillée
2 ha (70 empl.) plat, peu incliné et en terrasses, herbeux
Tarif : 15,80 € ★★ 🚗 🅴 ⚡ (16A) – pers. suppl. 3,40 €
Location (Prix 2008) : 6 🏘 (4 à 6 pers.) nuitée 40 € - 220 à 450 €/sem. – **R** conseillée
🚐 1 borne artisanale 3,50 €
Pour s'y rendre : 637 rte de Florac (1 km au nord-est par D 996, au bord de la Jonte)

Nature : 🌳 ⇐ ♀♀
Loisirs : 🏕 🏇
Services : ♿ ⛽ (15 juin-15 sept.) 🚗 🔲 ♨ ♻ ⊕ 🍴
À prox. : 🍴 🚴 🏊 🏇 (centre équestre)

▲ Aire Naturelle le Pré des Amarines de déb. juil. à fin août
☎ 04 66 45 61 65, www.camping-amarines.com – alt. 750
– **R** conseillée
2 ha (25 empl.) plat et un peu vallonné, herbeux
Tarif : ★ 3 € 🚗 🅴 6 € – ⚡ (6A) 3 €
Pour s'y rendre : 5,7 km au nord-est par D 996, rte de Florac et chemin à dr., au Castel, près du lieu-dit Gatuzières, au bord de la Jonte
À savoir : dans la vallée de la Jonte

Nature : 🌳 ⇐ ♀
Loisirs : 🎣
Services : ♿ ⛽ 🚗 🔲 ♨ ♻ ⊕ 🍴
À prox. : 🚴 🍴 🏊 🏇 (centre équestre)

LANGUEDOC-ROUSSILLON

MOLITG-LES-BAINS

✉ 66500 – **344** F7 – G. Languedoc Roussillon – 207 h. – alt. 607 – ♨ (début avril-fin nov.)
🛈 Syndicat d'initiative, route des Bains ☎ 04 68 05 03 28
Paris 896 – Perpignan 50 – Prades 7 – Quillan 56.

▲ **Municipal Guy Malé**
☎ 04 68 05 02 12, mairie.molitg.les.bains@wanadoo.fr,
Fax 04 68 05 02 40 – alt. 607 – **R** indispensable
0,3 ha (19 empl.) en terrasses, herbeux, pierreux
🚐 1 borne eurorelais
Pour s'y rendre : 1,3 km au nord, au sud-est du village de Molitg

Nature : 🐟 ≤ ⌂ ♀
Services : ♿ ⊕ 🗑
À prox. : ✂

MONTCLAR

✉ 11250 – **344** E4 – 172 h. – alt. 210
Paris 766 – Carcassonne 19 – Castelnaudary 41 – Limoux 15 – St-Hilaire 9.

⛰ **Yelloh! Village Domaine d'Arnauteille** 👥 – de déb. avr. à fin sept.
☎ 04 68 26 84 53, arnauteille@mnet.fr, Fax 04 68 26 91 10, www.camping-arnauteille.com – **R** conseillée
115 ha/10 campables (185 empl.) plat, peu incliné, terrasse, herbeux
Tarif : 37,50 € ★★ 🚗 🔲 🔌 (10A) – pers. suppl. 8 €
Location : 50 🏠 (4 à 6 pers.) nuitée 44 € - 264 à 1 015 €/sem. – 10 🏡 (4 à 6 pers.) nuitée 67 € - 402 à 987 €/sem. – **R** conseillée
🚐 1 borne artisanale
Pour s'y rendre : 2,2 km au sud-est par D 43
À savoir : dans un vaste et agréable domaine vallonné et sauvage

Nature : 🐟 ≤ ⌂ ♀♀
Loisirs : ✗ pizzeria 🏠 🎣 🏃 🏇 🏊 🐎 terrain omnisports, espace balnéo
Services : ♿ 🔑 GB 🚿 🧺 🗑 ⊕ ✂ 🗑 sèche-linge 🌊 🚿

*The classification (1 to 5 tents, **black** or **red**) that we award to selected sites in this Guide is a system that is our own.
It should not be confused with the classification (1 to 4 stars) of official organisations.*

377

NARBONNE

✉ 11100 – **344** J3 – G. Languedoc Roussillon – 46 510 h. – alt. 13
🛈 Office de tourisme, place Roger Salengro ☎ 04 68 65 15 60, Fax 04 68 65 59 12
Paris 787 – Béziers 28 – Carcassonne 61 – Montpellier 96 – Perpignan 64.

⛰ **La Nautique** de mi-fév. à mi-nov.
☎ 04 68 90 48 19, info@campinglanautique.com, Fax 04 68 90 73 39, www.campinglanautique.com – **R** conseillée
16 ha (390 empl.) plat et peu incliné, gravillons, herbeux
Tarif : ★ 7,75 € 🚗 5,75 € 🔲 22 € 🔌 (10A) – frais de réservation 20 €
Location : 75 🏠 (4 à 6 pers.) nuitée 50 € - 250 à 805 €/sem. – frais de réservation 20 € – **R** conseillée
🚐 1 borne artisanale
Pour s'y rendre : 4,5 km au sud, près de l'étang de Bages - par A 9 sortie 38 : Narbonne-Sud

Nature : ≤ ⌂ ♀
Loisirs : 🍴 ✗ 🏠 🎣 🏃 🏇 🏊 🚴 ✂ 🎣 🏊 🛶 canoë
Services : ♿ 🔑 GB 🚿 – 390 sanitaires individuels (🚿 🚽 wc) ⊕ 🚿 🗑 🍳 🗑 🌊 🚿
À prox. : 🎣

⛰ **Les Mimosas** 👥 – de fin mars à fin oct.
☎ 04 68 49 03 72, info@lesmimosas.com, Fax 04 68 49 39 45, www.lesmimosas.com – **R** conseillée
9 ha (250 empl.) plat, herbeux, sablonneux, pierreux
Tarif : 30 € ★★ 🚗 🔲 🔌 (6A) – pers. suppl. 6,50 € – frais de réservation 25 €
Location ⚑ : 53 🏠 (4 à 6 pers.) 252 à 833 €/sem. – 37 🏡 (4 à 6 pers.) - 224 à 756 €/sem. – 4 studios – frais de réservation 25 € – **R** conseillée
Pour s'y rendre : au lieu-dit : Chaussée de Mandirac

Nature : 🐟 ⌂ ♀♀
Loisirs : 🍴 ✗ pizzeria 🏠 🎣 nocturne 🏃 🐕 🚌 🏇 🚴 ✂ 🏊 🎣 terrain omnisports
Services : ♿ 🔑 GB 🚿 🗑 ⊕ 🚿
À prox. : 🐎 (centre équestre)

LANGUEDOC-ROUSSILLON

NASBINALS

✉ 48260 – **330** G7 – 504 h. – alt. 1 180
🛈 *Office de tourisme, Village* ✆ *04 66 32 55 73, Fax 04 66 32 55 73*
Paris 573 – Aumont-Aubrac 24 – Chaudes-Aigues 27 – Espalion 34 – Mende 57 – Rodez 64 – St-Flour 53.

▲ Municipal
✆ 04 66 32 51 87, *mairie.nasbinals@laposte.net*,
Fax 04 66 32 50 01 – alt. 1 100 – ℞
2 ha (75 empl.) plat et peu incliné, herbeux
Pour s'y rendre : 1 km au nord-ouest par D 12, rte de St-Urcize

Nature : 🌳 ≤
Services : 🚿 ⚡ 🚻 ☉
À prox. : 🐎 (centre équestre)

NAUSSAC

✉ 48300 – **330** L6 – 189 h. – alt. 920 – Base de loisirs
Paris 575 – Grandrieu 26 – Langogne 3 – Mende 46 – Le Puy-en-Velay 53 – Thueyts 45.

▲ Les Terrasses du Lac de mi-avr. à fin sept.
✆ 04 66 69 29 62, *info@naussac.com*, Fax 04 66 69 24 78,
www.naussac.com – ℞
6 ha (180 empl.) incliné, en terrasses, herbeux, pierreux
Tarif : 17 € ⛺ 🚗 🔌 (6A) – pers. suppl. 3,80 € – frais de réservation 10 €
Location (de mi-avr. à fin oct.) : 6 🏠 (4 à 6 pers.) nuitée 68 € - 292 à 595 €/sem. – huttes - hôtel – frais de réservation 10 € - ℞ conseillée
🚐 1 borne artisanale
Pour s'y rendre : au nord du bourg par D 26, rte de Saugues et à gauche, à 200 m du lac (accès direct)

Nature : ≤ le lac
Loisirs : 🍷 ✕ 🏠 ♪ nocturne 🏃
🚴 🎯 🏊 (petite piscine)
Services : 🚿 ⚡ 🔌 ♻ 🚻 ☉ ⛽
🍽 🔥 🧺
À prox. : discothèque 🐎 ⛵ (plage) ⛵ 🚣 🐎

*Demandez à votre libraire le catalogue des **publications MICHELIN**.*

PALAU-DEL-VIDRE

✉ 66690 – **344** I7 – 2 117 h. – alt. 26
🛈 *Syndicat d'initiative, Mairie* ✆ *04 68 22 46 20, Fax 04 68 22 39 20*
Paris 867 – Argelès-sur-Mer 8 – Le Boulou 16 – Collioure 15 – La Jonquera 29 – Perpignan 18.

▲ Le Haras de fin mars à mi-oct.
✆ 04 68 22 14 50, *haras8@wanadoo.fr*, Fax 04 68 37 98 93,
www.camping-le-haras.com – ℞ conseillée
2,3 ha (76 empl.) plat, herbeux
Tarif : 30 € ⛺ 🚗 🔌 (10A) – pers. suppl. 5,50 € – frais de réservation 20 €
Location : 16 🏠 (4 à 6 pers.) 259 à 714 €/sem. – frais de réservation 20 € - ℞ conseillée
🚐 1 borne artisanale
Pour s'y rendre : au Domaine St-Galdric (sortie nord-est par D 11)
À savoir : agréable décoration arbustive et florale

Nature : 🌳 ♨
Loisirs : 🍷 ✕ 🏠 🐎 ♪ 🏊
Services : 🚿 ⚡ 🔌 ♻ 🚻 ☉ ⛽
🍽 🔥 sèche-linge 🧺

PALAVAS-LES-FLOTS

✉ 34250 – **339** I7 – G. Languedoc Roussillon – 6 048 h. – alt. 1
Paris 765 – Montpellier 13 – Sète 41 – Lunel 33 – Frontignan 24.

▲ Palavas-Camping de mi-avr. à mi-sept.
✆ 04 67 68 01 28, *info@palavas-camping.fr*,
Fax 04 67 50 82 45, *www.palavas-camping.fr* – ℞ conseillée
8 ha (430 empl.) plat, sablonneux, gravillons
Tarif : 38 € ⛺ 🚗 🔌 (6A) – pers. suppl. 7 € – frais de réservation 20 €
Location 🏖 : 120 🏠 (4 à 6 pers.) nuitée 46 € - 301 à 980 €/sem. – frais de réservation 20 € - ℞ conseillée
🚐 1 borne artisanale – 30 🅿
Pour s'y rendre : rte de Maguelone

Nature : 🌳 ♨
Loisirs : 🍷 snack, pizzeria 🏠 ♪ 🏃
🏊 terrain omnisports, école de kite-surf
Services : 🚿 ⚡ 🔌 ☉ 🍽 🔥 🧺 ♻
réfrigérateurs

LANGUEDOC-ROUSSILLON

PALAVAS-LES-FLOTS

Les Roquilles de mi-avr. à mi-sept.
  04 67 68 03 27, roquilles@wanadoo.fr,
  Fax 04 67 68 54 98, www.camping-les-roquilles.fr
  – **R** conseillée
  15 ha (792 empl.) plat, gravier, herbeux
  Tarif : (Prix 2008) 28,10 € ✶✶ ⇔ 🅴 [ǰ] (6A) – pers.
  suppl. 4,30 € – frais de réservation 29 €
  Location (Prix 2008) : 4 🏠 (2 à 4 pers.) 230 à 570 €/sem.
  – 6 🚐 (4 à 6 pers.) 285 à 740 €/sem. – 6 🏡 (4 à 6 pers.)
  - 355 à 870 €/sem. – frais de réservation 29 € – **R**
  conseillée
  🚐 1 borne artisanale
  Pour s'y rendre : 267bis av. St-Maurice (rte de Carnon-
  Plage, à 100 m de la plage)

Nature : 🌳 ♀
Loisirs : 🍴 pizzeria, snack 🎣 🏃
  ⛵ ✄ 🎿 ⛱ point informations
  touristiques
Services : & 🔑 🅶🅱 🐕 🗄 ⊕ 🛢 🎯
  🍳 🧺 🔥
À prox. : ✂

LES PLANTIERS

✉ 30122 – **339** H4 – 228 h. – alt. 400
Paris 667 – Alès 48 – Florac 46 – Montpellier 85 – Nîmes 79 – Le Vigan 43.

La Presqu'île du Caylou de mi-avr. à mi-oct.
  04 66 83 92 85, Fax 04 66 83 92 85 – **R** conseillée
  4 ha (75 empl.) en terrasses et peu incliné, pierreux,
  herbeux
  Tarif : 12 € ✶✶ ⇔ 🅴 [ǰ] (10A) – pers. suppl. 2,30 €
  Location ✄ : 2 🏠 (2 à 4 pers.) 250 à 300 €/sem. – 3
  🚐 (4 à 6 pers.) 300 à 360 €/sem. – **R** conseillée
  Pour s'y rendre : au lieu-dit : Le Caylou (1 km au nord-est
  par D 20, rte de Saumane, au bord du Gardon au Borgne)
  À savoir : dans le coude d'une vallée rocheuse et ver-
  doyante

Nature : ⇐ 🌳 ♀
Loisirs : 🍴 🏠 🎣 ✄ 🎿 🏊 ⇁
Services : & 🔑 🐕 🧺 ⊕ ♨

The Guide changes, so renew your Guide every year.

379

LE PONT-DE-MONTVERT

✉ 48220 – **330** K8 – G. Languedoc Roussillon – 272 h. – alt. 875
🛈 *Office de tourisme, le Quai 04 66 45 81 94, Fax 04 66 45 81 94*
Paris 629 – Le Bleymard 22 – Florac 21 – Génolhac 28 – Mende 45 – Villefort 43.

Aire Naturelle la Barette de déb. mai à mi-sept.
  04 66 45 82 16, lucile.p@gmail.com – alt. 1 200
  – **R** conseillée
  1 ha (20 empl.) en terrasses, herbeux, pierreux, rochers
  Tarif : ✶ [ǰ] (10A) – pers. suppl. 4,20 €
  Pour s'y rendre : au lieu-dit : Finiels (6 km au nord par
  D 20, rte de Bleymard)

Nature : 🌲 ⇐ Mont-Lozère
Loisirs : 🏠
Services : 🔑 🐕 ⊕ 🗄
À prox. : 🚴 ✄

PORT-CAMARGUE

✉ 30240 – **339** J7
Paris 762 – Montpellier 36 – Nîmes 47 – Avignon 93 – Béziers 99.

Yelloh! Village Secrets de Camargue de déb. avr.
  à déb. oct.
  04 66 80 08 00, info@yellohvillage-secrets-de-camar
  gue.com, Fax 04 66 80 0340, www.secretsdecamargue.com
  – places limitées pour le passage – **R** conseillée
  3,5 ha (177 empl.) plat, sablonneux
  Tarif : 44 € ✶✶ ⇔ 🅴 [ǰ] (10A) – pers. suppl. 8 €
  Location ✄ 🅿 : 66 🚐 (4 à 6 pers.) nuitée 99 € - 203
  à 931 €/sem. – **R** conseillée
  Pour s'y rendre : rte de l'Espiguette
  À savoir : emplacements spacieux, confortables et au
  calme

Nature : 🌲 🌳 ♀
Loisirs : 🍴 ✗ 🚴 🎿
Services : & 🔑 🅿 🅶🅱 🐕 🅼 🗄 🛢
  ⊕ 🧺 🛢 🎯 🍳 🔥 sèche-linge 🔥
À prox. : 🍺 snack ✄ 🎣 🏇

LANGUEDOC-ROUSSILLON

PORT-CAMARGUE

Yelloh! Village Les Petits Camarguais –
(location exclusive de mobile homes) de déb. avr. à mi-sept.
04 66 51 16 16, *info@yellohvillage-petits-camarguais.com*, Fax 04 66 51 16 17, *www.yellohvillage-petits-camarguais.com*
3,5 ha plat, sablonneux, herbeux
Location : 161 (4 à 6 pers.) 203 à 1 008 €/sem. – **R** conseillée
Pour s'y rendre : rte de l'Espiguette - navettes gratuites pour la plage
À savoir : animations et services adaptés aux jeunes enfants

Les Jardins de Tivoli de déb. avr. à fin sept.
04 66 53 97 00, *contact@lesjardinsdetivoli.com*, Fax 04 66 51 09 81, *www.lesjardinsdetivoli.com* – places limitées pour le passage – **R** conseillée
6,5 ha (368 empl.) plat, sablonneux
Tarif : (Prix 2008) 56 € (10A) – pers. suppl. 8 € – frais de réservation 25 €
Location (Prix 2008) : (4 à 6 pers.) 245 à 695 €/sem. – (4 à 6 pers.) - 290 à 725 €/sem. – frais de réservation 25 € - **R** conseillée
Pour s'y rendre : rte de l'Espiguette

La Marine – (location exclusive de caravanes et mobile homes) de déb. avr. à déb. oct.
04 66 53 36 90, *marine@vacances-directes.com*, Fax 04 66 51 50 45, *www.campinglamarine.com*
5 ha plat, herbeux, sablonneux
Location : 19 (2 à 4 pers.) nuitée 27 € - 184 à 567 €/sem. – 274 (4 à 6 pers.) nuitée 35 € – 245 à 861 €/sem. – **R** conseillée
Pour s'y rendre : 2196 rte de l'Espiguette

Abri de Camargue de déb. avr. à fin sept.
04 66 51 54 83, *contact@abridecamargue.fr*, Fax 04 66 51 76 42, *www.abridecamargue.fr* – **R** conseillée
4 ha (277 empl.) plat, herbeux, sablonneux
Tarif : 56 € (6A) – pers. suppl. 9 € – frais de réservation 18 €
Location : 85 (4 à 6 pers.) nuitée 55 € - 385 à 828 €/sem. - frais de réservation 18 € - **R** conseillée
1 borne 7 €
Pour s'y rendre : 320 rte du Phare-de-l'Espiguette

PORTIRAGNES

34420 – **339** F9 – 2 278 h. – alt. 10
Office de tourisme, place du Bicentenaire 04 67 90 92 51, Fax 04 67 90 92 51
Paris 762 – Agde 13 – Béziers 13 – Narbonne 40 – Valras-Plage 14.

à Portiragnes-Plage S : 4 km par D 37 – 34420

Les Sablons – de déb. avr. à fin sept.
04 67 90 90 55, *contact@les-sablons.com*, Fax 04 67 90 82 91, *www.les-sablons.com* – **R** conseillée
15 ha (800 empl.) plat, herbeux, sablonneux, étang
Tarif : 46 € (6A) – pers. suppl. 10 € – frais de réservation 25 €
Location : 135 (4 à 6 pers.) 210 à 980 €/sem. – 83 (4 à 6 pers.) - 245 à 1 085 €/sem. - frais de réservation 25 € – **R** conseillée
1 borne
Pour s'y rendre : Plage Est (sortie nord, en bordure de plage et d'un étang -accès direct-)
À savoir : important parc aquatique

LANGUEDOC-ROUSSILLON

PORTIRAGNES

Les Mimosas – de fin mai à déb. sept.
04 67 90 92 92, les.mimosas.portiragnes@wanadoo.fr, Fax 04 67 90 85 39, www.mimosas.com – places limitées pour le passage – **R** conseillée
7 ha (400 empl.) plat, herbeux
Tarif : 37,50 € (6A) – pers. suppl. 9 € – frais de réservation 35 €
Location : 207 (4 à 6 pers.) 434 à 784 €/sem. – 4 (4 à 6 pers.) - 497 à 875 €/sem. – 10 bungalows toilés – (avec sanitaires) - frais de réservation 35 € - **R** conseillée
1 borne raclet 2 € – 190 36 € – 36 €
Pour s'y rendre : à Port Cassafières
À savoir : important parc aquatique et ludique

Nature :
Loisirs : snack terrain omnisports
Services : – 10 sanitaires individuels (wc) sèche-linge cases réfrigérées
À prox. : ponton d'amarrage

L'Émeraude de fin mai à déb. sept.
04 67 90 93 76, contact@campinglemeraude.com, Fax 04 67 09 91 18, www.campinglemeraude.com
– **R** conseillée
4,2 ha (280 empl.) plat, herbeux, sablonneux
Tarif : (Prix 2008) 32 € (4A) – pers. suppl. 7 €
– frais de réservation 18 €
Location (Prix 2008) : 139 (4 à 6 pers.) 294 à 630 €/sem. – 11 (4 à 6 pers.) - 329 à 700 €/sem. – frais de réservation 18 € - **R** conseillée
Pour s'y rendre : 1 km au nord par rte de Portiragnes
À savoir : important parc aquatique

Nature :
Loisirs : snack
Services : sèche-linge cases réfrigérées
À prox. :

*Donnez-nous votre avis
sur les terrains que nous recommandons.
Faites-nous connaître vos observations et vos découvertes.
par mail à l'adresse : leguidecampingfrance@fr.michelin.com.*

381

PRADES

66500 – **344** F7 – G. Languedoc Roussillon – 5 800 h. – alt. 360
Office de tourisme, 4, rue des Marchands 04 68 05 41 02, Fax 04 68 05 21 79
Paris 892 – Font-Romeu-Odeillo-Via 45 – Perpignan 46 – Vernet-les-Bains 11.

Municipal Plaine St-Martin Permanent
04 68 96 29 83, prades.conflent@wanadoo.fr, Fax 04 68 05 38 09, www.leconflent.net/camping
– **R** conseillée
1,8 ha (60 empl.) plat, pierreux, gravillons
Tarif : (Prix 2008) 2,50 € 2 € 2,80 € – (16A) 6,05 €
Location (Prix 2008) : 18 (4 à 6 pers.) - 210 à 370 €/sem. – **R** conseillée
Pour s'y rendre : allée de la Plaine-St-Martin (sortie nord par D 619, rte de Molitg-les-Bains et à dr. av. la déviation)

Nature :
Loisirs :
Services : (locations)
À prox. :

QUILLAN

11500 – **344** E5 – G. Languedoc Roussillon – 3 542 h. – alt. 291
Office de tourisme, square André Tricoire 04 68 20 07 78, Fax 04 68 20 04 91
Paris 797 – Andorra-la-Vella 113 – Ax-les-Thermes 55 – Carcassonne 52 – Foix 64 – Font-Romeu-Odeillo-Via 78 – Perpignan 76.

Village Vacances l'Espinet (location exclusive de maisonnettes) Permanent
04 68 20 88 88, info@lespinet.com, Fax 04 68 20 21 02, www.lespinet.com
25 ha
Location : 140 (4 à 6 pers.) nuitée 90 € - 266 à 1 820 €/sem. – **R** conseillée
Pour s'y rendre : 1 km au nord par D 118

Nature :
Loisirs : hammam jacuzzi balnéo
Services : sèche-linge

LANGUEDOC-ROUSSILLON

QUILLAN

Municipal la Sapinette de déb. avr. à déb. nov.
04 68 20 13 52, campingsapinette@wanadoo.fr,
Fax 04 68 20 27 80, www.villedequillan.fr – **R** conseillée
1,8 ha (90 empl.) plat, peu incliné, terrasse, herbeux
Tarif : (Prix 2008) 5,50 € 7,50 € (16A) 3,20 € –
frais de réservation 20 €
Location (Prix 2008) : 18 (4 à 6 pers.) nuitée 30 € -
306 à 635 €/sem. – frais de réservation 50 € - **R** conseillée
1 borne artisanale 4 € – 4 10 € 16.42 €
Pour s'y rendre : 21 av. René-Depech (800 m à l'ouest par D 79, rte de Ginoles)

REMOULINS

30210 – **339** M5 – G. Provence – 1 996 h. – alt. 27
Office de tourisme, place des Grands Jours 04 66 37 22 34, Fax 04 66 37 22 34
Paris 685 – Alès 50 – Arles 37 – Avignon 23 – Nîmes 23 – Orange 34 – Pont-St-Esprit 40.

La Sousta – de déb. mars à fin oct.
04 66 37 12 80, info@lasousta.com, Fax 04 66 37 23 69, www.lasousta.com – **R** conseillée
14 ha (300 empl.) plat, peu incliné, vallonné, herbeux, sablonneux
Tarif : 23,50 € (6A) – pers. suppl. 7,50 € –
frais de réservation 13 €
Location : 60 (4 à 6 pers.) 368 à 700 €/sem. – 4
(4 à 6 pers.) – 410 à 742 €/sem. – frais de réservation 13 € - **R** conseillée
1 borne artisanale
Pour s'y rendre : av. du Pont-du-Gard (2 km au nord-ouest, rte du Pont du Gard, rive droite)
À savoir : agréable cadre boisé en bordure du Gardon, proche du Pont du Gard

Domaine de La Soubeyranne – de déb avr. à fin sept.
04 66 37 03 21, soubeyranne@franceloc.fr,
Fax 04 66 37 14 65, www.camping-franceloc.fr – **R** conseillée
4 ha (200 empl.) plat, pierreux, herbeux
Tarif : (Prix 2008) 30,20 € (6A) – pers. suppl. 7 € – frais de réservation 25 €
Location (Prix 2008) : 116 (4 à 6 pers.) 154 à 826 €/sem. – frais de réservation 25 € - **R** conseillée
1 borne artisanale
Pour s'y rendre : rte de Beaucaire (2,5 km au sud par N 86 et D 986)

ROCLES

48300 – **330** K6 – 197 h. – alt. 1 085
Paris 581 – Grandrieu 20 – Langogne 8 – Mende 44 – Le Puy-en-Velay 59 – Thueyts 50.

Rondin des Bois de déb. avr. à fin sept.
04 66 69 50 46, rondin.com@wanadoo.fr,
Fax 04 66 69 53 83, www.camping-rondin.com – alt. 1 000
– **R** conseillée
2 ha (78 empl.) en terrasses, plat et peu incliné, pierreux, rochers
Tarif : 17,50 € (10A) – pers. suppl. 4,50 € –
frais de réservation 10 €
Location (de déb. avr. à fin oct.) : 6 (4 à 6 pers.)
nuitée 50 € – 250 à 485 €/sem. – 4 (4 à 6 pers.)
nuitée 70 € - 390 à 615 €/sem. – frais de réservation 10 € - **R** conseillée
1 borne artisanale
Pour s'y rendre : à Palhère (3 km au nord par rte de Bessettes et chemin de Vaysset à dr.)
À savoir : dans un site sauvage, à proximité du lac de Naussac

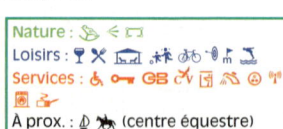
À prox. : (centre équestre)

LANGUEDOC-ROUSSILLON

ROQUEFORT-DES-CORBIÈRES

✉ 11540 – **344** I5 – 664 h. – alt. 50
Paris 813 – Montpellier 118 – Carcassonne 78 – Perpignan 45 – Béziers 57.

▲ **Gîtes La Capelle** (location exclusive de chalets) de déb. mars à mi-déc.
℘ 04 68 48 82 80, b.annest@libertysurf.fr, http://giteslacapelle.chez-alice.fr/
0,3 ha plat

Nature : 🌳 ♤♤
Loisirs : 🎣 ⛵
Services : 🚿 🗑 🚽 ⚡

Location 🅿 : 12 🏠 (4 à 6 pers.) nuitée 75 € – 250 à 690 €/sem. – frais de réservation 13 € – **R** conseillée

Pour s'y rendre : r. de la Capelle

LA ROQUE-SUR-CÈZE

✉ 30200 – **339** M3 – G. Provence – 194 h. – alt. 90
Paris 663 – Alès 53 – Bagnols-sur-Cèze 13 – Bourg-St-Andéol 35 – Uzès 32.

△△△ **Les Cascades** de déb. avr. à fin sept.
℘ 04 66 82 72 97, infos@campinglescascades.com, Fax 04 66 82 68 51, www.campinglescascades.com
– **R** conseillée
5 ha (118 empl.) plat, peu incliné, en terrasses, herbeux
Tarif : 22,60 € ★★ 🚙 🔲 💧 (10A) – pers. suppl. 5,20 € – frais de réservation 15 €

Nature : 🌉 ♤♤
Loisirs : 🍷 snack, pizzeria 🎣 ⛵ ≈
🎳 terrain omnisports
Services : ♿ 🔑 🆓 🚿 🗑 ♨ ⚡
🚽 🗑 🧺

Location : 23 🚐 (4 à 6 pers.) 280 à 565 €/sem. – 5 bungalows toilés – frais de réservation 15 € – **R** conseillée

Pour s'y rendre : rte de Donnat (600 m au sud par D 166, accès direct à la Cèze)

*Avant de vous installer, consultez les tarifs en cours,
affichés obligatoirement à l'entrée du terrain,
et renseignez-vous sur les conditions particulières de séjour.
Les indications portées dans le guide ont pu être modifiées depuis la mise à jour.*

383

LE ROZIER

✉ 48150 – **330** H9 – G. Languedoc Roussillon – 153 h. – alt. 400
🅱 Office de tourisme, route de Meyrueis ℘ 05 65 62 60 89, Fax 05 65 62 60 27
Paris 632 – Florac 57 – Mende 63 – Millau 23 – Sévérac-le-Château 23 – Le Vigan 72.

△△△ **Les Prades** de déb. mai à fin sept.
℘ 05 65 62 62 09, lesprades@orange.fr, Fax 05 65 62 62 09, www.campinglesprades.com ✉ 12720 Peyreleau
– **R** conseillée
3,5 ha (150 empl.) plat, herbeux, sablonneux
Tarif : 25,50 € ★★ 🚙 🔲 💧 (6A) – pers. suppl. 4,90 € – frais de réservation 15 €

Nature : 🌳 ≤ ♤♤
Loisirs : 🍷 snack 🎣 🚴 ⛵ ≈
🎳 mur d'escalade, canoë-kayak
Services : ♿ 🔑 🆓 🚿 🗑 ♨
🚽 🚽 🗑 ♨ 🧺
À prox. : 🐎 (centre équestre)

Location 🏕 : 27 🚐 (4 à 6 pers.) nuitée 47 € – 240 à 600 €/sem. – 5 bungalows toilés – gîtes – frais de réservation 15 € – **R** conseillée
🚐 1 borne artisanale

Pour s'y rendre : à Mostuejouls (4 km à l'ouest par Peyreleau et D 187 à dr., rte de la Cresse, au bord du Tarn)

△△△ **Le St Pal** de déb. mai à fin sept.
℘ 05 65 62 64 46, saintpal@orange.fr, Fax 05 65 58 79 82, www.campingsaintpal.com ✉ 12720 Mostuéjouls
– **R** conseillée
1,5 ha (75 empl.) plat, herbeux
Tarif : 24,50 € ★★ 🚙 🔲 💧 (10A) – pers. suppl. 5 € – frais de réservation 31 €

Nature : ≤ ♤♤ ▲
Loisirs : 🎣 ⛵
Services : ♿ 🔑 🆓 🚿 🗑 ♨ 🚽
🗑
À prox. : 🚴 🎿 🐎

Location : 14 🚐 (4 à 6 pers.) nuitée 45 € – 270 à 640 €/sem. – frais de réservation 31 € – **R** conseillée

Pour s'y rendre : rte des Gorges du Tarn (1 km au nord-ouest par D 907, rte de Millau, au bord du Tarn)

LANGUEDOC-ROUSSILLON

ST-ANDRÉ-DE-SANGONIS

✉ 34725 – **339** G7 – 3 782 h. – alt. 365
Paris 715 – Béziers 54 – Clermont-l'Hérault 8 – Gignac 5 – Montpellier 34 – Sète 61.

Le Septimanien de fin avr. à fin sept.
📞 04 67 57 84 23, leseptimanien@yahoo.fr,
Fax 04 67 57 84 23, www.camping-leseptimanien.com
– **R** conseillée
2,6 ha (86 empl.) plat et en terrasses, pierreux
Tarif : (Prix 2008) 22 € 🚶🚶 🚗 🔌 (6A) – pers. suppl. 4 €
– frais de réservation 10 €
Location (Prix 2008) : 10 🏠 (4 à 6 pers.) 410 à 550 €/sem. – 9 🏠 (4 à 6 pers.) – 450 à 540 €/sem. – frais de réservation 10 € - **R** conseillée
Pour s'y rendre : rte de Cambous (1 km au sud-ouest par D 4, rte de Brignac, au bord d'un ruisseau)

Nature : 🌳 🏞 🍃
Loisirs : 🍹 🎣 🏊
Services : ♿ 🔑 🚻 🚿 🧺 ♨ 🧊 sèche-linge

ST-BAUZILE

✉ 48000 – **330** J8 – 504 h. – alt. 750
Paris 598 – Chanac 19 – Florac 29 – Marvejols 30 – Mende 13 – Ste-Énimie 25.

Municipal les Berges de Bramont de déb. juil. à mi-sept.
📞 04 66 47 05 97, mairiedestbauzile@wanadoo.fr,
Fax 04 66 47 00 45, saint-bauzile.fr – **R**
1,5 ha (50 empl.) plat, terrasse, herbeux
Tarif : 11 € 🚶🚶 🚗 🔌 (6A) – pers. suppl. 2,50 €
Pour s'y rendre : à Rouffiac (1,5 km au sud-ouest par D 41, N 106, rte de Mende, près du Bramont et du complexe sportif)

Nature : ≤
Loisirs : 🏞 🎣
Services : ♿ 🔑 🚿 🧺 ♨ 🧊 🚰
À prox. : 🍹 🚲 🛶 ⚒

ST-CYPRIEN

✉ 66750 – **344** J7 – G. Languedoc Roussillon – 8 573 h. – alt. 5
🛈 Office de tourisme, quai A. Rimbaud 📞 04 68 21 01 33, Fax 04 68 21 98 33
Paris 859 – Céret 31 – Perpignan 17 – Port-Vendres 20.

à St-Cyprien-Plage NE : 3 km – ✉ 66750

Cala Gogo 👥 – de mi-mai à mi-sept.
📞 04 68 21 07 12, camping.calagogo@wanadoo.fr,
Fax 04 68 21 02 19, www.campmed.com – **R** conseillée
11 ha (659 empl.) plat, sablonneux, herbeux, pierreux
Tarif : 🚶 9,30 € 🚗 🔌 13,60 € – 🔌 (6A) 3,70 € – frais de réservation 18,30 €
Location : 57 🏠 (4 à 6 pers.) 273 à 693 €/sem. – frais de réservation 18,30 € - **R** conseillée
🚐 1 borne artisanale
Pour s'y rendre : av. Armand-Lanoux - Les Capellans (4 km au sud, au bord de plage)
À savoir : bel espace aquatique paysager

Nature : 🏞 🍃 ⛰
Loisirs : 🍹 🍴 snack, pizzeria 🏞 🎬 🕺 discothèque 🎣 ⚒ 🏊
Services : ♿ 🔑 🚻 🚿 🧺 ♨ 🧊 📶 sèche-linge 🧺 🚰
À prox. : 🐎 🐕 poneys (centre équestre) golf, parc d'attractions aquatiques

ST-GENIS-DES-FONTAINES

✉ 66740 – **344** I7 – G. Languedoc Roussillon – 2 419 h. – alt. 63
🛈 Office de tourisme, rue Georges Clemenceau 📞 04 68 89 84 33, Fax 04 68 89 66 72
Paris 878 – Argelès-sur-Mer 10 – Le Boulou 10 – Collioure 17 – La Jonquera 23 – Perpignan 23.

La Pinède de déb. juin à déb. sept.
📞 04 68 89 75 29, sarl.la.pinede@wanadoo.fr, www.campinglapinede66.fr – **R** conseillée
1 ha (71 empl.) plat, herbeux
Tarif : 22 € 🚶🚶 🚗 🔌 (6A) – pers. suppl. 5 € – frais de réservation 19 €
Location 🏠 : 9 🏠 (4 à 6 pers.) 300 à 470 €/sem. – frais de réservation 19 € - **R** conseillée
Pour s'y rendre : rte de Laroque-des-Albères (au sud du bourg par D 2)

Nature : 🌳🌳
Loisirs : 🏊
Services : ♿ 🔑 🚿 Ⓜ 🧺 ♨ 🧊 🚰
À prox. : ⚒

LANGUEDOC-ROUSSILLON

ST-GEORGES-DE-LÉVÉJAC

✉ 48500 – **330** H9 – 243 h. – alt. 900
Paris 603 – Florac 53 – Mende 45 – Millau 49 – Sévérac-le-Château 20 – Le Vigan 93.

▲ **Cassaduc** juil.-août
℘ 04 66 48 85 80, camping.cassaduc@orange.fr, www.camping-cassaduc.com – ℞
2,2 ha (75 empl.) en terrasses et peu incliné, herbeux, pierreux
Tarif : ★ [½] (10A) – pers. suppl. 5 €
Pour s'y rendre : rte du Point-Sublime (1,4 km au sud-est)
À savoir : à 500 m du Point Sublime

Nature : ⚘ ≤ ♀♀(pinède)
Services : ♿ ⚬─ ⚙ ⊕ ⌂ ⚒ ▣
À prox. : ♀ snack

ST-GERMAIN-DU-TEIL

✉ 48340 – **330** H8 – 803 h. – alt. 760
🛈 Syndicat d'initiative, croix Rouby ℘ 04 66 32 65 45
Paris 601 – Montpellier 166 – Mende 46 – Millau 58 – Marvejols 27.

▲▲ **Les Chalets du Plan d'Eau de Booz** (location exclusive de chalets) de déb. avr. à déb. nov.
℘ 04 66 32 69 09, sla@lozere-tourisme.com, Fax 04 66 32 69 09, www.lozere-tourisme.com
5 ha plat, herbeux, plan d'eau
Location ♿ : 43 ⌂ (4 à 6 pers.) - 185 à 599 €/sem. – frais de réservation 20 € - **R** conseillée

Nature : ♀
Loisirs : ♀ snack 🏠 ☆ ⛵ ♫
pédalos, canoë-kayak, optimist
Services : ⌨ ⚙ ▦ ℞ ▣

Donnez-nous votre avis sur les terrains que nous recommandons. Faites-nous connaître vos observations et vos découvertes par mail à l'adresse : leguidecampingfrance@fr.michelin.com.

ST-HIPPOLYTE-DU-FORT

385

✉ 30170 – **339** I5 – 3 391 h. – alt. 165
🛈 Office de tourisme, les Casernes ℘ 04 66 77 91 65, Fax 04 66 77 25 36
Paris 703 – Alès 35 – Anduze 22 – Nîmes 48 – Quissac 15 – Le Vigan 31.

▲ **Graniers** de mi-juin à déb. sept.
℘ 04 66 85 21 44, campingdegraniers@tiscali.fr, Fax 04 66 85 21 44 – **R** conseillée
2 ha (50 empl.) peu incliné, terrasses, herbeux, bois attenant
Tarif : (Prix 2008) 22 € ★★ 🚗 ▣ [½] (6A) – pers. suppl. 3,50 €
Location (Prix 2008) (juil.-août) ✂ : 5 ⌂ (4 à 6 pers.) 290 à 400 €/sem. – **R** conseillée
Pour s'y rendre : 4 km au nord-est par rte d'Uzès puis D 133, rte de Monoblet et chemin à dr., au bord d'un ruisseau

Nature : ⚘ ♀♀
Loisirs : ♀ ☆
Services : ⚬─ ⚙ ▦ ⌂ ⊕ ▣

ST-JEAN-DE-CEYRARGUES

✉ 30360 – **339** K4 – 156 h. – alt. 180
Paris 700 – Alès 18 – Nîmes 33 – Uzès 21.

▲▲ **Les Vistes** de déb. avr. à fin sept., vac. Toussaint
℘ 04 66 83 28 09, info@lesvistes.com, www.lesvistes.com – **R** conseillée
6 ha/3 campables (52 empl.) non clos, plat, peu incliné, pierreux, herbeux
Tarif : 20 € ★★ ▣ [½] (6A) – pers. suppl. 4,50 €
Location (de déb. avr. à fin sept., vac. Toussaint, vac. Noël) ♿ : 11 ⌂ (4 à 6 pers.) - 240 à 540 €/sem. – **R** conseillée
Pour s'y rendre : 500 m au sud par D 7
À savoir : belle situation panoramique

Nature : ⚘ ≤ Mt-Aigoual ♀♀(pinède)
Loisirs : 🏠 ⛵ ☆
Services : ♿ ⚬─ (saison) ⓟ (juil.-août) ⚙ ❄ ▦ ⊕ ♀ ▣

LANGUEDOC-ROUSSILLON

ST-JEAN-DU-GARD

✉ 30270 – **339** I4 – G. Languedoc Roussillon – 2 563 h. – alt. 183
🛈 *Office de tourisme, place Rabaut Saint-Étienne* ℘ 04 66 85 32 11, Fax 04 66 85 16 28
Paris 675 – Alès 28 – Florac 54 – Lodève 91 – Montpellier 74 – Nîmes 60 – Le Vigan 59.

▲▲▲ Mas de la Cam de fin avr. à fin sept.
℘ 04 66 85 12 02, *camping@masdelacam.fr*,
Fax 04 66 85 32 07, *www.masdelacam.fr* – **R** conseillée
6 ha (200 empl.) peu incliné, en terrasses, herbeux
Tarif : (Prix 2008) 29,50 € ⚹⚹ ⇔ 🅴 ⚡ (6A) – pers. suppl. 6,20 € – frais de réservation 15 €
Location (Prix 2008) ⌁ : bungalows toilés – gîtes – frais de réservation 15 € - **R** conseillée
Pour s'y rendre : rte de St-André-de-Valborgne (3 km au nord-ouest par D 907, au bord du Gardon de St-Jean)
À savoir : site agréable dans une vallée verdoyante

Nature : 🌳 ≤ 🏞 ♡♡
Loisirs : 🍷 snack 🎲 🌙 nocturne
🐎 ✗ 🍽 ≋ 🎾 terrain omnisports
Services : 🚿 🔑 🖧 🗼 🔥 ♨ 🧺
☼🚰🏪🧊🛒

▲▲▲ Les Sources de déb. avr. à fin sept.
℘ 04 66 85 38 03, *camping-des-sources@wanadoo.fr*,
Fax 04 66 85 16 09, *www.camping-des-sources.fr* – **R** conseillée
3 ha (92 empl.) peu incliné et en terrasses, herbeux
Tarif : 23 € ⚹⚹ ⇔ 🅴 ⚡ (10A) – pers. suppl. 4,50 € – frais de réservation 8 €
Location (permanent) : 3 🏠 (4 à 6 pers.) nuitée 84 € - 275 à 590 €/sem. – 12 🏠 (4 à 6 pers.) nuitée 84 € - 275 à 590 €/sem. – frais de réservation 8 € - **R** conseillée
🚐 1 borne artisanale 4 € – 🚐 10.90 €
Pour s'y rendre : rte de Mialet (1 km au nord-est par D 983 et D 50)
À savoir : agréable cadre champêtre, ambiance familiale

Nature : 🌳 ≤ 🏞 ♡♡
Loisirs : 🍷 snack 🎲 🐎 ≋
Services : 🚿 🔑 🖧 🗼 🔥 ♨ ☼
≋ 🚰🏪🧊

▲▲ La Forêt de fin avr. à mi-sept.
℘ 04 66 85 37 00, *laforet30@aol.com*, Fax 04 66 85 07 05,
www.campingalaforet.com – **R** conseillée
3 ha (75 empl.) plat et en terrasses, pierreux, herbeux
Tarif : (Prix 2008) ⚹ (4A) – pers. suppl. 4,60 €
Location (Prix 2008) ⌁ : 8 🏠 (4 à 6 pers.) - 200 à 500 €/sem. – chalets (sans sanitaires) – **R** conseillée
Pour s'y rendre : rte de Falguières (2 km au nord par D 983, rte de St-Étienne-Vallée-Française puis 2 km par D 333)
À savoir : à l'orée d'une vaste pinède

Nature : 🌳 ≤ 🏞 ♡
Loisirs : 🐎 ≋
Services : 🔑 🖧 🗼 🔥 ♨ 🧺 🏪 🛒

Orlagues au pied de l'Espinouse

LANGUEDOC-ROUSSILLON

ST-LÉGER-DE-PEYRE

✉ 48100 – **330** H7 – 176 h. – alt. 780
Paris 581 – Montpellier 188 – Mende 34 – Marvejols 6 – Espalion 93.

▲ **Village Vacances Hameau Ste-Lucie** (location exclusive de maisonnettes et de maisons) Permanent
☎ 04 66 32 09 22, sla@lozere-resa.com, Fax 04 66 32 83 65, www.loupsdugevaudan.com – alt. 1 100
30 ha/2 campables en terrasses, non clos
Location : 12 🏠 (4 à 6 pers.) nuitée 47 € – 138 à 583 €/sem. – frais de réservation 20 € – **R** conseillée
À savoir : vue à 180°, sur la Lozère, au calme absolu, tout près des loups

Nature : ≤ mont Lozère, mont Aigoual
Loisirs : 🍷 ✕
Services : 🔑 P GB ⚙ 🚻 🗑
À prox. : parc aux loups du Gévaudan

ST-PAUL-LE-FROID

✉ 48600 – **330** J6 – 186 h. – alt. 1 302
Paris 582 – Montpellier 237 – Mende 54 – Le Puy-en-Velay 61 – Saint-Flour 69.

▲ **Village Vacances les Baraques des Bouviers** (location exclusive de chalets et de chalets nordiques) fermé de mi-nov. à mi-déc.
☎ 04 66 47 41 54, bouviers@france48.com, Fax 04 66 47 30 76, www.lesbouviers.com – alt. 1 418
2 ha non clos, plat, en terrasses
Location : 14 🏠 (4 à 6 pers.) nuitée 67 € – 187 à 817 €/sem. – 2 studios – frais de réservation 20 € – **R** conseillée
À savoir : Chalets "isolés" sur le plateau de La Margeride, au pied des pistes de ski de fond

Nature : ≤ 🌳🌳
Loisirs : 🏠
Services : GB ⚙ 🚻 🗑
À prox. : 🍷 ✕ 🚲 raquettes, ski de fond, randonnées VTT, escalade

ST-VICTOR-DE-MALCAP

✉ 30500 – **339** K3 – 538 h. – alt. 140
Paris 680 – Alès 23 – Barjac 15 – La Grand-Combe 25 – Lussan 21 – St-Ambroix 4.

▲ **Domaine de Labeiller** 👥 – de déb. mai à mi-sept.
☎ 04 66 24 15 27, campinglabeiller@wanadoo.fr, Fax 04 66 24 15 27, www.labeiller.fr – **R** conseillée
3 ha (132 empl.) en terrasses, plat, pierreux, herbeux
Tarif : 33,50 € 👥 🚗 🗐 ⚡ (6A) – pers. suppl. 6,50 €
Location : 23 🏕 (4 à 6 pers.) 275 à 920 €/sem. – gîtes – **R** conseillée
Pour s'y rendre : 1701 rte de Barjac (1 km au sud-est, accès par D 51, rte de St-Jean-de-Maruéjols et chemin à gauche)
À savoir : agréable chênaie autour d'un bel espace aquatique

Nature : 🌳 ⛰ 🌳🌳
Loisirs : 🍷 snack 🏊 🚴 🎣
Services : ♿ 🔑 ⚙ 🚻 🗑 📞 🍷 🗑
À prox. : ✕ canoë

387

STE-ÉNIMIE

✉ 48210 – **330** I8 – G. Languedoc Roussillon – 509 h. – alt. 470
🛈 Office de tourisme, village ☎ 04 66 48 53 44, Fax 04 66 48 47 70
Paris 612 – Florac 27 – Mende 28 – Meyrueis 30 – Millau 57 – Sévérac-le-Château 49 – Le Vigan 82.

▲ **Le Couderc** de mi-avr. à mi-sept.
☎ 04 66 48 50 53, campingcouderc@orange.fr, www.campingcouderc.fr – **R** conseillée
2,5 ha (113 empl.) en terrasses, pierreux, herbeux
Tarif : 21 € 👥 🚗 🗐 ⚡ (10A) – pers. suppl. 4 € – frais de réservation 15 €
Location : 7 🏕 (4 à 6 pers.) nuitée 30 € – 210 à 490 €/sem. – frais de réservation 15 € – **R** conseillée
🏕 1 borne raclet 3 €
Pour s'y rendre : rte de Millau (2 km au sud-ouest par D 907bis, au bord du Tarn)

Nature : ≤ 🌳🌳 ≋
Loisirs : 🍷 🏊 🎣
Services : ♿ 🔑 ⚙ 🚻 🗑 📞 🍷 🗑
À prox. : canoë

LANGUEDOC-ROUSSILLON

STE-ÉNIMIE

Les Fayards de mi-avr. à mi-sept.
℘ 04 66 48 57 36, info@camping-les-fayards.com, www.camping-les-fayards.com – **R** conseillée
2 ha (90 empl.) plat, herbeux, pierreux, terrasse
Tarif : 22 € ✳ ✳ ⇔ 🅴 [≴] (5A) – pers. suppl. 4 € – frais de réservation 10 €
Location ⚠ : 4 🏠 (4 à 6 pers.) nuitée 60 € - 290 à 660 €/sem. – 4 🏠 (4 à 6 pers.) nuitée 55 € - 270 à 560 €/sem. – 4 bungalows toilés – frais de réservation 10 € - **R** conseillée
Pour s'y rendre : rte de Millau (3 km au sud-ouest par D 907bis, au bord du Tarn)

Nature : 🌿 ⛺ 🌳🌳
Loisirs : 🍽 ≈ 🚣 canoë-kayak
Services : ♿ ⚿ 🆎 ⚙ 🚿 🚻 ⛴ 🚰 🗑

Le Site de Castelbouc de mi-avr. à fin sept.
℘ 04 66 48 58 08, camping.lesite@wanadoo.fr, Fax 04 66 48 58 08 – **R** conseillée
1 ha (60 empl.) non clos, plat, peu incliné, herbeux
Tarif : (Prix 2008) 13,60 € ✳ ✳ ⇔ 🅴 [≴] (5A) – pers. suppl. 3,50 €
Location (Prix 2008) : 6 🏠 (4 à 6 pers.) 350 à 520 €/sem. – **R** conseillée
Pour s'y rendre : 7 km au sud-est par D 907b, rte d'Ispagnac puis 500 m par rte de Castelbouc à dr., au bord du Tarn

Nature : 🌿 ≈ ⛺ 🌳🌳 ⛰
Loisirs : 🚣 canoë-kayak
Services : ♿ ⚿ 🆎 ⚙ 🚿 🚻 🚮 🗑

Benutzen Sie
– zur Wahl der Fahrtroute
– zur Berechnung der Entfernungen
– zur exakten Lokalisierung eines Campingplatzes (mit Hilfe der Angaben im Ortstext) die für diesen Führer unentbehrlichen **MICHELIN-Karten**.

STE-MARIE

✉ 66470 – **344** J6 – 3 452 h. – alt. 4
🅘 Office de tourisme, ℘ 04 68 80 14 00, Fax 04 68 80 25 65
Paris 845 – Argelès-sur-Mer 24 – Le Boulou 37 – Perpignan 14 – Rivesaltes 18 – St-Laurent-de-la-Salanque 7.

à la Plage E : 2 km

Le Palais de la Mer 👥 – de mi-mai à fin sept.
℘ 04 68 73 07 94, contact@palaisdelamer.com, Fax 04 68 73 57 83, www.palaisdelamer.com – **R** conseillée
2,6 ha (181 empl.) plat, sablonneux
Tarif : 37 € ✳ ✳ ⇔ 🅴 [≴] (10A) – pers. suppl. 7 € – frais de réservation 30 €
Location : 58 🏠 (4 à 6 pers.) 210 à 930 €/sem. – 2 appartements – frais de réservation 30 € - **R** conseillée
Pour s'y rendre : av. de Las Illes (600 m au nord de la station, à 150 m de la plage (accès direct))
À savoir : agréable cadre arbustif et floral

Nature : ⛺ 🌳🌳
Loisirs : 🍽 snack, pizzeria 🌙 nocturne 🎮 🛝 🏊 🏊 petit parc animalier
Services : ♿ ⚿ 🆎 ⚙ 🚿 🚻 ⛴ 🚰 🗑 🍽 🧺 📦 🧊

La Pergola de mi-juin à mi-sept.
℘ 04 68 73 03 07, camping-la-pergola@wanadoo.fr, Fax 04 68 73 02 40, www.campinglapergola.com – **R** conseillée
3,5 ha (181 empl.) plat, sablonneux
Tarif : (Prix 2008) 26,10 € ✳ ✳ ⇔ 🅴 [≴] (10A) – pers. suppl. 6,90 € – frais de réservation 16 €
Location (Prix 2008) (de déb. juin à fin sept.) : 10 🏠 (2 à 4 pers.) 310 à 665 €/sem. – 20 🏠 (4 à 6 pers.) 340 à 840 €/sem. – frais de réservation 16 € - **R** conseillée
🚐 1 borne artisanale 3,50 €
Pour s'y rendre : 21 av. Frédéric Mistral (500 m de la plage)

Nature : 🌳🌳
Loisirs : snack, pizzeria 🎮 🛝 🏊
Services : ♿ ⚿ 🆎 ⚙ 🚿 🚻 ⛴ 🚰 🗑 🧺 📦 sèche-linge 🧊
À prox. : ✂

LANGUEDOC-ROUSSILLON

LA SALVETAT-SUR-AGOUT

✉ 34330 – **339** B7 – G. Languedoc Roussillon – 1 118 h. – alt. 700
🛈 Office de tourisme, place des Archers 📞 04 67 97 64 44, Fax 04 67 97 83 16
Paris 725 – Anglès 17 – Brassac 26 – Lacaune 20 – Olargues 27 – St-Pons-de-Thomières 22.

⚠ **La Blaquière** de déb. mai à fin août
📞 04 67 97 61 29, jerome.calas@wanadoo.fr, www.campingblaquiere.com – **R** conseillée
0,8 ha (60 empl.) plat, herbeux
Tarif : 14 € ★★ ⇌ 🄴 ⚡ (6A) – pers. suppl. 3,50 €
Location (Prix 2008) : 5 🛖 (2 à 4 pers.) 250 €/sem. – 8 🛖 (4 à 6 pers.) 150 à 450 €/sem. – frais de réservation 16 € - **R** conseillée
Pour s'y rendre : rte de Lacaune (sortie nord, au bord de l'Agout)

Nature : 🌳🌳
Loisirs : 🍽 ⛱
Services : 🔑 (saison) 🚿 🛁 ♿
À prox. : 🚗 🐎 ✂

Gebruik de gids van het lopende jaar.

SÉRIGNAN

✉ 34410 – **339** E9 – G. Languedoc Roussillon – 6 134 h. – alt. 7
🛈 Office de tourisme, place de la Libération 📞 04 67 32 42 21, Fax 04 67 32 37 97
Paris 765 – Agde 22 – Béziers 11 – Narbonne 34 – Valras-Plage 4.

⛰ **Les Vignes d'Or** 👥 – de déb. avr. à fin sept.
📞 04 67 32 37 18, info@vignesdor.com, Fax 04 67 32 00 80, www.vignesdor.com – **R** conseillée
4 ha (250 empl.) plat, herbeux, pierreux
Tarif : (Prix 2008) 32,20 € ★★ ⇌ 🄴 ⚡ (6A) – pers. suppl. 4,50 € – frais de réservation 25 €
Location (Prix 2008) : 100 🛖 (4 à 6 pers.) nuitée 100 € - 160 à 822 €/sem. – 100 🏠 (4 à 6 pers.) nuitée 100 € - 200 à 792 €/sem. – bungalows toilés – frais de réservation 25 € - **R** conseillée
Pour s'y rendre : 34 rte de Valras (3,5 km au sud, prendre la contre-allée située derrière le garage Citroën)

Nature : 🌲 🌊 🌳
Loisirs : 🍷 brasserie, pizzeria 🌙 nocturne 👥 🛝 🏊 🏐 terrain omnisports
Services : ♿ 🔑 GB 🚿 🗑 🛁 ♿ 🚰 🏧 🧺
À prox. : 🛒 ✂ 🐎

⛰ **Le Paradis** de déb. avr. à fin sept.
📞 04 67 32 24 03, Paradiscamping34@aol.com, Fax 04 67 32 24 03, www.camping-leparadis.com – **R** conseillée ✿
2,2 ha (129 empl.) plat, herbeux
Tarif : 30 € ★★ ⇌ 🄴 ⚡ (10A) – pers. suppl. 5 € – frais de réservation 16 €
Location : 18 🛖 (4 à 6 pers.) nuitée 35 € - 180 à 570 €/sem. – frais de réservation 16 € - **R** conseillée
Pour s'y rendre : rte de Valras-Plage (1,5 km au sud)
À savoir : cadre agréable, fleuri et grands emplacements

Nature : 🌳 🌳🌳
Loisirs : snack, pizzeria 🏊 🛝
Services : ♿ 🔑 GB 🚿 🛁 ♿ 🚰 sèche-linge 🧺
À prox. : 🛒

à Sérignan-Plage SE : 5 km par D 37ᴱ – ✉ 34410

⛰ **Yelloh! Village Le Sérignan Plage** 👥 – de fin avr. à fin sept.
📞 04 67 32 35 33, info@leserignanplage.com, Fax 04 67 32 26 36, www.leserignanplage.com – **R** conseillée
20 ha (1000 empl.) plat, herbeux, sablonneux, marais
Tarif : 46 € ★★ ⇌ 🄴 ⚡ (6A) – pers. suppl. 8 € – frais de réservation 30 €
Location ✿ : 244 🛖 (4 à 6 pers.) 203 à 1 813 €/sem. – 45 🏠 (4 à 6 pers.) - 203 à 1 043 €/sem. – frais de réservation 16 € - **R** conseillée
🚐 1 borne artisanale
Pour s'y rendre : au lieu-dit : L'Orpellière (en bordure de plage, accès direct)
À savoir : des emplacements nature près des marais

Nature : 🌲 🌳 🌳🌳 🏖
Loisirs : 🍷 🍴 snack, pizzeria, crêperie 🌙 👥 🛝 discothèque 🎠 🚲 ✂ 🏊 🏐 balnéo (naturiste le matin)
Services : ♿ 🔑 GB 🚿 🗑 🛁 ♿ 🚰 🏧 🧺 🏠 sèche-linge 🛒 🧺
À prox. : 🎣

389

LANGUEDOC-ROUSSILLON

SÉRIGNAN

Yelloh! Village Aloha – de fin avr. à mi-sept.
 04 67 39 71 30, info@yellohvillage-aloha.com,
Fax 04 67 32 58 15, www.yellohvillage-aloha.com – **R** conseillée
9,5 ha (470 empl.) plat, herbeux, sablonneux
Tarif : 45 € – (10A) – pers. suppl. 6 €
Location (mobile home) : 150 (4 à 6 pers.)
203 à 1 288 €/sem. – 40 (4 à 6 pers.) - 203 à
938 €/sem. – **R** conseillée
 1 borne artisanale

Nature :
Loisirs :   pizzeria, snack
 salle d'animation
   terrain omnisports
Services :

À prox. :

Le Clos Virgile –
 04 67 32 20 64, le.clos.virgile@wanadoo.fr,
Fax 04 67 32 05 42, www.leclosvirgile.com – **R** conseillée
5 ha (300 empl.) plat, sablonneux, herbeux
Location : 90 – 22
Pour s'y rendre : 500 m de la plage

Nature :
Loisirs :   pizzeria, snack
nocturne jacuzzi
Services :
À prox. :

Beauséjour – de déb. avr. à fin sept.
 04 67 39 50 93, info@camping-beausejour.com,
Fax 04 67 32 01 96, www.camping-beausejour.com – **R** conseillée
10 ha/6 campables (380 empl.) plat, herbeux, sablonneux
Tarif : (Prix 2008) 38,50 €   (10A) – pers.
suppl. 6,50 € – frais de réservation 15 €
Location (Prix 2008) : (4 à 6 pers.) 217 à
833 €/sem. – (4 à 6 pers.) – 329 à 938 €/sem. – frais
de réservation 15 € - **R** conseillée
 1 borne artisanale
Pour s'y rendre : en bordure de plage

Nature :
Loisirs :   brasserie, pizzeria nocturne   discothèque
piste de bi-cross
Services :

À prox. : base nautique

SÈTE

 34200 – **339** H8 – G. Languedoc Roussillon – 39 542 h. – alt. 4
 Office de tourisme, 60, rue Mario Roustan 04 67 74 71 71, Fax 04 67 46 17 54
Paris 787 – Béziers 48 – Lodève 63 – Montpellier 35.

Village Center Le Castellas – de déb. avr. à
mi-sept.
 0 825 00 20 30, contact@village-center.com,
Fax 04 67 51 63 89, www.village-center.com – **R** conseillée
23 ha (985 empl.) plat, gravillons, sablonneux
Tarif : 40 €   – pers. suppl. 8 € – frais de réservation 30 €
Location : (4 à 6 pers.) nuitée 24 € - 168 à
973 €/sem. – (4 à 6 pers.) nuitée 29 € - 203 à
973 €/sem. – frais de réservation 30 € - **R** conseillée
Pour s'y rendre : 11 km au sud-ouest par N 112, rte
d'Agde, près de la plage

Nature :
Loisirs :   cafétéria, pizzeria, snack,
grill
point d'informations touristiques
Services :
sèche-linge   réfrigérateurs,
télévisions
À prox. :

SOMMIÈRES

 30250 – **339** J6 – 3 677 h. – alt. 317
 Office de tourisme, 5, quai Frédéric Gaussorgues 04 66 80 99 30, Fax 04 66 80 06 95
Paris 734 – Alès 44 – Montpellier 35 – Nîmes 29.

Domaine de Massereau de fin mars à mi-nov.
 04 66 53 11 20, info@massereau.fr, Fax 04 66 73 32 29,
www.massereau.fr – **R** conseillée
90 ha/7,7 campables (120 empl.) plat, peu incliné, herbeux,
pierreux
Tarif : 37,20 €   (16A) – pers. suppl. 9 € – frais
de réservation 19 €
Location (permanent) : 35 (4 à 6 pers.) 245 à
756 €/sem. – 12 (4 à 6 pers.) - 315 à 861 €/sem. – 2
bungalows toilés – frais de réservation 19 € - **R** conseillée
 1 borne – 20 31 €
Pour s'y rendre : rte d'Aubais
À savoir : au milieu d'un domaine viticole

Nature :
Loisirs :   pizzeria hammam
jacuzzi   parcours
de santé
Services :
    sèche-linge
À prox. :   piste cyclable

LANGUEDOC-ROUSSILLON

SOMMIÈRES

▲ **Municipal de Garanel** de déb. avr. à fin sept.
  04 66 80 33 49, campingmunicipal.sommieres@wanadoo.fr, Fax 04 66 80 33 49 – **R** conseillée
  7 ha (60 empl.) plat, pierreux, sablonneux
  Tarif : (Prix 2008) 2,90 € – 3,60 € – (10A) 4,15 €
  1 borne eurorelais 3 € – 8 €
  Pour s'y rendre : r. Eugène-Rouche (derrière les arènes, près du Vidourle)

Nature : 99
Services :
À prox. : pizzeria canoë

LA TAMARISSIÈRE

✉ 34300 – **339** F9
Paris 761 – Montpellier 62 – Béziers 24 – Narbonne 54 – Sète 29.

▲ **La Tamarissière** de mi-avr. à mi-sept.
  04 67 94 79 46, contact@camping-tamarissiere.com,
  Fax 04 67 94 78 23, www.camping-tamarissiere.com
  – **R** conseillée
  10 ha (700 empl.) plat, vallonné, peu incliné, sablonneux, herbeux
  Tarif : (Prix 2008) 25,60 € ★★ 🚗 🔌 (10A) – pers. suppl. 4,30 € – frais de réservation 24 €
  Location (Prix 2008) : 55 🏠 (4 à 6 pers.) - 288 à 670 €/sem. – frais de réservation 24 € – **R** conseillée
  1 borne artisanale
  Pour s'y rendre : 4 r. du Cdt-Malet
  À savoir : situation agréable sous les pins et au bord de mer

Nature : 99 (pinède)
Loisirs : terrain omnisports
Services : sèche-linge cases réfrigérées
À prox. : pizzeria sandwicherie

Kataloge der **MICHELIN-Veröffentlichungen** erhalten Sie beim Buchhändler und direkt von **Michelin** (Karlsruhe).

TORREILLES

✉ 66440 – **344** I6 – 2 072 h. – alt. 4
🛈 Office de tourisme, 1, avenue la Méditerranée 04 68 28 41 10, Fax 04 68 28 41 10
Paris 847 – Argelès-sur-Mer 31 – Le Boulou 35 – Perpignan 12 – Port-Barcarès 11 – Rivesaltes 14.

à la Plage NE : 3 km par D 11ᴱ

▲▲▲ **Mar I Sol** – de déb. mai à fin sept.
  04 68 28 04 07, marisol@camping-marisol.com,
  Fax 04 68 28 18 23, www.camping-marisol.com – **R** conseillée
  7 ha (377 empl.) plat, sablonneux, herbeux
  Tarif : 47,50 € ★★ 🚗 🔌 (10A) – pers. suppl. 8,90 € – frais de réservation 39,50 €
  Location (de déb. avr. à fin sept.) : 80 (4 à 6 pers.) nuitée 29 € – 174 à 1 015 €/sem. – frais de réservation 39,50 € - **R** conseillée
  Pour s'y rendre : bd de la Plage (150 m de la plage (accès direct))

Nature :
Loisirs : (le soir) brasserie, pizzeria hammam jacuzzi discothèque terrain omnisports
Services : sèche-linge
À prox. :

▲▲▲ **Les Tropiques** – de déb. avr. à déb. oct.
  04 68 28 05 09, contact@campinglestropiques.com,
  Fax 04 68 28 48 90, www.campinglestropiques.com
  – **R** conseillée
  8 ha (450 empl.) plat, sablonneux, pierreux, herbeux
  Tarif : 43 € ★★ 🚗 🔌 (10A) – pers. suppl. 8,60 € – frais de réservation 30 €
  Location : 250 (4 à 6 pers.) nuitée 37 € – 226 à 1 071 €/sem. – frais de réservation 30 € – **R** conseillée
  1 borne artisanale – 🔌 14,40 €
  Pour s'y rendre : bd de la Plage

Nature : 99
Loisirs : snack, pizzeria discothèque, point informations touristiques terrain omnisports
Services : sèche-linge
À prox. :

LANGUEDOC-ROUSSILLON

TORREILLES

Le Calypso – de déb. avr. à fin sept.
04 68 28 09 47, camping.calypso@wanadoo.fr, Fax 04 68 28 24 76, www.camping-calypso.com – **R** conseillée
6 ha (326 empl.) plat, sablonneux, pierreux, herbeux
Tarif : (Prix 2008) 36 € ✶✶ ⛺ 🅴 [⚡] (10A) – pers. suppl. 8,50 € – frais de réservation 20 €
Location (Prix 2008) : 75 🏠 (4 à 6 pers.) 170 à 896 €/sem. – 28 🏠 (4 à 6 pers.) - 266 à 910 €/sem. – frais de réservation 20 € - **R** conseillée
🅿 4 🅴 36 €
Pour s'y rendre : bd de La Plage

Nature : ☐ ♀♀
Loisirs : 🍷 snack, pizzeria, crêperie 🏊 ⛱ 🎯 🚴 🐴 ⚽ terrain omnisports
Services : ♿ ⛽ (juil.-août) 🇬🇧 ✂ 🅿 ♨ 🚿 – 9 sanitaires individuels (🚽🚿🔲 wc) 😊 📶 🏠 sèche-linge 🧊 cases réfrigérées
À prox. : 🐎

Le Trivoly – de déb. avr. à fin sept.
02 51 33 05 05, info@chadotel.com, Fax 02 51 33 94 04, www.chadotel.com – places limitées pour le passage – **R** conseillée
8 ha (270 empl.) plat, sablonneux, gravillons, herbeux
Tarif : 29,50 € ✶✶ ⛺ 🅴 [⚡] (6A) – pers. suppl. 5,80 € – frais de réservation 25 €
Location : 🏠 (4 à 6 pers.) 200 à 640 €/sem. – frais de réservation 25 € - **R** conseillée
Pour s'y rendre : bd des Plages

Nature : ☐ ♀♀
Loisirs : 🍷 snack, pizzeria 🏊 🎯 ⛱ ✂ ⚽ terrain omnisports
Services : ♿ ⛽ 🇬🇧 ✂ 🅿 ♨ 🚿 📶 🏠 sèche-linge 🧊

La Palmeraie de déb. avr. à mi-sept.
820 201 207, info@homair.com, Fax 04 42 95 03 63, www.camping-lapalmeraie.com – **R** conseillée
4,5 ha (242 empl.) plat, sablonneux, herbeux
Tarif : (Prix 2008) ✶ 8,50 € ⛺ 🅴 12,50 € – [⚡] (10A) 7 € – frais de réservation 10 €
Location (Prix 2008) : 🏠 (4 à 6 pers.) 210 à 756 €/sem. – 🏠 (4 à 6 pers.) - 196 à 714 €/sem. – frais de réservation 25 € - **R** conseillée
Pour s'y rendre : bd de la Plage
À savoir : décoration arbustive et florale

Nature : ☐ ♀♀
Loisirs : 🍷 snack, pizzeria 🏊 🎯 nocturne ⛱ ⚽ terrain omnisports
Services : ♿ ⛽ 🇬🇧 ✂ 🅿 ♨ 🚿 📶 🏠 sèche-linge 🧊 cases réfrigérées
À prox. : 🛒 ✂ 🐎

Nos guides hôteliers, nos guides touristiques et nos cartes routières sont complémentaires. Utilisez-les ensemble.

LA TOUR-SUR-ORB

📮 34260 – **339** D7 – 1 050 h. – alt. 228
Paris 717 – Béziers 40 – Clermont-l'Hérault 35 – Millau 81 – St-Affrique 75.

Municipal de fin juin à fin août
04 67 95 05 44, mairie.latoursurorb@wanadoo.fr, Fax 04 67 95 31 91 – **R** conseillée
0,7 ha (26 empl.) plat, herbeux
Tarif : (Prix 2008) 12 € ✶✶ ⛺ 🅴 [⚡] (6A) – pers. suppl. 3 €
Pour s'y rendre : sortie nord, derrière Écomarché

Nature : ☐ ♀♀
Loisirs : 🎯 ⛱ ✂ terrain omnisports
Services : ♿ ✂ 🅼 🅿 ♨ 😊
À prox. : 🛒

TRÈBES

📮 11800 – **344** F3 – 5 495 h. – alt. 84
🛈 Syndicat d'initiative, 12, avenue Pierre Curie 04 68 78 89 50
Paris 776 – Carcassonne 8 – Conques-sur-Orbiel 9 – Lézignan-Corbières 28 – Olonzac 28.

A l'Ombre des Micocouliers de déb. avr. à fin sept.
04 68 78 61 75, infos@campingmicocouliers.com, www.campingmicocouliers.com – **R** conseillée
1,5 ha (70 empl.) plat, sablonneux, herbeux
Tarif : 17 € ✶✶ ⛺ 🅴 [⚡] (16A) – pers. suppl. 4,50 €
Location : 5 bungalows toilés – **R** conseillée
🅿 1 borne artisanale
Pour s'y rendre : chemin de la Lande (au bord de l'Aude)

Nature : ☐ ♀♀
Loisirs : ✗ (le soir) 🎯 ⛱ 🐎
Services : ♿ ⛽ ✂ 🅿 ♨ 🚿 📶
À prox. : 🛒 ✂ ⚽ terrain omnisports, skate-parc

LANGUEDOC-ROUSSILLON

UZÈS

✉ 30700 – **339** L4 – G. Provence – 8 007 h. – alt. 138
🛈 Office de tourisme, place Albert 1ᵉʳ ☎ 04 66 22 68 88, Fax 04 66 22 95 19
Paris 682 – Alès 34 – Arles 52 – Avignon 38 – Montélimar 82 – Montpellier 83 – Nîmes 25.

Le Moulin Neuf – de déb. avr. à fin sept.
☎ 04 66 22 17 21, lemoulinneuf@yahoo.fr,
Fax 04 66 22 91 82, www.le-moulin-neuf.fr – **R** conseillée
5 ha (140 empl.) plat, terrasse, herbeux
Tarif : (Prix 2008) 20,10 € (5A) – pers. suppl. 4,80 € – frais de réservation 10 €

Location (Prix 2008) (permanent) : 35 (4 à 6 pers.) nuitée 50 € - 240 à 580 €/sem. – frais de réservation 10 € - **R** conseillée

1 borne artisanale – 10.5 €

Pour s'y rendre : chemin du Moulin-Neuf (4,5 km au nord-est par D 982, rte de Bagnols-sur-Cèze et D 5 à gauche)

Nature : (peupleraie)
Loisirs : snack terrain omnisports
Services :
À prox. :

Le Mas de Rey de déb. avr. à mi-oct.
☎ 04 66 22 18 27, info@campingmasderey.com,
Fax 04 66 22 18 27, www.campingmasderey.com
– **R** conseillée
5 ha/2,5 campables (60 empl.) plat, herbeux
Tarif : (Prix 2008) 22 € (10A) – pers. suppl. 6 €
– frais de réservation 8 €

Location (Prix 2008) (de déb. avr. à fin oct.) : 3 (4 à 6 pers.) nuitée 60 € - 400 à 700 €/sem. – 2 chalets (sans sanitaires) – frais de réservation 8 € - **R** conseillée

Pour s'y rendre : à Arpaillargues (3 km au sud-ouest par D 982)

Nature :
Loisirs :
Services :
À prox. :

Benutzen Sie den Hotelführer des laufenden Jahres.

393

VALLABRÈGUES

✉ 30300 – **339** M5 – 1 197 h. – alt. 8
Paris 698 – Arles 26 – Avignon 22 – Beaucaire 9 – Nîmes 32 – Pont-du-Gard 25.

Lou Vincen de déb. avr. à fin oct.
☎ 04 66 59 21 29, campinglouvincen@wanadoo.fr,
Fax 04 66 59 07 41, www.campinglouvincen.com
– **R** conseillée
1,4 ha (75 empl.) plat, herbeux
Tarif : 20,10 € (6A) – pers. suppl. 5,60 € – frais de réservation 17 €

Location (de mi-avr. à mi-oct.) : 8 (4 à 6 pers.) 290 à 638 €/sem. – frais de réservation 17 € - **R** conseillée

1 borne artisanale – 10 €

Pour s'y rendre : à l'ouest du bourg, à 100 m du Rhône et d'un petit lac

Nature :
Loisirs :
Services :
À prox. :

VALLERAUGUE

✉ 30570 – **339** G4 – G. Languedoc Roussillon – 1 009 h. – alt. 346
🛈 Office de tourisme, quartier des Horts ☎ 04 67 82 25 10, Fax 04 67 64 82 15
Paris 684 – Mende 100 – Millau 75 – Nîmes 86 – Le Vigan 22.

Le Pied de l'Aigoual de déb. juin à mi-sept.
☎ 04 67 82 24 40, monteils30@aol.com, Fax 04 67 82 24 23
– **R** conseillée
2,7 ha (80 empl.) plat, herbeux
Tarif : 17,20 € (6A) – pers. suppl. 4 €

Location : gîtes

Pour s'y rendre : au lieu-dit : Domaine de Pateau (2,2 km à l'ouest par D 986, rte de l'Espérou, à 60 m de l'Hérault)

Nature :
Loisirs :
Services :

LANGUEDOC-ROUSSILLON

VALRAS-PLAGE

34350 – **339** E9 – G. Languedoc Roussillon – 3 625 h. – alt. 1
Office de tourisme, place René Cassin 04 67 32 36 04, Fax 04 67 32 33 41
Paris 767 – Agde 25 – Béziers 16 – Montpellier 76.

Domaine de La Yole – de déb. mai à mi-sept.
04 67 37 33 87, info@campinglayole.com,
Fax 04 67 37 44 89, www.campinglayole.com – **R** conseillée
23 ha (1273 empl.) plat, herbeux, sablonneux
Tarif : 45,20 € (5A) – pers. suppl. 8 €
Location (mobile homes) : 250 (4 à 6 pers.) 420 à 970 €/sem. – (4 à 6 pers.) - 462 à 970 €/sem. – **R** conseillée
Pour s'y rendre : rte de Vendres (2 km au sud-ouest, à 500 m de la plage)

Nature :
Loisirs : brasserie, pizzeria, self-service terrain omnisport
Services :
À prox. :

Le Méditerranée de déb. avr. à mi-sept.
04 67 37 34 29, contact@camping-le-mediterranee.com,
Fax 04 67 37 58 47, www.camping-le-mediterranee.com
– **R** conseillée
4,5 ha (367 empl.) plat, herbeux, sablonneux
Tarif : (Prix 2008) 33,50 € (6A) – pers. suppl. 6,50 €
Location (Prix 2008) : 65 (4 à 6 pers.) nuitée 70 € - 270 à 735 €/sem. – 10 (4 à 6 pers.) nuitée 90 € - 360 à 805 €/sem. – **R** conseillée
Pour s'y rendre : rte de Vendres (1,5 km au sud-ouest, à 200 m de la plage)

Nature :
Loisirs : pizzeria, snack terrain omnisports
Services :   sèche-linge réfrigérateurs
À prox. : (centre équestre)

La Plage et du Bord de Mer – saison
04 67 37 34 38, contact@campinglaplage.eu, www.campinglaplage.net – **R** conseillée
13 ha (655 empl.) plat, herbeux, sablonneux
Tarif : (Prix 2008) 36 € (6A) – pers. suppl. 6 €
– frais de réservation 20 €
Pour s'y rendre : rte de Vendres (1,5 km au sud-ouest, au bord de mer)
À savoir : au bord d'une belle plage de sable fin

Nature :
Loisirs : nocturne
Services : sèche-linge
À prox. :

Lou Village – de déb. mai à mi-sept.
04 67 37 33 79, info@louvillage.com, Fax 04 67 37 53 56,
www.louvillage.com – places limitées pour le passage
– **R** conseillée
8 ha (450 empl.) plat, sablonneux, herbeux, étangs
Tarif : (Prix 2008) 42 € (10A) – pers. suppl. 7,50 € – frais de réservation 30 €
Location : 10 (2 à 4 pers.) 289 à 600 €/sem. – 50 (4 à 6 pers.) 500 à 800 €/sem. – 12 (4 à 6 pers.) - 570 à 870 €/sem. – frais de réservation 30 € - **R** conseillée
1 borne artisanale
Pour s'y rendre : chemin des Montilles (2 km au sud-ouest, à 100 m de la plage (accès direct))

Nature :
Loisirs : pizzeria, snack nocturne
Services :
À prox. : jet-ski

Les Foulègues de mi-avr. à fin sept.
04 67 37 33 65, info@campinglesfoulegues.com,
Fax 04 67 37 54 75, www.campinglesfoulegues.com
– **R** conseillée
5,3 ha (339 empl.) plat, herbeux, sablonneux
Tarif : (Prix 2008) 40 € (6A) – pers. suppl. 7 €
– frais de réservation 30 €
Location (Prix 2008) (de fin avr. à fin sept.) : 23 (4 à 6 pers.) 220 à 790 €/sem. – 8 (4 à 6 pers.) - 310 à 805 €/sem. – frais de réservation 30 € - **R** conseillée
Pour s'y rendre : à Grau-de-Vendres, av. du Port (5 km au sud-ouest, à 400 m de la plage)

Nature :
Loisirs : snack, pizzeria
Services :
À prox. :

LANGUEDOC-ROUSSILLON

VALRAS-PLAGE

▲ **Les Sablines** (location exclusive de mobile homes) de mi-avr. à mi-sept.
℘ 820 201 207, *info@homair.com*, Fax 04 42 95 03 53,
www.camping-lessablines.com – **R**
3 ha plat
Location (Prix 2008) : (4 à 6 pers.) 203 à 756 €/sem. – frais de réservation 25 € - **R** conseillée
Pour s'y rendre : chemin des Montilles

Nature : 🌳 ♀♀
Loisirs : 🍴 pizzeria, snack 🎪 🚴
🐎 🏊 ⛳ terrain omnisports
Services : 🔑 GB ✂ 🧺 🍴
À prox. : 🐎

VERNET-LES-BAINS

✉ 66820 – **344** F7 – G. Languedoc Roussillon – 1 440 h. – alt. 650 – ♨ (mi-mars-fin nov.)
🛈 Office de tourisme, 2, rue de la chapelle ℘ 04 68 05 55 35, Fax 04 68 05 60 33
Paris 904 – Mont-Louis 36 – Perpignan 57 – Prades 11.

▲ **L'Eau Vive** de Pâques à fin oct.
℘ 04 68 05 54 14, *campingleauvive@orange.fr*,
Fax 04 68 05 78 14, *www.leau-vive.com* – **R** conseillée
2 ha (90 empl.) plat et peu incliné, herbeux
Tarif : (Prix 2008) 25 € 🚿🚿 🚗 📧 ⚡(4A) – pers. suppl. 2,50 € – frais de réservation 15 €
Location (Prix 2008) (fermé de fin oct. à mi-déc.) : 4 (4 à 6 pers.) 150 à 375 €/sem. – 10 🏠 (4 à 6 pers.) - 175 à 550 €/sem. – frais de réservation 15 € - **R** conseillée
Pour s'y rendre : chemin St-Saturnin (sortie vers Sahorre puis apr. le pont 1,3 km par av. St-Saturnin à dr., près du Cady)
À savoir : dans un site agréable

Nature : 🌊 ≤ ♀
Loisirs : 🍴 snack (soir) 🎪 🎣
Services : ♿ 🔑 GB ✂ M 🧺 ♨ 🚿 🍴

Ne pas confondre :
▲ ... à ... ▲▲▲ : *appréciation* **MICHELIN**
et
★ ... à ... ★★★★ : *classement officiel*

VERS PONT DU GARD

✉ 30210 – **339** M5

▲ **International les Gorges du Gardon** 👥 –
℘ 04 66 22 81 31, *camping.international@wanadoo.fr*,
Fax 04 66 22 90 12, *www.le-camping-international.com*
4 ha (190 empl.) plat, pierreux, herbeux
Location : 18 – 4 🏠
🚐 1 borne artisanale

Nature : 🌳 ♀♀
Loisirs : 🍴 snack, pizzeria 🎪 🚴 🏊
Services : ♿ 🔑 🧺 ♨ 🍴 🧴

VIAS

✉ 34450 – **339** F9 – G. Languedoc Roussillon – 4 354 h. – alt. 10
🛈 Office de tourisme, avenue de la Méditerranée ℘ 04 67 21 76 25, Fax 04 67 21 55 46
Paris 752 – Agde 5 – Béziers 19 – Narbonne 46 – Sète 30 – Valras-Plage 20.

à la Plage S : 2,5 km par D 137

 Yelloh! Village Club Farret 👥 – de déb. avr. à fin sept.
℘ 04 67 21 64 45, *farret@wanadoo.fr*, Fax 04 67 21 70 49,
www.camping-farret.com – **R** conseillée
7 ha (437 empl.) plat, sablonneux, herbeux
Tarif : 46 € 🚿🚿 🚗 📧 ⚡(6A) – pers. suppl. 8 €
Location 🏖 : 174 (4 à 6 pers.) 203 à 1 253 €/sem. – 62 🏠 (4 à 6 pers.) - 182 à 777 €/sem. - **R** conseillée
🚐 1 borne artisanale
Pour s'y rendre : chemin des Rosses (au bord de plage)
À savoir : joli village de mobil-homes

Nature : 🌊 🌳 ♀♀ ⛱
Loisirs : 🍴 ✂ pizzeria, grill 🎪 🚴 🏊 salle d'animation 🎣 🚴
🏓 🏊 ⛵
Services : ♿ 🔑 GB ✂ 🧺 ♨ 🍴 🧴 🚿 🧺 sèche-linge 🛒 🍴
À prox. : 🐎 poneys

LANGUEDOC-ROUSSILLON

VIAS

Le Napoléon – de déb. avr. à fin sept.
04 67 01 07 80, reception@camping-napoleon.fr, Fax 04 67 01 07 85, www.camping-napoleon.fr – **R** conseillée
3 ha (239 empl.) plat, herbeux, sablonneux
Tarif : 44 € (10A) – pers. suppl. 7 € – frais de réservation 35 €
Location : 67 (4 à 6 pers.) nuitée 38 € - 266 à 770 €/sem. – 37 (4 à 6 pers.) nuitée 47 € - 329 à 1 113 €/sem. – appartements – frais de réservation 35 € - **R** conseillée
1 borne artisanale 38 €
Pour s'y rendre : à Farinette-Plage (250 m de la plage)

Nature : (peupleraie)
Loisirs : pizzeria, hammam, terrain omnisports
Services : sèche-linge, cases réfrigérées
À prox. : discothèque parcours sportif, parc d'attractions

Méditerranée-Plage de déb. avr. à fin sept.
04 67 90 99 07, contact@mediterranee-plage.com, Fax 04 67 90 99 17, www.mediterranee-plage.com – **R** conseillée
9,6 ha (490 empl.) plat, herbeux, sablonneux
Tarif : 37,80 € (6A) – pers. suppl. 6,50 € – frais de réservation 25 €
Location (juil.-août) : 180 (4 à 6 pers.) 245 à 870 €/sem. – frais de réservation 25 € - **R** conseillée
1 borne eurorelais
Pour s'y rendre : Côte ouest (6 km au sud-ouest par D 137e 2, au bord de plage)
À savoir : cadre agréable en bordure de mer et services de qualité

Nature :
Loisirs : pizzeria, crêperie
Services : sèche-linge

Les Flots Bleus de mi-avr. à mi-sept.
04 67 21 64 80, campinglesflotsbleus@wanadoo.fr, Fax 04 67 01 78 12, www.camping-flotsbleus.com – **R** conseillée
5 ha (314 empl.) plat, herbeux, sablonneux
Tarif : (Prix 2008) 32 € (6A) – pers. suppl. 5,50 € – frais de réservation 22 €
Location (Prix 2008) (juil.-août) : 40 (4 à 6 pers.) 250 à 670 €/sem. – 30 (4 à 6 pers.) 260 à 680 €/sem. – frais de réservation 22 € - **R** conseillée
1 borne flot bleu 4 €
Pour s'y rendre : Côte ouest (au sud-ouest, au bord de plage)

Nature :
Loisirs : snack, pizzeria, nocturne, terrain omnisports
Services :

Cap Soleil –
04 67 21 64 77, cap.soleil@wanadoo.fr, Fax 04 67 21 70 66, www.capsoleil.fr – **R** conseillée
4,5 ha (288 empl.) plat, herbeux
Location : 40
1 borne artisanale – 25
Pour s'y rendre : 600 m de la plage
À savoir : la piscine couverte (découverte l'été) est réservée au naturisme juillet-août

Nature :
Loisirs : pizzeria, snack, (découverte en saison), terrain omnisports
Services : sèche-linge, réfrigérateurs
À prox. :

Californie Plage – de déb. avr. à mi-oct.
04 67 21 64 69, californie.plage@wanadoo.fr, Fax 04 67 21 54 62, www.californie-plage.fr – **R** conseillée
5,8 ha (371 empl.) plat, herbeux, sablonneux
Tarif : (Prix 2008) 33,50 € (3A) – pers. suppl. 5 € – frais de réservation 25 €
Location (Prix 2008) : 99 (4 à 6 pers.) 210 à 966 €/sem. – frais de réservation 25 € - **R** conseillée
Pour s'y rendre : côte ouest (au sud-ouest par D 137e et chemin à gauche, au bord de plage)
À savoir : accès gratuit au parc aquatique du camping Cap-Soleil (à 100 m)

Nature :
Loisirs : snack, pizzeria, terrain omnisports
Services : sèche-linge, cases réfrigérées
À prox. :

LANGUEDOC-ROUSSILLON

VIAS

L'Air Marin – de mi-mai à mi-sept.
04 67 21 64 90, info@camping-air-marin.fr,
Fax 04 67 21 76 79, www.camping-air-marin.fr – places limitées pour le passage – **R** conseillée
5,5 ha (305 empl.) plat, herbeux, sablonneux
Tarif : 37 € (6A) – pers. suppl. 8 € – frais de réservation 22 €
Location (de mi-avr. à mi-sept.) : 180 (4 à 6 pers.) 290 à 810 €/sem. – frais de réservation 22 € - **R** conseillée
Pour s'y rendre : près du canal du Midi

Nature :
Loisirs : brasserie, snack nocturne terrain omnisports, canoë, barques
Services : sèche-linge
À prox. : parc d'attractions

Hélios de déb. mai à fin sept.
04 67 21 63 66, franceschi.louis@wanadoo.fr,
Fax 04 67 21 63 66, www.camping-helios.com – **R** conseillée
2,5 ha (215 empl.) plat, sablonneux, herbeux
Tarif : 24 € (6A) – pers. suppl. 3,75 € – frais de réservation 10 €
Location (Prix 2008) : 6 (2 à 4 pers.) 120 à 475 €/sem. – 14 (4 à 6 pers.) 160 à 603 €/sem. – 6 (4 à 6 pers.) - 175 à 632 €/sem. – frais de réservation 10 € - **R** conseillée
Pour s'y rendre : av. des Pêcheurs (près du Libron, à 250 m de la plage)

Nature :
Loisirs : snack
Services :

Club Ste Cécile de mi-avr. à mi-sept.
04 67 21 63 70, campingsaintececile@wanadoo.fr,
Fax 04 67 21 48 71, www.camping-sainte-cecile.com – places limitées pour le passage – **R** conseillée
2 ha (194 empl.) plat, sablonneux, herbeux
Tarif : 35 € (6A) – pers. suppl. 5 € – frais de réservation 15 €
Location : 60 (4 à 6 pers.) nuitée 49 € - 230 à 750 €/sem. – frais de réservation 15 € – **R** conseillée
Pour s'y rendre : av. des Pêcheurs (près du Libron, à 500 m de la plage)

Nature :
Loisirs : snack, pizzeria
Services :
À prox. :

397

Le Petit Mousse – (location exclusive de mobile homes et caravanes) de fin avr. à fin oct.
04 67 90 99 04, campinglepetitmousse@vacances-directes.com, Fax 04 67 90 97 95, www.campinglepetitmousse.com
5,2 ha plat, sablonneux, herbeux
Location : 56 (2 à 4 pers.) nuitée 27 € - 189 à 567 €/sem. – 108 (4 à 6 pers.) nuitée 39 € - 273 à 819 €/sem. – **R** conseillée
Pour s'y rendre : Côte ouest

Nature :
Loisirs : pizzeria, snack
Services : sèche-linge

LE VIGAN

30120 – **339** G5 – G. Languedoc Roussillon – 4 429 h. – alt. 221
Office de tourisme, place du Marché 04 67 81 01 72, Fax 04 67 81 86 79
Paris 707 – Alès 66 – Lodève 50 – Mende 108 – Millau 72 – Montpellier 61 – Nîmes 77.

Le Val de l'Arre de déb. avr. à fin sept.
04 67 81 02 77, valdelarre@wanadoo.fr,
Fax 04 67 81 71 23, www.valdelarre.com – **R** conseillée
4 ha (180 empl.) plat, peu incliné et en terrasses, herbeux
Tarif : (Prix 2008) 19,90 € (10A) – pers. suppl. 5 € – frais de réservation 15 €
Location (Prix 2008) : 21 (4 à 6 pers.) 217 à 595 €/sem. – chalets (sans sanitaires) – frais de réservation 15 € - **R** conseillée
Pour s'y rendre : rte du Pont de la Croix (2,5 km à l'est par D 999, rte de Ganges et chemin à droite, au bord de l'Arre)

Nature :
Loisirs :
Services :

LANGUEDOC-ROUSSILLON

LES VIGNES

✉ 48210 – **330** H9 – G. Languedoc Roussillon – 118 h. – alt. 410
🛈 *Office de tourisme, le village* ✆ 04 66 48 80 90
Paris 615 – Mende 52 – Meyrueis 33 – Le Rozier 12 – Ste-Enimie 25 – Sévérac-le-Château 22.

▲▲▲ Village Vacances Castel de la Peyre (location exclusive de maisonnettes) Permanent
✆ 04 66 48 85 10, *sla@lozere-resa.com, www.lozere-resa.com*
1 ha non clos, en terrasses
Location (Prix 2008) : 10 🏠 (4 à 6 pers.) nuitée 62 € - 158 à 669 €/sem. – frais de réservation 20 € - **R** conseillée

Nature : 🌳 ≤
Loisirs : 🎱 🏊
Services : ♿ ⚡ 🆎 🍴 🛒 ♨ ⚙

▲ La Blaquière de mi-avr. à mi-sept.
✆ 04 66 48 54 93, *campingblaquiere@wanadoo.fr, www.campingblaquiere.fr* – **R** conseillée
1 ha (72 empl.) plat, en terrasses, herbeux, pierreux, sablonneux
Tarif : 17 € ★★ 🚗 🅿 🔌 (6A) – pers. suppl. 3,60 € – frais de réservation 13 €
Location (de mi-avr. à mi-oct.) : 6 🛻 (4 à 6 pers.) nuitée 45 € - 250 à 570 €/sem. – 4 bungalows toilés – frais de réservation 13 € – **R** conseillée
🛻 7 🅿 17 €
Pour s'y rendre : rte de Florac (6 km au nord-est par D 907bis, au bord du Tarn)

Nature : 🌊 ♀♀ ▲
Loisirs : 🎱 🏄
Services : ♿ ⚡ 🆎 🍴 ♨ ⚙ 🛒
🚿 🚻
À prox. : canoë-kayak

VILLEFORT

✉ 48800 – **330** L8 – G. Languedoc Roussillon – 620 h. – alt. 600
🛈 *Office de tourisme, rue de l'Église* ✆ 04 66 46 87 30, Fax 04 66 46 85 33
Paris 616 – Alès 52 – Aubenas 61 – Florac 63 – Mende 58 – Pont-St-Esprit 90 – Le Puy-en-Velay 85.

▲▲ Morangiés - Le Lac de déb. mai à fin sept.
✆ 04 66 46 81 27, *camping-lac@orange.fr,*
Fax 04 66 46 81 27, *www.camping-lac-cevennes.com*
– **R** conseillée
4 ha (75 empl.) en terrasses, herbeux, gravillons
Tarif : 14 € ★★ 🚗 🅿 🔌 (6A) – pers. suppl. 3,50 €
Location (permanent) : 30 🛻 (4 à 6 pers.) nuitée 45 € - 252 à 546 €/sem. – 19 🏠 (4 à 6 pers.) nuitée 52 € - 273 à 614 €/sem. – **R** conseillée
Pour s'y rendre : à Morangiés (3,4 km au nord par D 901, rte de Mende, D 906, rte de Prévenchère et à gauche chemin de Pourcharesses)
À savoir : agréable situation au bord du lac et d'une base nautique

Nature : 🌳 ≤ 🌊 ♀
Loisirs : 🎱 🏄 🏊
Services : ♿ ⚡ 🆎 🍴 ♨ ⚙ 🚿 🚻
🛒
À prox. : 🚴 🎾 🏊 🎣 ♨ 🐎 canoë

▲▲ La Palhère mai-sept.
✆ 04 66 46 80 63, Fax 04 66 46 80 63, *http://villefort.free.fr*
– alt. 750 – **R** conseillée
1,8 ha (45 empl.) en terrasses, herbeux, pierreux
Tarif : 14 € ★★ 🚗 🅿 🔌 (6A) – pers. suppl. 4 €
Pour s'y rendre : rte du Mas de la Barque (4 km au sud-ouest par D 66, au bord d'un torrent)

Nature : 🌳 ≤ ♀
Loisirs : snack 🏊 🏄
Services : 🆎 🍴 ♨ ⚙ 🚿 🚻 🛒
À prox. : 🍴

VILLEGLY

✉ 11600 – **344** F3 – 747 h. – alt. 130
Paris 778 – Lézignan-Corbières 36 – Mazamet 46 – Carcassonne 14 – Castelnaudary 53.

▲▲ Moulin de Ste-Anne de déb. mars à mi-nov.
✆ 04 68 72 20 80, *campingstanne@wanadoo.fr,*
Fax 04 68 72 27 15, *www.moulindesainteanne.com* – **R** conseillée
1,6 ha (60 empl.) terrasse, plat, peu incliné, herbeux
Tarif : 👤 5 € 🚗 🅿 8 € 🔌 (10A) – frais de réservation 17 €
Location : 15 🏠 (4 à 6 pers.) - 280 à 610 €/sem. – frais de réservation 17 € – **R** conseillée
🛻 1 borne 4 €
Pour s'y rendre : chemin de Ste-Anne (sortie est par D 435, rte de Villarzel)

Nature : 🌊 ♀
Loisirs : 🍴 pizzeria 🎱 🏄 🏊 terrain omnisports
Services : ♿ ⚡ 🆎 🍴 🛒 ♨ ⚙
🚿 🚻 🛒

LANGUEDOC-ROUSSILLON

VILLEMOUSTAUSSOU

✉ 11620 – **344** F3 – 2 696 h. – alt. 114
Paris 775 – Montpellier 164 – Carcassonne 6 – Perpignan 129 – Béziers 80.

Das Pinhiers de déb. mars à fin oct.
☎ 04 68 47 81 90, campindaspinhiers@wanadoo.fr,
Fax 04 68 71 43 49, www.camping-carcassonne.net
– **R** conseillée
2 ha (72 empl.) plat, peu incliné, en terrasses, herbeux
Tarif : (Prix 2008) ♣ 4,20 € ⇔ 🅿 4,30 € – (10A) 3,50 € –
frais de réservation 15 €
Location (Prix 2008) (de déb. avr. à fin oct.) : 7 🏠 (4 à
6 pers.) 245 à 530 €/sem. – 3 bungalows toilés – frais de
réservation 15 € - **R** conseillée
🚐 1 borne artisanale 3,70 € – 3 🅿 11 € – 🚚 11 €
Pour s'y rendre : 583 chemin du Pont-Neuf (1 km au nord)
À savoir : cadre agréable et fleuri

Nature : 🌳 ♤♤
Loisirs : 🏊 ⚽ m 🎣 🛶
Services : ♿ ⚿ 🆎 🐕 🎁 ♨ 🔥 ⌖
🛥 🚻 🛒
À prox. : 🍴

Si vous recherchez :
△ *Un terrain au bord de l'eau avec possibilité de baignade*
🌙 *Un terrain agréable ou très tranquille*
L *Un terrain effectuant la location de caravanes, de mobile homes, de bungalows ou de chalets*
P *Un terrain ouvert toute l'année*
🚐 *Un terrain possédant une aire de services pour camping-cars*
Consultez le tableau des localités

VILLENEUVE-LÈS-BÉZIERS

✉ 34420 – **339** E9 – 3 434 h. – alt. 6
🅘 Office de tourisme, place de la Fontaine ☎ 04 67 39 48 83
Paris 762 – Montpellier 66 – Béziers 7 – Narbonne 40 – Sète 53.

Les Berges du Canal de mi-avr. à mi-sept.
☎ 04 67 39 36 09, contact@lesbergesducanal.com,
Fax 04 67 39 82 07, www.lesbergesducanal.com
– **R** conseillée
3 ha (102 empl.) plat, herbeux, pierreux
Tarif : 24,40 € ♣♣ ⇔ 🅿 (10A) – pers. suppl. 5,20 € –
frais de réservation 7,50 €
Location : 🏠 – frais de réservation 15,24 € - **R**
conseillée
🚐 1 borne 2 €
Pour s'y rendre : promenade des Vernets

Nature : 🌳 ♤♤
Loisirs : 🍹 snack 🍴 ⚽ 🛶 ter-
rain omnisports, ponton d'amar-
rage, halte nautique
Services : ♿ ⚿ 🆎 🐕 🎁 ♨ ⌖ 🛒
sèche-linge 🧺
À prox. : ✕ 🎣

VILLENEUVE-DE-LA-RAHO

✉ 66180 – **344** I7 – 3 625 h. – alt. 60
🅘 Office de tourisme, plage touristique ☎ 04 68 55 91 05, Fax 04 68 55 80 98
Paris 859 – Argelès-sur-Mer 16 – Céret 28 – Perpignan 10 – Port-Vendres 25 – Prades 52.

Municipal les Rives du Lac de mi-mars à mi-nov.
☎ 04 68 55 83 51, camping.villeneuveraho@wanadoo.fr,
Fax 04 68 55 86 37 – **R** conseillée
3 ha (158 empl.) plat, herbeux
Tarif : 15,90 € ♣♣ ⇔ 🅿 (6A) – pers. suppl. 3,50 € –
frais de réservation 13 €
Location 🏠 : 9 🏠 (4 à 6 pers.) nuitée 50 € - 250 à
435 €/sem. – 7 bungalows toilés – frais de réservation
13 € - **R** conseillée
🚐 1 borne artisanale 3,50 €
Pour s'y rendre : chemin de las Serres (2,5 km à l'ouest par
D 39, rte de Pallestres et chemin à gauche)

Nature : 🌊 ← 🌳 ♀ △
Loisirs : 🍹 snack ⚽ 🛶
Services : ♿ ⚿ 🆎 🐕 🎁 ⌖ 🛥 🚻
🛒 sèche-linge 🧺
À prox. : 🏊 ⚓

LANGUEDOC-ROUSSILLON

VILLENEUVE-LÈS-AVIGNON

✉ 30400 – **339** N5 – G. Provence – 11 791 h. – alt. 23
🛈 *Office de tourisme, 1, place Charles David* ☎ *04 90 25 61 33, Fax 04 90 25 91 55*
Paris 678 – Avignon 8 – Nîmes 46 – Orange 28 – Pont-St-Esprit 42.

▲▲▲ **Campéole L'Ile des Papes** ▲▲ – de fin mars à fin oct.
☎ 04 90 15 15 90, *ile-des-papes@campeole.com*,
Fax 04 90 15 15 91, *www.campeole.com* – **R** conseillée
20 ha (210 empl.) plat, pierreux, herbeux, étang
Tarif : (Prix 2008) 29,10 € ★★ ⇔ 🔲 (½) (10A) – pers. suppl. 6,90 €
Location (Prix 2008) : 54 🏠 (4 à 6 pers.) nuitée 52 € - 364 à 756 €/sem. – 31 🏠 (4 à 6 pers.) nuitée 50 € - 350 à 714 €/sem. – bungalows toilés – **R** conseillée
🚐 1 borne artisanale
Pour s'y rendre : L'Islon (4,5 km au nord-est par D 980, rte de Roquemaure et D 780 à dr., rte du barrage de Villeneuve, entre le Rhône et le canal)

Nature : ≤ 🏞 ♀
Loisirs : ♀ ✗ (soir) snack (midi) 🏛
🏃 ♿ 🚴 🎠 🎡
Services : ♿ ☎ GB ✂ ⌂ 🏠 ♨
♻ 🍽 sèche-linge 🧺 ♿

▲ **Municipal de la Laune** de déb. avr. à mi-oct.
☎ 04 90 25 76 06, *campingdelalaune@wanadoo.fr*,
Fax 04 90 25 76 06, *www.camping-villeneuvelezavignon.com* – **R** conseillée
2,3 ha (123 empl.) plat, pierreux, herbeux
Tarif : (Prix 2008) 15 € ★★ ⇔ 🔲 (½) (6A) – pers. suppl. 4 €
🚐 1 borne artisanale 4 € – 21 🔲 6,50 € – 🍴 9 €
Pour s'y rendre : chemin St-Honoré (au nord-est, accès par D 980, près du stade et des piscines)

Nature : 🏞 ♀♀
Loisirs : 🏛 🏃
Services : ♿ ☎ GB ✂ 🗂 ♨ 🏠
À prox. : ✂ 🏊 🏓 piste de skate

LIMOUSIN

🇫🇷 Les citadins en mal de verdure viennent goûter en Limousin la simplicité de joies bucoliques : humer l'air vivifiant du plateau de Millevaches, flâner le long de rivières poissonneuses, se perdre dans les bois à la recherche de champignons... Et s'extasier devant les placides bœufs à la robe « froment vif » ou le spectacle attendrissant des agneaux tétant leur mère. En automne la forêt se pare d'une éblouissante palette d'ocres, de rouges et de bruns profonds sous-tendue de reflets mordorés, qui a inspiré bien des peintres. Détentrices de savoir-faire ancestraux — émaux, porcelaines, tapisseries — bourgs et cités paisibles ne s'en ouvrent pas moins à l'art contemporain. Les plaisirs de la table ? Authentiques, comme la région : soupe au lard, pâté de pommes de terre, potée et... viandes exquises !

🇬🇧 Life in Limousin is lived as it should be: tired Parisians in need of greenery come to rediscover the simple joys of country life, breathe the bracing air of its high plateaux and wander through its woodlands in search of mushrooms and chestnuts. The sight of peacefully grazing cattle or lambs frolicking in a spring meadow will rejuvenate the most jaded city-dweller. Come autumn, the forests are swathed in colour: a perfect backdrop to the granite and sandstone of the peaceful towns and villages, where ancestral crafts, like Limoges porcelain and Aubusson tapestries, blend a love of tradition with an enthusiasm for the best of the new. The food is as wholesome as the region: savoury bacon soup, Limousin stew and, as any proud local will tell you, the most tender, succulent beef in the world.

LIMOUSIN

AIXE-SUR-VIENNE

✉ 87700 – **325** D6 – G. Limousin Berry – 5 466 h. – alt. 204
🛈 Syndicat d'initiative, avenue du Président Wilson ✆ 05 55 70 19 71, Fax 05 55 70 48 30
Paris 400 – Châlus 21 – Confolens 60 – Limoges 14 – Nontron 55 – Rochechouart 30 – St-Yrieix-la-Perche 39.

▲ Municipal les Grèves juin-sept.
✆ 05 55 70 12 98, camping@mairie-aixesurvienne.fr,
Fax 05 55 70 43 00, www.mairie-aixesurvienne.fr
– **R** conseillée
3 ha (80 empl.) plat, herbeux
Tarif : (Prix 2008) 14 € ✶✶ ⇔ 🅴 [🅙] (10A) – pers. suppl. 4 €
Location (Prix 2008) (permanent) : 2 🏠 (4 à 6 pers.) nuitée 50 € - 380 à 400 €/sem. – **R** conseillée
🚐 1 borne artisanale
Pour s'y rendre : r. Jean-Claude-Papon (au bord de la Vienne).
À savoir : agréable terrain avec des emplacements au bord de la Vienne.

Nature : 🌳🌳
Loisirs : 🍴 🏠 ⛱ 💧
Services : ♿ 🔑 🅶🅱 🚗 🚿 🗑 🛒
À prox. : 🏊

Pour choisir et suivre un itinéraire
Pour calculer un kilométrage
Pour situer exactement un terrain (en fonction des indications fournies dans le texte) :
*Utilisez les **cartes MICHELIN**,*
compléments indispensables de cet ouvrage.

ARGENTAT

✉ 19400 – **329** M5 – G. Limousin Berry – 3 125 h. – alt. 183
🛈 Office de tourisme, place da Maïa ✆ 05 55 28 16 05, Fax 05 55 28 45 16
Paris 503 – Aurillac 54 – Brive-la-Gaillarde 45 – Mauriac 49 – St-Céré 40 – Tulle 29.

⛰ Le Gibanel de déb. juin à déb. sept.
✆ 05 55 28 10 11, contact@camping-gibanel.com,
Fax 05 55 28 81 62, www.camping-gibanel.com – **R** conseillée
60 ha/8,5 campables (250 empl.) plat, terrasses, herbeux
Tarif : 22,20 € ✶✶ ⇔ 🅴 [🅙] (6A) – pers. suppl. 5 €
Pour s'y rendre : 4,5 km au nord-est par D 18, rte d'Égletons puis chemin à dr.
À savoir : sur les terres d'un château du XVIe s et au bord d'un lac

Nature : 🌊 ≤ 🌳🌳 △
Loisirs : 🍴 pizzéria le soir 🏠 ⚽ 🏊 🐎 terrain omnisports, canoë
Services : ♿ 🔑 🅶🅱 🚗 🚿 🗑 🛒 🧺 🛁 sèche-linge 🧴 💺

403

⛰ Au Soleil d'Oc 👥 – de déb. avr. à mi-nov.
✆ 05 55 28 84 84, info@dordogne-soleil.com,
Fax 05 55 28 12 12, www.dordogne-soleil.com – **R** conseillée
4 ha (120 empl.) plat, terrasse, herbeux
Tarif : 24,80 € ✶✶ ⇔ 🅴 [🅙] (6A) – pers. suppl. 5,80 €
Location : 10 🏠 (4 à 6 pers.) nuitée 45 € - 315 à 650 €/sem. – 6 🏠 (4 à 6 pers.) nuitée 45 € - 315 à 650 €/sem. – 3 bungalows toilés – frais de réservation 30 € - **R** conseillée
🚐 1 borne artisanale 10 € – 🚙 [🅙] 10 €
Pour s'y rendre : à Monceaux-sur-Dordogne (4,5 km au sud-ouest par D 12, rte de Beaulieu puis D 12e, rte de Vergnolles et chemin à gauche apr. le pont, au bord de la Dordogne)

Nature : 🌊 🏞 🌳🌳 △
Loisirs : 🍴 snack 🏠 ⚽ 🏃 ⛱ 🚲 🐎 🏊 🐎 canoë
Services : 🔑 🅶🅱 🚗 🚿 🗑 🛒 🧺 sèche-linge 🧴

▲ Le Vaurette 👥 – de déb. mai à mi-sept.
✆ 05 55 28 09 67, info@vaurette.com, Fax 05 55 28 81 14,
www.vaurette.com – **R** conseillée
4 ha (120 empl.) terrasse, plat, et peu incliné, herbeux
Tarif : 27 € ✶✶ ⇔ 🅴 [🅙] (6A) – pers. suppl. 5 € – frais de réservation 10 €
Pour s'y rendre : au Lieu-dit : Vaurette (9 km au sud-ouest par D 12, rte de Beaulieu, au bord de la Dordogne)

Nature : 🌊 🌳🌳 △
Loisirs : 🍴 snack 🏠 diurne 🏃 salle d'animation ⛱ ✂ 🏊 🐎
Services : ♿ 🔑 🅶🅱 🚗 🚿 🗑 🛒 🧺 sèche-linge 🛁
À prox. : canoë

LIMOUSIN

AUBAZINES

✉ 19190 – **329** L4 – G. Périgord Quercy – 732 h. – alt. 345 – Base de loisirs
🅘 Office de tourisme, le bourg ✆ 05 55 25 79 93, Fax 05 55 25 79 93
Paris 480 – Aurillac 86 – Brive-la-Gaillarde 14 – St-Céré 50 – Tulle 17.

Campéole Le Coiroux – de fin mars à fin sept.
✆ 05 55 27 21 96, coiroux@campeole.com,
Fax 05 55 27 19 16, www.camping-coiroux.com – **R** conseillée
165 ha/6 campables (166 empl.) peu incliné, herbeux, bois attenants
Tarif : 19,90 € ✶✶ ⇔ 🄴 [⚡] (10A) – pers. suppl. 5,90 € – frais de réservation 10 €
Location : 33 🏠 (4 à 6 pers.) nuitée 35 € - 245 à 770 €/sem. – 15 bungalows toilés – tentes avec sanitaires – frais de réservation 25 € - **R** conseillée
🚐 1 borne artisanale 11 €
Pour s'y rendre : centre touristique du Coiroux (5 km à l'est par D 48, rte du Chastang, à prox. d'un plan d'eau et d'un parc de loisirs)

Nature : 🌊 🏕 ♦♦
Loisirs : pizzeria 🏠 ☕ 🤸 🎣
Services : ♿ ⛽ 🅶🅱 🚿 Ⓜ 🍳 ♨ 🧺 sèche-linge 🛒 🚗
À prox. : 🍷 ✖ 🍽 ⛵ (plage) 🏊
practice, golf (9 et 18 trous), accrobranches, paintball

AURIAC

✉ 19220 – **329** N4 – 215 h. – alt. 608
Paris 517 – Argentat 27 – Égletons 33 – Mauriac 23 – Tulle 45.

Municipal de mi-avr. à mi-nov.
✆ 05 55 28 25 97, mairie.auriac@wanadoo.fr,
Fax 05 55 28 29 82, auriac.fr – **R** conseillée
1,7 ha (70 empl.) peu incliné, plat, herbeux
Tarif : ✶ 3,16 € ⇔ 1,58 € 🄴 1,58 € – [⚡] (6A) 3,16 €
Location : 8 🏠 (4 à 6 pers.) nuitée 48 € - 48 à 55 €/sem. – **R** conseillée
Pour s'y rendre : sortie sud-est par D 65, rte de St-Privat, près d'un étang et d'un parc boisé
À savoir : certains emplacements dominent le plan d'eau

Nature : 🌊 🌲 🏕 ♦♦ 🌳
Loisirs : 🏠 🤸
Services : (15 juil.-20 août) 🚿 ☕ 🍳
À prox. : ✖ 🏊 ⛵ (plage) 🏊 canoë, pédalos

BEAULIEU-SUR-DORDOGNE

✉ 19120 – **329** M6 – G. Limousin Berry – 1 286 h. – alt. 142
🅘 Office de tourisme, place Marbot ✆ 05 55 91 09 94, Fax 05 55 91 10 97
Paris 513 – Aurillac 65 – Brive-la-Gaillarde 44 – Figeac 56 – Sarlat-la-Canéda 69 – Tulle 38.

Les Îles de déb. avr. à déb. oct.
✆ 05 55 91 02 65, info@campingdesiles.fr,
Fax 05 55 91 05 19, www.campingdesiles.fr – **R** conseillée
4 ha (120 empl.) plat, herbeux
Tarif : 23,90 € ✶✶ ⇔ 🄴 [⚡] (10A) – pers. suppl. 6 € – frais de réservation 17 €
Location : 18 🏠 (4 à 6 pers.) 189 à 699 €/sem. – 12 bungalows toilés – frais de réservation 17 € - **R** conseillée
🚐 1 borne artisanale – 3 🄴 10 € – 🚗 10 €
Pour s'y rendre : bd Rodolphe-de-Turenne (à l'est du centre bourg)
À savoir : cadre et situation pittoresques sur une île de la Dordogne

Nature : 🌊 ♦♦ 🌳
Loisirs : 🍷 🏠 🤸 🏊 🎣 canoë
Services : ♿ ⛽ 🅶🅱 🚿 Ⓜ 🍳 ♨ 🧺 🏠 🍳 sèche-linge 🛒
À prox. : 🤸 ✖

BESSINES-SUR-GARTEMPE

✉ 87250 – **325** F4 – 2 743 h. – alt. 335
🅘 Office de tourisme, 6, avenue du 11 novembre ✆ 05 55 76 09 28, Fax 05 55 76 68 45
Paris 355 – Argenton-sur-Creuse 58 – Bellac 29 – Guéret 55 – Limoges 38 – La Souterraine 21.

Le Sagnat
✆ 05 55 76 17 69, Fax 05 55 76 60 16 – **R** conseillée
0,8 ha (50 empl.) en terrasses, plat, peu incliné, sablonneux, herbeux
🚐 🚗 14 €
Pour s'y rendre : 1,5 km au sud-ouest par D 220, rte de Limoges, D 27, rte de St-Pardoux à dr. et r. à gauche, au bord de l'étang

Nature : 🌲 🏕 ♦♦
Loisirs : snack 🏠 ⛵ (plage) 🏊
Services : ♿ ⛽ 🍳 🏊 ☕ 🍳
À prox. : 🍷

LIMOUSIN

BEYNAT

✉ 19190 – **329** L5 – 1 149 h. – alt. 420
🛈 Office de tourisme, le bourg ☎ 05 55 85 59 07
Paris 496 – Argentat 47 – Beaulieu-sur-Dordogne 23 – Brive-la-Gaillarde 21 – Tulle 21.

Les Hameaux de Miel (location exclusive de chalets)
Permanent
☎ 05 55 84 34 48, infos@chalets-en-france.com,
Fax 05 55 22 88 29, www.chalets-en-france.com
12 ha en terrasses
Location : 98 🏠 (4 à 6 pers.) nuitée 80 € - 290 à 690 €/sem. – frais de réservation 9 € - **R** conseillée
Pour s'y rendre : au lieu-dit : Miel

Nature : 🌳 ≤
Loisirs : 🍴 🎰 ♦ diurne 🎯 ⛷
🚲 🏊 ≋
Services : ♿ 🔑 GB ⚙ 🏛 🍴 🏠
sèche-linge
À prox. : 🍽 🚶 ≋ 🌊 pédalos

Centre Touristique de Miel de fin avr. à fin sept.
☎ 05 55 85 50 66, info@camping-miel.com,
Fax 05 55 85 57 96, www.camping-miel.com – **R** conseillée
50 ha/9 campables (140 empl.) vallonné, peu incliné, herbeux
Tarif : 23,70 € ⛺⛺ 🚗 🔌 [⚡] (6A) – pers. suppl. 5,60 €
Location : 6 🏚 (4 à 6 pers.) 250 à 590 €/sem. – 🏠 – 3 bungalows toilés – frais de réservation 18 € - **R** conseillée
🚐 1 borne artisanale 10 € – 🚐 [⚡] 10 €
Pour s'y rendre : 4 km à l'est par N 121, rte d'Argentat, au bord d'un plan d'eau

Nature : 🌳 ≤ ♁ ≋
Loisirs : 🍴 snack 🎰 🎯 ⛷ 🍽 🚶 ⛷
(couverte hors saison) 🌊
Services : ♿ 🔑 GB ⚙ ♨ 🏠 🏛
À prox. : ≋ (plage) pédalos

Si vous désirez réserver un emplacement pour vos vacances, faites-vous préciser au préalable les conditions particulières de séjour, les modalités de réservation, les tarifs en vigueur et les conditions de paiement.

LE BOURG-D'HEM

405

✉ 23220 – **325** H3 – G. Limousin Berry – 235 h. – alt. 320
Paris 333 – Aigurande 20 – Le Grand-Bourg 28 – Guéret 21 – La Souterraine 37.

▲ Municipal de déb. mai à fin sept.
☎ 05 55 62 84 36, info@les3lacs-creuse.com,
Fax 05 55 62 11 22, www.les3lacs-creuse.com – **R** conseillée
0,33 ha (36 empl.) en terrasses, herbeux
Tarif : 11,40 € ⛺⛺ 🚗 🔌 [⚡] (8A) – pers. suppl. 2,70 €
Pour s'y rendre : à Le Bourg-d'Hem (à l'ouest par D 48, rte de Bussière-Dunoise et chemin à dr.)
À savoir : site et situation agréables au bord de la Creuse (plan d'eau)

Nature : 🌳 🛤 ♁♁ ≋
Loisirs : 🌊
Services : ♿ 🔑 (juil.-août) ⚙ 📧 ♨
♨
À prox. : 🍴 ⛷ barques

BOUSSAC-BOURG

✉ 23600 – **325** K2 – G. Limousin Berry – 788 h. – alt. 423
Paris 334 – Aubusson 52 – La Châtre 37 – Guéret 43 – Montluçon 33 – St-Amand-Montrond 54.

Le Château de Poinsouze de mi-mai à mi-sept.
☎ 05 55 65 02 21, info.camping-de.poinsouze@orange.fr,
Fax 05 55 65 86 49, www.camping-de-poinsouze.com
– **R** conseillée 🐾 (de déb. juil. à mi-août)
150 ha/22 campables (134 empl.) peu incliné, herbeux
Tarif : 35 € ⛺⛺ 🚗 🔌 [⚡] (25A) – pers. suppl. 6 € – frais de réservation 15 €
Location 🐾 : 24 🏚 (4 à 6 pers.) 220 à 810 €/sem. – 2 🏠 (4 à 6 pers.) - 330 à 640 €/sem. – 2 gîtes – frais de réservation 15 € - **R** conseillée
🚐 1 borne artisanale – 10 € 🔌 12 €
Pour s'y rendre : rte de la Châtre (2,8 km au nord par D 917)
À savoir : vaste domaine autour d'un château du 16e s. et d'un étang

Nature : 🌳 ≤ 🛤 ♁
Loisirs : 🍴 🍽 🎰 ♦ nocturne ⛷
🚲 🏊 ≋ 🌊
Services : ♿ 🔑 GB ⚙ 📧 🏠 ♨
♨ 🏛 🏛 sèche-linge ⛷ 🏚
À prox. : canoë, pédalos, planches à voile

LIMOUSIN

BUJALEUF

✉ 87460 – **325** G6 – G. Limousin Berry – 927 h. – alt. 380
🛈 *Office de tourisme, pace de la Mairie* ✆ 05 55 69 54 54
Paris 423 – Bourganeuf 28 – Eymoutiers 14 – Limoges 35 – St-Léonard-de-Noblat 16.

▲ **Municipal du Lac** de mi-mai à fin sept.
✆ 05 55 69 54 54, *tourisme@bujaleuf.fr*,
Fax 05 55 69 56 06, *www.bujaleuf.fr* – **R** conseillée
2 ha (110 empl.) en terrasses, herbeux, fort dénivelé
Tarif : (Prix 2008) 10 € ✲✲ 🚗 📧 (5A) – pers. suppl. 2 €
Location (Prix 2008) (permanent) : 10 🏠 (4 à 6 pers.) - 170 à 380 €/sem. – **R** conseillée
Pour s'y rendre : 1 km au nord par D 16 et rte à gauche, près du lac

Nature : 🌳 ♤♤
Loisirs : 🚴
Services : 🚻 ⛱ (juil.-août) 🧺 🍽
☉ ⛟ 🗼 sèche-linge
À prox. : 🍸 snack 🏊 (plage) 🚣 canoë

BUSSIÈRE-GALANT

✉ 87230 – **325** D7 – 1 386 h. – alt. 410
Paris 422 – Aixe-sur-Vienne 23 – Châlus 6 – Limoges 36 – Nontron 40 – St-Yrieix-la-Perche 21.

▲ **Municipal les Ribières** de mi-juin à mi-sept.
✆ 05 55 78 86 12, *mairie.bussiere.galant@wanadoo.fr*,
Fax 05 55 78 16 75 – **R** conseillée
1 ha (25 empl.) en terrasses, peu incliné, herbeux
Tarif : 13 € ✲✲ 🚗 📧 (5A) – pers. suppl. 3 €
Pour s'y rendre : av. du Plan-d'eau (1,7 km au sud-ouest par D 20, rte de la Coquille et chemin à dr., près du stade et à 100 m d'un plan d'eau)

Nature : ⇐ 🏕 ♤♤
Services : 🚻 ⛱ (juil.-août) 🧺 🍽 ☉
🏊
À prox. : 🍴 🏃 (plage) 🚣 parcours sportif, draisines (voiturettes-vélo sur rail), accrobranches

Benutzen Sie
– zur Wahl der Fahrtroute
– zur Berechnung der Entfernungen
– zur exakten Lokalisierung eines Campingplatzes (mit Hilfe der Angaben im Ortstext) die für diesen Führer unentbehrlichen **MICHELIN-Karten** .

CAMPS

✉ 19430 – **329** M6 – 243 h. – alt. 520
Paris 520 – Argentat 17 – Aurillac 45 – Bretenoux 18 – Sousceyrac 27.

▲ **Municipal la Châtaigneraie** de déb. mai à fin sept.
✆ 05 55 28 53 15, *mairie.camps@wanadoo.fr*,
Fax 05 55 28 08 59, *www.camps.correze.net* – **R** conseillée
1 ha (23 empl.) peu incliné à incliné, herbeux
Tarif : ✲ 2,50 € 🚗 📧 3 € – 🔌 (20A) 2,50 €
Location (de déb. avr. à déb. nov.) : 5 🏠 (4 à 6 pers.) nuitée 42 € - 179 à 490 €/sem. – huttes – frais de réservation 28 €. – **R** conseillée
Pour s'y rendre : au bourg (à l'ouest par D 13 et chemin à dr.)

Nature : 🌳 ⇐ ♤♤
Loisirs : 🐎
Services : 🚻 (juil.-août) 🧺 🗼 ☉ 🍽
À prox. : 🚴 🍴 🏊 (plage) 🚣

LA CELLE-DUNOISE

✉ 23800 – **325** H3 – 598 h. – alt. 230
Paris 329 – Aigurande 16 – Aubusson 63 – Dun-le-Palestel 11 – Guéret 22.

▲ **Municipal de la Baignade** de déb. avr. à fin oct.
✆ 05 55 51 21 18, *mairie@lacelledunoise.fr*,
Fax 05 55 51 23 76, *www.lacelledunoise.fr* – **R** conseillée
1,4 ha (30 empl.) plat, terrasse, herbeux
Tarif : ✲ 2,70 € 🚗 1,65 € 📧 1,65 € – 🔌 (16A) 2,70 €
Location (permanent) : 3 🏠 (4 à 6 pers.) - 196 à 302 €/sem. – **R** conseillée
🅿 1 borne raclet 2 €
Pour s'y rendre : au bourg (à l'est, par D 48a, rte du Bourg d'Hem, près de la Creuse (accès direct))

Nature : ♤♤
Loisirs : 🎣 🍴
Services : 🚻 🧺 🏊 🗼 sèche-linge
À prox. : 🏊 (plage) 🚣 🐎 poneys canoë

LIMOUSIN

CHAMBERET

 19370 – **329** L2 – 1 304 h. – alt. 450
Syndicat d'initiative, 5, place du Marché 05 55 98 30 14, Fax 05 55 98 79 34
Paris 453 – Guéret 84 – Limoges 66 – Tulle 45 – Ussel 64.

Les Roulottes des Monédières (location exclusive de roulottes) de déb. avr. à déb. nov.
05 55 98 03 03, *info@roulottes-monedieres.com*,
Fax 05 55 98 49 48, *www.roulottes-monedieres.com*
3 ha incliné, herbeux
Location : 38 (4 à 6 pers.) nuitée 85 € - 510 à 780 €/sem. – frais de réservation 15 € – **R** conseillée
Pour s'y rendre : à L'Arboretum
À savoir : en séjour et formule hôtelière

Nature :
Loisirs : snack, billard, poneys
Services : sèche-linge

Les Chalets du Bois Combet (location exclusive de chalets) Permanent
05 55 98 30 12, *mairie.chamberet@wanadoo.fr*,
Fax 05 55 98 79 34, *www.chamberet-correze.net* – empl. traditionnels également disponibles
1 ha plat, herbeux
Location (Prix 2008) : 10 (4 à 6 pers.) - 266 à 427 €/sem. – **R** conseillée
Pour s'y rendre : 1,3 km au sud-ouest par D 132, rte de Meilhards et chemin à dr., à 100 m d'un petit plan d'eau et d'un étang

Nature :
Loisirs :
Services : sèche-linge
À prox. :

Benutzen Sie
– zur Wahl der Fahrtroute
– zur Berechnung der Entfernungen
– zur exakten Lokalisierung eines Campingplatzes (mit Hilfe der Angaben im Ortstext)
die für diesen Führer unentbehrlichen **MICHELIN-Karten**.

407

CHÂTEAUNEUF-LA-FORÊT

87130 – **325** G6 – 1 613 h. – alt. 376
Office de tourisme, avenue Amédée Tarrade 05 55 69 63 69, Fax 05-55-69-63-69
Paris 424 – Eymoutiers 14 – Limoges 36 – St-Léonard-de-Noblat 19 – Treignac 34.

Le Cheyenne de déb. mars à fin oct.
05 55 69 39 29, *campinglecheyenne@neuf.fr*,
Fax 05 55 69 78 83 – **R** conseillée
1 ha (50 empl.) plat, herbeux
Tarif : 15 € (6A) – pers. suppl. 3,50 €
Location (permanent) : 5 (4 à 6 pers.) nuitée 65 € - 250 à 410 €/sem. – **R** conseillée
1 borne artisanale 3 € – 8 €
Pour s'y rendre : 800 m à l'ouest du centre bourg, rte du stade, à 100 m d'un plan d'eau

Nature :
Loisirs : snack
Services : sèche-linge
À prox. : (plage)

CHÂTEAUPONSAC

87290 – **325** E4 – G. Limousin Berry – 2 252 h. – alt. 290
Office de tourisme, place Mazurier 05 55 76 57 57, Fax 05 55 76 59 57
Paris 361 – Bélâbre 55 – Limoges 48 – Bellac 21 – St-Junien 45.

Centre Touristique - La Gartempe Permanent
05 55 76 55 33, *chateauponsac.tourisme@wanadoo.fr*,
Fax 05 55 76 98 05, *www.holidayschateauponsac.com* – **R**
1,5 ha (43 empl.) plat, peu incliné et terrasses, herbeux
Tarif : 18 € (6A) – pers. suppl. 3,50 € – frais de réservation 15 €
Location : – 11 (4 à 6 pers.) nuitée 50 € - 350 à 495 €/sem. – frais de réservation 15 € – **R** conseillée
Pour s'y rendre : av. de Ventenat (sortie sud-ouest par D 711, rte de Nantiat, à 200 m de la rivière)

Nature :
Loisirs : snack
Services : (juil.-août)
sèche-linge
À prox. : canoë

LIMOUSIN

CHÂTELUS-MALVALEIX

✉ 23270 – **325** J3 – 569 h. – alt. 410
Paris 333 – Aigurande 25 – Aubusson 46 – Boussac 19 – Guéret 25.

▲ **Municipal la Roussille** de déb. juin à fin sept.
℘ 05 55 80 70 31, mairie-chatelusmalvaleix@wanadoo.fr, Fax 05 55 80 86 32 – **R**
0,5 ha (33 empl.) peu incliné, plat, herbeux
Tarif : (Prix 2008) ✶ 2,50 € ⇌ 1,50 € 🅴 2 € – (ฝ) (16A) 3 €
Location (Prix 2008) (permanent) : 8 🏠 (4 à 6 pers.) nuitée 40 € - 140 à 435 €/sem.
Pour s'y rendre : pl. de la Fontaine (à l'ouest du bourg)

Nature : 🌳 ♀♀ ▲
Loisirs : 🎰 🚲 🚶 circuit VTT
Services : 🚿 ⊕
À prox. : 🍷 🚣 ✂

CORRÈZE

✉ 19800 – **329** M3 – G. Limousin Berry – 1 152 h. – alt. 455
🄯 Office de tourisme, place de la Mairie ℘ 05 55 21 32 82, Fax 05 55 21 63 56
Paris 480 – Argentat 47 – Brive-la-Gaillarde 45 – Égletons 22 – Tulle 19 – Uzerche 35.

▲ **Municipal la Chapelle** de mi-juin à mi-sept.
℘ 05 55 21 29 30, mairie.correze@wanadoo.fr, Fax 05 55 21 68 82 – **R**
3 ha (54 empl.) non clos, plat, terrasse, peu incliné, herbeux, forêt attenante
Tarif : (Prix 2008) ✶ 2,50 € ⇌ 1,30 € 🅴 2,35 € – (ฝ) (5A) 2,08 €
🚐 1 borne artisanale
Pour s'y rendre : au lieu-dit : La Chapelle (sortie est par D 143, rte d'Egletons et à dr., rte de Bouysse - en deux parties distinctes)
À savoir : partie campable traversée par une petite route, au bord de la Corrèze et près d'une petite chapelle

Nature : 🌳 ♀♀
Loisirs : 🎰 🚣 🚶
Services : ♿ ⌕ 🗑 ⊕ 🛒
À prox. : 🏊

408

Utilisez le guide de l'année.

CROMAC

✉ 87160 – **325** E2 – 302 h. – alt. 224
Paris 339 – Argenton-sur-Creuse 41 – Limoges 68 – Magnac-Laval 22 – Montmorillon 39.

⚲ **Lac de Mondon** de mi-avr. à fin sept.
℘ 05 55 76 93 34, camping-mondon@orange.fr, Fax 05 55 76 96 17, www.campingdemondon.com
– **R** conseillée
2,8 ha (100 empl.) plat, et peu incliné, herbeux
Tarif : 13 € ✶✶ ⇌ 🅴 (10A) – pers. suppl. 4 €
Pour s'y rendre : 2 km au sud par D 105, rte de St-Sulpice-les-Feuilles et D 60 - accès conseillé par D 912

Nature : 🌳 ⛱ ♀♀
Loisirs : 🍷 snack 🎰 🚣 🚲 ✂ 🏊 ⛱ 🚣 pédalos
Services : ♿ ⌀ (saison) ⌕ 🗑 ⊕ 🛒 🛒 🚿
À prox. : ✕ 🏇

DONZENAC

✉ 19270 – **329** K4 – G. Périgord Quercy – 2 147 h. – alt. 204
🄯 Office de tourisme, place de la Liberté ℘ 05 55 85 65 35, Fax 05 55 85 72 30
Paris 469 – Brive-la-Gaillarde 11 – Limoges 81 – Tulle 27 – Uzerche 26.

▲ **La Rivière** de déb. avr. à fin sept.
℘ 05 55 85 63 95, info@campingdonzenac.com, Fax 05 55 85 63 95, www.campingdonzenac.com
– **R** conseillée
1,2 ha (68 empl.) plat, herbeux
Tarif : 18,20 € ✶✶ ⇌ 🅴 (10A) – pers. suppl. 4,80 €
Location : 14 🏠 (4 à 6 pers.) - 150 à 550 €/sem. – frais de réservation 25 € - **R** conseillée
🚐 1 borne eurorelais
Pour s'y rendre : 1,6 km au sud du bourg, par rte de Brive et chemin, au bord du Maumont

Nature : ⛱ ♀♀
Loisirs : 🚣
Services : ♿ ⚿ ⌕ 🗑 ⊕ 🛒 🛒 sè-che-linge
À prox. : ✂ 🏇 🏊

LIMOUSIN

ÉVAUX-LES-BAINS

✉ 23110 – **325** L3 – G. Limousin Berry – 1 545 h. – alt. 469 – ⚕ (9 avril-27 oct.)
🛈 Office de tourisme, place Serge Cléret ☎ 05 55 65 50 90, Fax 05 55 65 50 44
Paris 353 – Aubusson 44 – Guéret 52 – Marcillat-en-Combraille 16 – Montluçon 27.

⚠ **Municipal** mars-oct.
☎ 05 55 65 55 82, Fax 05 55 65 59 24 – R
1 ha (49 empl.) plat et peu incliné, herbeux
Tarif : (Prix 2008) 9,65 € ✝✝ 🚗 🅿 (10A) – pers. suppl. 1,70 €
Location : huttes
Pour s'y rendre : au nord du bourg, derrière le château

EYMOUTIERS

✉ 87120 – **325** H6 – G. Limousin Berry – 2 115 h. – alt. 417
🛈 Office de tourisme, 5-7 avenue de la Paix ☎ 05 55 69 27 81
Paris 432 – Aubusson 55 – Guéret 62 – Limoges 44 – Tulle 71 – Ussel 69.

⚠ **Municipal**
☎ 05 55 69 10 21, mairie-eymoutiers@wanadoo.fr,
Fax 05 55 69 27 19
1 ha (33 empl.) plat, incliné à peu incliné, terrasses, herbeux
Pour s'y rendre : à St-Pierre (2 km au sud-est par D 940, rte de Tulle et chemin à gauche)

*Om een reisroute uit te stippelen en te volgen,
om het aantal kilometers te berekenen,
om precies de ligging van een terrein te bepalen
(aan de hand van de inlichtingen in de tekst),
gebruikt u de **Michelinkaarten** ,
een onmisbare aanvulling op deze gids.*

GUÉRET

✉ 23000 – **325** I3 – G. Limousin Berry – 14 123 h. – alt. 457 – Base de loisirs
🛈 Office de tourisme, 1, rue Eugène France ☎ 05 55 52 14 29, Fax 05 55 41 19 38
Paris 351 – Bourges 122 – Châteauroux 90 – Clermont-Ferrand 132 – Limoges 93 – Montluçon 66 – Tulle 133.

⚠ **Municipal du Plan d'Eau de Courtille** de déb. avr. à déb. nov.
☎ 05 55 81 92 24, nathalie.robin@ville-gueret.fr,
Fax 05 55 51 05 37, www.ville-gueret.fr – R conseillée
2,4 ha (70 empl.) incliné, peu incliné, plat, herbeux
Tarif : ✝ 2,15 € 🚗 1,35 € 🅿 6,05 € – 🔌 (10A) 2 €
Pour s'y rendre : rte de Courtille (2,5 km au sud-ouest par D 914, rte de Benevent et chemin à gauche)
À savoir : situation agréable près d'un plan d'eau (accès direct)

LADIGNAC-LE-LONG

✉ 87500 – **325** D7 – 1 089 h. – alt. 334
Paris 426 – Brive-la-Gaillarde 74 – Limoges 35 – Nontron 44 – Périgueux 64 – St-Yrieix-la-Perche 12.

⚠ **Municipal le Bel Air** de déb. mai à fin oct.
☎ 05 55 09 39 82, camping-ladignac@wanadoo.fr,
Fax 05 55 09 39 80, www.ladignac.com – R conseillée
2,5 ha (100 empl.) en terrasses, herbeux
Tarif : (Prix 2008) 13,10 € ✝✝ 🚗 🅿 🔌 (10A) – pers. suppl. 2,70 €
Location (Prix 2008) : 5 🏠 (4 à 6 pers.) nuitée 62 € - 345 à 378 €/sem. – R conseillée
🚐 1 borne sanistation – 🚐 10 €
Pour s'y rendre : à Bel Air (1,5 km au nord par D 11, rte de Nexon et chemin à gauche)
À savoir : cadre arboré et situation agréable en bordure d'un plan d'eau

LIMOUSIN

LIGINIAC

19160 – **329** P3 – 630 h. – alt. 665
Paris 464 – Aurillac 83 – Bort-les-Orgues 24 – Clermont-Ferrand 107 – Mauriac 30 – Ussel 21.

Municipal le Maury juil.-août
05 55 95 92 28, Fax 05 55 95 91 28 – **R** conseillée
2 ha (50 empl.) plat et peu incliné, terrasses, herbeux
Tarif : (Prix 2008) 2,50 € 3 € (16A) 3 €
Location : 12 gîtes, 15 huttes
Pour s'y rendre : 4,6 km au sud-ouest par rte de la plage, au bord du lac de Triouzoune - accès conseillé par D 20, rte de Neuvic

Nature :
Loisirs :
Services : sèche-linge
À prox. : snack (plage)

LISSAC-SUR-COUZE

19600 – **329** J5 – G. Périgord Quercy – 527 h. – alt. 170 – Base de loisirs
Paris 486 – Brive-la-Gaillarde 11 – Périgueux 68 – Sarlat-la-Canéda 42 – Souillac 29.

Les Hameaux du Perrier (location exclusive de chalets) Permanent
05 55 84 34 48, infos@chalets-en-france.com, Fax 05 55 22 88 29, www.chalets-en-france.com
17 ha/10 campables en terrasses
Location : 94 (4 à 6 pers.) nuitée 80 € – 290 à 690 €/sem. – frais de réservation 9 € - **R** conseillée
Pour s'y rendre : au lieu-dit : Le Perrier

Nature :
Loisirs : snack
Services : sèche-linge
À prox. : base nautique, ski nautique, aviron,

La Prairie (location exclusive de chalets)
05 55 85 37 97, Fax 05 55 85 37 11 – empl. traditionnels également disponibles – **R** conseillée
5 ha en terrasses, herbeux, gravier, sablonneux
Location : 20
Pour s'y rendre : 1,4 km au sud-ouest par D 59 et chemin à gauche, près du lac du Causse

Nature :
Loisirs : snack
Services : sèche-linge
à la base de loisirs : (plage) canoë, pédalos

MAGNAC-LAVAL

87190 – **325** D3 – G. Limousin Berry – 2 010 h. – alt. 231
Syndicat d'initiative, 7, avenue Jules Courivaud 05 55 68 59 15
Paris 366 – Limoges 64 – Poitiers 86 – Guéret 62 – Châteauroux 96.

Le Hameau de Gîtes des Pouyades (location exclusive de gîtes)
05 55 60 73 45, pouyades-bramebenaize@wanadoo.fr, www.lelimousinsejoursvacances.com – **R** conseillée
1,5 ha plat, herbeux
Location : – **R** conseillée
Pour s'y rendre : Les Pouyades

Nature : Sur le lac
Loisirs :
Services : sèche-linge

MASSERET

19510 – **329** K2 – G. Limousin Berry – 608 h. – alt. 380
Syndicat d'initiative, le Bourg 05 55 98 24 79, Fax 05 55 73 49 69
Paris 432 – Guéret 132 – Limoges 45 – Tulle 48 – Ussel 101.

Intercommunal Masseret-Lamongerie avr.-sept.
05 55 73 44 57, Fax 05 55 73 49 69 – **R** conseillée
100 ha/2 campables (80 empl.) plat et incliné, herbeux, gravillons
Tarif : (Prix 2008) 2,30 € 1 € 2,50 € – 2,20 €
Location (Prix 2008) : 4 (4 à 6 pers.) nuitée 45 € – 210 à 315 €/sem. – **R** conseillée
Pour s'y rendre : 3 km à l'est par D 20, rte des Meilhards, à la sortie de Masseret-Gare
À savoir : agréable cadre boisé près d'un plan d'eau

Nature :
Loisirs :
Services :
À prox. : snack (plage) parcours sportif, pédalos

LIMOUSIN

MEYSSAC

✉ 19500 – **329** L5 – G. Périgord Quercy – 1 100 h. – alt. 220
🛈 *Office de tourisme, avenue de l'Auvitrie* ☎ *05 55 25 32 25, Fax 05 55 25 49 16*
Paris 507 – Argentat 62 – Beaulieu-sur-Dordogne 21 – Brive-la-Gaillarde 23 – Tulle 37.

Intercommunal Moulin de Valane de déb. mai à fin sept.
☎ 05 55 25 41 59, *mairie@meyssac.fr*, Fax 05 55 25 38 88 – ℞
4 ha (115 empl.) plat et peu incliné, terrasses, herbeux
Tarif : (Prix 2008) 13 € ⚥ 🚐 🔌 (10A) – pers. suppl. 4 €
Location (Prix 2008) : 11 🏠 (4 à 6 pers.) nuitée 50 € - 340 à 450 €/sem. – **R** conseillée
Pour s'y rendre : 1 km au nord-ouest, rte de Collonges-la-Rouge, au bord d'un ruisseau

Nature : 🌳 ♤♤
Loisirs : snack 🏊 🎣 🚴 ✂ ⛵
Services : ♿ 🔑 (juil.-août) GB 🚿
🗑 ♨ 🔥 sèche-linge 🧺

NEUVIC

✉ 19160 – **329** O3 – G. Limousin Berry – 1 850 h. – alt. 620 – Base de loisirs
🛈 *Office de tourisme, rue de la Tour des 5 pierres* ☎ *05 55 95 88 78, Fax 05 55 95 94 74*
Paris 465 – Aurillac 78 – Mauriac 25 – Tulle 56 – Ussel 21.

Municipal du Lac de déb. mars à mi-nov.
☎ 05 55 95 85 48, *contact@campingdulac-neuvic-coreze.com*, Fax 05 55 95 85 48, *www.campingdulac-neuvic-correze.com* – **R** conseillée
5 ha (100 empl.) en terrasses, herbeux, gravillons
Tarif : (Prix 2008) ⚥ 2,30 € 🚐 1,15 € 🔌 2,60 € – 🔥 (10A) 1,45 € – frais de réservation 8 €
Location (Prix 2008) : 5 🏠 (4 à 6 pers.) nuitée 39 € - 136 à 465 €/sem. – 28 🏠 (4 à 6 pers.) nuitée 42 € – 179 à 490 €/sem. – gîtes – frais de réservation 8 € - **R** conseillée
🚐🚐 1 borne 2,60 € – 30 🔌 6,50 € – 🔥 9,65 €
Pour s'y rendre : 2,3 km à l'est par D 20, rte de Bort-les-Orgues et rte de la plage à gauche, au bord du lac de Triouzoune

Nature : 🌊 🌳 ♤♤
Loisirs : 🏊 🎣 🚴
Services : 🔑 GB 🚿 M 🗑 ♨ 🔥
À prox. : 🍴 ✂ ✂ 🚻 🏖 (plage) 🛶
canoë, pédalos, ponton d'amarage, golf

411

NEXON

✉ 87800 – **325** E6 – G. Limousin Berry – 2 325 h. – alt. 359
🛈 *Office de tourisme, Conciergerie du Château* ☎ *05 55 58 28 44*
Paris 412 – Châlus 20 – Limoges 22 – Nontron 53 – Rochechouart 37 – St-Yrieix-la-Perche 23.

Municipal de l'Étang de la Lande
☎ 05 55 58 35 44, *mairie.nexon@wanadoo.fr*, Fax 05 55 58 33 50, *www.nexon.fr*
2 ha (53 empl.) peu incliné, terrasse, herbeux
Location : 6 🏠 – huttes
Pour s'y rendre : 1 km au sud par rte de St-Hilaire, accès près de la pl. de l'Hôtel-de-Ville
À savoir : Près d'un plan d'eau

Nature : 🌳 ♤♤
Loisirs : 🏊 🚴
Services : ♿ 🔑 🗑 ♨ 🔥 🚐 🧺
À prox. : 🏖 (plage) pédalos

OBJAT

✉ 19130 – **329** J4 – G. Limousin Berry – 3 372 h. – alt. 131
🛈 *Office de tourisme, place Charles de Gaulle* ☎ *05 55 25 96 73, Fax 05 55 25 97 45*
Paris 495 – Limoges 106 – Tulle 46 – Brive-la-Gaillarde 20 – Sarlat-la-Canéda 74.

Village de Chalets (location exclusive de chalets)
Permanent
☎ 05 55 25 96 73, *tourisme@objat.fr*, Fax 05 55 25 97 45, *www.objat.fr*
18 ha/4 campables plat, herbeux
Location (Prix 2008) : 20 🏠 (4 à 6 pers.) nuitée 53 € - 245 à 480 €/sem. – frais de réservation 8 € - **R** conseillée
🚐🚐 1 borne eurorelais 1,50 € – 12 🔌
Pour s'y rendre : au lieu-dit : Le Hameau des Grands Prés - Espace loisirs
À savoir : location le w.-end sf juil.-août

Nature : 🌊 🍃
Loisirs : 🏃
Services : ♿ 🔑 🚿 🔥 🧺 sèche-linge
À prox. : 🎣 🚴 ⛵ ✂ 🏹 terrain omnisports

LIMOUSIN

PALISSE

✉ 19160 – **329** 03 – 230 h. – alt. 650
Paris 460 – Aurillac 87 – Clermont-Ferrand 102 – Mauriac 33 – Le Mont-Dore 75 – St-Flour 120 – Tulle 50 – Ussel 21.

▲ Le Vianon – Permanent
☎ 05 55 95 87 22, camping.vianon@wanadoo.fr,
Fax 05 55 95 98 45, www.levianon.com – **R** conseillée
4 ha (59 empl.) plat et peu incliné, terrasses, herbeux, gravillons, étang, forêt
Tarif : 29,35 € ♦♦ 🚗 🅿 (16A) – pers. suppl. 5,50 € – frais de réservation 10 €
Location : 16 🏠 (4 à 6 pers.) - 250 à 700 €/sem. – frais de réservation 10 € - **R** conseillée
Pour s'y rendre : au lieu-dit : Les Plaines (1,1 km au nord par D 47, rte de Combressol et rte à dr., au bord d'un étang)

Nature : 🌲 ♒
Loisirs : 🍴 snack 🏠 👫 🚴 ♦ 🎣
Services : 🚿 🔑 🏧 💰 🛒 🏪 sèche-linge 🧺

PIERRE-BUFFIÈRE

✉ 87260 – **325** F6 – 1 106 h. – alt. 330
🛈 Office de tourisme, place du 8 Mai 1945 ☎ 05 55 00 94 33, Fax 05 55 00 94 33
Paris 408 – Limoges 20 – Saint-Yrieix-la-Perche 29 – Uzerche 38.

▲ Intercommunal de Chabanas
☎ 05 55 00 96 43, mairie.pierrebuffiere@wanadoo.fr,
Fax 05 55 00 96 43 – **R** conseillée
1,5 ha (60 empl.) peu incliné, plat, herbeux, bois attenant
🚐 1 borne raclet – 4 🅿
Pour s'y rendre : 1,8 km au sud par D 420, rte de Château-Chervix, dir. A 20 et chemin à gauche, près du stade - par A 20 : sortie 40
À savoir : Décoration arbustive et florale

Nature : ≤ 🏞 🌳
Loisirs : 🏠 👫
Services : 🚿 🔑 Ⓜ 🛒 🏪 🎣 🗑 🏪
À prox. : ✗

RAZÈS

✉ 87640 – **325** F4 – 997 h. – alt. 440
🛈 Syndicat d'initiative, route du Lac ☎ 05 55 71 00 24
Paris 366 – Argenton-sur-Creuse 68 – Bellac 32 – Guéret 65 – Limoges 28.

▲ Santrop – de déb. mai à mi-sept.
☎ 05 55 71 08 08, lacsaintpardoux@wanadoo.fr,
Fax 05 55 71 23 93, www.lac-saint-pardoux.com
– **R** conseillée
5,5 ha (152 empl.) peu incliné à incliné, herbeux, gravier
Tarif : 20 € ♦♦ 🚗 🅿 (16A) – pers. suppl. 4,20 € – frais de réservation 16 €
Location (permanent) : 6 🏠 (4 à 6 pers.) - 160 à 570 €/sem. – huttes – frais de réservation 16 € - **R** conseillée
Pour s'y rendre : 4 km à l'ouest par D 44, au bord du lac de St-Pardoux

Nature : 🌲 ≤ ♒
Loisirs : 🍴 snack 🏠 👫 🚴
Services : 🚿 🔑 (de mi-juin à mi-sept.) 🏧 💰 🛒 🏪 🎣 🗑 🏪
À prox. : ✗ 🏊 (plage) 🚤 ski nautique

REYGADES

✉ 19430 – **329** M5 – G. Limousin Berry – 161 h. – alt. 460
Paris 516 – Aurillac 56 – Brive-la-Gaillarde 56 – St-Céré 26 – Tulle 41.

▲ La Belle Etoile juin-sept.
☎ 05 55 28 50 08, campingbelle-etoile@orange.fr,
Fax 05 55 28 36 40, www.camping-belle-etoile.fr
– **R** conseillée
5 ha/3 campables (25 empl.) terrasses, herbeux
Tarif : 15,40 € ♦♦ 🚗 🅿 (6A) – pers. suppl. 3,80 €
Location (permanent) : 6 🏠 (4 à 6 pers.) 230 à 390 €/sem. – 6 🏠 (4 à 6 pers.) - 320 à 590 €/sem. – 3 bungalows toilés – **R** conseillée
🚐 1 borne artisanale 15,40 €
Pour s'y rendre : au lieu-dit : Lestrade (1 km au nord par D 41, rte de Beaulieu-sur-Dordogne)

Nature : 🌲 ≤ 🏞 ♒♒
Loisirs : 👫 🏊 (petite piscine) quad
Services : 🚿 🔑 💰 🛒 🏪 🎣 🗑 🏪 sèche-linge 🚗

LIMOUSIN

ROYÈRE-DE-VASSIVIÈRE

✉ 23460 – **325** I5 – 636 h. – alt. 735
🛈 *Office de tourisme, rue Alfred Auphelle* ✆ 05 55 64 75 11, Fax 05 55 64 75 40
Paris 412 – Bourganeuf 22 – Eymoutiers 25 – Felletin 29 – Gentioux 12 – Limoges 68.

⚠ Les Terrasses du Lac de mi-avr. à mi-déc.
✆ 05 55 64 76 77, lesterrasses.camping@free.fr,
Fax 05 55 64 76 78, lesterrasses.camping.free.fr – **R** conseillée
4 ha (142 empl.) en terrasses, plat et peu incliné, herbeux, gravier, pierreux
Tarif : (Prix 2008) 17,60 € ✶✶ ⇌ 🅴 (10A) – pers. suppl. 4,20 € – frais de réservation 21 €
Pour s'y rendre : à Vauveix (10 km au sud-ouest par D 3 et D 35, rte d'Eymoutiers, au port (accès direct))

> Nature : ≤ le lac ⌂ ♣♣
> Loisirs : 🏛 ≤ (plage) 🐟
> Services : ⌘ (juil.-août) 🅶🅱 ♿ 🗑 🗓 ♨ 🛏 sèche-linge
> À prox. : 🛥 🍴 ✕ 🚣 ♦ ski nautique, canoë, pédalos, ponton d'amarrage

⚠ La Presqu'Île de mi-juin à mi-sept.
✆ 05 55 64 78 98, presquile.camping@free.fr,
Fax 05 55 64 76 78, www.presquile.camping.free.fr
– **R** conseillée
7 ha (150 empl.) vallonné, plat, peu incliné, herbeux
Tarif : (Prix 2008) 15,50 € ✶✶ ⇌ 🅴 (10A) – pers. suppl. 3,10 € – frais de réservation 21 €
Location (Prix 2008) (de fin avr. à mi-oct.) : 20 🏠 (4 à 6 pers.) - 235 à 520 €/sem. – huttes – frais de réservation 21 € - **R** conseillée
Pour s'y rendre : à Broussas (8,5 km au sud par D 8, D 34, D 3 et rte à dr., près du lac Vassivière)
À savoir : Cadre naturel au bord du lac

> Nature : 🌳 ⌂ ♣♣
> Loisirs : 🏛 🚣 ≤
> Services : (juil.-août) 🅶🅱 ♿ 🗑 🛏 ♨
> 🗑
> À prox. : terrain omnisports, canoë, bateaux électriques

ST-GERMAIN-LES-BELLES

✉ 87380 – **325** F7 – G. Limousin Berry – 1 112 h. – alt. 432
🛈 *Office de tourisme, avenue du Remblai* ✆ 05 55 71 88 65
Paris 422 – Eymoutiers 33 – Limoges 34 – St-Léonard-de-Noblat 31 – Treignac 34.

⚠ Le Montréal de déb. avr. à fin oct.
✆ 05 55 71 86 20, dantzer.patrick@neuf.fr,
Fax 05 55 71 00 83, www.campingdemontreal.com
– **R** conseillée
1 ha (60 empl.) plat et terrasse, peu incliné à incliné, herbeux, gravier
Tarif : (Prix 2008) ✶ 3 € 🅴 5 € – 🔌 (10A) 3 €
🚐 1 borne artisanale – 2 🅴 11 € – 🚽 6,5 €
Pour s'y rendre : r. du Petit Moulin (sortie sud-est, rte de la Porcherie, au bord d'un plan d'eau)

> Nature : 🌳 ≤ ⌂ ♀
> Services : ♿ ⌘ 🅶🅱 ♿ 🗑 🗓 ♨ ⛲
> 🛏 sèche-linge
> À prox. : snack 🚣 ✕ ≤ (plage) 🐟

ST-HILAIRE-LES-PLACES

✉ 87800 – **325** D7 – 780 h. – alt. 426
Paris 417 – Châlus 18 – Limoges 27 – Nontron 52 – Rochechouart 39 – St-Yrieix-la-Perche 19.

⚠ Municipal du Lac Permanent
✆ 05 55 58 12 08, mairie-saint.hilaire@wanadoo.fr,
Fax 05 55 58 35 98, www.sthilaire-lesplaces.com
– **R** conseillée
2,5 ha (92 empl.) en terrasses, herbeux
Tarif : (Prix 2008) 10,20 € ✶✶ ⇌ 🅴 🔌 (6A) – pers. suppl. 3,90 €
Location (Prix 2008) (permanent) : 7 🏠 (4 à 6 pers.) 166 à 382 €/sem. – 15 gîtes – frais de réservation 15 € - **R** conseillée
🚐 1 borne eurorelais 2 € – 🚽 🔌 8,5 €
Pour s'y rendre : au Lac Plaisance (1,2 km au sud du bourg par D 15a et chemin à gauche, à 100 m du lac)

> Nature : ⌂ ♣♣
> Loisirs : 🏛 ♣♣ 🚣
> Services : ♿ (juil.-août) 🅶🅱 ♿ 🗑 ♨
> 🗑
> À prox. : ✕ 🐎 ≤ (plage) 🏊 🐟 (centre équestre) pédalos 🚐

413

LIMOUSIN

ST-LAURENT-LES-ÉGLISES

✉ 87240 – **325** F5 – 683 h. – alt. 388
Paris 385 – Bellac 55 – Bourganeuf 31 – Guéret 50 – Limoges 29 – La Souterraine 51.

Municipal Pont du Dognon de mi-mars à mi-nov.
☎ 05 55 56 57 25, *mairie-st-laurent-les-eglises@wanadoo.fr*, Fax 05 55 56 55 17 – **R** conseillée
3 ha (90 empl.) en terrasses, herbeux, pierreux
Tarif : (Prix 2008) 13,51 € ★★ ⇔ 🗉 ⚡ (5A) – pers. suppl. 3,82 € – frais de réservation 15,71 €
Location (de mi-mars à mi-déc.) : 3 🛖 – huttes – frais de réservation 15,71 € – **R** conseillée
Pour s'y rendre : 1,8 km au sud-est par D 5, rte de St-Léonard-de-Noblat, au bord du Taurion (plan d'eau)

Nature : 🌳 ← 🏞 ♀
Loisirs : 🍽 🚶 ⛹ 🎾 🏊 ➰
parcours de santé
Services : ♿ ⚡ 🔧 🚿 ⊙ 🗑 sèche-linge
À prox. : ✕ 🚣 canoë, pédalos, ponton d'amarrage

ST-LÉONARD-DE-NOBLAT

✉ 87400 – **325** F5 – G. Limousin Berry – 4 764 h. – alt. 347
🛈 Office de tourisme, place du Champ de Mars ☎ 05 55 56 25 06, Fax 05 55 56 36 97
Paris 407 – Aubusson 68 – Brive-la-Gaillarde 99 – Guéret 62 – Limoges 21.

Municipal de Beaufort de mi-avr. à fin sept.
☎ 05 55 56 02 79, *info@campingdebeaufort.com*, *www.campingdebeaufort.com* – **R**
2 ha (98 empl.) plat et peu incliné, herbeux
Tarif : (Prix 2008) 16 € ★★ ⇔ 🗉 ⚡ (15A) – pers. suppl. 3 € – frais de réservation 7 €
Location (Prix 2008) (de mi-avr. à fin oct.) : 10 🛖 (4 à 6 pers.) nuitée 70 € - 285 à 360 €/sem. – frais de réservation 15 € – **R** conseillée
🚐 1 borne artisanale 7 € – 1 🗉 16 €
Pour s'y rendre : à Beaufort (1,7 km par N 141, rte de Limoges puis 1,5 km à gauche par rte de Masleon, au bord de la Vienne)

Nature : 🏞 ♀♀
Loisirs : 🍽 🏖 ⛹ ➰
Services : ♿ ⚡ 🛒 🔧 🚿 ⊙ 🗑 sèche-linge

414

ST-MARTIN-TERRESSUS

✉ 87400 – **325** F5 – G. Limousin Berry – 475 h. – alt. 280
Paris 383 – Ambazac 7 – Bourganeuf 31 – Limoges 20 – St-Léonard-de-Noblat 12 – La Souterraine 49.

Municipal Soleil Levant de mi-juin à mi-sept.
☎ 05 55 39 83 78, *mairie@st-martin-terressus.fr*, Fax 05 55 39 64 30, *http://www.st-martin-terressus.fr*
– **R** conseillée
0,5 ha (36 empl.) plat et terrasse, peu incliné, herbeux
Tarif : 5 € ★★ ⇔ 🗉 ⚡ (15A) – pers. suppl. 3 €
Pour s'y rendre : au bourg (à l'ouest par D 29 et chemin à dr., au bord d'un plan d'eau)

Nature : 🌳 ← 🏞 ♀ ⛰
Loisirs : 🍽 🏖
Services : ♿ 🗑 ⊙

ST-PARDOUX

✉ 87250 – **325** E4 – 466 h. – alt. 370 – Base de loisirs
🛈 Office de tourisme, le Bourg ☎ 05 55 76 56 80
Paris 366 – Bellac 25 – Limoges 33 – St-Junien 39 – La Souterraine 32.

Le Freaudour de déb. juin à mi-sept.
☎ 05 55 76 57 22, *lacsaintpardoux@wanadoo.fr*, Fax 05 55 71 23 93, *www.lac-saint-pardoux.com*
– **R** conseillée
4,5 ha (200 empl.) peu incliné, herbeux
Tarif : 21,80 € ★★ ⇔ 🗉 ⚡ (16A) – pers. suppl. 4,70 € – frais de réservation 16 €
Location : 10 🛖 (4 à 6 pers.) 235 à 510 €/sem. – 10 🏠 (4 à 6 pers.) - 190 à 510 €/sem. – frais de réservation 16 € · **R** conseillée
Pour s'y rendre : à la base de loisirs (1,2 km au sud, au bord du lac de St-Pardoux)

Nature : 🌳 ← 🏞 ♀
Loisirs : 🍽 🏖 🚶 ✂ ➰
Services : ♿ ⚡ (juil.-août) 🛒 🔧 🗄 🛁 ⊙ 🗑 🚻 🖶
À prox. : 🍴 🏖 (plage)

LIMOUSIN

ST-PARDOUX-CORBIER

✉ 19210 – **329** J3 – 323 h. – alt. 404
Paris 448 – Arnac-Pompadour 8 – Brive-la-Gaillarde 44 – St-Yrieix-la-Perche 27 – Tulle 43 – Uzerche 17.

Le Domaine Bleu de déb. juil. à déb. sept
☏ 05 55 73 59 89, Fax 05 55 73 59 89, *www.ledomaine bleu.eu* – **R** conseillée
1 ha (40 empl.) en terrasses, pierreux, gravillons, herbeux
Tarif : 14 € ★★ ⇔ 🅴 [½] (20A) – pers. suppl. 3,50 €

Nature : 🌳 ⬜ 🌿
Loisirs : 🎣
Services : ♿ ⛔ 🚽 ⊙ ♨ ♻
À prox. : ⚽

Pour s'y rendre : sortie est par D 50, rte de Vigeois et chemin à dr., près d'un étang

ST-YRIEIX-LA-PERCHE

✉ 87500 – **325** E7 – G. Limousin Berry – 7 251 h. – alt. 360
🛈 Office de tourisme, 58, boulevard de l'Hôtel de Ville ☏ 05 55 08 20 72, Fax 05 55 08 10 05
Paris 430 – Brive-la-Gaillarde 63 – Limoges 40 – Périgueux 63 – Rochechouart 52 – Tulle 76.

Municipal d'Arfeuille de déb. juin à mi-sept.
☏ 05 55 75 08 75, *camping@saint-yrieix.fr* – **R**
2 ha (100 empl.) en terrasses, herbeux, pierreux
Tarif : (Prix 2008) 12 € ★★ ⇔ 🅴 [½] (10A) – pers. suppl. 3,60 €
Location (Prix 2008) (de déb. fév. à fin sept.) : 7 🏠 (4 à 6 pers.) - 250 à 450 €/sem. – **R** conseillée
🚐 1 borne artisanale – 🅿 [½] 13 €

Nature : 🌳 ⬅ 🌿
Loisirs : 🏊 🚴 🎯 ≋ (plage) pédalos, canoë
Services : ⛔ ♿ 🚽 ⊙ ♻
À prox. : 🍽 ✖ 🎣

Pour s'y rendre : 2,5 km au nord par rte de Limoges et chemin à gauche, au bord d'un étang

SEILHAC

✉ 19700 – **329** L3 – 1 635 h. – alt. 500
🛈 Office de tourisme, place de l'Horloge ☏ 05 55 27 97 62
Paris 461 – Aubusson 97 – Brive-la-Gaillarde 33 – Limoges 73 – Tulle 15 – Uzerche 16.

Le lac de Bournazel avr.-sept.
☏ 05 55 27 05 65 – **R** conseillée
6,5 ha (155 empl.) en terrasses, pierreux, herbeux
Tarif : (Prix 2008) 16,90 € ★★ ⇔ 🅴 [½] (10A) – pers. suppl. 4,10 €
Location (Prix 2008) (permanent) : 10 🏠 (4 à 6 pers.) - 155 à 490 €/sem. – **R** conseillée
🚐 1 borne artisanale 5,15 €

Nature : 🌳 ⬜ 🌿
Loisirs : 🍽 , snack 🎱 🏊
Services : ♿ ⛔ ♿ 🚽 ⊙ ♨ ♻ ⛽
À prox. : discothèque ⚽ ≋ 🎣 parcours sportif, pédalos

Pour s'y rendre : 1,5 km au nord-ouest par N 120, rte d'Uzerche puis 1 km à dr.

TREIGNAC

✉ 19260 – **329** L2 – G. Limousin Berry – 1 415 h. – alt. 500 – *Base de loisirs*
🛈 Office de tourisme, 1, place de la République ☏ 05 55 98 15 04, Fax 05 55 98 17 02
Paris 463 – Égletons 32 – Eymoutiers 33 – Limoges 75 – Tulle 39 – Uzerche 30.

La Plage de déb. mai à mi-sept.
☏ 05 55 98 08 54, *camping.la.plage@wanadoo.fr*,
Fax 05 55 98 16 47, *www.laplagecamping.com* – **R** conseillée
3,5 ha (130 empl.) en terrasses et peu incliné, pierreux, herbeux, bois attenant
Tarif : (Prix 2008) ★ 4,30 € ⇔ 🅴 4,50 € – [½] (6A) 2,90 € – frais de réservation 6 €
Location (Prix 2008) : 6 🚐 (4 à 6 pers.) nuitée 80 € - 350 à 480 €/sem. – 2 bungalows toilés – frais de réservation 6 € - **R** conseillée
🚐 1 borne artisanale

Nature : ⬅ 🌿
Loisirs : 🍽
Services : ♿ ⛔ 📞 ♿ 🚽 ⊙ ♻
🧺 sèche-linge
À prox. : snack 🏊 🚴 🎯 ≋ (plage) 🛶 canoë, pédalos

Pour s'y rendre : au Lac des Barriousses (4,5 km au nord par rte d'Eymoutiers)

LIMOUSIN

USSEL

✉ 19200 – **329** O2 – G. Limousin Berry – 10 753 h. – alt. 631
🛈 *Office de tourisme, place Voltaire* ✆ 05 55 72 11 50, Fax 05 55 72 54 44
Paris 448 – Limoges 142 – Clermont-Ferrand 82 – Brive-la-Gaillarde 89 – Montluçon 119.

Municipal de Ponty de déb. juin à fin août
✆ 05 55 72 30 05, *sports.dir@ussel19.fr*, Fax 05 55 72 59 52
– **R** conseillée
2 ha (50 empl.) plat, peu incliné, gravillons, herbeux
Tarif : 👤 2,65 € – 🚗 3,60 € – (½) (10A) 2,50 €
Location (de déb. mars à fin oct.) : 18 🏠 (4 à 6 pers.)
nuitée 45 € - 252 à 308 €/sem. – **R** conseillée
🚐 1 borne raclet 2 €
Pour s'y rendre : au centre touristique de Ponty (2,7 km à l'ouest par rte de Tulle et D 157 à dr., près d'un plan d'eau)

Nature : 🌳 ≤ sur le lac 🚣
Loisirs : 🎮 🐎
Services : 👤 ⛽ 🚿 M 🚻 ⊕ 🧺
À prox. : 🍽 ✕ snack 🚴 ⛵ 🏊 🐎 (plage) 🏖 🐴 (centre équestre) canoë, pédalos, piste de bi-cross

UZERCHE

✉ 19140 – **329** K3 – G. Limousin Berry – 3 062 h. – alt. 380
🛈 *Office de tourisme, place de la Libération* ✆ 05 55 73 15 71, Fax 05 55 73 88 36
Paris 444 – Aubusson 95 – Bourganeuf 76 – Brive-la-Gaillarde 38 – Limoges 57 – Périgueux 106 – Tulle 30.

Municipal la Minoterie de déb. mai à fin sept.
✆ 05 55 73 12 75, *uzerche@uzerche.fr*, Fax 05 55 73 12 75, *http://camping.uzerche.fr* – **R** conseillée
1,5 ha (65 empl.) plat, terrasse, herbeux, pierreux
Tarif : 11 € 👤👤 🚗 🚻 (½) (10A) – pers. suppl. 3 €
Location : huttes, gîtes d'étape – **R** conseillée
🚐 1 borne artisanale
Pour s'y rendre : à la base de loisirs de la Minoterie (au sud-ouest du centre bourg, accès quai Julian-Grimau, entre la N 20 et le pont Turgot (D 3), au bord de la Vézère (rive gauche))
À savoir : dans un site pittoresque

Nature : 🌳 ≤ 🌲🌲
Loisirs : 🎮 🐎 🚴 ⛵ 🧺 🛶 base de canoë-kayak
Services : 👤 ⛽ 🚿 🚻 ⊕ ♨ 🧺 sèche-linge
À prox. : mur d'escalade

VIDEIX

✉ 87600 – **325** B6 – 243 h. – alt. 260
Paris 443 – Angoulême 53 – Limoges 53 – Nontron 36 – Rochechouart 11.

Hameau de gîtes (location exclusive de chalets)
Permanent
✆ 05 55 48 83 39, *ot-rochechouart-pays-de-la-meteorite@wanadoo.fr*, Fax 05 55 48 83 39, *www.rochechouart.com*
3 ha plat, herbeux
Location 🅿 : 16 🏠 (4 à 6 pers.) - 240 à 475 €/sem.
– **R** conseillée
Pour s'y rendre : plage de la Chassagne (1,7 km au nord par D 87, rte de Pressignac, lieu-dit La Chassagne)
À savoir : location à la nuité, week-end et semaine

Nature : 🌳 ≤ Le Lac ⛰
Loisirs : 🎮 🏊
Services : 👤 🚿 🚻 🧺 sèche-linge
À prox. : 🍽 snack 🐎 🛶 🐟 pédalos

VIGEOIS

✉ 19410 – **329** K3 – G. Limousin Berry – 1 191 h. – alt. 390
🛈 *Office de tourisme, place de l'Eglise* ✆ 05 55 98 96 44
Paris 457 – Limoges 68 – Tulle 32 – Brive-la-Gaillarde 41 – Saint-Yrieix-la-Perche 42.

Municipal du Lac de Pontcharal de déb. juin à mi-sept.
✆ 05 55 98 90 86, *mairievigeois@wanadoo.fr*, Fax 05 55 98 99 79, *www.vigeois.com* – **R** conseillée
32 ha/1,7 campable (85 empl.) peu incliné, plat, terrasse, herbeux
Tarif : 👤 3 € 🚗 🚻 3,50 € – (½) (15A) 3 €
Pour s'y rendre : à Pontcharal (2 km au sud-est par D 7, rte de Brive, près du lac de Pontcharal)

Nature : 🌳 🌲🌲 ⛰
Loisirs : 🍽 snack 🧺 (plage) 🏖
Services : 👤 ⛽ (juil.-août) 🚿 🚻 ⊕ 🧺 🛠
À prox. : pédalos

LORRAINE

Le pèlerinage sur les hauts lieux du souvenir militaire peut constituer la première étape de votre périple lorrain qui s'annonce riche en coups de cœur : splendide héritage architectural de Nancy magnifié par Stanislas et de Metz la « ville lumière », pétillant chapelet de stations thermales dispensatrices d'amincissants bienfaits, petites ruches créatives à l'origine du cristal de Baccarat, des émaux de Longwy et des faïences de Lunéville, silence des hauts fourneaux endormis, visions inspirées de l'histoire à Domrémy et Colombey… Sans oublier les vergers de mirabelles et les épaisses forêts vosgiennes. Accordez-vous en route une halte gourmande dans une marcairie : le géromé y clôture des repas généreux consacrés par l'indispensable quiche, à moins qu'il ne soit le prélude à un dessert arrosé de kirsch.

If you want to do justice to the wealth of wonderful sights in Lorraine, bring your walking boots. But before you head for the hills, make time to discover Nancy's splendid artistic heritage and admire the lights of Metz. Then tour a string of tiny spa resorts and the famous centres of craftsmanship which produce the legendary Baccarat crystal, Longwy enamels and Lunéville porcelain, before reaching the poignant silence of the dormant mines and quarries at Domrémy and Colombey. The lakes, forests and wildlife of the Vosges national park will keep you entranced as you make your way down hillsides dotted with plum orchards. Stop for a little »light« refreshment in a "marcairerie", a traditional farm-inn, and try the famous quiches and tarts, a slab of Munster cheese or a kirsch-flavoured dessert.

LORRAINE

ANOULD

✉ 88650 – **314** J3 – 2 992 h. – alt. 457
Paris 430 – Colmar 43 – Épinal 45 – Gérardmer 15 – St-Dié 12.

▲ **Les Acacias** de déb. déc. à fin sept.
  ℰ 03 29 57 11 06, contact@acaciascamp.com,
  Fax 03 29 57 11 06, www.acaciascamp.com – **R** conseillée
  2,5 ha (84 empl.) plat, terrasses, herbeux
  Tarif : 14,30 € ⁂ ⇌ 🗏 (6A) – pers. suppl. 3,60 €
  Location : 7 ⛺ (4 à 6 pers.) 220 à 450 €/sem. – 9 🏠 (4 à 6 pers.) - 275 à 475 €/sem. – **R** conseillée
  🚐, 1 borne artisanale 10 € – 4 🗏 10 € – 🚌 10 €
  Pour s'y rendre : 191 r. Leonard-de-Vinci (sortie ouest par N 415, rte de Colmar et chemin à dr.)

Nature : 🔲 ♀
Loisirs : 🍴 snack 🛋 🏊 (petite piscine)
Services : ♿ 🔑 (juin-sept.) ✂ ▦ 🗓 ♨ 🧺 ⌕ 🔲 sèche-linge

LA BRESSE

✉ 88250 – **314** J4 – G. Alsace Lorraine – 4 928 h. – alt. 636 – Sports d'hiver : 650/1 350 m ⛷31 ⛸
🛈 Office de tourisme, 2a, rue des Proyes ℰ 03 29 25 41 29, Fax 03 29 25 64 91
Paris 437 – Colmar 52 – Épinal 52 – Gérardmer 13 – Remiremont 26 – Thann 69 – Le Thillot 20.

▲▲▲ **Municipal le Haut des Bluches** de mi-déc. à déb. nov.
  ℰ 03 29 25 64 80, hautdesbluches@labresse.fr,
  Fax 03 29 25 78 03, www.domainehautdesbluches.labresse.fr – alt. 708 – **R** conseillée
  4 ha (150 empl.) en terrasses, plat, peu incliné, herbeux, pierreux, rochers
  Tarif : (Prix 2008) 17,30 € ⁂ ⇌ 🗏 (13A) – pers. suppl. 2,60 €
  Location (Prix 2008) : 14 🛏 – **R** conseillée
  🚐, 1 borne artisanale 3,70 € – 🚌 (🛁) 8.50 €
  Pour s'y rendre : 5 rte des Planches (3,2 km à l'est par D 34, rte du Col de la Schlucht, au bord de la Moselotte)
  À savoir : cadre pittoresque traversé par un ruisseau

Nature : ❄ ≤
Loisirs : 🍴 ✕ snack 🛋 🏊 🏓
Services : ♿ 🔑 🇬🇧 ✂ ▦ 🗓 ♨ 🧺 ⌕ 🔲 sèche-linge ⛱
À prox. : parcours sportif 🚴

▲ **Belle Hutte** Permanent
  ℰ 03 29 25 49 75, camping-belle-hutte@wanadoo.fr,
  www.camping-belle-hutte.com – alt. 900 – **R**
  3,5 ha (125 empl.) en terrasses, herbeux, pierreux
  Tarif : 30,10 € ⁂ ⇌ 🗏 (10A) – pers. suppl. 6,20 € – frais de réservation 6 €
  Location : 11 🏠 (4 à 6 pers.) - 252 à 735 €/sem. – 2 appartements – frais de réservation 6 € - **R** conseillée
  🚐, 1 borne artisanale 5 €
  Pour s'y rendre : 1 bis Vouille-de-Belle-Hutte (9 km au nord-est par D 34, rte du col de la Schlucht, au bord de la Moselotte)
  À savoir : dans un agréable site boisé

Nature : ❄ ≤ 🔲
Loisirs : 🛋 🏊 (petite piscine)
Services : ♿ 🔑 🇬🇧 ✂ ▦ 🗓 ♨ ⌕ 📞 🗄 🔲 sèche-linge
À prox. : ✂

BULGNÉVILLE

✉ 88140 – **314** D3 – G. Alsace Lorraine – 1 286 h. – alt. 350
🛈 Syndicat d'initiative, 105, rue de l'Hôtel de Ville ℰ 03 29 09 14 50, Fax 03 29 09 14 67
Paris 331 – Contrexéville 6 – Épinal 53 – Neufchâteau 22 – Vittel 86.

△ **Porte des Vosges** de mi-avr. à mi-sept.
  ℰ 03 29 09 12 00, contact@camping-portedesvosges.com,
  Fax 03 29 09 15 71, www.Camping-Portedesvosges.com – **R**
  2,5 ha (100 empl.) peu incliné, plat, herbeux, gravier et gravillons
  Tarif : ⁎ 3,30 € ⇌ 2 € 🗏 6 € – (🛁) (6A) 3 €
  🚐, 1 borne 6 € – 10 🗏 6 €
  Pour s'y rendre : La Grande Tranchée (1,3 km au sud-est par D 164, rte de Contrexéville et D 14, rte de Suriauville à dr.)
  À savoir : cadre champêtre

Nature : ♀
Loisirs : snack
Services : ♿ 🔑 🇬🇧 🗓 ♨ ⛱

419

LORRAINE

BUSSANG

✉ 88540 – **314** J5 – G. Alsace Lorraine – 1 777 h. – alt. 605
🅘 *Office de tourisme, 8, rue d'Alsace* ✆ *03 29 61 50 37, Fax 03 29 61 58 20*
Paris 444 – Belfort 44 – Épinal 59 – Gérardmer 38 – Mulhouse 47 – Thann 27.

⛰ **Domaine de Champé** Permanent
✆ 03 29 61 61 51, info@domaine-de-champe.com,
Fax 03 29 61 56 90, www.domaine-de-champe.com – **R** indispensable
3,5 ha (100 empl.) plat, herbeux
Tarif : 29 € ⚹⚹ 🚗 📧 ⚡ (11A) – pers. suppl. 6 € – frais de réservation 11 €
Location : 15 🛖 (4 à 6 pers.) nuitée 70 € - 420 à 1 050 €/sem. – 8 🏠 (4 à 6 pers.) nuitée 90 € - 420 à 1 150 €/sem. – frais de réservation 11 € - **R** indispensable
🚐 1 borne 6 €
Pour s'y rendre : au nord-est, accès par rte à gauche de l'église, au bord de la Moselle et d'un ruisseau

Nature : ≼
Loisirs : 🍴 snack 🎴 ⚙ diurne ♨ hammam ✖ 🏊
Services : ♿ ⚡ GB ✓ 🗑 🧊 😊 📞 🔥

CELLES-SUR-PLAINE

✉ 88110 – **314** J2 – 840 h. – alt. 318 – *Base de loisirs*
Paris 391 – Baccarat 23 – Blâmont 23 – Lunéville 49 – Raon-l'Étape 11.

⛰ **Les Lacs** de déb. avr. à fin sept.
✆ 03 29 41 28 00, camping@paysdeslacs.com,
Fax 03 29 41 18 69, www.paysdeslacs.com/camping – **R** conseillée
15 ha/4 campables (135 empl.) plat, herbeux, gravillons, pierreux
Tarif : 20 € ⚹⚹ 🚗 📧 ⚡ (10A) – pers. suppl. 6 € – frais de réservation 10 €
Location (de mi-mars à mi-nov.) : 16 🏠 (4 à 6 pers.) nuitée 40 € - 257 à 336 €/sem. – (sans sanitaires) – frais de réservation 16 € - **R** conseillée
Pour s'y rendre : Pl. de l'Eglise (au sud-ouest du bourg)
À savoir : en bordure de rivière et à proximité du lac

Nature : ≼ 🌊
Loisirs : 🍴 snack 🎴 ⚙ nocturne (juil.-août) ⚹⚹ 🎣 🚴 ✖ 🏊
Services : ♿ ⚡ GB ✓ 🗑 🧊 🏊 ⚙ 🚿 sèche-linge 🔧
au lac : 🚣 ⚓

LA CHAPELLE-DEVANT-BRUYÈRES

✉ 88600 – **314** I3 – 611 h. – alt. 457
Paris 416 – Épinal 31 – Gérardmer 22 – Rambervillers 26 – Remiremont 37 – St-Dié 26.

⛰ **Les Pinasses** de mi-avr. à mi-sept.
✆ 03 29 58 51 10, pinasses@dial.oleane.com, Fax 03 29 58 54 21, www.camping-les-pinasses.com – **R** conseillée
3 ha (139 empl.) plat, herbeux, pierreux, petit étang
Tarif : 22,80 € ⚹⚹ 🚗 📧 ⚡ (6A) – pers. suppl. 5 €
Location (de déb. avr. à fin oct.) : 4 🛖 (4 à 6 pers.) 210 à 480 €/sem. – 8 🏠 (4 à 6 pers.) - 210 à 535 €/sem.
– **R** conseillée
Pour s'y rendre : 215 rte de Bruyères (1,2 km au nord-ouest sur D 60)

Nature : 🌳 ♤♤
Loisirs : 🎴 🎣 ✖ 🏊
Services : ⚡ GB ✓ 🗑 ♨ 😊 🔥 🔧
🍴 🧊 sèche-linge

CHARMES

✉ 88130 – **314** F2 – G. Alsace Lorraine – 4 665 h. – alt. 282
🅘 *Office de tourisme, 2, place Henri Breton* ✆ *03 29 38 17 09, Fax 03 29 38 17 09*
Paris 381 – Mirecourt 17 – Nancy 43 – Neufchâteau 58 – St-Dié-des-Vosges 59.

⛰ **Les Iles** de déb. avr. à fin sept.
✆ 03 29 38 87 71, andre.michel63@wanadoo.fr,
Fax 03 29 38 87 71, http://camping-les-iles.chez-alice.fr
– **R** conseillée
3,5 ha (67 empl.) plat, herbeux
Tarif : (Prix 2008) 12,50 € ⚹⚹ 🚗 📧 ⚡ (10A) – pers. suppl. 2,90 €
🚐 1 borne artisanale 2 €
Pour s'y rendre : 20 r. de l'Ecluse (1 km au sud-ouest par D 157 et chemin à dr., près du stade)
À savoir : cadre agréable entre le canal de l'Est et la Moselle

Loisirs : 🚴 🌊
Services : ♿ ⚡ ✓ 🔧 🧊
À prox. : ✖ 🎣

LORRAINE

CONTREXÉVILLE

✉ 88140 – **314** D3 – G. Alsace Lorraine – 3 708 h. – alt. 342 – ⚕ (fin mars-mi oct.)
🛈 Office de tourisme, 116, rue du Shah de Perse ℘ 03 29 08 08 68, Fax 03 29 08 25 40
Paris 337 – Épinal 47 – Langres 75 – Luxeuil 73 – Nancy 83 – Neufchâteau 28.

Municipal Tir aux Pigeons de déb. avr. à déb. oct.
℘ 03 29 08 15 06- 03.29.08.09.35, *secretariat@ville-con trexeville.fr*, Fax 03.29.08.58.07, *www.ville-contrexeville.fr*
– **R** conseillée
1,8 ha (80 empl.) plat, herbeux, gravillons
Tarif : (Prix 2008) 👤 2 € 🚗 🅿 2,50 € – ⚡ (5A) 2,50 €
Pour s'y rendre : R. du 11-Septembre (1 km au sud-ouest par D 13, rte de Suriauville)
À savoir : à l'orée d'un bois

Nature : 🌊 ♀♀
Loisirs : 🎣
Services : ♿ 🚿 (juil.-août) 🚻 ♨ ☺ 🚐 🗑 🍴

CORCIEUX

✉ 88430 – **314** J3 – 1 598 h. – alt. 534
🛈 Office de tourisme, 9, rue Henry ℘ 03 29 50 73 29
Paris 424 – Épinal 39 – Gérardmer 15 – Remiremont 43 – St-Dié 18.

Domaine des Bans Permanent
℘ 03 29 51 64 67, *les-bans@domaine-des-bans.com*, Fax 03 29 51 64 69, *www.domaine-des-bans.com*
– **R** conseillée
15,7 ha (634 empl.) plat, herbeux, pierreux
Tarif : 39 € 👤👤 🚗 🅿 (6A) – pers. suppl. 7 €
Location : 100 🛖 (4 à 6 pers.) 203 à 833 €/sem. – 50 🏠 (4 à 6 pers.) - 420 à 805 €/sem. – 20 🛏 – gîtes
– **R** conseillée
🚐 12 🅿 17 €
Pour s'y rendre : 6 r. James-Wiese (en deux campings distincts (Domaine des Bans : 600 empl. et la Tour : 34 empl.), pl. Notre-Dame)
À savoir : Cadre agréable, au bord d'un plan d'eau

Nature : 🌊 🏞 ♀
Loisirs : 🍴 🍽 snack 🎣 🎱 🏊 discothèque 🎮 🚴 ♟ 🏓 🎯 ⛵
Services : ♿ 🔑 🚐 🚻 🗑 ♨ 🚿
🚻 🕐 🍴 sèche-linge 🧺 ⛲

Le Clos de la Chaume de déb. mai à fin sept.
℘ 06 85 19 62 55, *info@camping-closdelachaume.com*, Fax 03 29 50 76 76, *www.camping-closdelachaume.com*
– **R** conseillée
3,5 ha (90 empl.) plat, herbeux
Tarif : 19,60 € 👤👤 🚗 🅿 (6A) – pers. suppl. 2,80 € – frais de réservation 10 €
Location (de déb. avr. à fin sept.) 🚫 (de déb. juil. à fin août) : 10 🛖 (4 à 6 pers.) 150 à 580 €/sem. – 5 🏠 (4 à 6 pers.) - 150 à 640 €/sem. – frais de réservation 15 € - **R** conseillée
🚐 1 borne artisanale 5 € – 5 🅿 13 € – 🌙 ⚡ 17 €
Pour s'y rendre : 21 r. d'Alsace

Nature : ♀
Loisirs : 🏓 🏇 🎯 🎱
Services : ♿ 🔑 🚐 🚴 🗑 ♨ 🚿 🚻 sèche-linge

DABO

✉ 57850 – **307** O7 – G. Alsace Lorraine – 2 780 h. – alt. 500
🛈 Office de tourisme, 10, place de l'Église ℘ 03 87 07 47 51, Fax 03 87 07 47 73
Paris 453 – Baccarat 63 – Metz 77 – Phalsbourg 18 – Sarrebourg 21.

Le Rocher de mi-mars à fin oct.
℘ 03 87 07 47 51, *info@ot-dabo.fr*, Fax 03 87 07 47 73, *www.ot-dabo.fr* – **R** conseillée
0,5 ha (42 empl.) plat et peu incliné, herbeux
Tarif : (Prix 2008) 👤 2,90 € 🚗 1,30 € 🅿 1,60 € – ⚡ (10A) 3,60 €
Location (Prix 2008) (permanent) : gîte d'étape – **R** conseillée
Pour s'y rendre : 1,5 km au sud-est par D 45, au carr. de la rte du Rocher
À savoir : dans une agréable forêt de sapins

Nature : ♀
Loisirs : 🏓
Services : 🗑 🚻 ☺

421

LORRAINE

FRESSE-SUR-MOSELLE

✉ 88160 – **314** I5 – 2 176 h. – alt. 515
Paris 447 – Metz 178 – Épinal 54 – Mulhouse 56 – Colmar 78.

Municipal Bon Accueil de déb. avr. à mi-nov.
☎ 03 29 25 08 98, *ot-ballons-hautes-vosges@orange.fr*,
Fax 03 29 61 50 37 – **R** conseillée
0,6 ha (50 empl.) plat, herbeux
Tarif : ♦ 2,35 € ⇌ 🔲 1,35 € – ⚡ (16A) 2,45 €

Nature : ≤
Services : 🚲 🛵 ☺
À prox. : ✂

Pour s'y rendre : 36 ter r. de Lorraine (sortie nord-ouest par N 66, rte du Thillot, à 80 m de la Moselle)

GEMAINGOUTTE

✉ 88520 – **314** K3 – 122 h. – alt. 446
Paris 411 – Colmar 59 – Ribeauvillé 31 – St-Dié 14 – Ste-Marie-aux-Mines 12 – Sélestat 39.

Municipal le Violu de déb. mai à fin sept.
☎ 03 29 57 70 70, *mairie.gemaingoutte@wanadoo.fr*,
Fax 03 29 51 72 60, *www.gemaingoutte.fr* – **R** conseillée
1 ha (48 empl.) plat, herbeux
Tarif : (Prix 2008) ♦ 2,50 € ⇌ 1,70 € 🔲 1,80 € – ⚡ (12A) 2,20 €

Services : ♿ 🚲 🛵 ☺ 🔲

Location (Prix 2008) (permanent) : 2 🏠 (4 à 6 pers.)
nuitée 55 € - 220 à 425 €/sem. – **R** conseillée
🚐 1 borne raclet 2 € – 10 🔲 6 €

Pour s'y rendre : Rte de St-Dié (sortie ouest par RD 59, rte de St-Dié, au bord d'un ruisseau)

GÉRARDMER

✉ 88400 – **314** J4 – G. Alsace Lorraine – 8 845 h. – alt. 669 – Sports d'hiver : 660/1 350 m ⚡31 ⚡
🛈 Office de tourisme, 4, place des Déportés ☎ 03 29 27 27 27, Fax 03 29 27 23 25
Paris 425 – Belfort 78 – Colmar 52 – Épinal 40 – St-Dié 27 – Thann 50.

Les Granges-Bas Permanent
☎ 03 29 63 12 03, *camping@lesgrangesbas.fr*,
Fax 03 29 63 12 03, *www.lesgrangesbas.fr* – **R**
2 ha (100 empl.) peu incliné, plat, herbeux
Tarif : 17 € ♦♦ ⇌ 🔲 (6A) – pers. suppl. 3,80 €

Nature : 🌲 ≤ 🏞
Loisirs : 🍷 snack 🎱 nocturne
salle d'animation 🎨 ✂
Services : 🔑 🏧 🚲 🛵 ☺ 📞 🔲
sèche-linge

Location : 6 🚐 (4 à 6 pers.) 329 à 441 €/sem.
– **R** conseillée

Pour s'y rendre : 116 chemin des Ganges-Bas (4 km à l'ouest par D 417 puis, à Costet-Beillard, 1 km par un chemin à gauche)

Les Sapins de déb. avr. à mi-oct.
☎ 03 29 63 15 01, *les.sapins@camping-gerardmer.com*,
Fax -, *www.camping-gerardmer.com* – **R** conseillée
1,3 ha (70 empl.) plat, herbeux, gravier
Tarif : 20,10 € ♦♦ ⇌ 🔲 (10A) – pers. suppl. 4,20 € –
frais de réservation 10 €

Nature : 🚲 ♀
Loisirs : 🍷
Services : 🔑 🚲 🔲 ☺ 📞
À prox. : 🐎

Location (permanent) : 🚐 (4 à 6 pers.) 290 à 480 €/sem. - frais de réservation 10 € – **R** conseillée
🚐 1 borne artisanale 3 €

Pour s'y rendre : 18 chemin de Sapois-Ramberchamp (1,5 km au sud-ouest, à 200 m du lac)

GRANGES-SUR-VOLOGNE

✉ 88640 – **314** I4 – G. Alsace Lorraine – 2 449 h. – alt. 502
🛈 Syndicat d'initiative, 2, place Combattants d'Indochine ☎ 03 29 51 48 01, Fax 03 29 51 48 01
Paris 419 – Bruyères 10 – Épinal 34 – Gérardmer 14 – Remiremont 30 – St-Dié 28.

Les Peupliers de mi-mai à mi-sept.
☎ 03 29 57 51 04 – **R**
2 ha (40 empl.) plat, herbeux
Tarif : 13 € ♦♦ ⇌ 🔲 (6A) – pers. suppl. 3 €

Nature : 🌲 ≤ ♀
Loisirs : 🎣
Services : ♿ 🔑 🚲 ☺ 🔲
À prox. : ✂ 🐎

Pour s'y rendre : 12 r. du Pré-Dixi (par centre bourg vers Gérardmer et chemin à dr. apr. le pont)

À savoir : Cadre verdoyant au bord de la Vologne et d'un ruisseau

LORRAINE

HERPELMONT

✉ 88600 – **314** I3 – 218 h. – alt. 480
Paris 413 – Épinal 28 – Gérardmer 20 – Remiremont 33 – St-Dié 30.

Domaine des Messires de fin avr. à mi-sept.
📞 03 29 58 56 29, mail@domainedesmessires.com,
Fax 03 29 51 62 86, www.domainedesmessires.com
– **R** conseillée
11 ha/2 campables (100 empl.) plat, herbeux, pierreux
Tarif : 24,50 € ⛺ 🚗 🔌 (6A) – pers. suppl. 6 € – frais de réservation 12 €
Location ⚐ : 14 🏠 (4 à 6 pers.) 238 à 623 €/sem. – frais de réservation 12 € - **R** conseillée
🚐 4 🏕 12,50 €
Pour s'y rendre : 1 La Feigne (1,5 km au nord)
À savoir : situation et cadre agréables au bord d'un lac

JAULNY

✉ 54470 – **307** G5 – G. Alsace Lorraine – 220 h. – alt. 230
Paris 310 – Commercy 41 – Metz 33 – Nancy 51 – Toul 41.

La Pelouse de mi-mars à mi-oct.
📞 03 83 81 91 67, campingdelapelouse@orange.fr,
Fax 03 83 81 91 67, www.campingdelapelouse.com – places limitées pour le passage – **R** conseillée
2,9 ha (100 empl.) plat et incliné, herbeux
Tarif : 17,50 € ⛺ 🚗 🔌 (6A) – pers. suppl. 4 €
Location (permanent) : 5 🏠 (4 à 6 pers.) - 300 à 400 €/sem. – **R** conseillée
Pour s'y rendre : 500 m au sud du bourg, accès situé près du pont
À savoir : sur une petite colline boisée dominant la rivière

LUNÉVILLE

✉ 54300 – **307** J7 – G. Alsace Lorraine – 20 200 h. – alt. 224
🛈 Office de tourisme, aile sud du Château 📞 03 83 74 06 55, Fax 03 83 73 57 95
Paris 347 – Épinal 69 – Metz 95 – Nancy 36 – St-Dié 56 – Toul 56.

Les Bosquets avr.-oct.
📞 03 83 73 37 58, camping@cc-lunevillois.fr,
Fax 03 83 75 89 21, www.cc-lunevillois.fr – **R** conseillée
1 ha (36 empl.) plat et terrasse, herbeux
Tarif : (Prix 2008) 12,90 € ⛺ 🚗 🔌 (10A) – pers. suppl. 2,55 €
Location (Prix 2008) : 4 🏠 (4 à 6 pers.) nuitée 35 € - 155 à 260 €/sem. – **R** conseillée
🚐 1 borne artisanale 2,05 €
Pour s'y rendre : chemin de la Ménagerie (au nord, en dir. de Château-Salins et à dr., apr. le pont sur la Vézouze)
À savoir : près du parc du château et des jardins

MAGNIÈRES

✉ 54129 – **307** K8 – 313 h. – alt. 250
Paris 365 – Baccarat 16 – Épinal 40 – Lunéville 22 – Nancy 55.

Le Pré Fleury de déb. avr. à fin oct.
📞 03 83 73 82 21, kern.christian@wanadoo.fr,
Fax 03 83 72 32 77, www.campingduprefleury.com
– **R** conseillée
1 ha (34 empl.) plat et peu incliné, gravillons, herbeux, pierreux
Tarif : 13,50 € ⛺ 🚗 🔌 (10A) – pers. suppl. 2,80 €
Location : chalets (sans sanitaires) – **R** conseillée
🚐 12 🏕 9 € – 🚐 8.55 €
Pour s'y rendre : 18 r. de la Barre (500 m à l'ouest par D 22, rte de Bayon, à 200 m de la Mortagne)
À savoir : à l'ancienne gare et au bord d'un étang

LORRAINE

MANDRES-AUX-QUATRE-TOURS

✉ 54470 – **307** F5 – 170 h. – alt. 248
Paris 321 – Metz 55 – Nancy 41 – Pont-à-Mousson 24 – Toul 22.

Municipal l'Orée de la Forêt de la Reine de déb. avr. à fin oct.
☎ 03 83 23 17 31, *mandres.54470@wanadoo.fr*, Fax 03 83 23 13 85 – ℞
1 ha (33 empl.) plat, herbeux, pierreux
Tarif : (Prix 2008) ♦ 1,80 € 🚗 🄴 – 🄿 (35A) 1,50 €
Pour s'y rendre : 42 chemin de Mandres-à-Boucq (1,7 km au sud, rte de la forêt et du Parc Régional)
À savoir : à l'orée de la Forêt de la Reine

Nature : 🌳 ♒
Services : ☉
À prox. : 🎣

METZ

✉ 57000 – **307** I4 – G. Alsace Lorraine – 123 776 h. – alt. 173
🛈 *Office de tourisme, place d'Armes* ☎ 03 87 55 53 76, Fax 03 87 36 59 43
Paris 330 – Longuyon 80 – Pont-à-Mousson 31 – St-Avold 44 – Thionville 30 – Verdun 78.

Municipal Metz-Plage de mi-avr. à mi-oct.
☎ 03 87 68 26 48, *campingmetz@mairie-metz.fr*, Fax 03 87 38 03 89, *tourisme.mairie-metz.fr* – ℞ conseillée
2,5 ha (150 empl.) plat, herbeux, pierreux
Tarif : (Prix 2008) ♦ 3 € 🚗 3 € 🄴 7 € 🄿 (10A)
🚐 1 borne artisanale 7 € – 10 🄴 7 €
Pour s'y rendre : Allée de Metz-Plage (au nord, entre le pont des Morts et le pont de Thionville, au bord de la Moselle - par A 31 : sortie Metz-Nord Pontiffroy)

Nature : ♒
Loisirs : snack 🛶 🎣
Services : ♿ 🔑 GB ✂ 🚿 🚽 ☉ 🚰 🧺 ⛺ 🏐 🔥 sèche-linge
À prox. : 🏊

MORHANGE

✉ 57340 – **307** K5 – 4 050 h. – alt. 255
Paris 381 – Lunéville 52 – Metz 49 – St-Avold 29 – Sarreguemines 41.

Centre de Loisirs de la Mutche
☎ 03 87 86 21 58, *mutche@wanadoo.fr*, Fax 03 87 86 24 88, *www.morhange.fr*
5,5 ha (110 empl.) plat et peu incliné, gravillons, herbeux, sapinière
Location : 20 🏠 – huttes
Pour s'y rendre : 6,5 km au nord par rte de Sarreguemines, D 78 rte d'Arprich à gauche et chemin du site touristique
À savoir : au bord d'un plan d'eau, sur un vaste domaine de loisirs

Nature : 🌳 ⛰ ♀
Loisirs : 🛶 🎣 terrain omnisports
Services : ♿ 🚿 🚽 ☉ 🔥 sèche-linge
À prox. : 🚣 🏊 🎿

La Saône coulant dans un verdoyant paysage

LORRAINE

NEUFCHÂTEAU

✉ 88300 – **314** C2 – G. Alsace Lorraine – 7 533 h. – alt. 300
🛈 *Office de tourisme, 3, Parking des Grandes Ecuries* ✆ *03 29 94 10 95, Fax 03 29 94 10 89*
Paris 321 – Chaumont 57 – Contrexéville 28 – Épinal 75 – Langres 78 – Toul 43.

▲ **Intercommunal**
✆ 03 29 94 19 03, *n.merlin@paysdeneufchateau.com,*
Fax 03 29 06 19 59
0,8 ha (50 empl.) plat, herbeux
Pour s'y rendre : R. G.-Joecker (sortie ouest, rte de Chaumont et à dr., près du complexe sportif)

> Nature : 🌳🌳
> Services : ♿ 🚿 🏠 ⊕ 🚗 🚻
> À prox. : 🍴 🎯 🏊 piste de skateboard

PLOMBIÈRES-LES-BAINS

✉ 88370 – **314** G5 – G. Alsace Lorraine – 1 906 h. – alt. 429 – ♨ (début avril-fin déc.)
🛈 *Office de tourisme, 1, place Maurice Janot* ✆ *03 29 66 01 30, Fax 03 29 66 01 94*
Paris 378 – Belfort 79 – Épinal 38 – Gérardmer 43 – Vesoul 54 – Vittel 61.

▲ **L'Hermitage** de mi-avr. à mi-oct.
✆ 03 29 30 01 87, *l.amodru-favin@wanadoo.fr, www.hermitage-camping.com* – **R** conseillée
1,4 ha (60 empl.) en terrasses, plat et peu incliné, herbeux, gravier
Tarif : 👤 4,50 € – 🚗 🅴 4,90 € – 🔌 (10A) 5,30 € – frais de réservation 10 €
Location (permanent) : 3 🏠 (4 à 6 pers.) 305 à 490 €/sem. – 4 🏠 (4 à 6 pers.) – 400 à 525 €/sem. – frais de réservation 10 € - **R** conseillée
🚐 1 borne artisanale 4 €
Pour s'y rendre : 54 r. du Boulot (1,5 km au nord-ouest par D 63, rte de Xertigny puis D 20, rte de Ruaux)

> Nature : 🌲 🌿
> Loisirs : snack 🏠 🎯 🏊
> Services : ♿ 🔑 🏧 🚿 ⊕ 🚗

▲ **Le Fraiteux** de mi-mars à fin oct.
✆ 03 29 66 00 71, *campingdufraiteux@aliceadsl.fr,*
http://campingdufraiteux.chez-alice.fr – **R** conseillée
0,8 ha (44 empl.) peu incliné, plat, herbeux, gravillons
Tarif : 👤 3,30 € – 🚗 🅴 4 € – 🔌 (10A) 4 €
Location (permanent) : 3 🏠 (4 à 6 pers.) – 320 à 420 €/sem. – **R** conseillée
🚐 1 borne artisanale 2 € – 8 🅴 9,60 € – 🚰 8 €
Pour s'y rendre : 81 r. du Camping, Ruaux (4 km à l'ouest par D 20 et D 20e)

> Nature : 🌿 🌲
> Loisirs : 🎯
> Services : 🔑 🛠 🏧 🚿 ⊕ 🚗 sèche-linge

425

REVIGNY-SUR-ORNAIN

✉ 55800 – **307** A6 – 3 660 h. – alt. 144
🛈 *Syndicat d'initiative, rue du Stade* ✆ *03 29 78 73 34*
Paris 239 – Bar-le-Duc 18 – St-Dizier 30 – Vitry-le-François 36.

▲ **Municipal du Moulin des Gravières** de déb. mai à fin sept.
✆ 03 29 78 73 34, *contact@ot-revigny-ornain.fr,*
Fax 03 29 78 73 34, *www.ot-revigny-ornain.com* – **R**
1 ha (27 empl.) plat, herbeux
Tarif : (Prix 2008) 12,35 € 👤👤 🚗 🅴 🔌 (6A) – pers. suppl. 2,45 €
Location (Prix 2008) (permanent) 🚫 : 🚐 – 🏠 (4 à 6 pers.) 218 à 299 €/sem. – **R** conseillée
🚐 1 borne eurorelais 1 €
Pour s'y rendre : R. du Stade (au bourg vers sortie sud, rte de Vitry-le-François et r. à dr., à 100 m de l'Ornain)
À savoir : cadre agréable au bord d'un ruisseau

> Nature : 🌲 🌿
> Loisirs : 🎯
> Services : ♿ 🔑 🛠 🚿 ⊕ 🚗
> À prox. : 🍴 🎯 🏊 🚐

---

*Si vous désirez réserver un emplacement pour vos vacances,
faites-vous préciser au préalable les conditions particulières de séjour,
les modalités de réservation, les tarifs en vigueur et les conditions de paiement.*

LORRAINE

ST-AVOLD

✉ 57500 – **307** L4 – G. Alsace Lorraine – 16 922 h. – alt. 260
🛈 Office de tourisme, 28, rue des Américains ✆ 03 87 91 30 19, Fax 03 87 92 98 02
Paris 372 – Haguenau 117 – Lunéville 77 – Metz 46 – Nancy 103 – Saarbrücken 33 – Sarreguemines 29.

▲▲ Le Felsberg Permanent
✆ 03 87 92 75 05, cis.stavold@wanadoo.fr, Fax 03 87 92 20 69,
www.camping-moselle.com – **R** conseillée
1,2 ha (33 empl.) plat et peu incliné, terrasses, herbeux, pierreux
Tarif : (Prix 2008) ♦ 4 € – 🚗 🔲 6 € – (½) (10A) 5 €
Location (Prix 2008) : 3 🏠 (4 à 6 pers.) nuitée 55 €
- 280 à 475 €/sem. – 7 🛏 – **R** conseillée
🚐 1 borne artisanale 3 €
Pour s'y rendre : au nord, près N 3, accès par r. en Verrerie, face à la station service Record - par A 4 : sortie St-Avold Carling
À savoir : sur les hauteurs agréablement boisées de la ville

ST-DIÉ-DES-VOSGES

✉ 88100 – **314** J3 – G. Alsace Lorraine – 22 569 h. – alt. 350
🛈 Office de tourisme, 8, quai du Mal de L. de Tassigny ✆ 03 29 42 22 22, Fax 03 29 42 22 23
Paris 397 – Belfort 123 – Colmar 53 – Épinal 53 – Mulhouse 108 – Strasbourg 97.

▲▲ Vanne de Pierre
✆ 03 29 56 23 56, vannedepierre@wanadoo.fr,
Fax 03 29 64 28 03, www.vannedepierre.com – **R** conseillée
3,5 ha (118 empl.) plat, herbeux
Location : 6 🚌 – 7 🏠
Pour s'y rendre : à l'est par le quai du Stade, près de la Meurthe

ST-MAURICE-SUR-MOSELLE

✉ 88560 – **314** I5 – G. Alsace Lorraine – 1 449 h. – alt. 560 – Sports d'hiver : 550/1 250 m ≤8 ⛷
🛈 Office de tourisme, 28 bis, rue de Lorraine ✆ 03 29 25 12 34
Paris 441 – Belfort 41 – Bussang 4 – Épinal 56 – Mulhouse 51 – Thann 31 – Le Thillot 7.

▲▲ Les Deux Ballons de mi-avr. à fin sept.
✆ 03 29 25 17 14, stan@camping-deux-ballons.fr,
www.camping-deux-ballons.fr – **R** conseillée
4 ha (180 empl.) plat et en terrasses, herbeux
Tarif : 26,45 € ♦♦ 🚗 🔲 (½) (16A) – pers. suppl. 5,35 € – frais de réservation 20 €
Location (de déb. avr. à fin oct.) : 5 🏠 (4 à 6 pers.) nuitée 80 € - 427 €/sem. – **R** conseillée
🚐 1 borne artisanale 5 €
Pour s'y rendre : 17 r. du Stade (sortie sud-ouest par N 66, rte du Thillot, au bord d'un ruisseau)

SANCHEY

✉ 88390 – **314** G3 – 692 h. – alt. 368
Paris 390 – Metz 129 – Épinal 8 – Nancy 69 – Colmar 100.

▲▲▲ Club Lac de Bouzey Permanent
✆ 03 29 82 49 41, lacdebouzey@orange.fr,
Fax 03 29 64 28 03, www.lacdebouzey.com – **R** conseillée
3 ha (160 empl.) plat et peu incliné, en terrasses, herbeux
Tarif : 33 € ♦♦ 🚗 🔲 (½) (10A) – pers. suppl. 9 € – frais de réservation 25 €
Location : 15 🚌 (4 à 6 pers.) nuitée 60 € – 350 à 630 €/sem. – 18 🏠 (4 à 6 pers.) nuitée 80 € – 560 à 840 €/sem. – frais de réservation 25 € – **R** conseillée
🚐 1 borne flot bleu
Pour s'y rendre : 19 r. du Lac (au sud par D 41)
À savoir : face au lac, agréables installations d'accueil et de loisirs

LORRAINE

SAULXURES-SUR-MOSELOTTE

✉ 88290 – **314** I5 – 3 070 h. – alt. 464 – Base de loisirs
🛈 Office de tourisme, 11, rue Pasteur ✆ 03 29 24 52 13, Fax 03 29 24 56 66
Paris 431 – Épinal 46 – Gérardmer 24 – Luxeuil-les-Bains 53 – Remiremont 20 – Vesoul 86.

▲ **Lac de la Moselotte** Permanent
✆ 03 29 24 56 56, lac-moselotte@ville-saulxures-mtte.fr,
Fax 03 29 24 58 31, www.ville-saulxures-mtte.fr – **R** conseillée
23 ha/3 campables (75 empl.) plat, herbeux, pierreux
Tarif : (Prix 2008) ♣ 5 € 🚗 🅴 5 € – ⚡ (10A) 5 €
Location (Prix 2008) : 15 🏠 (4 à 6 pers.) nuitée 79 € - 289 à 579 €/sem. – huttes – **R** conseillée
🚐 17 🅴 5 €
Pour s'y rendre : 336 rte des Amias (1,5 km à l'ouest sur ancienne D 43)
À savoir : dans un site boisé au bord d'un lac et près d'une base de loisirs

Nature : ⇐ 🏞 ▲
Loisirs : 🍸 🎱 🕺 salle d'animation 🏊
Services : ♿ ⚷ 🆖 ✂ 🚿 🚽 🅿 ⚒ ⚑ 🍴 ⧈
à la base de loisirs : 🎣 🏊 ⛵ mur d'escalade

Si vous recherchez :

👪 Un terrain offrant des équipements et des loisirs adaptés aux enfants
🍃 Un terrain agréable ou très tranquille
L - M Un terrain effectuant la location de caravanes, de mobile homes, de bungalows ou de chalets
P Un terrain ouvert toute l'année
🚐 Un terrain possédant une aire de services pour camping-cars
Consultez le tableau des localités

LE THOLY

✉ 88530 – **314** I4 – G. Alsace-Lorraine – 1 556 h. – alt. 628
🛈 Syndicat d'initiative, 3, rue Charles-de-Gaulle ✆ 03 29 61 81 82, Fax 03 29 61 18 83
Paris 414 – Bruyères 21 – Épinal 30 – Gérardmer 11 – Remiremont 19 – St-Amé 12 – St-Dié 38.

▲ **Noirrupt** de mi-avr. à mi-oct.
✆ 03 29 61 81 27, info@jpvacances.com,
Fax 03 29 61 83 05, www.jpvacances.com – **R** conseillée
2,9 ha (70 empl.) en terrasses, plat, herbeux, pierreux
Tarif : ♣ 5,60 € 🚗 🅴 9,10 € – ⚡ (6A) 5 € – frais de réservation 13 €
Location (permanent) 🚲 (de mi-juin à mi-août) : 12 🏠 (4 à 6 pers.) nuitée 45 € - 235 à 590 €/sem. – **R** conseillée
🚐 1 borne artisanale 9,10 €
Pour s'y rendre : 15 chemin de l'Etang-de-Noirrupt (1,3 km au nord-ouest par D 11, rte d'Épinal et chemin à gauche)
À savoir : cadre agréable

Nature : ⇐ ♀

VAL-D'AJOL

✉ 88340 – **314** G5 – G. Alsace Lorraine – 4 452 h. – alt. 380
🛈 Office de tourisme, 17, rue de Plombières ✆ 03 29 30 61 55, Fax 03 29 30 56 78
Paris 382 – Épinal 41 – Luxeuil-les-Bains 18 – Plombières-les-Bains 10 – St-Dié 71 – Vittel 70.

▲ **Municipal** de mi-avr. à fin sept.
✆ 03 29 66 55 17, mairie@valdajol.fr, Fax 03 29 66 53 66 – **R** conseillée
1 ha (50 empl.) plat, herbeux
Tarif : ♣ 3 € 🚗 🅴 3,80 € – ⚡ (6A) 2,50 €
🚐 1 borne artisanale – 12 🅴
Pour s'y rendre : R. des Oeuvres (sortie nord-ouest par D 20, rte de Plombières-les-Bains)

Nature : ⇐ 🏞
Loisirs : 🎱
Services : ♿ ⚷ ✂ 🚿 🚽 🅿 ⚒ ⚑
À prox. : 🎣 🏓 🎾 ⛷

LORRAINE

VERDUN

✉ 55100 – **307** D4 – G. Alsace Lorraine – 19 624 h. – alt. 198
🅘 *Office de tourisme, place de la Nation* ☏ *03 29 86 14 18, Fax 03 29 84 22 42*
Paris 263 – Bar-le-Duc 56 – Châlons-en-Champagne 89 – Metz 78 – Nancy 95.

Les Breuils de déb. avr. à fin sept.
☏ 03 29 86 15 31, *contact@camping-lesbreuils.com*,
Fax 03 29 86 75 76, *www.camping-lesbreuils.com*
– **R** conseillée
5,5 ha (162 empl.) plat, peu incliné et en terrasses, herbeux, gravier, sapinière
Tarif : (Prix 2008) ✱ 5,50 € ⇔ 🅴 4,50 € – 🅖 (6A) 4 € – frais de réservation 10 €
Location (Prix 2008) ⌁ : 7 🏠 (4 à 6 pers.) 250 à 500 €/sem. – frais de réservation 10 € – **R** conseillée
🚐 1 borne flot bleu
Pour s'y rendre : Allée des Breuils (sortie sud-ouest par rocade D S1 vers rte de Paris et chemin à gauche)
À savoir : cadre champêtre au bord d'un étang

Nature : 🗻 ♀
Loisirs : 🍴 snack 🏸 🚲 🏊 🚣
terrain omnisports
Services : ♿ 🔑 🆎 ✂ 📶 🚿 🚻 ☕
🍽 🧺 sèche-linge 🧊 🧴

Si vous recherchez :
≋ Un terrain au bord de l'eau avec possibilité de baignade
🌿 Un terrain agréable ou très tranquille
L Un terrain effectuant la location de caravanes, de mobile homes, de bungalows ou de chalets
P Un terrain ouvert toute l'année
🚐 Un terrain possédant une aire de services pour camping-cars
Consultez le tableau des localités

VILLEY-LE-SEC

✉ 54840 – **307** G7 – G. Alsace Lorraine – 340 h. – alt. 324
Paris 302 – Lunéville 49 – Nancy 20 – Pont-à-Mousson 51 – Toul 8.

Camping de Villey-le-Sec de déb. avr. à fin sept.
☏ 03 83 63 64 28, *info@campingvilleylesec.com*,
Fax 03 83 63 64 28, *www.campingvilleylesec.com*
– **R** conseillée
2,5 ha (100 empl.) plat, herbeux
Tarif : (Prix 2008) 17,60 € ✱✱ ⇔ 🅴 🅖 (10A) – pers. suppl. 3,10 €
Location (Prix 2008) ⌁ : 4 🏠 (4 à 6 pers.) 220 à 450 €/sem. – **R** conseillée
Pour s'y rendre : 34 r. de la Gare (2 km au sud par D 909, rte de Maron et r. à dr.)
À savoir : cadre agréable au bord de la Moselle

Nature : 🌊
Loisirs : 🍴 snack 🏸 🏊
Services : ♿ 🔑 🆎 ✂ 📶 🚿 🚣
☺ 🧺 sèche-linge 🧊 🧴

VITTEL

✉ 88800 – **314** D3 – G. Alsace Lorraine – 6 117 h. – alt. 347
🅘 *Office de tourisme, place de la Marne* ☏ *03 29 08 08 88, Fax 03 29 08 37 99*
Paris 342 – Belfort 129 – Épinal 43 – Chaumont 84 – Langres 80 – Nancy 85.

Aquadis Loisirs de déb. avr. à fin oct.
☏ 03 29 08 02 71, *aquadis1@wanadoo.fr*,
Fax 03 86 37 95 83, *www.aquadis-loisirs.com* – **R** conseillée
3,5 ha (120 empl.) plat, herbeux, gravillons
Tarif : 16 € ✱✱ ⇔ 🅴 🅖 (6A) – pers. suppl. 4,40 € – frais de réservation 8 €
Location : 10 🏠 (4 à 6 pers.) nuitée 60 € - 250 à 460 €/sem. – frais de réservation 16 € - **R** conseillée
🚐 1 borne flot bleu – 10 🅴 16 €
Pour s'y rendre : 270 r. Claude-Bassot (sortie nord-est par D 68, rte de They-sous-Montfort)

Nature : 🗻 ♀
Loisirs : 🏛 🏸
Services : ♿ 🔑 🆎 ✂ 📶 🚿 ☺ 📶
sèche-linge

LORRAINE

XONRUPT-LONGEMER

✉ 88400 – **314** J4 – G. Alsace Lorraine – 1 489 h. – alt. 714 – Sports d'hiver : 750/1 300 m ⚡ 3 ⚡
Paris 429 – Épinal 44 – Gérardmer 4 – Remiremont 32 – St-Dié 25.

Les Jonquilles mai-sept.
☎ 03 29 63 34 01, *info@camping-jonquilles.com*,
Fax 03 29 60 09 28, *www.camping-jonquilles.com*
– **R** conseillée
4 ha (247 empl.) peu incliné, herbeux
Tarif : 15,20 € ★★ ⇔ 🅴 [½] (6A) – pers. suppl. 3 €
🚐, 1 borne artisanale – 5 🅴 12 €
Pour s'y rendre : 2553 rte du Lac (2,5 km au sud-est)
À savoir : situation agréable au bord du lac

Nature : ≤ lac et montagnes boisées ♣
Loisirs : 🍷 crêperie 🎪 🏇 🐬
Services : ♿ ⚡ GB ✂ 🏠 ♻ ⚙ 🚰 🍽 🧺 🚿

La Vologne de déb. mai à mi-sept.
☎ 03 29 60 87 23, *camping@lavologne.com*,
Fax 03 29 60 87 23, *www.lavologne.com* – **R** conseillée
2,5 ha (100 empl.) plat, herbeux
Tarif : 14,20 € ★★ ⇔ 🅴 [½] (6A) – pers. suppl. 3,20 € – frais de réservation 10 €
Location (de mi-avr. à déb. oct) : 3 🏠 (4 à 6 pers.) - 260 à 560 €/sem. – frais de réservation 10 € - **R** conseillée
Pour s'y rendre : 3030 rte de Retournemer (4,5 km au sud-est par D 67a)
À savoir : dans un site boisé, au bord de la rivière

Nature : ≤
Loisirs : 🎪 🏇
Services : ♿ ⚡ GB ✂ 🏠 ♻ 🛶 ⚙

MIDI-PYRÉNÉES

Lourdes n'a pas l'apanage des miracles : le Midi-Pyrénées tout entier « donne aux saints la nostalgie de la terre ». Voici d'abord la barrière pyrénéenne, sa coiffe immaculée, ses gaves tumultueux et ses épaisses forêts où se cachent quelques ours. Puis les cités médiévales et forteresses, qui se colorent au soleil couchant d'une palette féerique : Albi gouachée de rouge, Toulouse la rose, bastides aux reflets corail… Dans l'obscurité des grottes, c'est l'art fécond des premiers hommes qui prend un tour surnaturel. La liste des prodiges serait incomplète si l'on n'évoquait la fertilité des pays de Garonne producteurs de fruits, de légumes, de vins et de céréales, et la générosité de la table où garbure, cassoulet, confits et foies gras assouvissent l'appétit légendaire des héritiers des Mousquetaires.

Lourdes may be famous for its miracles, but some would say that the whole of the Midi-Pyrénées has been uniquely blessed: it continues to offer sanctuary to a host of exceptional fauna and flora, like the wild bears which still roam the high peaks of the Pyrenees. At sunset, the towers of its medieval cities and fortresses glow in the evening light, its forbidding Cathar castles are stained a bloody red, Albi paints a crimson watercolour and Toulouse is veiled in pink. Yet this list of marvels would not be complete without a mention of the Garonne's thriving, fertile »garden of France« , famous for its vegetables, fruit and wine. This land of milk and honey is as rich as ever in culinary tradition, and it would be a crime to leave without sampling some foie gras or a confit de canard.

MIDI-PYRÉNÉES

AGOS-VIDALOS

✉ 65400 – **342** L4 – 290 h. – alt. 450

🛈 Syndicat d'initiative, 2 bis, avenue du Lavedan ✆ 05 62 97 08 06
Paris 859 – Toulouse 185 – Tarbes 32 – Pau 51 – Lourdes 9.

Le Soleil du Pibeste Permanent
✆ 05 62 97 53 23, info@campingpibeste.com,
Fax 05 62 97 53 23, www.campingpibeste.com – **R** conseillé
1,5 ha (90 empl.) plat et peu incliné, terrasses, herbeux
Tarif : 20 € ✱✱ 🚗 🔋 (15A) – pers. suppl. 5 € – frais de réservation 15 €
Location : 🏠 (4 à 6 pers.) 315 à 770 €/sem. – 🏡 (4 à 6 pers.) - 410 à 825 €/sem. – frais de réservation 20 € - **R** conseillée
🚐 1 borne artisanale 4 € – 10 🔋 12 € – 🚐 12 €
Pour s'y rendre : 16 av. Lavedan (sortie sud, par la N 21)

Nature : ≤ 🌳
Loisirs : 🍴 ✕ 🏠 ⓓ diurne 🏇 🏊
Services : ♿ 🔑 🇬🇧 ✂ 🚽 🔌 ♨ 🧺 🚰 💦 🍳 sèche-linge 🧼

La Châtaigneraie de déb. déc. à fin sept.
✆ 05 62 97 07 40, camping.chataigneraie@wanadoo.fr,
Fax 05 62 97 06 64, www.camping-chataigneraie.com
– **R** conseillée
1,5 ha (100 empl.) plat, peu incliné, terrasses, herbeux
Tarif : 21 € ✱✱ 🚗 🔋 (10A) – pers. suppl. 4,20 € – frais de réservation 12 €
Location : 12 🏠 (4 à 6 pers.) 200 à 450 €/sem. – 4 studios – **R** conseillée
Pour s'y rendre : 46 av. du Lavedan (par N 21, à Vidalos)

Nature : ≤ 🌳🌳
Loisirs : 🏠 🏇 🏊
Services : ♿ 🔑 🇬🇧 ✂ 🚽 🔌 ♨ 🧺 sèche-linge

Si vous recherchez :

👫 Un terrain offrant des équipements et des loisirs adaptés aux enfants
🌿 Un terrain agréable ou très tranquille
L - M Un terrain effectuant la location de caravanes, de mobile homes, de bungalows ou de chalets
P Un terrain ouvert toute l'année
 Un terrain possédant une aire de services pour camping-cars

Consultez le tableau des localités

AIGUES VIVES

✉ 09600 – **343** J7 – 485 h. – alt. 425
Paris 776 – Carcassonne 63 – Castelnaudary 46 – Foix 36 – Lavelanet 8 – Pamiers 34 – Quillan 40.

La Serre de mi-mars à fin oct.
✆ 05 61 03 06 16, contact@camping-la-serre.com,
www.camping-la-serre.com – **R** conseillée
6,5 ha (40 empl.) en terrasses, plat, vallonné, gravillons
Tarif : 23 € ✱✱ 🚗 🔋 (5A) – pers. suppl. 7 €
Location : 6 🏠 (4 à 6 pers.) 420 à 590 €/sem. – 8 🏡 (4 à 6 pers.) - 420 à 630 €/sem. – **R** conseillée
🚐 1 borne artisanale 4 € – 8 🔋 19 €
Pour s'y rendre : à l'ouest du bourg
À savoir : vastes emplacements arborés, face aux Pyrénées

Nature : 🌄 🏞 🌳🌳
Loisirs : 🏠 🏇 🏊 parcours VTT
Services : ♿ 🔑 ✂ ♨ 🧺

ALBIÈS

✉ 09310 – **343** I8 – 156 h. – alt. 560
Paris 790 – Andorra-la-Vella 74 – Ax-les-Thermes 15 – Foix 30 – Lavelanet 43.

Municipal la Coume Permanent
✆ 05 61 64 98 99, camping.albies@wanadoo.fr,
Fax 05 61 64 98 99 – places limitées pour le passage – **R** conseillée
1 ha (60 empl.) pierreux, peu incliné, en terrasses, herbeux
Tarif : (Prix 2008) ✱ 2,55 € 🚗 🔋 2,70 € – 🔋 (10A) 2,60 €
Pour s'y rendre : 1 r.de Nappy (100 m de l'Ariège)

Nature : ≤ 🏞 🌳🌳
Loisirs : 🏠
Services : ♿ 🔑 ✂ 🚽 🔌 ♨ 🧺
À prox. : 🎣

MIDI-PYRÉNÉES

ALRANCE

✉ 12430 – **338** I6 – 417 h. – alt. 750
Paris 664 – Albi 63 – Millau 52 – Rodez 37 – St-Affrique 39.

▲ **Les Cantarelles** de déb. mai à fin sept.
📞 05 65 46 40 35, *cantarelles@wanadoo.fr*,
Fax 05 65 46 40 35, *www.lescantarelles.com* – **R** conseillée
3,5 ha (165 empl.) plat, peu incliné, herbeux
Tarif : (Prix 2008) 19,90 € ✱✱ ⬌ 🅴 [⚡] (6A) – pers. suppl. 4,40 €
Location (Prix 2008) 🚗 : 2 🏠 (2 à 4 pers.) 249 à 579 €/sem. – 4 🏠 (4 à 6 pers.) 299 à 759 €/sem. – 2 bungalows toilés – **R** conseillée
🚐 1 borne artisanale 4 € – 3 🅴 17 € – 🚙 15 €
Pour s'y rendre : 3 km au sud par D 25, au bord du lac de Villefranche-de-Panat

Nature : ≤ 🏞 ‰‰ ⚠
Loisirs : 🍽 🎱 🚣 🚣 canoë, pédalos, barque
Services : ♿ 🔑 🚿 🅰 😊 🛁 🔌 sèche-linge

ARAGNOUET

✉ 65170 – **342** N8 – G. Midi Pyrénées – 260 h. – alt. 1 100
ℹ Office de tourisme, PIAU 📞 05 62 39 61 69, Fax 05 62 39 61 19
Paris 842 – Arreau 24 – Bagnères-de-Luchon 56 – Lannemezan 51 – La Mongie 63.

▲ **Fouga Pic de Bern**
📞 05 62 39 63 37, Fax 05 62 39 62 39 – **R** conseillée
3 ha (80 empl.) non clos, plat et peu incliné, terrasses, herbeux
Location : 🏠
Pour s'y rendre : à Fabian (2,8 km au nord-est par D 118, rte de St-Lary-Soulan, près de la Neste-d'Avre)

Nature : ≶ ≤ ♀
Loisirs : 🍽 snack 🎱
Services : ♿ 🔑 🚿 😊 🛁

ARCIZANS-AVANT

✉ 65400 – **342** L5 – 298 h. – alt. 640
Paris 868 – Toulouse 194 – Tarbes 41 – Pau 61 – Lourdes 19.

⛰ **Le Lac** de mi-mai à fin sept.
📞 05 62 97 01 88, *campinglac@campinglac65.fr*,
Fax 05 62 97 01 88, *www.campinglac65.fr* – **R** conseillée
2 ha (97 empl.) peu incliné, plat, herbeux
Tarif : (Prix 2008) 27,50 € ✱✱ ⬌ 🅴 [⚡] (10A) – pers. suppl. 6,50 € – frais de réservation 19 €
Location (Prix 2008) (permanent) : 8 🏠 (4 à 6 pers.) nuitée 68 € - 330 à 699 €/sem. – frais de réservation 23 € - **R** conseillée
🚐 1 borne artisanale – 🚙 [⚡] 27,50 €
Pour s'y rendre : 29 chemin d'Azun (sortie ouest, à prox. du lac)
À savoir : jolis chalets bois

435

Nature : ≶ ‰‰
Loisirs : 🎱 🚣 🚴 🏊
Services : ♿ 🔑 🆗 🚿 🅰 😊 🛁 🔌 sèche-linge 🛁
À prox. : 🚣

ARGELÈS-GAZOST

✉ 65400 – **342** L6 – G. Midi Pyrénées – 3 241 h. – alt. 462 – ⛲
ℹ Office de tourisme, 15, place République 📞 05 62 97 00 25, Fax 05 62 97 50 60
Paris 863 – Lourdes 13 – Pau 58 – Tarbes 32.

🏕 **Les Trois Vallées** ♨ – de déb. avr. à mi-nov.
📞 05 62 90 35 47, *3-vallees@wanadoo.fr*,
Fax 05 62 90 35 48, *www.camping-les-3-vallees.fr*
– **R** conseillée
11 ha (438 empl.) plat, herbeux
Tarif : 27 € ✱✱ ⬌ 🅴 [⚡] (6A) – pers. suppl. 9,50 € – frais de réservation 30 €
Location (de déb. mars à mi-nov.) 🚗 : 🏠 (4 à 6 pers.) nuitée 47 € - 287 à 917 €/sem. – frais de réservation 30 € - **R** conseillée
🚐 1 borne artisanale
Pour s'y rendre : Av. des Pyrénées (sortie nord)
À savoir : décoration floral de l'espace aquatique, ludique et commercial

Nature : ‰‰
Loisirs : 🍽 ✕ cafétéria 🎱 📺 🎭 🛀 jacuzzi salle d'animation, discothèque 🚣 🎣 🏊 🏊 terrain omnisports
Services : ♿ 🔑 🆗 🚿 🧺 🅰 😊 🛁 🔌 🛁 sèche-linge 🛁
À prox. : 🛒 ✕ 🍽

MIDI-PYRÉNÉES

ARRAS-EN-LAVEDAN

✉ 65400 – **342** L5 – 456 h. – alt. 700
🛈 Syndicat d'initiative, impasse Bériadet ✆ 05 62 97 59 48
Paris 868 – Toulouse 193 – Tarbes 40 – Pau 60 – Lourdes 19.

▲ **L'Idéal** de déb. juin à mi-sept.
✆ 05 62 97 03 13, henri.miro@orange.fr, www.Camping-l'idéal-pyrénées.com – alt. 600 – **R** conseillée
2 ha (60 empl.) en terrasses, plat, peu incliné, herbeux, pierreux
Tarif : ✱ 4 € ⇔ 🅿 4 € – [¢] (10A) 9,50 €
Pour s'y rendre : Rte du Val d'Azun (300 m au nord-ouest par D 918, rte d'Argelès-Gazost)

ARRENS-MARSOUS

✉ 65400 – **342** K7 – G. Midi Pyrénées – 697 h. – alt. 885
Paris 875 – Argelès-Gazost 13 – Cauterets 29 – Laruns 37 – Lourdes 25 – Taches 44.

▲ **La Hèche** de déb. fév. à fin oct.
✆ 05 62 97 02 64, laheche@free.fr, www.campinglaheche.com – **R**
5 ha (166 empl.) plat, herbeux
Tarif : (Prix 2008) ✱ 3,50 € ⇔ 🅿 2,50 € – [¢] (4A) 2,60 €
Location (Prix 2008) : 4 🏠 (4 à 6 pers.) 200 à 480 €/sem. – **R** conseillée
Pour s'y rendre : 54 rte d'Azun (800 m à l'est par D 918, rte d'Argelès-Gazost et chemin à dr., au bord du Gave d'Arrens)

▲ **Le Moulian** de déb. avr. à fin oct.
✆ 05 62 97 41 18, jean-guy.domec@wanadoo.fr, Fax 05 62 97 41 18 – **R** conseillée
12 ha/4 campables (100 empl.) plat, herbeux
Tarif : (Prix 2008) ✱ 4 € ⇔ 🅿 4 € – [¢] (6A) 4,90 €
Location (Prix 2008) (permanent) : 10 🏠 (4 à 6 pers.) nuitée 69 € - 350 à 480 €/sem. – 2 🏕 (4 à 6 pers.) nuitée 83 € - 400 à 580 €/sem. – **R** conseillée
🚐 1 borne artisanale 4 € – 🚐 [¢] 10 €
Pour s'y rendre : 42 r. du Bourg (500 m au sud-est du bourg de Marsous)
À savoir : cadre agréable dans la vallée, le long du Gave d'Azun

▲ **Le Gerrit** de fin juin à mi-sept.
✆ 05 62 97 25 85, francois.bordes@wanadoo.fr, Fax 05 62 97 25 85, www.legerrit.com – **R** conseillée
1 ha (30 empl.) plat, herbeux
Tarif : (Prix 2008) ✱ 3 € ⇔ 🅿 4 € – [¢] (6A) 4 €
Location (Prix 2008) (permanent) ✂ : 4 🏠 (4 à 6 pers.) nuitée 56 € - 300 à 470 €/sem. – **R** conseillée
Pour s'y rendre : 3 r. du Bourg (à l'est du bourg de Marsous)

ARVIEU

✉ 12120 – **338** H5 – 880 h. – alt. 730
🛈 Syndicat d'initiative, Le Bourg ✆ 05 65 46 71 06, Fax 05 65 63 19 16
Paris 663 – Albi 66 – Millau 59 – Rodez 31.

▲ **Le Doumergal** mai-sept.
✆ 05 65 74 24 92, camping.doumergal@wanadoo.fr, Fax 05 65 74 24 92, www.camping-doumergal-aveyron.fr – **R** conseillée
1,5 ha (27 empl.) peu incliné, plat, herbeux
Tarif : 13 € ✱✱ ⇔ 🅿 [¢] (5A) – pers. suppl. 3 €
Location : 6 🏠 (2 à 4 pers.) nuitée 20 € - 175 €/sem. – 3 🏠 – 1 🏕 – **R** conseillée
Pour s'y rendre : R. de la Rivière (à l'ouest du bourg, au bord d'un ruisseau)

MIDI-PYRÉNÉES

ASTON

✉ 09310 – **343** I8 – 241 h. – alt. 563
Paris 788 – Andorra-la-Vella 78 – Ax-les-Thermes 20 – Foix 59 – Lavelanet 42 – St-Girons 73.

▲ **Le Pas de l'Ours** de déb. juin à mi-sept.
📞 05 61 64 90 33, *contact@lepasdelours.fr*,
Fax 05 61 64 90 32, *www.lepasdelours.fr* – **R** conseillée
3,5 ha (50 empl.) plat et peu incliné, herbeux, rochers
Tarif : 19 € ★★ 🚗 🗐 [𝄞] (6A) – pers. suppl. 4 € – frais de réservation 5 €
Location (permanent) : 27 🏠 (4 à 6 pers.) nuitée 40 € - 230 à 570 €/sem. – 16 gîtes – frais de réservation 5 € - **R** conseillée
Pour s'y rendre : Les Gesquis (au sud du bourg, près du torrent)

> Nature : 🌳 ≤ ♕♕
> Loisirs : 🏠 🏃 salle d'animation 🚲 ✂ 🐟
> Services : ♿ ⚡ (juil.-août) 🇬🇧 ♻ 🚿 ⏰ 🍽 sèche-linge 💈
> À prox. : 🛶 ≤ ≋

AUCH

✉ 32000 – **336** F8 – G. Midi Pyrénées – 21 838 h. – alt. 169
🛈 *Office de tourisme, 1, rue Dessoles* 📞 05 62 05 22 89, Fax 05 62 05 92 04
Paris 713 – Agen 74 – Bordeaux 205 – Tarbes 74 – Toulouse 79.

▲ **Le Castagné** de mi-mai à mi-oct.
📞 06 07 97 40 37, *lecastagne@wanadoo.fr*,
Fax 05 62 63 32 56, *www.domainelecastagne.com*
– **R** conseillée
70 ha/2 campables (24 empl.) incliné et peu incliné, herbeux
Tarif : ★ 4 € 🚗 🗐 4 € – [𝄞] (10A) 3 € – frais de réservation 20 €
Location (permanent) : 3 🏕 (4 à 6 pers.) 274 à 430 €/sem. – 9 🏠 (4 à 6 pers.) - 305 à 560 €/sem. – 🛏 – gîtes – frais de réservation 20 € - **R** conseillée
Pour s'y rendre : 4 km à l'est par rte de Toulouse et à dr. chemin de Montegut

> Nature : 🌳 ≤ ♕♕
> Loisirs : 🏠 🏃 🏊 🚲 ⛰ 🛶 🐟
> Services : ♿ ⚡ ✂ ⏰ ♻ 🍽
> À prox. : pédalos

437

AUCUN

✉ 65400 – **342** K7 – 205 h. – alt. 853
Paris 872 – Argelès-Gazost 10 – Cauterets 26 – Lourdes 22 – Pau 73 – Tarbes 41.

 Lascrouts fermé de mi-oct. à mi-nov.
📞 05 62 97 42 62, *patricia-bayen@hotmail.fr*,
Fax 05 62 97 42 62, *www.camplascrouts.com* – places limitées pour le passage – **R** conseillée
4 ha (72 empl.) plat, peu incliné, terrasse, herbeux
Tarif : ★ 3,50 € 🚗 🗐 3,60 € – [𝄞] (6A) 3 €
Location (permanent) : 8 🏕 (4 à 6 pers.) 265 à 485 €/sem. – 6 🏠 (4 à 6 pers.) - 265 à 485 €/sem. – 1 gîte – **R** conseillée
🚙, 2 🗐

Pour s'y rendre : 2 rte de Las Poueyes (700 m à l'est par D 918, rte d'Argelès-Gazost et rte à dr., à 300 m du Gave d'Azun)

> Nature : 🌳 ≤
> Loisirs : 🏠 🏃
> Services : ♿ ⚡ ✂ 🅼 🚻 ♻ ≋ ⏰
> 🍽
> À prox. : école de parapente

▲ **Azun Nature** de mi-mai à mi-sept.
📞 05 62 97 45 05, *azun.nature@wanadoo.fr*,
Fax 05 62 97 45 05, *www.camping-azun-nature.com*
– **R** conseillée
1 ha (40 empl.) plat, herbeux
Tarif : 15 € ★★ 🚗 🗐 [𝄞] (10A) – pers. suppl. 4 €
Location (permanent) 🚫 : 5 🏠 (4 à 6 pers.) - 160 à 480 €/sem. – **R** conseillée
Pour s'y rendre : 1 rte des Poueyes (700 m à l'est par D 918, rte d'Argeles-Gazost et rte à dr., à 300 m du Gave d'Azun)

> Nature : 🌳
> Loisirs : 🏠 🏃
> Services : ♿ ⚡ ✂ 🅼 🚻 ♻ ⏰ 📞 🍽
> 🍽
> À prox. : 🐟 école de parapente, sentiers de randonnées, VTT

MIDI-PYRÉNÉES

AUGIREIN

✉ 09800 – **343** D7 – 73 h. – alt. 629
Paris 788 – Aspet 22 – Castillon-en-Couserans 12 – St-Béat 30 – St-Gaudens 38 – St-Girons 23.

▲ **La Vie en Vert** de mi-mai à mi-sept.
☎ 05 61 96 82 66, daffis@lavieenvert.com,
Fax 05 61 96 82 66, www.lavieenvert.com – **R** conseillée
0,3 ha (15 empl.) plat, herbeux
Tarif : (Prix 2008) 20 € ✶✶ ⇔ 🅴 ⓘ (10A) – pers. suppl. 4,50 €
Location (Prix 2008) ⊘ : 2 ⊟ – **R** conseillée
Pour s'y rendre : à l'est du bourg, au bord de la Bouigane
À savoir : autour d'une ferme ancienne soigneusement restaurée

Nature : 🌲 🏞 ♤♤
Loisirs : 🏠 🏊
Services : ♿ ⚷ ⚙ 🚗 💨 🧺
À prox. : 🍴 snack

AULUS-LES-BAINS

✉ 09140 – **343** G8 – G. Midi Pyrénées – 189 h. – alt. 750
🛈 Office de tourisme, résidence Ars ☎ 05 61 96 00 01
Paris 807 – Foix 76 – Oust 17 – St-Girons 34.

▲ **Le Coulédous** Permanent
☎ 05 61 96 02 26, camping.couledous@orange.fr,
Fax 05 61 96 06 74, www.couledous.com – **R** conseillée
1,6 ha (70 empl.) plat, herbeux, pierreux, gravillons
Tarif : 18 € ✶✶ ⇔ 🅴 ⓘ (6A) – pers. suppl. 4,50 € – frais de réservation 7,50 €
Location : 18 🏠 (4 à 6 pers.) nuitée 32 € - 199 à 429 €/sem. – frais de réservation 7,50 € – **R** conseillée
🚐 1 borne eurorelais 4 € – 8 🅴 18 € – 🚮 10 €
Pour s'y rendre : Rte de St-Girons (sortie nord-ouest par D 32, près du Garbet)
À savoir : au milieu d'un parc aux essences variées et parfois centenaires

Nature : ❄ ≤ ♤♤
Loisirs : snack 🏠 🛝
Services : ♿ ⚷ GB 🚗 💨 🧺 ♨
🧺 sèche-linge 🦽
À prox. : ✂ 🎣 🏊

Si vous désirez réserver un emplacement pour vos vacances, faites-vous préciser au préalable les conditions particulières de séjour, les modalités de réservation, les tarifs en vigueur et les conditions de paiement.

AURIGNAC

✉ 31420 – **343** D5 – G. Midi Pyrénées – 980 h. – alt. 430
🛈 Syndicat d'initiative, rue des Nobles ☎ 05 61 98 70 06, Fax 05 61 98 71 33
Paris 750 – Auch 71 – Bagnères-de-Luchon 69 – Pamiers 92 – St-Gaudens 23 – St-Girons 41 – Toulouse 77.

▲ **Les Petites Pyrénées** .
☎ 05 61 98 70 08, Fax 05 61 98 70 08
0,9 ha (37 empl.) plat, herbeux
Location : 2 🚐
Pour s'y rendre : sortie sud-est par D 635, rte de Boussens et à dr., près du stade

Nature : 🏞 ♤♤
Loisirs : 🏠
Services : ☺
À prox. : ✂ 🏊

AX-LES-THERMES

✉ 09110 – **343** J8 – G. Midi Pyrénées – 1 441 h. – alt. 720
🛈 Office de tourisme, 6, avenue Théophile Delcassé ☎ 05 61 64 60 60, Fax 05 61 64 68 18
Paris 805 – Toulouse 129 – Foix 43 – Pamiers 62 – Lavelanet 58.

⛰ **Résidences et Chalets Isatis** (location exclusive de chalets et d'appartements) juin-sept. et de fin déc. à mi-avr.
☎ 05 34 09 20 05, resa@grandbleu.fr, www.grandbleu.fr – alt. 1 000
2 ha en terrasses
Location 🅿 : 🏠 (4 à 6 pers.) nuitée 50 € - 189 à 742 €/sem. – 27 appartements – **R** conseillée
Pour s'y rendre : à Ignaux

Nature : 🌲 ≤ la Dent d'Orlu
Loisirs : 🛝
Services : ♿ ⚷ GB 🚗 💨 🧺 sèche-linge

MIDI-PYRÉNÉES

AX-LES-THERMES

▲ **Le Malazeou** Permanent
  ℰ 05 61 64 69 14, camping.malazeou@wanadoo.fr,
  Fax 05 61 64 05 60, www.campingmalazeou.com
  – **R** conseillée
  6,5 ha (329 empl.) plat, herbeux, en terrasses, pierreux
  Tarif : 24,80 € ★★ 🚗 🅴 (10A) – pers. suppl. 5,80 € – frais de réservation 30 €
  Location : 63 🏠 (4 à 6 pers.) nuitée 49 € - 275 à 644 €/sem. – 21 🏕 (4 à 6 pers.) nuitée 59 € - 331 à 777 €/sem. – frais de réservation 30 € - **R** conseillée
  🚐 1 borne sanistation 14 €
  Pour s'y rendre : RN 20

AYZAC-OST

✉ 65400 – **342** L4 – 388 h. – alt. 430
Paris 862 – Toulouse 188 – Tarbes 35 – Pau 54 – Lourdes 12.

▲ **La Bergerie** mai-sept.
  ℰ 05 62 97 59 99, sarl.camping labergerie@aliceadsl.fr,
  Fax 05 62 97 51 89, www.camping-labergerie.com
  – **R** conseillée
  2 ha (105 empl.) plat, herbeux
  Tarif : 21,90 € ★★ 🚗 🅴 (6A) – pers. suppl. 5 € – frais de réservation 15 €
  Location 🚫 : 3 🏠 (4 à 6 pers.) 270 à 520 €/sem. – appartements – **R** conseillée
  Pour s'y rendre : 8 chemin de le Bergerie (sortie sud par N 21 et chemin à gauche)

BAGNAC-SUR-CÉLÉ

✉ 46270 – **337** I3 – 1 519 h. – alt. 234
🛈 Syndicat d'initiative, 18, avenue du Quercy ℰ 05 65 14 02 03
Paris 593 – Cahors 83 – Decazeville 16 – Figeac 15 – Maurs 8.

▲ **Les Berges du Célé** de déb. juin à fin sept.
  ℰ 05 65 34 94 31, lesbergesducele@aol.com,
  Fax 03 23 53 25 98, www.lesbergesducele.com – **R** conseillée
  1 ha (44 empl.) plat, herbeux
  Tarif : 14,80 € ★★ 🚗 🅴 (3A) – pers. suppl. 4,20 €
  Location : 3 🏠 (4 à 6 pers.) nuitée 40 € - 330 à 490 €/sem. – 5 bungalows toilés – **R** conseillée
  🚐 1 borne 4 €
  Pour s'y rendre : La Plaine (au sud-est du bourg, derrière la gare, au bord du Célé)

BAGNÈRES-DE-BIGORRE

✉ 65200 – **342** M6 – G. Midi Pyrénées – 8 048 h. – alt. 551 – ♨ (début mars-fin nov.)
🛈 Office de tourisme, 3, allées Tournefort, ℰ 05 62 95 50 71, Fax 05 62 95 33 13
Paris 829 – Lourdes 24 – Pau 66 – St-Gaudens 65 – Tarbes 23.

▲ **Le Monlôo** de déb. déc. à fin oct.
  ℰ 05 62 95 19 70, campingmonloo@yahoo.com,
  Fax 05 62 95 19 65, www.lemonloo.com – **R** conseillée
  3 ha (180 empl.) peu incliné, plat, herbeux
  Tarif : 20,60 € ★★ 🚗 🅴 (6A) – pers. suppl. 4,20 €
  Location : 10 🏠 (4 à 6 pers.) nuitée 47 € - 235 à 535 €/sem. – 5 🏕 (4 à 6 pers.) nuitée 60 € - 305 à 615 €/sem. – **R** conseillée
  🚐 1 borne artisanale 5 € – 2 🅴 12 €
  Pour s'y rendre : 5 chemin de Monlôo (sortie nord-est, par D 938, rte de Toulouse puis à gauche 1,4 km par D 8, rte de Tarbes et chemin à dr.)

MIDI-PYRÉNÉES

BAGNÈRES-DE-BIGORRE

Les Fruitiers
- 05 62 95 25 97, danielle.villemur@wanadoo.fr,
Fax 05 62 95 25 97, www.camping-les-fruitiers.com
- **R** conseillée
- 1,5 ha (112 empl.) plat, herbeux
- Pour s'y rendre : 9 rte de Toulouse

Nature : Pic du Midi
Loisirs :
Services :
À prox. :

BAGNÈRES-DE-LUCHON

31110 – **343** B8 – G. Midi Pyrénées – 2 900 h. – alt. 630 – Sports d'hiver : à Superbagnères : 1 440/2 260 m
1 14
Office de tourisme, 18, allée d'Étigny 05 61 79 21 21, Fax 05 61 79 11 23
Paris 814 – Bagnères-de-Bigorre 96 – St-Gaudens 48 – Tarbes 98 – Toulouse 141.

Pradelongue de déb. avr. à fin sept.
- 05 61 79 86 44, camping.pradelongue@wanadoo.fr,
Fax 05 61 79 18 64, www.camping-pradelongue.com
- **R** conseillée
- 4 ha (135 empl.) plat, herbeux, pierreux
- Tarif : 5,70 € – 6 € – (10A) 4 € – frais de réservation 13 €
- Location : 12 (4 à 6 pers.) 255 à 575 €/sem. – frais de réservation 13 € - **R** conseillée
- 1 borne artisanale – 13 10,50 € – 14.50 €
- Pour s'y rendre : Moustajon (2 km au nord par D 125, rte de Moustajon, près du magasin Intermarché)

Nature :
Loisirs :
Services : sèche-linge
À prox. : canoë-kayak

Les Myrtilles – de déb. déc. à fin oct.
- 05 61 79 89 89, myrtilles.aubruchet@wanadoo.fr,
Fax 05 61 79 09 41, www.camping-myrtilles.com
- **R** conseillée
- 2 ha (100 empl.) plat, herbeux
- Tarif : 19,80 € (10A) – pers. suppl. 4,90 € – frais de réservation 14 €
- Location : (4 à 6 pers.) 225 à 590 €/sem. – 5 studios – gîte d'étape – frais de réservation 14 € - **R** conseillée
- 1 borne artisanale 5 €
- Pour s'y rendre : Pradech (2,5 km au nord par D 125, à Moustajon, au bord d'un ruisseau)

Nature :
Loisirs : snack
Services : sèche-linge
À prox. : (centre équestre) canoë-kayak

Site de Campan

A. Thuillier/Michelin

MIDI-PYRÉNÉES

BAGNÈRES-DE-LUCHON

La Lanette – de déb. juil. à fin août
🕻 05 61 79 00 38, *aromevanille@orange.fr*,
Fax 05 61 95 23 27, *camping-aromevanille.com* – **R** conseillée
5 ha (250 empl.) peu incliné, plat, herbeux
Tarif : (Prix 2008) 17 € – (10A) – pers. suppl. 4 €
– frais de réservation 8 €
Location (Prix 2008) (de déb. fév. à mi-nov.) : 9 (4 à 6 pers.) nuitée 60 € - 380 à 630 €/sem. – 21 (4 à 6 pers.) nuitée 60 € - 289 à 572 €/sem. – frais de réservation 8 € - **R** conseillée
5 13 €
Pour s'y rendre : à Montauban-de-Luchon (1,5 km à l'est par D 17)

BARBOTAN-LES-THERMES

✉ 32150 – **336** B6 – G. Midi-Pyrénées
Office de tourisme, place Armagnac 🕻 05 62 69 52 13, Fax 05 62 69 57 71
Paris 703 – Aire-sur-l'Adour 37 – Auch 75 – Condom 37 – Mont-de-Marsan 43.

Le Lac de l'Uby de mi-mars à fin nov.
🕻 05 62 09 53 91, *balia-vacances@wanadoo.fr*,
Fax 05 62 09 56 97, *www.camping-uby.com* – **R** conseillée
6 ha (274 empl.) plat, gravier, herbeux
Tarif : 19,10 € – (10A) – pers. suppl. 5,90 € – frais de réservation 8 €
Location (de mi-mars à mi-nov.) : 30 (4 à 6 pers.) 220 à 520 €/sem. - 7 (4 à 6 pers.) - 230 à 230 €/sem. – frais de réservation 8 € - **R** conseillée
1 borne
Pour s'y rendre : Lac de l'Uby (1,5 km au sud-ouest, rte de Cazaubon et à gauche, à la base de loisirs (au bord du lac))
À savoir : à 300 m, agréable aire de stationnement pour camping-cars

BASSOUES

✉ 32320 – **336** D8 – 376 h. – alt. 225
Syndicat d'initiative, Au Donjon 🕻 0562709734, Fax 0562709047
Paris 749 – Aire-sur-l'Adour 48 – Auch 39 – Condom 55 – Mont-de-Marsan 79 – Tarbes 56.

Saint Fris
🕻 05 62 66 67 76, *coeur-dastarac@wanadoo.fr*,
Fax 05 62 66 51 83, *www.coeur-dastarac.fr* – **R** conseillée
1 ha (50 empl.) non clos, plat, peu incliné, herbeux
Pour s'y rendre : St-Fris (800 m à l'est par D 943, rte de Montesquiou, près du stade et au bord de l'étang)

LA BASTIDE DE SÉROU

✉ 09240 – **343** G6 – G. Midi Pyrénées – 907 h. – alt. 410
Office de tourisme, 117, route de Saint-Girons 🕻 05 61 64 53 53, Fax 05 61 64 50 48
Paris 779 – Foix 18 – Le Mas-d'Azil 17 – Pamiers 38 – St-Girons 27.

L'Arize de déb. mars à mi-nov.
🕻 05 61 65 81 51, *camparize@aol.com*, Fax 05 61 65 83 34,
www.camping-arize.com – **R** conseillée
7,5 ha/1,5 campable (70 empl.) plat, herbeux
Tarif : 23,70 € – (6A) – pers. suppl. 5,40 € – frais de réservation 19 €
Location : 11 (4 à 6 pers.) nuitée 66 € - 287 à 719 €/sem. – 4 (4 à 6 pers.) nuitée 72 € - 395 à 744 €/sem. – bungalows toilés – frais de réservation 19 € - **R** conseillée
1 borne artisanale – 9 16 € – 13 €
Pour s'y rendre : sortie est par D 117, rte de Foix puis 1,5 km par D 15, rte de Nescus à dr., au bord de la rivière

MIDI-PYRÉNÉES

LA BASTIDE DE SÉROU

▲ Village Vacances les Lambrilles (location exclusive de chalets) Permanent
📞 05 61 64 53 53, *tourisme.seronais@wanadoo.fr*, Fax 05 61 64 50 48, *www.seronais.com*
1 ha plat, herbeux
Location (Prix 2008) : 24 🏠 (4 à 6 pers.) nuitée 55 € - 260 à 520 €/sem. – frais de réservation 15 € - **R** conseillée
Pour s'y rendre : au bourg, au bord de l'Arize

Nature : 🌳
Loisirs : 🎱 ♨ 🏊 ⚽
Services : 🅶🅱 ✂ 🏪 🗄
À prox. : 🍴 🚶

BEAUMONT-DE-LOMAGNE

✉ 82500 – **337** B8 – G. Midi Pyrénées – 3 690 h. – alt. 400 – Base de loisirs
ℹ *Office de tourisme, 3, rue Pierre Fermat* 📞 05 63 02 42 32, Fax 05 63 65 61 17
Paris 662 – Agen 60 – Auch 51 – Castelsarrasin 27 – Condom 64 – Montauban 35 – Toulouse 58.

⛺ Le Lomagnol 👥 – de Pâques à fin sept.
📞 05 63 26 12 00, *villagedeloisirslelomagnol@wanadoo.fr*, Fax 05 63 65 60 22, *www.villagelelomagnol.fr* – **R** conseillée
6 ha/1,5 campable (100 empl.) plat, herbeux
Tarif : (Prix 2008) 16 € 👤👥 🚐 🔌 (10A) – pers. suppl. 3,50 € – frais de réservation 15 €
Location (Prix 2008) (permanent) 🅿 : 6 🏠 (4 à 6 pers.) 245 à 420 €/sem. – 24 🏠 (4 à 6 pers.) – 200 à 490 €/sem. – frais de réservation 15 € - **R** conseillée
🚐 1 borne artisanale
Pour s'y rendre : 800 m à l'est, accès par la déviation et chemin, au bord d'un plan d'eau
À savoir : location à la nuitée sauf juil.-août

Nature : ≤ 🌲 🌳
Loisirs : 🎱 ♨ nocturne 🎣 🛶 jacuzzi 🎯 🚴 ✂ 🚶 🏊 ⚽ canoë, pédalos
Services : 🔑 🅶🅱 ✂ 🗄 ♨ 🏪 🚿
À prox. : 🍴 🚴‍♂️ parcours de santé

BÉDUER

✉ 46100 – **337** H4 – 623 h. – alt. 260
Paris 572 – Cahors 63 – Figeac 9 – Villefranche-de-Rouergue 36.

⛺ Pech Ibert de mi-mars à mi-déc.
📞 05 65 40 05 85, *camping.pech.ibert@wanadoo.fr*, *www.camping-pech-ibert.com* – **R** conseillée
1 ha (18 empl.) plat, herbeux, gravillons, pierreux
Tarif : 👤 3,10 € 🚗 1,20 € 🔲 3,10 € – 🔌 (9A) 3,20 € – frais de réservation 10 €
Location : 1 🏠 (4 à 6 pers.) nuitée 31 € – 310 à 495 €/sem. – 3 🏠 (4 à 6 pers.) nuitée 31 € – 290 à 465 €/sem. – frais de réservation 10 € - **R** conseillée
🚐 1 borne artisanale 5 € – 🚐 8 €
Pour s'y rendre : Pech Ibert (1 km au nord-ouest par D 19, rte de Cajarc et rte à dr.)

Nature : 🌳 🌲 ☀
Loisirs : 🍴 🎱 🎯 ⚽
Services : ♿ 🔑 ✂ 🅼 🏪 🗄 ♨ 🚰
🧊 réfrigérateurs
À prox. : 🍴 🚐

BELAYE

✉ 46140 – **337** D5 – G. Périgord Quercy – 223 h. – alt. 209
Paris 594 – Cahors 30 – Fumel 21 – Gourdon 46 – Montauban 67.

⛺ La Tuque de déb. mai à mi-sept.
📞 05 65 21 34 34, *camping@la-tuque.info*, Fax 05 65 21 39 89, *www.la-tuque.info* – croisement difficile sur 6 km – **R** conseillée
9 ha/4 campables (90 empl.) en terrasses, peu incliné, herbeux, pierreux, vallonné
Tarif : 👤 5,75 € 🚗 🔲 8,50 € – 🔌 (6A) 3 € – frais de réservation 10 €
Location 🏠 : 9 🏠 (4 à 6 pers.) nuitée 30 € - 500 €/sem. – gîtes – huttes – frais de réservation 10 € - **R** conseillée
Pour s'y rendre : La Tuque (sortie sud, 3,5 km par D 50, rte de la Boulvée et chemin à dr.)
À savoir : cadre agréable dans un joli site boisé

Nature : 🌳 ♨
Loisirs : 🍴 snack, pizzeria 🎱 ♨ nocturne 🎣 🎯 ✂ 🚶 🏊 ⚽
Services : ♿ 🔑 🗄 ♨ 🏪 sèche-linge 🧺

MIDI-PYRÉNÉES

LE BEZ

✉ 81260 – **338** G9 – 716 h. – alt. 644
🛈 Syndicat d'initiative, Maison du Sidobre - Vialavert ☎ 05 63 74 63 38, Fax 05 63 73 04 57
Paris 745 – Albi 63 – Anglès 12 – Brassac 5 – Castres 24 – Mazamet 25.

△ **Le Plô** de déb. mai à fin sept.
☎ 05 63 74 00 82, info@leplo.com, Fax 05 63 74 00 82,
www.leplo.com – **R** conseillée
2,5 ha (60 empl.) en terrasses, peu accidenté, herbeux, bois
Tarif : (Prix 2008) 15,30 € ✶✶ 🚗 🅴 (₤) (6A) – pers.
suppl. 2,80 € – frais de réservation 10 €

Pour s'y rendre : Le bourg (900 m à l'ouest par D 30, rte de Castres et chemin à gauche)

BOISSE-PENCHOT

✉ 12300 – **338** F3 – 509 h. – alt. 169
Paris 594 – Toulouse 193 – Rodez 46 – Aurillac 65 – Villefranche-de-Rouergue 46.

⛺ **Le Roquelongue** Permanent
☎ 05 65 63 39 67, info@camping-roquelongue.com,
Fax 05 65 63 39 67, www.camping-roquelongue.com
– **R** conseillée
3,5 ha (66 empl.) plat, pierreux, herbeux
Tarif : ✶ 4 € 🚗 🅴 7,80 € – (₤) (10A) 3,60 €
Location : 4 🛖 (4 à 6 pers.) nuitée 55 € - 350 à 510 €/sem. – 7 🛖 (4 à 6 pers.) nuitée 55 € - 350 à 590 €/sem. – **R** conseillée

Pour s'y rendre : 4,5 km au nord-ouest par D 963, D 21 et D 42, rte de Boisse-Penchot, près du Lot (accès direct)

BOULOGNE-SUR-GESSE

✉ 31350 – **343** B5 – 1 433 h. – alt. 320
🛈 Office de tourisme, place de l'Hôtel de Ville ☎ 05 61 88 13 19
Paris 735 – Auch 47 – Aurignac 24 – Castelnau-Magnoac 13 – Lannemezan 34 – L'Isle-en-Dodon 21.

443

⛺ **Village Vacances Le Lac** (location exclusive de chalets)
Permanent
☎ 05 61 88 20 54, villagevacancesboulogne@wanadoo.fr,
Fax 05 61 88 62 16, www.ville-boulogne-sur-gesse.fr
2 ha en terrasses, herbeux
Location (Prix 2008) 🅿 : 24 🛖 (4 à 6 pers.) - 260 à 560 €/sem. – **R** conseillée

Pour s'y rendre : Rte du Lac (1,3 km au sud-est par D 633, rte de Montréjeau et rte à gauche, à 300 m du lac)
À savoir : location à la nuitée hors juil.-août

BOURISP

✉ 65170 – **342** O6 – 110 h. – alt. 790
Paris 828 – Toulouse 155 – Tarbes 70 – Lourdes 66 – St-Gaudens 64.

⛺ **Le Rioumajou** Permanent
☎ 05 62 39 48 32, lerioumajou@wanadoo.fr,
Fax 05 62 39 58 27, www.camping-le-rioumajou.com
– **R** conseillée
5 ha (240 empl.) plat, gravillons, pierreux, herbeux
Tarif : (Prix 2008) ✶ 6,15 € 🚗 🅴 5 € – (₤) (10A) 6 € – frais de réservation 14 €
Location (Prix 2008) ✂ : 5 🏠 (4 à 6 pers.) nuitée 67 €
- 370 à 540 €/sem. – frais de réservation 14 € – **R** conseillée
🚐 1 borne eurorelais 4 € – 10 🅴 10 €

Pour s'y rendre : Rte de Saint-Lary (1,3 km au nord-ouest par D 929, rte d'Arreau et chemin à gauche, au bord de la Neste d'Aure)

MIDI-PYRÉNÉES

BRASSAC

81260 – **338** G9 – G. Midi Pyrénées – 1 427 h. – alt. 487
Syndicat d'initiative, place de l'Hôtel de Ville ✆ 05 63 74 56 97, Fax 05 63 74 57 44
Paris 747 – Albi 65 – Anglès 14 – Castres 26 – Lacaune 22 – Vabre 15.

▲ Municipal de la Lande
– ℞
1 ha (50 empl.) plat, herbeux
Pour s'y rendre : sortie sud-ouest vers Castres et à dr. apr. le pont, près de l'Agout et au bord d'un ruisseau - pour caravanes, faire demi-tour au rond-point

Nature : 🌳 ♀♀
Loisirs : 🏠
Services : ☺ 🚻
À prox. : 🚲 ✂ ⛵ 🎣

BRETENOUX

46130 – **337** H2 – G. Périgord Quercy – 1 231 h. – alt. 136
Office de tourisme, avenue de la Libération ✆ 05 65 38 59 53, Fax 05 65 39 72 14
Paris 521 – Brive-la-Gaillarde 44 – Cahors 83 – Figeac 48 – Sarlat-la-Canéda 65 – Tulle 47.

▲ La Bourgnatelle de Pâques à mi-oct.
✆ 05 65 10 89 04, contact@dordogne-vacances.fr,
Fax 05 65 10 89 18, www.dordogne-vacances.fr – **R** conseillée
2,3 ha (135 empl.) plat, herbeux
Tarif : 19 € 🚙🚻 ⛺ 📧 ⚡ (5A) – pers. suppl. 4 € – frais de réservation 10 €
Location : 74 🏠 (4 à 6 pers.) nuitée 50 € - 175 à 650 €/sem. – 5 bungalows toilés – frais de réservation 20 € - **R** conseillée
🚐 1 borne artisanale 2,50 € – 3 📧 16 € – 🚐 16 €
Pour s'y rendre : sortie nord-ouest, à gauche apr. le pont

Nature : 🌳 ♀♀ ⛰
Loisirs : 🏠 🏊 🎣 ⛵
Services : ♿ 🔑 (juil.-août) 🚲 🧺 ♨
🏠 sèche-linge 🧺
À prox. : ✂

*The classification (1 to 5 tents, **black** or red) that we award to selected sites in this Guide is a system that is our own.*
It should not be confused with the classification (1 to 4 stars) of official organisations.

BRUSQUE

12360 – **338** J8 – 366 h. – alt. 465
Paris 698 – Albi 91 – Béziers 75 – Lacaune 30 – Lodève 52 – Rodez 108 – St-Affrique 35.

⛺ Village Vacances Val-VVF Le Domaine de Céras
de mi-juin à mi-sept.
✆ 05 65 49 50 66, brusque@valvvf.fr, Fax 05 65 49 57 17,
http://www.valvvf.fr – **R** conseillée
14 ha (40 empl.) plat, vallonné
Tarif : 30,50 € 🚙🚻 ⛺ 📧 ⚡ (10A) – pers. suppl. 4,20 €
Location (de déb. mai à fin sept.) : 12 🏠 (4 à 6 pers.) - 270 à 550 €/sem. – studios – appartements – 20 bungalows toilés – **R** conseillée
Pour s'y rendre : 1,6 km au sud par D 92, rte d'Arnac, au bord du Dourdou et d'un petit plan d'eau
À savoir : dans une petite vallée verdoyante et paisible

Nature : 🌳 ≤ ♀♀
Loisirs : 🍽 ✕ 🏠 🏊 🎣 ✂ 🏖 (plan d'eau) ⛵ 🚵 parcours sportif, terrain omnisports
Services : 🔑 (juil.-août) 🅱 🚲 ♨
🏠 sèche-linge 🧺

BUN

65400 – **342** L5 – 108 h. – alt. 800
Paris 874 – Toulouse 198 – Tarbes 44 – Pau 64 – Lourdes 24.

▲ Le Bosquet Permanent
✆ 05 62 97 07 81 – places limitées pour le passage
– **R** conseillée
1,5 ha (35 empl.) plat, herbeux
Tarif : 12,40 € 🚙🚻 ⛺ 📧 ⚡ (3A) – pers. suppl. 3,20 €
Location : gîtes
Pour s'y rendre : sortie ouest du bourg - pour caravanes : accès conseillé par D 918, rte d'Aucun et D 13

Nature : 🌳 ≤ ♀
Loisirs : 🏠
Services : ♿ 🔑 🚲 M 🧺 ♨ 🚻
sèche-linge

MIDI-PYRÉNÉES

LES CABANNES

✉ 81170 – **338** D6 – 320 h. – alt. 200
Paris 653 – Albi 27 – Montauban 57 – Rodez 80 – Toulouse 84.

Le Garissou de déb. avr. à fin oct.
𝒫 05 63 56 27 14, *aquadis1@wanadoo.fr*,
Fax 03 86 37 95 83, *www.aquadis-loisir.com* – **R** conseillée
7 ha/4 campables (72 empl.) en terrasses, plat, herbeux, pierreux
Tarif : 14,50 € ⚭ ⇄ 🅴 (6A) – pers. suppl. 3,90 € – frais de réservation 8 €
Location 🅿 : 30 🏠 (4 à 6 pers.) nuitée 80 € - 245 à 590 €/sem. – frais de réservation 16 € - **R** conseillée
🚐 1 borne artisanale 14,50 € – 10 🅴 14,50 €
Pour s'y rendre : 1,6 km à l'ouest par D 600, rte de Vindrac et chemin à gauche
À savoir : belle situation dominante

Nature : 🌳 ≤ Cordes-sur-Ciel ou la vallée 🌊 ♀
Loisirs : 🎣 ⛹ 🚴 🏊 ♨ ⛱ terrain omnisports
Services : ♿ ⚡ 🅿 🛒 ✂ 📶 🚿 🚻 sèche-linge

CAHORS

✉ 46000 – **337** E5 – G. Périgord Quercy – 20 003 h. – alt. 135
🅱 *Office de tourisme, place François Mitterrand* 𝒫 05 65 53 20 65, Fax 05 65 53 20 74
Paris 575 – Agen 85 – Albi 110 – Bergerac 108 – Brive-la-Gaillarde 98 – Montauban 64 – Périgueux 126.

Rivière de Cabessut de déb. avr. à fin sept.
𝒫 05 65 30 06 30, *contact@cabessut.com*,
Fax 05 65 23 99 46, *www.cabessut.com* – **R** conseillée
2 ha (113 empl.) plat, herbeux
Tarif : ✴ 4 € ⇄ 🅴 8 € – 🅸 (10A) 2 €
Location 🎣 : 8 🏠 (4 à 6 pers.) 350 €/sem. – **R** conseillée
🚐 1 borne artisanale 4 € – 🚱 10 €
Pour s'y rendre : R. de la Rvière (3 km au sud par D 911 dir. Rodez puis chemin à gauche, quai Ludo-Rolles, au bord du Lot)

Nature : 🌊 ♀♀
Loisirs : 🎣 ⛹ ♨ 🏊 ♨
Services : ♿ ⚡ ✂ 📶 🚿 🚻 🚱
À prox. : ⛱ espace aquatique

LES CAMMAZES

✉ 81540 – **338** E10 – G. Midi Pyrénées – 209 h. – alt. 610
🅱 *Syndicat d'initiative, 25, rue de la Fontaine* 𝒫 05 63 74 17 17
Paris 736 – Aurillac 241 – Castres 35 – Figeac 183 – St-Céré 241.

La Rigole de déb. mai à fin sept.
𝒫 05 63 73 28 99, *campings.occitanie@orange.fr*,
Fax 05 63 73 28 99, *www.campingdlr.com* – **R** conseillée
3 ha (66 empl.) plat, peu incliné, terrasse, herbeux
Tarif : (Prix 2008) 18,50 € ⚭ ⇄ 🅴 (13A) – pers. suppl. 4,60 €
Location (Prix 2008) : 4 🏠 (4 à 6 pers.) nuitée 45 € - 270 à 581 €/sem. – 🏠 (4 à 6 pers.) nuitée 42 € - 252 à 532 €/sem. – **R** conseillée
🚐 4 🅴 8,10 € – 🚱 8,10 €
Pour s'y rendre : Rte du Barrage (sortie sud par D 629 et rte à gauche)

Nature : 🌳 🌊 ♀♀
Loisirs : 🍴 snack ⛹ 🚴
Services : ♿ ⚡ 🛒 ✂ 📶 🚿 ♨ 🚻 sèche-linge
À prox. : 🎿 🎣 ♨

CANET-DE-SALARS

✉ 12290 – **338** I5 – 379 h. – alt. 850
Paris 654 – Pont-de-Salars 9 – Rodez 33 – St-Beauzély 28 – Salles-Curan 8.

Le Caussanel ⚭⚭ – de mi-mai à mi-sept.
𝒫 05 65 46 85 19, *info@lecaussanel.com*,
Fax 05 65 46 89 85, *www.lecaussanel.com* – **R** conseillée
10 ha (235 empl.) plat, peu incliné, terrasse, herbeux
Tarif : 32 € ⚭ ⇄ 🅴 (6A) – pers. suppl. 7,10 € – frais de réservation 30 €
Location : 43 🏠 (4 à 6 pers.) nuitée 49 € - 292 à 749 €/sem. – 38 🏠 (4 à 6 pers.) nuitée 40 € - 238 à 609 €/sem. – frais de réservation 30 € - **R** conseillée
🚐 1 borne artisanale 3 €
Pour s'y rendre : Lac de Pareloup (2,7 km au sud-est par D 538 et à dr.)

Nature : 🌳 ≤ sur le lac ♀ ⛰
Loisirs : 🍴 pizzeria, grill 🎲 ♨ ⛹ salle d'animation ⛹ 🚴 ✂ ♨ 🎣 terrain omnisports, animaux de la ferme, canoë, pédalos, barques
Services : ♿ ⚡ 🛒 ✂ 📶 🚿 ♨ 🚻 🚱 ♨ sèche-linge ⛱ 🚿
À prox. : discothèque 🚐

445

MIDI-PYRÉNÉES

CANET-DE-SALARS

Soleil Levant de déb. avr. à mi-sept.
☎ 05 65 46 03 65, contact@camping-soleil-levant.com, www.camping-soleil-levant.com – **R** conseillée
11 ha (206 empl.) en terrasses, plat, peu incliné, herbeux
Tarif : 21,50 € ♦♦ ⇔ 🅴 [½] (10A) – pers. suppl. 6 € – frais de réservation 10 €
Location (de déb. avr. à fin sept.) 🏕 : 11 🏠 (4 à 6 pers.) nuitée 50 € - 120 à 615 €/sem. – frais de réservation 10 € - **R** conseillée
🚐 🏠 [½] 13,50 €
Pour s'y rendre : 3,7 km au sud-est par D 538 et D 993, rte de Salles-Curan, à gauche, av.le pont
À savoir : situation agréable au bord du lac de Pareloup

Nature : 🌳 ≤ ♀♀ ⛰
Loisirs : 🍸 🏠 🏊 🛶 canoë, ponton d'amarrage
Services : ♿ ⛽ 🆖 🛒 📠 🎢 ⊛
🏊 🚿 🍳 sèche-linge
À prox. : 🚴

CAPDENAC-GARE

✉ 12700 – **338** E3 – 4 587 h. – alt. 175
🛈 *Office de tourisme, place du 14 juillet* ☎ 05 65 64 74 87, Fax 05 65 80 88 15
Paris 587 – Decazeville 20 – Figeac 9 – Maurs 24 – Rodez 59.

Municipal les Rives d'Olt de déb. avr. à fin sept.
☎ 05 65 80 88 87, camping.capdenac@wanadoo.fr
– **R** conseillée
1,3 ha (60 empl.) plat, herbeux
Tarif : (Prix 2008) ♦ 2,85 € ⇔ 1,85 € 🅴 2,15 € –
[½] (10A) 2,80 €
Location (Prix 2008) : huttes – **R** conseillée
Pour s'y rendre : 8 bd Paul-Ramadier (sortie ouest par D 994, rte de Figeac et à gauche av. le pont, près du Lot)
À savoir : cadre agréable, verdoyant et ombragé

Nature : 🞁 ♀♀
Loisirs : 🞁
Services : ♿ ⛽ 🆖 🛒 📠 ⊛ 🏊 🍳
À prox. : 🏊 🍸 snack 🎯 🏁 🟦 parcours sportif

446

Donnez-nous votre avis sur les terrains que nous recommandons. Faites-nous connaître vos observations et vos découvertes par mail à l'adresse : leguidecampingfrance@fr.michelin.com.

CARLUCET

✉ 46500 – **337** F3 – G. Périgord Quercy – 171 h. – alt. 322
Paris 542 – Cahors 47 – Gourdon 26 – Labastide-Murat 11 – Rocamadour 14.

Château de Lacomté de mi-mai à mi-sept.
☎ 05 65 38 75 46, lacomte2@wanadoo.fr,
Fax 05 65 33 17 68, www.campingchateaulacomte.com
– **R** conseillée
12 ha/4 campables (100 empl.) plat et terrasse, peu incliné, pierreux, herbeux, bois
Tarif : ♦ 10 € ⇔ 🅴 12 € – (10A) 5 € – frais de réservation 10 €
Location 🏕 : 4 🏠 (4 à 6 pers.) 195 à 495 €/sem. – 6 🏠 (4 à 6 pers.) - 255 à 595 €/sem. – frais de réservation 10 € - **R** conseillée
Pour s'y rendre : Lacomté (1,8 km au nord-ouest du bourg, au château)

Nature : 🌳 🞁 ♀♀
Loisirs : 🍸 ✗ snack 🎯 🏁 🚴 ✗
🏊
Services : ♿ ⛽ 🆖 🛒 📠 🏊 🚿
🍳 🅿 sèche-linge 🚗

CARMAUX

✉ 81400 – **338** E5 – G. Midi Pyrénées – 10 231 h. – alt. 241 – Base de loisirs
Paris 720 – Toulouse 96 – Albi 18 – Castres 63 – Rodez 61.

Cap' Découverte
☎ 0 825 081 234, contact@capdecouverte.com,
Fax 05 63 80 15 29, www.capdecouverte.com – **R** conseillée
1 ha (105 empl.) plat, herbeux, pierreux
Pour s'y rendre : Le Garric (6 km au sud par N 88 et D 25)

Nature : 🌳
Services : ♿ ⛽ ⊛ 🍳
À prox. : 🍸 ✗ snack 🎯 🚴 🏊 🚣
ski sur gazon, téléski nautique, pédalos, luge d'été, karting

MIDI-PYRÉNÉES

CASSAGNABÈRE-TOURNAS

✉ 31420 – **343** C5 – 389 h. – alt. 380
Paris 758 – Auch 78 – Bagnères-de-Luchon 65 – Pamiers 101 – St-Gaudens 19 – St-Girons 47 – Toulouse 86.

⚠ **Pré Fixe** de mi-avr. à mi-sept.
📞 05 61 98 71 00, camping@instudio4.com, www.instudio4.com/pre-fixe – **R** conseillée
1,2 ha (40 empl.) en terrasses, plat, herbeux
Tarif : 22 € ⚭ ⚭ 🚐 📧 [⚡] (6A) – pers. suppl. 8 €
Pour s'y rendre : Rte de St-Gaudens (au sud-ouest du bourg)
À savoir : jolie décoration florale et arbustive

Nature : 🌳 🏕 ♨
Loisirs : 🎣 🎿
Services : 👥 🔑 🚗 📧 ♨ 🚿
À prox. : ✂

CASSAGNES

✉ 46700 – **337** C4 – 192 h. – alt. 185
Paris 577 – Cahors 34 – Cazals 15 – Fumel 19 – Puy-l'Évêque 8 – Villefranche-du-Périgord 15.

⚠ **Le Carbet** de déb. avr. à fin sept.
📞 05 65 36 61 79, campingcarbet@wanadoo.fr, www.camping-le-carbet.fr – **R** conseillée
3 ha (29 empl.) non clos, en terrasses, pierreux, herbeux
Tarif : (Prix 2008) ⚭ 5 € 🚐 📧 6 € – [⚡] (6A) 4 € – frais de réservation 10 €
Location (Prix 2008) : 10 🏠 (4 à 6 pers.) 235 à 550 €/sem. – frais de réservation 10 € - **R** conseillée
Pour s'y rendre : 1,5 km au nord-ouest par D 673, rte de Fumel, près d'un lac

Nature : 🏕 ♨
Loisirs : 🍹 snack 🎣 🏊
Services : 🔑 GB 🚗 📧 ♨ 🚿
🔧

Les indications d'accès à un terrain sont généralement indiquées, dans notre guide, à partir du centre de la localité.

CASTELNAU-DE-MONTMIRAL

✉ 81140 – **338** C7 – 895 h. – alt. 287
🛈 Office de tourisme, place des Arcades 📞 05 63 33 15 11, Fax 05 63 33 17 60
Paris 645 – Albi 31 – Bruniquel 22 – Cordes-sur-Ciel 22 – Gaillac 12 – Montauban 49.

🏔 **Le Chêne Vert** de déb. mars à mi-oct.
📞 05 63 33 16 10, campingduchenevert@wanadoo.fr, Fax 05 63 33 20 80, www.camping-du-chene-vert.com – **R** conseillée
10 ha/2 campables (45 empl.) peu accidenté, plat et peu incliné, en terrasses, herbeux
Tarif : 18,80 € ⚭ ⚭ 🚐 📧 [⚡] (10A) – pers. suppl. 4 € – frais de réservation 60 €
Location (de déb. mars à fin déc.) : 19 🏠 (4 à 6 pers.) nuitée 50 € - 390 à 640 €/sem. – bungalows toilés – frais de réservation 99 € - **R** conseillée
🚐 9 📧 18,80 € – 🍴 [⚡] 18.80 €
Pour s'y rendre : 3,5 km au nord-ouest par D 964, rte de Caussade, D 1 et D 87, rte de Penne, à gauche
À savoir : agréable chênaie

Nature : 🌳 ⛰ 🏕 ♨
Loisirs : 🎣 🏊
Services : 👥 🔑 GB 🚗 📧 ♨ 🚿
🔧
À la base de loisirs (800m) : 🍹 snack 🎿 ✂ 🎣 ⛱ (plage) 🏊

CASTELNAU-MONTRATIER

✉ 46170 – **337** E6 – G. Périgord Quercy – 1 844 h. – alt. 240
🛈 Office de tourisme, 27, rue Clemenceau 📞 05 65 21 84 39, Fax 05 65 21 84 72
Paris 600 – Cahors 30 – Caussade 24 – Lauzerte 23 – Montauban 34.

⚠ **Municipal des 3 Moulins**
📞 05 65 21 86 54, mairiecastelnau@wanadoo.fr, Fax 05 65 21 91 52 – 🅿
1 ha (50 empl.) en terrasses, herbeux
Pour s'y rendre : Rte de Lauzette (sortie nord-ouest par D 19)

Nature : ♨
Services : ♨
À prox. : ✂ 🎣 🏊 parc aquatique

447

MIDI-PYRÉNÉES

CASTÉRA-VERDUZAN

✉ 32410 – **336** E7 – 830 h. – alt. 114 – Base de loisirs
🛈 Syndicat d'initiative, avenue des Thermes ☏ 05 62 68 10 66, Fax 05 62 68 14 58
Paris 720 – Agen 61 – Auch 40 – Condom 20.

▲ La Plage de Verduzan de déb. avr. à fin oct.
☏ 05 62 68 12 23, contact@camping-verduzan.com,
Fax 05 62 68 18 95, www.camping-verduzan.com
– **R** conseillée
2 ha (100 empl.) plat, herbeux
Tarif : 20,50 € ✱✱ 🚗 🗐 ⚡ (6A) – pers. suppl. 5 € – frais de réservation 10 €
Location (de mi-avr. à fin oct.) ❄ : 8 🏠 (2 à 4 pers.) 160 à 325 €/sem. – 13 🏠 (4 à 6 pers.) 225 à 395 €/sem. – 5 🏠 (4 à 6 pers.) – 305 à 595 €/sem. – bungalows toilés – frais de réservation 10 € – **R** conseillée
🚐 1 borne artisanale 5 € – ⚡ 18 €
Pour s'y rendre : R. du Lac (au nord du bourg, au bord de l'Aulone)
À savoir : au bord d'un plan d'eau, emplacements soignés

Nature : 🏕 ♀
Loisirs : 🏠 ✱ ♒
Services : ♿ 🚿 🅖🅑 ⚡ 🏪 ☺ 🚰 🚽 🐕 📧
À prox. : 🏊 ⛱ (plage) 🛶 pédalos 🚲

CAUSSADE

✉ 82300 – **337** F7 – G. Périgord Quercy – 5 971 h. – alt. 109
🛈 Office de tourisme, 11, rue de la République ☏ 05 63 26 04 04, Fax 05 63 26 04 04
Paris 606 – Albi 70 – Cahors 38 – Montauban 28 – Villefranche-de-Rouergue 52.

▲ Municipal la Piboulette
☏ 05 63 93 09 07, Secretariat@mairie-caussade.com,
Fax 05 63 65 09 05, mairie-caussade.fr – **R**
1,5 ha (100 empl.) plat, herbeux
Pour s'y rendre : La Piboulette (1 km au nord-est par D 17, rte de Puylaroque et à gauche, au stade, à 200 m d'un étang)

Nature : 🌳 ♀♀
Services : ♿ 🚽 🗐 ⚡ ☺ 📧 sèche-linge
À prox. : 🏊 ⛱ 🎾 🎣 parcours de santé

CAUTERETS

✉ 65110 – **342** L7 – G. Midi Pyrénées – 1 305 h. – alt. 932 – ⛄ Sports d'hiver :
🛈 Office de tourisme, place Foch ☏ 05 62 92 50 50, Fax 05 62 92 11 70
Paris 880 – Argelès-Gazost 17 – Lourdes 30 – Pau 75 – Tarbes 49.

▲ Les Glères de déb. déc. à fin oct.
☏ 05 62 92 55 34, camping-les-gleres@wanadoo.fr,
Fax 05 62 92 03 53, www.gleres.com – **R** conseillée
1,2 ha (80 empl.) plat, herbeux, gravillons
Tarif : (Prix 2008) 18,55 € ✱✱ 🚗 🗐 ⚡ (6A) – pers. suppl. 4,30 € – frais de réservation 10 €
Location (Prix 2008) ❄ : 2 🏠 (2 à 4 pers.) nuitée 50 € - 220 à 320 €/sem. – 7 🏠 (4 à 6 pers.) nuitée 70 € – 255 à 500 €/sem. – 5 🏠 (4 à 6 pers.) nuitée 78 € – 320 à 625 €/sem. – **R** conseillée
🚐 40 🗐 17,60 €
Pour s'y rendre : 19 rte de Pierrefitte (sortie nord par D 920, au bord du Gave)
À savoir : Situé proche du centre ville

Nature : ❄ ≤ 🏕 ♀♀
Loisirs : 🏠 ✱ 🎮
Services : ♿ 🚿 🅖🅑 ⚡ 🅜 🏪 🗐 🚰 ☺ 🚽 🐕 sèche-linge
À prox. : patinoire 🎾

▲ GR 10 de fin juin à mi-sept.
☏ 06 20 30 25 85, contact@gr10camping.com,
Fax 05 62 92 54 02, www.gr10camping.com – **R** conseillée
1,5 ha (61 empl.) plat, peu incliné, herbeux, pierreux
Tarif : 18,30 € ✱✱ 🚗 🗐 ⚡ (8A) – pers. suppl. 5 €
Location (permanent) : 20 🏠 (4 à 6 pers.) nuitée 30 € - 390 à 450 €/sem. – gîtes – **R** conseillée
Pour s'y rendre : à Concé (2,8 km au nord par D 920, rte de Lourdes, près du Gave de Pau)

Nature : 🌳 ≤ 🏕 ♀
Loisirs : 🏠 ✱ 🎾 🎣 accrobranche (enfants), canyoning, escalade
Services : ♿ 🚽 🅖🅑 🅜 🏪 ☺ 📧 sèche-linge

MIDI-PYRÉNÉES

CAUTERETS

Le Cabaliros de fin mai à déb. oct.
📞 05 62 92 55 36, *info@camping-cabaliros.com*,
Fax 05 62 92 55 36, *www.camping-cabaliros.com*
– **R** conseillée
2 ha (100 empl.) incliné à peu incliné, herbeux
Tarif : 17,30 € ♛♛ ⇔ 🅴 [½] (6A) – pers. suppl. 4,80 €
Location (de fin avr. à mi-oct.) : 4 🛏 (4 à 6 pers.) 250 à 500 €/sem. – **R** conseillée
🚐 1 borne artisanale 3 €
Pour s'y rendre : Rte du Mamelon Vert (1,6 km au nord par rte de Lourdes et au pont à gauche, au bord du Gave de Pau)

Nature : ≤ 99
Loisirs : 🎰 ⤴
Services : 🚻 🛠 GB 🐕 🌫 ♿ 🚿
🛒 🏛 sèche-linge

Le Péguère de déb. mai à fin sept.
📞 05 62 92 52 91, *campingpeguere@wanadoo.fr*,
Fax 05 62 92 52 91, *www.campingpeguere.com* – **R** conseillée
3,5 ha (160 empl.) peu incliné, plat, herbeux
Tarif : 14 € ♛♛ ⇔ 🅴 [½] (6A) – pers. suppl. 3,80 €
Location (de déb. avr. à mi-oct.) 🚫 : 4 🛏 (4 à 6 pers.) nuitée 40 € - 180 à 420 €/sem. – 2 🏠 (4 à 6 pers.) nuitée 35 € - 200 €/sem. – **R** conseillée
🚐 1 borne artisanale 2 €
Pour s'y rendre : 31 rte de Pierrefitte (1,5 km au nord par rte de Lourdes, au bord du Gave de Pau)

Nature : ≤ 9
Loisirs : ⤴
Services : 🚻 🛠 GB 🐕 🌫 ♿ 🚿
🛒 🏛 sèche-linge

Utilisez le guide de l'année.

CAYLUS

✉ 82160 – **337** G6 – G. Périgord Quercy – 1 324 h. – alt. 228
🛈 Syndicat d'initiative, rue Droite 📞 05 63 67 00 28, Fax 05 63 24 02 91
Paris 628 – Albi 60 – Cahors 59 – Montauban 50 – Villefranche-de-Rouergue 30.

449

La Bonnette de déb. avr. à fin oct.
📞 05 63 65 70 20, *info@campingbonnette.com*,
Fax 05 63 65 70 20, *www.campingbonnette.com*
– **R** conseillée
1,5 ha (60 empl.) plat, herbeux
Tarif : 20,50 € ♛♛ ⇔ 🅴 [½] (10A) – pers. suppl. 5,50 €
Location : 6 🛏 (4 à 6 pers.) 300 à 550 €/sem.
– **R** conseillée
🚐 1 borne 5 € – 4 🅴 17 €
Pour s'y rendre : à Bonnette (sortie nord-est par D 926, rte de Villefranche-de-Rouergue et D 97 à dr., rte de St-Antonin-Noble-Val, au bord de la Bonnette et à prox. d'un plan d'eau)

Nature : 🏞 99
Loisirs : 🏊 🎣
Services : 🚻 🛠 🌫 ♿ 🚿 🍽 🏛 sèche-linge
À prox. : ⤴

CAYRIECH

✉ 82240 – **337** F6 – 208 h. – alt. 140
Paris 608 – Cahors 39 – Caussade 11 – Caylus 17 – Montauban 40.

Le Clos de la Lère Permanent
📞 05 63 31 20 41, *le-clos-de-la-lere@wanadoo.fr*,
www.camping-leclosdelalere.com – **R** conseillée
1 ha (49 empl.) plat, herbeux
Tarif : ♛ 3,60 € ⇔ 🅴 5,10 € – [½] (10A) 3,80 €
Location : 7 🛏 (4 à 6 pers.) 180 à 450 €/sem. – 5 🏠 (4 à 6 pers.) - 240 à 545 €/sem. – frais de réservation 8 € -
R conseillée
🚐 1 borne eurorelais 3 € – 5 🅴 11 € – 🚐 [½] 11 €
Pour s'y rendre : à Clergue (sortie sud-est par D 9, rte de Septfonds)
À savoir : belle décoration arbustive et florale. Location à la nuitée hors juil.-août

Nature : 🌳 🏞 99
Loisirs : 🏊 🎣
Services : 🚻 🛠 GB 🐕 🏛 🌫 ♿
🍽 🏛 sèche-linge ⛽
À prox. : 🍴 terrain omnisports

MIDI-PYRÉNÉES

CÉZAN

32410 – **336** E7 – 150 h. – alt. 207
Paris 712 – Auch 27 – Fleurance 18 – Lectoure 22 – Valence-sur-Baïse 14 – Vic-Fézensac 21.

Domaine les Angeles de mi-avr. à fin sept.
05 62 65 29 80, lesangeles@gmail.com, www.domainele sangeles.com – **R** conseillée
3 ha (62 empl.) non clos, incliné à peu incliné, terrasses, herbeux
Tarif : (Prix 2008) 20 € ⚹⚹ 🚗 🅴 (10A) – pers. suppl. 5,50 €
Location (Prix 2008) (permanent) : 5 (4 à 6 pers.) 270 à 490 €/sem. – 4 (4 à 6 pers.) - 250 à 440 €/sem. – **R** conseillée
Pour s'y rendre : Les Angeles (2,5 km au sud-est par D 303, rte de Réjaumont, à dr. rte de Préhac puis 900 m par chemin)

CONDOM

32100 – **336** E6 – G. Midi Pyrénées – 7 251 h. – alt. 81
Office de tourisme, place Bossuet 05 62 28 00 80, Fax 05 62 28 45 46
Paris 729 – Agen 41 – Auch 46 – Mont-de-Marsan 80 – Toulouse 121.

Municipal de déb. avr. à fin sept.
05 62 28 17 32, mairie.condom@condom.org, Fax 05 62 28 17 32 – **R**
2 ha (75 empl.) plat, herbeux
Tarif : (Prix 2008) ⚹ 3,19 € 🚗 🅴 4,56 € – 🅶 (8A) 3,42 €
Location (Prix 2008) (de mi-avr. à fin oct.) : 10 (4 à 6 pers.) - 306 à 576 €/sem. – **R** conseillée
1 borne artisanale 9,12 €
Pour s'y rendre : Chemin de l'Argenté (sortie sud par D 931, rte d'Eauze, près de la Baïse)

CONQUES

12320 – **338** G3 – G. Midi Pyrénées – 302 h. – alt. 350
Office de tourisme, Le Bourg 08 20 82 08 03, Fax 05 65 72 87 03
Paris 601 – Aurillac 53 – Decazeville 26 – Espalion 42 – Figeac 43 – Rodez 37.

Beau Rivage de déb. avr. à fin sept.
05 65 69 82 23, camping.conques@wanadoo.fr, Fax 05 65 72 89 29, www.campingconques.com – **R** conseillée
1 ha (60 empl.) plat, herbeux
Tarif : (Prix 2008) ⚹ 4 € 🚗 3 € 🅴 5,50 € – 🅶 (10A) 3,50 €
Location (Prix 2008) : 12 (4 à 6 pers.) nuitée 38 € - 260 à 560 €/sem. – **R** conseillée
1 borne artisanale 5 €
Pour s'y rendre : Molinols (à l'ouest du bourg, par D 901, au bord du Dourdou)

CORDES-SUR-CIEL

81170 – **338** D4 – G. Midi Pyrénées – 996 h. – alt. 279
Office de tourisme, place Jeanne Ramel-Cals 05 63 56 00 52, Fax 05 63 56 19 52
Paris 655 – Albi 25 – Montauban 59 – Rodez 78 – Toulouse 82 – Villefranche-de-Rouergue 47.

Moulin de Julien mai-sept.
05 63 56 11 10, contact@campingmoulindejulien.com, www.campingmoulindejulien.com – **R** conseillée
9 ha (130 empl.) en terrasses, plat, incliné, herbeux, étang
Tarif : 24,20 € ⚹⚹ 🚗 🅴 🅶 (5A) – pers. suppl. 6 € – frais de réservation 20 €
Location : 2 (4 à 6 pers.) nuitée 65 € - 260 à 450 €/sem. – 5 (4 à 6 pers.) nuitée 85 € - 310 à 550 €/sem. – frais de réservation 20 € – **R** conseillée
Pour s'y rendre : 1,5 km au sud-est par D 922, rte de Gaillac, au bord d'un ruisseau

MIDI-PYRÉNÉES

CORDES-SUR-CIEL

Camp Redon de déb. avr. à fin oct.
℘ 05 63 56 14 64, info@campredon.com,
Fax 05 63 56 14 64, www.campredon.com – **R** conseillée
2 ha (40 empl.) plat, peu incliné, herbeux
Tarif : (Prix 2008) 21,95 € ★★ ⇔ 🅴 ⚡ (10A) – pers. suppl. 6 €
Location (Prix 2008) 🎣 : 2 🏠 (4 à 6 pers.) 395 à 595 €/sem. – **R** conseillée
Pour s'y rendre : 5 km au sud-est par D 600, rte d'Albi puis 800 m par D 107, rte de Virac à gauche

Nature : 🌳 🏞 ♀
Loisirs : 🏛 🚴 🛶
Services : ⚿ 🚻 🔥

COS

✉ 09000 – **343** H7 – 258 h. – alt. 486
Paris 766 – La Bastide-de-Sérou 14 – Foix 5 – Pamiers 25 – St-Girons 41 – Tarascon-sur-Ariège 23.

Municipal
℘ 05 61 02 62 35, mairiedecos@neuf.fr, Fax 05 61 65 39 79
– **R** conseillée
0,7 ha (32 empl.) non clos, plat, peu incliné, herbeux
Pour s'y rendre : 700 m au sud-ouest sur D 61, au bord d'un ruisseau

Nature : 🌳 ♀♀
Loisirs : 🏛 ✂
Services : ♿ 🚻 🔥 🗑 ⚡ 🔥
À prox. : 🚴 🛶

⚠ ✖ **ATTENTION...**
🏇 ces éléments ne fonctionnent généralement qu'en saison,
🏊 🏇 quelles que soient les dates d'ouverture du terrain.

CREYSSE

✉ 46600 – **337** F2 – G. Périgord Quercy – 257 h. – alt. 110
Paris 517 – Brive-la-Gaillarde 40 – Cahors 79 – Gourdon 40 – Rocamadour 17 – Souillac 13.

Le Port de fin avr. à fin sept.
℘ 05 65 32 20 82, contact@campingduport.com,
Fax 05 65 41 05 32, www.campingduport.com – **R** conseillée
3,5 ha (100 empl.) peu incliné, plat, herbeux, non clos
Tarif : ★ 4,20 € ⇔ 🅴 4,40 € – ⚡ (6A) 3,20 € – frais de réservation 10 €
Location : 6 🏠 (4 à 6 pers.) 260 à 540 €/sem. – frais de réservation 10 € - **R** conseillée
Pour s'y rendre : Creysse (au sud du bourg, près du château, au bord de la Dordogne)
À savoir : plage agréable au bord de la Dordogne

Nature : 🌳 ♀♀ 🏞
Loisirs : 🍷 🏛 🚴 🏊 🛶 base de canoë, spéléologie, escalade
Services : ⚿ 🌐 🚿 M 🗑 🔥 🔥 sèche-linge

DAMIATTE

✉ 81220 – **338** D9 – 767 h. – alt. 148
Paris 698 – Castres 26 – Graulhet 16 – Lautrec 18 – Lavaur 16 – Puylaurens 11.

Le Plan d'Eau St-Charles de mi-mai à mi-sept.
℘ 05 63 70 66 07, accueil@campingplandeau.com,
Fax 05 63 70 52 14, www.campingplandeau.com
– **R** conseillée
7,5 ha/2 campables (82 empl.) plat, pierreux, herbeux
Tarif : (Prix 2008) 19,80 € ★★ ⇔ 🅴 ⚡ (5A) – pers. suppl. 4,50 € – frais de réservation 17 €
Location (Prix 2008) (de déb. avr. à fin sept.) : 18 🏠 (4 à 6 pers.) 225 à 700 €/sem. – 18 🏡 (4 à 6 pers.) - 215 à 700 €/sem. – bungalows toilés – frais de réservation 17 € - **R** conseillée
🚐 1 borne artisanale – 2 🅴 10 € – 🚐 ⚡ 13,40 €
Pour s'y rendre : La Cahuzière (sortie rte de Graulhet puis 1,2 km par rte à gauche avant le passage à niveau)
À savoir : agréable situation autour d'un joli plan d'eau

Nature : 🌳 ≤ 🏞 ♀♀ 🏞
Loisirs : snack 🏛 🚴 🏊 🛶
Services : ♿ ⚿ 🌐 🚿 🗑 🔥 🔥 🔥 🔥
À prox. : 🐎 golf (18 trous)

451

MIDI-PYRÉNÉES

DURAVEL

46700 – **337** C4 – G. Périgord Quercy – 937 h. – alt. 110
Paris 610 – Toulouse 153 – Cahors 39 – Villeneuve-sur-Lot 37 – Moissac 71.

Club de Vacances Duravel –
℘ 05 65 24 65 06, *clubduravel@wanadoo.fr*,
Fax 05 65 24 64 96, *www.clubdevacances.eu* – **R** conseillé
9 ha (260 empl.) plat, herbeux
Location : – – **R** conseillée
Pour s'y rendre : Rte du Port-de-Vire (2,3 km au sud par D 58, au bord du Lot)

Nature : snack
Loisirs : canoë
Services : sèche-linge
À prox. : escalade

ENTRAYGUES-SUR-TRUYÈRE

12140 – **338** H3 – G. Midi Pyrénées – 1 267 h. – alt. 236
Syndicat d'initiative, place de la République ℘ 05 65 44 56 10, Fax 05 65 44 50 85
Paris 600 – Aurillac 45 – Figeac 58 – Mende 128 – Rodez 43 – St-Flour 83.

Le Val de Saures de déb. mai à fin sept.
℘ 05 65 44 56 92, *info@camping-valdesaures.com*,
Fax 05 65 44 27 21, *www.camping-valdesaures.com*
– **R** conseillée
4 ha (126 empl.) terrasse, plat, herbeux
Tarif : 20 € (6A) – pers. suppl. 4 € – frais de réservation 20 €
Location (de déb. avr. à fin sept.) : 11 (4 à 6 pers.) - 239 à 589 €/sem. – frais de réservation 30 € - **R** conseillée
1 borne eurorelais
Pour s'y rendre : Saures (1,6 km au sud par D 904, rte d'Espeyrac, en bordure du Lot (accès direct))

Nature :
Loisirs :
Services : sèche-linge
À prox. : terrain omnisports, canoë

Le Lauradiol de fin juin à fin août
℘ 05 65 44 53 95, *info@camping-lelauradiol.com*,
Fax 05 65 44 81 37, *www.camping-lelauradiol.com*
– **R** conseillée
1 ha (31 empl.) plat, herbeux
Tarif : 16 € (6A) – pers. suppl. 4 € – frais de réservation 11 €
Location : 2 (4 à 6 pers.) 199 à 499 €/sem. – frais de réservation 20 € - **R** conseillée
Pour s'y rendre : 5 km au nord-est par D 34, rte de St-Amans-des-Cots, au bord de la Selves
À savoir : situation agréable au fond d'une petite vallée, bordée par la rivière

Nature :
Loisirs :
Services : (juil.-août)

ESPALION

12500 – **338** I3 – G. Midi Pyrénées – 4 360 h. – alt. 342
Office de tourisme, 2, rue Saint-Antoine ℘ 05 65 44 10 63, Fax 05 65 44 10 39
Paris 592 – Aurillac 72 – Figeac 93 – Mende 101 – Millau 81 – Rodez 31 – St-Flour 80.

Le Roc de l'Arche de mi-mars à mi-oct.
℘ 05 65 44 06 79, *campingrocdelarche@wanadoo.fr*,
Fax 05 65 44 06 79, *http://perso.wanadoo.fr/camping-roc delarche* – **R** conseillée
2,5 ha (95 empl.) plat, herbeux
Tarif : (Prix 2008) 16,60 € (10A) – pers. suppl. 4 € – frais de réservation 10 €
1 borne 3,30 €
Pour s'y rendre : Le Foirail (à l'est, r. du Foirail par av. de la Gare et à gauche, apr. le terrain des sports, au bord du Lot)

Nature :
Loisirs :
Services :
À prox. : terrain omnisports, canoë

Avant de prendre la route, consultez www.ViaMichelin.fr : votre meilleur itinéraire, le choix de votre hôtel, restaurant, des propositions de visites touristiques.

MIDI-PYRÉNÉES

ESTAING

✉ 65400 – **342** K7 – G. Midi Pyrénées – 67 h. – alt. 970
Paris 874 – Argelès-Gazost 12 – Arrens 7 – Laruns 43 – Lourdes 24 – Pau 69 – Tarbes 43.

Pyrénées Natura de déb. mai à fin sept.
📞 05 62 97 45 44, *info@camping-pyrenees-natura.com*,
Fax 05 62 97 45 81, *www.camping-pyrenees-natura.com* –
alt. 1 000 – **R** conseillée
3 ha (65 empl.) plat et peu incliné, terrasses, herbeux, gravier
Tarif : 25 € ✸✸ 🚗 📧 (10A) – pers. suppl. 5,25 €
Location : 15 🏠 (4 à 6 pers.) 280 à 610 €/sem.
– **R** conseillée
⛽ 1 borne – 5 📧 25 €
Pour s'y rendre : Rte du Lac (au nord du bourg)
À savoir : belle grange du 19e s. aménagée en espace loisirs et détente

Nature : 🌳 ≤ 🏞 ☀
Loisirs : 🍷 🎭 🎟 auditorium, solarium d'intérieur 🏊 ➴
Services : ♿ 🔑 📡 🚿 Ⓜ 🚽 ♨ ⊕ 🛁 🍳 🏪 sèche-linge 🧺

LES GUIDES VERTS MICHELIN
Paysages, monuments
Routes touristiques
Géographie
Histoire, Art
Itinéraire de visite
Plans de villes et de monuments

ESTANG

✉ 32240 – **336** B6 – 643 h. – alt. 120
Paris 712 – Aire-sur-l'Adour 25 – Eauze 17 – Mont-de-Marsan 35 – Nérac 56 – Nogaro 18.

Les Lacs de Courtès 👥 – de mi-avr. à fin sept.
📞 05 62 09 61 98, *contact@lacsdecourtes.com*,
Fax 05 62 09 63 13, *www.lacsdecourtes.com* – **R** conseillée
7 ha (136 empl.) en terrasses, peu incliné, plat, herbeux
Tarif : (Prix 2008) 26 € ✸✸ 🚗 📧 🚾 (6A) – pers. suppl. 5 €
– frais de réservation 10 €
Location (Prix 2008) (permanent) : 40 🏠 (4 à 6 pers.) -
200 à 830 €/sem. – 22 maisonnettes – frais de réservation 15 € - **R** conseillée
⛽ 1 borne artisanale 12 € – 3 📧 12 € – 🍽 12 €
Pour s'y rendre : Courtès (au sud du bourg par D 152, près de l'église et au bord d'un lac)

Nature : 🌳 ♨
Loisirs : 🍷 snack 🎮 ♨ 👥 jacuzzi 🏊 🌊 ♨ 🚣 canoë
Services : ♿ 🔑 📡 🚿 🚽 ♨ 🛶 ⊕ 📞 🏪 sèche-linge 🧺

453

FIGEAC

✉ 46100 – **337** I4 – G. Périgord Quercy – 9 606 h. – alt. 214
🛈 *Office de tourisme, place Vival* 📞 05 65 34 06 25, Fax 05 65 50 04 58
Paris 578 – Aurillac 64 – Rodez 66 – Villefranche-de-Rouergue 36.

Les Rives du Célé de fin avr. à fin sept.
📞 05 65 34 59 00, *contact@marc-montmija.com*,
Fax 05 61 64 89 17, *www.domainedesurgie.com*
– **R** conseillée
2 ha (163 empl.) plat, herbeux, terrasse
Tarif : (Prix 2008) 20 € ✸✸ 🚗 📧 🚾 (10A) – pers. suppl. 6 €
– frais de réservation 10 €
Location (Prix 2008) (de fin avr. à fin nov.) 🌙 : 20 🏠
(4 à 6 pers.) nuitée 50 € - 260 à 620 €/sem. – 30 maisonnettes – 10 bungalows toilés – frais de réservation 10 €
- **R** conseillée
⛽ 1 borne artisanale – 10 📧
Pour s'y rendre : à la base de loisirs (1,2 km à l'est par N 140, rte de Rodez et chemin du Domaine de Surgié, au bord de la rivière et d'un plan d'eau)

Nature : ♨
Loisirs : 🎮 👥 🚣
Services : ♿ 🔑 📡 🚿 🚽 ⊕ 🏪 sèche-linge
À prox. : 🍷 snack pizzeria 🛝 🏇 🚴 🌊 🏊 espace aquatique

MIDI-PYRÉNÉES

FLAGNAC

✉ 12300 – **338** F3 – 888 h. – alt. 220
Paris 603 – Conques 19 – Decazeville 5 – Figeac 25 – Maurs 17.

▲ Le Port de Lacombe avr.-sept.
📞 05 65 64 10 08, accueil@campingleportdelacombe.com,
Fax 05 65 64 11 47, www.campingleportdelacombe.com
– **R** conseillée
4 ha (97 empl.) plat, herbeux
Tarif : 23,90 € ★★ 🚗 🔲 🛥 (6A) – pers. suppl. 5 € – frais de réservation 20 €

Location : 12 🏠 (4 à 6 pers.) 225 à 644 €/sem. – 4 bungalows toilés – frais de réservation 20 € - **R** conseillée
🚐 1 borne eurorelais

Pour s'y rendre : 1 km au nord par D 963 et chemin à gauche, près d'un plan d'eau et du Lot (accès direct)

Nature : 🌳 🛶 ♀♀
Loisirs : 🍴 snack 🏠 🐎 🚲 🛥 ⛵
Services : ♿ 🔑 ⛽ 🚿 🏪 🛒 🚽
🧺 sèche-linge
À prox. : ✂ 🐎 canoë, pédalos

Si vous recherchez :
⚠ Un terrain au bord de l'eau avec possibilité de baignade
🌳 Un terrain agréable ou très tranquille
L Un terrain effectuant la location de caravanes, de mobile homes, de bungalows ou de chalets
P Un terrain ouvert toute l'année
🚐 Un terrain possédant une aire de services pour camping-cars

Consultez le tableau des localités

GARIN

✉ 31110 – **343** B3 – 102 h. – alt. 1 100
Paris 827 – Toulouse 153 – Tarbes 85 – Lourdes 84 – St-Gaudens 53.

▲ Les Frênes (location exclusive de chalets) Permanent
📞 05 61 79 88 44, vero.comet@wanadoo.fr,
Fax 05 61 79 88 44, www.chalets-luchon-peyragudes.com –
empl. traditionnels également disponibles – **R** conseillée
0,8 ha en terrasses, peu incliné, herbeux, pierreux

Location 🅿 : 4 🏠 (4 à 6 pers.) nuitée 66 € - 183 à 477 €/sem. – **R** conseillée

Pour s'y rendre : à l'est du bourg par D 618, rte de Bagnères-de-Luchon et à gauche, D 76e vers rte de Billière
À savoir : location à la nuitée hors vacances scolaires

Nature : 🌳 🌲 ♀
Loisirs : 🏠
Services : 🔑 🚿 🏪 sèche-linge
À prox. : 🎿 ✂

GAVARNIE

✉ 65120 – **342** L8 – G. Midi Pyrénées – 164 h. – alt. 1 350 – Sports d'hiver : 1 350/2 400 m ⛷11 🎿
🛈 Office de tourisme, le village 📞 05 62 92 48 05, Fax 05 62 92 42 47
Paris 901 – Lourdes 52 – Luz-St-Sauveur 20 – Pau 96 – Tarbes 71.

▲ Le Pain de Sucre de mi-déc. à fin sept.
📞 05 62 92 47 55, camping-gavarnie@wanadoo.fr,
Fax 05 62 92 47 55, www.camping-gavarnie.com – alt. 1 273
– **R** conseillée
1,5 ha (50 empl.) non clos, plat, herbeux
Tarif : ★ 4 € 🚗 🔲 4,20 € – 🛥 (10A) 6,25 € – frais de réservation 5 €

Location (Prix 2008) ✳ : 4 🏠 (4 à 6 pers.) nuitée 35 € - 210 à 350 €/sem. – 2 🏠 (4 à 6 pers.) nuitée 40 € – 240 à 500 €/sem. – **R** conseillée

Pour s'y rendre : Quartier Couret (3 km au nord par D 921, rte de Luz-St-Sauveur, au bord du Gave de Gavarnie)

Nature : ❄ ♀
Loisirs : 🍴 snack 🎮
Services : 🔑 ⛽ 🚿 🏪 🛒 🏊 ⚕ 🚽
🧺 sèche-linge

MIDI-PYRÉNÉES

GIRAC

✉ 46130 – **337** G2 – 341 h. – alt. 123
Paris 522 – Beaulieu-sur-Dordogne 11 – Brive-la-Gaillarde 42 – Gramat 27 – St-Céré 10 – Souillac 36.

△ **Les Chalets sur la Dordogne** de déb. mai à fin sept.
☎ 05 65 10 93 33, contact@camping-leschalets.com,
Fax 05 65 10 93 34, www.camping-leschalets.com – **R** conseillée
2 ha (39 empl.) non clos, plat, herbeux, sablonneux
Tarif : 17,60 € ★★ 🚗 🗐 🕯 (10A) – pers. suppl. 4,80 € – frais de réservation 10 €

Nature : 🏞 ♤♤ ⛰
Loisirs : 🍴 grill 🏊 ♨ 🛶 canoë
Services : ♿ ⚙ (juin-août) 🅖🅑 ♺
🏪 ☕ 🍢 🛒 sèche-linge 🧺
À prox. : 🚿

Location (permanent) : 4 🏠 (4 à 6 pers.) 170 à 603 €/sem. – 3 🏡 (4 à 6 pers.) - 170 à 623 €/sem. – frais de réservation 10 € - **R** conseillée
🚐 🚐 10 €
Pour s'y rendre : Rte de Puybrun (1 km au nord-ouest par D 703, rte de Vayrac et chemin à gauche, au bord de la Dordogne)

Ce guide n'est pas un répertoire de tous les terrains de camping mais une sélection des meilleurs campings dans chaque catégorie.

GONDRIN

✉ 32330 – **336** D6 – 999 h. – alt. 174
🛈 *Office de tourisme, avenue Jean Moulin* ☎ 05 62 29 15 89
Paris 745 – Agen 58 – Auch 42 – Condom 17 – Mont-de-Marsan 64 – Nérac 38.

△ **Le Pardaillan** ★★ – de mi-avr. à mi-oct.
☎ 05 62 29 16 69, Camplepardaillan@wanadoo.fr,
Fax 05 62 29 11 82, www.camping-le-pardaillan.com
– **R** conseillée
2,5 ha (100 empl.) plat, terrasses, herbeux, gravillons
Tarif : (Prix 2008) 22 € ★★ 🚗 🗐 🕯 (6A) – pers. suppl. 5,50 € – frais de réservation 15 €

Nature : 🌳 🏞 ♤♤
Loisirs : 🍴 pizzeria 🍽 🏋 jacuzzi 🏊 ♨ (petite piscine) ♒ (plan d'eau)
Services : ♿ ⚙ 🅖🅑 ♺ 🍢 🏪 ♨ 🧺 🍢 🛒
À prox. : 🍴 ⛵

Location (Prix 2008) (permanent) : 26 🏠 (4 à 6 pers.) 245 à 640 €/sem. – 20 🏡 (4 à 6 pers.) – 249 à 750 €/sem. – bungalows toilés – frais de réservation 15 € - **R** conseillée
🚐 🚐 1 borne eurorelais 3,50 € – 4 🗐 11 € – 🚍 10 €
Pour s'y rendre : 27 r. Pardaillan (à l'est du bourg)

Presqu'île de Laussac

MIDI-PYRÉNÉES

GOURDON

✉ 46300 – **337** E3 – G. Périgord Quercy – 4 882 h. – alt. 250
🛈 Office de tourisme, 24, rue du Majou ✆ 05 65 27 52 50, Fax 05 65 27 52 52
Paris 543 – Bergerac 91 – Brive-la-Gaillarde 66 – Cahors 44 – Figeac 63 – Périgueux 94 – Sarlat-la-Canéda 26.

Aire Naturelle le Paradis de déb. mai à mi-sept.
✆ 05 65 41 65 01, contact@campingleparadis.com,
Fax 05 65 41 65 01, www.campingleparadis.com
– **R** conseillée
1 ha (25 empl.) non clos, en terrasses, plat, herbeux
Tarif : 14,60 € 🚶🚶 🚗 🔲 🔌 (6A) – pers. suppl. 4,75 €
Location (de déb. avr. à fin oct.) : 2 🏠 (2 à 4 pers.)
250 €/sem. – 5 🏠 (4 à 6 pers.) 250 à 400 €/sem. – 1 🏠
(4 à 6 pers.) - 250 à 400 €/sem. – 3 chambres d'hôtes
– **R** conseillée
🚐 3 🔲 14,60 € – 🌙 13 €
Pour s'y rendre : La Peyrugue (2 km au sud-ouest par D 673, rte de Fumel et chemin à gauche, près du parking Intermarché)

Nature : 🌳 ❀❀
Loisirs : 🏊
Services : ♿ 🔑 🚿 📞 🔥
À prox. : 🛒

*Utilisez les **cartes MICHELIN**, complément indispensable de ce guide.*

GRAND-VABRE

✉ 12320 – **338** G3 – 424 h. – alt. 213
Paris 615 – Aurillac 47 – Decazeville 18 – Espalion 50 – Figeac 37 – Rodez 41.

Village Vacances Grand-Vabre Aventures et Nature (location exclusive de chalets) de déb. avr. à déb. nov.
✆ 05 65 72 85 67, contact@grand-vabre.com,
Fax 05 65 72 85 67, www.grand-vabre.com
1,5 ha plat, herbeux
Location ♿ : 20 🏠 (4 à 6 pers.) nuitée 85 € - 250 à 650 €/sem. – **R** conseillée
Pour s'y rendre : Les Passes (1 km au sud-est par D 901, rte de Conques, au bord de Dourdou)

Nature : ❀❀
Loisirs : 🍴 🚶 🏇 🚴 🏊
Services : 🔑 🚿 🗑 💧 🔥 sèche-linge
À prox. : ✂ 🐴

HÈCHES

✉ 65250 – **342** O6 – 580 h. – alt. 690
Paris 805 – Arreau 14 – Bagnères-de-Bigorre 35 – Bagnères-de-Luchon 47 – Lannemezan 14 – Tarbes 49.

La Bourie
✆ 05 62 98 73 19, labourie65@aol.com, Fax 05 62 98 73 44,
www.camping-labourie.com – **R** conseillée
2 ha (120 empl.) plat, peu incliné, terrasse, herbeux
Location : 15 🏠
🚐 1 borne artisanale
Pour s'y rendre : 2 km au sud par D 929, rte d'Arreau et à Rebouc D 26 à gauche, au bord de la Neste d'Aure

Nature : ≤ ❀❀
Loisirs : snack 🏠 🏊 🐬
Services : ♿ 🔑 🚿 🗑 ☺ 🔥

L'HERM

✉ 09000 – **343** I7 – 177 h. – alt. 502
Paris 770 – Toulouse 93 – Carcassonne 81 – Castres 109 – Colomiers 105.

La Clairière de déb. juil. à fin août
✆ 05 61 01 65 12, camping.laclairiere@aliceadsl.fr,
Fax 05 61 02 73 95, www.camping-laclairiere.com
– **R** conseillée
1 ha (15 empl.) plat, herbeux, bois attenant
Tarif : (Prix 2008) 10,10 € 🚶🚶 🚗 🔲 🔌 (5A) – pers. suppl. 3,80 €
Pour s'y rendre : Monlaur

Nature : 🌳 ❀❀
Services : 🔑 🚿 🗑 ☺

MIDI-PYRÉNÉES

L'HOSPITALET-PRÈS-L'ANDORRE

✉ 09390 – **343** I9 – 166 h. – alt. 1 446

Tunnel de Puymorens : péage en 2008, aller simple : autos 5,70, autos et caravanes 11,60, P. L. 18,60 à 30,20, deux-roues 3,50. Tarifs spéciaux A.R. : renseignements ✆ 04 68 04 97 20

Paris 822 – Andorra-la-Vella 40 – Ax-les-Thermes 19 – Bourg-Madame 26 – Foix 62 – Font-Romeu-Odeillo-Via 37.

▲ **Municipal**
✆ 05 61 05 21 10, mairie.lhospitalet-pres-landorre@wanadoo.fr, Fax 05 61 05 23 08 – alt. 1 500 – **R** conseillée
1,5 ha (62 empl.) plat, herbeux, terrasse, gravillons
Pour s'y rendre : 600 m au nord par N 20, rte d'Ax-les-Thermes et rte à dr.

Nature : ≤ ♀
Loisirs : ✂
Services : ♿ ⚬⚊ 🕋 ⊙ ⚐ ▽ 🗑
À prox. : 🐾

LACAM-D'OURCET

✉ 46190 – **337** I2 – 116 h. – alt. 520

Paris 544 – Aurillac 51 – Cahors 92 – Figeac 38 – Lacapelle-Marival 27 – St-Céré 13 – Sousceyrac 6.

▲ **Les Teuillères** de déb. avr. à fin sept.
✆ 05 65 11 90 55, info@lesteuilleres.com, www.lesteuilleres.com – **R** conseillée
3 ha (30 empl.) plat, peu incliné, herbeux
Tarif : (Prix 2008) ⚹ 4,35 € – 🚗 🅿 4,35 € – (6A) 2,95 €
Location (Prix 2008) (permanent) : 2 🛏 – 2 gîtes – **R** conseillée
Pour s'y rendre : 4,8 km au sud-est par D 25, rte de Sousceyrac et rte de Sénaillac-Latronquière, vers le lac de Tolerme

Nature : 🌲 ≤ 🗻 ♀
Loisirs : 🐴
Services : ♿ ⚬⚊ ⊙ 🗑

We recommend that you consult the up to date price list posted at the entrance of the site. Inquire about possible restrictions.
The information in this Guide may have been modified since going to press.

LACAPELLE-MARIVAL

✉ 46120 – **337** H3 – G. Périgord Quercy – 1 247 h. – alt. 375

🛈 Office de tourisme, place de la Halle ✆ 05 65 40 81 11, Fax 05 65 40 81 11

Paris 555 – Aurillac 66 – Cahors 64 – Figeac 21 – Gramat 22 – Rocamadour 32 – Tulle 75.

▲ **Municipal Bois de Sophie** de déb. mai à fin sept.
✆ 05 65 40 82 59, lacapelle.mairie@wanadoo.fr, Fax 05 65 40 82 59, http://lacapelle-marival.site.voila.fr – **R**
1 ha (66 empl.) peu incliné, plat, herbeux
Tarif : (Prix 2008) ⚹ 1,85 € – 🚗 🅿 3,35 € – (10A) 2,85 €
Location (Prix 2008) (de déb. mai à mi-sept.) : 5 bungalows toilés – **R** conseillée
Pour s'y rendre : Rte d'Aynac (1 km au nord-ouest par D 940, rte de St-Céré)

Nature : ♀♀
Loisirs : 🎱
Services : ♿ ⚬⚊ 🚙 🗑 ⊙ 🗑
À prox. : ✂ 🏊

LACAVE

✉ 46200 – **337** F2 – G. Périgord Quercy – 293 h. – alt. 130

Paris 528 – Brive-la-Gaillarde 51 – Cahors 58 – Gourdon 26 – Rocamadour 11 – Sarlat-la-Canéda 41.

▲▲ **La Rivière** de déb. mai à mi-sept.
✆ 05 65 37 02 04, camping.la.riviere@wanadoo.fr, Fax 05 65 37 02 04, www.campinglariviere.com – **R** conseillée
2,5 ha (110 empl.) plat, herbeux, pierreux
Tarif : ⚹ 5,30 € – 🚗 🅿 5,40 € – (10A) 4 € – frais de réservation 9,10 €
Location 🏠 : 🏠 (2 à 4 pers.) 200 à 298 €/sem. – 🏠 (4 à 6 pers.) 200 à 570 €/sem. – **R** conseillée
Pour s'y rendre : le Bougayrou (2,5 km au nord-est par D 23, rte de Martel et chemin à gauche, au bord de la Dordogne)

Nature : 🌿 ♀♀ ≈
Loisirs : 🍴 snack 🐴 🎣 🏊 canoë
Services : ♿ ⚬⚊ 🗑 ⊙ 🗑 sèche-linge 🛒

MIDI-PYRÉNÉES

LAFRANÇAISE

✉ 82130 – **337** D7 – G. Midi Pyrénées – 2 692 h. – alt. 183 – Base de loisirs
🛈 Syndicat d'initiative, place de la République ✆ 05 63 65 91 10
Paris 621 – Castelsarrasin 17 – Caussade 41 – Lauzerte 23 – Montauban 17.

△ **Le Lac** de mi-juin à mi-sept.
✆ 05 63 65 89 69, theolor@orange.fr, Fax 05 63 65 94 65, www.campings82.fr – **R** conseillée
0,9 ha (34 empl.) peu incliné, pierreux, bois attenant
Tarif : 14,80 € ★★ 🚗 🅴 (8A) – pers. suppl. 6 €
Location : 11 🏠 (4 à 6 pers.) nuitée 60 € - 300 à 480 €/sem. – 1 🏠 (4 à 6 pers.) nuitée 60 € - 300 à 440 €/sem. – **R** conseillée
🚐 1 borne raclet 8 € – 4 🅴 14,80 €
Pour s'y rendre : R. Jean-Moulin (sortie sud-est par D 40, rte de Montastruc et à gauche, à 250 m d'un plan d'eau (accès direct))

Nature : 🌿 🏞 〰
Loisirs : 🚲
Services : 🔑 🚿 🍳 🛒
À prox. : snack 🏓 ✂ 🎣 🐬 canoë, pédalos, skate-parc

LAGUIOLE

✉ 12210 – **338** J2 – G. Midi Pyrénées – 1 248 h. – alt. 1 004 – Sports d'hiver : 1 100/1 400 m ✯12 🎿
🛈 Office de tourisme, place de la Mairie ✆ 05 65 44 35 94, Fax 05 65 44 35 76
Paris 571 – Aurillac 79 – Espalion 22 – Mende 83 – Rodez 52 – St-Flour 59.

△ **Municipal les Monts d'Aubrac** de mi-mai à mi-sept.
✆ 05 65 44 39 72 en saison, mairie-laguiole@wanadoo.fr, Fax 05 65 51 26 31, www.laguiole-aubrac.com – alt. 1 050 – **R** conseillée
1,2 ha (57 empl.) plat, peu incliné, herbeux
Tarif : (Prix 2008) ★ 4,50 € 🔲 (10A)
🚐 1 borne artisanale – 🚗🅴 8,01 €
Pour s'y rendre : sortie sud par D 921, rte de Rodez puis 600 m par rte à gauche, au stade

Nature : 🌿 ≤ ♀
Services : ♿ 🚿 🇬🇧 🚗 🍳 🛒 🏠
À prox. : ✂ terrain omnisports

LAMONTÉLARIÉ

✉ 81260 – **338** H9 – 61 h. – alt. 847
Paris 736 – Toulouse 116 – Albi 83 – Castres 44 – Mazamet 37.

🏠 **Rouquié** de déb. mai à fin oct.
✆ 05 63 70 98 10, contact@camping.rouquie.fr, Fax 05 63 50 49 58, www.campingrouquie.fr – **R** conseillée
3 ha (76 empl.) en terrasses, herbeux
Tarif : (Prix 2008) ★ 3,90 € 🚗 3 🅴 3,50 € – (6A) 4 € – frais de réservation 15 €
Location (Prix 2008) (de déb. avr. à fin oct.) ✗ : 6 🏠 (4 à 6 pers.) nuitée 50 € - 250 à 509 €/sem. – 4 🏠 (4 à 6 pers.) nuitée 56 € - 280 à 569 €/sem. – frais de réservation 15 € – **R** conseillée
Pour s'y rendre : Lac de la Raviège

Nature : 🌿 ≤ ♀ ⛰
Loisirs : 🍷 snack 🚣 🚲 🛶 pédalos, canoë
Services : ♿ 🔑 🇬🇧 🚗 🛁 🍳 🛒 🏠

LAU-BALAGNAS

✉ 65400 – **342** L5 – 483 h. – alt. 430
Paris 864 – Toulouse 188 – Tarbes 36 – Pau 70 – Lourdes 15.

🏠 **Le Lavedan** Permanent
✆ 05 62 97 18 84, michel.dubie@wanadoo.fr, Fax 05 62 97 20 68, www.lavedan.com – **R** conseillée
2 ha (137 empl.) plat, herbeux
Tarif : 28 € ★★ 🚗 🅴 (6A) – pers. suppl. 7 € – frais de réservation 23 €
Location ✗ : 12 🏠 (4 à 6 pers.) nuitée 57 € - 300 à 620 €/sem. – 2 🏠 (4 à 6 pers.) nuitée 67 € - 380 à 670 €/sem. – 2 bungalows toilés – frais de réservation 23 € - **R** conseillée
Pour s'y rendre : 44 rte des Vallées (1 km au sud-est)

Nature : ♀♀
Loisirs : 🍷 🏠 🎱 🚣 🎬 (découverte en saison)
Services : ♿ 🔑 🇬🇧 🚗 Ⓜ 🍳 🏠 🛁 🌡 🍳 🛒 🏠 sèche-linge 🧺
À prox. : point d'informations touristiques

MIDI-PYRÉNÉES

LAU-BALAGNAS

Les Frênes fermé de mi oct. à mi déc.
📞 05 62 97 25 12, Fax 05 62 97 01 41 – **R** conseillée
3 ha (165 empl.) plat et terrasses, herbeux
Tarif : ★ 4,70 € 🚗 🗐 5 € – 🔌 (10A) 1,10 €
Location : 6 (4 à 6 pers.) 320 à 460 €/sem.
– **R** conseillée
Pour s'y rendre : 46 rte des Vallées (1,2 km au sud-est)

Nature : ≤ 🌳🌳
Loisirs : 🏊 ⛵
Services : ♿ 🔑 🚿 🚾 🛒 ⚡ ♨ 🚐
🗑

La Prairie de mi-juin à mi-sept.
📞 05 62 97 11 87, Fax 05 62 97 11 87 – **R**
1 ha (60 empl.) plat, herbeux
Tarif : ★ 3,60 € 🚗 🗐 3,50 € – 🔌 (2A) 2 €
🚐 1 borne artisanale
Pour s'y rendre : 6 r. du Sailhet,

Nature : ≤ montagnes 🌳
Services : ♿ 🔑 🚿 ⚡ 🗑

LAVIT-DE-LOMAGNE

✉ 82120 – **337** B8 – 1 570 h. – alt. 217
ℹ *Office de tourisme, 2, boulevard des Amoureux* 📞 05 63 94 03 43
Paris 668 – Agen 49 – Beaumont-de-Lomagne 12 – Castelsarrasin 23 – Lectoure 31 – Montauban 41.

Municipal de Bertranon de mi-juin à fin sept.
📞 05 63 94 05 54, mairie-lavit.de.lomagne@info82.com,
Fax 05 63 94 11 10 – **R**
0,5 ha (33 empl.) peu incliné, herbeux
Tarif : (Prix 2008) ★ 2,50 € 🚗 🗐 3 € – 🔌 (6A) 2,30 €
Location (Prix 2008) (permanent) : 3 (4 à 6 pers.)
nuitée 30 € - 150 à 230 €/sem. – **R** conseillée
🚐 1 borne artisanale 3 €
Pour s'y rendre : Rte d'Asques (au nord-est du bourg, près du stade et de deux plans d'eau)

Nature : 🌊 🌲 🌳🌳
Loisirs : 🎣 🚴 parcours sportif
Services : ♿ 🗑 ♨

LECTOURE

✉ 32700 – **336** F6 – G. Midi Pyrénées – 3 933 h. – alt. 155 – Base de loisirs
ℹ *Syndicat d'initiative, place du Général-de-Gaulle* 📞 05 62 68 76 98, Fax 05 62 68 79 30
Paris 708 – Agen 39 – Auch 35 – Condom 26 – Montauban 84 – Toulouse 114.

Yelloh! Village Le Lac des 3 Vallées 👨‍👧 – de déb.
juin à déb. sept.
📞 05 62 68 82 33, contact@lacdes3vallees.fr,
Fax 05 62 68 88 82, www.lacdes3vallees.fr – **R** conseillée
40 ha (500 empl.) plat et peu incliné, en terrasses, herbeux, étangs, bois attenant
Tarif : 43 € ★★ 🚗 🗐 🔌 (10A) – pers. suppl. 8 € – frais de réservation 30 €
Location : 200 (4 à 6 pers.) nuitée 53 € - 371 à 994 €/sem. – studios - bungalows toilés – **R** conseillée
🚐 1 borne flot bleu 5 € – 15 🗐 43 €
Pour s'y rendre : 2,4 km au sud-est par N 21, rte d'Auch, puis 2,3 km par rte à gauche, au parc de loisirs, au bord du lac

Nature : 🌊 ≤ 🌲 🌳🌳
Loisirs : 🍽 ✖ snack 🍴 🎆 nocturne
🏇 🎣 🛶 jacuzzi spa 🚴 ⛵ 🎯
🏊 🌊 cinéma de plein air
Services : ♿ 🔑 GB 🚿 🗑 ♨ ♻ ⚡
🚐 🚾 🧺 🛒

459

Si vous recherchez :

👨‍👧   Un terrain offrant des équipements et des loisirs adaptés aux enfants
🌊   Un terrain agréable ou très tranquille
L - M   Un terrain effectuant la location de caravanes, de mobile homes, de bungalows ou de chalets
P   Un terrain ouvert toute l'année
🚐   Un terrain possédant une aire de services pour camping-cars
Consultez le tableau des localités

MIDI-PYRÉNÉES

LELIN-LAPUJOLLE

✉ 32400 – **336** B7 – 207 h. – alt. 107
Paris 731 – Agen 101 – Auch 42 – Mont-de-Marsan 41 – Pau 60 – Tarbes 67.

▲ **Lahount** Permanent
☎ 05 62 69 64 09, *camping.de.lahount@wanadoo.fr*,
http://perso.orange.fr/camping.de.lahount/ – **R** conseillée
10 ha/3 campables (86 empl.) en terrasses, herbeux, étang, bois attenant
Tarif : 16,50 € ♦♦ ⇔ 🅴 ⚡ (10A) – pers. suppl. 4 € – frais de réservation 10 €
Location (permanent) : 4 🚐 (2 à 4 pers.) 250 €/sem. – 20 🛖 (4 à 6 pers.) nuitée 50 € – 280 à 450 €/sem. – 4 🏠 (4 à 6 pers.) nuitée 60 € – 300 à 630 €/sem. – frais de réservation 10 € - **R** conseillée
🚐 1 borne artisanale 5,50 € – 5 🅴 12 € – 🚐 ⚡ 12 €
Pour s'y rendre : Hameau de Lahount (2,2 km au sud par D 169, rte de St-Germé et rte à gauche)

Nature : 🍃 ≤ 🏞
Loisirs : snack 🎮 🐎 poneys
Services : ♿ ⚙ GB ⚡ 🅧 ⊕ ⚆ ⚡
🍽 🅳 🚿

Si vous recherchez :
△ Un terrain au bord de l'eau avec possibilité de baignade
🍃 Un terrain agréable ou très tranquille
L Un terrain effectuant la location de caravanes, de mobile homes, de bungalows ou de chalets
P Un terrain ouvert toute l'année
🚐 Un terrain possédant une aire de services pour camping-cars
Consultez le tableau des localités

LOUDENVIELLE

460

✉ 65510 – **342** O8 – 261 h. – alt. 987 – Base de loisirs
🛈 *Office de tourisme, 13, place des Badalans* ☎ 05 62 99 95 35
Paris 833 – Arreau 15 – Bagnères-de-Luchon 27 – La Mongie 54 – Taches 77.

▲ **Pène Blanche** Permanent
☎ 05 62 99 68 85, *info@peneblanche.com*,
Fax 05 62 99 98 20, *www.peneblanche.com* – **R** conseillée
4 ha (120 empl.) en terrasses, peu incliné, herbeux
Tarif : 23,40 € ♦♦ ⇔ 🅴 ⚡ (10A) – pers. suppl. 5,50 €
Location : 22 🛖 (4 à 6 pers.) 255 à 595 €/sem. - **R** conseillée
Pour s'y rendre : sortie nord-ouest par D 25, rte de Génos, près de la Neste de Louron et à prox. d'un plan d'eau

Nature : 🍃 ≤ ♨
Loisirs :
Services : ⚙ ⛔ (juil.-août) GB ⚡ 🏪
🅧 ⊕ 🅳 sèche-linge
À prox. : 🍴 cafétéria hammam jacuzzi 🏊 🎾 🏓 🎿 🏇 poneys centre de remise en forme, balnéo, parapente, planche à voile, canoë et pédalos

LOUPIAC

✉ 46350 – **337** E3 – 267 h. – alt. 230
Paris 527 – Brive-la-Gaillarde 51 – Cahors 51 – Gourdon 16 – Rocamadour 26 – Sarlat-la-Canéda 30.

▲ **Les Hirondelles** ♟♟ – de déb. avr. à mi-sept.
☎ 05 65 37 66 25, *camp.les-hirondelles@wanadoo.fr*,
Fax 05 65 37 66 65, *www.les-hirondelles.com* – **R** conseillée
2,5 ha (70 empl.) peu incliné, plat, herbeux, pierreux
Tarif : (Prix 2008) 17,50 € ♦♦ ⇔ 🅴 ⚡ (6A) – pers. suppl. 4,80 € – frais de réservation 15 €
Location (Prix 2008) ♿ (mobil home) 🚫 : 7 🚐 (2 à 4 pers.) nuitée 50 € – 172 à 432 €/sem. – 17 🛖 (4 à 6 pers.) nuitée 50 € – 230 à 604 €/sem. – 4 🏠 (4 à 6 pers.) nuitée 50 € – 230 à 504 €/sem. – frais de réservation 15 € - **R** conseillée
🚐 1 🅴 7,90 €
Pour s'y rendre : Al Pech (3 km au nord par rte de Souillac et chemin à gauche, à 200 m de la N 20)

Nature : 🌳 (chênaie)
Loisirs : 🍷 🍴 pizzeria 🎮 🎯 🛝
Services : ♿ ⛔ ⚡ 🅧 🅳 ⊕ ⚆ 🍽 🏪 sèche-linge 🚿 ⚙
À prox. : 🏇

MIDI-PYRÉNÉES

LOURDES

65100 – 342 L6 – G. Midi Pyrénées – 15 203 h. – alt. 420
Office de tourisme, place Peyramale ✆ 05 62 42 77 40, Fax 05 62 94 60 95
Paris 850 – Bayonne 147 – Pau 45 – St-Gaudens 86 – Tarbes 19.

Le Moulin du Monge de déb. avr. à déb. oct.
✆ 05 62 94 28 15, camping.moulin.monge@wanadoo.fr, Fax 05 62 42 20 54, www.camping-lourdes.com –
1 ha (67 empl.) plat, peu incliné, terrasse, herbeux
Tarif : 14,90 € (6A) – pers. suppl. 4,95 €
Location : 10 (4 à 6 pers.) nuitée 82 € - 413 à 574 €/sem. – 1 (4 à 6 pers.) nuitée 82 € - 490 à 574 €/sem. – appartements – R conseillée
1 borne artisanale 4 € – 5 14,95 € – 8 €
Pour s'y rendre : Av. Jean-Moulin (1,3 km au nord)

Nature : 🌳🌳
Loisirs : 🏠 🏖 🏊
Services : ♿ 🔑 GB 🚿 🍽 ⊙ 🔥
sèche-linge

Plein Soleil de déb. avr. à mi-oct.
✆ 05 62 94 40 93, camping.plein.soleil@wanadoo.fr, Fax 05 62 94 51 20, www.camping-pleinsoleil.com – R conseillée
0,5 ha (35 empl.) en terrasses, plat, gravillons, herbeux
Tarif : 18,80 € (13A) – pers. suppl. 5 €
Location (de déb. avr. à fin oct.) : 7 (4 à 6 pers.) nuitée 47 € - 350 à 530 €/sem. – R conseillée
1 borne 3 € – 17 18,80 € – 18.80 €
Pour s'y rendre : 11 av. du Monge (1 km au nord)

Nature : 🌳🌳
Loisirs : 🏠 🏊
Services : ♿ 🔑 🚿 🍽 ⊙ 🔥
sèche-linge
À prox. : 🛒

Sarsan de fin avr. à fin sept.
✆ 05 62 94 43 09, camping.sarsan@wanadoo.fr, Fax 05 62 94 43 09, www.lourdes-camping.com – R conseillée
1,8 ha (66 empl.) plat, peu incliné, herbeux
Tarif : 16,30 € (10A) – pers. suppl. 3,80 €
Location (de déb. avr. à fin oct.) : 6 (4 à 6 pers.) nuitée 50 € - 250 à 490 €/sem. – R conseillée
1 borne artisanale 3 €
Pour s'y rendre : Av. Jean-Moulin (1,5 km à l'est par déviation)

Nature : 🌳🌳
Loisirs : 🏠 🏖 🏊
Services : ♿ 🔑 🚿 🍽 ⊙ 🔥

461

Le Ruisseau Blanc de mi-mars à mi-oct.
✆ 05 62 42 94 83 – R conseillée
1,8 ha (110 empl.) plat, herbeux
Tarif : 11,90 € (6A) – pers. suppl. 2,70 €
Location (de déb. avr. à mi-oct.) : 4 (4 à 6 pers.) nuitée 45 € - 315 à 385 €/sem. – R conseillée
1 borne 3 € – 10 – 7.60 €
Pour s'y rendre : à Anclades (1,5 km à l'est par D 97, rte de Jarret, pour caravanes, accès conseillé par la D 937 en dir. de Bagnères-de-Bigorre)

Nature : 🌊 ≤ 🌳🌳
Loisirs : 🏠 🏖
Services : ♿ 🔑 🚿 🍽 ⊙ 🔥

LUZENAC

09250 – 343 I8 – G. Midi-Pyrénées – 632 h. – alt. 608
Paris 795 – Andorra-la-Vella 68 – Foix 35 – Quillan 64.

Municipal le Castella Permanent
✆ 05 61 64 47 53, campinglecastella@orange.fr, Fax 05 61 64 40 59, www.camping.lecastella.com – places limitées pour le passage – R conseillée
3 ha (150 empl.) en terrasses, plat, peu incliné, herbeux, rochers
Tarif : 15,30 € (10A) – pers. suppl. 3,90 €
Location : 9 (4 à 6 pers.) nuitée 63 € - 198 à 445 €/sem. – R conseillée
Pour s'y rendre : 4 rte du Castella (par RN 20 dir. Ax-les-Thermes, au bourg, chemin à dr.)

Nature : 🌳🌳
Loisirs : 🏠 🏖 🏊 🏞
Services : ♿ 🔑 GB 🚿 🍽 ⊙ 🔥
sèche-linge
À prox. : parcours de santé

MIDI-PYRÉNÉES

LUZ-ST-SAUVEUR

✉ 65120 – **342** L7 – G. Midi Pyrénées – 1 098 h. – alt. 710 – ⚕ (début mai-fin oct.) – Sports d'hiver : 1 800/2 450 m ⛷ 14 ⛷
🛈 *Office de tourisme, 20, place du 8 mai* ☏ *05 62 92 30 30, Fax 05 62 92 87 19*
Paris 882 – Argelès-Gazost 19 – Cauterets 24 – Lourdes 32 – Pau 77 – Tarbes 51.

▲▲▲ **Airotel Pyrénées** de déb. janv. à fin sept.
☏ 05 62 92 89 18, airotel.pyrenees@wanadoo.fr, Fax 05 62 92 96 50, www.airotel-pyrenees.com – **R** conseillée
2,5 ha (165 empl.) peu incliné et incliné, plat et en terrasses, herbeux
Tarif : 32,50 € 👫👫 🚐 🅴 🛇 (10A) – pers. suppl. 7 € – frais de réservation 25 €
Location ⛺ : 45 🏠 (4 à 6 pers.) 250 à 730 €/sem. – frais de réservation 25 € - **R** conseillée
🚐 1 borne artisanale 8 €
Pour s'y rendre : 46 av. du Barège (1 km au nord-ouest par D 921, rte de Lourdes)

Nature : ❄ ⇐ 🌳 ♀
Loisirs : 🏛 🎱 🍴 hammam jacuzzi espace balnéo 🏃 🎯 🎿 mur d'escalade
Services : ⚕ 🔑 GB 🚿 🚽 🚐 🔄 ♿ 🍴 🧺 sèche-linge 🧊 🛒

▲▲▲ **International** de mi-mai à fin sept.
☏ 05 62 92 82 02, camping.international.luz@wanadoo.fr, Fax 05 62 92 96 87, www.international-camping.fr – **R** conseillée
4 ha (133 empl.) plat, peu incliné, en terrasses, herbeux
Tarif : 27,10 € 👫👫 🚐 🅴 🛇 (6A) – pers. suppl. 5,10 € – frais de réservation 16 €
Location (de fin mai à fin sept.) ⛺ : 7 🏠 (4 à 6 pers.) 200 à 660 €/sem. – frais de réservation 16 € - **R** conseillée
🚐 1 borne 5 €
Pour s'y rendre : 1,3 km au nord-ouest par D 921, rte de Lourdes

Nature : ❄ ⇐ ♀♀
Loisirs : 🍴 snack 🏛 jacuzzi 🏃 🏊 m
Services : ⚕ 🔑 GB 🚿 🚽 🚐 🔄 ♿ 🌿 🚰 🍴 🧺 sèche-linge 🧊 🛒

▲ **Pyrénévasion** Permanent
☏ 05 62 92 91 54, camping-pyrenevasion@wanadoo.fr, Fax 05 62 92 98 34, www.campingpyrenevasion.com – alt. 834 – **R** conseillée
3,5 ha (100 empl.) en terrasses, peu incliné, herbeux, gravier
Tarif : 25 € 👫👫 🚐 🅴 🛇 (10A) – pers. suppl. 6 €
Location : 19 🏠 (4 à 6 pers.) nuitée 40 € – 210 à 610 €/sem. – 4 🏕 (4 à 6 pers.) nuitée 40 € – 210 à 630 €/sem. – **R** conseillée
🚐 1 borne artisanale 6 € – 🚐 🛇 10 €
Pour s'y rendre : Rte de Luz-Ardiden (3,4 km au nord-ouest par D 921, rte de Gavarnie et D 12, à Sazos)

Nature : ⇐
Loisirs : 🍴 snack jacuzzi 🏃 🏊 terrain omnisports
Services : ⚕ 🔑 GB 🚿 🚽 🚐 🔄 ♿ 🌿 🚰 🍴 🧺 sèche-linge

▲ **Les Cascades**
– 🏪
1,5 ha (77 empl.) peu incliné et en terrasses, herbeux, pierreux
Location : 🏠 – 🏪
Pour s'y rendre : R. Ste-Barbe (au sud de la localité, au bord de torrents, accès conseillé par rte de Gavarnie)

Nature : 🌊 ⇐ ♀
Loisirs : 🍴 ✕ 🏃 🏊
Services : ⚕ 🚽 🚐 ♿ 🧺 sèche-linge 🛒
À prox. : canoë

▲ **So de Prous**
☏ 05 62 92 82 41, jj.poulou@wanadoo.fr, Fax 05 62 92 34 10, www.sodeprous.com – **R** conseillée
2 ha (80 empl.) plat, peu incliné, en terrasses, herbeux
Location : 🏠 – 🚐 – **R** conseillée
Pour s'y rendre : Quartier Larise (3 km au nord-ouest par D 921, rte de Lourdes, à 80 m du Gave de Gavarnie)

Nature : ⇐ ♀
Loisirs : 🍴 🏛 🏃 🏊 (petite piscine)
Services : ⚕ 🔑 🚽 🚐 🔗 ♿ 🧺 🛒

MIDI-PYRÉNÉES

LUZ-ST-SAUVEUR

Le Bergons de déb. déc. à fin oct.
📞 05 62 92 90 77, info@camping-bergons.com, www.camping-bergons.com – **R** conseillée
1 ha (78 empl.) plat, peu incliné et terrasses, herbeux
Tarif : (Prix 2008) 12,25 € ★★ 🚗 🗐 (3A) – pers. suppl. 3,30 € – frais de réservation 10 €
Location (Prix 2008) : 5 🏠 (4 à 6 pers.) 255 à 470 €/sem. – **R** conseillée
Pour s'y rendre : à Esterre, rte de Barèges (500 m à l'est par D 918)

Le Bastan de déb. janv. à fin oct.
📞 05 62 92 94 27, camping.bastan@wanadoo.fr, Fax 05 62 92 94 27, www.luz-camping.com – 🇫🇷
1 ha (70 empl.) peu incliné, plat, herbeux, pierreux
Tarif : (Prix 2008) ★ 3,20 € 🚗 3,20 € 🗐 3,20 € – 🔌 (6A) 4,60 €
Location (Prix 2008) (de déb. janv. à mi-oct.) 🛏 : 35 🏠 (2 à 4 pers.) nuitée 35 € - 200 à 350 €/sem. – 45 🏠 (4 à 6 pers.) nuitée 45 € - 260 à 400 €/sem. – **R** conseillée
🚐 1 borne eurorelais 9,60 €
Pour s'y rendre : Rte de Barèges (800 m à l'est par D 918, au bord du Bastan)

Toy fermé de fin sept. à déb. déc.
📞 05 62 92 86 85 – **R** conseillée
1,2 ha (100 empl.) peu incliné et en terrasses, herbeux, pierreux
Tarif : ★ 4 € 🚗 🗐 4 € – 🔌 (2A) 2 €
Pour s'y rendre : 17 pl. du 8-Mai (centre bourg, au bord du Bastan)

MANE

✉ 31260 – **343** D6 – 1 026 h. – alt. 297
Paris 753 – Aspet 19 – St-Gaudens 22 – St-Girons 22 – Ste-Croix-Volvestre 25 – Toulouse 80.

Village Vacances de la Justale de déb. avr. à fin oct.
📞 05 61 90 68 18, la.justale.villagevacances-mane@wanadoo.fr, Fax 05 61 90 68 18, www.village-vacances-mane.fr – **R** conseillée
3 ha (23 empl.) plat, herbeux
Tarif : (Prix 2008) ★ 2,60 € 🚗 🗐 2,40 € – 🔌 (10A) 3 € – frais de réservation 15 €
Location (Prix 2008) (permanent) : gîtes – **R** conseillée
🚐 1 borne 13,80 €
Pour s'y rendre : 2 allée de la Justale (500 m au sud-ouest du bourg par r. près de la mairie, au bord de l'Arbas et d'un ruisseau)
À savoir : agréable cadre verdoyant

MARTRES-TOLOSANE

✉ 31220 – **343** E5 – G. Midi Pyrénées – 1 687 h. – alt. 268
🛈 Office de tourisme, place Henri Dulion 📞 05 61 98 66 41, Fax 05 61 98 59 29
Paris 735 – Auch 80 – Auterive 48 – Bagnères-de-Luchon 81 – Pamiers 78 – St-Gaudens 33 – St-Girons 40.

Le Moulin 👥 – de déb. avr. à fin sept.
📞 05 61 98 86 40, info@CampingLeMoulin.com, Fax 05 61 98 66 90, www.CampingLeMoulin.com – **R** conseillée
6 ha/3 campables (99 empl.) plat, herbeux, pierreux
Tarif : (Prix 2008) 27 € ★★ 🚗 🗐 🔌 (10A) – pers. suppl. 5,50 € – frais de réservation 18 €
Location (Prix 2008) (de déb. janv. à fin nov.) 🛏 : 4 🏠 (4 à 6 pers.) nuitée 59 € - 260 à 645 €/sem. – 17 🏠 (4 à 6 pers.) nuitée 59 € - 275 à 685 €/sem. – frais de réservation 18 € – **R** conseillée
🚐 1 borne artisanale 15,40 €
Pour s'y rendre : 1,5 km au sud-est par rte du stade, av. de St-Vidian et chemin à gauche apr. le pont, au bord d'un ruisseau et d'un canal, près de la Garonne (accès direct)
À savoir : agréable domaine rural, ancien moulin

MIDI-PYRÉNÉES

MASSEUBE

✉ 32140 – **336** F9 – 1 391 h. – alt. 220
🛈 Syndicat d'initiative, 14, avenue Elysée Duffréchou ✆ 05 62 66 12 22, Fax 05 62 66 96 20
Paris 732 – Auch 26 – Mirande 21 – Rieux 69 – Toulouse 91.

▲ **Résidence Les Cledelles** (location exclusive de chalets) de mi-mars à mi-nov.
✆ 05 62 66 01 75, cledelles.reservations@wanadoo.fr, Fax 05 62 66 01 75, www.lescledelles.com – empl. tradition- nels également disponibles – **R** conseillée
1 ha plat, herbeux
Tarif : (Prix 2008) 15 € ⚥ 🚗 🔌 💧 (6A) – pers. suppl. 5 € – frais de réservation 10 €
Location (Prix 2008) : 19 🏠 (4 à 6 pers.) nuitée 81 € – 280 à 620 €/sem. – frais de réservation 10 € - **R** conseillée
Pour s'y rendre : Rte de Simorre (au bourg, près du stade et de la piscine)

Nature : 🌳
Loisirs : 🎱 🏇 🎾 🏊
Services : ♿ 🅿 GB 🚿 🧺
À prox. : golf

MAUBOURGUET

✉ 65700 – **342** M2 – 2 478 h. – alt. 181
Paris 749 – Toulouse 148 – Tarbes 28 – Pau 68 – Lourdes 49.

▲ **L'Echez** de mi-mai à mi- sept.
✆ 05 62 96 37 44, camping.maubourguet@yahoo.fr, Fax 05 62 96 37 44, www.camping-maubourguet-pyre nees.fr – **R** conseillée
0,75 ha (50 empl.) plat, herbeux
Tarif : 14 € ⚥ 🚗 🔌 💧 (10A) – pers. suppl. 3 €
Location : gîte d'étape
🚐 1 borne artisanale – 6 🔌 11 € – 🚗 💧 11 €
Pour s'y rendre : R. Jean-Clos-Pucheu

Nature : 🌲 🌳
Loisirs : 🎱 🏊
Services : 🔑 🚿 🧺 📞 🔌 🧊
À prox. : 🎾 🏊

MAUROUX

✉ 46700 – **337** C5 – 417 h. – alt. 213
🛈 Syndicat d'initiative, le Bourg ✆ 05 65 30 66 70, Fax 05 65 36 49 64
Paris 622 – Toulouse 152 – Cahors 49 – Agen 50 – Villeneuve-sur-Lot 35.

▲▲▲ **Village du Soleil** (location exclusive de chalets)
✆ 05 65 30 82 59, info@villagedusoleil.fr, Fax 05 65 30 82 67, www.villagedusoleil.fr – **R** conseillée
7,5 ha vallonné, boisé
Location ♿ : 58 🏠 (4 à 6 pers.) nuitée 42 € - 245 à 855 €/sem. – **R** conseillée
Pour s'y rendre : Le Reynou et Clos del Capre

Nature : 🌲 🌳
Loisirs : 🍴 snack 🎱 🏃 🏇 🎾 🏊
Services : 🔑 GB 🚿 🧺 📞 🔌 sèche-linge 🧺

MAZAMET

✉ 81200 – **338** G10 – G. Midi Pyrénées – 10 544 h. – alt. 241
🛈 Office de tourisme, rue des Casernes ✆ 05 63 61 27 07, Fax 05 63 61 31 35
Paris 739 – Albi 64 – Béziers 90 – Carcassonne 50 – Castres 21 – Toulouse 92.

▲ **Municipal la Lauze** de déb. juin à fin sept.
✆ 05 63 61 24 69, camping.mazamet@imsnet.fr, Fax 05 63 61 24 69, www.camping-mazamet.com – **R** conseillée
1,7 ha (65 empl.) peu incliné, plat, herbeux
Tarif : (Prix 2008) 16,50 € ⚥ 🚗 🔌 💧 (16A) – pers. suppl. 3 € – frais de réservation 7 €
Location (Prix 2008) (permanent) 🏊 : 4 🏠 (4 à 6 pers.) 215 à 440 €/sem. – frais de réservation 7 € - **R** conseillée
🚐 1 borne artisanale 10 € – 10 🔌 10 €
Pour s'y rendre : Chemin de la Lauze (sortie est par N 112, rte de Béziers et à dr.)

Nature : 📺 🌳
Loisirs : 🎱 🏇 🚴 🏃
Services : ♿ 🔑 GB 🚿 🧺 🧊 🚐
⚡ 🧺 🍴
À prox. : 🎾 🏓 🏊 🏊 golf (18 trous), parcours sportif

MIDI-PYRÉNÉES

MERCUS-GARRABET

✉ 09400 – **343** H7 – 1 005 h. – alt. 480
Paris 772 – Ax-les-Thermes 32 – Foix 12 – Lavelanet 25 – St-Girons 56.

▲ **Le Lac** de mi-avr. à mi-sept.
☎ 05 61 05 90 61, info@campinglac.com,
Fax 05 61 05 90 61, www.campinglac.com – **R** conseillée
1,2 ha (58 empl.) en terrasses, plat, herbeux
Tarif : 27,90 € ✶✶ 🚗 🅿 (10A) – pers. suppl. 6 € – frais de réservation 15 €
Location (de déb. avr. à fin sept.) : 🏕 (4 à 6 pers.) 295 à 595 €/sem. – 🏠 (4 à 6 pers.) - 325 à 615 €/sem. – frais de réservation 15 € - **R** conseillée
🚐, 1 borne artisanale – 1 🅿 14 €
Pour s'y rendre : 1 prom. du Camping (800 m au sud par D 618, rte de Tarascon et à dr. au passage à niveau, au bord de l'Ariège).

Nature : 🌳🌳 ⚲
Loisirs : 🎣 🛥 (petite piscine) 🎿
Services : & ⊶ 🐎 M 🚿 ⚤ ⊙ 🗑
À prox. : ✕ ✂ canoë

MÉRENS-LES-VALS

✉ 09110 – **343** J9 – G. Midi Pyrénées – 180 h. – alt. 1 055
Paris 812 – Ax-les-Thermes 10 – Axat 61 – Belcaire 36 – Foix 53 – Font-Romeu-Odeillo-Via 47.

▲ **Municipal de Ville de Bau** Permanent
☎ 05 61 02 85 40, camping.merens@wanadoo.fr,
Fax 05 61 64 03 83 – alt. 1 100 – **R** conseillée
2 ha (70 empl.) plat, herbeux, pierreux
Tarif : ✶ 3,20 € 🚗 🅿 3,20 € – 🅿 (10A) 3,20 €
Pour s'y rendre : à Bau (1,5 km au sud-ouest par N 20, rte d'Andorre et chemin à dr., au bord de l'Ariège)

Nature : ≤ 🏔 🌳🌳
Loisirs : 🎣 🎿
Services : & GB 🐎 M 🚿 ⚤ ⊙ 🗑 🧺 sèche-linge ⌥,

MIERS

✉ 46500 – **337** G2 – 398 h. – alt. 302
Paris 526 – Brive-la-Gaillarde 49 – Cahors 69 – Rocamadour 12 – St-Céré 22 – Souillac 22.

△ **Le Pigeonnier** de déb. avr. à fin sept.
☎ 05 65 33 71 95, camping-le-pigeonnier@orange.fr,
Fax 05 65 33 71 95, www.campinglepigeonnier.com
– **R** conseillée
1 ha (45 empl.) peu incliné, en terrasses, plat, herbeux
Tarif : (Prix 2008) ✶ 4,50 € 🚗 🅿 4,50 € – 🅿 (16A) 3 € – frais de réservation 12 €
Location (Prix 2008) : 4 🛖 (2 à 4 pers.) nuitée 25 € - 160 à 390 €/sem. – 9 🏕 (4 à 6 pers.) nuitée 40 € - 230 à 530 €/sem. – frais de réservation 12 € - **R** conseillée
🚐, 1 borne artisanale 5,50 €
Pour s'y rendre : 700 m à l'est par D 91, rte de Padirac et chemin à dr.

Nature : 🦋 🏕 🌳🌳
Loisirs : 🎣 🎠
Services : & ⊶ 🐎 M 🚿 ⚤ ⊙ ⊚ 🍴 🗑
À prox. : 🚐

465

MILLAU

✉ 12100 – **338** K6 – G. Languedoc Roussillon – 21 339 h. – alt. 372
A 75- Viaduc de Millau - Péage en 2008 : autos 5,60/7,40, caravanes 9,20/11,00, camions 20,20/27,50, motos 3,70
🛈 Office de tourisme, 1, place du Beffroi ☎ 05 65 60 02 42, Fax 05 65 60 95 08
Paris 636 – Albi 106 – Alès 138 – Béziers 122 – Mende 95 – Montpellier 114 – Rodez 67.

▲▲ **Les Rivages** 🏕⚲ – de déb. avr. à mi-oct.
☎ 05 65 61 01 07, campinglesrivages@wanadoo.fr,
Fax 05 65 59 03 56, www.campinglesrivages.com – **R** conseillée
7 ha (314 empl.) plat, herbeux, pierreux
Tarif : 29 € ✶✶ 🚗 🅿 (10A) – pers. suppl. 5,50 € – frais de réservation 17 €
Location : 22 🏕 (4 à 6 pers.) nuitée 47 € – 282 à 645 €/sem. – 6 bungalows toilés – frais de réservation 17 € - **R** conseillée
🚐, 1 borne artisanale 5 € - 🍼 🅿 14 €
Pour s'y rendre : Av. de l'Aigoual (1,7 km à l'est par D 991, rte de Nant, au bord de la Dourbie).

Nature : ≤ 🌳🌳 ⚲
Loisirs : 🍴 ✕ 🍸 🎥 🏃 squash 🎠 ✂ 🎱 🛥 🎿
Services : & ⊶ GB 🐎 M 🚿 ⚤ ⊙ ⚰ 🗑 ⚙ 🍴 🧺 sèche-linge ⌥, 🛁 point d'informations touristiques
À prox. : 🏊

MIDI-PYRÉNÉES

MILLAU

Viaduc – de fin avr. à fin sept.
05 65 60 15 75, info@camping-du-viaduc.com,
Fax 05 65 61 36 51, www.camping-du-viaduc.com
– **R** conseillée
5 ha (237 empl.) plat, herbeux
Tarif : (Prix 2008) 29 € (6A) – pers. suppl. 5,50 € – frais de réservation 16 €
Location (Prix 2008) : 12 (2 à 4 pers.) 165 à 425 €/sem. – 28 (4 à 6 pers.) 275 à 625 €/sem. – 6 bungalows toilés – frais de réservation 16 € - **R** conseillée
1 borne artisanale 25,50 €
Pour s'y rendre : 121 av. de Millau Plage (800 m au nord-est par D 991, rte de Nant et D 187 à gauche rte de Paulhe, au bord du Tarn)

Nature :
Loisirs : snack
Services : sèche-linge
À prox. : canoë-kayak, parapente

Les Érables de déb. avr. à fin sept.
05 65 59 15 13, camping-les-erables@orange.fr,
Fax 05 65 59 06 59, www.campingleserables.fr – **R**
1,4 ha (78 empl.) plat, herbeux
Tarif : 18,60 € (6A) – pers. suppl. 4,10 € – frais de réservation 16 €
Location : 6 (4 à 6 pers.) 258 à 553 €/sem. – frais de réservation 16 € - **R** conseillée
Pour s'y rendre : Av. de Millau-Plage (900 m nord-est par D 991, rte de Nant et D 187 à gauche, rte de Paulhe, au bord du Tarn)

Nature :
Loisirs :
Services : sèche-linge
À prox. : canoë-kayak

MIRANDE

32300 – **336** E8 – G. Midi Pyrénées – 3 568 h. – alt. 173
Office de tourisme, 13, rue de l'Evêché 05 62 66 68 10
Paris 737 – Auch 25 – Mont-de-Marsan 98 – Tarbes 49 – Toulouse 103.

L'Île du Pont de mi-mai à mi-sept.
05 62 66 64 11, mirande@tempslibre-vacances.com,
Fax 05 62 66 69 86, www.tempslibre-vacances.com
– **R** conseillée
10 ha/5 campables (140 empl.) non clos, plat, herbeux
Tarif : 17 € (6A) – pers. suppl. 5,10 € – frais de réservation 10 €
Location (permanent) : 12 (4 à 6 pers.) 220 à 535 €/sem. – 9 (4 à 6 pers.) - 260 à 605 €/sem. – bungalows toilés – frais de réservation 28 € - **R** conseillée
1 borne artisanale – 4 17 €
Pour s'y rendre : à l'est de la ville, dans une île de la Grande Baïse
À savoir : sur une île, site agréable entre lac et rivière

Nature :
Loisirs : snack, salle d'animation
Services :
À prox. : parcours de santé, canoë, pédalos

MIRANDOL-BOURGNOUNAC

81190 – **338** E2 – 1 081 h. – alt. 393
Office de tourisme, 2, place de la Liberté 05 63 76 97 65, Fax 05 63 76 90 11
Paris 653 – Albi 29 – Rodez 51 – St-Affrique 79 – Villefranche-de-Rouergue 39.

Les Clots de déb. mai à fin sept.
05 63 76 92 78, campclots@wanadoo.fr,
Fax 05 63 76 92 78, www.campingsclots.info – **R** conseillée
7 ha/4 campables (62 empl.) en terrasses, pierreux, herbeux
Tarif : (Prix 2008) 4,60 € 1,50 € 7,70 € – (6A) 2,80 € – frais de réservation 10 €
Pour s'y rendre : Lieu-dit : Les Clots (5,5 km au nord par D 905, rte de Rieupeyroux et chemin sur la gauche, à 500 m du Viaur (accès direct)

Nature :
Loisirs :
Services :
À prox. :

MIDI-PYRÉNÉES

MIREPOIX

✉ 32390 – **336** G7 – G. Midi Pyrénées – 171 h. – alt. 150
Paris 696 – Auch 17 – Fleurance 13 – Gimont 25 – Mauvezin 21 – Vic-Fézensac 32.

⛺ Les Chalets des Mousquetaires (location exclusive de chalets)
☎ 05 62 64 33 66, info@chalets-mousquetaires.com, www.chalets-mousquetaires.com – **R** indispensable
1 ha non clos, plat et peu incliné, herbeux, étang
Location : 11 🏠
Pour s'y rendre : 2 km au sud-est du bourg
À savoir : près d'une ferme, situation dominante sur la campagne vallonnée du Gers

Nature : 🌳 ≤ 🌲
Loisirs : 🏛 🏃 🏊
Services : ♿ 🔑 🚻
À prox. : 🎣

MOISSAC

✉ 82200 – **337** C7 – G. Midi Pyrénées – 12 321 h. – alt. 76
🛈 Office de tourisme, 6, place Durand de Bredon ☎ 05 63 04 01 85, Fax 05 63 04 27 10
Paris 632 – Agen 57 – Auch 120 – Cahors 63 – Montauban 31 – Toulouse 71.

⛺ L'Île de Bidounet ⚐ – de déb. avr. à mi-sept.
☎ 05 63 32 52 52, info@camping-moissac.com, Fax 05 63 32 52 52, www.camping-moissac.com
– **R** conseillée
4,5 ha/2,5 campables (100 empl.) plat, herbeux
Tarif : 18,50 € ★★ 🚗 🔌 (6A) – pers. suppl. 5 €
Location (de mi-mai à mi-sept.) : 10 bungalows toilés – frais de réservation 7 € - **R** conseillée
🚐 1 borne artisanale
Pour s'y rendre : St-Benoît (1 km au sud par N 113, rte de Castelsarrasin et D 72 à gauche)
À savoir : Agréable situation sur une île du Tarn

Nature : 🌳 🏞 🌲🌲
Loisirs : 🍴 🏛 🏃 🏄 🏊 (petite piscine) 🎣 🚣
Services : ♿ 🔑 GB 🛒 🚿 ♨ 🛒
À prox. : canoë-kayak

467

*Demandez à votre libraire le catalogue des **publications MICHELIN**.*

MONCLAR-DE-QUERCY

✉ 82230 – **337** F8 – 1 445 h. – alt. 178 – Base de loisirs
Paris 644 – Toulouse 73 – Montauban 22 – Albi 58 – Colomiers 79.

⛺ Les Hameaux des Lacs (location exclusive de chalets)
Permanent
☎ 05 55 84 34 48, infos@chalets-en-france.com, Fax 05 55 22 88 29, www.chalets-en-france.com – **R**
5 ha
Location : 112 🏠 (4 à 6 pers.) nuitée 80 € – 290 à 690 €/sem. - frais de réservation 9 € - **R** conseillée
Pour s'y rendre : à Base de loisirs des Lacs
À savoir : situation dominante ou en sous - bois

Nature : 🌳 ≤ 🌲🌲
Loisirs : 🍴 🏛 🏄 🍴 🎱 🔖 (découverte en saison) terrain omnisports
Services : 🔑 GB 🛒 🚿 🍴
À prox. : 🚤 🏊 🎣

MONTCABRIER

✉ 46700 – **337** C4 – G. Périgord Quercy – 385 h. – alt. 191
Paris 584 – Cahors 39 – Fumel 12 – Tournon-d'Agenais 24.

⛺ Moulin de Laborde de fin avr. à déb. sept.
☎ 05 65 24 62 06, moulindelaborde@wanadoo.fr, www.moulindelaborde.com – **R** conseillée 🐕
4 ha (90 empl.) plat, herbeux, petit étang
Tarif : (Prix 2008) ★ 6,30 € 🚗 8,40 € 🔌 8,40 € – 🔌 (6A) 2,60 €
Pour s'y rendre : Moulin de Laborde (2 km au nord-est par D 673, rte de Gourdon, au bord de la Thèze)
À savoir : autour des bâtiments d'un vieux moulin, beaux emplacements ombragés

Nature : 🌲🌲
Loisirs : 🍴 snack 🏛 🏄 🐎 🏊
Services : ♿ 🔑 🛒 ♨ 🍴 🛒 sèche-linge 🧺

MIDI-PYRÉNÉES

MONTESQUIOU

✉ 32320 – **336** D8 – 570 h. – alt. 214

🛈 *Office de tourisme, Mairie* ✆ 05 62 70 91 18

Paris 741 – Auch 32 – Mirande 12 – Mont-de-Marsan 87 – Pau 85.

▲ **Le Haget** de déb. avr. à fin oct.
✆ 05 62 70 95 80, *info@lehaget.com*, Fax 05 62 70 94 83, *www.lehaget.com* – **R** conseillée
10 ha (70 empl.) plat et peu incliné, herbeux
Tarif : 22 € ✶✶ ⇆ 🅴 (3A) – pers. suppl. 5 € – frais de réservation 12,50 €
Location (de déb. mai à fin oct.) : 19 🏠 (4 à 6 pers.) - 225 à 695 €/sem. – 10 🛏 – huttes – frais de réservation 12,50 € - **R** conseillée
Pour s'y rendre : 600 m à l'ouest par D 943, rte de Marciac puis à gauche, 1,5 km par D 34 rte de Miélan
À savoir : dans le parc du château

Nature : 🌳 ♀♀
Loisirs : 🍴 ✗ 🏠 🏊
Services : ♿ ⚬ 🇬🇧 ✂ 🗑 ⊙ 🚻 🚰
À prox. : ✂

LES GUIDES VERTS MICHELIN
Paysages, monuments
Routes touristiques
Géographie
Histoire, Art
Itinéraire de visite
Plans de villes et de monuments

MONTPEZAT-DE-QUERCY

✉ 82270 – **337** E6 – G. Périgord – 1 378 h. – alt. 275

🛈 *Office de tourisme, boulevard des Fossés* ✆ 05 63 02 05 55, Fax 05 63 02 05 55

Paris 598 – Cahors 28 – Caussade 12 – Castelnau-Montratier 13 – Caylus 33 – Montauban 40.

▲ **Le Faillal** de déb. avr. à déb. oct.
✆ 05 63 02 07 08, *lefaillal@wanadoo.fr*, Fax 05 63 02 07 08, *www.revea-vacances.fr* – **R** conseillée
0,9 ha (47 empl.) en terrasses, herbeux, pierreux
Tarif : 17,80 € ✶✶ ⇆ 🅴 (6A) – pers. suppl. 3,60 € – frais de réservation 10 €
Location (permanent) 🅿 : 22 🏠 (4 à 6 pers.) nuitée 95 € - 215 à 560 €/sem. – 22 gîtes – frais de réservation 25 € - **R** conseillée
Pour s'y rendre : Parc de loisirs du Faillal (sortie nord par D 20, rte de Cahors et à gauche)
À savoir : location à la nuitée hors sais.

Nature : 🌳 ⛰ ♀♀
Loisirs : 🏃 salle d'animation 🎠 🏊
Services : ⚬ 🇬🇧 ✂ 🗑 ⊙ 🚰 🚻
À prox. : ✂ 🏊

NAGES

✉ 81320 – **338** I8 – 330 h. – alt. 800 – Base de loisirs

🛈 *Syndicat d'initiative, ferme de Rieumontagné* ✆ 05 63 37 06 01

Paris 717 – Brassac 36 – Lacaune 14 – Lamalou-les-Bains 45 – Olargues 32 – St-Pons-de-Thomières 35.

⛰ **Indigo Rieu-Montagné** de mi-juin à mi-sept.
✆ 05 63 37 24 71, *rieumontagne@camping-indigo.com*, Fax 05 63 37 15 42, *www.camping-indigo.com* – **R** conseillée
8,5 ha (171 empl.) en terrasses, herbeux, pierreux
Tarif : (Prix 2008) ✶ 5,50 € ⇆ 🅴 10,70 € – (10A) 6 € – frais de réservation 18 €
Location (Prix 2008) : 9 🛖 (2 à 4 pers.) 300 à 420 €/sem. – 49 🛖 (4 à 6 pers.) nuitée 40 € - 190 à 670 €/sem. – 13 🏠 (4 à 6 pers.) nuitée 52 € - 290 à 810 €/sem. – frais de réservation 18 € - **R** conseillée
Pour s'y rendre : Lac du Laouzas (4,5 km au sud par D 62 et rte à gauche, à 50 m du lac)
À savoir : belle et agréable situation dominante

Nature : 🌳 ≤ lac et montagnes boisées ♀♀
Loisirs : 🍴 brasserie 🎵 🎬 nocturne 🏃
Services : ⚬ 🇬🇧 ✂ 🗑 ♨ ⊙ 🚰 🚻 ⚒ 🗑
À prox. : 🎠 🚴 ⛵ ✂ 🛥 (plage) 💧

MIDI-PYRÉNÉES

NAILLOUX

✉ 31560 – **343** H4 – 1 237 h. – alt. 285 – Base de loisirs
Paris 711 – Auterive 15 – Castelnaudary 42 – Foix 50 – Pamiers 32 – Toulouse 36.

Le Lac de la Thésauque Permanent
☎ 05 61 81 34 67, camping-thesauque@caramail.com,
Fax 05 61 81 00 12, www.camping-thesauque.com – **R** conseillée
2 ha (60 empl.) en terrasses, herbeux
Tarif : (Prix 2008) 17,80 € ✳✳ 🚗 ⌂ (10A) – pers. suppl. 4,20 €
Location (Prix 2008) : 🏠 (4 à 6 pers.) nuitée 45 € - 240 à 440 €/sem. – **R** conseillée
🅿, 4 ⌂ 14,60 €
Pour s'y rendre : 3,4 km à l'est par D 622, rte de Villefranche-de-Lauragais, D 25 à gauche et chemin, à 100 m du lac

Nature : 🌳 ♨♨
Loisirs : 🍴 ✗ pizzeria 🏠 🏓 ❓
🎣 🏊 🛶 canoë, pédalos
Services : ♿ ⛔ 🅶🅱 🚿 🏨 🛒 ⛽
🍳 🚻

NANT

✉ 12230 – **338** L6 – G. Languedoc Roussillon – 846 h. – alt. 490
🛈 Office de tourisme, place du Claux ☎ 05 65 60 72 75
Paris 669 – Le Caylar 21 – Millau 33 – Montpellier 92 – St-Affrique 41 – Le Vigan 42.

Val de Cantobre 👫 – de mi-avr. à mi-oct.
☎ 05 65 58 43 00, info@rcn-valdecantobre.fr,
Fax 05 65 62 10 36, www.rcn-campings.fr – **R** conseillée
6 ha (216 empl.) en terrasses, herbeux, rocailleux, fort dénivelé
Tarif : 47,25 € ✳✳ 🚗 ⌂ (6A) – pers. suppl. 7,50 € – frais de réservation 15 €
Location : 20 🏠 (4 à 6 pers.) 260 à 852 €/sem. – 15 🏡 (4 à 6 pers.) - 333 à 894 €/sem. – frais de réservation 15 € - **R** conseillée
🅿, 1 borne eurorelais
Pour s'y rendre : Domaine de Vellas (4,5 km au nord par D 991, rte de Millau et chemin à dr., au bord de la Dourbie)
À savoir : autour d'une vieille ferme caussenarde du XVe s.

Nature : 🌳 ⛰ ♨♨
Loisirs : 🍴 pizzeria, snack 🏠 🎪 🏊
🏓 🎣 🏊 🛶 terrain omnisports
Services : ♿ ⛔ 🅶🅱 🚿 🏨 🛒 ⛽ ♻
🚻 🍳 🧺 sèche-linge 🧊 🚻
cases réfrigérées

Les Deux Vallées de déb. avr. à fin oct.
☎ 05 65 62 26 89, contact@lesdeuxvallees.com,
Fax 05 65 62 17 23, www.lesdeuxvallees.com – **R** conseillée
2 ha (80 empl.) plat, herbeux, pierreux
Tarif : 19 € ✳✳ 🚗 ⌂ (6A) – pers. suppl. 4 €
Location : 7 🏠 (4 à 6 pers.) nuitée 42 € - 238 à 560 €/sem. – **R** conseillée
🅿, 1 borne artisanale 5 € – 🚐 10,50 €
Pour s'y rendre : Rte de l'Estrade-Basse

Nature : 🌳 ⌂ ♨♨
Loisirs : 🎣 🏊 🛶
Services : ♿ ⛔ 🚿 ♻ 🛒 ⛽ 🚻
sèche-linge
À prox. : 🐎 poneys

NAUCELLE

✉ 12800 – **338** G5 – 1 796 h. – alt. 490
🛈 Office de tourisme, place Saint-Martin ☎ 05 65 67 82 96, Fax 05 65 67 82 91
Paris 652 – Albi 46 – Millau 90 – Rodez 32 – St-Affrique 72 – Villefranche-de-Rouergue 43.

Lac de Bonnefon de déb. avr. à mi-oct.
☎ 05 65 69 33 20, camping-du-lac-de-bonnefon@wanadoo.fr, Fax 05 65 69 33 20, www.camping-du-lac-de-bonnefon.com – **R** conseillée
3 ha (90 empl.) peu incliné, en terrasses, plat, herbeux
Tarif : (Prix 2008) 23,50 € ✳✳ 🚗 ⌂ (10A) – pers. suppl. 5 € – frais de réservation 15 €
Location (Prix 2008) (permanent) : 3 🏠 (4 à 6 pers.) 219 à 609 €/sem. – 🏡 (4 à 6 pers.) - 232 à 630 €/sem. – 15 bungalows toilés – frais de réservation 20 € – **R** conseillée
🅿, 1 borne eurorelais 13 € – 4 ⌂ 13 €
Pour s'y rendre : à Bonnefon (sortie sud-est par D 997, rte de Naucelle-Gare puis 1,5 km par rte de Crespin et rte de St-Just à gauche, à 100 m de l'étang (accès direct)

Nature : 🌳 ⌂ ♨♨
Loisirs : 🍴 snack 🎪 🏓 🏊 🛶
Services : ♿ ⛔ 🅶🅱 🚿 🏨 🛒 ⛽ 🚻
À prox. : 🎿 🐎

469

MIDI-PYRÉNÉES

NÈGREPELISSE

✉ 82800 – **337** F7 – 3 487 h. – alt. 367
Paris 614 – Bruniquel 13 – Caussade 11 – Gaillac 46 – Montauban 18.

△ **Municipal le Colombier** de mi-juin à fin sept.
☎ 05 63 64 20 34, camping.negrepelisse@orange.fr,
Fax 05 63 64 26 24 – **R** conseillée
1 ha (53 empl.) en terrasses, plat, herbeux
Tarif : ✦ 1,90 € 🚗 🅴 3,50 € – [½] (10A) 2,20 €
🚐 5 🅴 9,50 € – 🍽 [½] 8.50 €
Pour s'y rendre : Le Colombier (au sud-ouest, près de la D 115)

Nature : 🌳🌳
Services : 🔑 🚿 ♿ 🗑
À prox. : 🐎 🏊 🛶 terrain omnisports

ORINCLES

✉ 65380 – **342** M6 – 261 h. – alt. 360
Paris 845 – Bagnères-de-Bigorre 16 – Lourdes 13 – Pau 52 – Tarbes 14.

△ **Aire Naturelle le Cerf Volant** de fin mai à mi-oct.
☎ 05 62 42 99 32, lecerfvolant1@yahoo.fr,
Fax 05 62 42 99 32 – **R** conseillée
1 ha (23 empl.) non clos, plat, herbeux
Tarif : (Prix 2008) ✦ 2,40 € 🚗 1,20 € 🅴 1,70 € – [½] (15A) 2,30 €
🚐 1 borne artisanale
Pour s'y rendre : à Arioune (2,2 km au sud par D 407 et chemin en face, à 300 m du D 937, au bord d'un ruisseau)

Nature : 🌿 🌳🌳
Loisirs : 🎣 🏊
Services : ♿ 🔑 ♿ 🗑

Si vous recherchez :

👪 Un terrain offrant des équipements et des loisirs adaptés aux enfants
🌿 Un terrain agréable ou très tranquille
L - M Un terrain effectuant la location de caravanes, de mobile homes, de bungalows ou de chalets
P Un terrain ouvert toute l'année
🚐 Un terrain possédant une aire de services pour camping-cars

Consultez le tableau des localités

OUST

✉ 09140 – **343** F7 – 515 h. – alt. 500
Paris 792 – Aulus-les-Bains 17 – Castillon-en-Couserans 31 – Foix 61 – St-Girons 18 – Tarascon-sur-Ariège 50.

△ **Les Quatre Saisons** de mi-mars à mi-oct.
☎ 05 61 96 55 55, camping.ariege@gmail.com, www.camping4saisons.com – **R** conseillée
3 ha (108 empl.) plat, herbeux
Tarif : 23,10 € ✦✦ 🚗 🅴 (15A) – pers. suppl. 5,20 € – frais de réservation 8,30 €
Location (permanent) : 9 🏠 (4 à 6 pers.) nuitée 89 € - 248 à 680 €/sem. – 3 🏠 (4 à 6 pers.) nuitée 105 € - 298 à 630 €/sem. – 6 🏕 – 6 appartements – frais de réservation 9 € - **R** conseillée
🚐 1 borne artisanale 11 € – 10 🅴 11 €
Pour s'y rendre : Rte d'Aulus-les-Bains (sortie sud-est par D 32, près du Garbet)

Nature : ≤ 🏞 🌳🌳
Loisirs : 🍽 🏠 🎯 🏊 🛶
Services : ♿ 🔑 🛒 🚿 🍳 🗑 ♿ 🧺 sèche-linge
À prox. : 🐎 (centre équestre)

OUZOUS

✉ 65400 – **342** L4 – 187 h. – alt. 550
Paris 862 – Toulouse 188 – Tarbes 35 – Pau 55 – Lourdes 13.

△ **Aire Naturelle la Ferme du Plantier** juin-sept.
☎ 05 62 97 58 01, Fax 05 62 97 58 01 – 🏇
0,6 ha (15 empl.) incliné, plat, terrasse, herbeux
Tarif : ✦ 2,50 € 🚗 2 € 🅴 3 € – [½] (6A) 3,50 €
Pour s'y rendre : au bourg

Nature : 🌿 ≤ montagnes ♀
Loisirs : 🏊
Services : ♿ 🔑 🚿 🗑 ♻ ♿ 🗑

MIDI-PYRÉNÉES

PADIRAC

✉ 46500 – **337** G2 – G. Périgord Quercy – 168 h. – alt. 360
🛈 *Syndicat d'initiative, village* ☎ 05 65 33 47 17, Fax 05 65 33 47 17
Paris 531 – Brive-la-Gaillarde 50 – Cahors 68 – Figeac 41 – Gourdon 47 – Gramat 10 – St-Céré 17.

Les Chênes – de déb. avr. à fin sept.
☎ 05 65 33 65 54, *les_chenes@hotmail.com*,
Fax 05 65 33 71 55, *www.campingleschenes.com*
– **R** conseillée
5 ha (120 empl.) peu incliné, incliné, en terrasses, pierreux, herbeux
Tarif : 27 € ✱✱ 🚗 🔲 [⚡] (6A) – pers. suppl. 6,50 € – frais de réservation 16 €
Location (de mi-avr. à fin sept.) ♿ ❌ : 17 🏠 (4 à 6 pers.) nuitée 50 € - 250 à 700 €/sem. – 18 🏠 (4 à 6 pers.) nuitée 50 € - 215 à 650 €/sem. – 12 bungalows toilés – frais de réservation 16 € - **R** conseillée
🚐 1 borne artisanale 3 €
Pour s'y rendre : Rte du Gouffre (1,5 km au nord-est par D 90)

Nature : 🌳 ⛰ ♤♤(chênaie)
Loisirs : 🍸 snack, pizzeria 🎬 🤸
salle d'animation (et cinéma) 🏊
🚴 ⛷ 🏊
Services : ♿ 🔑 GB ✂ 🔧 🚿 ♻
🍳 🧺 sèche-linge 🧊 🍽
à 500 m, parc de loisirs : 🏊 (1000m²) 🏊

PAMIERS

✉ 09100 – **343** H6 – G. Midi Pyrénées – 13 417 h. – alt. 280
🛈 *Office de tourisme, boulevard Delcassé* ☎ 05 61 67 52 52, Fax 05 34 01 00 39
Paris 746 – Toulouse 70 – Carcassonne 77 – Castres 105 – Colomiers 81.

L' Apamée de déb. avr. à mi-nov.
☎ 05 61 60 06 89, *lapamee@wanadoo.fr*,
Fax 05 61 60 06 89, *www.lapamee.com* – **R**
2 ha (80 empl.) plat, herbeux
Tarif : 23 € ✱✱ 🚗 🔲 [⚡] (10A) – pers. suppl. 7 € – frais de réservation 25 €
Location : 10 bungalows toilés – frais de réservation 25 € - **R**
🚐 1 borne artisanale 3 €
Pour s'y rendre : Rte d'Escosse

Nature : ♤♤
Loisirs : 🍸 ❌ 🏊 🎣
Services : ♿ 🔑 GB ✂ 🔧 ♻ 🍳
sèche-linge

471

PAMPELONNE

✉ 81190 – **338** F6 – 669 h. – alt. 430
🛈 *Syndicat d'initiative, Mairie* ☎ 05 63 76 39 66
Paris 662 – Albi 30 – Baraqueville 34 – Cordes-sur-Ciel 30 – Rieupeyroux 34.

De Thuriès de mi-juin à fin août
☎ 05 63 76 44 01, *campthuries@wanadoo.fr*,
Fax 05 63 76 92 78, *www.campinglesclots.info* – **R** conseillée
1 ha (35 empl.) plat, herbeux
Tarif : (Prix 2008) ✱ 3 € 🚗 🔲 5 € – [⚡] (6A) 2,70 € – frais de réservation 10 €
Pour s'y rendre : Pont-de-Thuriès (2 km au nord-est par D 78, au bord du Viaur)
À savoir : site agréable

Nature : 🌳 ♤♤
Loisirs : 🎬
Services : 🔑 🔧 ♻

PARISOT

✉ 82160 – **337** H6 – G. Périgord Quercy – 504 h. – alt. 376
🛈 *Office de tourisme, porte Genebrière* ☎ 05 63 65 78 20, Fax 05 63 65 78 20
Paris 624 – Toulouse 110 – Montauban 59 – Albi 60 – Castres 101.

Résidence Les Chênes (location exclusive de chalets)
☎ 05 63 65 71 89, *info@les-chenes.com*,
Fax 05 63 65 71 98, *www.les-chenes.com*
1 ha plat
Location ♿ 🅿 : 6 🏠

Nature : ♤♤
Loisirs : 🎬 🏊 🏊
Services : 🚿 🍳

MIDI-PYRÉNÉES

PAYRAC

✉ 46350 – **337** E3 – 564 h. – alt. 320
🛈 *Syndicat d'initiative, avenue de Toulouse* ☏ 05 65 37 94 27, Fax 05 65 37 94 27
Paris 530 – Bergerac 103 – Brive-la-Gaillarde 53 – Cahors 48 – Figeac 60 – Périgueux 98 – Sarlat-la-Canéda 32.

▲▲▲ Les Pins ♣♣ – de mi-avr. à mi-sept.
☏ 05 65 37 96 32, *info@les-pins-camping.com*,
Fax 05 65 37 91 08, *www.les-pins-camping.com* – **R** conseillée
4 ha (125 empl.) en terrasses, plat, herbeux, pierreux
Tarif : 28 € ♣♣ 🚗 🔲 🔋 (10A) – pers. suppl. 6,60 € – frais de réservation 18 €
Location : 40 🏠 (4 à 6 pers.) nuitée 38 € - 245 à 707 €/sem. – 3 🏠 (4 à 6 pers.) nuitée 35 € - 259 à 700 €/sem. – 5 bungalows toilés – frais de réservation 18 € - **R** conseillée
🚐 1 borne artisanale 6 € – 🚗 13 €
Pour s'y rendre : Rte de Cahors (sortie sud par D 820)

Nature : 🌳
Loisirs : 🍽 snack, pizzeria 🏠 ♣♣ 🚴 🏊 ∽
Services : ♿ 🔑 🅿 🚿 🚽 🧺 ♨ ∽ 🚻 ❄ 🎯 sèche-linge 👶

PONS

✉ 12140 – **338** H2
Paris 588 – Aurillac 34 – Entraygues-sur-Truyère 11 – Montsalvy 12 – Mur-de-Barrez 24 – Rodez 53.

▲ Municipal de la Rivière de mi-juin à mi-sept.
☏ 05 65 66 18 16, *contact@sainthippolyte.fr*,
Fax 05 65 66 18 16, *www.sainthippolyte.fr* – **R**
0,9 ha (46 empl.) plat, herbeux
Tarif : 13 € ♣♣ 🚗 🔲 🔋 (10A) – pers. suppl. 4 €
Location (permanent) : 11 🏠 (4 à 6 pers.) - 200 à 380 €/sem. – **R** conseillée
Pour s'y rendre : La Rivière (1 km au sud-est du bourg, par D 526, rte d'Entraygues-sur-Truyère, au bord du Goul)

Nature : 🌊 🌲 🐟
Loisirs : 🏠 ♣♣ 🚴 🏊 ∽
Services : ♿ 🔑 🚿 🅿 🚽 🧺

PONT-DE-SALARS

✉ 12290 – **338** I5 – 1 414 h. – alt. 700
🛈 *Office de tourisme, place de la Mairie* ☏ 05 65 46 89 90, Fax 05 65 46 81 16
Paris 651 – Albi 86 – Millau 47 – Rodez 25 – St-Affrique 56 – Villefranche-de-Rouergue 71.

▲▲▲ Les Terrasses du Lac ♣♣ – de déb. avr. à fin sept.
☏ 05 65 46 88 18, *campinglesterrasses@orange.fr*,
Fax 05 65 46 85 38, *www.campinglesterrasses.com*
– **R** conseillée
6 ha (180 empl.) en terrasses, plat, herbeux, fort dénivelé
Tarif : 26,50 € ♣♣ 🚗 🔲 🔋 (6A) – pers. suppl. 5,50 € – frais de réservation 16 €
Location : 28 🏠 (4 à 6 pers.) 225 à 644 €/sem. – 11 🏠 (4 à 6 pers.) - 307 à 805 €/sem. – 9 bungalows toilés – frais de réservation 16 € - **R** conseillée
🚐 1 borne artisanale – 4 🔲 13 € – 🚗 13 €
Pour s'y rendre : Rte du Vibal (4 km au nord par D 523)
À savoir : agréable situation dominant le lac

Nature : 🌊 🌲 🐟
Loisirs : 🍽 snack 🏠 🎮 ♣♣ 🚴 ∽
Services : ♿ 🔑 (juil.-août) 🅿 🚿 🚽 ♨ 🧺 ⚡ 🚻 ❄ 🎯 sèche-linge ∽
À prox. : 🚴 🏊 🐴 canoë

▲▲ Le Lac de fin mai à mi-sept.
☏ 05 65 46 84 86, *contact@parc-du-lac.com*,
Fax 821830380, *www.parc-du-lac.com* – **R** conseillée
4,8 ha (200 empl.) en terrasses, peu incliné, plat, herbeux, fort dénivelé
Tarif : 20,50 € ♣♣ 🚗 🔲 🔋 (6A) – pers. suppl. 4,50 € – frais de réservation 15 €
Location (de déb. avr. à fin oct.) 🏠 : 10 🏠 (4 à 6 pers.) nuitée 35 € - 195 à 595 €/sem. – 3 bungalows toilés – frais de réservation 15 € - **R** conseillée
Pour s'y rendre : Rte du Vibal (1,5 km au nord par D 523)
À savoir : au bord du lac

Nature : ≤ 🐟 ⛰
Loisirs : 🍽 snack 🏠 🎮 nocturne ♣♣ 🚴 🛴 🏊 ∽
Services : ♿ 🔑 🅿 🚿 🚽 ♨ 🧺 ∽ ⚡ 🚻 ❄ 🎯
À prox. : 🚴 🏊 (plage) 🛶

MIDI-PYRÉNÉES

POUEYFERRÉ

✉ 65100 – **342** L4 – 780 h. – alt. 360
Paris 853 – Toulouse 179 – Tarbes 26 – Pau 39 – Lourdes 5.

▲ **Relais Océan-Pyrénées** de déb. mai à mi-sept.
📞 05 62 94 57 22, Fax 05 62 94 57 22 – **R**
1,2 ha (90 empl.) en terrasses, peu incliné, plat, herbeux
Tarif : ★ 🅟 (10A) – pers. suppl. 4 €
Location (de déb. juin à mi-sept.) : 5 🏠 (4 à 6 pers.) 290 à 500 €/sem.
Pour s'y rendre : 3 r. des Pyrénées (800 m au sud, à l'intersection des D 940 et D 174)

Nature : ≤ 🌳 ♀♀
Loisirs : 🏊 🎣 ⛱ 1 piste de bowling
Services : ♿ 🚿 GB 🛒 🍴 ⊙ ⚡ ♨
🧺 sèche-linge

POUZAC

✉ 65200 – **342** M4 – G. Midi-Pyrénées – 1 064 h. – alt. 505
Paris 823 – Toulouse 149 – Tarbes 19 – Pau 60 – Auch 89.

▲ **Bigourdan** de déb. avr. à mi-oct.
📞 05 62 95 13 57, www.camping-bigourdan.com
– **R** conseillée
1 ha (48 empl.) plat, herbeux
Tarif : 16,50 € ★★ 🚗 🅟 (6A) – pers. suppl. 4 €
Location 🐾 (juil.-août) : 2 🛖 (2 à 4 pers.) 170 à 300 €/sem. – 8 🏠 (4 à 6 pers.) 230 à 475 €/sem.
– **R** conseillée
🚐 1 borne artisanale
Pour s'y rendre : au sud par D 935

Nature : ♀♀
Loisirs : 🏊 🎣 ⛱
Services : ♿ 🚿 🐕 🛒 🍴 ⊙ ⚡
sèche-linge
À prox. : 🛒

PUYBRUN

✉ 46130 – **337** G2 – 733 h. – alt. 146
Paris 520 – Beaulieu-sur-Dordogne 12 – Brive-la-Gaillarde 39 – Cahors 86 – St-Céré 12 – Souillac 33.

▲ **La Sole** de déb. avr. à fin sept.
📞 05 65 38 52 37, camping.la.sole@wanadoo.fr, www.la-sole.com – **R** conseillée
2,3 ha (72 empl.) plat, herbeux
Tarif : ★ 5 € 🚗 🅟 🅟 (10A) 3,30 € – frais de réservation 15 €
Location (permanent) : 8 🏠 (4 à 6 pers.) nuitée 50 € - 200 à 530 €/sem. – 17 bungalows toilés – 5 gîtes – frais de réservation 15 € - **R** conseillée
🚐 3 🅟 5,30 €
Pour s'y rendre : La Sole (sortie est, rte de Bretenoux et chemin à dr. apr. la station-service)

Nature : 🌲 🌳 ♀♀
Loisirs : snack 🏊 🎣 ⛱ terrain omnisports
Services : ♿ 🚿 GB 🐕 🛒 🍴 ⊙ ⚡ ♨ 🧺

473

PUY-L'ÉVÊQUE

✉ 46700 – **337** C4 – G. Périgord Quercy – 2 159 h. – alt. 130
🛈 Syndicat d'initiative, place de la Truffière 📞 05 65 21 37 63, Fax 05 65 21 37 63
Paris 601 – Cahors 31 – Gourdon 41 – Sarlat-la-Canéda 52 – Villeneuve-sur-Lot 43.

▲ **L'Évasion** de déb. avr. à mi-oct.
📞 05 65 30 80 09, evasion@wanadoo.fr, Fax 05 65 30 81 12, www.lotevasion.com – **R**
4 ha/2 campables (50 empl.) en terrasses, pierreux, herbeux, vallonné
Tarif : 23,20 € ★★ 🚗 🅟 (5A) – pers. suppl. 10 €
Location (permanent) ♿ : 8 🏠 (4 à 6 pers.) 245 à 625 €/sem. – 🏠 (4 à 6 pers.) – 305 à 755 €/sem. – frais de réservation 10,90 € – **R** conseillée
Pour s'y rendre : Martignac (3 km au nord-ouest par D 28, rte de Villefranche-du-Périgord et chemin à dr.)
À savoir : jolis parc aquatique et chalets en sous bois

Nature : 🌲 ♀♀♀
Loisirs : 🍷 🍴 snack 🏊 🎳 🎣 ⛱
🎣 🎾 ⛱ terrain omnisports
Services : ♿ 🚿 GB 🐕 ⊙ ⚡ 📞 🧺
🛠

MIDI-PYRÉNÉES

PUYSSÉGUR

✉ 31480 – **343** E2 – 70 h. – alt. 265
Paris 669 – Agen 83 – Auch 51 – Castelsarrasin 48 – Condom 73 – Montauban 45 – Toulouse 42.

▲ **Namasté** de déb. mai à fin oct.
℘ 05 61 85 77 84, *camping.namaste@free.fr*,
Fax 05 61 85 77 84, *http://camping.namaste.free.fr* – accès aux emplacements par forte pente, mise en place et sortie des caravanes à la demande – **R** conseillée
10 ha/2 campables (60 empl.) en terrasses, peu incliné, plat, herbeux, pierreux, étang, bois attenant
Tarif : (Prix 2008) 21 € ✶✶ ⇔ 🄴 [¤] (10A) – pers. suppl. 6 €
Location (Prix 2008) (de déb. mars à fin oct.) : 3 🛏 (4 à 6 pers.) nuitée 50 € - 250 à 500 €/sem. – 15 🏠 (4 à 6 pers.) nuitée 80 € - 300 à 660 €/sem. – frais de réservation 15 € - **R** conseillée
🚐 1 borne artisanale 5 € - 3 🄴 15 €
Pour s'y rendre : sortie nord par D 1, rte de Cox et chemin à dr.
À savoir : organise des expositions photos

Nature : 🌿 🏕 🌳
Loisirs : 🏊 ⛵ 🎣 ⛰ 🚴 parcours de santé
Services : ♿ 🔑 🚿 🧺 🍳 🚽 🚐 📶 🛒

LES GUIDES VERTS MICHELIN
Paysages, monuments
Routes touristiques
Géographie
Histoire, Art
Itinéraire de visite
Plans de villes et de monuments

REVEL

✉ 31250 – **343** K4 – G. Midi Pyrénées – 7 985 h. – alt. 210
🛈 Office de tourisme, place Philippe VI de Valois ℘ 05 34 66 67 68, Fax 05 34 66 67 67
Paris 727 – Carcassonne 46 – Castelnaudary 21 – Castres 28 – Gaillac 62 – Toulouse 54.

▲ **Municipal du Moulin du Roy** de déb. juin à mi-sept.
℘ 05 61 83 32 47, *mairie@mairie-revel.fr*,
Fax 05 62 18 71 41, *www.revel-lauragais.com* – **R** conseillée
1,2 ha (50 empl.) plat, herbeux
Tarif : (Prix 2008) 12 € ✶✶ ⇔ 🄴 [¤] (10A) – pers. suppl. 2,60 €
🚐 1 borne raclet 2 €
Pour s'y rendre : Av. de Soréze (sortie sud-est par D 1, rte de Dourgne et à dr.)
À savoir : décoration arbustive et florale des emplacements

Nature : 🏕 🌳
Services : ♿ 🔑 🚿 🧺 🍳 🚐
À prox. : 🍴 🎿 ⛱ 🚐

RIEUX

✉ 31310 – **343** F5 – G. Midi Pyrénées – 1 899 h. – alt. 210 – Base de loisirs
🛈 Office de tourisme, 9, rue de l'Evêché ℘ 05 61 87 63 33
Paris 723 – Auterive 35 – Foix 53 – St-Gaudens 54 – Toulouse 50.

▲▲ **Les Chalets du Plan d'Eau** (location exclusive de chalets et mobile homes) Permanent
℘ 05 61 87 49 64, *otrieuxvolvestre@wanadoo.fr*,
Fax 05 61 90 78 84, *www.tourisme-volvestre.com* – empl. traditionnels également disponibles
3 ha en terrasses
Location (Prix 2008) ♿ : 8 🛏 (4 à 6 pers.) nuitée 35 € - 210 à 300 €/sem. – 10 🏠 (4 à 6 pers.) nuitée 60 € - 260 à 560 €/sem. – frais de réservation 9 € - **R** conseillée
🚐
Pour s'y rendre : Loude (3 km au nord-ouest par D 627, rte de Toulouse et rte à gauche, au bord de la Garonne)
À savoir : location à la nuitée hors juil.-août

Nature : 🌿 🏕 🌳
Loisirs : 🏊 ⛵ 🎣 🍴
Services : 🔑 🚿 GB 🧺 sèche-linge
À prox. : 🍴 snack ⛱ 🚣 ⛵ ⚓ pédalos 🚐

MIDI-PYRÉNÉES

RIEUX-DE-PELLEPORT

✉ 09120 – **343** H6 – 848 h. – alt. 333
Paris 752 – Foix 13 – Pamiers 8 – St-Girons 47 – Toulouse 77.

▲ Les Mijeannes Permanent
📞 05 61 60 82 23, lesmijeannes@wanadoo.fr,
Fax 05 61 67 74 80, www.campinglesmijeannes.com
– **R** conseillée
10 ha/5 campables (88 empl.) plat, herbeux, pierreux
Tarif : ★ 4,60 € 🚗 3,50 € 🅴 8,60 € – (½) (10A) 4,10 €
Location : 7 🛖 (4 à 6 pers.) 256 à 565 €/sem. – 2 🏠 (4 à 6 pers.) - 286 à 585 €/sem. – frais de réservation 15 € -
R conseillée
🚐, 1 borne artisanale 4 €
Pour s'y rendre : Rte de Ferries (1,4 km au nord-est, accès par D 311, au bord d'un canal et près de l'Ariège).

Nature : 🌳 ← 🌊 〽〽
Loisirs : 🍴 🏠 ♠ 🏊 🎱
Services : ♿ ⛽ 🆔 ⚙ 🔌 🚿 📺
sèche-linge

RIGNAC

✉ 12390 – **338** F4 – 1 658 h. – alt. 500
🛈 Office de tourisme, place du Portail-Haut 📞 05 65 80 26 04
Paris 618 – Aurillac 86 – Figeac 40 – Rodez 27 – Villefranche-de-Rouergue 30.

▲ La Peyrade
📞 05 65 64 44 64, Fax 05 65 64 46 33 – **R** conseillée
0,7 ha (36 empl.) en terrasses, peu incliné, plat, herbeux
Location : 3 🛖
Pour s'y rendre : Pl. du Foirail (au sud du bourg, près d'un petit étang)

Nature : 🌳 🌊 〽〽
Services : ♿ ⛽ 🚽 🆔 ⚙ 🚿 📺
sèche-linge
À prox. : 🏓 🏠 ♠ ⚡ 🏊 🚐

RIMONT

✉ 09420 – **343** F7 – 501 h. – alt. 525
Paris 768 – Toulouse 92 – Carcassonne 114 – Colomiers 98 – Tournefeuille 89.

▲ Les Chalets de Rimont (location exclusive de chalets)
Permanent
📞 05 61 64 53 53, tourisme.seronais@wanadoo.fr,
Fax 05 61 64 50 48, www.seronais.com
0,3 ha plat
Location (Prix 2008) : 5 🏠 (4 à 6 pers.) - 320 à 490 €/sem. – **R** conseillée
Pour s'y rendre : 1 km au sud par D 518, rte l'Abbaye de Combelongue

Nature : 🌳 ←
Services : ♿ 🆔 ⚙ 🚽 📺

475

RIVIÈRE-SUR-TARN

✉ 12640 – **338** K5 – 961 h. – alt. 380
🛈 Syndicat d'initiative, route des Gorges du Tarn 📞 05 65 59 74 28
Paris 627 – Mende 70 – Millau 14 – Rodez 65 – Sévérac-le-Château 24.

▲▲▲ Peyrelade 👥 – de mi-mai à mi-sept.
📞 05 65 62 62 54, campingpeyrelade@orange.fr,
Fax 05 65 62 65 61, www.campingpeyrelade.com
– **R** conseillée
4 ha (190 empl.) plat et en terrasses, herbeux, pierreux
Tarif : 30 € ★★ 🚗 🅴 (6A) – pers. suppl. 6 € – frais de réservation 16 €
Location 🏊 : 37 🛖 (4 à 6 pers.) 294 à 721 €/sem. – 8 bungalows toilés – frais de réservation 16 € -
R conseillée
🚐, 1 borne artisanale 30 €
Pour s'y rendre : Rte des Gorges du Tarn (2 km à l'est par D 907, rte de Florac, au bord du Tarn)
À savoir : cadre et situation agréables à l'entrée des Gorges du Tarn

Nature : ← 〽〽
Loisirs : 🍴 snack, pizzeria 🏠 🎱 🏃
♠ 🏊 🚣 canoë
Services : ♿ ⛽ 🆔 ⚙ Ⓜ 🔌 🚿 ⚡
🚐 🔥 📺 🧺 🚿
À prox. : 🚴 ✂ accrobranches

MIDI-PYRÉNÉES

RIVIÈRE-SUR-TARN

Les Peupliers de mi-avr. à fin sept.
☎ 05 65 59 85 17, *lespeupliers12640@orange.fr*,
Fax 05 65 61 09 03, *www.campinglespeupliers.fr* – **R** conseillée
1,5 ha (112 empl.) plat, herbeux, pierreux
Tarif : 28 € ♦♦ ⇔ 目 ♨ (10A) – pers. suppl. 7 € – frais de réservation 25 €

Nature : ≤ ⌂ ♀♀
Loisirs : ♈ snack 🎠 🛥 🚣 canoë
Services : ♿ ⚿ GB ✂ 🚿 ♨ ♒ 🧺 🍽 🏠 sèche-linge
À prox. : 🐎

Location : 12 🏠 (4 à 6 pers.) 320 à 690 €/sem. – frais de réservation 25 € - **R** conseillée
🚐 1 borne artisanale 5 €

Pour s'y rendre : R. de la Combe (sortie sud-ouest rte de Millau et chemin à gauche, au bord du Tarn)

ROCAMADOUR

✉ 46500 – **337** F3 – G. Périgord Quercy – 614 h. – alt. 279
🛈 Office de tourisme, L'Hospitalet ☎ 05 65 33 22 00, Fax 05 65 33 22 01
Paris 531 – Brive-la-Gaillarde 54 – Cahors 60 – Figeac 47 – Gourdon 32 – St-Céré 31 – Sarlat-la-Canéda 51.

Les Cigales de déb. avr. à fin sept.
☎ 05 65 33 64 44, *camping.cigales@wanadoo.fr*,
Fax 05 65 33 69 60, *www.camping-cigales.com* – **R** conseillée
3 ha (100 empl.) plat, peu incliné, herbeux, pierreux
Tarif : 21 € ♦♦ ⇔ 目 ♨ (10A) – pers. suppl. 6 € – frais de réservation 15 €

Nature : 🌳 ♀♀
Loisirs : ♈ snack 🎠 🛥 🎠 🚣
Services : ♿ ⚿ GB ✂ 🚿 ♨ ♒ 🧺 🍽 🧊 réfrigérateurs
À prox. : 🍽 ✕

Location (de déb. avr. à fin oct.) : 30 🏠 (4 à 6 pers.) 295 à 625 €/sem. – 8 🏠 (4 à 6 pers.) - 295 à 625 €/sem. – 4 bungalows toilés – frais de réservation 15 € - **R** conseillée
🚐 1 borne artisanale 5 €

Pour s'y rendre : Rte de Gramat (sortie est par D 36)

⚠ **Le Roc** de déb. avr. à déb. nov.
☎ 05 65 33 68 50, *campingleroc@wanadoo.fr*,
Fax 05 65 33 75 64, *www.camping-leroc.com* – **R** conseillée
2 ha/0,5 campable (36 empl.) plat, herbeux, pierreux
Tarif : (Prix 2008) 17 € ♦♦ ⇔ 目 ♨ (5A) – pers. suppl. 5 € – frais de réservation 11 €

Nature : ⌂ ♀♀
Loisirs : snack 🎠 🚣
Services : ♿ ⚿ GB ✂ 🚿 ♨ ♒ 🧺 ♈ 🏠 🧴

Location (Prix 2008) (de déb. avr. à fin nov.) : 4 🏠 (4 à 6 pers.) 180 à 550 €/sem. – 4 🏠 (4 à 6 pers.) - 195 à 590 €/sem. – frais de réservation 11 € - **R** conseillée
🚐 1 borne artisanale 5 € – 🚐 10 €

Pour s'y rendre : Pech-Alis (3 km au nord-est par D 673, rte d'Alvignac, à 200 m de la gare)

Vallée du Lys

L. Cazenave/Michelin

476

MIDI-PYRÉNÉES

ROCAMADOUR

Le Relais du Campeur de mi-mars à mi-nov.
 05 65 33 63 28, lerelaisducampeur@orange.fr,
Fax 05 65 10 68 21, www.lerelaisducampeur.fr – **R** conseillée
1,7 ha (100 empl.) peu incliné, herbeux, pierreux
Tarif : 15,60 € ♁♁ ⇌ 🗐 [₰] (8A) – pers. suppl. 3,50 € – frais de réservation 10 €
Location (de déb. mars à fin nov.) : hôtel – **R** conseillée
🚐, 1 borne artisanale 5 € – 🚐 8 €
Pour s'y rendre : à l'Hospitalet (au bourg)

Nature : 🌳🌳
Loisirs : 🎣
Services : ⚬⌐ GB 🚿 🗐 ⊕ ⚐ 🎨
sèche-linge
À prox. : 🍴 🍷 ✕ snack

RODEZ

✉ 12000 – **338** H4 – G. Midi Pyrénées – 23 707 h. – alt. 635
🛈 Office de tourisme, place Foch 05 65 75 76 77, Fax 05 65 68 78 15
Paris 623 – Albi 76 – Alès 187 – Aurillac 87 – Brive-la-Gaillarde 167 – Clermont-Ferrand 213 – Montauban 131 – Périgueux 219 – Toulouse 155.

Village Vacances Campéole le Domaine de Combelles ♁♁ – (location exclusive de chalets et de bungalows toilés)
 05 65 77 30 04, cplcombelles@atciat.com,
Fax 05 65 77 30 06, www.camping-rodez.info – **R** indispensable
120 ha/20 campables plat, vallonné, herbeux
Location (Prix 2008) ♿ : 124 🏠 (4 à 6 pers.) nuitée 35 € - 259 à 756 €/sem. – 89 bungalows toilés – (avec sanitaires) – frais de réservation 25 € - **R** conseillée
Pour s'y rendre : 2 km au sud-est par D 12, rte de Ste-Radegonde, D 62, rte de Flavin à dr. et chemin à gauche
À savoir : nombreuses activités pour petits et grands autour d'un important centre équestre

Nature : 🌿 ⇌ 🏠 ☀
Loisirs : 🍷 ✕ pizzeria 🚣 ♨ 🏸
salle de danse 🏊 🚴 🎨 🐎
poneys
Services : ⚬⌐ Ⓟ GB 🚿 🛁 🗐
sèche-linge 🧺

Municipal de Layoule de déb. juin à mi-oct.
 05 65 67 09 52, camping.municipal@mairie-rodez.fr,
Fax 05 65 67 11 23, www.mairie-rodez.fr – **R** conseillée ⚷
2 ha (79 empl.) en terrasses, plat, herbeux, gravier
Tarif : (Prix 2008) 18 € ♁♁ ⇌ 🗐 [₰] (6A) – pers. suppl. 4 €
🚐, 1 borne artisanale
Pour s'y rendre : au nord-est de la ville
À savoir : agréable cadre verdoyant et ombragé près de l'Aveyron

Nature : ⇌ 🏠 🌳🌳
Loisirs : 🏠 🏊
Services : ♿ ⚬⌐ GB 🚿 🗐 ⊕ 🚿 🎨
⚐ 🖨
À prox. : 🥾 parcours pédestre, petit train pour centre ville

LA ROMIEU

✉ 32480 – **336** E6 – 532 h. – alt. 188
🛈 Syndicat d'initiative, rue du Docteur Lucante 05 62 28 86 33
Paris 694 – Agen 32 – Auch 48 – Condom 12 – Moissac 69 – Montauban 97.

Le Camp de Florence ♁♁ – de déb. avr. à mi-oct.
 05 62 28 15 58, info@lecampdeflorence.com,
Fax 05 62 28 20 04, www.lecampdeflorence.com
– **R** conseillée
10 ha/4 campables (183 empl.) non clos, plat, terrasses, herbeux
Tarif : 31,50 € ♁♁ ⇌ 🗐 [₰] (10A) – pers. suppl. 6,90 € – frais de réservation 23 €
Location : 30 🏠 (4 à 6 pers.) nuitée 39 € - 273 à 850 €/sem. – 2 🏡 (4 à 6 pers.) nuitée 41 € - 287 à 750 €/sem. – 7 bungalows toilés – frais de réservation 23 € - **R** conseillée
🚐, 1 borne artisanale 4 € – 14 🗐 17,50 €
Pour s'y rendre : Rte d'Astaffort (sortie est du bourg par D 41)

Nature : 🌿 🏠 ☀
Loisirs : 🍷 ✕ 🚣 ♨ 🏸 🏊 🏊 🚴
✂ 🎨
Services : ♿ ⚬⌐ GB 🚿 🗐 🚿 ⊕ ⚐ 🍴
🖨 🧺

477

MIDI-PYRÉNÉES

ROQUELAURE

32810 – **336** F7 – 454 h. – alt. 206
Paris 711 – Agen 67 – Auch 10 – Condom 39.

Le Talouch – de déb. avr. à fin sept.
⌀ 05 62 65 52 43, *info@camping-talouch.com*,
Fax 05 62 65 53 68, *www.camping-talouch.com* – **R** conseillée
9 ha/5 campables (147 empl.) plat, herbeux, terrasse
Tarif : 32,45 € ✶✶ 🚗 🔲 (6A) – pers. suppl. 7,40 € – frais de réservation 29 €
Location (permanent) : 39 🏠 (4 à 6 pers.) - 231 à 868 €/sem. – bungalows toilés – frais de réservation 29 € - **R** conseillée
🚐 1 borne artisanale 9 € – 4 🔲 13,20 € – 🗑 10 €
Pour s'y rendre : Le Cassou (3,5 km au nord par D 272, rte de Mérens puis à gauche D 148, rte d'Auch)

Nature : 🌳 🗺 ♀
Loisirs : ✗ ✶✶ ≋ hammam jacuzzi 🛋 🚴 🎾 🔲 🏊 swin golf (9 trous)
Services : ⚙ ⛔ GB ✂ 🔲 🛁 ⊕ 🚿 ⚡ ⚽ 🍽 🗑 🛒

Si vous recherchez :
- △ *Un terrain au bord de l'eau avec possibilité de baignade*
- 🌿 *Un terrain agréable ou très tranquille*
- L *Un terrain effectuant la location de caravanes, de mobile homes, de bungalows ou de chalets*
- P *Un terrain ouvert toute l'année*
- 🚐 *Un terrain possédant une aire de services pour camping-cars*

Consultez le tableau des localités

ST-AMANS-DES-COTS

12460 – **338** H2 – 771 h. – alt. 735
🛈 *Office de tourisme, rue Principale* ⌀ 05 65 44 81 61
Paris 585 – Aurillac 54 – Entraygues-sur-Truyère 16 – Espalion 31 – Chaudes-Aigues 47.

Village Center Les Tours – de mi-mai à mi-sept.
⌀ 05 65 44 88 10, *dirtours@village-center.com*,
Fax 05 65 44 83 07, *www.les-tours.com* – alt. 600
– **R** conseillée
15 ha (275 empl.) en terrasses, plat, herbeux, pierreux, fort dénivelé
Tarif : (Prix 2008) 38 € ✶✶ 🚗 🔲 (6A) – pers. suppl. 8 €
– frais de réservation 30 €
Location (Prix 2008) : 🏕 (4 à 6 pers.) 266 à 826 €/sem.
– frais de réservation 30 € - **R** conseillée
🚐 1 borne sanistation – 178 🔲 40 €
Pour s'y rendre : 6 km au sud-est par D 97 et D 599 à gauche, au bord du lac de la Selves
À savoir : agréable terrain dominant le lac

Nature : 🌳 ≤ 🗺 ♀♀ △
Loisirs : 🍷 ✗ pizzeria 🛋 ☕ ✶✶ 🛋 🎾 🔲 🏊 ⛵ nombreuses activités nautiques sur le lac
Services : ⚙ ⛔ GB ✂ 🔲 🛁 ⊕ 🚿 ⚡ ⚽ 🍽 sèche-linge 🧺 🛒

La Romiguière de déb. avr. à fin sept.
⌀ 05 65 44 44 64, *campinglaromiguiere@wanadoo.fr*,
Fax 05 65 44 86 37, *www.laromiguiere.com* – alt. 600 – ⛔
2 ha (62 empl.) terrasse, plat, herbeux, pierreux
Tarif : (Prix 2008) 18,90 € ✶✶ 🚗 🔲 (10A) – pers. suppl. 5,25 € – frais de réservation 15,75 €
Location (Prix 2008) : 14 🏕 (4 à 6 pers.) 235 à 560 €/sem. – frais de réservation 15,75 € - **R** conseillée
🚐 1 borne 8,30 €
Pour s'y rendre : Lac de la Selve (8,5 km au sud-est par D 97 et D 599 à gauche, au bord du lac de la Selves)

Nature : 🌳 ≤ 🗺 ♀♀ △
Loisirs : 🍷 pizzeria, snack 🏊 🐟 ponton d'amarrage, canoë, pédalos, barques
Services : ⚙ ⛔ GB ✂ 🔲 🛁 ⊕ 🚿 ⚡ ⚽ 🍽 sèche-linge 🛒
À prox. : ski nautique

MIDI-PYRÉNÉES

ST-ANTONIN-NOBLE-VAL

✉ 82140 – **337** G7 – G. Périgord Quercy – 1 887 h. – alt. 125
🛈 Office de tourisme, place de la Mairie ☏ 05 63 30 63 47, Fax 05 63 30 66 33
Paris 624 – Cahors 55 – Caussade 18 – Caylus 11 – Cordes-sur-Ciel 31 – Montauban 46.

▲ Les Trois Cantons de mi-avr. à fin sept.
☏ 05 63 31 98 57, info@3cantons.fr, Fax 05 63 31 25 93, www.3cantons.fr – **R** conseillée
20 ha/4 campables (99 empl.) plat, peu incliné, pierreux, herbeux
Tarif : 29,50 € ★★ 🚗 🅿 (10A) – pers. suppl. 5,50 €
Location : 15 🏠 (4 à 6 pers.) nuitée 32 € - 224 à 685 €/sem. – 2 tentes – **R** conseillée
🅿 5 🅿 26,50 €
Pour s'y rendre : Les Trois Cantons (7,7 km au nord-ouest par D 19, rte de Caylus et chemin à gauche, apr. le petit pont sur la Bonnette, entre le lieu-dit Tarau et la D 926, entre Septfonds (6 km) et Caylus (9 km))
À savoir : cadre naturel en sous bois

Nature : 🌳 🌲(chênaie)
Loisirs : 🏠 🏊 🚴 ✂ 🛴
Services : ♿ 🚿 🆖 🛒 🗄 🔥 🚰
🍽 🍴
À prox. : petite ferme animalière

▲ Les Gorges de l'Aveyron 🛎 –
☏ 05 63 30 69 76, info@camping-gorges-aveyron.com, Fax 05 63 30 67 61, www.camping-gorges-aveyron.com – **R** conseillée
3,8 ha (80 empl.) plat, herbeux
Location : 15 🏠 – 5 bungalows toilés – **R** conseillée
Pour s'y rendre : Marsac-Bas

Nature : 🌳 🌲
Loisirs : 🍴 🏊 🚴 🏓 🛴
Services : ♿ 🚿 🗄 🔥 🍽 🍴 sèche-linge 🔄 🚰
À prox. : canoë

ST-BERTRAND-DE-COMMINGES

✉ 31510 – **343** B6 – G. Midi Pyrénées – 237 h. – alt. 581
Paris 783 – Bagnères-de-Luchon 33 – Lannemezan 23 – St-Gaudens 17 – Tarbes 68 – Toulouse 110.

▲ Es Pibous Permanent
☏ 05 61 88 31 42, contact@es-pibous.fr, Fax 05 61 95 63 83, www.es-pibous.fr – **R** conseillée
2 ha (80 empl.) plat, herbeux
Tarif : (Prix 2008) 15,42 € ★★ 🚗 🅿 (16A) – pers. suppl. 3,86 €
🅿 1 borne artisanale 4 €
Pour s'y rendre : Chemin de St-Just (800 m au sud-est par D 26a, rte de St-Béat et chemin à gauche)

Nature : 🌳 ≤ la cathédrale 🌲
Loisirs : 🏠 🏊
Services : ♿ 🚿 🆖 🛒 🗄 🔥 🚰
🍽 🍴
À prox. : 🚣 canoë-kayak

ST-BLANCARD

✉ 32140 – **336** F9 – 257 h. – alt. 332 – Base de loisirs
Paris 735 – Toulouse 84 – Pau 116 – Montauban 112 – Tarbes 76.

▲ Les Clédelles du lac de la Gimone (location exclusive de chalets)
☏ 05 62 66 01 18, cledelles.gers@wanadoo.fr, Fax 05 62 66 01 75, www.lescledelles.com
20 ha/1 campable non clos, plat, herbeux
Location 🅿 : 9 🏠

Nature : 🌳 ≤ sur le lac ⛰
Loisirs : 🏊 🏓 🚣 💧
Services : ♿ 🚿 🗄
À prox. : canoë, pédalos, bateau promenade

ST-CÉRÉ

✉ 46400 – **337** H2 – G. Périgord Quercy – 3 515 h. – alt. 152
🛈 Office de tourisme, 13, avenue François de Maynard ☏ 05 65 38 11 85, Fax 05 65 38 38 71
Paris 531 – Aurillac 62 – Brive-la-Gaillarde 51 – Cahors 80 – Figeac 44 – Tulle 54.

▲ Le Soulhol de déb. mai à fin sept.
☏ 05 65 38 12 37, info@campinglesoulhol.com, Fax 05 65 38 12 37, www.campinglesoulhol.com – **R** conseillée
3,5 ha (120 empl.) plat, herbeux
Tarif : 16,50 € ★★ 🚗 🅿 (10A) – pers. suppl. 4,30 €
Location 🅿 : 5 🏠 (4 à 6 pers.) 290 à 490 €/sem. – gîtes – frais de réservation 10 € - **R** conseillée
🅿 1 borne artisanale
Pour s'y rendre : Quai Salesses (sortie sud-est par D 48, au bord de la Bave)

Nature : 🌳 🌲
Loisirs : 🏠 🛴 🚣
Services : ♿ 🚿 🆖 🛒 🗄 🔥 🚰
🍽 🍴 sèche-linge
À prox. : 🍴 ✂ ✂

479

MIDI-PYRÉNÉES

ST-CIRQ-LAPOPIE

✉ 46330 – **337** G5 – G. Périgord Quercy – 207 h. – alt. 320
🛈 *Office de tourisme, place du Sombral* ☎ 05 65 31 29 06, Fax 05 65 31 29 06
Paris 574 – Cahors 26 – Figeac 44 – Villefranche-de-Rouergue 37.

La Truffière ♣ – de déb. avr. à fin sept.
☎ 05 65 30 20 22, *contact@camping-truffiere.com*, www.camping-truffiere.com – **R** conseillée
4 ha (96 empl.) en terrasses, plat, herbeux, pierreux, sous bois
Tarif : 19,20 € ✱✱ 🚗 🔲 ⚡ (6A) – pers. suppl. 5,10 € – frais de réservation 11,50 €
Location : 11 🏠 (4 à 6 pers.) nuitée 45 € - 230 à 650 €/sem. – frais de réservation 11,50 € - **R** conseillée
🚐 1 borne artisanale 3 € – 3 🔲 5,50 € – 🚙 10 €
Pour s'y rendre : 3 km au sud par D 42, rte de Concots
À savoir : joli petit "village" de chalets

Nature : 🌳 ≤ 🌲🌲
Loisirs : snack 🏠 👫 🎯 🎱
Services : ♿ 🔑 🆘 ⚙ 🔲 🚿 ⊕
🧺 sèche-linge 🛁

La Plage ♣ – Permanent
☎ 05 65 30 29 51, *camping-laplage@wanadoo.fr*, Fax 05 65 30 23 33, *www.campingplage.com* – **R** conseillée
3 ha (120 empl.) plat, herbeux, pierreux
Tarif : (Prix 2008) 23 € ✱✱ 🚗 🔲 ⚡ (10A) – pers. suppl. 6 € – frais de réservation 10 €
Location (Prix 2008) : 9 🚐 (4 à 6 pers.) 250 à 680 €/sem. – 12 🏠 (4 à 6 pers.) - 250 à 700 €/sem. – frais de réservation 10 €, **R** conseillée
🚐 1 borne raclet 2 € – 🚙 19 €
Pour s'y rendre : Porte Roque Halte Nautique (1,4 km au nord-est par D 8, rte de Tour-de-Faure, à gauche av. le pont)
À savoir : bordé par le Lot, face à l'un des plus beaux villages de France

Nature : 🌲 🌲🌲
Loisirs : 🍴 snack, pizzeria 🎲 diurne 👫 🎯 🚲 🏊 (plage) 🛶 canoë
Services : ♿ 🔑 🆘 ⚙ 🔲 🚿 ⊕ 🚰 💧 🧺 sèche-linge 🛁
À prox. : escalade, spéléo, canyoning, parcours aventure 🚐

ST-GAUDENS

✉ 31800 – **343** C6 – G. Midi-Pyrénées – 10 845 h. – alt. 405
🛈 *Office de tourisme, 2, rue Thiers* ☎ 05 61 94 77 61, Fax 05 61 94 77 50
Paris 766 – Bagnères-de-Luchon 48 – Tarbes 68 – Toulouse 94.

Municipal Belvédère des Pyrénées
☎ 05 62 00 16 03, *web.master@mairie.st-gaudens.fr*, Fax 05 61 94 78 78, *www.st-gaudens.com* – 🏍
1 ha (83 empl.) plat, herbeux
🚐 1 borne artisanale
Pour s'y rendre : 1 km à l'ouest par N 117, dir. Tarbes

Nature : ≤ Pyrénées 🌲🌲
Services : ♿ 🔑 🔲 🚿 ⊕
À prox. : 🎣 🍴 pizzeria

ST-GENIEZ-D'OLT

✉ 12130 – **338** J4 – G. Midi Pyrénées – 1 841 h. – alt. 410
🛈 *Office de tourisme, Le Cloître* ☎ 05 65 70 43 42, Fax 05 65 70 47 05
Paris 612 – Espalion 28 – Florac 80 – Mende 68 – Rodez 46 – Sévérac-le-Château 25.

Campéole la Boissière ♣ – de fin avr. à fin sept.
☎ 05 65 70 40 42, *boissiere@campeole.com*, Fax 05 65 47 56 39, *www.camping-aveyron.info* – **R** conseillée
5 ha (250 empl.) en terrasses et plat, peu incliné, herbeux
Tarif : (Prix 2008) 24,30 € ✱✱ 🚗 🔲 ⚡ (10A) – pers. suppl. 6,50 € – frais de réservation 25 €
Location (Prix 2008) : 28 🚐 (4 à 6 pers.) nuitée 35 € - 469 à 770 €/sem. – 30 🏠 (4 à 6 pers.) nuitée 32 € - 448 à 728 €/sem. – 23 bungalows toilés – avec et sans sanitaires – frais de réservation 25 € - **R** conseillée
Pour s'y rendre : Rte de la Cascade (1,2 km au nord-est par D 988, rte de St-Laurent-d'Olt et rte de Pomayrols à gauche, au bord du Lot)
À savoir : agréable cadre boisé au bord du Lot

Nature : 🌳 🌲 🌲🌲
Loisirs : 🍴 🏠 🎲 👫 🎯 🏊 🎣 🎱
Services : ♿ 🔑 🆘 ⚙ 🔲 🚿 ⊕ 🍴
🧺 sèche-linge réfrigérateurs
À prox. : 🚲 🐎 base de canoë-kayak

… **MIDI-PYRÉNÉES**

ST-GENIEZ-D'OLT

Marmotel – de déb. mai à mi-sept.
05 65 70 46 51, *info@marmotel.com*, Fax 05 65 47 41 38, *www.marmotel.com* – R conseillée
4 ha (173 empl.) plat, herbeux
Tarif : 27 € (10A) – pers. suppl. 5,10 € – frais de réservation 20 €
Location : 22 (4 à 6 pers.) nuitée 45 € - 270 à 740 €/sem. – 30 (4 à 6 pers.) nuitée 35 € - 210 à 675 €/sem. – frais de réservation 20 € - R conseillée
1 borne artisanale 15 € – 5 15 € 15 €
Pour s'y rendre : La Salle (1,8 km à l'ouest par D 19, rte de Prades-d'Aubrac et chemin à gauche, à l'extrémité du village artisanal, au bord du Lot)

Les Clédelles du Colombier (location exclusive de maisonnettes) Permanent
05 65 47 45 72, *cledelles.reservations@wanadoo.fr*, Fax 05 65 47 45 48, *www.lescledelles.com*
3 ha plat, herbeux
Location (Prix 2008) : 41 (4 à 6 pers.) nuitée 89 € - 300 à 760 €/sem. – frais de réservation 10 € - R conseillée
Pour s'y rendre : R. Rivié (1 km au nord-est par D 988, rte de St-Laurent-d'Olt et rte de Pomayrols à gauche, près du Lot)

ST-GERMAIN-DU-BEL-AIR

46310 – **337** E4 – 495 h. – alt. 215
Office de tourisme, place de la Mairie 05 65 31 09 10
Paris 551 – Cahors 28 – Cazals 20 – Fumel 52 – Labastide-Murat 15 – Puy-l'Évêque 37.

Municipal le Moulin Vieux – de déb. avr. à fin sept.
05 65 31 00 71, *makatcha@aol.com*, Fax 05 65 31 00 71, *www-camping-moulin-vieux-lot.com* – R conseillée
2 ha (90 empl.) plat, herbeux
Tarif : 14 € (16A) – pers. suppl. 4 €
Location (permanent) : 15 (4 à 6 pers.) - 300 à 360 €/sem. – R conseillée
14 €
Pour s'y rendre : St-Germain-du-Bel-Air (au nord-ouest du bourg, au bord du Céou)

481

ST-GIRONS

09200 – **343** E7 – 6 254 h. – alt. 398
Office de tourisme, place Alphonse Sentein 05 61 96 26 69
Paris 774 – Auch 123 – Foix 45 – St-Gaudens 43 – Toulouse 101.

Audinac – de déb. mai à mi-sept.
04 68 31 87 99, *contact@abcmobilhome.com*, Fax 05 61 66 44 50, *www.audinac.com* – R conseillée
15 ha/6 campables (100 empl.) peu incliné et plat, en terrasses, herbeux, petit étang
Tarif : 16 € (10A) – pers. suppl. 5 € – frais de réservation 7,50 €
Location (de déb. avr. à fin sept.) : 20 (4 à 6 pers.) 200 à 520 €/sem. – 4 (4 à 6 pers.) - 240 à 600 €/sem. – 10 bungalows toilés – frais de réservation 7,50 € - R conseillée
Pour s'y rendre : Parc d'Audinac les Bains (4,5 km au nord-est par D 117, rte de Foix et D 627, rte de Ste-Croix-Volvestre)
À savoir : piscine devant un ancien bâtiment des thermes du 19e s.

MIDI-PYRÉNÉES

ST-JEAN-DU-BRUEL

✉ 12230 – **338** M6 – 690 h. – alt. 520
Paris 687 – Toulouse 295 – Rodez 128 – Millau 41 – Saint-Affrique 61.

La Dourbie de mi-avr. à fin oct.
☎ 05 65 46 06 40, *info@camping-la-dourbie.com*,
Fax 05 65 46 06 50, *www.campingla-dourbie.com*
– **R** conseillée
2,5 ha (78 empl.) plat, herbeux, pierreux
Tarif : (Prix 2008) 18 € ★★ 🚗 🅿 (6A) – pers. suppl. 4 €
Location (Prix 2008) : 🏠 – **R** conseillée
🚐 1 borne 10 €
Pour s'y rendre : rte de Nant

Nature : 🌲 ♀
Loisirs : 🍷 snack, pizzeria 🛶 🏊
Services : & 🔌 GB 🚲 M 🚿 ♿ 😊 🗑 💧 🚻

ST-LARY-SOULAN

✉ 65170 – **342** N8 – G. Midi Pyrénées – 1 024 h. – alt. 820 – Sports d'hiver : 1 680/2 450 m ⬆2 ⛷30 ⛸
🛈 Office de tourisme, 37, rue Vincent Mir ☎ 05 62 39 50 81, Fax 05 62 39 50 06
Paris 830 – Arreau 12 – Auch 103 – Bagnères-de-Luchon 44 – St-Gaudens 66 – Tarbes 74.

Municipal de déb. déc. à fin sept.
☎ 05 62 39 41 58, *camping.stlary@wanadoo.fr*,
Fax 05 62 40 01 40, *www.saintlary-vacances.com*
– **R** conseillée
1 ha (76 empl.) plat et peu incliné, herbeux, pierreux
Tarif : ★ 5,20 € 🚗 🅿 5,20 € – 🅿 (10A) 7,20 €
🚐 1 borne raclet – 6 🅿 5,20 €
Pour s'y rendre : au bourg, à l'est du D 929
À savoir : au centre du bourg, agréable îlot de verdure

Nature : ❄ 🌳 ≤ ♀♀
Loisirs : 🎮 🛶
Services : & 🔌 GB 🚲 🚿 🗑 ♿ 🏊
À prox. : ✂ 🏊

ST-PANTALÉON

✉ 46800 – **337** D5 – 223 h. – alt. 269
Paris 597 – Cahors 22 – Castelnau-Montratier 18 – Montaigu-de-Quercy 28 – Montcuq 7 – Tournon-d'Agenais 27.

Les Arcades de fin avr. à fin sept.
☎ 05 65 22 92 27, *info@des-arcades.com*,
Fax 05 65 31 98 89, *www.des-arcades.com* – **R** conseillée
12 ha/2,6 campables (80 empl.) plat, herbeux, pierreux, petit étang
Tarif : ★ 5 € 🚗 🅿 10 € – 🅿 (16A) 4 € – frais de réservation 17 €
Location 🏠 : 10 🏠 (4 à 6 pers.) 250 à 700 €/sem. – 4 bungalows toilés – frais de réservation 17 € - **R** conseillée
Pour s'y rendre : Lieu-dit : St-Martial (4,5 km à l'est sur D 653, rte de Cahors, au bord de la Barguelonnette)
À savoir : salle de réunion et petit pub dans un moulin restauré

Nature : 🌲 ♀♀
Loisirs : 🍷 ✂ 🎮 🏃 🏊
Services : & 🔌 GB 🚲 🗑 😊 🚻 ♿ 🏊

ST-PIERRE-LAFEUILLE

✉ 46090 – **337** E4 – 292 h. – alt. 350
Paris 566 – Cahors 10 – Catus 14 – Labastide-Murat 23 – St-Cirq-Lapopie 35.

Quercy-Vacances de déb. avr. à mi-oct.
☎ 05 65 36 87 15, *quercyvacances@wanadoo.fr*,
www.quercy-vacances.com – **R** conseillée
3 ha (80 empl.) peu incliné, plat, herbeux
Tarif : 22,40 € ★★ 🚗 🅿 (6A) – pers. suppl. 5 €
Location : 15 🏠 (4 à 6 pers.) 210 à 550 €/sem. – 3 bungalows toilés – frais de réservation 10 € - **R** conseillée
🚐 🚲 15 €
Pour s'y rendre : Mas de la Combe (1,5 km au nord-est par N 20, rte de Brive et chemin à gauche)

Nature : 🌳 ♀♀
Loisirs : 🍷 snack 🎮 🏊
Services : & 🔌 GB 🚲 🗑 😊 🍴 🚻 ♿

MIDI-PYRÉNÉES

ST-ROME-DE-TARN

✉ 12490 – **338** J6 – 715 h. – alt. 360
🛈 *Syndicat d'initiative, place du Terral* ✆ 05 65 62 50 89, Fax 05 65 58 44 00
Paris 655 – Millau 18 – Pont-de-Salars 42 – Rodez 66 – St-Affrique 15 – St-Beauzély 20.

▲ La Cascade de déb. mars à fin nov.
✆ 05 65 62 56 59, *campingdelacascade@wanadoo.fr*,
Fax 05 65 62 58 62, *www.campingdelacascade.com* – accès aux emplacements par forte pente, mise en place et sortie des caravanes à la demande – **R** conseillée
4 ha (99 empl.) en terrasses, peu incliné, herbeux
Tarif : (Prix 2008) 26,50 € 🚻 🚗 📧 🚿 (6A) – pers. suppl. 6,50 € – frais de réservation 10 €
Location (Prix 2008) (permanent) : 10 🏠 (2 à 4 pers.) 190 €/sem. – 15 🏕 (4 à 6 pers.) 240 €/sem. – 10 🏡 (4 à 6 pers.) 260 €/sem. – 10 bungalows toilés – frais de réservation 10 € - **R** conseillée
🚐 1 borne flot bleu 6 € – 1 📧 21 €
Pour s'y rendre : Rte du Pont (300 m au nord par D 993, rte de Rodez, au bord du Tarn)
À savoir : terrasses à flanc de colline dominant le Tarn

Nature : 🌳 ≤ 🏞 ♀♀ ⛰
Loisirs : snack 🎰 🏓 🚴 🎱 ⛵
Services : ♿ ⚡ 🅶🅱 📧 ♻ 🚿 ⚗ 🚰 🧺 sèche-linge 🚿 ♻
À prox. : canoë, pédalos

Si vous recherchez :
👨‍👦 Un terrain offrant des équipements et des loisirs adaptés aux enfants
🌿 Un terrain agréable ou très tranquille
L - M Un terrain effectuant la location de caravanes, de mobile homes, de bungalows ou de chalets
P Un terrain ouvert toute l'année
🚐 Un terrain possédant une aire de services pour camping-cars

Consultez le tableau des localités

STE-MARIE-DE-CAMPAN

✉ 65710 – **342** N7
Paris 841 – Arreau 26 – Bagnères-de-Bigorre 13 – Luz-St-Sauveur 37 – Pau 77 – Tarbes 35.

▲ L'Orée des Monts
✆ 05 62 91 83 98, *oree.des.monts@wanadoo.fr*,
Fax 05 62 91 83 98, *www.camping-oree-des-monts.com* – alt. 950 – **R** conseillée
1,8 ha (101 empl.) plat et peu incliné, herbeux
🚐 1 borne artisanale – 🚽 15,90 €
Pour s'y rendre : 3 km au sud-est par D 918, rte du col d'Aspin, au bord de l'Adour de Payolle

Nature : ≤ ♀
Loisirs : 🍴 snack, pizzeria 🎰 🏓 ⛵
Services : ⚡ 🏢 📧 ♻ ⚗ 🚰 🧺

SALLES-CURAN

✉ 12410 – **338** I5 – 1 088 h. – alt. 887
🛈 *Syndicat d'initiative, place de la Vierge* ✆ 05 65 46 31 73
Paris 650 – Albi 77 – Millau 39 – Rodez 40 – St-Affrique 41.

▲▲▲ Les Genêts 👨‍👦 – de fin mai à mi-sept.
✆ 05 65 46 35 34, *contact@camping-les-genets.fr*,
Fax 05 65 78 00 72, *www.camping-les-genets.fr* – alt. 1 000 – **R** conseillée
3 ha (163 empl.) peu incliné, plat, terrasse, herbeux
Tarif : 33 € 🚻 🚗 📧 🚿 (6A) – pers. suppl. 7 € – frais de réservation 30 €
Location (de déb. mai à mi-sept.) : 40 🏕 – 11 🏡 – 7 bungalows toilés – frais de réservation 50 € - **R** conseillée
Pour s'y rendre : Lac de Pareloup (5 km au nord-ouest par D 993 puis à gauche par D 577, rte d'Arvieu et 2 km par chemin à dr.)
À savoir : au bord du lac de Pareloup

Nature : 🌳 ≤ 🏞 ♀♀ ⛰
Loisirs : 🍴 snack, pizzeria 🎲 🏓 salle d'animation 🏓 🚴 🎣 ⛵
Services : ♿ ⚡ (de mi-juin à déb. sept.) 🅶🅱 ♻ 📧 ♻ ⚗ 🚰 🧺 🍴 sèche-linge 🚿

Pour s'y rendre : Lac de Pareloup (5 km au nord-ouest par D 993 puis à gauche par D 577, rte d'Arvieu et 2 km par chemin à dr.)
À savoir : au bord du lac de Pareloup

MIDI-PYRÉNÉES

SALLES-CURAN

Beau Rivage de déb. mai à fin sept.
📞 05 65 46 33 32, camping-beau-rivage@orange.fr, www.beau-rivage.fr – alt. 800 – **R** conseillée
2 ha (80 empl.) en terrasses, plat, herbeux
Tarif : 29,50 € ★★ ⇔ 🅴 ⚡ (6A) – pers. suppl. 6,50 € – frais de réservation 20 €
Location (Prix 2008) (de déb. avr. à mi-oct.) : 🏠 (4 à 6 pers.) 198 à 685 €/sem. – 🏠 (4 à 6 pers.) – 224 à 838 €/sem. – frais de réservation 30 € - **R** conseillée
🏠 🛒 13,50 €
Pour s'y rendre : Rte des Vernhes (3,5 km au nord par D 993, rte de Pont-de-Salars et D 243 à gauche)
À savoir : situation agréable au bord du lac de Pareloup

Nature : ≤ 🌊 ⚡⚡ ⛺
Loisirs : 🍴 snack 🎮 🏖 🚴 🏊
Services : ♿ 🚿 GB 🚗 🏪 🔥 ⚡ 🎙
🧺 sèche-linge 🛒
À prox. : ✖ 🛶 canoë, accrobranches

Parc du Charrouzech de mi-juin à mi-sept.
📞 05 65 46 01 11, parcducharouzech@orange.fr, Fax 05 65 46 3913, www.parcducharouzech.fr – **R** conseillée
3 ha (104 empl.) en terrasses, peu incliné, plat, herbeux
Tarif : 25 € ★★ ⇔ 🅴 ⚡ (5A) – pers. suppl. 4 €
Location (de déb. juil. à fin août) : 12 🏠 (4 à 6 pers.) 400 à 780 €/sem. – 46 bungalows toilés – avec et sans sanitaires – frais de réservation 30 € - **R** conseillée
Pour s'y rendre : Le Charouzech (5 km au nord-ouest par D 993 puis à gauche par D 577, rte d'Arvieu et 3,4 km par chemin à dr., près du lac de Pareloup (accès direct))
À savoir : situation dominante sur le lac

Nature : 🌳 ≤ 🌊 ⚡⚡
Loisirs : 🎮 🏖 🏊 🏖 🎣 canoë
Services : ♿ 🚿 GB 🚗 🏪 🔥 ⚡
🧺 sèche-linge

🛒 ✖ **LET OP :**
🚗 deze gegevens gelden in het algemeen alleen in het seizoen,
🏇 wat de openingstijden van het terrein ook zijn.

SALLES-ET-PRATVIEL

✉ 31110 – **343** B8 – 119 h. – alt. 625
Paris 814 – Toulouse 141 – Tarbes 86 – Lourdes 105 – St-Gaudens 41.

Le Pyrénéen de déb. déc. à fin oct.
📞 05 61 79 59 19, campinglepyreneen@wanadoo.fr, www.campingdepyreneen-luchon.com – **R** conseillée ❄
1,1 ha (75 empl.) plat, pierreux, herbeux
Tarif : (Prix 2008) 16,50 € ★★ ⇔ 🅴 ⚡ (10A) – pers. suppl. 4 €
Location (Prix 2008) : 12 🏠 (4 à 6 pers.) nuitée 50 € - 240 à 460 €/sem. – frais de réservation 13 € - **R** conseillée
Pour s'y rendre : Lieu-dit : Les Sept Molles (600 m au sud par D 27 et chemin, au bord de la Pique)

Nature : ❄ 🌳 ≤ 🌊 ⚡⚡
Loisirs : 🍴 🏠 🎮 🏊
Services : ♿ 🚿 GB 🚗 🏪 🔥 🎋
☀ 🎋 🧺 sèche-linge
À prox. : 🏇

SASSIS

✉ 65120 – **342** L7 – 60 h. – alt. 700
Paris 879 – Toulouse 206 – Tarbes 53 – Pau 72 – Lourdes 30.
Schéma à Luz-St-Sauveur

Le Hounta de déb. fév. à mi-oct.
📞 05 62 92 95 90, le-hounta@orange.fr, Fax 05 62 92 92 51, www.campinglehounta.com – **R** conseillée
2 ha (91 empl.) plat et peu incliné, herbeux
Tarif : (Prix 2008) 19,70 € ★★ ⇔ 🅴 ⚡ (10A) – pers. suppl. 3,60 € – frais de réservation 7 €
Location (Prix 2008) (permanent) ❄ (de déb. juil. à fin août) : 8 🏠 (4 à 6 pers.) nuitée 40 € - 230 à 548 €/sem. – frais de réservation 7 € - **R** conseillée
Pour s'y rendre : Sassis (600 m au sud par D 12)

Nature : ❄ 🌳 ≤ 🌊
Loisirs : 🎣
Services : ♿ 🚿 🚗 🏪 🔥 ☀ 🎋
sèche-linge
À prox. : 🎣

MIDI-PYRÉNÉES

SEIX

09140 – **343** F7 – G. Midi Pyrénées – 697 h. – alt. 523

Office de tourisme, place de l'Allée 05 61 96 00 01

Paris 793 – Ax-les-Thermes 77 – Foix 62 – St-Girons 19.

Le Haut Salat de déb. janv. à mi-déc.
05 61 66 81 78, *camping.le-haut-salat@wanadoo.fr*, *www.camping-haut-salat.com* – **R** conseillée
2,5 ha (135 empl.) plat, herbeux
Tarif : 17,50 € ★★ ⇔ 🔳 🛉 (10A) – pers. suppl. 4,80 € – frais de réservation 6 €
Location : 4 🚐 (2 à 4 pers.) 200 à 370 €/sem. – 9 🏠 (4 à 6 pers.) nuitée 48 € - 240 à 540 €/sem. – frais de réservation 10 € - **R** conseillée
🚐, 3 🔳 15,50 €
Pour s'y rendre : Rte de Soueix (800 m au nord-est par D 3, rte de St-Girons, au bord du Salat)

Nature : 🌼 🌳 ≤ ♀♀
Loisirs : 🍷 🛝 🏊 (petite piscine) 🎣
Services : ⚡ 🔑 GB 🚿 🧺 ⊙ ♨ 🚽 sèche-linge

SÉNERGUES

12320 – **338** G3 – 545 h. – alt. 525

Paris 630 – Toulouse 197 – Rodez 50 – Aurillac 62 – Villefranche-de-Rouergue 70.

L'Étang du Camp de déb. avr. à fin sept.
05 65 46 01 95, *info@etangducamp.fr*, Fax Pas Fax, *www.etangducamp.fr* – 🐕 ⚠
5 ha (60 empl.) plat, peu incliné, pierreux, rochers
Tarif : 19,50 € ★★ ⇔ 🔳 🛉 (6A) – pers. suppl. 3,50 €
🚐, 1 borne artisanale 6 €
Pour s'y rendre : Près de Conques (6 km au sud-ouest par D 242, rte de St-Cyprien-sur-Dourdou, au bord d'un étang)
À savoir : jolie décoration fleurale et arbustive

Nature : 🌳 🏞 ♀♀
Loisirs : 🎣
Services : ♿ 🔑 (juil.-août) 🚿 🧺 🚽 ⊙ ♨ 🔥

SÉNIERGUES

46240 – **337** F3 – 113 h. – alt. 390

Paris 540 – Cahors 45 – Figeac 46 – Fumel 69 – Rocamadour 23 – Souillac 33.

Domaine de la Faurie de déb. avr. à fin sept.
05 65 21 14 36, *contact@camping-lafaurie.com*, Fax 05 65 31 11 17, *www.camping-lafaurie.com* – **R** conseillée
27 ha/5 campables (63 empl.) peu incliné, plat, herbeux, pierreux
Tarif : 26 € ★★ ⇔ 🔳 🛉 (6A) – pers. suppl. 6,50 €
Location 🅿 : 🚐 (4 à 6 pers.) 250 à 660 €/sem. – 🏠 (4 à 6 pers.) - 250 à 660 €/sem. – 5 bungalows toilés – **R** conseillée
🚐, 1 borne artisanale 26 €
Pour s'y rendre : La Faurie (6 km au sud par D 10, rte de Montfaucon puis D 2, rte de St-Germain-du-Bel-Air et chemin à dr., A 20 sortie 56)

Nature : 🌳 ≤ ♀♀
Loisirs : 🍷 snack 🏛 🛝 🚴
Services : ♿ 🔑 GB 🚿 M 🧺 🚽 🛁 🚻 ♨ 🔥 sèche-linge 🏋

SÉVÉRAC-L'ÉGLISE

12310 – **338** J4 – G. Midi Pyrénées – 418 h. – alt. 630

Paris 625 – Espalion 26 – Mende 84 – Millau 58 – Rodez 31 – Sévérac-le-Château 24.

La Grange de Monteillac 👥 – de déb. mai à mi-sept.
05 65 70 21 00, *info@la-grange-de-monteillac.com*, Fax 05 65 70 21 01, *www.aveyron-location.com* – **R** conseillée
4,5 ha (70 empl.) en terrasses, plat, peu incliné, herbeux
Tarif : 26,30 € ★★ ⇔ 🔳 🛉 (6A) – pers. suppl. 6 € – frais de réservation 18 €
Location (de déb. avr. à mi-oct.) 🅿 (chalets) : 4 🚐 (4 à 6 pers.) 315 à 707 €/sem. – 22 🏠 (4 à 6 pers.) – 294 à 861 €/sem. – 9 bungalows toilés – frais de réservation 18 € - **R** conseillée
Pour s'y rendre : Chemin de Monteillac (sortie nord-est par D 28, rte de Laissac, face au cimetière)
À savoir : jolie décoration fleurale et arbustive

Nature : 🏞 ♀
Loisirs : 🍷 snack, pizzeria 🏛 🎲 🏃 🛝 🚴 ⚔ 🏊
Services : ♿ 🔑 (juil.-août) GB 🚿 🧺 🛁 ⊙ ♨ 🔥 sèche-linge 🏋

MIDI-PYRÉNÉES

SORÈZE

✉ 81540 – **338** E10 – G. Midi Pyrénées – 2 164 h. – alt. 272
🛈 *Office de tourisme, rue Saint-Martin* ✆ 05 63 74 16 28, Fax 05 63 50 86 61
Paris 732 – Castelnaudary 26 – Castres 27 – Puylaurens 19 – Toulouse 59.

⛰ St-Martin de mi-juin à mi-sept.
✆ 05 63 50 20 19, campings.occitanie@orange.fr,
Fax 05 63 50 20 19, www.campingsaintmartin.com
– **R** conseillée
1 ha (54 empl.) plat, herbeux
Tarif : (Prix 2008) 17,10 € ★★ 🚗 🔲 (10A) – pers. suppl. 4,60 €
Location (Prix 2008) (de déb. juin à fin sept.) 🏠 : 6 🏠 (4 à 6 pers.) nuitée 45 € - 270 à 581 €/sem. – **R** conseillée
🚐 6 🔲 8,10 €
Pour s'y rendre : Les Vigariés (au nord du bourg, accès par r. de la Mairie, au stade)

Nature : 🌲 🏞 ⚘⚘
Loisirs : 🎣 🏊
Services : ♿ 🔌 ⚰ 🚿 🍽 🗑
À prox. : 🍴

SORGEAT

✉ 09110 – **343** J8 – 96 h. – alt. 1 050
Paris 808 – Ax-les-Thermes 6 – Axat 50 – Belcaire 23 – Foix 49 – Font-Romeu-Odeillo-Via 61.

⚠ Municipal La Prade Permanent
✆ 05 61 64 36 34, mairie.sorgeat@wanadoo.fr,
Fax 05 61 64 63 38, www.sorgeat.com – alt. 1 000 – places limitées pour le passage – **R** conseillée
2 ha (40 empl.) non clos, en terrasses, plat, herbeux
Tarif : ★ 3,20 € 🚗 1,30 € 🔲 1,80 € – ⚡ (10A) 5,60 €
Location 🏠 : 🏠 (4 à 6 pers.) 255 à 355 €/sem. – appartements – **R** conseillée
Pour s'y rendre : La Prade (800 m au nord)
À savoir : situation agréable surplombant la vallée d'Ax-les-Thermes

Nature : 🌲 ⇐ montagnes 🏞 ⚘⚘
Loisirs : 🏠
Services : ♿ 🔌 (juil.-août) 🇬🇧 🏊
🗑 🚿 ⚰ 🍽 🗑

SOUILLAC

✉ 46200 – **337** E2 – G. Périgord Quercy – 3 671 h. – alt. 104
🛈 *Office de tourisme, boulevard Louis-Jean Malvy* ✆ 05 65 37 81 56, Fax 05 65 27 11 45
Paris 516 – Brive-la-Gaillarde 39 – Cahors 68 – Figeac 74 – Gourdon 27 – Sarlat-la-Canéda 29.

⛰ Domaine de la Paille Basse 🚻 – de mi-mai à mi-sept.
✆ 05 65 37 85 48, info@lapaillebasse.com,
Fax 05 65 37 09 58, www.lapaillebasse.com – **R** conseillée
80 ha/12 campables (262 empl.) vallonné, plat, en terrasses, pierreux, herbeux
Tarif : ★ 7 € 🚗 🔲 10,80 € – ⚡ (10A) 6 € – frais de réservation 20 €
Location (Prix 2008) (de déb. avr. à mi-sept.) 🏠 : 60 🏠 (4 à 6 pers.) 180 à 815 €/sem. – frais de réservation 20 € - **R** conseillée
Pour s'y rendre : La Paille-Basse (6,5 km au nord-ouest par D 15, rte de Salignac-Eyvignes puis 2 km par chemin à dr.)
À savoir : Vaste domaine en sous bois vallonné autour d'un vieux hameau restauré

Nature : 🌲 🏞 ⚘⚘
Loisirs : 🍴 🍽 (le soir) snack, pizzeria 🏠 ❂ nocturne 🚶 salle d'animation (discothèque) 🎣 🏊 🏊
Services : ♿ 🔌 🇬🇧 ⚰ 🚿 🗑 🏊
🗑 🛁 🍽 🗑 sèche-linge 🧺 🚿

⚠ Municipal les Ondines de déb. mai à fin sept.
✆ 05 65 37 86 44, secretariat@mairie-souillac.com,
Fax 05 65 32 05 04 – **R** conseillée
4 ha (242 empl.) plat, herbeux
Tarif : (Prix 2008) ★ 3,60 € 🚗 🔲 2,50 € – ⚡ (5A) 2,30 € – frais de réservation 8 €
Location (Prix 2008) (permanent) : 🚐 – **R** conseillée
🚐 1 borne flot bleu 3 €
Pour s'y rendre : Lieu-dit : Les Ondines (1 km au sud-ouest par rte de Sarlat et chemin à gauche, près de la Dordogne)

Nature : ⚘⚘
Loisirs : 🎣
Services : ♿ 🔌 🇬🇧 ⚰ 🚿 🗑
À prox. : 🚴 🏊 🍴 🏊 🏊 🐎 terrain omnisports, canoë, accro-branches

MIDI-PYRÉNÉES

TARASCON-SUR-ARIÈGE

✉ 09400 – **343** H7 – G. Midi Pyrénées – 3 446 h. – alt. 474
🛈 Office de tourisme, avenue Paul Joucla ✆ 05 61 05 94 94, Fax 05 61 05 57 79
Paris 777 – Ax-les-Thermes 27 – Foix 18 – Lavelanet 30.

Le Pré Lombard 👥 – de déb. avr. à mi-nov.
✆ 05 61 05 61 94, leprelombard@wanadou.fr,
Fax 05 61 05 78 93, www.prelombard.com – **R** conseillée
4 ha (180 empl.) plat, herbeux
Tarif : 31 € ✦✦ 🚗 📧 🚿 (10A) – pers. suppl. 8 € – frais de réservation 25 €
Location : 41 🏠 (4 à 6 pers.) 245 à 700 €/sem. – 29 🏠 (4 à 6 pers.) - 294 à 820 €/sem. – 6 bungalows toilés – frais de réservation 25 € - **R** conseillée
🚐 1 borne artisanale 3 €
Pour s'y rendre : Rte d'Ussat (1,5 km au sud-est par D 23, au bord de l'Ariège)

Nature : 🌳
Loisirs : 🍴 snack, pizzeria 🎭 🏃 terrain omnisports
Services : ♿ 🔑 GB ✂ 🚿 ♨ 📞 🍴 🌬 sèche-linge 🛒 point d'informations touristiques
À prox. : 🛒

Le Sédour Permanent
✆ 05 61 05 87 28, info@campinglesedour.com, www.campinglesedour.com – places limitées pour le passage – **R** conseillée
1,5 ha (100 empl.) peu incliné, plat, herbeux, pierreux
Tarif : 20 € ✦✦ 🚗 📧 🚿 (10A) – pers. suppl. 7 € – frais de réservation 10 €
Location : 3 🏠 (4 à 6 pers.) nuitée 45 € - 245 à 548 €/sem. – frais de réservation 20 € - **R** conseillée
Pour s'y rendre : Plaine de Forac (1,8 km au nord-ouest par D 618, dir. Foix puis rte de Massat, chemin à dr.)

Nature : 🌊 🌳
Loisirs : 🎭 🏃
Services : ♿ 🔑 GB ✂ 🚿 ♨ 📧 sèche-linge
À prox. : 🌊

The Guide changes, so renew your Guide every year.

TEILLET

✉ 81120 – **338** G7 – 442 h. – alt. 475
🛈 Syndicat d'initiative, Mairie ✆ 05 63 55 70 08
Paris 717 – Albi 23 – Castres 43 – Lacaune 49 – St-Affrique 68.

L'Entre Deux Lacs de déb. avr. à fin oct.
✆ 05 63 55 74 45, contact@campingdutarn.com,
Fax 05 63 55 75 65, www.campingdutarn.com – **R** conseillée
4 ha (65 empl.) en terrasses, pierreux, gravillons, herbeux
Tarif : (Prix 2008) 19 € ✦✦ 🚗 📧 🚿 (10A) – pers. suppl. 4,30 € – frais de réservation 15 €
Location (Prix 2008) (permanent) : 17 🏠 (4 à 6 pers.) - 259 à 589 €/sem. – frais de réservation 15 € - **R** conseillée
🚐 🚌 9,9 €
Pour s'y rendre : 29 r. du Baron-de-Solignac (sortie sud par D 81, rte de Lacaune)
À savoir : agréable châtaigneraie

Nature : 🌊 🌲 🌳
Loisirs : 🍴 snack 🎭 🏃 🌊
Services : ♿ 🔑 GB ✂ 📧 ♨ 🍴 🌬 🛒

THÉGRA

✉ 46500 – **337** G3 – 416 h. – alt. 330
Paris 535 – Brive-la-Gaillarde 58 – Cahors 64 – Rocamadour 15 – St-Céré 17 – Souillac 30.

Chalets Dordogne Vacances (location exclusive de chalets) Permanent
✆ 05 65 10 89 04, contact@dordogne-vacances.fr,
Fax 05 65 10 85 05, www.dordogne-vacances.fr
2,5 ha incliné, herbeux
Location : 12 🏠 (4 à 6 pers.) nuitée 70 € - 250 à 850 €/sem. – **R** conseillée
Pour s'y rendre : 500 m au nord, derrière la nouvelle école

Nature : 🌊 🌿
Loisirs : 🎭 🏃 🌊
Services : ♿ 🔑 🅿 ✂ 🚿 🌬

MIDI-PYRÉNÉES

THÉGRA

Le Ventoulou – de déb. avr. à fin sept.
05 65 33 67 01, contact@leventoulou.com,
Fax 05 65 33 73 20, www.camping-leventoulou.com
– **R** conseillée
2 ha (66 empl.) plat, terrasse, herbeux
Tarif : 24,70 € (10A) – pers. suppl. 6,30 € – frais de réservation 18 €
Location : 17 (4 à 6 pers.) nuitée 52 € - 224 à 651 €/sem. – 8 bungalows toilés – frais de réservation 18 € - **R** conseillée
1 borne artisanale – 13 €
Pour s'y rendre : Lieu-dit : Le Ventoulou (2,8 km au nord-est par D 14, rte de Loubressac et D 60, rte de Mayrinhac-Lentour à dr.)

Nature :
Loisirs :
Services :

THOUX

32430 – **336** H7 – 163 h. – alt. 145 – Base de loisirs
Paris 681 – Auch 40 – Cadours 13 – Gimont 14 – L'Isle-Jourdain 13 – Mauvezin 16.

Lac de Thoux - Saint Cricq de déb. avr. à mi-oct.
05 62 65 71 29, contact@camping-lacdethoux.com,
Fax 05 62 65 74 81, www.camping-lacdethoux.com
– **R** conseillée
3,5 ha (130 empl.) plat, peu incliné, herbeux
Tarif : (Prix 2008) 20 € (10A) – pers. suppl. 6 € – frais de réservation 13 €
Location (Prix 2008) (permanent) : 20 (4 à 6 pers.) nuitée 57 € - 260 à 620 €/sem. – bungalows toilés – frais de réservation 13 € - **R** conseillée
1 borne
Pour s'y rendre : au lieu-dit : Lannes (au nord-est par D 654, au bord du lac)

Nature :
Loisirs :
Services :
A prox. : snack

TOUZAC

46700 – **337** C5 – 341 h. – alt. 75
Paris 603 – Cahors 39 – Gourdon 51 – Sarlat-la-Canéda 63 – Villeneuve-sur-Lot 34.

Le Ch'Timi de déb. avr. à fin sept.
05 65 36 52 36, info@campinglechtimi.com,
Fax 05 65 36 53 23, www.campinglechtimi.com – **R** conseillée
3,5 ha (79 empl.) peu incliné, plat, herbeux
Tarif : 5,10 € 7,10 € – (6A) 3,15 € – frais de réservation 10 €
Location (permanent) : 5 (4 à 6 pers.) 285 à 550 €/sem. – 5 (4 à 6 pers.) - 450 à 725 €/sem. – frais de réservation 10 € - **R** conseillée
1 borne
Pour s'y rendre : au lieu-dit : La Roque (accès direct au Lot (par escalier abrupt))

Nature :
Loisirs : , snack
Services :

LE TREIN D'USTOU

09140 – **334** F8 – 351 h. – alt. 739
Paris 804 – Aulus-les-Bains 13 – Foix 73 – St-Girons 31 – Tarascon-sur-Ariège 63.

Le Montagnou Permanent
05 61 66 94 97, campinglemontagnou@wanadoo.fr,
Fax 05 61 66 91 20, www.lemontagnou.com – **R** conseillée
1,2 ha (57 empl.) plat, herbeux
Tarif : (Prix 2008) 16 € (10A) – pers. suppl. 4,20 €
Location (Prix 2008) (de mi-avr. à fin oct.) : 3 (4 à 6 pers.) nuitée 22 € - 195 à 350 €/sem. – **R** conseillée
Pour s'y rendre : le Trein d'Ustou, rte de Guzet (sortie nord-ouest par D 8, rte de Seix, près de l'Alet)

Nature :
Loisirs :
Services : sèche-linge
À prox. :

MIDI-PYRÉNÉES

LE TRUEL

✉ 12430 – **338** I6 – 369 h. – alt. 290
Paris 677 – Millau 40 – Pont-de-Salars 37 – Rodez 52 – St-Affrique 23 – Salles-Curan 22.

▲ **Municipal la Prade** de mi-mai à mi-sept.
📞 05 65 46 41 46 – **R** conseillée
0,6 ha (28 empl.) plat, herbeux
Tarif : 10 € ⚥ 🚗 🅴 ⚡ (6A) – pers. suppl. 2 €
Location ⛔ : 3 🏠 (4 à 6 pers.) 230 €/sem. – gîte d'étape – **R** conseillée
Pour s'y rendre : à l'est du bourg par D 31, à gauche apr. le pont, au bord du Tarn (plan d'eau)

Nature : ≤ ⊏⊐ ♀♀
Loisirs : 🏛 🎣
Services : ⚡ 🚗 🅴 ⊙ 🏪
À prox. : ✂ ⛸

VAYRAC

✉ 46110 – **337** G2 – G. Périgord Quercy – 1 185 h. – alt. 139 – Base de loisirs
🛈 Office de tourisme, place de la mairie 📞 05 65 10 97 01
Paris 512 – Beaulieu-sur-Dordogne 17 – Brive-la-Gaillarde 32 – Cahors 89 – St-Céré 20 – Souillac 26.

▲ **Chalets Mirandol Dordogne** (location exclusive de chalets) de déb. avr. à fin oct.
📞 05 65 32 57 12, bungalows-mirandol@wanadoo.fr, Fax 05 65 32 57 96, www.bungalows-mirandol.com
2,6 ha non clos, plat, herbeux
Location 🅿 : 23 🏠 (4 à 6 pers.) nuitée 35 € - 220 à 650 €/sem. – **R** conseillée
Pour s'y rendre : La Rivière (2,3 km au sud par D 116, en dir. de la base de loisirs)

Nature : 🌲 ♀
Loisirs : 🚴 🎣
Services : ⚡ 🚗 🍽
À prox. : 🍴 ✂ 🚿 ⛸ 🎣 canoë

▲ **Municipal la Palanquière** de mi-mai à mi-sept.
📞 05 65 32 43 67, mairie-vayrac@wanadoo.fr, Fax 05 65 32 41 30 – **R**
1 ha (33 empl.) plat, herbeux
Tarif : (Prix 2008) ⚥ 3,15 € 🚗 🅴 2,80 € – ⚡ (10A) 3,15 €
Location (Prix 2008) (de fin avr. à fin sept.) : huttes (sans sanitaire) – **R** conseillée
Pour s'y rendre : La Palanquière (1 km au sud par D 116, en dir. de la base de loisirs)

Nature : ♀♀
Services : ♿ ⚡ 🚗 🅴 ⊙ 🛁 🏪

VERS

✉ 46090 – **337** F5 – 398 h. – alt. 132
🛈 Office de tourisme, rue Montois 📞 05 65 31 42 59
Paris 565 – Cahors 15 – Villefranche-de-Rouergue 55.

▲ **La Chêneraie** de déb. avr. à fin sept.
📞 05 65 31 40 29, lacheneraie@free.fr, Fax 05 65 31 41 70, www.cheneraie.com – places limitées pour le passage – **R** conseillée
2,6 ha/0,4 campable (50 empl.) plat, herbeux
Tarif : 22 € ⚥ 🚗 🅴 (10A) – pers. suppl. 4 € – frais de réservation 9 €
Location : 6 🛖 (2 à 4 pers.) nuitée 30 € - 190 à 450 €/sem. – 7 🏠 (4 à 6 pers.) nuitée 50 € - 250 à 645 €/sem. – 19 🏠 (4 à 6 pers.) nuitée 50 € - 280 à 645 €/sem. – frais de réservation 9 € - **R** conseillée
🚐 1 borne artisanale 2 € – 🚐 ⚡ 10 €
Pour s'y rendre : le Cuzoul (2,5 km au sud-ouest par D 653, rte de Cahors et chemin à dr. apr. le passage à niveau)

Nature : 🌲 ⊏⊐ ♀♀(chênaie)
Loisirs : 🍴 pizzeria 🏛 ♨ ✂ 🎣
Services : ⚡ 🅶🅱 🚗 🅴 ⊙ 🛎 🏪 ♿

Pour choisir et suivre un itinéraire
Pour calculer un kilométrage
Pour situer exactement un terrain (en fonction des indications fournies dans le texte) :
Utilisez les cartes MICHELIN,
compléments indispensables de cet ouvrage.

MIDI-PYRÉNÉES

VIELLE-AURE

✉ 65170 – **342** N6 – 343 h. – alt. 800
🛈 *Office de tourisme, le village* ☎ 05 62 39 50 00, Fax 05 62 40 00 04
Paris 828 – Toulouse 155 – Tarbes 70 – Lourdes 66 – St-Gaudens 64.

Le Lustou Permanent
☎ 05 62 39 40 64, contact@lustou.com, Fax 05 62 39 40 72,
www.lustou.com – **R** conseillée
2,8 ha (65 empl.) plat, gravier, herbeux
Tarif : ♣ 4,20 € 🚗 4,40 € – (½) (10A) 6,80 €
Location (de déb. déc. à fin sept.) 🚫 : 6 🏠 (4 à 6 pers.) nuitée 38 € · 280 à 440 €/sem. – gîte d'étape
– **R** conseillée
Pour s'y rendre : au lieu-dit : Agos (2 km au nord-est par D 19, près de la Neste-d'Aure et d'un étang)
À savoir : belle entrée ornée de plantes des Pyrénées

Nature : ❄ ≤ ♀♀
Loisirs : 🎯 ⚽ 🎾
Services : ♿ ⚡ 🚿 M 🚽 ♻ 🛒 ⊙
🏊 💨 🍽 🧺 ♨
À prox. : 🚣 sports en eaux vives, canoë, kayak

Si vous recherchez :
△ Un terrain au bord de l'eau avec possibilité de baignade
🍃 Un terrain agréable ou très tranquille
L   Un terrain effectuant la location de caravanes, de mobile homes, de bungalows ou de chalets
P   Un terrain ouvert toute l'année
🚐 Un terrain possédant une aire de services pour camping-cars
Consultez le tableau des localités

LE VIGAN

✉ 46300 – **337** E3 – G. Périgord Quercy – 1 189 h. – alt. 224
Paris 537 – Cahors 43 – Gourdon 6 – Labastide-Murat 20 – Payrac 8 – Rocamadour 27.

Le Rêve de déb. mai à mi-sept.
☎ 05 65 41 25 20, info@campinglereve.com,
Fax 05 65 41 68 52, www.campinglereve.com – **R** conseillée
8 ha/2,5 campables (60 empl.) plat, peu incliné, herbeux, bois attenant
Tarif : 19,80 € ♣♣ 🚗 🏠 (½) (6A) – pers. suppl. 4,95 € – frais de réservation 5 €
Location 🚫 : 4 🏠 (4 à 6 pers.) nuitée 40 € · 280 à 493 €/sem. – **R** conseillée
Pour s'y rendre : Revers (3,2 km au nord par D 673, rte de Souillac puis 2,8 km par chemin à gauche)
À savoir : décoration florale et arbustive et quelques emplacements en sous-bois

Nature : 🍃 ⊏⊐ ♀♀
Loisirs : 🍹 🎯 🎾
Services : ♿ ⚡ 🚿 🚽 ⊙ 🍽 🧺
sèche-linge ♨

VILLEFRANCHE-DE-PANAT

✉ 12430 – **338** I6 – G. Midi Pyrénées – 762 h. – alt. 710
Paris 676 – Toulouse 177 – Rodez 45 – Millau 46 – Onet-le-Château 47.

Le Hameau des Lacs (location exclusive de chalets) de déb. juin à fin sept.
☎ 05 65 65 81 81, info@les-hameaux.fr, Fax 05 65 65 81 86,
www.les-hameaux.fr
1 ha en terrasses
Location Ⓟ : 22 🏠 (4 à 6 pers.) · 240 à 590 €/sem. – frais de réservation 25 € · **R** conseillée
Pour s'y rendre : rte de Rodez

Nature : ≤ ♀
Loisirs : 🎯 🤸 🎾 🏊 terrain omnisports
Services : ♿ ⚡ 🚿 🚽 🍽 ♨ sèche-linge
À prox. : 🏖 (plage)

MIDI-PYRÉNÉES

VILLEFRANCHE-DE-ROUERGUE

✉ 12200 – **338** E4 – G. Midi Pyrénées – 11 919 h. – alt. 230
🛈 *Office de tourisme, promenade du Guiraudet* ✆ 05 65 45 13 18, Fax 05 65 45 55 58
Paris 614 – Albi 68 – Cahors 61 – Montauban 80 – Rodez 60.

▲ **Le Rouergue** de mi-avr. à fin sept.
✆ 05 65 45 16 24, campingrouergue@wanadoo.fr,
Fax 05 65 45 16 24, www.campingdurouergue.com
– **R** conseillée
1,8 ha (98 empl.) plat, herbeux
Tarif : 17 € ✶✶ ⇔ 🗉 ⓘ (16A) – pers. suppl. 2,50 € – frais de réservation 3 €
Location : 5 🏠 (4 à 6 pers.) 220 à 430 €/sem. – 6 bungalows toilés – frais de réservation 3 € - **R** conseillée
🚐, 1 borne artisanale 3 € – 🚐 10 €
Pour s'y rendre : Le Teulel (1,5 km au sud-ouest par D 47, rte de Monteils)

Nature : 🗒 ♧♧
Loisirs : 🖥 🏊
Services : ♿ ⚏ GB ♂ 🗄 ⊕ 🚿 ☕ 🛒
À prox. : 🛁 jacuzzi 🚲 ✂ 🎾 🏊

NORD-PAS-DE-CALAIS

Selon un dicton local, « les gens du Nord ont dans le cœur ce qu'ils n'ont pas dehors ». Comprenez que les horizons sans fin du Plat Pays, qui n'ont « que des vagues de dunes pour arrêter les vagues », ne brisent en rien leur infatigable entrain : lors des Rondes de géants, des ducasses ou des kermesses, écoutez-les chanter, les ch'timis… Regardez-les rire à cette débauche de moules-frites qui fait le sel des grandes braderies de Lille, et trinquer autour d'une bière dans l'ambiance bon enfant des estaminets. À table, pas davantage le temps de s'ennuyer : chicons braisés, carbonade, potjevleesch, tarte au maroilles… D'autres agréments ? Le joyeux concert des carillons au sommet des beffrois, la silhouette aérienne des moulins et… la possibilité de franchir le « Pas » pour saluer nos voisins britanniques.

As the local saying goes, »the hearts of the men of the north are warm enough to thaw the chilly climate". Just watch as they throw themselves body and soul into the traditional « Dance of the Giants » at countless fairs, fêtes and carnivals: several tons of chips and mussels — and countless litres of beer! — sustain a million visitors to Lille's huge annual street market. The influence of Flanders can be heard in the names of towns and people, seen in the wealth of Gothic architecture and tasted in filling dishes like beef in amber beer and *potjevleesch* stew. Joyful bells ringing from their slender belfries, neat rows of miners' houses and the distant outline of windmills remind visitors that they are on the border of Belgium, or, as a glance across the Channel will prove, in sight of the cliffs of Dover!

NORD-PAS-DE-CALAIS

AVESNES-SUR-HELPE

✉ 59440 – **302** L7 – G. Nord Pas-de-Calais Picardie – 5 003 h. – alt. 151
🛈 *Office de tourisme, 41, place du Général Leclerc* ℘ 03 27 56 57 20
Paris 215 – Charleroi 56 – St-Quentin 66 – Valenciennes 44 – Vervins 31.

⚠ **Municipal le Champ de Mars** de mi-avr. à fin sept.
℘ 03 27 57 99 04, *info@avesnes-sur-helpe.com*,
Fax 03 27 56 57 59 – **R** conseillé
1 ha (44 empl.) peu incliné, herbeux
Tarif : (Prix 2008) 15 € ⚹⚹ ⇔ 🅴 [⚡] (6A) – pers. suppl. 3 €
Pour s'y rendre : à Avesnelles, r. Léo-Lagrange

Nature : ⊡ ♀
Services : ♿ ⚲ 🚿 🚽 ☺

BUYSSCHEURE

✉ 59285 – **302** B3 – 453 h. – alt. 25
Paris 269 – Béthune 44 – Calais 47 – Dunkerque 31 – Lille 64 – Saint-Omer 13.

⚠ **La Chaumière** de déb. avr. à fin sept.
℘ 03 28 43 03 57, *camping.lachaumiere@wanadoo.fr*,
www.campinglachaumiere.com – **R** conseillée
1 ha (29 empl.) plat, herbeux, pierreux, petit étang
Tarif : 18 € ⚹⚹ ⇔ 🅴 [⚡] (6A) – pers. suppl. 7 €
🚐 1 borne artisanale – 15 🅴 18 €
Pour s'y rendre : au bourg

Nature : ≋ ⊡ ♀
Loisirs : 🍴 snack 🎣 ⛱ ∏ (petite piscine) ≋
Services : ♿ ⚲ ✂ 🚿 🚽 ☺ 🚾

CONDETTE

✉ 62360 – **301** C4 – 2 675 h. – alt. 35
🛈 *Syndicat d'initiative, Mairie* ℘ 03 21 32 88 88, Fax 03 21 87 26 60
Paris 254 – Boulogne-sur-Mer 10 – Calais 47 – Desvres 19 – Montreuil 31 – Le Touquet-Paris-Plage 22.

⚠ **Caravaning du Château** de déb. avr. à fin oct.
℘ 03 21 87 59 59, *campingduchateau@libertysurf.fr*,
Fax 03 21 87 59 59, *www.camping-caravaning-du-chateau.com* – **R** conseillée
1,2 ha (70 empl.) plat, herbeux, gravillons
Tarif : 24,40 € ⚹⚹ ⇔ 🅴 [⚡] (10A) – pers. suppl. 5,90 € – frais de réservation 10 €
Location : 2 🏠 (4 à 6 pers.) 400 à 565 €/sem. – frais de réservation 10 € - **R** conseillée
🚐 1 borne artisanale 5 €
Pour s'y rendre : 21 r. Nouvelle (sortie sud par D 119)

Nature : ⊡
Loisirs : 🎱 🎣
Services : ♿ ⚲ ✂ 🚿 🚽 ☺ 🍴
À prox. : ✂

495

Pêche à pied à Mers

G. Targat/Michelin

NORD-PAS-DE-CALAIS

COUDEKERQUE

✉ 59380 – **302** C2 – 1 080 h. – alt. 1
Paris 283 – Calais 50 – Dunkerque 7 – Hazebrouck 39 – Lille 69 – St-Omer 36.

⚠ **Le Bois des Forts** avr.-sept.
☏ 03 28 61 04 41 – places limitées pour le passage
– **R** conseillée
3,25 ha (130 empl.) plat, herbeux
Tarif : 13 € ♦♦ 🚗 🅴 (10A) – pers. suppl. 3,50 €
Location : 3 🛖 (4 à 6 pers.) nuitée 36 € - 245 €/sem.
🚐 20 🅴
Pour s'y rendre : 700 m au nord-ouest de Coudekerque-Village par D 72

Nature : 🌳
Loisirs : 🍸 🎠
Services : ♿ ⚡ ⚰ 🚿 🚽 ♨ ⛲

FILLIÈVRES

✉ 62770 – **301** F6 – 499 h. – alt. 46
Paris 206 – Arras 52 – Béthune 46 – Hesdin 13 – St-Pol-sur-Ternoise 17.

⚠ **Les Trois Tilleuls** de déb. avr. à fin sept.
☏ 03 21 47 94 15, campingdes3t@wanadoo.fr,
Fax 03 21 04 81 32, *www.camping3tilleuls.com* – places limitées pour le passage – **R**
4,5 ha (120 empl.) plat et peu incliné, herbeux
Tarif : 13,50 € ♦♦ 🚗 🅴 (10A) – pers. suppl. 2,50 €
Location 🏊 : 3 🛖 (4 à 6 pers.) 230 à 480 €/sem.
– **R** conseillée
Pour s'y rendre : 28 r. de Frévent (sortie sud-est par D 340)
À savoir : au cœur de la vallée de la Canche

Si vous recherchez :
👨‍👦 Un terrain offrant des équipements et des loisirs adaptés aux enfants
🏊 Un terrain agréable ou très tranquille
L - M Un terrain effectuant la location de caravanes, de mobile homes, de bungalows ou de chalets
P Un terrain ouvert toute l'année
🚐 Un terrain possédant une aire de services pour camping-cars
Consultez le tableau des localités

496

Chars à voile sur la plage de Berk-sur-Mer

Mairie de Berck-sur-Mer

NORD-PAS-DE-CALAIS

FLOYON

✉ 59219 – **302** L7 – 515 h. – alt. 154
Paris 207 – Cambrai 51 – Hirson 23 – Maubeuge 32 – St-Quentin 57.

Anielou Permanent
☎ 03 27 59 14 14, camping.anielou@hotmail.fr,
Fax 03 27 59 14 14 – **R** conseillée
2,8 ha (73 empl.) plat, peu incliné, herbeux, étang
Tarif : ♦ 3 € ⇔ 🅴 4,50 € – 🅹 (10A) 3,50 €
Location ⚲ : 6 🏠 (4 à 6 pers.) nuitée 45 € – 315 €/sem. – frais de réservation 30 € – **R** conseillée
🚐 1 borne artisanale 5 € – 2 🅴 8 € – 🅹 13 €
Pour s'y rendre : 16 r. de Chevireuil (2,3 km au nord-ouest par D 116, rte de Beaurepaire-sur-Sambre et chemin à dr.)

Nature : 🌳 ⛺
Loisirs : 🍷 🎱
Services : 🚻 ⚡ 🚗 🚿 🛒 🅿 ☎

GRAND-FORT-PHILIPPE

✉ 59153 – **302** A2 – 6 078 h. – alt. 5
Paris 289 – Calais 28 – Cassel 40 – Dunkerque 24 – St-Omer 38.

La Plage de déb. avr. à fin oct.
☎ 03 28 65 31 95, campingdelaplage@campingvpa.fr,
Fax 03 28 65 35 99, www.camping-de-la-plage.info
– **R** conseillée
1,5 ha (84 empl.) plat, herbeux
Tarif : ♦ 4,40 € ⇔ 1,72 € 🅴 3,45 € – 🅹 (10A) 3,33 €
🚐 1 borne 3,45 €
Pour s'y rendre : 115 r. du Mar.-Foch (au nord-ouest)

Loisirs : 🏊
Services : 🚻 ⚡ GB 🚗 🛒 🅿 🚿 ☎
🧺 🗄 sèche-linge

Si vous désirez réserver un emplacement pour vos vacances, faites-vous préciser au préalable les conditions particulières de séjour, les modalités de réservation, les tarifs en vigueur et les conditions de paiement.

GUÎNES

✉ 62340 – **301** E2 – G. Nord Pas-de-Calais Picardie – 5 221 h. – alt. 5
🛈 Office de tourisme, rue Clemenceau ☎ 03 21 35 73 73, Fax 03 21 85 88 38
Paris 282 – Arras 102 – Boulogne-sur-Mer 29 – Calais 11 – St-Omer 34.

La Bien-Assise de mi-avr. à fin sept.
☎ 03 21 35 20 77, castels@bien-assise.com,
Fax 03 21 36 79 20, www.camping-bien-assise.fr
– **R** conseillée
20 ha/12 campables (198 empl.) plat, peu incliné, herbeux, petit étang
Tarif : ♦ 6,50 € ⇔ 🅴 14 € – 🅹 (6A) 4,50 € – frais de réservation 15 €
Location (de mi-avr. à mi-sept.) ⚲ : 7 🏠 (4 à 6 pers.) nuitée 90 € – 380 à 650 €/sem. – 4 🏡 (4 à 6 pers.) nuitée 100 € – 500 à 600 €/sem. – 7 🛏 – frais de réservation 15 € – **R** conseillée
🚐 1 borne artisanale 5 €
Pour s'y rendre : sortie sud-ouest par D 231, rte de Marquise

Nature : 🌳 🌲
Loisirs : 🍷 🍴 snack 🎱 🏊 🚴
⛱ 🏊 (découverte en saison) ⚽
Services : 🚻 ⚡ GB 🚗 🛒 🅿 🚿 ☎ 🧺
🗄 🏊 🚿

ISQUES

✉ 62360 – **301** C3 – 1 102 h. – alt. 15
Paris 247 – Lille 125 – Arras 122 – Calais 44 – Dunkerque 85.

Les Cytises de déb. avr. à mi-oct.
☎ 03 21 31 11 10, campcytises@orange.fr,
Fax 03 21 31 11 10, www.lescytises.fr – **R** conseillée
2,5 ha (100 empl.) plat, terrasse, herbeux
Tarif : 17,10 € ♦♦ ⇔ 🅴 🅹 (6A) – pers. suppl. 3,80 €
Pour s'y rendre : Chemin Georges-Ducrocq (accès par N 1, près du stade, par A 16 sortie 28)

Nature : ⛺ 🌲
Loisirs : 🎱 🏊
Services : 🚻 ⚡ 🚗 🚿 🛒 🅿 ☎ 🧺
À prox. : 🚣 canoë-kayak

NORD-PAS-DE-CALAIS

LEFFRINCKOUCKE

✉ 59495 – **302** C1 – 4 949 h. – alt. 5
🛈 Office de tourisme, 726, boulevard Trystam ✆ 03 28 69 05 06
Paris 292 – Calais 53 – Dunkerque 7 – Hazebrouck 48 – Lille 78 – St-Omer 52 – Veurne 20.

△ **Mer et Vacances**
✆ 03 28 20 17 32, mer.etvacances@akeonet.com,
Fax 03 28 20 17 32 – places limitées pour le passage – **R** indispensable
2 ha (93 empl.) plat, peu incliné, sablonneux, herbeux
Location : 7
Pour s'y rendre : Bd J.B.-Trystram (au nord-est)
À savoir : bordé de dunes et proche d'une plage de sable fin

Nature : 🌿
Loisirs : 🎰 ✂
Services : ♿ ⚡ 🚿 🚽 ⊕ 🛒 🌀
À prox. : 🏟 terrain omnisports

LICQUES

✉ 62850 – **301** E3 – G. Nord Pas-de-Calais Picardie – 1 440 h. – alt. 81
Paris 276 – Arras 97 – Boulogne-sur-Mer 31 – Calais 25 – Dunkerque 55 – St-Omer 27.

△ **Pommiers des Trois Pays** de déb. avr. à fin oct.
✆ 03 21 35 02 02, Denis.lamce@wanadoo.fr,
Fax 03 21 35 02 02, www.pommiers-3pays.com – **R** conseillée
1,3 ha (38 empl.) plat, herbeux
Tarif : 21 € ♦♦ 🚗 🔲 (16A) – pers. suppl. 4,60 €
Location (permanent) : 2 🏠 (4 à 6 pers.) nuitée 65 € - 270 à 500 €/sem. – 🏡 (4 à 6 pers.) nuitée 75 € - 290 à 535 €/sem. – frais de réservation 5 € - **R** conseillée
🚐 1 borne artisanale 5 € – 1 🔲 15 € – 🚙 12 €
Pour s'y rendre : 253 r. du Breuil

Nature : 🌿 🌲 ♀
Loisirs : 🎰 🐎 🏊 (couverte hors saison)
Services : ♿ ⚡ GB 🚿 M 🚽 ⊕ ⊙ 🌀 🛒 sèche-linge

MAUBEUGE

✉ 59600 – **302** L6 – G. Nord Pas-de-Calais Picardie – 33 546 h. – alt. 134
🛈 Office de tourisme, place Vauban ✆ 03 27 62 11 93, Fax 03 27 64 10 23
Paris 242 – Charleville-Mézières 95 – Mons 21 – St-Quentin 114 – Valenciennes 39.

△ **Municipal du Clair de Lune** de fin fév. à mi-déc.
✆ 03 27 62 25 48, camping@ville-maubeuge.fr,
Fax 03 27 60 25 94 – **R** conseillée
2 ha (92 empl.) plat, herbeux
Tarif : (Prix 2008) ♦ 3,40 € 🚗 🔲 3,30 € – (10A) 4,30 €
Pour s'y rendre : 212 rte de Mons (1,5 km au nord par N 2)
À savoir : décoration florale et arbustive

Nature : 🌿 ♀
Loisirs : 🐎
Services : ⚡ GB 🚿 🚽 ⊕ 🌀 🛒 🕸

NORD-PAS-DE-CALAIS

OYE-PLAGE

✉ 62215 – **301** F2 – 5 882 h. – alt. 4
Paris 295 – Calais 18 – Cassel 44 – Dunkerque 28 – St-Omer 35.

Les Oyats
📞 03 21 85 15 40, billiet.nicolas@wanadoo.fr,
Fax 03 28 60 38 33, www.les-oyats.com – places limitées pour le passage – **R** conseillée
4,5 ha (150 empl.) plat, herbeux, sablonneux

Pour s'y rendre : 4,5 km au nord-ouest, 272 Digue Verte, à 100 m de la plage (accès direct)

À savoir : décoration arbustive

Nature : 🌊 🏕 🌳
Loisirs : 🎪 jacuzzi 🎠 🚲 ✂ 🛶
Services : ⚿ 🛁 ♨ 🚻

REBECQUES

✉ 62120 – **301** G4 – 398 h. – alt. 33
Paris 242 – Arras 62 – Béthune 35 – Boulogne-sur-Mer 62 – Hesdin 44 – St-Omer 16.

Le Lac avr.-oct.
📞 03 21 39 58 58 – places limitées pour le passage
14 ha/3 campables (95 empl.) plat, herbeux, gravier
Tarif : ♦ 2,50 € 🚗 🅿 8 € – 🔌 (6A) 2 €

Pour s'y rendre : 1 km au sud par D 189, rte de Thérouanne et chemin à gauche

À savoir : Autour d'un petit lac aménagé pour la pêche et les loisirs

Nature : 🏕
Loisirs : 🍴 🎠 🛶
Services : ♿ ⚿ 🛎 ♨ 🚿 🚻

Benutzen Sie
– zur Wahl der Fahrtroute
– zur Berechnung der Entfernungen
– zur exakten Lokalisierung eines Campingplatzes (mit Hilfe der Angaben im Ortstext) die für diesen Führer unentbehrlichen **MICHELIN-Karten**.

499

ST-OMER

✉ 62500 – **301** G3 – G. Nord Pas-de-Calais Picardie – 15 747 h. – alt. 23
🛈 Office de tourisme, 4, rue du Lion d'Or 📞 03 21 98 08 51, Fax 03 21 98 08 07
Paris 257 – Arras 77 – Béthune 50 – Boulogne-sur-Mer 52 – Calais 43 – Dunkerque 45 – Ieper 57 – Lille 65.

Château du Ganspette de déb. avr. à fin sept.
📞 03 21 93 43 93, contact@chateau-gandspette.com,
Fax 03 21 95 74 98, www.chateau-gandspette.com
– **R** conseillée
11 ha/4 campables (150 empl.) peu incliné, herbeux
Tarif : 27 € ♦♦ 🚗 🅿 🔌 (6A) – pers. suppl. 6 € – frais de réservation 7 €

Location (Prix 2008) ✂ : 8 🏠 (4 à 6 pers.) 330 à 585 €/sem. – frais de réservation 7 € - **R** conseillée
🚐 1 borne 27 € – 6 🅿 27 €

Pour s'y rendre : 133 r. du Ganspette (11, 5 km au nord-ouest par N 43 et D 207, à Eperlecques-Ganspette)

À savoir : dans le parc boisé du château

Nature : 🌊 🌳
Loisirs : 🍴 🍽 🎪 🎠 ✂ 🛶 terrain omnisports
Services : ♿ ⚿ 🏧 🚲 ♨ 🛁 ⚙ ♨ 🚿
🚻 🧺

WILLIES

✉ 59740 – **302** M7 – 139 h. – alt. 167 – Base de loisirs
Paris 225 – Avesnes-sur-Helpe 16 – Cambrai 69 – Charleroi 48 – Charleville-Mézières 81 – Lille 114 – Vervins 44.

Val Joly
📞 03 27 61 83 76, valjolyresa@valjoly.com,
Fax 03 27 61 83 09, www.valjoly.com – **R** conseillée
4 ha (160 empl.) plat, peu incliné, herbeux

Location : 🏠 – **R** conseillée

Pour s'y rendre : 1,5 km à l'est par D 133, rte d'Eppe-Sauvage, à 300 m du lac

À savoir : situation dominante sur le lac

Nature : 🌊 🌳
Loisirs : 🎪 ✂ 🏊
Services : ⚿ 🛁 ♨ 🚻 🧺
À prox. : 🎣

NORMANDIE

Muse des impressionnistes et des poètes, la Normandie vogue entre luxe, calme et volupté. Côté mer, les prestigieuses stations balnéaires, l'éblouissante baie du Mont-St-Michel, les hautes falaises crayeuses et les plages du Débarquement imposent une contemplation silencieuse. Côté terre le bocage, où paissent chevaux et vaches, et les vergers de pommiers déroulent un tapis verdoyant semé de chaumières à colombages et de fringants manoirs. Éclairée d'une lumière à nulle autre pareille, la Seine méandre paisiblement, jalonnant son cours d'une succession de trésors architecturaux : cités médiévales, châteaux, abbayes... Cette esquisse de la région serait incomplète sans l'évocation des bons produits du terroir : beurre, crème fraîche, camembert, livarot, cidre et calvados méritent à eux seuls votre visite.

Normandy, the inspiration of writers and artists, offers pure rural pleasure. Take a walk along the coast to fill your lungs with sea air and admire the elegant resorts. You will be left breathless when you first catch sight of Mont Saint-Michel rising from the sands or look down over Étretat's white cliffs, and it is impossible not to be moved by the memory of the men who gave their lives on Normandy's beaches in June 1944. Further inland, acres of neat, hedge-lined fields meet the eye. Drink in the sight and scent of apple blossom, admire the pretty, half-timbered cottages and follow the Seine past medieval cities, daunting castles and venerable abbeys. And who could forget Normandy's culinary classics: fresh seafood, creamy Camembert, cider and the famous apple brandy, Calvados.

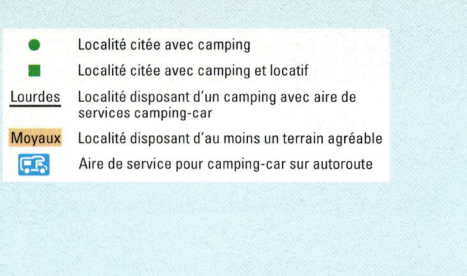

NORMANDIE

AGON-COUTAINVILLE

✉ 50230 – **303** C5 – 2 723 h. – alt. 36

🛈 Office de tourisme, place du 28 Juillet ☎ 02 33 76 67 30, Fax 02 33 76 67 31
Paris 348 – Barneville-Carteret 48 – Carentan 43 – Cherbourg 80 – Coutances 13 – St-Lô 41.

▲ **Municipal le Marais** de déb. juil. à fin août
☎ 02 33 47 05 20, martinetmarais@wanadoo.fr,
Fax 02 33 47 31 95, http://perso.wanadoo.fr/cam
pings.martinetmarais – **R** conseillée
2 ha (148 empl.) plat, herbeux
Tarif : (Prix 2008) ♦ 3,50 € ⇔ 1,50 € 🅴 3,70 € – (ℓ) (5A) 2,80 €
🚐 1 borne artisanale 4,50 €
Pour s'y rendre : bd Lebel-Jehenne (sortie nord-est, près de l'hippodrome)

Loisirs : 🏄
Services : ♿ ⚡ 🚿 ✂ 🚽 ♻ 🏪
À prox. : 🍴 ✂ 🏇 golf, école de voile

▲ **Municipal le Martinet** de déb. avr. à fin oct.
☎ 02 33 47 05 20, martinetmarais@wanadoo.fr,
Fax 02 33 47 31 95, http://perso.wanadoo.fr/cam
pings.martinetmarais – **R** conseillée
1,5 ha (122 empl.) plat, herbeux
Tarif : (Prix 2008) ♦ 3,40 € ⇔ 1,50 € 🅴 3,30 € – (ℓ) (5A) 2,80 €
🚐 1 borne artisanale 4,50 €
Pour s'y rendre : bd Lebel-Jehenne (sortie nord-est, près de l'hippodrome)

Nature : ♀
Loisirs : 🏄
Services : ♿ ⚡ 🚿 ✂ ♻ 🏪 sèche-linge
À prox. : 🍴 ✂ 🏇 🚴 golf, école de voile

ALENÇON

✉ 61000 – **310** J4 – G. Normandie Cotentin – 28 935 h. – alt. 135

🛈 Office de tourisme, place de la Magdeleine ☎ 02 33 80 66 33, Fax 02 33 80 66 32
Paris 190 – Chartres 119 – Évreux 119 – Laval 90 – Le Mans 54 – Rouen 150.

▲ **Municipal de Guéramé** avr.-sept.
☎ 02 33 26 34 95, Fax 02 33 26 34 95 – **R** conseillée
1,5 ha (84 empl.) plat et en terrasses, herbeux, gravillons
Tarif : (Prix 2008) ♦ 2,40 € ⇔ 🅴 5,10 € – (ℓ) (6A) 3 €
🚐 1 borne raclet
Pour s'y rendre : rte de Guéramé (au sud-ouest par bd périphérique)
À savoir : Cadre agréable, au bord de la Sarthe

Nature : ♀
Loisirs : 🏛 🏄 ✂
Services : ♿ ⚡ 🚿 🏧 ♻ ⚓ 🏪 sèche-linge
À prox. : 🍴 🍷 🏊 ⛴ 🚣 🏇 canoë kayak

ANNOVILLE

✉ 50660 – **303** C6 – 547 h. – alt. 28
Paris 348 – Barneville-Carteret 57 – Carentan 48 – Coutances 14 – Granville 20 – St-Lô 42.

▲ **Municipal les Peupliers** de déb. mai à mi-sept.
☎ 02 33 47 67 73, campinglespeupliers@orange.fr,
Fax 02 33 46 78 38 – **R**
2 ha (100 empl.) plat, sablonneux, herbeux
Tarif : ♦ 2,60 € ⇔ 🅴 3 € – (ℓ) (14A) 3 €
Pour s'y rendre : 1451 r. des Peupliers (3 km au sud-ouest par D 20 et chemin à dr., à 500 m de la plage)

Nature : 🌳
Loisirs : 🏄 🚴 🏇
Services : ⚡ ✂ 🚽 ♻ 🏪 🗞

ARGENTAN

✉ 61200 – **310** I2 – G. Normandie Cotentin – 16 596 h. – alt. 160

🛈 Office de tourisme, Chapelle Saint-Nicolas ☎ 02 33 67 12 48, Fax 02 33 39 96 61
Paris 191 – Alençon 46 – Caen 59 – Dreux 115 – Évreux 119 – Flers 42 – Lisieux 58.

▲ **Municipal de la Noë** de déb. avr. à fin sept.
☎ 02 33 36 05 69, tourisme@argentan.fr,
Fax 02 33 39 96 61, www.argentan.fr – **R** conseillée
0,3 ha (23 empl.) plat, herbeux
Tarif : 11 € ♦♦ ⇔ 🅴
🚐 1 borne eurorelais 2,15 €
Pour s'y rendre : 34 r. de la Noé (au sud, à proxi. de l'Orne, accès par centre ville)
À savoir : situation agréable près d'un parc et d'un plan d'eau

Nature : 🏞
Loisirs : 🏛
Services : ♿ ⚡ 🚿 ✂ 🚽 ♻ 🏪 sèche-linge
À prox. : ✂ 🏊 ⛴ 🗞 parcours de santé 🚐

ARROMANCHES-LES-BAINS

✉ 14117 – **303** I3 – G. Normandie Cotentin – 552 h.
🛈 *Office de tourisme, 2, rue du Maréchal Joffre* ☎ 02 31 22 36 45, Fax 02 31 22 92 06
Paris 266 – Bayeux 11 – Caen 34 – St-Lô 46.

▲ **Municipal** de déb. avr. à fin oct.
☎ 02 31 22 36 78, camping.arromanches@wanadoo.fr,
Fax 02 31 21 80 22, http://www.arromanches.com
– **R** conseillée
1,5 ha (105 empl.) plat, peu incliné, terrasses, herbeux
Tarif : (Prix 2008) 16 € ✶✶ 🚗 🅴 ⚡ (10A) – pers.
suppl. 3,50 €
Location (Prix 2008) 🚐 : 6 🏠 (4 à 6 pers.) 350 à
450 €/sem. – **R** conseillée
🚽 1 borne artisanale
Pour s'y rendre : 45 av. De Verdun (au sud du bourg)

Nature : ♀
Loisirs : 🏇
Services : ♿ 🔑 (de mi-juin à mi-sept.) 🆗 🚻 ⚡ 🧺 sèche-linge
À prox. : ✂ 🍽 🍴 ⚡ 🐎 terrain omnisports 🚌

AUMALE

✉ 76390 – **304** K3 – G. Normandie Vallée de la Seine – 2 577 h. – alt. 130
🛈 *Syndicat d'initiative, rue Centrale* ☎ 02 35 93 41 68, Fax 02 35 93 41 68
Paris 136 – Amiens 48 – Beauvais 49 – Dieppe 69 – Gournay-en-Bray 35 – Rouen 74.

▲ **Municipal le Grand Mail** de déb. avr. à fin sept.
☎ 02 35 93 40 50, communeaumale@wanadoo.fr,
Fax 02 35 93 86 79 – **R**
0,6 ha (40 empl.) plat, herbeux
Tarif : ✶ 2,40 € 🚗 2,40 € 🅴 2,40 € – ⚡ (7A) 2,40 €
🚽 1 borne flot bleu 4,50 €
Pour s'y rendre : 6 le Grand-Mail
À savoir : À flanc de colline sur les hauteurs de la ville

Nature : ♀
Services : ♿ Ⓜ 🚻 🆗 ⚡

BAGNOLES-DE-L'ORNE

✉ 61140 – **310** G3 – G. Normandie Cotentin – 893 h. – alt. 140 – ♨
🛈 *Office de tourisme, place du Marché* ☎ 02 33 37 85 66, Fax 02 33 30 06 75
Paris 236 – Alençon 48 – Argentan 39 – Domfront 19 – Falaise 48 – Flers 28.

▲▲ **Municipal la Vée** de mi-mars à fin oct.
☎ 02 33 37 87 45, camping-de-la-vee@wanadoo.fr,
Fax 02 33 30 14 32, www.bagnolesdelorne.com – **R**
2,8 ha (250 empl.) plat, peu incliné, herbeux
Tarif : (Prix 2008) ✶ 3,40 € 🚗 2,20 € 🅴 6,45 € –
⚡ (10A) 4,05 €
🚽 20 🅴 8 €
Pour s'y rendre : 5 av. du Prés.-Coty (1,3 km au sud-ouest, près de Tessé-la-Madeleine, à 30 m de la rivière)

Nature : 🌲 🏞
Loisirs : snack 🏠 🏇
Services : ♿ 🔑 🆗 ✂ 🚻 🆗 ⚡
🛁 🍽 🍴 🧺 sèche-linge ♿
À prox. : ✂ 🍽 🍴 🏊 🚣 🐎 golf, parcours de santé

BARNEVILLE-CARTERET

✉ 50270 – **303** B3 – G. Normandie Cotentin – 2 429 h. – alt. 47
🛈 *Office de tourisme, 10, rue des Ecoles* ☎ 02 33 04 90 58, Fax 02 33 04 93 24
Paris 356 – Caen 123 – Carentan 43 – Cherbourg 39 – Coutances 47 – St-Lô 62.

▲▲ **Les Bosquets** de déb. avr. à mi-sept.
☎ 02 33 04 73 62, lesbosquets@orange.fr,
Fax 02 33 04 35 82, www.camping-lesbosquets.com
– **R** conseillée
10 ha/6 campables (331 empl.) plat et accidenté, sablonneux, herbeux
Tarif : ✶ 5,80 € 🚗 🅴 5,80 € – ⚡ (10A) 3,80 €
Location (de déb. avr. à déb. sept.) : 20 🏠 (4 à 6 pers.) 250 à 500 €/sem. – **R** conseillée
Pour s'y rendre : 1a r. du Capit.-Quenault (2,5 km au sud-ouest par rte de Barneville-Plage et r. à gauche, à 450 m de la plage)
À savoir : Dans les dunes boisées de pins, environnement sauvage

Nature : 🌲 🏞 ♀
Loisirs : 🍷 🏠 🌙 diurne nocturne (juil.-août) 🏇 🏊
Services : 🔑 🆗 ✂ ⚡ 🧺 sèche-linge
À prox. : ✂ ⚡ 🐎 golf, char à voile

505

NORMANDIE

déb. avr. à fin oct.
, alabouriau@aol.com, Fax 02 33 04 38 41,
fr – R conseillée
) plat, peu incliné, herbeux
(6A) – pers. suppl. 5,30 €
: 10 (4 à 6 pers.) nuitée 50 € - 290 €
– R conseillée
endre : r. Guillaume-le-Conquérant (800 m à
D 903e, rte de Carteret)
À savoir : En bordure d'un petit étang

Nature :
Loisirs :
Services :
À prox. : (centre équestre) golf

BAUBIGNY

✉ 50270 – **303** B3 – 166 h. – alt. 30
Paris 361 – Barneville-Carteret 9 – Cherbourg 33 – Valognes 28 – Laval 202.

Bel Sito de mi-avr. à mi-sept.
☏ 02 33 04 32 74, camping@bel-sito.com, www.bel-sito.com – **R**
6 ha/4 campables (85 empl.) incliné à peu incliné, plat, sablonneux, herbeux, dunes
Tarif : (Prix 2008) ✱ 6,50 € ⇌ 3 € 🅴 6 € – (6A) 3,50 €
Location (Prix 2008) (de déb. avr. à fin oct.) : 8 (4 à 6 pers.) - 330 à 800 €/sem. – **R** conseillée
Pour s'y rendre : r. de la Caumont (au nord du bourg)
À savoir : Site sauvage dans les dunes

Nature :
Loisirs :
Services : (juil.-août) sèche-linge

BAYEUX

✉ 14400 – **303** H4 – G. Normandie Cotentin – 14 961 h. – alt. 50
🛈 Office de tourisme, pont Saint-Jean ☏ 02 31 51 28 28, Fax 02 31 51 28 29
Paris 265 – Caen 31 – Cherbourg 95 – Flers 69 – St-Lô 74 – Vire 60.

Municipal de fin avr. à fin sept.
☏ 02 31 92 08 43, campingmunicipal@mairie-bayeux.fr, Fax 02 31 92 08 43, www.mairie-bayeux.fr – **R** conseillée
2,5 ha (140 empl.) plat, herbeux, goudronné
Tarif : (Prix 2008) ✱ 3,25 € ⇌ 4 € – (5A) 3,50 €
45 🅴 4 €
Pour s'y rendre : bd Eindhoven (au nord du bourg)
À savoir : Décoration arbustive

Nature :
Loisirs :
Services : sèche-linge
À prox. : (découverte en saison) terrain omnisports

Saint-Cénéri-le-Gérei

NORMANDIE

BAZINVAL

✉ 76340 – **304** J2 – 299 h. – alt. 120
Paris 165 – Abbeville 33 – Amiens 62 – Blangy-sur-Bresle 9 – Le Tréport 20.

▲ **Municipal de la Forêt** de déb. avr. à fin oct.
📞 02 32 97 04 01, *bazinval2@wanadoo.fr*,
Fax 02 32 97 04 01 – ℞
0,4 ha (20 empl.) plat, peu incliné, herbeux

Pour s'y rendre : 3 r. de la Forêt (sortie sud-ouest par D 115 et rte à gauche, près de la mairie)
À savoir : Décoration arbustive des emplacements

Nature : ♀
Services : 🏛 ⊕

BEAUVOIR

✉ 50170 – **303** C8 – G. Normandie Cotentin – 427 h.
Paris 358 – Caen 125 – St-Malo 56 – Rennes 63 – St-Brieuc 112.

▲ **Aux Pommiers** de déb. avr. à fin oct.
📞 02 33 60 11 36, *pommiers@aol.com*, Fax 02 33 60 11 36, *www.camping-auxpommiers.com* – ℞ conseillée
1,75 ha (107 empl.) plat, herbeux
Tarif : (Prix 2008) ★ 5,80 € 🚗 🅴 6,80 € – ⚡ (6A) 4 €
Location (Prix 2008) : 6 🏕 (4 à 6 pers.) nuitée 39 € - 235 à 600 €/sem. – 5 🏠 (4 à 6 pers.) nuitée 41 € – 280 à 575 €/sem. – 5 bungalows toilés – ℞ conseillée
🚐 1 borne artisanale
Pour s'y rendre : 28 rte du Mont-St-Michel (au bourg, par D 976)
À savoir : Location à la nuitée hors sais.

Nature : ♀
Loisirs : 🍴 snack 🎠 ♒ 🎣 ⚓
Services : 🔑 🆖 🅿 ⊕ 📶 🧺 sèche-linge
À prox. : 🚲 ✂ 🎿 🐎 (centre équestre)

LES GUIDES VERTS MICHELIN
Paysages, monuments
Routes touristiques
Géographie
Histoire, Art
Itinéraire de visite
Plans de villes et de monuments

LE BEC-HELLOUIN

✉ 27800 – **304** E6 – G. Normandie Vallée de la Seine – 406 h. – alt. 101
Paris 153 – Bernay 22 – Évreux 46 – Lisieux 46 – Pont-Audemer 23 – Rouen 41.

▲ **Municipal St-Nicolas** avr.-sept.
📞 02 32 44 83 55, *mairiebechellouin@orange.fr*,
Fax 02 32 44 83 55, *www.lebechellouin.fr*
3 ha (90 empl.) plat, herbeux
Tarif : 8,90 € ★★ 🚗 ⚡ (10A) – pers. suppl. 3,25 €
🚐 1 borne artisanale 2,35 €
Pour s'y rendre : 2 km à l'est par D 39 et D 581, rte de Malleville-sur-le-Bec et chemin à gauche
À savoir : Cadre fleuri et soigné

Nature : 🌳 ♀
Loisirs : bibliothèque 🎠 ✂
Services : ♿ 🔑 🚿 🏛 🅿 ⊕ 🧺 sèche-linge
À prox. : 🐎 (centre équestre)

BELLÊME

✉ 61130 – **310** M4 – G. Normandie Vallée de la Seine – 1 774 h. – alt. 241
🛈 Office de tourisme, boulevard Bansard des Bois 📞 02 33 73 09 69, Fax 02 33 83 95 17
Paris 168 – Alençon 42 – Chartres 76 – La Ferté-Bernard 23 – Mortagne-au-Perche 18.

▲ **Municipal**
📞 02 33 85 31 00, *mairie.belleme@wanadoo.fr*,
Fax 02 33 83 58 85
1,5 ha (50 empl.) plat et peu incliné, terrasses, herbeux
Pour s'y rendre : sortie ouest par D 955, rte de Mamers et chemin à gauche, près de la piscine

Nature : 🌳 🌿 ♀
Services : ♿ 🅿 ⊕ 🚿
À prox. : 🎿 ✂ ♒ 🎣 golf

507

NORMANDIE

BERNAY

✉ 27300 – **304** D7 – G. Normandie Vallée de la Seine – 11 024 h. – alt. 105
🛈 *Syndicat d'initiative, 29, rue Thiers* ☎ *02 32 43 32 08, Fax 02 32 45 82 68*
Paris 155 – Argentan 69 – Évreux 49 – Le Havre 72 – Louviers 52 – Rouen 60.

▲ Municipal de mi-mai à fin sept.
☎ 02 32 43 30 47, camping@bernay27.fr,
Fax 02 32 43 30 47, www.ville-bernay27.fr – **R** conseillée
1 ha (50 empl.) plat, herbeux
Tarif : (Prix 2008) ★ 3,05 € ⇔ 3,15 € 🅴 4,95 € – [½] (10A) 3,50 €
Location (Prix 2008) : 2 🏠 (4 à 6 pers.) 276 à 350 €/sem. – **R** conseillée
Pour s'y rendre : 2 km au sud-ouest par N 138, rte d'Alençon et r. à gauche - accès conseillé par la déviation et ZI Malouve
À savoir : Partie campable verdoyante et soignée

Nature : 🌳 ♀
Loisirs : 🎯 🚴
Services : ♿ 🚿 ✂ 🗑 ⊕ 🛁 ❄ 🧺 sèche-linge
À prox. : ✂ 🏊 🛶

BERNIÈRES-SUR-MER

✉ 14990 – **303** J4 – 1 882 h.
🛈 *Syndicat d'initiative, 159, rue Victor Tesnières* ☎ *02 31 96 44 02, Fax 02 31 96 98 96*
Paris 253 – Caen 20 – Le Havre 114 – Hérouville-Saint-Clair 21 – Bayeux 24.

▲ Le Havre de Bernières de déb. avr. à fin oct.
☎ 02 31 96 67 09, info@camping-normandie.com,
Fax 02 31 97 31 06, www.camping-normandie.com
– **R** conseillée
6,5 ha (240 empl.) plat, herbeux
Tarif : 21,70 € ★★ ⇔ 🅴 [½] (10A) – pers. suppl. 4,80 € – frais de réservation 23 €
Location : 38 🏠 (4 à 6 pers.) nuitée 120 € - 290 à 735 €/sem. – frais de réservation 23 € - **R** conseillée
🚐, 1 borne eurorelais – 🚙 [½] 21.70 €
Pour s'y rendre : chemin de Quintefeuille

Nature : ♀♀
Loisirs : 🍷 ✕ snack, pizzeria 🎯 🎲 diurne nocturne (juil.-août) 🚴 🛶
Services : ♿ 🚿 🏧 ✂ 🗑 🛁 ❄ ⅋ 🧺 sèche-linge 🚿
À prox. : 🛒 ✂ 🐎 🏊 (plage) 🎳 bowling

BIARDS

✉ 50540 – **303** E8 – alt. 495 – Base de loisirs
Paris 358 – Alençon 108 – Avranches 22 – Caen 126 – Fougères 32 – Laval 74 – St-Lô 79.

▲ Municipal La Mazure de mi-juin à déb. sept.
☎ 02 33 89 19 50, contact@lamazure.com,
Fax 02 33 89 19 55, www.lamazure.com – **R**
3,5 ha/0,4 campable (28 empl.) plat, terrasse, herbeux
Tarif : (Prix 2008) ★ 3,50 € ⇔ 🅴 5 € – [½] 3 €
Location (Prix 2008) (permanent) : 16 🏠 (4 à 6 pers.) - 280 à 480 €/sem. – gîte d'étape, tipis – **R** conseillée
Pour s'y rendre : à la base de loisirs (2,3 km au sud-ouest par D 85e, au bordure du lac de Vezins)

Nature : 🌊 🌳
Loisirs : 🍷 🎯 🎲 🚴 🚵 🎾
Services : ♿ 🚿 ✂ 🗑 ⊕ 🛁 ❄ ⅋ 🧺 sèche-linge 🚿
à la bases de loisirs : 🏊 🐎 canoë kayak, aviron, pédalos, bateaux électriques

BLANGY-LE-CHÂTEAU

✉ 14130 – **303** N4 – 627 h. – alt. 60
🛈 *Office de tourisme, 159, rue Victor Tesnières* ☎ *02 31 65 48 36*
Paris 197 – Caen 56 – Deauville 22 – Lisieux 16 – Pont-Audemer 26.

▲ Le Brévedent 🏕 –
☎ 02 31 64 72 88, contact@campinglebrevedent.com,
Fax 02 31 64 33 41, www.campinglebrevedent.com – **R**
6 ha/3,5 campables (138 empl.) plat, incliné, herbeux, bord d'un étang
Location : 🏠 – **R**
Pour s'y rendre : Rte du Pin (3 km au sud-est par D 51, au château, au bord d'un étang)
À savoir : Dans le parc d'un château du 14e s. agrémenté d'un étang

Nature : 🌊 ≤ ♀♀
Loisirs : 🍷 snack, pizzeria 🎯 🎲 nocturne (soirées à thème) 🚴 🚵 🛶 canoë
Services : ♿ 🗑 🛁 ⊕ 🧺 sèche-linge 🚿 🧺
À prox. : ✂ 🐎 golf

NORMANDIE

BLANGY-SUR-BRESLE

✉ 76340 – **304** J2 – 3 405 h. – alt. 70
🛈 *Syndicat d'initiative, 1, rue Checkroun* ☏ 02 35 93 52 48, Fax 02 35 94 06 14
Paris 156 – Abbeville 29 – Amiens 56 – Dieppe 55 – Neufchâtel-en-Bray 31 – Le Tréport 26.

Municipal les Etangs
☏ 02 35 94 55 65, *mairie.blangy@wanadoo.fr*,
Fax 02 35 94 06 14 – **R**
0,8 ha (59 empl.) plat, herbeux

Pour s'y rendre : R. des Étangs (au sud-est, entre deux étangs et à 200 m de la Bresle, accès par r. du Maréchal-Leclerc, près de l'église)

BOURG-ACHARD

✉ 27310 – **304** E5 – G. Normandie Vallée de la Seine – 2 517 h. – alt. 124
Paris 141 – Bernay 39 – Évreux 62 – Le Havre 62 – Rouen 30.

Le Clos Normand avr.-sept.
☏ 02 32 56 34 84, Fax 02 32 56 34 84 – **R** conseillée
1,4 ha (85 empl.) plat et peu incliné, herbeux, bois attenant (0,5 ha)
Tarif : 19 € ★★ 🚗 🔲 [🛉] (6A) – pers. suppl. 4,70 €
Location : 2 🏠 (4 à 6 pers.) 240 à 490 €/sem. – **R** conseillée

Pour s'y rendre : 235 rte de Pont-Audemer (sortie ouest)
À savoir : Cadre verdoyant et fleuri

Si vous recherchez :

👥   Un terrain offrant des équipements et des loisirs adaptés aux enfants
🍃   Un terrain agréable ou très tranquille
L - M   Un terrain effectuant la location de caravanes, de mobile homes, de bungalows ou de chalets
P   Un terrain ouvert toute l'année
🚐   Un terrain possédant une aire de services pour camping-cars

Consultez le tableau des localités

509

BRÉCEY

✉ 50370 – **303** F7 – 2 113 h. – alt. 75
🛈 *Syndicat d'initiative, place de l'Hôtel de Ville* ☏ 02 33 89 21 13
Paris 328 – Avranches 17 – Granville 42 – St-Hilaire-du-Harcouët 20 – St-Lô 49 – Villedieu-les-Poêles 16 – Vire 29.

Municipal le Pont Roulland
☏ 02 33 48 60 60, *camping@brecey.fr*, Fax 02 33 89 21 09, *www.brecey.fr* – **R**
1 ha (50 empl.) plat et peu incliné, herbeux

Pour s'y rendre : Le Pont Roulland (1,1 km à l'est par D 911, rte de Cuves)
À savoir : Cadre champêtre près d'un plan d'eau

BRÉHAL

✉ 50290 – **303** C6 – 2 599 h. – alt. 69
🛈 *Office de tourisme, Rue des écoles* ☏ 02 33 90 07 95, Fax 02 33 50 51 98
Paris 345 – Caen 113 – Saint-Lô 48 – Saint-Malo 101 – Vire 76.

La Vanlée de déb. mai à fin sept.
☏ 02 33 61 63 80, *camping.vanlee@wanadoo.fr*,
Fax 02 33 61 87 18, *www.camping-vanlee.com* – **R** conseillée
11 ha (480 empl.) plat, vallonné, sablonneux, herbeux
Tarif : (Prix 2008) ★ 🚗 🔲 9,25 € – [🛉] (6A) 3,70 €
🚐 1 borne artisanale 5 € – 🚰 13.05 €

Pour s'y rendre : r. des Gabions
À savoir : Cadre agréable dans un site sauvage en bordure de mer

NORMANDIE

BRÉVILLE-SUR-MER

✉ 50290 – **303** K4 – 611 h. – alt. 70
Paris 341 – Caen 108 – Fougères 74.

▲ **La Route Blanche** de déb. avr. à fin oct.
☎ 02 33 50 23 31, *laroutleblanche@camping-breville.com*,
Fax 02 33 50 26 47, *www.camping-breville.com* – **R** conseillée
4,5 ha (273 empl.) plat, herbeux, sablonneux
Tarif : 31 € ★★ ⛭ 🔲 🎋 (10A) – pers. suppl. 5,50 € – frais de réservation 6 €
Location (de déb. avr. à fin oct.) 🛏 : 24 🏠 (4 à 6 pers.) nuitée 50 € - 270 à 780 €/sem. – frais de réservation 6 € - **R** conseillée
🚐 1 borne eurorelais – 🚰 10 €
Pour s'y rendre : 6 la Route-Blanche (1 km au nord-ouest par rte de la plage, près du golf)

Loisirs : 🎠 ⛳ 🏊 ⛱ terrain omnisports
Services : 🚿 ⚡ GB 🅿 🍽 ♨ 🚻 🏧 sèche-linge
À prox. : 🎾 💧 🐎 parcours sportif, golf

CANY-BARVILLE

✉ 76450 – **304** D3 – G. Normandie Vallée de la Seine – 3 364 h. – alt. 25
🛈 *Office de tourisme, place Robert Gabel* ☎ 02 35 57 17 70
Paris 187 – Bolbec 34 – Dieppe 45 – Fécamp 21 – Rouen 56.

▲ **Municipal** de déb. avr. à fin sept.
☎ 02 35 97 70 37, *camping-canybarville@orange.fr*,
Fax 02 35 97 72 32, *www.cany-barville.fr* – **R** conseillée
2,9 ha (100 empl.) plat, cimenté, herbeux
Tarif : (Prix 2008) ★ 3,05 € 🚗 1,40 € 🔲 3,05 € – 🎋 (10A) 3,05 €
🚐 1 borne 5,30 € – 62 🔲 13,60 €
Pour s'y rendre : rte de Barville (sortie sud par D 268, rte d'Yvetot, apr. le stade)

Nature : ⛰ 🌳
Loisirs : 🎱
Services : 🛁 🚿 ⚡ GB 🅿 🍽 ♨ 🚻 🏧 🏕 sèche-linge
À prox. : 🎿 🎾 🏊 🚣 (plage) 🛶 squash, pédalos, luge, canoë, ski nautique

CARENTAN

✉ 50500 – **303** E4 – G. Normandie Cotentin – 6 340 h. – alt. 18
🛈 *Office de tourisme, boulevard de Verdun* ☎ 02 33 71 23 50, Fax 02 33 42 74 01
Paris 308 – Avranches 89 – Caen 74 – Cherbourg 52 – Coutances 36 – St-Lô 29.

▲ **Le Haut Dick** de déb. fév. à fin oct.
☎ 02 33 42 16 89, *LEHAUTDICK@aol.com*, *www.camping-municipal.com* – **R** conseillée
2,5 ha (120 empl.) plat, herbeux, vallonné, sablonneux
Tarif : (Prix 2008) ★ 2,60 € 🚗 1,20 € 🔲 3,80 € – 🎋 (6A) 3,40 €
Location (Prix 2008) (de mi-avr. à mi-sept.) 🛏 : 6 🏠 (4 à 6 pers.) 270 à 360 €/sem. – **R** conseillée
🚐 1 borne artisanale 3 €
Pour s'y rendre : 30 chemin du Grand-Bas-Pays (au bord du canal, près de la piscine)
À savoir : Agréable cadre verdoyant

Nature : 🌳 🌲 🌿
Loisirs : 🎱 ⛳ 🏕
Services : 🛁 🚿 ⚡ 🅿 🍽 ♨
À prox. : 🎾 🏊 🏄 🛶 canoë

CARTERET

✉ 50270 – **303** B3 – G. Normandie Cotentin
🛈 *Office de tourisme, place des Flandres-Dunkerque* ☎ 02 33 04 94 54
Paris 357 – Caen 124 – Cherbourg 38 – Équeurdreville 43.

△ **Le Bocage** avr.-sept.
☎ 02 33 53 86 91, Fax 02 33 04 35 98 – **R** conseillée
4 ha (200 empl.) plat, herbeux
Tarif : ★ 6,20 € 🚗 🔲 9 € – 🎋 (2A) 2,40 €
Pour s'y rendre : r. du Bocage-Carteret (par r. face à la mairie)

Nature : 🌳 🌿
Loisirs : 🎱 ⛳
Services : 🚿 ⚡ (juin-sept.) GB 🅿 🍽 ♨ 🏧 sèche-linge
À prox. : 🎾 🏕 💧 parapente, char à voile

NORMANDIE

COLLEVILLE-SUR-MER

✉ 14710 – **303** G3 – G. Normandie Cotentin – 172 h. – alt. 42
Paris 281 – Bayeux 18 – Caen 48 – Carentan 36 – St-Lô 40.

▲ **Le Robinson** de déb. avr. à fin sept.
📞 02 31 22 45 19, *dourthe.le.robinson@wanadoo.fr*,
Fax 02 31 22 45 19, *www.campinglerobinson.com*
– **R** conseillée
1 ha (67 empl.) plat, herbeux
Tarif : 🕴 5,60 € – 🚗 2,30 € – 🅴 5,50 € – (ᵩ) (6A) 4,20 € – frais de réservation 16 €
Location 🚫 : 13 🛏 (4 à 6 pers.) 437 à 602 €/sem. – 🏠 (4 à 6 pers.) - 437 à 602 €/sem. – frais de réservation 16 € - **R** conseillée
🅿 1 borne eurorelais
Pour s'y rendre : rte d'Omaha Beach (800 m au nord-est par D 514, rte de Port-en-Bessin)

Nature : 🌊
Loisirs : 🍴 🐎 🏊 ⛵
Services : & ⚤ GB ⚙ 🏪 🗄 ☺ 🌳 sèche-linge
À prox. : ✂ 🐴 golf

COURSEULLES-SUR-MER

✉ 14470 – **303** J4 – G. Normandie Cotentin – 3 886 h.
🛈 *Office de tourisme, 5, rue du 11 novembre* 📞 02 31 37 46 80, Fax 02 31 37 29 25
Paris 252 – Arromanches-les-Bains 14 – Bayeux 24 – Cabourg 41 – Caen 20.

▲ **Municipal le Champ de Course** de déb. avr. à fin sept.
📞 02 31 37 99 26, *camping.courseulles@wanadoo.fr*,
Fax 02 31 37 96 37, *www.courseulles-sur-mer.com*
– **R** conseillée
7,5 ha (380 empl.) plat, herbeux
Tarif : (Prix 2008) 🕴 4,30 € – 🚗 🅴 5 € – (ᵩ) (10A) 4,40 €
Location (Prix 2008) : 19 🏠 (4 à 6 pers.) - 332 à 596 €/sem. – chalets (sans sanitaires) – **R** conseillée
🅿 1 borne eurorelais 5,90 €
Pour s'y rendre : Av. de la Libération (au nord)
À savoir : Situation près de la plage

Nature : 🌊
Loisirs : 🛏 🐎
Services : & ⚤ GB ⚙ 🏪 🗄 ☺ 🌊 🍃 sèche-linge
À prox. : ✂ 🎣 🏊 🚣

COURTILS

✉ 50220 – **303** D8 – 257 h. – alt. 35
Paris 349 – Avranches 13 – Fougères 43 – Pontorson 15 – St-Hilaire-du-Harcouët 26 – St-Lô 70.

▲ **St-Michel** de mi-fév. à déb. nov.
📞 02 33 70 96 90, *infos@campingsaintmichel.com*,
Fax 02 33 70 99 09, *www.campingsaintmichel.com*
– **R** conseillée
2,5 ha (100 empl.) plat et peu incliné, herbeux
Tarif : 23 € 🕴🕴 🚗 🅴 (ᵩ) (6A) – pers. suppl. 6,50 €
Location (de déb. fév. à déb. nov.) : 25 🛏 (4 à 6 pers.) nuitée 40 € – 273 à 609 €/sem. – **R** conseillée
🅿 1 borne artisanale 4,50 € – 25 🅴 13 €
Pour s'y rendre : 35 rte du Mont-St-Michel (sortie ouest par D 43)

Nature : 🌊 ♀
Loisirs : ✗ 🛏 🐎 🚲 🏊 parc animalier
Services : & ⚤ GB ⚙ 🏪 🗄 ☺ 📞 🍴 🌊 sèche-linge 🚿
À prox. : ✂ 🐴

CREULLY

✉ 14480 – **303** I4 – G. Normandie Cotentin – 1 426 h. – alt. 27
Paris 253 – Bayeux 14 – Caen 20 – Deauville 62.

▲ **Intercommunal des 3 Rivières** de déb. avr. à fin sept.
📞 02 31 80 90 17, *mairie@ville-courseulles.fr*,
Fax 02 31 80 12 00 – **R** conseillée
2 ha (82 empl.) plat et peu incliné, herbeux
Tarif : (Prix 2008) 🕴 3,30 € – 🚗 🅴 3,50 € – (ᵩ) (10A) 3,80 €
Pour s'y rendre : rte de Tierceville (800 m au nord-est, au bord de la Seulles)
À savoir : Plaisant cadre verdoyant

Nature : 🌳 🎣 🌊 ♀
Loisirs : 🛏 🚲 ✂ 🚣
Services : & ⚤ GB ⚙ 🏪 🗄 ☺ 🌊
À prox. : 🏃 parcours de santé

NORMANDIE

DENNEVILLE

✉ 50580 – **303** C4 – 478 h. – alt. 5
🛈 *Syndicat d'initiative, 1, rue Jersey* ✆ *02 33 07 58 58*
Paris 347 – Barneville-Carteret 12 – Carentan 34 – St-Lô 53.

▲ **L'Espérance** de déb. avr. à fin sept.
✆ 02 33 07 12 71, *camping.esperance@wanadoo.fr*,
Fax 02 33 07 58 32, *www.camping-esperance.fr* – places limitées pour le passage – **R** conseillée
3 ha (134 empl.) plat, herbeux, sablonneux
Tarif : (Prix 2008) 24,70 € ✶✶ ⇔ 🅴 (🔌) (6A) – pers. suppl. 5,50 €
Location (Prix 2008) : 14 🏠 (4 à 6 pers.) 300 à 630 €/sem. – **R** conseillée
Pour s'y rendre : 36 r. de la Gamburie (3,5 km à l'ouest par D 137, à 500 m de la plage)
À savoir : Décoration arbustive

Nature : 🌿 ⚲
Loisirs : 🍴 🏊 🏓 🛶
Services : 🐕 ⚲ 🅶🅱 ⚙ 🚿 ⚡ 🛒 🧺 sèche-linge
À prox. : ✂

DIEPPE

✉ 76200 – **304** G2 – G. Normandie Vallée de la Seine – 34 653 h. – alt. 6
🛈 *Syndicat d'initiative, pont Jehan Ango* ✆ *02 32 14 40 60, Fax 02 32 14 40 61*
Paris 197 – Abbeville 68 – Beauvais 107 – Caen 176 – Le Havre 111 – Rouen 66.

▲ **Vitamin'** de déb. avr. à mi-oct.
✆ 02 35 82 11 11, *camping.vitamin@wanadoo.fr*,
Fax 02 35 82 11 11, *www.camping-vitamin.com* – places limitées pour le passage – **R** conseillée
5,3 ha (161 empl.) plat, herbeux
Tarif : 19,90 € ✶✶ ⇔ 🅴 (🔌) (10A) – pers. suppl. 4,50 €
Location : 4 🏠 (4 à 6 pers.) nuitée 38 € – 195 à 432 €/sem. – 4 🏕 (4 à 6 pers.) nuitée 38 € – 195 à 432 €/sem. – **R** conseillée
🚐 🛁 (🔌) 10 €
Pour s'y rendre : 865 chemin des Vertus (3 km au sud par N 27, rte de Rouen et à dr.)

Nature : 🏞
Loisirs : 🍴 🏠 🏓 🛶 terrain omnisports
Services : ♿ ⚲ 🅶🅱 ⚙ 🚽 🧺 🚿 ⚡ sèche-linge
À prox. : 🛒 ✗ ✂ 🎣 🏊 squash

▲ **La Source** de mi-mars à mi-oct.
✆ 02 35 84 27 04, *info@camping-la-source.fr*,
Fax 02 35 82 25 02, *www.camping-la-source.fr* – places limitées pour le passage – **R** conseillée
2,5 ha (120 empl.) plat, herbeux
Tarif : ✶ 5,20 € ⇔ 1,50 € 🅴 7,50 € – (🔌) (10A) 3 €
🚐 1 borne raclet 2 € – 11 🅴 22,50 €
Pour s'y rendre : 63 r. des Tisserands (3 km au sud-ouest par D 925, rte du Havre puis D 153 à gauche, à Petit-Appeville)
À savoir : cadre pittoresque au bord de la Scie

Loisirs : 🍴 🏊 🏓 🛶 🐬
Services : ♿ ⚲ 🅶🅱 ⚙ 🚿 ⚡ 🧺 sèche-linge

DIVES-SUR-MER

✉ 14160 – **303** L4 – G. Normandie Vallée de la Seine – 5 812 h. – alt. 3
🛈 *Office de tourisme, rue du Général-de-Gaulle* ✆ *02 31 91 24 66, Fax 02 31 24 42 28*
Paris 219 – Cabourg 2 – Caen 27 – Deauville 22 – Lisieux 34.

▲ **Le Golf** de déb. avr. à fin sept.
✆ 02 31 24 73 09, *campingdugolf@wanadoo.fr, www.campingdugolf.com* – places limitées pour le passage – **R** conseillée
2,8 ha (155 empl.) plat, herbeux
Tarif : (Prix 2008) ✶ 3,90 € ⇔ 3 € 🅴 3 € – (🔌) (10A) 3,90 € – frais de réservation 10 €
Location (Prix 2008) : 7 🏠 (4 à 6 pers.) 299 à 499 €/sem. – frais de réservation 10 € - **R** conseillée
🚐 5 🅴 5 €
Pour s'y rendre : rte de Lisieux (sortie est, D 45 sur 3,5 km)

Nature : 🏞 ⚲
Loisirs : 🍴 🏓 🛶
Services : ♿ ⚲ 🅶🅱 ⚙ 🚿 ⚡ 🛒 sèche-linge

NORMANDIE

DOMFRONT

✉ 61700 – **310** F3 – G. Normandie Cotentin – 4 262 h. – alt. 185
🛈 *Office de tourisme, 12, place de la Roirie* ☏ *02 33 38 53 97, Fax 02 33 37 40 27*
Paris 250 – Alençon 62 – Argentan 55 – Avranches 65 – Fougères 55 – Mayenne 34 – Vire 41.

▲▲▲ **Municipal le Champ Passais** de déb. avr. à fin sept.
☏ 02 33 37 37 66, mairie@domfront.com,
Fax 02 33 30 60 67, www.domfront.com – ℝ
1,5 ha (34 empl.) en terrasses, plat, herbeux
Tarif : (Prix 2008) 5,70 € 🚗 🅟 – (10A) 4 €
🚐 1 borne 4,50 € – 10 🅟 25 €
Pour s'y rendre : r. du Champ-Passais (au sud par r. de la gare et à gauche)

Nature : 🌳
Loisirs : 🎮 🏇
Services : ♿ 🚿 🍽 🚻 🏪
À prox. : ✂ 🥾 sentier VTT

DONVILLE-LES-BAINS

✉ 50350 – **303** C6 – 3 351 h. – alt. 40
🛈 *Office de tourisme, 95 ter, route de Coutances* ☏ *02 33 50 12 91, Fax 02 33 91 28 55*
Paris 341 – Caen 107 – Fougères 72.

▲▲▲ **L'Ermitage** de mi-avr. à mi-oct.
☏ 02 33 50 09 01, camping-ermitage@wanadoo.fr,
Fax 02 33 50 88 19, www.camping-ermitage.com
– ℝ conseillée
5,5 ha (350 empl.) plat et peu incliné, herbeux, sablonneux
Tarif : (Prix 2008) 4,60 € 🚗 1,80 € 🅟 7,40 € –
🅶 (10A) 7,40 €
🚐 1 borne artisanale
Pour s'y rendre : r. de l'Ermitage (1 km au nord par r. du Champ de Courses)
À savoir : Près d'une belle plage de sable fin

Loisirs : 🎮 🏊 diurne 🏇
Services : ♿ 🛁 GB ✂ 🚿 🍽 🚻
🏪 🧺 sèche-linge
À prox. : 🍴 🍽 snack 🏄 ✂ 🎣
(découverte en saison) 🎠 🐴 bowling, golf

DUCEY

✉ 50220 – **303** E8 – G. Normandie Cotentin – 2 174 h. – alt. 15
🛈 *Office de tourisme, 4, rue du Génie* ☏ *02 33 60 21 53, Fax 02 33 60 54 07*
Paris 348 – Avranches 11 – Fougères 41 – Rennes 80 – St-Hilaire-du-Harcouët 16 – St-Lô 68.

▲ **Municipal la Sélune** de déb. avr. à fin sept.
☏ 02 33 48 46 49, ducey.tourisme@wanadoo.fr,
Fax 02 33 48 87 59, ducey-tourisme.com – ℝ conseillée
0,42 ha (40 empl.) plat, herbeux
Tarif : (Prix 2008) 2,68 € 🚗 2,02 € 🅟 (5A) 1,71 €
🚐 1 borne raclet 2 € – 2 🅟 8 €
Pour s'y rendre : r. Boishue (sortie ouest par N 176 et D 178, rte de St-Aubin-de-Terregatte à gauche, au stade)
À savoir : Emplacements bien délimités par des haies de thuyats

Nature : 🌳
Services : ♿ ✂ 🚿 🍽
À prox. : ✂ 🎣 🏊

ÉTRÉHAM

✉ 14400 – **303** H4 – 233 h. – alt. 30
Paris 276 – Bayeux 11 – Caen 42 – Carentan 40 – St-Lô 38.

▲▲▲ **Reine Mathilde** avr.-sept.
☏ 02 31 21 76 55, camping.reine-mathilde@wanadoo.fr,
Fax 02 31 22 18 33, www.campingreinemathilde.com
– ℝ conseillée
6,5 ha (115 empl.) plat, herbeux
Tarif : 6,30 € 🚗 🅟 5,90 € – 🅶 (6A) 4,70 € – frais de réservation 20 €
Location (Prix 2008) 🏡 : 6 🏘 (4 à 6 pers.) 410 à 585 €/sem. – 6 🏡 (4 à 6 pers.) - 277 à 515 €/sem. – 2 bungalows toilés – frais de réservation 20 € - ℝ conseillée
🚐 1 borne raclet
Pour s'y rendre : 1 km à l'ouest par D 123 et chemin à dr.

Nature : 🌿 🌳 ♧♧
Loisirs : 🍴 snack 🎮 🏇 🏊 poneys
Services : ♿ 🛁 ✂ 🚿 🍽 🚻 🏪 🧺 🏪

NORMANDIE

ÉTRETAT

✉ 76790 – **304** B3 – G. Normandie Vallée de la Seine – 1 615 h. – alt. 8

🛈 *Office de tourisme, place Maurice Guillard* ✆ 02 35 27 05 21, Fax 03 35 28 87 20

Paris 206 – Bolbec 30 – Fécamp 16 – Le Havre 29 – Rouen 90.

▲ **Municipal** de Pâques à mi-oct.
✆ 02 35 27 07 67 –
1,2 ha (73 empl.) plat, herbeux, gravier
Tarif : (Prix 2008) ✱ 3,20 € 🚗 🅿 3,70 € – (⚡) (6A) 6 €
🚐 1 borne Urbaco 5 € – 34 🅿 5 €
Pour s'y rendre : 1 km au sud-est par D 39, rte de Criquetot-l'Esneval
À savoir : Entrée fleurie et ensemble très soigné

Nature : 🌳
Loisirs : 🏠 🏇
Services : 🚿 ⛔ 🆖 ✂ 🛒 ⊘ 🛋 sèche-linge
À prox. : aquarium 🍴 🏓 🏊

FALAISE

✉ 14700 – **303** K6 – G. Normandie Cotentin – 8 434 h. – alt. 132

🛈 *Office de tourisme, boulevard de la Libération* ✆ 02 31 90 17 26, Fax 02 31 90 98 70

Paris 264 – Argentan 23 – Caen 36 – Flers 37 – Lisieux 45 – St-Lô 107.

▲ **Municipal du Château** de déb. mai à fin sept.
✆ 02 31 90 16 55, camping@falaise.fr, Fax 02 31 90 53 38, www.otsifalaise.com – **R** conseillée
2 ha (66 empl.) plat et peu incliné, terrasse, herbeux
Tarif : ✱ 3 € 🚗 🅿 4 € – (⚡) (10A) 2,50 €
🚐 15 🅿 10,60 €
Pour s'y rendre : r. du Val d'Ante (à l'ouest de la ville, au val d'Ante)
À savoir : Cadre verdoyant au pied du château

Nature : ≤ château 🌳
Loisirs : 🏠 🏇 🎾
Services : 🚿 ⛔ 🆖 ✂ 🛋 ⊘ 🚻
À prox. : 🏊 mur d'escalade

Si vous désirez réserver un emplacement pour vos vacances, faites-vous préciser au préalable les conditions particulières de séjour, les modalités de réservation, les tarifs en vigueur et les conditions de paiement.

FIQUEFLEUR-ÉQUAINVILLE

✉ 27210 – **304** B5 – 563 h. – alt. 17

Paris 189 – Deauville 24 – Honfleur 7 – Lisieux 40 – Rouen 78.

▲ **Domaine Catinière** de déb. avr. à fin sept.
✆ 02 32 57 63 51, info@camping-catiniere.com, Fax 02 32 42 12 57, www.camping-catiniere.com – **R** conseillée
3,8 ha (130 empl.) plat, herbeux
Tarif : 27,50 € ✱✱ 🚗 🅿 (13A) – pers. suppl. 6 €
Location : 10 🏠 (4 à 6 pers.) 310 à 570 €/sem. – **R** conseillée
Pour s'y rendre : rte de Honfleur (1 km au sud de Fiquefleur par D 22, entre deux ruisseaux)

Nature : 🌲 🌳
Loisirs : 🍽 🏠 🏇 🏊
Services : 🚿 ⛔ 🆖 ✂ 🛒 ⊘ 🛋 🚻 🏪 sèche-linge

FLERS

✉ 61100 – **310** F2 – G. Normandie Cotentin – 16 947 h. – alt. 270

🛈 *Office de tourisme, place du Docteur Vayssières* ✆ 02 33 65 06 75, Fax 02 33 65 09 84

Paris 234 – Alençon 73 – Argentan 42 – Caen 60 – Fougères 77 – Laval 86 – Lisieux 82 – St-Lô 68 – Vire 31.

▲ **Le Pays de Flers** de déb. avr. à fin oct.
✆ 02 33 65 35 00, camping.paysdeflers@wanadoo.fr, www.agglo-paysdeflers.fr – **R** conseillée
1,5 ha (50 empl.) peu incliné, herbeux
Tarif : (Prix 2008) ✱ 3 € 🚗 🅿 3 € – (⚡) (10A) 5 €
Location (Prix 2008) (permanent) : 2 🏠 (4 à 6 pers.) nuitée 51 € - 255 à 357 €/sem. – 2 🏕 (4 à 6 pers.) nuitée 51 € - 255 à 357 €/sem. – **R** conseillée
Pour s'y rendre : 145 r. de la Fouquerie (1,7 km à l'est par D 924, rte d'Argentan et chemin à gauche)

Nature : 🌲 🌳 🌳
Loisirs : 🏠 🏇 🚴
Services : 🚿 ⛔ ✂ 🛒 🛋 ⊘ 🚻 🏪 📞

NORMANDIE

GENÊTS

✉ 50530 – **303** D7 – G. Normandie Cotentin – 439 h. – alt. 2
Paris 345 – Avranches 11 – Granville 24 – Le Mont-St-Michel 33 – St-Lô 66 – Villedieu-les-Poêles 33.

▲ **Les Coques d'Or** de déb. avr. à fin sept.
✆ 02 33 70 82 57, contact@campinglescoquesdor.com,
Fax 02 33 70 86 83, www.campinglescoquesdor.com
– **R** conseillée
4,7 ha (225 empl.) plat, herbeux
Tarif : ♦ 5,70 € – 🚗 2,20 € – 🅴 2,20 € – (10A) 4 € – frais de réservation 9,30 €
Location (de mi-avr. à fin sept.) : 10 🛖 (4 à 6 pers.) 300 à 550 €/sem. – **R** conseillée
🚻 1 borne artisanale 3 €
Pour s'y rendre : le Bec d'Andaine (700 m au nord-ouest par D 35e1, rte du Bec d'Andaine)

Nature : 🌳 🏞 ♀
Loisirs : 🍽 🎠 🏊
Services : ♿ 🔑 🇬🇧 🧺 💈 ♨ 🚽 🧺 sèche-linge
À prox. : 🚶 sentiers pédestre, VTT et équestre 🐎

Benutzen Sie
– zur Wahl der Fahrtroute
– zur Berechnung der Entfernungen
– zur exakten Lokalisierung eines Campingplatzes (mit Hilfe der Angaben im Ortstext)
die für diesen Führer unentbehrlichen **MICHELIN-Karten**.

GONNEVILLE-EN-AUGE

✉ 14810 – **303** K4 – 351 h. – alt. 16
Paris 223 – Caen 20 – Le Havre 84 – Hérouville-Saint-Clair 16 – Lisieux 52.

▲ **Le Clos Tranquille**
✆ 02 31 24 21 36, le.clos.tranquille@wanadoo.fr,
Fax 02 31 24 28 80, http://www.campingleclostranquille.fr
– **R** conseillée
1,3 ha (78 empl.) plat, herbeux
Location : 4 🛖 – 3 🛏 – 4 maisonnettes
Pour s'y rendre : 800 m au sud par D 95a

Nature : 🌳 ♀ (verger)
Loisirs : 🎮 🎠
Services : 🔑 🧺 ♨ 🚽 sèche-linge
À prox. : 🍴 🚶 🐎 golf

GRANVILLE

✉ 50400 – **303** C6 – G. Normandie Cotentin – 12 687 h. – alt. 10
🛈 Office de tourisme, 4, cours Jonville ✆ 02 33 91 30 03, Fax 02 33 91 30 19
Paris 342 – Avranches 27 – Caen 109 – Cherbourg 105 – Coutances 29 – St-Lô 57 – St-Malo 93 – Vire 56.

▲▲▲ **Lez-Eaux** de déb. avr. à fin sept.
✆ 02 33 51 66 09, bonjour@lez-eaux.com,
Fax 02 33 51 92 02, www.lez-eaux.com – **R** conseillée
12 ha/8 campables (229 empl.) plat et peu incliné, herbeux
Tarif : 43 € ♦♦ 🚗 🅴 (10A) – pers. suppl. 8 €
Location : 🛖 – 31 🏠 (4 à 6 pers.) - 350 à 700 €/sem.
– **R** conseillée
🚻 1 borne artisanale 3 € – 80 🅴 43 €
Pour s'y rendre : St-Aubin-des-Préaux (7 km au sud-est par D 973, rte d'Avranches)
À savoir : Dans le parc du château, bel ensemble aquatique

Nature : 🌳 ♀
Loisirs : 🍽 🎮 💈 diurne nocturne (juil.-août) 🎠 🚲 🏊 🏊 🎣
Services : ♿ 🔑 🇬🇧 🧺 ♨ 🚽 🧺 sèche-linge 🧊 ♿
À prox. : 🚶 🎿 🐎

▲ **La Vague** de déb. juin à mi-sept.
✆ 02 33 50 29 97
2 ha (145 empl.) plat, herbeux, sablonneux
Tarif : (Prix 2008) 28 € ♦♦ 🚗 🅴 (4A) – pers. suppl. 7,30 €
Location (Prix 2008) (mai-sept.) 🏕 : 6 🛖 (4 à 6 pers.) 350 à 580 €/sem.
🚻 1 borne artisanale
Pour s'y rendre : 126 rte de Voudrelin (2,5 km au sud-est par D 911, rte de St-Pair et D 572 à gauche, à St Nicolas-Plage)
À savoir : Cadre verdoyant, plaisant et soigné

Nature : 🏞 ♀
Loisirs : 🎮 🚶
Services : ♿ 🔑 🧺 ♨ 🚽
À prox. : 🏊 (découverte en saison) 🛶 🎿

NORMANDIE

LE GROS-THEIL

✉ 27370 – **304** F6 – 827 h. – alt. 145
Paris 136 – Bernay 30 – Elbeuf 16 – Évreux 34 – Pont-Audemer 31.

▲▲▲ **Salverte** Permanent
☎ 02 32 35 51 34, david.farah@wanadoo.fr,
Fax 02 32 35 92 79, www.camping-salverte.com – places limitées pour le passage – **R** conseillée
17 ha/10 campables (300 empl.) plat, herbeux
Tarif : (Prix 2008) ★ 6,50 € ⇔ 2,45 € 🅴 2,45 € (₲) (6A)
Pour s'y rendre : 3 km au sud-ouest par D 26, rte de Brionne et chemin à gauche
À savoir : Agréable cadre boisé

Nature : 🌿 🗔 ♀♀
Loisirs : 🍸 snack 🎱 🎬 🎣 🛥 salle d'animation, bibliothèque 🚴 🏇
🎯 🏓 🖾 ⛳
Services : 🛎 🚿 🆖 ♿ 🚻 🍽 🛒 ⚡
🧺 sèche-linge ⚙

HONFLEUR

✉ 14600 – **303** N3 – G. Normandie Vallée de la Seine – 8 178 h. – alt. 5
Env. Pont de Normandie - Péage en 2008 : 5,00 autos, 5,80 caravanes, autocars 6,30 à 12,50 et gratuit pour motos
🅱 Office de tourisme, quai Lepaulmier ☎ 02 31 89 23 30, Fax 02 31 89 31 82
Paris 195 – Caen 69 – Le Havre 27 – Lisieux 38 – Rouen 83.

▲▲▲ **La Briquerie** de déb. avr. à fin sept.
☎ 02 31 89 28 32, info@campinglabriquerie.com,
Fax 02 31 89 08 52, www.campinglabriquerie.com – places limitées pour le passage – **R** conseillée
11 ha (430 empl.) plat, herbeux
Tarif : 27 € ★★ ⇔ 🅴 (₲) (10A) – pers. suppl. 7 €
Location (de mi-mars à déb. nov.) 🚫 : 12 🏠 (4 à 6 pers.) - 320 à 672 €/sem. – **R** conseillée
🚐 1 borne artisanale – 🚿 13 €
Pour s'y rendre : Equemauville (3,5 km au sud-ouest par rte de Pont-l'Évêque et D 62 à dr.)

Nature : 🗔 ♀
Loisirs : 🍸 ✗ self-service, (juil.-août) 🎱 🎬 diurne nocturne (soirées à thème) 🎣 🛥 jacuzzi 🚴 🏇 🏓 🖾 ⛳
Services : ♿ 🛎 🚿 🆖 🚻 🍽 🛒 ⚡
🧻 🧺 sèche-linge ⚙
À prox. : 🛒 ✗ 🖾 🏇

HOULGATE

✉ 14510 – **303** L4 – G. Normandie Vallée de la Seine – 1 832 h. – alt. 11
🅱 Office de tourisme, 10, boulevard des Belges ☎ 02 31 24 34 79, Fax 02 31 24 42 27
Paris 214 – Caen 29 – Deauville 14 – Lisieux 33 – Pont-l'Évêque 25.

▲▲▲ **La Vallée** ♨ – de déb. avr à déb. nov.
☎ 02 31 24 40 69, campinglavallee@wanadoo.fr,
Fax 02 31 24 42 42, www.campinglavallee.com – **R** conseillée
11 ha (350 empl.) peu incliné et en terrasses, plat, herbeux
Tarif : 30 € ★★ ⇔ 🅴 (₲) (4A) – pers. suppl. 6 € – frais de réservation 16 €
Location 🚫 : 45 🏠 (4 à 6 pers.) 300 à 700 €/sem. – frais de réservation 16 € - **R** conseillée
🚐 1 borne artisanale 2 €
Pour s'y rendre : 88 r. de la Vallée (1 km au sud par D 24a, rte de Lisieux et D 24 à dr.)
À savoir : Cadre agréable autour d'anciens bâtiments de style normand

Nature : ≤ 🗔 ♀
Loisirs : 🍸 brasserie 🎱 🎬 🚴 🏇
🏓 ✗ 🖾 ⛳
Services : ♿ 🛎 🆖 🚿 🍽 🛒 ⚡
🧻 🧺 🍽 sèche-linge 🚗 ⚙
À prox. : 🖾 🐴 poneys , golf

INCHEVILLE

✉ 76117 – **304** I1 – 1 431 h. – alt. 19
Paris 169 – Abbeville 32 – Amiens 65 – Blangy-sur-Bresle 16 – Le Crotoy 36 – Le Tréport 13.

△ **Municipal de l'Etang** de déb. mars à fin oct.
☎ 02 35 50 30 17, campingdeletang@orange.fr,
Fax 02 35 50 30 17 – places limitées pour le passage
– **R** conseillée
2 ha (190 empl.) plat, herbeux
Tarif : (Prix 2008) ★ 2,50 € ⇔ 🅴 3,50 € – (₲) (10A) 3,50 €
Pour s'y rendre : r. Mozart (sortie nord-est, rte de Beauchamps et r. à dr.)
À savoir : Près d'un étang de pêche

Nature : ♀
Loisirs : 🎬
Services : ♿ 🛎 🚿 🍽 🛒 ⚡
À prox. : ✗ 🎣 🎿

NORMANDIE

ISIGNY-SUR-MER

✉ 14230 – **303** F4 – G. Normandie Cotentin – 2 920 h. – alt. 4
🛈 *Office de tourisme, 16, rue Émile Demagny* ✆ *02 31 21 46 00, Fax 02 31 22 90 21*
Paris 298 – Bayeux 35 – Caen 64 – Carentan 14 – Cherbourg 63 – St-Lô 29.

▲ **Le Fanal** de déb. avr. à fin sept.
✆ 02 31 21 33 20, *info@camping-lefanal.com*,
Fax 02 31 22 12 00, *www.camping-lefanal.com* – **R** ✂ (de
déb. juil. à fin août)
11 ha/5,5 campables (164 empl.) plat, herbeux
Tarif : 28,30 € 👫 🚗 🅿 💡 (16A) – pers. suppl. 5 €
Location ✂ : 7 🚐 (2 à 4 pers.) nuitée 28 € - 196 à
406 €/sem. – 80 🚐 (4 à 6 pers.) 308 à 735 €/sem. – 🏠
– frais de réservation 18 € - **R** conseillée
🚐 1 borne 4,50 €
Pour s'y rendre : R. du Fanal (à l'ouest, accès par le centre ville, près du terrain de sports)
À savoir : Cadre agréable et soigné autour d'un plan d'eau

Nature : 🌿 🌳
Loisirs : pizzeria, snack 🍽 🎣 ✂
Services : ♿ 🔑 🆖 🛒 🏪 🍴 ⊕ 🚿 🌬 🔥 sèche-linge
À prox. : 🏊 🎣 🚣 pédalos, parcours sportif

JULLOUVILLE

✉ 50610 – **303** C7 – G. Normandie Cotentin – 1 506 h. – alt. 60
🛈 *Office de tourisme, place de la Gare* ✆ *02 33 61 82 48, Fax 02 33 61 52 99*
Paris 346 – Avranches 24 – Granville 9 – St-Lô 63 – St-Malo 90.

▲ **La Chaussée** de déb. avr. à fin sept.
✆ 02 33 61 80 18, *jmb@camping-lachaussee.com*,
Fax 02 33 61 45 26, *www.camping-lachaussee.com*
– **R** conseillée
6 ha/4,7 campables (265 empl.) plat, peu incliné, sablonneux, herbeux
Tarif : (Prix 2008) 30,50 € 👫 🚗 🅿 💡 (16A) – pers. suppl. 5,40 €
Location (Prix 2008) : 12 🚐 (4 à 6 pers.) 355 à 685 €/sem. – **R** conseillée
🚐 1 borne artisanale 5 €
Pour s'y rendre : 1 av. de la Libération (sortie au nord, rte de Granville, à 150 m de la plage)
À savoir : Cadre plaisant agrémenté d'une petite pinède

Nature : 🌳
Loisirs : 🍽 🎣 ✂
Services : 🔑 🆖 🛒 🏪 ⊕ 🚿
À prox. : ✂ 🏊 🐎

Falaises du nez de Jobourg

NORMANDIE

JUMIEGES

✉ 76480 – **304** E5 – G. Normandie vallée de la Seine – 1 714 h. – alt. 25
🛈 *Office de tourisme, rue Guillaume le Conquérant* ✆ 02 35 37 28 97, Fax 02 35 37 07 07
Paris 161 – Rouen 29 – Le Havre 82 – Caen 132 – Beauvais 110.

La Forêt de déb. avr. à fin oct.
✆ 02 35 37 93 43, info@campinglaforet.com,
Fax 02 35 37 76 48, www.campinglaforet.com – **R** conseillée
2 ha (111 empl.) plat, herbeux
Tarif : 23,50 € (10A) – pers. suppl. 4,50 €
Location : 12 (4 à 6 pers.) nuitée 80 € - 305 à 590 €/sem. – 5 (4 à 6 pers.) nuitée 80 € - 305 à 510 €/sem. – **R** conseillée
1 borne raclet 6 € – 13 €
Pour s'y rendre : r. Mainberte
À savoir : Dans le Parc Régional de Brotonne

Nature :
Loisirs :
Services : sèche-linge
À prox. : parcours sportif

LISIEUX

✉ 14100 – **303** N5 – G. Normandie Vallée de la Seine – 23 166 h. – alt. 51
🛈 *Office de tourisme, 11, rue d'Alençon* ✆ 02 31 48 18 10, Fax 02 31 48 18 11
Paris 169 – Caen 54 – Le Havre 66 – Hérouville-Saint-Clair 53 – Montivilliers 64.

La Vallée de Pâques à déb. oct.
✆ 02 31 62 00 40, tourisme@cclisieuxpaysdauge.fr,
Fax 02 31 48 18 11, www.lisieux-tourisme.com – **R** conseillée
1 ha (100 empl.) plat, herbeux, gravillons
Tarif : 15 € (16A) – pers. suppl. 2,60 €
Location : 5 (4 à 6 pers.) 220 à 360 €/sem. – frais de réservation 6 € – **R** conseillée
Pour s'y rendre : 9 r. de la Vallée (sortie nord par D 48, rte de Pont-l'Évêque)

Nature :
Services :
À prox. : complexe aquatique couvert

LES LOGES

✉ 76790 – **304** B3 – 1 114 h. – alt. 92
Paris 205 – Rouen 83 – Le Havre 34 – Fécamp 10 – Montivilliers 31.

L'Aiguille Creuse de déb. avr. à fin sept.
✆ 02 35 29 52 10, camping@aiguillecreuse.com, www.campingaiguillecreuse.com – **R** conseillée
3 ha (80 empl.) peu incliné, plat, herbeux
Tarif : 21,30 € (10A) – pers. suppl. 5,10 € – frais de réservation 7 €
Location : 6 (4 à 6 pers.) nuitée 58 € - 280 à 485 €/sem. – frais de réservation 15 € - **R** conseillée
1 borne artisanale 3 €
Pour s'y rendre : 24 résidence de l'Aiguille-Creuse

Nature :
Loisirs :
Services :
À prox. :

LONGNY-AU-PERCHE

✉ 61290 – **310** N3 – 1 590 h. – alt. 165
🛈 *Syndicat d'initiative, place de l'Hôtel de Ville* ✆ 02 33 73 66 23
Paris 131 – Alençon 63 – Chartres 65 – Dreux 54 – Mortagne-au-Perche 18 – Nogent-le-Rotrou 30.

Monaco Parc Permanent
✆ 02 33 73 59 59, monaco.parc@wanadoo.fr,
Fax 02 33 25 77 56, www.campingmonacoparc.com – places limitées pour le passage – **R** conseillée
18 ha/7 campables (124 empl.) plat, en terrasses, herbeux, étang
Tarif : (Prix 2008) 19,30 € (10A) – pers. suppl. 3,90 € – frais de réservation 10 €
Location (Prix 2008) : 9 (4 à 6 pers.) 390 à 640 €/sem. – frais de réservation 10 € - **R** conseillée
1 borne artisanale 2,50 € – 3 4,80 € – 11,60 €
Pour s'y rendre : rte de Monceaux-au-Perche (2,4 km au sud-ouest par D 111, près de la Jambée)

Nature :
Loisirs : snack, pizzeria diurne (couverte hors saison) randonnées quad et VTT
Services : sèche-linge
À prox. : pédalos

NORMANDIE

LOUVIERS

27400 – **304** H6 – G. Normandie Vallée de la Seine – 18 328 h. – alt. 15
Syndicat d'initiative, 10, rue du Maréchal Foch 02 32 40 04 41, Fax 02 32 61 28 85
Paris 104 – Les Andelys 22 – Bernay 52 – Lisieux 75 – Mantes 51 – Rouen 33.

Le Bel Air de déb. mars à fin oct.
02 32 40 10 77, campinglebelair@aol.com,
Fax 02 32 40 10 77, www.camping-lebelair.fr – places limitées pour le passage – **R** conseillée
2,5 ha (92 empl.) plat, herbeux
Tarif : (Prix 2008) 4,60 € 5,85 € – (10A) 4 €
Location (Prix 2008) : 2 (4 à 6 pers.) nuitée 50 € - 340 €/sem. – 3 (4 à 6 pers.) nuitée 60 € - 420 €/sem. – **R** conseillée
2 19,05 €
Pour s'y rendre : rte de la Haye-Malherbe (3 km à l'ouest par D 81)
À savoir : Cadre arbustif et ombragé

Nature :
Loisirs :
Services :   sèche-linge
À prox. : patinoire

LUC-SUR-MER

14530 – **303** J4 – G. Normandie Cotentin – 3 036 h.
Office de tourisme, rue du Docteur Charcot 02 31 97 33 25, Fax 02 31 96 65 09
Paris 249 – Arromanches-les-Bains 23 – Bayeux 29 – Cabourg 28 – Caen 18.

Municipal la Capricieuse de déb. avr. à fin sept.
02 31 97 34 43, info@campinglacapricieuse.com,
Fax 02 31 97 43 64, www.campinglacapricieuse.com
– **R** conseillée
4,6 ha (232 empl.) plat, peu incliné, herbeux
Tarif : 4,50 € 5,40 € – (10A) 5,95 €
Location : 18 (4 à 6 pers.) 290 à 540 €/sem. – 10 (4 à 6 pers.) - 325 à 675 €/sem. – **R** conseillée
1 borne artisanale 4,70 €
Pour s'y rendre : 2 r. Brummel (à l'ouest, allée Brummel, à 200 m de la plage)

Nature :
Loisirs :
Services :   sèche-linge
À prox. :

LYONS-LA-FORÊT

27480 – **304** I5 – G. Normandie Vallée de la Seine – 795 h. – alt. 88
Office de tourisme, 20, rue de l'Hôtel de Ville 02 32 49 31 65, Fax 02 32 48 10 60
Paris 104 – Les Andelys 21 – Forges-les-Eaux 30 – Gisors 30 – Gournay-en-Bray 25 – Rouen 33.

Municipal St-Paul de déb. avr. à fin oct.
02 32 49 42 02, camping-saint-paul@orange.fr,
Fax 02 32 49 42 02, www.camping-saint-paul.fr – places limitées pour le passage – **R** conseillée
3 ha (100 empl.) plat, herbeux
Tarif : (Prix 2008) 18 € (6A) – pers. suppl. 5 €
Location (Prix 2008) : 8 (4 à 6 pers.) nuitée 45 € - 190 à 400 €/sem. – **R** conseillée
Pour s'y rendre : 2 rte St-Paul (au nord-est par D 321, au stade, au bord de la Lieure)

Nature :
Loisirs :
Services :
À prox. : (centre équestre)

MARCHAINVILLE

61290 – **310** N3 – 233 h. – alt. 235
Paris 124 – L'Aigle 28 – Alençon 65 – Mortagne-au-Perche 28 – Nogent-le-Rotrou 36 – Verneuil-sur-Avre 22.

Municipal les Fossés de déb. avr. à fin oct.
02 33 73 65 80, mairiemarchainville@wanadoo.fr,
Fax 02 33 73 65 80 – **R**
1 ha (17 empl.) plat et peu incliné, herbeux
Tarif : (Prix 2008) 1,95 € (30A) 2,20 €
Pour s'y rendre : le bourg (au nord par D 243)

Nature :
Loisirs :
Services :

NORMANDIE

MARTIGNY

✉ 76880 – **304** G2 – 531 h. – alt. 24
Paris 196 – Dieppe 10 – Fontaine-le-Dun 29 – Rouen 64 – St-Valery-en-Caux 37.

▲ **Les Deux Rivières** de fin mars à déb. oct.
℘ 02 35 85 60 82, *martigny.76@orange.fr*,
Fax 02 35 85 95 16, *www.camping-2-rivieres.com* – places limitées pour le passage – **R** conseillée
3 ha (110 empl.) plat, herbeux
Tarif : (Prix 2008) 16,30 € ★★ 🚗 🅴 (10A) – pers. suppl. 3,10 €
Location (Prix 2008) ⚡ : 6 🏠 (4 à 6 pers.) - 259 à 412 €/sem. – **R** conseillée
Pour s'y rendre : Martigny (700 m au nord-ouest, rte de Dieppe)
À savoir : Situation agréable en bordure de rivière et de plans d'eau

Nature : ≤ ♀
Loisirs : 🏠 🎣 ♒
Services : ♿ ⛽ GB ✂ 🍴 ☺ 🧺 sèche-linge
À prox. : 🔲 🛶 canoë

Si vous recherchez :

▲ Un terrain au bord de l'eau avec possibilité de baignade
≈ Un terrain agréable ou très tranquille
L Un terrain effectuant la location de caravanes, de mobile homes, de bungalows ou de chalets
P Un terrain ouvert toute l'année
🚐 Un terrain possédant une aire de services pour camping-cars
Consultez le tableau des localités

MARTRAGNY

✉ 14740 – **303** I4 – 325 h. – alt. 70
Paris 257 – Bayeux 11 – Caen 23 – St-Lô 47.

▲▲▲ **Château de Martragny** de déb. mai à mi-sept.
℘ 02 31 80 21 40, *chateau.martragny@wanadoo.fr*,
Fax 02 31 08 14 91, *www.chateau-martragny.com*
– **R** conseillée
13 ha/4 campables (160 empl.) plat, herbeux
Tarif : ★ 6,50 € ★★ 1,50 € 🅴 13 € – 🗲 (10A) 3,50 € – frais de réservation 8 €
Location (de déb. avr. à mi-sept.) : 4 🛏 – **R**
🚐 1 borne artisanale
Pour s'y rendre : 5 r. de l'Ormelet (sur l'ancienne N 13, par le centre bourg)
À savoir : Dans le parc d'une belle demeure du XVIIIe s.

Nature : ≈ ♀♀
Loisirs : 🍺 brasserie 🏠 🎣 🚴 ✂ 🎯 🏊
Services : ♿ ⛽ GB ✂ 🍴 ♻ ☺ ☎ 🍽 sèche-linge 🧺 🧹
À prox. : 🐎

MAUPERTUS-SUR-MER

✉ 50330 – **303** D2 – 270 h. – alt. 119
Paris 359 – Barfleur 21 – Cherbourg 13 – St-Lô 80 – Valognes 22.

▲▲▲ **L'Anse du Brick** ♣♣ – de déb. avr. à fin sept.
℘ 02 33 54 33 57, *welcome@anse-du-brick.com*,
Fax 02 33 54 49 66, *www.anse-du-brick.com* – **R**
17 ha/7 campables (180 empl.) accidenté et en terrasses, pierreux, herbeux, bois attenant
Tarif : 35 € ★★ 🚗 🅴 🗲 (10A) – pers. suppl. 7,20 € – frais de réservation 6 €
Location (permanent) : 36 🏘 (4 à 6 pers.) 336 à 780 €/sem. – 6 🏠 (4 à 6 pers.) - 392 à 865 €/sem. – 2 villas – frais de réservation 6 € - **R** conseillée
🚐 1 borne artisanale 6,50 €
Pour s'y rendre : 18 Anse-du-Brick (au nord-ouest par D 116, à 200 m de la plage, accès direct par passerelle)
À savoir : Agréable cadre verdoyant et ombragé dans un site sauvage

Nature : ≈ ≤ 🏞 ♀♀
Loisirs : 🍺 pizzeria 🏠 🌙 diurne nocturne (juil.-août) 🎣 🚴 ✂ 🏊
Services : ♿ ⛽ GB ✂ 🍴 ♻ ☺ ☎ 🍽 sèche-linge 🧺
À prox. : 🍴 🎣 🔲 centre nautique, kayak de mer

NORMANDIE

MERVILLE-FRANCEVILLE-PLAGE

✉ 14810 – **303** K4 – G. Normandie Vallée de la Seine – 1 521 h. – alt. 2
🛈 *Office de tourisme, place de la Plage* ✆ 02 31 24 23 57, Fax 02 31 24 17 49
Paris 225 – Arromanches-les-Bains 42 – Cabourg 7 – Caen 20.

▲ **Municipal le Point du Jour** de déb. mars à fin nov.
✆ 02 31 24 23 34, camp.lepointdujour@wanadoo.fr,
Fax 02 31 24 15 54, www.camping-lepointdujour.com
– **R** conseillée
2,7 ha (142 empl.) plat, herbeux, sablonneux
Tarif : ♦ 6,20 € – 🚗 🅴 7,20 € – [½] (10A) 5 € – frais de réservation 4 €

Location 🏠 : 5 🏕 (4 à 6 pers.) 450 à 750 €/sem. – frais de réservation 4 € - **R** conseillée

Pour s'y rendre : Rte de Cabourg (sortie est par D 514)
À savoir : Agréable situation en bordure de plage

Nature : 🏖 ▲
Loisirs : 🎮 🐎
Services : 🚻 ⛔ 🆎 🚐 🚿 🔥 😊 🛒
🍴 🧺 sèche-linge
À prox. : 🍽 🏇 🐎 golf

▲ **Les Peupliers** de déb. avr. à fin oct.
✆ 02 31 24 05 07, asl-mondeville@wanadoo.fr,
Fax 02 31 24 05 07, www.camping-peupliers.com
– **R** conseillée
2 ha (165 empl.) plat, herbeux
Tarif : ♦ 6,70 € – 🚗 🅴 7,40 € – [½] (10A) 5,30 €

Location : 2 🏠 (2 à 4 pers.) nuitée 42 € - 220 à 380 €/sem. – 25 🏕 (4 à 6 pers.) nuitée 82 € - 350 à 670 €/sem. – 10 🏡 (4 à 6 pers.) nuitée 84 € - 360 à 685 €/sem. – **R** conseillée
🚰 1 borne artisanale

Pour s'y rendre : allée des Pins (2,5 km à l'est par rte de Cabourg et à dr., à l'entrée de Hôme)

Loisirs : snack 🎮 🌞 diurne nocturne (juil.-août) 🐎 🏊
Services : 🚻 ⛔ 🆎 🚐 🚿 🔥 😊
🍴 🧺 sèche-linge
À prox. : 🍽 🏇 🐎 golf

LE MONT-ST-MICHEL

✉ 50170 – **303** C8 – G. Normandie Cotentin - Bretagne – 46 h. – alt. 10
🛈 *Office de tourisme, boulevard de l'Avancée* ✆ 02 33 60 14 30, Fax 02 33 60 06 75
Paris 359 – Alençon 135 – Avranches 23 – Fougères 45 – Rennes 68 – St-Lô 80 – St-Malo 55.

▲ **Le Mont-St-Michel** de déb. fév. à mi-nov.
✆ 02 33 60 22 10, stmichel@le-mont-saint-michel.com,
Fax 02 33 60 20 02, www.le-mont-saint-michel.com – **R**
4 ha (80 empl.) plat, herbeux
Tarif : 17,60 € ♦♦ 🚗 🅴 [½] (5A) – pers. suppl. 4,20 €
Location : 🏠 – (hôtel) – **R** conseillée
🚰 1 borne artisanale 2,70 € – 100 🅴 8 €

Pour s'y rendre : 2,4 km au sud-est, intersection de la D 976, rte du Mont-St-Michel et D 275, rte de Ducey
À savoir : Cadre verdoyant et ombragé

Nature : 🏖 🌳
Loisirs : 🍷 🍴 snack 🎮 🚴 🏇
Services : 🚻 ⛔ 🆎 🚐 🚿 🔥 😊
🧺 sèche-linge 🧼
À prox. : 🍽 🏊 🐎 (centre équestre)

MOYAUX

✉ 14590 – **303** O4 – 1 235 h. – alt. 160
Paris 173 – Caen 64 – Deauville 31 – Lisieux 13 – Pont-Audemer 24.

▲▲▲ **Le Colombier** de déb. mai à mi-sept.
✆ 02 31 63 63 08, mail@camping-lecolombier.com,
Fax 02 31 63 15 97, www.camping-lecolombier.com
– **R** conseillée
15 ha/6 campables (180 empl.) plat, herbeux
Tarif : ♦ 8 € – 🚗 🅴 14 € – [½] (10A) 3 € – frais de réservation 15 €
🚰 1 borne artisanale

Pour s'y rendre : le Val-Séry (3 km au nord-est par D 143, rte de Lieurey)
À savoir : Piscine dans le jardin à la française du château

Nature : 🍃 🍎(verger)
Loisirs : 🍷 🍴 crêperie 🎮 🌞 diurne nocturne (à thème, juil.-août) bibliothèque 🎯 🚴 🏇 🏊
Services : 🚻 ⛔ 🆎 🚐 🔥 😊 🛒 🍴
🧺 sèche-linge 🧼 🚿

521

NORMANDIE

OFFRANVILLE

✉ 76550 – **304** G2 – G. Normandie Vallée de la Seine – 3 470 h. – alt. 80
Paris 191 – Abbeville 74 – Beauvais 104 – Caen 170 – Le Havre 105 – Rouen 60.

Municipal du Colombier de mi-avr. à mi-oct.
☎ 02 35 85 21 14, mairie-offranville@wanadoo.fr,
Fax 02 35 04 52 67, www.offranville.fr – places limitées pour le passage – **R** conseillée
1,2 ha (103 empl.) plat, herbeux
Tarif : ★ 3,70 € 🚗 2,60 € 🅴 4,10 € – ⚡ (10A) 2,20 €
🚐 10 🅴 15,20 €
Pour s'y rendre : parc du Colombier (au bourg, par la r. Loucheur)
À savoir : Dans l'enceinte de l'agréable parc de loisirs et floral

Nature : 🏞 ♀
Services : ♿ ⚲ ♻ ⊕ 🚿 🚻
À prox. : 🍴 ✕ 🏊 ✕ 📶 🏇 poneys (centre équestre)

OMONVILLE-LA-ROGUE

✉ 50440 – **303** A1 – 520 h. – alt. 25
Paris 377 – Caen 144 – Saint-Lô 99 – Cherbourg 24 – Équeurdreville-Hainneville 21.

Municipal du Hable de déb. avr. à fin sept.
☎ 02 33 52 86 15, campingomonvillelarogue@wanadoo.fr,
Fax 02 33 52 86 15 – **R** conseillée
1 ha (60 empl.) plat, gravillons, herbeux
Tarif : (Prix 2008) ★ 2,45 € 🚗 1,80 € 🅴 1,80 € – ⚡ (10A) 4,80 €
Location (Prix 2008) (permanent) : 10 gîtes – **R** conseillée
🚐 1 borne artisanale 3,15 € – 28 🅴 8,50 € – 🌙 8 €
Pour s'y rendre : 4 rte de La Hague

Nature : 🌊
Services : 🆖 ⚲ ♻ ⊕ 🅴 sèche-linge
À prox. : 🏊 ✕ ♨

ORBEC

✉ 14290 – **303** O5 – G. Normandie Vallée de la Seine – 2 564 h. – alt. 110
ℹ Office de tourisme, 6, rue Grande ☎ 02 31 32 56 68, Fax 02 31 32 04 37
Paris 173 – L'Aigle 38 – Alençon 80 – Argentan 53 – Bernay 18 – Caen 85 – Lisieux 21.

Les Capucins de fin mai à déb. sept.
☎ 02 31 32 76 22, camping.sivom@orange.fr,
Fax 02 31 63 16 12 – **R**
0,9 ha (35 empl.) plat, herbeux
Tarif : ★ 2,10 € 🚗 1,20 € 🅴 1,60 € – ⚡ (10A) 2 €
🚐 16 🅴 9 €
Pour s'y rendre : av. du Bois (1,5 km au nord-est par D 4, rte de Bernay et chemin à gauche, au stade)
À savoir : Cadre verdoyant très soigné

Nature : ♀
Loisirs : 🎢
Services : ⚲ ♻ ⊕ 🅴 🚻
À prox. : ✕ 📶 🏇

LES PIEUX

✉ 50340 – **303** B2 – 3 477 h. – alt. 104
ℹ Office de tourisme, 6, rue Centrale ☎ 02 33 52 81 60
Paris 366 – Barneville-Carteret 18 – Cherbourg 22 – St-Lô 48 – Valognes 30.

Le Grand Large de mi-avr. à mi-sept.
☎ 02 33 52 40 75, le-grand-large@wanadoo.fr,
Fax 02 33 52 58 20, www.legrandlarge.com – **R** conseillée
3,7 ha (236 empl.) plat et peu incliné, sablonneux, herbeux
Tarif : 35 € ★★ 🚗 🅴 ⚡ (10A) – pers. suppl. 6 €
Location : 43 🏠 (4 à 6 pers.) nuitée 80 € - 300 à 850 €/sem. – 1 🏡 (4 à 6 pers.) nuitée 80 € - 300 à 710 €/sem. – **R** conseillée
🚐 1 borne artisanale
Pour s'y rendre : 11 rte du Grand Large (3 km au sud-ouest par D 117 et D 517 à dr. puis 1 km par chemin à gauche)
À savoir : Agréable situation dans les dunes au bord de la plage de Sciottot

Nature : 🌊 ≤ 🏞 ≡
Loisirs : 🍴 snack 🎢 🕓 diurne (juil.-août) 🏊 ✕ 📶
Services : ♿ ⚲ 🆖 ♻ 🅴 🚻 ⊕ 📞 ✕ 🅴 sèche-linge

NORMANDIE

PONT-AUDEMER

✉ 27500 – **304** D5 – G. Normandie vallée de la Seine – 8 981 h. – alt. 15
🛈 *Office de tourisme, place Maubert* ℘ 02 32 41 08 21, Fax 02 32 57 11 12
Paris 165 – Rouen 58 – Évreux 91 – Le Havre 44 – Sotteville-lès-Rouen 53.

Municipal Risle-Seine - Les Étangs de mi-mars à mi-nov.
℘ 02 32 42 46 65, camping@ville-pont-audemer.fr, Fax 02 32 42 24 17, *www.ville-pont-audemer.fr* – **R** conseillée
2 ha (61 empl.) plat, herbeux
Tarif : (Prix 2008) 12,75 € ⚭ 🚗 📧 (10A) – pers. suppl. 2,95 €
Location (Prix 2008) (permanent) 🏕 : 10 🏠 (4 à 6 pers.) - 270 à 500 €/sem. – **R** conseillée
🚐 1 borne artisanale 3,60 € – 6 📧 12,10 € – 🍔 10 €
Pour s'y rendre : rte des Étangs - Toutainville (2,5 km à l'est, à gauche sous le pont de l'autoroute, près de la base nautique)

Nature : ≤ 🌳 ♀
Loisirs : 🎣 🏊 🚴 ♨ (bassin)
Services : ♿ 🔑 📶 ♨ 📧 ♨
🚿 ⛲ 🚻 🧺
À prox. : 🏊

PONT-AUTHOU

✉ 27290 – **304** E6 – 675 h. – alt. 49
Paris 152 – Bernay 22 – Elbeuf 26 – Évreux 45 – Pont-Audemer 21.

Municipal les Marronniers Permanent
℘ 02 32 42 75 06, campingmunicipaldesmarronniers@orange.fr, Fax 02 32 56 34 51 – places limitées pour le passage – **R**
2,5 ha (64 empl.) plat, herbeux
Tarif : (Prix 2008) ⚭ 2,40 € 🚗 1,70 € 📧 2,40 € – ⚡ (10A) 3 €
🚐 7 📧 4 €
Pour s'y rendre : r. Louise-Givon (au sud du bourg, par D 130, rte de Brionne, au bord d'un ruisseau)

Loisirs : 🎣
Services : ♿ 🔑 📶 🚻 📧 ♨

523

PONT-FARCY

✉ 14380 – **303** F6 – 512 h. – alt. 72
Paris 296 – Caen 63 – St-Lô 30 – Villedieu-les-Poêles 22 – Villers-Bocage 36 – Vire 19.

Municipal de déb. avr. à fin sept.
℘ 02 31 68 32 06, pontfarcy@free.fr, Fax 02 31 68 32 06 – **R**
1,5 ha (60 empl.) plat, herbeux
Tarif : (Prix 2008) 9 € ⚭⚭ 🚗 📧 ⚡ (10A) – pers. suppl. 2,50 €
Pour s'y rendre : sortie nord par D 21, rte de Tessy-sur-Vire
À savoir : Au bord de la Vire

Loisirs : 🏛 🏊 ✂ 🏇
Services : ♿ 🔑 📧 ♨
À prox. : 🚴 canoë, pédalos

PONTORSON

✉ 50170 – **303** C8 – G. Normandie Cotentin – 4 107 h. – alt. 15
🛈 *Office de tourisme, place de l'Hôtel de Ville* ℘ 02 33 60 20 65, Fax 02 33 60 85 67
Paris 359 – Avranches 23 – Dinan 50 – Fougères 39 – Rennes 59 – St-Malo 47.

Haliotis ⚭⚭ – de déb. avr. à déb. nov.
℘ 02 33 68 11 59, camping.haliotis@wanadoo.fr, Fax 02 33 58 95 36, *www.camping-haliotis-mont-saint-michel.com* – **R**
6 ha/3,5 campables (152 empl.) plat, herbeux
Tarif : 16,90 € ⚭⚭ 🚗 📧 (16A) – pers. suppl. 4,50 €
Location : 🏠 (4 à 6 pers.) nuitée 60 € - 300 à 610 €/sem. – 🏠 (4 à 6 pers.) nuitée 60 € - 300 à 610 €/sem. – **R** conseillée
🚐 1 borne artisanale 3 €
Pour s'y rendre : chemin des Soupirs (au nord-ouest par D 19, rte de Dol-de-Bretagne, près du Couesnon)

Nature : ≤ 🌳
Loisirs : 🍽 🏛 ♨ diurne (juil.-août) ⚭⚭ ♨ jacuzzi 🏊 🚴 ♨ ✂ 🏊
parcours de santé, mini-ferme
Services : ♿ 🔑 📶 🚻 📧 ♨ 📧 ♨ 🚿 ⛲ 🚻 🧺 sèche-linge
À prox. : 🏊 🎣 🎣 🏇 (centre équestre)

NORMANDIE

PORT-EN-BESSIN

✉ 14520 – **303** H3 – G. Normandie Cotentin – 2 139 h. – alt. 10
🛈 *Office de tourisme, quai Baron Gérard* ✆ 02 31 22 45 80
Paris 277 – Caen 43 – Hérouville-Saint-Clair 45 – Saint-Lô 47 – Bayeux 10.

Port'Land ⚤ – de déb. avr. à mi-nov.
✆ 02 31 51 07 06, campingportland@wanadoo.fr,
Fax 02 31 51 76 49, www.camping-portland.com – **R** conseillée
8,5 ha (256 empl.) plat, herbeux
Tarif : 37 € ⚤ 🚗 📧 (20A) – pers. suppl. 7,30 €
Location : 68 🏠 (4 à 6 pers.) 350 à 980 €/sem.
– **R** conseillée
🚐 1 borne 5 €
Pour s'y rendre : Chemin du Castel
À savoir : Jolie décoration florale et arbustive autour des différents étangs

Nature : 🌳
Loisirs : 🍽 ✕ 🏠 🎱 ⛹ 🏊
(découverte en saison) 🏊 🎾 terrain omnisports, parcours de santé
Services : ⚤ ⛽ 🚿 🚻 🧺
🛁 🚻 🏠 sèche-linge 🧺 🛒
À prox. : ✕ ⛳ golf

POSES

✉ 27740 – **304** H6 – 1 107 h. – alt. 9 – Base de loisirs
Paris 114 – Les Andelys 26 – Évreux 36 – Louviers 14 – Pont-de-l'Arche 8 – Rouen 26.

⛺ Les Étangs des 2 Amants
✆ 02 32 59 11 86, lery.poses@wanadoo.fr,
Fax 02 32 59 11 86 – places limitées pour le passage
– **R** conseillée
4 ha (164 empl.) plat, herbeux
Pour s'y rendre : à la base de plein air et de loisirs (1,5 km au sud-est par rte de St-Pierre-du-Vauvray, à 250 m d'un plan d'eau.)
À savoir : Au bord de la Seine

Nature : 🌿
Loisirs : 🏠
Services : ⛽ 😊 🚿 🧺 🚻
À prox. : 🍽 ✕ snack ✕ 🎱 ⛹
canoë, pédalos, golf

QUIBERVILLE

✉ 76860 – **304** F2 – 467 h. – alt. 50
🛈 *Office de tourisme, 983, rue de l'Église* ✆ 02 35 04 08 32
Paris 199 – Dieppe 18 – Fécamp 50 – Rouen 67.

⛺ Municipal de la Plage de déb. avr. à fin oct.
✆ 02 35 83 01 04, campingplage3@wanadoo.fr,
Fax 02 35 85 10 25, www.campingplagequiberville.com – places limitées pour le passage – **R** conseillée
2,5 ha (202 empl.) plat, herbeux
Tarif : (Prix 2008) ⚤ 5 € 🚗 📧 8,80 € – 🔥 (10A) 4,75 €
🚐 1 borne 3,30 €
Pour s'y rendre : 123 r. de la Saâne (à Quiberville-Plage, accès par D 127, rte d'Ouville-la-Rivière)
À savoir : À 100 m de la mer

Nature : ⟵ 🌊
Loisirs : 🏠 🛝
Services : ♿ ⛽ 🚿 🚻 🧺 🛒 🏊
☕ 🛒 🏠
À prox. : ✕ ⛳

RAVENOVILLE

✉ 50480 – **303** E3 – 252 h. – alt. 6
Paris 328 – Barfleur 27 – Carentan 21 – Cherbourg 40 – St-Lô 49 – Valognes 19.

⛺ Le Cormoran ⚤ – de déb. avr. à fin sept.
✆ 02 33 41 33 94, lecormoran@wanadoo.fr,
Fax 02 33 95 16 08, www.lecormoran.com – places limitées pour le passage – **R** conseillée
6,5 ha (256 empl.) plat, herbeux, sablonneux
Tarif : 32 € ⚤ ⚤ 🚗 📧 (6A) – pers. suppl. 7,50 € – frais de réservation 10 €
Location 🏊 🅿 : 34 🏠 (4 à 6 pers.) nuitée 52 € - 310 à 850 €/sem. – 6 🏠 (4 à 6 pers.) nuitée 70 € - 400 à 830 €/sem. – frais de réservation 10 € – **R** conseillée
🚐 1 borne artisanale 4 € – 8 📧 15 € – 🔥 15 €
Pour s'y rendre : 2 r. du Cormoran (3,5 km au nord-est par D 421, rte d'Utah-Beach, près de la plage)
À savoir : Belle décoration florale et arbustive

Nature : 🌿
Loisirs : 🍽 snack, pizzeria 🏠 🎱
diurne nocturne (juil.-août) ⛹ 🏊
🛝 🏊 ✕ 🎱 🏊 terrain omnisports, tir à la carabine
Services : ♿ ⛽ 🚿 🚻 🧺 🛒
🛁 🚻 🏠 sèche-linge 🧺 🛒
À prox. : 🐎

NORMANDIE

LE ROZEL

✉ 50340 – **303** B3 – 261 h. – alt. 21
Paris 369 – Caen 135 – Cherbourg 26 – Rennes 197.

Le Ranch de déb. avr. à fin sept.
☏ 02 33 10 07 10, contact@camping-leranch.com,
Fax 02 33 10 07 11, www.camping-leranch.com – **R** conseillé
4 ha (130 empl.) plat, terrasse, vallonné, sablonneux, herbeux
Tarif : (Prix 2008) 30 € ★★ 🚗 🔳 [⚡] (10A) – pers. suppl. 6,20 €
Location (Prix 2008) : 13 🏠 (4 à 6 pers.) 330 à 770 €/sem. – **R** conseillée
🚐 58 🔳 30 €
Pour s'y rendre : la Mielle (2 km au sud-ouest par D 117 et D 62 à dr.)
À savoir : en bordure de plage

Nature : 🌊 ⛰
Loisirs : 🍴 snack 🎰 🎠 🏊 🎾
Services : ♿ ⚡ (juil.-août) 🌐 🧺 🏧 ♨ 🚿 🚻 🔋 sèche-linge
À prox. : ✕ ⛵ ◐ , char à voile

ST-ARNOULT

✉ 14800 – **303** M3 – 903 h. – alt. 4
Paris 198 – Caen 43 – Le Havre 41 – Rouen 90 – Sotteville 87.

La Vallée de Deauville 🚻 – de déb. avr. à fin oct.
☏ 02 31 88 58 17, campinglavalleededeauville@wanadoo.fr,
Fax 02 31 88 11 57, www.campingdeauville.com – places limitées pour le passage – **R** conseillée
10 ha (440 empl.) plat, herbeux, joli plan d'eau
Tarif : 34 € ★★ 🚗 🔳 [⚡] (10A) – pers. suppl. 9 € – frais de réservation 23 €
Location 🏕 : 50 🏠 (4 à 6 pers.) nuitée 80 € - 325 à 750 €/sem. – frais de réservation 5 € - **R** conseillée
🚐 1 borne artisanale 8 €
Pour s'y rendre : av. de la Vallée (1 km au sud par D 27, rte de Varaville et D 275, rte de Beaumont-en-Auge à gauche, au bord d'un ruisseau et près d'un plan d'eau)

Nature : 🏞 ♨
Loisirs : 🍴 snack 🎰 🎮 🎠 🏊 🎾 ⛳ 🚴 terrain omnisports
Services : ♿ ⚡ 🌐 🧺 🏧 ♨ 🚿 ☀ 🔋 🔳 sèche-linge 💧 🐴
À prox. : 🍴 ✕ 🏓 ⛵ ◐ 🐎 golf

ST-AUBIN-SUR-MER

✉ 14750 – **303** J4 – G. Normandie Cotentin – 1 810 h.
🛈 Office de tourisme, digue Favreau ☏ 02 31 97 30 41, Fax 02 31 96 18 92
Paris 252 – Arromanches-les-Bains 19 – Bayeux 29 – Cabourg 32 – Caen 20.

Yellow! Village La Côte de Nacre 🚻 – de déb. avr. à fin sept.
☏ 02 31 97 14 45, camping-cote-de-nacre@wanadoo.fr,
Fax 02 31 97 22 11, www.camping-cote-de-nacre.com – places limitées pour le passage – **R** conseillée
8 ha (440 empl.) plat, herbeux
Tarif : 44 € ★★ 🚗 🔳 [⚡] (10A) – pers. suppl. 8 €
Location : 🏠 (4 à 6 pers.) nuitée 114 € - 203 à 1 043 €/sem. – **R** conseillée
🚐 1 borne
Pour s'y rendre : 17 r. du Gén.-Moulton (au sud du bourg par D 7b)
À savoir : Parc aquatique en partie couvrable

Loisirs : 🍴 snack 🎰 🎮 diurne nocturne (soirées à thèmes) 🎠 patinoire, spa 🏊 🚴 🎾 ⛳ terrain omnisports
Services : ♿ ⚡ 🌐 🧺 🏧 🔋 ♨ 🚿 ☀ 🔳 sèche-linge 💧 🐴
À prox. : ✕

ST-AUBIN-SUR-MER

✉ 76740 – **304** F2 – G. Normandie Cotentin – 280 h. – alt. 15
Paris 191 – Dieppe 21 – Fécamp 46 – Rouen 59 – Yvetot 36.

Municipal le Mesnil avr.-oct.
☏ 02 35 83 02 83 – **R** conseillé
2,2 ha (117 empl.) plat et en terrasses, herbeux
Tarif : (Prix 2008) ★ 5,78 € 🚗 2,24 € 🔳 3,20 € – [⚡] (10A) 3,92 €
🚐 1 borne artisanale 4,42 €
Pour s'y rendre : 2 km à l'ouest par D 68, rte de Veules-les-Roses
À savoir : Dans une ancienne ferme normande

Nature : 🌊 🏞
Loisirs : 🎰 🎠
Services : ♿ ⚡ 🌐 🧺 🏧 🔋 ♨ 🔳 sèche-linge 🐴

525

NORMANDIE

ST-EVROULT-NOTRE-DAME-DU-BOIS

✉ 61550 – **310** L2 – G. Normandie Vallée de la Seine – 430 h. – alt. 355
Paris 153 – L'Aigle 14 – Alençon 56 – Argentan 42 – Bernay 41.

▲ **Municipal des Saints-Pères** avr.-sept.
℘ 06 32 72 08 55, Fax 02 33 34 93 12 – ℞
0,6 ha (27 empl.) plat et terrasse, herbeux, gravillons, bois attenant
Tarif : (Prix 2008) ✱ 2 € ⇔ 1 € 🅴 3 € – [½] (10A) 2,50 €
🚐 27 🅴 5 €
Pour s'y rendre : au sud-est du bourg
À savoir : agréable situation, au bord d'un plan d'eau

| Nature : ♀ |
| Loisirs : 🐎 ✖ 🚣 🛶 pédalos |
| Services : ♿ 🚿 ⚡ |
| À prox. : 🐴 |

ST-GEORGES-DU-VIÈVRE

✉ 27450 – **304** D6 – 640 h. – alt. 138
🛈 Office de tourisme, place de la Mairie ℘ 02 32 56 34 29, Fax 02 32 57 52 90
Paris 161 – Bernay 21 – Évreux 54 – Lisieux 36 – Pont-Audemer 15 – Rouen 49.

▲ **Municipal du Vièvre** de déb. avr. à fin sept.
℘ 02 32 42 76 79, camping.stgeorgesduvievre@wanadoo.fr,
Fax 02 32 42 80 42, http://www.camping-normand.com – ℞
1,1 ha (50 empl.) plat, herbeux
Tarif : ✱ 2,30 € ⇔ 1,30 € 🅴 2,20 € – [½] (5A) 2,20 €
Pour s'y rendre : rte de Noards (sortie sud-ouest par D 38)

| Nature : 🌳 🗆 |
| Loisirs : 🚴 |
| Services : ♿ 🚿 🅿 ⚡ 🚿 🚽 |
| À prox. : ✖ 🏊 |

ST-GERMAIN-SUR-AY

✉ 50430 – **303** C4 – 797 h. – alt. 5
🛈 Syndicat d'initiative, route de la Mer ℘ 02 33 07 02 75
Paris 345 – Barneville-Carteret 26 – Carentan 35 – Coutances 27 – St-Lô 42.

⛺ **Aux Grands Espaces** de déb. avr. à fin oct.
℘ 02 33 07 10 14, auxgrandsespaces@orange.fr,
Fax 02 33 07 22 59, www.auxgrandsespaces.com – places limitées pour le passage – ℞ conseillée
13 ha (580 empl.) plat et accidenté, sablonneux, herbeux
Tarif : ✱ 5,40 € ⇔ 🅴 6,80 € – [½] (4A) 4,50 €
Location (de mi-avr. à mi-sept.) : 🚫 : 🏠 (4 à 6 pers.)
300 à 570 €/sem. – 8 bungalows toilés – ℞ conseillée
Pour s'y rendre : 6 r. du Camping (4 km à l'ouest par D 306, à St-Germain-Plage)

| Nature : 🌳 🗆 ♀ |
| Loisirs : 🍽 snack 🏠 🐎 ✖ 🏊 🚣 |
| Services : 🔑 (juil.-août) 🇬🇧 🚿 🅿 |
| ⚡ 🚰 sèche-linge 🧊 |
| À prox. : ✖ 🚶 sentier pédestre, char à voile |

Ile de Jersey - La pointe de Noirmon

D. Mar/Michelin

NORMANDIE

ST-HILAIRE-DU-HARCOUËT

✉ 50600 – **303** F8 – G. Normandie Cotentin – 4 368 h. – alt. 70
🛈 *Office de tourisme, place du Bassin* ✆ *02 33 79 38 88, Fax 02 33 79 38 89*
Paris 339 – Alençon 100 – Avranches 27 – Caen 102 – Fougères 29 – Laval 66 – St-Lô 69.

▲ **Municipal de la Sélune**
✆ 02 33 49 43 74, *info@st-hilaire.fr*, Fax 02 33 79 38 71,
www.st-hilaire.fr
1,9 ha (90 empl.) plat, herbeux

Loisirs :
Services :
À prox. :

Pour s'y rendre : 700 m au nord-ouest par N 176, rte d'Avranches et à dr., près de la rivière

ST-JEAN-DE-LA-RIVIÈRE

✉ 50270 – **303** B3 – 279 h. – alt. 20
Paris 351 – Caen 119 – Cherbourg 40 – Équeurdreville 45.

⛺ **Les Vikings** de déb. avr. à fin sept.
✆ 02 33 53 84 13, *contact@camping-lesvikings.com*,
Fax 02 33 53 08 19, *www.camping-lesvikings.com*
– **R** conseillée
6 ha (250 empl.) plat, herbeux, sablonneux
Tarif : 39 € ★★ 🚗 📧 ⚡ (10A) – pers. suppl. 7 €
Location : 50 🏠 (4 à 6 pers.) nuitée 102 € - 315 à
973 €/sem. – **R** conseillée

Nature :
Loisirs : 🍴 ✗ 🏠 salle d'animation
Services :
À prox. : golf, char à voile

Pour s'y rendre : 4 r. des Vikings (par D 166 et chemin à dr.)
À savoir : Entrée agrémentée de fleurs et petits palmiers

The classification (1 to 5 tents, **black** or red) that we award to selected sites in this Guide is a system that is our own.
It should not be confused with the classification (1 to 4 stars) of official organisations.

ST-MARTIN-EN-CAMPAGNE

✉ 76370 – **304** H2 – 1 000 h. – alt. 118
Paris 209 – Dieppe 13 – Rouen 78 – Le Tréport 18.

⛺ **Domaine les Goélands** de fin fév. à fin sept.
✆ 02 35 83 82 90, *g4sdomaine@wanadoo.fr*,
Fax 02 35 83 21 79, *www.lesdomaines.org* – places limitées
pour le passage – **R** conseillée
3 ha (154 empl.) en terrasses, peu incliné, herbeux
Tarif : 20 € ★★ 🚗 📧 ⚡ (16A) – pers. suppl. 3,50 €
Location : 8 🏠 (4 à 6 pers.) 420 à 588 €/sem.
– **R** conseillée

Nature :
Loisirs : 🏠 ♿ terrain omnisports
Services :

Pour s'y rendre : r. des Grèbes (2 km au nord-ouest, à St-Martin-Plage)
À savoir : belle salle de billard

ST-PAIR-SUR-MER

✉ 50380 – **303** C7 – G. Normandie Cotentin – 3 616 h. – alt. 30
🛈 *Office de tourisme, 3, rue Charles Mathurin* ✆ *02 33 50 52 77*
Paris 342 – Avranches 24 – Granville 4 – Villedieu-les-Poêles 29.

▲ **Angomesnil** de mi-juin à mi-sept.
✆ 02 33 51 64 33, *camping-angomesnil@orange.fr*,
www.angomesnil.com – **R** conseillée
1,2 ha (45 empl.) plat, herbeux
Tarif : 16,35 € ★★ 🚗 📧 ⚡ (3A) – pers. suppl. 4,10 € –
frais de réservation 15 €
🚐 1 borne artisanale – 🛒 ⚡ 16.35 €

Nature :
Loisirs :
Services :
À prox. : (découverte en saison) parcours sportif, piste de roller

Pour s'y rendre : 4,9 km au sud-est par D 21, rte de St-Michel-des-Loups et D 154 à gauche, rte de St-Aubin-des-Préaux

527

NORMANDIE

ST-SAUVEUR-LE-VICOMTE

✉ 50390 – **303** C3 – G. Normandie Cotentin – 2 204 h. – alt. 30
🛈 *Office de tourisme, le Vieux Château* ✆ *02 33 21 50 44*
Paris 336 – Barneville-Carteret 20 – Cherbourg 37 – St-Lô 56 – Valognes 16.

▲ Municipal du Vieux Château de déb. juin à mi-sept.
✆ 02 33 41 72 04, *ot.ssv@wanadoo.fr*, Fax 02 33 95 88 85, *www.saintsauveurlevicomte.fr.tc* – **R** conseillée
1 ha (57 empl.) plat, herbeux
Tarif : (Prix 2008) ★ 2,65 € ⛺ 🅴 3,60 € – [½] (6A) 1,75 €
Pour s'y rendre : le Vieux Château (au bourg, au bord de la Douve)
À savoir : Au pied du château médiéval

Loisirs : 🏠
Services : ♿ 🔑 🚿 🍽 ☺ 🚻 sèche-linge
À prox. : 🚴 🎾 canoë

ST-SYMPHORIEN-LE-VALOIS

✉ 50250 – **303** C4 – 713 h. – alt. 35
Paris 335 – Barneville-Carteret 19 – Carentan 25 – Cherbourg 47 – Coutances 30 – St-Lô 45.

▲ L'Étang des Haizes de déb. avr. à mi-oct.
✆ 02 33 46 01 16, *info@campingetangdeshaizes.com*, Fax 02 33 47 23 80, *www.campingetangdeshaizes.com* – **R** conseillée
3,5 ha (98 empl.) plat, et peu incliné, herbeux
Tarif : 33 € ★★ ⛺ 🅴 (10A) – pers. suppl. 6,50 €
Location 🏕 : 🛖 (4 à 6 pers.) nuitée 38 € - 312 à 798 €/sem. – **R** conseillée
🚐 1 borne artisanale 8 € – 10 🅴 16 € – 🚗 [½] 13 €
Pour s'y rendre : r. Cauticotte (sortie nord par D 900, rte de Valognes et D 136 à gauche vers le bourg)
À savoir : Agréable cadre verdoyant autour d'un bel étang

Nature : 🌳
Loisirs : 🍽 snack 🏠 🚴 🏊 🎮
Services : ♿ 🔑 🏧 🚿 🍽 ☺ 📞 sèche-linge

ST-VAAST-LA-HOUGUE

✉ 50550 – **303** E2 – G. Normandie Cotentin – 2 097 h. – alt. 4
🛈 *Office de tourisme, 1, place Général de Gaulle* ✆ *02 33 23 19 32*, Fax 02 33 54 41 37
Paris 347 – Carentan 41 – Cherbourg 31 – St-Lô 68 – Valognes 19.

▲ La Gallouette de déb. avr. à fin sept.
✆ 02 33 54 20 57, *contact@camping-lagallouette.fr*, Fax 02 33 54 16 71, *www.lagallouette.com* – **R** conseillée
2,3 ha (170 empl.) plat, herbeux
Tarif : ★ 6 € ⛺ 🅴 10,30 € – [½] (10A) 4,60 €
Location : 15 🛖 (4 à 6 pers.) nuitée 58 € - 309 à 741 €/sem. – 10 🏠 (4 à 6 pers.) nuitée 64 € - 334 à 772 €/sem. – **R** conseillée
🚐 1 borne eurorelais 2 € – 15 🅴 15 €
Pour s'y rendre : r. de la Gallouette (au sud du bourg, à 500 m de la plage)

Nature : 🌳
Loisirs : 🍽 🏠 ☺ 🚴 🏊 terrain omnisports
Services : ♿ 🔑 🏧 🚿 🍽 ♻ ☺ 📞 📶 🚻 sèche-linge
À prox. : 🎾 ♨ parcours de santé

ST-VALERY-EN-CAUX

✉ 76460 – **304** E2 – G. Normandie Vallée de la Seine – 4 782 h. – alt. 5
🛈 *Office de tourisme, Maison Henri IV* ✆ *02 35 97 00 63*, Fax 02 35 97 32 65
Paris 190 – Bolbec 46 – Dieppe 35 – Fécamp 33 – Rouen 59 – Yvetot 31.

▲ Municipal Etennemare Permanent
✆ 02 35 97 15 79, *servicetourisme@ville-saint-valery-en-caux.fr*, Fax 02 35 97 15 79 – places limitées pour le passage – **R** conseillée
4 ha (116 empl.) plat, peu incliné, herbeux
Tarif : (Prix 2008) 14,45 € ★★ ⛺ 🅴 [½] (6A) – pers. suppl. 2,95 €
Pour s'y rendre : au sud-ouest, vers le hameau du Bois d'Entennemare

Nature : 🌿 🌳
Loisirs : 🏠
Services : ♿ 🔑 🏧 🚿 🚽 🍽 ☺ 🚗 🚻 🚻
À prox. : 🎾 🏊 parcours sportif

NORMANDIE

STE-MARIE-DU-MONT

✉ 50480 – **303** E3 – G. Normandie Cotentin – 804 h. – alt. 31
Paris 318 – Barfleur 38 – Carentan 11 – Cherbourg 47 – St-Lô 39 – Valognes 26.

Utah-Beach
☎ 02 33 71 53 69, utah.beach@wanadoo.fr,
Fax 02 33 71 07 11, www.camping-utahbeach.com – places limitées pour le passage – **R** conseillée
4,2 ha (110 empl.) plat et peu incliné, herbeux
Location : 15
1 borne artisanale – 14 €
Pour s'y rendre : 6 km au nord-est par D 913 et D 421, à 150 m de la plage

Nature :
Loisirs : snack, salle d'animation, terrain omnisports
Services : sèche-linge
À prox. : char à voile, VTT

STE-MÈRE-ÉGLISE

✉ 50480 – **303** E3 – G. Normandie Cotentin – 1 585 h. – alt. 28
🛈 Office de tourisme, 6, rue Eisenhower ☎ 02 33 21 00 33, Fax 02 33 21 53 91
Paris 321 – Bayeux 57 – Cherbourg 39 – St-Lô 42.

Municipal de mi-mars à fin sept.
☎ 02 33 41 35 22, Fax 02 33 41 79 15 – **R** conseillée
1,3 ha (70 empl.) plat, herbeux
Tarif : (Prix 2008) ★ 2,50 € 🚗 ▣ 4 € – ⚡ (12A) 3 €
1 borne artisanale 1 €
Pour s'y rendre : 6 r. Airborne (sortie est par D 17 et à dr., près du terrain de sports)

Nature :
Loisirs : salle omnisports
Services : sèche-linge

Donnez-nous votre avis
sur les terrains que nous recommandons.
Faites-nous connaître vos observations et vos découvertes.
par mail à l'adresse : leguidecampingfrance@fr.michelin.com.

529

SIOUVILLE-HAGUE

✉ 50340 – **303** A2 – 995 h. – alt. 76
Paris 372 – Barneville-Carteret 156 – Cherbourg 21 – Valognes 35.

Municipal Clairefontaine Permanent
☎ 02 33 52 42 73, mairiesiouvillehague@wanadoo.fr,
Fax 02 33 87 60 04, www.ville-siouville-hague.fr – **R**
3,6 ha (100 empl.) plat, peu incliné, herbeux, sablonneux
Tarif : (Prix 2008) ★ 2,18 € 🚗 1,13 € ▣ 2,63 € – ⚡ (10A) 2,78 €
1 borne flot bleu 2 €
Pour s'y rendre : 5 r. Alfred-Rossel (sortie nord-est par D 64)

Nature :
Services :
À prox. :

SURRAIN

✉ 14710 – **303** G4 – 139 h. – alt. 40
Paris 278 – Cherbourg 83 – Rennes 187 – Rouen 167.

La Roseraie avr.-sept.
☎ 02 31 21 17 71, camping.laroseraie@orange.fr,
Fax 02 31 21 17 71, www.camping-laroseraie.com
– **R** conseillée
3 ha (66 empl.) plat, peu incliné, incliné, herbeux
Tarif : (Prix 2008) 21,90 € ★★ 🚗 ▣ ⚡ (6A) – pers. suppl. 5,90 € – frais de réservation 20 €
Location (Prix 2008) : 3 (4 à 6 pers.) nuitée 64 € - 370 à 547 €/sem. – 15 (4 à 6 pers.) nuitée 68 € - 409 à 584 €/sem. – **R** conseillée
3 ▣ 21,90 €
Pour s'y rendre : sortie sud par D 208, rte de Mandeville-en-Bessin

Nature :
Loisirs :
Services : sèche-linge
À prox. : (centre équestre)

NORMANDIE

SURTAINVILLE

✉ 50270 – **303** B3 – 1 072 h. – alt. 12
Paris 367 – Barneville-Carteret 12 – Cherbourg 29 – St-Lô 42 – Valognes 31.

▲ **Municipal les Mielles** Permanent
℘ 02 33 04 31 04, camping.lesmielles@wanadoo.fr,
Fax 02 33 04 31 04 – **R** conseillée
1,6 ha (129 empl.) plat, herbeux, sablonneux, gravillons
Tarif : ✶ 2,89 € ⇌ 🅴 2,89 € – (4A) 2,48 €
Location (permanent) : 7 gîtes – **R**
🛻 1 borne 3 €
Pour s'y rendre : 80 rte des Laguettes (1,5 km à l'ouest par D 66 et rte de la mer, à 80 m de la plage, accès direct)

Nature : 🌳
Loisirs : 🎱 🏇
Services : ♿ 🔌 🚿 GB 🛒 🍽 📶 ♨ 🗑 🧺 sèche-linge
À prox. : ⚔ char à voile 🚣

THURY-HARCOURT

✉ 14220 – **303** J6 – G. Normandie Cotentin – 1 825 h. – alt. 45 – Base de loisirs
🛈 Office de tourisme, 2, place Saint-Sauveur ℘ 02 31 79 70 45, Fax 02 31 79 15 42
Paris 257 – Caen 28 – Condé-sur-Noireau 20 – Falaise 27 – Flers 32 – St-Lô 68 – Vire 41.

▲ **Le Traspy** de la Pentecôte à fin sept.
℘ 02 31 79 61 80, Fax 02 31 79 61 80, campingtraspy.com
– **R** conseillée
1,5 ha (92 empl.) plat et terrasse, herbeux
Tarif : 18,35 € ✶✶ ⇌ 🅴 (6A) – pers. suppl. 4,80 € – frais de réservation 12,20 €
Location (avr.-sept.) : 2 🚐 (2 à 4 pers.) nuitée 40 € – 390 €/sem. – 7 🚐 (4 à 6 pers.) nuitée 65 € – 480 €/sem. – 2 🏠 (4 à 6 pers.) nuitée 58 € – 420 €/sem. – frais de réservation 12,20 € - **R** conseillée
🛻 1 borne 2 € – 5 🅴 8 € – 🛁 14.40 €
Pour s'y rendre : r. du Pont Benoît (à l'est du bourg par bd du 30-Juin-1944 et chemin à gauche)
À savoir : Au bord du Traspy et près d'un plan d'eau

Nature : 🏕 ♨
Loisirs : 🎱 🍴 🏇 spa
Services : ♿ 🔌 🚿 🍽 ♨ 🗑 🛒 sèche-linge 🚲
À prox. : 🚴 ⚔ 🏊 🛶 parapente, canoë

Les indications d'accès à un terrain sont généralement indiquées, dans notre guide, à partir du centre de la localité.

TOUFFREVILLE-SUR-EU

✉ 76910 – **304** H2 – 207 h. – alt. 45
Paris 171 – Abbeville 46 – Amiens 101 – Blangy-sur-Nesle 35 – Le Tréport 10.

▲ **Municipal Les Acacias** de déb. avr. à fin sept.
℘ 02 35 50 66 33, mairie.touffrevillesureu@wanadoo.fr,
Fax 02 35 83 80 42 – **R** conseillée
1 ha (50 empl.) plat, herbeux
Tarif : ✶ 2,30 € ⇌ 1 € 🅴 1,50 € – (6A) 3 €
Pour s'y rendre : Les Prés du Thil (1 km au sud-est par D 226 et D 454, rte de Guilmecourt)

Nature : 🌳 🏕
Services : GB 🛒 📶 ♨

TOURLAVILLE

✉ 50110 – **303** C2 – 17 551 h. – alt. 27
Paris 359 – Carentan 52 – Carteret 43 – Cherbourg 5 – Volognes 22.

▲ **Le Collignon** de déb. mai à fin sept.
℘ 02 33 20 16 88, camping-collignon@wanadoo.fr,
Fax 02 33 44 81 71 – **R** conseillée
10 ha/2 campables (82 empl.) plat, herbeux, sablonneux
Tarif : 23,70 € ✶✶ ⇌ 🅴 (10A) – pers. suppl. 4,65 €
Location (de déb. avr. à fin nov.) : 8 🚐 (4 à 6 pers.) nuitée 75 € – 320 à 495 €/sem. – **R** conseillée
🛻 1 borne raclet 2 €
Pour s'y rendre : espace loisirs de Collignon (2 km au nord par D 116, rte de Bretteville, près de la plage)

Nature : 🏕
Loisirs : 🎱 🏇
Services : ♿ 🔌 (juil.-août) GB 🛒 📶 ♨ 🗑
À prox. : 🍴 🚿 ⚔ 🏊 🛶 centre nautique, parcours de santé 🚣

NORMANDIE

TOUSSAINT

✉ 76400 – **304** C3 – 679 h. – alt. 105
Paris 196 – Bolbec 24 – Fécamp 5 – Rouen 69 – St-Valery-en-Caux 34 – Yvetot 31.

▲ **Municipal du Canada** de mi-mars à mi-oct.
℘ 02 35 29 78 34, mairie.toussaint@wanadoo.fr,
Fax 02 35 27 48 82, www.commune-de-toussaint.fr – places limitées pour le passage – **R** conseillée
2,5 ha (100 empl.) plat et peu incliné, herbeux
Tarif : (Prix 2008) ⚹ 2,45 € ⛺ 1,15 € 🅴 2,05 € – ⚡ (10A) 3,10 €

Pour s'y rendre : r. de Rouen (500 m au nord-ouest par D 926, rte de Fécamp et chemin à gauche)

Nature : 🏕 ♀
Services : ♿ 🔑 GB ⚙ 🅿 🟰 🗑
À prox. : 🐎 ✂ 🎣

LE TRÉPORT

✉ 76470 – **304** I1 – G. Normandie Vallée de la Seine – 5 900 h. – alt. 12
🅸 Office de tourisme, quai Sadi Carnot ℘ 02 35 86 05 69, Fax 02 35 86 73 96
Paris 180 – Abbeville 37 – Amiens 92 – Blangy-sur-Bresle 26 – Dieppe 30 – Rouen 95.

▲ **Municipal les Boucaniers** de déb. avr. à fin sept.
℘ 02 35 86 35 47, camping@ville-le-treport.fr,
Fax 02 35 86 55 82, www.ville-le-treport.fr/camping – **R**
5,5 ha (340 empl.) plat, herbeux
Tarif : (Prix 2008) ⚹ 3 € ⛺ 2,90 € 🅴 2,95 € – ⚡ (6A) 7,15 €
Location (Prix 2008) (permanent) : 50 🏠 (4 à 6 pers.) - 199 à 441 €/sem. – **R** conseillée
🚐 1 borne 6,50 €

Pour s'y rendre : r. Pierre-Mendes-France (av. des Canadiens, près du stade)

Nature : ♀
Loisirs : 🎱 🐎 🎣
Services : ♿ 🔑 GB ⚙ 🗑 🅿 🟰 🗑 sèche-linge
À prox. : ✂

Donnez-nous votre avis sur les terrains que nous recommandons.
Faites-nous connaître vos observations et vos découvertes
par mail à l'adresse : leguidecampingfrance@fr.michelin.com.

531

TRÉVIÈRES

✉ 14710 – **303** G4 – 905 h. – alt. 14
🅸 Office de tourisme, place du Marché ℘ 02 31 22 04 60
Paris 283 – Bayeux 19 – Caen 49 – Carentan 31 – St-Lô 32.

▲ **Municipal Sous les Pommiers** de mi-avr. à fin sept.
℘ 02 31 92 89 24 – **R** conseillée
1,2 ha (73 empl.) plat, herbeux
Tarif : ⚹ 3,10 € ⛺ 1,50 € 🅴 2,50 € – ⚡ (6A) 3,50 €
🚐

Pour s'y rendre : sortie nord par D 30, rte de Formigny, près d'un ruisseau
À savoir : Emplacements sous les pommiers

Nature : 🏕 ♀
Loisirs : 🐎
Services : ♿ ⚙ 🗑 🎣 🅿 🟰 🗑
À prox. : 🎣 🐎 poneys

VEULES-LES-ROSES

✉ 76980 – **304** E2 – G. Normandie Vallée de la Seine – 676 h. – alt. 15
🅸 Office de tourisme, 27, rue Victor-Hugo ℘ 02 35 97 63 05, Fax 02 35 57 24 51
Paris 188 – Dieppe 27 – Fontaine-le-Dun 8 – Rouen 57 – St-Valery-en-Caux 8.

▲ **Municipal des Mouettes** de déb. mars à fin nov.
℘ 02 35 97 61 98, camping-mouettes@veules-les-roses.fr,
Fax 02 35 97 33 44 – **R** conseillée
3,6 ha (150 empl.) plat, herbeux
Tarif : (Prix 2008) 22 € ⚹⚹ ⛺ 🅴 ⚡ (6A) – pers. suppl. 4,80 €
🚐 1 borne eurorelais 3 € – 🚐 11 €

Pour s'y rendre : av. Jean-Moulin (sortie est par D 68, rte de Sotteville-sur-Mer, à 500 m de la plage)
À savoir : Cadre arbustif

Nature : 🌊 🏕 ♀
Loisirs : 🎱 🐎
Services : ♿ 🔑 GB ⚙ M 🟰 🗑 🅿 🟰 🗑

NORMANDIE

LE VEY

✉ 14570 – **303** J6 – 71 h. – alt. 50
Paris 269 – Caen 47 – Hérouville-Saint-Clair 46 – Flers 23 – Argentan 52.

▲ **Les Rochers des Parcs** de déb. avr. à fin sept.
☎ 02 31 69 70 36, campingclecy@ocampings.com,
www.ocampings.com/campingclecy – **R** conseillée
1,5 ha (100 empl.) peu incliné, plat, herbeux
Tarif : ★ 3,80 € – 🚗 2 € – 🅴 3 € – (10A) 3,30 € – frais de réservation 5 €
Location (de déb. mars à fin nov.) : 8 🏠 (4 à 6 pers.) – nuitée 68 € - 321 à 500 €/sem. – chalets (sans sanitaires) – frais de réservation 5 € - **R** conseillée
🚐 1 borne artisanale 2,50 € – 4 🅴 8 € – 🚐 8 €
Pour s'y rendre : la Cour

Nature : ♀ ▲
Loisirs : snack 🏠 🏇 🚴 🛶 canoë kayak
Services : 🔧 🔑 🅶🅱 🚿 🅴 ♨ 🚽 sèche-linge
À prox. : ✂ 🏇 parapente, escalade, golf

VILLEDIEU-LES-POÊLES

✉ 50800 – **303** E6 – G. Normandie Cotentin – 4 102 h. – alt. 105
🛈 Office de tourisme, place des Costils ☎ 02 33 61 05 69, Fax 02 33 91 71 79
Paris 314 – Alençon 122 – Avranches 26 – Caen 82 – Flers 59 – St-Lô 35.

▲ **Les Chevaliers** de mi-avr. à fin oct.
☎ 02 33 61 02 44, contact@camping-deschevaliers.com,
Fax 02 33 49 49 93, www.camping-deschevaliers.com
– **R** conseillée
1,2 ha (100 empl.) plat, herbeux, gravillons
Tarif : ★ 3,90 € – 🚗 2 € – 🅴 9 € – (6A) 4 €
🚐 1 borne eurorelais 14 € – 🚐 9.50 €
Pour s'y rendre : 2 imp. Pré-de-la-Rose (accès par centre-ville, r. des Costils à gauche de la poste)
À savoir : Cadre agréable et soigné au bord de la Sienne

Nature : 🌳 🏞 ♀
Loisirs : 🏠 🏇 ✂
Services : 🔧 🔑 🅶🅱 🚿 🅴 ♨ 🚽 sèche-linge
À prox. : 🏊 🎿

VILLERS-SUR-MER

✉ 14640 – **303** L4 – G. Normandie Vallée de la Seine – 2 318 h. – alt. 10
🛈 Office de tourisme, place Jean Mermoz ☎ 02 31 87 01 18, Fax 02 31 87 46 20
Paris 208 – Caen 35 – Deauville 8 – Le Havre 52 – Lisieux 31.

▲ **Bellevue** de déb. avr. à fin oct.
☎ 04 79 36 01 48, camping-bellevue@wanadoo.fr,
Fax 04 79 44 13 77, www.camping-bellevue.com – places limitées pour le passage – **R** conseillée
5,5 ha (257 empl.) plat et en terrasses, incliné, herbeux
Tarif : 18,30 € ★★ 🚗 🅴 (10A) – pers. suppl. 4,60 €
Location (permanent) : 🏠 – 🏘
Pour s'y rendre : Le Sougey (2 km au sud-ouest par D 513, rte de Cabourg)
À savoir : Situation dominante sur la baie de Deauville

Nature : ≤ 🏞
Loisirs : 🍷 pizzeria 🏠 🎵 nocturne (juil.-août) 🏇 🏊
Services : 🔧 🔑 🅶🅱 🚿 🅴 ♨ 🚽 🏪 🅿 🚽 sèche-linge
À prox. : 🎣 🚴 ✂ 🎳 ⛴ ♨ 🏇 golf

VIMOUTIERS

✉ 61120 – **310** K1 – G. Normandie Vallée de la Seine – 4 418 h. – alt. 95
🛈 Office de tourisme, 21 place de Mackau ☎ 02 33 67 49 42
Paris 185 – L'Aigle 46 – Alençon 66 – Argentan 31 – Bernay 40 – Caen 60 – Falaise 36 – Lisieux 29.

▲ **Municipal la Campière** de déb. mars à fin oct.
☎ 02 33 39 18 86, campingmunicipalvimoutiers@wanadoo.fr, Fax 02 33 39 18 86, www.mairie-vimoutiers.fr
– **R** conseillée
1 ha (40 empl.) plat, herbeux
Tarif : (Prix 2008) ★ 3 € – 🚗 2,20 € – 🅴 2,20 € – (8A) 2,60 €
🚐 2 🅴 10,40 €
Pour s'y rendre : 14 bd Dentu (700 m au nord vers rte de Lisieux, au stade, au bord de la Vie)
À savoir : bâtiments de style Normand dans un cadre verdoyant et fleuri

Nature : 🏞 ♀
Loisirs : 🏠 🏇 ✂
Services : 🔧 🔑 🅶🅱 🚿 🚽 ♨
À prox. : 🎣

NORMANDIE

VITTEFLEUR

✉ 76450 – **304** D3 – 641 h. – alt. 9
Paris 190 – Bolbec 38 – Dieppe 43 – Fécamp 25 – Rouen 59 – Yvetot 27.

▲ **Municipal les Grands Prés** de déb. avr. à fin sept.
   𝒫 02 35 97 53 82, *mairie-de-vittefleur@wanadoo.fr*,
Fax 02 35 97 53 82 – places limitées pour le passage
– **R** conseillée
2,6 ha (100 empl.) plat, herbeux
Tarif : (Prix 2008) ★ 3,11 € ⇔ 🅴 3,11 € – [⚡] (16A) 2,76 €
Pour s'y rendre : 61 Grande-Rue (700 m au nord par D 10, rte de Veulettes-sur-Mer)
À savoir : Au bord de la Durdent

Loisirs :
Services :
À prox. : squash
pédalos, luge, ski nautique, canoë

PAYS DE LA LOIRE

D'abord il y a, baigné par la Loire, le « jardin de la France », son atmosphère paisible, ses châteaux somptueux et leurs magnifiques parterres fleuris, ses vergers plantureux et ses vignobles dont le nectar rehausse d'arômes subtils la dégustation de rillettes, d'une matelote d'anguilles ou d'un fromage de chèvre. Ensuite le pays Nantais, encore imprégné des senteurs d'épices du Nouveau Monde, et qui partage aujourd'hui sa fierté entre le muguet et le muscadet. Enfin la Vendée, authentique par son bocage encore marqué par la révolte des chouans, secrète par ses marais gardiens de coutumes ancestrales, décontractée dans ses stations balnéaires, ludique lors des spectacles du Puy-du-Fou... Gourmande aussi, mais dans la simplicité d'un plat de mojettes, d'une chaudrée ou d'une brioche vendéenne.

First there is the « Garden of France », renowned for its peaceful ambience, sumptuous manor houses and castles, magnificent floral gardens and acres of orchards and vineyards. Tuck into a slab of rillettes pâté or a slice of goat's cheese while you savour a glass of light Loire wine. Continue downriver to Nantes, once steeped in the spices brought back from the New World: this is the home of the famous dry Muscadet. Further south, the Vendée still echoes to the cries of the Royalists' tragic last stand. Explore the secrets of its salt marshes, relax in its seaside resorts or head for the spectacular attractions of the Puy du Fou amusement park. Simple, country fare is not lacking, so make sure you taste a piping-hot plate of chaudrée, the local fish stew, or a mouth-watering slice of fresh brioche.

PAYS DE LA LOIRE

L'AIGUILLON-SUR-MER

✉ 85460 – **316** I10 – G. Poitou Charentes Vendée – 2 206 h. – alt. 4
🛈 Office de tourisme, avenue de l'Amiral-Courbet ☎ 02 51 56 43 87, Fax 02 51 56 43 91
Paris 458 – Luçon 20 – Niort 83 – La Rochelle 51 – La Roche-sur-Yon 47 – Les Sables-d'Olonne 53.

La Cléroca de mi-juin à mi-sept.
☎ 02 51 27 19 92, camping.lacleroca@wanadoo.fr,
Fax 02 51 97 09 84, www.camping-la-cleroca.com
– **R** conseillée
1,5 ha (60 empl.) plat, herbeux
Tarif : 24,80 € ✶✶ 🚗 🅴 🕭 (10A) – pers. suppl. 4,50 €
🚐 1 borne artisanale – 3 🅴 8 € – 🕭 8 €
Pour s'y rendre : la Cléroca (2,2 km au nord-ouest par D 44, rte de Gr.s)

Nature : 🌳
Loisirs : 🏠 🛶 🏊
Services : ♿ 🚿 ⚙ 🗑 🔥 🛒

AIZENAY

✉ 85190 – **316** G7 – 6 095 h. – alt. 62
🛈 Office de tourisme, rond-point de la Gare ☎ 02 51 94 62 72, Fax 02 51 94 62 72
Paris 435 – Challans 26 – Nantes 60 – La Roche-sur-Yon 18 – Les Sables-d'Olonne 33.

La Forêt de déb. avr. à fin sept.
☎ 02 51 34 78 12, rougier.francoise@wanadoo.fr,
Fax 02 51 34 78 12, www.camping-laforet.com – **R** conseillée
2,5 ha (92 empl.) plat, herbeux, bois attenant
Tarif : 18,70 € ✶✶ 🚗 🅴 🕭 (6A) – pers. suppl. 3,10 €
Location : 14 🏠 (4 à 6 pers.) 254 à 417 €/sem.
– **R** conseillée
🚐 1 borne artisanale 3 € – 🕭 10 €
Pour s'y rendre : 1 r. de la Clairière (1,5 km au sud-est par D 948, rte de la Roche-sur-Yon et chemin à gauche)

Nature : 🌳🌳
Loisirs : 🛶 🏊
Services : ♿ 🚿 ⚙ 🗑 🔥 🛒
À prox. : 🎣 ✂ piste de bi-cross, parcours de santé

ALLONNES

✉ 49650 – **317** J5 – 2 558 h. – alt. 28
Paris 292 – Angers 64 – Azay-le-Rideau 43 – Chinon 28 – Noyant 29 – Saumur 13.

Le Pô Doré de mi-mars à mi-nov.
☎ 02 41 38 78 80, camping.du.po.dore@wanadoo.fr,
Fax 02 41 38 78 80, www.camping-lepodore.com – **R**
2 ha (90 empl.) plat, herbeux
Tarif : 20 € ✶✶ 🚗 🅴 🕭 (10A) – pers. suppl. 4,40 €
Location : 20 🏠 (4 à 6 pers.) 240 à 544 €/sem. – 3 🏠 (4 à 6 pers.) – 240 à 544 €/sem. – frais de réservation 5 €
- **R** conseillée
🚐 1 borne 10 € – 6 🅴 10 €
Pour s'y rendre : lieu-dit : le Pô (3,2 km au nord-ouest par D 10, rte de Saumur et chemin à gauche)

Nature : 🌊 ☐
Loisirs : 🍽 ✕ 🏠 🛶 🚴 🏊
Services : ♿ 🚿 ⚙ 🗑 🔥 🛒 🔧
📶 🛒 ✂

AMBRIÈRES-LES-VALLÉES

✉ 53300 – **310** F4 – 2 903 h. – alt. 144
🛈 Syndicat d'initiative, Base de Vaux ☎ 02 43 04 90 25, Fax 02 43 08 93 28
Paris 248 – Alençon 60 – Domfront 22 – Fougères 46 – Laval 42 – Mayenne 13 – Mortain 69.

Municipal de Vaux de fin mars à fin sept.
☎ 02 43 04 90 25, otsiambrieres@wanadoo.fr,
Fax 02 43 08 93 28, www.premiumorange.com/parcdeloisirsdevaux – **R** conseillée
1,5 ha (61 empl.) plat et en terrasses, herbeux, gravillons
Tarif : (Prix 2008) 13,80 € ✶✶ 🚗 🅴 🕭 (10A) – pers. suppl. 2,90 €
Location (Prix 2008) (permanent) : 20 🏠 (4 à 6 pers.) nuitée 100 € - 240 à 500 €/sem. – **R** conseillée
Pour s'y rendre : 2 km au sud-est par D 23, rte de Mayenne et à gauche, à la piscine
À savoir : agréable parc boisé au bord de la Varenne (plan d'eau)

Nature : 🌊 ☐ 🌳🌳
Loisirs : 🏠 🚴
Services : ♿ 🚿 ⚙ 🗑 🔥 🛒 ✂
🗄 sèche-linge
À prox. : 🛶 ✂ 🏊 🎣 🚣
🐎 canoë

PAYS DE LA LOIRE

ANCENIS

✉ 44150 – **316** I3 – G. Châteaux de la Loire – 7 010 h. – alt. 13
🛈 *Office de tourisme, 27, rue du Château* ☏ 02 40 83 07 44
Paris 347 – Angers 55 – Châteaubriant 48 – Cholet 49 – Laval 100 – Nantes 41 – La Roche-sur-Yon 109.

⛺ **L'Île Mouchet** de déb. avr. à mi-oct.
☏ 02 40 83 08 43, camping-ile-mouchet@orange.fr,
Fax 02 40 83 16 19, www.camping-estivance.com
– **R** conseillée
3,5 ha (105 empl.) plat, herbeux
Tarif : ♦ 3 € 🚗 2 € 📧 7,50 € – (½) (9A) 3 €
Location : 7 🛖 (4 à 6 pers.) nuitée 69 € - 340 à 495 €/sem. – bungalows toilés – **R** conseillée
🚐 1 borne 4,20 € – 5 📧 10,50 €
Pour s'y rendre : imp. de l'Île Mouchet (sortie ouest par bd Joubert et à gauche avant le stade, près de la Loire)

Nature : 🌳
Loisirs : 🎱 🎯 🏊 (petite piscine) 🧗 mur d'escalade
Services : 🚿 🚰 (juil.-août) 📶 🅿
🔥 ☕ 🍴 🏪
À prox. : 🎾 🚴 🏔 ⛵ parcours sportif

Si vous recherchez :
👨‍👧 Un terrain offrant des équipements et des loisirs adaptés aux enfants
🌿 Un terrain agréable ou très tranquille
L - M Un terrain effectuant la location de caravanes, de mobile homes, de bungalows ou de chalets
P Un terrain ouvert toute l'année
🚐 Un terrain possédant une aire de services pour camping-cars
Consultez le tableau des localités

ANDOUILLÉ

✉ 53240 – **310** E5 – 2 042 h. – alt. 103
Paris 282 – Fougères 42 – Laval 15 – Mayenne 23 – Rennes 85 – Vitré 48.

⛺ **Municipal le Pont** de fin mars à fin oct.
☏ 02 43 01 18 10, mairie.and53@wanadoo.fr,
Fax 02 43 68 77 77, www.ville-andouille.fr – **R** conseillée
0,8 ha (31 empl.) plat, herbeux
Tarif : (Prix 2008) ♦ 1,38 € 🚗 📧 1,37 € – (½) (5A) 1,28 €
Location (Prix 2008) (permanent) : 4 🛖 (4 à 6 pers.) 325 €/sem. – **R** conseillée
Pour s'y rendre : 5 allée des Isles (par D 104, rte de St-Germain-le-Fouilloux, attenant au jardin public, au bord de l'Ernée)

Nature : 🌊 🌳
Services : 🚿 🚰 📶 🎱 ☕ 🏪
À prox. : 🏃 parcours de santé

ANGERS

✉ 49000 – **317** F4 – G. Châteaux de la Loire – 151 279 h. – alt. 41 – Base de loisirs
🛈 *Office de tourisme, 7, place Kennedy* ☏ 02 41 23 50 00, Fax 02 41 23 50 09
Paris 294 – Caen 249 – Laval 79 – Le Mans 97 – Nantes 88 – Saumur 67 – Tours 108.

⛺ **Lac de Maine** 👨‍👧 – de fin mars à mi-oct.
☏ 02 41 73 05 03, camping@lacdemaine.fr,
Fax 02 41 73 02 20, www.lacdemaine.fr – **R** conseillée
4 ha (163 empl.) plat, herbeux, gravillons
Tarif : 21 € ♦♦ 🚗 📧 (10A) – pers. suppl. 3,10 € – frais de réservation 6,30 €
Location : 12 🛖 (4 à 6 pers.) 274 à 589 €/sem. – 5 🏠 (4 à 6 pers.) - 258 à 493 €/sem. – bungalows toilés – frais de réservation 28 € - **R** conseillée
🚐 1 borne artisanale 17,50 € – 25 📧 17,50 €
Pour s'y rendre : av. du Lac-de-Maine (4 km au sud-ouest par D 111, rte de Pruniers, près du lac (accès direct) et à prox. de la base de loisirs)

Nature : 🌊 🌳
Loisirs : snack 🎱 🏃 spa 🚴 🏊
Services : 🚿 🚰 📶 🎯 🏪 🛒 ☕ 💧 ⛽ 🏪
À prox. : 🎾 🏊 🎣 🐟 swin golf, canoë, pédalos

PAYS DE LA LOIRE

ANGLES

✉ 85750 – **316** H9 – G. Poitou Charentes Vendée – 1 582 h. – alt. 10

🛈 Office de tourisme, place du Champ de Foire ☎ 02 51 97 56 39, Fax 02 51 97 56 40

Paris 450 – Luçon 23 – La Mothe-Achard 38 – Niort 86 – La Rochelle 57 – La Roche-sur-Yon 32 – Les Sables-d'Olonne 35.

Moncalm et Atlantique – de déb. avr. à mi-sept.
☎ 02 51 97 55 50, contacts@camping-apv.com,
Fax 02 51 28 91 09, www.camping-moncalm.com
– **R** conseillée

3 ha (200 empl.) plat, herbeux, pierreux

Tarif : (Prix 2008) 28,80 € ★★ ⛺ 🄴 🛇 (10A) – pers. suppl. 6,70 € – frais de réservation 27 €

Location (Prix 2008) : 🏠 (2 à 4 pers.) 131 à 617 €/sem. – 🏡 (4 à 6 pers.) nuitée 63 € - 188 à 831 €/sem. – 🛖 (4 à 6 pers.) nuitée 79 € - 236 à 831 €/sem. – bungalows toilés – tentes – frais de réservation 27 € - **R** conseillée

Pour s'y rendre : au bourg, sortie la Tranche-sur-Mer et r. à gauche

Atlantique – de déb. avr. à fin sept.
☎ 02 51 27 03 19, contact@camping-atlantique.com,
Fax 02 51 27 69 72, www.camping-atlantique.com – places limitées pour le passage – **R** conseillée

6,9 ha (363 empl.) plat, herbeux, pierreux

Tarif : 27 € ★★ ⛺ 🄴 🛇 (6A) – pers. suppl. 6,50 € – frais de réservation 25 €

Location : 96 🏡 (4 à 6 pers.) nuitée 65 € - 165 à 799 €/sem. – 30 🛖 (4 à 6 pers.) nuitée 65 € - 275 à 799 €/sem. – bungalows toilés – tentes – frais de réservation 25 € - **R** conseillée

Pour s'y rendre : 5 bis r. du Chemin de Fer (au bourg, sortie la Tranche-sur-Mer et r. à gauche)

Le Clos Cottet – de déb. avr. à fin sept.
☎ 02 51 28 90 72, contact@camping-clos-cottet.com,
Fax 02 51 28 90 50, www.camping-closcottet.com – **R** conseillée

4,5 ha (196 empl.) plat, herbeux, petit étang

Tarif : 24 € ★★ ⛺ 🄴 🛇 (10A) – pers. suppl. 4 €

Location : 100 🏡 (4 à 6 pers.) nuitée 46 € - 195 à 755 €/sem. – 12 🛖 (4 à 6 pers.) nuitée 70 € - 320 à 725 €/sem. – bungalows toilés – frais de réservation 20 € - **R** conseillée

🚐 1 borne sanistation 10 € – 🚌 🛇 24 €

Pour s'y rendre : rte de la Tranche-sur-Mer (2,2 km au sud, près de la D 747)

À savoir : Autour d'une ferme soigneusement restaurée

APREMONT

✉ 85220 – **316** F7 – G. Poitou Charentes Vendée – 1 119 h. – alt. 19

🛈 Office de tourisme, place du Château ☎ 02 51 55 70 54, Fax 02 51 55 42 41

Paris 448 – Challans 17 – Nantes 64 – La Roche-sur-Yon 30 – Les Sables-d'Olonne 33 – St-Gilles-Croix-de-Vie 21.

Les Charmes de déb. avr. à mi-sept.
☎ 02 51 54 48 08, contact@campinglescharmes.com,
Fax 02 51 54 48 08, www.campinglescharmes.com – **R** conseillée

1 ha (55 empl.) plat, herbeux

Tarif : 19,50 € ★★ ⛺ 🄴 🛇 (10A) – pers. suppl. 4,80 € – frais de réservation 14 €

Location (permanent) 🚭 (de mi-juil. à mi-août) : 4 🏠 (2 à 4 pers.) nuitée 43 € - 180 à 435 €/sem. – 8 🏡 (4 à 6 pers.) nuitée 49 € - 205 à 530 €/sem. – 5 🛖 (4 à 6 pers.) nuitée 54 € - 215 à 630 €/sem. – frais de réservation 14 € - **R** conseillée

🚐 🚌 15,80 €

Pour s'y rendre : rte de la Roussière (3,6 km au nord par D 21, rte de Challans et rte à dr., dir. la Roussière)

PAYS DE LA LOIRE

AVOISE

✉ 72430 – **310** H7 – 491 h. – alt. 112
Paris 242 – La Flèche 28 – Le Mans 41 – Sablé-sur-Sarthe 11.

▲ **Municipal des Deux Rivières** de fin mai à déb. sept.
☎ 02 43 92 76 12, office.tourisme@sablesursarthe.fr,
Fax 02 43 95 62 48, www.tourisme.sablesursarthe.fr – **R**
1,8 ha (50 empl.) plat, herbeux
Tarif : (Prix 2008) 8,30 € ✶✶ ⇔ 🅴 (10A) – pers. suppl. 2,10 €
Pour s'y rendre : au bourg, par D 57
À savoir : au bord de la Sarthe

Nature : ≤ 🌳🌳
Loisirs : 🚣
Services : 🚿♨🚻
À prox. : halte nautique

AVRILLÉ

✉ 85440 – **316** H9 – G. Poitou Charentes Vendée – 1 008 h. – alt. 45
🛈 Syndicat d'initiative, 2, place des Halles ☎ 02 51 22 30 70, Fax 02 51 22 30 70
Paris 445 – Luçon 27 – La Rochelle 70 – La Roche-sur-Yon 27 – Les Sables-d'Olonne 25.

▲▲ **Les Mancellières** de déb. mai à mi-sept.
☎ 02 51 90 35 97, camping.mancellieres@wanadoo.fr,
Fax 02 51 90 39 31, www.lesmancellieres.com – **R** conseillée
2,6 ha (130 empl.) plat et peu incliné, herbeux
Tarif : 20,90 € ✶✶ ⇔ 🅴 (6A) – pers. suppl. 3,90 € – frais de réservation 18 €
Location (de déb. avr. à fin sept.) : 35 🏠 (4 à 6 pers.) 172 à 585 €/sem. – 4 🏠 (4 à 6 pers.) – 244 à 610 €/sem. – bungalows toilés – frais de réservation 18 € – **R** conseillée
Pour s'y rendre : rte de Longeville-sur-Mer (1,7 km au sud par D 105)

Nature : ≤ 🌳🌳
Loisirs : snack 🚣 ⛲ 🐟
Services : 🚿♨🚻🚽🔥♨🚻

▲ **Le Beauchêne** de déb. mai à déb. sept.
☎ 02 51 22 30 49, campinglebeauchene@club-internet.fr,
Fax 02 51 22 37 60, www.lebeauchene.com – **R** conseillée
2,5 ha (160 empl.) plat et peu incliné, herbeux
Tarif : (Prix 2008) 17 € ✶✶ ⇔ 🅴 (6A) – pers. suppl. 3,10 € – frais de réservation 20 €
Location (Prix 2008) (de déb. avr. à fin sept.) : 25 🏠 (4 à 6 pers.) 175 à 570 €/sem. – frais de réservation 20 € – **R** conseillée
Pour s'y rendre : av. de Lattre-de-Tassigny (sortie sud-est par D 949, rte de Luçon, au bord d'un petit étang)

Nature : 🌳
Loisirs : 🚣 ⛲
Services : ♿🚿♨🚻🔥♨🚻🚽

LA BAULE

✉ 44500 – **316** B4 – G. Bretagne – 15 831 h. – alt. 31
🛈 Office de tourisme, 8, place de la Victoire ☎ 02 40 24 34 44, Fax 02 40 11 08 10
Paris 450 – Nantes 76 – Rennes 120 – St-Nazaire 19 – Vannes 74.

▲▲▲ **La Roseraie** de déb. avr. à fin sept.
☎ 02 40 60 46 66, camping@laroseraie.com,
Fax 02 40 60 11 84, www.laroseraie.com – **R**
5 ha (235 empl.) plat, sablonneux, herbeux
Tarif : (Prix 2008) ✶ 8 € ⇔ 🅴 15 € – 🅴 (10A) 5 € – frais de réservation 30 €
Location (Prix 2008) : 75 🏠 (4 à 6 pers.) nuitée 75 € – 280 à 899 €/sem. – 5 🏠 (4 à 6 pers.) nuitée 100 € – 420 à 949 €/sem. – frais de réservation 30 € – **R** conseillée
🚐 1 borne artisanale
Pour s'y rendre : 20 av. Jean-Sohier (sortie nord-est de la Baule-Escoublac)

Nature : ≤ 🌳
Loisirs : 🍴 ✕ 🏊 🌙 nocturne 🎣 salle d'animation 🚣 🏐 🎮 (découverte en saison) ⛳ terrain omnisports
Services : ♿🚿♨🚻🔥♨🚻🚽🚿🛒🍴

Si vous désirez réserver un emplacement pour vos vacances, faites-vous préciser au préalable les conditions particulières de séjour, les modalités de réservation, les tarifs en vigueur et les conditions de paiement.

PAYS DE LA LOIRE

BEAUMONT-SUR-SARTHE

✉ 72170 – **310** J5 – 1 973 h. – alt. 76
🛈 *Office de tourisme, 14, place de la Libération* ✆ *02 43 33 03 03*
Paris 223 – Alençon 24 – La Ferté-Bernard 70 – Le Mans 29 – Mayenne 62.

▲ **Municipal du Val de Sarthe** mai-sept.
✆ 02 43 97 01 93, *beaumont.sarthe@wanadoo.fr*,
Fax 02 43 97 02 21 – **R** conseillée
1 ha (73 empl.) plat, herbeux
Tarif : (Prix 2008) 👤 1,80 € 🚗 1,30 € 🅴 1,50 € –
🔌 (5A) 2,60 €
🚐 1 borne raclet 2,80 € –
Pour s'y rendre : au sud-est du bourg
À savoir : cadre et situation agréables au bord de la Sarthe

Nature : 🌊 🗘 ♀
Loisirs : 🎣 🚣 parcours de santé
Services : 🚿 🔑 ♿ Ⓜ 🅿 ☕ 🍴
À prox. : 🚴

*Donnez-nous votre avis
sur les terrains que nous recommandons.
Faites-nous connaître vos observations et vos découvertes.
par mail à l'adresse : leguidecampingfrance@fr.michelin.com.*

LA BERNERIE-EN-RETZ

✉ 44760 – **316** D5 – 2 139 h. – alt. 24
🛈 *Office de tourisme, 3, chaussée du Pays de Retz* ✆ *02 40 82 70 99, Fax 02 51 74 61 40*
Paris 426 – Challans 40 – Nantes 46 – St-Nazaire 36.

▲▲ **Les Écureuils** 👥 – de mi-avr. à mi-sept.
✆ 02 40 82 76 95, *camping.les-ecureuils@wanadoo.fr*,
Fax 02 40 64 79 52, *www.camping-les-ecureuils.com*
– **R** conseillée
5,3 ha (325 empl.) plat et peu incliné, herbeux
Tarif : 34 € 👤👤 🚗 🅴 🔌 (10A) – pers. suppl. 6,50 € – frais de réservation 20 €
Location (de déb. avr. à fin sept.) : 🚐 (4 à 6 pers.) 280 à 730 €/sem. – 🏠 (4 à 6 pers.) – 260 à 660 €/sem. – chalets (sans sanitaires) – frais de réservation 20 € - **R** conseillée
Pour s'y rendre : 24 av. Gilbert-Burlot (sortie nord-est, rte de Nantes et à gauche après le passage à niveau, à 350 m de la mer)

Nature : ♀
Loisirs : 🍴 🌙 nocturne 🎮 🏃 🚴 ✂ 🏊
Services : 🚿 🔑 🆘 ♿ 🅿 ☕ ☕ 🧺
À prox. : 🛒 🎣

Château et collégiale St-Liphard en bordure de Loire

PAYS DE LA LOIRE

BESSÉ-SUR-BRAYE

✉ 72310 – **310** N7 – 2 597 h. – alt. 72
🛈 Syndicat d'initiative, place Henri IV ☎ 02 43 63 09 77, Fax 02 43 63 09 78
Paris 198 – La Ferté-Bernard 43 – Le Mans 57 – Tours 56 – Vendôme 31.

▲ **Municipal du Val de Braye** de mi-avr. à fin sept.
☎ 02 43 35 31 13, camping.bessesurbraye@orange.fr,
Fax 02 43 63 09 02 – ⛽
2 ha (120 empl.) plat, herbeux
Tarif : (Prix 2008) ★ 2,50 € ⟷ 1,50 € 🅴 1,50 € – (ᚎ) (8A) 2 €
Location (Prix 2008) (de mi-avr. à fin nov.) : 4 🏠 (4 à 6 pers.) nuitée 40 € - 160 à 240 €/sem. – **R** conseillée
Pour s'y rendre : r. du Val de Braye (sud-est par D 303, rte de Pont de Braye)
À savoir : belle décoration arbustive, en bordure de la Braye

Nature : 🌳
Loisirs : 🎮 🏊
Services : ♿ 🔑 (juil.août) 🆒 🎿 🚿
☺ 🚻
À prox. : ✖ 🍴 🏊

BLAIN

✉ 44130 – **316** F3 – G. Bretagne – 7 733 h. – alt. 23
🛈 Office de tourisme, 2, place Jean Guihard ☎ 02 40 87 15 11
Paris 411 – Nantes 41 – Nort-sur-Erdre 22 – Nozay 16 – St-Nazaire 44.

▲ **Municipal le Château** de déb. mai à fin sept.
☎ 02 40 79 11 00, otsi.blain@free.fr, Fax 02 40 79 83 72,
www.ville-blain.fr – **R** conseillée
1 ha (44 empl.) plat, herbeux
Tarif : (Prix 2008) ★ 1,70 € ⟷ 1,70 € 🅴 2 € –
(ᚎ) (10A) 2,30 €
🏕 4 🅴 7,50 € – 🚐 7,50 €
Pour s'y rendre : r. Henri-II-de-Rohan (sortie sud-ouest par N 171, rte de St-Nazaire et chemin à gauche, à 250 m du canal de Nantes à Brest (halte fluviale))
À savoir : cadre verdoyant et soigné, près d'un château du 14e s.

Nature : 🌳
Loisirs : 🎮 🐎
Services : ♿ 🔑 (juil.-août) 🆒 🚿 🎿
☺ 🚻
À prox. : 🍷 🍴 ✖ 🎿 🐎 🏊 (découverte l'été) 🐴

LA BOISSIÈRE-DE-MONTAIGU

✉ 85600 – **316** I6 – 1 568 h. – alt. 62
Paris 384 – Cholet 139 – Nantes 46 – La Roche-sur-Yon 50.

▲▲▲ **Domaine de l'Eden** Permanent
☎ 02 51 41 62 32, contact@domaine-eden.fr,
Fax 02 51 41 56 07, www.domaine-eden.fr – **R** conseillée
15 ha/8 campables (150 empl.) plat, pierreux, herbeux, prairies, étang et sous-bois
Tarif : 19 € ★★ ⟷ 🅴 (ᚎ) (10A) – pers. suppl. 4,20 €
Location : 🏠 (4 à 6 pers.) 218 à 570 €/sem. – 7 🏡 (4 à 6 pers.) – 270 à 675 €/sem. – **R** conseillée
🏕 4 🅴 16 €
Pour s'y rendre : la Raillière (2,5 km au sud-ouest par D 62, rte de Chavagnes-en-Paillers puis rte à dr.)
À savoir : agréable domaine boisé

Nature : 🌲 🏞 🌳
Loisirs : 🍷 snack 🎮 salle d'animation ✖ 🎿 🏊 🚿 🐎 poneys piste de bi-cross, terrain omnisports, parcours de santé
Services : ♿ 🔑 🆒 🎿 🚿 ☺ 🚻 🧺
🍴 🚻

BOUCHEMAINE

✉ 49080 – **317** F4 – 6 153 h. – alt. 25
🛈 Syndicat d'initiative, Hôtel de Ville ☎ 02 41 22 20 00, Fax 02 41 22 20 01
Paris 302 – Angers 10 – Candé 40 – Chenillé 45 – Le Lion-d'Angers 27.

▲ **Municipal le Château**
☎ 02 41 22 20 00, adm.generale@ville-bouchemaine.fr,
Fax 02 41 22 20 01, www.ville-bouchemaine.fr – ⛽
1 ha (71 empl.) plat, herbeux
🏕 1 borne artisanale – 🚐 7,40 €
Pour s'y rendre : au sud par D 111, rte de Possonnière, près de la Maine
À savoir : réservé aux tentes

Nature : 🌳🌳
Loisirs : 🍷
Services : 🧺 ☺ 🚻
À prox. : ✖ 🎿 🏊

543

PAYS DE LA LOIRE

BOUÈRE

✉ 53290 – **310** G7 – 907 h. – alt. 81
Paris 273 – Nantes 146 – Laval 39 – Angers 70 – La Flèche 40.

▲ Village Vacances Nature et Jardin (location exclusive de chalets) Permanent
☎ 02 43 06 08 56, vvnj@wanadoo.fr, Fax 09 60 10 36 26, www.vacances-nature-jardin.fr
3 ha plat, peu incliné, herbeux

Nature : 🌳 🌲
Loisirs : 🏠 🚴 ⛱ 🎣
Services : 🚿 GB 🧺 📶 🗑
À prox. : 🏊 🎿

Location : 11 🏠 (4 à 6 pers.) - 255 à 420 €/sem. – frais de réservation 13 € - **R** conseillée
🚐 1 borne eurorelais – 24 📧
Pour s'y rendre : Les Senciés
À savoir : des ateliers Nature et Jardin sont proposés toute l'année

Utilisez le guide de l'année.

BOURNEZEAU

✉ 85480 – **316** I8 – 2 439 h. – alt. 73
🛈 Syndicat d'initiative, 1, rue du Centre ☎ 02 51 40 02 90, Fax 02 51 40 79 30
Paris 416 – Cholet 67 – Nantes 78 – Niort 70 – La Rochelle 68 – La Roche-sur-Yon 22.

▲ Municipal les Humeaux de déb. juin à mi-sept.
☎ 02 51 40 01 31, mairie@bournezeau.fr, Fax 02 51 40 79 30, www.bournezeau.fr – ⚡
0,6 ha (15 empl.) plat, herbeux

Nature : 🌿
Services : ♿ 📶 ⊕ 🗑
À prox. : 🏊

Tarif : (Prix 2008) 👤 2,85 € 🚗 📧 🅿 2,90 € – ⚡ (15A) 2,90 €
Pour s'y rendre : rte de St-Martin-des-Noyers (sortie nord par D 7)

BRAIN-SUR-L'AUTHION

✉ 49800 – **317** G4 – 2 803 h. – alt. 22
Paris 291 – Angers 16 – Baugé 28 – Doué-la-Fontaine 38 – Longué 28 – Saumur 39.

▲ Du Port Caroline Permanent
☎ 02 41 80 42 18, info@campingduportcaroline.fr, Fax 02 41 80 42 18, www.campingduportcaroline.fr
– **R** conseillée
3,5 ha (121 empl.) plat, herbeux

Nature : 🌲 🌿
Loisirs : 🏠 🏊
Services : ♿ 🚿 GB 🧺 📶 📶 📶 ⊕ 🗑
À prox. : 🎣 terrain omnisports, piste de skate-board

Tarif : 14 € 👤👤 🚗 📧 ⚡ (10A) – pers. suppl. 3 €
Location : 5 🚐 (4 à 6 pers.) 260 à 495 €/sem. – **R** conseillée
Pour s'y rendre : rte de la Bohalle (sortie sud par D 113, à 100 m de l'Authion)

BREM-SUR-MER

✉ 85470 – **316** F8 – 2 054 h. – alt. 13
🛈 Office de tourisme, 21 ter, rue de l'Océan ☎ 02 51 90 92 33, Fax 02 51 20 14 67
Paris 454 – Aizenay 26 – Challans 29 – La Roche-sur-Yon 34 – Les Sables-d'Olonne 16.

▲▲▲ Le Chaponnet 🏕 – de déb. avr. à fin sept.
☎ 02 51 90 55 56, campingchaponnet@wanadoo.fr, Fax 02 51 90 91 67, www.le-chaponnet.com – **R** conseillée
6 ha (340 empl.) plat, herbeux

Nature : 🌳 🌲 🌿🌿
Loisirs : 🍽 snack, pizzeria 🎭 🎵 nocturne 👥 🎣 🏊 🏊 🚴 🔧 🏊 🎿 terrain omnisports
Services : ♿ 🚿 GB 🧺 📶 📶 ⊕ 🗑 🚻 🚰 🗑

Tarif : (Prix 2008) 35 € 👤👤 🚗 📧 ⚡ (6A) – pers. suppl. 6 € – frais de réservation 17 €
Location (Prix 2008) : 25 🚐 (4 à 6 pers.) 205 à 740 €/sem. – 40 🏠 (4 à 6 pers.) 315 à 790 €/sem. – frais de réservation 17 € - **R** conseillée
Pour s'y rendre : 16 r. du Chaponnet (à l'ouest du bourg)
À savoir : décoration florale et arbustive, bel ensemble aquatique

PAYS DE LA LOIRE

BREM-SUR-MER

▲ **Le Brandais** de déb. avr. à mi-sept.
📞 02 51 90 55 87, *camping.lebrandais@wanadoo.fr*,
Fax 02 51 20 12 74, *www.campinglebrandais.com* – places limitées pour le passage – **R** conseillée
2,3 ha (172 empl.) plat et peu incliné, herbeux
Tarif : (Prix 2008) 18,80 € ✶✶ 🚗 🅴 ⚡ (10A) – pers. suppl. 4,20 € – frais de réservation 15 €

Pour s'y rendre : 19 r. du Sablais (sortie nord-ouest par D 38 et rte à gauche)

Nature : 🐚 🗻 ♀♀
Loisirs : 🍴 🛶 🏄 🎾
Services : 👤 ⚡ GB 🔧 🚿 ♿ 📞
🧺 🔨
À prox. : ✂

▲ **L'Océan** de déb. avr. à mi-oct.
📞 02 51 90 59 16, *contact@campingdelocean.fr*,
Fax 02 51 90 14 21, *www.campingdelocean.fr* – **R** conseillée
4 ha (210 empl.) plat, herbeux, sablonneux
Tarif : 24 € ✶✶ 🚗 🅴 ⚡ (10A) – pers. suppl. 5 € – frais de réservation 17,50 €
Location (de déb. avr. à mi-sept.) 🛖 : 60 🚐 (4 à 6 pers.) 225 à 630 €/sem. – frais de réservation 17,50 € - **R** conseillée

Pour s'y rendre : r. des Gabelous (1 km à l'ouest)

Nature : 🐚 🗻 ♀
Loisirs : 🍴 snack 🏊 🛶 🏄 🎾
Services : 👤 ⚡ GB 🔧 🚿 🛶 ♿
🍴 🧺 🔨
À prox. : ✂

Demandez à votre libraire le catalogue des **publications MICHELIN**.

BRÉTIGNOLLES-SUR-MER

✉ 85470 – **316** E8 – 2 686 h. – alt. 14
🛈 Office de tourisme, 1, boulevard du Nord 📞 02 51 90 12 78, Fax 02 51 22 40 72
Paris 459 – Challans 30 – La Roche-sur-Yon 36 – Les Sables-d'Olonne 18.

▲▲▲ **Les Dunes** 👥 – de déb. avr. à mi-nov.
📞 02 51 90 55 32, *infos@campinglesdunes.fr*,
Fax 02 51 90 54 85, *www.campinglesdunes.com* – places limitées pour le passage – **R** conseillée
12 ha (760 empl.) plat, sablonneux
Tarif : 35,50 € ✶✶ 🚗 🅴 ⚡ (10A) – pers. suppl. 7,50 € – frais de réservation 23 €
Location : 97 🚐 (4 à 6 pers.) 290 à 798 €/sem. – frais de réservation 23 € - **R** conseillée

Pour s'y rendre : 50 av. des Dunes (2,5 km au sud par D 38 et rte à dr., à 200 m de la plage (accès direct))

Nature : 🗻 ♀♀
Loisirs : 🍴 ✗ pizzeria 🏊 🛶 🏄
🚴 🐎 ✂ 🎾 🛶 🎿 terrain omnisports
Services : ⚡ GB 🔧 🚿 ♿ 📞
🧺 🔨 🍴 🧺 🔨
À prox. : 🏃

▲ **La Motine** de déb. avr. à fin sept.
📞 02 51 90 04 42, *campinglamotine@wanadoo.fr*,
Fax 02 51 33 80 52, *www.lamotine.com* – **R** conseillée
1,8 ha (103 empl.) peu incliné, herbeux
Tarif : 27 € ✶✶ 🚗 🅴 ⚡ (10A) – pers. suppl. 5,70 € – frais de réservation 23 €
Location : 🚐 (4 à 6 pers.) 370 à 590 €/sem. - **R** conseillée
🚐 1 borne 11 €

Pour s'y rendre : 4 r. des Morinieres (par av. de la Plage et à dr.)

À savoir : décoration arbustive

Nature : 🗻
Loisirs : 🍴 ✗ crêperie 🏊
Services : 👤 ⚡ GB 🔧 🚿 ♿ 🛶
🧺 🔨
À prox. : 🏃

▲ **La Trevillière** de déb. avr. à fin sept.
📞 02 51 33 05 05, *contact@chadotel.com*,
Fax 02 51 33 94 04, *www.chadotel.com* – **R** conseillée
3 ha (204 empl.) plat, peu incliné, herbeux
Tarif : 29,50 € ✶✶ 🚗 🅴 ⚡ (6A) – pers. suppl. 5,80 € – frais de réservation 25 €
Location : 6 🚐 (4 à 6 pers.) 190 à 770 €/sem. – 6 🏠 (4 à 6 pers.) - 250 à 810 €/sem. – frais de réservation 25 € - **R** conseillée

Pour s'y rendre : rte de Bellevue (sortie nord par la rte du stade et à gauche)

Nature : 🗻 ♀
Loisirs : 🍴 🛶 🏃 🏊 🎿
Services : 👤 ⚡ GB 🔧 🚿 ♿ 🛶
🍴 🧺 🔨 🍴 🧺 🔨

PAYS DE LA LOIRE

BRÉTIGNOLLES-SUR-MER

Les Vagues de déb. avr. à fin sept.
☏ 02 51 90 19 48, lesvagues@free.fr, Fax 02 40 02 49 88, www.campinglesvagues.fr – places limitées pour le passage – **R** conseillée
4,5 ha (256 empl.) plat, peu incliné, herbeux
Tarif : 29 € ★★ 🚗 🅴 🚱 (10A) – pers. suppl. 6,50 € – frais de réservation 20 €
Location (de mi-avr. à mi-sept.) ✂ : 🏠 (4 à 6 pers.) 240 à 660 €/sem. – 🏡 (4 à 6 pers.) - 300 à 720 €/sem. – frais de réservation 20 € - **R** conseillée
Pour s'y rendre : 20 bd du Nord (au nord par D 38 vers St-Gilles-Croix-de-Vie)

Le Marina mai-sept.
☏ 02 51 33 83 17, Fax 02 51 33 83 17 – **R** conseillée
2,7 ha (131 empl.) plat, herbeux
Tarif : 19,50 € ★★ 🚗 🅴 🚱 (10A) – pers. suppl. 4,50 € – frais de réservation 15 €
Location : 4 🏠 (4 à 6 pers.) nuitée 45 € - 250 à 465 €/sem. – frais de réservation 15 € - **R** conseillée
Pour s'y rendre : sortie nord-ouest par D 38, rte de St-Gilles-Croix-de-Vie puis à gauche 1 km par rte des Fermes Marines et chemin à dr.

Le Bon Accueil de mi-mai à mi-sept.
☏ 02 51 90 15 92, Fax 02 51 90 15 92 – **R** conseillée
3 ha (146 empl.) plat, peu incliné, herbeux
Tarif : 19,50 € ★★ 🚗 🅴 🚱 (6A) – pers. suppl. 4,50 € – frais de réservation 15 €
Location : 7 🏠 (4 à 6 pers.) 250 à 490 €/sem. – frais de réservation 15 € - **R** conseillée
Pour s'y rendre : 24 rte de St-Gilles (1,2 km au nord-ouest par D 38)
À savoir : cadre champêtre

BRISSAC-QUINCÉ

✉ 49320 – **317** G4 – 2 296 h. – alt. 65
🛈 Office de tourisme, 8, place de la République ☏ 02 41 91 21 50, Fax 02 41 91 28 12
Paris 307 – Angers 18 – Cholet 62 – Doué-la-Fontaine 23 – Saumur 39.

L'Étang de mi-mai à mi-sept.
☏ 02 41 91 70 61, info@campingetang.com, Fax 02 41 91 72 65, www.campingetang.com – **R** conseillée
3,5 ha (150 empl.) plat, herbeux, petit étang
Tarif : 34 € ★★ 🚗 🅴 🚱 (10A) – pers. suppl. 7 €
Location ✂ : 15 🏠 (4 à 6 pers.) nuitée 75 € - 455 à 685 €/sem. – frais de réservation 15 € - **R** conseillée
🚐 1 borne sanistation 8 € – 🔌 8 €
Pour s'y rendre : rte de St-Mathurin (2 km au nord-est par D 55, et chemin à dr., au bord de l'Aubance et près d'un étang)
À savoir : emplacements spacieux et confortables, sur les terres d'une ancienne ferme

CAREIL

✉ 44350 – **316** B4 – G. Bretagne
Paris 455 – Nantes 78 – Vannes 65.

Trémondec
☏ 02 40 60 00 07, info@camping-tremondec.com, Fax 02 40 60 91 10, www.camping-tremondec.com – **R** conseillée
2 ha (100 empl.) peu incliné et en terrasses, herbeux
Location : 21 🏠
Pour s'y rendre : 48 r. du Château

PAYS DE LA LOIRE

CHAILLÉ-LES-MARAIS

✉ 85450 – **316** J9 – G. Poitou Charentes Vendée – 1 599 h. – alt. 16
🏢 Office de tourisme, 60 bis, rue de l'an VI, le Nieul ☎ 02 51 56 71 17
Paris 446 – Fontenay-le-Comte 23 – Niort 57 – La Rochelle 34 – La Roche-sur-Yon 49.

▲ **L'Île Cariot** de déb. avr. à fin sept.
☎ 02 51 56 75 27, camping.ilecariot@live.fr,
Fax 02 51 56 75 27, www.camping-chaille-les-marais.com
– **R** conseillée
1,2 ha (45 empl.) plat, herbeux
Tarif : (Prix 2008) 15,04 € 👫 🚗 🗏 ⚡ (10A) – pers.
suppl. 3,80 € – frais de réservation 12 €
Location (Prix 2008) : 5 🏠 (4 à 6 pers.) nuitée 48 € -
495 €/sem. – **R** conseillée
🚐 1 borne 10 €
Pour s'y rendre : r. du 8-Mai-1945 (au sud du bourg, au bord de petits ruisseaux et près du stade)

Nature : 🌳 ♀
Loisirs : snack 🛏 🎯 🚴
Services : ♿ 🔑 GB ✂ 🔲 ☀ 🚿 🧺
À prox. : 🛶 canoë

LA CHAIZE-GIRAUD

✉ 85220 – **316** F8 – 597 h. – alt. 15
Paris 453 – Challans 24 – La Roche-sur-Yon 32 – Les Sables-d'Olonne 21 – St-Gilles-Croix-de-Vie 13.

▲ **Les Alouettes** avr.-oct.
☎ 02 51 22 96 21, contact@lesalouettes.com,
Fax 02 51 33 76 54, www.lesalouettes.com – **R** conseillée
3 ha (140 empl.) plat, en terrasses, peu incliné, herbeux, sablonneux
Tarif : (Prix 2008) 23 € 👫 🚗 🗏 ⚡ (6A) – pers.
suppl. 3,50 € – frais de réservation 18 €
Location (Prix 2008) : 15 🚐 (4 à 6 pers.) nuitée 65 € -
215 à 690 €/sem. – 12 🏠 (4 à 6 pers.) nuitée 80 € - 260
à 650 €/sem. – frais de réservation 18 € – **R** conseillée
Pour s'y rendre : 1 km à l'ouest par D 12, rte de St-Gilles-Croix-de-Vie

Nature : 🌳 ♀
Loisirs : 🛏 🎯 🚴
Services : ♿ 🔑 GB ✂ 🔲 ☀ 🚿 🧺
🚐

CHALLAIN-LA-POTHERIE

✉ 49440 – **317** C3 – 774 h. – alt. 58
Paris 340 – Ancenis 36 – Angers 47 – Château-Gontier 42.

▲ **Municipal de l'Argos** de déb. mai à mi-oct.
☎ 06 77 18 78 60, mairie.challain@wanadoo.fr,
Fax 02 41 94 12 48 – **R** conseillée
0,8 ha (20 empl.) non clos, plat, herbeux
Tarif : (Prix 2008) 7 € 👫 🚗 🗏 – pers. suppl. 2,50 €
Pour s'y rendre : rte de Loiré (au nord-est du bourg par D 73)
À savoir : agréable situation près d'un étang et à proximité du château

Nature : ≤ 🌳 ♀
Loisirs : 🎯 🎣
Services : ♿ (juil.-août) ☺

CHALONNES-SUR-LOIRE

✉ 49290 – **317** E4 – G. Châteaux de la Loire – 5 594 h. – alt. 25
🏢 Office de tourisme, place de l'Hôtel de Ville ☎ 02 41 78 26 21, Fax 02 41 74 91 54
Paris 322 – Nantes 82 – Angers 26 – Cholet 40 – Laval 94.

▲ **Le Candais** de déb. juin à mi-sept.
☎ 02 41 78 02 27, Fax 02 41 78 10 80, www.chalonnes-sur-loire.fr – **R** conseillée
3 ha (210 empl.) plat, herbeux
Tarif : (Prix 2008) 10 € 👫 🚗 🗏 ⚡ (5A) – pers.
suppl. 2,50 €
Pour s'y rendre : rte de Rochefort (1 km à l'est par D 751, rte des Ponts-de-Cé, au bord de la Loire et près d'un plan d'eau)

Nature : ♀
Loisirs : 🛏 🎣
Services : ♿ 🔑 ✂ 🔲 🚿 ☺ 🧺
À prox. : 🛒 🚴 🛶 ⛱ 🏊 canoë

PAYS DE LA LOIRE

CHAMBRETAUD

✉ 85500 – **316** K6 – 1 275 h. – alt. 214
Paris 377 – Nantes 83 – La Roche-sur-Yon 56 – Cholet 21 – Bressuire 50.

Au Bois du Cé Permanent
☎ 02 51 91 54 32, contact@camping-auboisduce.com, www.camping-auboisduce.com – **R** conseillée
3 ha (100 empl.) plat, terrasse, herbeux
Tarif : 21,05 € ★★ 🚗 ▦ ⚡ (16A) – pers. suppl. 2,80 €
Location : 6 🏠 (4 à 6 pers.) - 385 à 595 €/sem. – 2 studios – **R** conseillée
🚐 1 borne artisanale – 5 ▦ 17,50 €
Pour s'y rendre : rte du Puy du Fou

Nature : 🌳 ≤ 🏞
Loisirs : 🎣 🏊
Services : ♿ 🔑 GB 🛵 ▦ 🍴 🛒

LA CHAPELLE-HERMIER

✉ 85220 – **316** F7 – 560 h. – alt. 58
Paris 447 – Aizenay 13 – Challans 25 – La Roche-sur-Yon 29 – Les Sables-d'Olonne 25 – St-Gilles-Croix-de-Vie 20.

Pin Parasol de fin avr. à fin sept.
☎ 02 51 34 64 72, contact@campingpinparasol.fr, Fax 02 51 34 64 62, http://www.campingpinparasol.fr – **R** conseillée
7,7 ha (211 empl.) plat, peu incliné, terrasses, herbeux
Tarif : 28 € ★★ 🚗 ▦ ⚡ (10A) – pers. suppl. 6,50 € – frais de réservation 15 €
Location (Prix 2008) 🏕 : 54 🚐 (4 à 6 pers.) 195 à 747 €/sem. – 20 🏠 (4 à 6 pers.) - 190 à 757 €/sem. – frais de réservation 15 € - **R** conseillée
Pour s'y rendre : à Chateaulong (3,3 km au sud-ouest par D 42, rte de l'Aiguillon-sur-Vie puis 1 km par rte à gauche)
À savoir : près du lac de Jaunay (accès direct)

Nature : 🌊 ≤ 🏞
Loisirs : 🍽 🎣 🎱 🧖 hammam ⛳ 🚴 ▦ 🏊
Services : ♿ 🔑 GB 🛵 ▦ 🛒 ⊙ 📞 🚿 ▦ 🧺
À prox. : 🎣

CHÂTEAU-GONTIER

✉ 53200 – **310** E8 – G. Châteaux de la Loire – 11 131 h. – alt. 33
🛈 Office de tourisme, place André Counord ☎ 02 43 70 42 74, Fax 02 43 70 95 52
Paris 288 – Angers 50 – Châteaubriant 56 – Laval 30 – Le Mans 95 – Rennes 107.

Le Parc Permanent
☎ 02 43 07 35 60, camping.parc@cc-chateau-gontier.fr, Fax 02 43 70 38 94, www.sud-mayenne.com – **R** conseillée
2 ha (55 empl.) plat et peu incliné, herbeux
Tarif : (Prix 2008) 15 € ★★ 🚗 ▦ ⚡ (16A) – pers. suppl. 4 €
Location (Prix 2008) : 12 🏠 (4 à 6 pers.) - à 390 €/sem. – 🛏 – **R** conseillée
Pour s'y rendre : 15 rte de Laval (800 m au nord par N 162 rte de Laval, près du complexe sportif)
À savoir : emplacements bordés d'une grande variété d'arbres et de la Mayenne

Loisirs : 🎣 🚴 🏊
Services : 🔑 GB 🛵 ⊙
À prox. : mur d'escalade, canoë

CHÂTEAUNEUF-SUR-SARTHE

✉ 49330 – **317** G2 – 2 409 h. – alt. 20
🛈 Office de tourisme, Cour du Moulin ☎ 02 41 69 82 89, Fax 02 41 25 00 19
Paris 278 – Angers 31 – Château-Gontier 25 – La Flèche 33.

Municipal du Port de déb. mai à fin sept.
☎ 02 41 69 82 02, mairie.chateauneufsursarthe@wanadoo.fr, Fax 02 41 96 15 29 – **R**
1 ha (60 empl.) plat, herbeux
Tarif : (Prix 2008) 7,15 € ★★ 🚗 ▦ ⚡ (16A) – pers. suppl. 2,30 €
🚐 1 borne artisanale
Pour s'y rendre : r. de la Gare (sortie sud-est par D 859, rte de Durtal et 2ème chemin à dr. apr. le pont, au bord de la Sarthe (halte nautique)

Nature : 🏞 ♀
Services : ♿ ▦ 🛒 ⊙ 🧺
À prox. : 🚐

PAYS DE LA LOIRE

CHEMILLÉ

✉ 49120 – **317** E5 – 6 169 h. – alt. 84
🛈 Office de tourisme, parc de l'Hôtel de Ville ✆ 02 41 46 14 64, Fax 02 41 46 03 46
Paris 331 – Angers 43 – Cholet 22 – Saumur 60.

▲ **La Coulvée** de déb. mai à mi-sept.
✆ 02 41 30 39 97, camping-chemille-49@wanadoo.fr,
Fax 02 41 30 39 00, www.camping-coulvee-chemille.com
– **R** conseillée
2 ha (42 empl.) plat, herbeux
Tarif : 13,50 € ★★ 🚗 📧 ⚡ (9A) – pers. suppl. 3,50 €
Location (permanent) : 12 🏠 (4 à 6 pers.) - 170 à 410 €/sem. – **R** conseillée
Pour s'y rendre : sortie sud par N 160, rte de Cholet et chemin à dr., près d'un plan d'eau

Nature : 🌳
Services : ♿ 🚿 GB 🔧 🛒 ⚡ ✂
À prox. : 🐎 🏊

Les indications d'accès à un terrain sont généralement indiquées, dans notre guide, à partir du centre de la localité.

CHOLET

✉ 49300 – **317** D6 – G. Châteaux de la Loire – 54 204 h. – alt. 91 – Base de loisirs
🛈 Office de tourisme, 14, avenue Maudet ✆ 02 41 49 80 00, Fax 02 41 49 80 09
Paris 353 – Ancenis 49 – Angers 64 – Nantes 60 – Niort 131 – La Roche-sur-Yon 70.

▲▲▲ **Centre Touristique Lac de Ribou** ♿☂ – avr.-sept.
✆ 02 41 49 74 30, info@lacderibou.com,
Fax 02 41 58 21 22, www.lacderibou.com – **R** conseillée
5 ha (162 empl.) plat, peu incliné, herbeux
Tarif : 22,19 € ★★ 🚗 📧 ⚡ (10A) – pers. suppl. 4,55 € – frais de réservation 10 €
Location (permanent) 🏊 : 14 🏠 (4 à 6 pers.) nuitée 64 € - 306 à 599 €/sem. - 13 🏠 (4 à 6 pers.) nuitée 70 € - 350 à 665 €/sem. – gîtes – frais de réservation 30 € - **R** conseillée
🚐 1 borne 5,25 € – 🚙 13,30 €
Pour s'y rendre : 5 km au sud-est par D 20, rte de Maulevrier et D 600 à dr.
À savoir : à 100 m du lac (accès direct)

Nature : 🌊 🌳
Loisirs : 🍴 ✗ 🏊 ☽ nocturne 🏃
Services : ♿ 🚿 GB 🔧 🛒 ⚡ ✂ sèche-linge
À prox. : 🚣 🎣 🐎 practice de golf

549

COMMEQUIERS

✉ 85220 – **316** E7 – G. Poitou Charentes Vendée – 2 297 h. – alt. 19
Paris 441 – Challans 13 – Nantes 63 – La Roche-sur-Yon 38 – Les Sables-d'Olonne 36 – St-Gilles-Croix-de-Vie 12.

▲ **La Vie** de déb. avr. à fin sept.
✆ 02 51 54 90 04, contact@campinglavie.com,
Fax 02 51 54 36 63, www.camping-la-vie.com – **R** conseillée
3 ha (73 empl.) plat, herbeux, petit étang
Tarif : 22 € ★★ 🚗 📧 ⚡ (6A) – pers. suppl. 5,50 € – frais de réservation 15 €
Location : 20 🏠 (4 à 6 pers.) nuitée 38 € - 360 à 560 €/sem. – frais de réservation 15 € – **R** conseillée
Pour s'y rendre : le Motteau (1,3 km au sud-est par D 82, rte de Coëx et chemin à gauche)

Nature : 🌳 🌿
Loisirs : 🍴 🏊 🎣
Services : ♿ 🚿 GB 🔧 ⚡ ✂ 🍴

▲ **Le Trèfle à 4 feuilles** avr.-sept.
✆ 02 51 54 87 54, letrefle@free.fr, Fax 02 28 10 49 19,
www.trefle-a4feuilles.com – **R** conseillée
1,8 ha (25 empl.) plat, terrasses, herbeux
Tarif : 23 € ★★ 🚗 📧 ⚡ (10A) – pers. suppl. 6 € – frais de réservation 10 €
Pour s'y rendre : 3,3 km au sud-est par D 82, rte de Coëx et 1,4 km par chemin à gauche, au lieu-dit la Jouère
À savoir : sur les terres d'une exploitation agricole, le royaume des animaux

Nature : 🌳
Loisirs : 🍴 🏊 🎣
Services : ♿ 🚿 GB 🔧 ⚡ 🛒
À prox. : parc animalier

PAYS DE LA LOIRE

LES CONCHES

✉ 85560 – **316** H9
Paris 465 – Nantes 109 – La Roche Sur Yon 37 – La Rochelle 63 – Niort 93.

Le Clos des Pins de déb. avr. à fin sept.
📞 02 51 90 31 69, campingleclosdespins@orange.fr,
Fax 02 51 90 30 68, www.campingclosdespins.com
– **R** conseillée
1,6 ha (95 empl.) plat et peu accidenté, sablonneux
Tarif : (Prix 2008) 27 € ✱✱ 🚗 🔌 (10A) – pers. suppl. 6 €
– frais de réservation 27 €
Location (Prix 2008) : 32 🏕 (4 à 6 pers.) nuitée 55 € -
239 à 660 €/sem. – 3 🏠 (4 à 6 pers.) nuitée 70 € - 279 à
740 €/sem. – bungalows toilés – **R** conseillée
Pour s'y rendre : 1336 av. Dr-Joussemet (500 m de la plage)

Nature : 🌳 🌿🌿
Loisirs : 🍷 🏠 ⚽ 🏊
Services : ♿ 🔑 GB 🚿 🍴 ♻ ☺ 📞
À prox. : 🚴

Le Sous-Bois de déb. juin à mi-sept.
📞 02 51 33 36 90, Fax 02 51 33 32 73 – **R** conseillée
1,7 ha (120 empl.) plat, sablonneux
Tarif : ✱ 🔌 (10A) – pers. suppl. 3,80 €
Location 🚫 : 4 🏕 (4 à 6 pers.) 395 à 455 €/sem.
Pour s'y rendre : la Haute-Saligotière

Nature : 🌿 🌳 🌿
Loisirs : 🏠 ⚽ 🎾
Services : ♿ 🔑 🚿 🍴 ☺ ♻ 🚰 🗑

Les Ramiers avr.-sept.
📞 02 51 33 32 21, www.campinglesramiers.com
– **R** conseillée
1,4 ha (80 empl.) plat et peu accidenté, en terrasses, sablonneux
Tarif : ✱ 🔌 (10A) – pers. suppl. 4,50 €
Location : 6 🏕 (4 à 6 pers.) 225 à 458 €/sem.
Pour s'y rendre : 44 bis r. des Tulipes
À savoir : pour les tentes, beaux emplacements en terrasses et en sous-bois

Nature : 🌳 🌿🌿
Loisirs : 🍷 snack
Services : ♿ 🔑 🚿 ☺

*The classification (1 to 5 tents, **black** or red) that we award to selected sites in this Guide is a system that is our own.*
It should not be confused with the classification (1 to 4 stars) of official organisations.

CONCOURSON-SUR-LAYON

✉ 49700 – **317** G5 – 546 h. – alt. 55
Paris 332 – Angers 44 – Cholet 45 – Saumur 25.

La Vallée des Vignes
📞 02 41 59 86 35, campingvdv@wanadoo.fr,
Fax 02 41 59 09 83, www.campingvdv.com – **R** indispensable
3,5 ha (63 empl.) plat, herbeux
Pour s'y rendre : 900 m à l'ouest par D 960, rte de Vihiers et rte à dr. apr. le pont, au bord du Layon
À savoir : cadre champêtre

Nature : 🌳
Loisirs : 🍷 🎵 nocturne 🚴 ⚽ 🚲 🏠 🏊
Services : ♿ 🔑 🍴 ☺ ♻ 🚰 🗑

CONLIE

✉ 72240 – **310** I6 – 1 665 h. – alt. 129
Paris 219 – Alençon 54 – Laval 74 – Le Mans 23 – Sablé-sur-Sarthe 45 – Sillé-le-Guillaume 71.

Municipal la Gironde
📞 02 43 20 81 07, camping.conlie@wanadoo.fr,
Fax 02 43 20 99 37 – **R** conseillée
3 ha/0,8 campable (35 empl.) plat, herbeux
Pour s'y rendre : au bourg
À savoir : cadre ombragé et beaux emplacements délimités, près d'un étang

Nature : 🌿 🌳 🌿🌿
Loisirs : ⚽
Services : ♿ 🔑 ☺ 🚰 🗑
À prox. : 🚴 🏊 (petite piscine pour enfants) 🛤 piste de bi-cross

PAYS DE LA LOIRE

COUTURES

✉ 49320 – **317** G4 – 478 h. – alt. 81

Paris 303 – Angers 25 – Baugé 35 – Doué-la-Fontaine 23 – Longué 22 – Saumur 29.

▲▲▲ **Parc de Montsabert** de mi-avr. à mi-sept.
☎ 02 41 57 91 63, camping@parcdemontsabert.com,
Fax 02 41 57 90 02, www.parcdemontsabert.com
– **R** conseillée
5 ha (159 empl.) plat et peu incliné, herbeux, pierreux, sous bois
Tarif : 28 € ⚹⚹ 🚗 🔌 (10A) – pers. suppl. 5 €
Location : 26 🏠 (4 à 6 pers.) 203 à 805 €/sem. – 5 🏠 (4 à 6 pers.) - 315 à 966 €/sem. – **R** conseillée
🚐 5 🔌 28 € – 🚿 [⚡] 25 €
Pour s'y rendre : rte de Montsabert (1,5 km au nord-est, près du château de Montsabert)
À savoir : agréable parc boisé

Nature : 🌿 🏞 🌳
Loisirs : snack 🏠 🏊 🎯 🎾 🏌 ⛱
(découverte en saison) swin golf
Services : ♿ 🔑 GB 🚲 🧺 🚿 🛒 ♨ ⊙
🧹 🚰 💧 🗑

*Donnez-nous votre avis sur les terrains que nous recommandons.
Faites-nous connaître vos observations et vos découvertes
par mail à l'adresse : leguidecampingfrance@fr.michelin.com.*

CRAON

✉ 53400 – **310** D7 – 4 659 h. – alt. 75
🛈 Syndicat d'initiative, 1, rue Alain Gerbault ☎ 02 43 06 10 14
Paris 309 – Fougères 70 – Laval 29 – Mayenne 60 – Rennes 73.

▲ **Municipal du Mûrier** de déb. mai à fin sept.
☎ 02 43 06 96 33, campingdumurier@orange.fr,
Fax 02 43 06 96 33, www.ville-craon53.fr – **R** conseillée
1 ha (51 empl.) plat, herbeux
Tarif : (Prix 2008) ⚹ 3,05 € 🚗 🔌 3,90 € – [⚡] (10A) 2,10 €
Location (Prix 2008) (permanent) : 9 🏠 (4 à 6 pers.)
nuitée 39 € - 169 à 478 €/sem. – frais de réservation
18,50 € - **R** conseillée
🚐 1 borne artisanale 2,15 €
Pour s'y rendre : r. Alain-Gerbault (800 m à l'est, rte de Château-Gontier et chemin à gauche)
À savoir : cadre agréable près d'un plan d'eau

Nature : 🏞 🌳
Loisirs : 🏠 🏊
Services : ♿ 🔑 🚲 🚿 ⊙ 🛒
À prox. : 🛒 🍴 ✂ 🎯 🎬 ⛱ 🎣 🏇

Château d'Angers et ses jardins

Ph. Gajic / MICHELIN

PAYS DE LA LOIRE

DAON

53200 – **310** F8 – G. Châteaux de la Loire – 440 h. – alt. 42 – Base de loisirs
Paris 292 – Angers 46 – Château-Gontier 11 – Châteauneuf-sur-Sarthe 15 – Segré 23.

Les Rivières avr.-sept.
02 43 06 94 78, camping.daon@cc-chateau-gontier.fr,
Fax 02 43 70 95 52 – **R** conseillée
1,8 ha (98 empl.) plat, herbeux
Tarif : 13 € ♦♦ ⇌ 🅴 (10A) – pers. suppl. 3 €
Location (permanent) : 10 🏠 (4 à 6 pers.) - 163 à 388 €/sem. – **R** conseillée
Pour s'y rendre : sortie ouest par D 213, rte de la Ricoullière et à dr. avant le pont, près de la Mayenne

Nature : 🌳 🏞 ♀
Loisirs : 🎣
Services : ♿ ⚬ ⚙ 🔧 🛒 ⊙ 🐟
À prox. : ♀ ✕ 🏊 🛶 🎣 🚤
pédalos, halte nautique

DURTAL

49430 – **317** H2 – G. Châteaux de la Loire – 3 224 h. – alt. 39
Syndicat d'initiative, 41, rue du Maréchal Leclerc 02 41 76 37 26, Fax 02 41 76 37 26
Paris 261 – Angers 38 – La Flèche 14 – Laval 66 – Le Mans 63 – Saumur 66.

International de mi-avr. à fin sept.
02 41 76 31 80, contact@camping-durtal.fr, Fax néant,
www.camping-durtal.fr – **R** conseillée
3,5 ha (127 empl.) plat, herbeux
Tarif : (Prix 2008) 13,90 € ♦♦ ⇌ 🅴 (6A) – pers. suppl. 3,30 € – frais de réservation 40 €
Location (Prix 2008) (de mi-mai à fin sept.) : 5 bungalows toilés – frais de réservation 50 € – **R** conseillée
🚐 30 🅴 5,50 € – 🏠 🅴 9.50 €
Pour s'y rendre : 9 r. du Camping (sortie nord-est par rte de la Flèche et r. à dr.)
À savoir : situation et cadre agréables en bordure du Loir

Nature : 🌳 🏞 ♀
Loisirs : ♀ snack 🎣 🏊 🎣 🚤
Services : ♿ ⚬ ⚙ 🔧 🛒 ⊙ 🐟
À prox. : 🛶

LES EPESSES

85590 – **316** K6 – G. Poitou Charentes Vendée – 2 110 h. – alt. 214
Paris 375 – Bressuire 38 – Chantonnay 29 – Cholet 24 – Clisson 47 – La Roche-sur-Yon 50.

La Bretèche avr.-sept.
02 51 57 33 34, contact@campinglabreteche.com,
Fax 02 51 57 41 98, www.campinglabreteche.com – **R** conseillée
3 ha (115 empl.) plat, peu incliné, herbeux
Tarif : 20,35 € ♦♦ ⇌ 🅴 (10A) – pers. suppl. 3,80 € – frais de réservation 10 €
Location : 24 🏠 (4 à 6 pers.) nuitée 74 € - 317 à 643 €/sem. – 12 bungalows toilés – frais de réservation 10 € - **R** conseillée
🚐 1 borne eurorelais
Pour s'y rendre : sortie nord par D 752, rte de Cholet et chemin à dr.
À savoir : belle décoration arbustive, près d'un étang

Nature : 🏞
Loisirs : ♀ snack 🎣 🚤
Services : ♿ ⚬ ⚙ 🔧 🛒 ⊙ 🐟
À prox. : 🐟 Puy du Fou (3 km), parc d'attractions

LES ESSARTS

85140 – **316** I7 – G. Poitou Charentes Vendée – 4 186 h. – alt. 78
Office de tourisme, 1, rue Armand de Rougé 02 51 62 85 96
Paris 399 – Cholet 49 – Nantes 60 – Niort 92 – La Roche-sur-Yon 20.

Municipal le Pâtis de mi-avr. à mi-sept.
02 51 62 95 83, camping.lepatis@wanadoo.fr,
Fax 02 51 62 95 83, www.campinglepatis.com – **R** conseillée
1 ha (50 empl.) plat, herbeux
Tarif : (Prix 2008) ♦ 3 € ⇌ 2 € 🅴 2,80 € – 🅴 (16A) 2,80 €
Location 🏞 : 12 🏠 (4 à 6 pers.) nuitée 48 € - 320 à 550 €/sem. – **R** conseillée
🚐 1 borne 2 €
Pour s'y rendre : r. de la Piscine (800 m à l'ouest par rte de Chauché et à gauche, près des deux piscines)

Nature : 🌳 ♀♀
Services : ♿ ⚬ ⚙ 🔧 🛒 ⊙ ♀
À prox. : ✕ 🏊 🚤

PAYS DE LA LOIRE

ÉVRON

✉ 53600 – **310** G6 – G. Normandie Cotentin – 7 283 h. – alt. 114
🛈 Office de tourisme, place de la Basilique ☏ 02 43 01 63 75, Fax 02 43 01 63 75
Paris 250 – Alençon 58 – La Ferté-Bernard 98 – La Flèche 69 – Laval 32 – Le Mans 55 – Mayenne 25.

▲ Municipal de la Zone Verte Permanent
☏ 02 43 01 65 36, camping@evron.fr, Fax 02 43 37 46 20,
www.camping-evron.fr – **R**
3 ha (92 empl.) plat et peu incliné, herbeux, gravillons
Tarif : (Prix 2008) ✹ 1,95 € ⇌ 📧 6,10 € – 🔌 (10A) 2,45 €
Location (Prix 2008) : 11 🏠 (4 à 6 pers.) - 155 à 335 €/sem. – **R** conseillée
🚐 1 borne eurorelais 1,80 €
Pour s'y rendre : bd du Mar.-Juin (sortie ouest)

Nature : 🌳 ♀
Loisirs : 🎣 ⛵ 🏃 parcours sportif
Services : ☎ 🚻 GB ✂ 🍽 🚿 ⚡ 🚮
À prox. : 🛒 🍴 🎯 🏊 ⛱

LA FAUTE-SUR-MER

✉ 85460 – **316** I9 – G. Poitou Charentes Vendée – 905 h. – alt. 4
🛈 Office de tourisme, rond-point Fleuri ☏ 02 51 56 45 19, Fax 02 51 97 18 08
Paris 465 – Luçon 37 – Niort 106 – La Rochelle 71 – La Roche-sur-Yon 47 – Les Sables-d'Olonne 47.

▲ Les Flots Bleus de déb. avr. à mi-oct.
☏ 02 51 27 11 11, contact@camping-les-pirons.com,
Fax 02 51 29 40 76 – **R** conseillée
1,5 ha (124 empl.) plat, sablonneux, herbeux
Tarif : 27 € ✹✹ ⇌ 📧 🔌 (6A) – pers. suppl. 5 €
Location : 60 🏕 (4 à 6 pers.) nuitée 50 € - 155 à 590 €/sem. – **R** conseillée
Pour s'y rendre : 1 km au sud-est par rte de la pointe d'Arçay, à 200 m de la plage

Nature : 🌳 ♀
Loisirs : 🍴 ⛵ 🏊
Services : ♿ GB ✂ 🍽 🚿 ⚡ 📶 🚮

▲ Le Pavillon Bleu de fin avr. à mi-sept.
☏ 02 51 56 08 78, contacts@camping-apv.com,
Fax 02 51 56 31 50, www.camping-apv.com – **R** conseillée
1,3 ha (85 empl.) plat, sablonneux, herbeux
Tarif : (Prix 2008) 23,70 € ✹✹ ⇌ 📧 🔌 (10A) – pers. suppl. 5,20 € – frais de réservation 27 €
Location (Prix 2008) : 🏕 (4 à 6 pers.) nuitée 60 € - 179 à 789 €/sem. – 🏠 (4 à 6 pers.) nuitée 74 € - 223 à 789 €/sem. – frais de réservation 27 € - **R** conseillée
Pour s'y rendre : rte de la Tranche-sur-Mer (2,4 km au nord-ouest et chemin à dr.)

Nature : 🌳
Loisirs : ⛵ 🏊 (petite piscine)
Services : ♿ ☎ GB ✂ 🍽 🚿 ⚡ 🚮

The Guide changes, so renew your Guide every year.

LE FENOUILLER

✉ 85800 – **316** E7 – 3 213 h. – alt. 10
Paris 455 – Nantes 70 – La Roche Sur Yon 49.

▲ Le Chatelier de déb. avr. à mi-oct.
☏ 02 28 10 50 75, Fax 02 28 10 50 75 – **R**
2,5 ha (80 empl.) plat, herbeux
Tarif : 25 € ✹✹ ⇌ 📧 🔌 (10A) – pers. suppl. 6 € – frais de réservation 20 €
Pour s'y rendre : rte de Nantes (1,4 km au sud-ouest par D 754 et chemin à dr.)

Nature : ♀
Loisirs : 🍴 ⛵ 🏊
Services : ♿ ☎ ✂ 🍽 ⚡ 🚮

▲ Aire Naturelle le Petit Beauregard de déb. avr. à mi-oct.
☏ 02 51 55 07 98 – **R** conseillée
2 ha (50 empl.) plat, herbeux
Tarif : 16,50 € ✹✹ ⇌ 📧 🔌 (10A) – pers. suppl. 3 €
Pour s'y rendre : sortie sud-ouest par D 754, rte de St-Gilles-Croix-de-Vie et 600 m par chemin à gauche
À savoir : cadre champêtre

Nature : 🌿 ♀
Loisirs : ⛵
Services : ♿ ☎ ✂ ⚡ 🚮

PAYS DE LA LOIRE

LA FERTÉ-BERNARD

✉ 72400 – **310** M5 – G. Châteaux de la Loire – 9 239 h. – alt. 90 – Base de loisirs
🛈 Office de tourisme, 15, place de la Lice ✆ 02 43 71 21 21, Fax 02 43 93 25 85
Paris 164 – Brou 44 – Châteauroux 365 – Le Mans 54 – Nogent-le-Rotrou 22 – St-Calais 33.

Municipal le Valmer de déb. mai à mi-sept.
✆ 02 43 71 70 03, camping@la-ferte-bernard.com,
Fax plus de fax – ℝ
3 ha (90 empl.) plat, herbeux
Tarif : (Prix 2008) 14 € ★★ 🚐 📧 ⓟ (12A) – pers. suppl. 5 €
Pour s'y rendre : Espace du lac (1,5 km au sud-ouest par N 23, à la base de loisirs, au bord de l'Huisne)
À savoir : à la base de loisirs, au bord de l'Huisne

Nature : 🌳 🗻 🌲
Loisirs : 🎱 ⛵
Services : 👤 🔑 GB ✂ 🏪 ⓦ 💧 ♿
À prox. : 🏊 🎾 🍴 ⛸ 🚣 (plage) ⚓ canoë

LA FLÈCHE

✉ 72200 – **310** I8 – G. Châteaux de la Loire – 15 241 h. – alt. 33
🛈 Office de tourisme, boulevard de Montréal ✆ 02 43 94 02 53, Fax 02 43 94 43 15
Paris 244 – Angers 52 – Châteaubriant 106 – Laval 70 – Le Mans 44 – Tours 71.

Municipal de la Route d'Or de déb. mars à fin oct.
✆ 02 43 94 55 90, info@camping-laroutedor.com,
Fax 02 43 94 55 90, www.camping-laroutedor.com – ℝ conseillée
4 ha (250 empl.) plat, herbeux
Tarif : 13,90 € ★★ 🚐 📧 ⓟ (10A) – pers. suppl. 2,80 € – frais de réservation 15 €
Location (de déb. mai à fin oct.) 🚭 : 10 🏠 (4 à 6 pers.) 275 à 472 €/sem. – ℝ conseillée
🚐 1 borne artisanale
Pour s'y rendre : allée du Camping (sortie sud vers rte de Saumur et à dr., allée de la Providence, au bord du Loir)

Nature : 🗻 🌲
Loisirs : 🎱 🚴 🎾 🏊
Services : 👤 🔑 GB ✂ 🏪 ⓦ ♿ 😊 ♨ 🚿 🧺
À prox. : 🚣 canoë

FRESNAY-SUR-SARTHE

✉ 72130 – **310** J5 – G. Normandie Cotentin – 2 335 h. – alt. 95
🛈 Office de tourisme, 19, avenue du Dr Riant ✆ 02 43 33 28 04, Fax 02 43 34 19 62
Paris 235 – Alençon 22 – Laval 73 – Mamers 30 – Le Mans 41 – Mayenne 54.

Municipal Sans Souci 👥 – de déb. avr. à fin sept.
✆ 02 43 97 32 87, camping-fresnay@wanadoo.fr,
Fax 02 43 33 75 72 – ℝ conseillée
2 ha (90 empl.) plat, en terrasses, herbeux
Tarif : (Prix 2008) ★ 2,45 € 🚐 1,90 € 📧 4,35 € – ⓟ (10A) 2,80 €
Location (Prix 2008) (permanent) 🚭 : 🏠 – ℝ conseillée
🚐 1 borne artisanale 2,85 € – 🚚 8,80 €
Pour s'y rendre : allée André-Chevalier (1 km à l'ouest par D 310, rte de Sillé-le-Guillaume)
À savoir : beaux emplacements délimités en bordure de la Sarthe

Nature : 🌳 🗻
Loisirs : 🎱 🎠 ⛵ 🎾
Services : 👤 🔑 GB ✂ 🏪 ⓦ ♿ 🧺 📧 🧺
À prox. : 🏇 🎣 🚣 canoë

FROMENTINE

✉ 85550 – **316** D6 – G. Poitou Charentes Vendée
Paris 455 – Nantes 69 – La Roche Sur Yon 72.

Campéole La Grande Côte de déb. avr. à mi-sept.
✆ 02 51 68 51 89, grande-cote@campeole.com,
Fax 02 51 49 25 57, www.campeole.com – ℝ
21 ha (810 empl.) plat et accidenté, sablonneux
Tarif : (Prix 2008) ★ 6,70 € 🚐 5,30 € 📧 21,80 € – ⓟ (10A) 4 € – frais de réservation 25 €
Location (Prix 2008) : 73 🏕 (2 à 4 pers.) nuitée 28 € - 196 à 504 €/sem. – 73 🏠 (4 à 6 pers.) nuitée 35 € - 245 à 798 €/sem. – 107 🏠 (4 à 6 pers.) nuitée 32 € - 224 à 749 €/sem. – frais de réservation 25 € - ℝ conseillée
🚐 1 borne
Pour s'y rendre : rte de la Grande Côte (2 km par D 38b, à Fromentine)
À savoir : au bord de la plage

Nature : 🌲🌲(pinède)
Loisirs : 🍹 🎱 🌙 nocturne 🏇 🚴 ⛵ 🎾
Services : 👤 🔑 GB ✂ 🏪 ⓦ ♿ 🧺 ♨ 📧
À prox. : ⚓

PAYS DE LA LOIRE

LE GIVRE

✉ 85540 – **316** H9 – 273 h. – alt. 20
Paris 446 – Luçon 20 – La Mothe-Achard 33 – Niort 88 – La Rochelle 62 – La Roche-sur-Yon 27 – Les Sables-d'Olonne 33.

▲ **La Grisse** Permanent
📞 02 51 30 83 03, lagrisse@wanadoo.fr, www.campinglagrisse.com – **R** conseillé
1 ha (79 empl.) plat, herbeux
Tarif : ⚹ 6,50 € 🚗 🔲 5 € – ⚡ (16A) 4 €
Location : 4 🏠 (2 à 4 pers.) 230 à 350 €/sem. – 5 🏠 (4 à 6 pers.) 230 à 620 €/sem. – **R** conseillée
Pour s'y rendre : La Grisse (2,5 km au sud par rte reliant la D 949 et la D 747)
À savoir : Cadre champêtre

Nature : 🌳 🟢
Loisirs : 🏊
Services : ♿ 🔌 🚿 🧺 ⛽ 🛒

Ce guide n'est pas un répertoire de tous les terrains de camping mais une sélection des meilleurs campings dans chaque catégorie.

GRAND'LANDES

✉ 85670 – **316** G7 – 381 h. – alt. 52
Paris 431 – Aizenay 12 – Challans 21 – Nantes 53 – La Roche-sur-Yon 30 – St-Gilles-Croix-de-Vie 30.

▲ **Municipal les Blés d'Or** Permanent
📞 02 51 98 51 86, mairiegrandlandes@wanadoo.fr,
Fax 02 51 98 53 24 – **R** conseillée
1 ha (40 empl.) plat, herbeux, peu incliné
Tarif : (Prix 2008) ⚹ 2,40 € 🚗 1 € 🔲 2,90 € – ⚡ (12A) 2,40 €
Pour s'y rendre : 10 r. de la Piscine (au bourg, par D 94, rte de St-Etienne-du-Bois, à 100 m d'un étang)
À savoir : emplacements bien délimités par des haies

Nature : 🏞 🟢
Services : ♿ 🔌 🚿 ⛽ 🚻
À prox. : 🏊 🐬

555

GUÉMENÉ-PENFAO

✉ 44290 – **316** F2 – 4 572 h. – alt. 37
🛈 Office de tourisme, 9 bis, place Simon 📞 02 40 79 30 83, Fax 02 40 51 16 13
Paris 408 – Bain-de-Bretagne 35 – Châteaubriant 39 – Nantes 59 – Redon 20 – St-Nazaire 57.

▲▲ **L'Hermitage** de déb. avr. à fin oct.
📞 02 40 79 23 48, contact@campinglhermitage.com, www.campinglhermitage.com – **R** conseillée
2,5 ha (83 empl.) plat, et peu incliné, herbeux
Tarif : 15 € ⚹⚹ 🚗 🔲 ⚡ (16A) – pers. suppl. 4,50 €
Location ⚡ : 5 🏠 (4 à 6 pers.) nuitée 75 € - 300 à 515 €/sem. – bungalows toilés – gîte d'étape – frais de réservation 12 € - **R** conseillée
🚐 1 borne artisanale
Pour s'y rendre : 36 av. du Paradis (1,2 km à l'est par rte de Châteaubriant et chemin à dr., près de la piscine municipale)
À savoir : agréable cadre boisé

Nature : 🟢🟢
Loisirs : 🏠 🏊 🚴 🎣 (petite piscine) 🎯
Services : ♿ 🔌 🚿 🧺 ⛽ 🚻 🛒
À prox. : 🍽 ✂ 🎾 🐎 terrain omnisports

HERBIGNAC

✉ 44410 – **316** C3 – 4 353 h. – alt. 18
🛈 Syndicat d'initiative, 2, rue Pasteur 📞 02 40 19 90 01
Paris 446 – La Baule 23 – Nantes 72 – La Roche-Bernard 9 – St-Nazaire 28 – Vannes 49.

▲ **Le Ranrouet**
📞 02 40 88 96 23, www.herbignac.com – **R** conseillée
1,5 ha (83 empl.) plat, herbeux
🚐 1 borne
Pour s'y rendre : sortie est par D 33, rte de Pontchâteau et à dr., r. René-Guy-Cadou

Nature : 🟢🟢
Loisirs : 🏠 🏊
Services : ♿ 🔌 🧺 ⛽ 🚻
À prox. : 🍴 ✂ 🏊 (plan d'eau avec plage 7 km)

PAYS DE LA LOIRE

ÎLE DE NOIRMOUTIER

✉ 85 – **316** – G. Poitou Charentes Vendée
par le pont routier de Fromentine : gratuit - par le passage du Gois à basse mer (4,5 km)
🛈 *Office de tourisme, rue du Général Passaga* ✆ *02 51 39 12 42*

Barbâtre ✉ 85630 – **316** C6 – 1 420 h. – alt. 5
🛈 *Office de tourisme, route du Pont* ✆ *02 51 39 80 71, Fax 02 51 39 53 16*
Paris 453 – Challans 32 – Nantes 70 – Noirmoutier-en-l'Île 11 – St-Nazaire 71.

▲▲ **Municipal du Midi**
✆ 02 51 39 63 74, camping-du-midi@wanadoo.fr,
Fax 02 51 39 58 63, www.camping-du-midi.com
13 ha (630 empl.) accidenté, sablonneux, herbeux
Location : 150
Pour s'y rendre : 1 km au nord-ouest par D 948 et chemin à gauche
À savoir : près de la plage (accès direct)

Nature : ♀
Loisirs : 🍴 snack ✂ 🎣 🛶
Services : ♿ ⚙ 🚿 🗑 🧺 ⚡
A prox. : 🏊

Utilisez les **cartes MICHELIN**,
complément indispensable de ce guide.

La Guérinière ✉ 85680 – **316** C6 – G. Poitou Charentes Vendée – 1 486 h. – alt. 5
Paris 460 – Challans 39 – Nantes 77 – Noirmoutier-en-l'Île 5 – La Roche-sur-Yon 83 – St-Nazaire 78.

▲▲ **Le Caravan'île** de mi-mars à mi-nov.
✆ 02 51 39 50 29, contact@caravanile.com,
Fax 02 51 35 86 85, www.caravanile.com – **R** conseillé
8,5 ha (385 empl.) plat, peu incliné, dunes attenantes, sablonneux, herbeux
Tarif : 24 € 👥👥 🚗 🔲 ⚡ (5A) – pers. suppl. 5 € – frais de réservation 17 €
Location : 90 🏠 (4 à 6 pers.) nuitée 50 € - 230 à 765 €/sem. – frais de réservation 17 € - **R** conseillée
🚐 1 borne artisanale
Pour s'y rendre : sortie est par D 948 et à dr. av. le rond-point
À savoir : près de la plage (accès direct par escalier)

Nature : ▲
Loisirs : 🍴 🎱 🏊 🎣 🛶 🎮
terrain omnisports
Services : ♿ ⚙ 📺 🚿 🗑 🧺 ⚡
🚽 💦 🔥 sèche-linge 🧺
A prox. : 🍽 🏖 🎣

▲▲ **La Sourderie**
✆ 02 51 39 51 38, campinglasourderie@orange.fr,
Fax 02 51 39 57 97, www.camping-la-sourderie.com
– **R** conseillée
5,5 ha (306 empl.) peu incliné et plat, sablonneux, herbeux, dunes
Location : 🏠 – **R** conseillée
Pour s'y rendre : 54 r. des Moulins (sortie est par D 948 et à dr. av. le rd-pt.)
À savoir : près de la plage (accès direct par escalier)

Nature : 🏕 ▲
Loisirs : 🏊 🎣 🛶 🎮
Services : ♿ ⚙ 📺 🚿 🗑 🧺 ⚡ 🔥
A prox. : 🏊 🍴 ✂ snack 🎣

Noirmoutier-en-l'Île ✉ 85330 – **316** C4 – G. Poitou Charentes Vendée – 5 001 h. – alt. 8
🛈 *Office de tourisme, rue du Général Passaga* ✆ *02 51 39 12 42*
Paris 468 – Nantes 80 – Saint-Nazaire 82 – Vannes 160 – La Roche-sur-Yon 83.

▲▲ **Indigo Noirmoutier** de déb. avr. à déb. oct.
✆ 02 51 39 06 24, noirmoutier@camping-indigo.com,
Fax 02 51 35 97 63, www.camping-indigo.com – **R** conseillée
12 ha (530 empl.) plat, sablonneux, herbeux
Tarif : (Prix 2008) 23,10 € 👥👥 🚗 🔲 ⚡ (10A) – pers. suppl. 4,40 € – frais de réservation 18 €
Location (Prix 2008) : 30 tentes – frais de réservation 18 € - **R** conseillée
Pour s'y rendre : 23 allée des Sableaux
À savoir : Agréable situation en bordure de plage des Sableaux

Nature : ≤ ♀(pinède) ▲
Loisirs : 🍴 snack 🎣 🛶
Services : ♿ ⚙ 📺 🚿 🗑 🧺 ⚡ 🔥
A prox. : 🎣

PAYS DE LA LOIRE

ÎLE DE NOIRMOUTIER

Municipal le Clair Matin
02 51 39 05 56, Fax 02 51 39 74 36 – **R** conseillée
6,5 ha (276 empl.) plat, herbeux, sablonneux
1 borne artisanale

L'ILE-D'OLONNE

85340 – **316** F8 – G. Poitou Charentes Vendée – 2 476 h. – alt. 5
Paris 455 – Nantes 100 – La Roche-sur-Yon 35 – Challans 37 – Les Sables-d'Olonne 10.

Île aux Oiseaux de déb. mai à fin sept.
02 51 90 89 96, camping-ile-aux-oiseaux@wanadoo.fr,
Fax 02 51 32 33 07, www.ile-aux-oiseaux.fr – places limitées pour le passage – **R** conseillée
2 ha (113 empl.) plat, herbeux
Tarif : 24 € (10A) – pers. suppl. 3,50 € – frais de réservation 15 €
Location (de déb. avr. à fin oct.) : 15 (4 à 6 pers.) nuitée 40 € - 190 à 549 €/sem. – 30 (4 à 6 pers.) nuitée 40 € - 200 à 599 €/sem. – frais de réservation 15 € - **R** conseillée
Pour s'y rendre : r. du Pré Neuf (800 m au nord-est par D 87)

JARD-SUR-MER

85520 – **316** G9 – 2 235 h. – alt. 14
Office de tourisme, place de la Liberté 02 51 33 40 47, Fax 02 51 33 96 42
Paris 453 – Challans 62 – Luçon 36 – La Roche-sur-Yon 35 – Les Sables-d'Olonne 21.

Le Curtys – de déb. avr. à mi-sept.
02 51 33 06 55, info@palmiers-ocean.fr,
Fax 02 51 33 92 01, www.palmiers-ocean.fr – places limitées pour le passage – **R**
8 ha (360 empl.) plat, herbeux
Tarif : 25 € (6A) – pers. suppl. 5 €
Location : – 205 (4 à 6 pers.) 290 à 920 €/sem. – 16 (4 à 6 pers.) - 340 à 840 €/sem. – bungalows toilés – frais de réservation 25 € - **R** conseillée
Pour s'y rendre : rte de la Perpoise (au nord de la station)

Les Écureuils – de déb. avr. à fin sept.
02 51 33 42 74, camping-ecureuils@wanadoo.fr,
Fax 02 51 33 91 14, www.camping-ecureuils.com
– **R** conseillée
4 ha (261 empl.) plat, sablonneux
Tarif : 6,90 € 16,20 € (10A) – frais de réservation 25 €
Location : 70 (4 à 6 pers.) nuitée 60 € - 170 à 780 €/sem. – 10 (4 à 6 pers.) nuitée 70 € - 280 à 850 €/sem. - frais de réservation 25 € - **R** conseillée
Pour s'y rendre : 16 rte des Goffineaux (300 m de l'océan)

L'Océano d'Or de déb. avr. à fin sept.
02 51 33 05 05, info@chadotel.com, Fax 02 51 33 94 04, www.chadotel.com – **R** conseillée
8 ha (431 empl.) plat, herbeux
Tarif : 29,50 € (6A) – pers. suppl. 5,80 € – frais de réservation 25 €
Location : (4 à 6 pers.) 200 à 799 €/sem. – (4 à 6 pers.) - 360 à 830 €/sem. – frais de réservation 25 € - **R** conseillée
Pour s'y rendre : r. Georges-Clemenceau (au nord-est de la station, par D 21)

PAYS DE LA LOIRE

JARD-SUR-MER

▲ **La Pomme de Pin** de déb. avr. à fin sept.
℡ 02 51 33 43 85, *info@pommedepin.net*,
Fax 02 51 20 31 69, *www.pommedepin.net* – places limitées pour le passage – **R** conseillée
2 ha (150 empl.) plat, sablonneux
Tarif : 29,50 € ✱✱ 🚗 🅔 [⚡] (10A) – pers. suppl. 5,80 € – frais de réservation 8 €
Location : 30 🏠 (4 à 6 pers.) nuitée 47 € - 230 à 685 €/sem. – 15 🏠 (4 à 6 pers.) nuitée 60 € - 395 à 830 €/sem. – frais de réservation 25 € - **R** conseillée
Pour s'y rendre : r. Vincent-Auriol (au sud-est, à 150 m de la plage de Boisvinet)

Nature : 🌲 ♀
Loisirs : 🍸 pizzeria 🎣 ⛵ 🚴 🏊
Services : ♿ 🔑 GB 🚿 🚾 ☺ 🚻 🏠 🧺

▲ **La Mouette Cendrée** de déb. avr. à fin oct.
℡ 02 51 33 59 04, *camping.mc@orange.fr*,
Fax 02 51 20 31 39, *www.mouettecendree.com* – **R** conseillée
1,2 ha (72 empl.) plat, herbeux
Tarif : (Prix 2008) 25 € ✱✱ 🚗 🅔 [⚡] (10A) – pers. suppl. 5 € – frais de réservation 17 €
Location (Prix 2008) : 15 🏠 (4 à 6 pers.) nuitée 70 € - 320 à 600 €/sem. – bungalows toilés – frais de réservation 17 € - **R** conseillée
Pour s'y rendre : lieu-dit : les Malecots (sortie nord-est par D 19, rte de St-Hilaire-la-Forêt)

Nature : 🌲 ♀
Loisirs : 🎣 🏊 (petite piscine) 🏊
Services : ♿ 🔑 GB 🚿 🚾 ☺ 🧺

LES GUIDES VERTS MICHELIN
Paysages, monuments
Routes touristiques
Géographie
Histoire, Art
Itinéraire de visite
Plans de villes et de monuments

LANDEVIEILLE

✉ 85220 – **316** F8 – 791 h. – alt. 37
Paris 452 – Challans 25 – Nantes 83 – La Roche-sur-Yon 32 – Les Sables-d'Olonne 19 – St-Gilles-Croix-de-Vie 14.

▲ **Pong** 🏕 – de déb. avr. à déb. sept.
℡ 02 51 22 92 63, *info@lepong.com*, Fax 02 51 22 99 25, *www.lepong.com* – **R** conseillée
3 ha (230 empl.) plat et peu incliné, terrasses, herbeux, petit étang
Tarif : (Prix 2008) 25,70 € ✱✱ 🚗 🅔 [⚡] (6A) – pers. suppl. 4,90 € – frais de réservation 18 €
Location (Prix 2008) : 50 🏠 (4 à 6 pers.) 380 à 600 €/sem. – frais de réservation 18 € - **R** conseillée
Pour s'y rendre : r. du Stade (sortie nord-est, chemin du stade)

Nature : 🐟 🌲 ♀
Loisirs : snack 🎣 🎿 🏓 🎣 🏊 🏊
Services : ♿ 🔑 GB 🚿 🚾 ♻ ☺
⛺ 🚻 🏠 🧺
À prox. : ✂

▲ **L'Orée de l'Océan** de déb. avr. à fin oct.
℡ 02 51 22 96 36, *info@camping-oreedelocean.com*, Fax 02 51 22 96 36, *www.camping-oreedelocean.com* – **R** conseillée
2,8 ha (140 empl.) plat et peu incliné, herbeux
Tarif : (Prix 2008) 23 € ✱✱ 🚗 🅔 [⚡] (10A) – pers. suppl. 5 € – frais de réservation 20 €
Location (Prix 2008) : 35 🏠 (4 à 6 pers.) nuitée 50 € - 250 à 630 €/sem. – bungalows toilés – frais de réservation 20 € - **R** conseillée
🚐 10 🅔 23 €
Pour s'y rendre : R. du Cap, de Mazenod (sortie ouest, rte de Brétignolles-sur-Mer, à prox. d'un étang)

Nature : 🌲 ♀
Loisirs : 🎣 🎿 🏊 🏊 terrain omnisports
Services : ♿ 🔑 GB 🚿 🚾 ♻ ☺ 🚻
🏠
À prox. : ✂

PAYS DE LA LOIRE

LAVAL

✉ 53000 – **310** E6 – G. Normandie Cotentin – 50 947 h. – alt. 65
🛈 *Office de tourisme, 1, allée du Vieux Saint-Louis* ☎ 02 43 49 46 46, Fax 02 43 49 46 21
Paris 280 – Angers 79 – Caen 148 – Le Mans 86 – Nantes 134 – Rennes 76 – St-Nazaire 153.

▲ Municipal le Potier de mi-mai à déb. sept.
☎ 02 43 53 68 86, *office.tourisme@mairie-laval.fr*,
Fax 02 43 49 46 21, *www.laval-tourisme.com* – **R** conseillée
1 ha (42 empl.) plat et en terrasses, herbeux, verger attenant
Tarif : (Prix 2008) ✱ 2,40 € ⇌ 1,60 € 🅴 1,60 € – 🄋 (10A) 1,40 €
⛽ 1 borne
Pour s'y rendre : chemin de St-Pierre-le-Potier (4,5 km au sud par rte d'Angers et à dr. après Thévalles, accès direct à la Mayenne, par A 81, sortie 3 Laval-Est, puis dir. Angers)
À savoir : beaux emplacements, décoration florale et arbustive

Nature : 🌳 ♀
Loisirs : 🎮 🏊
Services : ♿ 🆔 ⛽ 🚿 @ 🍽 sèche-linge
À prox. : 🛒 🎯 🎾 🎣 🛶 🏹 🐎 golf

LAVARÉ

✉ 72390 – **310** M6 – 736 h. – alt. 122
Paris 173 – Bonnétable 26 – Bouloire 14 – La Ferté-Bernard 19 – Le Mans 40.

▲ Le Val de Braye de déb. avr. à fin oct.
☎ 02 43 71 96 44, *basedeloisirs-valdebraye@orange.fr*,
www.basedeloisirsduvaldebraye.fr – **R** conseillée
0,3 ha (20 empl.) plat, herbeux
Tarif : ✱ 2 € ⇌ 🅴 1 € – 🄋 (30A) 2 €
Location (permanent) : 🏠 – **R**
Pour s'y rendre : rte de Vibraye (sortie est par D 302, à la base de loisirs)
À savoir : agréable situation près d'un plan d'eau

Nature : ≤ 🌳 ♀
Loisirs : 🎣 🏊
Services : 🔌 ⛽ @ 🚿
À prox. : 🎯 ⛵ 🐕 piste de bi-cross, roller, skate

LE LION-D'ANGERS

✉ 49220 – **317** E3 – G. Châteaux de la Loire – 3 347 h. – alt. 45
🛈 *Office de tourisme, square des Villes Jumelées* ☎ 02 41 95 83 19, Fax 02 41 95 17 82
Paris 295 – Angers 27 – Candé 27 – Château-Gontier 22 – La Flèche 51.

▲ Municipal les Frênes
☎ 02 41 95 31 56, *mairie.lelionangers@wanadoo.fr*,
Fax 02 41 95 34 87 – **R** conseillée
2 ha (94 empl.) plat, herbeux
Pour s'y rendre : sortie nord-est par N 162, rte de Château-Gontier, au bord de l'Oudon
À savoir : au milieu de frênes majestueux, au bord de l'Oudon

Nature : ♀
Loisirs : 🎮 🏊
Services : ♿ ⛽ @
À prox. : 🏇 hippodrome

LONGEVILLE-SUR-MER

✉ 85560 – **316** H9 – 1 962 h. – alt. 10
🛈 *Office de tourisme, 9, rue Georges Clemenceau* ☎ 02 51 33 34 64
Paris 448 – Challans 74 – Luçon 29 – La Roche-sur-Yon 31 – Les Sables-d'Olonne 28.

▲▲▲ Les Brunelles 👥 – de déb. avr. à fin sept.
☎ 02 51 33 50 75, *camping@les-brunelles.com*,
Fax 02 51 33 98 21, *www.camp-atlantique.com* – places limitées pour le passage – **R** conseillée
6 ha (300 empl.) plat, peu incliné, pierreux
Tarif : 23 € ✱✱ ⇌ 🅴 🄋 (6A) – pers. suppl. 7 €
Location : 🏠 – **R** conseillée
⛽ 28 €
Pour s'y rendre : le Bouil (1,5 km au sud-ouest par rte de la Tranche-sur-Mer puis 2,2 km par rte à dr.)

Nature : 🌲 🌳 ♀
Loisirs : 🍷 snack, pizzeria 🎭 🎪 nocturne 🎯 🎣 🎵 hammam jacuzzi 🏊 🚲 🎾 🛶 🏊 terrain omnisports
Services : ♿ 🚻 🆔 ⛽ 🚿 🗑 @ 🍽 🚰 🧺 🍳 sèche-linge 🧊 ✂
À prox. : 🏖

PAYS DE LA LOIRE

LONGEVILLE-SUR-MER

La Michenotière de déb. avr. à mi-oct.
02 51 33 38 85, camping-michenotiere@orange.fr,
Fax 02 51 33 28 09, www.camping-la-michenotiere.fr
– **R** conseillée
3,5 ha (120 empl.) plat, herbeux
Tarif : (Prix 2008) 25 € ✦✦ 🚗 🖃 (10A) – pers. suppl. 4 €
– frais de réservation 22 €
Location (Prix 2008) : 14 🏠 (4 à 6 pers.) nuitée 50 € -
180 à 550 €/sem. – 7 🏠 (4 à 6 pers.) nuitée 60 € - 200 à
600 €/sem. – frais de réservation 22 € - **R** conseillée
Pour s'y rendre : rte d'Angles (1,5 km au sud-est par D 70
et chemin à dr.)

Nature : 🌊 🌲 ♀
Loisirs : 🏊 🚴 🏓
Services : ♿ 🔑 🛒 ♂ 🍴 🎯 🛒

LOUÉ

✉ 72540 – **310** I7 – G. Châteaux de la Loire – 2 042 h. – alt. 112
Paris 230 – Laval 59 – Le Mans 30.

Village Loisirs de déb. avr. à fin sept.
02 43 88 65 65, villagedhotes@orange.fr,
Fax 02 43 88 59 46, villageloisirs.com – **R** conseillée
1 ha (16 empl.) plat, herbeux
Tarif : 15 € ✦✦ 🚗 🖃 (10A) – pers. suppl. 4 €
Location (permanent) : 10 🏠 (4 à 6 pers.) nuitée 50 € -
310 à 450 €/sem. – **R** conseillée
🚐 1 borne artisanale – 3 🖃
Pour s'y rendre : vers sortie nord-est par D 21, rte du
Mans, à la piscine
À savoir : situation agréable au bord de la Vègre

Loisirs : 🍴 snack 🛶 🏊 🚴
Services : ♿ 🔑 (juin-sept.) 🛒 ♂
🍴 🎯 🛒 ☕ 🛒
À prox. : sentier pédestre

🚐 ✕ ATTENTION...
🚗 ces éléments ne fonctionnent généralement qu'en saison,
🏊 🐎 quelles que soient les dates d'ouverture du terrain.

LUCHÉ-PRINGÉ

✉ 72800 – **310** J8 – G. Châteaux de la Loire – 1 531 h. – alt. 34
🛈 Syndicat d'initiative, 4, rue Paul Doumer 02 43 45 44 50, Fax 02 43 45 75 71
Paris 242 – Château-du-Loir 31 – Écommoy 24 – La Flèche 14 – Le Lude 10 – Le Mans 39.

Municipal la Chabotière de déb. avr. à mi-oct.
02 43 45 10 00, contact@lachabotiere.com,
Fax 02 43 45 10 00, www.lachabotiere.com – **R** conseillée
3 ha (75 empl.) en terrasses, herbeux
Tarif : 12,30 € ✦✦ 🚗 🖃 (10A) – pers. suppl. 3,30 €
Location (permanent) : 10 🏠 (4 à 6 pers.) - 236 à
576 €/sem. – 10 bungalows toilés – **R** conseillée
🚐 1 borne artisanale
Pour s'y rendre : pl. des tilleuls (à l'ouest du bourg)
À savoir : à la base de loisirs, au bord du Loir

Nature : 🌊 🌲 ♀
Loisirs : 🛶 🏊 🚴
Services : ♿ 🔑 (juil.-août) 🅿 🛒
♂ 🍴 🎯 🛒 🏳 🛒 sèche-linge
À prox. : 🍴 🏊 🐎 canoë,
barques, pédalos

LES LUCS-SUR-BOULOGNE

✉ 85170 – **316** H6 – G. Poitou Charentes Vendée – 2 702 h. – alt. 70
🛈 Office de tourisme, place Sénéchal 02 51 46 51 28
Paris 423 – Aizenay 19 – Les Essarts 24 – Nantes 45 – La Roche-sur-Yon 22.

Municipal Val de Boulogne
02 51 46 59 00, mairie.leslucssurboulogne@wanadoo.fr,
Fax 02 51 46 51 20, http://www.ville-leslucssurboulogne.fr
– **R** conseillée
0,3 ha (19 empl.) plat et peu incliné, herbeux
Pour s'y rendre : sortie nord-est par D 18, rte de St-
Sulpice-le-Verdon et chemin à dr.
À savoir : cadre verdoyant et ombragé, près d'un étang

Nature : 🌲 ♀
Services : 🎯
À prox. : 🍴 ✕ 🛶 canoë

PAYS DE LA LOIRE

MACHÉ

✉ 85190 – **316** F7 – 1 094 h. – alt. 42
Paris 443 – Challans 22 – Nantes 59 – La Roche-sur-Yon 26 – Les Sables-d'Olonne 35.

Village Vacances La Résidence du Lac (location exclusive de mobile homes et bungalows) Permanent
☎ 02 51 55 20 30, *laresidencedulac@wanadoo.fr*,
Fax 02 51 55 20 30, *www.residence-du-lac.com*
18 ha plat, herbeux
Location : (4 à 6 pers.) nuitée 57 € - 250 à 495 €/sem. – (4 à 6 pers.) nuitée 57 € - 250 à 495 €/sem. – **R** conseillée
Pour s'y rendre : vers sortie rte d'Apremont et chemin à gauche, accès direct au lac

Nature :
Loisirs :
Services :
À prox. : canoë

Le Val de Vie mai-sept.
☎ 02 51 60 21 02, *campingvaldevie@aol.com*,
Fax 02 51 60 21 02 – **R** conseillée
2,5 ha (52 empl.) plat, peu incliné, herbeux
Tarif : (Prix 2008) 22,60 € (10A) – pers. suppl. 4,50 €
Pour s'y rendre : sortie rte d'Apremont et chemin à gauche, à 400 m du lac

Nature :
Loisirs :
Services :
À prox. :

Si vous recherchez :

△ Un terrain au bord de l'eau avec possibilité de baignade
🌿 Un terrain agréable ou très tranquille
L   Un terrain effectuant la location de caravanes, de mobile homes, de bungalows ou de chalets
P   Un terrain ouvert toute l'année
🚐 Un terrain possédant une aire de services pour camping-cars
Consultez le tableau des localités

561

MACHECOUL

✉ 44270 – **316** F6 – G. Poitou Charentes Vendée – 5 420 h. – alt. 5
🛈 Office de tourisme, 14, place des Halles ☎ 02 40 31 42 87
Paris 420 – Beauvoir-sur-Mer 23 – Nantes 39 – La Roche-sur-Yon 56 – St-Nazaire 56.

La Rabine de mi-avr. à fin sept.
☎ 02 40 02 30 48, *camprabine@wanadoo.fr*,
Fax 02 40 02 30 48, *www.machecoul.fr* – **R** conseillée
2,8 ha (131 empl.) plat, herbeux
Tarif : (Prix 2008) 3,40 € 1,20 € 1,60 € – (13A) 3,20 €
Pour s'y rendre : allée de la Rabine (sortie sud par D 95, rte de Challans, au bord du Falleron)

Nature :
Loisirs : salle d'animation
Services :
À prox. :

MAILLEZAIS

✉ 85420 – **316** L9 – G. Poitou Charentes Vendée – 934 h. – alt. 6
🛈 Office de tourisme, rue du Dr Daroux ☎ 02 51 87 23 01, Fax 02 51 00 72 51
Paris 436 – Fontenay-le-Comte 15 – Niort 27 – La Rochelle 49 – La Roche-sur-Yon 73.

Municipal de l'Autize de déb. avr. à fin sept.
☎ 06 31 43 21 33, *mairie-maillezais@wanadoo.fr*,
Fax 02 51 87 29 63, *www.maillezais.fr* – **R** conseillée
1 ha (40 empl.) plat, herbeux
Tarif : 14 € (13A) – pers. suppl. 2 €
🚐 1 borne raclet 2 €
Pour s'y rendre : rte de Maillé (sortie sud, rte de Courçon)

Nature :
Loisirs :
Services : (juil.-août)
À prox. :

PAYS DE LA LOIRE

MALICORNE-SUR-SARTHE

✉ 72270 – **310** I8 – G. Châteaux de la Loire – 1 686 h. – alt. 39
🛈 *Office de tourisme, 5, place Du Guesclin* ☎ 02 43 94 74 45, Fax 02 43 94 59 61
Paris 236 – Château-Gontier 52 – La Flèche 16 – Le Mans 32.

▲ **Municipal Port Ste Marie** de déb. avr. à fin oct.
☎ 02 43 94 80 14, camping.malicorne@wanadoo.fr,
Fax 02 43 94 57 26, www.ville-malicorne.fr – **R** conseillée
1 ha (80 empl.) plat, herbeux
Tarif : (Prix 2008) ✱ 2,55 € ⇔ 1,35 € 🅴 2,75 € –
[⚡] (12A) 2,65 €
Location (Prix 2008) : 4 🏠 (4 à 6 pers.) 214 à
375 €/sem. – 7 bungalows toilés – **R** conseillée
🚐, 1 borne raclet 2,60 € – 1 🅴 2,60 €
Pour s'y rendre : rte de Noyen-sur-Sarthe (à l'ouest du
bourg par D 41)
À savoir : cadre et situation agréables, près de la Sarthe

Nature : 🌳
Loisirs : 🎠 ♞
Services : ♿ ⚡ (juil.-août) 🆗 ✂
🛏 ♻ 🚿 sèche-linge
À prox. : 🚲 ✂ 🧺 ⛵ 🐾 (centre équestre) canoë, pédalos

Avant de prendre la route, consultez **www.ViaMichelin.fr** :
*votre meilleur itinéraire, le choix de votre hôtel, restaurant,
des propositions de visites touristiques.*

MAMERS

✉ 72600 – **310** L4 – G. Normandie Vallée de la Seine – 6 084 h. – alt. 128
🛈 *Office de tourisme, 29, place Carnot* ☎ 02 43 97 60 63, Fax 02 43 97 42 87
Paris 185 – Alençon 25 – Le Mans 51 – Mortagne-au-Perche 25 – Nogent-le-Rotrou 40.

▲ **Municipal du Saosnois**
☎ 02 43 97 68 30, camping.mamers@free.fr,
Fax 02 43 97 38 65, www.mairie-mamers.fr – **R** conseillée
1,5 ha (50 empl.) peu incliné et en terrasses, herbeux
Location : 3 🏠 – 1 🏡
Pour s'y rendre : 1 km au nord par rte de Mortagne-au-
Perche et D 113 à gauche, rte de Contilly, près de deux
plans d'eau

Nature : 🏞 🌳
Loisirs : 🍴 🏊 (plage)
Services : ⚡ 🚽 🛏 ♻ 🚿 🗑
À prox. : ♞ ✂ 🧺 ⛵ 🐾 parcours de santé, pédalos

MANSIGNÉ

✉ 72510 – **310** J8 – 1 355 h. – alt. 80 – Base de loisirs
🛈 *Syndicat d'initiative, route du Plessis* ☎ 02 43 46 14 17, Fax 02 43 46 16 65
Paris 235 – Château-du-Loir 28 – La Flèche 21 – Le Lude 17 – Le Mans 32.

▲ **Municipal de la Plage**
☎ 02 43 46 14 17, camping-mansigne@wanadoo.fr,
Fax 02 43 46 14 17, www.ville-mansigne.fr – **R** conseillée
3 ha (175 empl.) plat, herbeux
Location : 8 🏠 – 11 bungalows toilés
Pour s'y rendre : sortie nord par D 31, rte de la Suze-sur-
Sarthe, à 100 m d'un plan d'eau (plage)

Nature : 🌳
Loisirs : 🍴 🎠 🚲 ✂ 🧺 🏊
Services : ♿ ⚡ 🛏 ♻ 🚿 sèche-linge bureau d'informations touristiques
À prox. : ♞ 🧺 ⛵ 🐾 🛶 canoë-kayak, pédalos

MAREUIL-SUR-LAY

✉ 85320 – **316** I8 – G. Poitou Charentes Vendée – 2 277 h. – alt. 20
🛈 *Office de tourisme, 36, rue H. de Mareuil* ☎ 02 51 97 30 26, Fax 02 51 30 53 32
Paris 428 – Cholet 78 – Nantes 89 – Niort 70 – La Rochelle 56 – La Roche-sur-Yon 23.

△ **Municipal la Prée** de mi-juin à mi-sept.
☎ 02 51 97 27 10, mairiemareuilsurlay@wanadoo.fr,
www.mareuiltourisme.com – **R**
1,5 ha (41 empl.) plat, herbeux
Tarif : 12,50 € ✱✱ ⇔ 🅴 ⚡ (10A) – pers. suppl. 3,45 €
Pour s'y rendre : r. du Lay (au sud du bourg, attenant au
stade et la piscine)
À savoir : situation pittoresque en bordure du Lay

Nature : 🏞
Loisirs : ♞
Services : ♿ ⚡ ✂ 🛏 ♻ 🚿
À prox. : ✂ 🧺 ⛵

PAYS DE LA LOIRE

MARÇON

✉ 72340 – **310** M8 – 984 h. – alt. 59 – Base de loisirs
🛈 Office de tourisme, 8, place de l'Église ✆ 02 43 79 91 01
Paris 245 – Château-du-Loir 10 – Le Grand-Lucé 51 – Le Mans 52 – Tours 43.

Lac des Varennes de fin mars à déb. nov.
✆ 02 43 44 13 72, contact@lacdesvarennes.com,
Fax 02 43 44 54 31, www.lacdesvarennes.com – **R** conseillée
5,5 ha (250 empl.) plat, herbeux
Tarif : (Prix 2008) 17,80 € 🚶 🚗 📧 ⚡ (10A) – pers. suppl. 5,10 € – frais de réservation 5 €
Location (Prix 2008) : 14 🏠 (2 à 4 pers.) 140 à 310 €/sem. – 9 🏠 (4 à 6 pers.) 250 à 595 €/sem. – frais de réservation 5 € - **R** conseillée
🚐 1 borne artisanale – 🚙 ⚡ 10 €
Pour s'y rendre : St-Lézin (1 km à l'ouest par D 61, rte du Port Gautier, près de l'espace de loisirs)
À savoir : situation agréable autour d'un lac aménagé en base de loisirs

Nature : 🌳
Loisirs : 🍴 🏕 🚴 🏖 (plage) 🎣
Services : 👤 ⚿ 🅶🅱 ✂ 🏚 🚿 ⓦ 🍽
🏠 🚛 🚜
À prox. : 🏕 ❄ 🐴 terrain omnisports, canoë, pédalos

MAYENNE

✉ 53100 – **310** F5 – G. Normandie Cotentin – 13 724 h. – alt. 124
🛈 Office de tourisme, quai de Waiblingen ✆ 02 43 04 19 37, Fax 02 43 00 01 99
Paris 283 – Alençon 61 – Flers 56 – Fougères 47 – Laval 30 – Le Mans 89.

Du Gué St-Léonard de mi-mars à fin sept.
✆ 02 43 04 57 14, info@paysdemayenne-tourisme.fr,
Fax 02 43 30 21 10 – **R** conseillée
1,8 ha (70 empl.) plat, herbeux
Tarif : (Prix 2008) 10,70 € 🚶 🚗 📧 ⚡ (10A) – pers. suppl. 3,20 €
Location (Prix 2008) (permanent) : 5 🏠 (4 à 6 pers.) 143 à 337 €/sem. – **R** conseillée
Pour s'y rendre : au nord de la ville, par av. de Loré et r. à dr.
À savoir : situation plaisante au bord de la Mayenne

Nature : 🌳🌳
Loisirs : snack 🍴 🏊 🎣
Services : 👤 ⚿ 🅶🅱 ✂ 🚽 🚿 ⓦ
🏠 sèche-linge
À prox. : 🏕 ❄ canoë

563

MAYET

✉ 72360 – **310** K8 – 2 915 h. – alt. 74
🛈 Office de tourisme, espace Lichtenau ✆ 02 43 46 33 72
Paris 226 – Château-la-Vallière 26 – La Flèche 32 – Le Mans 31 – Tours 58 – Vendôme 70.

Municipal du Fort des Salles de mi-avr. à mi-sept.
✆ 02 43 46 68 72, mairie.mayet@wanadoo.fr,
Fax 02 43 46 07 61 – **R** conseillée
1,5 ha (56 empl.) plat, herbeux
Tarif : (Prix 2008) 6,59 € 🚶 🚗 📧 ⚡ (15A) – pers. suppl. 2,58 €
🚐 1 borne raclet 1 €
Pour s'y rendre : sortie est par D 13, rte de St-Calais et r. du Petit-Moulin à dr.
À savoir : situation agréable au bord d'un étang

Nature : 🌳 🏞
Loisirs : 🏕 🎣
Services : 👤 ⚿ ⓦ 🏠 sèche-linge
À prox. : 🏊 🚛

LE MAZEAU

✉ 85420 – **316** L9 – 439 h. – alt. 8
Paris 435 – Fontenay-le-Comte 22 – Niort 21 – La Rochelle 53 – Surgères 42.

Municipal le Relais du Pêcheur de déb. avr. à mi-oct.
✆ 02 51 52 93 25, mairie-le-mazeau@wanadoo.fr,
Fax 02 51 52 97 58 – **R** conseillée
1 ha (54 empl.) plat, herbeux
Tarif : (Prix 2008) 👤 2,50 € 🚗 📧 2,80 € – ⚡ (10A) 2 €
Pour s'y rendre : rte de la Sèvre (700 m au sud du bourg, près de canaux)
À savoir : cadre et situation agréables au cœur de la Venise Verte

Nature : 🌳 🏞 🌿
Loisirs : 🍴 🏖
Services : 👤 ⚿ (juil.-août) ✂ 🚽 ⓦ 🏠
À prox. : 🎣

PAYS DE LA LOIRE

MÉNIL

53200 – **310** E8 – 785 h. – alt. 32
Paris 297 – Angers 45 – Château-Gontier 7 – Châteauneuf-sur-Sarthe 21 – Laval 37 – Segré 21.

Municipal du Bac de mi-avr. à fin sept.
☏ 02 43 70 24 54, menil@ce-chateau-gontier.fr,
Fax 02 43 70 95 02 – **R** conseillée
0,5 ha (39 empl.) plat, herbeux
Tarif : 10,50 € ★★ ⊟ (30A) – pers. suppl. 3,80 €
Location (permanent) : 5 ⌂ (4 à 6 pers.) - 160 à 380 €/sem. – **R** conseillée
Pour s'y rendre : R. du Port (à l'est du bourg)
À savoir : cadre et situation agréables, près de la Mayenne

Nature : (verger)
Loisirs : snack
Services :
À prox. : pédalos

MERVENT

85200 – **316** L8 – G. Poitou Charentes Vendée – 1 059 h. – alt. 85
ℹ Office de tourisme, rue de la Citardière ☏ 02 51 00 29 57
Paris 426 – Bressuire 52 – Fontenay-le-Comte 12 – Parthenay 50 – La Roche-sur-Yon 61.

La Joletière de fin avr. à fin oct.
☏ 02 51 00 26 87, camping.la.joletiere@wanadoo.fr,
Fax 02 51 00 27 55, www.campinglajoletiere.fr.st
– **R** conseillée
1,3 ha (73 empl.) peu incliné, herbeux
Tarif : (Prix 2008) ★ 4,20 € ⊟ 5 € – (5A) 3,60 € – frais de réservation 8 €
Location (Prix 2008) (permanent) : 7 (4 à 6 pers.) 275 à 445 €/sem. – frais de réservation 8 € - **R** conseillée
Pour s'y rendre : la Joletière (700 m à l'ouest par D 99)

Nature :
Loisirs : snack
Services :
À prox. :

MESLAY-DU-MAINE

53170 – **310** F7 – 2 612 h. – alt. 90
ℹ Syndicat d'initiative, 31, boulevard du Collège ☏ 02 43 64 24 06, Fax 02 43 98 73 06
Paris 268 – Angers 60 – Château-Gontier 21 – Châteauneuf-sur-Sarthe 34 – Laval 23 – Segré 43.

La Chesnaie de mi-avr. à fin sept.
☏ 02 43 98 48 08, camping.lachesnaie@wanadoo.fr,
Fax 02 43 98 48 08, www.paysmeslaygrez.fr – **R** conseillée
7 ha/0,8 campable (60 empl.) plat, herbeux
Tarif : 11,30 € ★★ ⊟ (9A) – pers. suppl. 3,10 €
Location (permanent) : 8 ⌂ (4 à 6 pers.) nuitée 115 € - 160 à 390 €/sem. – **R** conseillée
1 borne artisanale
Pour s'y rendre : à Base de loisirs de la Chesnaie (2,5 km au nord-est par D 152, rte de St-Denis-du-Maine)
À savoir : au bord d'un beau plan d'eau

Nature :
Loisirs :
Services : (juil.-août)
à la base de loisirs : swin golf, parcours de santé, pédalos

MESQUER

44420 – **316** B3 – 1 467 h. – alt. 6
ℹ Office de tourisme, place du Marché - Quimiac ☏ 02 40 42 64 37, Fax 02 40 42 50 89
Paris 460 – La Baule 16 – Muzillac 32 – Pontchâteau 35 – St-Nazaire 29.

Soir d'Été
☏ 02 40 42 57 26, nadine-houssais@wanadoo.fr,
Fax 02 51 73 97 76, www.camping-soirdete.com
– **R** conseillée
1,5 ha (92 empl.) plat et peu incliné, herbeux, sablonneux
Location : 10 – 16 ⌂
Pour s'y rendre : 2 km au nord-ouest par D 352 et rte à gauche
À savoir : cadre ombragé

Nature :
Loisirs : snack
Services :
À prox. :

PAYS DE LA LOIRE

MESQUER

▲ **Le Praderoi** de mi-juin à mi-sept.
  ℘ 02 40 42 66 72, camping.praderoi@wanadoo.fr, Fax 02 40 42 66 72, http://perso.wanadoo.fr/mtger.de bonne – **R** conseillée
  0,4 ha (30 empl.) plat, sablonneux, herbeux
  Tarif : 22,70 € ★★ ⇔ 🗐 🚽 (5A) – pers. suppl. 4 €
  Location : 3 🛖 (2 à 4 pers.) nuitée 50 € - 296 à 462 €/sem. – **R** conseillée
  Pour s'y rendre : 14 allée des Barges, Quimiac (2,5 km au nord-ouest, à Quimiac, à 100 m de la plage)

MÉZIÈRES-SOUS-LAVARDIN

✉ 72240 – **310** J6 – 415 h. – alt. 75
Paris 221 – Alençon 38 – La Ferté-Bernard 69 – Le Mans 25 – Sillé-le-Guillaume 16.

▲ **Parc des Braudières** Permanent
  ℘ 02 43 20 81 48, camping.braudieres@wanadoo.fr, Fax 02 43 20 81 48, www.camping-braudieres.com – places limitées pour le passage – **R**
  1,7 ha (52 empl.) plat et peu incliné, herbeux
  Tarif : 14 € ★★ ⇔ 🗐 🚽 (5A) – pers. suppl. 3,50 €
  Location : – **R** conseillée
  🛖 3 🗐 11 € – 🚐 🚽 14 €
  Pour s'y rendre : les Braudières (4,5 km à l'est par rte secondaire de St-Jean)
  À savoir : en bordure d'un petit étang de pêche

MONTREUIL-BELLAY

✉ 49260 – **317** I6 – G. Châteaux de la Loire – 4 112 h. – alt. 50
🛈 Office de tourisme, place du Concorde ℘ 02 41 52 32 39, Fax 02 41 52 32 35
Paris 335 – Angers 54 – Châtellerault 70 – Chinon 39 – Cholet 61 – Poitiers 80 – Saumur 16.

565

▲▲ **Les Nobis** 👥 – de déb. avr. à fin sept.
  ℘ 02 41 52 33 66, campinglesnobis@wanadoo.fr, Fax 02 41 38 72 88, www.campinglesnobis.com – **R** conseillée
  4 ha (165 empl.) plat, terrasse, herbeux
  Tarif : (Prix 2008) 19 € ★★ ⇔ 🗐 🚽 (10A) – pers. suppl. 3,50 €
  Location (Prix 2008) (de déb. mars à fin nov.) : 18 🛖 (4 à 6 pers.) nuitée 90 € - 335 à 526 €/sem. – **R** conseillée
  Pour s'y rendre : R. Georges-Girouy (sortie nord-ouest, rte d'Angers et chemin à gauche av. le pont)
  À savoir : situation agréable sur les rives du Thouet et au pied des remparts du château

MONTSOREAU

✉ 49730 – **317** J5 – G. Châteaux de la Loire – 544 h. – alt. 77
🛈 Office de tourisme, avenue de la Loire ℘ 02 41 51 70 22
Paris 292 – Angers 75 – Châtellerault 65 – Chinon 18 – Poitiers 82 – Saumur 11 – Tours 56.

▲▲ **L'Isle Verte** de déb. avr. à fin sept.
  ℘ 02 41 51 76 60, isleverte@cvtloisirs.fr, Fax 02 41 51 08 83, www.campingisleverte.com – **R** conseillée
  2,5 ha (105 empl.) plat, herbeux
  Tarif : 22 € ★★ ⇔ 🗐 🚽 (16A) – pers. suppl. 4 € – frais de réservation 12 €
  Location 🐾 : 12 🛖 (4 à 6 pers.) nuitée 67 € - 280 à 623 €/sem. – 3 bungalows toilés – frais de réservation 12 € - **R** conseillée
  🛖 1 borne artisanale
  Pour s'y rendre : av. de la Loire (sortie nord-ouest par D 947, rte de Saumur, au bord de la Loire)

PAYS DE LA LOIRE

LA MOTHE-ACHARD

✉ 85150 – **316** G8 – 2 050 h. – alt. 20

🛈 *Office de tourisme, 56, rue G. Clémenceau* ✆ 02 51 05 90 49

Paris 439 – Aizenay 15 – Challans 40 – La Roche-sur-Yon 19 – Les Sables-d'Olonne 18 – St-Gilles-Croix-de-Vie 27.

▲ **Le Pavillon** de déb. avr. à fin sept.
✆ 02 51 05 63 46, *campinglepavillon@club-internet.fr*,
Fax 02 51 09 45 58, *www.camping-le-pavillon.com*
– **R** conseillée
3,6 ha (117 empl.) plat, herbeux, étang
Tarif : (Prix 2008) 22,50 € ✶✶ ⇔ 🄴 (10A) – pers. suppl. 5 € – frais de réservation 68 €
Location (Prix 2008) : 12 🞍 (2 à 4 pers.) 160 à 520 €/sem. – 32 🞍 (4 à 6 pers.) nuitée 55 € – 255 à 680 €/sem. – 6 🞍 (4 à 6 pers.) nuitée 82 € – 275 à 705 €/sem. – bungalows toilés – frais de réservation 16 € – **R** conseillée
Pour s'y rendre : 175 av. Georges-Clemenceau (1,5 km au sud-ouest, rte des Sables-d'Olonne)

Nature : ♀♀
Loisirs : 🍴 🏠 🌙 nocturne 🏇 🏊
🗻 🚴 terrain omnisports
Services : 🚿 ⚐ GB 🛒 🚽 🎣 ♿
🏮 🍲

MOUCHAMPS

✉ 85640 – **316** J7 – G. Poitou Charentes Vendée – 2 443 h. – alt. 81

Paris 394 – Cholet 40 – Fontenay-le-Comte 52 – Nantes 68 – La Roche-sur-Yon 35.

▲ **Le Hameau du Petit Lay** de mi-juin à mi-sept.
✆ 02 51 66 25 72, *mairie@mouchamps.com*,
Fax 02 51 66 25 72, *www.mouchamps.com* – **R** conseillée
0,4 ha (24 empl.) plat, herbeux
Tarif : (Prix 2008) 12,50 € ✶✶ ⇔ 🄴 (8A) – pers. suppl. 3 €
Location (Prix 2008) (permanent) : 15 🞍 (4 à 6 pers.) - 169 à 478 €/sem. – **R** conseillée
Pour s'y rendre : à Chauvin (600 m au sud par D 113, rte de St-Prouant, au bord d'un ruisseau)

Nature : 🞩 ♀
Loisirs : 🏠 🏇 🏊 (petite piscine)
Services : 🚿 ⚐ GB 🛒 🎣 ♿
À prox. : 🚴

MOUILLERON-LE-CAPTIF

✉ 85000 – **316** h7 – 3 493 h. – alt. 70

Paris 421 – Challans 40 – La Mothe-Achard 22 – Nantes 63 – La Roche-sur-Yon 8.

▲ **L'Ambois** Permanent
✆ 02 51 37 29 15, *camping-ambois@voila.fr*,
Fax 02 51 37 29 15, *http://camping.ambois.site.voila.fr*
– **R** conseillée
1,75 ha (48 empl.) plat, peu incliné, herbeux
Tarif : (Prix 2008) ✶ 3,40 € ⇔ 🄴 2,90 € – 🔌 (10A) 2,90 €
Location (Prix 2008) : 🞍 – 🞍 – chambres d'hôte
– **R** conseillée
🞍 🞍 🞍 12.60 €
Pour s'y rendre : Mouilleron Le Captif (sortie sud-est par D 2, rte de la Roche-sur-Yon, puis 2,6 km par chemin à dr.)
À savoir : cadre champêtre

Nature : 🞩 🞩 ♀
Loisirs : 🏠 🏇 🚲 🏊
Services : 🚿 ⚐ GB 🛒 🏛 ♿ 🏮 🍲

NALLIERS

✉ 85370 – **316** J9 – 1 880 h. – alt. 9

Paris 435 – Fontenay-le-Comte 18 – Luçon 12 – Niort 52 – La Rochelle 42 – La Roche-sur-Yon 44.

▲ **Municipal le Vieux Chêne** de mi-mai à mi-sept.
✆ 02 51 30 90 71, *nalliers.mairie@wanadoo.fr*,
Fax 02 51 30 94 06, *nalliers.fr* – **R** conseillée
1 ha (25 empl.) plat, herbeux
Tarif : (Prix 2008) ✶ 2,50 € ⇔ 1,50 € 🄴 2,50 € – 🔌 (16A) 3,50 €
Pour s'y rendre : le Port (au sud du bourg)

Nature : 🞩 ♀
Loisirs : 🏇
Services : 🚿 🎣 ♿
À prox. : 🍴

PAYS DE LA LOIRE

NANTES

✉ 44000 – **316** G4 – G. Bretagne – 270 251 h. – alt. 8
🛈 7, rue de Valmy 📞 08 92 46 40 44, Fax 02 40 89 11 99
Paris 381 – Angers 88 – Bordeaux 325 – Lyon 660 – Quimper 233 – Rennes 109.

▲▲ Le Petit Port Permanent
📞 02 40 74 47 94, camping-petit-port@nge-nantes.fr,
Fax 02 40 74 23 06, www.nge-nantes.fr/camping
– **R** conseillée
8 ha (200 empl.) plat, peu incliné, herbeux, gravillons
Tarif : (Prix 2008) 👤 3,50 € 🚗 2,50 € 🅴 9 € –
⚡ (16A) 3,50 € – frais de réservation 4 €
Location (Prix 2008) 🏠 : 36 🏘 (4 à 6 pers.) 230 à
679 €/sem. – frais de réservation 11 € – **R** conseillée
🚐 1 borne eurorelais 4 € – 🅿 13 €
Pour s'y rendre : 21 bd du Petit Port (au bord du Cens)

Nature : 🌳 ♀♀
Loisirs : 🏊 🚲 🎳
Services : ♿ ⚡ 🅶🅱 ✂ 🔥 🚿 ♨
🧺 ⛲ ✆ 🍴 sèche-linge
À prox. : ✗ crêperie patinoire, bowling 🎳

*Avant de vous installer, consultez les tarifs en cours,
affichés obligatoirement à l'entrée du terrain,
et renseignez-vous sur les conditions particulières de séjour.
Les indications portées dans le guide ont pu être modifiées depuis la mise à jour.*

NEUVILLE-SUR-SARTHE

✉ 72190 – **310** K6 – 2 221 h. – alt. 60
Paris 207 – Beaumont-sur-Sarthe 20 – Conlie 18 – Le Mans 9 – Mamers 39.

▲▲ Le Vieux Moulin
📞 02 43 25 31 82, info@lemanscamping.net,
Fax 02 43 25 38 11, www.lemanscamping.net – **R**
4,8 ha (100 empl.) plat, herbeux
Location : 6 🏘
Pour s'y rendre : sortie ouest par r. du Vieux Moulin et
chemin à gauche avant le pont, près de la Sarthe

Nature : 🏞 🌳 ♀
Loisirs : 🏠 🏊 ✂ 🎣 🏊
Services : ⚡ 🔥 🚿 ♨ 🅱
À prox. : 🛒 ✗

567

NORT-SUR-ERDRE

✉ 44390 – **316** G3 – 5 885 h. – alt. 13
🛈 Office de tourisme, quai Saint-Georges 📞 02 51 12 60 74, Fax 02 40 72 17 03
Paris 372 – Ancenis 27 – Châteaubriant 37 – Nantes 32 – Rennes 82 – St-Nazaire 65.

△ Municipal du Port-Mulon
📞 02 40 72 23 57, camping.nort-sur-erdre@orange.fr,
Fax 02 40 72 16 09, www.nort-sur-erdre.fr – **R** conseillée
1,8 ha (70 empl.) plat, herbeux
Pour s'y rendre : 1,5 km au sud par rte de l'hippodrome et
à gauche
À savoir : dans une agréable chênaie, à 100 m de l'Erdre

Nature : 🏞 🌳 ♀♀♀
Loisirs : 🏊
Services : ⚡ 🏊 ♨ 🧺 ⛲ 🅱
À prox. : au plan d'eau : 🛒 ✂ halte fluviale

NOTRE-DAME-DE-MONTS

✉ 85690 – **316** D6 – G. Poitou Charentes Vendée – 1 528 h. – alt. 6
🛈 Office de tourisme, 6, rue de la Barre 📞 02 51 58 84 97, Fax 02 51 58 15 56
Paris 459 – Nantes 74 – La Roche Sur Yon 72.

▲▲▲ Les Alizés Montois de déb. mars à mi-nov.
📞 02 28 11 28 50, contact@campinglesalizes.com,
Fax 02 28 11 27 78, www.campinglesalizes.com – **R** conseillée
3,6 ha (150 empl.) plat, herbeux, sablonneux
Tarif : 27 € 👤👤 🚗 🅴 (16A) – pers. suppl. 5,50 € – frais
de réservation 10 €
Location (de mi-fév. à mi-nov.) : 🏘 (4 à 6 pers.) nuitée
85 € - 230 à 740 €/sem. – frais de réservation 10 € – **R**
conseillée
Pour s'y rendre : 52 rte de la Rive (1,9 km au nord)

Nature : 🌳
Loisirs : 🍴 snack 🌙 nocturne 🏃
🚲 🎳 🏊 ✂ terrains omnisports
Services : ♿ 🅶🅱 ✂ 🔥 ♨ ✆ 🍴 🅱

PAYS DE LA LOIRE

NOTRE-DAME-DE-MONTS

Le Lagon Bleu de déb. avr. à fin oct.
☎ 02 51 58 85 29, campinglelagonbleu@wanadoo.fr,
Fax 02 28 11 22 51 – **R** conseillée
2 ha (150 empl.) plat, herbeux, sablonneux
Tarif : 22 € ★★ 🚗 🅴 ⚡ (6A) – pers. suppl. 5 € – frais de réservation 10 €
Location (de déb. mai à fin sept.) : 8 🛖 (4 à 6 pers.) nuitée 45 € - 250 à 600 €/sem. – 🏠 (4 à 6 pers.) nuitée 45 € - 250 à 600 €/sem. – frais de réservation 10 € – **R** conseillée
Pour s'y rendre : 39 rte du Fief-Haut (2,2 km au nord)
À savoir : cadre soigné

Nature : 🌳 ♀
Loisirs : 🍸 snack 🏊 ♨
Services : ♿ ⚡ 🚿 🛁 ⊕ ⊠

Le Grand Jardin de déb. avr. à fin oct.
☎ 02 28 11 21 75, contact@legrandjardin.net,
Fax 02 51 59 56 66, www.legrandjardin.net – places limitées pour le passage – **R** conseillée
2,5 ha (159 empl.) plat, herbeux, sablonneux
Tarif : (Prix 2008) 29 € ★★ 🚗 🅴 ⚡ (10A) – pers. suppl. 4,50 € – frais de réservation 19 €
Location (Prix 2008) (de mi-fév. à fin déc.) : 20 🛖 (4 à 6 pers.) 300 à 660 €/sem. – 4 🏠 (4 à 6 pers.) - 350 à 700 €/sem. – frais de réservation 19 € - **R** conseillée
Pour s'y rendre : 50 r. de la Barre (600 m au nord, au bord d'un étier)

Nature : 🌳 ♀
Loisirs : ✗ 🏊 ♨ ♨
Services : ⊕ 🗝 (juil.-août) 🇬🇧 ⚡ 🛁 ♀ 🚿 🛁 ⊠

Le Pont d'Yeu avr.-sept.
☎ 02 51 58 83 76, info@camping-pontdyeu.com,
Fax 02 28 11 20 19, www.camping-pontdyeu.com
– **R** conseillée
1,3 ha (96 empl.) plat, sablonneux
Tarif : (Prix 2008) 20,30 € ★★ 🚗 🅴 ⚡ (6A) – pers. suppl. 4,50 € – frais de réservation 10 €
Location (Prix 2008) : 23 🛖 (4 à 6 pers.) 190 à 600 €/sem. – frais de réservation 10 € - **R** conseillée
Pour s'y rendre : 1 km au sud

Nature : 🌳 ♀
Loisirs : 🏊 ♨
Services : ♿ ⚡ 🛁 🚿 ♨ ⊕ ⊠

La Ménardière de déb. mai à fin sept.
☎ 02 51 58 86 92, camping.menardiere@wanadoo.fr,
Fax 02 51 58 86 92 – **R** conseillée
0,8 ha (65 empl.) plat, sablonneux, herbeux
Tarif : (Prix 2008) 12,90 € ★★ 🚗 🅴 ⚡ (6A) – pers. suppl. 3,70 €
Pour s'y rendre : rte de Notre-Dame-de-Monts (1 km au sud)

Nature : ♀
Loisirs : 🌳 🏊
Services : ♿ ⚡ 🚿 🛁 🚿 ♨ ⊕ ⊠

NOYANT-LA-GRAVOYÈRE

✉ 49520 – **317** D2 – 1 761 h. – alt. 95
Paris 317 – Ancenis 46 – Angers 49 – Châteaubriant 34 – Laval 57 – Rennes 81 – Vitré 55.

St-Blaise de déb. mai à fin sept.
☎ 02 41 61 93 09, campingstblaise@orange.fr,
Fax 241614468, www.campingsaintblaise.fr – **R** conseillée
1,2 ha (50 empl.) en terrasses, herbeux
Tarif : (Prix 2008) 14 € ★★ 🚗 🅴 ⚡ (16A) – pers. suppl. 4 €
Location (Prix 2008) (permanent) : 1 🛖 (2 à 4 pers.) nuitée 35 € - 200 à 300 €/sem. – 5 🛖 (4 à 6 pers.) nuitée 50 € - 300 à 500 €/sem. – **R** conseillée
🚐, 1 borne artisanale 2 € – 2 🅴 11 €
Pour s'y rendre : St-Blaise (700 m au nord, à 200 m d'un étang (accès direct) et à prox. du site de la Mine Bleue)

Nature : 🌲 ≤ 🌳
Loisirs : 🍸 🏊
Services : ♿ ⚡ 🇬🇧 ⚡ ⊕ ♨
À prox. : ✗ 🏖 🚣 ⚓ 🛶 pédalos, canoë

En juin et septembre les campings sont plus calmes, moins fréquentés et pratiquent souvent des tarifs " hors saison ".

PAYS DE LA LOIRE

NYOISEAU

✉ 49500 – **317** D2 – G. Châteaux de la Loire – 1 275 h. – alt. 40
Paris 316 – Ancenis 50 – Angers 47 – Châteaubriant 39 – Laval 47 – Rennes 86 – Vitré 55.

▲ La Rivière
📞 02 41 92 26 77, Fax 02 41 92 26 65 – **R** conseillée
1 ha (25 empl.) plat, herbeux
Pour s'y rendre : 1,2 km au sud-est par D 71, rte de Segré et rte à gauche, au bord de l'Oudon

Nature : 🌿 ♣♣
Loisirs : 🎮 ⛳
Services : ♿ ⚡ 📧 ☺
À prox. : 🏇 piste de bi-cross

OLONNE-SUR-MER

✉ 85340 – **316** F8 – G. Poitou Charentes Vendée – 10 060 h. – alt. 40
🅘 *Office de tourisme, 10, rue du Maréchal Foch* 📞 02 51 90 75 45, Fax 02 51 90 77 30
Paris 458 – Nantes 102 – La Roche Sur Yon 36 – La Rochelle 96.

▲▲▲ La Loubine de déb. avr. à fin sept.
📞 02 51 33 12 92, camping.la.loubine@wanadoo.fr,
Fax 02 51 33 12 71, www.la-loubine.fr – **R** conseillée ✂ (de déb. juil. à fin août)
8 ha (368 empl.) plat, herbeux
Tarif : 19,15 € ★★ 🚗 🔌 (6A) – pers. suppl. 3,25 € – frais de réservation 20 €
Location : 🏠 (4 à 6 pers.) 239 à 675 €/sem. – 🏡 (4 à 6 pers.) - 239 à 796 €/sem. – frais de réservation 20 € - **R** conseillée
Pour s'y rendre : 1 rte de la Mer (3 km à l'ouest)
À savoir : autour d'une ferme vendéenne du 16e s. et d'un beau complexe aquatique paysager et ludique

Nature : 🌳 ♣
Loisirs : 🍴 snack, pizzeria 🎮 🎬 nocturne 🎢 🏊 jacuzzi ⛳ 🚲
✂ 🏇 💻 ♨ 🏓 terrain omnisports
Services : ♿ ⚡ 🅿 ✏ 📧 ☺ 🍽 🚰 🚿 🧺
À prox. : 🏇 poneys

▲▲▲ Airotel le Trianon ♿ – de fin mars à fin sept.
📞 02 51 23 61 61, campingletrianon@wanadoo.fr,
Fax 02 51 90 77 70, www.camping-le-trianon.com – **R** conseillée
12 ha (515 empl.) plat, herbeux, petit étang
Tarif : 40,75 € ★★ 🚗 🔌 (16A) – pers. suppl. 6,40 € – frais de réservation 25 €
Location : 12 🏠 (4 à 6 pers.) 257 à 627 €/sem. – 5 🏡 (4 à 6 pers.) - 166 à 562 €/sem. – bungalows toilés – frais de réservation 25 € - **R** conseillée
Pour s'y rendre : 1 km à l'est
À savoir : agréable cadre verdoyant et ombragé

Nature : 🌳 ♣♣
Loisirs : 🍴 ✘ 🎮 🎬 🏃 discothèque ⛳ ✂ 🏇 💻 🏊 🚲
Services : ♿ ⚡ (juil.-août) 🅿 ✏
📧 ☺ 🚰 🍽 🚿 🧺

▲▲▲ Le Moulin de la Salle de déb. avr. à mi-oct.
📞 02 51 95 99 10, moulindelasalle@wanadoo.fr,
Fax 02 51 96 96 13, www.moulindelasalle.com – **R** conseillée
2,7 ha (178 empl.) plat, herbeux
Tarif : (Prix 2008) 28 € ★★ 🚗 🔌 (10A) – pers. suppl. 4,20 € – frais de réservation 20 €
Location (Prix 2008) : 🏠 (4 à 6 pers.) 250 à 500 €/sem. – 🛏 – gîtes – frais de réservation 20 € - **R** conseillée
Pour s'y rendre : r. du Moulin de la Salle (2,7 km à l'ouest)

Nature : 🌳 ♣
Loisirs : 🍴 snack 🎮 ⛳ 💻 (découverte l'été) 🏊
Services : ♿ ⚡ ✏ 📧 ☺ 🚰 🍽
🚿

▲▲▲ Domaine de l'Orée ♿ – de déb. mai à mi-sept.
📞 02 51 33 10 59, loree@free.fr, Fax 02 51 33 15 16, www.l-oree.com – **R** conseillée
6 ha (320 empl.) plat, herbeux
Tarif : (Prix 2008) 30,60 € ★★ 🚗 🔌 (10A) – pers. suppl. 5,20 € – frais de réservation 24 €
Location (Prix 2008) : 120 🏠 (4 à 6 pers.) 242 à 797 €/sem. – 16 🏡 (4 à 6 pers.) - 242 à 854 €/sem. – gîtes – frais de réservation 24 € - **R** conseillée
Pour s'y rendre : 13 rte des Amis-de-la-Nature (3 km à l'ouest)

Nature : 🌳 ♣♣
Loisirs : 🍴 snack 🎮 🎬 nocturne
🏃 🏇 🚲 💻 🏊
Services : ♿ ⚡ 🅿 ✏ 📧 ☺ 🍽
🚰 🚿 🧺
À prox. : 🏇 poneys

PAYS DE LA LOIRE

OLONNE-SUR-MER

Nid d'Été de déb. avr. à fin sept.
02 51 95 34 38, info@leniddete.com, Fax 02 51 95 34 64, www.leniddete.com – R conseillée
2 ha (119 empl.) plat, herbeux
Tarif : (Prix 2008) 25,50 € ★★ ⇔ 🄴 (½) (6A) – pers. suppl. 4,30 € – frais de réservation 13 €
Location (Prix 2008) : 15 🏠 (4 à 6 pers.) 178 à 620 €/sem. – frais de réservation 18 € - R conseillée
Pour s'y rendre : 2 r. de la Vigne-Verte (2,5 km à l'ouest)

Bois Soleil
02 51 33 11 97, camping.boissoleil@wanadoo.fr, Fax 02 51 33 14 85, www.campingboissoleil.com – R conseillée
3,1 ha (160 empl.) plat et peu incliné, herbeux, pierreux
Location : 150 🏠 – bungalows toilés
Pour s'y rendre : 4,1 km au nord-ouest par D 80, D 87, rte de l'Île d'Olonne, près de la réserve ornithologique
À savoir : au bord des marais salants

Sauveterre de déb. avr. à fin sept.
02 51 33 10 58, info@campingsauveterre.com, Fax 02 51 21 33 97, www.campingsauveterre.com – R conseillée
3,2 ha (234 empl.) plat, herbeux
Tarif : (Prix 2008) 13,80 € ★★ ⇔ 🄴 (½) (6A) – pers. suppl. 3,20 € – frais de réservation 10 €
Location (Prix 2008) ✂ : 17 🏠 (4 à 6 pers.) nuitée 34 € - 130 à 635 €/sem. – frais de réservation 10 € - R conseillée
Pour s'y rendre : 3 rte des Amis-de-la-Nature (3 km à l'ouest)

LE PERRIER

✉ 85300 – **316** E7 – 1 506 h. – alt. 4
Paris 449 – Nantes 67 – La Roche Sur Yon 56.

La Maison Blanche de mi-juin à mi-sept.
02 51 49 39 23, campingmaisonblanche@yahoo.fr, www.campingmaisonblanche.fr – R conseillée
3,2 ha (200 empl.) plat, herbeux
Tarif : 19,35 € ★★ ⇔ 🄴 (½) (6A) – pers. suppl. 3,70 € – frais de réservation 10 €
Location (de mi-avr. à mi-oct.) : 10 🏠 (4 à 6 pers.) 230 à 549 €/sem. – frais de réservation 10 € - R conseillée
Pour s'y rendre : r. de la Maison Blanche (près de l'église, au bord d'un étier)

PIRIAC-SUR-MER

✉ 44420 – **316** A3 – G. Bretagne – 1 898 h. – alt. 7
🄸 Office de tourisme, 7, rue des Cap-Horniers *02 40 23 51 42, Fax 02 40 23 51 19*
Paris 462 – La Baule 17 – Nantes 88 – La Roche-Bernard 33 – St-Nazaire 31.

Armor Héol 🄰🄰 – de déb. avr. à fin sept.
02 40 23 57 80, info@camping-armor-heol.com, Fax 02 40 23 59 42, www.camping-armor-heol.com – R conseillée
4,5 ha (210 empl.) plat, herbeux, petit étang
Tarif : (Prix 2008) ★ 4 € ⇔ 🄴 8 € – (½) (5A) 3,50 € – frais de réservation 25 €
Location (Prix 2008) : 62 🏠 (4 à 6 pers.) nuitée 63 € - 306 à 810 €/sem. – 22 🏡 (4 à 6 pers.) nuitée 68 € - 286 à 810 €/sem. – frais de réservation 25 € - R conseillée
Pour s'y rendre : rte de Guérande (1 km au sud-est par D 333)
À savoir : bel ensemble aquatique, loisirs et commercial

PAYS DE LA LOIRE

PIRIAC-SUR-MER

Parc du Guibel de déb. avr. à fin sept.
📞 02 40 23 52 67, camping@parcduguibel.com,
Fax 02 40 15 50 24, www.parcduguibel.com – **R** conseillée
14 ha (450 empl.) plat, peu incliné, herbeux
Tarif : (Prix 2008) ✱ 5,25 € 🚗 3,50 € 🅴 5,25 € –
[½] (10A) 4,30 € – frais de réservation 16 €
Location (Prix 2008) : 100 🏠 (4 à 6 pers.) 273 à
791 €/sem. – 34 🏠 (4 à 6 pers.) - 385 à 791 €/sem. –
frais de réservation 16 € ; **R** conseillée
🚐 1 borne artisanale – 🚐 13 €
Pour s'y rendre : rte de Kerdrien (3,5 km à l'est par D 52,
rte de Mesquer et rte à gauche)
À savoir : agréable cadre boisé

Nature : 🌊 🌳 ♀♀
Loisirs : ♀ snack 🎲 🎠 🚴 🎯
terrain omnisports
Services : ♿ 🔑 🆔 🛒 🅿️ ⚡ 🏊
📶 📞 🧺 🚿
À prox. : 🛒 ✂️ 🐾 (centre équestre)

Mon Calme de déb. avr. à fin sept.
📞 02 40 23 60 77, campingmoncalme@free.fr,
Fax 02 40 23 62 28, www.campingmoncalme.com
– **R** conseillée
1,2 ha (105 empl.) plat, herbeux
Tarif : 13,95 € ✱✱ 🚗 🅴 [½] (10A) – pers. suppl. 3,50 € –
frais de réservation 14,50 €
Location : 15 🏠 (4 à 6 pers.) 255 à 615 €/sem. – frais
de réservation 14,50 € - **R** conseillée
Pour s'y rendre : r. de Norvoret (1 km au sud par rte de la
Turballe et à gauche, à 450 m de l'océan)

Nature : ♀♀
Loisirs : pizzeria 🎠 🎯
Services : ♿ 🔑 🆔 🛒 🅿️ ⚡ ☺
📧
À prox. : 🛒 ✂️ 🎣 🐾

Benutzen Sie
– zur Wahl der Fahrtroute
– zur Berechnung der Entfernungen
– zur exakten Lokalisierung eines Campingplatzes (mit Hilfe der Angaben im Ortstext)
die für diesen Führer unentbehrlichen **MICHELIN-Karten** *.*

571

LA PLAINE-SUR-MER

✉ 44770 – **316** C5 – 2 517 h. – alt. 326
🛈 Office de tourisme, square du Fort Gentil 📞 02 40 21 52 52
Paris 438 – Nantes 58 – Pornic 9 – St-Michel-Chef-Chef 7 – St-Nazaire 28.

La Tabardière ♿ – de déb. avr. à fin sept.
📞 02 40 21 58 83, info@camping-la-tabardiere.com,
Fax 02 40 21 02 68, www.camping-la-tabardiere.com
– **R** conseillée
6 ha (255 empl.) en terrasses, herbeux
Tarif : 31,50 € ✱✱ 🚗 🅴 [½] (8A) – pers. suppl. 6,40 € –
frais de réservation 20 €
Location ✱ : 20 🏠 (4 à 6 pers.) - 210 à 735 €/sem. –
frais de réservation 20 € - **R** conseillée
🚐 – 🚐 13 €
Pour s'y rendre : lieu-dit : la Tabardière (3,5 km à l'est par
D 13, rte de Pornic et rte à gauche)

Nature : 🌊 ♀♀
Loisirs : ♀ 🎲 🏃 🎠 🎣 🎯 (découverte en saison) 🏊 terrain omnisports
Services : ♿ 🔑 🆔 🛒 🅿️ ⚡ 🏊 ☺
📶 📧 🧺
À prox. : 🛒 ✂️ 🐾 (centre équestre)

Le Ranch avr.-sept.
📞 02 40 21 52 62, info@camping-le-ranch.com,
Fax 02 51 74 81 31, www.camping-le-ranch.com
– **R** conseillée
3 ha (180 empl.) plat, herbeux
Tarif : 27,30 € ✱✱ 🚗 🅴 [½] (6A) – pers. suppl. 5 € – frais
de réservation 15 €
Location ✱ : 2 🏠 (4 à 6 pers.) nuitée 45 € – 245 à
550 €/sem. – 16 🏠 (4 à 6 pers.) nuitée 55 € - 295 à
590 €/sem. – (sans sanitaires) – frais de réservation
15 € - **R** conseillée
🚐 96 🅴 27,30 €
Pour s'y rendre : rte de St-Michel-Chef-Chef (3 km au
nord-est par D 96)

Nature : ♀
Loisirs : ♀ 🎲 🎠 🏊 🎯
Services : ♿ 🔑 🆔 🛒 🅿️ ⚡ 🏊 ☺
📧
À prox. : 🛒 🐾 (centre équestre)

PAYS DE LA LOIRE

PONTCHÂTEAU

✉ 44160 – **316** D3 – G. Bretagne – 7 773 h. – alt. 7
🛈 *Office de tourisme, 1, place du Marché* ✆ *02 40 88 00 87*
Paris 425 – La Baule 40 – Nantes 51 – Redon 28 – La Roche-Bernard 22 – St-Nazaire 25.

▲ Le Bois de Beaumard
✆ 02 40 88 03 36, *obocamp@aol.com*, Fax 02 40 88 03 36, *www.campingbeaumard.com* – **R** conseillée
1 ha (25 empl.) plat, herbeux, bois attenant
Pour s'y rendre : Rte de Beaumard (sortie nord-ouest par D 33, rte d'Herbignac puis à dr., 2 km par D 126, rte de Sévérac et rte à gauche)
À savoir : agréable cadre boisé et fleuri

Nature : 🌳 ☐ ♀♀
Loisirs : 🏊 🚴
Services : 🚿 ⛽ 🗑 ⊛ 🛒
À prox. : 🍴 ✂ ☒ (découverte en saison)

LES PONTS-DE-CÉ

✉ 49130 – **317** F4 – G. Châteaux de la Loire – 11 387 h. – alt. 25
Paris 302 – Nantes 92 – Angers 7 – Cholet 57 – Laval 84.

▲ Île du Château 👥 – de déb. avr. à fin sept.
✆ 02 41 44 62 05, *ile-du-chateau@wanadoo.fr*, Fax 02 41 44 62 05, *www.camping-ileduchateau.com*
– **R** conseillée
2,3 ha (135 empl.) plat, herbeux, jardin public attenant
Tarif : (Prix 2008) 13,50 € 👥 🚗 ☐ (🔌)(6A) – pers. suppl. 2,90 € – frais de réservation 8 €
Location (Prix 2008) (de mi-mai à fin sept.) ✂ : bungalows toilés – frais de réservation 8 € - **R** conseillée
🚐 1 borne flot bleu – 10 ☐ 13,50 €
Pour s'y rendre : av. de la Boire-Salée (sur l'Île du Château)
À savoir : cadre arboré, près de la Loire

Nature : ☐ ♀♀
Loisirs : snack 🎯 🏊 🚴 🎣
Services : 🚿 ⛽ 🅶🅱 ✂ 🗑 ⊛ 🛒
🚾 🚽 🔥
À prox. : ✂ ☒ ⛵ ☒ canoë

Gebruik de gids van het lopende jaar.

PORNIC

✉ 44210 – **316** D5 – G. Poitou Charentes Vendée – 11 903 h. – alt. 20
🛈 *Office de tourisme, place de la Gare* ✆ *02 40 82 04 40, Fax 02 40 82 90 12*
Paris 429 – Nantes 49 – La Roche-sur-Yon 89 – Les Sables-d'Olonne 93 – St-Nazaire 30.

⛺ La Boutinardière de déb. avr. à fin sept.
✆ 02 40 82 05 68, *info@laboutinardiere.com*, Fax 02 40 82 49 01, *www.camping-boutinardiere.com*
– **R** conseillée
7,5 ha (400 empl.) peu incliné, herbeux
Tarif : (Prix 2008) 41,50 € 👥 🚗 ☐ (🔌)(10A) – pers. suppl. 7,50 € – frais de réservation 25 €
Location : 110 🏠 (4 à 6 pers.) nuitée 75 € - 240 à 1 100 €/sem. – 37 🏠 (4 à 6 pers.) - 320 à 900 €/sem. – maisonnettes – frais de réservation 25 € - **R** conseillée
🚐 1 borne artisanale 7 € – 6 ☐ 10 € – 📞 10 €
Pour s'y rendre : 23 r. de la Plage-de-la-Boutinardière (5 km au sud-est par D 13 et rte à dr., à 200 m de la plage)

Nature : 🌳 ☐ ♀
Loisirs : 🍷 🍴 snack 🎯 🎮 nocturne 🛁 hammam 🏊 🚴 🎣 ☐ ☒ terrain omnisports
Services : 🚿 ⛽ 🅶🅱 ✂ 🗑 🛁 ⊛ ☒
🛒 🚾 🚽 🔥 🛏 🛒
À prox. : 🍴 ✂ 🎰 🐎 🐴 (centre équestre) golf (18 trous)

⛺ La Chênaie de fin avr. à mi-sept.
✆ 02 40 82 07 31, *la.chenaie44@wanadoo.fr*, Fax 02 40 27 95 67, *www.campinglachenaie.com*
– **R** conseillée
4,5 ha (134 empl.) peu incliné, terrasses, herbeux
Tarif : (Prix 2008) 28 € 👥 🚗 ☐ (🔌)(10A) – pers. suppl. 6 €
Location (Prix 2008) (de mi-avr. à mi-sept.) ✂ : 21 🏠 (4 à 6 pers.) 290 à 650 €/sem. – bungalows toilés – frais de réservation 15 € - **R** conseillée
🚐 1 borne artisanale – 5 ☐ 10 €
Pour s'y rendre : 36 r. du Pâtisseau (à l'est par D 751, rte de Nantes et rte à gauche)

Nature : ☐
Loisirs : 🍷 🏊 🚴 🎣
Services : 🚿 ⛽ (juil.-août) 🅶🅱 ✂
🗑 🛁 ⊛ 🛒 🚾
À prox. : 🍴 ✂ 🎰 ☒ 🐎 🐴 (centre équestre) golf (18 trous)

PAYS DE LA LOIRE

LE POULIGUEN

✉ 44510 – **316** B4 – G. Bretagne – 5 266 h. – alt. 4
🛈 *Office de tourisme, Port Sterwitz* ☎ 02 40 42 31 05, Fax 02 40 62 22 27
Paris 453 – Guérande 8 – La Baule 4 – Nantes 80 – St-Nazaire 23.

▲ Municipal les Mouettes
☎ 02 40 42 43 98, *lesmouettes@mairie-lepouliguen.fr*,
Fax 02 40 42 43 98 – **R**
4,7 ha (220 empl.) plat, sablonneux, herbeux, petit lac
🚐 1 borne raclet
Pour s'y rendre : 45 bd de l'Atlantique (à l'ouest de la station par D 45, attenant au stade)

▲ Municipal le Clein de fin mars à fin sept.
☎ 02 40 42 43 99, *leclein@mairie-lepouliguen.fr*,
Fax 02 40 42 43 99 – **R**
1,5 ha (128 empl.) plat, sablonneux, herbeux
Tarif : (Prix 2008) 12,30 € ⚥⚥ 🚐 🔌 (10A) – pers. suppl. 4 €
Pour s'y rendre : 22 av. de Kerdun (à prox. du centre-ville et de la plage)

POUZAUGES

✉ 85700 – **316** K7 – G. Poitou Charentes Vendée – 5 385 h. – alt. 225
🛈 *Office de tourisme, 28, place de l'Église* ☎ 02 51 91 82 46, Fax 02 51 57 01 69
Paris 390 – Bressuire 30 – Chantonnay 22 – Cholet 42 – Nantes 88 – La Roche-sur-Yon 57.

▲ Le Lac
☎ 02 51 91 37 55, *campingpouzauges@tele2.fr*,
Fax 02 51 57 07 69, *www.campingpouzauges.com*
– **R** conseillée
1 ha (50 empl.) plat et terrasse, peu incliné, herbeux
Pour s'y rendre : 1,5 km à l'ouest par D 960 bis, rte de Chantonnay et chemin à dr.
À savoir : à 50 m du lac, accès direct

PRÉCIGNÉ

✉ 72300 – **310** H8 – 2 645 h. – alt. 36
Paris 256 – Angers 50 – Château-Gontier 32 – La Flèche 22 – Sablé-sur-Sarthe 10.

▲ Municipal des Lices
☎ 02 43 95 46 13, *mairie.precigne@wanadoo.fr* – **R**
0,8 ha (50 empl.) plat et peu incliné, herbeux
Pour s'y rendre : R. de la Piscine (sortie nord, rte de Sablé-sur-Sarthe et à gauche)
À savoir : cadre verdoyant et soigné

PRÉFAILLES

✉ 44770 – **316** C5 – 1 038 h. – alt. 10
🛈 *Office de tourisme, 17, Grande Rue* ☎ 02 40 21 62 22, Fax 02 40 64 53 45
Paris 440 – Challans 56 – Machecoul 38 – Nantes 60 – St-Nazaire 30.

⛰ Éléovic de déb. avr. à fin sept.
☎ 02 40 21 61 60, *jlgaud@wanadoo.fr*, Fax 02 40 64 51 95,
www.camping-eleovic.com – **R** conseillée
3 ha (138 empl.) plat, peu incliné, herbeux
Tarif : 36 € ⚥⚥ 🚐 🔌 (10A) – pers. suppl. 8,50 € – frais de réservation 15 €
Location : 47 🏠 (4 à 6 pers.) 230 à 750 €/sem. – frais de réservation 15 € - **R** conseillée
Pour s'y rendre : rte de la Pointe St-Gildas (1 km à l'ouest par D 75)
À savoir : situation dominant l'océan et des criques pittoresques

PAYS DE LA LOIRE

PRUILLÉ

49220 – **317** F3 – 531 h. – alt. 30
Paris 308 – Angers 22 – Candé 34 – Château-Gontier 33 – La Flèche 65.

Municipal Le Port de déb. juil. à fin août
02 41 32 67 29, *mairie.pruille@wanadoo.fr*,
Fax 02 41 32 40 28 – **R** conseillée
1,2 ha (41 empl.) plat, herbeux
Tarif : (Prix 2008) 8 € ✶✶ ⇔ ⌺ ⌯ (0A) – pers. suppl. 1,80 €
Pour s'y rendre : Pl. du Bac (au nord du bourg, au bord de la Mayenne -halte nautique-)

ROÉZÉ-SUR-SARTHE

72210 – **310** J7 – 2 327 h. – alt. 33
Paris 221 – La Flèche 29 – Le Mans 17 – Sablé-sur-Sarthe 36.

Municipal La Cohue de fin mai à déb. sept.
02 43 77 47 89, *mairie-roeze@wanadoo.fr*,
Fax 02 43 77 42 51 – **R**
0,8 ha (44 empl.) plat, herbeux
Tarif : (Prix 2008) ✶ ⇔ ⌯ 3,40 € – ⌺ (10A) 5 €
Pour s'y rendre : rte de Parigné-le-Pôlin (sortie sud par D 251, à gauche apr. le pont)
À savoir : plaisante situation au bord de la Sarthe

LES ROSIERS-SUR-LOIRE

49350 – **317** H4 – G. Châteaux de la Loire – 2 242 h. – alt. 22
Syndicat d'initiative, place du Mail 02 41 51 90 22, Fax 02 41 51 90 22
Paris 304 – Angers 32 – Baugé 27 – Bressuire 66 – Cholet 80 – La Flèche 45 – Saumur 18.

Le Val de Loire de déb. avr. à fin sept.
02 41 51 94 33, *contact@camping-valdeloire.com*,
Fax 02 41 51 89 13, *www.camping-valdeloire.com*
– **R** conseillée
3,5 ha (110 empl.) plat, herbeux
Tarif : 16,90 € ✶✶ ⇔ ⌯ ⌺ (10A) – pers. suppl. 4 € – frais de réservation 10 €
Location : 15 🏠 (4 à 6 pers.) nuitée 70 € - 343 à 546 €/sem. – 5 🏡 (4 à 6 pers.) nuitée 65 € - 301 à 525 €/sem. – frais de réservation 10 € - **R** conseillée
🚐 1 borne artisanale - 2 ⌯ 16,90 €
Pour s'y rendre : 6 r. Ste-Baudruche (sortie nord par D 59, rte de Beaufort-en-Vallée, près du carr. avec la D 79)
À savoir : agréable cadre verdoyant

LES SABLES-D'OLONNE

85100 – **316** F8 – G. Poitou Charentes Vendée – 15 532 h. – alt. 4
Office de tourisme, 1, promenade Joffre 02 51 96 85 85, Fax 02 51 96 85 71
Paris 456 – Cholet 107 – Nantes 102 – Niort 115 – La Rochelle 95 – La Roche-sur-Yon 36.

La Dune des Sables de déb. avr. à fin sept.
02 51 33 05 05, *info@chadotel.com*, Fax 02 51 33 94 04,
www.chadotel.com – **R** conseillée
7,5 ha (290 empl.) plat, en terrasses, sablonneux, herbeux
Tarif : 30,50 € ✶✶ ⇔ ⌯ ⌺ (6A) – pers. suppl. 5,80 € – frais de réservation 25 €
Location : 🏠 (4 à 6 pers.) 200 à 799 €/sem. – frais de réservation 25 € - **R** conseillée
🚐 1 borne artisanale
Pour s'y rendre : la Paracou (4 km au nord-ouest)
À savoir : près de la plage

PAYS DE LA LOIRE

LES SABLES-D'OLONNE

Le Puits Rochais –
02 51 21 09 69, info@puitsrochais.com,
Fax 02 51 23 62 20, www.puitsrochais.com – **R** conseillée
3,9 ha (220 empl.) plat, peu incliné, herbeux
Location : – – **R** conseillée
Pour s'y rendre : 25 r. de Bourdigal (3,5 km au sud-est par D 559, rte de Bandol)

Nature :
Loisirs : diurne
Services :

Les Roses de déb. avr. à déb. nov.
02 51 33 05 05, info@chadotel.com, Fax 02 51 33 94 04, www.chadotel.com – **R** conseillée
3,3 ha (200 empl.) plat et peu incliné, en terrasses, herbeux
Tarif : 30,50 € (6A) – pers. suppl. 5,80 € – frais de réservation 25 €
Location : (4 à 6 pers.) 200 à 640 €/sem. – (4 à 6 pers.) - 310 à 799 €/sem. – frais de réservation 25 € - **R** conseillée
Pour s'y rendre : r. des Roses (400 m de la plage)

Nature :
Loisirs :
Services :
À prox. :

Le Petit Paris de déb. avr. à fin sept.
02 51 22 04 44, contact@campingpetitparis.com,
Fax 02 51 33 17 04, www.campingpetitparis.com
– **R** conseillée
3 ha (154 empl.) plat, herbeux
Tarif : (Prix 2008) 24 € (10A) – pers. suppl. 4 €
– frais de réservation 15 €
Location (Prix 2008) (de déb. avr. à fin oct.) : 15 (4 à 6 pers.) nuitée 50 € - 190 à 640 €/sem. – 2 (4 à 6 pers.) nuitée 70 € - 220 à 695 €/sem. – bungalows toilés – frais de réservation 15 € - **R** conseillée
Pour s'y rendre : 41 r. du Petit-Versailles (5,5 km au sud-est)

Nature :
Loisirs :
Services :
À prox. : aérodrome

Les Fosses Rouges de déb. avr. à fin sept.
02 51 95 17 95, info@camping-lesfossesrouges.com, www.camping-lesfossesrouges.com – **R** conseillée
3,5 ha (255 empl.) plat, herbeux
Tarif : 19,50 € (10A) – pers. suppl. 3,60 € – frais de réservation 10 €
Location : – 10 (4 à 6 pers.) nuitée 55 € - 230 à 550 €/sem. – **R** conseillée
1 borne artisanale
Pour s'y rendre : 8 r. des Fosses-Rouges (3 km au sud-est, à la Pironnière)

Nature :
Loisirs : (découverte en saison)
Services :

SABLÉ-SUR-SARTHE

72300 – **310** G7 – G. Châteaux de la Loire – 12 716 h. – alt. 29
Office de tourisme, place Raphaël-Elizé 02 43 95 00 60, Fax 02 43 92 60 77
Paris 252 – Angers 64 – La Flèche 27 – Laval 44 – Le Mans 61 – Mayenne 60.

Municipal de l'Hippodrome – de fin mars à déb. oct.
02 43 95 42 61, camping@sable-sur-sarthe.fr,
Fax 02 43 92 74 82, www.tourisme.sablesursarthe.fr
– **R** conseillée
2 ha (84 empl.) plat, herbeux
Tarif : (Prix 2008) 2,25 € 4,35 € – (15A) 2,25 €
Location (Prix 2008) : 4 (4 à 6 pers.) nuitée 50 € - 230 à 350 €/sem. – **R** conseillée
1 borne flot bleu 1,50 €
Pour s'y rendre : allée du Québec (sortie sud en dir. d'Angers et à gauche, attenant à l'hippodrome)
À savoir : belle décoration arbustive, au bord de la Sarthe

Nature :
Loisirs :
Services : sèche-linge
À prox. : (centre équestre) canoë, golf

PAYS DE LA LOIRE

ST-BERTHEVIN

✉ 53940 – **310** E6 – 6 873 h. – alt. 108
🛈 Syndicat d'initiative, place de l'Europe ✆ 02 43 69 28 27, Fax 02 43 69 20 88
Paris 289 – Nantes 128 – Laval 10 – Rennes 66 – Angers 83.

▲ Municipal de Coupeau
✆ 02 43 68 30 70, office.tourisme@mairie-laval.fr,
Fax 02 43 69 20 88 – **R** conseillée
0,4 ha (24 empl.) plat et terrasses, herbeux
Pour s'y rendre : au sud du bourg, à 150 m du Vicoin
À savoir : situation dominante sur une vallée verdoyante et reposante

Nature : 🌿 🏞
Loisirs : 🎮
Services : 👤 🔑 ⓘ
À prox. : ✂ 🎣 ⛷ parcours de santé

ST-BRÉVIN-LES-PINS

✉ 44250 – **316** C4 – G. Poitou Charentes Vendée – 9 594 h. – alt. 9
Pont de St-Nazaire : 3 km
🛈 Office de tourisme, 10, rue de l'Église ✆ 02 40 27 24 32, Fax 02 40 39 10 34
Paris 438 – Challans 62 – Nantes 64 – Noirmoutier-en-l'Île 70 – Pornic 18 – St-Nazaire 14.

▲▲▲ Le Fief 👥 – de déb. avr. à déb. oct.
✆ 02 40 27 23 86, camping@lefief.com, Fax 02 40 64 46 19,
www.lefief.com – **R** conseillée
7 ha (413 empl.) plat, herbeux
Tarif : 43 € 👤👤 🚗 📧 ⚡ (6A) – pers. suppl. 9 € – frais de réservation 20 €
Location : 173 🏠 (4 à 6 pers.) 364 à 1 113 €/sem. – 10 🏠 (4 à 6 pers.) – 406 à 994 €/sem. – bungalows toilés – frais de réservation 20 € – **R** conseillée
🚐 1 borne artisanale – 🚐 [⚡] 13 €
Pour s'y rendre : 57 chemin du Fief (2,4 km au sud par rte de Saint-Brévin-l'Océan et à gauche)
À savoir : bel espace aquatique

Nature : 🏞 ♀
Loisirs : 🍴 snack 🎵 🌙 nocturne 🏃 salle d'animation 🏊 🚴 ✂ 🎯 ⛷ ⛷ terrain omnisports
Services : 👤 🔑 🏧 ♿ 🚿 ⓘ ⚙ ♻ 🍴 🧺 🏪 🚿
À prox. : 🎣 🐎 🐕 (centre équestre)

▲▲▲ Les Pierres Couchées 👥 –
✆ 02 40 27 85 64, nella.whitehouse@siblu.fr,
Fax 02 40 64 97 03, www.pierres-couchees.com – **R** conseillée
14 ha/9 campables (473 empl.) plat et accidenté, sablonneux, herbeux
Location : 17 🏠 – 85 🏠
Pour s'y rendre : Lieu-dit : l'Ermitage (5 km au sud par D 213, à 450 m de la plage)
À savoir : agréable cadre boisé à 450 m de la plage

Nature : ♀♀
Loisirs : 🍴 ✂ 🎵 🌙 nocturne 🏃 🎮 🎯 🚴 ✂ 🎯 ⛷ ⛷ terrain omnisports, théâtre de plein air
Services : 👤 🔑 🏪 ♿ 🚿 ⓘ ⚙ ♻ 🧺 🚿
À prox. : 🐎

▲▲ Le Mindin Permanent
✆ 02 40 27 46 41, info@camping-de-mindin.com,
Fax 02 40 39 20 53, www.camping-de-mindin.com – **R** conseillée
1,7 ha (87 empl.) plat, sablonneux, herbeux
Tarif : 21,55 € 👤👤 🚗 📧 ⚡ (16A) – pers. suppl. 5,65 € – frais de réservation 22 €
Location : 🏠 (2 à 4 pers.) nuitée 65 € – 190 à 420 €/sem. – 🏠 (4 à 6 pers.) nuitée 90 € – 275 à 690 €/sem. – bungalows toilés – frais de réservation 22 € - **R** conseillée
🚐 1 borne artisanale 3 €
Pour s'y rendre : av. du Bois (2 km au nord, près de l'Océan (accès direct))

Nature : ♀
Loisirs : 🍴 snack 🎵
Services : 👤 🔑 🏧 ♿ 🚿 ⓘ ⚙ ♻ 🍴 🧺
À prox. : ✂

▲ La Courance Permanent
✆ 02 40 27 22 91, info@campinglacourance.fr,
Fax 02 40 27 22 91, www.campinglacourance.fr – **R** conseillée
2,4 ha (156 empl.) plat, en terrasses, sablonneux
Tarif : 18,75 € 👤👤 🚗 📧 ⚡ (5A) – pers. suppl. 4,90 € – frais de réservation 22 €
Location : 20 🏠 (4 à 6 pers.) nuitée 90 € – 275 à 690 €/sem. – bungalows toilés – frais de réservation 22 € - **R** conseillée
🚐 1 borne artisanale 3 € – 1 📧 14,80 €
Pour s'y rendre : 110 av. Mar.-Foch

Nature : ♀♀
Loisirs : 🍴 ✂ 🌙 nocturne 🏃
Services : 👤 🔑 🏧 ♿ 🚿 ⓘ ⚙ ♻ 📞 🍴 🧺 sèche-linge
À prox. : ✂ 🎣

PAYS DE LA LOIRE

ST-CALAIS

✉ 72120 – **310** N7 – G. Châteaux de la Loire – 3 785 h. – alt. 155
🛈 *Office de tourisme, place de l'Hôtel de ville* ✆ 02 43 35 82 95, Fax 02 43 35 15 13
Paris 188 – Blois 65 – Chartres 102 – Châteaudun 58 – Le Mans 47 – Orléans 97.

▲ **Le Lac** de mi-avr. à mi-oct.
✆ 02 43 35 04 81, *mairie.saintcalais@wanadoo.fr*,
Fax 02 43 63 15 19 – **R** conseillée
2 ha (85 empl.) plat, herbeux
Tarif : (Prix 2008) 10,77 € 👫 🚗 🗐 ⚡ (10A) – pers. suppl. 2,74 €

Pour s'y rendre : r. du Lac (sortie nord par D 249, rte de Montaillé)
À savoir : près d'un plan d'eau

Nature : 🏞
Loisirs : 🎣
Services : 🚿 ⛽ 🅿 🗑 ♻ 🧺
À prox. : 🛒 🍴 🏊

ST-ÉTIENNE-DU-BOIS

✉ 85670 – **316** G7 – 1 451 h. – alt. 38
Paris 427 – Aizenay 13 – Challans 26 – Nantes 49 – La Roche-sur-Yon 27 – St-Gilles-Croix-de-Vie 39.

▲ **Municipal la Petite Boulogne**
✆ 02 51 34 54 51, *mairie.stetiennedubois@wanadoo.fr*,
Fax 02 51 34 54 10 – **R**
1,5 ha (35 empl.) peu incliné et plat, terrasse, herbeux
Location : 🏕 – **R** conseillée
Pour s'y rendre : R. du Stade (au sud du bourg par D 81, rte de Poiré-sur-Vie et chemin à dr., près de la rivière et à 250 m d'un étang, chemin piétonnier reliant le camping au bourg)

Nature : 🌳 🏞
Loisirs : 🚲 🏊 (petite piscine)
Services : 🚿 ⛽ 🅿 ♻ 🧺
À prox. : 🎯 🍴 🎣 🐎

We recommend that you consult the up to date price list posted at the entrance of the site. Inquire about possible restrictions.
The information in this Guide may have been modified since going to press.

ST-GEORGES-SUR-LAYON

✉ 49700 – **317** G5 – 591 h. – alt. 65
Paris 328 – Angers 39 – Cholet 45 – Saumur 27 – Thouars 36.

▲ **les Grésillons** de déb. avr. à fin sept.
✆ 02 41 50 02 32, *camping.gresillon@wanadoo.fr*,
Fax 02 41 50 03 16 – **R** conseillée
1,5 ha (43 empl.) peu incliné et en terrasses, herbeux
Tarif : 14,50 € 👫 🚗 🗐 ⚡ (10A) – pers. suppl. 3,20 €
Location : huttes – frais de réservation 18,50 € - **R** conseillée
Pour s'y rendre : 800 m au sud par D 178, rte de Concourson-sur-Layon et chemin à dr., à prox. de la rivière

Nature : 🌳 ❄
Loisirs : 🚲 🏊 (petite piscine) 🎣
Services : 🚿 ⛽ (juil.-août) 🇬🇧 ✂
🗑 ♻ 🍽 🧺

ST-GILLES-CROIX-DE-VIE

✉ 85800 – **316** E7 – G. Poitou Charentes Vendée – 6 797 h. – alt. 12
🛈 *Office de tourisme, boulevard de l'Égalité* ✆ 02 51 55 03 66, Fax 02 51 55 69 60
Paris 462 – Challans 21 – Cholet 112 – Nantes 79 – La Roche-sur-Yon 44 – Les Sables-d'Olonne 29.

▲▲▲ **Domaine de Beaulieu** de déb. avr. à fin sept.
✆ 02 51 33 05 05, *info@chadotel.com*, Fax 02 51 33 94 04,
www.chadotel.com – places limitées pour le passage
– **R** conseillée
8 ha (310 empl.) plat, herbeux
Tarif : 29,50 € 👫 🚗 🗐 ⚡ (6A) – pers. suppl. 5,80 € – frais de réservation 25 €
Location : 🏕 (4 à 6 pers.) 190 à 785 €/sem. – 🏠 (4 à 6 pers.) - 200 à 810 €/sem. – frais de réservation 25 € - **R** conseillée
Pour s'y rendre : Givrand (4 km au sud-est)

Nature : 🏞 🌳🌳
Loisirs : 🍴 snack, pizzeria 🏛 🎭 nocturne salle d'animation 🎱 🚲
✂ 🏇 🏊 🎾 terrain omnisports
Services : 🚿 ⛽ 🔌 🇬🇧 ✂ 🗑 🅿 ♻
🧺 🛒 🍽 📦 🧺 🐕

PAYS DE LA LOIRE

ST-GILLES-CROIX-DE-VIE

Les Cyprès de déb. avr. à mi-sept.
📞 02 51 55 38 98, *contact@campinglescypres.com*,
Fax 02 51 54 98 94, *www.campinglescypres.com*
– **R** conseillée
4,6 ha (280 empl.) plat et peu accidenté, sablonneux
Tarif : (Prix 2008) 24,50 € ✶✶ 🚗 🔲 (10A) – pers. suppl. 6,20 € – frais de réservation 25 €
Location (Prix 2008) : 7 🏠 (2 à 4 pers.) 175 à 535 €/sem. – 61 🏠 (4 à 6 pers.) 195 à 751 €/sem. – frais de réservation 25 € - **R** conseillée
Pour s'y rendre : la Jaunay (2,4 km au sud-est par D 38 puis 800 m par chemin à dr., à 60 m de La Jaunay)
À savoir : accès direct à la mer par dunes boisées

Nature : 🌿 🌳 ♒
Loisirs : 🍴 🏠 ⛳ 🔲 🎾 terrain omnisports
Services : ♿ 🔑 (juil.-août) 🆖 🔧 🚿 🚻 🧺 🚰 ♨

ST-HILAIRE-DE-RIEZ

✉ 85270 – **316** E7 – G. Poitou Charentes Vendée – 8 761 h. – alt. 8
🏢 *Office de tourisme, 21, place Gaston-Pateau* 📞 02 51 54 31 97
Paris 453 – Challans 18 – Noirmoutier-en-l'Île 48 – La Roche-sur-Yon 48 – Les Sables-d'Olonne 33.

Les Biches
📞 02 51 54 38 82, *campingdesbiches@wanadoo.fr*,
Fax 02 51 54 30 74, *www.campingdesbiches.com* – places limitées pour le passage – **R** conseillée
13 ha/9 campables (434 empl.) plat, herbeux, sablonneux
Location : 120 🏠
Pour s'y rendre : 2 km au nord
À savoir : agréable cadre verdoyant

Nature : 🌿 🌳 ♒
Loisirs : 🍴 pizzeria, brasserie 🏠 ♪ nocturne 🎹 discothèque ⛳ 🚴
✂ 📍 🔲 🎾 ⛳ terrain omnisports
Services : ♿ 🔑 🆖 🔧 🚿 🚻 🧺 ♨
🚰 🔧

La Puerta del Sol 🅿 – de déb. avr. à fin sept.
📞 02 51 49 10 10, *info@campinglapuertadelsol.com*,
Fax 02 51 49 84 84, *www.campinglapuertadelsol.com*
– **R** conseillée
4 ha (216 empl.) plat, herbeux
Tarif : 32 € ✶✶ 🚗 🔲 (10A) – pers. suppl. 6,50 € – frais de réservation 20 €
Location : 45 🏠 (4 à 6 pers.) nuitée 70 € – 350 à 700 €/sem. – 16 🏡 (4 à 6 pers.) nuitée 70 € – 350 à 700 €/sem. – frais de réservation 20 € - **R** conseillée
Pour s'y rendre : 7 chemin des Hommeaux (4,5 km au nord)
À savoir : agréable cadre verdoyant

Nature : 🌳 ♀
Loisirs : 🍴 self-service, pizzeria 🏠 ♪ nocturne 🎯 🎹 🚌 jacuzzi salle d'animation 🎮 🚴 ✂ 🎣
Services : ♿ 🔑 🆖 🔧 🚿 🚻 🧺 ♨ 🚰
🔲 ♪ 🚰 🔧

Les bords de Loire à Sully

PAYS DE LA LOIRE

ST-HILAIRE-DE-RIEZ

Les Écureuils – de déb. mai à mi-sept.
 02 51 54 33 71, info@camping-aux-ecureuils.com, Fax 02 51 55 69 08, www.camping-aux-ecureuils.com – places limitées pour le passage – **R** conseillée
4 ha (230 empl.) plat, herbeux, sablonneux
Tarif : (Prix 2008) 35,40 € ✶✶ 🚗 🗐 🖱 (6A) – pers. suppl. 6,15 € – frais de réservation 20 €
Location (Prix 2008) 🏠 : 12 🛏 (4 à 6 pers.) 320 à 715 €/sem. – maisonnettes – frais de réservation 20 € - **R** conseillée
Pour s'y rendre : 100 av. de la Pège (5,5 km au nord-ouest, à 200 m de la plage)

La Plage – de déb. avr. à fin sept.
 02 51 54 33 93, campinglaplage@campingscollinet.com, www.campingscollinet.com – places limitées pour le passage – **R** conseillée
5 ha (347 empl.) plat, herbeux, sablonneux
Tarif : (Prix 2008) 26 € ✶✶ 🚗 🗐 🖱 (10A) – pers. suppl. 5,20 € – frais de réservation 17 €
Location (Prix 2008) : 20 🛏 (4 à 6 pers.) 310 à 770 €/sem. – **R** conseillée
🚐 1 borne artisanale 22,50 €
Pour s'y rendre : 106 av. de la Pège (5,7 km au nord-ouest, à 200 m de la plage)

La Ningle de mi-mai à fin sept.
 02 51 54 07 11, campingdelaningle@wanadoo.fr, Fax 02 51 54 99 39, www.campinglaningle.com – **R** conseillée
3,2 ha (150 empl.) plat, herbeux, petit étang
Tarif : 31 € ✶✶ 🚗 🗐 🖱 (10A) – pers. suppl. 4,80 € – frais de réservation 16 €
Location (de déb. avr. à fin sept.) : 18 🛏 (4 à 6 pers.) 210 à 710 €/sem. – frais de réservation 16 € – **R** conseillée
Pour s'y rendre : chemin des Roselières (5,7 km au nord-ouest)
À savoir : agréable cadre verdoyant et soigné

Le Clos des Pins de mi-mai à fin sept.
 02 51 54 32 62, campingleclosdespins@campingscollinet.com, Fax 02 51 55 97 02, www.campingscollinet.com – places limitées pour le passage – **R** conseillée
4 ha (230 empl.) plat, terrasses, sablonneux, herbeux
Tarif : (Prix 2008) 31,20 € ✶✶ 🚗 🗐 🖱 (10A) – pers. suppl. 5,20 € – frais de réservation 17 €
Location (Prix 2008) (de déb. avr. à fin sept.) : 7 🛏 (4 à 6 pers.) 280 à 710 €/sem. – **R** conseillée
🚐 1 borne artisanale 34 €
Pour s'y rendre : Chemin des Roselières (6,2 km au nord-ouest)

La Parée Préneau mai-sept.
 02 51 54 33 84, campinglapareepreneau@wanadoo.fr, Fax 02 51 55 29 57, www.campinglapareepreneau.com – **R** conseillée
3,6 ha (206 empl.) plat, herbeux, sablonneux
Tarif : (Prix 2008) 22 € ✶✶ 🚗 🗐 🖱 (6A) – pers. suppl. 4,65 € – frais de réservation 15 €
Location (Prix 2008) 🏠 : 20 🛏 (4 à 6 pers.) nuitée 50 € - 220 à 600 €/sem. – 7 🏠 (4 à 6 pers.) nuitée 55 € - 230 à 610 €/sem. – frais de réservation 15 € – **R** conseillée
Pour s'y rendre : 3,5 km au nord-ouest
À savoir : cadre verdoyant

PAYS DE LA LOIRE

ST-HILAIRE-DE-RIEZ

Le Bosquet de déb. juin à mi-sept.
02 51 54 34 61, camping@lebosquet.fr, Fax 02 51 54 22 73, www.lebosquet.fr – **R** conseillée
2 ha (115 empl.) plat, herbeux, sablonneux
Tarif : (Prix 2008) 28 € – (10A) – pers. suppl. 4,80 € – frais de réservation 8,50 €
Location (Prix 2008) (de déb. avr. à fin sept.) : 31 (4 à 6 pers.) 210 à 650 €/sem. – **R** conseillée
Pour s'y rendre : 62 av. de la Pège (5 km au nord-ouest, à 250 m de la plage)

Municipal de la Plage de Riez de déb. avr. à fin oct.
02 51 54 36 59, riez85@free.fr, Fax 02 51 54 99 00, www.souslespins.com – **R** conseillée
9 ha (560 empl.) plat, sablonneux
Tarif : (Prix 2008) 25,65 € – (10A) – pers. suppl. 4,95 € – frais de réservation 14 €
Location (Prix 2008) (de déb. avr. à fin nov.) : 80 (4 à 6 pers.) nuitée 70 € - 196 à 710 €/sem. – frais de réservation 14 € - **R** conseillée
1 borne 4,50 € – 6 14,35 € – 9.80 €
Pour s'y rendre : av. des Mimosas (3 km à l'ouest, à 200 m de la plage (accès direct))
À savoir : sous une pinède, près de la plage

Le Romarin de déb. avr. à fin sept.
02 51 54 43 82, Fax 02 51 55 84 33, www.leromarin.fr – **R** conseillée
4 ha/1,5 campable (97 empl.) plat, vallonné, sablonneux, herbeux
Tarif : 25,50 € – (10A) – pers. suppl. 4 € – frais de réservation 16 €
Location : 6 (4 à 6 pers.) nuitée 45 € - 200 à 559 €/sem. – frais de réservation 16 € – **R** conseillée
Pour s'y rendre : 3,8 km au nord-ouest

La Pège de mi-juin à déb. sept.
02 51 54 34 52, campinglapege@wanadoo.fr, Fax 02 51 55 29 57, www.campinglapege.com – **R**
1,8 ha (100 empl.) plat, sablonneux, herbeux
Tarif : (Prix 2008) 23 € – (6A) – pers. suppl. 4,70 €
Location (Prix 2008) : 10 (4 à 6 pers.) 250 à 600 €/sem. – frais de réservation 15 € - **R** conseillée
Pour s'y rendre : 67 av. de la Pège (5 km au nord-ouest)
À savoir : à 150 m de la plage (accès direct)

Domaine Villa Campista (location exclusive de mobile homes et chalets) Permanent
02 51 68 33 71, serviceclients@villa-campista.com, Fax 02 51 49 08 92, www.villa-campista.com – **R** conseillée
4 ha plat, sablonneux, herbeux, étang
Location (Prix 2008) : 35 (4 à 6 pers.) nuitée 53 € - 215 à 610 €/sem. – 7 (4 à 6 pers.) nuitée 43 € - 157 à 514 €/sem. – frais de réservation 16 € - **R** conseillée
Pour s'y rendre : 298 rte du Perrier (6 km au nord par D 38 et D 59r)

Municipal les Demoiselles de fin juin à déb. sept.
02 51 58 10 71, demoiselles85@free.fr, Fax 02 51 60 07 84, www.souslespins.com – **R** conseillée
13,7 ha (390 empl.) incliné à peu incliné, accidenté, vallonné, sablonneux, herbeux
Tarif : (Prix 2008) 20,70 € – (10A) – pers. suppl. 4,25 € – frais de réservation 14 €
Location (Prix 2008) : 4 bungalows toilés – frais de réservation 14 € - **R** conseillée
Pour s'y rendre : av. des Becs (9,5 km au nord-ouest, à 300 m de la plage)

PAYS DE LA LOIRE

ST-HILAIRE-LA-FORÊT

✉ 85440 – **316** G9 – G. Poitou Charentes Vendée – 423 h. – alt. 23
Paris 449 – Challans 66 – Luçon 31 – La Roche-sur-Yon 31 – Les Sables-d'Olonne 24.

La Grand' Métairie de déb. avr. à mi-sept.
☎ 02 51 33 32 38, info@camping-grandmetairie.com,
Fax 02 51 33 25 69, www.la-grand-metairie.com – places limitées pour le passage – **R** conseillée
3,8 ha (172 empl.) plat, herbeux
Tarif : 27,90 € ★★ 🚗 🗐 🛠 (10A) – pers. suppl. 8 € – frais de réservation 22 €
Location : 33 🏠 (4 à 6 pers.) nuitée 85 € - 206 à 827 €/sem. – 28 🏠 (4 à 6 pers.) nuitée 95 € - 216 à 845 €/sem. – bungalows toilés – frais de réservation 22 € - **R** conseillée
Pour s'y rendre : 8 r. de la Vineuse-en-Plaine (au nord du bourg par D 70)

Les Batardières de déb. juil. à déb. sept.
☎ 02 51 33 33 85 – **R** conseillée
1,6 ha (75 empl.) plat, herbeux
Tarif : 23,50 € ★★ 🚗 🗐 🛠 (6A) – pers. suppl. 3 €
Pour s'y rendre : 2 r. des Batardières (à l'ouest par D 70 et à gauche, rte du Poteau)

Ne pas confondre :
△ ... à ... △△△△ : *appréciation* **MICHELIN**
et
★ ... à ... ★★★★ : *classement officiel*

ST-HILAIRE-ST-FLORENT

✉ 49400 – **317** I5 – G. Châteaux de la Loire
Paris 324 – Nantes 131 – Angers 45 – Tours 72 – Cholet 72.

Chantepie 👥 – de mi-mai à mi-sept.
☎ 02 41 67 95 34, info@campingchantepie.com,
Fax 02 41 67 95 85, www.campingchantepie.com
– **R** conseillée
10 ha/5 campables (150 empl.) plat, herbeux
Tarif : 29 € ★★ 🚗 🗐 🛠 (10A) – pers. suppl. 7 € – frais de réservation 15 €
Location : 19 🏠 (4 à 6 pers.) nuitée 55 € - 385 à 585 €/sem. – bungalows toilés – frais de réservation 15 € , **R** conseillée
🚐 🛠 🗓 13 €
Pour s'y rendre : St-Hilaire-St-Forent (5,5 km au nord-ouest par D 751, rte de Gennes et chemin à gauche, à la Mimerolle)

ST-JEAN-DE-MONTS

✉ 85160 – **316** D7 – G. Poitou Charentes Vendée – 6 886 h. – alt. 16
🛈 Office de tourisme, 67, esplanade de la Mer ☎ 08 26 88 78 87, Fax 02 51 59 87 87
Paris 451 – Cholet 123 – Nantes 73 – Noirmoutier-en-l'Île 34 – La Roche-sur-Yon 61 – Les Sables-d'Olonne 47.

Les Amiaux 👥 – de déb. mai à fin sept.
☎ 02 51 58 22 22, accueil@amiaux.fr, Fax 02 51 58 26 09,
www.amiaux.fr – **R** conseillée
12 ha (543 empl.) plat, herbeux, sablonneux
Tarif : ★ 4 € 🚗 🗐 25,50 € 🛠 (10A) – frais de réservation 16 €
Location 🏠 : 16 🏠 (4 à 6 pers.) 280 à 720 €/sem. – frais de réservation 16 € - **R** conseillée
Pour s'y rendre : 223 rte de Notre-Dame (3,5 km au nord-ouest)

PAYS DE LA LOIRE

ST-JEAN-DE-MONTS

Le Bois Joly – de mi-avr. à fin sept.
02 51 59 11 63, campingboisjoly@wanadoo.fr, Fax 02 51 59 11 06, www.camping-lebois-joly.com – R conseillée
7,5 ha (356 empl.) plat, herbeux, sablonneux
Tarif : 30 € ✝✝ ⇔ 🅴 (10A) – pers. suppl. 5 € – frais de réservation 20 €
Location ⚡ : 66 (4 à 6 pers.) nuitée 70 € - 260 à 640 €/sem. – 18 (4 à 6 pers.) nuitée 80 € - 280 à 670 €/sem. – frais de réservation 20 € - R conseillée
1 borne artisanale 17 €
Pour s'y rendre : 46 rte de Notre-Dame-de-Monts (1 km au nord-ouest, au bord d'un étier)
À savoir : bel espace aquatique

Nature : (peupleraie)
Loisirs : snack nocturne terrain omnisports
Services : (juil.-août)
À prox. :

La Yole – de déb. avr. à fin sept.
02 51 58 67 17, contact@la-yole.com, Fax 02 51 59 05 35, www.la-yole.com – places limitées pour le passage – R conseillée
5 ha (278 empl.) plat, sablonneux, herbeux, pinède attenante (2 ha)
Tarif : 30 € ✝✝ ⇔ 🅴 (10A) – pers. suppl. 6,50 € – frais de réservation 28 €
Location ⚡ : 54 (4 à 6 pers.) 295 à 810 €/sem. – frais de réservation 28 € - R conseillée
Pour s'y rendre : chemin des Bosses-Orouet (7 km au sud-est)
À savoir : joli cadre verdoyant, soigné, fleuri et ombragé

Nature :
Loisirs : crêperie nocturne
Services :

Village Club le Victoria (location exclusive de maisonnettes et studios)
02 28 11 66 11, victoria.le@wanadoo.fr, Fax 02 28 11 69 91, www.le-victoria.fr – R indispensable
3 ha plat, herbeux, sablonneux
Location P : 45 – 9 studios
À savoir : décoration arbustive

Nature :
Loisirs : nocturne terrain omnisports
Services : sèche-linge

Les Aventuriers de la Calypso – de déb. avr. à mi-sept.
02 51 59 79 66, contacts@camping-apv.com, Fax 02 51 59 79 67, www.lesaventuriersdelacalypso.com – places limitées pour le passage – R conseillée
4 ha (250 empl.) plat, herbeux, sablonneux
Tarif : (Prix 2008) 30,90 € ✝✝ ⇔ 🅴 (10A) – pers. suppl. 7,70 € – frais de réservation 27 €
Location (Prix 2008) : (2 à 4 pers.) 141 à 648 €/sem. – (4 à 6 pers.) nuitée 66 € - 197 à 873 €/sem. – (4 à 6 pers.) nuitée 83 € - 248 à 873 €/sem. – frais de réservation 27 € - R conseillée
Pour s'y rendre : rte de Notre-Dame-de-Monts (4,6 km au nord-ouest)

Nature :
Loisirs : snack nocturne terrain omnisports
Services :

L'Abri des Pins –
02 51 58 83 86, contact@abridespins.com, Fax 02 51 59 30 47, www.abridespins.com – places limitées pour le passage – R
3 ha (217 empl.) plat, herbeux, sablonneux
Location : –
Pour s'y rendre : Rte de Notre-Dame-de-Monts (4 km au nord-ouest)
À savoir : agréable cadre fleuri

Nature :
Loisirs : snack, pizzeria nocturne
Services :

PAYS DE LA LOIRE

ST-JEAN-DE-MONTS

Le Vieux Ranch de déb. avr. à fin sept.
 02 51 58 86 58, *levieuxranch@wanadoo.fr*,
Fax 02 51 59 12 20, *www.levieuxranch.com* – **R** conseillée
5 ha (242 empl.) plat, sablonneux, herbeux
Tarif : (Prix 2008) 25,70 € ★★ ⇔ 圓 ⓗ (6A) – pers. suppl. 5 €
Location (Prix 2008) ⚡ : 🏠 (4 à 6 pers.) 247 à 680 €/sem. – ⌂ (4 à 6 pers.) - 354 à 720 €/sem. – **R** conseillée
Pour s'y rendre : chemin de la Parée-du-Jonc (4,3 km au nord-ouest)
À savoir : agréable situation à 200 m de la plage

Aux Coeurs Vendéens de déb. mai à mi-sept.
 02 51 58 84 91, *info@coeursvendeens.com*,
Fax 02 28 11 20 75, *www.coeursvendeens.com* – **R** conseillée
2 ha (117 empl.) plat, herbeux, sablonneux
Tarif : 29,30 € ★★ ⇔ 圓 ⓗ (10A) – pers. suppl. 4,90 € – frais de réservation 15 €
Location (de déb. avr. à fin sept.) ⚡ : 50 🏠 (4 à 6 pers.) 180 à 840 €/sem. – frais de réservation 15 € - **R** conseillée
Pour s'y rendre : 251 rte de Notre-Dame-de-Monts (4 km au nord-ouest)

Les Places Dorées de mi-juin à mi-sept.
 02 51 59 02 93, *contact@placesdorees.com*,
Fax 02 51 59 30 47, *www.placesdorees.com* – **R** conseillée
5 ha (243 empl.) plat, sablonneux, herbeux
Tarif : 35,50 € ★★ ⇔ 圓 ⓗ (6A) – pers. suppl. 6,20 € – frais de réservation 25 €
Location (de mi-mai à mi-sept.) ⚡ : 50 🏠 (4 à 6 pers.) 269 à 779 €/sem. – frais de réservation 25 € - **R** conseillée
Pour s'y rendre : 247 rte de Notre-Dame-de-Monts (4 km au nord-ouest)
À savoir : bel espace aquatique

Le Both d'Orouet de déb. avr. à mi-oct.
 02 51 58 60 37, *leboth.d.orouet@netcourrier.com*,
Fax 02 51 59 37 03, *http://camping.orouet.free.fr* – **R** conseillée
4,4 ha (206 empl.) plat, herbeux, sablonneux
Tarif : (Prix 2008) 24,50 € ★★ ⇔ 圓 ⓗ (6A) – pers. suppl. 4,50 € – frais de réservation 16 €
Location (Prix 2008) (de déb. avr. à mi-sept.) : 31 🏠 (4 à 6 pers.) 200 à 640 €/sem. – 16 ⌂ (4 à 6 pers.) - 200 à 640 €/sem. – frais de réservation 16 € - **R** conseillée
🚐 10 圓 24,50 €
Pour s'y rendre : 77 av. d'Orouet (6,7 km au sud-est, au bord d'un ruisseau)
À savoir : agréable cadre de verdure et salle de jeux dans une ancienne grange de 1875 restaurée

Plein Sud
 02 51 59 10 40, *info@campingpleinsud.com*,
Fax 02 51 58 92 29, *www.campingpleinsud.com* – **R** indispensable
2 ha (110 empl.) plat, herbeux, sablonneux
Location ⚡ : 46 🏠
Pour s'y rendre : 4 km au nord-ouest

PAYS DE LA LOIRE

ST-JEAN-DE-MONTS

La Forêt de déb. mai à fin sept.
☎ 02 51 58 84 63, camping-la-foret@wanadoo.fr,
Fax 02 51 58 84 63, www.hpa-laforet.com – **R** conseillée
1 ha (61 empl.) plat, herbeux, sablonneux
Tarif : 30,80 € ★★ 🚗 🔲 [刘] (6A) – pers. suppl. 5 € – frais de réservation 20 €
Location (de déb. avr. à fin sept.) 🚫 : 11 🚐 (4 à 6 pers.) 269 à 659 €/sem. – frais de réservation 20 € - **R** conseillée
🚐 1 borne artisanale – 10 🔲 17 € – 🚐 [刘] 16 €
Pour s'y rendre : 5,5 km au nord-ouest
À savoir : belle décoration arbustive

Nature : 🗔 🌳🌳
Loisirs : 🏠 🚣 🎯 🏊
Services : 👤 🔑 GB 🚴 🔯 ♿ 🚿 🗑 🍳 🔥
À prox. : canoë de mer

La Davière-Plage de déb. mai à fin sept.
☎ 02 51 58 27 99, daviereplage@wanadoo.fr,
Fax 02 51 58 27 99, www.daviereplage.com – **R** conseillée
3 ha (200 empl.) plat, sablonneux, herbeux
Tarif : 23,70 € ★★ 🚗 🔲 [刘] (10A) – pers. suppl. 5,25 € – frais de réservation 20 €
Location : 9 🚐 (2 à 4 pers.) 210 à 510 €/sem. – 20 🚐 (4 à 6 pers.) 280 à 710 €/sem. – bungalows toilés – frais de réservation 20 € - **R** conseillée
🚐 1 borne 13,50 € – 20 🔲 13,50 €
Pour s'y rendre : 197 rte de Notre-Dame (3 km au nord-ouest)

Nature : 🌳
Loisirs : snack 🏠 🚣 🎯 🏊
Services : 👤 🔑 (juil.-août) GB 🚴 🔯 ♿ 🗑 🍳
À prox. : 🍷 ✕

Les Pins de mi-juin à mi-sept.
☎ 02 51 58 17 42, Fax 02 51 58 17 42 – **R** conseillée
1,2 ha (118 empl.) plat et en terrasses, sablonneux
Tarif : 25 € ★★ 🚗 🔲 [刘] (6A) – pers. suppl. 6 € – frais de réservation 20 €
Location 🚫 : 17 🏠 (4 à 6 pers.) - 525 à 640 €/sem. – frais de réservation 20 € - **R** conseillée
Pour s'y rendre : 2,5 km au sud-est
À savoir : cadre verdoyant

Nature : 🗔 🌳
Loisirs : 🍷 🏠 🚣 🎯 🏊
Services : 🔑 🚴 🔯 ♿ 🗑
À prox. : 🏖 🎣

Les Jardins de l'Atlantique de déb. avr. à fin sept.
☎ 02 51 58 05 74, info@camping-jardins-atlantique.com,
Fax 02 51 58 01 67, www.camping-jardins-atlantique.com – places limitées pour le passage – **R** conseillée
5 ha (310 empl.) plat et peu incliné, accidenté, sablonneux
Tarif : (Prix 2008) 21,30 € ★★ 🚗 🔲 [刘] (10A) – pers. suppl. 5,30 € – frais de réservation 18 €
Location (Prix 2008) (de déb. avr. à déb. sept.) : 40 🚐 (4 à 6 pers.) 330 à 580 €/sem. – frais de réservation 18 € - **R** conseillée
Pour s'y rendre : 100 r. de la Caillauderie (5,5 km au nord-est)

Nature : 🗔 🌳🌳(pinède)
Loisirs : 🍷 snack 🏠 🌙 nocturne 🎠 🚴 🏊 ⛳ terrain omnisports
Services : 👤 🔑 GB 🚴 🔯 ♿ 🚿 📞 🗑 🍳

Le Logis de déb. avr. à déb. sept.
☎ 02 51 58 60 67, camping-le-logis@aliceadsl.fr,
Fax 02 51 58 60 67, www.camping-saintjeandemonts.com – **R** conseillée
0,8 ha (40 empl.) plat et en terrasses, sablonneux, herbeux
Tarif : 21,10 € ★★ 🚗 🔲 [刘] (10A) – pers. suppl. 4,25 € – frais de réservation 15 €
Location : 13 🚐 (4 à 6 pers.) nuitée 60 € - 225 à 560 €/sem. – frais de réservation 15 € - **R** conseillée
🚐 1 borne artisanale 17,50 € – 🚐 17,50 €
Pour s'y rendre : rte de St-Gilles-Croix-de-Vie – chemin du logis (4,3 km au sud-est)

Nature : 🗔
Loisirs : 🏠 🚣 🏊 (petite piscine)
Services : 👤 🔑 GB 🚴 🔯 ☺ 🗑
À prox. : 🍷 ✕ 🎣

PAYS DE LA LOIRE

ST-JEAN-DE-MONTS

Campéole les Sirènes de déb. avr. à mi-sept.
 02 51 58 01 31, sirenes@campeole.com,
Fax 02 51 59 03 67, www.campeole.com – **R** conseillée
15 ha/5 campables (500 empl.) plat et accidenté, dunes, pinède
Tarif : 26 €   (6A) – pers. suppl. 6,90 € – frais de réservation 25 €
Location : 50   (4 à 6 pers.) 294 à 819 €/sem. – 80 bungalows toilés avec et sans sanitaires – frais de réservation 25 € - **R** conseillée
 1 borne artisanale 26 €
Pour s'y rendre : au sud-est, av. des Demoiselles, à 500 m de la plage

Le Clos d'Orouet de déb. mai à déb. sept.
 02 51 59 51 01, Fax 02 51 59 51 01, www.camping-leclosdorouet.com – **R** conseillée
1,3 ha (75 empl.) plat, sablonneux
Tarif : 22,90 €   (6A) – pers. suppl. 4,20 € – frais de réservation 16 €
Location : 12   (4 à 6 pers.) 297 à 668 €/sem. – frais de réservation 16 € - **R** conseillée
Pour s'y rendre : chemin du Champ-de-Bataille (8,7 km au sud-est)

Si vous recherchez :
  Un terrain offrant des équipements et des loisirs adaptés aux enfants
  Un terrain agréable ou très tranquille
L - M Un terrain effectuant la location de caravanes, de mobile homes, de bungalows ou de chalets
P Un terrain ouvert toute l'année
  Un terrain possédant une aire de services pour camping-cars
Consultez le tableau des localités

ST-JULIEN-DES-LANDES

 85150 – **316** F8 – 1 105 h. – alt. 59
Paris 445 – Aizenay 17 – Challans 32 – La Roche-sur-Yon 24 – Les Sables-d'Olonne 19 – St-Gilles-Croix-de-Vie 21.

La Garangeoire – de déb. avr. à mi-sept.
 02 51 46 65 39, info@garangeoire.com,
Fax 02 51 46 69 85, www.camping-la-garangeoire.com
– **R** conseillée
200 ha/10 campables (340 empl.) plat et vallonné, terrasses, herbeux
Tarif : 36 €   (8A) – pers. suppl. 7,80 € – frais de réservation 25 €
Location (de déb. avr. à fin sept.) : 24   (4 à 6 pers.) 890 €/sem. – 22   (4 à 6 pers.) 1 020 €/sem. – frais de réservation 25 € - **R** conseillée
Pour s'y rendre : la Garangeoire (2,8 km au nord par D 21)
À savoir : agréable domaine : prairies, étangs et bois

La Forêt de mi-mai à mi-sept.
 02 51 46 62 11, camping@domainelaforet.com,
Fax 02 51 46 60 87, www.domainelaforet.com – **R** conseillée
50 ha/5 campables (148 empl.) plat, herbeux, étangs et bois
Tarif : (Prix 2008) 33,20 €   (6A) – pers. suppl. 6,30 €
Location (Prix 2008) : 6   (4 à 6 pers.) 328 à 749 €/sem. – **R** conseillée
Pour s'y rendre : sortie nord-est par D 55, rte de Martinet
À savoir : dans les dépendances et le parc d'un château

PAYS DE LA LOIRE

ST-JULIEN-DES-LANDES

La Guyonnière de fin avr. à fin sept.
 02 51 46 62 59, info@laguyonniere.com,
Fax 02 51 46 62 89, www.laguyonniere.com – places limitées pour le passage – **R** conseillée
30 ha/6,5 campables (167 empl.) plat, peu incliné, herbeux, étang
Tarif : 36,20 € ★★ 🚗 🔳 ⚡ (10A) – pers. suppl. 6 € – frais de réservation 20 €
Location 🏷 : 42 🏠 (4 à 6 pers.) 257 à 809 €/sem. – 35 🏡 (4 à 6 pers.) - 386 à 920 €/sem. – frais de réservation 20 € - **R** conseillée
Pour s'y rendre : la Guyonnière (2,4 km au nord-ouest par D 12, rte de Landevieille puis 1,2 km par chemin à dr. à prox. du lac du Jaunay)

Nature : 🌳 💧
Loisirs : 🍴 snack 🎮 🏓 🚴 🏊 ⛵
⛰ 🚶 parcours de santé
Services : ♿ 🔌 🅖🅑 🔧 🍽 ♻ @ 📞
🛁 🧺

ST-LAMBERT-DU-LATTAY

✉ 49750 – **317** F5 – G. Châteaux de la Loire – 1 466 h. – alt. 63
🛈 Syndicat d'initiative, étang de Coudray 02 41 78 44 26
Paris 315 – Ancenis 54 – Angers 26 – Cholet 39 – Doué-la-Fontaine 33.

S.I. la Coudraye de déb. avr. à fin oct.
 02 41 78 44 26, miche.rip@wanadoo.fr – **R** conseillée
0,5 ha (20 empl.) peu incliné, herbeux
Tarif : (Prix 2008) ★ 2,40 € 🚗 🔳 2,40 € – ⚡ (10A) 2,50 €
Location (Prix 2008) (permanent) : huttes – **R** conseillée
🚐 🚰 7,20 €
Pour s'y rendre : la Coudraye (au sud du bourg, près d'un étang)

Nature : 🌳 🏞
Loisirs : 🏓
Services : ♿ 🔌 (juil.-août) 🔧 🍽 ♻
@ 🛁 🚻 🧺
À prox. : 🎣

ST-LAURENT-SUR-SÈVRE

✉ 85290 – **316** K6 – G. Poitou Charentes Vendée – 3 307 h. – alt. 121
Paris 365 – Angers 76 – Bressuire 36 – Cholet 14 – Nantes 69 – La Roche-sur-Yon 63.

Le Rouge Gorge Permanent
 02 51 67 86 39, campinglerougegorge@wanadoo.fr, www.lerougegorge.com – **R** conseillée
2 ha (93 empl.) plat, peu incliné, herbeux
Tarif : 19,10 € ★★ 🚗 🔳 ⚡ (4A) – pers. suppl. 3,90 € – frais de réservation 7 €
Location 🏷 : 5 🏡 (4 à 6 pers.) nuitée 95 € - 275 à 556 €/sem. – frais de réservation 7 € - **R** conseillée
🚐 1 borne artisanale 16,80 €
Pour s'y rendre : rte de la Verrie (1 km à l'ouest par D 111)

Loisirs : 🎮 ⛵
Services : ♿ 🔌 🅖🅑 🔧 🍽 ♻ @ ⛲
🧺 🛁
À prox. : 🎣

ST-MICHEL-EN-L'HERM

✉ 85580 – **316** I9 – G. Poitou Charentes Vendée – 1 931 h. – alt. 9
🛈 Syndicat d'initiative, 5, place de l'Abbaye 02 51 30 21 89, Fax 02 51 30 21 89
Paris 453 – Luçon 15 – La Rochelle 46 – La Roche-sur-Yon 47 – Les Sables-d'Olonne 54.

Les Mizottes de déb. avr. à mi-oct.
 02 51 30 23 63, accueil@campinglesmizottes.fr, Fax 02 51 30 23 62, www.campinglesmizottes.fr
– **R** conseillée
2 ha (112 empl.) plat, herbeux
Tarif : 20 € ★★ 🚗 🔳 ⚡ (6A) – pers. suppl. 4 €
Location : 40 🏠 (4 à 6 pers.) nuitée 55 € - 200 à 530 €/sem. – **R** conseillée
🚐 2 🔳 10 € – 🚰 10 €
Pour s'y rendre : 800 m au sud-ouest par D 746, rte de l'Aiguillon-sur-Mer

Nature : 🏞 💧
Loisirs : 🎮 🚴 ⛵
Services : ♿ 🔌 🅖🅑 🔧 🍽 ♻ @ 📞
🛁 🧺

PAYS DE LA LOIRE

ST-PÈRE-EN-RETZ

✉ 44320 – **316** D4 – 3 454 h. – alt. 14
Paris 425 – Challans 54 – Nantes 45 – Pornic 13 – St-Nazaire 25.

▲ **Le Grand Fay** de déb. avr. à mi-oct.
📞 02 40 21 72 89, legrandfay@aol.com, Fax 02 40 82 40 27, www.camping-granfay.com – **R** conseillée
1,2 ha (91 empl.) plat et peu incliné, herbeux
Tarif : 17,60 € ★★ 🚗 🔌 (10A) – pers. suppl. 3,80 € – frais de réservation 15 €
Location (permanent) : 5 🏠 (4 à 6 pers.) 220 à 640 €/sem. – frais de réservation 15 € - **R** conseillée
Pour s'y rendre : sortie est par D 78, rte de Frossay puis 500 m par r. à dr., près du parc des sports et d'un lac

Nature : ♀
Loisirs : 🎠 🛶 (petite piscine)
Services : 🔑 GB 🚲 🏪 ⊕ 🚿
À prox. : 🍴

ST-RÉVÉREND

✉ 85220 – **316** F7 – 910 h. – alt. 19
Paris 453 – Aizenay 20 – Challans 19 – La Roche-sur-Yon 36 – Les Sables-d'Olonne 27 – St-Gilles-Croix-de-Vie 10.

▲ **Le Pont Rouge** de fin mars à déb. nov.
📞 02 51 54 68 50, camping.pontrouge@wanadoo.fr, Fax 02 51 54 61 67, www.camping-lepontrouge.com – **R** conseillée
2,2 ha (73 empl.) plat et peu incliné, herbeux
Tarif : 22,50 € ★★ 🚗 🔌 (6A) – pers. suppl. 5 € – frais de réservation 15 €
Location : 2 🏠 (2 à 4 pers.) nuitée 23 € - 159 à 417 €/sem. – 19 🏠 (4 à 6 pers.) nuitée 54 € - 199 à 624 €/sem. – frais de réservation 15 € - **R** conseillée
🚐 5 🍴 22,50 €
Pour s'y rendre : r. Georges-Clemenceau (sortie sud-ouest par D 94 et chemin à dr., au bord d'un ruisseau)
À savoir : cadre verdoyant

Nature : 🌳 🏞 ♀
Loisirs : 🎠 🛶
Services : ♿ 🔑 GB 🚲 🏪 ⊕ 🚿 🛁 📞 🍴

587

ST-VINCENT-SUR-JARD

✉ 85520 – **316** G9 – G. Poitou Charentes Vendée – 871 h. – alt. 10
🏢 Syndicat d'initiative, place de l'Eglise 📞 02 51 33 62 06, Fax 02 51 33 01 23
Paris 454 – Challans 64 – Luçon 34 – La Rochelle 70 – La Roche-sur-Yon 35 – Les Sables d'Olonne 23.

▲▲▲ **La Bolée d'Air** de déb. avr. à fin sept.
📞 02 51 33 05 05, info@chadotel.com, Fax 02 51 33 94 04, www.chadotel.com – **R** conseillée
5,7 ha (280 empl.) plat, herbeux
Tarif : 29,50 € ★★ 🚗 🔌 (6A) – pers. suppl. 5,80 € – frais de réservation 25 €
Location : 🏠 (4 à 6 pers.) 190 à 785 €/sem. – 🏡 (4 à 6 pers.) - 200 à 810 €/sem. – bungalows toilés – frais de réservation 25 € - **R** conseillée
Pour s'y rendre : le Bouil - rte de Longeville (2 km à l'est par D 21 et à dr.)

Nature : 🏞 ♀
Loisirs : 🍴 🎮 🎵 🎠 🚴 🎯 🏓 🏊 🛶 ⛳ terrain omnisports
Services : ♿ 🔑 GB 🚲 🏪 ⊕ 🚿 🛁 🍴 📞 🛒 🧺

Si vous recherchez :

▲ *Un terrain au bord de l'eau avec possibilité de baignade*
🌿 *Un terrain agréable ou très tranquille*
L *Un terrain effectuant la location de caravanes, de mobile homes, de bungalows ou de chalets*
P *Un terrain ouvert toute l'année*
🚐 *Un terrain possédant une aire de services pour camping-cars*

Consultez le tableau des localités

PAYS DE LA LOIRE

STE-LUCE-SUR-LOIRE

44980 – **316** H4 – 11 261 h. – alt. 9
Paris 378 – Nantes 7 – Angers 82 – Cholet 58.

Belle Rivière Permanent
02 40 25 85 81, belleriviere@wanadoo.fr,
Fax 02 40 25 85 81, www.camping-belleriviere.com – **R** conseillé
3 ha (100 empl.) plat, herbeux
Tarif : 4,10 € 1,80 € 4,35 € – (10A) 3,70 €
Location : 6 (4 à 6 pers.) 245 à 460 €/sem. – frais de réservation 15 € - **R** conseillée
3 14 €
Pour s'y rendre : rte des Perrières (2 km au nord-est par D 68, rte de Thouaré puis, au lieu-dit la Gicquelière, 1 km par rte à dr., accès direct à un bras de la Loire)
À savoir : agréable cadre pittoresque

Nature :
Loisirs :
Services : (juin-oct.) GB
À prox. : (centre équestre)

SAUMUR

49400 – **317** I5 – G. Châteaux de la Loire – 29 857 h. – alt. 30
Office de tourisme, place de la Bilange 02 41 40 20 60, Fax 02 41 40 20 69
Paris 300 – Angers 67 – Châtellerault 76 – Cholet 70 – Le Mans 124 – Poitiers 97 – Tours 64.

L'Île d'Offard – de déb. mars à mi-nov.
02 41 40 30 00, iledoffard@cvtloisirs.fr,
Fax 02 41 67 37 81, www.cvtloisirs.com – **R** conseillée
4,5 ha (258 empl.) plat, herbeux
Tarif : 30,50 € (16A) – pers. suppl. 5 € – frais de réservation 12 €
Location : 43 (4 à 6 pers.) nuitée 70 € - 266 à 735 €/sem. – bungalows toilés – frais de réservation 12 € - **R** conseillée
1 borne artisanale
Pour s'y rendre : r. de Verden (accès par centre-ville, dans une île de la Loire)
À savoir : situation agréable à la pointe de l'Île avec vue sur le château

Nature :
Loisirs : brasserie jacuzzi
Services : GB
À prox. : canoë

LA SELLE-CRAONNAISE

53800 – **310** C7 – 882 h. – alt. 71
Paris 316 – Angers 68 – Châteaubriant 32 – Château-Gontier 29 – Laval 36 – Segré 26.

Base de Loisirs de la Rincerie
02 43 06 17 52, larincerie@wanadoo.fr,
Fax 02 43 07 50 20, http://www.la-rincerie.com – **R**
120 ha/5 campables (50 empl.) plat, peu incliné, herbeux
Location : 5 bungalows toilés
1 borne artisanale
Pour s'y rendre : 3,5 km au nord-ouest par D 111, D 150, rte de Ballots et rte à gauche
À savoir : Près d'un plan d'eau, nombreuses activités nautiques

Nature :
Loisirs : diurne
Services :
à la base de loisirs : swin golf, circuit pédestre, VTT et équestre, canoë-kayak

SILLÉ-LE-GUILLAUME

72140 – **310** I5 – G. Normandie Cotentin – 2 585 h. – alt. 161
Office de tourisme, place de la Résistance 02 43 20 10 32, Fax 02 43 20 01 23
Paris 230 – Alençon 39 – Laval 55 – Le Mans 35 – Sablé-sur-Sarthe 42.

Les Molières de déb. juin à fin août
02 43 20 16 12, campingsilleplage@wanadoo.fr,
www.campingsilleplage.com – **R** conseillée
3,5 ha (133 empl.) plat, herbeux
Tarif : (Prix 2008) 12,30 € (13A) – pers. suppl. 3,20 €
9 €
Pour s'y rendre : Sillé-Plage (2,5 km au nord par D 5, D 105, D 203 et chemin à dr.)
À savoir : dans la forêt, près d'un plan d'eau et de deux étangs

Nature :
Loisirs :
Services : GB
À prox. : crêperie (centre équestre) pédalos

PAYS DE LA LOIRE

SILLÉ-LE-PHILIPPE

✉ 72460 – **310** L6 – 867 h. – alt. 35
Paris 195 – Beaumont-sur-Sarthe 25 – Bonnétable 11 – Connerré 15 – Mamers 33 – Le Mans 19.

Château de Chanteloup de fin mai à fin août
☎ 02 43 27 51 07, chanteloup.souffront@wanadoo.fr,
Fax 02 43 89 05 05, www.chateau-de-chanteloup.com
– **R** conseillée
20 ha (100 empl.) plat, peu incliné, sablonneux, herbeux,
étang, sous-bois
Tarif : ★ 7,80 € 🚗 🅴 12,90 € – [⚡] (8A) 3,80 €
Location : 🛏 – **R** conseillée
Pour s'y rendre : Chanteloup (2 km au sud-ouest par
D 301, rte du Mans)

Nature : 🌳 ♨
Loisirs : 🍷 snack 🎱 ♒ 🚴 🏊
Services : ⚙ ⚿ 🅶🅱 🧺 ♻ 🚿 🍴 ⛽
🧻

SION-SUR-L'OCÉAN

✉ 85270 – **316** E7 – G. Poitou Charentes Vendée
Paris 461 – Nantes 77 – La Roche Sur Yon 53.

Municipal de Sion de déb. avr. à fin oct.
☎ 02 51 54 34 23, sion85@free.fr, Fax 02 51 60 07 84,
www.souslespins.com – **R** conseillée
3 ha (173 empl.) plat, sablonneux, gravillons
Tarif : (Prix 2008) 28,95 € ★★ 🚗 🅴 [⚡] (10A) – pers.
suppl. 5,40 € – frais de réservation 14 €
Location (Prix 2008) : 9 🏠 (4 à 6 pers.) 210 à
670 €/sem. – frais de réservation 14 € – **R** conseillée
🚐 1 borne sanistation 4,50 € – 🅿 16,95 €
Pour s'y rendre : av. de la Forêt (sortie nord)
À savoir : à 350 m de la plage (accès direct)

Nature : 🏕 ♀
Loisirs : 🎱 ♒
Services : ♿ ⚿ 🅶🅱 🚿 🧺 ♻ ⛽ 🚽
🧻

SOULLANS

✉ 85300 – **316** E7 – 3 425 h. – alt. 12
🛈 Office de tourisme, rue de l'Océan ☎ 02 51 35 28 68, Fax 02 51 35 24 26
Paris 443 – Challans 7 – Noirmoutier-en-l'Île 46 – La Roche-sur-Yon 48 – Les Sables-d'Olonne 39 –
St-Gilles-Croix-de-Vie 15.

Municipal le Moulin Neuf de mi-juin à mi-sept.
☎ 02 51 68 00 24, camping-soullans@wanadoo.fr,
Fax 02 51 68 88 66 – **R** conseillée
1,2 ha (80 empl.) plat, herbeux
Tarif : (Prix 2008) 8,30 € ★★ 🚗 🅴 [⚡] (4A) – pers.
suppl. 2,30 €
Pour s'y rendre : sortie nord par D 69, rte de Challans et r.
à dr.

Nature : 🌳 🏕 ♀
Services : ♿ ⚿ 🅶🅱 🚿 ♻ 🧻
À prox. : 🍴

TALMONT-ST-HILAIRE

✉ 85440 – **316** G9 – G. Poitou Charentes Vendée – 5 363 h. – alt. 35
🛈 Office de tourisme, place du Château ☎ 02 51 90 65 10, Fax 02 51 20 71 80
Paris 448 – Challans 55 – Luçon 38 – La Roche-sur-Yon 30 – Les Sables-d'Olonne 14.

Yellow! Village Le Littoral de déb. avr. à mi-sept.
☎ 02 51 22 04 64, info@campinglelittoral.com,
Fax 02 51 22 05 37, www.campinglelittoral.com – places li-
mitées pour le passage – **R** conseillée
9 ha (483 empl.) plat et peu incliné, herbeux, sablonneux
Tarif : 39 € ★★ 🚗 🅴 [⚡] (10A) – pers. suppl. 6 € – frais de
réservation 25 €
Location : 120 🏠 (4 à 6 pers.) 266 à 1 015 €/sem. – 11
🏠 (4 à 6 pers.) - 371 à 1 085 €/sem. – **R** conseillée
Pour s'y rendre : Le Porteau (9,5 km au sud-ouest par
D 949, D 4a et apr. Querry-Pigeon, à dr. par D 129, rte
côtière des Sables-d'Olonne, à 200 m de l'océan)

Nature : 🏕 ♀
Loisirs : 🍷 🍴 crêperie, pizzeria 🎱
♒ 🚴 ✂ 🎮 🏊 ⛳ terrain om-
nisports
Services : ♿ ⚿ 🅶🅱 🚿 🧺 ♻ 🚽 ⛽
🗑 🍴 🛒 ⛽
À prox. : golf (18 trous)

PAYS DE LA LOIRE

TALMONT-ST-HILAIRE

Les Cottages St-Martin (location exclusive de mobile homes et maisonnettes) Permanent
02 51 21 90 00, st.martin@odalys-vacances.com, Fax 02 51 22 21 24, www.odalys-vacances.com
3,5 ha plat, herbeux
Location : – – **R** conseillée
Pour s'y rendre : le Porteau (9,5 km au sud-ouest par D 949, D 4a et apr. Querry-Pigeon, à dr. par D 129, rte Côtière des Sables-d'Olonne, à 200 m de l'océan)

Nature :
Loisirs :
Services :
À prox. : golf (18 trous)

Le Paradis de déb. mai à fin sept.
02 51 33 58 65, campings.parfums.ete@wanadoo.fr, Fax 02 51 33 03 69, www.campings-parfums-ete.com
– **R** conseillée
4,9 ha (148 empl.) plat et peu incliné, en terrasses, herbeux, sablonneux
Tarif : 19,50 € (10A) – pers. suppl. 5,60 € – frais de réservation 16 €
Location (Prix 2008) : 18 (4 à 6 pers.) nuitée 70 € - 265 à 620 €/sem. – bungalows toilés – frais de réservation 16 € - **R** conseillée
Pour s'y rendre : r. Pierre-Curie (3,7 km à l'ouest par D 949, rte des Sables-d'Olonne, D 4a à gauche, rte de Querry-Pigeon et chemin à dr.)
À savoir : accès direct à un étang de pêche

Nature :
Loisirs : nocturne (découverte en saison) terrain omnisports
Services : (juil.-août)

Benutzen Sie den Hotelführer des laufenden Jahres.

TENNIE

72240 – **310** I6 – 978 h. – alt. 100
Paris 224 – Alençon 49 – Laval 69 – Le Mans 26 – Sablé-sur-Sarthe 40 – Sillé-le-Guillaume 11.

Municipal de la Vègre de déb. avr. à fin sept.
02 43 20 59 44, camping.tennie@wanadoo.fr, http://perso.wanadoo.fr/campingtennie – places limitées pour le passage – **R** conseillée
2 ha (83 empl.) plat, herbeux
Tarif : (Prix 2008) 2,05 € 1,35 € 1,65 € – (6A) 3,10 € – frais de réservation 30 €
Location (Prix 2008) (permanent) : 5 (4 à 6 pers.) nuitée 66 € - 260 à 362 €/sem. – frais de réservation 45 € - **R** conseillée
1 borne artisanale 3,10 €
Pour s'y rendre : sortie ouest par D 38, rte de Ste-Suzanne
À savoir : cadre agréable au bord d'une rivière et d'un étang

Nature :
Loisirs :
Services :
À prox. :

THARON-PLAGE

44730 – **316** C5
Paris 444 – Nantes 59 – Vannes 94.

La Riviera mars-nov.
02 28 53 54 88, camping.la.riviera@wanadoo.fr, Fax 02 28 53 54 62, www.campinglariviera.com – places limitées pour le passage – **R** conseillée
6 ha (250 empl.) plat, terrasses, herbeux, pierreux
Tarif : (Prix 2008) 22 € (10A) – pers. suppl. 5 € – frais de réservation 15 €
Location (Prix 2008) (avr.-oct.) : 4 (4 à 6 pers.) 250 à 570 €/sem. – 2 (4 à 6 pers.) - 400 à 680 €/sem. – frais de réservation 15 € - **R** conseillée
Pour s'y rendre : rte de St-Michel-Chef-Chef (à l'est de la station, par D 96)

Loisirs :
Services :

PAYS DE LA LOIRE

La TRANCHE-SUR-MER

✉ 85360 – **316** H9 – G. Poitou Charentes Vendée – 2 510 h. – alt. 4
🛈 Office de tourisme, place de la Liberté ✆ 02 51 30 33 96, Fax 02 51 27 78 71
Paris 459 – Luçon 31 – Niort 100 – La Rochelle 64 – La Roche-sur-Yon 40 – Les Sables-d'Olonne 39.

▲▲▲ Le Jard de mi-mai à mi-sept.
✆ 02 51 27 43 79, info@campingdujard.fr,
Fax 02 51 27 42 92, www.campingdujard.fr – **R** conseillée
6 ha (350 empl.) plat, herbeux
Tarif : 31 € ★★ 🚗 🔌 (10A) – pers. suppl. 5,50 € – frais de réservation 25 €
Location : 🏠 (4 à 6 pers.) 280 à 680 €/sem. – frais de réservation 25 € - **R** conseillée
Pour s'y rendre : 123 bd de Lattre-de-Tassigny, La Grière (3,8 km, rte de l'Aiguillon)

Nature : 🌳
Loisirs : 🍴 ✗ 🏠 ⚓ nocturne 🎣 🎯 🚴 🎱 🏊 ⛵
Services : ♿ 🔑 🆘 ⚡ 🚿 ♨ 🚰
À prox. : 🛒

▲▲▲ Le Sable d'Or 👥 – de déb. mai à mi-sept.
✆ 02 51 27 46 74, camping-le-sable-d-or@orange.fr,
Fax 02 51 30 17 14, www.le-sable-dor.fr – **R** conseillée
4 ha (233 empl.) plat, sablonneux, herbeux
Tarif : 30 € ★★ 🚗 🔌 (4A) – pers. suppl. 8 € – frais de réservation 18 €
Location (de déb. avr. à mi-sept.) 🐾 : 60 🏠 (4 à 6 pers.) nuitée 59 € - 270 à 750 €/sem. - 10 🏡 (4 à 6 pers.) nuitée 60 € - 325 à 790 €/sem. – frais de réservation 18 € - **R** conseillée
Pour s'y rendre : la Terrière (2,5 km au nord-ouest par D 105, rte des Sables-d'Olonne et à dr., près de la D 105a)
À savoir : belle piscine couverte

Nature : 🌲 🌳
Loisirs : 🍴 self-service 🏠 ⚓ nocturne 🎯 🎣 salle d'animation 🏄 🏊 ⛵ terrain omnisports
Services : ♿ 🔑 🆘 ⚡ 🚿 ♨ 🚰

591

▲▲▲ Baie d'Aunis de fin avr. à mi-sept.
✆ 02 51 27 47 36, info@camping-baiedaunis.com,
Fax 02 51 27 44 54, www.camping-baiedaunis.com
– **R** conseillée 🐾 (de déb. juil. à fin août)
2,5 ha (155 empl.) plat, sablonneux
Tarif : (Prix 2008) 29,60 € ★★ 🚗 🔌 (10A) – pers. suppl. 6,10 € – frais de réservation 30 €
Location (Prix 2008) 🐾 : 10 🏠 (4 à 6 pers.) 310 à 680 €/sem. – 9 🏡 (4 à 6 pers.) – 350 à 735 €/sem. – frais de réservation 30 € - **R** conseillée
🚐 1 borne artisanale
Pour s'y rendre : 10 r. du Pertuis-Breton (sortie est, rte de l'Aiguillon)
À savoir : à 50 m de la plage

Nature : 🌲 🌳
Loisirs : 🍴 ✗ 🏠 🏄
Services : ♿ 🔑 🆘 ⚡ 🚿 ♨ 🚰 ⛱ 🧺
À prox. : ✗ 🎣 🚣

▲▲▲ Les Préveils de déb. avr. à fin sept.
✆ 02 51 30 30 52, lespreveils@pep79.net,
Fax 02 51 27 70 04, www.lespreveils.pep79.net – **R** conseillée
4 ha (180 empl.) peu vallonné, sablonneux, herbeux
Tarif : (Prix 2008) 31 € ★★ 🚗 🔌 (10A) – pers. suppl. 6 € – frais de réservation 15 €
Location (Prix 2008) : 53 🏠 (4 à 6 pers.) 315 à 840 €/sem. – 10 🏡 (4 à 6 pers.) - 315 à 770 €/sem. – 🛏 – appartements, bungalows toilés – frais de réservation 15 € - **R** conseillée
Pour s'y rendre : 16 av. Ste-Anne-La-Grière (à la Grière, 3,5 km, rte de l'Aiguillon et à dr., à 300 m de la plage (accès direct)

Nature : 🌲 🌳🌳 (pinède)
Loisirs : snack 🏠 🏄 ✗ 🎱
Services : ♿ 🔑 🆘 ⚡ 🚿 ♨ 🚰 ⛵
À prox. : 🧺

PAYS DE LA LOIRE

La TRANCHE-SUR-MER

Les Blancs Chênes – de déb. avr. à mi-sept.
02 51 30 41 70, info@vagues-oceanes.com,
Fax 02 51 30 39 76, www.camping-vagues-oceanes.com –
places limitées pour le passage – **R** conseillée
7 ha (375 empl.) plat, herbeux
Tarif : (Prix 2008) 33 € ♀♂ 🚗 🅴 (₲) (5A) – pers.
suppl. 7,25 € – frais de réservation 26 €
Location (Prix 2008) : 10 🏠 (4 à 6 pers.) 190 à
705 €/sem. – 4 🏠 (4 à 6 pers.) - 190 à 710 €/sem. – bungalows toilés – frais de réservation 26 € - **R** conseillée
Pour s'y rendre : rte d'Angles (2,6 km au nord-est par D 747)

Nature : 🌲 ♀
Loisirs : ♀ snack 🍴 🎯 salle d'animation 🏊 🚴 ✂ 🎳 🎾 🏐
terrain omnisports
Services : 🚿 🔒 (juil.-août) 🆘 ✂

TRIAIZE

✉ 85580 – **316** I9 – 956 h. – alt. 3
Paris 446 – Fontenay-le-Comte 38 – Luçon 9 – Niort 71 – La Rochelle 39 – La Roche-sur-Yon 41.

Municipal de déb. juil. à fin août
02 51 56 12 76, mairie.triaize@wanadoo.fr,
Fax 02 51 56 38 21 – **R**
2,7 ha (70 empl.) plat, herbeux, pierreux, étang
Tarif : (Prix 2008) ♀ 2,40 € 🚗 1,60 € 🅴 1,95 € –
(₲) (6A) 2,40 € – frais de réservation 35 €
Location (Prix 2008) (de déb. mai à mi-sept.) ✂ : 6 🏠
(4 à 6 pers.) 315 à 345 €/sem. – **R** conseillée
Pour s'y rendre : R. du Stade (au bourg)

Nature : 🌿 🌲
Loisirs : 🎯
Services : 🚿 ✂ 🆘 🎳
À prox. : ✂

Pour choisir et suivre un itinéraire
Pour calculer un kilométrage
Pour situer exactement un terrain (en fonction des indications fournies dans le texte) :
Utilisez les **cartes MICHELIN** *,*
compléments indispensables de cet ouvrage.

592

LA TURBALLE

✉ 44420 – **316** A3 – G. Bretagne – 4 042 h. – alt. 6
🛈 Office de tourisme, place du Général-de-Gaulle 02 40 23 39 87, Fax 02 40 23 32 01
Paris 457 – La Baule 13 – Guérande 7 – Nantes 84 – La Roche-Bernard 31 – St-Nazaire 27.

Parc Ste-Brigitte de déb. avr. à fin sept.
02 40 24 88 91, saintebrigitte@wanadoo.fr,
Fax 02 40 15 65 72, www.campingsaintebrigitte.com
– **R** conseillée
10 ha/4 campables (150 empl.) plat, peu incliné, herbeux, étang
Tarif : ♀ 6,20 € 🚗 3,30 € 🅴 7 € – (₲) (10A) 6,90 € – frais de réservation 15,25 €
Location : 14 🏠 (4 à 6 pers.) 440 à 695 €/sem. – frais de réservation 15,25 € – **R** conseillée
🚐 1 borne artisanale
Pour s'y rendre : Manoir de Bréhet (3 km au sud-est, rte de Guérande)
À savoir : agréable domaine boisé

Nature : 🌳🌳
Loisirs : ✂ 🍴 🎯 🚴 🏐 (découverte en saison) 🎣
Services : 🚿 🔒 ✂ 🆘 🎳 🧺 ⊡ 🏐
À prox. : 🚣 ✂ 🏊 💧 🐎

Municipal les Chardons Bleus de fin avr. à fin sept.
02 40 62 80 60, camping.les.chardons.bleus@wanadoo.fr, Fax 02 40 62 85 40 – **R** conseillée
5 ha (300 empl.) plat, sablonneux, herbeux
Tarif : (Prix 2008) ♀ 4,10 € 🚗 1,20 € 🅴 11,80 € –
(₲) (10A) 4 € – frais de réservation 10 €
🚐 29 🅴 16,30 €
Pour s'y rendre : bd de la Grande-Falaise (2,5 km au sud)
À savoir : près de la plage avec accès direct

Nature : ⛰
Loisirs : ♀ brasserie 🍴 🎯 🏐
Services : 🚿 🔒 🆘 ✂ 🎳 🏊 ⊡
🧺 🏐
À prox. : 🚣 🚴 ✂ 🏊 💧 🐎 parcours sportif

PAYS DE LA LOIRE

VAIRÉ

✉ 85150 – **316** F8 – 1 002 h. – alt. 49
Paris 448 – Challans 31 – La Mothe-Achard 9 – La Roche-sur-Yon 27 – Les Sables-d'Olonne 13.

Le Roc Permanent
𝒫 02 51 33 71 89, contact@campingleroc.com,
Fax 02 51 33 76 54, www.campingleroc.com – **R** conseillée
1,4 ha (100 empl.) peu incliné, herbeux
Tarif : (Prix 2008) 23 € ⚭ 🚗 🔌 (10A) – pers.
suppl. 4,80 € – frais de réservation 18 €
Location (Prix 2008) : 25 🏠 (4 à 6 pers.) nuitée 80 € -
215 à 690 €/sem. – 4 🏠 (4 à 6 pers.) nuitée 50 € - 205 à
525 €/sem. – frais de réservation 18 € - **R** conseillée
🚐 1 borne raclet 13 € – 3 🅿 13 € – 🍴 13 €
Pour s'y rendre : 1,5 km au nord-ouest par D 32, rte de
Landevieille et rte de Brem-sur-Mer à gauche

Nature : 🏕 ♀
Loisirs : 🎣 🏊 🏐 (petite piscine) 🛝
Services : ♿ 🔑 (juil.-août) 🇬🇧 ✂
♨ ⛱ 🚽

Michelinkaarten en **-gidsen** zijn te koop in de meeste boekhandels.

VARENNES-SUR-LOIRE

✉ 49730 – **317** J5 – 1 800 h. – alt. 27
Paris 292 – Bourgueil 15 – Chinon 22 – Loudun 30 – Saumur 11.

L'Étang de la Brèche 🅰🅿 – de déb. mai à mi-sept.
𝒫 02 41 51 22 92, mail@etang-breche.com,
Fax 02 41 51 27 24, www.etang-breche.com – **R** conseillée
14 ha/7 campables (201 empl.) plat, herbeux, sablonneux
Tarif : 36,50 € ⚭ 🚗 🅿 🔌 (10A) – pers. suppl. 8 € – frais
de réservation 15 €
Location : 26 🏠 (4 à 6 pers.) nuitée 102 € - 290 à
1 203 €/sem. – frais de réservation 15 € - **R** conseillée
🚐 1 borne
Pour s'y rendre : 5 imp. de la Brèche (6 km à l'ouest par
D 85, RD 952, rte de Saumur, et chemin à dr., au bord de l'
étang)
À savoir : cadre et situation agréables au bord d'un étang

Nature : 🌳 🏕 ♀
Loisirs : 🍷 🍴 🎱 📺 nocturne 🏃
🏊 🚴 🎾 🏐 🛝 🎣 swin-golf,
terrain omnisports
Services : ♿ 🔑 🇬🇧 ✂ 🚿 ♨ ⛱
🚽 💈 🛒 🍳 🍽

VERTOU

✉ 44120 – **316** H4 – 20 268 h. – alt. 32
🏢 Office de tourisme, place du Beau Verger 𝒫 02 40 34 12 22, Fax 02 40 34 06 86
Paris 389 – Nantes 10 – Cholet 54 – La Roche-sur-Yon 68.

Municipal le Loiry de déb. avr. à fin sept.
𝒫 02 40 80 07 10, campingloiry@mairie-vertou.fr,
Fax 02 40 80 07 10, www.vertou.fr – **R** conseillée
2 ha (73 empl.) plat, herbeux
Tarif : (Prix 2008) ★ 2,50 € 🚗 🅿 4,20 € – 🔌 (10A) 3,05 €
🚐 1 borne artisanale 3,20 €
Pour s'y rendre : bd Guiche-Serex (au sud du bourg, par
D 115, rte de Rezé)
À savoir : dans un cadre verdoyant, près d'un plan d'eau
(parc de loisirs) et de la Sèvre Nantaise

Nature : 🏕 ♀
Loisirs : 🎣
Services : ♿ 🔑 🇬🇧 ✂ 🚿 ♨ 🚽
À prox. : 🍷 🍴 brasserie 🏊 ✂ 🛒
🏐 🐎 (centre équestre) par-
cours sportif, canoë

VIHIERS

✉ 49310 – **317** F6 – 3 992 h. – alt. 100
Paris 334 – Angers 45 – Cholet 29 – Saumur 40.

Municipal de la Vallée du Lys
𝒫 02 41 75 00 10, ville.vihiers@wanadoo.fr,
Fax 02 41 75 58 01, vihiers.fr – **R** conseillée ✂
0,3 ha (30 empl.) plat, herbeux
Pour s'y rendre : Rte du Voide (sortie ouest par D 960, rte
de Cholet puis D 54 à dr., rte de Valanjou, au bord du Lys)

Nature : 🌳 ♀
Loisirs : 🏊 🏐 🛝
Services : ♿ ⛱

PAYS DE LA LOIRE

VILLIERS-CHARLEMAGNE

✉ 53170 – **310** E7 – 859 h. – alt. 105
Paris 277 – Angers 61 – Châteaubriant 61 – Château-Gontier 12 – Laval 20 – Sablé-sur-Sarthe 32.

▲ **Village Vacances Pêche** de déb. mars à fin nov.
📞 02 43 07 71 68, *vvp.villiers.charlemagne@wanadoo.fr*,
Fax 02 43 07 72 77, *www.sud-mayenne.com* – **R** conseillée
9 ha/1 campable (20 empl.) plat, herbeux
Tarif : (Prix 2008) 18,30 € ✶✶ 🚗 🗐 [⚡] (16A) – pers. suppl. 7,35 €
Location (permanent) : 12 🏠 (4 à 6 pers.) - 170 à 325 €/sem. – frais de réservation 14 € - **R** conseillée
🚐, 1 borne raclet
Pour s'y rendre : sortie ouest par D 4, rte de Cossé-le-Vivien et chemin à gauche près du stade
À savoir : agréable site pour la pêche

| Nature : 🌲 ⬅ 🏞 ♀ |
| Loisirs : 🏠 ☀ diurne 🛝 🚲 🎣 |
| Services : ♿ ⚡ 🚿 Ⓜ – 20 sanitaires individuels (🚰🚻⛲ wc) ⊕ 🧺 🧊 réfrigérateurs |
| À prox. : ✂ 🗺 |

VIX

✉ 85770 – **316** K9 – G. Poitou Charentes Vendée – 1 572 h. – alt. 6
Paris 448 – Fontenay-le-Comte 15 – Luçon 31 – Niort 44 – Marans 15 – La Rochelle 39.

▲ **La Rivière** avr.-sept.
📞 02 51 00 65 96, *dominique.pignoux@wanadoo.fr*,
Fax 02 51 50 42 53, *www.camping-lariviere.org* – **R** conseillée
0,5 ha (25 empl.) plat, herbeux
Tarif : 12 € ✶✶ 🚗 🗐 [⚡] (16A) – pers. suppl. 2,70 €
Pour s'y rendre : Drapelle (4,6 km au sud, accès par r. de la Guilletrie)
À savoir : situation agréable près de la Sèvre Niortaise

| Nature : 🌲 🏞 ♀ |
| Loisirs : 🛶 canoë, pédalos, bateaux à moteur |
| Services : ♿ ⚡ (juil.-août) 🏪 🚿 🗑 ⊕ 🧺 🚻 🧊 |
| À prox. : 🍴 |

PICARDIE

Une escapade en Picardie vous fera parcourir un livre d'histoire grandeur nature, peuplé d'abbayes cisterciennes, de splendides cathédrales, d'hôtels de ville flamboyants, d'imposants châteaux et d'émouvants témoignages des deux guerres mondiales… Vous préférez la campagne ? À vous les hautes futaies des forêts de Compiègne ou de Saint-Gobain qui bruissent encore du tumulte des chasses royales, les fermes cernées de champs de céréales ou de betteraves et la contemplation du ballet des oiseaux au-dessus du Marquenterre. L'aventure n'est pas votre fort ? Adoptez la devise de Lafleur, illustre marionnette amiénoise : « bien boire, bien manger, ne rien faire »… Soupe des hortillonnages, pâté de canard et gâteau battu vous prouveront qu'en Picardie, la gastronomie n'est pas affaire de dilettante.

Ready for an action-packed ride over Picardy's fair and historic lands? The region that gave France her first king, Clovis, is renowned for its wealthy Cistercian abbeys, splendid Gothic cathedrals and flamboyant town halls, as well as its poignant reminders of the two World Wars. If you prefer the countryside, take a boat trip through the floating gardens of Amiens, explore the botanical reserve of Marais de Cessière or go birdwatching on the Somme estuary and at Marquenterre bird sanctuary: acres of unspoilt hills and heath, woods, pastures and vineyards welcome you with open arms. Picardy's rich culinary talents have been refined over centuries, and where better to try the famous pré-salé lamb, fattened on the salt marshes, some smoked eel or duck pâté, or a dessert laced with Chantilly cream.

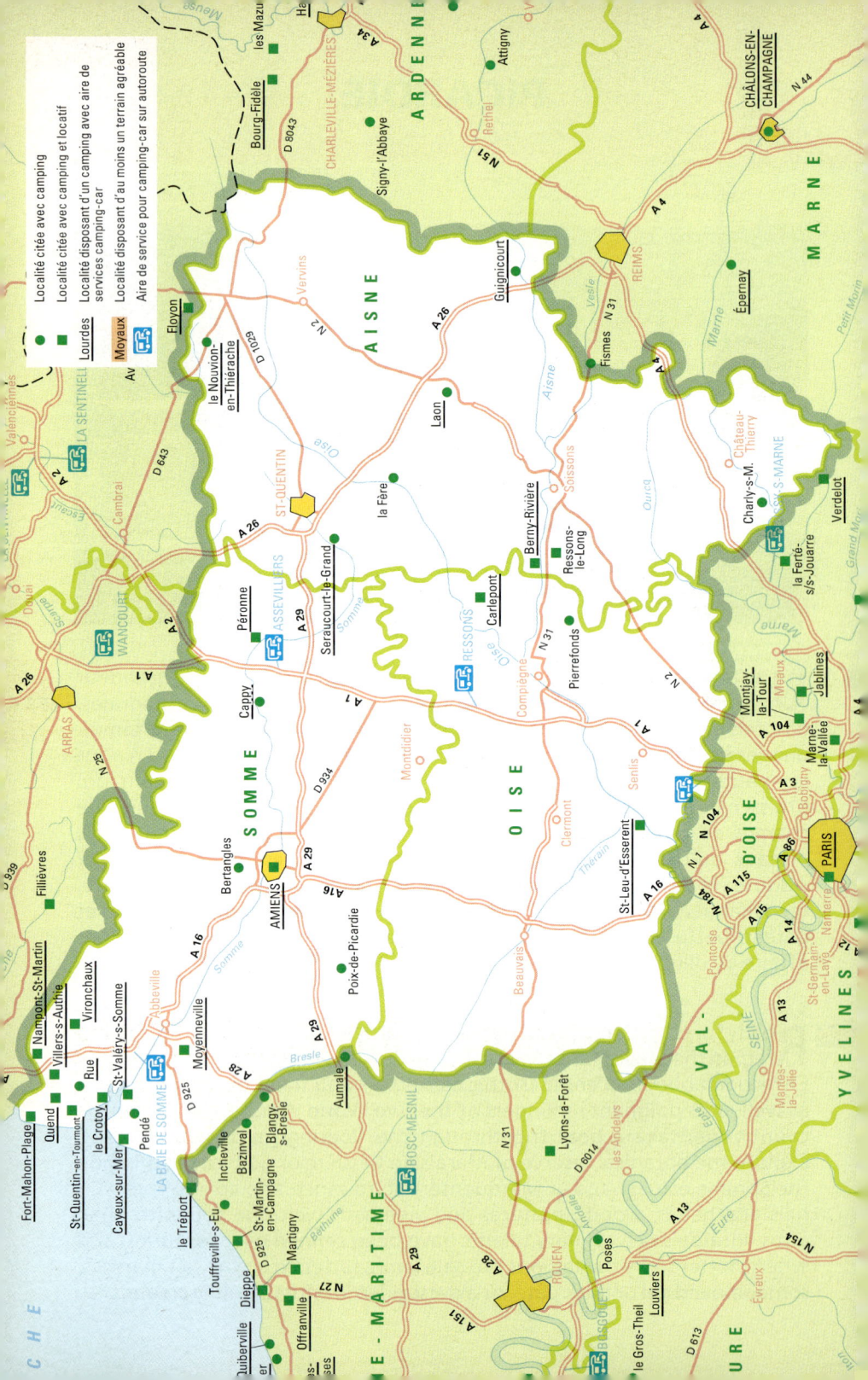

PICARDIE

AMIENS

301 C8 – G. Nord Pas-de-Calais Picardie
Paris 135 – Abbeville 52 – Albert 30 – Péronne 63 – Roye 45.

Le Parc des Cygnes
03 22 43 29 28, camping.amiens@wanadoo.fr,
Fax 03 22 43 59 42, www.parcdescygnes.com
3,2 ha (145 empl.) plat, herbeux, étang
Location :
1 borne – 5
Pour s'y rendre : 111 av. des Cygnes

Nature :
Loisirs : canoë
Services : sèche-linge
À prox. :

BERNY-RIVIÈRE

02290 – **306** A6 – 582 h. – alt. 349
Paris 100 – Compiègne 24 – Laon 55 – Noyon 28 – Soissons 17.

La Croix du Vieux Pont Permanent
03 23 55 50 02, info@la-croix-du-vieux-pont.com,
Fax 03 23 55 05 13, www.la-croix-du-vieux-pont.com –
places limitées pour le passage – **R** conseillée
20 ha (520 empl.) plat et peu incliné, herbeux
Tarif : 24,50 € (6A) – pers. suppl. 6,50 €
Location (de fin avr. à fin oct.) : 6 (4 à 6 pers.) -
550 à 960 €/sem. – 11 appartements – **R** conseillée
1 borne artisanale
Pour s'y rendre : r. de la Fabrique (1,5 km au sud sur D 91,
à l'entrée de Vic-sur-Aisne, au bord de l'Aisne)
À savoir : Nombreuses activités nautiques : piscines, rivière
et étang

Nature :
Loisirs : crêperie jacuzzi discothèque (plage) poneys terrain omnisports
Services : institut de beauté

BERTANGLES

80260 – **301** G8 – G. Nord Pas-de-Calais Picardie – 654 h. – alt. 95
Paris 154 – Abbeville 44 – Amiens 11 – Bapaume 49 – Doullens 24.

Le Château de fin avr. à déb. sept.
03 60 65 68 36 et 03 22 93 68, camping@chateaubertangles.com, http://www.chateaubertangles.com – **R** conseillée
0,7 ha (33 empl.) plat, herbeux
Tarif : 3,65 € 2,50 € 3,70 € – (6A) 3 €
Pour s'y rendre : r. du Château (au bourg)
À savoir : Dans un verger, près du château

Nature :
Loisirs :
Services :

597

Pâturage dans l'Avesnois

PICARDIE

CAPPY

80340 – **301** J8 – 485 h. – alt. 43
Paris 139 – Amiens 38 – Bapaume 28 – Péronne 15 – Roye 34.

Municipal les Charmilles de déb. avr. à fin oct.
03 22 76 14 50, mairiedecappy@wanadoo.fr,
Fax 03 22 76 62 74 – places limitées pour le passage
– **R** conseillée
2 ha (60 empl.) plat, herbeux
Tarif : 3,50 € – 2,50 € – 3 € – (6A) 5 €
3 – 15 €

Pour s'y rendre : r. de Bana (1,3 km à l'ouest par D 1, rte de Bray-sur-Somme et chemin à gauche, au bord d'un ruisseau)

Nature :
Services :
À prox. :

CARLEPONT

60170 – **305** J3 – 1 369 h. – alt. 59
Paris 103 – Compiègne 19 – Ham 30 – Pierrefonds 21 – Soissons 35.

Les Araucarias de fin mars à fin déc.
03 44 75 27 39, camping-les-araucarias@wanadoo.fr,
Fax 03 44 38 12 51, www.camping-les-araucarias.com –
places limitées pour le passage – **R** conseillée
1,2 ha (60 empl.) plat et peu incliné, herbeux
Tarif : 2,75 € – 1,50 € – 3 € – (10A) 3 €
Location (permanent) : 3 (4 à 6 pers.) nuitée 60 € - 200 à 350 €/sem. – 6 (4 à 6 pers.) nuitée 70 € - 250 à 400 €/sem. – **R** conseillée
1 borne artisanale 3 € – 3 13,50 €

Pour s'y rendre : 870 r. du Gén.-Leclerc (sortie sud-ouest par D 130, rte de Compiègne)

À savoir : Une grande diversité de plantations orne la partie campable

Nature :
Loisirs :
Services :
À prox. :

CAYEUX-SUR-MER

80410 – **301** B6 – G. Nord Pas-de-Calais Picardie – 2 781 h. – alt. 2
Office de tourisme, boulevard du Général Sizaire 03 22 26 61 15
Paris 217 – Abbeville 29 – Amiens 82 – Le Crotoy 26 – Dieppe 50.

Les Galets de la Mollière de déb. avr. à déb. nov.
03 22 26 61 85, info@campinglesgaletsdelamolliere.com,
Fax 03 22 26 65 68, www.campinglesgaletsdelamolliere.com – **R** conseillée
6 ha (198 empl.) plat, peu incliné, sablonneux, galets, herbeux, pinède
Tarif : 29 € – (6A) – pers. suppl. 7 € – frais de réservation 12 €
Location : 39 (4 à 6 pers.) nuitée 70 € - 290 à 690 €/sem. – frais de réservation 12 € – **R** conseillée
1 borne eurorelais 3 €

Pour s'y rendre : à La Mollière-d'Aval (3,3 km au nord-est par D 102, rte du Littorale)

Loisirs : snack
Services : sèche-linge

Brighton les Pins de déb. avr. à déb. nov.
03 22 26 71 04, info@campinglebooisdepins.com,
Fax 03 22 26 60 81, www.campinglebooisdepins.com – places limitées pour le passage – **R** conseillée
4 ha (163 empl.) plat, herbeux
Tarif : (Prix 2008) 28,50 € – (10A) – pers. suppl. 7 € – frais de réservation 10 €
1 borne artisanale

Pour s'y rendre : r. Guillaume-le-Conquérant (2 km au nord-est par D 102, rte littorale, à 500 m de la mer, à Brighton)

Nature :
Loisirs :
Services :

PICARDIE

CHARLY-SUR-MARNE

02310 – **306** B9 – 2 727 h. – alt. 63
Syndicat d'initiative, 20, rue Émile Morlot 03 23 82 07 49, Fax 03 23 82 68 82
Paris 82 – Château-Thierry 14 – Coulommiers 33 – La Ferté-sous-Jouarre 16 – Montmirail 27 – Soissons 56.

Municipal des illettes de déb. avr. à fin sept.
03 23 82 12 11, *mairie.charly@wanadoo.fr*,
Fax 03 23 82 13 99, *www.charly-sur-marne.fr* – **R** conseillée
1,2 ha (43 empl.) plat, herbeux, gravier
Tarif : (Prix 2008) 10,25 € ★★ ⇌ 🅴 (4A) – pers. suppl. 2,60 € – frais de réservation 10,25 €
Pour s'y rendre : rte de Pavant (au sud du bourg, à 200 m du D 82 (accès conseillé))

LE CROTOY

80550 – **301** C6 – G. Nord Pas-de-Calais Picardie – 2 439 h. – alt. 1
Office de tourisme, 1, rue Carnot 03 22 27 05 25, Fax 03 22 27 90 58
Paris 210 – Abbeville 22 – Amiens 75 – Berck-sur-Mer 29 – Montreuil 44.

Le Ridin de déb. avr. à mi-nov.
03 22 27 03 22, *contact@campingleridin.com*,
Fax 03 22 27 70 76, *www.campingleridin.com* – places limitées pour le passage – **R** conseillée
4,5 ha (151 empl.) plat, herbeux
Tarif : 29,50 € ★★ ⇌ 🅴 (10A) – pers. suppl. 5,50 €
Location : 🏠 (4 à 6 pers.) nuitée 74 € - 280 à 700 €/sem. – **R** conseillée
🚐 1 borne artisanale – 40 🅴 29,50 € – 🚐 14 €
Pour s'y rendre : lieu-dit : Mayocq (3 km au nord par rte de St-Quentin-en-Tourmont et chemin à dr.)

Les Trois Sablières de déb. avr. à fin oct.
03 22 27 01 33, *contact@camping-les-trois-sablieres.com*, Fax 03 22 27 10 06, *www.camping-les-trois-sablieres.com* – places limitées pour le passage – **R** conseillée
1,5 ha (97 empl.) plat, herbeux, sablonneux
Tarif : (Prix 2008) 27,20 € ★★ ⇌ 🅴 (6A) – pers. suppl. 5,20 €
Location (Prix 2008) (de déb. mars à mi-nov.) : 9 🏠 (4 à 6 pers.) nuitée 65 € - 393 à 584 €/sem. – 2 🏠 (4 à 6 pers.) nuitée 87 € - 453 à 667 €/sem. – **R** conseillée
🚐 1 borne artisanale 5 € – 5 🅴 10 € – 🚐 14.20 €
Pour s'y rendre : 1850 r. de la Maye (4 km au nord-ouest, rte de St-Quentin-en-Tourmont et chemin à gauche, au lieu-dit la Maye, à 400 m de la plage)
À savoir : Cadre verdoyant et fleuri

Les Aubépines de déb. avr. à fin oct.
03 22 27 01 34, *contact@camping-lesaubepines.com*, Fax 03 22 27 13 66, *www.camping-lesaubepines.com* – places limitées pour le passage – **R** conseillée
2,5 ha (196 empl.) plat, herbeux, sablonneux
Tarif : 29,50 € ★★ ⇌ 🅴 (10A) – pers. suppl. 5,50 €
Location : 20 🏠 (4 à 6 pers.) 269 à 700 €/sem. – **R** conseillée
🚐 1 borne artisanale 16 €
Pour s'y rendre : 800 r. de la Maye (4 km au nord, rte de St-Quentin-en-Tourmont et chemin à gauche)

Pour choisir et suivre un itinéraire
Pour calculer un kilométrage
Pour situer exactement un terrain (en fonction des indications fournies dans le texte) :
Utilisez les **cartes MICHELIN** *,*
compléments indispensables de cet ouvrage.

PICARDIE

LA FÈRE

✉ 02800 – **306** C5 – G. Nord Pas-de-Calais Picardie – 2 817 h. – alt. 54
🛈 *Syndicat d'initiative, Hôtel de Ville* ☎ *03 23 56 62 00, Fax 03 23 56 40 04*
Paris 137 – Compiègne 59 – Laon 24 – Noyon 31 – St-Quentin 24 – Soissons 43.

▲ Municipal du Marais de la Fontaine avr.-sept.
☎ 03 23 56 82 94, Fax 03 23 56 40 04 – **R** conseillée
0,7 ha (26 empl.) plat, herbeux
Tarif : (Prix 2008) ♦ 2 € 🚗 1,50 € 🅴 2 € – 🔌 (10A) 3 €
Pour s'y rendre : av. Auguste-Dromas (par centre-ville vers Tergnier et à dr. au complexe sportif, près d'un bras de l'Oise)

Nature : 🌳
Services : ♿ ⚲ 🚿 ♨
À prox. : ✂

FORT-MAHON-PLAGE

✉ 80120 – **301** C5 – G. Nord Pas-de-Calais Picardie – 1 140 h. – alt. 2
🛈 *Office de tourisme, 1000, avenue de la Plage* ☎ *03 22 23 36 00, Fax 03 22 23 93 40*
Paris 225 – Abbeville 41 – Amiens 90 – Berck-sur-Mer 19 – Calais 94 – Étaples 30 – Montreuil 29.

⛺ Le Vert Gazon de déb. avr. à mi-oct.
☎ 03 22 23 37 69, *camping@camping-levertgazon.com*,
Fax 03 22 23 37 69, *www.camping-levertgazon.com* – places limitées pour le passage – **R** conseillée ✂
2,5 ha (103 empl.) plat, herbeux
Tarif : (Prix 2008) 24,50 € ♦♦ 🚗 🅴 🔌 (6A) – pers. suppl. 7 € – frais de réservation 10 €
Location (Prix 2008) (de déb. avr. à fin sept.) : 15 🏠 (4 à 6 pers.) 319 à 609 €/sem. – frais de réservation 10 € - **R** conseillée
🚐 1 borne artisanale – 2 🅴 24,50 €
Pour s'y rendre : 741 rte de Quend

Nature : 🌳
Loisirs : 🍽 🏓 🎣 🏊
Services : ♿ ⚲ ♨ 🧺 ♻ ♨ 🔥
sèche-linge

⛺ Le Royon de mi-mars à déb. nov.
☎ 03 22 23 40 30, *info@campingleroyon.com*,
Fax 03 22 23 65 15, *www.campingleroyon.com* – places limitées pour le passage – **R** conseillée
4 ha (272 empl.) plat, herbeux, sablonneux
Tarif : 30 € ♦♦ 🚗 🅴 🔌 (6A) – pers. suppl. 8 € – frais de réservation 10 €
Location (de mi-mars à fin oct.) ✂ : 75 🏠 (4 à 6 pers.) nuitée 70 € - 280 à 750 €/sem. – 7 🏠 (4 à 6 pers.) nuitée 80 € - 280 à 750 €/sem. – frais de réservation 10 € - **R** conseillée
🚐 1 borne flot bleu 4 € – 10 🅴 15 € – 🍴 🔌 15 €
Pour s'y rendre : 1271 rte de Quend (1 km au sud, rte de Quend)

Nature : 🌳 ♀
Loisirs : 🍽 🏓 🏖 🏊
Services : ♿ ⚲ 🌐 ✂ ♨ 🧺 ♻ ♨
♨ 🚿 ♨ 🔥
À prox. : ⛳ golf

GUIGNICOURT

✉ 02190 – **306** F6 – 2 203 h. – alt. 67
🛈 *Syndicat d'initiative, Hôtel-de-Ville* ☎ *03 23 25 36 60*
Paris 165 – Laon 40 – Reims 33 – Rethel 39 – Soissons 54.

▲ Municipal du Bord de l'Aisne avr.-sept.
☎ 03 23 79 74 58, *mairie-guignicourt@wanadoo.fr*,
Fax 03 23 79 74 55, *www.guignicourt.fr* – **R** conseillée
1,5 ha (100 empl.) plat, herbeux
Tarif : (Prix 2008) ♦ 2,10 € 🚗 1,50 € 🅴 4,20 € – 🔌 (10A) 4,70 €
Pour s'y rendre : sortie sud-est par D 925 et r. à dr.
À savoir : au bord de l'Aisne

Nature : ♀
Loisirs : ✂
Services : ⚲ 🌐 ✂ ♨ ♻ ♨

Benutzen Sie
– zur Wahl der Fahrtroute
– zur Berechnung der Entfernungen
– zur exakten Lokalisierung eines Campingplatzes (mit Hilfe der Angaben im Ortstext) die für diesen Führer unentbehrlichen **MICHELIN-Karten** *.*

PICARDIE

LAON

✉ 02000 – **306** D5 – G. Nord Pas-de-Calais Picardie – 26 265 h. – alt. 181
🛈 Office de tourisme, place du Parvis Gautier de Mortagne ✆ 03 23 20 28 62, Fax 03 23 20 68 11
Paris 141 – Amiens 122 – Charleville-Mézières 124 – Compiègne 74 – Reims 62 – St-Quentin 48 – Soissons 38.

Municipal la Chênaie de déb. mai à fin sept.
✆ 03 23 20 25 56, aaussel@ville-laon.fr, Fax 03 23 20 25 56, www.ville-laon.fr – **R** conseillée
1 ha (35 empl.) plat, herbeux, chênaie
Tarif : (Prix 2008) ♦ 3,25 € ⇔ 1,75 € 🅴 2,15 € – (ϟ) (6A) 3,10 €
🚐 1 borne eurorelais 5,30 €
Pour s'y rendre : allée de la Chênaie (4 km au sud-ouest de la gare, accès par chemin près de la caserne Foch, à l'entrée du faubourg Semilly, à 100 m d'un étang)

Nature : 🌳
Services : ♿ ⛁ GB 🗘 🗑 ☺

MOYENNEVILLE

✉ 80870 – **301** D7 – 626 h. – alt. 92
Paris 194 – Abbeville 9 – Amiens 59 – Blangy-sur-Bresle 22 – Dieppe 62 – Le Tréport 33.

Le Val de Trie de déb. avr. à mi-oct.
✆ 03 22 31 48 88, raphael@camping-levaldetrie.fr, Fax 03 22 31 35 33, www.camping-levaldetrie.fr – **R** conseillée
2 ha (100 empl.) plat, herbeux, petit étang
Tarif : 23,60 € ♦♦ ⇔ 🅴 (6A) – pers. suppl. 4,90 € – frais de réservation 12 €
Location ⚡ : 11 🏠 (4 à 6 pers.) 266 à 595 €/sem. – 4 🏡 (4 à 6 pers.) - 366 à 693 €/sem. - frais de réservation 12 € - **R** conseillée
🚐 5 🅴 19,60 €
Pour s'y rendre : r. des Sources (3 km au nord-ouest par D 86, au bord d'un ruisseau, à Bouillancourt-sous-Miannay)
À savoir : Cadre champêtre

Nature : 🌳 🌲 🌳 (peupleraie)
Loisirs : 🍹 snack 🎠 🚴 🏓
Services : ⛁ GB 🗘 🍽 🛒 ⚐ ♨
🍽 🕯 🔥 sèche-linge 🧺

NAMPONT-ST-MARTIN

✉ 80120 – **301** D5 – G. Nord Pas-de-Calais Picardie – 228 h. – alt. 10
Paris 214 – Abbeville 30 – Amiens 79 – Boulogne-sur-Mer 52 – Hesdin 25 – Le Touquet-Paris-Plage 28.

La Ferme des Aulnes de déb. avr. à déb. nov.
✆ 03 22 29 22 69, contact@fermedesaulnes.com, Fax 03 22 29 39 43, www.fermedesaulnes.com – places limitées pour le passage – **R** conseillée
4 ha (120 empl.) peu incliné, plat, herbeux
Tarif : 27 € ♦♦ ⇔ 🅴 (ϟ) (6A) – pers. suppl. 7 €
Location : 18 🏠 (4 à 6 pers.) nuitée 90 € - 370 à 790 €/sem. – **R** conseillée
🚐 1 borne – 10 🅴 7 €
Pour s'y rendre : 1 r. du Marais (3 km au sud-ouest par D 85e, rte de Villier-sur-Authie, à Fresne)
À savoir : Dans les dépendances d'une agréable ferme picarde

Nature : 🌳 🌲
Loisirs : 🍹 🍴 🎠 🛁 🚲 piano bar, spa 🎠 🎣 🗑 (découverte en saison)
Services : ♿ ⛁ GB 🗘 🗑 ☺
⚐ 🕯 🔥 sèche-linge 🧺

LE NOUVION-EN-THIÉRACHE

✉ 02170 – **306** E2 – 2 917 h. – alt. 185
🛈 Syndicat d'initiative, Hôtel de Ville ✆ 03 23 97 98 06, Fax 03 23 97 98 04
Paris 198 – Avesnes-sur-Helpe 20 – Le Cateau-Cambrésis 19 – Guise 21 – Hirson 25 – Laon 63 – Vervins 27.

Municipal du Lac de Condé de mi-avr. à mi-oct.
✆ 03 23 98 98 58, si.nouvion@wanadoo.fr, Fax 03 23 98 94 90, www.lenouvion.com – **R** conseillée
1,3 ha (56 empl.) plat et peu incliné, herbeux
Tarif : 8,40 € ♦♦ ⇔ 🅴 (ϟ) (8A) – pers. suppl. 3,15 €
🚐 1 borne eurorelais 1 €
Pour s'y rendre : rte de Guise (2 km au sud par D 26 et chemin à gauche)
À savoir : à la lisière de la forêt, près d'un plan d'eau avec parc de loisirs

Nature : 🌳 🌲
Loisirs : 🏠
Services : ♿ ⛁ GB 🗘 🗑 🚿 ☺
À prox. : 🍹 pizzeria bowling 🎠 🏓
🏊 swin golf, piste de bi-cross

601

PICARDIE

PENDÉ

✉ 80230 – **301** C7 – 980 h. – alt. 5
Paris 211 – Abbeville 23 – Amiens 76 – Blangy-sur-Bresle 34 – Le Tréport 20.

La Baie
📞 03 22 60 72 72 – places limitées pour le passage – **R** conseillée
(107 empl.) plat, herbeux, sablonneux
Pour s'y rendre : R. de la Baie (2 km au nord, à Routhiauville)

PÉRONNE

✉ 80200 – **301** K8 – G. Nord Pas-de-Calais Picardie – 8 380 h. – alt. 52
🛈 Office de tourisme, 1, rue Louis XI 📞 03 22 84 42 38, Fax 03 22 85 51 25
Paris 141 – Amiens 58 – Arras 48 – Doullens 54 – St-Quentin 30.

Port de Plaisance mars-oct.
📞 03 22 84 19 31, contact@camping-plaisance.com,
Fax 03 22 73 36 37, www.camping-plaisance.com – **R** conseillée
2 ha (90 empl.) plat, herbeux
Tarif : (Prix 2008) 24,50 € 👫 🚗 🅴 (6A) – pers.
suppl. 3,50 €
Location (Prix 2008) : 4 🏠 (4 à 6 pers.) nuitée 75 €
- 270 à 480 €/sem. – **R** conseillée
🚐 1 borne artisanale 24,50 €
Pour s'y rendre : sortie sud, rte de Paris, près du canal du Nord, entre le port de plaisance et le port de commerce

PIERREFONDS

✉ 60350 – **305** I4 – G. Nord Pas-de-Calais Picardie – 1 945 h. – alt. 81
🛈 Office de tourisme, place de l'Hôtel de Ville 📞 03 44 42 81 44, Fax 03 44 42 86 31
Paris 82 – Beauvais 78 – Compiègne 15 – Crépy-en-Valois 17 – Soissons 31 – Villers-Cotterêts 18.

Municipal de Batigny de mi-mars à mi-oct.
📞 03 44 42 80 83, mairie.pierrefonds@9business.fr,
Fax 03 44 42 37 73 – **R** conseillée
1 ha (60 empl.) plat, terrasse, herbeux
Tarif : 👤 2,70 € 🚗 1 € 🅴 1 € – 🅙 (8A) 2,50 €
Pour s'y rendre : r. de l'Armistice (sortie nord-ouest par D 973, rte de Compiègne)
À savoir : Agréable décoration arbustive

Vue de la Somme depuis Corbie

PICARDIE

POIX-DE-PICARDIE

✉ 80290 – **301** E9 – G. Nord Pas-de-Calais Picardie – 2 285 h. – alt. 106
🛈 *Office de tourisme, route de Forges les Eaux* ✆ 03 22 90 12 23
Paris 133 – Abbeville 45 – Amiens 31 – Beauvais 46 – Dieppe 87 – Forges-les-Eaux 43.

▲ **Municipal le Bois des Pêcheurs**
✆ 03 22 90 11 71, camping@ville-poix-de-picardie.fr,
Fax 03 22 90 32 91, www.ville-poix-de-picardie.fr
– **R** conseillée
2 ha (135 empl.) plat, herbeux

Pour s'y rendre : sortie ouest par D 919, rte de Formerie, au bord d'un ruisseau

À savoir : Cadre arbustif

Nature : 🌳 ♀
Loisirs : 🏊 🐎
Services : ♿ 🔑 🚿 ☺ 🏪 sèche-linge
À prox. : 🍴 ✂ 🖼

QUEND

✉ 80120 – **301** C6 – 1 205 h. – alt. 5
🛈 *Office de tourisme, 8, avenue Vasseur* ✆ 03 22 23 32 04, Fax 03 22 23 62 65
Paris 218 – Abbeville 34 – Amiens 83 – Berck-sur-Mer 15 – Hesdin 34 – Montreuil 25.

▲▲ **Les Deux Plages** de déb. avr. à fin oct.
✆ 03 22 23 48 96, camping@camping2plages.com,
Fax 03 22 23 48 69, www.camping2plages.com – places limitées pour le passage – **R** conseillée
1,8 ha (100 empl.) plat, herbeux
Tarif : (Prix 2008) 24,90 € ⚲⚲ 🚗 🔲 ⚡ (6A) – pers. suppl. 6 €

Location (Prix 2008) : 8 🏕 (4 à 6 pers.) nuitée 60 € - 310 à 620 €/sem. – 3 🏠 (4 à 6 pers.) nuitée 60 € - 350 à 620 €/sem. – **R** conseillée
🚐 1 borne 2,50 € – 🚐 9 €

Pour s'y rendre : 13 r. des Maisonnettes (1,3 km au nord-ouest par rte de Quend-Plage-les-Pins et rte à dr.)

Nature : 🌊 🌳 ♀
Loisirs : 🏊 🐎 🛝
Services : 🔑 🏪 🚿 ☺ 🏪 sèche-linge

Utilisez le guide de l'année.

603

RESSONS-LE-LONG

✉ 02290 – **306** A6 – 740 h. – alt. 72
Paris 97 – Compiègne 26 – Laon 53 – Noyon 31 – Soissons 15.

▲▲ **La Halte de Mainville** de mi-janv. à mi-déc.
✆ 03 23 74 26 69, lahaltedemainville@wanadoo.fr,
Fax 03 23 74 03 60, www.lahaltedemainville.com
– **R** conseillée
5 ha (153 empl.) plat, herbeux, petit étang
Tarif : 18 € ⚲⚲ 🚗 🔲 ⚡ (6A) – pers. suppl. 3 €

Location (de mi-avr. à déb. oct.) : 2 🏕 (4 à 6 pers.) nuitée 65 € - 440 €/sem. – 2 🏠 (4 à 6 pers.) nuitée 65 € - 440 €/sem. – bungalows toilés – **R** conseillée

Pour s'y rendre : 18 rte du Routy (sortie nord-est)

Nature : 🌳
Loisirs : 🏊 🐎 🛝
Services : ♿ 🔑 🚽 🚿 ⛱ ☺ ♻ 🏪

RUE

✉ 80120 – **301** D6 – G. Nord Pas-de-Calais Picardie – 3 075 h. – alt. 9
🛈 *Office de tourisme, 10, place Anatole Gosselin* ✆ 03 22 25 69 94, Fax 03 22 25 76 26
Paris 212 – Abbeville 28 – Amiens 77 – Berck-Plage 22 – Le Crotoy 8.

▲ **Les Oiseaux**
✆ 03 22 25 71 82, contact@campingdesoiseaux.com,
www.campingdesoiseaux.com – places limitées pour le passage – **R** conseillée
1,2 ha (71 empl.) plat, herbeux
🚐 1 borne artisanale – 6 🔲 – 🚐 15.30 €

Pour s'y rendre : 3,2 km au sud par D 940, rte du Crotoy et chemin de Favières à gauche, près d'un ruisseau

Loisirs : 🏊
Services : ♿ 🔑 🚿 ☺ 🏪

PICARDIE

ST-LEU-D'ESSERENT

✉ 60340 – **305** F5 – 4 867 h. – alt. 50 – Base de loisirs
🛈 Office de tourisme, rue de l'Église ☏ 03 44 56 38 10, Fax 03 44 56 25 23
Paris 57 – Beauvais 38 – Chantilly 7 – Creil 9 – Pontoise 40.

Campix de déb. mars à fin nov.
☏ 03 44 56 08 48, campix@orange.fr, Fax 03 44 56 28 75, www.campingcampix.com – **R** conseillée
6 ha (160 empl.) plat, en terrasses, accidenté, herbeux, pierreux
Tarif : 🚶 5,50 € 🚗 🅴 5,50 € – (½) (6A) 3,50 € – frais de réservation 10 €
Location : 3 🏠 (4 à 6 pers.) nuitée 75 € - 700 €/sem. – frais de réservation 10 € - **R** conseillée
🚐, 1 borne eurorelais 6 €
Pour s'y rendre : sortie nord par D 12, rte de Cramoisy puis 1,5 km par r. à dr. et chemin
À savoir : Dans une ancienne carrière ombragée, dominant le bourg et l'Oise

Nature : 🌳 ♀
Loisirs : 🛋 🏊 🚴 🎣
Services : ♿ 🔑 GB 🐎 🚻 ♨ 🚰 🗑

Les indications d'accès à un terrain sont généralement indiquées, dans notre guide, à partir du centre de la localité.

ST-QUENTIN-EN-TOURMONT

✉ 80120 – **301** C6 – 334 h.
Paris 218 – Abbeville 29 – Amiens 83 – Berck-sur-Mer 24 – Le Crotoy 9 – Hesdin 38.

Les Crocs de déb. avr. à fin oct.
☏ 03 22 25 73 33, camping.mouillard@orange.fr, Fax 03 22 25 75 17, campingdescrocs.com – places limitées pour le passage – **R**
1,4 ha (100 empl.) plat, herbeux
Tarif : (Prix 2008) 17 € 🚶🚶 🚗 🅴 (½) (6A) – pers. suppl. 4 €
Location (Prix 2008) (de déb. avr. à fin déc.) : 4 🏠 (4 à 6 pers.) nuitée 55 € - 350 à 450 €/sem. – **R** conseillée
🚐, 10 🅴 14 €
Pour s'y rendre : 2 chemin des Garennes (1 km au sud par D 204)
À savoir : À proximité d'un parc ornithologique

Loisirs : 🛋 🏊
Services : ♿ 🔑 (juil.-août) 🐎 🗑 ♨ 🚰 🚻 sèche-linge
À prox. : 🐎 (centre équestre)

Base Nautique du Val Joly

PICARDIE

ST-VALERY-SUR-SOMME

✉ 80230 – **301** C6 – G. Nord Pas-de-Calais Picardie – 2 686 h. – alt. 27
🛈 *Office de tourisme, 2, place Guillaume-Le-Conquérant* ✆ 03 22 60 93 50, Fax 03 22 60 80 34
Paris 206 – Abbeville 18 – Amiens 71 – Blangy-sur-Bresle 45 – Le Tréport 25.

Le Walric de déb. avr. à déb. nov.
✆ 03 22 26 81 97, info@campinglewalric.com,
Fax 03 22 60 77 26, www.campinglewalric.com – places limitées pour le passage – **R** conseillée
5,8 ha (263 empl.) plat, herbeux
Tarif : (Prix 2008) 28,50 € 👫 🚐 🔲 (6A) – pers. suppl. 7 € – frais de réservation 10 €
Location (Prix 2008) : 55 (4 à 6 pers.) nuitée 65 € - 280 à 645 €/sem. – frais de réservation 10 € - **R** conseillée
🚐 1 borne eurorelais
Pour s'y rendre : rte d'Eu

Nature : 🌳 ♀
Loisirs : 🍴 snack 🏠 🏊 🎣
Services : ♿ 🔑 🚿 ♨ 🧺
🧺 sèche-linge

Domaine de Drancourt de déb. avr. à déb. nov.
✆ 03 22 26 93 45, chateau.drancourt@wanadoo.fr,
Fax 03 22 26 85 87, www.chateau-drancourt.com – places limitées pour le passage – **R** conseillée
5 ha (326 empl.) plat et peu incliné, herbeux
Tarif : (Prix 2008) 34 € 👫 🚐 🔲 (6A) – pers. suppl. 7 € – frais de réservation 20 €
Location (Prix 2008) : 30 (4 à 6 pers.) 441 à 995 €/sem. – frais de réservation 20 € - **R** conseillée
🚐 1 borne 20 €
Pour s'y rendre : 3,5 km au sud par D 48 et rte à gauche apr. avoir traversé le CD 940
À savoir : Dans l'agréable parc du château

Nature : 🌳 ♀
Loisirs : 🍴 ✕ 🏠 🏊 🚴 🎣 🏊
🏇 poneys practice de golf
Services : ♿ 🔑 🚿 ♨ 🧺
🧺 sèche-linge lave-vaisselle 🧺

SERAUCOURT-LE-GRAND

✉ 02790 – **306** B4 – 715 h. – alt. 102
Paris 148 – Chauny 26 – Ham 16 – Péronne 28 – St-Quentin 13 – Soissons 56.

Le Vivier aux Carpes de déb. mars à fin oct.
✆ 03 23 60 50 10, camping.du.vivier@wanadoo.fr,
Fax 03 23 60 51 69, www.camping-picardie.com
– **R** conseillée
2 ha (60 empl.) plat, herbeux
Tarif : 18,50 € 👫 🚐 🔲 (6A) – pers. suppl. 3,70 €
🚐 1 borne artisanale 18,50 € – 2 🔲 18,50 €
Pour s'y rendre : 10 r. Charles-Voyeux (au nord par D 321, près de la poste, à 200 m de la Somme)
À savoir : Situation agréable en bordure d'étangs

Nature : 🌳 🌿
Loisirs : 🏠 🎣
Services : ♿ 🔑 🚿 ♨ 🧺
À prox. : 🧺

VILLERS-SUR-AUTHIE

✉ 80120 – **301** D6 – 362 h. – alt. 5
Paris 215 – Abbeville 31 – Amiens 80 – Berck-sur-Mer 16 – Le Crotoy 14 – Hesdin 29.

Le Val d'Authie de déb. avr. à mi-oct.
✆ 03 22 29 92 47, camping@valdauthie.fr,
Fax 03 22 29 93 30, www.valdauthie.fr – places limitées pour le passage – **R** conseillée
7 ha (170 empl.) plat et peu incliné, herbeux
Tarif : 24 € 👫 🚐 🔲 (6A) – pers. suppl. 6 €
Location : (4 à 6 pers.) 400 à 700 €/sem. – **R** conseillée
🚐 1 borne
Pour s'y rendre : 20 rte de Vercourt (sortie sud)
À savoir : Agréables plantations arbustives

Nature : 🌳 🌿 ♀
Loisirs : 🍴 snack 🏠 nocturne 🏊 🚂 hammam salle d'animation 🏊 🎣 🔲 terrain omnisports, parcours de santé, piste de bi-cross
Services : ♿ 🔑 🚿 ♨ 🧺
🧺 sèche-linge

605

PICARDIE

VIRONCHAUX

✉ 80150 – **301** D6 – 383 h. – alt. 45
Paris 214 – Abbeville 30 – Amiens 79 – Berck-sur-Mer 25 – Hesdin 23 – Montreuil 26.

▲ **Les Peupliers** avr.-oct.
✆ 03 22 23 54 27, *les-peupliers3@orange.fr, www.camping-les-peupliers2.com* – **R** conseillée
1,2 ha (49 empl.) plat, herbeux
Tarif : ♦ 3,80 € ⇌ 3,30 € 🅔 4,50 € – (6A) 3,60 €
Location : 3 🛖 (4 à 6 pers.) 336 à 532 €/sem.
– **R** conseillée
🚐 1 borne artisanale – 5 🅔
Pour s'y rendre : 221 r. du Cornet
À savoir : Décoration arbustive et florale

Nature : 🌳 🏞
Loisirs : 🍽 🎮 🎣 m
Services : ♿ 🔑 GB 🚿 🏪 ☺ 📞 🛒

POITOU-CHARENTES

🇫🇷 Avec l'eau pour compagnon de voyage, les délices de la région Poitou-Charentes se consomment sans modération. Commencez par paresser sur une des plages de sable fin bordant la Côte de Beauté : vous y ferez provision d'air pur mêlé d'iode et d'essences de pins. Puis offrez-vous une cure de remise en forme dans la station balnéaire de votre choix, suivie d'une cure d'huîtres de Marennes-Oléron accompagnées de tartines au beurre de Surgères. Requinqué ? Alors, parcourez à vélo les îles, havres de paix aux maisons fleuries de glycines et de roses trémières, et explorez à bord d'une barque manœuvrée à la « pigouille » les mille et une conches de la « Venise verte ». Puis, après une mini-dégustation de cognac, cette eau… de-vie aux reflets ambrés, cap sur le Futuroscope et ses images à couper le souffle !

🇬🇧 Names such as Cognac, Angoulême or La Rochelle all echo through France's history, but there's just as much to appreciate in the here and now. Visit a thalassotherapy resort to revive your spirits, or just laze on the sandy beaches, where the scent of pine trees mingles with the fresh sea air. A bicycle is the best way to discover the region's coastal islands, their country lanes lined with tiny blue and white cottages and multicoloured hollyhocks. Back on the mainland, explore the canals of the marshy, and mercifully mosquito-free, « Green Venice ». You will have earned yourself a drop of Cognac or a glass of the local apéritif, the fruity, ice-cold Pineau. If this seems just too restful, head for Futuroscope, a theme park of the moving image, and enjoy an action-packed day of life in the future.

POITOU-CHARENTES

AIGREFEUILLE-D'AUNIS

✉ 17290 – **324** E3 – 3 151 h. – alt. 20
🛈 Office de tourisme, 4, place de la Renaissance ℘ 05 46 27 53 87, Fax 05 46 35 54 92
Paris 457 – Niort 50 – Rochefort 22 – La Rochelle 25 – Surgères 16.

La Taillée de mi-juin à déb. sept.
℘ 05 46 35 50 88, lataillee@hotmail.fr, Fax 0, www.lataillee.com – **R** conseillée
2 ha (80 empl.) plat, herbeux
Tarif : 16,60 € ✶✶ 🚗 🔋 (6A) – pers. suppl. 3,85 € – frais de réservation 10 €
Location (de mi-avr. à mi-sept.) ✂ 🅿 : 10 🏠 (4 à 6 pers.) nuitée 65 € - 275 à 640 €/sem. – 30 🏠 (4 à 6 pers.) nuitée 65 € - 275 à 640 €/sem. – bungalows toilés – 30 gîtes – frais de réservation 10 € - **R** conseillée
Pour s'y rendre : 41 r. Léon Nicolle (à l'est du bourg, près de la piscine)
À savoir : Agréable cadre boisé de platanes et frênes centenaires

ANGOULINS

✉ 17690 – **324** D3 – 3 501 h. – alt. 15
🛈 Syndicat d'initiative, 3, rue de Verdun ℘ 05 46 56 92 09
Paris 481 – Poitiers 148 – La Rochelle 12 – Niort 73 – La Roche-sur-Yon 91.

Les Chirats - La Platère de Pâques à fin sept.
℘ 05 46 56 94 16, contact@campingleschirat.fr, Fax 05 46 56 65 95, www.campingleschirats.fr – **R** conseillée
4 ha (224 empl.) plat et peu incliné, herbeux, pierreux
Tarif : ✶ 🔋 (10A) – pers. suppl. 4,55 € – frais de réservation 10 €
Location (permanent) : 35 🏠 (4 à 6 pers.) - 225 à 548 €/sem. – 5 bungalows toilés – frais de réservation 10 € - **R** conseillée
Pour s'y rendre : 1,7 km à l'ouest par r. des Salines et rte de la douane, à 100 m de la plage

ARCHIAC

✉ 17520 – **324** I6 – 864 h. – alt. 111
🛈 Office de tourisme, 1, place de l'Abbé Goiland ℘ 05 46 49 57 11, Fax 05 46 49 14 16
Paris 514 – Angoulême 49 – Barbezieux 15 – Cognac 22 – Jonzac 15 – Pons 22.

Municipal de mi-juin à mi-sept.
℘ 05 46 49 10 46, archiacmairie@free.fr, Fax 05 46 49 84 09 – **R**
1 ha (44 empl.) plat, en terrasses, herbeux, pierreux
Tarif : (Prix 2008) ✶ 1,90 € 🚗 1,30 € 🔋 1,30 € – 🔋 (5A) 2,50 €
🏕 1 borne eurorelais
Pour s'y rendre : r. des Voituriers (près de la piscine)

ARGENTON-CHÂTEAU

✉ 79150 – **322** D3 – G. Poitou Charentes Vendée – 1 038 h. – alt. 123
🛈 Office de tourisme, 13, rue de la Porte Virèche ℘ 05 49 65 96 56
Paris 355 – Bressuire 19 – Doué-la-Fontaine 30 – Mauléon 26 – Niort 82 – Thouars 20.

Municipal du lac d'Hautibus de déb. avr. à fin sept.
℘ 05 49 65 95 08, mairie-argenton-chateau@cegetel.net, Fax 05 49 65 70 84, www.campingargentonvallees.perso.st – **R**
1,5 ha (70 empl.) peu incliné et en terrasses, incliné, herbeux
Tarif : (Prix 2008) ✶ 1,95 € 🚗 1,60 € 🔋 1,80 € – 🔋 (6A) 2,25 €
Location (Prix 2008) (permanent) : 5 🏠 – **R** conseillée
🏕 1 borne artisanale 2 €
Pour s'y rendre : r. de la Sablière (à l'ouest du bourg (accès près du rond-point de la D 748 et D 759))
À savoir : À 150 m du lac avec accès direct (site pittoresque)

POITOU-CHARENTES

ARVERT

17530 – **324** D5 – 2 887 h. – alt. 20
Syndicat d'initiative, 22, rue des Tilleuls 05 46 36 89 28, Fax 05 46 36 89 28
Paris 513 – Marennes 16 – Rochefort 37 – La Rochelle 74 – Royan 19 – Saintes 46.

Le Presqu'Île de déb. avr. à fin sept.
05 46 36 81 76, christophe.cantet@free.fr, campingle presquile.com – **R** conseillée
0,8 ha (66 empl.) plat, herbeux, sablonneux
Tarif : 14,40 € ♦♦ 🚗 🔲 🕰 (16A) – pers. suppl. 2,50 €
Location (permanent) : – **R** conseillée
Pour s'y rendre : 7 r. des Aigrettes (au nord du bourg, à 150 m de la D 14)

Le Petit Pont
05 46 36 07 20, contact@camping-dupetitpont.com, Fax 05 46 36 07 20, www.camping-dupetit.com
0,6 ha (33 empl.) plat, herbeux
Location : 25
Pour s'y rendre : 2,5 km au nord-ouest sur D 14

AUNAC

16460 – **324** L4 – 297 h. – alt. 70
Paris 418 – Angoulême 37 – Confolens 43 – Ruffec 15 – St-Jean-d'Angély 69.

Municipal de Magnerit de mi-juin à mi-sept.
05 45 22 24 38, mairie.aunac@wanadoo.fr, Fax 05 45 22 23 17 – **R**
1,2 ha (25 empl.) plat, herbeux
Tarif : (Prix 2008) ♦ 2 € 🚗 1,80 € 🔲 2 € – 🕰 2,50 €
Pour s'y rendre : 1 pl. de la Mairie (1 km au sud-est du bourg)
À savoir : Situation agréable au bord de la Charente

AVAILLES-LIMOUZINE

86460 – **322** J8 – 1 309 h. – alt. 142
Office de tourisme, 6, rue Principale 05 49 48 63 05, Fax 05 49 48 63 05
Paris 410 – Confolens 14 – L'Isle-Jourdain 15 – Niort 100 – Poitiers 67.

Municipal le Parc de déb. mai à fin sept.
05 49 48 51 22, camping.leparc@wanadoo.fr, Fax 05 49 48 66 76, http://monsite.wanadoo.frcamping parc/ – **R** conseillée
2,7 ha (120 empl.) plat, herbeux
Tarif : ♦ 2,90 € 🚗 1,50 € 🔲 2 € – 🕰 (10A) 2,20 €
Location : 3 🏠 – 1 yourte – **R** conseillée
🚐 1 borne sanistation 2,60 €
Pour s'y rendre : sortie est par D 34, à gauche apr. le pont, au bord de la Vienne

AVANTON

86170 – **322** H5 – 1 414 h. – alt. 110
Paris 337 – Poitiers 12 – Niort 84 – Châtellerault 37 – Saumur 80.

Le Futur de déb. avr. à fin sept.
05 49 54 09 67, info@camping-du-futur.com, Fax 05 49 54 09 59, www.camping-du-futur.com – **R**
4 ha/1,5 campable (68 empl.) plat, herbeux
Tarif : 22,50 € ♦♦ 🚗 🔲 🕰 (10A) – pers. suppl. 3,50 €
Location : 14 (4 à 6 pers.) 250 à 580 €/sem. – hôtel – **R** conseillée
Pour s'y rendre : 9 r. des Bois (1,3 km au sud-ouest par D 757, rte de Poitiers et rte à dr. apr. le passage à niveau)

POITOU-CHARENTES

BENON

✉ 17170 – **324** F2 – 514 h. – alt. 21
Paris 445 – Fontenay-le-Comte 36 – Niort 38 – La Rochelle 33 – Surgères 17.

⚠ **Municipal du Château** de déb. mai à fin sept.
📞 05 46 01 61 48, *benon@mairie17.com*,
Fax 05 46 01 01 19, *http://www.smic17.fr/mairie.benon*
– **R** conseillée
1 ha (70 empl.) plat, peu incliné, herbeux
Tarif : 👤 2,80 € – 🚗 1,70 € – 🅴 1,70 € – ⚡ (15A) 4,50 €
Pour s'y rendre : r. Château Musset (au bourg)
À savoir : Dans un parc

Nature : ♀
Loisirs : 🎾
Services : ♿ 🐕 🅿 ⊕ 🏪

BONNES

✉ 86300 – **322** J5 – 1 475 h. – alt. 70
Paris 331 – Châtellerault 25 – Chauvigny 7 – Poitiers 25 – La Roche-Posay 34 – St-Savin 25.

⚠ **Municipal**
📞 05 49 56 44 34, *camping_bonnes@hotmail.com*,
Fax 05 49 56 48 51, *www.camping.bonnes86.free.fr*
– **R** conseillée
1,2 ha (65 empl.) plat, herbeux
Location : gîtes
Pour s'y rendre : au sud du bourg, au bord de la Vienne

Loisirs : 🏊 🚴 🎾 ⛱ 🏊
Services : ♿ 🛎 🅿 🚿 ⊕ ♨ 🏪

CADEUIL

✉ 17250 – **324** E5 – G. Poitou Charentes Vendée
Paris 492 – Marennes 15 – Rochefort 23 – La Rochelle 59 – Royan 18 – Saintes 26.

⚠ **Lac le Grand Bleu** (location exclusive de chalets et de mobile homes)
📞 05 46 22 90 99, *campinglegrandbleu@hotmail.com*,
Fax 05 46 22 14 95 – empl. traditionnels également disponibles – **R** conseillée
14 ha/2 campables plat, herbeux
Location : 60 🚐 – 30 🏠
Pour s'y rendre : Rte de Rochefort (au nord-est du hameau, par D 733)

Nature : 🏞 ♀♀ 🌊
Loisirs : 🍴 snack 🏊 🎣 🐎
Services : 🅿 ⊕ 🏪
À prox. : pédalos, canoë

Estacade de la pointe des Dames (Île de Noirmoutier)

S. Sauvignier/Michelin

POITOU-CHARENTES

CHÂTELAILLON-PLAGE

✉ 17340 – **324** D3 – G. Poitou Charentes Vendée – 5 625 h. – alt. 3
🛈 Office de tourisme, 5, avenue de Strasbourg ☏ 05 46 56 26 97, Fax 05 46 56 58 50
Paris 482 – Niort 74 – Rochefort 22 – La Rochelle 19 – Surgères 29.

L'Océan de déb. juin à mi-sept.
☏ 05 46 56 87 97 – **R** conseillée
1,8 ha (94 empl.) plat, herbeux
Tarif : (Prix 2008) ✶ ⚏ (10A) – pers. suppl. 4,50 € – frais de réservation 8 €
Location (Prix 2008) ⚏ : 3 ⚏ (2 à 4 pers.) 260 à 360 €/sem. – frais de réservation 8 € - **R** conseillée
Pour s'y rendre : av. d'Angoulins (1,3 km au nord par D 202, rte de la Rochelle et à dr.)

Nature : ♀
Loisirs : 🏛 🎿
Services : ♿ 🔑 ⛽ ✂ 🔲 ♨ 🚿
sèche-linge

CHÂTELLERAULT

✉ 86100 – **322** J4 – G. Poitou Charentes Vendée – 34 126 h. – alt. 52
🛈 Office de tourisme, 2, avenue Treuille ☏ 05 49 21 05 47, Fax 05 49 02 03 26
Paris 304 – Châteauroux 98 – Cholet 134 – Poitiers 36 – Tours 71.

Le Relais du Miel de mi-juin à fin août
☏ 05 49 02 06 27, camping@lerelaisdumiel.com, www.lerelaisdumiel.com – **R** conseillée
7 ha/4 campables (80 empl.) plat, terrasses, peu incliné, herbeux, pierreux
Tarif : 24 € ✶✶ 🚗 🔲 ⚏ (10A) – pers. suppl. 4 €
Location (permanent) ⚏ : 15 🏠 (4 à 6 pers.) - 360 à 590 €/sem. – appartements – **R** conseillée
🚐 15 🔲 24 €
Pour s'y rendre : rte d'Antran (sortie nord, N 10, rte de Paris, puis rocade à gauche en dir. du péage de l'A 10 et à dr. par D 1, près de la Vienne (accès direct), par A 10, sortie ?26 Châtellerault-Nord et D 1 à gauche)
À savoir : dans les dépendances d'une demeure du 18e s.

Nature : ⛰
Loisirs : 🍽 snack 🏛 🎿 ✂ ⚽
Services : ♿ 🔑 ⛽ ✂ 🔲 ♨ 🚿
⚏ 🛁 🔲 🧺

CHAUVIGNY

✉ 86300 – **322** J5 – G. Poitou Charentes Vendée – 7 025 h. – alt. 65
🛈 Office de tourisme, Mairie ☏ 05 49 45 99 10, Fax 05 49 45 99 10
Paris 333 – Bellac 64 – Le Blanc 36 – Châtellerault 30 – Montmorillon 27 – Ruffec 91.

Municipal de la Fontaine de mi-avr. à fin sept.
☏ 05 49 46 31 94, camping-chauvigny@cg86.fr, www.chauvigny.fr – **R** conseillée
2,8 ha (102 empl.) plat, herbeux, gravillons
Tarif : (Prix 2008) ✶ 2,15 € 🚗 1,55 € 🔲 1,55 € – ⚏ (15A) 2,50 €
Location (Prix 2008) (permanent) : 6 studios – **R** conseillée
🚐 1 borne artisanale – 5 🔲 6 €
Pour s'y rendre : r. de la Fontaine (sortie nord par D 2, rte de la Puye et rte à dr., au bord d'un ruisseau)
À savoir : Jardin public attenant, pièces d'eau

Nature : ≤ Ville haute et château ♀
Loisirs : 🏛 🎿
Services : ♿ 🔑 ⛽ ✂ 🏛 🔲 ♨ ⚏ 🧺
🍽 🛁 sèche-linge

COGNAC

✉ 16100 – **324** I5 – G. Poitou Charentes Vendée – 19 534 h. – alt. 25
🛈 Office de tourisme, 16, rue du 14 juillet ☏ 05 45 82 10 71, Fax 05 45 82 34 47
Paris 478 – Angoulême 45 – Bordeaux 120 – Libourne 116 – Niort 83 – La Roche-sur-Yon 172 – Saintes 27.

Municipal
☏ 05 45 32 13 32, info@campingdecognac.com, Fax 05 45 32 15 82, www.campingdecognac.com
– **R** conseillée
2 ha (160 empl.) plat, herbeux
Location : 7 🏠
🚐 1 borne eurorelais – 8 🔲
Pour s'y rendre : 2,3 km au nord par D 24, rte de Boutiers, entre la Charente et le Solençon

Nature : ⛰ ♀♀
Loisirs : 🎿 🏊
Services : ♿ 🔑 ⛽ 🔲 ♨ 🧺
À prox. : 🍽 ✂

POITOU-CHARENTES

COUHÉ

✉ 86700 – **322** H7 – G. Poitou Charentes Vendée – 1 783 h. – alt. 140
🛈 Office de tourisme, 51, Grand'Rue ☏ 05 49 59 26 71, Fax 05 49 59 26 80
Paris 370 – Confolens 58 – Montmorillon 61 – Niort 65 – Poitiers 36 – Ruffec 34.

Les Peupliers – de déb. mai à fin sept.
☏ 05 49 59 21 16, info@lespeupliers.fr, Fax 05 49 37 92 09, www.lespeupliers.fr – **R** conseillée
16 ha/6 campables (160 empl.) plat, herbeux, étang
Tarif : ⚹ 7 € ⛺ 🅿 10,50 € – ⚡ (10A) 4 €
Location (permanent) : 4 🏠 (2 à 4 pers.) nuitée 32 € - 175 à 545 €/sem. – 12 🏠 (4 à 6 pers.) nuitée 36 € - 190 à 715 €/sem. – 18 🏠 (4 à 6 pers.) nuitée 40 € - 205 à 805 €/sem. – **R** conseillée
🚐 1 borne artisanale
Pour s'y rendre : rte de Poitiers (1 km au nord, à Valence)
À savoir : Cadre boisé traversé par une rivière pittoresque

Nature : 🌳 🌊 ♀
Loisirs : 🍺 brasserie 🎱 🌙 nocturne 🚶 🎯 🏊 🛶
Services : 🚻 🔑 🛒 🧺 ♻ 🚰 🍳 🪣 🎣 🧺 sèche-linge 🧊 🚿

COULON

✉ 79510 – **322** C7 – G. Poitou Charentes Vendée – 2 074 h. – alt. 6
🛈 Office de tourisme, 31, rue Gabriel Auchier ☏ 05 49 35 99 29, Fax 05 49 35 84 31
Paris 418 – Fontenay-le-Comte 25 – Niort 11 – La Rochelle 63 – St-Jean-d'Angély 58.

La Venise Verte de déb. avr. à fin déc.
☏ 05 49 35 90 36, accueil@camping-laveniseverte.fr, Fax 05 49 35 84 69, www.camping-laveniseverte.fr – **R** conseillée
2,2 ha (140 empl.) plat, herbeux
Tarif : 18 € ⚹⚹ ⛺ 🅿 (10A) – pers. suppl. 4 €
Location (de déb. avr. à fin oct.) : 12 🏠 (4 à 6 pers.) nuitée 50 € - 390 à 560 €/sem. – 12 🏠 (4 à 6 pers.) nuitée 50 € - 650 à 650 €/sem. – bungalows toilés – **R** conseillée
🚐 1 borne 5 € – 🚽 ⚡ 13 €
Pour s'y rendre : 178 rte des Bords-de-Sèvre (2,2 km au sud-ouest par D 123, rte de Vanneau, au bord d'un canal et près de la Sèvre Niortaise)

Nature : ♀
Loisirs : 🍺 snack 🎱 🚶 🏊 🚴 🛶 canoë
Services : 🚻 🔑 🛒 🧺 ♻ 🚰 🍳 🪣 🎣 🧺
À prox. : 🎣

COULONGES-SUR-L'AUTIZE

✉ 79160 – **322** C6 – 2 146 h. – alt. 80
🛈 Syndicat d'initiative, 4, place du château ☏ 05 49 06 10 72, Fax 05 49 06 13 26
Paris 425 – Bressuire 48 – Fontenay-le-Comte 17 – Niort 21 – Parthenay 37 – La Rochelle 70.

⚠ Municipal le Parc mai-oct.
☏ 05 49 06 27 56, mairie-coulonges-sur-lautize@wanadoo.fr, Fax 05 49 06 13 26, www.ville-coulonges-sur-lautize.fr
0,5 ha (30 empl.) plat, herbeux
Tarif : (Prix 2008) ⚹ 1,80 € ⛺ 1,25 € 🅿 1,80 € – ⚡ (5A) 1,80 €
Pour s'y rendre : 500 m au sud par D 1, rte de St-Pompain et r. à gauche, près de la piscine et à 100 m d'un jardin public
À savoir : Belle délimitation des emplacements sous sapins

Nature : 🌊 ♀♀
Services : 🚻 🔑 (juil.-août) ♻ 🪣 🧺
À prox. : 🍴 🏊

COZES

✉ 17120 – **324** E6 – 1 830 h. – alt. 43
🛈 Office de tourisme, place de l'Hôtel de Ville ☏ 05 46 90 80 82, Fax 05 46 91 40 39
Paris 494 – Marennes 41 – Mirambeau 35 – Pons 26 – Royan 19 – Saintes 27.

⚠ Municipal le Sorlut de mi-avr. à mi-oct.
☏ 05 46 90 75 99, mairie@cozes.com, Fax 05 46 90 75 12 – **R** conseillée
1,4 ha (120 empl.) plat, herbeux
Tarif : (Prix 2008) ⚹ 2,34 € ⛺ 🅿 2,50 € – ⚡ (5A) 2,46 €
Location (Prix 2008) (permanent) 🏕 : 8 🏠 (4 à 6 pers.) nuitée 55 € - 300 à 500 €/sem. – **R** conseillée
🚐 1 borne eurorelais 6 €
Pour s'y rendre : r. des Chênes (au nord, près de l'ancienne gare, derrière le supermarché Champion)

Nature : 🌳 ♀♀
Loisirs : 🎯
Services : 🔑 (juil.-août) ♻ 🧺 🪣
À prox. : 🛒 🍴 🏊 🎣 ⛳ 🧺

POITOU-CHARENTES

DAMPIERRE-SUR-BOUTONNE

✉ 17470 – **324** H3 – G. Poitou Charentes Vendée – 297 h. – alt. 60
Paris 423 – Beauvoir-sur-Niort 18 – Niort 34 – La Rochelle 72 – Ruffec 56 – St-Jean-d'Angély 19.

▲ **Municipal** de déb. mai à fin sept.
☎ 05 46 24 02 36, dampierre-sur-boutonne@mairie17.com, Fax 05 46 33 85 49 – **R** conseillée
0,6 ha (16 empl.) plat, herbeux
Tarif : (Prix 2008) 11 € ✶✶ ⇔ 🅴 ⓖ (15A) – pers. suppl. 2,20 €
Pour s'y rendre : imp. du Camping (au bourg, derrière la salle municipale, au bord de la Boutonne)

Nature : 🐟 🌊 ♤♤
Loisirs : 🐟
Services : ♿ 🏠 ☺ ♨ ♻

FOURAS

✉ 17450 – **324** D4 – G. Poitou Charentes Vendée – 3 835 h. – alt. 5
🛈 *Office de tourisme, avenue du Bois Vert* ☎ 05 46 84 60 69, Fax 05 46 84 28 04
Paris 485 – Châtelaillon-Plage 18 – Rochefort 15 – La Rochelle 34.

▲ **Municipal le Cadoret** Permanent
☎ 05 46 82 19 19, campinglecadoret@mairie17.com, Fax 05 46 84 51 59, www.campings-fouras.com – **R** conseillée
7,5 ha (519 empl.) plat, sablonneux, herbeux
Tarif : (Prix 2008) 25,10 € ✶✶ ⇔ 🅴 ⓖ (10A) – pers. suppl. 5,15 € – frais de réservation 20 €
Location (Prix 2008) (de fin mars à fin oct.) : 13 🏠 (4 à 6 pers.) 235 à 540 €/sem. – frais de réservation 20 € - **R** conseillée
Pour s'y rendre : bd de Chaterny (côte Nord, au bord de l'Anse de Fouras)
À savoir : Ensemble verdoyant et soigné

Nature : 🌳 ♤♤
Loisirs : 🍸 snack 🌙 nocturne 🎣 🚲 🛝 🏊
Services : ♿ 🔑 GB 🚴 🏠 ☺ ♨ 🏊 ♻ 🧺 sèche-linge
À prox. : 🍴 🎾

▲ **Municipal la Fumée** de mi-avr. à fin sept.
☎ 05 46 84 26 77, campinglecadoret@mairie17.com, Fax 05 46 84 51 59, www.campings-fouras.com – **R**
1 ha (81 empl.) plat, herbeux
Tarif : (Prix 2008) ✶ 2,90 € ⇔ 2,80 € 🅴 3,20 € – ⓖ (10A) 3,80 €
Pour s'y rendre : pointe de la Fumée (à la pointe de la Fumée, près de l'embarcadère Île d'Aix et Fort Boyard)

Nature : ♤
Loisirs : 🎣
Services : ♿ GB 🚴 🏠 ♨ ☺ 🏊

GÉMOZAC

✉ 17260 – **324** F6 – 2 352 h. – alt. 39
Paris 495 – Cognac 35 – Jonzac 30 – Royan 31 – Saintes 22.

▲ **Municipal**
☎ 05 46 94 50 16, Fax 05 46 94 16 25 – **R** conseillée
1 ha (40 empl.) plat, herbeux
Location : 10 🏠
Pour s'y rendre : sortie ouest, rte de Royan, près de la piscine

Nature : ♤♤
Services : 🔑 🏠 ☺ 🏊
À prox. : 🍸 🍴 🎾 🎮 🛝

L'HOUMEAU

✉ 17137 – **324** C2 – 2 279 h. – alt. 19
Paris 478 – Poitiers 145 – La Rochelle 6 – Niort 83 – La Roche-sur-Yon 76.

▲ **Au Petit Port de l'Houmeau** de déb. avr. à fin sept.
☎ 05 46 50 90 82, info@aupetitport.com, Fax 05 46 50 01 33, www.aupetitport.com – **R** conseillée
2 ha (132 empl.) peu incliné, plat, herbeux
Tarif : 21,20 € ✶✶ ⇔ 🅴 ⓖ (10A) – pers. suppl. 4,50 € – frais de réservation 16 €
Location : 6 🏠 (2 à 4 pers.) 240 €/sem. – 2 🏠 (4 à 6 pers.) 300 à 570 €/sem. – 15 🏠 (4 à 6 pers.) - 360 à 670 €/sem. – frais de réservation 16 € - **R** conseillée
Pour s'y rendre : r. des Sartières (sortie nord-est par D 106, rte de Nieul-sur-Mer, par le périphérique, dir. Île de Ré et sortie Lagord-l'Houmeau)

Nature : 🌳 ♤
Loisirs : 🍸 snack 🎮 🎣 🚲
Services : 🔑 GB 🚴 🏠 ☺ ♨ ♻
À prox. : 🎾 🎮

615

POITOU-CHARENTES

ÎLE DE RÉ

✉ 17 – **324** – G. Poitou Charentes Vendée
Pont de l'Île de Ré : péage en 2008 : autos (AR) 16,50 (saison) 9,00 (hors saison), autos et caravanes (AR) 27,00 (saison) 15,00 (hors saison), camions 18,00 ou 45,00, motos 2,00, gratuit pour vélos et piétons - Renseignements par Régie d'Exploitation des Ponts ☎ 05 46 00 51 10

Ars-en-Ré ✉ 17590 – **324** A2 – G. Poitou Charentes Vendée – 1 294 h. – alt. 4
🛈 Office de tourisme, 26, place Carnot ☎ 05 46 29 46 09, Fax 05 46 29 68 30
Paris 506 – Fontenay-le-Comte 85 – Luçon 75 – La Rochelle 34.

Airotel le Cormoran ▲▲ - de déb. avr. à fin sept.
☎ 05 46 29 46 04, info@cormoran.com, Fax 05 46 29 29 36, www.cormoran.com – **R** conseillée
3 ha (138 empl.) plat, herbeux, sablonneux
Tarif : 48,70 € ★★ 🚗 🗐 [⚡] (10A) – pers. suppl. 12,25 € – frais de réservation 25 €
Location : 90 🏠 (4 à 6 pers.) 340 à 1 044 €/sem. – frais de réservation 35 € - **R** conseillée
🅿 1 borne artisanale 4 € – 🚐 13 €
Pour s'y rendre : rte de Radia (1 km à l'ouest)
À savoir : Cadre verdoyant, fleuri et soigné

Nature : 🌳 🏞 🌿
Loisirs : 🍷 pizzeria, snack 🏛 🎭 🏋 🎣 🚴 ⚔ 🏊 terrain omnisports
Services : 🛁 🚰 GB 🐕 🗑 🚿 ♿ 🍴 🏠 sèche-linge 💧

*Donnez-nous votre avis
sur les terrains que nous recommandons.
Faites-nous connaître vos observations et vos découvertes.
par mail à l'adresse : leguidecampingfrance@fr.michelin.com.*

Le Bois-Plage-en-Ré ✉ 17580 – **324** B2 – 2 235 h. – alt. 5
🛈 Office de tourisme, 87, rue des Barjottes ☎ 05 46 09 23 26, Fax 05 46 09 13 15
Paris 494 – Fontenay-le-Comte 74 – Luçon 64 – La Rochelle 23.

Sunêlia Interlude ▲▲ - de déb. avr. à fin sept.
☎ 05 46 09 18 22, infos@interlude.fr, Fax 05 46 09 23 38, www.interlude.fr – **R** conseillée
6,5 ha (381 empl.) peu accidenté et plat, sablonneux, herbeux
Tarif : 42 € ★★ 🚗 🗐 [⚡] (10A) – pers. suppl. 10 € – frais de réservation 30 €
Location : 150 🏠 (4 à 6 pers.) nuitée 69 € – 483 à 942 €/sem. – frais de réservation 30 € - **R** conseillée
🅿 1 borne artisanale 11 € – 60 🗐 42 € – 🚐 [⚡] 11 €
Pour s'y rendre : 8 rte de Gros-Jonc (2,3 km au sud-est)
À savoir : À 150 m de la plage

Nature : 🌳 🏞 🌿
Loisirs : 🍷 🍴 🏛 🎭 🏋 🎣 🚴 discothèque 🏊 🚴 🏊 (petite piscine) ⚔ terrain omnisports
Services : 🛁 🚰 GB 🐕 🗑 🚿 ♿ 🍴 🏠 sèche-linge 💧 🚿
À prox. : 🍴 ⚓

Les Varennes
☎ 05 46 09 15 43, les-varennes@wanadoo.fr, Fax 05 46 09 47 27, www.les-varennes.com – **R** indispensable
2 ha (145 empl.) plat, sablonneux, herbeux
Location : 85 🏠
🅿 1 borne artisanale
Pour s'y rendre : 1,7 km au sud-est

Nature : 🌳 🌿🌿
Loisirs : 🍷 🏛 🏋 🚴 🏊 (couverte hors saison)
Services : 🛁 🚰 🗑 ♿ 🏠 sèche-linge
À prox. : 🍴

Antioche de déb. avr. à mi-sept.
☎ 05 46 09 23 86, camping.antioche@wanadoo.fr, Fax 05 46 09 43 34, www.antioche.com – **R** conseillée
3 ha (135 empl.) plat et peu incliné, terrasses, herbeux, sablonneux
Tarif : 36,50 € ★★ 🚗 🗐 [⚡] (10A) – pers. suppl. 8 € – frais de réservation 25 €
Location : 23 🏠 (4 à 6 pers.) 360 à 670 €/sem. – frais de réservation 25 € - **R** conseillée
🅿 1 borne artisanale 6,30 €
Pour s'y rendre : rte de Ste-Marie (3 km au sud-est)
À savoir : À 300 m de la plage (accès direct)

Nature : 🌳 🌿
Loisirs : 🍷 🏛 🏋 🚴
Services : 🛁 🚰 GB 🐕 🗑 🚿 ♿ 🍴 🏠

POITOU-CHARENTES

La Couarde-sur-Mer ✉ 17670 – **324** B2 – 1 179 h. – alt. 1
🛈 *Syndicat d'initiative, rue Pasteur* ☎ 05 46 29 82 93, Fax 05 46 29 63 02
Paris 497 – Fontenay-le-Comte 76 – Luçon 66 – La Rochelle 26.

▲▲▲ L'Océan ⚐ – de mi-avr. à mi-sept.
☎ 05 46 29 87 70, *info@campingocean.com*,
Fax 05 46 29 92 13, *www.campingocean.com* – **R** conseillée
9 ha (338 empl.) plat, sablonneux, herbeux
Tarif : 40,07 € – 🚶 🚗 📧 🔌 (10A) – pers. suppl. 10,14 € – frais de réservation 32 €
Location : 🏠 (4 à 6 pers.) 335 à 1 076 €/sem. – 🛖 (4 à 6 pers.) – 374 à 1 155 €/sem. – frais de réservation 32 € - **R** conseillée
🅿 1 borne eurorelais 8 €
Pour s'y rendre : 50 rte d'Ars

> Nature : 🌊 ♀
> Loisirs : 🍽 ✗ 🏠 ♨ 🚴 salle d'animation 🎮 🚴 🎯 🏛 🏊 terrain omnisports
> Services : ♿ ☎ GB 🚿 🏧 🗑 ♻ 🧺 sèche-linge 🧊 🛒
> A prox. : baptèmes d'hélicoptère en juil.-août

▲▲ La Tour des Prises de mi-mars à fin sept.
☎ 05 46 29 84 82, *camping@lesprises.com*,
Fax 05 46 29 88 99, *www.lesprises.com* – **R** conseillée
2,2 ha (150 empl.) plat, herbeux
Tarif : (Prix 2008) 18,70 € 🚶 🚗 📧 🔌 (16A) – pers. suppl. 2,57 € – frais de réservation 8 €
Location (Prix 2008) (.) : 47 🏠 (4 à 6 pers.) nuitée 60 € - 270 à 570 €/sem. – frais de réservation 15 € - **R** conseillée
🅿 1 borne artisanale – 30 📧 10 € – 🚐 10 €
Pour s'y rendre : rte d'Ars-en-Ré (1,8 km au nord-ouest par D 735 et chemin à dr.)
À savoir : Sur le site d'un ancienne vigne

> Nature : 🌿 🌊 ♀♀
> Loisirs : 🏠 🎮 🏊 (découverte en saison)
> Services : ♿ ☎ GB 🚿 🗑 ♻ 🚻
> ♻ 🧺 sèche-linge 🧊

La Flotte ✉ 17630 – **324** C2 – 2 737 h. – alt. 4
🛈 *Office de tourisme, quai de Sénac* ☎ 05 46 09 60 38, Fax 05 46 09 64 88
Paris 489 – Fontenay-le-Comte 68 – Luçon 58 – La Rochelle 17.

▲▲ L'Île Blanche (location exclusive de mobile homes) de déb. avr. à mi-sept.
☎ 05 46 09 52 43, *ileblanche@wanadoo.fr, www.ileblanche.com* – **R** conseillée
4 ha plat, sablonneux, pierreux
Location : 🏠 (4 à 6 pers.) 300 à 760 €/sem. – frais de réservation 25 € - **R** conseillée
Pour s'y rendre : chemin des Bardonnières (2,5 km à l'ouest, accès conseillé par la déviation)

> Nature : 🌿 ♀
> Loisirs : ✗ 🏠 🎮 🚴 ♨
> Services : ☎ (juil.-août) GB 🚿 🚻
> 🧺 sèche-linge 🛒

▲▲ Les Peupliers ⚐ – de fin avr. à mi-sept.
☎ 05 46 09 62 35, *camping@les-peupliers.com*,
Fax 05 46 09 59 76, *www.camp-atlantique.com* – places limitées pour le passage – **R** conseillée
4,5 ha (239 empl.) plat, herbeux, sablonneux
Tarif : 33 € 🚶 🚗 📧 🔌 (10A) – pers. suppl. 8 € – frais de réservation 20 €
Location (de déb. avr. à mi-sept.) : 140 🏠 (4 à 6 pers.) nuitée 36 € - 250 à 850 €/sem. – frais de réservation 20 € - **R** conseillée
Pour s'y rendre : 1,3 km au sud-est

> Nature : 🌊 ♀♀
> Loisirs : 🍽 snack 🏠 ♨ 🚴 🎮 🚵
> Services : ♿ ☎ GB 🚿 🗑 ♻ 🚻
> 🏛 🚻 🧺 sèche-linge 🧊

▲▲ La Grainetière de déb. avr. à fin sept.
☎ 05 46 09 68 86, *lagrainetiere@free.fr*, Fax 05 46 09 53 13, *www.la-grainetiere.com* – **R** conseillée
2,3 ha (150 empl.) plat, sablonneux, herbeux
Tarif : 27 € 🚶 🚗 📧 🔌 (10A) – pers. suppl. 7,50 € – frais de réservation 15 €
Location : 60 🏠 (4 à 6 pers.) nuitée 45 € - 220 à 920 €/sem. – frais de réservation 15 € - **R** conseillée
🅿 1 borne artisanale 27 €
Pour s'y rendre : rte de St-Martin-de-Ré (à l'ouest du bourg, près de la déviation, accès conseillé par la déviation)

> Nature : ♀♀
> Loisirs : 🏠 🎮 🚴 🏊
> Services : ♿ ☎ GB 🚿 🗑 ♻ 🚻
> 🧺 sèche-linge

POITOU-CHARENTES

Loix ✉ 17111 – **324** B2 – 619 h. – alt. 4
🛈 *Office de tourisme, 10, place de la Mairie* ✆ *05 46 29 07 91, Fax 05 46 29 28 40*
Paris 505 – Fontenay-le-Comte 84 – Luçon 74 – La Rochelle 33.

▲▲▲ Les Ilates – de fin mars à déb. oct.
✆ 05 46 29 05 43, *ilates@wanadoo.fr*, Fax 05 46 29 06 79, *www.camping-loix.com* – **R** conseillée
4,5 ha (241 empl.) plat, herbeux
Tarif : 36 € ★★ ⇌ 🅴 (10A) – pers. suppl. 9 € – frais de réservation 10 €
Location : 44 🏠 (4 à 6 pers.) nuitée 84 € - 200 à 720 €/sem. – 34 🏠 (4 à 6 pers.) nuitée 91 € - 220 à 670 €/sem. – frais de réservation 25 € - **R** conseillée
🚐 1 borne
Pour s'y rendre : rte de la Pointe du Grouin (sortie est, à 500 m de l'océan)

> Nature : 🌳 🏝
> Loisirs : 🍴 snack 🏠 🏃 jacuzzi 👶 🚲 🎱 🎾 🏊
> Services : ♿ 🔑 🚿 🚗 🛒 🔥 ♻ 🚛 🧺 sèche-linge ✂

Les Portes-en-Ré ✉ 17880 – **324** B2 – G. Poitou Charentes Vendée – 661 h. – alt. 4
🛈 *Office de tourisme, 52, rue de Trousse-Chemise* ✆ *05 46 29 52 71, Fax 05 46 29 52 81*
Paris 514 – Fontenay-le-Comte 93 – Luçon 83 – La Rochelle 43.

▲▲▲ La Providence – de déb. avr. à fin sept.
✆ 05 46 29 56 82, *campingprovidence@wanadoo.fr*, Fax 05 46 29 61 80, *www.campingprovidence.com* – **R** conseillée
6 ha (300 empl.) plat, herbeux, sablonneux
Tarif : (Prix 2008) 32 € ★★ ⇌ 🅴 (10A) – pers. suppl. 7,50 € – frais de réservation 20 €
Location (Prix 2008) : 41 🏠 (4 à 6 pers.) 330 à 670 €/sem. – frais de réservation 20 € - **R** conseillée
🚐 1 borne artisanale 5 €
Pour s'y rendre : rte du Fier et de Trousse-Chemise (à l'est par D 101, à 50 m de la plage)

> Nature : 🌳
> Loisirs : snack 🏠 💆 🏃 salle d'animation 👶 🚲 🏊
> Services : ♿ 🔑 🚲 🛒 🔥 ♻ 🚛 🧺 ⚡ 🚽 sèche-linge
> À prox. : ✂

St-Clément-des-Baleines ✉ 17590 – **324** A2 – G. Poitou Charentes Vendée – 728 h. – alt. 2
🛈 *Office de tourisme, 200, rue du Centre* ✆ *05 46 29 24 19, Fax 05 46 29 08 14*
Paris 509 – Fontenay-le-Comte 89 – Luçon 79 – La Rochelle 38.

▲▲▲ Airotel la Plage –
✆ 05 46 29 42 62, *info@la-plage.com*, Fax 05 46 29 03 39, *www.la-plage.com* – **R** conseillée
2,5 ha (76 empl.) plat, sablonneux, herbeux
Location 🅿 : 82 🏠
🚐 1 borne eurorelais
Pour s'y rendre : 2 km au nord-ouest par D 735 et chemin à dr.
À savoir : À 100 m de la plage

> Nature : 🏝
> Loisirs : 🍴 🍽 🏠 🏃 🎵 🎣 🏊 terrain omnisports
> Services : ♿ 🔑 🛒 🔥 ⚡ 🧺 sèche-linge ✂
> À prox. : ✂ 🎣 ♨ parc d'attractions, parc zoologique et floral

St-Martin-de-Ré ✉ 17410 – **324** B2 – G. Poitou Charentes Vendée – 2 637 h. – alt. 14
🛈 *Syndicat d'initiative, 2, quai Nicolas Baudin* ✆ *05 46 09 20 06, Fax 05 46 09 06 18*
Paris 493 – Fontenay-le-Comte 72 – Luçon 62 – La Rochelle 22.

▲ Municipal de mi-fév. à mi-nov.
✆ 05 46 09 21 96, *camping.stmartindere@wanadoo.fr*, Fax 05 46 09 94 18, *www.saint-martin-de-re.fr* – **R** conseillée
3 ha (200 empl.) plat et terrasse, peu incliné, herbeux
Tarif : (Prix 2008) 19,80 € ★★ ⇌ 🅴 (10A) – pers. suppl. 4,20 € – frais de réservation 13,30 €
Location (Prix 2008) : 21 🏠 (4 à 6 pers.) nuitée 115 € - 270 à 615 €/sem. – frais de réservation 13,30 € - **R** conseillée
🚐 1 borne raclet 4,30 €
Pour s'y rendre : r. du Rempart (au village)
À savoir : sur les remparts

> Nature : 🌊
> Loisirs : 🏠 🏃
> Services : ♿ 🔑 🚿 🚗 🔥 ♻ ⚡ 🧺

POITOU-CHARENTES

ÎLE D'OLÉRON

17 – **324** – G. Poitou Charentes Vendée
par le pont viaduc : passage gratuit

La Brée-les-Bains   17840 – **324** B3 – 760 h. – alt. 5
Office de tourisme, 20, rue des Ardillières ☏ 05 46 47 96 73, Fax 05 46 75 96 73
Paris 531 – Marennes 32 – Rochefort 53 – La Rochelle 90 – Saintes 73.

Pertuis d'Antioche de déb. avr. à fin sept.
☏ 05 46 47 92 00, info@camping-antiochedoleron.com,
Fax 05 46 47 82 22, www.camping-antiochedoleron.com
– **R** conseillée
2 ha (128 empl.) plat, herbeux
Tarif : (Prix 2008) 20,70 € ♦♦ 🚗 🅴 ⚡ (10A) – pers. suppl. 7 € – frais de réservation 20 €
Location (Prix 2008) (de mi-avr. à fin sept.) : 25 🏠 (4 à 6 pers.) 255 à 835 €/sem. – frais de réservation 20 € - **R** conseillée
Pour s'y rendre : Rte de Proires (1 km au nord-ouest par D 273 et à dr., à 150 m de la plage)

Nature : 🏞 ♀
Loisirs : 🏊 spa 🏇 🏊
Services : 🛁 🚐 GB 🛴 🍴 🛒 🛒 🚿 🧺 🔥
À prox. : 🍴

Le Château-d'Oléron   17480 – **324** C4 – G. Poitou Charentes Vendée – 3 552 h. – alt. 9
Office de tourisme, place de la République ☏ 05 46 47 60 51, Fax 05 46 47 73 65
Paris 507 – Marennes 12 – Rochefort 33 – La Rochelle 70 – Royan 43 – Saintes 53.

La Brande 👥 – de mi-mars à mi-nov.
☏ 05 46 47 62 37, info@camping-labrande.com,
Fax 05 46 47 71 70, www.camping-labrande.com
– **R** conseillée
4 ha (199 empl.) plat, herbeux, sablonneux
Tarif : 36 € ♦♦ 🚗 🅴 ⚡ (10A) – pers. suppl. 8 € – frais de réservation 16 €
Location : 20 🏠 (4 à 6 pers.) 350 à 750 €/sem. – 30 🏠 (4 à 6 pers.) - 360 à 1 000 €/sem. – frais de réservation 16 € - **R** conseillée
🚐 1 borne artisanale 10 €
Pour s'y rendre : rte des Huitres (2,5 km au nord-ouest, à 250 m de la mer)

Nature : ♀
Loisirs : 🍴 ✕ 🏊 ⚕ 🏃 🧖 hammam jacuzzi 🏇 🚴 🎣 🏊 🛶 terrain omnisports
Services : 🛁 🚐 GB 🛴 🍴 🛒 🚿 🧺 sèche-linge 🧊 🔥
À prox. : 🍴

Airotel Oléron de déb. avr. à fin sept.
☏ 05 46 47 61 82, info@camping-airotel-oleron.com,
Fax 05 46 47 79 67, www.brochure-airotel-oleron.com
– **R** conseillée
15 ha/4 campables (133 empl.) plat, accidenté, sablonneux, herbeux
Tarif : 26,40 € ♦♦ 🚗 🅴 ⚡ (10A) – pers. suppl. 6,50 € – frais de réservation 16 €
Location (de déb. mars à fin oct.) : 40 🏠 (4 à 6 pers.) 300 à 660 €/sem. – 15 🏠 (4 à 6 pers.) - 330 à 720 €/sem. – frais de réservation 16 € - **R** conseillée
🚐 1 borne raclet 3,50 €
Pour s'y rendre : domaine de Montravail (1,8 km au sud-ouest par rte de St-Trojan et r. de la Libération à gauche)
À savoir : autour d'une ferme équestre, beau plan d'eau de mer

Nature : 🌲 ♀♀
Loisirs : 🍴 ✕ 🏊 ⚕ nocturne 🎵 🏇 🚴 ✂ 🏊 🛶 🐎 poneys terrain omnisports
Services : 🛁 🚐 GB 🛴 🍴 🛒 🚿 🧺 🌀 🍴 sèche-linge 🧊

Fief-Melin de déb. mai à fin sept.
☏ 05 46 47 60 85, lefiefmelin@wanadoo.fr,
Fax 05 46 47 60 85, www.camping.fiefmelin.com
– **R** conseillée
2,2 ha (110 empl.) plat, herbeux
Tarif : 26,30 € ♦♦ 🚗 🅴 ⚡ (10A) – pers. suppl. 4,50 € – frais de réservation 15 €
Location (de déb. avr. à fin oct.) : 25 🏠 (4 à 6 pers.) 230 à 624 €/sem. – frais de réservation 15 € - **R** conseillée
Pour s'y rendre : r. des Alizés (1,7 km à l'ouest par rte de St-Pierre-d'Oléron puis 600 m à dr.)

Nature : 🌲 🏞 ♀
Loisirs : 🏊 ⚕ 🏇 🏊 (couverte hors saison) terrain omnisports
Services : 🚐 GB 🛴 🍴 🌀 🍴

619

POITOU-CHARENTES

Dolus-d'Oléron ✉ 17550 – **324** C4 – 2 723 h. – alt. 7

🛈 *Office de tourisme, Parvis Saint-André* ✆ 05 46 75 32 84, Fax 05 46 75 63 60
Paris 511 – Marennes 17 – Rochefort 39 – La Rochelle 75 – Saintes 58.

Ostréa de déb. avr. à fin sept.
✆ 05 46 47 62 36, *camping.ostrea@wanadoo.fr*,
Fax 05 46 75 20 01, *www.camping-ostrea.com* – **R** conseillée
2 ha (112 empl.) plat, peu incliné, sablonneux, herbeux
Tarif : 22,30 € 👫 🚗 🅴 (6A) – pers. suppl. 5,95 € – frais de réservation 17 €
Location 🚫 (de déb. juil. à fin août) : 21 🏕 (4 à 6 pers.) 265 à 710 €/sem. – frais de réservation 17 € - **R** conseillée
🚐 1 borne flot bleu 5 €
Pour s'y rendre : rte des Huitres (3,5 km à l'est, près de la mer)

Nature : 🌳 🌿
Loisirs : 🛋 🚣 🏊 (découverte en saison)
Services : ♿ 🔑 🚿 M 🚻 🛁 🍴 🧺 sèche-linge 🧊 🔌

La Perroche Leitner de déb. avr. à mi-sept.
✆ 05 46 75 37 33, *camping-la-perroche-leitner@wanadoo.fr*, Fax 05 46 75 37 33 – **R** conseillée
1,5 ha (100 empl.) plat, sablonneux
Tarif : (Prix 2008) 28,10 € 👫 🚗 🅴 (10A) – pers. suppl. 7,20 € – frais de réservation 19 €
🚐 1 borne raclet 5 € – 20 🅴 21,80 €
Pour s'y rendre : 18 r. du Renclos-de-la-Perroche (4 km au sud-ouest à la Perroche)
À savoir : Agréable situation proche de la mer avec accès direct par les dunes

Nature : 🌳 🌿 ⛰
Loisirs : 🚣
Services : ♿ 🔑 🚿 🚻 🛁 🧺
À prox. : 🍴 snack

Utilisez le guide de l'année.

620

St-Denis-d'Oléron ✉ 17650 – **324** B3 – 1 221 h. – alt. 9

🛈 *Syndicat d'initiative, boulevard d'Antioche* ✆ 05 46 47 95 53
Paris 527 – Marennes 33 – Rochefort 55 – La Rochelle 92 – Saintes 74.

Les Seulières de déb. avr. à fin oct.
✆ 05 46 47 90 51, *campinglesseulieres@wanadoo.fr*,
Fax 05 46 36 02 60, *www.campinglesseulieres.com* – **R** conseillée
1,6 ha (100 empl.) plat, herbeux, sablonneux
Tarif : 18 € 👫 🚗 🅴 (10A) – pers. suppl. 4 €
Location : 🏕 (2 à 4 pers.) 200 à 400 €/sem. – 🏠 (4 à 6 pers.) - 300 à 550 €/sem. – frais de réservation 15 € - **R** conseillée
Pour s'y rendre : 1371 rte des Seulières (3,5 km au sud-ouest, rte de Chaucre, à 400 m de la plage)

Nature : 🌳
Loisirs : 🛋
Services : ♿ 🔑 🚿 🚻 🛁 🧺
À prox. : 🍴

St-Georges-d'Oléron ✉ 17190 – **324** C4 – G. Poitou Charentes Vendée – 3 287 h. – alt. 10

🛈 *Office de tourisme, 28, rue des Dames* ✆ 05 46 76 63 75, Fax 05 46 76 86 49
Paris 527 – Marennes 27 – Rochefort 49 – La Rochelle 85 – Saintes 68.

Oléron Loisirs 👥 – de déb. avr. à fin sept.
✆ 05 46 76 50 20, *info@oleron-loisirs.com*,
Fax 05 46 76 80 71, *www.oleron-loisirs.com* – places limitées pour le passage – **R** conseillée
7 ha (330 empl.) plat, herbeux
Tarif : 25 € 👫 🚗 🅴 (6A) – pers. suppl. 5 € – frais de réservation 25 €
Location : 13 🏕 (2 à 4 pers.) 130 à 590 €/sem. – 181 🏕 (4 à 6 pers.) 250 à 770 €/sem. – 16 🏠 (4 à 6 pers.) - 340 à 810 €/sem. – frais de réservation 25 € - **R** conseillée
Pour s'y rendre : la Jousselinière (1,9 km au sud-est par D 273 et rte de Sauzelle à gauche)

Nature : 🌳 🌿 🌿
Loisirs : 🍴 snack 🛋 🎭 🎪 salle d'animation 🚣 🚴 ✂ 🏊 🏄 terrain omnisports
Services : ♿ 🔑 🚿 🚻 🛁 🧺 🔌 sèche-linge 🧊 🔌

POITOU-CHARENTES

ÎLE D'OLÉRON

Club Verébleu – de déb. juin à mi-sept.
05 46 76 57 70, *verebleu@wanadoo.fr*,
Fax 05 46 76 70 56, *www.verebleu.tm.fr* – **R** conseillée
7,5 ha (360 empl.) plat, herbeux, sablonneux
Tarif : (Prix 2008) 38 € (8A) – pers. suppl. 9,50 € – frais de réservation 23 €
Location (Prix 2008) : 87 (4 à 6 pers.) 310 à 1 170 €/sem. – 70 (4 à 6 pers.) – 280 à 850 €/sem. – frais de réservation 23 € - **R** conseillée
1 borne artisanale
Pour s'y rendre : la Jousselinière (1,7 km au sud-est par D 273 et rte de Sauzelle à gauche)
À savoir : espace aquatique ludique reprenant le thème de Fort Boyard

Nature :
Loisirs : snack terrain omnisports
Services :

La Campière – de déb. avr. à mi-oct.
05 46 76 72 25, *lacampierre@orange.fr*,
Fax 05 46 76 54 18, *www.la-campiere.com* – **R** conseillée
1,7 ha (63 empl.) plat, herbeux, sablonneux
Tarif : 33 € (10A) – pers. suppl. 7 € – frais de réservation 17 €
Location (de déb. avr. à mi-nov.) : 12 (4 à 6 pers.) - 350 à 920 €/sem. – frais de réservation 19 € - **R** conseillée
1 borne artisanale
Pour s'y rendre : Chemin de l'Achnau-Chaucre (5,4 km au sud-ouest par rte de Chaucre et chemin à gauche)
À savoir : Agréable cadre verdoyant et soigné

Nature :
Loisirs : snack (petite piscine)
Services : sèche-linge

Domaine des 4 Vents de déb. juin à déb. oct.
05 46 76 65 47, *camping4vents.oleron@wanadoo.fr*,
Fax 05 46 36 15 66, *www.camping-4vents-oleron.com* – places limitées pour le passage – **R** conseillée
7 ha (210 empl.) plat, herbeux
Tarif : 27 € (10A) – pers. suppl. 4 € – frais de réservation 10 €
Location (de déb. avr. à déb. oct.) : 90 (4 à 6 pers.) 250 à 760 €/sem. – frais de réservation 20 € - **R** conseillée
1 borne artisanale – 10 12 € – 12 €
Pour s'y rendre : 2 km au sud-est par D 273 et rte de Sauzelle à gauche

Nature :
Loisirs : terrain omnisports
Services :

Le Marais poitevin

POITOU-CHARENTES

ÎLE D'OLÉRON

La Maurie de mi-juin à mi-sept.
☎ 05 46 76 61 69, camping.lamaurie@wanadoo.fr,
Fax 05 46 76 61 69, www.lamaurie.com – **R** conseillée
1,5 ha (70 empl.) plat, herbeux
Tarif : 23,80 € ✶✶ ⇌ 🅴 (6A) – pers. suppl. 5 € – frais de réservation 9 €
Location : 10 🚐 (4 à 6 pers.) 130 à 690 €/sem. – frais de réservation 9 € - **R** conseillée
Pour s'y rendre : la Jousselinière (2,3 km au sud-est par D 273 et rte de Sauzelle à gauche)

Côte Ouest

Les Gros Joncs de mi-mars à mi-oct.
☎ 05 46 76 52 29, info@les-gros-joncs.fr,
Fax 05 46 76 67 74, http://www.camping-les-gros-joncs.com – places limitées pour le passage – **R** conseillée
3 ha (253 empl.) plat, accidenté et en terrasses, sablonneux
Tarif : 45,50 € ✶✶ ⇌ 🅴 (10A) – pers. suppl. 11,80 € – frais de réservation 18 €
Location (permanent) : 🚐 – 204 🏠 (4 à 6 pers.) - 327 à 1 295 €/sem. – frais de réservation 18 € - **R** conseillée
Pour s'y rendre : 850 rte de Ponthezière (5 km au sud-ouest, à 300 m de la mer)
À savoir : Centre de balnéothérapie et bel espace aquatique en partie couvert

Avant de vous installer, consultez les tarifs en cours, affichés obligatoirement à l'entrée du terrain, et renseignez-vous sur les conditions particulières de séjour. Les indications portées dans le guide ont pu être modifiées depuis la mise à jour.

St-Pierre-d'Oléron ✉ 17310 – **324** C4 – G. Poitou Charentes Vendée – 5 944 h. – alt. 8
🛈 Office de tourisme, place Gambetta ☎ 05 46 47 11 39, Fax 05 46 47 10 41
Paris 522 – Marennes 22 – Rochefort 44 – La Rochelle 80 – Royan 54 – Saintes 63.

Aqua 3 Masses avr.-sept.
☎ 05 46 47 23 96, accueil@campingaqua3masses.com,
Fax 05 46 75 15 54, www.campingles3masses.com
– **R** conseillée
3 ha (130 empl.) plat, herbeux, sablonneux
Tarif : (Prix 2008) 29,50 € ✶✶ ⇌ 🅴 (10A) – pers. suppl. 5,70 € – frais de réservation 20 €
Location (Prix 2008) : 33 🚐 (4 à 6 pers.) 235 à 835 €/sem. – 20 🏠 (4 à 6 pers.) - 265 à 765 €/sem. – frais de réservation 20 € - **R** conseillée
Pour s'y rendre : au lieu-dit : le Marais-Doux (4,3 km au sud-est)

St-Trojan-les-Bains ✉ 17370 – **324** C4 – G. Poitou Charentes Vendée – 1 624 h. – alt. 5
🛈 Office de tourisme, carrefour du Port ☎ 05 46 76 00 86, Fax 05 46 76 17 64
Paris 509 – Marennes 16 – Rochefort 38 – La Rochelle 74 – Royan 47 – Saintes 57.

La Combinette de déb. avr. à fin oct.
☎ 05 46 76 00 47, la-combinette@wanadoo.fr,
Fax 05 46 76 16 96, www.combinette-oleron.com
– **R** conseillée
4 ha (225 empl.) plat et peu accidenté, sablonneux, herbeux
Tarif : (Prix 2008) 20,60 € ✶✶ ⇌ 🅴 (10A) – pers. suppl. 5,60 € – frais de réservation 30 €
Location (Prix 2008) : 29 🏠 (4 à 6 pers.) - 225 à 820 €/sem. - studios – **R** conseillée
🚐 1 borne
Pour s'y rendre : 36 av. des Bris (1,5 km au sud-ouest)

POITOU-CHARENTES

ÎLE-D'AIX

✉ 17123 – **324** C3 – G. Poitou Charentes Vendée – 186 h. – alt. 10
Paris 486 – Poitiers 152 – La Rochelle 31 – Niort 78 – La Roche-sur-Yon 111.

▲ **Le Fort de la Rade** de mi-mai à mi-sept.
📞 05 46 84 28 28, iaf@maeva.com, Fax 05 46 84 00 44, fort delarade.ifrance.com – **R** conseillée
3 ha (70 empl.) plat, en terrasses, herbeux
Tarif : (Prix 2008) ♣ 4,05 € ⇔ 📧 10,95 €
Pour s'y rendre : à la Pointe Ste-Catherine, à 300 m de la plage de l'Anse de la Croix
À savoir : Dans le parc du Fort de la Rade entouré d'une enceinte fortifiée – réservé aux tentes

INGRANDES

✉ 86220 – **322** J3 – 1 723 h. – alt. 50
Paris 305 – Châtellerault 7 – Descartes 18 – Poitiers 41 – Richelieu 31 – La Roche-Posay 29.

▲ **Le Petit Trianon** de fin mai à fin sept.
📞 05 49 02 61 47, chateau@petit-trianon.fr,
Fax 05 49 02 68 81, www.petit-trianon.fr – **R** conseillée
4 ha (95 empl.) peu incliné et plat, herbeux
Tarif : ♣ 7 € ⇔ 4 € 📧 4,20 € – (🗲) (10A) 4,60 € – frais de réservation 12,50 €
Pour s'y rendre : 1 r. du Moulin-de-St-Ustre (3 km au nord-est, à St-Ustre)
À savoir : Cadre agréable autour d'un petit château

JAUNAY-CLAN

✉ 86130 – **322** I4 – alt. 80
🛈 Office de tourisme, place de la Fontaine 📞 05 49 62 85 16
Paris 330 – Poitiers 13 – Châtellerault 30 – Parthenay 57 – Buxerolles 11.

▲ **La Croix du Sud** de déb. avr. à fin oct.
📞 05 49 62 58 14, camping@la-croix-du-sud.fr,
Fax 05 49 62 57 20, http://la-croix-du-sud.fr/ – **R**
4 ha (184 empl.) plat, peu incliné, herbeux, pierreux
Tarif : (Prix 2008) ♣ 3,70 € ⇔ 📧 6,30 € – (🗲) (10A) 3 €
Location (Prix 2008) (permanent) : 🏠 (4 à 6 pers.) nuitée 60 € - 380 à 450 €/sem. – 🏠 (4 à 6 pers.) nuitée 50 € - 270 à 330 €/sem. – **R** conseillée
🚐 1 borne artisanale 4 €
Pour s'y rendre : r. du Grand Tillet (1 km à l'ouest par D 62, rte de Neuville et rte d'Avanton à gauche, apr. le pont de l'A 10)

JONZAC

✉ 17500 – **324** H7 – G. Poitou Charentes Vendée – 3 817 h. – alt. 40 – ♨ (mi fév.-début déc.)
🛈 Office de tourisme, 25, place du Château 📞 05 46 48 49 29, Fax 05 46 48 51 07
Paris 512 – Angoulême 59 – Bordeaux 84 – Cognac 36 – Libourne 81 – Royan 60 – Saintes 44.

▲ **Les Castors** de mi-mars à fin oct.
📞 05 46 48 25 65, camping-les-castors@wanadoo.fr,
Fax 05 46 04 56 76, www.campingcastors.com – **R** conseillée
3 ha (73 empl.) peu incliné, plat, herbeux, gravier
Tarif : ♣ 4,30 € ⇔ 📧 4,80 € – (🗲) (10A) 4,90 € – frais de réservation 7 €
Location : 9 🏠 (4 à 6 pers.) nuitée 50 € - 310 à 565 €/sem. – 4 🏠 (4 à 6 pers.) nuitée 55 € - 330 à 565 €/sem. – frais de réservation 9 € – **R** conseillée
🚐 1 borne eurorelais 3,20 € – ⛽ 13,40 €
Pour s'y rendre : R. de Clavelaud (1,5 km au sud-ouest par D 19, rte de Montendre et chemin à dr.)

623

POITOU-CHARENTES

LAGORD

✉ 17140 – **324** D2 – 6 456 h. – alt. 23
Paris 475 – Poitiers 142 – La Rochelle 6 – Niort 75 – La Roche-sur-Yon 72.

▲ **Municipal le Parc** de déb. juin à mi-sept.
☎ 05 46 67 61 54, *secretaire.mairie@mairie-lagord.fr*,
Fax 05 46 00 62 01, *www.mairie-lagord.fr* – **R** conseillée
2 ha (120 empl.) plat, herbeux
Tarif : (Prix 2008) 12 € ★★ ⇌ 🅴 ⌧ (8A) – pers. suppl. 3,50 €
Location (Prix 2008) (permanent) : 6 🏠 (4 à 6 pers.) -
158 à 408 €/sem. – **R** conseillée
🚐 1 borne
Pour s'y rendre : 1 r. du Parc (sortie ouest, r. du Parc, par le périphérique, dir. Île de Ré et sortie Lagord)

Nature : 🌳 ⌂ 🌊
Loisirs : 🎠 🏇 🎣
Services : ⚿ ⚙ ⛲ 🚿 ⚡ 🏪 sèche-linge
À prox. : ✂ 🎿

LANDRAIS

✉ 17290 – **324** E3 – 526 h. – alt. 12
Paris 455 – Niort 48 – Rochefort 23 – La Rochelle 32 – Surgères 13.

▲ **le Pré Maréchat** de mi-juin à mi-sept.
☎ 05 46 27 73 69, *mairie-landrais@smic17.fr*,
Fax 05 46 27 79 46, *www.cc-plaine-aunis.fr* – **R** conseillée
0,6 ha (25 empl.) plat, herbeux, pierreux
Tarif : (Prix 2008) ★ 2,50 € ⇌ 1,50 € 🅴 3 € – ⌧ (3A) 2 €
Pour s'y rendre : sortie nord-ouest par D 112, rte d'Aigrefeuille-d'Aunis et chemin à gauche, à 120 m d'un étang

Nature : 🌳 ⌂
Loisirs : 🏇
Services : ⚿ ⚙ ⚡
À prox. : 🎣

LE LINDOIS

✉ 16310 – **324** N5 – 330 h. – alt. 270
Paris 453 – Angoulême 41 – Confolens 34 – Montbron 12 – Rochechouart 25.

▲ **L'Étang** de déb. avr. à déb.nov.
☎ 05 45 65 02 67, Fax 05 45 65 08 96, *www.campingdeletang.com* – **R** conseillée
10 ha/1,5 campable (25 empl.) plat et peu incliné, herbeux
Tarif : 20 € ★★ ⇌ 🅴 (16A) – pers. suppl. 4,50 €
Location : 4 🏠 – (sans sanitaires) – **R** conseillée
Pour s'y rendre : rte de Rouzède (500 m au sud-ouest par D 112)
À savoir : Agréable sous-bois en bordure d'un étang

Nature : 🌳 ⌂ 🌊
Loisirs : 🍹 ✕ ⛱ (plage) 🎣
Services : ⚿ ⚙ ⛲ 🏪 🚿 ⚡ 🏪

LOUDUN

✉ 86200 – **322** G2 – G. Poitou Charentes Vendée – 7 704 h. – alt. 120
🛈 Syndicat d'initiative, 2, rue des Marchands ☎ 05 49 98 15 96, Fax 05 49 98 69 49
Paris 311 – Angers 79 – Châtellerault 47 – Poitiers 55 – Tours 72.

▲ **Municipal de Beausoleil**
☎ 05 49 98 15 38, *mairie@ville-loudun.fr*,
Fax 05 49 98 12 88 – **R** conseillée
0,6 ha (33 empl.) plat, terrasse, herbeux
Pour s'y rendre : sortie nord par N 147, dir. Angers et chemin à gauche, au bord d'un ruisseau et près d'un étang

Nature : ⌂ 🌱
Loisirs : 🏇
Services : ⚿ ⚙ 🚿 ⚡ ⛵

MANSLE

✉ 16230 – **324** L4 – G. Poitou Charentes Vendée – 1 597 h. – alt. 65
🛈 Office de tourisme, place du Gardoire ☎ 05 45 20 39 91, Fax 05 45 20 39 91
Paris 421 – Angoulême 26 – Cognac 53 – Limoges 93 – Poitiers 88 – St-Jean-d'Angély 62.

▲ **Municipal Le Champion** de mi-mai à mi-sept.
☎ 05 45 20 31 41, *mairie.mansle@wanadoo.fr*,
Fax 05 45 22 86 30 – **R** conseillée
2 ha (120 empl.) plat, herbeux
Tarif : ★ 2,40 € ⇌ 1,90 € 🅴 3 € – ⌧ (10A) 3 €
Pour s'y rendre : r. de Watlingthon (sortie nord-est par D 18, rte de Ruffec et à dr., près de l'hippodrome, au bord de la Charente)

Nature : ⌂ 🌊
Loisirs : 🏇 🎣
Services : ⚿ 🏪 🚿 ⚡ ⛵ 🏪
À prox. : ✕ snack 🛶 canoë

POITOU-CHARENTES

MARANS

✉ 17230 – **324** E2 – G. Poitou Charentes Vendée – 4 375 h. – alt. 1
🛈 *Office de tourisme, 62, rue d'Aligre* ℰ 05 46 01 12 87, Fax 05 46 35 97 36
Paris 461 – Fontenay-le-Comte 28 – Niort 56 – La Rochelle 24 – La Roche-sur-Yon 60.

Municipal du Bois Dinot de déb. avr. à fin sept.
ℰ 05 46 01 10 51, campingboisdinot.marans@wanadoo.fr,
Fax 05 46 66 02 65, www.ville-marans.fr – **R** conseillée
7 ha/3 campables (170 empl.) plat, herbeux
Tarif : (Prix 2008) ⋆ 3,35 € ⇔ 2,05 € 🅴 2,45 € – (ᵩ) (10A) 3,50 €
Location (Prix 2008) : 8 🏠 (4 à 6 pers.) - 169 à 478 €/sem. – frais de réservation 18,50 € · **R** conseillée
🚐 1 borne artisanale 4 € – 10 🅴 10 €
Pour s'y rendre : rte de Nantes (500 m au nord par N 137, à 80 m du canal de Marans à la Rochelle)
À savoir : Au coeur d'un parc boisé

Nature : 🌳 ♀
Loisirs : 🎠 🏊 vélodrome
Services : 🚹 🚻 🆎 🏧 🍴 ⊙ 📞 🛒
À prox. : 🎣 pédalos, canoë

MARENNES

✉ 17320 – **324** D5 – G. Poitou Charentes Vendée – 4 685 h. – alt. 10
🛈 *Office de tourisme, place Chasseloup-Laubat* ℰ 05 46 85 04 36, Fax 05 46 85 14 20
Paris 494 – Pons 61 – Rochefort 22 – Royan 31 – Saintes 41.

Au Bon Air de déb. avr. à fin sept.
ℰ 05 46 85 02 40, contact@aubonair.com,
Fax 05 46 36 22 54, www.aubonair.com – **R** conseillée
2,4 ha (140 empl.) plat, sablonneux, herbeux
Tarif : (Prix 2008) 22,20 € ⋆⋆ ⇔ 🅴 (ᵩ) (6A) – pers. suppl. 5,20 € – frais de réservation 17 €
Location (Prix 2008) : 48 🚐 (4 à 6 pers.) 231 à 693 €/sem. – 7 🏠 (4 à 6 pers.) – 252 à 665 €/sem. – frais de réservation 17 € · **R** conseillée
🚐 1 borne artisanale – 🚰 8 €
Pour s'y rendre : 9 av. Pierre-Voyer (2,5 km à l'ouest, à Marennes-Plage)
À savoir : Cadre verdoyant

Nature : 🌳 ♀♀
Loisirs : 🍴 🏓 🎠 🏊 💧
Services : 🚹 🚻 🆎 🏧 🍴 🎮 ⊙ 🛒 🚾 🅿 sèche-linge

625

LES MATHES

✉ 17570 – **324** D5 – 1 452 h. – alt. 10
🛈 *Office de tourisme, 2, av. de Royan* ℰ 0546224107, Fax 0546225269
Paris 514 – Marennes 18 – Rochefort 40 – La Rochelle 76 – Royan 16 – Saintes 48.

La Pinède de déb. juin à mi-sept.
ℰ 05 46 22 45 13, contact@campinglapinede.com,
Fax 05 46 22 50 21, http://www.campinglapinede.com – places limitées pour le passage – **R** conseillée
8 ha (372 empl.) plat, sablonneux
Tarif : (Prix 2008) 37 € ⋆⋆ ⇔ 🅴 (ᵩ) (6A) – pers. suppl. 9,95 € – frais de réservation 27 €
Location (Prix 2008) (de déb. avr. à mi-sept.) : 124 🚐 (4 à 6 pers.) 265 à 836 €/sem. – 6 🏠 (4 à 6 pers.) - 392 à 836 €/sem. – frais de réservation 27 € · **R** conseillée
Pour s'y rendre : rte de la Fouasse (3 km au nord-ouest, à la Fouasse)
À savoir : grand espace aquatique en partie couvert

Nature : 🌊 🌳 ♀♀
Loisirs : 🍴 ✗ 🏊 🎱 nocturne 🎮 🛎 🎠 🚴 🏇 💧 🛝 🎯 🏊 ⛱ 🐴 poneys terrain omnisports, parc animalier
Services : 🚹 🚻 🆎 🏧 🍴 🎮 ⊙ 🛒 🚾 🅿 sèche-linge 🧺 🧹
À prox. : parc d'attractions, quad

L'Orée du Bois de déb. mai à mi-sept.
ℰ 05 46 22 42 43, info@camping-oree-du-bois.fr,
Fax 05 46 22 54 76, www.camping-oree-du-bois.fr – places limitées pour le passage – **R** conseillée
6 ha (388 empl.) plat, sablonneux
Tarif : 38 € ⋆⋆ ⇔ 🅴 (ᵩ) (6A) – pers. suppl. 8 € – frais de réservation 24 €
Location : 110 🚐 (4 à 6 pers.) nuitée 45 € · 190 à 900 €/sem. – 🏠 – frais de réservation 24 € · **R** conseillée
Pour s'y rendre : 225 rte de la Bouverie (3,5 km au nord-ouest, à la Fouasse)

Nature : 🌳 ♀♀
Loisirs : 🍴 snack 🎱 🎮 🎠 🚴 🏊 🛝 terrain omnisports
Services : 🚹 🚻 🆎 🏧 🍴 🎮 ⊙ 🛒 – 40 sanitaires individuels (🚿⊙🚽 wc) 🎮 🍴 🚾 🅿 sèche-linge 🧺 🧹

POITOU-CHARENTES

LES MATHES

L'Estanquet ▲▲ – de déb. avr. à fin sept.
📞 05 46 22 47 32, contact@campinglestanquet.com,
Fax 05 46 22 51 46, www.campinglestanquet.com
– **R** conseillée
5 ha (500 empl.) plat, sablonneux
Tarif : 31,30 € 👫 🚗 🔌 (10A) – pers. suppl. 5 € – frais de réservation 20 €
Location : 🏠 (4 à 6 pers.) 199 à 779 €/sem. – 🏠 – frais de réservation 20 € - **R** conseillée
Pour s'y rendre : la Fouasse (3,5 km au nord-ouest)

Nature : 🏕 ♠♠
Loisirs : 🍽 snack 🌙 nocturne 🎪 🛶 🚲 🎣 ⛱ terrain omnisports
Services : ♿ 🔑 🏧 ✂ 🚿 ♨ 🧺 🛒 🍴 🚰 ♻

Monplaisir
📞 05 46 22 50 31, campmonplaisir@aol.com,
Fax 05 46 22 50 31 – **R** conseillée
2 ha (114 empl.) plat, herbeux, sablonneux
Location : studios
Pour s'y rendre : sortie sud-ouest

Nature : ♠♠
Loisirs : 🏠 🛶 🎣 🎪
Services : ♿ 🔑 🚿 ♨ 🧺
À prox. : 🛒 🍽 🍴 quad

La Clé des Champs de déb. avr. à fin sept.
📞 05 46 22 40 53, contact@la-cledeschamps.com,
Fax 05 46 22 56 96, www.la-cledeschamps.com – **R** conseillée
4 ha (300 empl.) plat, sablonneux, herbeux
Tarif : 25 € 👫 🚗 🔌 (10A) – pers. suppl. 4,60 € – frais de réservation 20 €
Location (de fin mars à fin oct.) : 34 🏠 (4 à 6 pers.) nuitée 45 € - 260 à 680 €/sem. – bungalows toilés – frais de réservation 20 € - **R** conseillée
Pour s'y rendre : 1188 rte de la Fouasse (2,5 km au nord-ouest, rte de la Fouasse)

Nature : ♠♠
Loisirs : 🏠 🚲 🎣 🎪 (découverte en saison) 🐴 poneys
Services : ♿ 🔑 🏧 ✂ 🚿 ♨ 🧺 🛒
À prox. : 🎣

MAUZÉ-SUR-LE-MIGNON

✉ 79210 – **322** B7 – 2 385 h. - alt. 30
🛈 Office de tourisme, place de la Mairie 📞 05 49 26 78 33, Fax 05 49 26 71 13
Paris 430 – Niort 23 – Rochefort 40 – La Rochelle 43.

Municipal le Gué de la Rivière de déb. juin à déb. sept.
📞 05 49 26 30 35, mairie@ville-mauze-mignon.fr,
Fax 05 49 26 71 13, www.ville-mauze-mignon.fr – **R**
1,5 ha (75 empl.) plat, herbeux
Tarif : (Prix 2008) 👫 2,30 € 🚗 🔌 2,30 € – 🔌 (10A) 3,25 €
🚐 1 borne flot bleu 3 €
Pour s'y rendre : pl. de la Mairie (1 km au nord-ouest par D 101, rte de St-Hilaire-la-Palud et à gauche, entre le Mignon et le canal)

Nature : ♀
Loisirs : 🏠
Services : 🔑 ✂ ♨
À prox. : 🚐

MÉDIS

✉ 17600 – **324** E6 – 2 158 h. - alt. 29
Paris 498 – Marennes 28 – Mirambeau 48 – Pons 39 – Royan 7 – Saintes 31.

Le Clos Fleuri de déb. juin à mi-sept.
📞 05 46 05 62 17, clos-fleuri@wanadoo.fr,
Fax 05 46 06 75 61, www.le-clos-fleuri.com – **R** conseillée
3 ha (140 empl.) plat et peu incliné, herbeux
Tarif : 34 € 👫 🚗 🔌 (10A) – pers. suppl. 8 € – frais de réservation 20 €
Location 🚫 : 4 🏠 (4 à 6 pers.) 270 à 680 €/sem. – 10 🏠 (4 à 6 pers.) - 290 à 720 €/sem. – frais de réservation 20 € - **R** conseillée
Pour s'y rendre : 8 imp. du Clos-Fleuri (2 km au sud-est par D 117e 3)
À savoir : Agréable cadre champêtre autour d'une ancienne ferme charentaise

Nature : 🌳 🏕 ♠♠
Loisirs : 🍽 snack 🏠 🎣 🛶 🎪 🎣
Services : ♿ 🔑 🏧 ✂ 🚿 ♨ 🍴 🧺 sèche-linge 🚰 ✂

POITOU-CHARENTES

MESCHERS-SUR-GIRONDE

✉ 17132 – **324** E6 – G. Poitou Charentes Vendée – 2 234 h. – alt. 5
🛈 *Office de tourisme, 3, place de Verdun* ✆ *05 46 02 70 39, Fax 05 46 02 51 65*
Paris 511 – Blaye 78 – Jonzac 49 – Pons 37 – La Rochelle 87 – Royan 12 – Saintes 45.

▲ **Le Soleil Levant** de déb. avr. à mi-nov.
✆ 05 46 02 76 62, *soleil.levant.ribes@wanadoo.fr*,
Fax 05 46 02 50 56, *www.les-campings.com/camping-so
leillevant* – **R** conseillée
2 ha (238 empl.) plat, herbeux
Tarif : 22,20 € ✶✶ 🚗 🗐 (10A) – pers. suppl. 5 €
Location (de déb. avr. à fin sept.) ⚡ : 22 🏠 (4 à 6
pers.) nuitée 45 € - 290 à 700 €/sem. – **R** conseillée
🚐, 1 borne eurorelais 12 €
Pour s'y rendre : allée de la Longé (500 m à l'est par r.
Basse)

Nature : 🌳
Loisirs : 🍴 🏊 🎿 ⛵
Services : 🔑 ⊞ ♿ 🗑 ♨ ⓘ 🚿 🏧

MONTBRON

✉ 16220 – **324** N5 – G. Poitou Charentes Vendée – 2 241 h. – alt. 141
🛈 *Office de tourisme, place de l'Hôtel de Ville* ✆ *05 45 23 60 09*
Paris 460 – Angoulême 29 – Nontron 25 – Rochechouart 38 – La Rochefoucauld 14.

▲ **Les Gorges du Chambon** 👥 – de mi-avr. à mi-sept.
✆ 05 45 70 71 70, *gorges.chambon@wanadoo.fr*,
Fax 05 45 70 80 02, *www.gorgesduchambon.fr* – **R** conseillée ✄
28 ha/7 campables (120 empl.) plat, peu incliné, incliné, herbeux
Tarif : 30 € ✶✶ 🚗 🗐 (6A) – pers. suppl. 8 € – frais de réservation 5 €
Location (de déb. avr. à fin oct.) : 10 🏠 (4 à 6 pers.)
nuitée 44 € - 196 à 581 €/sem. – 8 🏠 (4 à 6 pers.)
nuitée 50 € - 224 à 644 €/sem. – bungalows toilés – frais
de réservation 15 € - **R** conseillée
Pour s'y rendre : le Chambon (4,4 km à l'est par D 6, rte
de Piégut-Pluviers, puis à gauche 3,2 km par D 163, rte
d'Écuras et chemin à dr., à 80 m de la Tardoir (accès direct))
À savoir : Joli cadre verdoyant et boisé autour d'une ancienne ferme restaurée et paysagée

Nature : 🌊 ≤ 🌳🌳
Loisirs : 🍴 🍽 🏠 🗣 🏃 🏊 🚴 🎯
✄ 🐎 🎿 ⚡
Services : ♿ 🔑 ⊞ ♿ 🗑 ♨ ⓘ 🚿
🏧 sèche-linge 🏧 🚿
À prox. : 🐎 canoë

627

MONTIGNAC-CHARENTE

✉ 16330 – **324** K5 – G. Poitou Charentes Vendée – 701 h. – alt. 50
🛈 *Office de tourisme, 10, place du Docteur Feuillet* ✆ *05 45 22 71 97*
Paris 432 – Angoulême 17 – Cognac 42 – Rochechouart 66 – Ruffec 29.

▲ **Municipal les Platanes** de déb. juin à fin août
✆ 05 45 39 89 16, *mairie.montignac-chte@orange.fr*,
Fax 05 45 22 26 71 – **R** conseillée
1,5 ha (100 empl.) plat, herbeux
Tarif : (Prix 2008) ✶ 4 € – 🗐 (12A) 4,65 €
Pour s'y rendre : 200 m au nord-ouest par D 115, rte
d'Aigré

Nature : 🌳🌳
Loisirs : 🏠
Services : ♿ ♿ 🗑 🏧 ⓘ
À prox. : 🚿

MONTMORILLON

✉ 86500 – **322** L6 – G. Poitou Charentes Vendée – 6 898 h. – alt. 100
🛈 *Office de tourisme, 2, place du Maréchal Leclerc* ✆ *05 49 91 11 96, Fax 05 49 91 11 96*
Paris 354 – Bellac 43 – Le Blanc 32 – Chauvigny 27 – Poitiers 51 – La Trimouille 15.

▲ **Municipal de l'Allochon** de déb. mars à mi-oct.
✆ 05 49 91 02 33, *montmorillon@cg86.fr*,
Fax 05 49 91 58 26, *www.ville-montmorillon.fr* – **R** conseillée
2 ha (80 empl.) plat, en terrasses, herbeux
Tarif : (Prix 2008) ✶ 1,30 € 🚗 🗐 1,50 € – 🗐 (10A) 2,88 €
Pour s'y rendre : 51 av. Fernand-Tribot (sortie sud-est par
D 54, rte du Dorat, à 50 m de la Gartempe et au bord d'un
ruisseau)

Nature : 🌳
Loisirs : 🏠 🏊
Services : 🔑 ♿ 🗑 🏧 ♨ ⓘ 🏧
À prox. : 🎿 🚿

POITOU-CHARENTES

MORTAGNE-SUR-GIRONDE

✉ 17120 – **324** F7 – G. Poitou Charentes Vendée – 967 h. – alt. 51
🛈 Syndicat d'initiative, 1, place des Halles ✆ 05 46 90 52 90, Fax 05 46 90 52 90
Paris 509 – Blaye 59 – Jonzac 30 – Pons 26 – La Rochelle 115 – Royan 34 – Saintes 36.

⚠ **Municipal Bel Air** de déb. juin à fin sept.
✆ 05 46 91 48 84, mairie-mortagne@smic17.fr,
Fax 05 46 90 61 25 – **R**
1 ha (20 empl.) en terrasses, plat et peu incliné, herbeux
Tarif : (Prix 2008) 12 € ✶✶ 🚗 🔲 [≴] (16A) – pers.
suppl. 2,70 €
Pour s'y rendre : r. Bel Air, dir. le Port
À savoir : Estuaire et le petit port

Nature : 🌳 ♀
Loisirs : 🛝
Services : ♿ 🚰 ♨ 🧺 ♻

MOSNAC

✉ 17240 – **324** G4 – 448 h. – alt. 23
Paris 501 – Cognac 34 – Gémozac 20 – Jonzac 11 – Saintes 33.

⚠ **Municipal les Bords de la Seugne** de mi-avr. à mi-oct.
✆ 05 46 70 48 45, mosnac@mairie17.com,
Fax 05 46 70 49 13 – **R** conseillée
0,9 ha (33 empl.) plat, herbeux
Tarif : ✶ 2,50 € 🔲 2,50 € – [≴] (50A) 2,50 €
Pour s'y rendre : 34 r. de la Seugne (au bourg, au bord de la rivière)

Nature : 🌿 ♀
Loisirs : 🎣
Services : 🔧 🧺 ♻

LA PALMYRE

✉ 17570 – **324** C5 – G. Poitou Charentes Vendée
🛈 Office de tourisme, 2, avenue de Royan ✆ 05 46 22 41 07, Fax 05 46 22 52 69
Paris 524 – Poitiers 191 – La Rochelle 77 – Rochefort 46 – Saintes 53.

628

🏕 **Bonne Anse Plage** 👥 –
✆ 05 46 22 40 90, bonne.anse@wanadoo.fr,
Fax 05 46 22 42 30, http://www.campingbonneanseplage.com – **R** ✽
17 ha (850 empl.) plat, terrasses, sablonneux, herbeux
Location : 100 🏠
🚐 1 borne raclet
Pour s'y rendre : 2 km à l'ouest, à 400 m de la plage
À savoir : Cadre et situation agréables

Nature : 🌳 ♀♀
Loisirs : 🍴 🍽 🏠 🚶 🏊 🚴 🎡 🛶
⛰ terrain omnisports, mur d'escalade
Services : ♿ 🔑 🚽 🚿 ♨ 📞 💈 sèche-linge 🧺 ♻

⚠ **Beausoleil** de déb. mai à fin août
✆ 05 46 22 30 03, camping.beausoleil@wanadoo.fr,
www.campingbeausoleil.com – **R** conseillée
4 ha (244 empl.) plat, vallonné, sablonneux, herbeux
Tarif : 32 € ✶✶ 🚗 🔲 [≴] (10A) – pers. suppl. 4,70 € – frais de réservation 16 €
Location (de mi-avr. à mi-sept.) : 20 🛖 (4 à 6 pers.) 248 à 628 €/sem. – frais de réservation 16 € – **R** conseillée
Pour s'y rendre : 20 av. de la Coubre (sortie nord-ouest, à 500 m de la plage)

Nature : ♀♀
Loisirs : 🏠 🏊 🏊 (petite piscine)
Services : ♿ 🔑 🆎 🚽 🚿 ♨ 🧺

PONS

✉ 17800 – **324** G6 – G. Poitou Charentes Vendée – 4 427 h. – alt. 39
🛈 Syndicat d'initiative, place de la République ✆ 05 46 96 13 31, Fax 05 46 96 34 52
Paris 493 – Blaye 64 – Bordeaux 97 – Cognac 24 – La Rochelle 99 – Royan 43 – Saintes 22.

⚠ **Municipal le Paradis** de déb. avr. à fin sept.
✆ 05 46 91 36 72, ville.pons@smic17.fr, Fax 05 46 96 14 15
– **R** conseillée
1 ha (60 empl.) plat, herbeux
Tarif : (Prix 2008) ✶ 3,50 € 🚗 🔲 7 € – [≴] (1A) 1 €
🚐 1 borne eurorelais 5 €
Pour s'y rendre : r. du Paradis (à l'ouest)

Nature : 🌿 ♀♀
Loisirs : 🏠
Services : ♿ 🔑 🆎 🚽 ♨ 🧺 ♻
À prox. : 🏊 ⛸

POITOU-CHARENTES

PONS

▲ **Les Moulins de la Vergne**
🕿 05 46 94 11 49, *moulinsdelavergne@wanadoo.fr*, *www.moulinsdelavergne.nl*
3 ha/1 campable (51 empl.) plat, herbeux, petit bois
Location : appartements
Pour s'y rendre : 2 km au nord par D 234, dir. Colombiers

Nature : 🌳 ♀
Loisirs : 🍽 ✕ 🏠 🛴 🎣
Services : 🔑 🚽 ⊙ 🔲 ♿

PONT-L'ABBÉ-D'ARNOULT

✉ 17250 – **324** E5 – G. Poitou Charentes Vendée – 1 743 h. – alt. 20
🛈 Syndicat d'initiative, 26, place Général-de-Gaulle 🕿 05 46 97 00 19, Fax 05 46 97 12 31
Paris 474 – Marennes 23 – Rochefort 19 – La Rochelle 59 – Royan 29 – Saintes 23.

▲ **Parc de la Garenne** de déb. avr. à fin oct.
🕿 05 46 97 01 46, *info@lagarenne.net*, *www.lagarenne.net*
– **R** conseillée
2,7 ha (111 empl.) plat, herbeux
Tarif : 20,20 € ⚥⚥ 🚗 ▣ ⚡ (10A) – pers. suppl. 4,10 € – frais de réservation 14 €
Location (de déb. mars à mi-nov.) : 35 🏠 (4 à 6 pers.) 199 à 599 €/sem. – frais de réservation 14 € · **R** conseillée
🚐 10 ▣ 16 €
Pour s'y rendre : 24 av. Bernard-Chambenoit (sortie sud-est par D 125, rte de Soulignonne)

Nature : 🌳 🏕 ♀
Loisirs : 🏠 ⛱ 🚴 ✂ 🔲 🛝 ⛱
Services : ♿ 🔑 🚽 GB 🌳 🔲 🎣 ♿ 🚿 ⚡ sèche-linge 🔧
À prox. : 🛴

PRAILLES

✉ 79370 – **322** E7 – 620 h. – alt. 150 – Base de loisirs
Paris 394 – Melle 15 – Niort 23 – St-Maixent-l'École 13.

▲ **Le Lambon** de déb. juin à fin sept.
🕿 05 49 32 85 11, *lambon.vacances@wanadoo.fr*, Fax 05 49 32 94 92, *www.lelambon.com* – **R**
1 ha (50 empl.) en terrasses, herbeux
Tarif : 12 € ⚥⚥ 🚗 ▣ ⚡ (13A) – pers. suppl. 4,50 €
Location (permanent) : 7 🏠 (4 à 6 pers.) 162 à 377 €/sem. – pavillons – **R** conseillée
🚐 1 borne artisanale
Pour s'y rendre : Plan d'eau du Lambon (2,8 km au sud-est)
À savoir : À 200 m d'un plan d'eau

Nature : 🌳 ♀
Services : ♿ 🔑 🚽 🌳 ⊙ 🔲
À prox. : 🍽 ✕ 🏠 ⛱ ✂ 🛴 🎣 ⛱ (plage) 🏊 ⚡ parcours sportif, canoë, pédalos

629

Le Marais breton-vendéen

S. Sauvignier/Michelin

POITOU-CHARENTES

PRESSIGNAC

✉ 16150 – **324** O5 – 449 h. – alt. 259
Paris 437 – Angoulême 56 – Nontron 40 – Rochechouart 10 – La Rochefoucauld 34.

Des Lacs
☎ 05 45 31 17 80, aquitaine@relaisoleil.com, www.relaisoleil.com/pressignac – **R** conseillée
15 ha/6 campables (160 empl.) plat, herbeux
Location ⚐ : 12
1 borne eurorelais – 13 €
Pour s'y rendre : 4,2 km au sud-ouest par D 160, rte de Verneuil, au plan d'eau

Nature : Sur le lac
Loisirs : snack diurne
Services : sèche-linge
À prox. : pédalos, canoë

ROCHEFORT

✉ 17300 – **324** E4 – G. Poitou Charentes Vendée – 25 797 h. – alt. 12 – (début fév.-mi déc.)
Pont de Martrou : gratuit
🛈 Office de tourisme, avenue Sadi-Carnot ☎ 05 46 99 08 60, Fax 05 46 99 52 64
Paris 475 – Limoges 221 – Niort 62 – La Rochelle 38 – Royan 40 – Saintes 44.

Le Bateau de déb. fév. à fin oct.
☎ 05 46 99 41 00, lebateau@wanadoo.fr, www.campingbateau.com – **R** conseillée
5 ha/1,5 campable (86 empl.) plat, pierreux, herbeux
Tarif : 18 € (10A) – pers. suppl. 4,30 €
Location (de déb. avr. à fin oct.) : 35 (4 à 6 pers.) nuitée 55 € – 280 à 378 €/sem. – **R** conseillée
1 borne artisanale 14 € – 5 14 €
Pour s'y rendre : r. des Pecheurs d'Islande (près de la Charente, par rocade ouest (bd Bignon) et rte du Port Neuf, près du centre nautique)
À savoir : Sanitaires dans les cales d'un chalutier reproduit grandeur nature

Nature :
Loisirs : snack
Services :
À prox. :

630

LA ROCHE-POSAY

✉ 86270 – **322** K4 – G. Poitou Charentes Vendée – 1 445 h. – alt. 112 – O
🛈 Office de tourisme, 14, boulevard Victor Hugo ☎ 05 49 19 13 00, Fax 05 49 86 27 94
Paris 325 – Le Blanc 29 – Châteauroux 76 – Châtellerault 23 – Loches 49 – Poitiers 61 – Tours 92.

Le Riveau de fin mars à fin oct.
☎ 05 49 86 21 19, info@camping-le-riveau.com, Fax 05 49 86 21 23, www.camping-le-riveau.com – **R** conseillée
5,5 ha (200 empl.) plat et peu incliné, herbeux
Tarif : 20,90 € (16A) – pers. suppl. 5 € – frais de réservation 9 €
Location : (4 à 6 pers.) nuitée 75 € – 270 à 580 €/sem. – frais de réservation 16 € – **R** conseillée
1 borne artisanale 6 € – 20 6,80 €
Pour s'y rendre : rte de Lésigny (1,5 km au nord par D 5, près de l'hippodrome, au bord de la Creuse)
À savoir : Belle délimitation des emplacements

Nature :
Loisirs :
Services :
À prox. : poneys

RONCE-LES-BAINS

✉ 17390 – **324** D5 – G. Poitou Charentes Vendée
🛈 Office de tourisme, place Brochard ☎ 05 46 36 06 02, Fax 05 46 36 38 17
Paris 505 – Marennes 9 – Rochefort 31 – La Rochelle 68 – Royan 27.

La Pignade (location exclusive de mobile homes)
☎ 05 46 36 15 35, info@camping-lapignade.com, Fax 05 46 85 52 92, www.camping-lapignade.com – **R**
15 ha plat, sablonneux
Location : 60
Pour s'y rendre : Av. du Monard (1,5 km au sud)

Nature :
Loisirs : fast-food salle d'animation (découverte en saison) terrain omnisports
Services : sèche-linge
À prox. : quad

POITOU-CHARENTES

RONCE-LES-BAINS

La Clairière de déb. mai à mi-sept.
℘ 05 46 36 36 63, *info@camping-la-clairiere.com*,
Fax 05 46 36 06 74, *www.camping-la-clairiere.com* – places limitées pour le passage – R conseillée
12 ha/4 campables (165 empl.) plat, herbeux, sablonneux
Tarif : 32,90 € ★★ ⇔ 🅴 (10A) – pers. suppl. 8 € – frais de réservation 19 €
Location : 35 📇 (4 à 6 pers.) 440 à 740 €/sem. – 5 🏠 (4 à 6 pers.) – 440 à 740 €/sem. – 🛏 – (hôtel) – frais de réservation 19 € - R conseillée
📇, 15 🅴 25 €
Pour s'y rendre : r. des Roseaux (3,6 km au sud par D 25, rte d'Arvert et rte à dr.)
À savoir : Décoration florale et arbustive

Nature : 🌳 ♀♀
Loisirs : ♀ ✕ brasserie, pizzeria 🎬 🌙 nocturne 😊 🏇 ✕ₘ ☒ ☰
Services : & ⚡ GB ♂ 🛡 🛁 ⊕ ♀
🍴 🗑 🏇
À prox. : 🏇

Les Pins 🏕 – de déb. avr. à déb. oct.
℘ 05 46 36 07 75, *contact@lespins.com*,
Fax 05 46 36 50 77, *http://gmic.lespins.com* – places limitées pour le passage – R conseillée
1,5 ha (90 empl.) plat, sablonneux
Tarif : 32,10 € ★★ ⇔ 🅴 (16A) – pers. suppl. 5,90 € – frais de réservation 19 €
Location (de déb. avr. à déb. nov.) : 18 📇 (2 à 4 pers.) nuitée 35 € - 175 à 611 €/sem. – 37 📇 (4 à 6 pers.) – nuitée 92 € - 272 à 906 €/sem. – 23 🏠 (4 à 6 pers.) – nuitée 130 € - 292 à 838 €/sem. – frais de réservation 19 € - R conseillée
Pour s'y rendre : 16 av. de la Côte-de-Beauté (1 km au sud)

Nature : ♀
Loisirs : 🎬 🏃 🏇 🚲 ☀ ☒ (découverte en saison)
Services : & ⚡ GB ♂ 🛡 🛁 ⊕
♀ 🗑 sèche-linge 🏇
À prox. : ✕

Les Ombrages de mi-juin à mi-sept.
℘ 05 46 36 08 41, *campinglesombrages@aliceadsl.fr*,
Fax 05 46 36 08 41, *http://campinglesombrages.chezalice.fr* – places limitées pour le passage – R conseillée
4 ha (200 empl.) plat et sablonneux, herbeux
Tarif : 23,50 € ★★ ⇔ 🅴 (6A) – pers. suppl. 5,50 €
Pour s'y rendre : 1,2 km au sud

Loisirs : ♀ snack 🏇 ☒
Services : & ⚡ ♂ 🛡 🛁 ⊕ 🗑 ☰ 🏇
À prox. : ✕

Les indications d'accès à un terrain sont généralement indiquées, dans notre guide, à partir du centre de la localité.

631

ROYAN

✉ 17200 – **324** D6 – G. Poitou Charentes Vendée – 17 102 h. – alt. 20
🛈 *Office de tourisme, rond-point de la Poste* ℘ 05 46 05 04 71, Fax 05 46 06 67 76
Paris 504 – Bordeaux 121 – Périgueux 183 – Rochefort 40 – Saintes 38.

Le Royan de déb. avr. à mi-oct.
℘ 05 46 39 09 06, *camping.le.royan@wanadoo.fr*,
Fax 05 46 38 12 05, *www.le-royan.com* – R conseillée
3,5 ha (180 empl.) peu incliné, herbeux
Tarif : (Prix 2008) ★ 7,50 € ⇔ 2 € 🅴 29 € – 🄶 (10A) 4 €
Location (Prix 2008) : 32 📇 (4 à 6 pers.) 210 à 670 €/sem. – 14 🏠 (4 à 6 pers.) – 290 à 725 €/sem. – frais de réservation 19 € - R conseillée
Pour s'y rendre : 10 r. des Bleuets (2,5 km au nord-ouest)
À savoir : Cadre verdoyant et soigné

Nature : ♀♀
Loisirs : ♀ snack 🎬 🏇 ☒ ☰
Services : & ⚡ GB ♂ 🛡 🛁 ⊕ ☂
🖤 🗑 sèche-linge ☰ 🏇

Clairefontaine
℘ 05 46 39 08 11, *info@camping-clairefontaine.com*,
Fax 05 46 38 13 79, *www.camping-clairefontaine.com*
– R conseillée
5 ha (290 empl.) plat, herbeux
📇 1 borne artisanale – 10 🅴 – 🚐 30 €
Pour s'y rendre : allée des Peupliers, à 400 m de la plage, à Pontaillac

Nature : ♀♀
Loisirs : ♀ snack 🎬 🌙 ✕ ☰
Services : & ⚡ 🛡 🛁 ⊕ 🗑 sèche-linge ☰

POITOU-CHARENTES

ROYAN

Le Chant des Oiseaux de déb. avr. à fin sept.
📞 05 46 39 47 47, info@campingchantdesoiseaux.com, Fax 05 46 39 47 47, www.campingchantdesoiseaux.com – **R** conseillée
2,5 ha (150 empl.) plat, herbeux, petit sous-bois
Tarif : 26,50 € ♦♦ 🚗 🔲 (10A) – pers. suppl. 6,50 € – frais de réservation 12 €
🚐 1 borne – 10 🔲 24,70 €
Pour s'y rendre : 19 r. des Sansonnets (2,3 km au nord-ouest)

Nature : 🌳 ♀
Loisirs : snack 🏠 🌙 nocturne 🎣 🏊
Services : 🚿 🔌 🏧 🚲 🛒 ♿ 🚻 🏪 🗑

ST-AUGUSTIN-SUR-MER

✉ 17570 – **324** D5 – 851 h. – alt. 10
🛈 Office de tourisme, 1, rue de la Cure 📞 05 46 05 53 56, Fax 05 46 02 27 40
Paris 512 – Marennes 23 – Rochefort 44 – La Rochelle 81 – Royan 11 – Saintes 45.

Le Logis du Breuil de mi-mai à fin sept.
📞 05 46 23 23 45, camping.logis-du-breuil@wanadoo.fr, Fax 05 46 23 43 33, www.logis-du-breuil.com – **R** conseillée
30 ha/8,5 campables (373 empl.) plat, terrasses, herbeux, sablonneux
Tarif : 25 € ♦♦ 🚗 🔲 (6A) – pers. suppl. 6,50 € – frais de réservation 8 €
Location (de déb. mai à fin sept.) : 10 🛖 (4 à 6 pers.) 260 à 645 €/sem. – gîtes – frais de réservation 15 € – **R** conseillée
Pour s'y rendre : au sud-est par D 145, rte de Royan
À savoir : À l'orée de la forêt de St-Augustin, agréable sous-bois

Nature : 🌳 ♀♀
Loisirs : 🍴 ✗ 🏠 🎣 🚲 🏊 🎾 terrain omnisports
Services : 🚿 🔌 🏧 🚲 🛒 ♿ 🚻 ☕ 🏪 🗑 sèche-linge 🧺 🔧
À prox. : 🐎

La Ferme de St-Augustin de mi-mai à fin sept.
📞 05 46 39 14 46, contact@fermestaugustin.com, Fax 05 46 23 43 59, www.campinglaferme.fr – **R** conseillée
5,3 ha (340 empl.) plat et peu incliné, herbeux, sablonneux
Tarif : (Prix 2008) 24,20 € ♦♦ 🚗 🔲 (8A) – pers. suppl. 6,30 € – frais de réservation 12 €
Location (Prix 2008) (de déb. avr. à fin sept.) : 🛖 (4 à 6 pers.) nuitée 39 € - 195 à 605 €/sem. – 🏠 (4 à 6 pers.) nuitée 43 € - 215 à 605 €/sem. – frais de réservation 12 € - **R** conseillée
Pour s'y rendre : 15-20 r. du Bourg (au bourg - en deux parties)

Nature : ♀
Loisirs : 🎣 🚲 ✗ 🏇 🏊 ⛵ terrain omnisports
Services : 🚿 🔌 🏧 🚲 🛒 ♿ 🚻 🍴 🏪 🧺

ST-CHRISTOPHE

✉ 17220 – **324** E3 – 916 h. – alt. 26
Paris 455 – Niort 48 – Rochefort 25 – La Rochelle 20 – Surgères 19.

Municipal la Garenne de déb. mai à mi-sept.
📞 05 46 35 16 15, saintchristophe@mairie17.com, Fax 05 46 35 64 29 – **R** conseillée
0,4 ha (30 empl.) plat, herbeux
Tarif : (Prix 2008) ★ 2,75 € 🚗 1,20 € 🔲 2,75 € – (4A) 2,75 €
Pour s'y rendre : rte de la Mazurie (sortie nord-est par D 264, rte de la Martinière)
À savoir : cadre champêtre, près d'un étang

Nature : 🌳 🌲
Loisirs : 🎣 🏊
Services : 🚿 🚲 ☕
À prox. : ✗

ST-CHRISTOPHE-SUR-ROC

✉ 79220 – **322** D6 – 453 h. – alt. 125
Paris 397 – Fontenay-le-Comte 47 – Niort 21 – Parthenay 26 – St-Maixent-l'École 14.

Intercommunal du Plan d'Eau
📞 05 49 05 21 38, plandeau.cherveux@orange.fr, Fax 05 49 75 86 60 – **R** conseillée
1,5 ha (66 empl.) peu incliné, herbeux
Location : 4 🏠
Pour s'y rendre : Rte de Cherveux (1,5 km au sud-ouest par D 122)
À savoir : À 100 m d'un plan d'eau

Nature : 🌳
Services : 🚿 🔌 🏪 ☕ 🗑
À prox. : 🍴 ✗ 🚣 🎣 🏇 🏊 (plage) 🚲 ⛵

POITOU-CHARENTES

ST-CYR

✉ 86130 – **322** I4 – G. Poitou Charentes Vendée – 787 h. – alt. 62
Paris 321 – Poitiers 18 – Tours 85 – Joué 82 – Châtellerault 16.

Lac de St-Cyr de déb. avr. à fin sept.
☎ 05 49 62 57 22, contact@lacdesaintcyr.com,
Fax 05 49 52 28 58, www.lacdesaintcyr.com – **R**
5,4 ha (198 empl.) plat, herbeux
Tarif : 25 € ✶✶ 🚗 🅔 (10A) – pers. suppl. 5 € – frais de réservation 14 €
Location : 13 🏠 (4 à 6 pers.) nuitée 59 € - 270 à 567 €/sem. – 4 🏡 (4 à 6 pers.) nuitée 59 € - 287 à 669 €/sem. – frais de réservation 14 € - **R** conseillée
🚐 10 🅔 20 €
Pour s'y rendre : parc de St-Cyr (1,5 km au nord-est par D 4, D 82, rte de Bonneuil-Matours et chemin à gauche, près d'un plan d'eau - par N 10, accès depuis la Tricherie)

Nature : ≤ 🞴 ♀ ♣
Loisirs : snack 🍴 🌙 nocturne 🏃
🎣 🏇 🚲 ✂
Services : ♿ ⚬ GB 🚗 🧴 ⊕ ♨ ⚒
🛁 🅔 🚿 🧺
À prox. : 🏆 ♨ 🚣 🛶 pédalos, canoë, golf (9 et 18 trous)

ST-GEORGES-DE-DIDONNE

✉ 17110 – **324** D6 – G. Poitou Charentes Vendée – 5 034 h. – alt. 7
🛈 Office de tourisme, 7, boulevard Michelet ☎ 05 46 05 09 73, Fax 05 46 06 36 99
Paris 505 – Blaye 84 – Bordeaux 117 – Jonzac 56 – La Rochelle 80 – Royan 4.

Bois-Soleil de déb. avr. à mi-oct.
☎ 05 46 05 05 94, camping.bois.soleil@wanadoo.fr,
Fax 05 46 06 27 43, http://www.bois-soleil.com – **R** conseillée ✂ (de mi-juin à déb. sept.)
8 ha (462 empl.) plat, vallonné et en terrasses, sablonneux
Tarif : (Prix 2008) 33 € ✶✶ 🚗 🅔 (6A) – pers. suppl. 7,50 € – frais de réservation 30 €
Location (Prix 2008) : 🏠 (4 à 6 pers.) 820 €/sem. – studios – frais de réservation 30 € - **R** conseillée
🚐 1 borne
Pour s'y rendre : 2 av. de Suzac (au sud par D 25, rte de Meschers-sur-Gironde)

Nature : 🞴 ♀♀ ♣
Loisirs : 🍷 🍴 snack, pizzeria 🍴 🌙
🎣 hammam 🏇 🚲 ✂ 🏊 terrain omnisports
Services : ♿ ⚬ GB 🚗 🧴 🗑 ⊕
♨ ⚒ 🚿 sèche-linge 🧺 ♨
À prox. : 🐎 poneys

Azpitarté Permanent
☎ 05 46 05 26 24, linette.besson@camping-azpitarte.com,
Fax 05 46 05 26 24, www.camping-azpitarte.com
– **R** conseillée
1 ha (60 empl.) plat et peu incliné, herbeux, pierreux
Tarif : 20,80 € ✶✶ 🚗 🅔 (10A) – pers. suppl. 5,55 € – frais de réservation 23 €
Location : 5 🏠 (4 à 6 pers.) 285 à 460 €/sem. – studios – maisonnettes – **R** conseillée
🚐 1 borne artisanale 20,80 €
Pour s'y rendre : 35 bis r. Jean-Moulin (en ville)

Nature : ♀♀
Services : ♿ ⚬ 🚗 ♨ ⊕ 📶 ⚒ 🗑

ST-GEORGES-LÈS-BAILLARGEAUX

✉ 86130 – **322** I4 – 3 176 h. – alt. 100
Paris 329 – Poitiers 12 – Joué 89 – Châtellerault 23 – Saumur 88.

Le Futuriste Permanent
☎ 05 49 52 47 52, camping-le-futuriste@wanadoo.fr,
Fax 05 49 37 23 33, www.camping-le-futuriste.fr
– **R** conseillée
2 ha (112 empl.) plat, peu incliné, herbeux, pierreux, étang
Tarif : (Prix 2008) 24,30 € ✶✶ 🚗 🅔 (6A) – pers. suppl. 2,80 € – frais de réservation 15 €
Location (Prix 2008) ✂ : 4 🏠 (4 à 6 pers.) nuitée 60 € - 400 à 670 €/sem. – 6 🏡 (4 à 6 pers.) nuitée 47 € - 325 à 630 €/sem. – frais de réservation 15 € - **R** conseillée
🚐 1 borne artisanale 6 €
Pour s'y rendre : r. du Château (au sud du bourg, accès par D 20)
À savoir : Aux portes du Futuroscope avec vue sur le parc

Nature : ≤ 🞴 ♀
Loisirs : 🍷 🍴 🍴 🌙 diurne 🏇 🏊
♨ ⚒ terrain omnisports
Services : ♿ ⚬ GB 🚗 🧴 🗑 ⊕ ♨
⚒ 🗑 sèche-linge 🧺

633

POITOU-CHARENTES

ST-JEAN-D'ANGÉLY

✉ 17400 – **324** G4 – G. Poitou Charentes Vendée – 7 681 h. – alt. 25
🛈 *Office de tourisme, 8, rue Grosse Horloge* ☏ 05 46 32 04 72, Fax 05 46 32 20 80
Paris 444 – Angoulême 70 – Cognac 35 – Niort 48 – La Rochelle 72 – Royan 69 – Saintes 36.

▲ Val de Boutonne de déb. avr. à fin sept.
☏ 05 46 32 26 16, info@valba.net, www.valba.net
– **R** conseillée
1,8 ha (99 empl.) plat, herbeux
Tarif : 16,90 € ★★ 🚗 🗐 (10A) – pers. suppl. 3,20 € – frais de réservation 12 €
Location (permanent) 🏕 : 10 🏠 (4 à 6 pers.) nuitée 70 € - 239 à 459 €/sem. – frais de réservation 12 € – **R** conseillée
🚐 40 🗐 13 €
Pour s'y rendre : 56 quai de Bernouet (sortie nord-ouest, rte de la Rochelle, puis à gauche av. du Port (D 18) et à dr. av. le pont, quai de Bernouet, près de la Boutonne (plan d'eau))

> Nature : 🌿 ♀♀
> Loisirs : 🛝 🐎
> Services : ♿ ⚡ 🆒 🚗 🚻 ⊙ 🚿 🚽
> 🍴 🛒
> À prox. : 🍸 ✕ ⛰ 🏊 🛶 canoë, pédalos, centre nautique couvert

Benutzen Sie
– zur Wahl der Fahrtroute
– zur Berechnung der Entfernungen
– zur exakten Lokalisierung eines Campingplatzes (mit Hilfe der Angaben im Ortstext)
*die für diesen Führer unentbehrlichen **MICHELIN-Karten** .*

ST-JUST-LUZAC

✉ 17320 – **324** D5 – G. Poitou Charentes Vendée – 1 535 h. – alt. 5
Paris 502 – Rochefort 23 – La Rochelle 59 – Royan 26 – Saintes 35.

▲▲▲ Séquoia Parc ♣♣ – de mi-mai à déb. sept.
☏ 05 46 85 55 55, info@sequoiaparc.com,
Fax 05 46 85 55 56, www.sequoiaparc.com – **R** conseillée
49 ha/28 campables (426 empl.) plat, herbeux, pierreux, sablonneux, bois
Tarif : 44 € ★★ 🚗 🗐 🚿 (6A) – pers. suppl. 9 € – frais de réservation 30 €
Location 🏕 : 🏠 (4 à 6 pers.) 329 à 1 050 €/sem. – 🏡 (4 à 6 pers.) - 427 à 1 078 €/sem. – **R** conseillée
🚐, 1 borne artisanale
Pour s'y rendre : la Josephtrie (2,7 km au nord-ouest par D 728, rte de Marennes et chemin à dr.)
À savoir : bel espace aquatique autour des dépendances d'un château et de nombreuses variétés arbustives et florales

> Nature : 🏕 ♀
> Loisirs : 🍸 ✕ pizzeria 🍹 🎭 nocturne 🛝 🐎 🚲 🏓 🏊 🐴 terrain omnisports
> Services : ♿ ⚡ (juin-août) 🆒 🚗
> M 🏪 🛀 ⊙ 🚿 🚽 🍴 🛒 sèche-linge 🛒 🧺

ST-LAURENT-DE-LA-PRÉE

✉ 17450 – **324** D4 – 1 347 h. – alt. 7
Paris 483 – Rochefort 10 – La Rochelle 31.

▲▲▲ Domaine des Charmilles ♣♣ – de mi-mai à mi-sept.
☏ 05 46 84 00 05, charmilles17@wanadoo.fr,
Fax 05 46 84 02 84, www.domainedescharmilles.com
– **R** conseillée
5 ha (270 empl.) plat, herbeux
Tarif : 30 € ★★ 🚗 🗐 🚿 (6A) – pers. suppl. 6 € – frais de réservation 25 €
Location (de déb. avr. à fin sept.) 🏕 (de déb. juil. à fin août) : 🏠 (4 à 6 pers.) 250 à 790 €/sem. – 🏡 (4 à 6 pers.) – 300 à 875 €/sem. – frais de réservation 25 € – **R** conseillée
Pour s'y rendre : 1541 rte de l'Océan à Fouras (2,2 km au nord-ouest par D 214e1, rte de Fouras et D 937 à dr., rte de la Rochelle)

> Nature : 🏕 ♀♀
> Loisirs : 🍸 🍹 🎭 nocturne 🛝 🐎 🚲 🏓 🏊 🐴 terrain omnisports
> Services : ♿ ⚡ 🆒 🚗 🚻 🛀 ⊙ 🚿
> 🚽 🍴 🛒 sèche-linge 🧺

POITOU-CHARENTES

ST-LAURENT-DE-PRÉE

Le Pré Vert de déb. avr. à fin sept.
05 46 84 89 40, camping.pre-vert@wanadoo.fr,
Fax 05 46 84 88 32, www.atout-fouras.com – **R** conseillée
2 ha (67 empl.) plat, peu incliné, terrasse, herbeux
Tarif : (Prix 2008) 15,50 € ★★ 🚗 🅴 (10A) – pers.
suppl. 3 € – frais de réservation 8 €
Location (Prix 2008) : 30 🏠 (4 à 6 pers.) 200 à
470 €/sem. – 10 🏠 (4 à 6 pers.) - 230 à 470 €/sem.
– **R** conseillée
Pour s'y rendre : r. du Petit Loir (2,3 km au nord-est par
D 214, rte de la Rochelle, au lieu-dit St-Pierre - par voie
rapide : sortie Fouras)

ST-NAZAIRE-SUR-CHARENTE

✉ 17780 – **324** D4 – 850 h. – alt. 14
Paris 491 – Fouras 27 – Rochefort 13 – La Rochelle 49 – Saintes 42.

L'Abri-Cotier de déb. avr. à fin sept.
05 46 84 81 65, abri-cotier@wanadoo.fr,
Fax 05 46 84 81 65, www.camping-la-rochelle.net
– **R** conseillée
1,8 ha (90 empl.) plat, peu incliné, herbeux
Tarif : (Prix 2008) 20,30 € ★★ 🚗 🅴 (6A) – pers.
suppl. 4,30 € – frais de réservation 20 €
Location (Prix 2008) : 17 🏠 (4 à 6 pers.) 275 à
625 €/sem. – 15 🏠 (4 à 6 pers.) - 295 à 645 €/sem. –
frais de réservation 20 € - **R** conseillée
🚐 1 borne artisanale 2 €
Pour s'y rendre : la Bernardière (1 km au sud-ouest par
D 125e1)

*Demandez à votre libraire le catalogue des **publications MICHELIN**.*

635

ST-PALAIS-SUR-MER

✉ 17420 – **324** D6 – G. Poitou Charentes Vendée – 3 343 h. – alt. 5
🛈 Office de tourisme, 1, avenue de la République 05 46 23 22 58, Fax 05 46 23 36 73
Paris 512 – La Rochelle 82 – Royan 6.

Côte de Beauté de fin avr. à déb. oct.
05 46 23 20 59, campingcotedebeaute@wanadoo.fr,
Fax 05 46 23 37 32, www.camping-cote-de-beaute.com
– **R** conseillée
1,7 ha (115 empl.) plat, herbeux
Tarif : (Prix 2008) 27 € ★★ 🚗 🅴 (6A) – pers.
suppl. 3,50 € – frais de réservation 23 €
Location (Prix 2008) : 6 🏠 (4 à 6 pers.) 260 à
600 €/sem. – frais de réservation 23 € - **R** conseillée
Pour s'y rendre : 157 av. de la Grande-Côte (2,5 km au
nord-ouest, à 50 m de la mer)
À savoir : Cadre agréable face à l'océan

ST-PIERRE-DE-MAILLÉ

✉ 86260 – **322** L4 – 915 h. – alt. 79
Paris 333 – Le Blanc 22 – Châtellerault 32 – Chauvigny 21 – Poitiers 57 – St-Savin 17.

Municipal de mi-avr. à mi-oct.
05 49 48 64 11/ 05.49.48.60.19, saint-pierre-de-
maille@cg86.fr, Fax 05 49 48 43 85 – **R**
3 ha (93 empl.) plat et peu incliné, herbeux
Tarif : ★ 2,35 € 🅴 3,20 € – 🅴 (16A) 2,15 €
Pour s'y rendre : rte de Vicq (sortie nord-ouest par D 11,
au bord de la Gartempe)

POITOU-CHARENTES

ST-SAVINIEN

✉ 17350 – **324** F4 – 2 359 h. – alt. 18
🛈 *Office de tourisme, rue Bel Air* ✆ *05 46 90 21 07, Fax 05 46 90 19 45*
Paris 457 – Rochefort 28 – La Rochelle 62 – St-Jean-d'Angély 15 – Saintes 16 – Surgères 30.

L'Île aux Loisirs de déb. avr. à fin sept.
✆ 05 46 90 35 11, *ileauxloisirs@wanadoo.fr*,
Fax 05 46 91 65 06, *www.ilesauxloirs.com* – **R** conseillée
1,8 ha (82 empl.) plat, herbeux
Tarif : (Prix 2008) 15,50 € ⚹⚹ ⇔ 🔲 (10A) – pers. suppl. 5,20 € – frais de réservation 16 €
Location (Prix 2008) : 4 🏠 (4 à 6 pers.) nuitée 51 € - 239 à 480 €/sem. – 10 🏠 (4 à 6 pers.) nuitée 71 € - 300 à 520 €/sem. – frais de réservation 16 € - **R** conseillée
Pour s'y rendre : 102 rte de St-Savinien (500 m à l'ouest par D 18, rte de Pont-l'Abbé-d'Arnoult, entre la Charente et le canal, à 200 m d'un plan d'eau)

Nature : 🌳 ♀
Loisirs : 🍴 snack 🛶
Services : ♿ 🔑 🆑 ♻ 🚿 ♨ 🗑
sèche-linge 🧺
À prox. : ✂ 🎣 🏊 ⛵ 🏹 parcours sportif

ST-SEURIN D'UZET

✉ 17120 – **324** F6
Paris 512 – Blaye 65 – La Rochelle 99 – Royan 25 – Saintes 38.

Municipal le Port de déb. mai à fin sept.
✆ 05 46 90 44 03, *chenac.saint.seurin.duzet@mairie17.com*, Fax 05 46 90 40 02 – **R** conseillée
1 ha (55 empl.) non clos, plat, herbeux
Tarif : (Prix 2008) 9,60 € ⚹⚹ ⇔ 🔲 (6A) – pers. suppl. 2,50 €
🚐 1 borne artisanale 6 €
Pour s'y rendre : quai de l'Esturgeon (au bourg, près de l'église, au bord d'un chenal)

Nature : 🌊 🌳 ♀
Loisirs : 🛶
Services : ♿ 🔑 ♻ 🚿 ♨ 🗑
À prox. : 🚐

ST-SORNIN

✉ 17600 – **324** E5 – G. Poitou Charentes Vendée – 328 h. – alt. 16
Paris 495 – Marennes 13 – Rochefort 24 – La Rochelle 60 – Royan 21 – Saintes 29.

Le Valerick de déb. avr. à fin sept.
✆ 05 46 85 15 95, *campingvalerick@orange.fr*,
Fax 05 46 85 15 95 – **R** conseillée
1,5 ha (50 empl.) plat, incliné, herbeux, petit bois
Tarif : 17,30 € ⚹⚹ ⇔ 🔲 (6A) – pers. suppl. 3 € – frais de réservation 50 €
Pour s'y rendre : 1 La Mauvinière (1,3 km au nord-est par D 118, rte de Pont-l'Abbé)

Nature : 🌊 ♀
Loisirs : snack 🛶
Services : ♿ 🔑 ♻ ♨ 🗑

SAUJON

✉ 17600 – **324** E5 – G. Poitou Charentes Vendée – 5 392 h. – alt. 7
🛈 *Syndicat d'initiative, 22, place du Général-de-Gaulle* ✆ *05 46 02 83 77*
Paris 499 – Poitiers 165 – La Rochelle 71 – Saintes 28 – Rochefort 34.

Lac de Saujon de déb. avr. à mi-oct.
✆ 05 46 06 82 99, *info@campingdulac.net*,
Fax 05 46 06 83 66, *www.campingdulac.net* – **R** conseillée
3,7 ha (150 empl.) plat, herbeux
Tarif : (Prix 2008) 23,50 € ⚹⚹ ⇔ 🔲 (10A) – pers. suppl. 4,10 € – frais de réservation 18,50 €
Location (Prix 2008) (permanent) 🏠 : 34 🏠 (4 à 6 pers.) 290 à 624 €/sem. – 4 🏠 (4 à 6 pers.) - 420 à 664 €/sem. – 4 bungalows toilés – frais de réservation 18,50 € - **R** conseillée
🚐 1 borne artisanale 5 € – 🔲 13,50 €
Pour s'y rendre : aire de la Lande

Loisirs : 🍴 snack 🎱 ♨ 🎯 🚴
Services : ♿ 🔑 🆑 ♻ 🚿 ♨ 🗑
🍴 🗑 sèche-linge 🧺 🧺
À prox. : 🎣 🏊 ⛵ 🏹 🐎 (centre équestre) parcours de santé, canoé-kayak

POITOU-CHARENTES

SECONDIGNY

79130 – **322** D5 – 1 774 h. – alt. 177
Paris 391 – Bressuire 27 – Champdeniers 15 – Coulonges-sur-l'Autize 22 – Niort 37 – Parthenay 15.

Municipal du Moulin des Effres de déb. mai à fin sept.
℘ 05 49 95 61 97, contact@campinglemoulindeseffres.fr, Fax 05 49 63 55 48, http://www.campinglemoulineseffres.fr – **R**
2 ha (90 empl.) peu incliné, plat, herbeux
Tarif : (Prix 2008) 14,20 € ♦♦ ⇔ 🅴 (10A) – pers. suppl. 3 €
Location (Prix 2008) : 7 🛖 (4 à 6 pers.) nuitée 45 € - 250 à 330 €/sem. – **R** conseillée
🅿, 1 borne artisanale – 4 🅴 8 €
Pour s'y rendre : lac des Effres (sortie sud par D 748, rte de Niort et chemin à gauche, près d'un plan d'eau)

Ce guide n'est pas un répertoire de tous les terrains de camping mais une sélection des meilleurs campings dans chaque catégorie.

SIREUIL

16440 – **324** K6 – 1 127 h. – alt. 26
Paris 460 – Angoulême 16 – Barbezieux 24 – Cognac 35 – Jarnac 22 – Rouillac 23.

Nizour mai-sept.
℘ 05 45 90 56 27, campingdunizour@orange.fr, Fax 05 45 90 92 67, www.campingdunizour.com
– **R** conseillée
1,6 ha (40 empl.) plat, herbeux
Tarif : ♦ 4,30 € ⇔ 🅴 6,65 € – 🅴 (3A) 3,20 € – frais de réservation 8 €
Location (de mi-mai à mi-sept.) ⚒ : 3 🛖 (4 à 6 pers.) 445 à 530 €/sem. – frais de réservation 8 € - **R** conseillée
Pour s'y rendre : 1,5 km au sud-est par D 7, rte de Blanzac, à gauche avant le pont, à 120 m de la Charente (accès direct)

SOUMERAS

17130 – **324** H8 – 279 h. – alt. 55
Paris 529 – Barbezieux 45 – Blaye 33 – Bordeaux 69 – Pons 40 – Ribérac 72.

Twin Lakes
℘ 05 46 49 77 12, info@twinlakesfrance.com, Fax 05 46 49 77 12, www.twinlakesfrance.com – **R** conseillée
6 ha/1 campable (25 empl.) plat, herbeux, étangs
Location : 8 🛖
Pour s'y rendre : 1 km à l'ouest sur D 730, dir. Mirambeau

THORS

17160 – **324** I5 – 411 h. – alt. 23
Paris 466 – Angoulême 53 – Cognac 84 – Limoges 143 – Poitiers 111 – St-Jean-d'Angély 23.

Le Relais de l'Étang de déb. avr. à fin oct.
℘ 05 46 58 26 81, paysdematha@wanadoo.fr, Fax 05 46 58 26 81, www.paysdematha.com – **R** conseillée
0,8 ha (25 empl.) plat, herbeux, gravillons
Tarif : ♦ 2,10 € ⇔ 1,60 € 🅴 1,60 € – 🅴 (10A) 2,60 €
🅿, 4 🅴 3,20 €
Pour s'y rendre : 37 r. du Chaboisseau (sortie nord par D 121, rte de Matha, près de l'étang)

637

POITOU-CHARENTES

VAUX-SUR-MER

✉ 17640 – **324** D6 – G. Poitou Charentes Vendée – 3 448 h. – alt. 12
🛈 *Syndicat d'initiative, 53, rue de Verdun* ☎ 05 46 38 79 05, Fax 05 46 38 11 46
Paris 514 – Poitiers 181 – La Rochelle 75 – Rochefort 44 – Saintes 43.

▲▲▲ **Le Nauzan-Plage** de déb. avr. à fin sept.
☎ 05 46 38 29 13, camping.le.nauzan@wanadoo.fr,
Fax 05 46 38 18 43, www.campinglenauzanplage.com
– **R** conseillée
3,9 ha (239 empl.) plat, herbeux
Tarif : 34,50 € ★★ 🚗 📧 (ℹ) (10A) – pers. suppl. 7 € – frais de réservation 15 €
Location 🏠 : 19 🏕 (4 à 6 pers.) nuitée 60 € - 320 à 895 €/sem. – **R** conseillée
Pour s'y rendre : 39 av. de Nauzan-Plage (500 m de la plage)
À savoir : En bordure d'un parc

Nature : 🌳 ♀
Loisirs : 🍴 snack 🎡 ☀ diurne 🛝 🏊
Services : ♿ 🔑 🌐 🚿 🛒 🧺 ⚡ 📶 🧺 sèche-linge 🧊 🚰
À prox. : ✂ 🎣 🚤

▲▲ **Le Val-Vert** de déb. mai à fin sept.
☎ 05 46 38 25 51, camping-val-vert@wanadoo.fr,
Fax 05 46 38 06 15, www.val-vert.com – **R** conseillée
3 ha (157 empl.) plat et terrasse, herbeux, pierreux
Tarif : 32,50 € ★★ 🚗 📧 (ℹ) (10A) – pers. suppl. 6 € – frais de réservation 15 €
Location : 31 🏕 (4 à 6 pers.) 210 à 650 €/sem. – 36 🏠 (4 à 6 pers.) - 260 à 680 €/sem. – frais de réservation 15 € - **R** conseillée
🅿 1 borne artisanale
Pour s'y rendre : 108 av. Frédéric-Garnier (au sud-ouest du bourg, au bord d'un ruisseau)
À savoir : En bordure d'un parc

Nature : 🌳 ♀♀
Loisirs : 🎡 🛝 🏊
Services : ♿ 🔑 🌐 🚿 🛒 🧺 ⚡ 📶
🧺 🚰
À prox. : ✂ 🎣

VOUILLÉ

✉ 86190 – **322** G5 – 2 774 h. – alt. 118
🛈 *Office de tourisme, 10, place de l'Eglise* ☎ 05 49 51 06 69, Fax 05 49 50 87 48
Paris 345 – Châtellerault 46 – Parthenay 34 – Poitiers 18 – Saumur 89 – Thouars 55.

▲ **Municipal** de fin juin à déb. sept.
☎ 05 49 54 20 30, vouille@cg86.fr, Fax 05 49 51 14 47
0,5 ha (48 empl.) plat, herbeux
Tarif : (Prix 2008) ★ 3 € 🚗 1,50 € 📧 2,50 € – (ℹ) 3 €
Pour s'y rendre : au bourg, au bord de l'Auxance

Nature : ♀
Loisirs : 🛝 🏊 🚤
Services : ♿ 📶 ⚡
À prox. : ✂

VOUNEUIL-SUR-VIENNE

✉ 86210 – **322** J4 – 1 835 h. – alt. 58
🛈 *Office de tourisme, 34 bis, place de la Libération* ☎ 05 49 85 11 99, Fax 05 49 85 06 44
Paris 316 – Châtellerault 12 – Chauvigny 20 – Poitiers 27 – La Roche-Posay 26.

▲▲ **Les Chalets de Moulière** de mi-juin à mi-sept.
☎ 05 49 85 84 40, villagevacance@fol86.org – **R** conseillée
1,5 ha (30 empl.) plat, herbeux
Tarif : ★ 2,60 € 🚗 📧 4,60 € – (ℹ) (4A) 2,60 €
Location (de déb. mars à mi-nov.) : 24 🏠 (4 à 6 pers.) nuitée 60 € - 280 à 570 €/sem. – frais de réservation 10 € - **R** conseillée
Pour s'y rendre : 2 r. des Ardentes (sortie est par D 15, rte de Monthoiron et r. à gauche, à 60 m de la Vienne (accès direct))

Loisirs : 🎡 🚴 🏊
Services : ♿ 🔑 🚿 📶 🌊 ⚡ 📧
🚰
À prox. : 🍴 ✂

PROVENCE-ALPES-CÔTE D'AZUR

Le jour se lève en Provence. Sur les marchés colorés les « partisanes » vantent avec une faconde proverbiale la fraîcheur de leur étal. Tsitt… tsitt, face à la « grande bleue », les cigales entament leur chant obsédant, et les sonnailles des moutons transhumants tintent du côté de l'Ubaye. Le soleil darde ses rayons sur les villages perchés, exalte la senteur des lavandes et confine à l'ombre des platanes les gourmands qui dégustent un aïoli ou une bouillabaisse… Puis vient l'heure de la sieste, pratiquée dans les bastides de l'arrière-pays comme dans les cabanons nichés au creux des calanques. À la fraîche entrent en scène les joueurs de pétanque : après force querelles, ils rivaliseront jusqu'à la nuit de galéjades devant une tournée de pastis, « avec l'accent qui se promène et qui n'en finit pas ».

As the fishmongers joke, chat, and cry their wares under clear blue skies, you cannot help but fall in love with the happy-go-lucky spirit of Marseilles. Elsewhere, the sun is climbing higher above the ochre walls of a hilltop village and its fields of lavender below; the steady chirring of the cicadas is interrupted only by the sheep-bells ringing in the hills. Slow down to the gentle pace of the villagers and join them as they gather by the refreshingly cool walls of the café. However, come 2pm, you may begin to wonder where everyone is. On hot afternoons, everyone exercises their God-given right to a nap, from the fashionable Saint Tropez beaches to the seaside cabins of the Camargue, but soon it's time to wake up and get ready for a hotly-disputed game of pétanque and a cool glass of pastis!

PROVENCE-ALPES-CÔTE D'AZUR

LES ADRETS-DE-L'ESTEREL

✉ 83600 – **340** P4 – 2 063 h. – alt. 295
🛈 *Office de tourisme, place de la Mairie* ✆ 04 94 40 93 57
Paris 881 – Cannes 26 – Draguignan 44 – Fréjus 17 – Grasse 30 – Mandelieu-la-Napoule 15 – St-Raphaël 18.

Les Philippons de déb. avr. à fin sept.
✆ 04 94 40 90 67, info@philipponscamp.com,
Fax 04 94 19 35 92, www.philipponscamp.com – **R** conseillée
5 ha (150 empl.) en terrasses, pierreux, herbeux, fort dénivelé
Tarif : (Prix 2008) 26 € ★★ 🚗 📺 🚿 (10A) – pers. suppl. 5,20 € –
frais de réservation 15 €

Location 🏠 (juil-août) : 12 🏡 (4 à 6 pers.) nuitée 35 € - 325
à 750 €/sem. – frais de réservation 15 € - **R** conseillée

Pour s'y rendre : rte de l'Église-d'Adrets (3 km à l'est par D 237)

À savoir : Cadre sauvage sous les oliviers, eucalyptus, chênes-lièges

Nature : 🏞 ← 🏕 ♨
Loisirs : 🍽 pizzeria 🚴 🏊
Services : ⚡ 🚻 ♿ 🧺 🔥 ⛲ 🏪
🧺 sèche-linge 🛒 réfrigérateurs

AGAY

✉ 83530 – **340** Q5 – G. Côte d'Azur
🛈 *Syndicat d'initiative, place Giannetti* ✆ 04 94 82 01 85, Fax 04 94 82 74 20
Paris 880 – Cannes 34 – Draguignan 43 – Fréjus 12 – Nice 65 – St-Raphaël 9.

Esterel Caravaning ⚑⚑ – de fin mars à fin sept.
✆ 04 94 82 03 28, contact@esterel-caravaning.fr,
Fax 04 94 82 87 37, www.esterel-caravaning.fr – **R** conseillée
12,5 ha (485 empl.) en terrasses, peu incliné, pierreux
Tarif : 47 € ★★ 🚗 📺 🚿 (10A) – pers. suppl. 9 € – frais de
réservation 40 €

Location : 245 🏠 (4 à 6 pers.) 190 à 1 100 €/sem. – frais
de réservation 40 € - **R** conseillée
🚰 1 borne artisanale 10 €

Pour s'y rendre : av. des Golfs (4 km au nord-ouest)
À savoir : réservé aux caravanes

Nature : 🏞 ☼ ♨
Loisirs : 🍽 🍴 pizzeria 🎰 🏊 🚴 🎱
🐎 ⛳ 🐎 🐴 poneys squash,
terrain omnisports, skate park
Services : ♿ 🚻 GB 🏧 🧺 🔥 – 18
sanitaires individuels (🚿 wc) ⛲ 🏪
🧺 ⛽ 🍽 🧺 sèche-linge 🛒 🛒

Campéole le Dramont ⚑⚑ –
✆ 04 94 82 07 68, cpldramont@atciat.com,
Fax 04 94 82 75 30, www.campeole.com – **R** conseillée
6,5 ha (400 empl.) vallonné, plat, sablonneux
Location 🏠 : 76 🚐 – 55 🏠 – 71 🏡 – 65 bungalows toilés
🚰 1 borne raclet

Nature : 🏞 ♨ ⚓
Loisirs : 🍽 pizzeria, snack 🎰 🏊 🚴
🐎
Services : ♿ 🚻 🧺 🔥 ⛲ 🧺 sèche-linge 🛒 🛒
À prox. : canoë-kayak, terrain omnisports, école de plongée

Vallée du Paradis ⚑⚑ – (location exclusive de mobile homes) de mi-mars à mi-oct.
✆ 04 94 82 16 00, vallee-du-paradis@wanadoo.fr,
Fax 04 94 82 72 21, www.camping-vallee-du-paradis.fr
3 ha plat
Location (Prix 2008) 🏠 : 197 🏠 (4 à 6 pers.) nuitée 56 €
- 425 à 1 080 €/sem. – frais de réservation 29 € - **R**
conseillée

Pour s'y rendre : av. du Gratadis (1 km au nord-ouest, au bord de l'Agay)

Nature : ← 🏕 ♀
Loisirs : 🍽 pizzeria, snack 🎰 🏊 🚴
🐎 🚣 🛥 🏊 🏊 ponton d'amarrage, kayak
Services : ♿ 🚻 GB 🏧 🧺 🔥 ⛲ 🍽
🧺 sèche-linge 🛒 🛒

Les Rives de l'Agay de déb. mars à déb. nov.
✆ 04 94 82 02 74, reception@lesrivesdelagay.fr,
Fax 04 94 82 74 14, www.lesrivesdelagay.fr – **R** conseillée
2 ha (171 empl.) plat, herbeux, sablonneux
Tarif : (Prix 2008) 36 € ★★ 🚗 📺 🚿 (6A) – pers. suppl. 7 € –
frais de réservation 20 €

Location (Prix 2008) : 41 🏠 – frais de réservation 20 € -
R conseillée

Pour s'y rendre : av. du Gratadis (700 m au nord-ouest, au bord de l'Agay et à 500 m de la plage)

Nature : 🏕 ♨
Loisirs : pizzeria 🎰 🏊 ponton d'amarrage
Services : ♿ 🚻 GB 🏧 🧺 🔥 ⛲ ♨
🧺 🍽 sèche-linge 🛒 🛒

PROVENCE-ALPES-CÔTE D'AZUR

AGAY

Azur Rivage de déb. avr. à fin sept.
🕿 04 94 44 83 12, *campingazurivage@aol.com*,
Fax 04 94 44 84 39, *www.camping-azur-rivage.com*
– **R** conseillée
1 ha (66 empl.) plat, en terrasses, peu incliné, pierreux
Tarif : (Prix 2008) 45 € ⚥ 🚗 🔲 (6A) – pers. suppl. 8 € – frais de réservation 20 €
Location (Prix 2008) : 47 🏠 (4 à 6 pers.) 250 à 850 €/sem. – frais de réservation 20 € - **R** conseillée
🚐 1 borne artisanale
Pour s'y rendre : bd Eugène-Brieux (5 km à l'est, à Anthéor-Plage)
À savoir : près de la plage

Nature : 🌳🌳
Loisirs : 🍽️✖️ 🎣 🏊 ⛵
Services : ♿ 🚿 🔧 🗑️ 🅱️ 📦 sèche-linge 🧺 🧼

Agay-Soleil de fin mars à déb. nov.
🕿 04 94 82 00 79, *camping-agay-soleil@wanadoo.fr*,
Fax 04 94 82 88 70, *www.agay-soleil.com* – **R** conseillée 🐕
(de fin juin à déb. sept.)
0,7 ha (53 empl.) plat, peu incliné, terrasses, sablonneux
Tarif : (Prix 2008) 31,20 € ⚥ 🚗 🔲 (6A) – pers. suppl. 5,70 € – frais de réservation 15 €
Location (Prix 2008) 🐕 : 🏠 (4 à 6 pers.) 285 à 645 €/sem. – 🛖 (4 à 6 pers.) - 410 à 725 €/sem. – frais de réservation 15 € - **R** conseillée
🚐 1 borne artisanale 8 €
Pour s'y rendre : 1152 bd de la Plage (700 m à l'est)

Nature : ≤ 🏖️ 🌳🌳 ⛰️
Loisirs : 🍽️ pizzeria 🏠
Services : ♿ 🚿 🔧 🅼 🗑️ 🧺 😊 🚽 📦
À prox. : ✂️ base nautique

Royal-Camping de déb. mars à fin oct.
🕿 04 94 82 00 20, *contact@royalcamping.net*,
Fax 04 94 82 00 20, *www.royalcamping.net* – **R** conseillée
0,6 ha (45 empl.) plat, herbeux, gravier
Tarif : (Prix 2008) 31,50 € ⚥ 🚗 🔲 (6A) – pers. suppl. 5 € – frais de réservation 17 €
Location (Prix 2008) : 9 🏠 (4 à 6 pers.) nuitée 55 € - 315 à 690 €/sem. – frais de réservation 17 € - **R** conseillée
Pour s'y rendre : r. Marie-Louise-Robinson (1,5 km au sud)

Nature : 🌳🌳 ⛰️
Loisirs : 🏠
Services : ♿ 🚿 🔧 🗑️ 😊 🚽
À prox. : 📦 🚿 🍽️ ✖️ 🏄

Site de Port-Miou

PROVENCE-ALPES-CÔTE D'AZUR

AIX-EN-PROVENCE

✉ 13090 – **340** H4 – G. Provence – 134 222 h. – alt. 206
🛈 *Office de tourisme, 2, place du Général-de-Gaulle* ✆ 04 42 16 11 61, Fax 04 42 16 11 71
Paris 752 – Aubagne 39 – Avignon 82 – Manosque 57 – Marseille 30 – Salon-de-Provence 37 – Toulon 84.

▲ **Chantecler** ♣♣ – Permanent
✆ 04 42 26 12 98, *info@campingchantecler.com*,
Fax 04 42 27 33 53, *www.campingchantecler.com* –
8 ha (240 empl.) plat à peu incliné et en terrasses, pierreux, herbeux
Tarif : ♦ 6,50 € ⇌ 3,70 € 🅴 7,30 € – (ᶅ) (5A) 3,90 €
Location : 30 ▭ (4 à 6 pers.) 472 à 624 €/sem. – 10 ⌂ (4 à 6 pers.) - 570 à 676 €/sem. – **R** conseillée
🚽 1 borne sanistation
Pour s'y rendre : 41 av. du Val-St-André (2,5 km au sud-est, accès par cours Gambetta)
À savoir : vue sur la Montagne-Ste-Victoire

ANCELLE

✉ 05260 – **334** F5 – 619 h. – alt. 1 340 – Sports d'hiver : 1 350/1 807 m ⛷ 13 ⛸
🛈 *Syndicat d'initiative, Mairie* ✆ 04 92 50 89 51, Fax 04 92 50 89 89
Paris 665 – Gap 17 – Grenoble 103 – Orcières 18 – Savines-le-Lac 30.

▲ **Les Auches** fermé de mi-nov. à mi-déc.
✆ 04 92 50 80 28, *info@lesauches.com*, Fax 04 92 50 84 58,
www.lesauches.com – places limitées pour le passage –
2 ha (90 empl.) peu incliné, terrasses, herbeux
Tarif : 19,20 € ♦♦ ⇌ 🅴 (3A) – pers. suppl. 4,50 €
Location (permanent) 🏠 : 8 ▭ (4 à 6 pers.) 255 à 520 €/sem. – 11 ⌂ (4 à 6 pers.) - 255 à 640 €/sem. – studios – frais de réservation 15 € - **R** conseillée
🚽 3 🅴 16,20 €
Pour s'y rendre : sortie nord par rte de Pont du Fossé et à dr.

ANTIBES

✉ 06600 – **341** D6 – G. Côte d'Azur – 72 412 h. – alt. 2
🛈 *Office de tourisme, 11, place du Général-de-Gaulle* ✆ 04 92 90 53 00, Fax 04 92 90 53 01
Paris 909 – Aix-en-Provence 160 – Cannes 11 – Nice 21.

▲ **Antipolis** de déb. avr. à mi-sept.
✆ 04 93 33 93 99, *contact@camping-antipolis.com*,
Fax 04 92 91 02 00, *www.camping-antipolis.com* – places limitées pour le passage 🐕 conseillée 🐕 (juil.-août)
4,5 ha (260 empl.) plat, herbeux
Tarif : 29,50 € ♦♦ ⇌ 🅴 (ᶅ) (10A) – pers. suppl. 9 € – frais de réservation 28 €
Location : 220 ▭ (4 à 6 pers.) nuitée 61 € - 316 à 987 €/sem. – frais de réservation 28 € - **R** conseillée
Pour s'y rendre : av. du Pylône (5 km au nord par N 7 et chemin à gauche, au bord de la Brague)

APT

✉ 84400 – **332** F10 – G. Provence – 11 172 h. – alt. 250
🛈 *Office de tourisme, 20, avenue Ph. de Girard* ✆ 04 90 74 03 18, Fax 04 90 04 64 30
Paris 728 – Aix-en-Provence 56 – Avignon 54 – Carpentras 49 – Cavaillon 33 – Digne-les-Bains 91.

▲ **Le Lubéron** de déb. avr. à fin sept.
✆ 04 90 04 85 40, *leluberon@wanadoo.fr*, Fax 04 90 74 12 19,
www.camping-le-luberon.com – **R** conseillée
5 ha (110 empl.) plat et peu incliné, terrasses, gravillons, herbeux
Tarif : 25,40 € ♦♦ ⇌ 🅴 (ᶅ) (6A) – pers. suppl. 6,10 € – frais de réservation 18 €
Location : 11 ▭ (4 à 6 pers.) 290 à 710 €/sem. – 15 ⌂ (4 à 6 pers.) – 330 à 790 €/sem. – bungalows toilés – **R** conseillée
Pour s'y rendre : av. de Saignon (2 km au sud-est par D 48)

PROVENCE-ALPES-CÔTE D'AZUR

APT

Les Cèdres de mi-fév. à déb. nov.
📞 04 90 74 14 61, lucie.bouillet@yahoo.fr,
Fax 04 90 74 14 61, www.camping-les-cedres.fr – **R**
1,8 ha (75 empl.) plat, herbeux, pierreux
Tarif : (Prix 2008) ✤ 2,30 € 🚗 🔲 5 € – (🔌) (10A) 3,50 €
Location (Prix 2008) : 3 bungalows toilés – frais de réservation 36 € - **R** conseillée
🚐 1 borne raclet 4 €
Pour s'y rendre : 63 imp. de la Fantaisie (sortie nord-ouest par D 22, rte de Rustrel)

Nature : 🌳
Loisirs : 🧗 mur d'escalade 🚴
Services : ♿ ⚡ 🆖 🚿 🧺 🔲 ♨️
🍳 🛁 🍽️ réfrigérateur, congélateur
À prox. : 🏊

L'ARGENTIÈRE-LA-BESSÉE

✉ 05120 – **334** H4 – G. Alpes du Sud – 2 289 h. – alt. 1 024
Paris 696 – Briançon 17 – Embrun 33 – Gap 74 – Mont-Dauphin 18 – Savines-le-Lac 44.

Les Écrins de mi-avr. à mi-sept.
📞 04 92 23 03 38, contact@camping-les-ecrins.com,
Fax 04 92 23 09 89, www.camping-les-ecrins.com
– **R** conseillée
3 ha (120 empl.) plat, herbeux, pierreux
Tarif : 15,30 € ✤ ✤ 🚗 🔲 (10A) – pers. suppl. 4,60 €
🚐 1 borne artisanale 2 € – 2 🔲 10 € – 🥘 10 €
Pour s'y rendre : av. Pierre-Sainte (2,3 km au sud par N 94, rte de Gap, et D 104 à dr.)
À savoir : près d'un plan d'eau et d'un stade d'eau vive

Nature : 🌲
Loisirs : 🏠 🚴 🎣
Services : ♿ ⚡ 🍳 (juil.-août) 🆖 🚿 🔲
♨️ 🛁 🍽️ ⚡
À prox. : 🎣 🏊 🚣 🐎 sports en eaux vives

ARLES

✉ 13200 – **340** C3 – G. Provence – 50 513 h. – alt. 13
ℹ️ Office de tourisme, boulevard des Lices 📞 04 90 18 41 20, Fax 04 90 18 41 29
Paris 719 – Aix-en-Provence 77 – Avignon 37 – Cavaillon 44 – Marseille 94 – Montpellier 84 – Nîmes 32 – Salon-de-Provence 46.

O : 14 km par N 572 rte de St-Gilles et D 37 à gauche

Crin Blanc 👥 – de déb. avr. à fin sept.
📞 04 66 87 48 78, camping-crin.blanc@wanadoo.fr,
Fax 04 66 87 18 66, www.camping-crin-blanc.com
– **R** conseillée
4,5 ha (153 empl.) plat, herbeux, pierreux
Tarif : 23 € ✤ ✤ 🚗 🔲 (10A) – pers. suppl. 4,50 € – frais de réservation 10 €
Location (de déb. avr. à fin déc.) : 45 🏠 (4 à 6 pers.) nuitée 57 € - 285 à 720 €/sem. – 🏠 – frais de réservation 19 € - **R** conseillée
Pour s'y rendre : au lieu-dit : Hameau de Saliers (au sud-ouest de Saliers par D 37)

Nature : 🌾
Loisirs : 🍴 snack, pizzeria 🏠 🎭 🚴
🚴 🏊 ✂️ 🎣
Services : ♿ ⚡ 🆖 🚿 🔲 🍳 🛁 🍽️
🔲 🛁 🍽️
À prox. : 🐎

AUBIGNAN

✉ 84810 – **332** D9 – 3 837 h. – alt. 65
ℹ️ Office de tourisme, Hôtel-Dieu 📞 04 90 62 65 36
Paris 675 – Avignon 31 – Carpentras 7 – Orange 21 – Vaison-la-Romaine 25.

Le Brégoux de déb. mars à fin oct.
📞 04 90 62 62 50, camping-lebregoux@wanadoo.fr,
Fax 04 90 62 65 21, www.camping-lebregoux.fr – **R** conseillée
3,5 ha (170 empl.) plat, herbeux
Tarif : ✤ 3,30 € 🚗 🔲 3,20 € – (🔌) (6A) 3,20 €
Location : 4 🏠 (4 à 6 pers.) nuitée 76 € - 220 à 460 €/sem. – **R** conseillée
Pour s'y rendre : 410 chemin du Vas (800 m au sud-est par D 55, rte de Caromb et chemin à dr.)

Nature : 🌳🌳
Loisirs : 🏠 🚴 ✂️
Services : ⚡ 🆖 🚿 🔲 🛁 ♨️ 🍳 ⚡
♨️ 🔲 sèche-linge

645

PROVENCE-ALPES-CÔTE D'AZUR

AUPS

✉ 83630 – **340** M4 – G. Côte d'Azur – 1 903 h. – alt. 496
🛈 Syndicat d'initiative, place Frédéric Mistral ✆ 04 94 84 00 69, Fax 04 94 84 00 69
Paris 818 – Aix-en-Provence 90 – Castellane 71 – Digne-les-Bains 78 – Draguignan 29 – Manosque 59.

▲▲ International Camping de déb. avr. à fin sept.
✆ 04 94 70 06 80, info@internationalcamping-aups.com,
Fax 04 94 70 10 51, www.internationalcamping-aups.com
– **R** conseillée
4 ha (150 empl.) plat, pierreux, herbeux
Tarif : ♣ 6,65 € – 🚗 📧 5,80 € – (¼) (10A) 5,30 €
Location : 24 🏠 (4 à 6 pers.) 300 à 500 €/sem.
– **R** conseillée
Pour s'y rendre : 495 rte de Fox- Amphoux (500 m à l'ouest par D 60)
À savoir : cadre pittoresque et soigné

Nature : 🌳 🌊 ♀
Loisirs : pirreria, discothèque ✂ 🏊
Services : ᕗ ⚡ GB ⚙ 🍴 ℗ 🛠 🗑

AURIBEAU-SUR-SIAGNE

✉ 06810 – **341** C6 – G. Côte d'Azur – 2 612 h. – alt. 85
🛈 Syndicat d'initiative, place en Aire ✆ 04 93 40 79 56, Fax 04 93 40 79 56
Paris 900 – Cannes 15 – Draguignan 62 – Grasse 9 – Nice 42 – St-Raphaël 41.

▲▲ Le Parc des Monges de déb. avr. à fin sept.
✆ 04 93 60 91 71, contact@parcdesmonges.fr,
Fax 04 93 60 91 71, www.parcdesmonges.com – **R** conseillée
1,3 ha (54 empl.) plat, pierreux, herbeux
Tarif : 28,30 € ♣♣ 🚗 📧 (10A) – pers. suppl. 4,90 €
Location (Prix 2008) 🚐 : 6 🏠 (4 à 6 pers.) 245 à 580 €/sem. – 8 🏕 (4 à 6 pers.) - 335 à 650 €/sem.
– **R** conseillée
🚐 1 borne artisanale 7 €
Pour s'y rendre : 635 chemin du Gabre (1,4 km au nord-ouest par D 509, rte de Tanneron)
À savoir : Au bord de la Siagne

Nature : 🌳 🌊 ♀♀
Loisirs : 🏊
Services : & ⚡ ⚙ ⊕ 🛠 ☎ 🗑
À prox. : 🍴 ✂ snack 🛶 🚣

AVIGNON

✉ 84000 – **332** B10 – G. Provence – 85 935 h. – alt. 21
🛈 Office de tourisme, 41, cours Jean Jaurès ✆ 04 32 74 32 74, Fax 04 90 82 95 03
Paris 682 – Aix-en-Provence 82 – Arles 37 – Marseille 98 – Nîmes 46 – Valence 126.

▲▲ Le Pont d'Avignon de mi-mars à fin oct.
✆ 04 90 80 63 50, info@camping-avignon.com,
Fax 04 90 85 22 12, www.camping-avignon.com – **R** conseillée
8 ha (300 empl.) plat, herbeux, gravillons
Tarif : 26,87 € ♣♣ 🚗 📧 (10A) – pers. suppl. 4,86 € – frais de réservation 20 €
Pour s'y rendre : 10 chemin de la Barthelasse (sortie nord-ouest, rte de Villeneuve-lès-Avignon par le pont Édouard-Daladier et à dr., dans l'île-de-la-Barthelasse)

Nature : 🌊 ♀♀
Loisirs : 🍴 snack 🎮 🛶 ✂ 🏊
Services : & ⚡ GB ⚙ ⊕ ☎ 🛠 🗑
sèche-linge 🧺 🛠

BARATIER

✉ 05200 – **334** G4 – 461 h. – alt. 855
Paris 704 – Marseille 214 – Gap 39 – Digne 90 – Briançon 51.

▲▲▲ Les Airelles de déb. juin à mi-sept.
✆ 04 92 43 11 57, info@lesairelles.com, Fax 04 92 43 69 07,
www.lesairelles.com – **R** conseillée
5 ha/4 campables (130 empl.) peu incliné à incliné, terrasses, plat, pierreux, herbeux
Tarif : ♣ 5,50 € 🚗 📧 5,80 € – (¼) (10A) 4 €
Location : 🏠 (4 à 6 pers.) 350 à 660 €/sem. – 🏕 (4 à 6 pers.) - 350 à 660 €/sem. – **R** conseillée
Pour s'y rendre : chemin de la Serbie (1,2 km au sud-est par D 40, rte des Orres et rte à dr.)

Nature : 🌳 ≤ ♀♀
Loisirs : 🍴 snack, pizzeria 🎮 🎯 nocturne 🛶 🏊 terrain omnisports
Services : & ⚡ ⚙ GB ⊕ 🛠 🧺 ☎ 🗑

PROVENCE-ALPES-CÔTE D'AZUR

BARATIER

Le Verger Permanent
℘ 04 92 43 15 87, camping.leverger@wanadoo.fr, Fax 04 92 43 49 81, www.campingleverger.fr – **R** conseillée
4,3 ha/2,5 campables (110 empl.) peu incliné, en terrasses, herbeux, pierreux
Tarif : 17,10 € ✱✱ ⇔ 🄴 (ℐ) (10A) – pers. suppl. 4,50 € – frais de réservation 14 €
Location : 12 🏠 (4 à 6 pers.) - 505 à 685 €/sem. – pavillons – frais de réservation 14 € - **R** conseillée
Pour s'y rendre : chemin de Jouglar (sortie ouest, pour caravanes, accès conseillé par le village)
À savoir : Entrée fleurie et site agréable

Les Grillons de mi-mai à mi-sept.
℘ 04 92 43 32 75, info@lesgrillons.com, Fax 04 92 43 32 75, www.lesgrillons.com – **R** conseillée
1,5 ha (90 empl.) peu incliné, herbeux
Tarif : (Prix 2008) 13,50 € ✱✱ ⇔ 🄴 (ℐ) (16A) – pers. suppl. 4 € – frais de réservation 10 €
Location (Prix 2008) : 14 🄿🄿 (4 à 6 pers.) nuitée 45 € - 280 à 320 €/sem. – frais de réservation 12 € - **R** conseillée
Pour s'y rendre : rte de la Madeleine (1 km au nord par D 40, D 340 et chemin à gauche)

Les Esparons
℘ 04 92 43 02 73, info@lesesparons.fr, Fax 04 92 43 02 73, www.lesesparons.com – **R** conseillée
1,5 ha (83 empl.) plat et peu incliné, herbeux
Location ✄ : 6 🏠
Pour s'y rendre : sortie nord par D 40 et D 340
À savoir : Agréable verger près d'un torrent

Les Deux Bois de mi-mai à mi-sept.
℘ 04 92 43 54 14, info@camping-les2bois.com, www.camping-les2bois.com – **R** conseillée
2,5 ha (100 empl.) plat, incliné à peu incliné, terrasses, herbeux, pierreux
Tarif : (Prix 2008) 20 € ✱✱ ⇔ 🄴 (ℐ) (10A) – pers. suppl. 4,80 € – frais de réservation 15 €
Pour s'y rendre : rte de Pra-Fouran (accès au bourg par D 204)

BARCELONNETTE

✉ 04400 – **334** H6 – G. Alpes du Sud – 2 819 h. – alt. 1 135 – Sports d'hiver : Le Sauze/Super Sauze 1 400/2 000 m ⛷23 ⛷ et Pra-Loup 1 500/2 600 m ⛷3 ⛷29 ⛷
🄱 Office de tourisme, place Frédéric Mistral ℘ 04 92 81 04 71, Fax 04 92 81 22 67
Paris 733 – Briançon 86 – Cannes 161 – Cuneo 98 – Digne-les-Bains 88 – Gap 68 – Nice 145.

à l'Ouest sur D 900 rte du Lauzet-Ubaye :

Le Rioclar 👥–
℘ 04 92 81 10 32, rioclar@wanadoo.fr, Fax 04 92 81 10 32, www.rioclar.com – alt. 1 073 – **R** conseillée
8 ha (200 empl.) en terrasses, pierreux, herbeux
Location ✄ : 24 🄿🄿 – 3 🏠
Pour s'y rendre : 11 km de Barcelonnette, près de l'Ubaye et d'un petit plan d'eau
À savoir : site et cadre agréables

PROVENCE-ALPES-CÔTE D'AZUR

BARCELONNETTE

▲ **Le Fontarache** de déb. juin à déb. sept.
📞 04 92 81 90 42, reception@camping-fontarache.fr, Fax 04 92 81 90 42, www.camping-fontarache.com – alt. 1 108 – places limitées pour le passage – **R** conseillée
6 ha (150 empl.) plat, pierreux, gravier
Tarif : 21 € ♦♦ 🚗 🔲 (6A) – pers. suppl. 4,90 € – frais de réservation 10 €
Location 🏠 : 11 🚐 (4 à 6 pers.) 275 à 570 €/sem. – 2 🏡 (4 à 6 pers.) - 370 à 620 €/sem. - **frais de réservation 10 €** - **R** conseillée
🚐 1 borne artisanale 4 € – 🚐 🚽 13 €
Pour s'y rendre : au lieu-dit : Les Thuiles (7 km de Barcelonnette, près de l'Ubaye)

> Nature : ≤ 🏞
> Loisirs : ⛄ 🚴 🎿 🏊 ⛷
> Services : ♿ ⚡ 🚿 🚽 🛒 ⊕ ♨ 🍴
> À prox. : 🏊 ✗ sports en eaux vives, canoë

BARRET-SUR-MÉOUGE

✉ 05300 – **334** C7 – 232 h. – alt. 640
Paris 700 – Laragne-Montéglin 14 – Sault 46 – Séderon 21 – Sisteron 25.

▲ **Les Gorges de la Méouge** de déb. mai à fin sept.
📞 04 92 65 08 47, campinggorgesdelameouge@wanadoo.fr, Fax 04 92 65 05 33, www.camping-meouge.com – **R** conseillée
2,5 ha (95 empl.) plat, herbeux
Tarif : 20,40 € ♦♦ 🚗 🔲 (4A) – pers. suppl. 4,40 € – frais de réservation 60 €
Location (de déb. avr. à fin sept.) : 13 🚐 (4 à 6 pers.) nuitée 54 € - 378 à 504 €/sem. – **frais de réservation 140 €** - **R** conseillée
🚐 1 borne artisanale 2 € – 🚐 14 €
Pour s'y rendre : au lieu-dit : Le Serre (sortie est par D 942, rte de Laragne-Montéglin et chemin à dr., près de la Méouge)

> Nature : 🌳 ≤ 🏞 🏞
> Loisirs : 🚴 🎿
> Services : ♿ ⚡ 🚿 🛒 🍳 ⊕ ♨ 🚽 🍴

LE BAR-SUR-LOUP

✉ 06620 – **341** C5 – G. Côte d'Azur – 2 543 h. – alt. 320
🛈 Office de tourisme, place Francis Paulet 📞 04 93 42 72 21, Fax 04 93 42 92 60
Paris 916 – Cannes 22 – Grasse 10 – Nice 31 – Vence 15.

▲ **Les Gorges du Loup** avr.-sept.
📞 04 93 42 45 06, info@lesgorgesduloup.com, Fax 04 93 42 45 06, www.lesgorgesduloup.com – accès aux emplacements par forte pente, mise en place et sortie des caravanes à la demande – **R** conseillé
1,6 ha (70 empl.) fort dénivelé, en terrasses, pierreux, herbeux
Tarif : (Prix 2008) 24,40 € ♦♦ 🚗 🔲 🔌 (10A) – pers. suppl. 4,50 € – frais de réservation 15 €
Location (Prix 2008) (permanent) : 9 🚐 (4 à 6 pers.) 290 à 580 €/sem. – 6 🏡 (4 à 6 pers.) - 290 à 580 €/sem. – 1 studio – **frais de réservation 15 €** – **R** conseillée
Pour s'y rendre : 965 Chemin des Vergers (1 km au nord-est par D 2210 puis 1 km par chemin des Vergers à dr.)
À savoir : Petites terrasses souvent à l'ombre d'oliviers centenaires

> Nature : 🌳 ≤ 🏞 🏞 🏞
> Loisirs : 🛋 🚴 🎿
> Services : ⚡ 🅿 (tentes) 🚿 🛒 ⊕ 🍴
> 🚽

BEAUMES-DE-VENISE

✉ 84190 – **332** D9 – G. Provence – 2 051 h. – alt. 100
🛈 Office de tourisme, place du Marché 📞 04 90 62 94 39
Paris 666 – Avignon 34 – Nyons 39 – Orange 23 – Vaison-la-Romaine 23.

▲ **Municipal de Roquefiguier** de déb. mars à mi-nov.
📞 04 90 62 95 07, camping.roquefiguier@orange.fr, Fax 04 90 65 01 31, www.ot-beaumesdevenise.com – **R**
1,5 ha (63 empl.) peu incliné et en terrasses, herbeux, pierreux
Tarif : (Prix 2008) 11,80 € ♦♦ 🚗 🔲 🔌 (6A) – pers. suppl. 2,45 €
🚐 1 borne sanistation
Pour s'y rendre : rte de Lafare (sortie nord par D 90, rte de Malaucène et à dr., au bord de la Salette)

> Nature : ≤ 🏞 🏊
> Loisirs : 🚴 🏓
> Services : ♿ ⚡ 🚿 GB 🚽 🛒 ⊕ ♨ 🍴
> 🧊 réfrigérateur, congélateur
> À prox. : ✗

PROVENCE-ALPES-CÔTE D'AZUR

BEAUMONT-DU-VENTOUX

✉ 84340 – **332** E8 – 286 h. – alt. 360
Paris 676 – Avignon 48 – Carpentras 21 – Nyons 28 – Orange 40 – Vaison-la-Romaine 13.

▲ **Mont-Serein** Permanent
☏ 04 90 60 49 16, *montserein@orange.fr*,
Fax 04 90 60 49 16, *www.camping-ventoux.com* – alt. 1 400
– **R** conseillée
1,2 ha (60 empl.) plat, pierreux, herbeux
Tarif : ♦ 4,20 € 🚗 🅴 4,80 € – ⚡ (12A) 3,50 €
Location : 5 🏠 (4 à 6 pers.) nuitée 20 € - 350 à
500 €/sem. – frais de réservation 50 € - **R** conseillée
🅿, 1 borne artisanale – 20 🅴 8,40 € – 🍴 8.4 €
Pour s'y rendre : 20 km à l'est par D 974 et D 164a, r. du
Mont-Ventoux par Malaucène, accès conseillé par Malaucène
À savoir : agréable situation dominante

| Nature : 🏔 ← Mont-Ventoux et chaîne des Alpes 🌲 |
| Loisirs : 🎣 |
| Services : ⚓ 🆖 🚿 🍽 ⓘ 🚻 🗑 |

BÉDOIN

✉ 84410 – **332** E9 – 2 609 h. – alt. 295
🛈 Office de tourisme, Espace Marie-Louis Gravier ☏ 04 90 65 63 95, Fax 04 90 65 12 81 55
Paris 692 – Avignon 43 – Carpentras 16 – Vaison-la-Romaine 21.

▲ **Municipal la Pinède** de mi-mars à fin oct.
☏ 04 90 65 61 03, *la-pinede.camping-municipal@wana
doo.fr*, Fax 04 90 65 95 22, *www.camping-municipal-la-pi
nede.new.fr* – **R** conseillée
6 ha (121 empl.) en terrasses, pierreux, herbeux
Tarif : (Prix 2008) 14,30 € ♦♦ 🚗 🅴 ⚡ (16A) – pers.
suppl. 3,40 €
🅿, 1 borne eurorelais 2 €
Pour s'y rendre : chemin des Sablières (sortie ouest par rte
de Crillon-le-Brave et chemin à dr., à côté de la piscine
municipale)

| Nature : 🌳🌳 (pinède) |
| Services : ♿ ⚓ 🆖 🚿 ⚡ ⓘ 🚻 |
| À prox. : ✂ 🎿 |

LA BOCCA

✉ 06150 – **341** C6
🛈 Office de tourisme, 1, avenue Pierre Semard ☏ 04 93 47 04 12, Fax 04 93 90 99 85
Paris 903 – Marseille 174 – Nice 39 – Antibes 15 – Cannes 4.

▲▲ **Le Parc Bellevue** de déb. avr. à fin sept.
☏ 04 93 47 28 97, *contact@parcbellevue.com*,
Fax 04 93 48 66 25, *www.parcbellevue.com* – **R** conseillée
5 ha (250 empl.) plat et en terrasses, herbeux
Tarif : ♦ 4 € 🚗 4 € 🅴 12 € – ⚡ (6A) 3 €
Location (Prix 2008) (permanent) : 20 🛖 (2 à 4 pers.) 200
à 400 €/sem. – 40 🏠 (4 à 6 pers.) 250 à 610 €/sem.
– **R** conseillée
Pour s'y rendre : 67 av. Maurice-Chevalier (au nord, derrière
le stade municipal)

| Nature : 🌲 🌳🌳 |
| Loisirs : snack, pizzeria 🎣 🐎 🎿 |
| Services : ♿ ⚓ 🚿 🛒 🚻 ⓘ 🛁 🗑 |

▲▲ **Ranch-Camping** de mi-avr. à mi-oct.
☏ 04 93 46 00 11, *dstallis@free.fr*, Fax 04 93 46 44 30,
www.leranchcamping.fr – **R** conseillée
2 ha (130 empl.) peu incliné, en terrasses, herbeux, pierreux
Tarif : (Prix 2008) ♦ 6 € 🚗 3 € 🅴 17 € – ⚡ (6A) 3 € – frais de
réservation 10 €
Location (Prix 2008) : 8 🛖 (2 à 4 pers.) 330 à 490 €/sem. –
11 🛖 (4 à 6 pers.) 360 à 540 €/sem. – 3 🏠 (4 à 6 pers.)
400 à 670 €/sem. – frais de réservation 10 € - **R** conseil-
lée
Pour s'y rendre : au lieu dit : Aubarède, chemin St-Joseph
(1,5 km au nord-ouest par D 9 puis bd de l'Esterel à dr.)

| Nature : 🌲 🌳🌳 |
| Loisirs : 🎣 🐎 🏊 (petite piscine) |
| Services : ♿ ⚓ 🆖 🚿 🅼 🛒 🚻 ⓘ 🛁 🗑 |

PROVENCE-ALPES-CÔTE D'AZUR

BOLLÈNE

84500 – **332** B8 – G. Provence – 14 130 h. – alt. 40
Office de tourisme, place Reynaud de la Gardette ℘ 04 90 40 51 45, Fax 04 90 40 51 44
Paris 634 – Avignon 53 – Montélimar 34 – Nyons 35 – Orange 26 – Pont-St-Esprit 10.

La Simioune Permanent
℘ 04 90 30 44 62, la-simioune@wanadoo.fr,
Fax 04 90 30 44 77, www.la-simioune.fr – R conseillée
2 ha (80 empl.) plat et en terrasses, sablonneux
Tarif : (Prix 2008) ♦ 3,50 € ⇌ 🅴 3,50 € – (ᚷ) (6A) 2,50 €
Location (Prix 2008) : 3 ⛺ (4 à 6 pers.) 310 à 480 €/sem.
– R conseillée
Pour s'y rendre : 5 km au nord-est par rte de Lambisque (accès sur D 8 par ancienne rte de Suze-la-Rousse longeant le Lez) et chemin à gauche
À savoir : bâtiments en bois, style ranch

Nature : 🌳 ♦♦ (pinède)
Loisirs : 🍷 🏊 🐎 poneys (centre équestre)
Services : ♿ ⚤ 🚻 ♨ 🚿 🧺 🧼

BONNIEUX

84480 – **332** E11 – G. Provence – 1 417 h. – alt. 400
Office de tourisme, 7, place Carnot ℘ 04 90 75 91 90, Fax 04 90 75 92 94
Paris 721 – Aix-en-Provence 49 – Apt 12 – Cavaillon 27 – Salon-de-Provence 45.

Municipal du Vallon de mi-mars à fin oct.
℘ 04 90 75 86 14, campinglevallon@wanadoo.fr,
Fax 04 90 75 86 14 – R
1,3 ha (80 empl.) plat et en terrasses, pierreux, herbeux, bois attenant
Tarif : (Prix 2008) 16,10 € ♦♦ ⇌ 🅴 (ᚷ) (10A) – pers. suppl. 2,70 €
Pour s'y rendre : sortie sud par D 3, rte de Ménerbes et chemin à gauche

Nature : 🌳 ≤ 🏞 ♦
Services : ⚤ 🚻 ♨ 🚿 🧺 🧼
À prox. : 🎣 ✕

650 BORMES-LES-MIMOSAS

83230 – **340** N7 – G. Côte d'Azur – 6 324 h. – alt. 180
Office de tourisme, 1, place Gambetta ℘ 04 94 01 38 38, Fax 04 94 01 38 39
Paris 871 – Fréjus 57 – Hyères 21 – Le Lavandou 4 – St-Tropez 35 – Ste-Maxime 37 – Toulon 39.

Manjastre Permanent
℘ 04 94 71 03 28, manjastre@infonie.fr, Fax 04 94 71 63 62,
www.campingmanjastre.com – R conseillée ⚠ (de déb. sept. à fin juin)
3,5 ha (120 empl.) en terrasses, pierreux, plat et peu incliné
Tarif : (Prix 2008) ♦ 5,80 € ⇌ 3,50 € 🅴 9,60 € –
(ᚷ) (10A) 4,50 € – frais de réservation 15 €
⛺ 1 borne artisanale 6 €
Pour s'y rendre : 150 chemin des Girolles (5 km au nord-ouest sur N 98, rte de Cogolin)
À savoir : bel ensemble de terrasses parmi les mimosas et les chênes-lièges

Nature : 🌳 🏞 ♦♦
Loisirs : 🍷 🎣 🏊
Services : ♿ ⚤ GB 🏧 🍴 ♨ 🚿 🧺 🧼 🚰 🍳 🔌 sèche-linge ☕

BRIANÇON

05100 – **334** H2 – G. Alpes du Sud – 10 737 h. – alt. 1 321 – Sports d'hiver :
Office de tourisme, 1, place du Temple ℘ 04 92 21 08 50, Fax 04 92 20 56 45
Paris 681 – Digne-les-Bains 145 – Embrun 48 – Grenoble 89 – Gap 119.

Les 5 Vallées de déb. juin à fin sept.
℘ 04 92 21 06 27, infos@camping5vallees.com,
Fax 04 92 20 41 69, www.camping5vallees.com – R
5 ha (116 empl.) plat, peu incliné, herbeux
Tarif : 24,30 € ♦♦ ⇌ 🅴 (ᚷ) (10A) – pers. suppl. 6,30 €
Location (de déb. déc. à fin sept.) : 24 ⛺ (4 à 6 pers.)
501 à 586 €/sem. – R conseillée
⛺ 1 borne eurorelais 5 €
Pour s'y rendre : 2 km au sud par N 94

Nature : ≤ ♦♦
Loisirs : 🏠 🎣 🏊
Services : ♿ ⚤ GB 🚲 🏧 🍴 ♨ 🚿 🧺 🧼 🚰 🍳 ☕
À prox. : 🎣

PROVENCE-ALPES-CÔTE D'AZUR

CADENET

✉ 84160 – **332** F11 – G. Provence – 3 883 h. – alt. 170
🛈 *Office de tourisme, 11, place du Tambour d'Arcole* ☏ 04 90 68 38 21, Fax 04 90 68 24 49
Paris 734 – Aix-en-Provence 33 – Apt 23 – Avignon 63 – Digne-les-Bains 109 – Manosque 49 – Salon-de-Provence 34.

▲▲ **Val de Durance** de fin avr. à fin sept.
☏ 08 20 20 12 07, info@homair.com, Fax 04 42 95 03 63,
www.campin-levaldedurance.com – **R** conseillée
10 ha/2,4 campables (232 empl.) plat, herbeux, pierreux
Tarif : (Prix 2008) ⚹ 7 € – 🚗 – 📧 12 € – (6A) 5 € – frais de réservation 10 €
Location (Prix 2008) : 🏠 (4 à 6 pers.) 203 à 679 €/sem. – frais de réservation 25 € - **R** conseillée
🚐 1 borne artisanale
Pour s'y rendre : au lieu-dit : les Routes (2,7 km au sud-ouest par D 943, rte d'Aix, D 59 à dr. et chemin à gauche)
À savoir : au bord d'un plan d'eau et à 300 m de la Durance

Nature : 🌊 🌲 ♨
Loisirs : 🍹 snack 🏠 🎿 🚴 🏊 🛶 terrain omnisports
Services : ♿ 🔑 🚻 GB 🏧 ♨ ⚡ 🛒 🍴 🧺 ♻

CADIÈRE-D'AZUR

✉ 83740 – **340** J6 – G. Côte d'Azur – 4 239 h. – alt. 144
🛈 *Office de tourisme, place Général-de-Gaulle* ☏ 04 94 90 12 56, Fax 04 94 98 30 13
Paris 815 – Grenoble 310 – Marseille 45 – Nice 169 – Toulon 22 – Valence 260.

▲▲ **La Malissonne** (location exclusive de mobile homes, bungalows et villas)
☏ 04 94 90 10 60, domainemalissonne@wanadoo.fr,
Fax 04 94 90 14 11, *www.domainemalissonne.com* – empl. traditionnels également disponibles
4,5 ha (200 empl.) en terrasses, peu incliné, pierreux, herbeux
Location (Prix 2008) 🍴 (juil.-août) : 58 🏠 (4 à 6 pers.) 140 à 952 €/sem. – 15 🏡 (4 à 6 pers.) - 175 à 875 €/sem. – 20 villas – frais de réservation 25 € - **R** conseillée
Pour s'y rendre : 1845 CD 66 (1,8 km au nord-ouest par D 66, rte de la Ciotat - accès conseillé par St-Cyr-sur-Mer)

Nature : 🌳 ♨
Loisirs : 🍹 pizzeria, snack 🏠 🛶 🎿 ✂ 🏊
Services : ♿ 🔑 🚻 GB 🏧 ♨ 📶 ⚡ 🛒 🧺 ♻

CAGNES-SUR-MER

✉ 06800 – **341** D6 – G. Côte d'Azur – 43 942 h. – alt. 20
🛈 *Office de tourisme, 6, boulevard Maréchal Juin* ☏ 04 93 20 61 64, Fax 04 93 20 52 63
Paris 915 – Antibes 11 – Cannes 21 – Grasse 37 – Nice 13 – Vence 9.

▲▲ **La Rivière** de mi-mars à mi-oct.
☏ 04 93 20 62 27, Fax 04 93 20 72 53, *www.campinglari viere06.fr* – **R** conseillée
1,2 ha (90 empl.) plat, herbeux, gravier
Tarif : 21,30 € ⚹⚹ 🚗 📧 (6A) – pers. suppl. 4 €
Location (avr.-sept.) 🍴 : 4 🏠 (4 à 6 pers.) 240 à 430 €/sem. – **R** conseillée
Pour s'y rendre : 168 chemin des Salles (3,5 km au nord, au bord de la Cagne)

Nature : 🌊 🌳 ♨
Loisirs : snack, pizzeria 🏠 🎿 🏊
Services : 🔑 GB 🏧 ♨ 🌲 ⚡ 🛒 🧺

▲ **Le Val de Cagnes** mars-oct.
☏ 04 93 73 36 53, valdecagnes@wanadoo.fr,
Fax 04 93 73 36 53, *www.camping-leval-cagnes.com*
– **R** conseillée
1,1 ha (34 empl.) en terrasses, herbeux, pierreux
Tarif : (Prix 2008) ⚹ (6A) – pers. suppl. 4 € – frais de réservation 7 €
Location (Prix 2008) 🍴 : 4 🏠 (4 à 6 pers.) 295 à 530 €/sem. – frais de réservation 7 € - **R** conseillée
🚐 1 borne artisanale – 5 📧
Pour s'y rendre : 3,8 km au nord par r. J-Féraud et chemin des Salles
À savoir : Fleurs, plantations et pierres de la région agrémentent les emplacements

Nature : 🌳 ♨
Loisirs : 🏠 🏊
Services : 🔑 🏧 ♨ ⚡ 🛒 🧺

651

PROVENCE-ALPES-CÔTE D'AZUR

CAGNES-SUR-MER

Le Colombier de déb. avr. à fin sept.
04 93 73 12 77, *campinglecolombier06@wanadoo.fr*,
Fax 04 93 73 12 77, *www.campinglecolombier.com*
– **R** conseillée (juil.-août)
0,5 ha (33 empl.) plat, peu incliné, herbeux, gravier
Tarif : 24,20 € (6A) – pers. suppl. 4,10 € – frais de réservation 5 €
Location : 2 (4 à 6 pers.) 265 à 520 €/sem. – frais de réservation 5 € - **R** conseillée
1 borne artisanale 8 €
Pour s'y rendre : 35 chemin Ste-Colombe (2 km au nord en dir. des collines de la rte de Vence et au rd-pt., chemin de Ste-Colombe)

Nature : (petite piscine)
Loisirs :
Services : sèche-linge

CALLAS

83830 – **340** 04 – G. Côte d'Azur – 1 388 h. – alt. 398
Office de tourisme, place du 18 juin 1940 04 94 39 06 77, Fax 04 94 39 06 79
Paris 872 – Castellane 51 – Draguignan 14 – Toulon 94.

Les Blimouses de déb. mars à fin déc.
04 94 47 83 41, *camping.les.blimouses@wanadoo.fr*,
Fax 04 94 47 83 41, *www.campinglesblimouses.com*
– **R** conseillée
6 ha (170 empl.) plat à incliné, en terrasses, pierreux, herbeux
Tarif : 17 € (10A) – pers. suppl. 4 € – frais de réservation 20 €
Location : 30 (4 à 6 pers.) nuitée 29 € - 250 à 560 €/sem. – 6 (4 à 6 pers.) - 290 à 590 €/sem. – frais de réservation 20 € - **R** conseillée
Pour s'y rendre : quartier les Blimouses (3 km au sud par D 25 et D 225, rte de Draguignan)

Nature :
Loisirs : snack
Services :

Lac du Basto, vallée des Merveilles

PROVENCE-ALPES-CÔTE D'AZUR

CAROMB

✉ 84330 – **332** D9 – 3 117 h. – alt. 95
🛈 Office de tourisme, 64, place du Cabaret ☎ 04 90 62 36 21, Fax 04 90 62 36 22
Paris 683 – Avignon 37 – Carpentras 10 – Malaucène 10 – Orange 29 – Vaison-la-Romaine 19.

▲ Le Bouquier de déb. avr. à mi-oct.
☎ 04 90 62 30 13, lebouquier@orange.fr,
Fax 04 90 62 30 13, www.lebouquier.com – **R** conseillée
1,5 ha (50 empl.) en terrasses, plat, gravier, pierreux
Tarif : 15 € ★★ 🚗 🔲 (10A) – pers. suppl. 3,50 € – frais de réservation 5 €

Location : 3 🏠 (4 à 6 pers.) 300 à 480 €/sem. – frais de réservation 5 € - **R** conseillée

Pour s'y rendre : rte de Malaucène (1,5 km au nord par D 13)

Nature : 🌳 ♀
Loisirs : 🏊 (petite piscine)
Services : 🛠 ⛔ 🅿 (tentes) 🛒 🚻 🍴 🔥 ♨ 🛁 🚿

CARPENTRAS

✉ 84200 – **332** D9 – G. Provence – 26 090 h. – alt. 102
🛈 Office de tourisme, place Aristide Briand ☎ 04 90 63 00 78, Fax 04 90 60 41 02
Paris 679 – Avignon 30 – Cavaillon 28 – Orange 24.

▲▲▲ Lou Comtadou de déb. mars à fin oct.
☎ 04 90 67 03 16, info@campingloucomtadou.com,
Fax 04 90 46 01 81, www.campingloucomtadou.com
– **R** conseillée
1 ha (99 empl.) plat, pierreux, herbeux, petit plan d'eau
Tarif : 24,50 € ★★ 🚗 🔲 (6A) – pers. suppl. 6,90 € – frais de réservation 15 €

Location (de déb. mars à fin oct.) : 6 🏠 (2 à 4 pers.) nuitée 55 € - 151 à 357 €/sem. – 7 🏠 (4 à 6 pers.) nuitée 89 € - 253 à 518 €/sem. – 3 bungalows toilés – frais de réservation 15 € - **R** conseillée
🚐

Pour s'y rendre : av. Pierre-de-Coubertin (1,5 km au sud-est par D 4, rte de St-Didier et rte à dr., près du complexe sportif)

Nature : 🌳 ♀♀
Loisirs : 🍴 🎠
Services : 🛠 ⛔ GB 🛒 🍴 🔥 ♨ 🚿 🛁
À prox. : 🎯 🏊 🏖

653

CARRO

✉ 13500 – **340** F6 – G. Provence
Paris 787 – Marseille 44 – Aix-en-Provence 51 – Martigues 13 – Aubagne 61.

▲▲▲ L'Hippocampe, les Chalets de la Mer (location exclusive de chalets) Permanent
☎ 04 42 80 73 46, hippocampe@semovin-martigues.com,
Fax 04 42 40 56 09, www.semovim-martigues.com
3 ha plat, gravier

Location (Prix 2008) 🅿 : 68 🏠 (4 à 6 pers.) - 444 à 894 €/sem. – frais de réservation 15,50 € - **R** conseillée
Pour s'y rendre : rte de la Tramontane

Nature : 🌊 ♀♀
Loisirs : snack 🏠 🎠 🏖
Services : 🛠 ⛔ GB 🛒 🚻 📞 🔥

CASTELLANE

✉ 04120 – **334** H9 – G. Alpes du Sud – 1 508 h. – alt. 730
🛈 Office de tourisme, rue Nationale ☎ 04 92 83 61 14, Fax 04 92 83 76 89
Paris 797 – Digne-les-Bains 54 – Draguignan 59 – Grasse 64 – Manosque 92.

▲▲▲ Les Collines de Castellane
☎ 04 92 83 68 96, info@rcn-lescollinesdecastellane.fr,
Fax 04 92 83 75 40, www.rcn-campings.fr – accès aux emplacements par forte pente, mise en place et sortie des caravanes à la demande – alt. 1 000 – **R** conseillée
7 ha (200 empl.) en terrasses, peu incliné, pierreux, herbeux, bois attenant

Location : 🏠 – 🏠 – **R** conseillée
Pour s'y rendre : Rte de Grasse (7 km au sud-est par N 85, à La Garde)

Nature : 🌊 ⛰ 🌳 ♀♀ (pinède)
Loisirs : 🍴 snack, pizzeria 🏠 🚴
🎠 🎯 🏊 🏖
Services : 🛠 ⛔ 🔥 ♨ 🛁 🚿 📞 🚿 🔥
🛁

PROVENCE-ALPES-CÔTE D'AZUR

CASTELLANE

▲ International Camping de fin mars à déb. oct.
📞 04 92 83 66 67, info@camping-international.fr,
Fax 04 92 83 77 61, www.camping-international.fr – **R**
6 ha (274 empl.) plat, peu incliné, herbeux, pierreux
Tarif : 26,50 € ✶✶ 🚗 🅴 [½] (10A) – pers. suppl. 5,50 € – frais de réservation 10 €
Location : 35 🏕 (4 à 6 pers.) nuitée 49 € - 190 à 650 €/sem. – 6 🏠 (4 à 6 pers.) nuitée 39 € - 160 à 550 €/sem. – frais de réservation 10 € - **R** conseillée
🚐 1 borne flot bleu
Pour s'y rendre : rte Napoléon

Nature : 🌳 ♀
Loisirs : ✗ pizzeria 🎱 🎣 ⛵
Services : ♿ 🔑 🅶🅱 ✂ 🚿 ♨ ⚙ 🛒 🚻 🚮 🗑 🗑 **cases réfrigérées**
À prox. : 🐎

▲ La Colle de déb. avr. à fin oct.
📞 04 92 83 61 57, campinglacolle@aliceadsl.fr,
Fax 04 92 83 61 57, www.camping-lacolle.com – **R** conseillée
3,5 ha/1 campable (41 empl.) non clos, plat, peu incliné et en terrasses, pierreux, herbeux
Tarif : 15 € ✶✶ 🚗 🅴 [½] (16A) – pers. suppl. 4,10 €
Location ♿ : 10 🏕 (4 à 6 pers.) nuitée 74 € - 385 à 518 €/sem. – **R** conseillée
🚐 1 borne artisanale – 2 🅴 8 €
Pour s'y rendre : 2,5 km au sud-ouest par D 952, rte de Moustiers-Ste-Marie et GR 4 à dr.
À savoir : Cadre sauvage, au bord d'un ruisseau

Nature : 🌲 🌳 ♀♀
Loisirs : 🎱 🚴
Services : ♿ 🔑 🅶🅱 ✂ 🚿 ♨ ⚙ ☺
🛒
À prox. : canoë-kayak, rafting, parc-aventure

▲ Notre-Dame de déb. avr. à mi-oct.
📞 04 92 83 63 02, camping-notredame@wanadoo.fr,
Fax 04 92 83 63 02, www.camping-notredame.com
– **R** conseillée
0,6 ha (44 empl.) plat, herbeux
Tarif : 19 € ✶✶ 🚗 🅴 [½] (6A) – pers. suppl. 4,50 € – frais de réservation 12 €
Location ⛺ : 11 🏕 (4 à 6 pers.) 350 à 540 €/sem. – frais de réservation 12 € - **R** conseillée
🚐 1 borne artisanale 3,50 € - 🚙 [½] 14 €
Pour s'y rendre : rte des Gorges du Verdon (500 m au sud-ouest par D 952, rte de Moustiers-Ste-Marie, au bord d'un ruisseau)

Nature : 🌲
Loisirs : 🎱
Services : ♿ 🔑 ✂ 🚿 ♨ ☺
À prox. : canoë-kayak, rafting, aventure-parc

CAVALAIRE-SUR-MER

✉ 83240 – **340** 06 – G. Côte d'Azur – 5 237 h. – alt. 2
🛈 Office de tourisme, Maison de la Mer 📞 04 94 01 92 10, Fax 04 94 05 49 89
Paris 880 – Draguignan 55 – Fréjus 41 – Le Lavandou 21 – St-Tropez 20 – Ste-Maxime 22 – Toulon 61.

▲ Cros de Mouton de mi-mars à déb. nov.
📞 04 94 64 10 87, campingcrosdemouton@wanadoo.fr,
Fax 04 94 64 63 12, www.crosdemouton.com – accès aux emplacements par forte pente, mise en place et sortie des caravanes à la demande – **R** conseillée
5 ha (199 empl.) en terrasses, pierreux, fort dénivelé
Tarif : 🚶 7,90 € 🚗 🅴 7,90 € – [½] (10A) 4,50 € – frais de réservation 20 €
Location : 37 🏕 (4 à 6 pers.) nuitée 63 € - 440 à 800 €/sem. – 33 🏠 (4 à 6 pers.) nuitée 54 € - 370 à 670 €/sem. – frais de réservation 20 € - **R** conseillée
🚐 1 borne artisanale
Pour s'y rendre : chemin de Cros-de-Mouton (1,5 km au nord-ouest)

Nature : 🌲 🌳 ♀♀
Loisirs : 🍽 ✗ pizzeria 🎱 🏊 ⛵
Services : ♿ 🔑 🅶🅱 ✂ 🚿 ♨ ⚙ ☺ 🛒 🚻 🅿 🗑

---

*Donnez-nous votre avis
sur les terrains que nous recommandons.
Faites-nous connaître vos observations et vos découvertes.
par mail à l'adresse : leguidecampingfrance@fr.michelin.com.*

PROVENCE-ALPES-CÔTE D'AZUR

CEILLAC

✉ 05600 – **334** I4 – G. Alpes du Sud – 276 h. – alt. 1 640 – Sports d'hiver : 1 700/2 500 m ⚡6 🎿
🛈 *Office de tourisme, le village* ✆ 04 92 45 05 74, Fax 04 92 45 47 05
Paris 729 – Briançon 50 – Gap 75 – Guillestre 14.

△ **Les Mélèzes** de déb. juin à déb. sept.
✆ 04 92 45 21 93, camping-les-melezes@wanadoo.fr,
Fax 04 92 45 01 83, www.campingdeceillac.com – **R** conseillée
3 ha (100 empl.) peu incliné, pierreux, herbeux, en terrasses, fort dénivelé
Tarif : ★ 5 € 🚗 6,30 € 📧 6,30 € – [⚡] (10A) 2,80 €
Pour s'y rendre : la Rua des Reynauds (1,8 km au sud-est)
À savoir : site et cadre agréables au bord du Mélezet

CEYRESTE

✉ 13600 – **340** I6 – 3 636 h. – alt. 30
Paris 804 – Aubagne 18 – Bandol 18 – La Ciotat 5 – Marseille 34 – Toulon 36.

▲▲ **Ceyreste** de mi-mars à mi-nov.
✆ 04 42 83 07 68, campingceyreste@yahoo.fr,
Fax 04 42 83 19 92, www.campingceyreste.com – **R**
3 ha (150 empl.) en terrasses, pierreux
Tarif : (Prix 2008) 28,50 € ★★ 🚗 📧 [⚡] (6A) – pers. suppl. 5,50 €
Location (Prix 2008) : 🏠 (4 à 6 pers.) 370 à 650 €/sem. – **R** conseillée
Pour s'y rendre : av. Eugène-Julien (1 km au nord)

CHÂTEAURENARD

✉ 13160 – **340** E2 – G. Provence – 12 999 h. – alt. 37
🛈 *Syndicat d'initiative, 11, cours Carnot* ✆ 04 90 24 25 50, Fax 04 90 24 25 52
Paris 692 – Avignon 10 – Carpentras 37 – Cavaillon 23 – Marseille 95 – Nîmes 44 – Orange 40.

△ **La Roquette** de mi-mars à fin oct.
✆ 04 90 94 46 81, contact@camping-la-roquette.com,
Fax 04 90 94 46 81, www.camping-la-roquette.com – **R** conseillée
2 ha (75 empl.) plat, herbeux
Tarif : 19 € ★★ 🚗 📧 [⚡] (6A) – pers. suppl. 5 € – frais de réservation 7 €
Location (de déb. avr. à fin sept.) 🏠 : 9 🏠 (4 à 6 pers.) 330 à 640 €/sem. – frais de réservation 7 € - **R** conseillée
Pour s'y rendre : 745 av. Jean-Mermoz (1,5 km à l'est par D 28, rte de Noves et à dr., près de la piscine - par A 7 sortie Avignon-Sud)

CHORGES

✉ 05230 – **334** F5 – 1 882 h. – alt. 864
🛈 *Office de tourisme, place Centrale* ✆ 04 92 50 64 25, Fax 04 92 50 93 44
Paris 676 – Embrun 23 – Gap 18 – Savines-le-Lac 12.

▲▲ **Le Serre du Lac** Permanent
✆ 04 92 50 67 57, campingleserredulac@wanadoo.fr,
Fax 04 92 50 67 57, www.campingleserredulac.com – places limitées pour le passage – **R** conseillée
2,5 ha (91 empl.) en terrasses, pierreux, herbeux
Tarif : 19,10 € ★★ 🚗 📧 [⚡] (15A) – pers. suppl. 5,70 €
Location : 45 🏠 (4 à 6 pers.) nuitée 40 € - 245 à 470 €/sem. – 16 🏠 (4 à 6 pers.) nuitée 46 € - 320 à 570 €/sem. – **R** conseillée
Pour s'y rendre : 4,5 km au sud-est par N 94, rte de Briançon et rte de la baie de St-Michel

PROVENCE-ALPES-CÔTE D'AZUR

CLAMENSANE

✉ 04250 – **334** E7 – G. Alpes du Sud – 131 h. – alt. 694
Paris 720 – Avignon 180 – Grenoble 158 – Marseille 152 – Nice 203.

▲▲▲ **Le Clot du Jay en Provence** de mi-avr. à fin oct.
✆ 04 92 68 35 32, camping@clotdujay.com, www.clotdujay.com – **R** conseillée
6 ha/3 campables (50 empl.) plat, terrasses, herbeux, pierreux, fort dénivelé, étang, au bord d'une forêt
Tarif : 16,50 € ✶✶ 🚗 🅴 [½] (6A) – pers. suppl. 5 € – frais de réservation 8 €

Location : 11 🏠 (4 à 6 pers.) nuitée 83 € - 250 à 550 €/sem. – 7 bungalows toilés – frais de réservation 8 € - **R** conseillée

Pour s'y rendre : à Clamensane (1 km à l'est par D 1, rte de Bayons, près du Sasse).

> Nature : 🏞 🌳 ♨♨
> Loisirs : 🏊 🛶
> Services : ♿ 🅿 🇬🇧 🚗 🍴 🛒 💩
> 🚿
> À prox. : 🎣

Si vous désirez réserver un emplacement pour vos vacances, faites-vous préciser au préalable les conditions particulières de séjour, les modalités de réservation, les tarifs en vigueur et les conditions de paiement.

LA COLLE-SUR-LOUP

✉ 06480 – **341** D5 – G. Côte d'Azur – 6 697 h. – alt. 90
🅸 Syndicat d'initiative, 28, rue Maréchal Foch ✆ 04 93 32 68 36, Fax 04 93 32 05 07
Paris 919 – Antibes 15 – Cagnes-sur-Mer 7 – Cannes 26 – Grasse 19 – Nice 18 – Vence 7.

▲▲▲ **Les Pinèdes** 🅰🅸 – de mi-mars à fin sept.
✆ 04 93 32 98 94, camplespinedes06@aol.com,
Fax 04 93 32 50 20, www.lespinedes.com – **R** conseillée
3,8 ha (155 empl.) fort dénivelé, en terrasses, gravillons, herbeux
Tarif : ✶ 5,30 € 🚗 4,30 € 🅴 29,20 € – [½] (10A) 4,90 € – frais de réservation 20 €

Location : 21 🏚 (4 à 6 pers.) 300 à 670 €/sem. – 6 🏠 (4 à 6 pers.) - 260 à 680 €/sem. – frais de réservation 20 € - **R** conseillée
🚐 1 borne artisanale 6 € - 🚿 10 €

Pour s'y rendre : rte du Pont de Pierre (1,5 km à l'ouest par D 6, rte de Grasse, à 50 m du Loup)

> Nature : 🌳 ♨♨
> Loisirs : 🍽 🍴 🎮 🏊 🛶
> Services : ♿ 🅿 🇬🇧 🚗 🍴 🛒 ♨ 🛒
> 🚿 💩 🛒 cases réfrigérées
> À prox. : 🎣

▲▲▲ **Le Vallon Rouge** de déb. avr. à fin sept.
✆ 04 93 32 86 12, info@auvallonrouge.com,
Fax 04 93 32 80 09, www.auvallonrouge.com – **R** conseillée
3 ha (103 empl.) plat, en terrasses, herbeux, gravillons, sablonneux
Tarif : ✶ 4,30 € 🚗 3,50 € 🅴 19 € – [½] (10A) 4,20 € – frais de réservation 20 €

Location : 20 🏚 (4 à 6 pers.) nuitée 25 € - 195 à 650 €/sem. – 15 🏠 (4 à 6 pers.) nuitée 20 € - 180 à 590 €/sem. – frais de réservation 20 € - **R** conseillée
🚐 1 borne artisanale 6 € - 🚿 [½] 16 €

Pour s'y rendre : rte de Gréolières (3,5 km à l'ouest par D 6, rte de Grasse, au bord du Loup)

> Nature : 🏞 🌳 ♨♨
> Loisirs : pizzeria, snack 🍽 🎮 🛶
> 🛒 terrain omnisports
> Services : ♿ 🅿 🇬🇧 🚗 🍴 ♨ 🛒
> 🚿 🍴 💩 sèche-linge 🛒 🚿

▲ **Le Castellas** Permanent
✆ 06 85 31 34 60, lecastellas.camping@wanadoo.fr,
Fax 04 93 32 97 05, www.camping-le-castellas.com – places limitées pour le passage – **R** conseillée
1,2 ha (60 empl.) plat, herbeux, gravier
Tarif : 27 € ✶✶ 🚗 🅴 [½] (10A) – pers. suppl. 3 €
Location 🔸 : 25 🏚 (4 à 6 pers.) 455 à 710 €/sem. - **R** conseillée
🚐 1 borne artisanale 10 € – 10 🅴 25 €

Pour s'y rendre : rte de Roquefort (4,5 km à l'ouest par D 6, rte de Grasse, au bord du Loup)

> Nature : ♨♨
> Loisirs : 🏊 🛒
> Services : ♿ 🅿 🇬🇧 🚗 🛒 ♨ 🍴 🛒
> sèche-linge

PROVENCE-ALPES-CÔTE D'AZUR

COLMARS

✉ 04370 – **334** H7 – G. Alpes du Sud – 378 h. – alt. 1 235
🛈 *Office de tourisme, le village* ☎ 04 92 83 41 92, Fax 04 92 83 52 31
Paris 816 – Marseille 206 – Digne-les-Bains 71 – Embrun 94 – Barcelonnette 43.

Aire Naturelle les Pommiers
☎ 04 92 83 41 56, contact@camping-pommier.com,
Fax 04 92 83 40 86, *www.camping-pommier.com* – alt. 1 250
– **R** conseillée
1 ha (25 empl.) plat, peu incliné, en terrasses, herbeux
Pour s'y rendre : Les Buissières

Nature :
Services :

COL-ST-JEAN

✉ 04140 – **334** G6 – G. Alpes du Sud – alt. 1 333 – Sports d'hiver : 1 300/2 500 m 15
Paris 709 – Barcelonnette 34 – Savines-le-Lac 31 – Seyne 10.

L'Étoile des Neiges – de mi-mai à mi-sept.
☎ 04 92 35 01 29, contact@etoile-des-neiges.com,
Fax 04 92 35 12 55, *www.etoile-des-neiges.com* – alt. 1 300
– **R** conseillée
3 ha (130 empl.) en terrasses, plat, herbeux, pierreux
Tarif : 33 € (6A) – pers. suppl. 7 €
Location (de mi-juil. à mi-août) : 44 (4 à 6 pers.)
nuitée 99 € - 343 à 693 €/sem. – 30 (4 à 6 pers.) nuitée
124 € - 448 à 868 €/sem. – **R** conseillée
1 borne artisanale 8 € – 4 14 € – 13 €
Pour s'y rendre : à Montclar (800 m au sud par D 207 et chemin à dr.)

Nature :
Loisirs : snack hammam jacuzzi balnéo couverte, terrain omnisports
Services :
À prox. : parc-aventure, parapente

LA COURONNE

✉ 13500 – **340** F5 – G. Provence
Paris 786 – Marseille 42 – Aix-en-Provence 49 – Martigues 11 – Aubagne 59.

657

Le Mas – de déb. mars à mi-oct.
☎ 04 42 80 70 34, camping.le-mas@wanadoo.fr,
Fax 04 42 80 72 82, *www.camping-le-mas.com* – places limitées pour le passage – **R** conseillée
5,5 ha (300 empl.) en terrasses, plat, pierreux
Tarif : 24,40 € (6A) – pers. suppl. 6,80 € – frais de réservation 20 €
Location : 150 (4 à 6 pers.) 182 à 959 €/sem. – 30 (4 à 6 pers.) - 273 à 819 €/sem. - frais de réservation 20 € - **R** conseillée
1 borne eurorelais 10 €
Pour s'y rendre : plage de Ste-Croix (4 km au sud-est par D 49, rte de Sausset-les-Pins et à dr.)

Nature :
Loisirs : snack, pizzeria
Services : sèche-linge
À prox. :

Municipal L'Arquet
☎ 04 42 42 81 00, arquet@semovim-martigues.com,
Fax 04 42 42 34 50, *www.semovim-martigues.com*
✉ 13500 Martigues – **R** conseillée
6 ha (330 empl.) plat, terrasse, sablonneux, pierreux
Location : 18
1 borne artisanale

Nature :
Loisirs :
Services : sèche-linge

Les Mouettes de déb. avr. à fin sept.
☎ 04 42 80 70 01, campinglesmouettes@wanadoo.fr,
Fax 04 42 80 70 01, *www.campinglesmouettes.fr* – **R** conseillée
2 ha (131 empl.) terrasse, plat, pierreux
Tarif : 23,50 € (6A) – pers. suppl. 6 € – frais de réservation 8 €
Location : 12 (4 à 6 pers.) nuitée 82 € - 170 à 705 €/sem. – 20 (4 à 6 pers.) nuitée 88 € - 210 à 620 €/sem. – 13 studios – frais de réservation 8 € – **R** conseillée
19 €
Pour s'y rendre : chemin Quiétude

Nature :
Loisirs : pizzéria (le soir)
Services :
À prox. :

PROVENCE-ALPES-CÔTE D'AZUR

LA CROIX-VALMER

✉ 83420 – **340** 06 – G. Côte d'Azur – 2 734 h. – alt. 120
🛈 Office de tourisme, esplanade de la Gare ✆ 04 94 55 12 12, Fax 04 94 55 12 10
Paris 873 – Brignoles 70 – Draguignan 48 – Fréjus 35 – Le Lavandou 27 – Ste-Maxime 15 – Toulon 68.

⛺ Sélection Camping – de mi-mars à mi-oct.
✆ 04 94 55 10 30, camping-selection@wanadoo.fr,
Fax 04 94 55 10 39, www.selectioncamping.com – **R** conseillée (de mi-mars à fin juin)
4 ha (215 empl.) en terrasses, pierreux, herbeux
Tarif : 32,50 € (10A) – pers. suppl. 10 € – frais de réservation 30 €
Location (de mi-mars à mi-nov.) : (4 à 6 pers.) 515 à 810 €/sem. – (4 à 6 pers.) - 570 à 875 €/sem. – 6 studios – 8 appartements – frais de réservation 30 € - **R** conseillée
Pour s'y rendre : 12 bd de la Mer (2,5 km au sud-ouest par D 559, rte de Cavalaire et au rd-pt. chemin à dr.)

Nature :
Loisirs : snack diurne salle d'animation
Services : sèche-linge

*The classification (1 to 5 tents, **black** or **red**) that we award to selected sites in this Guide is a system that is our own.*
It should not be confused with the classification (1 to 4 stars) of official organisations.

CROS-DE-CAGNES

✉ 06800 – **341** D6
Paris 923 – Marseille 194 – Nice 12 – Antibes 11 – Cannes 24.

⛺ Green Park – de fin mars à déb. nov.
✆ 08 20 20 12 07, info@homair.com, Fax 04 42 95 03 63,
www.camping-greenpark.com – places limitées pour le passage – **R** conseillée
5 ha (156 empl.) plat, en terrasses, herbeux, gravillons
Tarif : (Prix 2008) 41,70 € (10A) – pers. suppl. 6,50 € – frais de réservation 10 €
Location (Prix 2008) : 30 (4 à 6 pers.) 273 à 763 €/sem. – 36 (4 à 6 pers.) - 322 à 770 €/sem. – frais de réservation 25 € - **R** conseillée
1 borne raclet
Pour s'y rendre : 159bis Vallon-des-Vaux (3,8 km au nord)

Nature :
Loisirs : pizzeria terrain omnisports
Services : sèche-linge
À prox. :

⛺ Le Val Fleuri de mi-fév. à fin oct.
✆ 04 93 31 21 74, valfleur2@wanadoo.fr,
Fax 04 93 31 21 74, www.campingvalfleuri.fr – **R** conseillée
1,5 ha (93 empl.) en terrasses, plat, herbeux, pierreux
Tarif : (Prix 2008) 23,90 € (10A) – pers. suppl. 4 €
Location (Prix 2008) (de déb. avr. à fin oct.) : 10 (4 à 6 pers.) nuitée 50 € - 280 à 580 €/sem. – 2 studios – frais de réservation 9 € - **R** conseillée
1 borne artisanale – 15 23,50 €
Pour s'y rendre : 139 Vallon-des-Vaux (3,5 km au nord, chemin du Vallon-des-Vaux)

Nature :
Loisirs :
Services :
À prox. :

⛺ Le Todos de fin mars à fin sept.
✆ 08 20 20 12 07, info@homair.com, Fax 04 42 95 03 63,
www.camping-letodos.com – **R** conseillée
1,6 ha (68 empl.) plat et terrasses, herbeux, pierreux
Tarif : (Prix 2008) 41,70 € (10A) – pers. suppl. 6,50 € – frais de réservation 10 €
Location (Prix 2008) : (4 à 6 pers.) 273 à 763 €/sem. – (4 à 6 pers.) - 392 à 770 €/sem. – frais de réservation 25 € - **R** conseillée
1 borne artisanale
Pour s'y rendre : 159 Vallon-des-Vaux (3,8 km au nord, chemin du Vallon-des-Vaux)

Nature :
Loisirs :
Services :
À prox. : pizzeria nocturne terrain omnisports

PROVENCE-ALPES-CÔTE D'AZUR

CUCURON

✉ 84160 – **332** F11 – G. Provence – 1 792 h. – alt. 350
🛈 *Office de tourisme, rue Léonce Brieugne* ☎ 04 90 77 28 37
Paris 739 – Aix-en-Provence 34 – Apt 25 – Cadenet 9 – Manosque 35.

▲ **Le Moulin à Vent** de déb. avr. à déb. oct.
☎ 04 90 77 25 77, Camping_bressier@yahoo.fr,
Fax 04.90.77.29.58, *http://www.avignon-et-provence.com/camping-vaucluse/camping-moulin-vent/* – **R** conseillée
2,2 ha (80 empl.) plat et peu incliné, en terrasses, pierreux
Tarif : ♣ 4,50 € – 🚗 2,50 € 🔲 2,50 € – (½) (10A) 4 €
Location (de déb. avr. à déb. oct.) : 5 🏠 (4 à 6 pers.) - 420 à 480 €/sem. – **R** conseillée
🚐
Pour s'y rendre : Chemin de Gastoule (1,5 km au sud par D 182, rte de Villelaure puis 800 m par rte à gauche)
À savoir : au milieu des vignes

Nature : 🌳 ⭐ 🏞 ♀♀
Loisirs : 🎣 🏇
Services : 👤 🚿 🇬🇧 ⚙ 🏪 ♨ 🏠 🔥 ⛲ réfrigérateur, congélateur

Si vous recherchez :
👨‍👦 Un terrain offrant des équipements et des loisirs adaptés aux enfants
🌊 Un terrain agréable ou très tranquille
L - M Un terrain effectuant la location de caravanes, de mobile homes, de bungalows ou de chalets
P Un terrain ouvert toute l'année
🚐 Un terrain possédant une aire de services pour camping-cars
Consultez le tableau des localités

CURBANS

✉ 05110 – **334** E6 – 292 h. – alt. 650
Paris 717 – Marseille 171 – Digne-les-Bains 78 – Gap 20 – Sisteron 40.

▲ **Le Lac** de déb. avr. à fin nov.
☎ 04 92 54 23 10, info@au-camping-du-lac.com,
Fax 04 92 54 23 11, *www.au-camping-du-lac.com*
– **R** conseillée
3,8 ha (90 empl.) plat, peu incliné, herbeux
Tarif : 24 € ♣♣ 🚗 🔲 (10A) – pers. suppl. 4 € – frais de réservation 11 €
Location (permanent) : 20 🚐 (4 à 6 pers.) nuitée 38 € - 229 à 785 €/sem. – frais de réservation 11 € - **R** conseillée
Pour s'y rendre : au lieu-dit : le Fangeas, le Soulier
À savoir : code postal dans les Hautes-Alpes (05) mais terrain situé dans les Alpes-de-Haute-Provences (04)

Nature : 🌳 ⭐ ♀
Loisirs : 🍴 🏊 🏇
Services : 🔌 🇬🇧 🚿 ♨ ⚙ 🏪

659

DIGNE-LES-BAINS

✉ 04000 – **334** F8 – G. Alpes du Sud – 16 064 h. – alt. 608 – ♨ (mi fév.-début déc.)
🛈 *Office de tourisme, place du Tampinet* ☎ 04 92 36 62 62, Fax 04 92 32 27 24
Paris 744 – Aix-en-Provence 109 – Antibes 140 – Avignon 167 – Cannes 135 – Gap 89 – Nice 152.

⛰ **Les Eaux Chaudes** de déb. avr. à fin oct.
☎ 04 92 32 31 04, info@campingleseauxchaudes.com,
Fax 04 92 34 58 80, *www.campingleseauxchaudes.com*
– **R** conseillée
3,7 ha (140 empl.) plat et peu incliné, herbeux
Tarif : 23 € ♣♣ 🚗 🔲 (10A) – pers. suppl. 6 € – frais de réservation 15 €
Location : 40 🚐 (4 à 6 pers.) 336 à 644 €/sem. – 4 🏠 (4 à 6 pers.) - 525 à 672 €/sem. – frais de réservation 18 € - **R** conseillée
🚐 1 borne eurorelais 4 €
Pour s'y rendre : rte des Thermes (1,5 km au sud-est par D 20, au bord d'un ruisseau)

Nature : ⭐
Loisirs : 🏊 🏇
Services : 👤 🔌 🇬🇧 🚿 🏪 ♨ ⚙ 🏥 ☕
À prox. : ✂

PROVENCE-ALPES-CÔTE D'AZUR

EMBRUN

✉ 05200 – **334** G5 – G. Alpes du Sud – 6 152 h. – alt. 871
🛈 Office de tourisme, place Général-Dosse ✆ 04 92 43 72 72, Fax 04 92 43 54 06
Paris 706 – Barcelonnette 55 – Briançon 48 – Digne-les-Bains 97 – Gap 41 – Guillestre 21 – Sisteron 88.

▲ Municipal de la Clapière de fin avr. à fin sept.
✆ 04 92 43 01 83, info@camping-embrun-clapiere.com,
Fax 04 92 43 50 22, www.camping-embrun-clapiere.com
– **R** conseillée
6,5 ha (367 empl.) plat, accidenté et en terrasses, pierreux, herbeux
Tarif : (Prix 2008) 19,90 € ✶✶ ⇌ 🅴 (1) (10A) – pers. suppl. 5 €
Location (Prix 2008) (permanent) : 6 🏠 (4 à 6 pers.) 375 à 555 €/sem. – 14 🏠 (4 à 6 pers.) – 416 à 655 €/sem.
– **R** conseillée
🚐 1 borne artisanale
Pour s'y rendre : av. du Lac (2,5 km au sud-ouest par N 94, rte de Gap et à dr.)
À savoir : près d'un plan d'eau

Nature : 🌳🌳
Loisirs : 🎣 🌙 nocturne 🛥
Services : 👤 ⚡ 🚿 🧺 🛒 🅿 🍴
🚰
À prox. : 🏸 🍴 ✗ ⛷ ✗ 🏔 🏊 🏄
🏹 🎣 parcours sportif

ESPARRON-DE-VERDON

✉ 04800 – **334** D10 – G. Alpes du Sud – 312 h. – alt. 397
🛈 Office de tourisme, Hameau du Port ✆ 04 92 77 15 97, Fax 04 92 77 16 49
Paris 795 – Barjols 31 – Digne-les-Bains 58 – Gréoux-les-Bains 13 – Moustiers-Ste-Marie 32 – Riez 17.

▲ Le Soleil de mi-avr. à fin sept.
✆ 04 92 77 13 78, campinglesoleil@wanadoo.fr,
Fax 04 92 75 27 15, www.camping lesoleil.net – **R** conseillée 🐾
2 ha (100 empl.) en terrasses, pierreux, gravillons, fort dénivelé
Tarif : (Prix 2008) ✶ 5,50 € ⇌ 🅴 8,30 € – 🛢 (6A) 3,50 € – frais de réservation 20 €
Location (Prix 2008) : 8 🏠 (4 à 6 pers.) nuitée 62 € - à 690 €/sem. – frais de réservation 20 € - **R** conseillée
🚐 1 borne artisanale 8 €
Pour s'y rendre : 1000 chemin de la Tuilière (sortie sud par D 82, rte de Quinson, puis 1 km par rte à dr.)
À savoir : cadre agréable au bord d'un lac

Nature : 🏊 ⛰ 🌳🌳 ⛲
Loisirs : 🍴 snack, pizzeria 🏊 🛥 canoë
Services : 👤 ⚡ 🅿 (tentes) 🛒 🚿
🚰 🧺 🛒 🍴 🔧
À prox. : 🚣 pédalos

△ La Grangeonne de déb. mai à mi-sept.
✆ 04 92 77 16 87, lagrangeonne@camping-esparron.com,
Fax 04 92 77 16 87, www.camping-esparron.com – **R** conseillée
1 ha (57 empl.) plat, peu incliné et en terrasses, pierreux, herbeux
Tarif : (Prix 2008) 17 € ✶✶ ⇌ 🅴 (1) (3A) – pers. suppl. 4,50 €
Location (Prix 2008) 🐾 : 4 🏠 (4 à 6 pers.) 220 à 540 €/sem. – **R** conseillée
Pour s'y rendre : rte de Quinson (1 km au sud-est par D 82 et rte à dr.)

Nature : 🏊 🌳🌳
Loisirs : crêperie, pizzeria
Services : 👤 ⚡ 🚿 🧺 🛒 🔧

ESPINASSES

✉ 05190 – **334** F6 – 587 h. – alt. 630
Paris 689 – Chorges 19 – Gap 25 – Le Lauzet-Ubaye 23 – Savines-le-Lac 29 – Turriers 16.

▲ La Viste de déb. mai à fin sept.
✆ 04 92 54 43 39, camping@laviste.fr, Fax 04 92 54 42 45,
http://www.laviste.fr – alt. 900 – **R** conseillée
4,5 ha/2,5 campables (160 empl.) plat, terrasse, peu incliné, accidenté, herbeux, pierreux
Tarif : (Prix 2008) ✶ 6,10 € ⇌ 🅴 5,95 € – 🛢 (5A) 3,30 € – frais de réservation 15 €
Location (Prix 2008) : 31 🏠 (4 à 6 pers.) nuitée 42 € - 288 à 770 €/sem. – frais de réservation 15 € – **R** conseillée
Pour s'y rendre : rte de Rousset (5,5 km au nord-est par D 900b, D 3 rte de Chorges et D 103 à gauche)
À savoir : belle situation dominant le lac de Serre-Ponçon

Nature : 🏊 ≤ lac de Serre-Ponçon, montagnes et barrage 🌳
Loisirs : 🍴 ✗ snack 🛥 🎣
Services : 👤 ⚡ 🚿 🧺 🛒 🅿 🍴
🚰 🧺 🔧
À prox. : sports en eaux vives

PROVENCE-ALPES-CÔTE D'AZUR

ÉZE

✉ 06360 – **341** F5 – G. Côte d'Azur – 2 509 h. – alt. 390
🛈 *Office de tourisme, place du Général-de-Gaulle* ✆ 04 93 41 26 00, Fax 04 93 41 04 80
Paris 938 – Antibes 33 – Cannes 45 – Menton 17 – Nice 12.

▲ **Les Romarins**
✆ 04 93 01 81 64, *romarins06@aol.com*, Fax 04 93 76 70 43, *www.campingromarins.com* – **R**
0,6 ha (41 empl.) fort dénivelé, en terrasses, pierreux, herbeux
Pour s'y rendre : Rte de Nice (4 km au nord-ouest par D 46, Col d'Éze et D 2564)
À savoir : réservé aux tentes

Nature : ≤ baie de Villefranche et St-Jean-Cap-Ferrat ⚲
Loisirs : 🍸
Services : o⎯ 🅿 🗐 ⚒ 🖼

FAUCON

✉ 84110 – **332** D8 – 380 h. – alt. 350
Paris 677 – Marseille 152 – Avignon 59 – Montélimar 68 – Orange 47.

▲ **L'Ayguette** de déb. avr. à fin sept.
✆ 04 90 46 40 35, *info@ayguette.com*, Fax 04 90 46 46 17, *www.ayguette.com* – **R** conseillée
2,8 ha (100 empl.) plat, vallonné, herbeux, pierreux
Tarif : 24,50 € ★★ 🚗 🗐 ᘯ (10A) – pers. suppl. 5,50 € – frais de réservation 6 €
Location ⚶ : 8 🛖 (4 à 6 pers.) 199 à 690 €/sem. – frais de réservation 10 € - **R** conseillée
🚐 1 borne artisanale
Pour s'y rendre : sortie est par D 938, rte de Nyons et 4,1 km par D 71 à dr., rte de St-Romains-Viennois puis D 86, rte de Faucon
À savoir : cadre sauvage

Nature : ≤ 🗲 ⚲⚲ (pinède)
Loisirs : snack 🎯 ⚒
Services : ♿ o⎯ 🅖🅑 🗐 ♨ ⏣ 🚽
🖼 🖳

LA FAVIÈRE

✉ 83230 – **340** N7
Paris 882 – Marseille 105 – Toulon 44 – Cannes 102 – La Seyne 49.

▲▲▲ **Le Camp du Domaine** ⚐▲ – de déb. avr. à fin oct.
✆ 04 94 71 03 12, *mail@campdudomaine.com*, Fax 04 94 15 18 67, *www.campdudomaine.com* – **R** conseillée ⚶ (juil.-août)
38 ha (1200 empl.) plat, accidenté et en terrasses, pierreux, rocheux
Tarif : (Prix 2008) 34,50 € ★★ 🚗 🗐 ᘯ (10A) – pers. suppl. 7,30 €
Location (Prix 2008) ⚶ : 30 🛖 (4 à 6 pers.) nuitée 120 € - 500 à 830 €/sem. – 70 🏠 (4 à 6 pers.) nuitée 120 € - 600 à 950 €/sem. – **R** conseillée
🚐 1 borne artisanale – 30 🗐 30 €
Pour s'y rendre : 2 km au sud
À savoir : hors juil.-août, excursions avec chauffeur

Nature : 🗲 ⚲⚲ ▲
Loisirs : 🍸 ✕ pizzeria, snack 🎯 🏛
⚒ terrain omnisports 🎯 🎱
Services : ♿ o⎯ 🅖🅑 🗐 ♨ ⏣ ✂
🖳 🏠 sèche-linge ⚒ 🚽 cases réfrigérées
À prox. : 🛥 canoë, pédalos

FORCALQUIER

✉ 04300 – **334** C9 – G. Alpes du Sud – 4 302 h. – alt. 550
🛈 *Office de tourisme, 13, place du Bourguet* ✆ 04 92 75 10 02, Fax 04 92 75 26 76
Paris 747 – Aix-en-Provence 80 – Apt 42 – Digne-les-Bains 50 – Manosque 23 – Sisteron 43.

▲▲ **Indigo Forcalquier** de déb. avr. à mi-oct.
✆ 04 92 75 27 94, *forcalquier@camping-indigo.com*, Fax 04 92 75 18 10, *www.camping-indigo.com* – **R** conseillée
2,9 ha (115 empl.) plat, peu incliné, terrasses, pierreux, herbeux
Tarif : (Prix 2008) ★ 5,80 € 🚗 9 € – ᘯ (10A) 6,20 € – frais de réservation 18 €
Location (Prix 2008) 🅿 : 33 🛖 (4 à 6 pers.) nuitée 63 € - 260 à 680 €/sem. – 4 🏠 (4 à 6 pers.) nuitée 67 € - 290 à 680 €/sem. – frais de réservation 18 € - **R** conseillée
🚐 1 borne artisanale 3,60 €
Pour s'y rendre : rte de Sigonce (sortie est sur D 16)

Nature : 🗲 ⚲⚲
Loisirs : pizzeria 🎯 🎯 🎱 ⚒
Services : ♿ o⎯ 🅖🅑 🗐 ♨ ⏣ ♿
🚽 🖳 🏠 🖼
À prox. : ✂

661

PROVENCE-ALPES-CÔTE D'AZUR

FRÉJUS

✉ 83600 – **340** P5 – G. Côte d'Azur – 46 801 h. – alt. 20 – Base de loisirs
🛈 Office de tourisme, 325, rue Jean Jaurès ✆ 04 94 51 83 83, Fax 04 94 51 00 26
Paris 868 – Brignoles 64 – Cannes 40 – Draguignan 31 – Hyères 90.

La Baume - la Palmeraie – de déb. avr. à fin sept.
✆ 04 94 19 88 88, reception@labaume-lapalmeraie.com,
Fax 04 94 19 83 50, www.labaume-lapalmeraie.com – places limitées pour le passage – **R** conseillée
26 ha/20 campables (780 empl.) plat et peu incliné, herbeux, pierreux
Tarif : 43 € ✶✶ 🚗 📧 (6A) – pers. suppl. 12 € – frais de réservation 32 €
Location ♿ : 111 🏠 (4 à 6 pers.) 322 à 970 €/sem. – 180 🏡 (4 à 6 pers.) - 308 à 950 €/sem. – 180 bastidons (studios) – frais de réservation 32 € - **R** conseillée
Pour s'y rendre : r. des Combattants-d'Afrique-du-Nord (4,5 km au nord par D 4, rte de Bagnols-en-Forêt)
À savoir : important espace aquatique

Nature : 🌳 ♢♢
Loisirs : 🍸 ✕ snack, pizzeria 🏠 🎬 ♟ hammam jacuzzi discothèque 🚴 🏊 ⛸ 🎭 piste de roller, skate, théâtre de plein air
Services : ♿ 🔑 🇬🇧 📶 🚿 🚽 ⚡ 🧺 🏪 🧴 🧺 sèche-linge 🧊 🔥

Domaine du Colombier – de fin mars à mi-oct.
✆ 04 94 51 56 01, info@clubcolombier.com,
Fax 04 94 51 55 57, www.clubcolombier.com – places limitées pour le passage – **R** conseillée
10 ha (400 empl.) en terrasses, vallonné
Tarif : ✶ 8,50 € 🚗 6,50 € 📧 55 € 🔧 (16A) – frais de réservation 30 €
Location : 123 🏠 (4 à 6 pers.) nuitée 42 € - 294 à 1 603 €/sem. – frais de réservation 30 € - **R** conseillée
🚐 1 borne artisanale
Pour s'y rendre : 1052 r. des Combattants- d'Afrique-du-Nord (2 km au nord par D 4, rte de Bagnols-en-Forêt)

Nature : ← 🌳
Loisirs : 🍸 ✕ snack, pizzeria 🏠 🎬 ♟ discothèque 🚴 🏊 ⛸
Services : ♿ 🔑 🇬🇧 📶 🚿 🚽 ⚡ 🧺 🏪 🧴 🧺 sèche-linge 🧊 🔥

Holiday Green de déb. avr. à fin sept.
✆ 04 94 19 88 30, info@holidaygreen.com,
Fax 04 94 19 88 31, www.holidaygreen.com – places limitées pour le passage – **R** conseillée 🐕
15 ha (680 empl.) en terrasses, plat, herbeux, pierreux, fort dénivelé
Tarif : (Prix 2008) 37 € ✶✶ 🚗 📧 (10A) – pers. suppl. 9 € – frais de réservation 30 €
Location (Prix 2008) : 🏠 (4 à 6 pers.) 420 à 1 240 €/sem. – frais de réservation 30 € - **R** conseillée
Pour s'y rendre : rte de Bagnols-en-Forêt

Nature : 🌲 🌳 ♢♢ (pinède)
Loisirs : 🍸 snack, pizzeria 🏠 🎬 ♟ discothèque 🚴 🏊 ⛸ 🎾 terrain omnisports
Services : ♿ 🔑 🇬🇧 📶 🚿 ⚡ 🧺 🏪 sèche-linge 🧊 🔥

La Pierre Verte – de déb. avr. à fin sept.
✆ 04 94 40 88 30, info@campinglapierreverte.com,
Fax 04 94 40 75 41, www.campinglapierreverte.com – **R** conseillée
28 ha (440 empl.) en terrasses, et accidenté, pierreux, rochers
Tarif : 35 € ✶✶ 🚗 📧 (10A) – pers. suppl. 8 € – frais de réservation 25 €
Location : 200 🏠 (4 à 6 pers.) 290 à 850 €/sem. – frais de réservation 25 € - **R** conseillée
Pour s'y rendre : 6,5 km au nord par D 4, rte de Bagnols-en-Forêt et chemin à dr.

Nature : 🌲 🌳 ♢♢
Loisirs : 🍸 ✕ snack, pizzeria 🏠 🎬 ♟ 🚴 🏊 ⛸ 🎾 terrain omnisports
Services : ♿ 🔑 🇬🇧 📶 🚿 🚽 ⚡ 🧺 🏪 🧴 🧺 sèche-linge 🧊 🔥

Le Pont d'Argens déb. avr. à mi-oct.
✆ 04 94 51 14 97, camping.lepontdargens@yahoo.fr,
Fax 04 94 51 29 44, www.camping-caravaning-lepontdargens.com – **R** conseillée
7 ha (500 empl.) plat, herbeux
Tarif : 30,50 € ✶✶ 🚗 📧 (6A) – pers. suppl. 8 €
Location : 45 🏠 (4 à 6 pers.) 325 à 995 €/sem. - **R** conseillée
🚐 1 borne artisanale 5 €
Pour s'y rendre : rte de Ste-Maxime (3 km au sud par N 98, accès direct à la plage)
À savoir : au bord de l'Argens

Nature : ♢♢
Loisirs : 🍸 snack 🏠 🚴 🏊 ⛸
Services : ♿ 🔑 🇬🇧 📶 🚿 🚽 ⚡ 🧺 🏪 🧴 🧺 sèche-linge 🧊 🔥
À prox. : parc de loisirs aquatiques

PROVENCE-ALPES-CÔTE D'AZUR

FRÉJUS

⚠ **Les Pins Parasols** de déb. avr. à fin sept.
☏ 04 94 40 88 43, lespinsparasols@wanadoo.fr,
Fax 04 94 40 81 99, *www.lespinsparasols.com* – **R** conseillée
4,5 ha (189 empl.) plat et en terrasses, herbeux, pierreux
Tarif : 27,30 € ✶✶ 🚗 🔲 ⚡ (6A) – pers. suppl. 6,35 €
Location 📅 : 9 🏠 (4 à 6 pers.) 204 à 699 €/sem.
– **R** conseillée
Pour s'y rendre : 3360 r. des Combattants-d'Afrique-du-Nord (4 km au nord par D 4, rte de Bagnols-en-Forêt)
À savoir : beaux empl. en terrasses au milieu des pins parasols

Nature : 🌳 🌳🌳
Loisirs : pizzeria 🎱 ♨ 🏊
Services : ♿ 🔑 🚿 🚽 🍽 🧊 – 48 sanitaires individuels (🚿⚡ wc)
☺ 📞 🚰 🍳 🧺 ♻

⚠ **Montourey** de mi-fév. à mi-nov.
☏ 04 94 53 26 41, reception.dmt@siblu.fr,
Fax 04 94 53 26 75, *www.siblu.fr/lemontourey* – places limitées pour le passage – **R**
5 ha (200 empl.) plat, herbeux
Tarif : (Prix 2008) 55 € ✶✶ 🚗 🔲 ⚡ (10A) – pers. suppl. 8 €
Location (Prix 2008) (de mi-avr. à fin sept.) 📅 : 60 🏠
(4 à 6 pers.) 41 à 184 €/sem. – **R** conseillée
Pour s'y rendre : r. Montourey (4 km au nord par D 4, rte de Bagnols-en-Forêt et chemin à dr.)

Nature : 🌊 🌳 🌳🌳(peupleraie)
Loisirs : snack 🎱 ♨ ✻ 🏊
Services : ♿ 🔑 🚾 🚿 🍽 🧊 ☺ 📞
🍳 sèche-linge ♻

Avant de vous installer, consultez les tarifs en cours,
affichés obligatoirement à l'entrée du terrain,
et renseignez-vous sur les conditions particulières de séjour.
Les indications portées dans le guide ont pu être modifiées depuis la mise à jour.

GAP

✉ 05000 – **334** E5 – G. Alpes du Sud – 36 262 h. – alt. 735
🛈 *Office de tourisme, 2a, cours Frédéric Mistral* ☏ 04 92 52 56 56, Fax 04 92 52 56 57
Paris 665 – Avignon 209 – Grenoble 103 – Sisteron 52 – Valence 158.

⚠ **Alpes-Dauphiné** de déb. avr. à déb. nov.
☏ 04 92 51 29 95, alpes.dauph@wanadoo.fr,
Fax 04 92 53 58 42, *www.alpesdauphine.com* – alt. 850
– **R** conseillée
10 ha/6 campables (185 empl.) incliné, en terrasses, herbeux
Tarif : (Prix 2008) ✶ 5,90 € 🚗 🔲 6,90 € – ⚡ (6A) 3 € – frais de réservation 15 €
Location (Prix 2008) (de mi-avr. à fin oct.) : 35 🏠 (4 à 6 pers.) nuitée 60 € - 230 à 490 €/sem. – 17 🏡 (4 à 6 pers.) nuitée 45 € - 300 à 630 €/sem. – gîtes – frais de réservation 15 € - **R** conseillée
🚐 1 borne artisanale 5,50 €
Pour s'y rendre : rte Napoléon (3 km au nord par N 85, rte de Grenoble)

Nature : ≤ ♀
Loisirs : 🍴 ✗ pizzeria 🎱 ♨ 🏊
Services : ♿ 🔑 🚾 🚿 🍽 🧊 ☺ ♻
☺ 🍳 🚰 🍳 🧺 ♻

GIENS

✉ 83400 – **340** L7 – G. Côte d'Azur
Paris 869 – Marseille 93 – Toulon 29 – La Seyne-sur-Mer 37 – Hyères 14.

⚠ **La Presqu'Île de Giens** 🅰🅱 – de fin mars à déb. oct.
☏ 04 94 58 22 86, info@camping-giens.com,
Fax 04 94 58 11 63, *www.camping-giens.com* – **R**
7 ha (460 empl.) plat, en terrasses, herbeux, pierreux
Tarif : ✶ 6,90 € 🚗 8,10 € 🔲 21,90 € – ⚡ (16A) 5 €
Location : 64 🏠 (4 à 6 pers.) nuitée 67 € - 231 à 581 €/sem. – 56 🏡 (4 à 6 pers.) nuitée 77 € - 385 à 889 €/sem. – frais de réservation 15 € - **R** conseillée
🚐 1 borne artisanale 21,90 €
Pour s'y rendre : 153 rte de la Madrague

Nature : 🌳 🌳🌳
Loisirs : 🍴 pizzeria 🎱 ☀ diurne ✻
♨
Services : 🔑 🚾 🚿 🍽 🧊 ☺ 📞 🍴
🍳 sèche-linge 🧺 ♻
À prox. : bowling, discothèque

663

PROVENCE-ALPES-CÔTE D'AZUR

La GRAVE

✉ 05320 – **334** F2 – G. Alpes du Nord – 511 h. – alt. 1 526 – Sports d'hiver : 1 450/3 250 m
🏢 *Office de tourisme, route nationale 91* ☎ 04 76 79 90 05, Fax 04 76 79 91 65
Paris 642 – Briançon 38 – Gap 126 – Grenoble 80 – Col du Lautaret 11 – St-Jean-de-Maurienne 66.

▲ **La Meije** de déb. mai à fin sept.
☎ 06 08 54 30 84, *nathalie-romagne@wanadoo.fr*,
Fax 04 76 79 93 34, *www.camping-delameije.com*
– **R** conseillée
2,5 ha (50 empl.) plat, terrasse, peu incliné, herbeux
Tarif : 13,60 € – (6A) – pers. suppl. 3 €
Pour s'y rendre : à l'est, dir. Briançon par RN 91
À savoir : magnifique panorama sur le glacier de la Grave et sur la Meije

Nature :
Loisirs :
Services :
À prox. : canoë, sports en eaux vives

▲ **Le Gravelotte** de déb. juin à mi-sept.
☎ 04 76 79 93 14, *roland.jacob@cario.fr*, Fax 04 76 79 92 39,
www.camping-le-gravelotte.com – **R** conseillée
4 ha (75 empl.) plat, herbeux
Tarif : 14,65 € – (5A) – pers. suppl. 3,70 €
Pour s'y rendre : 1,2 km à l'ouest par N 91, rte de Grenoble et chemin à gauche
À savoir : agréable situation au pied des montagnes et au bord de la Romanche

Nature :
Loisirs :
Services :

*Demandez à votre libraire le catalogue des **publications MICHELIN**.*

GRAVESON

✉ 13690 – **340** D2 – G. Provence – 3 188 h. – alt. 14
🏢 *Office de tourisme, cours National* ☎ 04 90 95 88 44, Fax 04 90 95 81 75
Paris 696 – Arles 25 – Avignon 14 – Cavaillon 30 – Nîmes 38 – Tarascon 12.

▲▲ **Les Micocouliers** de mi-mars à mi-oct.
☎ 04 90 95 81 49, *micocou@free.fr, http://micocou.free.fr*
– **R** conseillée
3,5 ha/2 campables (60 empl.) plat, pierreux, herbeux
Tarif : (Prix 2008) ❄ 6 € – 2,30 € – 6,10 € – (8A) 4,70 € – frais de réservation 10 €
Location (Prix 2008) : 4 (4 à 6 pers.) 360 à 640 €/sem.
– frais de réservation 17 € - **R** conseillée
🚐 1 borne artisanale 6 €
Pour s'y rendre : 445 rte de Cassoulen (1,2 km au sud-est par D 28, rte de Châteaurenard et D 5 à dr., rte de Maillane)

Nature :
Loisirs :
Services :

GRÉOUX-LES-BAINS

✉ 04800 – **334** D10 – G. Alpes du Sud – 1 921 h. – alt. 386 – ♨ (début mars-fin déc.)
🏢 *Office de tourisme, 5, avenue des Marronniers* ☎ 04 92 78 01 08, Fax 04 92 78 13 00
Paris 783 – Aix-en-Provence 55 – Brignoles 52 – Digne-les-Bains 69 – Manosque 14 – Salernes 50.

▲▲ **La Pinède** de déb. mars à fin nov.
☎ 04 92 78 05 47, *lapinede@wanadoo.fr*,
Fax 04 92 77 69 05, *www.camping-lapinede-cazin.com*
– **R** conseillée
3 ha (160 empl.) plat, peu incliné et en terrasses, pierreux, gravillons
Tarif : (Prix 2008) 18,50 € ❄ ❄ 🚗 ⚡ (10A) – pers. suppl. 4,70 €
Location (Prix 2008) : (4 à 6 pers.) 350 à 581 €/sem.
– **R** conseillée
🚐 1 borne artisanale
Pour s'y rendre : rte de St-Pierre (1,5 km au sud par D 8, à 200 m du Verdon)

Nature :
Loisirs :
Services :
À prox. :

PROVENCE-ALPES-CÔTE D'AZUR

GRÉOUX-LES-BAINS

Verseau
📞 04 92 77 67 10, Fax 04 92 77 67 10, *camping-le-ver seau.com* – **R** conseillée
2,5 ha (120 empl.) plat, incliné, pierreux, herbeux
Location : 35 – 13
Pour s'y rendre : 1,2 km au sud par D 8, rte de St-Pierre et chemin à dr., près du Verdon

Nature : 🌳 ≤ 🌊
Loisirs : 🎪 salle d'animation 🏊
Services : 👤 🔑 🍴 🏪 ☎ 🚿 💧 🧺

Yelloh! Village Verdon Parc ♿ – de fin mars à fin oct.
📞 04 92 78 08 00, *info@yellohvillage-verdon-parc.com*, Fax 04 92 78 00 17, *www.yellohvillage-verdon-parc.com* – **R** conseillée ✂ (juil.-août)
8 ha (280 empl.) plat, gravier, pierreux, terrasses, herbeux
Tarif : (Prix 2008) ★ 5 € 🚗 4 € 🅿 28 € – [10A] 4 €
Location (Prix 2008) ✂ : 🏠 – 7 bungalows toilés – **R** conseillée
🚐 1 borne artisanale
Pour s'y rendre : au Domaine de la Paludette (600 m au sud par D 8, rte de St-Pierre et à gauche apr. le pont, au bord du Verdon)

Nature : 🌳 🌊
Loisirs : 🍹 snack 🎪 ☀ diurne 🎯 🏊 🎾 🏊 🏃 terrains omnisports, practice de golf
Services : 👤 🔑 🛒 🚗 🍴 🏪 ☎ 🚿 💧
🧊 réfrigérateurs

Regain de déb. avr. à fin oct.
📞 04 92 78 09 23, *camping.regain@club-internet.fr*, Fax 04.92.78.09.23, *www.camping-regain.com* – **R** conseillée
3 ha (83 empl.) plat et terrasse, pierreux, herbeux
Tarif : (Prix 2008) ★ 4,30 € 🚗 🅿 6 € – [10A] 3 €
Pour s'y rendre : rte de St-Pierre (2 km au sud par D 8)
À savoir : au bord du Verdon

Nature : 🌳 🌊 ⛰
Loisirs : 🎣
Services : 👤 🔑 🚗 🍴 🏪 ☎ 🚿 💧

GRIMAUD

✉ 83310 – **340** 06 – G. Côte d'Azur – 3 780 h. – alt. 105
ℹ *Office de tourisme, 1, boulevard des Aliziers* 📞 04 94 55 43 83, Fax 04 94 55 72 20
Paris 861 – Brignoles 58 – Fréjus 32 – Le Lavandou 32 – St-Tropez 12 – Ste-Maxime 12 – Toulon 64.

Domaine des Naïades ♿ – de déb. avr. à fin oct.
📞 04 94 55 67 80, *info@lesnaiades.com*, Fax 04 94 55 67 81, *www.lesnaiades.com* – places limitées pour le passage – **R** conseillée
27 ha/14 campables (306 empl.) en terrasses, herbeux, sablonneux, pierreux
Tarif : 50 € ★★ 🚗 🅿 [10A] – pers. suppl. 8 €
Location : 153 🏠 (4 à 6 pers.) 315 à 1 085 €/sem. – **R** conseillée
🚐 1 borne artisanale
Pour s'y rendre : à St-Pons-les-Mûres

Nature : 🌊 🌊
Loisirs : 🍹 snack, pizzeria ☀ 🎯 🏊
🏊 🏊
Services : 👤 🔑 🛒 🚗 🍴 🏪 ☎ 🚿 💧
🧺 sèche-linge ⚙ 🚿

GUILLESTRE

✉ 05600 – **334** H5 – G. Alpes du Sud – 2 211 h. – alt. 1 000 – Base de loisirs
ℹ *Office de tourisme, place Salva* 📞 04 92 45 04 37, Fax 04 95 45 19 09
Paris 715 – Barcelonnette 51 – Briançon 36 – Digne-les-Bains 114 – Gap 61.

Parc Le Villard Permanent
📞 04 92 45 06 54, *info@camping-levillard.com*, Fax 04 92 45 00 52, *www.camping-levillard.com* – **R** conseillée
3,2 ha (120 empl.) plat et peu incliné, herbeux, pierreux
Tarif : (Prix 2008) 18,30 € ★★ 🚗 🅿 [10A] – pers. suppl. 4,20 €
Location (Prix 2008) ✂ : 16 🏠 (4 à 6 pers.) 380 à 570 €/sem. – 5 🏠 (4 à 6 pers.) - 420 à 570 €/sem. – **R** conseillée
Pour s'y rendre : au lieu-dit : Le Villard (2 km à l'ouest par D 902A, rte de Gap, au bord du Chagne)

Nature : ❄ ≤ 🌊
Loisirs : snack 🎪 🏊 🎾 🐎 🏊
Services : 👤 🔑 🛒 🚗 🍴 🏪 ☎ 🚿 💧
🚿

PROVENCE-ALPES-CÔTE D'AZUR

GUILLESTRE

St-James-les-Pins Permanent
📞 04 92 45 08 24, camping@lesaintjames.com,
Fax 04 92 45 18 65, www.lesaintjames.com – **R** conseillée
2,5 ha (100 empl.) plat et peu incliné, pierreux, herbeux
Tarif : 15,80 € ✶✶ 🚗 🅴 (ⓗ) (5A) – pers. suppl. 3,10 €
Location : 13 🏠 (4 à 6 pers.) nuitée 64 € - 300 à 610 €/sem. – 🛏 – **R** conseillée
🚐 1 borne artisanale 4,60 € – 5 🅴 15,80 €
Pour s'y rendre : rte des Campings (1,5 km à l'ouest par rte de Risoul et rte à dr.)
À savoir : agréable pinède, au bord du Chagne

Nature : ❄ ≤ 🌳🌳
Loisirs : 🎮 ⛹ 🏊
Services : ♿ 🔑 🆎 ♻ 🧺 🍽 🎂 ☺ 📞 🍴 🛒
À prox. : ✂ 🏊

La Ribière de fin mai à mi-sept.
📞 04 92 45 25 54, camping.laribiere@orange.fr,
Fax 04 92 53 77 57, www.laribiere.fr – **R** conseillée
5 ha/2 campables (50 empl.) peu incliné, plat, terrasses, herbeux, pierreux
Tarif : (Prix 2008) 16,20 € ✶✶ 🚗 🅴 (ⓗ) (10A) – pers. suppl. 3,20 €
Location (Prix 2008) 🛟 : 5 🚐 (2 à 4 pers.) nuitée 35 € - 250 €/sem. – **R** conseillée
🚐 1 borne artisanale 5,50 € – 7 🅴 11,50 €
Pour s'y rendre : au Pont-de-Chagne (au sud du bourg, accès par chemin près du carr. D 902a et D 86, rte de Risoul)
À savoir : au bord du Chagne

Nature : 🌿 ≤ 🌳
Loisirs : ⛹
Services : ♿ 🔑 ♻ 🧺 ☺ 🛒
À prox. : ✂ 🏊

Si vous recherchez :
⛺ Un terrain au bord de l'eau avec possibilité de baignade
🌿 Un terrain agréable ou très tranquille
L Un terrain effectuant la location de caravanes, de mobile homes, de bungalows ou de chalets
P Un terrain ouvert toute l'année
🚐 Un terrain possédant une aire de services pour camping-cars
Consultez le tableau des localités

HYÈRES

✉ 83400 – **340** L7 – G. Côte d'Azur – 51 417 h. – alt. 40
🛈 Syndicat d'initiative, 3, avenue Ambroise Thomas 📞 04 94 01 84 50, Fax 04 94 01 84 51
Paris 851 – Aix-en-Provence 102 – Cannes 123 – Draguignan 78 – Toulon 19.

Les Palmiers 👥 – (location exclusive de mobile homes) de mi-mars à mi-oct.
📞 04 94 66 39 66, contact@camping-les-palmiers.fr,
Fax 04 94 66 47 30, www.camping-les-palmiers.fr
5,5 ha (345 empl.) plat, herbeux, pierreux
Location : 173 🚐 (4 à 6 pers.) nuitée 45 € - 392 à 960 €/sem. - frais de réservation 30 € – **R** conseillée
Pour s'y rendre : r. du Ceinturon - l'Ayguade

Nature : 🌿 🌴 🌳🌳
Loisirs : 🍴 pizzeria 🎬 🌙 nocturne ⛹ 🎱 🚿 hammam discothèque 🏊 ✂ 🏖 🎮 🅿 🏓
Services : ♿ 🔑 🆎 ♻ 🧺 🎂 ☺ 📞 🍴 sèche-linge 🧺 🚿

Le Ceinturon 3 de déb. avr. à fin sept.
📞 04 94 66 32 65, contact@ceinturon3.fr,
Fax 04 94 66 48 43, www.ceinturon3.fr – **R**
2,5 ha (200 empl.) plat, herbeux, sablonneux
Tarif : 26,65 € ✶✶ 🚗 🅴 (ⓗ) (10A) – pers. suppl. 5,45 €
Location 🛟 : 36 🏠 (4 à 6 pers.) - 350 à 600 €/sem. – frais de réservation 15,25 € – **R** conseillée
Pour s'y rendre : 2 r. des Saraniers (5 km au sud-est, à 100 m de la mer, à Ayguade-Ceinturon)

Nature : 🌳🌳
Loisirs : 🍴 snack ⛹
Services : ♿ 🔑 🚽 🅿 🎂 🚿 ☺ 📞 🍴 sèche-linge 🧺 🚿
À prox. : ✂

PROVENCE-ALPES-CÔTE D'AZUR

L'ISLE-SUR-LA-SORGUE

✉ 84800 – **332** D10 – G. Provence – 16 971 h. – alt. 57
🛈 *Office de tourisme, place de la Liberté* ✆ *04 90 38 04 78, Fax 04 90 38 35 43*
Paris 693 – Apt 34 – Avignon 23 – Carpentras 18 – Cavaillon 11 – Orange 35.

▲▲▲ Airotel La Sorguette de mi-mars à mi-oct.
✆ 04 90 38 05 71, *sorguette@wanadoo.fr,*
Fax 04 90 20 84 61, *www.camping-sorguette.com*
– **R** conseillée
2,5 ha (164 empl.) plat, herbeux, pierreux
Tarif : 25,30 € ★★ 🚗 🅴 🛇 (10A) – pers. suppl. 7,20 € – frais de réservation 20 €
Location : 24 🏠 (4 à 6 pers.) nuitée 59 € – 462 à 637 €/sem. – 6 🏠 (4 à 6 pers.) nuitée 65 € – 469 à 679 €/sem. – yourtes – frais de réservation 20 € – **R** conseillée
🚐 1 borne artisanale – 🚐 10 €
Pour s'y rendre : 871 rte d'Apt (1,5 km au sud-est par N 100, près de la Sorgue)

Nature : ♀
Loisirs : snack 🏠 🏃 🏊 🚲 🛶 canoë
Services : ♿ 🔑 🚻 ✂ 🚿 🔥 🌡 🔥
sèche-linge 🧺 🛒 cases réfrigérées
À prox. : ✕ 🚐

Les indications d'accès à un terrain sont généralement indiquées, dans notre guide, à partir du centre de la localité.

ISOLA

✉ 06420 – **341** D2 – G. Alpes du Sud – 526 h. – alt. 873
🛈 *Office de tourisme, Immeuble le Pelvos, isola 2000* ✆ *04 93 23 15 15, Fax 04 93 23 14 25*
Paris 897 – Marseille 246 – Nice 76 – Cuneo 79 – Borgo San Dalmazzo 71.

▲ Le Lac des Neiges
✆ 04 93 02 18 16, *lac.des.neiges@wanadoo.fr,*
Fax 04 93 02 19 40, *www.lacdesneiges.com* – alt. 875 – **R** indispensable
3 ha (98 empl.) plat, pierreux, herbeux
Location : 10 🏠 – gîtes
🚐 1 borne flot bleu –

Nature : 🌲 ♀
Loisirs : 🍷 snack 🏠 🏊 🚲 🏕 🛶
pédalos, kayak
Services : ♿ 🔑 M 🚻 ⊕ 🛒 ✂ 🚿
À prox. : 🍴

667

LARCHE

✉ 04530 – **334** J6 – G. Alpes du Sud – 83 h. – alt. 1 691
🛈 *Syndicat d'initiative, le village* ✆ *04 92 84 33 58*
Paris 760 – Barcelonnette 28 – Briançon 81 – Cuneo 70.

▲ Domaine des Marmottes de déb. juin à fin sept.
✆ 04 92 84 33 64, *georges.durand25@wanadoo.fr,*
Fax 04 92 84 33 64 – **R** conseillée
2 ha (50 empl.) non clos, plat, herbeux, pierreux
Tarif : 17,50 € ★★ 🚗 🅴 🛇 (10A) – pers. suppl. 7 €
🚐 1 borne 4 € – 🚐 🛇 17,5 €
Pour s'y rendre : au lieu-dit : Malboisset (800 m au sud-est par rte à dr. apr. l'ancienne douane française)
À savoir : cadre sauvage au bord de l'Ubayette

Nature : 🦫 ⬅ 🌲 ♀♀(pinède)
Services : ♿ 🔑 ✂ 🔥 🌨 ⊕ 🔥 🛒

LE LAVANDOU

✉ 83980 – **340** N7 – G. Côte d'Azur – 5 449 h. – alt. 1 – Base de loisirs
🛈 *Office de tourisme, quai Gabriel-Péri,* ✆ *04 94 00 40 50, Fax 04 94 00 40 59*
Paris 873 – Cannes 102 – Draguignan 75 – Fréjus 61 – Ste-Maxime 42 – Toulon 41.

▲ Beau Séjour de mi-avr. à fin sept.
✆ 04 94 71 25 30 – **R**
1,5 ha (135 empl.) plat, gravier
Tarif : (Prix 2008) ★ 5,20 € 🚗 🅴 4,30 € – 🛇 (6A) 4 €
Pour s'y rendre : au lieu-dit : la Grande Bastide (1,5 km au sud-ouest)
À savoir : beaux emplacements délimités et ombragés

Nature : 🌲 ♀♀
Loisirs : 🍷 snack
Services : ♿ 🔑 ✂ 🔥 🌨 ⊕ 🛒

PROVENCE-ALPES-CÔTE D'AZUR

LE LAVANDOU

Clau Mar Jo de mi-mars à mi-oct.
04 94 71 53 39, contact@camping-clau-mar-jo.fr,
Fax 04 94 24 38 73, www.camping-clau-mar-jo.fr – **R** conseillé
1 ha (71 empl.) plat, herbeux
Tarif : 32,80 € (10A) – pers. suppl. 6,10 € – frais de réservation 28 €
Location : 20 (4 à 6 pers.) nuitée 32 € - 325 à 850 €/sem. – frais de réservation 28 € - **R** conseillée
Pour s'y rendre : 895 chemin de Benat (2 km au sud-ouest)

Nature :
Loisirs :
Services :

LOURMARIN

84160 – **332** F11 – G. Provence – 1 119 h. – alt. 224
Syndicat d'initiative, 9, avenue Philippe de Girard 04 90 68 10 77, Fax 04 90 68 11 01
Paris 732 – Aix-en-Provence 37 – Apt 19 – Cavaillon 73 – Digne-les-Bains 114.

Les Hautes Prairies de mi-mars à fin oct.
04 90 68 02 89, leshautesprairies@wanadoo.fr,
Fax 04 90 68 23 83, www.campinghauteprairies.com
– **R** conseillée
3,6 ha (158 empl.) peu incliné, plat, herbeux, pierreux
Tarif : (Prix 2008) 4,90 € 2,90 € 4,50 € – (10A) 4,10 € – frais de réservation 18 €
Location (Prix 2008) (permanent) : 2 (4 à 6 pers.) nuitée 65 € - 371 à 469 €/sem. – 16 (4 à 6 pers.) nuitée 65 € - 371 à 546 €/sem. – frais de réservation 18 € - **R** conseillée
1 borne artisanale 5 €
Pour s'y rendre : rte de Vaugines (700 m à l'est par D 56)

Nature : snack
Loisirs :
Services :

MALEMORT-DU-COMTAT

84570 – **332** D9 – 1 203 h. – alt. 208
Paris 688 – Avignon 33 – Carpentras 11 – Malaucène 22 – Orange 33 – Sault 35.

Font Neuve de déb. mai à fin sept.
04 90 69 90 00, camping.font-neuve@libertysurf.fr,
Fax 04 90 69 91 77 – **R** conseillée
1,5 ha (54 empl.) plat et peu incliné, terrasses, herbeux, pierreux
Tarif : (Prix 2008) 4,50 € 2 € 4,50 € – (10A) 4,50 € – frais de réservation 4 €
Location (Prix 2008) : 4 (4 à 6 pers.) - 320 à 420 €/sem. – frais de réservation 4 € - **R** conseillée
Pour s'y rendre : quartier Font Neuve (1,6 km au sud-est par D 5, rte de Méthanis et chemin à gauche)

Nature :
Loisirs :
Services :

MALLEMORT

13370 – **340** G3 – 4 984 h. – alt. 120
Office de tourisme, avenue des Frères Roqueplan 04 90 57 41 62, Fax 04 90 59 43 34
Paris 716 – Aix-en-Provence 34 – Apt 38 – Cavaillon 20 – Digne-les-Bains 124 – Manosque 72.

Durance Luberon de déb. avr. à mi-oct.
04 90 59 13 36, duranceluberon@orange.fr,
Fax 04 90 57 46 62, www.campingduranceluberon.com - pour les caravanes, l'accès par le centre ville est déconseillé, accès par N 7 et D 561, rte de Charleval – **R** conseillée
4 ha (110 empl.) plat, herbeux
Tarif : (Prix 2008) 22,10 € (10A) – pers. suppl. 5 € – frais de réservation 15 €
Location (Prix 2008) : 6 (4 à 6 pers.) 370 à 480 €/sem. – frais de réservation 15 € - **R** conseillée
1 borne artisanale 4 € – 10 18,50 € – (2) 18,5 €
Pour s'y rendre : au lieu-dit : Domaine du Vergon (2,8 km au sud-est par D 23, à 200 m du canal, vers la centrale E.D.F. - par A 7 sortie 26 et 7)

Nature :
Loisirs : snack
Services :
À prox. :

PROVENCE-ALPES-CÔTE D'AZUR

MANDELIEU-LA-NAPOULE

06210 – **341** C6 – G. Côte d'Azur – 17 870 h. – alt. 4
i *Office de tourisme, avenue de Cannes* ✆ 04 92 97 99 27, Fax 04 93 93 64 66
Paris 890 – Brignoles 86 – Cannes 9 – Draguignan 53 – Fréjus 30 – Nice 37 – St-Raphaël 32.

Les Cigales
✆ 04 93 49 23 53, campingcigales@wanadoo.fr,
Fax 04 93 49 30 45, *www.lescigales.com* – **R** conseillée
2 ha (115 empl.) plat, herbeux, gravier
Location : – 8 appartements – **R** conseillée
Pour s'y rendre : 505 av. de la Mer (à Mandelieu)
À savoir : Beau cadre de verdure au bord de la Siagne, ponton d'amarrage

Nature : 🏞 ⛱ ♤♤
Loisirs : 🎣 ⚓ 🚣
Services : 🔑 🅿 🎪 🚿 ☀ ♨ 🧺
À prox. : 🍹 🍽 ✕ snack 🏌 golf

Les Pruniers de déb. avr. à fin oct.
✆ 04 92 97 00 44, contact@bungalow-camping.com,
Fax 04 93 49 37 45, *www.bungalow-camping.com* – places limitées pour le passage – **R** conseillée
0,8 ha (55 empl.) plat, herbeux, gravier
Tarif : 41,40 € ✱ 👤 🚗 📧 💡 (10A) – pers. suppl. 5 €
Location : 36 🏠 (4 à 6 pers.) - 300 à 670 €/sem.
– **R** conseillée
Pour s'y rendre : à Mandelieu, 118 r. de la Pinéa (par av. de la Mer)
À savoir : Au bord de la Siagne, ponton d'amarrage

Nature : ⛱ ♤♤
Loisirs : 🏊 ⛳ 🚣
Services : 🔑 🚿 🌐 ♨ 🧺
À prox. : 🍹 ✕ crêperie 🏌 golf

Ce guide n'est pas un répertoire de tous les terrains de camping mais une sélection des meilleurs campings dans chaque catégorie.

MAUBEC

84660 – **332** D10 – 1 581 h. – alt. 120
Paris 706 – Aix-en-Provence 68 – Apt 25 – Avignon 32 – Carpentras 27 – Cavaillon 9.

▲ Municipal Les Royères du Prieuré de déb. avr. à mi-oct.
✆ 04 90 76 50 34, camping.maubec.provence@wanadoo.fr, Fax 04 32 52 91 57, *www.campingmaubec-luberon.com* – **R** conseillée
1 ha (93 empl.) plat et en terrasses, pierreux, herbeux
Tarif : (Prix 2008) ✱ 2,50 € 🚗 1,30 € 📧 1,30 € – 💡 (10A) 4 €
– frais de réservation 10 €
Location (Prix 2008) 🚫 : 3 🏠 (4 à 6 pers.) nuitée 65 € -
340 à 470 €/sem. – gîte d'étape – frais de réservation
10 €
🚐 1 borne flot bleu
Pour s'y rendre : 52 chemin de la Combe-St-Pierre (au sud du bourg)
À savoir : belles terrasses ombragées

Nature : 🏞 ⛰ ♤♤
Services : 🔑 🌐 ♨ 🚿 🧺

MAUSSANE-LES-ALPILLES

13520 – **340** D3 – 1 968 h. – alt. 32
i *Office de tourisme, place Laugier de Monblan* ✆ 04 90 54 52 04, Fax 04 90 54 39 44
Paris 712 – Arles 20 – Avignon 30 – Marseille 81 – Martigues 44 – St-Rémy-de-Provence 10 – Salon-de-Provence 29.

▲ Municipal les Romarins de mi-mars à mi-oct.
✆ 04 90 54 33 60, camping-municipal-maussane@wanadoo.fr, Fax 04 90 54 41 22 – **R** conseillée
3 ha (144 empl.) plat, herbeux, pierreux
Tarif : (Prix 2008) 18,15 € ✱ 👤 🚗 📧 💡 (6A) – pers.
suppl. 4,20 €
Pour s'y rendre : rte de St-Rémy-de-Provence (sortie nord par D 5)

Nature : ⛱ ♤♤
Loisirs : 🏊 ⛳ ✂
Services : ♿ 🔑 🌐 ♨ 🚿 ☀ ♨ 🧺
À prox. : 🚣

PROVENCE-ALPES-CÔTE D'AZUR

MAZAN

✉ 84380 – **332** D9 – G. Provence – 4 943 h. – alt. 100
🛈 *Office de tourisme, 83, place du 8 Mai* ☎ 04 90 69 74 27
Paris 684 – Avignon 35 – Carpentras 9 – Cavaillon 30 – Sault 34.

Le Ventoux de déb. mars à mi-nov.
☎ 04 90 69 70 94, info@camping-le-ventoux.com,
Fax 04 90 69 70 94, www.camping-le-ventoux.com
– **R** conseillée
0,7 ha (49 empl.) plat, pierreux, herbeux
Tarif : 21,50 € ✱✱ 🚗 📧 ⚡ (10A) – pers. suppl. 3,50 €
Location : 4 🏠 (4 à 6 pers.) 490 à 790 €/sem. – 5 🏠 (4 à 6 pers.) - 490 à 790 €/sem. – **R** conseillée
Pour s'y rendre : rte de Bédoin (3 km au nord par D 70, rte de Caromb puis chemin à gauche, de Carpentras, itinéraire conseillé par D 974)

Nature : 🌳 ≤ 🌲🌲
Loisirs : 🍴 ✗ 🏊 🎣
Services : 🛁 ⚡ GB 🚿 🧺 🍽️ ♨ 🧊
sèche-linge 👕

The Guide changes, so renew your Guide every year.

LES MÉES

✉ 04190 – **334** D8 – G. Alpes du Sud – 2 925 h. – alt. 410
🛈 *Syndicat d'initiative, 21, boulevard de la République* ☎ 04 92 34 36 38, Fax 04 92 34 31 44
Paris 726 – Digne-les-Bains 25 – Forcalquier 25 – Gréaux-les-Bains 44 – Mézel 27 – Sisteron 22.

Aire Naturelle l'Olivette de mi-juin à fin août
☎ 04 92 34 18 97, campingolivette@club-internet.fr,
Fax 04 92 34 18 97, http://campingolivette.free.fr
– **R** conseillée
1 ha (25 empl.) non clos, en terrasses, incliné à peu incliné
Tarif : 19 € ✱✱ 🚗 📧 ⚡ (6A) – pers. suppl. 4 €
Pour s'y rendre : au lieu-dit : Hameau les Pourcelles (11 km au sud-ouest par D 4, rte d'Oraison et rte des Pourcelles à gauche)

Nature : 🌳 🏞 🌲🌲
Loisirs : 🏊
Services : 🛁 ⚡ 🚿

MENTON

✉ 06500 – **341** F5 – G. Côte d'Azur – 28 812 h.
🛈 *Office de tourisme, 8, avenue Boyer* ☎ 04 92 41 76 76, Fax 04 92 41 76 78
Paris 966 – Marseille 218 – Nice 32 – Antibes 55 – Cannes 67.

Municipal St-Michel
☎ 04 93 35 81 23, Fax 04 93 57 12 35 – accès difficile pour caravanes et camping-car – 🅿
2 ha (131 empl.) en terrasses, plat, herbeux, gravillons
Pour s'y rendre : rte des Clappes, plateau St Michel

Nature : 🌲🌲 (oliveraie)
Loisirs : 🍴 snack, pizzeria, le soir uniquement
Services : ⚡ 😊 🧺 👕 cases réfrigérées

MÉOLANS-REVEL

✉ 04340 – **334** H6 – 284 h. – alt. 1 080
Paris 787 – Marseille 216 – Digne-les-Bains 74 – Gap 64 – Embrun 44.

Domaine Loisirs de l'Ubaye de déb. avr. à fin oct.
☎ 04 92 81 01 96, info@loisirsubaye.com,
Fax 04 92 81 92 53, www.loisirsubaye.com – alt. 1 073
– **R** conseillée
9,5 ha (267 empl.) plat, herbeux, pierreux, en terrasses
Tarif : 21 € ✱✱ 🚗 📧 ⚡ (6A) – pers. suppl. 5 € – frais de réservation 15 €
Location (de déb. fév. à mi-nov.) : 13 🏠 (4 à 6 pers.) 260 à 590 €/sem. – 19 🏠 (4 à 6 pers.) 280 à 690 €/sem. – frais de réservation 15 € - **R** conseillée
🚐, 1 borne 21 €
Pour s'y rendre : rte de Barcelonnette (9 km par D 900, au bord de l'Ubaye)

Nature : 🏞 🌲🌲 (pinède)
Loisirs : snack 🎮 ☀ diurne 🚴 ✂
🏊
Services : 🛁 ⚡ GB 🚿 🧺 🍽️ ♨ ♨
🚰 🍴 🧊 🍺 👕
À prox. : sports en eaux vives

PROVENCE-ALPES-CÔTE D'AZUR

MÉZEL

✉ 04270 – **334** F8 – 536 h. – alt. 585
Paris 745 – Barrême 22 – Castellane 47 – Digne-les-Bains 15 – Forcalquier 51 – Sisteron 41.

La Célestine de déb. mai à fin sept.
📞 04 92 35 52 54, *lacelestin@wanadoo.fr, www.camping-la celestine.com*–
2,4 ha (100 empl.) plat, herbeux
Tarif : ♦ 4,50 € ⇔ 目 4,50 € – [½] (10A) 3,90 €
Location : 🏠 (4 à 6 pers.) nuitée 69 € - 450 €/sem.
– **R** conseillée
Pour s'y rendre : rte de Manosque (3 km au sud par D 907, au bord de l'Asse).

Nature : 🌳🌳
Loisirs : 🍹 🎣 🏊 🚴 ⛵ quad
Services : ♿ 🔑 🚻 🚿 ⚡ ♨

MONTMEYAN

✉ 83670 – **340** L4 – G. Côte d'Azur – 399 h. – alt. 480.
Paris 832 – Marseille 88 – Toulon 87 – Draguignan 46 – Manosque 44.

Château de l'Eouvière mai-sept.
📞 04 94 80 75 54, *contact@leouviere.com*,
Fax 04 94 80 75 54, *www.leouviere.com*– **R** conseillée
30 ha/5 campables (81 empl.) en terrasses, herbeux, pierreux
Tarif : (Prix 2008) 27 € ♦♦ ⇔ 目 [½] (10A) – pers. suppl. 7 €
Location (Prix 2008) : 2 🏠 (4 à 6 pers.) nuitée 70 € - 420 à 650 €/sem. – 2 appartements – **R** conseillée
Pour s'y rendre : rte de Taverne (500 m au sud par D 13).

Nature : 🌲 🌳🌳
Loisirs : 🎣 🏊
Services : ♿ 🔑 🚻 🚿 ⚡ 🍴 🔥 ♨ 🧺

Utilisez les cartes MICHELIN, complément indispensable de ce guide.

MONTPEZAT

✉ 04500 – **334** E10
Paris 806 – Digne-les-Bains 54 – Gréoux-les-Bains 23 – Manosque 37 – Montmeyan 21 – Moustiers-Ste-Marie 22.

Village Center Coteau de la Marine de fin avr. à mi-sept.
📞 0 825 00 20 30, *contact@village-center.com*,
Fax 04 67 51 63 89, *www.village-center.com*– **R** conseillée
10 ha (250 empl.) en terrasses, pierreux, gravier
Tarif : (Prix 2008) 34 € ♦♦ ⇔ 目 [½] (10A) – pers. suppl. 8 €
– frais de réservation 30 €
Location (Prix 2008) : 63 🏠 (4 à 6 pers.) nuitée 38 € - 266 à 798 €/sem. – frais de réservation 30 € – **R** conseillée
Pour s'y rendre : rte de Baudinard (2 km au sud-est).

Nature : 🌲 ← 🏞 🌳
Loisirs : 🍹 snack 🏊 🎾 ✦ 🎣 canoë, pédalos, kayak, bateaux électriques
Services : 🔑 🚻 🚿 ⚡ 🍴 🔥 🧺 ♨

MOURIÈS

✉ 13890 – **340** E3 – 2 752 h. – alt. 13
ℹ Office de tourisme, 2, rue du Temple 📞 04 90 47 56 58, Fax 04 90 47 67 33
Paris 713 – Arles 29 – Les Baux-de-Provence 12 – Cavaillon 26 – Istres 24 – Salon-de-Provence 22.

Le Devenson de déb. avr. à mi-sept.
📞 04 90 47 52 01, *devenson@libertysurf.fr*,
Fax 04 90 47 63 09, *www.camping-devenson.com*
– **R** conseillée
12 ha/3,5 campables (60 empl.) en terrasses, pierreux, rocheux, oliveraie
Tarif : ♦ 4,50 € ⇔ 目 6 € – [½] (5A) 3,50 €
Pour s'y rendre : quartier Devenson (2 km au nord-ouest par D 17 et D 5 à dr.)
À savoir : Agréable situation sous les pins et parmi les oliviers

Nature : 🌲 ← 🏞 🌳🌳 (pinède)
Loisirs : 🎣 🏊
Services : 🔑 🚻 🔥 🚿 ⚡ 🔥 cases réfrigérées

PROVENCE-ALPES-CÔTE D'AZUR

MOUSTIERS-STE-MARIE

✉ 04360 – **334** F9 – G. Alpes du Sud – 625 h. – alt. 631
🛈 Office de tourisme, place de l'Église ℘ 04 92 74 67 84, Fax 04 92 74 60 65
Paris 783 – Aix-en-Provence 90 – Castellane 45 – Digne-les-Bains 47 – Draguignan 61 – Manosque 50.

▲ **Le Vieux Colombier** de déb. avr. à fin sept.
℘ 04 92 74 61 89, contact@lvcm.fr, Fax 04 92 74 61 89,
www.lvcm.fr – **R** conseillée
2,7 ha (70 empl.) en terrasses, peu incliné, incliné, pierreux, herbeux
Tarif : 17,40 € ✱✱ 🚗 🄴 (6A) – pers. suppl. 4,50 € – frais de réservation 9 €
Location : 12 🏠 (4 à 6 pers.) nuitée 51 € - 337 à 598 €/sem. – frais de réservation 9 € - **R** conseillée
🚐 1 borne artisanale 5 €
Pour s'y rendre : quartier St-Michel (800 m au sud)

Nature : ≤ 🌳 ♀
Loisirs : 🏊
Services : 🚻 ⚬— 🆎 🛵 📶 ⊚ 🚿
À prox. : ✂

▲ **St-Jean** de déb. avr. à mi-oct.
℘ 04 92 74 66 85, camping-saint-jean@wanadoo.fr,
Fax 04 92 74 66 85, www.camping-saint-jean.com
– **R** conseillée
1,6 ha (125 empl.) plat, peu incliné, herbeux
Tarif : (Prix 2008) 17,50 € ✱✱ 🚗 🄴 (6A) – pers. suppl. 4,50 € – frais de réservation 9 €
Location (Prix 2008) 🌿 : 🏠 (4 à 6 pers.) nuitée 50 € - 327 à 621 €/sem. – frais de réservation 9 € - **R** conseillée
🚐 1 borne artisanale 4 € – 🚐 🄴 13,8 €
Pour s'y rendre : quartier St-Jean (1 km au sud-ouest par D 952, rte de Riez, au bord de la Maïre)

Nature : 🌿 ≤ ♀♀
Loisirs : 🏇 🏊
Services : 🚻 ⚬— 🆎 🛵 📶 ⊚ 🚿 🍽 🍴

▲ **Manaysse** de déb. avr. à déb. nov.
℘ 04 92 74 66 71, camping.manaysse@free.fr,
Fax 04 92 74 62 28, www.camping-manaysse.com
– **R** conseillée
1,6 ha (97 empl.) plat, incliné, terrasses, herbeux, gravier
Tarif : ✱ 3,30 € 🚗 🄴 3,30 € – ⚡ (10A) 3,50 €
🚐 1 borne artisanale 10,30 € – 50 🄴 10,30 €
Pour s'y rendre : 900 m au sud-ouest par D 952, rte de Riez

Nature : ♀♀
Loisirs : 🏊
Services : 🚻 ⚬— 🆎 🛵 🗑 📶 ⊚ 📞 ♨
🚿

Massif de la Sainte-Baume

PROVENCE-ALPES-CÔTE D'AZUR

MURS

✉ 84220 – **332** E10 – G. Provence – 415 h. – alt. 510
Paris 704 – Apt 17 – Avignon 48 – Carpentras 26 – Cavaillon 27 – Sault 33.

Municipal des Chalottes
📞 04 90 72 60 84, *mairiedemurs@wanadoo.fr*,
Fax 04 90 72 61 73 – **R** conseillée
4 ha (50 empl.) peu incliné à incliné et accidenté, pierreux

Pour s'y rendre : sortie sud par D 4, rte d'Apt puis 1,8 km à dr., après le V.V.F.

À savoir : cadre boisé et situation agréable

LE MUY

✉ 83490 – **340** O5 – 7 826 h. – alt. 27
ℹ *Office de tourisme, 6, route de la Bourgade* 📞 *04 94 45 12 79, Fax 04 94 45 06 67*
Paris 853 – Les Arcs 9 – Draguignan 14 – Fréjus 17 – Le Luc 26 – Ste-Maxime 23.

Les Cigales – de déb. fév. à fin nov.
📞 04 94 45 12 08, *contact@les-cigales.com*,
Fax 04 94 45 92 80, *www.les-cigales.com* – **R** conseillée
10 ha/4 campables (199 empl.) en terrasses, pierreux, herbeux, fort dénivelé, rochers
Tarif : (Prix 2008) 29,50 € (10A) – pers. suppl. 8,50 € – frais de réservation 10 €
Location (Prix 2008) : 6 (4 à 6 pers.) nuitée 70 € – 280 à 700 €/sem. – 35 (4 à 6 pers.) nuitée 50 € – 280 à 900 €/sem. – frais de réservation 30 € - **R** conseillée
1 borne artisanale – 40 19,50 €

Pour s'y rendre : 721 chemin des Oliviers (3 km au sud-ouest, accès par l'échangeur de l'A 8 et chemin à dr. av. le péage)

À savoir : agréable cadre boisé

NANS-LES-PINS

✉ 83860 – **340** J5 – 3 159 h. – alt. 380
ℹ *Office de tourisme, 2, cours Général-de-Gaulle* 📞 *04 94 78 95 91, Fax 04 94 78 60 07*
Paris 794 – Aix-en-Provence 44 – Brignoles 26 – Marseille 42 – Rians 35 – Toulon 71.

Village Club La Sainte Baume – de déb. avr. à fin sept.
📞 04 94 78 92 68, *ste-baume@wanadoo.fr*,
Fax 04 94 78 67 37, *www.saintebaume.com* – **R** conseillée
5 ha (160 empl.) plat, peu incliné, pierreux, gravier
Tarif : 35 € (10A) – pers. suppl. 8 €
Location : 100 (4 à 6 pers.) nuitée 40 € – 280 à 980 €/sem. – 12 (4 à 6 pers.) nuitée 65 € – 455 à 854 €/sem. – bungalows toilés – **R** conseillée
1 borne artisanale

Pour s'y rendre : quartier Delvieux Sud (900 m au nord par D 80 et à dr., par A 8 : sortie St-Maximin-la-Ste-Baume)

NÉVACHE

✉ 05100 – **334** H2 – G. Alpes du Sud – 290 h. – alt. 1 640 – Sports d'hiver : 1 400/2 000 m
ℹ *Office de tourisme, Ville Haute* 📞 *04 92 20 02 20*
Paris 693 – Bardonècchia 18 – Briançon 21.

Fontcouverte de déb. juin à mi-sept.
📞 04 92 21 38 21, *michel.goiran@orange.fr* – croisement difficile pour caravanes – alt. 1 860 – **R**
2 ha (100 empl.) plat, peu incliné, terrasses, pierreux, herbeux
Tarif : 8,80 € – pers. suppl. 2,30 €

Pour s'y rendre : au lieu-dit : Châlets de Fontcouverte (6,2 km au nord-ouest par D 301t)

À savoir : Site agréable au bord d'un torrent et près de la Clarée

673

PROVENCE-ALPES-CÔTE D'AZUR

NIOZELLES

04300 – **334** D9 – 199 h. – alt. 450
Paris 745 – Digne-les-Bains 49 – Forcalquier 7 – Gréoux-les-Bains 33 – Manosque 21 – Les Mées 24.

Moulin de Ventre – de déb. avr. à fin sept.
04 92 78 63 31, moulindeventre@aol.com,
Fax 04 92 79 86 92, www.moulin-de-ventre.com – **R** conseillée
28 ha/3 campables (124 empl.) plat, en terrasses, peu incliné, herbeux, pierreux
Tarif : 27 € ★★ 🚗 🔲 (10A) – pers. suppl. 5,50 € – frais de réservation 23 €
Location : 14 🏠 (4 à 6 pers.) nuitée 38 € - 266 à 763 €/sem. – 5 🏠 (4 à 6 pers.) nuitée 49 € - 245 à 637 €/sem. – 3 appartements – frais de réservation 23 € - **R** conseillée
🚐 1 borne artisanale
Pour s'y rendre : 2,5 km à l'est par N 100, rte de la Brillanne
À savoir : au bord du Lauzon et d'un petit lac

Nature : 🌳 🏞 ♀♀
Loisirs : snack 🎣 🏊 🚴 🎾
Services : ♿ 🚿 GB 🛒 🍽 🚮 ⚙ 🚰 🏠 ♨

LES GUIDES VERTS MICHELIN
Paysages, monuments
Routes touristiques
Géographie
Histoire, Art
Itinéraire de visite
Plans de villes et de monuments

ORANGE

84100 – **332** B9 – G. Provence – 27 989 h. – alt. 97
🛈 Office de tourisme, 5, cours Aristide Briand 04 90 34 70 88, Fax 04 90 34 99 62
Paris 655 – Alès 84 – Avignon 31 – Carpentras 24 – Montélimar 55 – Nîmes 56.

Le Jonquier de déb. avr. à fin sept.
04 90 34 49 48, info@campinglejonquier.com,
Fax 04 90 51 16 97, www.campinglejonquier.com
– **R** conseillée
2,5 ha (75 empl.) plat, herbeux
Tarif : 29,70 € ★★ 🚗 🔲 (6A) – pers. suppl. 5 € – frais de réservation 15 €
Location : 5 🏠 (4 à 6 pers.) 380 à 790 €/sem. – 2 bungalows toilés – frais de réservation 20 € - **R** conseillée
🚐 1 borne artisanale 7,50 €
Pour s'y rendre : 1321 r. Alexis-Carrel (au nord-ouest par N 7, rte de Montélimar et r. à gauche passant devant la piscine, quartier du Jonquier - par A 7 : sortie nord, D 17, rte de Caderousse et chemin à dr.)

Nature : 🌳 ♀
Loisirs : 🛁 jacuzzi 🏓 🏊 (petite piscine)
Services : ♿ 🚿 GB 🛒 🍽 ⚙ 🚰 sèche-linge

ORCIÈRES

05170 – **334** F4 – G. Alpes du Nord – 810 h. – alt. 1 446 – Sports d'hiver : – Base de loisirs
🛈 Office de tourisme, maison du Tourisme 04 92 55 89 89, Fax 04 92 55 89 64
Paris 676 – Briançon 109 – Gap 32 – Grenoble 113 – La Mure 73 – St-Bonnet-en-Champsaur 26.

Base de Loisirs de fin juin à fin août
04 92 55 76 67, admin.orcieres@remy-loisirs.com,
Fax 04 92 55 89 75, www.orcieres-labellemontagne.com – alt. 1 280 – **R** conseillée
1,2 ha (48 empl.) non clos, plat, pierreux, gravillons
Tarif : (Prix 2008) ★ 3,30 € 🚗 2,40 € 🔲 2 € – 🔲 (6A) 3 €
Location (fermé de mi-déc. à fin avr.) 🏠 : gîte d'étape – **R** conseillée
Pour s'y rendre : 3,4 km au sud-ouest d'Orcières, à 100 m du Drac Noir et près d'un petit plan d'eau

Nature : 🌳 ≤ montagnes ♀
Loisirs : 🍴 snack
Services : ♿ 🚿 GB 🛒 🚴 ⚙ 🚰
À prox. : 🏊 🎣 🏇 parcours de santé, parapente

PROVENCE-ALPES-CÔTE D'AZUR

ORPIERRE

✉ 05700 – **334** C7 – G. Alpes du Sud – 256 h. – alt. 682
🛈 Office de tourisme, le Village ☎ 04 92 66 30 45, Fax 04 92 66 32 52
Paris 689 – Château-Arnoux 47 – Digne-les-Bains 72 – Gap 55 – Serres 20 – Sisteron 33.

▲ Les Princes d'Orange de déb. avr. à fin oct.
☎ 04 92 66 22 53, campingorpierre@wanadoo.fr,
Fax 04 92 66 31 08, www.campingorpierre.com – accès aux emplacements par forte pente, mise en place et sortie des caravanes à la demande – **R** conseillée
20 ha/4 campables (100 empl.) plat et peu incliné, en terrasses, pierreux, herbeux
Tarif : 22 € ★★ 🚗 🗐 (10A) – pers. suppl. 7 € – frais de réservation 10 €
Location : 16 🛖 (4 à 6 pers.) nuitée 75 € - 310 à 600 €/sem. – 4 🛖 (4 à 6 pers.) nuitée 85 € - 325 à 585 €/sem. – 3 bungalows toilés – frais de réservation 12 € - **R** conseillée
🚐 1 borne artisanale 4 € – 12 🗐 22 € – 🚙 [⚡] 15 €
Pour s'y rendre : au lieu-dit : Le Flonsaine (300 m au sud du bourg, à 150 m du Céans)

Nature : 🌳 ≤ Orpierre et montagnes ♀
Loisirs : 🍴 pizzeria 🎯 🏓 🏊 🎣
Services : & ⚡ 🚐 🚗 🛒 ⚙ 🚿 🏪
À prox. : ✂ 🏊

PERNES-LES-FONTAINES

✉ 84210 – **332** D10 – G. Provence – 10 170 h. – alt. 75
🛈 Office de tourisme, place Gabriel Moutte ☎ 04 90 61 31 04
Paris 685 – Apt 43 – Avignon 23 – Carpentras 6 – Cavaillon 20.

▲ Municipal de la Coucourelle de déb. avr. à fin sept.
☎ 04 90 66 45 55, camping@ville-pernes-les-fontaines.fr,
Fax 04 90 61 32 46, ville-pernes-les-fontaines.fr – **R** conseillée
1 ha (40 empl.) plat, herbeux
Tarif : (Prix 2008) ★ 3,20 € 🚗 3,20 € 🗐 3,20 € – [⚡] (10A) 2,80 € – frais de réservation 30 €
🚐 1 borne flot bleu
Pour s'y rendre : av. René-Char (1 km à l'est par D 28, rte de St-Didier, au complexe sportif)
À savoir : cadre arbustif

Nature : 🌳 🏞 ♀
Loisirs : 🏊
Services : & ⚡ 🚐 🚗 🛒 ⚙ 🚿 🏪
À prox. : ✂ 🏊

675

PERTUIS

✉ 84120 – **332** G11 – G. Provence – 17 833 h. – alt. 246
🛈 Office de tourisme, place Mirabeau ☎ 04 90 79 15 56, Fax 04 90 09 59 00
Paris 747 – Aix-en-Provence 23 – Apt 36 – Avignon 76 – Digne-les-Bains 97 – Manosque 36.

▲ Municipal les Pinèdes de mi-mars à mi-oct.
☎ 04 90 79 10 98, campinglespinedes.pertuis@wanadoo.fr,
Fax 04 90 09 03 99, www.campinglespinedes.com – **R** conseillée
5 ha (180 empl.) plat, en terrasses, herbeux, pierreux
Tarif : (Prix 2008) ★ 3,10 € 🚗 2,20 € 🗐 3 € – [⚡] (10A) 3,50 €
Location (Prix 2008) : 16 🛖 (4 à 6 pers.) 180 à 500 €/sem. – **R** conseillée
🚐 1 borne artisanale 3,50 €
Pour s'y rendre : av. Pierre-Augier (2 km à l'est par D 973)

Nature : 🏞 ♀♀
Loisirs : 🍴 snack 🎯 🎲 diurne 🏃
🏊
Services : & ⚡ (saison) 🚐 🚗 🛒 ⚙
🚿 🏪
À prox. : ✂ 🏊 (découverte en saison) 🎿

PEYRUIS

✉ 04310 – **334** D8 – G. Alpes du Sud – 2 217 h. – alt. 402
Paris 727 – Digne-les-Bains 30 – Forcalquier 20 – Manosque 29 – Sisteron 23.

▲ Les Cigales
☎ 04 92 68 16 04, contact@les-cigales.fr,
Fax 04 92 68 16 04, http://www.lescigaleshauteprovence.com
1 ha (33 empl.) peu incliné à incliné, herbeux, pierreux
Location : 10 🛖
Pour s'y rendre : au sud du bourg, près du stade et d'un ruisseau

Nature : ≤ 🏞 ♀
Loisirs : 🏊
Services : & ⚡ 🚐 🗑 🛒 ⚙ 🚿 🏪
À prox. : ✂ 🏊 parcours sportif

PROVENCE-ALPES-CÔTE D'AZUR

PONT-DU-FOSSÉ

✉ 05260 – **334** F4 – G. Alpes du Sud
Paris 673 – Marseille 204 – Gap 24 – Grenoble 102.

▲ **Le Diamant** de déb. mai à fin sept.
 ☎ 04 92 55 91 25, info@campingdiamant.com,
 Fax 04 92 55 95 97, www.campingdiamant.com – **R** conseillée
 4 ha (100 empl.) plat, herbeux, peu pierreux
 Tarif : 20,80 € ★★ 🚗 🔌 (10A) – pers. suppl. 4,30 €
 Location : 12 🏠 (4 à 6 pers.) 185 à 505 €/sem.
 – **R** conseillée
 🚐 1 borne artisanale – 2 🔌 17,30 €
 Pour s'y rendre : 800 m au sud-ouest par D 944, rte de Gap
 À savoir : au bord du Drac

▲ **Municipal le Châtelard**
 ☎ 04 92 55 94 31, comstjeanstnicolas@wanadoo.fr,
 Fax 04 92 55 95 29 – **R** conseillée
 2 ha (60 empl.) plat, herbeux, pierreux
 Pour s'y rendre : 1 km à l'est par D 944 et chemin à dr. – accès direct au village
 À savoir : Au bord du Drac

LES GUIDES VERTS MICHELIN
Paysages, monuments
Routes touristiques
Géographie
Histoire, Art
Itinéraire de visite
Plans de villes et de monuments

LE PONTET

✉ 84130 – **332** C10 – 15 594 h. – alt. 40
Paris 688 – Marseille 100 – Avignon 5 – Aix 83 – Nîmes 50.

▲ **Le Grand Bois** de déb. mai à mi-sept.
 ☎ 04 90 31 37 44, campinglegrandbois@orange.fr,
 Fax 04 90 31 46 53 – **R** conseillée
 1,5 ha (134 empl.) plat, herbeux
 Tarif : ★ 🔌 (5A) – pers. suppl. 4 €
 Location : 🛏 – (hôtel)
 🚐 1 borne artisanale 4 €
 Pour s'y rendre : 1340 chemin du Grand-Bois (3 km au nord-est par D 62, rte de Vedène et rte à gauche, au lieu-dit la Tapy, par A 7 : sortie Avignon-Nord)
 À savoir : agréable cadre boisé

PRUNIÈRES

✉ 05230 – **334** F5 – 232 h. – alt. 1 018 – Base de loisirs
Paris 681 – Briançon 68 – Gap 23 – Grenoble 119.

▲ **Le Roustou** de déb. mai à fin sept.
 ☎ 04 92 50 62 63, info@campingleroustou.com, www.campingleroustou.com – **R**
 11 ha/6 campables (180 empl.) plat, incliné à peu incliné, terrasses, gravier, herbeux
 Tarif : 22,90 € ★★ 🚗 🔌 (4A) – pers. suppl. 6,50 €
 Location : 26 🏠 (4 à 6 pers.) 246 à 786 €/sem. – frais de réservation 12 € – **R** conseillée
 🚐 1 borne artisanale
 Pour s'y rendre : au lieu-dit : Le Roustourias (4 km au sud par N 94)
 À savoir : Site et cadre agréables entre lac et montagnes

PROVENCE-ALPES-CÔTE D'AZUR

PUGET-SUR-ARGENS
✉ 83480 – **340** P5 – 6 368 h. – alt. 17
Paris 863 – Les Arcs 21 – Cannes 41 – Draguignan 26 – Fréjus 5 – Ste-Maxime 24.

La Bastiane – de fin mars à mi-oct.
☎ 04 94 55 55 94, info@labastiane.com, Fax 04 94 55 55 93, www.labastiane.com – **R** conseillée
4 ha (170 empl.) plat et terrasses, pierreux, herbeux
Tarif : 38,50 € ✱✱ 🚗 🗐 🗑 (6A) – pers. suppl. 7 € – frais de réservation 30 €
Location : 20 🏠 (2 à 4 pers.) nuitée 21 € - 182 à 532 €/sem. – 55 🏕 (4 à 6 pers.) nuitée 30 € – 238 à 889 €/sem. – 6 🏡 (4 à 6 pers.) nuitée 32 € – 259 à 791 €/sem. – frais de réservation 30 € - **R** conseillée
Pour s'y rendre : 2,5 km au nord

Nature : 🌳🌳
Loisirs : 🍴 ✕ pizzeria 🎱 🚣 discothèque 🏊 ⛵ 🎾 🏟 terrains omnisports
Services : 👥 🔑 GB 🛠 🏪 🚿 🚻 🅿 🚮 🧺 🚗

PUIMICHEL
✉ 04700 – **334** E9 – 237 h. – alt. 723
Paris 737 – Avignon 140 – Grenoble 175 – Marseille 112 – Nice 175.

Les Matherons de mi-avr. à fin sept.
☎ 04 92 79 60 10, lesmatherons@wanadoo.fr, Fax 04 92 79 60 10, www.campinglesmatherons.com – **R**
70 ha/4 campables (25 empl.) plat à incliné, herbeux, pierreux
Tarif : ✱ 4,10 € 🚗 🗐 8,25 € – 🗑 (3A) 2,50 €
Pour s'y rendre : 3 km au sud-ouest par D 12, rte d'Oraison et chemin empierré à dr.
À savoir : cadre sauvage et naturel au milieu des bois

Nature : 🌲 🌳🌳
Loisirs : 🚴
Services : 👥 🅿 🚿 🚻 🏪

PUYLOUBIER
✉ 13114 – **340** J4 – 1 473 h. – alt. 380
🛈 Syndicat d'initiative, square Jean Casanova ☎ 04 42 66 34 45
Paris 775 – Aix-en-Provence 26 – Rians 38 – St-Maximin-la-Ste-Baume 19.

Municipal Cézanne de fin mars à mi-nov.
☎ 04 42 66 36 33, camping@le-cezanne.com, Fax 04 42 66 36 33, www.le-cezanne.com – **R** conseillée
1 ha (50 empl.) peu incliné et en terrasse, pierreux, herbeux
Tarif : ✱ 5 € ✱✱ 2 € 🗐 3 € – 🗑 (6A) 6 € – frais de réservation 2 €
Location : 3 🏕 (4 à 6 pers.) nuitée 70 € – 350 à 450 €/sem. – frais de réservation 15 € - **R** conseillée
🚐, 1 borne artisanale 2 € – 🚐 8 €
Pour s'y rendre : chemin Philippe-Noclercq (sortie est par D 57, au stade)
À savoir : Au pied de la Montagne Ste-Victoire

Nature : 🌳🌳
Loisirs : ✂
Services : 👥 🚗 🛠 🚿 🍴 🏪

RAMATUELLE
✉ 83350 – **340** O6 – G. Côte d'Azur – 2 131 h. – alt. 136
🛈 Office de tourisme, place de l'Ormeau ☎ 04 98 12 64 00, Fax 04 94 79 12 66
Paris 873 – Fréjus 35 – Hyères 52 – Le Lavandou 34 – St-Tropez 10 – Ste-Maxime 15 – Toulon 70.

Yelloh! Village les Tournels – fermé de déb. janv. à mi-mars
☎ 04 94 55 90 90, info@tournels.com, Fax 04 94 55 90 99, www.tournels.com – **R** conseillée
20 ha (975 empl.) en terrasses, herbeux, pierreux, fort dénivelé
Tarif : 51 € ✱✱ 🚗 🗐 🗑 (5A) – pers. suppl. 7 € – frais de réservation 30 €
Location : 140 🏕 (4 à 6 pers.) nuitée 81 € - 203 à 1 463 €/sem. – 110 🏡 (4 à 6 pers.) nuitée 81 € - 203 à 1 463 €/sem. – frais de réservation 30 € - **R** conseillée
🚐, 1 borne flot bleu 8 €
Pour s'y rendre : rte du Cap Camarat (3,5 km à l'est)
À savoir : espace forme aquatique couvert de qualité

Nature : ⛰ 🏕 🌳🌳
Loisirs : 🍴 snack, pizzeria 🍻 🚣 ⛱ 🛁 hammam jacuzzi 🏊 ⛵ 🎾 🏟 🎢 terrain omnisports, amphithéâtre, discothèque
Services : 👥 🔑 GB 🛠 🏪 🚿 🚻 🚮 🧺 🍴 🧺 sèche-linge 🚗 cases réfrigérées
À prox. : 🛒

PROVENCE-ALPES-CÔTE D'AZUR

RAMATUELLE

Campéole la Croix du Sud – de déb. avr. à mi-oct.
04 94 55 51 23, *cplcroixdusud@atciat.com*,
Fax 04 94 79 89 21, *www.camping-saint-tropez.com* – places limitées pour le passage – **R** conseillée
3 ha (120 empl.) en terrasses, herbeux, pierreux, sablonneux
Tarif : (Prix 2008) 37 € ✶✶ 🚗 🔌 (12A) – pers. suppl. 9 €
– frais de réservation 25 €
Location (Prix 2008) : 49 (2 à 4 pers.) nuitée 35 € - 413 à 595 €/sem. – 15 (4 à 6 pers.) nuitée 45 € - 525 à 756 €/sem. – 11 (4 à 6 pers.) nuitée 49 € - 602 à 875 €/sem. – 20 bungalows toilés – frais de réservation 25 € · **R** conseillée
Pour s'y rendre : rte des Plages

Nature : 🌳 ♀♀
Loisirs : 🍴 snack 🏃 🏊 🏄
Services : ♿ 🔑 GB ✂ ♨ 🚿 🍽 🛒

RÉALLON

✉ 05160 – **334** G5 – 194 h. – alt. 1 380
🛈 *Office de tourisme, Pra Prunier* 📞 04 92 44 25 67, Fax 04 92 44 32 52
Paris 691 – Embrun 16 – Gap 34 – Mont-Dauphin 34 – Savines-le-Lac 13.

Municipal de l'Iscle
📞 04 92 44 27 08, *reallon.mairie@wanadoo.fr*,
Fax 04 92 50 71 13, *www.reallon-ski.com* – alt. 1 434
– **R** conseillée
0,8 ha (50 empl.) peu incliné, gravier, pierreux, herbeux
Pour s'y rendre : 2 km au nord-ouest par D 241
À savoir : Agréable site montagnard, près du Réallon

Nature : 🌳 ≤ montagnes
Loisirs : 🏠 ✂ 🏊 (plan d'eau)
Services : 🔑 🚿 ♨ 🛒

En juin et septembre les campings sont plus calmes, moins fréquentés et pratiquent souvent des tarifs " hors saison ".

678

RIEZ

✉ 04500 – **334** E10 – 1 667 h. – alt. 520
🛈 *Office de tourisme, 4, allée Louis Gardiol* 📞 04 92 77 99 09, Fax 04 92 77 99 07
Paris 792 – Marseille 105 – Digne-les-Bains 41 – Draguignan 64 – Manosque 34.

Rose de Provence de déb. avr. à déb. oct.
📞 04 92 77 75 45, *info@rose-de-provence.com*,
Fax 04 92 77 75 45, *www.rose-de-provence.com*
– **R** conseillée
1 ha (91 empl.) plat, terrasse, herbeux, gravier
Tarif : (Prix 2008) 16,80 € ✶✶ 🚗 🔌 (6A) – pers. suppl. 3,70 € – frais de réservation 10 €
Location (Prix 2008) (de fin mars à mi-oct.) : 3 (4 à 6 pers.) 260 à 515 €/sem. – 2 (4 à 6 pers.) – 260 à 515 €/sem. – frais de réservation 15 € · **R** conseillée
Pour s'y rendre : r. Édouard-Dauphin

Nature : 🏕 ♀♀
Loisirs : jacuzzi 🏃
Services : ♿ 🔑 GB ✂ ♨ 🛒 cases réfrigérées
À prox. : 🛒 ✂

LA ROCHE-DE-RAME

✉ 05310 – **334** H4 – 678 h. – alt. 1 000
Paris 701 – Briançon 22 – Embrun 27 – Gap 68 – Mont-Dauphin 12 – Savines-le-Lac 38.

Le Verger Permanent
📞 04 92 20 92 23, *info@campingleverger.com*,
Fax 04 92 20 92 23, *www.campingleverger.com* – **R** conseillée
1,6 ha (50 empl.) peu incliné, en terrasses, herbeux, verger
Tarif : 18,50 € ✶✶ 🚗 🔌 (10A) – pers. suppl. 4,80 € – frais de réservation 30 €
🚐 1 borne artisanale 3,50 € – 🚐 10 €
Pour s'y rendre : au lieu-dit : Les Gillis (1,2 km au nord-ouest par N 94, rte de Briançon)

Nature : 🌳 ≤ ♀
Loisirs : 🛎
Services : ♿ 🔑 ✂ 🍽 🚿 ♨ 🛒

PROVENCE-ALPES-CÔTE D'AZUR

LA ROCHE-DE-RAME

Municipal du Lac de déb. mai à mi-sept.
☎ 06 10 03 57 28, camping.lelac@laposte.net,
Fax 04 92 20 90 31, www.campingdulac.fr.fm – **R** conseillée
1 ha (95 empl.) plat, peu incliné, herbeux
Tarif : 16 € ♦♦ ⇔ 🔲 🎆 (6A) – pers. suppl. 3,50 €
🚐 1 borne artisanale – 🛒 8,90 €
Pour s'y rendre : sortie sud
À savoir : au bord du lac

Nature : ≤ ♀
Loisirs : ♀ ✗ ≅ (plage) ⌇
Services : ♿ ⌐ ♻ 🔲 🎆 ⊙ ♈ 🎆
À prox. : canoë

LA ROCHE DES ARNAUDS

✉ 05400 – **334** D5 – 953 h. – alt. 945
Paris 672 – Corps 49 – Gap 15 – St-Étienne-en-Dévoluy 33 – Serres 28.

Au Blanc Manteau Permanent
☎ 04 92 57 82 56 – alt. 900 – **R** conseillée
4 ha (40 empl.) plat, pierreux, herbeux
Tarif : 19,50 € ♦♦ ⇔ 🔲 🎆 (2A) – pers. suppl. 4 € – frais de réservation 7 €
Pour s'y rendre : rte de Ceuze (1,3 km au sud-ouest par D 18, au bord d'un torrent)

Nature : ❄ ⌇ ≤ ♀
Loisirs : ♀ 🎆 🏄 🚴 ✂ 🎆
Services : ♿ ⌐ 🎆 🔲 🎆 ⊙ 🎆 🎆

Si vous recherchez :
♣♦ Un terrain offrant des équipements et des loisirs adaptés aux enfants
⌇ Un terrain agréable ou très tranquille
L - M Un terrain effectuant la location de caravanes, de mobile homes, de bungalows ou de chalets
P Un terrain ouvert toute l'année
🚐 Un terrain possédant une aire de services pour camping-cars
Consultez le tableau des localités

679

ROQUEBRUNE-SUR-ARGENS

✉ 83520 – **340** O5 – G. Côte d'Azur – 11 349 h. – alt. 13
🛈 Syndicat d'initiative, 12, avenue Gabriel Péri ☎ 04 94 19 89 89
Paris 862 – Les Arcs 18 – Cannes 49 – Draguignan 23 – Fréjus 14 – Ste-Maxime 21.

Domaine de la Bergerie ♣♦ – de fin avr. à fin sept.
☎ 04 98 11 45 45, info@domainelabergerie.com,
Fax 04 98 11 45 46, www.domainelabergerie.com – places limitées pour le passage – **R** conseillée
60 ha (700 empl.) en terrasses, pierreux
Tarif : (Prix 2008) 43,50 € ♦♦ ⇔ 🔲 🎆 (10A) – pers. suppl. 9 € – frais de réservation 25 €
Location (Prix 2008) (de mi-fév. à mi-nov.) : 15 🏠 (2 à 4 pers.) 406 à 609 €/sem. – 150 🏠 (4 à 6 pers.) 322 à 1 050 €/sem. – 180 🏠 (4 à 6 pers.) – 378 à 1 204 €/sem. – frais de réservation 25 € – **R** conseillée
Pour s'y rendre : rte du Col du Bougnon (8 km au sud-est par D 7, rte de St-Aygulf et D 8 à dr., au bord d'étangs)

Nature : ♀♀
Loisirs : ♀ ✗ snack, pizzeria 🎆 🎆
♣♦ ≅ hammam jacuzzi discothèque, salle d'animation 🏄 🚴 ✂
🎆 🔲 ♀ ⌇ terrain omnisports, théâtre de plein air
Services : ♿ ⌐ GB ♻ 🔲 🎆 ⊙ 🎆
🎆 🎆 🎆 🎆 sèche-linge 🎆 🎆

Les Pêcheurs ♣♦ – de déb. avr. à fin sept.
☎ 04 94 45 71 25, info@camping-les-pecheurs.com,
Fax 04 94 81 65 13, www.camping-les-pecheurs.com
– **R** conseillée
3,3 ha (220 empl.) plat, herbeux
Tarif : 41,70 € ♦♦ ⇔ 🔲 🎆 (10A) – pers. suppl. 7,50 € – frais de réservation 22 €
Location : 28 🏠 (4 à 6 pers.) nuitée 50 € – 330 à 1 040 €/sem. – frais de réservation 22 € – **R** conseillée
🚐 1 borne artisanale
Pour s'y rendre : 700 m au nord-ouest par D 7 (hors schéma)
À savoir : agréable cadre boisé et fleuri au bord de l'Argens et près d'un plan d'eau

Nature : ⌇ ♀♀
Loisirs : snack 🎆 🎆 diurne ♣♦ ≅
hammam jacuzzi 🏄 🎆 🎆 canoë
Services : ♿ ⌐ GB ♻ 🔲 🎆 ⊙ 🎆
♈ 🎆 sèche-linge 🎆 🎆
À prox. : ≅

PROVENCE-ALPES-CÔTE D'AZUR

ROQUEBRUNE-SUR-ARGENS

Lei Suves de déb. avr. à mi-oct.
☎ 04 94 45 43 95, camping.lei.suves@wanadoo.fr,
Fax 04 94 81 63 13, www.lei-suves.com – places limitées pour le passage – **R** conseillée
7 ha (310 empl.) en terrasses, plat, pierreux, herbeux
Tarif : 41 € ★★ ⇌ 🅴 (ℹ) (6A) – pers. suppl. 8 € – frais de réservation 20 €
Location ⇌ : 🏠 (4 à 6 pers.) 330 à 850 €/sem. – frais de réservation 20 € - **R** conseillée
Pour s'y rendre : quartier du Blavet (4 km au nord par D 7 et passage sous A 8)
À savoir : cadre boisé agréable et soigné

Nature : 🌿 🏞 ♦♦
Loisirs : 🍴 snack, pizzeria 🎮 ★ 🏇
✂ 🏊 terrain omnisports, théâtre de plein air
Services : 🛂 ⟲ GB ✄ ▥ ♿ 🚿 ☎
🍲 🧺 🖨 ⧠

Moulin des Iscles de déb. avr. à fin sept.
☎ 04 94 45 70 74, moulin.iscles@wanadoo.fr,
Fax 04 94 45 46 09, www.campingdesiscles.com – **R** conseillée
1,5 ha (90 empl.) plat, herbeux
Tarif : 23,50 € ★★ ⇌ 🅴 (ℹ) (6A) – pers. suppl. 3,30 € – frais de réservation 15 €
Location : 3 🏠 (2 à 4 pers.) 220 à 450 €/sem. – 4 🏠 (4 à 6 pers.) 410 à 700 €/sem. – 5 studios – frais de réservation 15 € - **R** conseillée
Pour s'y rendre : quartier la Valette (1,8 km à l'est par D 7, rte de St-Aygulf et chemin à gauche)
À savoir : au bord de l'Argens

Nature : 🌿 ♦♦
Loisirs : snack 🏠 ♨ 🛶 canoë
Services : 🛂 ⟲ GB ✄ ▥ 📺 ♿ 🏊
🍲 ⚒ 🚿 🖨 🧺 ⧠

Ne pas confondre :
▲ ... à ... ▲▲▲▲ : *appréciation* **MICHELIN**
et
★ ... à ... ★★★★ : *classement officiel*

ROSANS

✉ 05150 – **334** A6 – 493 h. – alt. 708
🛈 Syndicat d'initiative, Écomusée ☎ 04 92 66 66 66
Paris 694 – Carpentras 82 – Nyons 41 – Orange 83 – Sault 71 – Sisteron 60 – Valence 139.

Les Rosières de déb. mai à mi-oct.
☎ 04 92 66 62 06, camping-des-rosieres@wanadoo.fr,
Fax 04 92 66 68 90, www.perso.wanadoo.fr/camping-des-rosieres – **R** conseillée
9 ha/3 campables (50 empl.) plat, peu incliné, herbeux
Tarif : 18,90 € ★★ ⇌ 🅴 (ℹ) (10A) – pers. suppl. 4 €
Location (permanent) : 2 🏠 (4 à 6 pers.) nuitée 40 € - 330 à 510 €/sem. – 5 🏡 (4 à 6 pers.) nuitée 40 € - 330 à 510 €/sem. – **R** conseillée
Pour s'y rendre : quartier des Coings (2,4 km au nord-ouest par D 94, rte de Nyons et chemin à gauche)

Nature : 🌿 ≤
Loisirs : 🍴 snack ★ ♨ 🏊 🏇 (centre équestre)
Services : 🛂 ⟲ GB ✄ ▥ ♿ 🚿 ☎
🍲 🧺

ROUSSILLON

✉ 84220 – **332** E10 – G. Provence – 1 161 h. – alt. 360
🛈 Office de tourisme, place de la poste ☎ 04 90 05 60 25, Fax 04 90 05 63 31
Paris 720 – Apt 11 – Avignon 46 – Bonnieux 12 – Carpentras 41 – Cavaillon 25 – Sault 31.

Arc-en-Ciel de mi-mars à fin oct.
☎ 04 90 05 73 96, campingarcenciel@wanadoo.fr
– **R** conseillée
5 ha (70 empl.) fort dénivelé
Tarif : 16,50 € ★★ ⇌ 🅴 (ℹ) (6A) – pers. suppl. 4 € – frais de réservation 10 €
Pour s'y rendre : rte de Goult (2,5 km au sud-ouest par D 105 et D 104)
À savoir : agréable site dans une pinède

Nature : 🌿 ♦♦
Loisirs : 🎮 🚴
Services : 🛂 ⟲ GB ✄ ▥ ♿ 🍲
À prox. : 🏇

PROVENCE-ALPES-CÔTE D'AZUR

ST-ANDRÉ-LES-ALPES

✉ 04170 – **334** H9 – G. Alpes du Sud – 818 h. – alt. 914
🛈 Office de tourisme, place Marcel Pastorelli ✆ 04 92 89 02 39, Fax 04 92 89 19 23
Paris 786 – Castellane 20 – Colmars 28 – Digne-les-Bains 43 – Manosque 86 – Puget-Théniers 45.

▲ Municipal les Iscles
✆ 04 92 89 02 29, mairie.st-andre.les.alpes@wanadoo.fr,
Fax 04 92 89 02 56 – alt. 894 – **R**
2,5 ha (200 empl.) plat, pierreux, herbeux
🚰 1 borne flot bleu – 1 🅴
Pour s'y rendre : 1 km au sud par N 202, rte d'Annot et à gauche, à 300 m du Verdon

Nature : 🌳🌳
Loisirs : 🎪 ⛱
Services : ♿ 🔌 🚿 ♨ 📞 🏪
À prox. : 🎣 ✂ 🚴 parcours sportif, parapente

ST-APOLLINAIRE

✉ 05160 – **334** G5 – 106 h. – alt. 1 285
Paris 684 – Embrun 19 – Gap 27 – Mont-Dauphin 37 – Savines-le-Lac 8.

▲ Campéole Le Lac
✆ 04 92 44 27 43, campingleclosdulac@orange.fr,
Fax 04 92 43 46 93, www.campeole.fr – croisement difficile pour caravanes et camping-cars – alt. 1 450 – **R** conseillée
2 ha (77 empl.) en terrasses et peu incliné, herbeux
Location : 🏠
Pour s'y rendre : 2,3 km au nord-ouest par D 509, à 50 m du lac de St-Apollinaire
À savoir : Belle situation dominante

Nature : 🏞 ≤ lac de Serre-Ponçon et montagnes
Services : 🔌 🚿 ♨ 📞 🏪
À prox. : 🍴 snack 🎣

LES GUIDES VERTS MICHELIN
Paysages, monuments
Routes touristiques
Géographie
Histoire, Art
Itinéraire de visite
Plans de villes et de monuments

681

ST-AYGULF

✉ 83370 – **340** P5 – G. Côte d'Azur
🛈 Office de tourisme, place de la Poste ✆ 04 94 81 22 09, Fax 04 94 81 23 04
Paris 872 – Brignoles 69 – Draguignan 35 – Fréjus 6 – St-Raphaël 9 – Ste-Maxime 14.

⛰ L'Étoile d'Argens ⚠ – avr.-sept.
✆ 04 94 81 01 41, info@etoiledargens.com,
Fax 04 94 81 21 45, www.etoiledargens.com – **R**
11 ha (493 empl.) plat, herbeux
Tarif : (Prix 2008) 70 € 🚗 🏕 🅴 🔌 (16A) – pers. suppl. 8,50 € – frais de réservation 25 €
Location (Prix 2008) 🏠 : 80 🏕 (4 à 6 pers.) nuitée 50 € - 294 à 1 190 €/sem. – frais de réservation 25 €
Pour s'y rendre : chemin des Étangs (5 km au nord-ouest par D 7, rte de Roquebrune-sur-Argens et D 8 à dr., au bord de l'Argens, navette fluviale pour les plages (30mn))
À savoir : beaux emplacements spacieux et ombragés. Navette fluviale pour les plages (durée : 30 mn)

Nature : 🏞 🌳🌳
Loisirs : 🍴 ✗ pizzeria 🎪 🎡 jacuzzi discothèque ⛱ 🚴 ✂ 🎣 🏊
terrain omnisports, ponton d'amarrage
Services : ♿ 🔌 🛒 🚿 ♨ 🏪
🚰 sèche-linge ❄ 💈
À prox. : golf

⛰ Au Paradis des Campeurs de fin mars à mi-oct.
✆ 04 94 96 93 55, Fax 04 94 49 62 99, www.paradis-des-campeurs.com – **R** conseillée
6 ha/3,5 campables (180 empl.) terrasse, plat, herbeux
Tarif : (Prix 2008) 31 € 🚗 🏕 🅴 🔌 (6A) – pers. suppl. 6 €
Location (Prix 2008) : 11 🏕 (4 à 6 pers.) 270 à 570 €/sem. – **R** conseillée
🚰 1 borne artisanale
Pour s'y rendre : au lieu-dit : La Gaillarde-Plage (2,5 km au sud par N 98, rte de Ste-Maxime, accès direct à la plage)

Nature : 🌳 🌿
Loisirs : 🍴 ✗ 🎪 ⛱
Services : ♿ 🔌 🛒 🚿 M 🚿 ♨
☺ 🏪 🚰 sèche-linge ❄ 💈
À prox. : discothèque

PROVENCE-ALPES-CÔTE D'AZUR

ST-AYGULF

Résidence du Campeur de fin mars à mi-sept.
☎ 04 94 81 01 59, info@residence-campeur.com,
Fax 04 94 81 01 64, www.residence-campeur.com – places limitées pour le passage – **R** conseillée
10 ha (451 empl.) plat, gravier
Tarif : (Prix 2008) 48,10 € ✶✶ 🚗 🔲 ⚡(10A) – pers. suppl. 8,30 € – frais de réservation 27 €
Location (Prix 2008) (de fin mars à fin sept.) : 46 🏠 (4 à 6 pers.) 250 à 950 €/sem. – frais de réservation 27 € - **R** conseillée
Pour s'y rendre : 3 km au nord-ouest par D 7, rte de Roquebrune-sur-Argens

Nature : 🏕 ♡♡
Loisirs : 🍸 ✕ pizzeria 🏠 🎣 🎮 🏓
Services : ⛵ ⛽ GB – 451 sanitaires individuels (🚿⛲ wc) ⓦ ♿ 🚻 ♨
♨ 🧺 sèche-linge ♻ 🛒
À prox. : cinéma de plein air

Les Lauriers Roses de mi-avr. à fin sept.
☎ 04 94 81 24 46, camp.leslauriersroses@wanadoo.fr,
Fax 04 94 81 79 63, www.info-lauriersroses.com – accès aux emplacements par forte pente, mise en place et sortie des caravanes à la demande – **R** conseillée
2 ha (95 empl.) en terrasses, fort dénivelé, plat, pierreux
Tarif : 33 € ✶✶ 🚗 🔲 ⚡(6A) – pers. suppl. 7,50 € – frais de réservation 15 €
Location 🏡 : 10 🏠 (4 à 6 pers.) 365 à 710 €/sem. – frais de réservation 15 € - **R** conseillée
Pour s'y rendre : rte de Roquebrune-sur-Argens (3 km au nord-ouest par D 7)

Nature : 🌳 ≤ ♀
Loisirs : 🏠 🎣 🏊
Services : ♿ ⛽ 🚿 ♨ ⓦ 🧺 ♻
À prox. : 🛒

Vaudois de déb. mai à fin sept.
☎ 04 94 81 37 70, camping.vaudois@wanadoo.fr,
Fax 04 94 81 37 70, www.campingdevaudois.com
– **R** conseillée
3 ha (110 empl.) plat, herbeux
Tarif : (Prix 2008) 26 € ✶✶ 🚗 🔲 ⚡(10A) – pers. suppl. 5,50 €
Pour s'y rendre : 4,5 km au nord-ouest par D 7, rte de Roquebrune-sur-Argens, à 300 m d'un plan d'eau

Nature : ♡♡
Loisirs : 🏠 🏊
Services : ♿ ⛽ GB 🛴 M 🚿 ♨ ♨
🧺
À prox. : 🎣

Donnez-nous votre avis sur les terrains que nous recommandons. Faites-nous connaître vos observations et vos découvertes par mail à l'adresse : leguidecampingfrance@fr.michelin.com.

ST-CLAIR

✉ 83980 – **340** N7 – G. Côte d'Azur
Paris 881 – Marseille 104 – Toulon 44 – Cannes 100 – La Seyne 49.

St-Clair de fin mars à mi-oct.
☎ 04 94 01 30 20, Fax 04 94 71 43 64 – **R** conseillée
2 ha (69 empl.) plat
Tarif : 32,05 € ✶✶ 🚗 🔲 ⚡(16A) – pers. suppl. 3,70 €
Location : 31 studios
Pour s'y rendre : sortie est, à 150 m de la plage

Nature : 🏕 ♡♡
Loisirs : 🏠
Services : ♿ ⛽ 🛴 🚿 ♨ ⓦ 🧺 ♻
À prox. : ✕ ✂

ST-CLÉMENT-SUR-DURANCE

✉ 05600 – **334** H5 – 229 h. – alt. 872
Paris 715 – L'Argentière-la-Bessée 21 – Embrun 13 – Gap 54 – Mont-Dauphin 6 – Savines-le-Lac 24.

Les Mille Vents de mi-juin à fin août
☎ 04 92 45 10 90 – **R** conseillée
3,5 ha (100 empl.) plat, terrasse, herbeux, pierreux
Tarif : (Prix 2008) ✶ ⚡ (5A) – pers. suppl. 2,60 €
🚐 🛒 14 €
Pour s'y rendre : 1 km à l'est par N 94, rte de Briançon et D 994d à dr. apr. le pont
À savoir : au bord de la rivière

Nature : ≤ ♀
Loisirs : 🎣 🏊
Services : ♿ ⛽ 🛴 🚿 ♨ ⓦ 🧺

PROVENCE-ALPES-CÔTE D'AZUR

ST-CYR-SUR-MER

✉ 83270 – **340** J6 – 8 898 h. – alt. 10
🛈 Office de tourisme, place de l'Appel du 18 Juin, les Lecques ✆ 04 94 26 73 73, Fax 04 94 26 73 74
Paris 810 – Bandol 8 – Brignoles 70 – La Ciotat 10 – Marseille 40 – Toulon 23.

▲ **Le Clos Ste-Thérèse** de déb. avr. à fin sept.
✆ 04 94 32 12 21, camping@clos-therese.com,
Fax 04 94 32 29 62, www.clos-therese.com – accès aux emplacements par forte pente, mise en place et sortie des caravanes à la demande – places limitées pour le passage
– **R** conseillée
4 ha (123 empl.) en terrasses, pierreux, fort dénivelé
Tarif : (Prix 2008) 27,70 € ✶✶ 🚗 🅴 (ǵ) (10A) – pers.
suppl. 5,40 € – frais de réservation 21 €
Location (Prix 2008) : 8 🏠 (4 à 6 pers.) 336 à 730 €/sem.
– 18 🏠 (4 à 6 pers.) · 329 à 710 €/sem. – 2 villas – frais de réservation 21 € - **R** conseillée
🚐 5 🅴 22,50 €
Pour s'y rendre : rte de Bandol (3,5 km au sud-est par D 559)

Nature : 🌳 ♀♀
Loisirs : 🍴 🏊 Spa 🛋 🏊
Services : ♿ ⚡ 🚾 ✂ 🛒 🍳 ☃ 💧
🍴 🛒 🛁
À prox. : ✕ golf

Kataloge der **MICHELIN-Veröffentlichungen** erhalten Sie beim Buchhändler und direkt von **Michelin** (Karlsruhe).

ST-ÉTIENNE-DE-TINÉE

✉ 06660 – **341** C2 – 1 528 h. – alt. 1 147
🛈 Office de tourisme, 1, rue des communes de France ✆ 04 93 02 41 96
Paris 788 – Grenoble 226 – Marseille 262 – Nice 90 – Valence 279.

▲ **Municipal du Plan d'Eau** de déb. juin à fin sept.
✆ 04 93 02 41 57, mairie@saintetiennedetinee.fr,
Fax 04 93 02 46 93 – **R** conseillée
0,5 ha (23 empl.) terrasses, herbeux, pierreux
Tarif : (Prix 2008) 8,50 € ✶✶ 🚗 🅴
🚐 6 🅴 8,50 €
Pour s'y rendre : au Parc des Trinitaires (au nord du bourg)
À savoir : dominant un joli petit plan d'eau

Nature : 🌳 ⛰ 🏞
Loisirs : 🎣 🏖 (plage) 🐟
Services : ⚡ 🅿 🚾 ✂ Ⓜ
À prox. : canoë, parcours de santé

ST-ÉTIENNE-DU-GRÈS

✉ 13103 – **340** D3 – 2 103 h. – alt. 7
Paris 706 – Arles 16 – Avignon 24 – Les Baux-de-Provence 15 – St-Rémy-de-Provence 9 – Tarascon 8.

▲ **Municipal du Grès** Permanent
✆ 04 90 49 00 03, campingmunicipaldugres@wanadoo.fr,
www.mairie-saintetiennedugres.fr – **R** conseillée
0,6 ha (40 empl.) plat, herbeux, pierreux
Tarif : (Prix 2008) ♀ 3 € 🚗 2 € 🅴 3 € – (ǵ) (16A) 2,80 €
Pour s'y rendre : av. du Dr-Barberin (sortie nord-ouest par D 99, rte de Tarascon, près du stade, à 50 m de la Vigueira)

Nature : 🌳 ♀♀
Services : ☺ 🛋 ✂ 🍳

ST-FIRMIN

✉ 05800 – **334** E4 – 438 h. – alt. 901
🛈 Syndicat d'initiative, pont Richards ✆ 04 92 55 23 21
Paris 636 – Corps 10 – Gap 31 – Grenoble 74 – La Mure 34 – St-Bonnet-en-Champsaur 18.

▲ **La Villette** de mi-juin à mi-sept.
✆ 04 92 55 23 55, andreescallier@wanadoo.fr – **R** conseillée
0,5 ha (33 empl.) en terrasses, peu incliné, herbeux, pierreux
Tarif : ♀ 3 € 🚗 🅴 3 € – (ǵ) 2,90 €
Pour s'y rendre : rte des Reculas (500 m au nord-ouest par D 58)

Nature : 🌳 ⛰ ♀
Services : ⚡ 🛒 🛋 ⊕
À prox. : ✕ 🛶

683

PROVENCE-ALPES-CÔTE D'AZUR

ST-MANDRIER-SUR-MER

83430 – **340** K7 – G. Côte d'Azur – 5 232 h. – alt. 1
Office de tourisme, place des Résistants ☎ 04 94 63 61 69, Fax 04 94 63 57 97
Paris 836 – Bandol 20 – Le Beausset 22 – Hyères 30 – Toulon 13.

La Presqu'île (location exclusive de mobile homes) de fin mars à fin sept.
☎ 08 20 20 12 07, info@homair.com, Fax 04 42 95 03 63, www.camping-lapresquile.fr
2,5 ha en terrasses, pierreux, fort dénivelé
Location (Prix 2008) : (4 à 6 pers.) 224 à 826 €/sem. – frais de réservation 25 € - **R** conseillée
Pour s'y rendre : av. Fliche - quartier Pin Rolland (2,5 km à l'ouest, carr. D 18 et rte de la Pointe de Marégau, près du port de plaisance)

Nature : (pinède)
Loisirs : snack
Services :
À prox. :

ST-MARTIN-DE-BRÔMES

04800 – **334** D10 – G. Alpes du Sud – 403 h. – alt. 358
Paris 778 – Marseille 91 – Digne-les-Bains 55 – Manosque 20 – Pertuis 48.

Bleu Lavande de déb. mai à fin oct.
☎ 04 92 77 64 89, info@camping-bleu-lavande.com, Fax 04 92 77 60 32, www.camping-bleu-lavande.com – **R**
4 ha/2 campables (35 empl.) non clos, en terrasses, gravier, plat, bois attenant
Tarif : (Prix 2008) 16 € (10A) – pers. suppl. 4 €
Location (Prix 2008) : 9 (4 à 6 pers.) 200 à 480 €/sem. - **R** conseillée
Pour s'y rendre : chemin de Pauron

Nature : le village et la chaîne du mont Denier
Loisirs :
Services :

ST-MARTIN-D'ENTRAUNES

06470 – **341** B3 – 88 h. – alt. 1 050
Paris 778 – Annot 39 – Barcelonnette 50 – Puget-Théniers 44.

Le Prieuré de déb. mai à fin sept.
☎ 04 93 05 54 99, le.prieure@wanadoo.fr, Fax 04 93 05 53 74, http://www.le-prieure.com – alt. 1 070 – **R** conseillée
12 ha/1,5 campable (35 empl.) peu incliné à incliné, terrasse, herbeux, pierreux
Tarif : 4,40 € 9 € – (10A) 3,50 € – frais de réservation 10 €
Location (permanent) : 6 (4 à 6 pers.) - 370 à 603 €/sem. – 6 bungalows toilés – 10 gîtes – frais de réservation 10 € - **R** conseillée
Pour s'y rendre : rte des Blancs (1 km à l'est par D 2202, rte de Guillaumes puis 1,8 km par chemin à gauche, apr. le pont du Var)

Nature :
Loisirs : snack (le soir) (petite piscine)
Services :

ST-MARTIN-VESUBIE

06450 – **341** E3 – G. Alpes du Sud – 1 098 h. – alt. 1 000
Office de tourisme, place Félix Faure ☎ 04 93 03 21 28, Fax 04 93 03 21 44
Paris 899 – Marseille 235 – Nice 65 – Cuneo 140 – Cagnes-sur-Mer 64.

A la Ferme St-Joseph de fin avr. à fin oct.
☎ 06 70 51 90 14, contact.ferme@orange.fr, www.camping-alafermestjoseph.com – **R** conseillée
0,6 ha (50 empl.) incliné, plat, herbeux
Tarif : (Prix 2008) 19,70 € (6A) – pers. suppl. 3,80 € – frais de réservation 10 €
1 borne artisanale 5 € – 3 15,40 €
Pour s'y rendre : quartier St-Joseph

Nature : (verger)
Services : (juil.-août)
À prox. :

PROVENCE-ALPES-CÔTE D'AZUR

ST-PAUL-EN-FORÊT

✉ 83440 – **340** P4 – 1 139 h. – alt. 310
Paris 884 – Cannes 46 – Draguignan 27 – Fayence 10 – Fréjus 23 – Grasse 31.

▲ **Le Parc** –
☎ 04 94 76 15 35, contact@campingleparc.com,
Fax 04 94 84 71 84, campingleparc.com – **R** conseillée
3 ha (100 empl.) en terrasses, pierreux, herbeux
Pour s'y rendre : 408 quartier Trestaure (3 km au nord par D 4, rte de Fayence puis chemin à dr.)

Nature : (chênaie)
Loisirs : snack diurne
Services : sèche-linge

ST-PONS

✉ 04400 – **334** H6 – 641 h. – alt. 1 157
Paris 797 – Marseille 227 – Digne-les-Bains 84 – Gap 74 – Embrun 54.

▲ **Village Vacances Le Loup Blanc du Riou** (location exclusive de chalets) Permanent
☎ 04 92 81 44 97, leloup.blanc@wanadoo.fr,
Fax 04 92 81 44 97, www.leloupblanc.com
2 ha en terrasses, herbeux, pierreux
Location : 13 (4 à 6 pers.) nuitée 70 € - 235 à 695 €/sem. – **R** conseillée
Pour s'y rendre : 1 km au sud-ouest, derrière l'aérodrome
À savoir : agréable petit village de chalets, sous une pinède

Nature :
Loisirs :
Services :
À prox. : parc aventure, parc de loisirs, vol à voile

ST-RAPHAËL

✉ 83700 – **340** P5 – G. Côte d'Azur – 30 671 h.
🛈 Office de tourisme, rue Waldeck Rousseau ☎ 04 94 19 52 52, Fax 04 94 83 85 40
Paris 870 – Aix-en-Provence 121 – Cannes 42 – Fréjus 4 – Toulon 93.

▲ **Douce Quiétude** – de déb. avr. à mi-oct.
☎ 04 94 44 30 00, info@douce-quietude.com,
Fax 04 94 44 30 30, www.douce-quietude.com – places limitées pour le passage – **R**
10 ha (400 empl.) plat, vallonné, en terrasses, herbeux, pierreux
Tarif : 50,70 € ★★ 🚗 🔌 (16A) – pers. suppl. 9,70 € – frais de réservation 30 €
Location : 220 (4 à 6 pers.) nuitée 50 € - 350 à 1 379 €/sem. – frais de réservation 30 € – **R** conseillée
Pour s'y rendre : bd Jacques-Baudino (sortie nord-est vers Valescure puis 3 km)
À savoir : séjour de 7 nuits minimum en haute saison

Nature :
Loisirs : snack hammam jacuzzi discothèque
Services : sèche-linge

685

ST-RÉMY-DE-PROVENCE

✉ 13210 – **340** D3 – G. Provence – 9 806 h. – alt. 59
🛈 Office de tourisme, place Jean Jaurès ☎ 04 90 92 05 22, Fax 04 90 92 38 52
Paris 702 – Arles 25 – Avignon 20 – Marseille 89 – Nîmes 45 – Salon-de-Provence 39.

▲ **Mas de Nicolas** de mi-mars à mi-oct.
☎ 04 90 44 17 13, information@camping-lavalleeheureuse.com, Fax 04 90 55 16 49, www.camping-lavalleeheureuse.com – **R** conseillée
4 ha (140 empl.) plat, peu incliné, herbeux, pierreux
Tarif : (Prix 2008) 22,50 € ★★ 🚗 🔌 (6A) – pers. suppl. 6,30 € – frais de réservation 17 €
Location (Prix 2008) : 18 (4 à 6 pers.) 300 à 650 €/sem. – 13 (4 à 6 pers.) - 300 à 650 €/sem. – frais de réservation 17 € - **R** conseillée
1 borne artisanale
Pour s'y rendre : quartier Lavau (sortie nord, rte d'Avignon puis 1 km par D 99 (déviation), rte de Cavaillon, à dr. et r. Théodore-Aubanel à gauche)

Nature :
Loisirs : hammam jacuzzi
Services :

PROVENCE-ALPES-CÔTE D'AZUR

ST-RÉMY-DE-PROVENCE

Monplaisir de déb. mars à fin oct.
04 90 92 22 70, reception@camping-monplaisir.fr,
Fax 04 90 92 18 57, www.camping-monplaisir.fr – **R** conseillée
2,8 ha (130 empl.) plat, herbeux, pierreux
Tarif : 25,60 € (6A) – pers. suppl. 7,50 € – frais de réservation 17 €
Location : 7 (4 à 6 pers.) 350 à 680 €/sem. – 2 (4 à 6 pers.) - 350 à 680 €/sem. – **R** conseillée
Pour s'y rendre : chemin Monplaisir (800 m au nord-ouest par D 5, rte de Maillane et chemin à gauche)
À savoir : agréable cadre fleuri autour d'un mas provençal

Pégomas de déb. mars à fin oct.
04 90 92 01 21, contact@campingpegomas.com,
Fax 04 90 92 01 21, www.campingpegomas.com – **R** conseillée
2 ha (105 empl.) plat, herbeux
Tarif : 23,50 € (6A) – pers. suppl. 6,50 € – frais de réservation 17 €
Location : 6 (4 à 6 pers.) 300 à 500 €/sem. – **R** conseillée
1 borne artisanale
Pour s'y rendre : av. Jean-Moulin (sortie est par D 99a, rte de Cavaillon et à gauche, à l'intersection du chemin de Pégomas et av. Jean-Moulin (vers D 30, rte de Noves))

*La catégorie (1 à 5 tentes, **noires** ou **rouges**) que nous attribuons aux terrains sélectionnés dans ce guide est une appréciation qui nous est propre. Elle ne doit pas être confondue avec le classement (1 à 4 étoiles) établi par les services officiels.*

ST-SAUVEUR-SUR-TINÉE

06420 – **341** D3 – G. Alpes du Sud – 337 h. – alt. 500
Syndicat d'initiative, Mairie 04 93 02 00 22, Fax 04 93 02 05 20
Paris 816 – Auron 31 – Guillaumes 42 – Isola 2000 28 – Puget-Théniers 44 – St-Étienne-de-Tinée 28.

Municipal de mi-juin à mi-sept.
04 93 02 03 20, mairie.st-sauveur-sur-tinee@wanadoo.fr, www.saintsauveursurtinee.fr – **R** conseillée
0,37 ha (20 empl.) plat et terrasses, pierreux, gravillons
Tarif : (Prix 2008) 8 € – 3 €
Location : gîte d'étape – **R** conseillée
Pour s'y rendre : 800 m au nord sur D 30, rte de Roubion, av. le pont, au bord de la Tinée, chemin piétonnier direct pour rejoindre le village

STE-CROIX-DE-VERDON

04500 – **334** E10 – 102 h. – alt. 530 – Base de loisirs
Paris 780 – Brignoles 59 – Castellane 59 – Digne-les-Bains 51 – Draguignan 53 – Manosque 44.

Municipal les Roches de déb. avr. à fin sept.
04 92 77 78 99, mairie.saintecroixduverdon@wanadoo.fr,
Fax 04 92 77 76 23, www.saintecroixduverdon.com – **R** conseillée
6 ha (233 empl.) plat et en terrasses, vallonné, accidenté, herbeux, gravillons
Tarif : (Prix 2008) 13,50 € (6A) – pers. suppl. 3 €
Pour s'y rendre : rte du Lac (1 km au nord-est du bourg, à 50 m du lac de Ste-Croix - pour les caravanes, le passage par le village est interdit)
À savoir : bel ombrage sous les oliviers et amandiers

PROVENCE-ALPES-CÔTE D'AZUR

STES-MARIES-DE-LA-MER

✉ 13460 – **340** B5 – G. Provence – 2 478 h. – alt. 1
🛈 *Office de tourisme, 5, avenue Van Gogh* ✆ *04 90 97 82 55, Fax 04 90 97 71 15*
Paris 761 – Aigues-Mortes 31 – Arles 40 – Marseille 131 – Montpellier 67 – Nîmes 55 – St-Gilles 36.

▲ **Le Clos du Rhône** de déb. avr. à déb. nov.
✆ 04 90 97 85 99, *leclos@saintesmaries.com*,
Fax 04 90 97 78 85, *www.camping-leclos.fr* – **R** conseillée
7 ha (448 empl.) plat, sablonneux
Tarif : (Prix 2008) 23,50 € ✱✱ 🚗 🗐 (10A) – pers.
suppl. 8,40 €
Location (Prix 2008) : 55 🏠 (4 à 6 pers.) 268 à 649 €/sem.
– 10 bungalows toilés – **R** conseillée
🚐, 1 borne artisanale 11 €
Pour s'y rendre : rte de l'Amarée (2 km à l'ouest par D 38 et à gauche)
À savoir : près du petit Rhône et de la plage

Nature : ♀
Loisirs : 🎱 ⛳ 🏊 ≋ 🎣
Services : ♿ ⚡ 🅶🅱 🛒 🗑 ♨ ⓐ ⚙
⛲ ⛽ 🔌 sèche-linge ❄ cases réfrigérées
À prox. : 🐎

Nos guides hôteliers, nos guides touristiques et nos cartes routières sont complémentaires. Utilisez-les ensemble.

SALERNES

✉ 83690 – **340** M4 – G. Côte d'Azur – 3 269 h. – alt. 209
🛈 *Office de tourisme, place Gabriel Peri* ✆ *04 94 70 69 02, Fax 04 94 70 73 34*
Paris 830 – Aix-en-Provence 81 – Brignoles 33 – Draguignan 23 – Manosque 65.

▲ **Municipal les Arnauds** de déb. mai à fin sept.
✆ 04 94 67 51 95, *lesarnauds@ville-salernes.fr*,
Fax 04 94 70 75 57, *www.village-vacances-lesarnauds.com*
– **R** conseillée
2 ha (52 empl.) plat, herbeux
Tarif : ✱ 6,70 € 🚗 🗐 10,25 € (10A)
Location (permanent) : 4 🏠 (4 à 6 pers.) 333 €/sem. – 21 appartements – **R** conseillée
Pour s'y rendre : quartier les Arnauds (sortie nord-ouest par D 560, rte de Sillans-la-Cascade et à gauche - accès au village par chemin piétonnier longeant la rivière)
À savoir : belle décoration arbustive et florale, près de la Bresque

Nature : 🌳 🏞 ♀♀
Loisirs : 🎱 ⛳♿🏊 (plan d'eau)
Services : ♿ ⚡ 🅶🅱 🛒 🗑 ♨ ⓐ ⚙
⛲ ⛽ 🔌 sèche-linge cases réfrigérées

Massif de la Sainte-Victoire

PROVENCE-ALPES-CÔTE D'AZUR

LES SALLES-SUR-VERDON

✉ 83630 – **340** M3 – G. Alpes du Sud – 186 h. – alt. 440

🛈 *Office de tourisme, place Font Freye* ✆ 04 94 70 21 84, Fax 04 94 84 22 57

Paris 790 – Brignoles 57 – Digne-les-Bains 60 – Draguignan 49 – Manosque 62 – Moustiers-Ste-Marie 15.

▲▲ **Les Pins** de déb. avr. à mi-oct.
✆ 04 98 10 23 80, campinglespins83@orange.fr,
Fax 04 94 84 23 27, *www.campinglespins.com* – **R** conseillée
3 ha/2 campables (104 empl.) plat et en terrasses, gravier, pierreux, herbeux
Tarif : ★ 5,50 € 🚗 🏕 11,50 € ⚡ (6A) – frais de réservation 25 €
🚐 1 borne artisanale – 4 🏕 19,40 €
Pour s'y rendre : sortie sud par D 71 puis 1,2 km par chemin à dr., à 100 m du lac de Ste-Croix - accès direct au bourg
À savoir : agréable cadre ombragé, petite pinède attenante

Nature : ❄ 🌳 ♀♀
Loisirs : 🏊 🎣
Services : ♿ 🚰 GB ✓ 🎪 ♨ ⊘ 🛁 🏪 ⚡ 🍴 🏠 sèche-linge cases réfrigérées
À prox. : 🚣 🏊 💧 parcours de santé, canoë

Benutzen Sie
– zur Wahl der Fahrtroute
– zur Berechnung der Entfernungen
– zur exakten Lokalisierung eines Campingplatzes (mit Hilfe der Angaben im Ortstext) die für diesen Führer unentbehrlichen **MICHELIN-Karten**.

SALON-DE-PROVENCE

✉ 13300 – **340** F4 – G. Provence – 37 129 h. – alt. 80

🛈 *Office de tourisme, 56, cours Gimon* ✆ 04 90 56 27 60, Fax 04 90 56 77 09

Paris 720 – Aix-en-Provence 37 – Arles 46 – Avignon 50 – Marseille 54 – Nîmes 76.

▲ **Nostradamus** de déb. mars à fin oct.
✆ 04 90 56 08 36, gilles.nostra@wanadoo.fr,
Fax 04 90 56 11 45, *www.camping-nostradamus.com* – **R** conseillée
2,7 ha (83 empl.) plat, herbeux
Tarif : 24 € ★★ 🚗 🏕 (6A) – pers. suppl. 5,40 € – frais de réservation 15 €
Location (permanent) : 16 🏠 (4 à 6 pers.) 440 à 686 €/sem. – frais de réservation 20 € - **R** conseillée
Pour s'y rendre : rte d'Eyguière (5,8 km au nord-ouest par D 17 et D 72D à gauche)
À savoir : au bord d'un canal

Nature : 🌊 🌳 ♀♀
Loisirs : 🏊 🎣 🏊
Services : ♿ 🚰 GB ✓ 🎪 🏪 ♨ ⊘ 🛁 🍴 💧 🏠

SANARY-SUR-MER

✉ 83110 – **340** J7 – G. Côte d'Azur – 16 995 h. – alt. 1

Paris 824 – Aix-en-Provence 75 – La Ciotat 23 – Marseille 55 – Toulon 13.

▲▲ **Campasun Mas de Pierredon** ⚠ – de mi-avr. à mi-sept.
✆ 04 94 74 25 02, pierredon@campasun.com,
Fax 04 94 74 61 42, *www.campasun.com* – **R** conseillée
6 ha/2,5 campables (122 empl.) plat et en terrasses, pierreux, herbeux
Tarif : 37,10 € ★★ 🚗 🏕 (10A) – pers. suppl. 7,60 € – frais de réservation 25 €
Location : 6 🏠 (4 à 6 pers.) nuitée 62 € - 324 à 818 €/sem. – 35 🏡 (4 à 6 pers.) nuitée 56 € - 273 à 818 €/sem. – 8 bungalows toilés – frais de réservation 25 € - **R** conseillée
🚐 1 borne eurorelais 4,30 €
Pour s'y rendre : 652 chemin Raoul-Coletta, quartier Pierredon (3 km au nord, rte d'Ollioules et à gauche apr. le pont de l'autoroute)

Nature : 🌳 ♀♀
Loisirs : 🍴 ✕ 🏊 🏃 🎣 ✂ 🏊
Services : ♿ 🚰 GB ✓ 🎪 🏪 ♨ – 16 sanitaires individuels (🚿 🚽 wc) ⊘ 🛁 🍴 💧 🏠

PROVENCE-ALPES-CÔTE D'AZUR

SANARY-SUR-MER

▲▲▲ **Campasun Parc Mogador** de mi-mars à déb. nov.
📞 04 94 74 53 16, *mogador@campasun.com*,
Fax 04 94 74 10 58, *www.campasun.com* – **R** conseillée
(de mi-mars à fin juin)
3 ha (180 empl.) terrasse, plat, herbeux, pierreux
Tarif : 37,10 € ★★ 🚗 🔲 (10A) – pers. suppl. 7,60 € – frais de réservation 25 €
Location : 59 (4 à 6 pers.) nuitée 45 € - 233 à 895 €/sem. – 6 (4 à 6 pers.) nuitée 58 € - 281 à 762 €/sem. – frais de réservation 25 € - **R** conseillée
1 borne eurorelais 4,20 €
Pour s'y rendre : 167 chemin de Baucours

LE SAUZÉ-DU-LAC

✉ 05160 – **334** F6 – 87 h. – alt. 1 052
Paris 697 – Barcelonette 35 – Digne-les-Bains 74 – Gap 40 – Guillestre 41.

▲ **La Palatrière** de déb. mai à fin sept.
📞 04 92 44 20 98, *lapalatriere@wanadoo.fr*, *www.lapalatriere.com* – **R** conseillée
3 ha (30 empl.) en terrasses, pierreux, herbeux
Tarif : (Prix 2008) 21 € ★★ 🚗 🔲 (8A) – pers. suppl. 5,90 €
Location (Prix 2008) (de déb. avr. à déb. déc.) : 10 (4 à 6 pers.) nuitée 47 € - 325 à 690 €/sem. – **R** conseillée
5 🔲 15 €
Pour s'y rendre : site des Demoiselles Coiffées (4,6 km au sud par D 954)
À savoir : belle situation dominant le lac de Serre-Ponçon

SERRES

✉ 05700 – **334** C6 – G. Alpes du Sud – 1 204 h. – alt. 670
🛈 Office de tourisme, rue du lac 📞 04 92 67 00 67, Fax 04 92 67 16 16
Paris 670 – Die 68 – Gap 41 – Manosque 89 – La Mure 75 – Nyons 65.

▲▲▲ **Domaine des Deux Soleils** de mi-avr. à fin oct.
📞 04 92 67 01 33, *dom.2soleils@orange.fr*,
Fax 04 92 67 08 02, *www.domaine-2soleils.com* – alt. 800 – **R** conseillée
26 ha/12 campables (72 empl.) en terrasses, pierreux, herbeux
Tarif : 21,25 € ★★ 🚗 🔲 (6A) – pers. suppl. 3,50 € – frais de réservation 22,75 €
Location : 8 (4 à 6 pers.) nuitée 45 € - 315 à 595 €/sem. – 14 (4 à 6 pers.) nuitée 45 € - 315 à 650 €/sem. – frais de réservation 22,75 € - **R** conseillée
10 🔲 17,90 €
Pour s'y rendre : au lieu-dit : La Flamenche (800 m au sud-est par N 75, rte de Sisteron puis 1 km par rte à gauche, à Super-Serres)

689

Si vous recherchez :
- △ *Un terrain au bord de l'eau avec possibilité de baignade*
- ❀ *Un terrain agréable ou très tranquille*
- L *Un terrain effectuant la location de caravanes, de mobile homes, de bungalows ou de chalets*
- P *Un terrain ouvert toute l'année*
- 🚐 *Un terrain possédant une aire de services pour camping-cars*

Consultez le tableau des localités

PROVENCE-ALPES-CÔTE D'AZUR

SEYNE

04140 – **334** G6 – G. Alpes du Sud – 1 440 h. – alt. 1 200
Office de tourisme, place d'Armes 04 92 35 11 00, Fax 04 92 35 28 84
Paris 719 – Barcelonnette 43 – Digne-les-Bains 43 – Gap 54 – Guillestre 71.

Les Prairies de mi-avr. à mi-sept.
04 92 35 10 21, info@campinglesprairies.com, www.cam pinglesprairies.com – **R** conseillée
3,6 ha (108 empl.) non clos, plat, pierreux, herbeux
Tarif : 22,50 € (10A) – pers. suppl. 5 € – frais de réservation 16 €
Location : (4 à 6 pers.) 250 à 550 €/sem. – (4 à 6 pers.) - 290 à 610 €/sem. – frais de réservation 16 € - **R** conseillée
1 borne artisanale
Pour s'y rendre : à Haute Gréyère, chemin Charcherie (1 km au sud par D 7, rte d'Auzet et chemin à gauche, au bord de la Blanche)

SISTERON

04200 – **334** D7 – G. Alpes du Sud – 6 964 h. – alt. 490
Office de tourisme, 1, place de la République 04 92 61 12 03, Fax 04 92 61 19 57
Paris 704 – Barcelonnette 100 – Digne-les-Bains 40 – Gap 52.

Municipal des Prés-Hauts de déb. mars à fin oct.
04 92 61 19 69, camping.sisteron@wanadoo.fr, Fax 04 92 61 19 69, www.sisteron.fr – **R** conseillée
4 ha (141 empl.) plat et peu incliné, herbeux
Tarif : 21,60 € (10A) – pers. suppl. 4,30 € – frais de réservation 10 €
Location (de déb. mai à fin sept.) : 6 (4 à 6 pers.) 260 à 530 €/sem. – frais de réservation 10 € - **R** conseillée
16 21,60 €
Pour s'y rendre : 44 chemin des Prés-Hauts (3 km au nord par rte de Gap et D 951 à dr., rte de la Motte-du-Caire, près de la Durance)
À savoir : emplacements bien délimités dans un cadre verdoyant

SOSPEL

06380 – **341** F4 – G. Côte d'Azur – 2 885 h. – alt. 360
Office de tourisme, 19, avenue Jean Médecin 04 93 04 15 80, Fax 04 93 04 19 96
Paris 967 – Breil-sur-Roya 21 – L'Escarène 22 – Lantosque 42 – Menton 19 – Nice 41.

Le Mas Fleuri (location exclusive de mobile homes et chalets) Permanent
04 93 04 14 94, camping-le-mas-fleuri@wanadoo.fr, Fax 04 93 04 14 86, www.camping-mas-fleuri.com – empl. traditionnels également disponibles – **R** conseillée
11,5 ha plat, en terrasses
Location (Prix 2008) : (4 à 6 pers.) 280 à 500 €/sem. – (4 à 6 pers.) - 300 à 500 €/sem. – gîtes – frais de réservation 20 € - **R** conseillée
1 borne artisanale
Pour s'y rendre : quartier la Vasta Inferieure

Domaine Ste-Madeleine de fin mars à déb. oct.
04 93 04 10 48, camp@camping-sainte-madeleine.com, www.camping-sainte-madeleine.com – **R** conseillée
3 ha (90 empl.) en terrasses, herbeux, pierreux
Tarif : 21,90 € (10A) – pers. suppl. 4,20 €
Location (juil.-août) : 10 (4 à 6 pers.) - 275 à 575 €/sem. – 3 – **R** conseillée
1 borne artisanale 2 €
Pour s'y rendre : rte de Moulinet (4,5 km au nord-ouest par D 2566, rte du col de Turini)

PROVENCE-ALPES-CÔTE D'AZUR

LE THOR
✉ 84250 – **332** C10 – G. Provence – 6 619 h. – alt. 50
Paris 688 – Avignon 18 – Carpentras 16 – Cavaillon 14 – L'Isle-sur-la-Sorgue 5 – Orange 30.

Domaine Le Jantou de déb. avr. à fin sept.
☎ 04 90 33 90 07, *jantou@franceloc.fr*, Fax 04 90 33 79 84,
www.lejantou.com – **R** conseillée
6 ha/4 campables (195 empl.) plat, herbeux
Tarif : (Prix 2008) 29,70 € ✶✶ ⬜ 🅴 (10A) – pers.
suppl. 7 € – frais de réservation 25 €
Location (avr.-oct.) : 77 🏠 (4 à 6 pers.) nuitée 68 € - 168
à 735 €/sem. – 1 🏠 (4 à 6 pers.) nuitée 63 € - 175 à
759 €/sem. – frais de réservation 25 € - **R** conseillée
🚐 1 borne artisanale
Pour s'y rendre : 1,2 km à l'ouest par sortie nord vers
Bédarrides, accès direct à la Sorgue, accès conseillé par D 1
(contournement)

Nature : 🌳 ♀♀
Loisirs : 🏠 🎯 🚲 🏊 ♨
Services : 🚻 🔑 GB 🔧 🧺 🚿 ♿ ⛲
🧺 sèche-linge 🔧 réfrigérateurs
À prox. : 🛒

This Guide is not intended as a list of all the camping sites in France; its aim is to provide a selection of the best sites in each category.

TOURRETTES-SUR-LOUP
✉ 06140 – **341** D5 – G. Côte d'Azur – 3 870 h. – alt. 400
🛈 *Office de tourisme, 2, place de la Libération* ☎ 04 93 24 18 93, Fax 04 93 59 24 40
Paris 936 – Marseille 188 – Nice 35 – Antibes 25 – Cannes 37.

La Camassade Permanent
☎ 04 93 59 31 54, *courrier@camassade.com*,
Fax 04 93 59 31 81, *www.camassade.com* – **R** conseillée
1,8 ha (40 empl.) en terrasses, plat, pierreux
Tarif : (Prix 2008) ✶ 4,60 € ⬜ 3,15 € 🅴 10,30 € –
[⚡] (6A) 4,70 € – frais de réservation 10 €
Location (Prix 2008) : 3 🏠 (4 à 6 pers.) 270 à 530 €/sem.
– 4 🏠 (4 à 6 pers.) - 295 à 595 €/sem. – frais de
réservation 10 € - **R** conseillée
Pour s'y rendre : 523 rte de Pie-Lombard

Nature : 🌳 🌲 ♀♀
Loisirs : 🏠 🏊
Services : 🚻 🔑 GB 🔧 🧺 🚿 ♿ 📞
🧺 sèche-linge

VAISON-LA-ROMAINE
✉ 84110 – **332** D8 – G. Provence – 5 904 h. – alt. 193
🛈 *Office de tourisme, place du Chanoine-Sautel* ☎ 04 90 36 02 11, Fax 04 90 28 76 04
Paris 664 – Avignon 51 – Carpentras 27 – Montélimar 64 – Pont-St-Esprit 41.

Carpe Diem 👥 –
10 ha/6,5 campables (232 empl.) en terrasses, plat et peu incliné, herbeux
Location : 🏠 – 🏠 – 6 bungalows toilés – **R**
Pour s'y rendre : rte de St-Marcellin (2 km au sud-est à l'intersection du D 938, rte de Malaucène et du D 151)
À savoir : originale reconstitution d'un amphythéâtre autour de la piscine

Nature : 🌳 🌲 ♀♀
Loisirs : 🍴 snack, pizzeria 🏠 📺 🚴
🎯 🎪 ⛱ 🏊 ♨
Services : 🚻 🔑 🧺 ♿ 📦 🚿 🔧 cases réfrigérées

Le Soleil de Provence de mi-mars à fin oct.
☎ 04 90 46 46 00, *info@camping-soleil-de-provence.fr*,
Fax 04 90 46 40 37, *www.camping-soleil-de-provence.fr*
– **R** conseillée
4 ha (153 empl.) plat et en terrasses, peu incliné, herbeux, pierreux
Tarif : ✶ 6 € ⬜ 5 € 🅴 5 € – [⚡] (10A) 4,50 € – frais de réservation 10 €
Location ♨ : 18 🏠 (4 à 6 pers.) 280 à 680 €/sem. – frais de réservation 10 € - **R** conseillée
🚐 1 borne artisanale 3 €
Pour s'y rendre : rte de Nyons (3,5 km au nord-est par D 938)

Nature : ≼ Ventoux et montagnes de Nyons 🌲 ♀
Loisirs : 🏠 🎯 🏊 ♨
Services : 🚻 🔑 🚐 🧺 🚿 🔧 ♿ 📞 🧺

691

PROVENCE-ALPES-CÔTE D'AZUR

VAISON-LA-ROMAINE

Théâtre Romain de mi-mars à déb. nov.
04 90 28 78 66, info@camping-theatre.com,
Fax 04 90 28 78 76, www.camping-theatre.com – **R** conseillée
1,2 ha (75 empl.) plat, herbeux, gravillons
Tarif : 6 € – 8 € – (10A) 4 € – frais de réservation 11 €
Location : 6 (4 à 6 pers.) nuitée 45 € - 380 € 650 €/sem. – frais de réservation 11 € - **R** conseillée
1 borne artisanale 5 €
Pour s'y rendre : quartier des Arts, chemin du Brusquet (au nord-est de la ville, accès conseillé par rocade)

VALENSOLE

04210 – **334** D9 – 2 334 h. – alt. 566
Syndicat d'initiative, place des Héros de la Résistance 04 92 74 90 02
Paris 758 – Brignolles 64 – Castellane 72 – Digne-les-Bains 46 – Manosque 21 – Salernes 58.

Oxygène de mi-avr. à mi-sept.
04 92 72 41 77, sarloxygene@libertysurf.fr,
Fax 04 92 72 41 77, www.camping-oxygene.com
– **R** conseillée
2,5 ha (100 empl.) non clos, plat, pierreux, herbeux, haies de lauriers
Tarif : (Prix 2008) 22 € (10A) – pers. suppl. 5 €
1 borne artisanale 9 €
Pour s'y rendre : au lieu-dit : Les Chabrands-Villedieu (19 km au sud-ouest par D 6, rte de Manosque et D 4, rte d'Oraison, à 300 m de la Durance (accès direct), accès conseillé par D 4 - par A 51 sortie 18 Manosque)

VENCE

06140 – **341** D5 – G. Côte d'Azur – 16 982 h. – alt. 325
Office de tourisme, 8, place du Grand Jardin 04 93 58 06 38, Fax 04 93 58 91 81
Paris 923 – Antibes 20 – Cannes 30 – Grasse 24 – Nice 23.

Domaine de la Bergerie de fin mars à mi-oct.
04 93 58 09 36, info@camping-domainedelabergerie.com, Fax 04 93 59 80 44, www.camping-domainedelabergerie.com – **R**
30 ha/13 campables (450 empl.) plat et en terrasses, rocailleux, herbeux
Tarif : (Prix 2008) 27,50 € (5A) – pers. suppl. 5 € – frais de réservation 15 €
1 borne artisanale 4 €
Pour s'y rendre : 1330 chemin de la Sine (4 km à l'ouest par D 2210, rte de Grasse et chemin à gauche)
À savoir : Ancienne bergerie joliment restaurée

LE VERNET

04140 – **334** G7 – 104 h. – alt. 1 200
Paris 729 – Digne-les-Bains 32 – La Javie 16 – Seyne 11.

Lou Passavous de mi-avr. à déb. oct.
04 92 35 14 67, loupassavous@wanadoo.fr, www.loupassavous.com – **R** conseillée
1,5 ha (60 empl.) plat, non clos, peu incliné, herbeux, pierreux
Tarif : 21 € (6A) – pers. suppl. 4 € – frais de réservation 10 €
Pour s'y rendre : au lieu-dit : Le Vernet (800 m au nord par rte de Roussimat, au bord du Bès)

PROVENCE-ALPES-CÔTE D'AZUR

VEYNES

✉ 05400 – **334** C5 – 3 093 h. – alt. 827
🛈 Office de tourisme, avenue Commandant Dumont ✆ 04 92 57 27 43, Fax 04 92 58 16 18
Paris 660 – Aspres-sur-Buëch 9 – Gap 25 – Sisteron 51.

▲ **Les Prés** de mi-juin à déb. sept.
✆ 04 92 57 26 22, campinglespres05@orange.fr, www.camping-les-pres.com – alt. 960 – **R** conseillée
0,35 ha (25 empl.) plat et peu incliné, herbeux
Tarif : 16,30 € ★★ 🚗 🏢 (6A) – pers. suppl. 3,70 €
Location : 8 🏕 (2 à 4 pers.) 270 à 350 €/sem. – **R** conseillée
Pour s'y rendre : au lieu-dit : le Petit Vaux (3,4 km au nord-est par D 994, rte de Gap puis 5,5 km par D 937, rte du col de Festre et chemin à gauche, près de la Béoux)

Nature : 🌳 ≤ 🌊
Loisirs : 🎠 🚲 🏊 (piscine pour enfants)
Services : 👤 ⚡ GB 🔧 🍳 📱

VILLARD-LOUBIÈRE

✉ 05800 – **334** E4 – 62 h. – alt. 1 026
Paris 648 – La Chapelle-en-Valgaudémar 5 – Corps 22 – Gap 43 – La Mure 46.

▲ **Les Gravières** de mi-juin à mi-sept.
✆ 04 92 55 35 35, info@sudrafting.fr, Fax 04 92 55 35 35, www.sudrafting.fr – **R** conseillée
2 ha (50 empl.) plat, pierreux, herbeux, sous-bois
Tarif : (Prix 2008) 18 € ★★ 🚗 🏢 (5A) – pers. suppl. 7 €
Pour s'y rendre : 700 m à l'est par rte de la Chapelle-en-Valgaudémar et chemin à dr.
À savoir : Cadre et site agréables au bord de la Séveraisse

Nature : 🌳 ≤ 🌊
Loisirs : 🏠 ✂ 🍳
Services : 👤 ⚡ (juil.-août) GB 🔧 🏊 ⚡ 📱

VILLARS-COLMARS

✉ 04370 – **334** H7 – 209 h. – alt. 1 225
Paris 774 – Annot 37 – Barcelonnette 46 – Colmars 3 – St-André-les-Alpes 26.

⛺ **Le Haut-Verdon** Permanent
✆ 04 92 83 40 09, campinglehautverdon@wanadoo.fr, Fax 04 92 83 56 61, www.lehautverdon.com – **R** conseillée
3,5 ha (109 empl.) plat, pierreux
Tarif : (Prix 2008) 25 € ★★ 🚗 🏢 (10A) – pers. suppl. 5 € – frais de réservation 15 €
Location (Prix 2008) : 6 🏕 (4 à 6 pers.) 270 à 600 €/sem. – 4 🏠 (4 à 6 pers.) - 250 à 550 €/sem. – frais de réservation 15 € - **R** conseillée
🚐 1 borne sanistation 3 € – 50 🏢 28 €
Pour s'y rendre : par D 908, au bord du Verdon, accès très déconseillé par le col d'Allos

Nature : ≤ 🏔 🌲🌲(pinède)
Loisirs : pizzeria, snack 🏠 🎠 ✂ 🏊
Services : ⚡ GB 🔧 🍳 📱 ⚡ 🏊
📱 🚿

VILLECROZE

✉ 83690 – **340** M4 – G. Côte d'Azur – 1 087 h. – alt. 300
🛈 Office de tourisme, rue Amboise Croizat ✆ 04 94 67 50 00, Fax 04 94 67 50 00
Paris 835 – Aups 8 – Brignoles 38 – Draguignan 21 – St-Maximin-la-Ste-Baume 48.

⛺ **Le Ruou** ⚠ – de fin mars à fin oct.
✆ 04 94 70 67 70, info@leruou.com, Fax 04 94 70 64 65, www.leruou.com – places limitées pour le passage – **R** conseillée
4,3 ha (100 empl.) en terrasses, plat, herbeux, fort dénivelé
Tarif : 33,25 € ★★ 🚗 🏢 (10A) – pers. suppl. 6,20 € – frais de réservation 24 €
Location (de déb. avr. à fin oct.) : 39 🏕 (4 à 6 pers.) nuitée 32 € - 189 à 849 €/sem. – 19 🏠 (4 à 6 pers.) nuitée 40 € - 229 à 779 €/sem. – 26 bungalows toilés – frais de réservation 24 € - **R** conseillée
🚐 1 borne artisanale 5 € – 2 🏢 22 €
Pour s'y rendre : au lieu-dit : Les Esparrus (5,4 km au sud-est par D 251, rte de Barbebelle et D 560, rte de Flayosc, accès conseillé par D 560)
À savoir : beaux emplacements en terrasses

Nature : ≤ 🌲🌲(pinède)
Loisirs : 🍴 snack, pizzeria 🏠 🎠
🎠 🏊 🏊
Services : 👤 ⚡ GB 🔧 🏊 ⚡ 📱 🍴
📱 sèche-linge 🚿

693

PROVENCE-ALPES-CÔTE D'AZUR

VILLENEUVE-LOUBET

06270 – **341** D6 – G. Côte d'Azur – 12 935 h. – alt. 10
Office de tourisme, 16, avenue de la Mer 04 92 02 66 16, Fax 04 92 02 66 19
Paris 915 – Antibes 12 – Cagnes-sur-Mer 3 – Cannes 22 – Grasse 24 – Nice 15 – Vence 10.

à Villeneuve-Loubet-Plage S : 5 km – 06270

La Vieille Ferme Permanent
04 93 33 41 44, info@vieilleferme.com,
Fax 04 93 33 37 28, www.vieilleferme.com – **R** conseillée
2,9 ha (153 empl.) en terrasses, plat, gravillons, herbeux
Tarif : 38 € ✱✱ ⛺ 🔲 (10A) – pers. suppl. 4 € – frais de réservation 25 €
Location : 31 🏠 (4 à 6 pers.) nuitée 55 € - 390 à 770 €/sem. – frais de réservation 25 € - **R** conseillée
🚐 1 borne raclet
Pour s'y rendre : 296 bd des Groules (2,8 km au sud par N 7, rte d'Antibes et à dr.)

Nature : 🌳 ♤♤
Loisirs : 🏊 🎾 🎣 🎿 (découverte en saison)
Services : ♿ ⚡ 🇬🇧 ✂ 🚻 🚿 ⊕ ♨ 🛒 🌀 ♻ 🍽 sèche-linge 👕 cases réfrigérées
À prox. : ✖

Parc des Maurettes de déb. janv. à mi-nov.
04 93 20 91 91, info@parcdesmaurettes.com,
Fax 04 93 73 77 20, www.parcdesmaurettes.com
– **R** conseillée
2 ha (140 empl.) en terrasses, pierreux, gravier
Tarif : (Prix 2008) 30 € ✱✱ ⛺ 🔲 (10A) – pers. suppl. 5 € – frais de réservation 24 €
Location (Prix 2008) : 14 🏠 (4 à 6 pers.) - 396 à 667 €/sem. – frais de réservation 24 € - **R** conseillée
🚐 1 borne artisanale 6 €
Pour s'y rendre : 730 av. du Dr-Lefebvre (par N 7)
À savoir : agréable espace relax'balnéo

Nature : 🌳 ♤♤
Loisirs : 🏊 🛁 jacuzzi informations touristiques 🎣
Services : ♿ ⚡ 🅿 (tentes) 🇬🇧 ✂ 🚻 🚿 ⊕ ♨ 🌀 ♻ 🍽 sèche-linge
À prox. : 🛒

L'Hippodrome
04 93 20 02 00, contact@camping-hippodrome.com,
Fax 04 92 13 20 07, www.meublecamping-hippodrome.com/ – **R**
0,8 ha (46 empl.) plat, gravillons
Pour s'y rendre : 5 av. des Rives (à 400 m de la plage, derrière Géant Casino)

Nature : 🌳 ♤♤
Loisirs : 🏊 🎾 🎣 🎿 (découverte en saison)
Services : ♿ ⚡ 🚻 🚿 ⊕ ♨ 🌀 ♻ 🍽 sèche-linge réfrigérateur
À prox. : 🛒 snack

VILLES-SUR-AUZON

84570 – **332** E9 – G. Alpes du Sud – 1 030 h. – alt. 255
Paris 694 – Avignon 45 – Carpentras 19 – Malaucène 24 – Orange 40 – Sault 24.

Les Verguettes de déb. avr. à mi-oct.
04 90 61 88 18, info@provence-camping.com,
Fax 04 90 61 97 87, www.provence-camping.com
– **R** conseillée
2 ha (88 empl.) plat, peu incliné et terrasses, herbeux, pierreux
Tarif : (Prix 2008) 22,40 € ✱✱ ⛺ 🔲 (6A) – pers. suppl. 5,70 € – frais de réservation 23 €
Location (Prix 2008) : 8 🚐 (4 à 6 pers.) 430 à 560 €/sem. – frais de réservation 23 € - **R** conseillée
Pour s'y rendre : rte de Carpentras (sortie ouest par D 942)

Nature : 🌿 🌳 ♤♤
Loisirs : 🏊 ✂ 🍴 🎣
Services : ♿ ⚡ 🇬🇧 🚻 🚿 ⊕ 🌀 ♻ 🍽 👕 réfrigérateurs

VIOLÈS

84150 – **332** C9 – 1 536 h. – alt. 94
Paris 659 – Avignon 34 – Carpentras 21 – Nyons 33 – Orange 14 – Vaison-la-Romaine 17.

Les Favards de fin avr. à déb. oct.
04 90 70 90 93, favards@free.fr, Fax 04 90 70 97 28,
www.favards.com – **R** conseillée
20 ha/1,5 campable (49 empl.) plat, herbeux
Tarif : ✱ 5,50 € ⛺ 🔲 4 € – 🔲 (10A) 3 €
Pour s'y rendre : rte d'Orange (1,2 km à l'ouest par D 67)
À savoir : au milieu des vignes

Nature : ≤ 🌳 ♀
Loisirs : 🏊 🎣
Services : ♿ ⚡ 🚻 Ⓜ ⊕ ♨ 🍽

PROVENCE-ALPES-CÔTE D'AZUR

VISAN

✉ 84820 – **332** C8 – 1 612 h. – alt. 218
Paris 652 – Avignon 57 – Bollène 19 – Nyons 20 – Orange 27 – Vaison-la-Romaine 16.

▲ **L'Hérein** de mi-mars à mi-oct.
℘ 04 90 41 95 99, *accueil@camping-visan.com*,
Fax 04 90 41 91 72, *www.camping-visan.com* – **R** conseillée
3,3 ha (75 empl.) plat, herbeux, pierreux
Tarif : 18,60 € ✶✶ ⇔ 🅴 [⚡] (10A) – pers. suppl. 3,50 € –
frais de réservation 10 €
Location ✂ : 4 🏠 (4 à 6 pers.) nuitée 45 € – 285 à
425 €/sem. – frais de réservation 10 € - **R** conseillée
Pour s'y rendre : 1 km à l'ouest par D 161, rte de Bouchet,
près d'un ruisseau

Nature : 🌳 🏕 ♀♀
Loisirs : snack 🎮 🎯 🏸
Services : 👤 🔑 GB 🅰 🚿 🏪 🔥 ♻ ⊘
🚿 ♨ 🧺 🧼

VOLONNE

✉ 04290 – **334** E8 – G. Alpes du Sud – 1 514 h. – alt. 450
Paris 718 – Château-Arnoux-St-Aubin 4 – Digne-les-Bains 29 – Forcalquier 33 – Les Mées 17 – Sisteron 14.

⛰ **L'Hippocampe** ⛺ – de mi-avr. à fin sept.
℘ 04 92 33 50 00, *camping@l-hippocampe.com*,
Fax 04 92 33 50 49, *www.l-hippocampe.com* – **R** conseillée
8 ha (447 empl.) plat, herbeux, verger
Tarif : 32 € ✶✶ ⇔ 🅴 [⚡] (10A) – pers. suppl. 6,50 € – frais
de réservation 30 €
Location : 138 🏠 (4 à 6 pers.) nuitée 60 € – 336 à
889 €/sem. – 6 🏠 (4 à 6 pers.) nuitée 50 € – 280 à
819 €/sem. – 45 bungalows toilés – frais de réservation
30 € - **R** conseillée
🚏, 1 borne artisanale 5 € – 🚐 11 €
Pour s'y rendre : rte Napoléon (500 m au sud-est par D 4)
À savoir : cadre agréable, au bord de la Durance

Nature : ≤ 🏕 ♀♀
Loisirs : 🍷 pizzeria, self-service,
snack 🌙 nocturne 🎯 discothèque,
salle d'animation 🎮 ⚫ ⚓ 🏊 ca-
noë, pédalos
Services : 👤 🔑 GB 🅰 🚿 🔥 ♻ ⊘
🚿 ♨ 🧺 🧼
À prox. : 🐎

VOLX

✉ 04130 – **334** D9 – 2 690 h. – alt. 350
Paris 748 – Digne-les-Bains 51 – Forcalquier 15 – Gréoux-les-Bains 22 – Manosque 9 – Reillanne 22.

▲ **Municipal la Vandelle**
℘ 04 92 79 35 85, *mairie.volx@wanadoo.fr*,
Fax 04 92 79 32 26, *www.camping.volx.com* – **R** conseillée
2 ha (50 empl.) plat, peu incliné et terrasses, herbeux,
pierreux, bois attenant
Pour s'y rendre : 1,3 km au sud-ouest du bourg

Nature : 🌳 ♀♀
Loisirs : 🏊
Services : 👤 ☕ ⊘ 🧺

695

RHÔNE-ALPES

Terre de contrastes et carrefour d'influences, la région Rhône-Alpes offre mille et une facettes. Du haut des montagnes alpines, la beauté touche au sublime : ce paradis des skieurs dominé par le mont Blanc, toit de l'Europe, déploie un spectacle unique de cimes immaculées et glaciers éblouissants. Quittez cette nature préservée, et vous plongez dans l'intense animation de la vallée du Rhône, symbolisée par la course puissante du fleuve. Des voies romaines au TGV, la principale artère de circulation entre Nord et Midi s'est forgé une réputation de locomotive économique. Sur cette « grand-route des vacances », les touristes bien inspirés s'échappent des bouchons routiers pour goûter la cuisine des bouchons lyonnais et celle des tables renommées qui ont fait de la capitale des Gaules un royaume du palais.

Rhône-Alpes is a land of contrasts and a crossroads of culture. Its lofty peaks are heaven on earth to skiers, climbers and hikers are drawn by the beauty of its glittering glaciers and tranquil lakes, and stylish Chamonix and Courchevel set the tone in alpine chic. Step down from the roof of Europe, past herds of cattle on the mountain pastures, and into the bustle of the Rhône valley: from Roman roads to TGVs, the main arteries between north and south have forged the region's reputation for economic drive. Holidaymakers rush through Rhône-Alpes in their millions every summer, but those in the know always stop to taste its culinary specialities. The region abounds in restaurants, the three-star trend-setters and Lyon's legendary neighbourhood *bouchons* making it a true kingdom of cuisine.

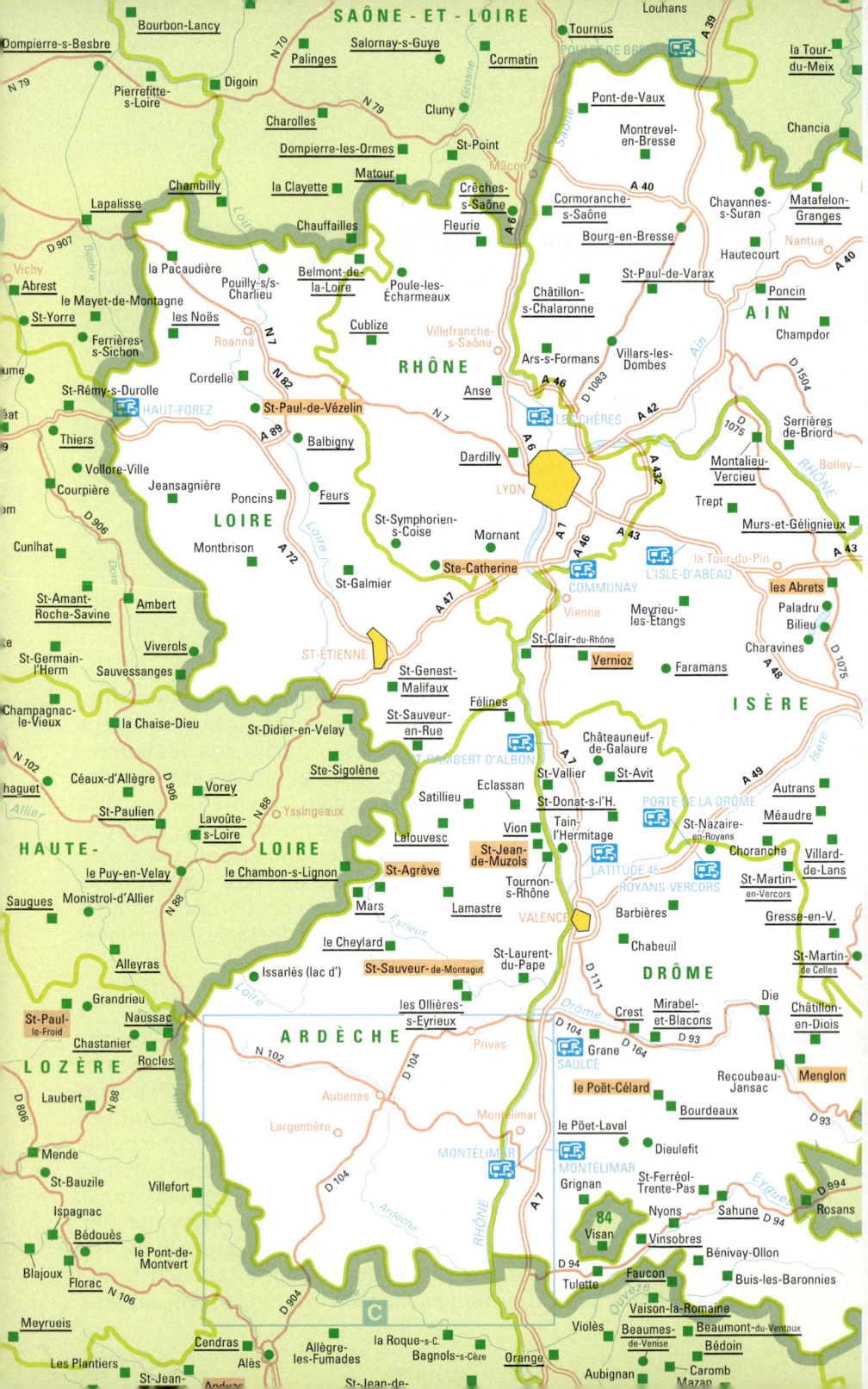

RHÔNE-ALPES

LES ABRETS

✉ 38490 – **333** G4 – 2 705 h. – alt. 398

🛈 Syndicat d'initiative, place Eloi Cuchet ✆ 04 76 32 11 24

Paris 514 – Aix-les-Bains 45 – Belley 31 – Chambéry 38 – Grenoble 59 – La Tour-du-Pin 13 – Voiron 22.

⛰ **Le Coin Tranquille** – de déb. avr. à fin oct.
✆ 04 76 32 13 48, contact@coin-tranquille.com,
Fax 04 76 37 40 67, www.coin-tranquille.com –
4 ha (180 empl.) plat, peu incliné, herbeux
Tarif : (Prix 2008) 28 € – pers. suppl. 7 €
– frais de réservation 16 €
Location : 14 (4 à 6 pers.) – 350 à 798 €/sem. – frais de réservation 31 € – **R** conseillée
1 borne
Pour s'y rendre : 6 chemin des Vignes (2,3 km à l'est par N 6, rte du Pont-de-Beauvoisin et rte à gauche)

Nature : diurne
Loisirs :
Services : sèche-linge

AIGUEBLANCHE

✉ 73260 – **333** M4 – 2 664 h. – alt. 461

Paris 641 – Lyon 174 – Chambéry 74 – Albertville 25 – Sallanches 69.

⛰ **Marie-France** de mi-mars à fin oct.
✆ 04 79 24 22 21, studio@marie-france.eu,
Fax 04 79 22 94 81, www.camping-studios-savoie.com
– **R** conseillée
0,5 ha (30 empl.) plat, en terrasses, herbeux
Tarif : 2,50 € – 3,80 € – (10A) 3,70 €
Location (permanent) : 40 studios
4 – 11,24 € – 8,50 €
Pour s'y rendre : la Léchère

Nature :
Loisirs :
Services :
À la base de loisirs : rafting, canoë-kayak, parcours sportif

AIX-LES-BAINS

✉ 73100 – **333** I3 – G. Alpes du Nord – 25 732 h. – alt. 200 –

🛈 Office de tourisme, place Maurice Mollard ✆ 04 79 88 68 00, Fax 04 79 88 68 01

Paris 539 – Annecy 34 – Bourg-en-Bresse 115 – Chambéry 18 – Lyon 107.

⛰ **International du Sierroz** de mi-mars à mi-nov.
✆ 04 79 61 21 43, campingsierroz@aixlesbains.com,
Fax 04 79 63 35 08, www.aixlesbains.com/campingsierroz –
R
5 ha (290 empl.) plat, herbeux, gravier
Tarif : (Prix 2008) 20,50 € – (10A) – pers. suppl. 3,90 €
Location (Prix 2008) : 24 (4 à 6 pers.) nuitée 50 € – 340 à 580 €/sem. – frais de réservation 12 € – **R** conseillée
1 borne 4 € – 20 – 9,80 €
Pour s'y rendre : bd Robert-Barrier (2,5 km au nord-ouest)
À savoir : Cadre boisé, proche du lac

Nature :
Loisirs :
Services : sèche-linge
À prox. :

ALEX

✉ 74290 – **328** K5 – G. Alpes du Nord – 792 h. – alt. 589

Paris 545 – Albertville 42 – Annecy 12 – La Clusaz 20 – Genève 49.

⛰ **La Ferme des Ferrières** de déb. juin à fin sept.
✆ 04 50 02 87 09, campingfermedesferrieres@voila.fr,
Fax 04 50 02 80 54, www.camping-des-ferrieres.com
– **R** conseillée
5 ha (200 empl.) peu incliné à incliné, herbeux
Tarif : (Prix 2008) 14 € – (6A) – pers. suppl. 2,40 €
Pour s'y rendre : les Ferrières (1,5 km à l'ouest par D 909, rte d'Annecy et chemin à dr.)

Nature :
Loisirs :
Services :

RHÔNE-ALPES

ALLEVARD

✉ 38580 – **333** J5 – G. Alpes du Nord – 3 081 h. – alt. 470 –
🛈 *Office de tourisme, place de la Résistance* ☎ 04 76 45 10 11, Fax 04 76 45 97 59 32
Paris 593 – Albertville 50 – Chambéry 33 – Grenoble 40 – St-Jean-de-Maurienne 68.

▲▲▲ **Clair Matin** de déb. mai à mi-oct.
☎ 04 76 97 55 19, *contact@camping-clair-matin.com*,
Fax 04 76 45 87 15, *www.camping-clair-matin.fr*
– **R** conseillée
5,5 ha (200 empl.) plat, peu incliné et en terrasses, herbeux
Tarif : (Prix 2008) ⚹ 3,10 € – 🚗 回 11,70 € – (ⅉ) (10A) 4,85 € – frais de réservation 8 €
Location (Prix 2008) : 🏠 (4 à 6 pers.) 255 à 500 €/sem.
– frais de réservation 13 € - **R** conseillée
🚐 1 borne artisanale 2 € – 10 回 10 € – 🚽 (ⅉ) 10 €
Pour s'y rendre : 20 rte de Pommiers (sortie sud-ouest par D 525, rte de Grenoble à dr.)

Nature : 🌳 ≤ 🞅🞅
Loisirs : snack 🏠 ⛹
Services : ♿ ⚡ 🆖 🧺 🗑 🞈 ⚡
🚽 🍴 🧺 sèche-linge
À prox. : 🛒

ANSE

✉ 69480 – **327** H4 – 4 744 h. – alt. 170
🛈 *Office de tourisme, place du 8 mai 1945* ☎ 04 74 60 26 16, Fax 04 74 67 29 74
Paris 436 – L'Arbresle 17 – Bourg-en-Bresse 57 – Lyon 27 – Mâcon 51 – Villefranche-sur-Saône 7.

▲▲▲ **Les Portes du Beaujolais** de déb. mars à fin oct.
☎ 04 74 67 12 87, *campingbeaujolais@wanadoo.fr*,
Fax 04 74 09 90 97, *www.camping-beaujolais.com* – **R**
7,5 ha (198 empl.) plat, herbeux
Tarif : (Prix 2008) 18,90 € ⚹⚹ 🚗 回 (ⅉ) (10A) – pers. suppl. 4,80 €
Location (Prix 2008) (permanent) : 29 🏠 (4 à 6 pers.)
nuitée 50 € - 190 à 375 €/sem. – 29 🏕 (4 à 6 pers.)
nuitée 65 € - 350 à 495 €/sem. – **R** conseillée
🚐 1 borne – 10 回 18,70 €
Pour s'y rendre : av. Jean-Vacher (sortie sud-est, rte de Lyon et 600 m par chemin à gauche av. le pont, au confluent de l'Azergues et de la Saône)

Nature : 🛏 🞅
Loisirs : 🍽 snack 🏠 🎠 🚴 🞈
Services : ♿ ⚡ 🆖 🗑 🞈 ⚡
🚽 🍴 🧺
À prox. : 🐟

701

ARGENTIÈRE

✉ 74400 – **328** O5 – G. Alpes du Nord – alt. 1 252 – Sports d'hiver : voir Chamonix
🛈 *Office de tourisme, 24, route du village* ☎ 04 50 54 02 14, Fax 04 50 54 06 39
Paris 619 – Annecy 106 – Chamonix-Mont-Blanc 10 – Vallorcine 10.

▲ **Le Glacier d'Argentière** de mi-mai à fin sept.
☎ 04 50 54 17 36, Fax 04 50 54 03 73, *www.campingchamonix.com* – **R**
1 ha (80 empl.) incliné à très incliné, herbeux
Tarif : 20,20 € ⚹⚹ 🚗 回 (ⅉ) (10A) – pers. suppl. 5 €
Pour s'y rendre : au lieu-dit : aux Chosalets (1 km au sud par rte de Chamonix, à 200 m de l'Arve)

Nature : ≤ 🞅
Loisirs : 🏠
Services : ♿ ⚡ (juil.-août) 🞈 ⚡
sèche-linge

ARS-SUR-FORMANS

✉ 01480 – **328** B5 – G. Lyon Drôme Ardèche – 1 102 h. – alt. 248
🛈 *Office de tourisme, rue Jean-Marie Vianney* ☎ 04 74 08 10 76, Fax 04 74 08 15 42
Paris 431 – Bourg-en-Bresse 45 – Lyon 38 – Mâcon 46 – Villefranche-sur-Saône 10.

▲ **Municipal le Bois de la Dame** de déb. avr. à fin sept.
☎ 04 74 00 77 23, *mairie.ars-sur-formans@wanadoo.fr*,
Fax 04 74 08 10 62 – **R**
1 ha (103 empl.) peu incliné et terrasse, herbeux, pierreux
Tarif : (Prix 2008) 13 € ⚹⚹ 🚗 回 (ⅉ) (10A) – pers. suppl. 1,70 €
Pour s'y rendre : 590 chemin du Bois-de-la-Dame (500 m à l'ouest du centre bourg, près d'un étang)

Nature : 🌳 🞅
Loisirs : 🎠 ✂
Services : ♿ ⚡ 🞈 ⚡
À prox. : 🛒

RHÔNE-ALPES

ARTEMARE

✉ 01510 – **328** H5 – 970 h. – alt. 245
Paris 506 – Aix-les-Bains 33 – Ambérieu-en-Bugey 47 – Belley 18 – Bourg-en-Bresse 82 – Nantua 43.

△ **Le Vaugrais** Permanent
 ✆ 04 79 87 37 34, contact@camping-le-vaugrais.fr,
 Fax 04 79 87 37 34, www.camping-le-vaugrais.fr – **R** conseillée
 1 ha (33 empl.) plat, herbeux
 Tarif : (Prix 2008) 18,50 € ✶✶ 🚗 🅴 🅗 (6A) – pers. suppl. 4 €
 Location (Prix 2008) : 🏠 (4 à 6 pers.) 250 à 530 €/sem.
 – **R** conseillée
 🚐 1 borne artisanale 2 € – 1 🅴 12 € – 🍴 10 €
 Pour s'y rendre : Chemin le Vaugrais-Cerveyrieu (700 m à l'ouest par D 69d, rte de Belmont, au bord du Séran, à Cerveyrieu)

Nature : ≤ 🌳
Loisirs : 🚲 🎣
Services : ♿ ⚬ 🆖 🚗 ⓘ 🚿 🚾 🛜
À prox. : 🛶

AUBENAS

✉ 07200 – **331** I6 – G. Lyon Drôme Ardèche – 11 018 h. – alt. 330
🛈 Office de tourisme, 4, boulevard Gambetta ✆ 04 75 89 02 03, Fax 04 75 89 02 04
Paris 627 – Alès 76 – Mende 112 – Montélimar 41 – Privas 32 – Le Puy-en-Velay 91.

▲ **La Chareyrasse** (location exclusive de mobile homes chalets et bungalows toilés) Permanent
 ✆ 04 42 54 27 68, lachareyrasse07@orange.fr,
 Fax 04 42 53 43 19, www.camping-la-chareyrasse.fr
 2,3 ha plat, herbeux, pierreux
 Location (Prix 2008) : 24 🏠 (4 à 6 pers.) 280 à 695 €/sem. – 6 🏠 (4 à 6 pers.) - 435 à 595 €/sem. – 3 bungalows toilés – **R** conseillée
 Pour s'y rendre : quartier St-Pierre (3,5 km au sud-est par rte à partir de la gare, à St-Pierre-sous-Aubenas)
 À savoir : Agréable cadre boisé, au bord de l'Ardèche

Nature : 🌿 🌳
Loisirs : 🍴 pizzeria 🏊 🎣 🎯
Services : ♿ ⚬ 🆖 🚗 🧺 🚿 🅿
 🍳 ✂
À prox. : 🍽

AUSSOIS

✉ 73500 – **333** N6 – G. Alpes du Nord – 628 h. – alt. 1 489
🛈 Office de tourisme, route des Barrages ✆ 04 79 20 30 80, Fax 04 79 20 40 23
Paris 670 – Albertville 97 – Chambéry 110 – Lanslebourg-Mont-Cenis 17 – Modane 7 – St-Jean-de-Maurienne 38.

▲ **Municipal la Buidonnière** Permanent
 ✆ 04 79 20 35 58, camping@aussois.com,
 Fax 04 79 20 35 58, www.camping-aussois.com – **R** conseillée
 4 ha (160 empl.) en terrasses et peu incliné, pierreux, herbeux
 Tarif : ✶ 5,50 € – 🅗 (10A) 6,30 €
 🚐 1 borne eurorelais 2 € – 50 🅴 5,50 €
 Pour s'y rendre : rte de Cottériat (sortie sud par D 215, rte de Modane et chemin à gauche)

Nature : ❄ 🌳 ≤ Parc de la Vanoise 🌿
Loisirs : 🏠 🎣 🎯 🏓 🎿 🏊 (bassin) parcours sportif
Services : ♿ ⚬ 🆖 🚗 🧺 🚿 🛜
 🌀 sèche-linge

AUTRANS

✉ 38880 – **333** G6 – 1 541 h. – alt. 1 050 – Sports d'hiver : 1 050/1 650 m ≴13 ⚡
🛈 Office de tourisme, rue du Cinéma ✆ 04 76 95 30 70, Fax 04 76 95 38 63
Paris 586 – Grenoble 36 – Romans-sur-Isère 58 – St-Marcellin 47 – Villard-de-Lans 16.

▲▲ **Au Joyeux Réveil** 👥 – de déb. mai à fin sept.
 ✆ 04 76 95 33 44, camping-au-joyeux-reveil@wanadoo.fr,
 Fax 04 76 95 72 98, www.camping-au-joyeux-reveil.fr
 – **R** conseillée
 1,5 ha (100 empl.) plat, herbeux
 Tarif : 34 € ✶✶ 🚗 🅴 🅗 (6A) – pers. suppl. 5 € – frais de réservation 10 €
 Location : 16 🏠 (4 à 6 pers.) 320 à 800 €/sem. – 4 🏠 (4 à 6 pers.) - 320 à 800 €/sem. – frais de réservation 15 € - **R** conseillée
 🚐 1 borne artisanale 6 € – 16 🅴 30 €
 Pour s'y rendre : le Château (sortie nord-est par rte de Montaud et à dr.)

Nature : ❄ ≤
Loisirs : 🏠 🎣 🏊 🎯 🎿
Services : ♿ ⚬ 🆖 🚗 Ⓜ 🧺 🚿 ✂
 🌀 🛜 ♿

RHÔNE-ALPES

BALBIGNY

✉ 42510 – **327** E5 – 2 616 h. – alt. 331
Paris 423 – Feurs 10 – Noirétable 44 – Roanne 29 – St-Étienne 56 – Tarare 28.

La Route Bleue de mi-mars à fin oct.
☎ 04 77 27 24 97, camping.balbigny@wanadoo.fr,
Fax 04 77 27 24 97, www.laroutebleue.com – **R** conseillée
2 ha (100 empl.) plat, peu incliné, herbeux
Tarif : (Prix 2008) ✱ 3,80 € ⇔ 🅴 3,80 € – [½] (6A) 2,80 €
🅿 1 borne 3 € – 8 🅴 10 € – 🚿 10 €
Pour s'y rendre : lieu-dit : Pralery (2,8 km au nord-ouest par N 82 et D 56 à gauche, rte de St-Georges-de-Baroille)
À savoir : Site agréable au bord de la Loire

Nature : 🌳 ♀
Loisirs : 🍷 snack 🏠 🛝 🏊
Services : ♿ 🔑 🆘 ♻ 🧺 🔌 🚿 🚰
sèche-linge

LA BALME-DE-SILLINGY

✉ 74330 – **328** J5 – 3 729 h. – alt. 480
🛈 Syndicat d'initiative, route de Choisy ☎ 04 50 68 78 70, Fax 04 50 68 53 29
Paris 524 – Dijon 250 – Grenoble 111 – Lons-le-Saunier 136 – Lyon 141 – Mâcon 139.

La Caille de fin mai à fin sept.
☎ 04 50 68 85 21, contact@aubergedelacaille.com,
Fax 04 50 68 74 56, www.aubergedelacaille.com
– **R** conseillée
4 ha/1 campable (30 empl.) plat, peu incliné, herbeux
Tarif : 25 € ✱✱ ⇔ 🅴 (12A) – pers. suppl. 5,80 €
Location (permanent) 🅿 (chalets) : 12 🏠 (4 à 6 pers.) nuitée 70 € - 355 à 754 €/sem. – 7 🛏 – 2 gîtes – frais de réservation 15 € - **R** conseillée
Pour s'y rendre : 4 km au nord sur N 508 dir. Frangy et chemin à dr.

Nature : 🌳 🏕 ♀
Loisirs : 🍷 🍽 🏠 🚲 ✂ 🏊
Services : ♿ 🔑 🆘 ♻ 🚿 🔌 🧺

Les indications d'accès à un terrain sont généralement indiquées, dans notre guide, à partir du centre de la localité.

703

BARBIÈRES

✉ 26300 – **332** D4 – 647 h. – alt. 426
Paris 586 – Lyon 124 – Valence 23 – Grenoble 79.

Le Gallo-Romain de fin avr. à mi-sept.
☎ 04 75 47 44 07, info@legalloromain.net,
Fax 04 75 47 44 07, www.legalloromain.net – **R** conseillée
3 ha (62 empl.) plat et peu incliné, terrasses, herbeux, pierreux
Tarif : 28,50 € ✱✱ ⇔ 🅴 (6A) – pers. suppl. 4,25 € – frais de réservation 15 €
Location : 13 🚐 (4 à 6 pers.) nuitée 50 € - 190 à 530 €/sem. – frais de réservation 15 € - **R** conseillée
Pour s'y rendre : rte du Col de Tourniol (1,2 km au sud-est par D 101, au bord de la Barberolle)

Nature : 🌳 ⬅ ♀♀
Loisirs : 🍷 🍕 🏠 🛝 🏊
Services : ♿ 🔑 🆘 ♻ 🧺 🍴 🔌 🚿
☕ 🧊 🖨 sèche-linge 🧼

BEAUFORT

✉ 73270 – **333** M3 – G. Alpes du Nord – 1 985 h. – alt. 750
🛈 Office de tourisme, Route du Grand Mont ☎ 04 79 38 37 57, Fax 04 79 38 16 70
Paris 601 – Albertville 21 – Chambéry 72 – Megève 37.

Municipal Domelin de déb. juin à fin sept.
☎ 04 79 38 33 88, camping-beaufort@oarange.fr,
Fax 04 79 38 33 88 – **R**
2 ha (100 empl.) plat, peu incliné, herbeux
Tarif : (Prix 2008) ✱ 3,37 € ⇔ 2,05 € 🅴 2,85 € –
[½] (6A) 2,60 €
Pour s'y rendre : 1,2 km au nord par rte d'Albertville et rte à dr.

Nature : 🌳 ⬅ ♀
Services : ♿ 🔑 (juil.-août) ♻ 🔌
🖨 sèche-linge

RHÔNE-ALPES

BEAUFORT

▲ Les Sources
🕿 04 79 38 31 77, campingsources@roselend.com,
Fax 04 79 38 31 77, www.campingsources.com – alt. 1 000 –
R indispensable
0,9 ha (55 empl.) plat, herbeux

Pour s'y rendre : 5 km au sud-est par D 925, rte de Bourg-
St-Maurice, à 100 m du Doron

À savoir : Dans un site agréable, au pied des cascades

BELMONT-DE-LA-LOIRE

✉ 42670 – **327** F3 – 1 501 h. – alt. 525
🛈 Syndicat d'initiative, place des rameaux 🕿 04 77 63 64 27, Fax 04 77 63 64 27
Paris 405 – Chauffailles 6 – Roanne 35 – St-Étienne 108 – Tarare 46 – Villefranche-sur-Saône 50.

▲ Municipal les Écureuils de déb. juin à fin sept.
🕿 04 77 63 72 25 , mairie@belmontdelaloire.fr,
Fax 04 77 63 62 71, www.belmontdelaloire.fr – **R** conseillée
0,6 ha (28 empl.) peu incliné à incliné, en terrasses,
gravillons, herbeux
Tarif : (Prix 2008) ✱ 2,05 € ⇔ 1 € 🅴 1,20 € – [₰] (5A) 2,15 €
Location (Prix 2008) (permanent) : 8 🏠 (4 à 6 pers.)
nuitée 45 € - 226 à 295 €/sem. – frais de réservation
74 € - **R** conseillée
🚐 1 borne artisanale

Pour s'y rendre : aire de loisirs du Plan d'Eau (1,4 km à
l'ouest par D 4, rte de Charlieu et chemin à gauche, à 300 m
d'un étang)

BENIVAY-OLLON

✉ 26170 – **332** E8 – 57 h. – alt. 450
Paris 689 – Lyon 227 – Valence 126 – Avignon 71 – Salon 98.

▲ L'Écluse de fin avr. à fin sept.
🕿 04 75 28 07 32, camp.ecluse@wanadoo.fr,
Fax 04 75 28 16 87, www.campecluse.com – **R** conseillée
4 ha (75 empl.) plat et en terrasses, accidenté, gravillons,
pierreux, herbeux
Tarif : 23,50 € ✱✱ ⇔ 🅴 [₰] (6A) – pers. suppl. 5 € – frais
de réservation 15 €
Location (de déb. avr. à mi-oct.) 🏕 (de déb. juil. à fin
août) : 10 🏠 (4 à 6 pers.) 260 à 670 €/sem. – 10 🏠 (4
à 6 pers.) - 260 à 670 €/sem. – frais de réservation 30 € -
R conseillée

Pour s'y rendre : Quartier Barastrage (1 km au sud sur
D 347, au bord d'un ruisseau)

À savoir : Sous les cerisiers, au milieu d'une vigne

BERRIAS ET CASTELJAU

✉ 07460 – **331** H7 – 566 h. – alt. 126
Paris 668 – Aubenas 40 – Largentière 29 – St-Ambroix 18 – Vallon-Pont-d'Arc 22 – Les Vans 10.

▲▲ Les Cigales de déb. avr. à fin sept.
🕿 04 75 39 30 33, contact@camping-cigales-ardeche.com,
Fax 04 75 39 30 33, www.camping-cigales-ardeche.com
– **R** conseillée
3 ha (70 empl.) plat et peu incliné, terrasses, herbeux
Tarif : 20,50 € ✱✱ ⇔ 🅴 [₰] (6A) – pers. suppl. 3,50 €
Location : 2 🏕 (2 à 4 pers.) nuitée 25 € - 160 à
300 €/sem. – 19 🏠 (4 à 6 pers.) nuitée 50 € - 215 à
500 €/sem. – 7 🏠 (4 à 6 pers.) nuitée 50 € - 230 à
500 €/sem. – gîtes – **R** conseillée

Pour s'y rendre : la Rouvière (1 km au nord-est)

À savoir : Cadre agréable et fleuri

RHÔNE-ALPES

BERRIAS ET CASTELJAU

La Source de fin avr. à mi-sept.
04 75 39 39 13, contact@camping-source-ardeche.com,
www.camping-source-ardeche.com – **R** conseillée
2,5 ha (81 empl.) plat, pierreux, herbeux
Tarif : 20,90 € ✶✶ ⇔ 🅴 (6A) – pers. suppl. 4,80 € –
frais de réservation 25 €
Location : 22 🏠 (4 à 6 pers.) 215 à 565 €/sem.
– **R** conseillée
Pour s'y rendre : chemin de la Rouvière (sortie nord-est, rte de Casteljau)

Nature : 🌳 ⛺ ♀
Loisirs : snack, pizzeria 🎱 🏓 🏊
🛶
Services : ♿ 🔑 🚐 🚿 ♨ 🅱 🧺
🔥

BILIEU

✉ 38850 – **333** G5 – 922 h. – alt. 580
Paris 526 – Belley 44 – Chambéry 47 – Grenoble 38 – La Tour-du-Pin 24 – Voiron 11.

Municipal Bord du Lac de mi-avr. à fin sept.
04 76 06 67 00, mairie.bilieu@paysvoironnais.com,
Fax 04 76 06 67 15 – places limitées pour le passage
– **R** conseillée
1,3 ha (81 empl.) plat, herbeux, en terrasses, gravillons
Tarif : (Prix 2008) 17,20 € ✶✶ ⇔ 🅴 (10A) – pers. suppl. 4,50 € – frais de réservation 15 €
Pour s'y rendre : 1,9 km à l'ouest - accès conseillé par D 50d et D 90

Nature : 🌳 ⛰ ♀♀(boulaie) ⛴
Loisirs : 🛶 ponton d'amarrage
Services : ♿ 🔑 🚐 🏪 🅱 ♨

LES BOSSONS

✉ 74400 – **328** O5 – G. Alpes du Nord – alt. 1 005
Paris 614 – Lyon 222 – Annecy 89 – Thonon 99 – Annemasse 73.

Les Deux Glaciers fermé de mi-nov. à mi-déc.
04 50 53 15 84, info@les2glaciers.com,
Fax 04 50 53 15 84, www.les2glaciers.com – **R** conseillée
1,6 ha (130 empl.) en terrasses, herbeux
Tarif : (Prix 2008) ✶ 5,10 € ⇔ 1,90 € 🅴 2,20 € –
[✱] (10A) 5 €
Location (Prix 2008) 💧 : 🏠 (4 à 6 pers.) 230 à 540 €/sem. – 🏡 (4 à 6 pers.) - 250 à 575 €/sem.
– **R** conseillée
Pour s'y rendre : 80 rte des Tissières (rte du Tremplin-Olympique)
À savoir : À proximité des glaciers, cadre agréable

Nature : ❄ ⛰ ♀♀
Loisirs : snack
Services : ♿ 🔑 🅶🅱 🚿 🏪 🅱 ♨ ♨
🍽 🏠 sèche-linge 🔥

705

BOURDEAUX

✉ 26460 – **332** D6 – 563 h. – alt. 426
🛈 Office de tourisme, rue Droite 04 75 53 35 90
Paris 608 – Crest 24 – Montélimar 42 – Nyons 40 – Pont-St-Esprit 83 – Valence 51.

Les Bois du Châtelas de déb. avr. à fin sept.
04 75 00 60 80, contact@chatelas.com,
Fax 04 75 00 60 81, www.chatelas.com – **R** conseillée
17 ha/7 campables (80 empl.) en terrasses, peu incliné, pierreux, herbeux
Tarif : 33,70 € ✶✶ ⇔ 🅴 (10A) – pers. suppl. 6 € – frais de réservation 20 €
Location : 35 🏠 (4 à 6 pers.) nuitée 60 € - 280 à 721 €/sem. – 25 🏡 (4 à 6 pers.) nuitée 64 € - 308 à 763 €/sem. – frais de réservation 20 € – **R** conseillée
🚐 1 borne raclet 1 € – 10 🅴 14,90 € – [✱] 15 €
Pour s'y rendre : rte de Dieulefit (1,4 km au sud-ouest par D 538)
À savoir : Restaurant et village chalets panoramiques

Nature : 🌳 ⛰ ⛺
Loisirs : 🍽 ✕ snack, pizzeria 🎱
🛁 hammam jacuzzi 🏓 🚴 🎯
🏊 ⛷ terrain omnisports
Services : ♿ 🔑 🅶🅱 🚿 Ⓜ 🏪 🅱 ♨
♨ ⛴ 🐕 🍽 🔥 🧺
À prox. : ✕ 🐎

RHÔNE-ALPES

LE BOURG-D'ARUD

✉ 38520 – **333** J8 – G. Alpes du Nord – Base de loisirs
Paris 628 – L'Alpe-d'Huez 25 – Le Bourg-d'Oisans 15 – Les Deux-Alpes 29 – Grenoble 66.

▲ **Le Champ du Moulin** fermé mai et de mi-sept. à mi-déc.
☎ 04 76 80 07 38, info@champ-du-moulin.com,
Fax 04 76 80 24 44, www.champ-du-moulin.com
– **R** conseillée
1,5 ha (80 empl.) non clos, plat, herbeux, pierreux
Tarif : 24,60 € ✶✶ 🚗 📧 [⚡] (10A) – pers. suppl. 4,90 € – frais de réservation 15 €
Location : 4 🏠 (4 à 6 pers.) 210 à 532 €/sem. – 10 🏠 (4 à 6 pers.) - 210 à 602 €/sem. – 4 appartements – frais de réservation 15 € - **R** conseillée
🚐 1 borne artisanale
Pour s'y rendre : sortie ouest par D 530
À savoir : Entouré par les montagnes de l'Oisans, bord du Vénéon

> Nature : ❄ 🌳 ♀
> Loisirs : 🍴 snack, le soir uniquement 🛖 🚣
> Services : 👤 🔌 GB 🚿 🚽 ♨ ⊙ 📞 🗑 🛒
> À prox. : à la base de loisirs : 🏇 ✂ 🏊 🛶 sports en eaux vives, parc aventure

Si vous désirez réserver un emplacement pour vos vacances, faites-vous préciser au préalable les conditions particulières de séjour, les modalités de réservation, les tarifs en vigueur et les conditions de paiement.

LE BOURG-D'OISANS

✉ 38520 – **333** J7 – G. Alpes du Nord – 2 984 h. – alt. 720 – Sports d'hiver : 🎿
🛈 Office de tourisme, quai Girard ☎ 04 76 80 03 25, Fax 04 76 80 10 38
Paris 614 – Briançon 66 – Gap 95 – Grenoble 52 – St-Jean-de-Maurienne 72 – Vizille 32.

▲ **À la Rencontre du Soleil** de déb. mai à fin sept.
☎ 04 76 79 12 22, rencontre.soleil@wanadoo.fr,
Fax 04 76 80 26 37, www.alarencontredusoleil.com
– **R** conseillée
1,6 ha (73 empl.) plat, herbeux
Tarif : 29,10 € ✶✶ 🚗 📧 [⚡] (10A) – pers. suppl. 6,30 € – frais de réservation 15,25 €
Location (permanent) 🅿 : 11 🏠 (4 à 6 pers.) 310 à 660 €/sem. – 10 🏠 (4 à 6 pers.) – 320 à 680 €/sem. – frais de réservation 15,25 € - **R** conseillée
Pour s'y rendre : rte de l'Alpe-d'Huez (1,7 km au nord-est)

> Nature : ≤ 🌄 ♀♀
> Loisirs : pizzeria, snack 🛖 🏇 🏊 terrain omnisports
> Services : 👤 🔌 GB 🚿 🚽 ♨ ⊙ 📞 🗑 🛒
> À prox. : 🍴

▲ **Belledonne** de mi-mai à mi-sept.
☎ 04 76 80 07 18, belledon@club-internet.fr,
Fax 04 76 79 12 95, www.le-belledonne.com – **R** conseillée
3,5 ha (180 empl.) plat, herbeux
Tarif : 21,30 € ✶✶ 🚗 📧 [⚡] (6A) – pers. suppl. 4,40 € – frais de réservation 15 €
Location (de mi-mai à déb. sept.) : 17 🏠 (4 à 6 pers.) 215 à 635 €/sem. – frais de réservation 15 € - **R** conseillée
Pour s'y rendre : Rochetaillée
À savoir : Ensemble très verdoyant et fleuri

> Nature : ≤ ♀♀
> Loisirs : 🍴 snack, pizzeria 🛖 🎱 🎮 hammam 🏇 🚲 ✂ 🏊 parcours sportif
> Services : 👤 🔌 GB 🚿 🚽 ♨ 🗑 ♿ ⊙ 📞 🗑 📧 sèche-linge 🛒 🛒

▲ **Le Château** 👥 – de mi-mai à mi-sept.
☎ 04 76 11 04 40, jcp@camping-le-chateau.com,
Fax 04 76 80 21 23, www.camping-le-chateau.com
– **R** conseillée
2,6 ha (135 empl.) plat, herbeux
Tarif : 31,50 € ✶✶ 🚗 📧 [⚡] (10A) – pers. suppl. 6,80 € – frais de réservation 17 €
Location : 34 🏠 (4 à 6 pers.) 210 à 730 €/sem. – frais de réservation 17 € - **R** conseillée
🚐 🚽 [⚡] 15 €
Pour s'y rendre : chemin de Bouthéon

> Nature : ≤ 🌄 ♀♀
> Loisirs : 🍴 snack, pizzeria 🛖 🎱 🧗 🔥 hammam jacuzzi 🏇 🏠 🏊 mur d'escalade
> Services : 👤 🔌 GB 🗄 🚽 ♨ 🏊 📞 🗑 sèche-linge 🛒 🛒

RHÔNE-ALPES

LE BOURG-D'OISANS

Le Colporteur – de mi-mai à mi-sept.
04 76 79 11 44, info@camping-colporteur.com,
Fax 04 76 79 11 49, www.camping-colporteur.com
– R conseillée
3,3 ha (135 empl.) plat, herbeux
Tarif : 29,55 € ★★ 🚗 📧 (15A) – pers. suppl. 6,50 € – frais de réservation 13 €
Location (permanent) : 38 🏠 (4 à 6 pers.) nuitée 44 € - 310 à 740 €/sem. – frais de réservation 13 € - R conseillée
🚐 10 📧 29,55 €
Pour s'y rendre : le Mas du Plan (au sud de la localité, accès par r. de la Piscine)
À savoir : Au bord d'une petite rivière

La Cascade de mi-déc. à fin sept.
04 76 80 02 42, lacascade@wanadoo.fr,
Fax 04 76 80 22 63, www.lacascadesarenne.com
– R conseillée
2,4 ha (140 empl.) plat, herbeux, pierreux
Tarif : 30,50 € ★★ 🚗 📧 (16A) – pers. suppl. 6,50 € – frais de réservation 17 €
Location (permanent) : 18 🏠 (4 à 6 pers.) nuitée 49 € - 326 à 769 €/sem. – frais de réservation 17 € - R conseillée
Pour s'y rendre : 1,5 km au nord-est, rte de l'Alpe-d'Huez, près de la Sarennes

BOURG-EN-BRESSE

✉ 01000 – **328** E3 – G. Bourgogne – 40 666 h. – alt. 251
🛈 Office de tourisme, 6, avenue Alsace Lorraine 04 74 22 49 40, Fax 04 74 23 06 28
Paris 424 – Annecy 113 – Besançon 152 – Chambéry 120 – Genève 112 – Lyon 82 – Mâcon 38.

Municipal de Challes de déb. avr. à mi-oct.
04 74 45 37 21, camping-municipal-bourgenbresse@wanadoo.fr, Fax 04 74 45 59 95 – R
1,3 ha (120 empl.) plat, peu incliné, goudronné, herbeux
Tarif : (Prix 2008) 14,10 € ★★ 🚗 📧 (6A) – pers. suppl. 3,45 €
🚐 16 📧 13,40 € – 🚲 14,10 €
Pour s'y rendre : 5 allée du Centre-Nautique (sortie nord-est par rte de Lons-le-Saunier, à la piscine)
À savoir : Emplacements agréablement ombragés

BOURGET-DU-LAC

✉ 73370 – **333** I4 – G. Alpes du Nord – 3 945 h. – alt. 240
🛈 Office de tourisme, place Général Sevez 04 79 25 01 99, Fax 04 79 26 10 76
Paris 531 – Aix-les-Bains 10 – Annecy 44 – Chambéry 13 – Grenoble 67.

International l'Île aux Cygnes de fin avr. à fin sept.
04 79 25 01 76, camping@lebougetdulac.fr,
Fax 04 79 25 32 94, www.lebougetdulac.fr – R conseillée
2,5 ha (267 empl.) plat, herbeux, gravillons
Tarif : (Prix 2008) ★ 4,20 € 🚗 📧 5,90 € – (8A) 3,70 € – frais de réservation 15 €
Location (Prix 2008) : 2 🏠 (4 à 6 pers.) 320 à 535 €/sem. – 4 🏠 (4 à 6 pers.) - 320 à 535 €/sem. – frais de réservation 15 € - R conseillée
🚐 1 borne artisanale – 25 📧
Pour s'y rendre : 501 bd Ernest-Coudurier (1 km au nord, au bord du lac)
À savoir : les emplacements Camping-Car sont à l'entrée du camping

RHÔNE-ALPES

BOURG-ST-MAURICE

✉ 73700 – **333** N2 – G. Alpes du Nord – 6 747 h. – alt. 850 – Sports d'hiver : aux Arcs : 1 600/3 226 m ⛷6 ⛷54 ⛸
🛈 Office de tourisme, 105, place de la Gare ✆ 04 79 07 12 57, Fax 04 79 07 24 90
Paris 635 – Albertville 54 – Aosta 59 – Chambéry 103 – Chamonix-Mont-Blanc 74 – Moûtiers 28 – Val-d'Isère 33.

▲▲▲ **Le Versoyen** de fin mai à déb. nov.
✆ 04 79 07 03 45, *leversoyen@wanadoo.fr*,
Fax 04 79 07 25 41, *www.leversoyen.com* – **R** conseillée
3,5 ha (200 empl.) plat, herbeux, goudronné, pierreux, bois attenant
Tarif : 👤 4,80 € – 🚗 🔌 4,70 € – ⚡ (10A) 5,20 € – frais de réservation 10 €
Location 🏠 : 12 🏕 (4 à 6 pers.) 280 à 540 €/sem. – frais de réservation 10 € - **R** conseillée
🚐 1 borne artisanale 3 € – 25 🅿 13,20 €
Pour s'y rendre : rte des Arcs (sortie nord-est par N 90, rte de Séez puis 500 m par rte à dr., près d'un torrent, navette gratuite pour le funiculaire)
À savoir : Navette gratuite pour le funiculaire

Nature : ❄ 🌲 ≤ 🌿
Loisirs : 🎮 🏓
Services : 🔑 ⚙ 🚿 🚽 🛒 ♿ 🧺 sèche-linge
Au parc de loisirs : 🐎 ✂ ♨ 🍴 ⛵
🏃 parcours sportif

BOUT-DU-LAC

✉ 74210 – **328** K6
Paris 553 – Albertville 29 – Annecy 17 – Megève 43.

▲▲▲ **International du Lac Bleu** de déb. avr. à fin sept.
✆ 04 50 44 30 18, *lac-bleu@nwc.fr*, Fax 04 50 44 84 35,
www.camping-lac-bleu.com – **R** conseillée
3,3 ha (221 empl.) plat, herbeux, pierreux
Tarif : (Prix 2008) 21 € 👥 🚗 🔌 🛏 (8A) – pers. suppl. 4 €
– frais de réservation 25 €
Location (Prix 2008) (de déb. fév. à fin nov.) 🏠 : 30 🏕 (4 à 6 pers.) nuitée 67 € – 350 à 750 €/sem. – 🛏 – studios – appartements – frais de réservation 25 € - **R** conseillée
Pour s'y rendre : Rte de la Plage (rte d'Albertville)
À savoir : Situation agréable au bord du lac (plage)

Nature : ≤ 🏞 🌳 🌊
Loisirs : 🍴 snack 🎮 🏊 ⛵
Services : ♿ 🔑 (saison) 🚿 ⚙ 🛒
🚽 🏪 🧺 sèche-linge 🧺
À prox. : 🛒 ✂ ♨ 🍴 ⛵ ponton d'amarrage, point d'informations touristiques, vol biplace, parapente

Site du Pont d'Arc

Damase J/Michelin

RHÔNE-ALPES

BRAMANS

✉ 73500 – **333** N6 – 362 h. – alt. 1 200
🛈 Office de tourisme, Chef-lieu ✆ 04 79 05 03 45, Fax 04 79 05 36 07
Paris 673 – Albertville 100 – Briançon 71 – Chambéry 113 – St-Jean-de-Maurienne 41 – Torino 107 – Val-d'Isère 68.

▲ **Municipal Le Val d'Ambin** de déb. mai à mi-oct.
✆ 04 79 05 03 05, campingdambin@aol.com,
Fax 04 79 05 23 16, www.camping-bramansvanoise.com
– **R** conseillée
4 ha (166 empl.) non clos, plat et terrasses, vallonné, herbeux, petit étang
Tarif : 13,90 € ✶✶ 🚗 🅴 🚿 (6A) – pers. suppl. 2,80 €
Location (de Pâques à fin nov.) : 10 🏠 (4 à 6 pers.) nuitée 70 € - 179 à 530 €/sem. – **R** conseillée
Pour s'y rendre : 700 m au nord-est de la commune, près de l'église et à 200 m d'un torrent - accès conseillé par le Verney, sur N6
À savoir : Belle situation panoramique

Nature : 🌳 ⛰
Loisirs : 🏠 🛝 🎣 🐟
Services : 🚿 🚰 (juil.-août) 🧺 🗑 🚻 ♿ 🚮 🚽 🧺 sèche-linge
À prox. : ⛲

BRIDES-LES-BAINS

✉ 73570 – **333** M5 – G. Alpes du Nord – 593 h. – alt. 580
🛈 Office de tourisme, place du Centenaire ✆ 04 79 55 20 64, Fax 04 79 55 20 40
Paris 612 – Albertville 32 – Annecy 77 – Chambéry 81 – Courchevel 18.

▲ **La Piat** de mi-avr. à mi-oct.
✆ 04 79 55 22 74, contact@camping-brideslesbains.com,
Fax 04 79 55 28 55, www.camping-brideslesbains.com
– **R** conseillée
2 ha (60 empl.) en terrasses, herbeux
Tarif : (Prix 2008) ✶ 3,20 € 🚗 🅴 4 € – 🚿 (10A) 3,70 €
Location (Prix 2008) (de déb. avr. à mi-oct.) : 5 🚐 (4 à 6 pers.) 250 à 400 €/sem. – **R** conseillée
🚐 1 borne artisanale 3 €
Pour s'y rendre : av. du Comte-Greffié-de-Bellecombe

Nature : ⛰ 🌲
Services : ♿ 🚰 📶 🧺 🗑 🚿 ♨ 🚮 sèche-linge

BUIS-LES-BARONNIES

✉ 26170 – **332** E8 – G. Alpes du Sud – 2 226 h. – alt. 365
🛈 Office de tourisme, 14, boulevard Eysserie ✆ 04 75 28 04 59, Fax 04 75 28 13 63
Paris 685 – Carpentras 39 – Nyons 29 – Orange 50 – Sault 38 – Sisteron 72 – Valence 130.

▲ **Domaine de la Gautière**
, accueil@camping-lagautiere.com – **R**
6 ha/3 campables (40 empl.) incliné à peu incliné, terrasses, pierreux, herbeux
Location : 🚐 – 🏠 – **R**
Pour s'y rendre : chemin du Domaine de Roustillan (5 km au sud-ouest par D 5, puis à dr.)
À savoir : En grande partie sous les oliviers

Nature : 🌳 ⛰ 🌲
Loisirs : 🏠 🛝 🏊
Services : ♿ 🗑 ♨ 🚮 🧺

▲ **Les Éphélides** de mi-mai à déb. sept.
✆ 04 75 28 10 15, ephelides@wanadoo.fr,
Fax 04 75 28 13 04, www.ephelides.com – **R** conseillée
2 ha (40 empl.) plat, herbeux, pierreux
Tarif : (Prix 2008) 20 € ✶✶ 🚗 🅴 🚿 (16A) – pers. suppl. 4 € – frais de réservation 12 €
Location (Prix 2008) (de déb. avr. à mi-oct.) : 6 🚐 (4 à 6 pers.) 330 à 500 €/sem. – 5 🏠 (4 à 6 pers.) - 350 à 580 €/sem. – bungalows toilés – frais de réservation 12 € - **R** conseillée
Pour s'y rendre : quartier Tuves (1,4 km au sud-ouest par av. de Rieuchaud)
À savoir : Sous les cerisiers, près de l'Ouvèze

Nature : 🌳 ⛰ 🌲
Loisirs : snack 🛝 🏊
Services : ♿ 🚰 📶 🧺 🗑 🚿 ♨ 🚮 🧺
À prox. : ✂ 🐎 piste de skate-board

RHÔNE-ALPES

CASTELJAU

✉ 07460 – **331** H7
Paris 665 – Aubenas 38 – Largentière 28 – Privas 69 – St-Ambroix 30 – Vallon-Pont-d'Arc 32.

La Rouveyrolle de déb. avr. à mi-sept.
☎ 04 75 39 00 67, *info@campingrouveyrolle.fr*,
Fax 01 70 24 81 87, *www.campingrouveyrolle.fr* – **R** conseillée
3 ha (100 empl.) plat, herbeux, pierreux
Tarif : (Prix 2008) 29 € ⚹⚹ 🚗 🅴 ⚡ (6A) – pers. suppl. 7 €
– frais de réservation 25 €
Location (Prix 2008) : 🏠 (4 à 6 pers.) 230 à 800 €/sem.
– frais de réservation 25 € - **R** conseillée
Pour s'y rendre : quartier Rouveyrolle (à l'est du bourg, à 100 m du Chassezac)

Nature : 🌳 ⛰ ♨
Loisirs : 🍷 ✕ 🏠 🏃 ♨ jacuzzi spa 🚣 👶
Services : ♿ ⚡ 🚻 🚿 🧺 🛒 🏪
À prox. : 🏊 🛶 canoë

Les Tournayres de déb. avr. à mi-nov.
☎ 04 75 39 36 36, *camping-lestournayres@bigfoot.com*,
Fax 04 75 39 36 39, *www.lestournayes.ea26.com*
– **R** conseillée
1,3 ha (30 empl.) peu incliné et plat, herbeux
Tarif : 23 € ⚹⚹ 🚗 🅴 ⚡ (6A) – pers. suppl. 6 €
Location : 8 🏠 (4 à 6 pers.) 280 à 490 €/sem. – 8 🏡 (4 à 6 pers.) – 380 à 590 €/sem. – **R** conseillée
Pour s'y rendre : les Tournaires (500 m au nord, rte de Chaulet-Plage)

Nature : 🏕 ♀
Loisirs : 🍷 snack 🏠 🏃 🚣
Services : ♿ ⚡ 🚿 🧺 🛒 🏪
À prox. : 🛶 canoë

Chaulet Plage de déb. avr. à fin oct.
☎ 04 75 39 30 27, *contact@chaulet-plage.com*,
Fax 04 75 39 35 42, *www.chaulet-plage.com* – **R** conseillée
1,5 ha (62 empl.) en terrasses, pierreux, herbeux
Tarif : 15,50 € ⚹⚹ 🚗 🅴 ⚡ (6A) – pers. suppl. 3,50 €
Location : 12 🏡 (4 à 6 pers.) - 345 à 497 €/sem. – gîtes
– **R** conseillée
🚐 1 borne artisanale 12,50 €
Pour s'y rendre : Terre du Moulin (600 m au nord, rte de Chaulet-Plage)
À savoir : Site agréable, accès direct au Chassezac

Nature : 🌳 ♀♀ ♨
Loisirs : 🍷 snack 🛶 canoë
Services : ♿ ⚡ 🚻 🚿 🧺 🛒 🏪 🏪

CHABEUIL

✉ 26120 – **332** D4 – 5 861 h. – alt. 212
🛈 Office de tourisme, place Génissieu ☎ 04 75 59 28 67, Fax 04 75 59 28 60
Paris 569 – Crest 21 – Die 59 – Romans-sur-Isère 18 – Valence 12.

Le Grand Lierne de mi-avr. à fin sept.
☎ 04 75 59 83 14, *grand-lierre@franceloc.fr*,
Fax 04 75 59 87 95, *www.grandlierne.com* – **R** conseillée ✱
(de déb. juil. à fin août)
3,6 ha (160 empl.) plat, pierreux, herbeux
Tarif : (Prix 2008) 36,60 € ⚹⚹ 🚗 🅴 ⚡ (10A) – pers. suppl. 7,20 € – frais de réservation 25 €
Location (Prix 2008) ✱ : 110 🏠 (4 à 6 pers.) 168 à 994 €/sem. – 5 🏡 (4 à 6 pers.) – 168 à 840 €/sem. – frais de réservation 25 € - **R** conseillée
Pour s'y rendre : Les Garalnds (5 km au nord-est par D 68, rte de Peyrus, D 125 à gauche et D 143 à dr. - par A 7 sortie Valence-Sud et dir. Grenoble)

Nature : 🌳 ⛰ ♀♀
Loisirs : 🍷 snack 🏠 🎲 🏃 🚴 📍
🏊 (petite piscine) 🚣 🛶
Services : ♿ ⚡ 🚻 🚿 🧺 🛠 ♨
🏪 🏪 🛒 cases réfrigérées

Pour choisir et suivre un itinéraire
Pour calculer un kilométrage
Pour situer exactement un terrain (en fonction des indications fournies dans le texte) :
Utilisez les **cartes MICHELIN** ,
compléments indispensables de cet ouvrage.

RHÔNE-ALPES

CHALLES-LES-EAUX

✉ 73190 – **333** I4 – G. Alpes du Nord – 3 931 h. – alt. 310 – ⚜ (début avril-fin oct.)
🛈 *Office de tourisme, avenue de Chambéry* 📞 *04 79 72 86 19, Fax 04 79 71 38 51*
Paris 566 – Albertville 48 – Chambéry 6 – Grenoble 52 – St-Jean-de-Maurienne 71.

⛺ **Municipal le Savoy** de déb. mai à fin sept.
📞 04 79 72 97 31, camping73challes-les-eaux@wanadoo.fr,
Fax 04 79 72 97 31, *www.ville-challesleseaux.com* – **R** conseillée
2,8 ha (88 empl.) plat, herbeux, gravillons
Tarif : (Prix 2008) 16 € 👫 🚗 🔌 (10A) – pers.
suppl. 3,20 € – frais de réservation 11 €
Location (Prix 2008) : 6 🏠 (4 à 6 pers.) - 290 à
420 €/sem. – **R** conseillée
🅿 1 borne flot bleu – 15 🅱 11 €
Pour s'y rendre : av. du Parc (par r. Denarié, à 100 m de la N 6)
À savoir : Beaux emplacements bordés de haies, à proximité d'un plan d'eau

Nature : 🌲 🌼
Loisirs : 🎣 🐴
Services : ♿ 🚿 🆎 ⚡ 🔥 🏠 🧺
À prox. : ✂ 🏊

CHAMONIX-MONT-BLANC

✉ 74400 – **328** O5 – G. Alpes du Nord – 9 830 h. – alt. 1 040 – Sports d'hiver :
Tunnel du Mont-Blanc : péage en 2008, aller simple : autos 33,20, autos et caravanes 44,00, camions 120,40 à 256,00, motos 22,00 - Renseignements ATMB 📞 04 50 55 55 00
🛈 *Office de tourisme, 85, place du Triangle de l'Amitié* 📞 *04 50 53 00 24, Fax 04 50 53 58 90*
Paris 610 – Albertville 65 – Annecy 97 – Aosta 57 – Genève 82 – Lausanne 110.

⛺ **L'Île des Barrats** de mi-mai à fin sept.
📞 04 50 53 51 44, campingiledesbarrats74@orange.fr,
Fax 04 50 53 51 44, *campingdesbarrats.com* – **R** conseillée
0,8 ha (56 empl.) peu incliné et plat, herbeux
Tarif : 28 € 👫 🚗 🔌 (10A) – pers. suppl. 6 € – frais de réservation 15 €
🅿 1 borne artisanale 7 €
Pour s'y rendre : au sud-ouest de la ville, à 150 m de l'Arve

Nature : ≤ Massif du Mont-Blanc et glaciers 🌲 🌼
Loisirs : 🎣
Services : ♿ 🚿 🆎 🔥 🏠 🧺 🔥 sèche-linge

CHAMPDOR

✉ 01110 – **328** G4 – 425 h. – alt. 833
Paris 486 – Ambérieu-en-Bugey 38 – Bourg-en-Bresse 51 – Hauteville-Lompnes 6 – Nantua 28.

⛺ **Municipal le Vieux Moulin** Permanent
📞 04 74 36 01 79, Fax 04 74 36 07 92, *www.champdor.com*
– **R** conseillée
1,6 ha (60 empl.) plat, herbeux
Tarif : (Prix 2008) 👤 3,30 € 🚗 1,10 € 🅱 1,70 € – 🔌 (8A) 3,50 €
Location : gîtes
Pour s'y rendre : rte de Corcelles (800 m au nord-ouest par D 57a)
À savoir : Près de deux plans d'eau

Nature : ≤
Loisirs : 🎣 🐴 ✂
Services : ♿ 🚿 (juil.-août) 🆎 🔥 🏠
À prox. : 🏊 (bassin) 🎣

CHANAZ

✉ 73310 – **333** H3 – 442 h. – alt. 232
Paris 521 – Aix-les-Bains 21 – Annecy 53 – Bellegarde-sur-Valserine 44 – Belley 18 – Chambéry 36.

⛺ **Municipal des Îles** de déb. mars à mi-nov.
📞 04 79 54 58 51, camping@chanaz.fr, *www.campingchanaz.o-m.fr* – places limitées pour le passage – **R**
1,5 ha (103 empl.) plat, gravier, herbeux
Tarif : (Prix 2008) 21 € 👫 🚗 🔌 (10A) – pers.
suppl. 2,50 € – frais de réservation 12 €
Location (Prix 2008) (permanent) : 10 🏠 (4 à 6 pers.)
nuitée 43 € - 242 à 542 €/sem. – frais de réservation 15 € - **R** conseillée
🅿 1 borne 2 € – 9 🅱 18 €
Pour s'y rendre : à la base de loisirs (1 km à l'ouest par D 921, rte de Culoz et chemin à gauche apr. le pont, à 300 m du Rhône (plan d'eau et port de plaisance))
À savoir : Près d'un pittoresque village et du canal de Savière

Nature : ≤ 🌼🌼
Loisirs : 🎣
Services : ♿ 🚿 🆎 🔥 🏠 🧺
À prox. : 🍽 snack 🐴 ✂ 🏊 (petite piscine) 🎣 ponton d'amarrage

RHÔNE-ALPES

CHARAVINES

✉ 38850 – **333** G5 – 1 423 h. – alt. 500
🛈 *Office de tourisme, rue des Bains* ✆ *04 76 06 60 31, Fax 04 76 06 60 50*
Paris 534 – Belley 47 – Chambéry 49 – Grenoble 40 – La Tour-du-Pin 65 – Voiron 13.

△ **Les Platanes** de déb. avr. à fin sept.
✆ 04 76 06 64 70, *campinglesplatanes@orange.fr*,
Fax 04 76 06 64 70, *www.campinglesplatanes.fr* – **R** conseillée
1 ha (67 empl.) plat, herbeux
Tarif : (Prix 2008) 16,70 € ★★ 🚗 🔲 🚰 (10A) – pers. suppl. 4,10 € – frais de réservation 12 €
Pour s'y rendre : rte de Bilieu (sortie nord par D 50d, à 150 m du lac)

Nature : ♀♀
Loisirs : 🏖
Services : ♿ ⚡ 🚿 🚽 ⊙ 🔥
À prox. : 🛒 🍴 snack ✂ ⚓ (plage) 🛶 pédalos

CHASSAGNES

✉ 07140 – **331** H7
Paris 644 – Lyon 209 – Privas 67 – Nîmes 85 – Avignon 93.

⚲ **Les Chênes** de déb. avr. à fin sept.
✆ 04 75 37 34 35, *reception@domaine-des-chenes.fr*,
Fax 04 75 37 20 10, *www.domaine-des-chenes.fr*
– **R** conseillée
2,5 ha (122 empl.) en terrasses, herbeux, pierreux
Tarif : 22 € ★★ 🚗 🔲 🚰 (10A) – pers. suppl. 4,50 €
Location : 21 🏠 (4 à 6 pers.) 266 à 581 €/sem. – maisonnettes – frais de réservation 20 € – **R** conseillée
🚐 1 borne eurorelais – 4 🔲 16 € – 🚽 16 €
Pour s'y rendre : à Chassagnes-Haut

Nature : 🌳 ≤ ♀
Loisirs : 🍴 pizzeria, snack 🏖 🎱 hammam jacuzzi 🏊
Services : ♿ ⚡ 🏧 🚿 🚽 ⊙ 🔥 🍴
À prox. : 🛶 canoë

⚲ **Lou Rouchétou** avr.sept.
✆ 04 75 37 33 13, *rouchetou@libertysurf.fr*,
Fax 04 75 94 95 28, *www.lou-rouchetou.com* – **R** conseillée
1,5 ha (100 empl.) plat et peu incliné, herbeux, pierreux
Tarif : (Prix 2008) 17,50 € ★★ 🚗 🔲 🚰 (10A)
Location (Prix 2008) : 20 🏠 (4 à 6 pers.) nuitée 60 € - 380 à 530 €/sem. – **R** conseillée
🚐 1 borne eurorelais 15 € – 10 🔲 15 €
Pour s'y rendre : rte des Vans par D 104
À savoir : Au bord du Chassezac

Nature : 🌳 ≤ ♀♀ ⛰
Loisirs : 🍴 pizzeria 🎢 🏊 🐬
Services : ♿ ⚡ 🚿 🚽 ⊙ 🌊 🔥 🚲 🛶

CHASSIERS

✉ 07110 – **331** H6 – 866 h. – alt. 340
Paris 643 – Aubenas 16 – Largentière 4 – Privas 48 – Valgorge 22 – Vallon-Pont-d'Arc 24.

⚲⚲ **Les Ranchisses** 🏆 – de mi-avr. à fin oct.
✆ 04 75 88 31 97, *reception@lesranchisses.fr*,
Fax 04 75 88 32 73, *www.lesranchisses.fr* – **R** conseillée
4 ha (150 empl.) plat, peu incliné, herbeux
Tarif : 41 € ★★ 🚗 🔲 🚰 (10A) – pers. suppl. 8,50 € – frais de réservation 15 €
Location : 🏠 – 🏡 – bungalows toilés – frais de réservation 30 € – **R** conseillée
🚐 1 borne artisanale 5 €
Pour s'y rendre : rte de Rocher (1,6 km au nord-ouest, accès par D 5, rte de Valgorge)
À savoir : Sur le domaine d'un mas de 1824, au bord de la Ligne

Nature : 🏞 ♀♀ ⛰
Loisirs : 🍴 ✕ pizzeria 🎢 🐬 hammam jacuzzi centre balnéo 🎣 ✂
🐴 🛶 terrain omnisports
Services : ♿ ⚡ 🏧 🚿 M 🚽 ⊙ 🔥 🚲 🛶 🏊 🔥 🍴

Benutzen Sie
– zur Wahl der Fahrtroute
– zur Berechnung der Entfernungen
– zur exakten Lokalisierung eines Campingplatzes (mit Hilfe der Angaben im Ortstext)
*die für diesen Führer unentbehrlichen **MICHELIN-Karten**.*

RHÔNE-ALPES

CHÂTEAUNEUF-DE-GALAURE

✉ 26330 – **332** C2 – 1 276 h. – alt. 253
Paris 531 – Annonay 29 – Beaurepaire 19 – Romans-sur-Isère 27 – St-Marcellin 41 – Tournon-sur-Rhône 25 – Valence 41.

Château de Galaure
☎ 04 75 68 65 22, www.galaure.com – **R**
12 ha (200 empl.) plat, herbeux
Pour s'y rendre : Rte de St-Vallier (800 m au sud-ouest par D 51)
À savoir : Plaisant domaine verdoyant et ombragé

Nature : 🌳🌳
Loisirs : 🍽 🛋 🏖 🏊 ⛸ skate board
Services : ♿ ⛽ 🚿 🧺 🗑 🍴
À prox. : ✂ 🏞 🪢 parcours de santé, tyrolienne

CHÂTEAUNEUF-DU-RHÔNE

✉ 26780 – **332** B7 – G. Lyon Drôme Ardèche – 2 220 h. – alt. 80
Paris 615 – Aubenas 42 – Grignan 23 – Montélimar 9 – Pierrelatte 15 – Valence 60.

Municipal la Graveline de déb. juin à déb. sept.
☎ 04 75 90 80 96, chateauneufdurhone@wanadoo.fr,
Fax 04 75 90 69 49, www.chateauneuf-du-rhone.fr
– **R** conseillée
0,6 ha (66 empl.) plat et peu incliné, herbeux
Tarif : (Prix 2008) 🧍 1,80 € 🚗 1,30 € 🅿 1,30 € – ⚡ 1,80 €
Pour s'y rendre : chemin de la Graveline (sortie nord par D 73, rte de Montélimar puis chemin à dr.)

Nature : 🌲 ♀
Services : 🚰 🚿 🗑
À prox. : ✂ 🏞

CHÂTEL

✉ 74390 – **328** O3 – G. Alpes du Nord – 1 190 h. – alt. 1 180 – Sports d'hiver : 1 200/2 100 m ⛷2 🚡52 ⛸
🛈 Office de tourisme, Chef-Lieu ☎ 04 50 73 22 44, Fax 04 50 73 22 87
Paris 578 – Annecy 113 – Évian-les-Bains 34 – Morzine 38 – Thonon-les-Bains 39.

L'Oustalet 🏕 – de mi-juin à fin août
☎ 04 50 73 21 97, oustalet@valdabondance.com,
Fax 04 50 73 37 46, www.oustalet.com – alt. 1 110
– **R** conseillée – en hiver, séjour minimum 1 semaine
3 ha (100 empl.) plat et peu incliné, herbeux, pierreux, gravillons
Tarif : (Prix 2008) 29 € 🧍🧍 🚗 🅿 ⚡ (10A) – pers. suppl. 5,20 € – frais de réservation 10 €
Location ⛺ : 10 🏠 (4 à 6 pers.) 350 à 690 €/sem. – frais de réservation 10 € - **R** conseillée
🚐 1 borne flot bleu 6 €
Pour s'y rendre : 1428 rte des Freinets (2 km au sud-ouest par la rte du col de Bassachaux, au bord de la Dranse)
À savoir : Site agréable de la vallée d'Abondance

Nature : ❄ ≤
Loisirs : 🍽 🛋 🎭 diurne 👫 🛝 🏊 ✂ 🎾
Services : ♿ ⛽ 🚿 📶 M 🧺 🛁 ☕ 🍴 🗑 sèche-linge
À prox. : 🏞 ✂ snack 🛋 🚴 🏇 poneys, practice de golf 🎣

LE CHÂTELARD

✉ 73630 – **333** J3 – G. Alpes du Nord – 546 h. – alt. 750
🛈 Office de tourisme, place de la Grenette ☎ 04 79 54 84 28
Paris 562 – Aix-les-Bains 30 – Annecy 30 – Chambéry 35 – Montmélian 35 – Rumilly 32.

Les Cyclamens de mi-mai à mi-sept.
☎ 04 79 54 80 19, info@camping-cyclamens.com,
www.camping-cyclamens.com – **R** conseillée
0,7 ha (34 empl.) plat, herbeux
Tarif : 🧍 3,50 € 🚗 🅿 4,30 € – ⚡ (10A) 3,10 € – frais de réservation 4 €
Location : 3 🏠 (2 à 4 pers.) nuitée 31 € - 160 à 308 €/sem. – frais de réservation 4 € - **R** conseillée
🚐 1 borne artisanale 4 € – 🚰 ⚡ 13.3 €
Pour s'y rendre : le Verney (vers sortie nord-ouest et chemin à gauche, rte du Champet)

Nature : 🌳 ≤ 🌳🌳
Loisirs : 🛋 🏖
Services : ♿ ⛽ 🚿 🧺 🗑 ☕ 🍴 🗑

RHÔNE-ALPES

CHÂTILLON-EN-DIOIS

✉ 26410 – **332** F5 – 523 h. – alt. 570
🛈 *Office de tourisme, square Jean Giono* ☎ 04 75 21 10 07
Paris 637 – Die 14 – Gap 79 – Grenoble 97 – La Mure 65.

⛺ **Le Lac Bleu** de déb. avr. à fin sept.
☎ 04 75 21 85 30, info@lacbleu-diois.com,
Fax 04 75 21 82 05, www.lacbleu-diois.com – **R** conseillée
9 ha/3 campables (90 empl.) plat, herbeux, pierreux
Tarif : 24 € 🚻 🚗 📧 (10A) – pers. suppl. 5,70 € – frais de réservation 12 €

Location : 46 🏠 (4 à 6 pers.) 198 à 518 €/sem. – 3 🏡 (4 à 6 pers.) - 258 à 658 €/sem. – 5 bungalows toilés – frais de réservation 17 € - **R** conseillée
🚐 1 borne raclet 10 € – 13 📧 6,50 € – 🚿 6,50 €

Pour s'y rendre : quartier la Touche (4 km au sud-ouest par D 539, rte de Die et D 140, de Menglon, chemin à gauche, av. le pont)

Nature : ≤ ♀ ⚠
Loisirs : 🍴 🍽 pizzeria 🏠 🎭 🏃
🚗 🐟
Services : 👤 ☎ 🌐 ♻ 📧 ⊙ 🔊
🍴 📧 🚿

*Om een reisroute uit te stippelen en te volgen,
om het aantal kilometers te berekenen,
om precies de ligging van een terrein te bepalen
(aan de hand van de inlichtingen in de tekst),
gebruikt u de **Michelinkaarten**,
een onmisbare aanvulling op deze gids.*

CHÂTILLON-SUR-CHALARONNE

✉ 01400 – **328** C4 – G. Lyon Drôme Ardèche – 4 137 h. – alt. 177
🛈 *Office de tourisme, place du Champ de Foire* ☎ 04 74 55 02 27, Fax 04 74 55 34 78
Paris 418 – Bourg-en-Bresse 28 – Lyon 55 – Mâcon 28 – Meximieux 35 – Villefranche-sur-Saône 27.

⛺ **Municipal du Vieux Moulin** mai-sept.
☎ 04 74 55 04 79, campingvieuxmoulin@orange.fr,
Fax 04 74 55 13 11, www.camping-vieuxmoulin.com –
places limitées pour le passage – **R** conseillée
3 ha (140 empl.) plat, herbeux
Tarif : (Prix 2008) 19,70 € 🚻 🚗 📧 (10A) – pers. suppl. 4,60 € – frais de réservation 10 €

Location (Prix 2008) (de mi-mars à mi-oct.) 🐟 : 5 🏡 (4 à 6 pers.) - 280 à 404 €/sem. – frais de réservation 10 € - **R** conseillée
🚐 1 borne flot bleu 5,20 € – 17 📧

Pour s'y rendre : sortie sud-est par D 7, rte de Chalamont, au bord de la Chalaronne, à 150 m d'un étang - accès direct
À savoir : Cadre verdoyant et ombragé en bordure de rivière

Nature : 🌳 ♀♀
Loisirs : 🚗 🐟
Services : 👤 ☎ 🌐 ♻ 📧 ⊙ 🔊
À prox. : 🛒 🍴 snack 🎱 🏊 ⛸

CHAUZON

✉ 07120 – **331** I7 – 255 h. – alt. 128
Paris 649 – Aubenas 20 – Largentière 14 – Privas 51 – Ruoms 5 – Vallon-Pont-d'Arc 14.

⛺ **La Digue** de déb. avr. à fin oct.
☎ 04 75 39 63 57, info@camping-la-digue.fr,
Fax 04 75 39 75 17, www.camping-la-digue.fr – croisement difficile pour caravanes – **R** conseillée
2 ha (106 empl.) plat et en terrasses, herbeux
Tarif : (Prix 2008) 28,10 € 🚻 🚗 📧 (10A) – pers. suppl. 6,20 € – frais de réservation 9 €

Location (Prix 2008) (de déb. avr. à mi-oct.) : 12 🏠 (4 à 6 pers.) nuitée 39 € - 273 à 660 €/sem. – 15 🏡 (4 à 6 pers.) nuitée 44 € - 308 à 699 €/sem. – frais de réservation 9 € - **R** conseillée

Pour s'y rendre : 1 km à l'est du bourg, à 100 m de l'Ardèche (accès direct)

Nature : 🌳 ♀♀
Loisirs : 🍴 snack 🚗 🎱 ⛸
Services : 👤 ☎ 🌐 ♻ 📧 ⊙ 📞
🍴 📧 🚿
À prox. : 🛶

RHÔNE-ALPES

CHAVANNES-SUR-SURAN

✉ 01250 – **328** F3 – 485 h. – alt. 312

Paris 442 – Bourg-en-Bresse 20 – Lons-le-Saunier 51 – Mâcon 57 – Nantua 37 – Pont-d'Ain 27.

▲ **Municipal** de déb. mai à fin sept.
☎ 04 74 51 72 23, *denis.jdlc@wanadoo.fr*,
Fax 04 74 51 71 83 – ℝ
1 ha (25 empl.) plat, herbeux
Tarif : (Prix 2008) 🅳 6,30 € 🅹 (5A)

Pour s'y rendre : Chavannes-sur-Suran (sortie est par D 3, rte d'Arnans)

À savoir : cadre verdoyant au bord du Suran

Nature : 🌳 ≤ 🗻
Loisirs : 🎣
Services : 🚿 ☉

LE CHEYLARD

✉ 07160 – **331** I4 – 3 514 h. – alt. 450

🏢 *Office de tourisme, rue du 5 Juillet 44* ☎ 04 75 29 18 71, Fax 04 75 29 46 75

Paris 598 – Aubenas 50 – Lamastre 21 – Privas 47 – Le Puy-en-Velay 62 – St-Agrève 19 – Valence 59.

▲ **Municipal la Chèze** de déb. mai à fin sept.
☎ 04 75 29 09 53, *mosslercat@wanadoo.fr*,
Fax 04 75 29 09 53, *www.camping-de-la-cheze.com* – ℝ
3 ha (96 empl.) plat et en terrasses
Tarif : 14 € 👥 🚗 🅳 🅹 (10A) – pers. suppl. 3 €
Location : bungalows toilés - ℝ conseillée
🚐 1 borne artisanale 11 €

Pour s'y rendre : rte de St-Christol (sortie nord-est par D 120, rte de la Voulte puis à dr., 1 km par D 204 et D 264, au château)

À savoir : Belle situation dominante dans le parc d'un château

Nature : 🌳 ≤ le Cheylard et montagnes 🌲🌲
Loisirs : 🏓 ✈ parcours de santé
Services : ♿ 🔑 🏧 🐕 🗄 ☉ 🚿

*Demandez à votre libraire le catalogue des **publications MICHELIN**.*

715

CHINDRIEUX

✉ 73310 – **333** I3 – 1 092 h. – alt. 300

Paris 520 – Aix-les-Bains 16 – Annecy 48 – Bellegarde-sur-Valserine 39 – Bourg-en-Bresse 96 – Chambéry 33.

▲ **Les Peupliers** de déb. avr. à fin sept.
☎ 04 79 54 52 36, *contact@camping-lespeupliers.info*,
Fax 04 79 52 20 45, *www.camping-lespeupliers.info*
– ℝ conseillée
1,5 ha (65 empl.) plat, herbeux, gravier
Tarif : 16 € 👥 🚗 🅳 🅹 (6A) – pers. suppl. 3,50 € – frais de réservation 11 €
Location : 4 🏠 (4 à 6 pers.) 199 à 499 €/sem. – frais de réservation 25 € - ℝ conseillée

Pour s'y rendre : r. du Stade (1 km au sud par D 991, rte d'Aix-les-Bains et chemin à dr., à Chaudieu)

Nature : ≤ 🗻 🌲🌲
Loisirs : 🏓 ✂ ✈
Services : ♿ 🔑 🏧 🐕 🗄 ☉ 🚿 🧺
🍽 🔥

CHORANCHE

✉ 38680 – **333** F7 – 130 h. – alt. 280

Paris 588 – La Chapelle-en-Vercors 24 – Grenoble 52 – Romans-sur-Isère 32 – St-Marcellin 20 – Villard-de-Lans 20.

▲ **Le Gouffre de la Croix** de mi-mai à mi-sept.
☎ 04 76 36 07 13, *camping.gouffre.croix@wanadoo.fr*,
Fax 04 76 36 07 13, *www.camping-choranche.com* – ℝ
2,5 ha (52 empl.) non clos, plat, herbeux, en terrasses
Tarif : (Prix 2008) 16 € 👥 🚗 🅳 🅹 (6A) – pers. suppl. 4 €
– frais de réservation 12,50 €

Pour s'y rendre : à Combe Bernard (au sud-est du bourg, rte de Chatelas, au bord de la Bourne)

À savoir : cadre sauvage et boisé au fond de la vallée

Nature : 🌳 ≤ 🌲🌲
Loisirs : 🍴 🍹 🎣
Services : ♿ 🔑 🐕 ♨ 🚿 ☉ 🧺

RHÔNE-ALPES

LA CLUSAZ

✉ 74220 – **328** L5 – G. Alpes du Nord – 2 023 h. – alt. 1 040 – Sports d'hiver : 1 100/2 600 m ≤6 ≤49 ≥
🛈 Office de tourisme, 161, place de l'église ✆ 04 50 32 65 00, Fax 04 50 32 65 01
Paris 564 – Albertville 40 – Annecy 32 – Bonneville 26 – Chamonix-Mont-Blanc 60 – Megève 27 – Morzine 65.

▲▲▲ Le Plan du Fernuy
– ℝ
1,3 ha (60 empl.) en terrasses, peu incliné, gravier, herbeux
Location : 🏠 – 🏠 – 5 appartements – ℝ
Pour s'y rendre : Rte des Confins (1,5 km à l'est)
À savoir : Belle piscine d'intérieur et site agréable au pied des Aravis

Nature : ❄ ≤ ☐ ♀
Loisirs : ♟ ☐ ⚓ ☒
Services : ♿ ⚏ ☐ ♨ ⊘ ⚒ ☒ sèche-linge

CONTAMINE-SARZIN

✉ 74270 – **328** I4 – 350 h. – alt. 450
Paris 516 – Annecy 25 – Bellegarde-sur-Valserine 22 – Bonneville 46 – Genève 29.

▲ Le Chamaloup de déb. mai à mi-sept.
✆ 04 50 77 88 28, camping@chamaloup.com,
Fax 04 50 77 99 79, *www.chamaloup.com* – ℝ conseillée
1,5 ha (75 empl.) non clos, plat, herbeux
Tarif : 26 € 👥 🚗 🔲 ⚡ (16A) – pers. suppl. 5,50 € – frais de réservation 10 €
Location (permanent) : 17 🏠 (4 à 6 pers.) nuitée 52 € - 300 à 620 €/sem. - frais de réservation 10 € – ℝ conseillée
Pour s'y rendre : à Contamine-Sarzin (2,8 km au sud par D 123, près de la N 508 et de la rivière les Usses)

Nature : ☐ ♀♀
Loisirs : ♟ ⚓ ☒
Services : ♿ ⚏ 🖳 ⚓ ☐ ♨ ⊘ ♙ ☒

---

*The classification (1 to 5 tents, **black** or red) that we award to selected sites in this Guide is a system that is our own.*
It should not be confused with the classification (1 to 4 stars) of official organisations.

716

LES CONTAMINES-MONTJOIE

✉ 74170 – **328** N6 – G. Alpes du Nord – 1 129 h. – alt. 1 164 – Sports d'hiver : 1 165/2 500 m ≤4 ≤22 ≥
🛈 Office de tourisme, 18, route de Notre-Dame-de-la-Gorge ✆ 04 50 47 01 58, Fax 04 50 47 09 54
Paris 606 – Annecy 93 – Bonneville 50 – Chamonix-Mont-Blanc 33 – Megève 20 – St-Gervais-les-Bains 9.

▲▲▲ Le Pontet de mi-déc. à fin sept.
✆ 04 50 47 04 04, campingdupontet@wanadoo.fr,
Fax 04 50 47 18 10, *www.campinglepontet.fr* – ℝ conseillée
2,8 ha (157 empl.) plat, gravillons, herbeux
Tarif : 24,90 € 👥 🚗 🔲 ⚡ (10A) – pers. suppl. 4,40 € – frais de réservation 50 €
Location (permanent) : gîte d'étape – ℝ
Pour s'y rendre : 2485 rte de Notre-Dame-de-la-Gorge (2 km au sud par D 902, au bord du Bon-Nant)
À savoir : Site agréable au départ des pistes de ski et de randonnée

Nature : ❄ ≤ ☐ ♀
Loisirs : ☐ ⚓
Services : ♿ ⚏ 🖳 ⚓ ☐ ♨ ⊘ ⚒ ☒ sèche-linge
À prox. : ♟ ✕ snack ⚑ ⚔ 🐎 practice de golf

CORDELLE

✉ 42123 – **327** D4 – 779 h. – alt. 450
Paris 409 – Feurs 35 – Roanne 14 – St-Just-en-Chevalet 27 – Tarare 41.

▲▲ Le Mars
✆ 04 77 64 94 32, campingdemars@orange.fr,
Fax 04 77 64 94 42, *www.camping-de-mars.com*
1,2 ha (65 empl.) plat et en terrasses, peu incliné, herbeux
Location : 7 🏠
Pour s'y rendre : 4,5 km au sud par D 56 et chemin à dr.
À savoir : Agréable situation dominant les gorges de la Loire

Nature : ≤ ☐
Loisirs : ♟ ✕ snack, pizzeria ☐ ⚓ nocturne ⚓ 🚲 ⊘ 🐎 ☒
Services : ⚓ ☐ ♨ ⚒ ☒
À prox. : 🌊

RHÔNE-ALPES

CORMORANCHE-SUR-SAÔNE

✉ 01290 – **328** B3 – 904 h. – alt. 172 – Base de loisirs
Paris 399 – Bourg-en-Bresse 44 – Châtillon-sur-Chalaronne 23 – Mâcon 10 – Villefranche-sur-Saône 33.

▲ **La Pierre Thorion** de déb. mai à fin sept.
 ☎ 03 85 23 97 10, *contact@lac-cormoranche.com*,
 Fax 03 85 23 97 11, *www.lac-cormoranche.com* – **R**
 48 ha/4,5 campables (117 empl.) plat, herbeux, sablonneux, bois attenant
 Tarif : 19 € ⚏⚏ 🚗 🔌 (10A) – pers. suppl. 5,10 € – frais de réservation 5 €
 Location ⚑ : 12 🏠 (4 à 6 pers.) nuitée 60 € - 220 à 485 €/sem. – 8 🏠 (4 à 6 pers.) nuitée 60 € – 240 à 505 €/sem. – frais de réservation 5 € - **R** conseillée
 🚐 1 borne artisanale
 Pour s'y rendre : les Luizants (sortie ouest par D 51a et 1,2 km par rte à dr., à la base de loisirs)
 À savoir : Décoration arbustive des emplacements, près d'un beau plan d'eau

Raadpleeg, voordat U zich op een kampeerterrein installeert, de tarieven die de beheerder verplicht is bij de ingang van het terrein aan te geven.
Informeer ook naar de speciale verblijfsvoorwaarden.
De in deze gids vermelde gegevens kunnen sinds het verschijnen van deze hereditie gewijzigd zijn.

CREST

✉ 26400 – **332** D5 – G. Lyon Drôme Ardèche – 7 739 h. – alt. 196
🛈 *Office de tourisme, place du Docteur Rozier* ☎ 04 75 25 11 38, Fax 04 75 76 79 65
Paris 585 – Die 37 – Gap 129 – Grenoble 114 – Montélimar 37 – Valence 28.

▲ **Les Clorinthes** ⚏⚏ – avr.-sept.
 ☎ 04 75 25 05 28, *clorinthes@wanadoo.fr*,
 Fax 04 75 76 75 09, *www.lesclorinthes.com* – **R** conseillée
 4 ha (160 empl.) plat, peu incliné, herbeux
 Tarif : (Prix 2008) 21 € ⚏⚏ 🚗 🔌 (6A) – pers. suppl. 5,20 € – frais de réservation 18,50 €
 Location (Prix 2008) : 6 🏠 (4 à 6 pers.) nuitée 60 € - 290 à 580 €/sem. – 4 🏠 (4 à 6 pers.) nuitée 60 € – 270 à 560 €/sem. – frais de réservation 18,50 € - **R** conseillée
 🚐 1 borne artisanale
 Pour s'y rendre : sortie sud par D 538 puis chemin à gauche apr. le pont, près de la Drôme et du complexe sportif

CRUAS

✉ 07350 – **331** K6 – G. Lyon Drôme Ardèche – 2 400 h. – alt. 83
🛈 *Office de tourisme, 9, place George Clemenceau* ☎ 04 75 49 59 20, Fax 04 75 51 47 43
Paris 594 – Aubenas 49 – Montélimar 16 – Privas 24 – Valence 39.

△ **Les Ilons** Permanent
 ☎ 04 75 49 55 43, *contactcamping@wanadoo.fr*,
 Fax 04 75 49 55 43, *http://campinglesilons.free.fr* – **R** conseillée
 2,5 ha (80 empl.) plat, herbeux, gravillons
 Tarif : 20,50 € ⚏⚏ 🚗 🔌 (16A) – pers. suppl. 4,50 € – frais de réservation 20 €
 Location (de déb. avr. à fin sept.) ⚑ : 🏠 (4 à 6 pers.) 350 à 500 €/sem. – frais de réservation 20 € - **R** conseillée
 🚐 1 borne artisanale 3,50 €
 Pour s'y rendre : chemin du Camping (1,4 km à l'est, rte du Port, près d'un plan d'eau, à 300 m du Rhône)

RHÔNE-ALPES

CUBLIZE

✉ 69550 – **327** F3 – 1 047 h. – alt. 452

🛈 *Office de tourisme, lac des Sapins* ℘ 04 74 89 58 03, Fax 04 74 89 58 68
Paris 422 – Amplepuis 7 – Chauffailles 29 – Roanne 30 – Villefranche-sur-Saône 41.

▲ **Intercommunal du Lac des Sapins** de déb. avr. à fin sept.
℘ 04 74 89 52 83, camping@lacdessapins.fr,
Fax 04 74 89 58 90, *www.lac-des-sapins.fr* – places limitées pour le passage – **R** conseillée
4 ha (155 empl.) plat, herbeux, pierreux, gravillons
Tarif : (Prix 2008) 16,50 € ⚹⚹ ⇌ 🅴 (🖉) (10A) – pers. suppl. 3 €
Location (Prix 2008) (permanent) ✂ : 18 🏠 (4 à 6 pers.) nuitée 48 € - 300 à 390 €/sem. – **R** conseillée
🅿 1 borne artisanale 3 €
Pour s'y rendre : 800 m au sud, au bord du Reins et à 300 m du lac (accès direct)

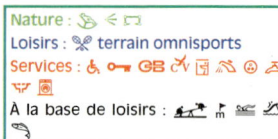

CULOZ

✉ 01350 – **328** H5 – 2 622 h. – alt. 248

🛈 *Syndicat d'initiative, 6, rue de la Mairie* ℘ 04 79 87 00 30, Fax 04 79 87 09 73
Paris 512 – Aix-les-Bains 24 – Annecy 55 – Bourg-en-Bresse 88 – Chambéry 41 – Genève 67 – Nantua 63.

▲ **Le Colombier** de mi-avr. à fin sept.
℘ 04 79 87 19 00, camping.colombier@free.fr,
Fax 04 79 87 19 00, *http://camping.colombier.free.fr*
– **R** conseillée
1,5 ha (81 empl.) plat, gravillons, herbeux
Tarif : 19,50 € ⚹⚹ ⇌ 🅴 (🖉) (10A) – pers. suppl. 5,50 € – frais de réservation 10 €
Location (de mi-avr. à mi-sept.) ✂ : 8 🛖 (4 à 6 pers.) 250 à 450 €/sem. – frais de réservation 10 € - **R** conseillée
🅿 20 🅴 5,50 €
Pour s'y rendre : Île de Verbaou (1,3 km à l'est, au carr. du D 904 et D 992, au bord d'un ruisseau)
À savoir : Près d'un centre de loisirs

Le Beaufortin

RHÔNE-ALPES

DARBRES

✉ 07170 – **331** J6 – 212 h. – alt. 450
Paris 618 – Aubenas 18 – Montélimar 34 – Privas 21 – Villeneuve-de-Berg 14.

▲ **Les Lavandes** de mi-avr. à fin sept.
℘ 04 75 94 20 65, sarl.leslavandes@online.fr,
Fax 04 75 94 20 65, www.les-lavandes-darbes.com
– **R** conseillée
1,5 ha (70 empl.) plat, en terrasses, herbeux, pierreux
Tarif : 23 € ✶✶ 🚗 🔲 🛇 (6A) – pers. suppl. 3,50 € – frais de réservation 15 €
Location : 12 🏠 (4 à 6 pers.) nuitée 50 € - 250 à 580 €/sem. – frais de réservation 15 € - **R** conseillée
Pour s'y rendre : au bourg

Nature : ≤ 🌳🌳
Loisirs : 🍸 snack 🛶 🏊
Services : ⚡ 🔑 GB 🛁 🅿 ♿ 🗜 🧺

DARDILLY

✉ 69570 – **327** H5 – 7 589 h. – alt. 338
Paris 457 – Lyon 13 – Villeurbanne 21 – Vénissieux 26 – Caluire-et-Cuire 17.

▲ **Indigo Lyon** Permanent
℘ 04 78 35 64 55, lyon@camping-indigo.com,
Fax 04 72 17 04 26, www.camping-indigo.com – **R** conseillée
6 ha (150 empl.) plat, herbeux, gravillons
Tarif : (Prix 2008) ✶ 4,40 € 🚗 🔲 9,90 € – 🛇 (10A) 6,20 € – frais de réservation 18 €
Location (Prix 2008) : 30 🏕 (4 à 6 pers.) nuitée 39 € - 220 à 440 €/sem. – 5 🏠 (4 à 6 pers.) nuitée 54 € - 220 à 430 €/sem. – frais de réservation 18 € - **R** conseillée
🚐, 1 borne artisanale 3,50 €
Pour s'y rendre : Porte de Lyon (10 km au nord-ouest par N 6, rte de Mâcon - par A 6 : sortie Limonest, à Dardilly)

Nature : 🌳
Loisirs : 🍸 snack 🏛 🛶 🏊
Services : ♿ ⚡ 🔑 GB 🛁 🅿 🗜 ♿
🚿 🚰 🛁 🧺 sèche-linge

719

DIE

✉ 26150 – **332** F5 – G. Alpes du Sud – 4 451 h. – alt. 415
🛈 Office de tourisme, rue des Jardins ℘ 04 75 22 03 03, Fax 04 75 22 40 46
Paris 623 – Gap 92 – Grenoble 110 – Montélimar 73 – Nyons 77 – Sisteron 103 – Valence 66.

▲ **Le Glandasse** de déb. avr. à fin sept.
℘ 04 75 22 02 50, camping-glandasse@wanadoo.fr,
www.camping-glandasse.com – **R** conseillée
3,5 ha (120 empl.) plat, peu incliné, herbeux, pierreux
Tarif : 21,10 € ✶✶ 🚗 🔲 🛇 (10A) – pers. suppl. 5,50 € – frais de réservation 10 €
Location : 2 🏕 (4 à 6 pers.) nuitée 45 € - 280 à 560 €/sem. – 9 🏠 (4 à 6 pers.) nuitée 45 € - 280 à 560 €/sem. – frais de réservation 10 € - **R** conseillée
Pour s'y rendre : la Maladrerie (1 km au sud-est par D 93, rte de Gap puis chemin à dr.)
À savoir : Au bord de la Drôme

Nature : 🌲 ≤ 🏔 🌳🌳
Loisirs : snack, pizzeria 🏛 🛶 🚴
🏊 🛶 canoes
Services : ♿ ⚡ 🔑 GB 🛁 🅿 🗜 ♿
🚿 🛁 sèche-linge 🧺

DIEULEFIT

✉ 26220 – **332** D6 – G. Lyon Drôme Ardèche – 3 096 h. – alt. 366
🛈 Office de tourisme, 1, place Abbé Magnet ℘ 04 75 46 42 49, Fax 04 75 46 36 48
Paris 614 – Crest 30 – Montélimar 29 – Nyons 30 – Orange 58 – Pont-St-Esprit 69 – Valence 57.

▲ **Municipal les Grands Prés**
℘ 04 75 46 87 50, info@camping-grandspres.com,
www.camping-grandpres.com – **R** conseillée
1,8 ha (101 empl.) plat, herbeux
Pour s'y rendre : sortie ouest par D 540, rte de Montélimar, près du Jabron - accès direct au bourg par chemin piétonnier

Nature : 🌲 🌳🌳
Loisirs : 🏛 🛶
Services : ♿ ⚡ 🗜 ♿ 🛁
À prox. : 🛒 ✂ 🏊

RHÔNE-ALPES

DIVONNE-LES-BAINS

✉ 01220 – **328** J2 – G. Franche-Comté Jura – 6 171 h. – alt. 486 – ⚓ (mi mars-fin nov.)
🛈 *Office de tourisme, rue des Bains* ✆ 04 50 20 01 22, Fax 04 50 20 00 40
Paris 488 – Bourg-en-Bresse 129 – Genève 18 – Gex 9 – Lausanne 46 – Nyon 9 – Les Rousses 27 – Thonon-les-Bains 51.

▲ **Le Fleutron** de déb. avr. à mi-oct.
✆ 08 20 20 12 07, info@homair.com, Fax 04 42 95 03 63,
www.camping-lefleutron.com – **R** conseillée
8 ha (253 empl.) incliné, en terrasses, pierreux, herbeux
Tarif : (Prix 2008) ★ 7 € ⇌ 🔲 12 € – 🛋 (6A) 5 € – frais de réservation 10 €
Location (Prix 2008) : 🏠 (4 à 6 pers.) 217 à 658 €/sem.
– frais de réservation 25 € - **R** conseillée
🚐 1 borne 5 €
Pour s'y rendre : 2465 Vie de l'Etraz (3 km au nord, après Villard)
À savoir : Cadre boisé adossé à une montagne

Nature : 🌳 ♀♀
Loisirs : 🍹 snack 🏠 🚶 ✗ 🛥
Services : 🔑 📧 🚿 🧺 ⊙ 🚻 🔁
🍽 🛒

DOUSSARD

✉ 74210 – **328** K6 – G. Alpes du Nord – 2 781 h. – alt. 456
Paris 555 – Albertville 27 – Annecy 20 – La Clusaz 36 – Megève 42.

▲ **Campéole la Nublière** 🚻 – de déb. mai à mi-sept.
✆ 04 50 44 33 44, nubliere@wanadoo.fr,
Fax 04 50 44 31 78, www.campeole.com – **R** conseillée
9,2 ha (467 empl.) plat, herbeux, pierreux
Tarif : 25,90 € ★★ ⇌ 🔲 🛋 (6A) – pers. suppl. 6,60 € – frais de réservation 25 €
Location (Prix 2008) : 50 🏠 (4 à 6 pers.) nuitée 41 € – 287 à 777 €/sem. – 50 🏡 (4 à 6 pers.) nuitée 55 € – 380 à 700 €/sem. – bungalows toilés – frais de réservation 25 € - **R** conseillée
Pour s'y rendre : 30 allée de la Nublière (1,8 km au nord)
À savoir : Situation agréable au bord du lac (plage)

Nature : ♀♀ ⛰
Loisirs : 🍹 ✗ 🚶 salle d'activité 🎿 🛥
Services : ♿ 🔑 📧 🚿 🧺 ⊙ 🚻
🍽 🛒
À prox. : 🚢 ✗ 🎣 🛶 ponton d'amarrage, point d'informations touristiques, vol biplace, parapente

▲ **La Serraz** Permanent
✆ 04 50 44 30 68, info@campinglaserraz.com,
Fax 04 50 44 81 07, www.campinglaserraz.com – **R** conseillée
3,5 ha (197 empl.) plat, herbeux
Tarif : (Prix 2008) 19 € ★★ ⇌ 🔲 🛋 (6A) – pers. suppl. 5 €
– frais de réservation 23 €
Location (Prix 2008) : 🏠 (4 à 6 pers.) 335 à 845 €/sem.
- frais de réservation 23 € - **R** conseillée
🚐 1 borne artisanale 3,50 € – 4 🔲 24,50 €
Pour s'y rendre : au bourg, sortie est près de la poste

Nature : ≤ ♀♀
Loisirs : 🍹 🏠 🎿 🚴 🛥
Services : ♿ 🔑 📧 🚿 🧺 ⊙ 🚻
🔁 🍽

△ **Simon de Verthier** mai-sept.
✆ 04 50 44 36 57 – **R** conseillée
1 ha (26 empl.) plat, herbeux
Tarif : 17 € ★★ ⇌ 🔲 🛋 (4A) – pers. suppl. 2 €
Pour s'y rendre : à Verthier (1,6 km au nord-est, près de l'Eau Morte)

Nature : ≤ ♀♀
Services : ♿ 🔑 🚿 🧺 ⊙

DUINGT

✉ 74410 – **328** K6 – G. Alpes du Nord – 797 h. – alt. 450
🛈 *Office de tourisme, rue du Vieux Village* ✆ 04 50 77 64 75
Paris 548 – Albertville 34 – Annecy 12 – Megève 48 – St-Jorioz 3.

△ **Municipal les Champs Fleuris**
✆ 04 50 68 57 31, camping@duingt.fr, Fax 04 50 77 03 17,
www.camping-duingt.com – **R** conseillée
1,3 ha (112 empl.) plat et peu incliné, terrasses, herbeux
Location : 2 🚐 – 4 🏠
🚐 1 borne flot bleu – 30 🔲 – 🌙
Pour s'y rendre : 1 km à l'ouest

Nature : ≤
Loisirs : 🎿
Services : ♿ 🔑 🚿 🧺 ⊙ 🚻 🍽 sèche-linge

RHÔNE-ALPES

ECLASSAN

✉ 07370 – **331** K3 – 702 h. – alt. 420
Paris 534 – Annonay 21 – Beaurepaire 46 – Condrieu 42 – Privas 80 – Tournon-sur-Rhône 21.

▲ **L'Oasis** de fin avr. à fin sept.
  ☎ 04 75 34 56 23, oasis.camp@wanadoo.fr,
  Fax 04 75 34 47 94, www.oasisardeche.com – accès aux emplacements par forte pente, mise en place et sortie des caravanes à la demande – **R** conseillée
  4 ha (59 empl.) en terrasses, pierreux, herbeux
  Tarif : 23,80 € ★★ ⇌ 🗐 [½] (6A) – pers. suppl. 4,50 € – frais de réservation 6 €
  Location : 6 🏠 (4 à 6 pers.) 329 à 595 €/sem. – 16 🏡 (4 à 6 pers.) - 329 à 651 €/sem. – frais de réservation 6 € - **R** conseillée
  Pour s'y rendre : le Petit Chaléat (4,5 km au nord-ouest par rte de Fourany et chemin à gauche)
  À savoir : Agréable situation en terrasses, près de l'Ay

Nature : 🌳 ⇐ 🗺 ♀
Loisirs : 🍴 ✗ snack, pizzeria 🏠 ⚽ 🏊 🎠
Services : ♿ ☕ 🏪 ✂ 🚽 ♨ 🚿
⛲ 🚽 🗑

ENTRE-DEUX-GUIERS

✉ 38380 – **333** H5 – G. Alpes du Nord – 1 477 h. – alt. 380
Paris 553 – Les Abrets 24 – Chambéry 24 – Grenoble 39 – Le Pont-de-Beauvoisin 16 – St-Laurent-du-Pont 5.

▲ **L'Arc-en-Ciel** de déb. mars à mi-oct.
  ☎ 04 76 66 06 97, info@camping-arc-en-ciel.com,
  Fax 04 76 66 06 97, www.camping-arc-en-ciel.com – places limitées pour le passage – **R**
  1 ha (50 empl.) plat, herbeux
  Tarif : 19,40 € ★★ ⇌ 🗐 [½] (4A) – pers. suppl. 4,90 € – frais de réservation 5 €
  Location : 7 🏠 (4 à 6 pers.) 210 à 470 €/sem. – frais de réservation 5 € - **R**
  🚐 1 borne artisanale 4,50 € – 3 🗐 15,10 €
  Pour s'y rendre : 37 chemin des Berges (au bourg par r. piétonne vers les Échelles, près du vieux pont, au bord du Guiers)

Nature : ∈ ♀♀
Loisirs : 🎣 ⚽ 🎠
Services : ♿ ☕ 🏪 ✂ 🚽 ♨
⛲ 🚽 🗑 sèche-linge
À prox. : ✗ 🏃

EXCENEVEX

✉ 74140 – **328** L2 – G. Alpes du Nord – 682 h. – alt. 375
🛈 Office de tourisme, rue des Ecoles ☎ 04 50 72 89 22
Paris 564 – Annecy 71 – Bonneville 42 – Douvaine 9 – Genève 27 – Thonon-les-Bains 13.

▲ **La Pinède** de mi-avr. à mi-sept.
  ☎ 04 50 72 85 05, pinede@campeole.com,
  Fax 04 50 72 93 00, www.campeoles.fr – places limitées pour le passage – **R** conseillée
  12 ha (619 empl.) plat, peu incliné, herbeux
  Tarif : ★ 5,40 € ⇌ 5,50 € 🗐 21,40 € – [½] (16A) 4,10 € – frais de réservation 27 €
  Location : 49 🏠 (4 à 6 pers.) nuitée 37 € - 308 à 728 €/sem. – 47 🏡 (4 à 6 pers.) - 336 à 630 €/sem. – bungalows toilés – frais de réservation 27 € – **R** conseillée
  Pour s'y rendre : les Crêtes (1 km au sud-est par D 25)
  À savoir : Agréable site boisé en bordure d'une plage du lac Léman

Nature : 🗺 ♀♀
Loisirs : 🏠 🎣 🏃 🎠 ponton d'amarrage
Services : ♿ 🏪 ✂ 🚽 ♨ ⛲ 🚽
🗑 sèche-linge 🚗
À prox. : 🍴 ✗ snack 🎣 ✂ 🚴 🐟
pédalos

FARAMANS

✉ 38260 – **333** D5 – 734 h. – alt. 375
Paris 518 – Beaurepaire 12 – Bourgoin-Jallieu 35 – Grenoble 60 – Romans-sur-Isère 50 – Vienne 32.

▲ **Municipal des Eydoches**
  ☎ 04 74 54 21 78, mairie.faramans@wanadoo.fr,
  Fax 04 74 54 20 00 – places limitées pour le passage – **R** conseillée
  1 ha (60 empl.) plat, herbeux
  🚐 1 borne artisanale
  Pour s'y rendre : sortie est par D 37, rte de la Côte-St-André

Nature : ♀
Services : ♿ ☕ 🏪 ♨ 🚽 🗑
À prox. : ✂ 🐟 golf, practice de golf, pateaugeoire, terrain omnisport

721

RHÔNE-ALPES

FÉLINES

✉ 07340 – **331** K2 – 1 106 h. – alt. 380
Paris 520 – Annonay 13 – Beaurepaire 31 – Condrieu 24 – Tournon-sur-Rhône 46 – Vienne 34.

▲ **Bas-Larin** de déb. avr. à fin sept.
☏ 04 75 34 87 93, *camping.baslarin@wanadoo.fr*,
Fax 04 75 34 87 93, *www.bas-larin.com* – **R** conseillée
1,5 ha (67 empl.) incliné à peu incliné, en terrasses, herbeux
Tarif : (Prix 2008) 19,50 € ✶✶ ⇔ 🅴 [½] (10A) – pers. suppl. 3,50 €
Location (Prix 2008) : 6 🏠 (4 à 6 pers.) 370 à 520 €/sem. – **R** conseillée
🚐 1 borne artisanale 3 €
Pour s'y rendre : 88 rte de Larin-le-Bas (2 km au sud-est, par N 82, rte de Serrières et chemin à dr.)

Ce guide n'est pas un répertoire de tous les terrains de camping mais une sélection des meilleurs campings dans chaque catégorie.

LA FERRIÈRE

✉ 38580 – **333** J6 – 214 h. – alt. 926
Paris 613 – Lyon 146 – Grenoble 52 – Chambéry 47 – Annecy 95.

▲ **Neige et Nature** de mi-mai à mi-sept.
☏ 04 76 45 19 84, *contact@neige-nature.fr*, *www.neige-nature.fr* – alt. 900 – **R** conseillée
1,2 ha (45 empl.) plat, peu incliné, terrasses, herbeux
Tarif : 20 € ✶✶ ⇔ 🅴 [½] (10A) – pers. suppl. 5,30 €
Location (permanent) : 2 🏠 (4 à 6 pers.) - 354 à 580 €/sem. – **R** conseillée
🚐 22 🅴 16,10 €
Pour s'y rendre : chemin de Montarmand (à l'ouest du bourg, au bord du Bréda)
À savoir : Cadre verdoyant et soigné

FEURS

✉ 42110 – **327** E5 – G. Lyon Drôme Ardèche – 7 669 h. – alt. 343
🛈 Office de tourisme, place du Forum ☏ 04 77 26 05 27, Fax 04 77 26 00 55
Paris 433 – Lyon 69 – Montbrison 24 – Roanne 38 – St-Étienne 47 – Thiers 68 – Vienne 93.

▲ **Municipal du Palais**
☏ 04 77 26 43 41, Fax 04 77 26 43 41 – **R**
9 ha (385 empl.) plat, herbeux, petit étang
🚐 1 borne eurorelais
Pour s'y rendre : Rte de Civens (sortie nord par N 82, rte de Roanne et à dr.)

FLEURIE

✉ 69820 – **327** H2 – G. Lyon Drôme Ardèche – 1 190 h. – alt. 320
Paris 410 – Bourg-en-Bresse 46 – Chauffailles 44 – Lyon 58 – Mâcon 22 – Villefranche-sur-Saône 27.

▲ **Municipal la Grappe Fleurie** de mi-mars à fin oct.
☏ 04 74 69 80 07, *camping@fleurie.org*, Fax 04 74 69 85 18, *www.camping-beaujolais.fr* – **R** conseillée
2,5 ha (96 empl.) plat, herbeux
Tarif : (Prix 2008) 16 € ✶✶ ⇔ 🅴 [½] (10A) – pers. suppl. 5,70 €
Location (Prix 2008) : 4 🏠 (4 à 6 pers.) - 300 à 460 €/sem. – **R** conseillée
🚐 1 borne artisanale
Pour s'y rendre : r. de la Grappe Fleurie (600 m au sud du bourg par D 119e et à dr.)
À savoir : Au coeur du vignoble

RHÔNE-ALPES

LES GETS

✉ 74260 – **328** N4 – G. Alpes du Nord – 1 352 h. – alt. 1 170 – Sports d'hiver : 1 170/2 000 m ✦5 ✦47 ✦
🛈 *Office de tourisme, place Mairie* ✆ 04 50 75 80 80, Fax 04 50 79 76 90
Paris 579 – Annecy 77 – Bonneville 33 – Chamonix-Mont-Blanc 60 – Cluses 19 – Morzine 7 – Thonon-les-Bains 36.

▲ **Le Frêne** de fin juin à déb. sept.
✆ 04 50 75 80 60, Fax 04 50 75 84 39 – alt. 1 315 – **R**
0,3 ha (32 empl.) non clos, en terrasses, peu incliné, herbeux
Tarif : 19 € ♀♀ 🚗 🖾 ⚡ (3A)
Pour s'y rendre : sortie sud-ouest par D 902 puis 2,3 km par rte des Platons à dr.

Nature : 🌲 ← Aiguille du Midi, massif du Mt-Blanc 🌄
Loisirs : 🏛 ✦
Services : ♿ ⚡ 🅶🅱 ♻ 🚿 ♨ 🎯 ♒
🚰 🎣

GEX

✉ 01170 – **328** J3 – G. Franche-Comté Jura – 7 733 h. – alt. 626
🛈 *Office de tourisme, square Jean Clerc* ✆ 04 50 41 53 85, Fax 04 50 41 81 00
Paris 490 – Genève 19 – Lons-le-Saunier 93 – Pontarlier 110 – St-Claude 42.

▲ **Municipal les Genêts**
✆ 04 50 41 61 46, camp-gex@cc-pays-de-gex.fr, www.pays-de-gex.org – **R** conseillée
3,3 ha (140 empl.) peu incliné et plat, goudronné, gravillons, herbeux
Pour s'y rendre : Rte de Divonne-les-Bains (1 km à l'est par D 984 et chemin à dr.)

Nature : ← 🌄
Loisirs : snack 🏛
Services : ♿ ⚡ 🅶🅱 ♻ 🚿 ♨ 🎯 ♒ 🚰
À prox. : ✂ 🎣

Informieren Sie sich über die gültigen Gebühren,
bevor Sie Ihren Platz beziehen. Die Gebührensätze
müssen am Eingang des Campingplatzes angeschlagen sein.
Erkundigen Sie sich auch nach den Sonderleistungen.
Die im vorliegenden Band gemachten Angaben
können sich seit der Überarbeitung geändert haben.

723

LE GRAND-BORNAND

✉ 74450 – **328** L5 – G. Alpes du Nord – 2 115 h. – alt. 934 – Sports d'hiver : 1 000/2 100 m ✦2 ✦37 ✦
🛈 *Office de tourisme, place de l'Église* ✆ 04 50 02 78 00, Fax 04 50 02 78 01
Paris 564 – Albertville 47 – Annecy 31 – Bonneville 23 – Chamonix-Mont-Blanc 76 – Megève 34.

▲▲▲ **L'Escale** de déb. janv. à fin sept.
✆ 04 50 02 20 69, contact@campinglescale.com,
Fax 04 50 02 36 04, www.campinglescale.com – **R** conseillée
2,8 ha (149 empl.) plat et peu incliné, terrasse, herbeux, pierreux
Tarif : 29,40 € ♀♀ 🚗 🖾 ⚡ (10A) – pers. suppl. 5,70 € – frais de réservation 12 €
Location : 8 🏠 – 7 studios – 19 appartements – frais de réservation 12 € - **R** conseillée
🚐 1 borne artisanale
Pour s'y rendre : rte de La Patinoire (à l'est du bourg, à prox. de l'église, près du Borne)
À savoir : Agréable complexe aquatique ludique

Nature : ❄ 🌲 ←
Loisirs : 🍷 ✗ 🏛 jacuzzi ✦ ✂
🏊 🎣
Services : ♿ ⚡ 🅶🅱 ♻ 🚿 ♨ 🎯
♒ 🚰 ♨ ♻ sèche-linge ♻
À prox. : ♨ 🎯 🏊 parcours sportif, pateaugoire (hiver)

▲ **Le Clos du Pin** fermé de mi-mai à mi-juin et de fin sept. à fin nov.
✆ 04 50 02 70 57, contact@le-clos-du-pin.com,
Fax 04 50 02 27 61, www.de-clos-du-pin.com – alt. 1 015 –
places limitées pour le passage – **R** conseillée
1,3 ha (61 empl.) peu incliné, herbeux
Tarif : 19 € ♀♀ 🚗 🖾 ⚡ (10A) – pers. suppl. 4 € – frais de réservation 8 €
🚐 1 borne artisanale 19 € – 🚐 ⚡ 19 €
Pour s'y rendre : 1,3 km à l'est par rte du Bouchet, au bord du Borne

Nature : ❄ 🌲 ← chaîne des Aravis
Loisirs : 🏛
Services : ♿ ⚡ ♻ M 🚿 ♨ 🎯 ♒
🚰 ♨ 🏠 sèche-linge

RHÔNE-ALPES

GRANE

26400 – **332** C5 – 1 567 h. – alt. 175
🛈 *Syndicat d'initiative, route de La Roche-sur-Grâne* ℘ 04 75 62 66 08
Paris 583 – Crest 10 – Montélimar 34 – Privas 29 – Valence 26.

▲ Les Quatre Saisons
℘ 04 75 62 64 17, camping.4saisons@wanadoo.fr,
Fax 04 75 62 69 06, www.camping-4saisons.com
– **R** conseillée
2 ha (80 empl.) en terrasses, plat, herbeux, peu incliné, sablonneux, pierreux
Location : 11 🏠
Pour s'y rendre : sortie sud-est, 900 m par D 113, rte de la Roche-sur-Grâne

GRAVIÈRES

07140 – **331** G7 – G. Lyon et la vallée du Rhône – 369 h. – alt. 220
Paris 636 – Lyon 213 – Privas 71 – Nîmes 92 – Alès 48.

▲ Le Mas du Serre de déb. avr. à déb. oct.
℘ 04 75 37 33 84, camping-le-mas-du-serre@wanadoo.fr,
www.campinglemasduserre.com – **R** conseillée
1,5 ha (75 empl.) plat, peu incliné, terrasses, herbeux
Tarif : 21,50 € ★★ 🚗 📧 (4A) – pers. suppl. 5,50 €
Location : 4 🏕 (4 à 6 pers.) 350 à 550 €/sem.
– **R** conseillée
Pour s'y rendre : le Serre (1,3 km au sud-est par D 113 et chemin à gauche, à 300 m du Chassezac)
À savoir : Belle situation autour d'un ancien mas

GRESSE-EN-VERCORS

38650 – **333** G8 – G. Alpes du Nord – 299 h. – alt. 1 205 – Sports d'hiver : 1 300/1 700 m ✦16 ✦
🛈 *Office de tourisme, le Faubourg* ℘ 04 76 34 33 40, Fax 04 76 34 31 26
Paris 610 – Clelles 22 – Grenoble 48 – Monestier-de-Clermont 14 – Vizille 43.

▲ Les 4 Saisons de déb. mai à fin sept.
℘ 04 76 34 30 21, pieter.aalmoes@wanadoo.fr,
Fax 04 76 34 39 52, www.camping-les4saisons.com
– **R** conseillée
2,2 ha (90 empl.) en terrasses, plat, pierreux, gravillons, herbeux
Tarif : (Prix 2008) 21,50 € ★★ 🚗 📧 (10A) – pers. suppl. 4,90 € – frais de réservation 6 €
Location (Prix 2008) ✦ : 7 🏕 (4 à 6 pers.) 310 à 475 €/sem. – 3 🏠 (4 à 6 pers.) – 395 à 570 €/sem. – frais de réservation 16 € – **R** conseillée
🚐, 1 borne artisanale 5 € – 20 📧 16,90 €
Pour s'y rendre : Parc Naturel du Vercors (1,3 km au sud-ouest, au lieu-dit la Ville)
À savoir : Situation agréable au pied du massif du Vercors

Si vous recherchez :

👥   Un terrain offrant des équipements et des loisirs adaptés aux enfants
🌿   Un terrain agréable ou très tranquille
L - M   Un terrain effectuant la location de caravanes, de mobile homes, de bungalows ou de chalets
P   Un terrain ouvert toute l'année
🚐   Un terrain possédant une aire de services pour camping-cars
Consultez le tableau des localités

RHÔNE-ALPES

GRIGNAN

✉ 26230 – **332** C7 – 1 353 h. – alt. 198
🛈 *Office de tourisme, place du jeu de Ballon* ✆ *04 75 46 56 75, Fax 04 75 46 55 89*
Paris 629 – Crest 46 – Montélimar 25 – Nyons 25 – Orange 52 – Pont-St-Esprit 38 – Valence 74.

▲ Les Truffières de mi-avr. à mi-sept.
✆ 04 75 46 93 62, *info@lestruffieres.com, www.lestruffie
res.com* – **R** conseillée
1 ha (85 empl.) plat, herbeux, pierreux, bois attenant
Tarif : (Prix 2008) 20,80 € ★★ 🚗 🔲 (10A) – pers.
suppl. 4,70 € – frais de réservation 12 €
Location (Prix 2008) : 6 🏠 (4 à 6 pers.) 265 à
480 €/sem. – frais de réservation 12 € - **R** conseillée
Pour s'y rendre : 1100 chemin Belle-Vue-d'Air, quartier
Nachony (2 km au sud-ouest par D 541, rte de Donzère,
D 71, rte de Chamaret à gauche et un chemin)
À savoir : Cadre boisé

Nature : 🌳 🌲 ♀♀
Loisirs : snack 🎣 ⛹
Services : 🔧 ☎ 🚿 ⊙ 🗑

GROISY

✉ 74570 – **328** K4 – 2 605 h. – alt. 690
Paris 534 – Dijon 228 – Grenoble 120 – Lons-le-Saunier 146 – Lyon 154 – Mâcon 149.

▲ Le Moulin Dollay de déb. mai à déb. oct.
✆ 04 50 68 00 31, *moulin.dollay@orange.fr,*
Fax 04 50 68 00 31, *www.moulindollay.fr* – **R** conseillée
3 ha (30 empl.) plat, herbeux, pierreux, bois attenant
Tarif : 20 € ★★ 🚗 🔲 (6A) – pers. suppl. 5 €
Location (permanent) ✏ : 2 gîtes – **R** conseillée
🚐, 1 borne artisanale 5 € – 6 🔲 14 € – 🚻 14 €
Pour s'y rendre : 206 r. Moulin-Dollay (2 km au sud-est,
intersection D 2 et N 203, au bord d'un ruisseau, au lieu-dit
Le Plot)

Nature : 🌲 ♀
Loisirs : 🎣 ⛹
Services : 🔧 ☎ 🚿 M 🔲 🚽 ⊙ 🔥
🧺 🍴 🔥 sèche-linge

HAUTECOURT

✉ 01250 – **328** F4 – 676 h. – alt. 370
Paris 442 – Bourg-en-Bresse 20 – Nantua 24 – Oyonnax 33 – Pont-d'Ain 15.

▲ L'Île de Chambod de fin avr. à fin sept.
✆ 04 74 37 25 41, *camping.chambod@free.fr,*
Fax 04 74 37 28 28, *www.campingilechambod.com*
– **R** conseillée
2,4 ha (110 empl.) plat, herbeux
Tarif : (Prix 2008) ★ 4,80 € 🚗 2,80 € 🔲 3,30 € –
🔲 (10A) 3,80 €
Location (Prix 2008) (de mi-avr. à mi-oct.) ✏ : 8 🏠 (4
à 6 pers.) 210 à 637 €/sem. – **R** conseillée
Pour s'y rendre : 3232 rte du Port (4,5 km au sud-est par D 59,
rte de Poncin puis rte à gauche, à 300 m de l'Ain (plan d'eau))

Nature : ← 🌲 ♀
Loisirs : 🍽 snack 🎣 🏊
Services : 🔧 ☎ 🏧 🚿 🔲 🍴 ⊙ 📞
🔥
À prox. : 🏊 🎿 parcours sportif

ISSARLÈS

✉ 07470 – **331** G4 – G. Lyon Drôme Ardèche – 166 h. – alt. 946
🛈 *Syndicat d'initiative, le Village* ✆ *04 66 46 26 26, Fax 04 66 46 20 61*
Paris 574 – Coucouron 16 – Langogne 36 – Le Monastier-sur-Gazeille 18 – Montpezat-sous-Bauzon 35 –
Privas 71.

▲ La Plaine de la Loire de déb. avr. à fin sept.
✆ 04 66 46 25 77, *campinglaplainedelaloire@ifrance.com,*
www.campinglaplainedelaloire.ifrance.com – alt. 900
– **R** conseillée
1 ha (55 empl.) plat, herbeux
Tarif : (Prix 2008) 14 € ★★ 🚗 🔲 (6A) – pers. suppl. 3 €
Pour s'y rendre : le Moulin du Lac - Pont de Laborie (3 km
à l'ouest par D 16, rte de Coucouron et chemin à gauche av.
le pont)
À savoir : Au bord de la Loire

Nature : 🌳 ← ♀
Loisirs : snack ⛹ 🏊
Services : ☎ 🚿 🔲 🔥

725

RHÔNE-ALPES

JAUJAC

✉ 07380 – **331** H6 – 1 065 h. – alt. 450

🛈 Syndicat d'initiative, place du Champ de Mars ✆ 04 75 93 28 54, Fax 04 75 93 28 54
Paris 612 – Privas 44 – Le Puy-en-Velay 81.

▲ **Bonneval** de déb. avr. à fin sept.
✆ 04 75 93 27 09, bonneval.camping@wanadoo.fr,
Fax 04 75 93 23 83, www.campingbonneval.com
✉ 07380 Fabras – **R** conseillée
3 ha (60 empl.) plat, peu incliné et en terrasses, herbeux
Tarif : (Prix 2008) 22,10 € ★★ ⇌ 🅴 [ℌ] (5A) – pers. suppl. 4,50 €
Location (Prix 2008) (de déb. avr. à fin oct.) : 2 🛏 (4 à 6 pers.) 310 à 530 €/sem. – 4 🏠 (4 à 6 pers.) - 350 à 560 €/sem. – **R** conseillée
Pour s'y rendre : 2 km au nord-est par D 19 et D 5, rte de Pont-de-Labeaume, au lieu-dit les Plots, à 100 m du Lignon et des coulées basaltiques

Nature : 🌳 ≤ Chaîne du Tanargue 🌲🌲
Loisirs : 🍸 ⚽ 🏊
Services : 🚻 ⚡ (saison) 🚿 ♻ 🗑
À prox. : 🎣

Utilisez les cartes MICHELIN, complément indispensable de ce guide.

JEANSAGNIÈRE

✉ 42920 – **327** C5 – 103 h. – alt. 1 050
Paris 440 – Lyon 111 – Saint-Étienne 84 – Clermont-Ferrand 88 – Villeurbanne 114.

⛺ **Village de la Droséra** (location exclusive de chalets) Permanent
✆ 04 77 24 81 44, patrick@ladrosera.fr, www.ladrosera.fr – **R** conseillée
16 ha en terrasses, pierreux, herbeux, rochers
Location : 9 🏠 (4 à 6 pers.) nuitée 115 € - 490 à 580 €/sem. – **R** conseillée
Pour s'y rendre : la Droséra

Nature : 🌳 ≤ sur les Monts du Forez 🌲🌲
Loisirs : 🍴 🐎 ⚽ 🏊 parc de promenade, sentiers de randonnée
Services : ⚡ 🌐 🚿 ♨

JOANNAS

✉ 07110 – **331** H6 – 304 h. – alt. 430
Paris 650 – Aubenas 23 – Largentière 8 – Privas 55 – Valgorge 15 – Vallon-Pont-d'Arc 30.

⛺ **Le Roubreau** de mi-avr. à mi-sept.
✆ 04 75 88 32 07, camping@leroubreau.com, www.leroubreau.com – **R** conseillée
3 ha (100 empl.) plat et peu incliné à incliné, herbeux, pierreux
Tarif : ★ 7 € ⇌ 1 € 🅴 5,50 € – [ℌ] (4A) 3 € – frais de réservation 7,50 €
Location : 10 🛏 (4 à 6 pers.) 350 à 560 €/sem. – 19 🏠 (4 à 6 pers.) nuitée 36 € - 350 à 750 €/sem. – frais de réservation 7,50 € · **R** conseillée
🚐, 1 borne raclet 5 € – 1 🅴 22 €
Pour s'y rendre : rte de Valgorge (1,4 km à l'ouest par D 24 et chemin à gauche)
À savoir : Au bord du Roubreau

Nature : 🌳 ≤ 🏕 🌲🌲
Loisirs : 🍸 snack 🎮 ⚽ 💥 🏊
Services : 🚻 ⚡ (juil.-août) 🌐 🚿 🗑 ♻ 🎣 ♨ 🅿 🗑
À prox. : canoë

▲ **La Marette** de déb. avr. à fin sept.
✆ 04 75 88 38 88, reception@lamarette.com,
Fax 04 75 88 36 33, www.lamarette.com – **R** conseillée
4 ha (55 empl.) en terrasses et accidenté, herbeux, bois
Tarif : 26,05 € ★★ ⇌ 🅴 (10A) – pers. suppl. 5,10 €
Location (de déb. avr. à mi-sept.) : 🛏 (4 à 6 pers.) 205 à 630 €/sem. – 🏠 (4 à 6 pers.) - 240 à 750 €/sem. – **R** conseillée
Pour s'y rendre : rte de Valgorge (2,4 km à l'ouest par D 24)

Nature : 🌳 ≤ 🏕 🌲🌲
Loisirs : 🍸 🎮 ⚽ 🚲 💥 🏊
Services : 🚻 ⚡ 🌐 🚿 ♨ 🗑 ♻

RHÔNE-ALPES

JOYEUSE

✉ 07260 – **331** H7 – G. Lyon Drôme Ardèche – 1 483 h. – alt. 180
🛈 *Office de tourisme, montée de la Chastellane* ☏ 04 75 89 80 92, Fax 04 75 89 80 75
Paris 650 – Alès 54 – Mende 97 – Privas 55.

⛺ **La Nouzarède** de fin mars à fin sept.
☏ 04 75 39 92 01, campingnouzarede@wanadoo.fr,
Fax 04 75 39 43 27, www.camping-nouzarede.fr
– **R** conseillée
2 ha (103 empl.) plat, herbeux, pierreux
Tarif : 29,60 € ★★ 🚗 🅴 (⚡)(10A) – pers. suppl. 6,20 € –
frais de réservation 14,50 €
Location : 37 🏕 (4 à 6 pers.) nuitée 40 € - 245 à
695 €/sem. – frais de réservation 14,50 € - **R** conseillée
Pour s'y rendre : la Nouzarède (au nord du bourg par rte
du Stade, à 150 m de la Beaume (accès direct))

Nature : 🌳 💧
Loisirs : 🍷 ✕ snack, pizzeria 🏠
🏊 🚴
Services : ⚿ ⚓ 🆖🅱 ⚒ 🍴 🚿 🛁
À prox. : ✕ 🍽 🚣 canoë

⛺ **Bois Simonet** (location exclusive de chalets) de déb. avr.
à fin oct.
☏ 04 75 39 58 60, bois-simonet@orange.fr,
Fax 04 75 39 46 79, www.camping-bois-simonet.com
– **R** conseillée
2,5 ha en terrasses, pierreux
Location : 8 🏠 (4 à 6 pers.) nuitée 85 € - 450 à
980 €/sem. – frais de réservation 20 € - **R** conseillée
Pour s'y rendre : rte de Valgorge (3,8 km au nord par
D 203)

Nature : 🌳 ≤ vallée de la Beaume
🌲 💧(pinède)
Loisirs : 🍷 snack, pizzeria 🏊 🚴
Services : ⚿ ⚓ 🆖🅱 ⚒ 🍴 🚿 ☎ 📶
🛁 🚽

En juin et septembre les campings sont plus calmes, moins fréquentés et pratiquent souvent des tarifs " hors saison ".

LABLACHÈRE

✉ 07230 – **331** H7 – 1 520 h. – alt. 182
Paris 653 – Aubenas 27 – Largentière 16 – Privas 58 – St-Ambroix 31 – Vallon-Pont-d'Arc 22.

⛺ **Le Ch'ti Franoi** de déb. avr. à fin oct.
☏ 04 75 36 64 09, info@campinglechti.com, www.campinglechti.com – **R** conseillée
2,8 ha (40 empl.) plat et peu incliné, terrasses, pierreux, herbeux
Tarif : (Prix 2008) 22 € ★★ 🚗 🅴 (⚡)(3A) – pers.
suppl. 3,50 € – frais de réservation 15 €
Location (Prix 2008) : 🏕 – **R** conseillée
Pour s'y rendre : rte de Planzolles (4,3 km au nord-ouest par D 4)

Nature : 🌳 ≤ 🌲
Loisirs : 🍷 snack 🏊 🚴 🛶
Services : ⚿ ⚓ 🆖🅱 ⚒ 🍴 🛁 🚿
🛁
À prox. : canoë

LALLEY

✉ 38930 – **333** H9 – 184 h. – alt. 850
🛈 *Syndicat d'initiative, Mairie* ☏ 04 76 34 70 39, Fax 04 76 34 75 02
Paris 626 – Grenoble 63 – La Mure 30 – Sisteron 80.

⛺ **Belle Roche** de déb. avr. à fin sept.
☏ 04 76 34 75 33, gildapatt@campingbelleroche.com,
Fax 04 76 34 75 33, www.campingbelleroche.com – alt. 860
– **R** conseillée
2,4 ha (60 empl.) plat, terrasse, pierreux, herbeux
Tarif : 19 € ★★ 🚗 🅴 (⚡)(10A) – pers. suppl. 3,60 €
Location : 6 🏕 (4 à 6 pers.) nuitée 38 € - 385 à
520 €/sem. – frais de réservation 5 € - **R** conseillée
🚐 1 borne artisanale 5 € – 10 🅴 12,50 €
Pour s'y rendre : chemin de Combe-Morée (au sud du bourg par rte de Mens et chemin à dr.)
À savoir : Situation agréable face au village

Nature : 🌳 ≤ 🌲
Loisirs : 🍷 snack 🏊 🚴
Services : ⚿ ⚓ 🆖🅱 ⚒ Ⓜ 🍴 ☎ 📶
🛁 🚽
À prox. : ✕

727

RHÔNE-ALPES

LALOUVESC

✉ 07520 – **331** J3 – G. Lyon Drôme Ardèche – 494 h. – alt. 1 050
🛈 Office de tourisme, rue Saint-Régis ☎ 04 75 67 84 20, Fax 04 75 67 80 09
Paris 553 – Annonay 24 – Lamastre 25 – Privas 80 – St-Agrève 32 – Tournon-sur-Rhône 39 – Valence 56 – Yssingeaux 43.

▲ Municipal le Pré du Moulin de mi-mai à fin sept.
☎ 04 75 67 84 86, mairie.lalouvesc@inforoutes-ardeche.fr,
Fax 04 75 67 85 69, http://www.lalouvesc.com – **R** conseillée
2,5 ha (70 empl.) en terrasses, peu incliné, herbeux
Tarif : (Prix 2008) ✱ 2,40 € 🚗 1,65 € 🅴 2,60 € –
⚡ (6A) 3,20 €
Location (Prix 2008) : 🏠 – huttes – **R** conseillée
🚐 36 🅴 2,60 €
Pour s'y rendre : chemin de l'Hermuzière (au nord de la localité)

Nature : 🌳
Loisirs : 🏛 ⚽ 🎯 ⛲
Services : ♿ 🔑 ⛽ 🚿 ♨ 🧺 ♻
🚽

LAMASTRE

✉ 07270 – **331** J4 – G. Lyon Drôme Ardèche – 2 467 h. – alt. 375
🛈 Office de tourisme, place Montgolfier ☎ 04 75 06 48 99, Fax 04 75 06 37 53
Paris 577 – Privas 55 – Le Puy-en-Velay 72 – Valence 38.

▲ Le Retourtour de mi-avr. à fin sept.
☎ 04 75 06 40 71, campingderetourtour@wanadoo.fr,
Fax 04 75 06 40 71, www.campingderetourtour.com
– **R** conseillée
2,9 ha (130 empl.) plat et peu incliné, herbeux, gravillons
Tarif : (Prix 2008) 20,60 € ✱✱ 🚗 🅴 ⚡ (13A) – pers. suppl. 3,20 €
Location (Prix 2008) : 3 🏠 (2 à 4 pers.) nuitée 35 € - 199 à 379 €/sem. – 13 🏠 (4 à 6 pers.) 249 à 589 €/sem. – maisonnettes – **R** conseillée
🚐 1 borne
Pour s'y rendre : 1 r. de Retourtour (2,6 km au nord-ouest par D 533 et chemin à dr., à Retourtour-Plage)
À savoir : Près d'un plan d'eau

Nature : 🌳 ♨
Loisirs : 🍴 snack, pizzeria 🏛 🎯 nocturne 🎳 ⚽ 🎯
Services : ♿ 🔑 🚗 🚿 ♨ 🧺 ♻ 🚽
À prox. : ✂ 🏊 (plage)

LANDRY

✉ 73210 – **333** N4 – 628 h. – alt. 800
Paris 630 – Albertville 49 – Bourg-St-Maurice 7 – Moûtiers 23.

▲▲▲ L'Eden de mi-déc. à mi-sept.
☎ 04 79 07 61 81, info@camping-eden.net,
Fax 04 79 07 62 17, www.camping-eden.net – alt. 740
– **R** conseillée
2,5 ha (133 empl.) peu incliné, en terrasses, plat, herbeux, gravillons
Tarif : (Prix 2008) ✱ 5,70 € 🚗 🅴 10 € – ⚡ (10A) 5 € – frais de réservation 10 €
🚐 20 🅴 22 €
Pour s'y rendre : le Perrey au Levant (700 m au nord-ouest par D 87e, apr. le passage à niveau, près de l'Isère)

Nature : ❄ ≤ 🏔 ⛰
Loisirs : 🍴 snack, le soir uniquement 🏛 ⚽ 🎯
Services : ♿ 🔑 ⛽ 🚿 🅼 🧺 🅵 ♻
🏊 🚽 💧 🗑

LANSLEVILLARD

✉ 73480 – **333** 06 – G. Alpes du Nord – 431 h. – alt. 1 500 – Sports d'hiver : 1 400/2 800 m ⛷1 ⛷21 ⛷
🛈 Office de tourisme, rue Sous Église ☎ 04 79 05 99 15
Paris 689 – Albertville 116 – Briançon 87 – Chambéry 129 – Val-d'Isère 51.

▲ Caravaneige Municipal
☎ 04 79 05 90 52, mairielanslevillard@wanadoo.fr,
Fax 04 79 05 90 52, http://www.camping-valcenis.com/
– **R** conseillée
3 ha (100 empl.) plat, herbeux, pierreux
🚐 1 borne artisanale – 🚽 12,40 €
Pour s'y rendre : rte de Lanslebourg (sortie sud-ouest, au bord d'un torrent)

Nature : ❄ ≤
Loisirs : 🍴 ✂ 🏛 🎯
Services : ♿ 🔑 🚿 ♨ 🅵 🧺 sèche-linge 🧺
À prox. : ✂ 🎯

RHÔNE-ALPES

LARNAS

✉ 07220 – **331** J7 – G. Lyon et la Vallée du Rhône – 90 h. – alt. 300
Paris 631 – Aubenas 41 – Bourg-St-Andéol 12 – Montélimar 24 – Vallon-pont-d'Arc 24.

Le Domaine d'Imbours – de déb. avr. à déb. oct.
☎ 04 75 54 39 50, *imbours@franceloc.fr*,
Fax 04 75 54 39 20, *www.domaine-imbours.com*
– **R** conseillée
270 ha/10 campables (250 empl.) plat, peu incliné à incliné, pierreux, herbeux
Tarif : (Prix 2008) 33,70 € ✱✱ ⛺ 🅿 (6A) – pers. suppl. 7 € – frais de réservation 25 €
Location : 167 🏠 (4 à 6 pers.) nuitée 74 € - 133 à 1 057 €/sem. – 51 🏠 (4 à 6 pers.) nuitée 79 € - 231 à 1 127 €/sem. – appartements – 100 gîtes – hôtel – frais de réservation 25 € - **R** conseillée
Pour s'y rendre : 2,5 km au sud-ouest par D 262 - pour caravanes, de Bourg-St-Andéol passer par St-Remèze et Mas du Gras (D 4, D 362 et D 262)

Nature : 🌳 ≤≤
Loisirs : 🍴 ✗ snack 🍺 🌙 nocturne 🏊 🚴 🎾 🎣 🏓 🏸 terrain omnisports
Services : 🚿 ⚡ GB 🧺 🛒 🍳 🔌 🏪 🍽 🛁
À prox. : 🐎 canoë

Benutzen Sie
– zur Wahl der Fahrtroute
– zur Berechnung der Entfernungen
– zur exakten Lokalisierung eines Campingplatzes (mit Hilfe der Angaben im Ortstext)
*die für diesen Führer unentbehrlichen **MICHELIN-Karten** .*

LATHUILE

✉ 74210 – **328** K6 – 729 h. – alt. 510
Paris 554 – Albertville 30 – Annecy 18 – La Clusaz 38 – Megève 45.

La Ravoire de mi-mai à déb. sept.
☎ 04 50 44 37 80, *info@camping-la-ravoire.fr*,
Fax 04 50 44 32 90 60, *www.camping-la-ravoire.fr* – **R** conseillée
2 ha (110 empl.) plat, herbeux
Tarif : 30 € ✱✱ ⛺ 🅿 (5A) – pers. suppl. 6,50 €
Location 🏠 : 4 🏠 (4 à 6 pers.) - 490 à 740 €/sem. – **R** conseillée
Pour s'y rendre : rte de la Ravoire (2,5 km au nord)
À savoir : Beau cadre de verdure près du lac

Nature : ≤ ♀
Loisirs : 🍺 🏊 🎣 🏸
Services : 🚿 ⚡ GB 🧺 M 🛒 🍳 🔌 🏪 🚐 🍽 sèche-linge
À prox. : 🎣

Les Fontaines de mi-mai à mi-sept.
☎ 04 50 44 31 22, *info@campinglesfontaines.com*,
Fax 04 50 44 87 80, *www.campinglesfontaines.com*
– **R** conseillée
3 ha (170 empl.) plat, peu incliné, en terrasses, herbeux
Tarif : 26,20 € ✱✱ ⛺ 🅿 (6A) – pers. suppl. 6 € – frais de réservation 16 €
Location (de mi-avr. à fin sept.) 🏠 : 🏠 (4 à 6 pers.) 344 à 704 €/sem. – 🏠 (4 à 6 pers.) - 394 à 764 €/sem. – frais de réservation 16 € - **R** conseillée
Pour s'y rendre : 1295 rte de Chaparon (2 km au nord, à Chaparon)

Nature : 🌳 ≤ ♀♀
Loisirs : 🍴 snack 🍺 🏊 🎣 🏸
Services : 🚿 ⚡ GB 🧺 M 🛒 🍳 🍽 🔌 🏪 🚐 sèche-linge 🛁

L'Idéal de déb. mai à mi-sept.
☎ 04 50 44 32 97, *camping-ideal@wanadoo.fr*,
Fax 04 50 44 36 59, *www.camping-ideal.com* – **R** conseillée
3,2 ha (300 empl.) plat et peu incliné, herbeux
Tarif : 26,20 € ✱✱ ⛺ 🅿 (6A) – pers. suppl. 6 € – frais de réservation 16 €
Location (de mi-avr. à mi-sept.) 🏠 : 57 🏠 (4 à 6 pers.) 304 à 784 €/sem. – frais de réservation 15 € - **R** conseillée
Pour s'y rendre : 715 rte de Chaparon (1,5 km au nord)

Nature : 🌳 ≤ ♀
Loisirs : 🍴 snack 🍺 🌞 diurne 🏊 🎣 🏓 🏸
Services : 🚿 ⚡ GB 🧺 🛒 🍳 🔌 🏪 sèche-linge 🚐 🛁

729

RHÔNE-ALPES

LATHUILE

Le Taillefer de déb. mai à fin sept.
📞 04 50 44 30 30, info@campingletaillefer.com,
Fax 04 50 44 30 30, www.campingletaillefer.com
– **R** conseillée
1 ha (32 empl.) plat, incliné, en terrasses, herbeux
Tarif : 18,80 € ★★ 🚗 🔲 🗲 (6A) – pers. suppl. 3,50 €
Pour s'y rendre : 1530 rte de Chaparon (2 km au nord, à Chaparon)

Nature : ≤ ♀
Loisirs : 🍴 🎱 ⛷
Services : 🚻 ⛔ 🚿 ⊕ 🚽 sèche-linge

LAURAC-EN-VIVARAIS

✉ 07110 – **331** H6 – 784 h. – alt. 182
Paris 646 – Alès 60 – Mende 102 – Privas 50.

Les Châtaigniers de déb. avr. à fin sept.
📞 04 75 36 86 26, chataigniers@hotmail.com,
Fax 04 75 36 86 26, www.chataigniers-laurac.com
– **R** conseillée
1,2 ha (71 empl.) plat, peu incliné, herbeux
Tarif : 18 € ★★ 🚗 🔲 🗲 (10A) – pers. suppl. 4 €
Location 🚫 (de déb. juil. à fin août) : 10 🏠 (4 à 6 pers.) nuitée 50 € - 250 à 580 €/sem. – **R** conseillée
Pour s'y rendre : Peyrot (au sud-est du bourg, accès conseillé par D 104)

Nature : ♀♀
Loisirs : 🎱 ⛷ 🏊
Services : 🚻 ⛔ 🌐 🚿 🚽 ⊕ 🚽

The Guide changes, so renew your Guide every year.

LÉPIN-LE-LAC

✉ 73610 – **333** H4 – 282 h. – alt. 400
🛈 Office de tourisme, place de la Gare 📞 04 79 36 00 02
Paris 555 – Belley 36 – Chambéry 24 – Les Échelles 17 – Le Pont-de-Beauvoisin 12 – Voiron 33.

Le Curtelet de mi-mai à fin sept.
📞 04 79 44 11 22, lecurtelet@wanadoo.fr,
Fax 04 79 44 11 22, www.camping-le-curtelet.com
– **R** conseillée
1,3 ha (94 empl.) peu incliné, herbeux
Tarif : 18 € ★★ 🚗 🔲 🗲 (6A) – pers. suppl. 3,90 € – frais de réservation 10 €
Pour s'y rendre : 1,4 km au nord-ouest

Nature : ≤ ♀ ▲
Loisirs : 🍴 ⛷
Services : 🚻 ⛔ (juil.-sept.) 🚿 M 🚽 ⊕ 🚽 sèche-linge
À prox. : ✂ 🍴

LESCHERAINES

✉ 73340 – **333** J3 – 556 h. – alt. 649 – Base de loisirs
🛈 Office de tourisme, le Pont 📞 04 79 63 37 36
Paris 557 – Aix-les-Bains 26 – Annecy 26 – Chambéry 29 – Montmélian 39 – Rumilly 27.

Municipal l'Île de mi-avr. à fin sept.
📞 04 79 63 80 00, contact@camping-savoie.com,
Fax 04 79 63 38 78, www.camping-savoie.com – **R** conseillée
7,5 ha (250 empl.) non clos, plat, terrasses, herbeux
Tarif : 17 € ★★ 🚗 🔲 🗲 (10A) – pers. suppl. 3,80 € – frais de réservation 10 €
Location (de déb. fév. à fin déc.) : 12 🏠 (4 à 6 pers.), nuitée 33 € - 233 à 460 €/sem. – 5 🏡 (4 à 6 pers.) nuitée 38 € – 266 à 507 €/sem. – 5 bungalows toilés – **R** conseillée
Pour s'y rendre : à base de loisirs les Îles-du-Cheran (2,5 km au sud-est par D 912, rte d'Annecy et rte à dr., à 200 m du Chéran)
À savoir : Au bord d'un plan d'eau, entouré de montagnes boisées

Nature : 🏞 ≤ ♀ ▲
Loisirs : 🎱
Services : 🚻 ⛔ 🌐 🚿 🚽 ⊕ 🚽 ♻ ♨ 🚽 sèche-linge
À la base de loisirs : 🍴 snack 🎣 ✂
🎣 🏊 🐴 poneys pédalos, canoë

RHÔNE-ALPES

LUGRIN

✉ 74500 – **328** N2 – G. Alpes du Nord – 1 997 h. – alt. 413
🛈 *Syndicat d'initiative, Mairie* ✆ 04 50 76 00 38, Fax 04 50 76 08 62
Paris 584 – Annecy 91 – Évian-les-Bains 8 – St-Gingolph 12 – Thonon-les-Bains 17.

Vieille Église de mi-avr. à mi-oct.
✆ 04 50 76 01 95, campingvieilleeglise@wanadoo.fr,
Fax 04 50 76 13 12, www.camping-vieille-eglise.com
– **R** conseillée
1,6 ha (100 empl.) plat et peu incliné, terrasses, herbeux
Tarif : (Prix 2008) 21,30 € ⚥ ⛺ 🅿 (10A) – pers. suppl. 5,50 € – frais de réservation 5 €
Location : 20 🏠 (4 à 6 pers.) nuitée 60 € - 290 à 650 €/sem. – frais de réservation 5 € – **R** conseillée
🚐 1 borne artisanale 7 € – 🌙 18.30 €
Pour s'y rendre : 53 rte des Preparraux (2 km à l'ouest, à Vieille-Église).

Nature : ≤ 🌳🌳
Loisirs : 🎠 ⛱
Services : ♿ ⚿ 🅶🅱 ✂ 🏪 ♨ ⊕ ≈ 🍳 🚿 sèche-linge
À prox. : 🛒

Les Myosotis de déb. mai à mi-sept.
✆ 04 50 76 07 59, campinglesmyosotis@wanadoo.fr,
Fax 04 50 76 07 59 – **R** conseillée
1 ha (58 empl.) en terrasses, herbeux
Tarif : 16,60 € ⚥ ⛺ 🅿 (6A) – pers. suppl. 2,80 €
Pour s'y rendre : 28 chemin du Grand-Tronc (600 m au sud)
À savoir : Belle situation dominante sur le lac Léman

Nature : 🏞 ≤ ♀
Services : ⚿ (juil.-août) ✂ 🏪 ≈ 🍳 🚿

LUS-LA-CROIX-HAUTE

✉ 26620 – **332** H6 – G. Alpes du Sud – 437 h. – alt. 1 050
🛈 *Syndicat d'initiative, rue Principale* ✆ 04 92 58 51 85
Paris 638 – Alès 207 – Die 45 – Gap 49 – Grenoble 75.

Champ la Chèvre de fin avr. à mi-sept.
✆ 04 92 58 50 14, info@campingchamplachevre.com,
Fax 04 92 58 55 92, www.campingchamplachevre.com
– **R** conseillée
3,6 ha (100 empl.) plat, en terrasses, peu incliné, incliné, herbeux
Tarif : 16,40 € ⚥ ⛺ 🅿 (6A) – pers. suppl. 4,90 € – frais de réservation 15 €
Location (permanent) : 4 🏠 (4 à 6 pers.) nuitée 72 € - 245 à 515 €/sem. – 8 🏕 (4 à 6 pers.) nuitée 95 € - 345 à 665 €/sem. – frais de réservation 15 € – **R** conseillée
🚐 1 borne artisanale 5 € – 2 🅿 16,40 €
Pour s'y rendre : au sud-est du bourg, près de la piscine

Nature : 🏞 ≤ ♀
Loisirs : 🏊
Services : ♿ ⚿ 🅶🅱 ✂ 🏪 ♨ ⊕ 🍳
À prox. : ⛷ 🐎

MAISON-NEUVE

✉ 07230 – **331** H7
Paris 662 – Aubenas 35 – Largentière 25 – Privas 67 – St-Ambroix 22 – Vallon-Pont-d'Arc 21.

Pont de Maisonneuve de déb. avr. à déb. oct.
✆ 04 75 39 39 25, camping.pontdemaisonneuve@wanadoo.fr, Fax 04 75 39 39 25, www.camping-pontdemaisonneuve.com ✉ 07460 Beaulieu – **R** conseillée
3 ha (100 empl.) plat, herbeux
Tarif : (Prix 2008) 15,10 € ⚥ ⛺ 🅿 (6A) – pers. suppl. 3,20 €
Location (Prix 2008) : 12 🏠 (4 à 6 pers.) nuitée 48 € - 280 à 504 €/sem. – **R** conseillée
🚐 1 borne eurorelais 3 €
Pour s'y rendre : à Beaulieu (sortie sud par D 104, rte d'Alès et à dr., rte de Casteljau, apr. le pont)
À savoir : Au bord du Chassezac

Nature : 🌳🌳
Loisirs : 🍴 🏠 ♨ ✂ ⛷ 🎣
Services : ♿ ⚿ 🅶🅱 ✂ 🏪 ♨ ⊕ 🍳
À prox. : canoë

731

RHÔNE-ALPES

MALARCE-SUR-LA-THINES

✉ 07140 – **331** G7 – 258 h. – alt. 340
Paris 626 – Aubenas 48 – Largentière 38 – Privas 79 – Vallon-Pont-d'Arc 42 – Villefort 21.

Les Gorges du Chassezac de déb. mai à fin août
☎ 04 75 39 45 12, campinggorgeschassezac@wanadoo.fr, www.campinggorgeschassezac.com – **R** conseillée
2,5 ha (80 empl.) plat, peu incliné et en terrasses, pierreux, herbeux
Tarif : 17 € ✶✶ ⇌ 🅴 (6A) – pers. suppl. 3 €
Location : 10 ⛺ (4 à 6 pers.) 300 à 450 €/sem. – **R** conseillée
Pour s'y rendre : à Champ d'Eynes (4 km au sud-est par D 113, rte des Vans)
À savoir : Au bord du Chassezac (accès direct)

Nature : 🌳 ≤ ♀♀
Loisirs : 🍴 🎣
Services : ⚬┳ (juil.-août) ⚙ 🏠 ⊕ 🚿
🚰

Gebruik de gids van het lopende jaar.

MALBOSC

✉ 07140 – **331** G7 – 169 h. – alt. 450
Paris 644 – Alès 45 – La Grand-Combe 29 – Les Vans 19 – Villefort 27.

Le Moulin de Gournier de mi-juin à fin août
☎ 04 75 37 35 50, moulindegournier@aol.com, www.camping-moulin-de-gournier.com – **R** conseillée
4 ha/1 campable (29 empl.) en terrasses, pierreux, herbeux
Tarif : 19 € ✶✶ ⇌ 🅴 (10A) – pers. suppl. 6 € – frais de réservation 8 €
Pour s'y rendre : le Gournier (7 km au nord-est par D 216, rte des Vans)
À savoir : Cadre agréable au bord de la Ganière

Nature : 🌳 ▱ ♀
Loisirs : snack 🚴 🍴 🎣
Services : ♿ ⚬┳ ⚙ 🏠 ⊕ 🚿 🚰

LES MARCHES

✉ 73800 – **333** I5 – 2 135 h. – alt. 328
Paris 572 – Albertville 43 – Chambéry 12 – Grenoble 44 – Montmélian 6.

La Ferme du Lac de mi-avr. à fin sept.
☎ 04 79 28 13 48, lafermedulac@wanadoo.fr, Fax 04 79 28 13 48, www.campinglafermedulac.fr
– **R** conseillée
2,6 ha (100 empl.) plat, herbeux
Tarif : ✶ 4,20 € ⇌ 🅴 5 € – ⚡ (10A) 3,20 €
Location ✈ : 9 ⛺ (4 à 6 pers.) 205 à 345 €/sem. – 1 🏠 (4 à 6 pers.) – 305 à 390 €/sem. – **R** conseillée
🚐 1 borne 4 € – 8 🅴 – 🚻 9.90 €
Pour s'y rendre : 1 km au sud-ouest par N 90, rte de Pontcharra et D 12 à dr.

Nature : ♀♀
Loisirs : 🏊 🎣
Services : ♿ ⚬┳ ⚙ 🏠 🔄 🚿 ⊕ 🚰 🧺
🧊

MARS

✉ 07320 – **331** H3 – 216 h. – alt. 1 060
Paris 579 – Annonay 49 – Le Puy-en-Velay 44 – Privas 71 – Saint-Étienne 67.

La Prairie de mi-mai à mi-sept.
☎ 04 75 30 24 47, millardjf@camping-laprairie.com, Fax 04 75 30 24 47, www.camping-laprairie.com
– **R** conseillée
0,6 ha (30 empl.) clos, plat, herbeux, sablonneux
Tarif : (Prix 2008) ✶ 3 € ⇌ 1,50 € 🅴 4,10 € – ⚡ (6A) 3 €
Location (Prix 2008) : 2 🏠 (2 à 4 pers.) nuitée 20 € - 210 €/sem. – **R** conseillée
🚐 1 borne artisanale 4 €
Pour s'y rendre : Laillier (au nord-est du bourg par D 15, rte de St-Agrève et chemin à gauche)

Nature : 🌳 ≤
Loisirs : snack 🏓 🚴
Services : ♿ ⚬┳ ⚙ 🚽 🚿
À prox. : 🍴 ✂ 🍹 (plan d'eau) golf (18 trous)

RHÔNE-ALPES

MASSIGNIEU-DE-RIVES

✉ 01300 – **328** H6 – 498 h. – alt. 295
Paris 516 – Aix-les-Bains 26 – Belley 10 – Morestel 37 – Ruffieux 15 – La Tour-du-Pin 41.

▲ **Le Lac du Lit du Roi** de mi-avr. à déb. oct.
☎ 04 79 42 12 03, info@camping-savoie.fr,
Fax 04 79 42 19 94, www.camping-savoie.com – **R** conseillée
4 ha (120 empl.) en terrasses, herbeux
Tarif : 22,50 € ♣♣ ⇔ 🅔 ⚡ (6A) – pers. suppl. 6,50 € – frais de réservation 15 €
Location : 12 🚐 (4 à 6 pers.) nuitée 60 € - 455 à 690 €/sem. – 5 🏠 (4 à 6 pers.) nuitée 65 € - 511 à 730 €/sem. – frais de réservation 20 € - **R** conseillée
🚐 1 borne artisanale 22 € – 10 🅔 22,50 €
Pour s'y rendre : la Tuillère (2,5 km au nord par rte de Belley et chemin à dr.)
À savoir : Situation agréable au bord d'un plan d'eau formé par le Rhône

Nature : 🌳 ≤ lac et collines 🏞 ⚘ ▲
Loisirs : 🍷 snack 🛶 ✂ 🏊
Services : 🅰 🔑 GB ♿ 🅿 ⊙ ⛳ 🚿 🕻 🚻 🗑

MATAFELON-GRANGES

✉ 01580 – **328** G3 – 483 h. – alt. 453
Paris 460 – Bourg-en-Bresse 37 – Lons-le-Saunier 56 – Mâcon 75 – Oyonnax 15.

▲ **Les Gorges de l'Oignin** de déb. avr. à fin sept.
☎ 04 74 76 80 97, camping.lesgorgesdeloignin@wanadoo.fr, Fax 04 74 76 80 97, www.gorges-de-loignin.com – **R** conseillée
2,6 ha (128 empl.) en terrasses, gravier, herbeux
Tarif : 23,10 € ♣♣ ⇔ 🅔 ⚡ (10A) – pers. suppl. 5 € – frais de réservation 16 €
Location 🏖 (de déb. juil. à fin août) : 4 🚐 (4 à 6 pers.) 266 à 542 €/sem. – 10 🏠 (4 à 6 pers.) - 276 à 562 €/sem. – frais de réservation 16 € - **R** conseillée
🚐 10 🅔 23,10 €
Pour s'y rendre : r. du Lac (900 m au sud du bourg par chemin)
À savoir : Près d'un lac

Nature : ≤
Loisirs : 🍷 snack 🛶 ✂ 🏊
Services : 🅰 🔑 GB ♿ 🅿 🛖 ⛳ 🚿 ⊙ ⛳ 🕻 🚻 🗑
À prox. : 🚆 🌊

733

LES MAZES

✉ 07150 – **331** I7 – G. Lyon Drôme Ardèche
Paris 669 – Lyon 207 – Privas 58 – Nîmes 83 – Avignon 84.

▲ **La Plage Fleurie**
– **R**
12 ha/6 campables (300 empl.) plat et peu incliné, terrasses, herbeux
Location : 🚐 – **R**
Pour s'y rendre : 3,5 km à l'ouest
À savoir : Au bord de l'Ardèche

Nature : ≤ ⚘⚘ ▲
Loisirs : 🍷 ✗ snack, pizzeria 🏃
🛶 ✂ 🏊
Services : 🅰 🅿 ⊙ 🍴 🚿 🗑

▲ **Beau Rivage** de déb. mai à mi-sept.
☎ 04 75 88 03 54, campingbeaurivage@wanadoo.fr,
Fax 04 75 88 03 54, www.beaurivage-camping.com
– **R** conseillée
2 ha (100 empl.) plat et terrasse, herbeux
Tarif : 27,90 € ♣♣ ⇔ 🅔 ⚡ (6A) – pers. suppl. 5,50 € – frais de réservation 16 €
Location (de déb. mai à mi-oct.) : 14 🚐 (4 à 6 pers.) nuitée 50 € - 285 à 600 €/sem. – frais de réservation 23 € - **R** conseillée
Pour s'y rendre : les Mazes

Nature : 🌳 ⚘⚘ ▲
Loisirs : snack 🛶 ✂ 🏊 🌊 canoë
Services : 🅰 🔑 GB ♿ 🅿 🛖 🚣 ⊙ 🕻 🚻 🗑

RHÔNE-ALPES

LES MAZES

Arc-en-Ciel de mi-mai à déb. sept.
✆ 04 75 88 04 65, info@arcenciel-camping.com, Fax 04 75 37 16 99, www.arcenciel-camping.com
– R conseillée
5 ha (218 empl.) plat et peu incliné, herbeux, pierreux
Tarif : 28,50 € – ⚥ ⛺ 🚗 🔌 (10A) – pers. suppl. 5,50 € – frais de réservation 12 €
Location ⚑ : 49 🛖 (4 à 6 pers.) 250 à 730 €/sem. – 6 bungalows toilés – frais de réservation 20 € · R conseillée
Pour s'y rendre : les Mazes
À savoir : Au bord de l'Ardèche (plan d'eau)

Nature : 🌊 ♨ ▲
Loisirs : 🍴 pizzeria 🏠 🏊 🎯 🏓
Services : ♿ ⛲ GB 🔧 🚗 🏊
📞 ⛑ 🍽 🛋 🚿 💨

MÉAUDRE

✉ 38112 – **333** G7 – G. Alpes du Nord – 1 039 h. – alt. 1 012 – Sports d'hiver : 1 000/1 600 m ⛷10 ✦
ℹ Office de tourisme, le Village ✆ 04 76 95 20 68, Fax 04 76 95 25 93
Paris 588 – Grenoble 38 – Pont-en-Royans 26 – Tullins 53 – Villard-de-Lans 10.

Les Buissonnets
✆ 04 76 95 21 04, camping-les-buissonnets@wanadoo.fr, Fax 04 76 95 26 14, www.camping-les-buissonnets.com – places limitées pour le passage – R conseillée
2,8 ha (100 empl.) peu incliné, herbeux et plat
Location ⓟ : 13 🛖
⛟ 1 borne artisanale – – 🚐 10 €
Pour s'y rendre : 500 m au nord-est par D 106 et rte à dr., à 200 m du Méaudret

Nature : ❄ 🌊 ≤ ♨
Loisirs : 🏠 🏊
Services : ♿ ⛲ 🍽 🛋 😊 🚿
À prox. : 🍴 🏊

Les Eymes Permanent
✆ 04 76 95 24 85, contact@camping-les-eymes.com, Fax 04 76 95 20 35, www.camping-les-eymes.com – R
1,3 ha (40 empl.) en terrasses et peu incliné, herbeux, pierreux, bois attenant
Tarif : 18 € – ⚥ ⛺ 🚗 🔌 (10A) – pers. suppl. 4 €
Location (Prix 2008) : 6 🛖 (4 à 6 pers.) 280 à 460 €/sem. – 3 🏠 (4 à 6 pers.) - 320 à 515 €/sem. – R conseillée
⛟ 1 borne artisanale 4,30 € – 6 🍽 10 € – 🚐 10 €
Pour s'y rendre : les Eymes (3,8 km au nord par D 106c, rte d'Autrans et rte à gauche)

Nature : 🌊 ≤
Loisirs : snack 🏊
Services : ♿ ⛲ GB 🔧 🚗 🏊 😊 🚿
🍽 🛋 💨

MEGÈVE

✉ 74120 – **328** M5 – G. Alpes du Nord – 4 509 h. – alt. 1 113 – Sports d'hiver : 1 113/2 350 m ⛷9 ⛷70 ✦
ℹ Office de tourisme, maison des Frères ✆ 04 50 21 27 28, Fax 04 50 93 03 09
Paris 598 – Albertville 32 – Annecy 60 – Chamonix-Mont-Blanc 33 – Genève 71.

Bornand de déb. juin à fin août
✆ 04 50 93 00 86, camping.bornand@aliceadsl.fr, Fax 04 50 93 02 48, www.camping-megeve.com – alt. 1 060
– R conseillée
1,5 ha (80 empl.) non clos, incliné et en terrasses, herbeux
Tarif : ⚥ 3,70 € ⛺ 🚗 4,30 € – 🔌 (6A) 3,10 €
Location (permanent) ⚑ : 4 🏠 (4 à 6 pers.) - 289 à 544 €/sem. – R conseillée
Pour s'y rendre : Demi-Quartier (3 km au nord-est par N 212, rte de Sallanches et rte de la télécabine à dr.)

Nature : ≤ ♨
Loisirs : 🏠
Services : ♿ ⛲ GB 🔧 🍽 😊 🚿
sèche-linge
À prox. : ✗

Gai-Séjour de mi-mai à mi-sept.
✆ 04 50 21 22 58 – alt. 1 040 – R conseillée
1,2 ha (60 empl.) plat, peu incliné, herbeux, pierreux
Tarif : 13 € – ⚥ ⛺ 🚗 🔌 (6A) – pers. suppl. 2,70 €
Pour s'y rendre : 332 rte de Cassioz (3,5 km au sud-ouest par N 212, rte d'Albertville)

Nature : ≤ ♨
Services : ⛲ GB 🔧 🍽 😊

RHÔNE-ALPES

MENGLON

✉ 26410 – **332** F6 – 355 h. – alt. 550
Paris 645 – Lyon 183 – Valence 80 – Grenoble 90 – Gap 84.

▲ **L'Hirondelle** – de fin avr. à mi-sept.
📞 04 75 21 82 08, *contact@campinghirondelle.com*,
Fax 04 75 21 82 85, *www.campinghirondelle.com*
– **R** conseillée
7,5 ha/4 campables (100 empl.) non clos, plat et peu accidenté, herbeux
Tarif : 32,50 € ✶✶ 🚗 🗐 (6A) – pers. suppl. 7,90 € – frais de réservation 18,50 €
Location (de déb. avr. à fin sept.) : 18 🏠 (4 à 6 pers.) 315 à 763 €/sem. – 20 🏠 (4 à 6 pers.) - 336 à 784 €/sem. – frais de réservation 18,50 € - **R** conseillée
Pour s'y rendre : Bois de St-Ferréol (2,8 km au nord-ouest par D 214 et D 140, rte de Die, près du D 539 (accès conseillé))
À savoir : Cadre et situation agréables au bord du Bez

Nature : 🌳 ← 🏕 〰
Loisirs : 🍷 ✕ snack, pizzeria 🎠 nocturne 🛝 ⛺ ♞ 🏊 (plan d'eau) 🚣 terrain omnisports
Services : 🚻 🗝 ⊖ 🚿 🛁 ♨
☎ 🛒 🍴 🧺 sèche-linge 🧹

MENTHON-ST-BERNARD

✉ 74290 – **328** K5 – G. Alpes du Nord – 1 659 h. – alt. 482
🛈 Office de tourisme, Chef-lieu 📞 04 50 60 14 30, Fax 04 50 60 22 19
Paris 552 – Lyon 148 – Annecy 9 – Genève 51 – Chambéry 59.

▲ **Le Clos Don Jean** de déb. juin à mi-sept.
📞 04 50 60 18 66, *donjean74@wanadoo.fr*,
Fax 04 50 60 18 66, *www.clos-don-jean.com* – **R** conseillée
1 ha (60 empl.) peu incliné, plat, herbeux
Tarif : (Prix 2008) 19,55 € ✶✶ 🚗 🗐 (6A) – pers. suppl. 4,30 € – frais de réservation 2 €
Location (Prix 2008) (de déb. mai à mi-sept.) : 9 🏠 (4 à 6 pers.) nuitée 60 € – 340 à 485 €/sem. – frais de réservation 2 € - **R** conseillée
Pour s'y rendre : 435 rte du Clos-Don-Jean

Nature : 🌳 ← ♀
Loisirs : 🏊
Services : 🗝 🚗 🚿 ☺ ♨

735

MEYRAS

✉ 07380 – **331** H5 – 775 h. – alt. 450
🛈 Office de tourisme, Route Nationale 102 📞 04 75 36 46 26, Fax 04 75 36 45 28
Paris 609 – Aubenas 17 – Le Cheylard 54 – Langogne 49 – Privas 46.

▲ **La Plage** de fin mars à fin oct.
📞 04 75 36 40 59, *contact@lecampingdelaplage.com*,
Fax 04 75 36 43 70, *www.lecampingdelaplage.com*
– **R** conseillée
0,8 ha (45 empl.) en terrasses et plat, herbeux, pierreux
Tarif : 28 € ✶✶ 🚗 🗐 (10A) – pers. suppl. 5 €
Location : 24 🏠 (4 à 6 pers.) 220 à 610 €/sem. – 12 🏠 (4 à 6 pers.) - 240 à 660 €/sem. – appartements – **R** conseillée
Pour s'y rendre : Neyrac les Bains (3 km au sud-ouest par N 102, rte du Puy-en-Velay)
À savoir : agréable situation au bord de l'Ardèche

Nature : 🌳 ← 🏕 〰
Loisirs : 🍷 🎠 salle d'animation 🛝 ♞ 🏊
Services : 🚻 🗝 ⊖ 🚿 🛁 ♨ ☎ 🛒 🍴 🧺 🧹
À prox. : canoë

▲ **Le Ventadour** de fin mars à déb. oct.
📞 04 75 94 18 15, *info@leventadour.com*,
Fax 04 75 94 18 15, *www.leventadour.com* – **R** conseillée
3 ha (142 empl.) plat et peu incliné, herbeux
Tarif : 22 € ✶✶ 🚗 🗐 (10A) – pers. suppl. 5 € – frais de réservation 13 €
Location : 12 🏠 (4 à 6 pers.) 289 à 549 €/sem. – frais de réservation 13 € - **R** conseillée
Pour s'y rendre : Pont-de-Rolandy (3,5 km au sud-est, par N 102, rte d'Aubenas, au bord de l'Ardèche)

Nature : ← 🏕 ♀ 🏔
Loisirs : 🍷 snack, pizzeria 🛝
Services : 🚻 🗝 ⊖ 🚿 🛁 ♨ ☎ 🍴 🧹
À prox. : canoë

RHÔNE-ALPES

MEYRIEU-LES-ÉTANGS

✉ 38440 – **333** E4 – 725 h. – alt. 430 – Base de loisirs
Paris 515 – Beaurepaire 31 – Bourgoin-Jallieu 14 – Grenoble 78 – Lyon 54 – Vienne 27.

▲ **Base de Loisirs du Moulin**
📞 04 74 59 30 34, contact@camping-meyrieu.com,
Fax 04 74 58 36 12, www.camping-meyrieu.com
– **R** conseillée
1 ha (75 empl.) plat, peu incliné, en terrasses, herbeux
Location 🚫 🅿 : 7 🏠
Pour s'y rendre : à la Base de Loisirs (800 m au sud-est par D 56b, rte de Châtonnoy et rte de Ste-Anne à gauche, près d'un plan d'eau)
À savoir : Les emplacements en terrasses dominent le lac

Nature : 🌿 🏞 ♀♀
Loisirs : 🏛 🏃 🐟
Services : ♿ ⚡ 🚿 ♨ 🧺 🍽
À prox. : 🍴 snack 🚲 🏃 🐎
pédalos, canoë, kayak

MIRABEL-ET-BLACONS

✉ 26400 – **332** D5 – 815 h. – alt. 225
Paris 595 – Crest 7 – Die 30 – Dieulefit 33 – Grignan 48 – Valence 38.

▲ **Gervanne** de déb. avr. à fin sept.
📞 04 75 40 00 20, info@gervanne-camping.com,
Fax 04 75 40 03 97, www.gervanne-camping.com
– **R** conseillée
3,7 ha (150 empl.) plat et peu incliné, herbeux
Tarif : 23 € ⛺ 🚗 🔌 (6A) – pers. suppl. 5,50 € – frais de réservation 14 €
Location 🚫 : 3 🏕 (4 à 6 pers.) 273 à 577 €/sem. – 14 🏠 (4 à 6 pers.) – 280 à 714 €/sem. – frais de réservation 14 € - **R** conseillée
🚐 1 borne artisanale 4,50 € – 10 🔌 19 €
Pour s'y rendre : quartier Bellevue (au confluent de la Drôme et de la Gervanne, à Blacons)
À savoir : Cadre verdoyant au bord de la Gervanne et la Drôme (plan d'eau)

Nature : 🌿 ♀♀ ▲
Loisirs : 🍴 pizzeria, snack 🏛 🏃
🚲 🏊
Services : ♿ ⚡ GB 🚲 🗄 ♨ 🍽
🧺 sèche-linge 🧼 ✂
À prox. : parcours de santé

MONTALIEU-VERCIEU

✉ 38390 – **333** F3 – 2 178 h. – alt. 213 – Base de loisirs
🏢 Office de tourisme, 1, rue du Rhône 📞 04 74 88 48 56
Paris 478 – Belley 36 – Bourg-en-Bresse 54 – Crémieu 25 – Nantua 66 – La Tour-du-Pin 34.

▲ **Vallée Bleue** de déb. avr. à fin oct.
📞 04 74 88 63 67, camping.valleebleue@wanadoo.fr,
Fax 04 74 88 62 11, www.camping-valleebleue.com
– **R** conseillée
120 ha/1,8 campable (119 empl.) plat, peu incliné, herbeux, gravier
Tarif : (Prix 2008) 17,40 € ⛺ 🚗 🔌 (6A) – pers. suppl. 5,50 €
Location (Prix 2008) : 7 🏕 (4 à 6 pers.) nuitée 59 € - 322 à 495 €/sem. – **R** conseillée
🚐 1 borne
Pour s'y rendre : à base de loisirs (sortie nord par N 75, rte de Bourg-en-Bresse puis 1,3 km par D 52f à dr.)
À savoir : Au bord du Rhône rive gauche (plan d'eau)

Nature : 🌿 ≤ ♀
Loisirs : 🍴 snack 🏃 🐟
Services : ♿ ⚡ GB 🚲 🗄 ♨ ▲
🚿 🧺
À prox. : 🍽 🚲 🏊 🚤 🐎
pédalos, jet ski, squad, ponton d'amarrage

Si vous recherchez :

▲ Un terrain au bord de l'eau avec possibilité de baignade
🌿 Un terrain agréable ou très tranquille
L Un terrain effectuant la location de caravanes, de mobile homes, de bungalows ou de chalets
P Un terrain ouvert toute l'année
🚐 Un terrain possédant une aire de services pour camping-cars

Consultez le tableau des localités

RHÔNE-ALPES

MONTBRISON

✉ 42600 – **327** D6 – G. Lyon Drôme Ardèche – 14 589 h. – alt. 391
🛈 *Office de tourisme, cloître de Cordeliers* ☎ 04 77 96 08 69, Fax 04 77 96 20 88
Paris 444 – Lyon 103 – Le Puy-en-Velay 99 – Roanne 68 – St-Étienne 45 – Thiers 68.

Le Bigi de fin mai à mi-sept.
☎ 04 77 58 06 39, andre.drutel@orange.fr, www.camping-le-bigi.fr – places limitées pour le passage – **R** conseillée
1,5 ha (37 empl.) en terrasses et peu incliné, herbeux, gravillons
Tarif : 14,30 € ★★ 🚗 🗐 🗑 (5A) – pers. suppl. 3,50 €
Location (de mi-juin à mi-sept.) : 7 🏠 (4 à 6 pers.) 320 à 480 €/sem. – **R** conseillée
🚐 1 borne
Pour s'y rendre : Vinols (2 km au sud-ouest par D 113, rte de Lérigneux)

Nature : ≤ 🏕 ♀
Loisirs : 🎣 ⚽ ✂ 🛏
Services : 🚿 🚻 🗑 🇬🇧 ✂ 🛒

MONTCHAVIN

✉ 73210 – **333** N4 – G. Alpes du Nord
🛈 *Office de tourisme, maison de Montchavin - des Coches* ☎ 04 79 07 82 82
Paris 672 – Lyon 206 – Chambéry 106 – Albertville 57 – Sallanches 101.

Caravaneige de Montchavin de déb. nov. à fin sept.
☎ 04 79 07 83 23, info@montchavin-lescoches.com,
Fax 04 79 07 80 18, www.montchavin-lescoches.com – alt. 1 250 – **R** conseillée
1,33 ha (90 empl.) herbeux, en terrasses
Tarif : 20,80 € ★★ 🚗 🗐 🗑 (10A) – pers. suppl. 4,50 €
🚐 1 borne artisanale 5 €
Pour s'y rendre : Montchavin-les-Coches
À savoir : Superbe situation dominante

Nature : ❄ 🌲 ≤ Vallée et montagnes de la Tarentaise ♀
Loisirs : 🎣
Services : ♿ 🚿 🇬🇧 ✂ 🛒 🗑 😊 ☎
🍽 🧺 sèche-linge
À prox. : 🚲 🍽 ✂ ⛸ patinoire

MONTRÉAL

✉ 07110 – **331** H6 – 462 h. – alt. 180
Paris 649 – Aubenas 22 – Largentière 5 – Privas 53 – Vallon-Pont-d'Arc 22.

Le Moulinage (location exclusive de chalets, mobile homes et bungalows toilés) de fin avr. à mi-sept.
☎ 04 42 54 27 68, campingdumoulinage@wanadoo.fr, Fax 04 42 53 43 19, www.ardeche-camping.com
4 ha peu incliné, terrasses, herbeux, pierreux
Location (Prix 2008) 🌿 : 16 🏠 (4 à 6 pers.) 275 à 550 €/sem. – 19 🏠 (4 à 6 pers.) - 200 à 650 €/sem. – 5 bungalows toilés – avec sanitaires – frais de réservation 30 € - **R** conseillée
Pour s'y rendre : rte de Ruoms (5,5 km au sud-est par D 5, D 104 et D 4, rte de Ruoms)
À savoir : au bord de la Ligne

Nature : ≤ ♀♀
Loisirs : 🍽 snack 🎣 🛶 🏊 ≈ 🏸
Services : 🚿 🇬🇧 ✂ 🛒 🗑 🛁
À prox. : canoë

737

MONTREVEL-EN-BRESSE

✉ 01340 – **328** D2 – 1 994 h. – alt. 215 – Base de loisirs
🛈 *Office de tourisme, place de la Grenette* ☎ 04 74 25 48 74
Paris 395 – Bourg-en-Bresse 18 – Mâcon 25 – Pont-de-Vaux 22 – St-Amour 24 – Tournus 36.

La Plaine Tonique ♿ – de mi-avr. à mi-sept.
☎ 04 74 30 80 52, plaine.tonique@wanadoo.fr, Fax 04 74 30 80 77, www.laplainetonique.com – **R** conseillée
27 ha/15 campables (548 empl.) plat, herbeux, pierreux
Tarif : ★ 4,40 € 🚗 🗐 9,60 € 🗑 (10A)
Location 🌿 : 48 🏠 (4 à 6 pers.) nuitée 55 € - 318 à 598 €/sem. – 18 appartements – gîte d'étape, gîtes – **R** conseillée
🚐 1 borne flot bleu 2 €
Pour s'y rendre : rte d'Etrez (500 m à l'est par D 28, à la base de plein air)
À savoir : au bord d'un lac et d'un bel ensemble aquatique

Nature : 🏕 ♀ ⛰
Loisirs : 🍽 ✂ snack 🎣 🎶 nocturne 🏹 🚴 ⚽ ✂ 🏊 🛶 🏸 parcours sportif
Services : ♿ 🚿 🇬🇧 ✂ 🛒 🗑 😊 ☎ 🧺 ☎ 🛁 point d'informations touristiques

RHÔNE-ALPES

MORNANT

✉ 69440 – **327** H6 – G. Lyon Drôme Ardèche – 4 672 h. – alt. 380
Paris 478 – Givors 12 – Lyon 26 – Rive-de-Gier 13 – St-Étienne 36 – Vienne 23.

▲ **Municipal de la Trillonière**
📞 04 78 44 16 47, communication@ville-mornant.fr,
Fax 04 78 44 91 70, www.ville-mornant.fr – **R** conseillée
1,5 ha (60 empl.) peu incliné, plat, herbeux
Pour s'y rendre : sortie sud, carr. D 30 et D 34, près d'un ruisseau
À savoir : Au pied de la cité médiévale

Services : ⚙ ⚲ ☺
À prox. : ✕ 🚴 ⚓

MORZINE

✉ 74110 – **328** N3 – G. Alpes du Nord – 2 948 h. – alt. 960 – Sports d'hiver : 1 000/2 100 m ✦6 ⚡61 ⚴
🛈 Office de tourisme, 23, Place du Baraty 📞 04 50 74 72 72, Fax 04 50 79 03 48
Paris 586 – Annecy 84 – Chamonix-Mont-Blanc 67 – Cluses 26 – Genève 58 – Thonon-les-Bains 31.

▲ **Les Marmottes** de fin déc. à mi-avr. et de fin juin à déb. sept.
📞 04 50 75 74 44, camping.les.marmottes@wanadoo.fr,
Fax 04 50 75 74 44, www.campinglesmarmottes.com – alt. 938 – **R** conseillée
0,5 ha (26 empl.) plat, gravier, herbeux
Tarif : 24,50 € ★★ 🚗 🗉 ⚡ (6A) – pers. suppl. 7,50 € – frais de réservation 5 €
Location ⚯ : appartements – frais de réservation 5 € - **R** conseillée
🚐 5 🗉 16,50 €

Nature : ❄ ≤
Loisirs : 🏊
Services : ⚙ ⚲ ⚓ M 🏪 📧 ☺ ⚴
♨ 🍽 sèche-linge

MURS-ET-GELIGNIEUX

✉ 01300 – **328** G7 – 204 h. – alt. 232
Paris 509 – Aix-les-Bains 37 – Belley 17 – Chambéry 42 – Crémieu 41 – La Tour-du-Pin 24.

⛰ **Île de la Comtesse** de fin avr. à mi-sept.
📞 04 79 87 23 33, camping.comtesse@wanadoo.fr,
Fax 04 79 87 23 33, www.ile-de-la-comtesse.com
– **R** conseillée
3 ha (100 empl.) plat, pierreux, herbeux
Tarif : 28 € ★★ 🚗 🗉 ⚡ (6A) – pers. suppl. 7,50 € – frais de réservation 28 €
Location : 15 🏠 (4 à 6 pers.) nuitée 53 € - 252 à 672 €/sem. – 6 🏡 (4 à 6 pers.) nuitée 54 € - 259 à 700 €/sem. – frais de réservation 28 € - **R** conseillée
🚐 1 borne eurorelais 5,50 €
Pour s'y rendre : rte des Abrets (1 km au sud-ouest sur D 992)
À savoir : près du Rhône (plan d'eau)

Nature : ≤
Loisirs : 🍴 snack 🏊 ⚡ 🎣 ⚴
Services : ⚙ ⚲ GB ⚓ 🏪 📧 ☺ ⚴ ⚲
🏪 ♨ ⚓
À prox. : 🏊

NEYDENS

✉ 74160 – **328** J4 – 1 100 h. – alt. 560
Paris 525 – Annecy 36 – Bellegarde-sur-Valserine 33 – Bonneville 34 – Genève 16 – St-Julien-en-Genevois 5.

⛰ **La Colombière** de déb. mars à mi-nov.
📞 04 50 35 13 14, la.colombiere@wanadoo.fr,
Fax 04 50 35 13 40, www.camping-la-colombiere.com
– **R** conseillée
2,2 ha (107 empl.) plat, herbeux, gravier
Tarif : 30,50 € ★★ 🚗 🗉 ⚡ (6A) – pers. suppl. 6 € – frais de réservation 12 €
Location (permanent) : 12 🏠 (4 à 6 pers.) 325 à 830 €/sem. – 8 🏡 (4 à 6 pers.) – 370 à 830 €/sem. – gîtes – frais de réservation 12 € - **R** conseillée
🚐 1 borne artisanale 5 € - 4 🗉 13 € - 🚐 13 €
Pour s'y rendre : 166 chemin Neuf (à l'est du bourg)

Nature : ≤ 🌳 ⚘
Loisirs : 🍴 ✕ 🏊 ⚡ diurne 🎣 ⚴
🏊 (découverte en saison)
Services : ⚙ ⚲ ⚓ GB ⚓ M 🏪 📧
☺ ⚴ ⚲ ♨ 🍴 🏪

RHÔNE-ALPES

LES NOËS

✉ 42370 – **327** C3 – 163 h. – alt. 610
Paris 401 – Lyon 109 – Saint-Étienne 100 – Clermont-Ferrand 101 – Villeurbanne 113.

▲ **Parc Résidentiel de Loisirs** (location exclusive de chalets) Permanent
📞 04 77 64 21 13, gsn-des-noes@orange.fr, http://gsndes noes.free.fr
1 ha en terrasses, herbeux

Loisirs : 🚲 ⛵ 🏊
Services : 🚗
À prox. : 🏠 sèche-linge 🍴 ✂ ⛽ quad

Location (Prix 2008) ♿ 🅿 : 8 🏠 (4 à 6 pers.) - 200 à 420 €/sem. – 1 gîte
Pour s'y rendre : au bourg

NOVALAISE-LAC

✉ 73470 – 1 432 h. – alt. 427
Paris 524 – Belley 24 – Chambéry 21 – Les Échelles 24 – Le Pont-de-Beauvoisin 17 – Voiron 40.

▲ **Le Grand Verney** de déb. avr. à fin oct.
📞 04 79 36 02 54, contact@camping-legrandverney.com, Fax 04 79 36 02 54, www.camping-legrandverney.info – places limitées pour le passage – **R** conseillée
2,5 ha (112 empl.) plat, peu incliné et en terrasses, herbeux
Tarif : (Prix 2008) 17,20 € ✶✶ 🚗 🅴 ⚡ (10A) – pers. suppl. 4,10 €

Nature : ≤ 🌳 🎋
Loisirs : 🏊
Services : ♿ 🔑 🚗 🏠 🔥 ⊙ 🧺 ♨ 🍴

Location : 16 🏠 (4 à 6 pers.) nuitée 50 € - 320 à 560 €/sem. – **R** conseillée
Pour s'y rendre : au lieu-dit : Le Neyret (1,2 km au sud-ouest par C 6)

Des vacances réussies sont des vacances bien préparées !
Ce guide est fait pour vous y aider... mais :
– N'attendez pas le dernier moment pour réserver
– Évitez la période critique du 14 juillet au 15 août
Pensez aux ressources de l'arrière-pays,
à l'écart des lieux de grande fréquentation.

739

NYONS

✉ 26110 – **332** D7 – G. Provence – 6 723 h. – alt. 271
🛈 Office de tourisme, place de la Libération 📞 04 75 26 10 35, Fax 04 75 26 01 57
Paris 653 – Alès 109 – Gap 106 – Orange 43 – Sisteron 99 – Valence 98.

▲ **L'Or Vert** de mi-avr. à fin sept.
📞 04 75 26 24 85, camping-or-vert@wanadoo.fr, Fax 04 75 26 17 89, www.camping-or-vert.com – **R** conseillée ✂ (juil.-août)
1 ha (79 empl.) plat et en terrasses, pierreux, gravillons, herbeux, petit verger
Tarif : ✶ 4,50 € 🚗 🅴 6,30 € – ⚡ (6A) 3,90 € – frais de réservation 10 €

Nature : ≤ 🌳 🎋🎋
Loisirs : snack 🏠 🛶 🏊
Services : 🔑 🚗 🏠 🔥 ⊙ 🧺 réfrigérateurs

Location ✂ : 2 🏠 (2 à 4 pers.) 270 à 420 €/sem. – 1 🏠 (4 à 6 pers.) 410 à 560 €/sem. – 2 🏠 (4 à 6 pers.) - 300 à 530 €/sem. – frais de réservation 10 € – **R** conseillée
Pour s'y rendre : à Aubres (3 km au nord-est par D 94, rte de Serres, au bord de l'Eygues)

▲ **Les Terrasses Provençales** de déb. avr. à fin sept.
📞 04 75 27 92 36, novezan@lesterrassesprovencales.com, Fax 09 58 07 92 36, www.lesterrassesprovencales.com – **R** conseillée ✂ (juil.-août)
2,5 ha (70 empl.) en terrasses, gravillons, pierreux, herbeux
Tarif : 20,80 € ✶✶ 🚗 🅴 ⚡ (10A) – pers. suppl. 4,50 €

Nature : 🌄 ≤ 🎋
Loisirs : 🏠 🏊
Services : ♿ 🔑 GB 🚗 🏠 🔥 ⊙ 🧺 ♨ 🍴

Pour s'y rendre : à Novezan-Venterol (7 km au nord-ouest par D 538, puis D 232 à dr.)

RHÔNE-ALPES

LES OLLIÈRES-SUR-EYRIEUX

07360 – **331** J5 – 797 h. – alt. 200

Office de tourisme, le pont ℘ 04 75 66 30 21, Fax 04 75 66 20 31

Paris 593 – Le Cheylard 28 – Lamastre 33 – Montélimar 53 – Privas 19 – Valence 34.

Le Mas de Champel de déb. avr. à fin sept.
℘ 04 75 66 23 23, masdechampel@wanadoo.fr,
Fax 04 75 66 23 16, www.masdechampel.com – **R** conseillée
4 ha (95 empl.) en terrasses, herbeux
Tarif : 23,90 € ★★ 🚗 🔲 (6A) – pers. suppl. 6,90 € – frais de réservation 20 €
Location : 30 ⌂⌂ (4 à 6 pers.) 266 à 696 €/sem. – bungalows toilés – frais de réservation 20 € - **R** conseillée
🚱 1 borne artisanale
Pour s'y rendre : au domaine de Champel (au nord du bourg par D 120, rte de la Voulte-sur-Rhône et chemin à gauche, près de l'Eyrieux)

Nature : ≤ 🌳
Loisirs : 🍹 snack 🏊 🎠 🚴
Services : 🛁 🔑 🅶🅱 🛒 🗄 🔌 🚾

Domaine des Plantas ♣ – de déb. avr. à mi-sept.
℘ 04 75 66 21 53, plantas.ardeche@wanadoo.fr,
Fax 04 75 66 23 65, www.campings-franceloc.fr – **R** conseillée
27 ha/7 campables (100 empl.) en terrasses, pierreux, herbeux
Tarif : 37 € ★★ 🚗 🔲 (10A) – pers. suppl. 7,50 € – frais de réservation 25 €
Location : 51 ⌂⌂ (4 à 6 pers.) nuitée 60 € - 130 à 826 €/sem. – 21 ⛺ (4 à 6 pers.) nuitée 70 € - 175 à 896 €/sem. – frais de réservation 25 € - **R** conseillée
Pour s'y rendre : 3 km à l'est du bourg par rte étroite, accès près du pont, au bord de l'Eyrieux

Nature : 🌲 ≤ 🌊 🏔
Loisirs : 🍹 ✕ pizzeria 🎲 🎶 nocturne 🏊 🎠 🚴 🔲 🎱 🎣
Services : 🛁 🔑 🅶🅱 🛒 M 🗄 🔌 🚾

Eyrieux-Camping ♣ – de déb. avr. à mi-sept.
℘ 04 75 66 30 08, info@eyrieuxcamping.com,
Fax 04 75 66 63 76, www.eyrieuxcamping.com – **R** conseillée
3 ha (94 empl.) en terrasses, plat, herbeux
Tarif : 19,95 € ★★ 🚗 🔲 (6A) – pers. suppl. 5,25 € – frais de réservation 25 €
Location : 13 ⌂⌂ (4 à 6 pers.) nuitée 46 € - 323 à 647 €/sem. – 17 ⛺ (4 à 6 pers.) nuitée 41 € - 287 à 697 €/sem. – frais de réservation 25 € - **R** conseillée
Pour s'y rendre : à La Feyrère (sortie est par D 120, rte de la Voulte-sur-Rhône et chemin à dr., à 100 m de l'Eyrieux (accès direct))

Nature : ≤ 🌳
Loisirs : 🍹 snack 🏊 🎠 🚴 🏊 🎱 🎣 terrain omnisports
Services : 🛁 🔑 🅶🅱 🛒 🗄 🔌 🚾 📺 🚿 réfrigérateurs

Vallée du Drac Blanc (05)

RHÔNE-ALPES

ORGNAC-L'AVEN

✉ 07150 – **331** I8 – 341 h. – alt. 190
Paris 655 – Alès 44 – Aubenas 49 – Pont-St-Esprit 23 – Privas 84 – Vallon-Pont-d'Arc 18.

▲ **Municipal** de mi-juin à fin août
☏ 04 75 38 63 68, *info@orgnacvillage.com*,
Fax 04 75 38 61 92, *www.orgnacvillage.com* – **R** conseillée
2,6 ha (150 empl.) plat, pierreux
Tarif : (Prix 2008) 14 € ★★ 🚗 🅴 (12A) – pers. suppl. 3,50 €
Pour s'y rendre : rte de Vallon-Pont-d'Arc (au nord du bourg par D 217)

Nature : ♀♀(chênaie)
Loisirs : 🏠 ✂ 🏊
Services : ♿ ⚡ GB ⚙ 🅿 🚻 ☕ 🛒
À prox. : 🐎

LA PACAUDIÈRE

✉ 42310 – **327** C2 – 1 168 h. – alt. 363
🛈 Syndicat d'initiative, le Petit Louvre ☏ 04 77 64 11 06
Paris 370 – Lapalisse 24 – Marcigny 21 – Roanne 25 – Thiers 89 – Vichy 48.

▲ **Municipal Beausoleil** de déb. mai à fin sept.
☏ 04 77 64 11 50, *lapacaudiere@wanadoo.fr*,
Fax 04 77 64 14 40 – **R** conseillée
1 ha (35 empl.) peu incliné, herbeux
Tarif : ★ 2,60 € 🚗 1,60 € 🅴 1,90 € – 🔌 (6A) 2,90 €
Pour s'y rendre : à Beausoleil (700 m à l'est par D 35, rte de Vivans et à dr., près du terrain de sports et du collège)

Nature : 🌳
Loisirs : 🏠 🚴 ✂ 🐟
Services : ♿ ⚡ ⚙ 🅿 🚿 ☕ 🛒
🔥

Si vous recherchez :

👥   Un terrain offrant des équipements et des loisirs adaptés aux enfants
🌿   Un terrain agréable ou très tranquille
L - M   Un terrain effectuant la location de caravanes, de mobile homes, de bungalows ou de chalets
P   Un terrain ouvert toute l'année
🚐   Un terrain possédant une aire de services pour camping-cars
Consultez le tableau des localités

741

PALADRU

✉ 38850 – **333** G5 – G. Lyon Drôme Ardèche – 863 h. – alt. 503
Paris 523 – Annecy 84 – Chambéry 47 – Grenoble 43 – Lyon 72.

▲ **Le Calatrin** avr.-sept.
☏ 04 76 32 37 48, *lecalatrin@wanadoo.fr*,
Fax 04 76 32 42 02, *www.paladru.com* – **R** conseillée
2 ha (60 empl.) en terrasses, plat, herbeux
Tarif : 17,50 € ★★ 🚗 🅴 🔌 (10A) – pers. suppl. 6,50 €
Pour s'y rendre : à la sortie du bourg, dir. Charavines

Nature : 🌊 ≤
Loisirs : 🏠 🐟
Services : ♿ ⚡ ⚙ 🅿 🚻 ☕ 🛒
À prox. : 🍴 snack 🏖 (plage)

PETICHET

✉ 38119 – **333** H7
Paris 592 – Le Bourg-d'Oisans 41 – Grenoble 30 – La Mure 11 – Vizille 11.

▲ **Ser-Sirant** mai-sept.
☏ 04 76 83 91 97, *campingsersirant@wanadoo.fr*,
Fax 04 76 30 83 69, *www.euro-campsite.com* – **R** conseillée
2 ha (100 empl.) plat, terrasse, herbeux, pierreux, bois attenant
Tarif : (Prix 2008) 14,60 € ★★ 🚗 🅴 🔌 (4A) – pers. suppl. 4,90 € – frais de réservation 15 €
Location (Prix 2008) : 6 🏠 (4 à 6 pers.) - 420 à 616 €/sem. - frais de réservation 15 € - **R** conseillée
🚐 1 borne flot bleu 5 € – 6 🅴 5 €
Pour s'y rendre : sortie est et chemin à gauche

Nature : 🌊 ♀♀ ⛰
Loisirs : 🍴 🏠 🚴 🐟 barques de pêche
Services : ⚡ GB ⚙ 🅿 ☕ 🛒
À prox. : 🎣

RHÔNE-ALPES

LE POËT-LAVAL

✉ 26160 – **332** D6 – G. Lyon Drôme Ardèche – 809 h. – alt. 311
Paris 619 – Crest 35 – Montélimar 25 – Nyons 35 – Orange 78 – Pont-St-Esprit 65 – Valence 61.

Municipal Lorette de déb. mai à fin sept.
📞 04 75 91 00 62, camping-lorette@orange.fr,
Fax 04 75 46 46 45 – **R** conseillée
2 ha (60 empl.) peu incliné à incliné, herbeux
Tarif : ★ 3,20 € 🚗 🅴 3,20 € – ⚡ (6A) 2 €
🚐 1 borne artisanale
Pour s'y rendre : quartier Lorette (1 km à l'est par D 540, rte de Dieulefit)
À savoir : au bord du Jabron

PONCIN

✉ 01450 – **328** F4 – 1 360 h. – alt. 255
🛈 Office de tourisme, 10, place Bichat 📞 04 74 37 23 14, Fax 04 74 37 23 14
Paris 456 – Ambérieu-en-Bugey 20 – Bourg-en-Bresse 28 – Nantua 25 – Oyonnax 35 – Pont-d'Ain 7.

Vallée de l'Ain de déb. avr. à fin sept.
📞 04 74 37 20 78, camping.valleedelain@orange.fr,
Fax 04 74 37 20 78, www.chez.com/campingponcin – places limitées pour le passage – **R** conseillée
1,5 ha (89 empl.) plat, herbeux
Tarif : 18,20 € ★★ 🚗 🅴 ⚡ (16A) – pers. suppl. 4 €
Location 🚫 : 4 🏠 (4 à 6 pers.) 332 à 402 €/sem. – 3 🏡 (4 à 6 pers.) - 362 à 462 €/sem. – frais de réservation 10 € – **R** conseillée
🚐 1 borne artisanale – 6 🅴 13,90 €
Pour s'y rendre : rte de Lallement (500 m au nord-ouest par D 91 et D 81, rte de Meyriat, près de l'Ain)

PONCINS

✉ 42110 – **327** D5 – 754 h. – alt. 339
Paris 446 – Lyon 77 – Saint-Étienne 50 – Clermont-Ferrand 109 – Villeurbanne 81.

Village Vacances Le Nid Douillet (location exclusive de chalets) Permanent
📞 04 77 27 80 36, salechaudron@wanadoo.fr,
Fax 04 77 27 02 70, www.le-nid-douillet.com
2 ha plat, herbeux
Location : 6 🏡 (4 à 6 pers.) nuitée 50 € - 325 à 500 €/sem. – **R** conseillée
Pour s'y rendre : rte de Montbrison-les-Baraques-des-Rotis

PONT-DE-VAUX

✉ 01190 – **328** C2 – G. Bourgogne – 2 004 h. – alt. 177
🛈 Office de tourisme, 2, rue Maréchal de Lattre de Tassigny 📞 03 85 30 30 02, Fax 03 85 30 68 69
Paris 380 – Bourg-en-Bresse 40 – Lons-le-Saunier 69 – Mâcon 24.

Champ d'Été de déb. mai à mi-oct.
📞 03 85 23 96 10, pdv.ain@wanadoo.fr, Fax 03 85 23 99 12, www.cc-pontdevaux.com – **R** conseillée
3,5 ha (150 empl.) plat, herbeux
Tarif : ★ 4 € 🚗 5 € 🅴 8 € – ⚡ (10A) 16 €
Location (de déb. mars à fin nov.) : 30 🏡 (4 à 6 pers.) nuitée 120 € – 215 à 550 €/sem. – 🛏 – gîtes – **R** conseillée
🚐 1 borne artisanale 2 €
Pour s'y rendre : 800 m au nord-ouest par D 933, dir. Mâcon et chemin à dr., près d'un plan d'eau

RHÔNE-ALPES

PONT-DE-VAUX

Les Ripettes de déb. avr. à fin sept.
℘ 03 85 30 66 58, info@camping-les-ripettes.com, www.camping-les-ripettes.com – **R** conseillée
2,5 ha (54 empl.) plat, herbeux
Tarif : 17 € ✶✶ 🚗 🅴 (10A) – pers. suppl. 3,50 €
Pour s'y rendre : à Chavannes sur Reyssouze
À savoir : partie campable verdoyante et très soignée

Nature : 🌳 ♀
Loisirs : 🏊
Services : ⛔ GB 🐕 🍴 ♿ 😊 🚿 🛒
sèche-linge

POUILLY-SOUS-CHARLIEU

✉ 42720 – **327** D3 – 2 720 h. – alt. 264
Paris 393 – Charlieu 5 – Digoin 43 – Roanne 15 – Vichy 75.

Municipal les Îlots de mi-mai à mi-sept.
℘ 04 77 60 80 67, mairie.pouilly-sous-charlieu42@wanadoo.fr – **R**
1,5 ha (57 empl.) plat, herbeux
Tarif : (Prix 2008) ✶ 2,20 € 🚗 🅴 2,20 € – (10A) 3 €
Pour s'y rendre : au Stade (sortie nord par D 482, rte de Digoin et à dr., au bord du Sornin)

Nature : 🌿 ♀
Services : ⛔ 🐕 🍴 😊 🛒
À prox. : ✂ 🛶

POULE-LES-ÉCHARMEAUX

✉ 69870 – **327** F3 – 834 h. – alt. 570
Paris 446 – Chauffailles 17 – La Clayette 25 – Roanne 47 – Tarare 46 – Villefranche-sur-Saône 39.

Municipal les Écharmeaux
℘ 04 74 03 60 98, dominique.moutot@orange.fr
– **R** conseillée
0,5 ha (24 empl.) en terrasses, gravillons, herbeux
Pour s'y rendre : à l'ouest du bourg
À savoir : Terrasses individuelles surplombant un étang

Nature : 🌿 ⬅ 🌳
Loisirs : ✂
Services : ⛔ 🐕 🍴 🛶

POËT-CÉLARD

✉ 26460 – **332** D6 – 145 h. – alt. 590
Paris 618 – Lyon 156 – Valence 53 – Avignon 114 – Gap 118.

Le Couspeau de mi-avr. à fin sept.
℘ 04 75 53 30 14, info@couspeau.com, Fax 04 75 53 37 23, www.couspeau.com – alt. 600 – **R** conseillée
6 ha (133 empl.) plat, en terrasses et peu incliné, herbeux
Tarif : (Prix 2008) 18 € ✶✶ 🚗 🅴 (6A) – pers. suppl. 5 €
– frais de réservation 20 €
Location (Prix 2008) : 20 🏠 (4 à 6 pers.) nuitée 70 € –
245 à 784 €/sem. – 24 🏠 (4 à 6 pers.) nuitée 75 € – 210
à 847 €/sem. – frais de réservation 20 € – **R** conseillée
Pour s'y rendre : 1,3 km au sud-est par D 328A
À savoir : situation dominante et panoramique

Nature : 🌿 ⬅ 🌳 ♀
Loisirs : 🍴 ✘ snack 🎮 🎯 🐎 ✂ 🏔
🏊 (petite piscine) 🏊
Services : ♿ ⛔ GB 🐕 🍴 M 🛒 ♿ 😊
😊 🚿 🛒 sèche-linge 🧺 🛠

PRADONS

✉ 07120 – **331** I7 – 295 h. – alt. 124
Paris 647 – Aubenas 20 – Largentière 16 – Privas 52 – Ruoms 4 – Vallon-Pont-d'Arc 12.

Les Coudoulets de fin avr. à mi-sept.
℘ 04 75 93 94 95, camping@coudoulets.com,
Fax 04 75 39 65 89, www.coudoulets.com – **R** conseillée
3,5 ha/2,5 campables (123 empl.) plat et peu incliné,
pierreux, herbeux
Tarif : 29 € ✶✶ 🚗 🅴 (10A) – pers. suppl. 5 € – frais de
réservation 8 €
Location (permanent) : 6 🏠 (4 à 6 pers.) 220 à
570 €/sem. – 12 🏠 (4 à 6 pers.) - 240 à 610 €/sem. –
gîtes – frais de réservation 8 € - **R** conseillée
🚐 1 borne artisanale 🛒 🅴 14 €
Pour s'y rendre : chemin de l'Ardèche (au nord-ouest du bourg)

Nature : 🌿 🌳 ♀ ⛰
Loisirs : 🍴 snack 🎮 🏊
Services : ♿ ⛔ GB 🐕 🍴 😊 🛒
😊 🚿 🛒
À prox. : ✂ canoë

RHÔNE-ALPES

PRADONS

International de déb. avr. à mi-oct.
℘ 04 75 39 66 07, *contact@cia-ardeche.com*,
Fax 04 75 39 79 08, *www.cia-ardeche.com* – **R** conseillée
1,5 ha (45 empl.) peu incliné, plat, herbeux
Tarif : 27 € ★★ ⇔ 🅴 [⚡] (10A) – pers. suppl. 6 € – frais de réservation 5 €
Location (de déb. avr. à mi nov.) : 14 🏠 (4 à 6 pers.) nuitée 55 € - 225 à 575 €/sem. – frais de réservation 5 € - **R** conseillée
Pour s'y rendre : rte d'Aubenas (au nord-est par D 579)
À savoir : accès direct à l'Ardèche (escalier)

Nature : 🌳
Loisirs : 🎠 🚴 🏊 🎣
Services : ♿ 🔑 📶 🚿 🚽 ☺ 🅿
À prox. : canoë

Laborie de mi-mars à fin sept.
℘ 04 75 39 72 26, *camping-de-laborie@wanadoo.fr*,
Fax 04 75 39 72 26, *www.campingdelaborie.com*
– **R** conseillée
3 ha (100 empl.) plat, herbeux
Tarif : 23,80 € ★★ ⇔ 🅴 [⚡] (10A) – pers. suppl. 3,90 € – frais de réservation 6 €
Location (de mi-avr. à fin sept.) : 10 🏠 (4 à 6 pers.) 210 à 600 €/sem. – frais de réservation 6 € - **R** conseillée
Pour s'y rendre : 1,8 km au nord-est par rte d'Aubenas

Nature : 💦
Loisirs : 🍷 🎠 🚴 🏊 🎣 🚣
Services : ♿ 🔑 📶 🚿 🍴 ☺ 🅿 ⛽
🍽 🅿
À prox. : canoë

Le Pont de déb. avr. à fin sept.
℘ 04 75 93 93 98, *campingdupont07@wanadoo.fr*,
Fax 04 75 36 84 13, *www.campingdupontardeche.com*
– **R** conseillée
1,2 ha (65 empl.) plat, herbeux, pierreux
Tarif : (Prix 2008) 21,50 € ★★ ⇔ 🅴 [⚡] (10A) – pers. suppl. 5 € – frais de réservation 8 €
Location (Prix 2008) : 8 🏠 (4 à 6 pers.) nuitée 50 € - 250 à 570 €/sem. – 5 chalets (sans sanitaires) – frais de réservation 8 € - **R** conseillée
Pour s'y rendre : chemin du Cirque-de-Gens (300 m à l'ouest par D 308, rte de Chauzon)
À savoir : Accès direct à l'Ardèche (escalier)

Nature : 🏞 💦
Loisirs : 🍷 🎠 🚴 🏊 🎣 🚣
Services : ♿ 🔑 📶 🚿 🍴 ☺ 🅿 ⛽
🍽 🅿
À prox. : canoë

PRALOGNAN-LA-VANOISE

✉ 73710 – **333** N5 – G. Alpes du Nord – 756 h. – alt. 1 425 – Sports d'hiver : 1 410/2 360 m ⛷ 1 ⛷ 13 ⛷
🛈 Office de tourisme, avenue de Chasseforêt ℘ 04 79 08 79 08, Fax 04 79 08 76 74
Paris 634 – Albertville 53 – Chambéry 103 – Moûtiers 28.

Le Parc Isertan de fin déc. à fin sept.
℘ 04 79 08 75 24, *camping@camping-isertan.com*,
Fax 04 79 01 41 50, *www.camping-isertan.com* – **R** conseillée
4,5 ha (180 empl.) non clos, en terrasses, herbeux, pierreux
Tarif : (Prix 2008) 23,90 € ★★ ⇔ 🅴 [⚡] (10A) – pers. suppl. 5,50 € – frais de réservation 5 €
Location : 3 🏠 (4 à 6 pers.) 255 à 820 €/sem. – 3 🏠 (4 à 6 pers.) - 265 à 995 €/sem. – 🛏 – frais de réservation 15 € - **R** conseillée
🅿 1 borne artisanale 3 € – 11 🅴 7,50 € – 🚻 7.50 €
Pour s'y rendre : au lieu-dit : Isertan (au sud du bourg)
À savoir : site agréable au bord d'un torrent

Nature : ❄ 🌲 ⛰
Loisirs : 🍷 🍴 pizzeria 🎠
Services : ♿ 🔑 📶 🚿 🍴 ☺ 🅿
🍽 🅿
À prox. : 🚴 🎿 🏊 🎣 🏊 ⛷ mur d'escalade, patinoire

Pour choisir et suivre un itinéraire
Pour calculer un kilométrage
Pour situer exactement un terrain (en fonction des indications fournies dans le texte) :
Utilisez les **cartes MICHELIN** *,*
compléments indispensables de cet ouvrage.

RHÔNE-ALPES

PRAZ-SUR-ARLY

✉ 74120 – **328** M5 – 1 081 h. – alt. 1 036
🛈 *Office de tourisme,* ☎ 04 50 21 90 57, Fax 04 50 21 98 08
Paris 609 – Lyon 179 – Annecy 55 – Genève 375 – Aoste 91.

△ **Les Prés de l'Arly** Permanent
☎ 06.10.44.02.33, camping.prearly@orange.fr,
Fax 04 50 21 93 24, www.campinglespresdelarly.com –
places limitées pour le passage – **R** conseillée
1 ha (81 empl.) non clos, plat, herbeux, pierreux
Tarif : 17,20 € ⸺ 📧 (10A) – pers. suppl. 4 €
Location : 4 appartements – **R** conseillée
🚐 1 borne artisanale 5 € – 6 📧 10,20 € – 🛁 8 €
Pour s'y rendre : au lieu-dit : Les Thouvassières

Nature : ❄ 🌲 ≤
Loisirs : 🏠 🛶
Services : ⚡ ⊙ ⸺ 🚿 🔥 ⊙ 🅰 🛁 ♨
📧
À prox. : 🍴 🐎 🏄 terrain multi-sports, mur d'escalade

LES PRAZ-DE-CHAMONIX

✉ 74400 – **328** O5 – alt. 1 060
Paris 620 – Lyon 237 – Annecy 104 – Aosta / Aoste 61 – Cluses 44.

△ **La Mer de Glace** de fin avr. à déb. oct.
☎ 04 50 53 44 03, info@chamonix-camping.com,
Fax 04 50 53 60 83, www.chamonix-camping.com – ℝ
2 ha (150 empl.) plat, herbeux, pierreux
Tarif : 🛇 6,90 € ⸺ 📧 7,50 € – 📧 (10A) 3,70 €
🚐 1 borne
Pour s'y rendre : 200 chemin de la Bagna, Les Praz (aux Bois, à 80 m de l'Arveyron (accès direct))

Nature : 🌲 ≤ vallée et massif du Mont-Blanc 🏔 ♀
Loisirs : 🏠
Services : ⚡ ⊙ ⸺ 🚿 🔥 ⊙ ♨ 🅿 📧
sèche-linge

PRIVAS

✉ 07000 – **331** J5 – G. Lyon Drôme Ardèche – 9 170 h. – alt. 300
🛈 *Office de tourisme, 3, place du Général-de-Gaulle* ☎ 04 75 64 33 35, Fax 04 75 64 73 95
Paris 596 – Alès 107 – Mende 140 – Montélimar 34 – Le Puy-en-Velay 91 – Valence 41.

745

△ **Ardèche Camping** de déb. avr. à fin sept.
☎ 04 75 64 05 80, jcray@wanadoo.fr, Fax 04 75 64 59 68,
www.ardechecamping.fr – **R** conseillée
5 ha (166 empl.) plat, terrasses, peu incliné à incliné, herbeux
Tarif : (Prix 2008) 24 € ⸺ 🚗 📧 📧 (9A) – pers. suppl. 5,50 € – frais de réservation 20 €
Location (Prix 2008) : 12 🏠 (4 à 6 pers.) 308 à 721 €/sem. – 16 🏠 (4 à 6 pers.) - 329 à 700 €/sem. – frais de réservation 20 € - **R** conseillée
🚐 1 borne artisanale 5 €
Pour s'y rendre : bd de Paste (1,5 km au sud par D 2, rte de Montélimar, au bord de l'Ouvèze)

Nature : ≤ ♀
Loisirs : snack 🛶 🏊
Services : ⚡ ⊙ ⸺ 📶 ⚙ 🔥 🛁 ♨
🙂 ♨ 📧
À prox. : 🍴 🏔

RECOUBEAU-JANSAC

✉ 26310 – **332** F6 – 207 h. – alt. 500
Paris 637 – La Chapelle-en-Vercors 55 – Crest 51 – Die 14 – Rémuzat 43 – Valence 80.

🏔 **Le Couriou** de déb. mai à fin août
☎ 04 75 21 33 23, camping.lecouriou@wanadoo.fr,
Fax 04 75 21 38 42, www.campinglecouriou.com
– **R** conseillée 🚭
7 ha/4,5 campables (138 empl.) non clos, en terrasses, peu incliné, herbeux, pierreux, gravier, bois
Tarif : 🛇 7 € ⸺ 🚗 📧 9,50 € – 📧 (6A) 4,20 € – frais de réservation 10 €
Location (de déb. avr. à mi-sept.) 🚭 : 12 🏠 (4 à 6 pers.) 195 à 640 €/sem. – 15 🏠 (4 à 6 pers.) - 168 à 573 €/sem. - frais de réservation 10 € - **R** conseillée
Pour s'y rendre : à Combe Lambert (700 m au nord-ouest par D 93, rte de Die)
À savoir : espace aquatique et joli petit village de chalets

Nature : ≤ 🏔 ♀
Loisirs : 🍴 snack 🏠 🎮 🛶 🏊 🏄
Services : ⚡ ⊙ ⸺ 📶 ⚙ 🔥 🛁 ♨
🙂 ♨ 🍴 📧 sèche-linge 🧺

RHÔNE-ALPES

RIBES

✉ 07260 – **331** H7 – 284 h. – alt. 380
Paris 656 – Aubenas 30 – Largentière 19 – Privas 61 – St-Ambroix 39 – Vallon-Pont-d'Arc 28.

▲ **Les Cruses** de fin avr. à mi-sept.
    ℘ 04 75 39 54 69, les-cruses@wanadoo.fr,
Fax 04 75 39 42 00, www.campinglescruses.com – **R** conseillée
0,7 ha (37 empl.) en terrasses
Tarif : 25 € ✶✶ 🚗 🗐 (6A) – pers. suppl. 4,70 € – frais de réservation 16 €
Location (de mi-avr. à fin sept.) : 🏠 (4 à 6 pers.) 220 à 610 €/sem. – 🏠 (4 à 6 pers.) - 300 à 690 €/sem. – frais de réservation 16 € - **R** conseillée
🚐 1 borne raclet 2 € – 5 🗐 15 € – 🚐 15 €
Pour s'y rendre : au lieu-dit : Le Champcros (1 km au sud-est du bourg, par D 450)

Nature : 🌳 ♒
Loisirs : 🍴 🏊 🚴 ⛵ (petite piscine)
Services : 🔑 (juil.-août) 🏪 🗄 ♨ 🚿
😀 🚻 ⚒ 🔥
À prox. : ✂ canoë

LA ROCHETTE

✉ 73110 – **333** J5 – G. Alpes du Nord – 3 098 h. – alt. 360
🛈 Office de tourisme, Maison des Carmes ℘ 04 79 25 53 12, Fax 04 79 25 53 12
Paris 588 – Albertville 41 – Allevard 9 – Chambéry 28 – Grenoble 47.

▲ **Municipal le Lac St-Clair** de déb. juin à fin sept.
    ℘ 04 79 25 73 55, campinglarochette@orange.fr,
Fax 04 79 25 78 25, www.larochette.com – **R** conseillée
2,2 ha (65 empl.) plat et peu incliné, herbeux
Tarif : (Prix 2008) ✶ 2,75 € 🚗 1,65 € 🗐 (6A) 2,75 €
Location (Prix 2008) (permanent) : 8 🏠 (4 à 6 pers.) - 255 à 333 €/sem. – **R** conseillée
Pour s'y rendre : au lieu-dit : La Rochette-Détrier (1,4 km au sud-ouest par D 202 et rte de Détrier à gauche)

Nature : ≤ ♀
Services : ♿ 🔑 🚿 ♨ 🚻 ⚒ 🔥
À prox. : snack 🛥 ⛵

LA ROSIÈRE 1850

✉ 73700 – **333** O4 – G. Alpes du Nord – alt. 1 850 – Sports d'hiver : 1 100/2 600 m ⛷20 ❄
Paris 657 – Albertville 76 – Bourg-St-Maurice 22 – Chambéry 125 – Chamonix-Mont-Blanc 52 – Val-d'Isère 32.

▲ **La Forêt** de mi-juin à déb. sept.
    ℘ 04 79 06 86 21, campinglaforet@free.fr,
Fax 04 79 40 16 25, www.campinglaforet.free.fr – alt. 1 730 – **R**
1,5 ha (67 empl.) non clos, en terrasses, peu incliné, pierreux
Tarif : (Prix 2008) 18,20 € ✶✶ 🚗 🗐 (10A) – pers. suppl. 4,60 €
Location (Prix 2008) ✂ : 🏠 (4 à 6 pers.) 310 à 595 €/sem. – huttes – frais de réservation 5 € - **R** conseillée
Pour s'y rendre : 2 km au sud par N 90, rte de Bourg-St-Maurice - accès direct au village
À savoir : agréable situation surplombant la vallée

Nature : ❄ ≤ ♀♀(sapinière)
Loisirs : 🍴 🏊 ⛵ (petite piscine)
Services : ♿ 🔑 📶 🏪 🗄 🔥 ♨
À prox. : ✂

ROSIÈRES

✉ 07260 – **331** H7 – 993 h. – alt. 175
🛈 Office de tourisme, le Grillou ℘ 04 75 39 51 98, Fax 04 75 39 51 12
Paris 649 – Aubenas 22 – Largentière 12 – Privas 54 – St-Ambroix 34 – Vallon-Pont-d'Arc 20.

▲▲▲ **Arleblanc** de mi-mars à déb. nov.
    ℘ 04 75 39 53 11, info@arleblanc.com, Fax 04 75 39 93 98,
www.arleblanc.com – **R** conseillée
7 ha (167 empl.) plat, herbeux
Tarif : 26,75 € ✶✶ 🚗 🗐 (6A) – pers. suppl. 4 € – frais de réservation 16 €
Location : 9 🏠 (4 à 6 pers.) nuitée 73 € - 364 à 620 €/sem. – gîtes – frais de réservation 16 € - **R** conseillée
🚐 1 borne artisanale
Pour s'y rendre : quartier Arleblanc (sortie nord-est, rte d'Aubenas et 2,8 km par chemin à dr., longeant le centre commercial Intermarché)
À savoir : situation agréable au bord de la Beaume

Nature : ♀♀
Loisirs : 🍴 ✂ pizzeria 🏊 ✂ 🛥 ⛵
Services : ♿ 🔑 📶 🏪 🗄 ♨ 🚿 🚻 ⚒ 🔥 🍴 🔥 ⚒
À prox. : ✂ canoë

RHÔNE-ALPES

ROSIÈRES

La Plaine de déb. avr. à mi-sept.
☎ 04 75 39 51 35, campinglaplaine@aol.com,
Fax 04 75 39 96 46, www.campinglaplaine.com – **R** conseillée
4,5 ha/3,5 campables (128 empl.) plat, peu incliné, herbeux
Tarif : 26 € ★★ 🚐 📧 (10A) – pers. suppl. 4,50 € – frais de réservation 15 €
Location : 49 🏠 (4 à 6 pers.) 200 à 640 €/sem. – frais de réservation 15 € - **R** conseillée
Pour s'y rendre : rte d'Aubenas (700 m au nord-est par D 104)

Nature : 🌳 ♨♨
Loisirs : 🍽 🏛 ⛱ ✂ 🛷
Services : ♿ ⚡ ⛽ ♨ 🚿
À prox. : 🚣 canoë

Les Platanes de mi-avr. à fin oct.
☎ 04 75 39 52 31, camping.lesplatanes@laposte.net,
Fax 04 75 39 90 86, www.campinglesplatanesardeche.com
– **R** conseillée
2 ha (90 empl.) plat, herbeux
Tarif : 26 € ★★ 🚐 📧 (0A) – pers. suppl. 4,50 €
Location ✂ : 14 🏠 (4 à 6 pers.) nuitée 50 € - 230 à 700 €/sem. – **R** conseillée
🚐 1 borne artisanale
Pour s'y rendre : au lieu-dit : La Charve (sortie nord-est, rte d'Aubenas et 3,7 km par chemin à dr., longeant le centre commercial Intermarché)

Nature : 🌿 ⩽ ♨♨ ⛰
Loisirs : 🍽 snack 🏛 ⛱ ✂ 🛷
Services : ♿ ⚡ ⛽ ✂ ♨ 🚿
🛁 🚐
À prox. : 🐴 canoë

Les Hortensias de déb. mai à fin sept.
☎ 04 75 39 91 38, campingleshortensias@wanadoo.fr,
www.camping-leshortensias.com – **R** conseillée
1 ha (34 empl.) plat, herbeux, sablonneux
Tarif : 21,50 € ★★ 🚐 📧 (10A) – pers. suppl. 3,50 €
Location : 19 🏠 (4 à 6 pers.) 250 à 560 €/sem. – gîte – **R** conseillée
Pour s'y rendre : quartier Ribeyre-Bouchet (1,8 km au nord-ouest par D 104, rte de Joyeuse, D 303, rte de Vernon à dr., et chemin à gauche)

Nature : 🌿 🌳 ♨♨
Loisirs : 🛷
Services : ♿ ⚡ (juil.-août) ✂ 🏠 ♨
🛁 🧺
À prox. : 🏊 (plan d'eau) 🚣 canoë

Le Saut du Loup de mi-avr. à fin sept.
☎ 06 82 37 01 17, contact@campingsautduloup.com,
Fax 04 75 36 31 53, www.campingsautduloup.com
– **R** conseillée
5 ha/1,5 campable (40 empl.) en terrasses, peu incliné, pierreux, herbeux
Tarif : (Prix 2008) 12,50 € ★★ 🚐 📧 (5A) – pers. suppl. 5 €
Location (de mi-avr. à fin déc.) : 2 🏡 (2 à 4 pers.) nuitée 38 € - 140 à 260 €/sem. – 8 🏠 (4 à 6 pers.) nuitée 42 € - 170 à 360 €/sem. – **R** conseillée
🚐 7 📧 10 € – 🚐 📧 12,5 €
Pour s'y rendre : quartier le Saut du Loup (3 km au nord par D 104 et par D 212, rte de Laurac, puis chemin à dr.)
À savoir : cadre sauvage et naturel

Nature : 🌿 ♨♨
Loisirs : 🛷
Services : ♿ ✂ 🏠 ♨ 🚿

747

RUFFIEUX

✉ 73310 – **333** I2 – 666 h. – alt. 282
🏢 Office de tourisme, Saumont ☎ 04 79 54 54 72
Paris 517 – Aix-les-Bains 20 – Ambérieu-en-Bugey 58 – Annecy 51 – Bellegarde-sur-Valserine 36.

Saumont de déb. mai à fin sept.
☎ 04 79 54 26 26, camping.saumont@wanadoo.fr,
www.campingsaumont.com – **R** conseillée
1,6 ha (66 empl.) non clos, plat, herbeux, gravier
Tarif : (Prix 2008) 20,50 € ★★ 🚐 📧 (10A) – pers. suppl. 4 € – frais de réservation 10 €
Location (Prix 2008) (de mi-avr. à fin sept.) : 14 🏠 (4 à 6 pers.) 240 à 620 €/sem. – frais de réservation 10 € - **R** conseillée
🚐 5 📧 20,50 €
Pour s'y rendre : au lieu-dit : Saumont (1,2 km à l'ouest, accès sur D 991, près du carr. du Saumont, vers Aix-les-Bains et chemin à dr., au bord d'un ruisseau)

Nature : 🌳 ♨♨
Loisirs : 🍽 ✂ 🛷
Services : ♿ ⚡ ⛽ ✂ 🏛 🛁 ♨
☀ 🛁 🍴 🏠 sèche-linge

RHÔNE-ALPES

RUMILLY

✉ 74150 – **328** I5 – G. Alpes du Nord – 11 230 h. – alt. 334 – Base de loisirs
🛈 *Office de tourisme, 4, place de l'Hôtel de Ville* ℘ 04 50 64 58 32, Fax 04 50 01 03 53
Paris 530 – Aix-les-Bains 21 – Annecy 19 – Bellegarde-sur-Valserine 37 – Belley 45 – Genève 64.

▲▲▲ **Le Madrid** de déb. avr. à fin oct.
℘ 04 50 01 12 57, contact@camping-le-madrid.com,
Fax 04 50 01 29 49, www.camping-le-madrid.com
– **R** conseillée
3,2 ha (109 empl.) plat, herbeux, pierreux
Tarif : (Prix 2008) 15,50 € ✸✸ 🚗 🗉 🛒 (10A) – pers. suppl. 3,50 € – frais de réservation 15 €
Location (Prix 2008) (permanent) ✀ : 23 🏠 (4 à 6 pers.) - 370 à 610 €/sem. – 7 studios – frais de réservation 15 € - **R** conseillée
🚐 1 borne eurorelais 3 € – 3 🗉 10 €
Pour s'y rendre : rte de St-Felix (3 km au sud-est par D 910, rte d'Aix-les-Bains puis D 3 à gauche et D 53 à dr., à 500 m d'un plan d'eau)

Nature : 🌳 ♀
Loisirs : 🍷 snack 🎮 ⛱ ⛳
Services : ♿ 🚿 GB 🐕 🧺 🍴 🛒 ⚙
🚲 ⚓ 🍴 sèche-linge 🔒 cases réfrigérées
À prox. : 🏊 🚣

Kataloge der **MICHELIN-Veröffentlichungen** *erhalten Sie beim Buchhändler und direkt von* **Michelin** *(Karlsruhe).*

RUOMS

✉ 07120 – **331** I7 – G. Lyon Drôme Ardèche – 2 132 h. – alt. 121
🛈 *Syndicat d'initiative, rue Alphonse Daudet* ℘ 04 75 93 91 90
Paris 651 – Alès 54 – Aubenas 24 – Pont-St-Esprit 49.

▲▲▲ **Domaine de Chaussy** 👥 – de déb. avr. à déb. oct.
℘ 04 75 93 99 66, infos@domainedechaussy.net,
Fax 04 75 93 90 56, www.domainedechaussy.com
– **R** conseillée
18 ha/5,5 campables (250 empl.) plat et peu accidenté, herbeux, pierreux, sablonneux
Tarif : 40 € ✸✸ 🚗 🗉 🛒 (10A) – pers. suppl. 6 € – frais de réservation 20 €
Location : 92 🏠 (4 à 6 pers.) 224 à 865 €/sem. – hôtel - 17 pavillons – frais de réservation 20 € - **R** conseillée
Pour s'y rendre : quartier Le Petit Chaussy (2,3 km à l'est par D 559, rte de Lagorce)

Nature : 🌳 ♀♀(chênaie)
Loisirs : 🍷 ✗ pizzeria 🎮 🎵 nocturne 🎶 hammam jacuzzi ⛱ 🚴
🏋 ✗ 🎯 ⛳ parcours de santé
Services : ♿ 🚿 GB 🐕 🧺 🍴 🛒 ⚙
🍴 🛒 ⚙
À prox. : canoë

▲▲▲ **Domaine de la Bastide** 👥 – de fin mars à fin oct.
℘ 04 75 39 64 72, info@rcn-labastideenardeche.fr,
Fax 04 75 39 73 28, www.rcn-campings.fr – **R** conseillée
7 ha (300 empl.) plat, herbeux, pierreux
Tarif : 17,50 € ✸✸ 🚗 🗉 🛒 (6A) – pers. suppl. 5,50 € – frais de réservation 15 €
Location : 15 🏠 (4 à 6 pers.) 333 à 894 €/sem. – 10 🏠 (4 à 6 pers.) - 205 à 622 €/sem. – frais de réservation 15 € - **R** conseillée
Pour s'y rendre : rte d'Alès (4 km au sud-ouest, à Labastide)

Nature : ≤ ♀♀ ⛰
Loisirs : 🍷 ✗ pizzeria 🎮 🎵 🎶
⛱ 🚴
Services : ♿ 🚿 GB 🐕 🧺 🍴 🛒 ⚙
🚲 ⚓ 🍴 🛒 ⚙
À prox. : canoë

▲▲▲ **Yelloh! Village la Plaine** de déb. avr. à mi-sept.
℘ 04 75 39 65 83, info@yellohvillage-la-plaine.com,
Fax 04 75 39 74 38, www.yellohvillage-la-plaine.com
– **R** conseillée
4,5 ha (217 empl.) plat, peu incliné, sablonneux, herbeux
Tarif : 40 € ✸✸ 🚗 🗉 🛒 (6A) – pers. suppl. 7 €
Location ✀ : 75 🏠 (4 à 6 pers.) nuitée 119 € - 203 à 1 085 €/sem. - **R** conseillée
🚐 1 borne eurorelais
Pour s'y rendre : quartier la Grand'Terre (3,5 km au sud)
À savoir : au bord de l'Ardèche

Nature : 🌳 ≤ ♀♀♀ ⛰
Loisirs : 🍷 ✗ ⛱ 🎮 🎵 🎶 terrain omnisports
Services : ♿ 🚿 GB 🐕 🧺 🍴 🛒 ⚙
☺ 🚲 ⚓ 🍴 🛒 ⚙
À prox. : canoë

RHÔNE-ALPES

RUOMS

▲ **Les Paillotes** de déb. avr. à fin sept.
📞 04 75 39 62 05, *contact@campinglespaillotes.com*,
Fax 04 75 39 62 05, *www.campinglespaillotes.com* – places limitées pour le passage – **R** conseillée
1 ha (45 empl.) plat, herbeux
Tarif : 33 € ★★ 🚗 🔲 ⚡ (10A) – pers. suppl. 7 €
Location : 30 🏠 (4 à 6 pers.) nuitée 60 € - 240 à 760 €/sem. – bungalows toilés – **R** conseillée
Pour s'y rendre : 7 chemin de l'Espédès (600 m au nord par D 579, rte de Pradons et chemin à gauche)

Nature : 🌳
Loisirs : 🍹 🎠 🏊
Services : ♿ 🔑 🌐 🚿 🔥 ♨ 🧺 🅿
🧊
À prox. : canoë

▲ **La Grand'Terre** 👫 – de déb. avr. à mi-sept.
📞 04 75 39 64 94, *grandterre@wanadoo.fr*,
Fax 04 75 39 78 62, *www.camping-lagrandterre.com*
– **R** conseillée
10 ha (300 empl.) plat, sablonneux, herbeux
Tarif : 34 € ★★ 🚗 🔲 ⚡ (10A) – pers. suppl. 7,50 €
Location 🏚 : 29 🏠 (4 à 6 pers.) 308 à 819 €/sem.
– **R** conseillée
Pour s'y rendre : 3,5 km au sud
À savoir : Au bord de l'Ardèche (accès direct)

Nature : 🌲
Loisirs : 🍹 snack, pizzeria 🎭 🌙 nocturne 🎠 🏊 🎣 🏊
Services : ♿ 🔑 🌐 🚿 🔥 ♨
🅿 🧊 🧺
À prox. : canoë

▲ **La Chapoulière** de fin mars à mi-oct.
📞 04 75 39 64 98, *camping@lachapouliere.com*,
Fax 04 75 39 64 98, *www.lachapouliere.com* – **R** conseillée
2,5 ha (100 empl.) plat et peu incliné, herbeux
Tarif : (Prix 2008) 31 € ★★ 🚗 🔲 (6A) – pers. suppl. 7 €
Location (Prix 2008) 🏚 : 16 🏠 (4 à 6 pers.) 285 à 625 €/sem. – **R** conseillée
Pour s'y rendre : 3,5 km au sud
À savoir : Au bord de l'Ardèche

Nature : 🏞 🌲
Loisirs : 🍹 pizzeria 🎭 🏊 🎣 🎣
Services : ♿ 🔑 🌐 🚿 🔥 ♨
🅿 🧊 🧺
À prox. : 🎣 🐴 canoë

▲ **Le Petit Bois** de déb. avr. à fin sept.
📞 04 75 39 60 72, *vacances@campinglepetitbois.fr*,
Fax 04 75 93 95 50, *www.campinglepetitbois.fr* – **R** conseillée
2,5 ha (84 empl.) peu incliné et plat, en terrasses, pierreux, rochers, herbeux
Tarif : 28 € ★★ 🚗 🔲 ⚡ (10A) – pers. suppl. 6 € – frais de réservation 10 €
Location 🏚 : 16 🏠 (4 à 6 pers.) nuitée 45 € - 315 à 686 €/sem. – 16 🏡 (4 à 6 pers.) nuitée 51 € - 357 à 721 €/sem. – gîtes – frais de réservation 10 € – **R** conseillée
🚐 🍼 14 €
Pour s'y rendre : 87 r. du Petit-Bois (800 m au nord du bourg, à 80 m de l'Ardèche)

749

Nature : 🏞
Loisirs : 🍹 🎭 🎠 🏊 (couverte hors saison) 🏊
Services : ♿ 🔑 🌐 🚿 🔥 ♨ 🧺
🅿 🧊
À prox. : 🎣 canoë

▲ **Le Carpenty** de déb. mai à fin août
📞 04 75 39 74 29, *jean-luc.blachere@wanadoo.fr*,
www.campinglecarpenty.com – **R** conseillée
0,7 ha (45 empl.) plat, pierreux, herbeux
Tarif : 18 € ★★ 🚗 🔲 ⚡ (10A) – pers. suppl. 3,80 €
Pour s'y rendre : 3,6 km au sud par D 111
À savoir : au bord de l'Ardèche (accès direct)

Nature : 🌳🌳
Loisirs : 🎠 🎣
Services : ♿ 🔑 🌐 🚿 🔥 ♨ 🅿 🧊

SABLIÈRES

✉ 07260 – **331** G6 – 101 h. – alt. 450
Paris 629 – Aubenas 48 – Langogne 58 – Largentière 38 – Les Vans 25.

▲ **La Drobie**
📞 04 75 36 95 22, *ladrobie@aliceadsl.fr*, Fax 04 75 36 95 68, *www.ladrobie.com* – **R** conseillée
1,5 ha (80 empl.) incliné, en terrasses, herbeux, pierreux
Location : 10 🏠 – 10 🏡
Pour s'y rendre : 3 km à l'ouest par D 220 et rte à dr., au bord de rivière - pour caravanes : itinéraire conseillé depuis Lablachère par D 4

Nature : 🏞 🌿
Loisirs : 🍹 🍴 🎠 🎣 🏊 🎣
Services : ♿ 🔑 🌐 🏊 ♨ 🧺 🅿 🧊

RHÔNE-ALPES

SAHUNE

✉ 26510 – **332** E7 – 292 h. – alt. 330
🛈 Syndicat d'initiative, Mairie ☎ 04 75 27 45 35, Fax 04 75 27 45 35
Paris 647 – Buis-les-Baronnies 27 – La Motte-Chalancon 22 – Nyons 16 – Rosans 25 – Vaison-la-Romaine 31.

▲ **Vallée Bleue** de déb. avr. à fin sept.
☎ 04 75 27 44 42, welcome@lavalleebleue.com,
Fax 04 75 27 44 42, www.lavalleebleue.com – **R** conseillée
3 ha (45 empl.) plat, pierreux, herbeux
Tarif : ★ 5 € ⇔ 🅴 9 € – (ℓ) (6A) 3,50 €
🚐 1 borne artisanale 3 € – 3 🅴 14 €
Pour s'y rendre : sortie sud-ouest par D 94, rte de Nyons, au bord de l'Eygues

Nature : ≤ 9
Loisirs : snack ⛳ 🏊 ⛵
Services : & ⚡ ♨ ⊘ 🚻 🛒

ST-AGRÈVE

✉ 07320 – **331** I3 – 2 688 h. – alt. 1 050
🛈 Office de tourisme, Grand'Rue ☎ 04 75 30 15 06, Fax 04 75 30 60 93
Paris 582 – Aubenas 68 – Lamastre 21 – Privas 64 – Le Puy-en-Velay 51 – St-Étienne 69 – Yssingeaux 34.

▲ **Riou la Selle** de déb. mai à fin sept.
☎ 04 75 30 29 28, jmc-rolin@wanadoo.fr,
Fax 04 75 30 29 28, www.campinglerioulaselle.fr
– **R** conseillée
1 ha (29 empl.) plat et peu incliné, terrasses, herbeux
Tarif : 20 € ★★ ⇔ 🅴 (ℓ) (16A) – pers. suppl. 5,50 €
Location : 2 🏠 (4 à 6 pers.) - 330 à 560 €/sem.
– **R** conseillée
Pour s'y rendre : 2,8 km au sud-est par D 120, rte de Cheylard, D 21, rte de Nonières à gauche et chemin de la Roche, à dr.

Nature : 🌳 ⛰ 99
Loisirs : 🍽 🏊 ⛵
Services : & ⚡ (juil.-août) GB ✄
🛒 📶 ⊘ 🚻 🛁

750

ST-ALBAN-AURIOLLES

✉ 07120 – **331** H7 – 736 h. – alt. 108
Paris 656 – Alès 49 – Aubenas 28 – Pont-St-Esprit 55 – Ruoms 7 – Vallon-Pont-d'Arc 15.

▲▲▲▲ **Le Ranc Davaine** 👥 – de déb. avr. à mi-sept.
☎ 04 75 39 60 55, camping.ranc.davaine@wanadoo.fr,
Fax 04 75 39 38 50, www.camping-ranc-davaine.com
– **R** conseillée
13 ha (435 empl.) plat et peu incliné, rocailleux, herbeux
Tarif : 42 € ★★ ⇔ 🅴 (ℓ) (6A) – pers. suppl. 9,80 € – frais de réservation 30 €
Location ✄ : 174 🏠 (4 à 6 pers.) nuitée 61 € - 329 à 1 043 €/sem. – 14 🏠 (4 à 6 pers.) nuitée 61 € - 427 à 1 043 €/sem. – frais de réservation 30 € - **R** conseillée
Pour s'y rendre : 2,3 km au sud-ouest par D 208, rte de Chandolas
À savoir : près du Chassezac

Nature : ⛰ 9
Loisirs : 🍽 ✗ pizzeria ⛳ 🏊 🎣 🎵
🛥 discothèque ⛳ 🚴 🏓 🏊 🎿
🏊 ⛵ 🛶 canoë
Services : & ⚡ ⚙ GB ✄ 📶 ⊘ 🚻
🧺 🚿 🛒 🏪 ♻

▲ **Le Mas du Sartre** de déb. mai à mi-sept.
☎ 04 75 39 71 74, masdusartre@wanadoo.fr,
Fax 04 75 39 71 74, www.masdusartre.com – **R** conseillée
1,6 ha (49 empl.) plat et peu incliné, en terrasses, pierreux, herbeux
Tarif : (Prix 2008) 23,50 € ★★ ⇔ 🅴 (ℓ) (10A) – pers. suppl. 4,50 € – frais de réservation 5 €
Location (Prix 2008) : 10 🏠 (4 à 6 pers.) 280 à 520 €/sem. – 🏠 (4 à 6 pers.) - 300 à 530 €/sem. – frais de réservation 5 € - **R** conseillée
🚐 1 borne artisanale 10 € - 3 🅴 10 € – 🚐 10 €
Pour s'y rendre : à Auriolles, chemin de la Vignasse (1,8 km au nord-ouest)

Nature : 🗻 9
Loisirs : snack 🏊 ⛳ ⛵
Services : & ⚡ GB ✄ 🅼 ⊘ 🚻 ♨
🏪 🛒 🏊
À prox. : canoë

RHÔNE-ALPES

ST-ALBAN-DE-MONTBEL

✉ 73610 – **333** H4 – 447 h. – alt. 400
Paris 551 – Belley 32 – Chambéry 21 – Grenoble 74 – Voiron 33.

▲ **Base de Loisirs du Sougey** – de déb. mai à mi-nov.
☎ 04 79 36 01 44, *info@camping-sougey.com*,
Fax 04 79 44 19 01, *www.camping-sougey.com* – **R** conseillée
4 ha (159 empl.) plat, terrasses, incliné, herbeux, gravillons
Tarif : 24,60 € ⚹⚹ 🚗 🔌 (10A) – pers. suppl. 3,70 € – frais de réservation 15 €
Location (de déb. mai à mi-sept.) – 3 (4 à 6 pers.) 240 à 570 €/sem. – 8 (4 à 6 pers.) – 270 à 650 €/sem. – frais de réservation 25 € – **R** conseillée
Pour s'y rendre : au lieu dit : Le Sougey (1,2 km au nord-est, à 300 m du lac)

Nature : 🏞 ♀
Loisirs : 🎪 🏊 🚴
Services : ♿ 🚿 GB 🅿 M 📧 ⊕
🧺 🚰 sèche-linge
À prox. : 🏖 🍽 snack ⛵ ✂ 🚣
pédalos

ST-AVIT

✉ 26330 – **332** C2 – 242 h. – alt. 348
Paris 536 – Annonay 33 – Lyon 81 – Romans-sur-Isère 22 – Tournon-sur-Rhône 26.

▲ **Domaine la Garenne** de mi-avr. à mi-sept.
☎ 04 75 68 62 26, *garenne.drome@wanadoo.fr*,
Fax 04 75 68 60 02, *www.domaine-la-garenne.com*
– **R** conseillée
14 ha/6 campables (100 empl.) incliné à peu incliné, plat et en terrasses, herbeux
Tarif : 20 € ⚹⚹ 🚗 🔌 (6A) – pers. suppl. 5,50 € – frais de réservation 10 €
Location (permanent) – 16 (4 à 6 pers.) 280 à 800 €/sem. – 8 (4 à 6 pers.) – 320 à 600 €/sem. – frais de réservation 20 € – **R** conseillée
🚐 1 borne artisanale 10 € – 1 🔲 10 €

Nature : 🌳 ≤ ♀♀
Loisirs : 🎪 🏊 🚴
Services : ♿ 🚿 GB 🅿 📧 🚰 ⊕
🧺 🚰
À prox. : 🚣

751

ST-CHRISTOPHE-EN-OISANS

✉ 38520 – **333** K8 – G. Alpes du Nord – 106 h. – alt. 1 470
🛈 Office de tourisme, la Ville ☎ 04 76 80 50 01
Paris 635 – L'Alpe-d'Huez 31 – La Bérarde 12 – Le Bourg-d'Oisans 21 – Grenoble 73.

▲ **Municipal la Bérarde** juin-sept.
☎ 04 76 79 20 45, Fax 04 76 79 20 45 – croisement parfois impossible hors garages de dégagement – alt. 1 738 – 🍴
2 ha (165 empl.) non clos, peu incliné et plat, en terrasses, pierreux, herbeux, rocher
Tarif : 🟊 5,40 € 🚗 2 € 🔲 – 🔌 (10A) 2,50 €
Pour s'y rendre : au lieu-dit : La Bérarde (10,5 km au sud-est par D 530, d'accès difficile aux caravanes (forte pente))
À savoir : très agréable site sauvage au bord du Vénéon

Nature : 🌳 ≤ Parc National des Écrins ♀
Loisirs : 🎪 🚣
Services : 🚿 ⚙ 🚽 📧 ⊕ 🚰
À prox. : 🏖 🍽 ✂

ST-CIRGUES-EN-MONTAGNE

✉ 07510 – **331** G5 – G. Lyon Drôme Ardèche – 285 h. – alt. 1 044
🛈 Syndicat d'initiative, place de l'Église ☎ 04 75 38 96 37, Fax 04 75 38 94 95
Paris 586 – Aubenas 40 – Langogne 31 – Privas 68 – Le Puy-en-Velay 55.

▲ **Les Airelles** avr.-oct.
☎ 04 75 38 92 49, *camping.les.airelles@free.fr*, *www.camping-les-airelles.com* – **R** conseillée
0,7 ha (50 empl.) en terrasses et peu incliné, pierreux, herbeux
Tarif : (Prix 2008) 16 € ⚹⚹ 🚗 🔲 🔌 (6A) – pers. suppl. 3,50 €
Location : 🛏 – **R** conseillée
Pour s'y rendre : sortie nord par D 160, rte du Lac-d'Issarlès, rive droite du Vernason

Nature : 🌳 ≤ ♀
Loisirs : 🍽 snack, pizzeria 🎪 ✂ 🚣
Services : 🚿 (saison) ⚙ 📧 🚰 ⊕ 🚽
À prox. : 🚴 ✂ 🏇 (centre équestre)

RHÔNE-ALPES

ST-CLAIR-DU-RHÔNE

✉ 38370 – **333** B5 – G. Lyon Drôme Ardèche – 3 605 h. – alt. 160
Paris 501 – Annonay 35 – Givors 26 – Le Péage-de-Roussillon 10 – Rive-de-Gier 24 – Vienne 15.

Le Daxia de déb. avr. à fin sept.
☎ 04 74 56 39 20, info@campingledaxia.com,
Fax 04 74 56 45 57, www.campingledaxia.com – **R** conseillée
7,5 ha (120 empl.) plat, herbeux
Tarif : (Prix 2008) 18,10 € ✶✶ 🚗 🔲 🔋 (6A) – pers. suppl. 3,80 € – frais de réservation 10 €
🚐 1 borne artisanale
Pour s'y rendre : rte du Péage-du-Roussillon (2,7 km au sud par D 4 et chemin à gauche, accès conseillé par N 7 et D 37)
À savoir : Beaux emplacements délimités, au bord de la Varèze

> Nature : 🌳 🏞 🌿
> Loisirs : 🍷 pizzeria, le soir uniquement 🏊 ⛱ 🎯 🚴 🎣
> Services : 🚻 🚿 🇬🇧 🚗 ♻ 🔥 🛒 🔌
> 🧺 🔧

Donnez-nous votre avis
sur les terrains que nous recommandons.
Faites-nous connaître vos observations et vos découvertes.
par mail à l'adresse : leguidecampingfrance@fr.michelin.com.

ST-COLOMBAN-DES-VILLARDS

✉ 73130 – **333** K6 – 195 h. – alt. 1 100
🛈 Office de tourisme, chef-lieu ☎ 04 79 56 24 53
Paris 643 – Lyon 176 – Chambéry 76 – Grenoble 106 – Saint-Martin-d'Hères 107.

La Perrière
☎ 04 79 59 16 07, saint-colomdan@franceloc.fr,
Fax 04 79 59 15 17 – **R** conseillée
2 ha (46 empl.) en terrasses, plat, herbeux, gravier, bois attenant
Location : 6 appartements – 2 gîtes
🚐 1 borne artisanale – 15 🔲 – 🚐 17 €

> Nature : ≼ montagnes et pic du Puy Gris (2 950 m) 🌿
> Services : 🚻 🛒 ♻
> À prox. : 🎿 🎣 terrain omnisports, escalade (via ferrata et mur)

ST-DONAT-SUR-L'HERBASSE

✉ 26260 – **332** C3 – G. Lyon Drôme Ardèche – 3 132 h. – alt. 202
🛈 Office de tourisme, 32, avenue Georges Bert ☎ 04 75 45 15 32, Fax 04 75 45 20 42
Paris 545 – Grenoble 92 – Hauterives 20 – Romans-sur-Isère 13 – Tournon-sur-Rhône 18 – Valence 27.

Domaine du Lac de Champos de fin avr. à mi-sept.
☎ 04 75 45 17 81, contact@lacdechampos.com,
Fax 04 75 45 03 63, www.lacdechampos.com – **R** conseillée
43 ha/6 campables (60 empl.) plat, en terrasses, herbeux
Tarif : (Prix 2008) 14 € ✶✶ 🚗 🔲 🔋 (6A) – pers. suppl. 3,60 €
Location (Prix 2008) (de mi-avr. à fin oct.) : 21 🏠 (4 à 6 pers.) - 255 à 510 €/sem. – frais de réservation 15 € – **R** conseillée
🚐 1 borne artisanale 4 € – 5 🔲 14 € – 🚐 14 €
Pour s'y rendre : 2 km au nord-est par D 67
À savoir : Cadre agréable au bord du lac de Champos

> Nature : 🌿 🏞
> Loisirs : 🍷 snack 🏊 ⛱ 🎯 ✂ 🎣 canoës, voitures à pédales
> Services : 🚻 🚿 🇬🇧 🚗 ♻ 🔥 🛒 🔌
> 🧺 sèche-linge

Les Ulèzes de déb. avr. à fin oct.
☎ 04 75 47 83 20, contact@domaine-des-ulezes.com,
Fax 04 75 47 83 20, www.domaine-des-ulezes.com
– **R** conseillée
2,5 ha (40 empl.) plat, herbeux
Tarif : 23 € ✶✶ 🚗 🔲 🔋 (10A) – pers. suppl. 4 €
Location : 3 bungalows toilés – **R** conseillée
🚐 1 borne artisanale
Pour s'y rendre : rte de Romans (sortie sud-est par D 53 et chemin à dr., près de l'Herbasse)

> Nature : 🏞 🌿
> Loisirs : snack 🏊 ⛱ 🎯
> Services : 🚻 🛒 🇬🇧 🚗 ♻ 🔥 🛒
> 🚽 🔌 🧺
> À prox. : 🍷

RHÔNE-ALPES

ST-FERRÉOL

✉ 74210 – **328** K6 – 798 h. – alt. 516
Paris 564 – Albertville 19 – Annecy 28 – La Clusaz 29 – Megève 34.

▲ Municipal les Pins
  ℘ 04 50 32 47 71, *st.ferreol@wanadoo.fr*,
  Fax 04 50 44 49 76, *www.pays-de-faverges.com*
  – **R** conseillée
  1,5 ha (120 empl.) non clos, plat, herbeux
  Pour s'y rendre : à l'est du bourg, près du stade

Nature :
Services :

ST-FERRÉOL-TRENTE-PAS

✉ 26110 – **332** E7 – 212 h. – alt. 417
Paris 634 – Buis-les-Baronnies 30 – La Motte-Chalancon 34 – Nyons 14 – Rémuzat 25 – Vaison-la-Romaine 29.

▲ Le Pilat de déb. avr. à fin sept.
  ℘ 04 75 27 72 09, *info@campinglepilat.com*,
  Fax 04 75 27 72 34, *www.campinglepilat.com* – **R** conseillée
  1 ha (70 empl.) plat, pierreux, herbeux
  Tarif : 23,90 € ★★ 🚗 🅴 (6A) – pers. suppl. 6,20 €
  Location (de déb. avr. à fin oct.) : 19 (4 à 6 pers.) nuitée 42 € - 307 à 740 €/sem. – **R** conseillée
  Pour s'y rendre : rte de Bourdeau (1 km au nord par D 70, au bord d'un ruisseau)

Nature :
Loisirs : snack
Services :

ST-GALMIER

✉ 42330 – **327** E6 – G. Lyon Drôme Ardèche – 5 293 h. – alt. 400
🛈 Office de tourisme, Le Cloître, 3, boulevard Cousin ℘ 04 77 54 06 08, Fax 04 77 54 06 07
Paris 457 – Lyon 82 – Montbrison 25 – Montrond-les-Bains 11 – Roanne 58 – St-Étienne 24.

▲ Val de Coise
  ℘ 04 77 54 14 82, *cplvaldecoise@atciat.com*,
  Fax 04 77 54 02 45, *www.camping-valdecoise.com* – places limitées pour le passage – **R** indispensable
  3,5 ha (100 empl.) plat, en terrasses, peu incliné, herbeux
  Location : bungalows toilés
  Pour s'y rendre : Rte de Chevrières (2 km à l'est par D 6 et chemin à gauche, au bord de la Coise)

Loisirs :
Services :
À prox. :

753

Site du Plan du Lac

F. Isler/Michelin

RHÔNE-ALPES

ST-GENEST-MALIFAUX

✉ 42660 – **327** F7 – 2 691 h. – alt. 980
🛈 *Office de tourisme, 1, rue du Feuillage* ✆ 04 77 51 23 84, Fax 04 77 51 23 85
Paris 528 – Annonay 33 – St-Étienne 16 – Yssingeaux 46.

▲ Municipal de la Croix de Garry de déb. avr. à fin sept.
✆ 04 77 51 25 84, gite.camping@st-genest-malifaux.fr,
Fax 04 77 51 26 71 – alt. 928 – places limitées pour le passage – **R**
2 ha (85 empl.) plat, terrasses, peu incliné, herbeux
Tarif : (Prix 2008) 16 € ✶✶ 🚗 🔌 (6A) – pers. suppl. 3,40 €
Location (Prix 2008) (permanent) 🛌 : 8 🏠 (4 à 6 pers.) nuitée 90 € - 250 à 390 €/sem. – gîte d'étape
– **R** conseillée
🚐 1 borne
Pour s'y rendre : au lieu-dit : La Croix de Garry (sortie sud par D 501, rte de Montfaucon-en-Velay, près d'un étang et à 150 m de la Semène)

Nature : ≤
Services : ♿ ⚲ ♂ 🍴 ♨ ☺ 🚽
À prox. : ✂ 🎣

ST-GERVAIS-LES-BAINS

✉ 74170 – **328** N5 – G. Alpes du Nord – 5 276 h. – alt. 820 – ⛷ – Sports d'hiver :
🛈 *Office de tourisme, 43, rue du Mont-Blanc* ✆ 04 50 47 76 08, Fax 04 50 47 75 69
Paris 597 – Annecy 84 – Bonneville 42 – Chamonix-Mont-Blanc 25 – Megève 12 – Morzine 54.

▲ Les Dômes de Miage de déb. mai à mi-sept.
✆ 04 50 93 45 96, info@camping-mont-blanc.com,
Fax 04 50 78 10 75, www.camping-mont-blanc.com –
alt. 890 – **R** conseillée
3 ha (150 empl.) plat, herbeux
Tarif : 25,90 € ✶✶ 🚗 🔌 (10A) – pers. suppl. 4,10 € – frais de réservation 10 €
🚐 1 borne artisanale 2 €
Pour s'y rendre : 197 rte des Contamines (2 km au sud par D 902, au lieu-dit les Bernards)

Nature : 🌲 ≤
Loisirs : 🏊
Services : ♿ ⚲ ♂ GB 🍴 ♨ ☺ ☎ 📶
🧺 sèche-linge
À prox. : 🍷 ✗ 🎣

ST-JEAN-DE-COUZ

✉ 73160 – **333** H5 – 215 h. – alt. 630
Paris 561 – Aix-les-Bains 31 – Chambéry 16 – Le Pont-de-Beauvoisin 24 – St-Laurent-du-Pont 14 – La Tour-du-Pin 44.

▲ La Bruyère de mi-mai à mi-sept.
✆ 04 79 65 74 27, camping-labruyere@orange.fr,
Fax 04 79 65 74 27, www.campingsavoie.com/labruyere
– **R** conseillée
1 ha (60 empl.) plat, herbeux
Tarif : (Prix 2008) 13 € ✶✶ 🚗 🔌 (10A) – pers. suppl. 3,10 €
Pour s'y rendre : au lieu-dit : Côte Barrier (2 km au sud par N 6)
À savoir : au pied du Massif de la Chartreuse

Nature : 🌲 ≤ 🏞 ♀
Loisirs : 🛖 🐎
Services : ⚲ ♂ 🍴 ☺

ST-JEAN-DE-MAURIENNE

✉ 73300 – **333** L6 – G. Alpes du Nord – 8 902 h. – alt. 556
🛈 *Office de tourisme, place de la Cathédrale* ✆ 04 79 83 51 51, Fax 04 79 83 42 10
Paris 641 – Lyon 174 – Chambéry 75 – Saint-Martin-d'Hères 105 – Meylan 104.

▲ Municipal les Grands Cols de déb. mai à fin sept.
✆ 04 79 64 28 02, info@campingdesgrandscols.com,
www.campingdesgrandscols.com – **R** conseillée
2,5 ha (80 empl.) en terrasses, plat, herbeux
Tarif : (Prix 2008) 18 € ✶✶ 🚗 🔌 (16A) – pers. suppl. 6 €
– frais de réservation 5 €
Location (Prix 2008) (de déb. avr. à fin nov.) : 6 🏠 (4 à 6 pers.) nuitée 40 € - 300 €/sem. – frais de réservation 5 € - **R** conseillée
🚐 1 borne artisanale 5 € – 40 🅿 15 €
Pour s'y rendre : 422 av. du Mont-Cenis

Nature : ≤ montagnes
Loisirs : snack 🎱 🏟 terrain omnisports
Services : ⚲ GB ♂ M ♨ ☺ 🚽 🏪

RHÔNE-ALPES

ST-JEAN-DE-MUZOLS

 07300 – **331** K3 – 2 394 h. – alt. 123
Paris 541 – Annonay 34 – Beaurepaire 53 – Privas 62 – Romans-sur-Isère 22 – Tournon-sur-Rhône 4.

▲ **Le Castelet** de déb. avr. à mi-sept.
 ℰ 04 75 08 09 48, *courrier@camping-lecastelet.com*,
 www.camping-lecastelet.com – **R** conseillée
 3 ha (66 empl.) en terrasses, plat, herbeux, pierreux
 Tarif : 20,50 € ★★ ⇔ 🅴 [½] (10A) – pers. suppl. 4,50 €
 Location : 1 🏠 (4 à 6 pers.) 280 à 485 €/sem. – 6 🏠 (4 à 6 pers.) - 360 à 575 €/sem. – **R** conseillée
 Pour s'y rendre : 113 rte du Grand-Pont (2,8 km au sud-ouest par D 238, rte de Lamastre, au bord du Doux)

Nature : 🌳 ⇐ 🏞 ♀
Loisirs : 🍽 🏠 🛝 🏊 ≋ 🚤
Services : ⛽ 🚗 🅿 ♿ ♨ 🧺

ST-JEAN-LE-CENTENIER

✉ 07580 – **331** J6 – 573 h. – alt. 350
Paris 623 – Alès 83 – Aubenas 20 – Privas 24.

▲ **Les Arches** de fin avr. à fin sept.
 ℰ 04 75 36 75 45, *info@camping-les-arches.com*,
 Fax 04 75 36 75 45, *www.camping-les-arches.com*
 – **R** conseillée
 1,5 ha (97 empl.) en terrasses, plat, peu incliné, herbeux
 Tarif : 19 € ★★ ⇔ 🅴 [½] (10A) – pers. suppl. 4,20 €
 Location (permanent) : 10 🏠 (4 à 6 pers.) - 230 à 620 €/sem. – **R** conseillée
 🚐 1 borne artisanale – 🚐 19 €
 Pour s'y rendre : au lieu-dit : le Cluzel (1,2 km à l'ouest par D 458a et D 258, rte de Mirabel puis chemin à dr.)

Nature : 🌳
Loisirs : 🛝 ≋ (plan d'eau)
Services : ♿ ⛽ GB 🚗 🅿 ♨ ♿ 🍽 🧺

Nos guides hôteliers, nos guides touristiques et nos cartes routières sont complémentaires. Utilisez-les ensemble.

ST-JORIOZ

✉ 74410 – **328** J5 – G. Alpes du Nord – 5 002 h. – alt. 452
🏢 *Office de tourisme, 92, route de l'Église* ℰ 04 50 52 40 56
Paris 545 – Albertville 37 – Annecy 9 – Megève 51.

⛰ **Europa** ♟ – de déb. mai à mi-sept.
 ℰ 04 50 68 51 01, *info@camping-europa.com*,
 Fax 04 50 68 55 20, *www.camping-europa.com* – **R** conseillée
 3 ha (210 empl.) plat, herbeux, pierreux
 Tarif : (Prix 2008) 33,10 € ★★ ⇔ 🅴 [½] (6A) – pers. suppl. 6,20 € – frais de réservation 25 €
 Location (Prix 2008) 🦌 : 38 🏠 (4 à 6 pers.) 345 à 775 €/sem. – 4 🏠 (4 à 6 pers.) - 350 à 850 €/sem. – frais de réservation 25 € - **R** conseillée
 Pour s'y rendre : 1444 rte d'Albertville (1,4 km au sud-est)
 À savoir : bel ensemble aquatique

Nature : ⇐ ♀
Loisirs : 🍽 snack, pizzeria 🎮 🏃 🛝 🚴 🏊 🏟 terrain omnisports
Services : ♿ ⛽ GB 🚗 🅿 ♨ ♿ 🧺 🏪 🍽 sèche-linge 🧺

⛰ **Le Solitaire du Lac** de mi-avr. à mi-sept.
 ℰ 04 50 68 59 30, *campinglesolitaire@wanadoo.fr*,
 Fax 04 50 68 59 30, *www.campinglesolitaire.com* – croisement difficile – **R** conseillée
 3,5 ha (200 empl.) plat, herbeux
 Tarif : (Prix 2008) 20,50 € ★★ ⇔ 🅴 [½] (6A) – pers. suppl. 4 € – frais de réservation 6 €
 Location (Prix 2008) 🦌 : 15 🏠 (4 à 6 pers.) 350 à 680 €/sem. – frais de réservation 33 € – **R** conseillée
 🚐 1 borne artisanale
 Pour s'y rendre : 615 rte de Sales (1 km au nord)
 À savoir : situation agréable près du lac (accès direct)

Nature : 🌳 ♀♀ ⛰
Loisirs : 🏠 🛝 🚴 🏊
Services : ♿ ⛽ GB 🚗 🅿 ♨ ♿ ♨ 🍽 sèche-linge 🧺

RHÔNE-ALPES

ST-JORIOZ

▲ **International du Lac d'Annecy** de mi-mai à mi-sept.
☎ 04 50 68 67 93, contact@camping-lac-annecy.com, Fax 04 50 68 67 93, camping-lac-annecy.com – **R** conseillée
2,5 ha (163 empl.) plat, herbeux
Tarif : (Prix 2008) 26,15 € ✶✶ 🚗 🔲 [⚡] (6A) – pers. suppl. 4,20 € – frais de réservation 20 €
Location (Prix 2008) ⚐ : 18 🏠 (4 à 6 pers.) 290 à 630 €/sem. – 3 🏡 (4 à 6 pers.) – 310 à 650 €/sem. – frais de réservation 20 € – **R** conseillée
Pour s'y rendre : 1184 rte d'Albertville (1 km au sud-est)

Nature : 🌳
Loisirs : 🍹 🎱 🎮 🚲 🏊 terrain omnisports
Services : 🛗 🛁 GB 🛒 🏠 🛠 ♨ ♿
🍴 🗑 🗂 🍽

ST-JULIEN-EN-ST-ALBAN

✉ 07000 – **331** K5 – 1 022 h. – alt. 131
Paris 587 – Aubenas 41 – Crest 29 – Montélimar 35 – Privas 9 – Valence 32.

▲ **L'Albanou** de fin avr. à mi-sept.
☎ 04 75 66 00 97, camping.albanou@wanadoo.fr, Fax 04 75 66 00 97, www.camping-albanou.com
– **R** conseillée
1,5 ha (60 empl.) plat, herbeux
Tarif : (Prix 2008) 21,50 € ✶✶ 🚗 🔲 [⚡] (6A) – pers. suppl. 4,50 €
🚐 1 borne artisanale – 🚚 18 €
Pour s'y rendre : quartier Pampelonne (1,4 km à l'est par N 304, rte de Pouzin et chemin de Celliers à dr., près de l'Ouvèze)

Nature : 🌿 ≤ 🏞 🌳
Loisirs : 🎣 🏊 🎱
Services : 🛗 🛁 GB 🛒 🏠 🛠 ♨ ♿
🚤

Donnez-nous votre avis sur les terrains que nous recommandons. Faites-nous connaître vos observations et vos découvertes par mail à l'adresse : leguidecampingfrance@fr.michelin.com.

756

ST-JUST

✉ 07700 – **331** J8 – 1 161 h. – alt. 64
Paris 637 – Montélimar 36 – Nyons 51 – Pont-St-Esprit 6 – Privas 66.

▲ **La Plage** de mi-avr. à mi-sept.
☎ 04 75 04 69 46, info@campingdelaplage.com, Fax 04 75 04 69 46, www.campingdelaplage.com
– **R** conseillée
2,5 ha (117 empl.) plat, herbeux
Tarif : 22,80 € ✶✶ 🚗 🔲 [⚡] (10A) – pers. suppl. 4,20 €
Location ⚐ : 4 🏠 (4 à 6 pers.) 265 à 500 €/sem.
– **R** conseillée
Pour s'y rendre : 2,5 km au sud par N 86, rte de Pont-St-Esprit et à dr. av. le pont, à 100 m de l'Ardèche

Nature : 🏞 🌳🌳
Loisirs : 🎣 🏊 🎱
Services : 🛁 GB 🛒 🏠 🛠 ♨ 🍴 🗑
À prox. : 🛶

ST-LAGER-BRESSAC

✉ 07210 – **331** K5 – 663 h. – alt. 180
Paris 591 – Aubenas 45 – Montélimar 21 – Pont-St-Esprit 58 – Privas 14 – Valence 36.

▲ **Les Civelles d'Ozon** de fin mars à mi-oct.
☎ 04 75 65 01 86, tour-a@wanadoo.fr, Fax 04 75 65 20 96, www.camping-ardeche-lescivelles.com – **R** conseillée
1,3 ha (40 empl.) plat, pierreux, herbeux
Tarif : 17 € ✶✶ 🚗 🔲 [⚡] (10A) – pers. suppl. 4 €
Location : 7 🏠 (4 à 6 pers.) nuitée 40 € - 260 à 500 €/sem. – **R** conseillée
🚐 1 borne artisanale – 10 🔲 17 €
Pour s'y rendre : au lieu-dit : Les Civelles (500 m à l'est par D 322, rte de Baix, au bord d'un ruisseau)

Nature : 🏞
Loisirs : 🎣 ✂ 🏊
Services : 🛗 🛁 (saison) 🛒 ♨ ⛽ 🚰
🍴 🗑

RHÔNE-ALPES

ST-LAURENT-DU-PAPE

07800 – **331** K5 – G. Lyon Drôme Ardèche – 1 295 h. – alt. 100
Paris 578 – Aubenas 56 – Le Cheylard 43 – Crest 29 – Privas 25 – Valence 19.

La Garenne de déb. mars à fin oct.
04 75 62 24 62, *info@lagarenne.org, www.lagarenne.org*
– **R** conseillée
6 ha/4 campables (116 empl.) plat, en terrasses, pierreux, herbeux
Tarif : 30,50 € (4A) – pers. suppl. 5,50 € – frais de réservation 20 €
Pour s'y rendre : quartier de la Garenne (au nord du bourg, accès près de la poste)

ST-LAURENT-DU-PONT

38380 – **333** H5 – G. Alpes du Nord – 4 222 h. – alt. 410
Office de tourisme, place de la Mairie 04 76 06 22 55, Fax 04 76 06 21 21
Paris 560 – Chambéry 29 – Grenoble 34 – La Tour-du-Pin 42 – Voiron 15.

Municipal les Berges du Guiers
04 76 55 20 63, *camping.st-laurent-du-pont@wanadoo.fr*, Fax 04 76 06 21 21, *www.chartreuse-tourisme.com*
– **R** conseillée
1 ha (45 empl.) plat, herbeux
Pour s'y rendre : sortie nord par D 520, rte de Chambéry et à gauche, au bord du Guiers Mort - passerelle pour piétons reliant le village

Benutzen Sie den Hotelführer des laufenden Jahres.

ST-LAURENT-EN-BEAUMONT

38350 – **333** I8 – 372 h. – alt. 900
Paris 613 – Le Bourg-d'Oisans 43 – Corps 16 – Grenoble 51 – Mens 22 – La Mure 10.

Belvédère de l'Obiou de mi-avr. à mi-oct.
04 76 30 40 80, *info@camping-obiou.com*,
Fax 04 76 30 44 86, *www.camping-obiou.com* – **R** conseillée
1 ha (45 empl.) plat, peu incliné, terrasses, herbeux
Tarif : 23,50 € (10A) – pers. suppl. 5 € – frais de réservation 15 €
Location (de déb. mai à fin sept.) : 5 (4 à 6 pers.) 315 à 553 €/sem. – frais de réservation 15 € - **R** conseillée
1 borne artisanale 5 € – 3 13 €
Pour s'y rendre : au lieu-dit : Les Egats (1,3 km au sud-ouest par N 85)

ST-LAURENT-LES-BAINS

07590 – **331** F6 – G. Lyon Drôme Ardèche – 182 h. – alt. 840
Office de tourisme, le village 04 66 46 69 94
Paris 603 – Aubenas 64 – Langogne 30 – Largentière 52 – Mende 56.

Le Ceytrou de déb. avr. à mi-nov.
04 66 46 02 03, *campingleceytrou@wanadoo.fr*,
Fax 04 66 46 02 03, *campingleceytrou.free.fr* – **R** conseillée
2,5 ha (60 empl.) plat et peu incliné, terrasses, pierreux, herbeux
Tarif : (Prix 2008) 12,50 € (10A) – pers. suppl. 2,80 €
Pour s'y rendre : 2,1 km au sud-est par D 4
À savoir : agréable situation au coeur des montagnes du Vivarais Cévenol

RHÔNE-ALPES

ST-MARTIN-D'ARDÈCHE

✉ 07700 – **331** I6 – 642 h. – alt. 46
🛈 *Office de tourisme, place de l'Église* ☎ 04 75 98 70 91
Paris 641 – Bagnols-sur-Cèze 21 – Barjac 27 – Bourg-St-Andéol 13 – Pont-St-Esprit 10 – Vallon-Pont-d'Arc 30.

▲ **Le Pontet** de déb. avr. à fin sept.
☎ 04 75 04 63 07, contact@campinglepontet.com,
www.campinglepontet.com – **R** conseillée
1,8 ha (100 empl.) plat et terrasse, herbeux
Tarif : (Prix 2008) 22,40 € 👫 🚗 📧 🔌 (6A) – pers. suppl. 5,20 € – frais de réservation 8 €
Location (Prix 2008) : 5 🏠 (4 à 6 pers.) nuitée 70 € - 250 à 495 €/sem. – 13 🏠 (4 à 6 pers.) nuitée 90 € - 370 à 610 €/sem. – frais de réservation 25 € - **R** conseillée
🚐 1 borne artisanale 3 € – 4 📧 8 € – 🚙 10,5 €
Pour s'y rendre : au lieu-dit : Le Pontet (1,5 km à l'est par D 290, rte de St-Just et chemin à gauche)

Nature : 🌳 ♤♤
Loisirs : 🍷 snack 🏠 🐎 🏊
Services : 👤 🔑 🆓 🚿 🗑 🚽 🚻 🚰 🔌

▲ **Les Gorges** de déb. avr. à mi-sept.
☎ 04 75 04 61 09, info@camping-des-gorges.com,
Fax 04 75 04 61 09, www.camping-des-gorges.com
– **R** conseillée
1,2 ha (92 empl.) plat, terrasses, herbeux, pierreux
Tarif : 34 € 👫 🚗 📧 🔌 (5A) – pers. suppl. 7 € – frais de réservation 30 €
Location : 🏠 (4 à 6 pers.) 250 à 700 €/sem. – frais de réservation 30 € - **R** conseillée
🚐 1 borne artisanale
Pour s'y rendre : au lieu-dit : Sauze (1,5 km au nord-ouest)

Nature : ≤ ♤♤
Loisirs : 🍷 ✕ 🏠 🐎 🏊 🏞
Services : 👤 🔑 🆓 🚿 🗑 📦 🗑 🚽 🏊
🌊 🍽 🛶 🚰

▲ **Le Castelas** de mi-mars à mi-nov.
☎ 04 75 04 66 55, camping-le-castelas@wanadoo.fr,
Fax 04 75 04 66 55, www.camping-le-castelas.com
– **R** conseillée
1,1 ha (65 empl.) peu incliné, herbeux
Tarif : (Prix 2008) 10,90 € 👫 🚗 📧 🔌 (4A) – pers. suppl. 2,50 € – frais de réservation 10 €
🚐 1 borne artisanale
Pour s'y rendre : chemin de Tabion (sortie nord-ouest par D 290 et chemin à gauche, à 250 m de l'Ardèche)

Nature : ≤ vieux village d'Aiguèze ♀
Loisirs : 🏠 🐎
Services : 🔌 🔑 🆓 🚿 🗑 🚻 🚽 🚰
À prox. : ✂ 🍽 🛶

▲ **Municipal le Moulin** de déb. avr. à fin sept.
☎ 04 75 04 66 20, contact@camping-lemoulin.com,
Fax 04 75 04 60 12, www.camping-lemoulin.com
– **R** conseillée
6,5 ha (200 empl.) plat, peu incliné, sablonneux, herbeux
Tarif : (Prix 2008) 21,50 € 👫 🚗 📧 🔌 (10A) – pers. suppl. 4 €
Location (Prix 2008) : 6 🏠 (4 à 6 pers.) 220 à 490 €/sem. – **R** conseillée
🚐 1 borne artisanale
Pour s'y rendre : r. du Moulin (sortie sud-est par D 290, rte de St-Just et à dr. (D 200), au bord de l'Ardèche)

Nature : ♀
Loisirs : snack 🐎 🛶 🏞
Services : 👤 🔑 🆓 🚿 🗑 🏊 🚽 🚰
🗑 🚿

ST-MARTIN-DE-CLELLES

✉ 38930 – **333** G8 – 118 h. – alt. 750
Paris 616 – Lyon 149 – Grenoble 48 – Saint-Martin-d'Hères 49 – Échirolles 42.

▲ **La Chabannerie** de mi-mai à fin sept.
☎ 04 76 34 00 38, camping.chabannerie@yahoo.fr,
Fax 04 76 34 00 38, www.camping-isere.fr – **R** conseillée
2,5 ha (49 empl.) en terrasses, plat, peu incliné, pierreux, herbeux
Tarif : 15 € 👫 🚗 📧 🔌 (10A) – pers. suppl. 4 €
🚐 1 borne eurorelais 3 € – 30 📧 15 €

Nature : 🌳 ≤ 🏔 ♤♤(sapinière)
Loisirs : 🏠 🏊
Services : 🔌 🆓 🚿 🗑 🏊 🚻 🚽 🚰
🚿

RHÔNE-ALPES

ST-MARTIN-EN-VERCORS

✉ 26420 – **332** F3 – G. Alpes du Nord – 295 h. – alt. 780
Paris 601 – La Chapelle-en-Vercors 9 – Grenoble 51 – Romans-sur-Isère 46 – St-Marcellin 34 – Villard-de-Lans 20.

▲ **La Porte St-Martin** de fin avr. à déb. oct.
☎ 04 75 45 51 10, *infos@camping-laportestmartin.com*, *www.camping-laportestmartin.com* – **R** conseillée
1,5 ha (66 empl.) plat et en terrasses, incliné, herbeux, gravier, pierreux
Tarif : 14 € ⛺ 🚗 🔌 (10A) – pers. suppl. 5,40 €
Location (permanent) : 3 🏠 (4 à 6 pers.) - 270 à 580 €/sem. – chalets sans sanitaires – **R** conseillée
🚐 1 borne artisanale 4 €
Pour s'y rendre : sortie nord par D 103

Nature : ≤ ♀
Loisirs : 🎱 🚴 🏊 (petite piscine)
Services : ♿ 🔑 🧺 ♨ 🛒

ST-MAURICE-D'ARDÈCHE

✉ 07200 – **331** I6 – 241 h. – alt. 140
Paris 639 – Aubenas 12 – Largentière 16 – Privas 44 – Vallon-Pont-d'Arc 20 – Viviers 37.

⛰ **Le Chamadou**
☎ 08 20 36 61 97, *reservations@camping-le-chamadou.com*, Fax 04 75 37 08 04, *www.camping-le-chamadou.com* ✉ 07120 Balazuc – **R** conseillée
1 ha (86 empl.) peu incliné, plat, herbeux
Location : 14 🏠 – gîtes
Pour s'y rendre : Mas de Chaussy (3,2 km au sud-est par D 579, rte de Ruoms et chemin à gauche, à 500 m d'un étang)

Nature : 🌳 ≤ ♀
Loisirs : 🍽 pizzeria, snack 🎱 ♨ 🏊
Services : ♿ 🔑 🧺 ♨ 🛒
À prox. : 🚣

This Guide is not intended as a list of all the camping sites in France; its aim is to provide a selection of the best sites in each category.

759

ST-MAURICE-D'IBIE

✉ 07170 – **331** I6 – 160 h. – alt. 220
Paris 636 – Alès 64 – Aubenas 23 – Pont-St-Esprit 63 – Ruoms 25 – Vallon-Pont-d'Arc 16.

▲ **Le Sous-Bois** de déb. mai à mi-sept.
☎ 04 75 94 86 95, *camping.lesousbois@wanadoo.fr*, Fax 04 75 94 86 95, *www.le-sous-bois.fr* – **R** conseillée
2 ha (50 empl.) non clos, plat, herbeux, pierreux
Tarif : 22 € ⛺ 🚗 🔌 (6A) – pers. suppl. 6 €
Location (de mi-avr. à fin sept.) : 4 🛖 (2 à 4 pers.) 240 à 410 €/sem. – 2 🛖 (4 à 6 pers.) 280 à 495 €/sem. – 10 🏠 (4 à 6 pers.) – 290 à 510 €/sem. – **R** conseillée
Pour s'y rendre : au lieu-dit : Les Plots (2 km au sud par D 558, rte de Vallon-Pont-d'Arc, puis chemin empierré à dr.)
À savoir : au bord de l'Ibie, agréable cadre sauvage

Nature : 🌳 ♀♀
Loisirs : 🍽 pizzeria, (dîner seulement) 🎱 🚴 🏊 terrain omnisports
Services : ♿ 🔑 (juil.-août) 🛎 🚙 🧺 ♨ 🛒 🚿

ST-NAZAIRE-EN-ROYANS

✉ 26190 – **332** E3 – G. Alpes du Nord – 498 h. – alt. 172
Paris 576 – Grenoble 69 – Pont-en-Royans 9 – Romans-sur-Isère 19 – St-Marcellin 15 – Valence 35.

▲ **Municipal** de déb. mai à fin sept.
☎ 04 75 48 41 18, *mairie-stnazaire@wanadoo.fr*, Fax 04 75 48 44 32 – **R** conseillée
1,5 ha (75 empl.) plat et peu incliné, herbeux
Tarif : (Prix 2008) 11,60 € ⛺ 🚗 🔌 (6A) – pers. suppl. 3,10 €
🚐 🛥 8 €
Pour s'y rendre : au lieu-dit : Les Bouveries (700 m au sud-est, rte de St-Jean-en-Royans)
À savoir : au bord de la Bourne (plan d'eau)

Nature : 🏞 ♀♀
Loisirs : 🎱 🚣
Services : ♿ 🔑 🧺 ♨ 🛒

RHÔNE-ALPES

ST-PAUL-DE-VARAX

✉ 01240 – **328** D4 – G. Lyon Drôme Ardèche – 1 187 h. – alt. 240
Paris 436 – Bourg-en-Bresse 15 – Châtillon-sur-Chalaronne 18 – Pont-d'Ain 22 – Villars-les-Dombes 15.

Intercommunal l'Étang du Moulin

☎ 04 74 42 53 30, *moulin@campingendombes.fr,*
Fax 04 74 98 43 82, *www.camping-etang-du-moulin.fr*
– **R** conseillée
34 ha/4 campables (182 empl.) plat, herbeux, bois attenant
Location : 10
1 borne raclet –
Pour s'y rendre : à la Base de Plein Air (2 km au sud-est par D 70b, rte de St-Nizier-le-Désert puis 1,5 km par rte à gauche, près d'un étang)
À savoir : Superbe piscine géante (5500m²) dans un site agréable

ST-PAUL-DE-VÉZELIN

✉ 42590 – **327** D4 – 299 h. – alt. 431
Paris 415 – Boën 19 – Feurs 30 – Roanne 26 – St-Just-en-Chevalet 27 – Tarare 39.

Arpheuilles de déb. mai à mi-sept.

☎ 04 77 63 43 43, *arpheuilles@wanadoo.fr, www.camping-arpheuilles.com* – croisement difficile pour caravanes
– **R** conseillée
3,5 ha (80 empl.) peu incliné, en terrasses, herbeux
Tarif : (Prix 2008) 22,50 € ✶✶ 🚗 🔲 (6A) – pers. suppl. 4,50 €
Pour s'y rendre : à Arpheuilles (4 km au nord, à Port Piset, près du fleuve (plan d'eau))
À savoir : Belle situation dans les gorges de la Loire

ST-PRIVAT

✉ 07200 – **331** I6 – 1 427 h. – alt. 304
Paris 631 – Lyon 169 – Privas 26 – Valence 65 – Alès 79.

Le Plan d'Eau de fin avr. à mi-sept.

☎ 04 75 35 44 98, *info@campingleplandeau.fr,*
Fax 04 75 35 44 98, *www.campingleplandeau.fr* – **R** conseillée
3 ha (100 empl.) plat, pierreux, herbeux
Tarif : 30,20 € ✶✶ 🚗 🔲 (8A) – pers. suppl. 5,90 € – frais de réservation 20 €
Location : 6 (2 à 4 pers.) 185 à 430 €/sem. – 4 (4 à 6 pers.) 290 à 715 €/sem. – 12 (4 à 6 pers.) 270 à 680 €/sem. – frais de réservation 20 € - **R** conseillée
Pour s'y rendre : rte de Lussas (2 km au sud-est par D 259)

ST-PIERRE-DE-CHARTREUSE

✉ 38380 – **333** H5 – G. Alpes du Nord – 770 h. – alt. 885 – Sports d'hiver : 900/1 800 m ⛷1 ⛷13 ⛷
🏢 Office de tourisme, place de la Mairie ☎ 04 76 88 62 08, Fax 04 76 88 68 78
Paris 571 – Belley 62 – Chambéry 39 – Grenoble 28 – La Tour-du-Pin 52 – Voiron 25.

De Martinière de déb. mai à mi-sept.

☎ 04 76 88 60 36, *camping-de-martiniere@orange.fr,*
Fax 04 76 88 69 10, *www.campingdemartiniere.com*
– **R** conseillée
1,5 ha (100 empl.) non clos, plat et peu incliné, herbeux
Tarif : 22,40 € ✶✶ 🚗 🔲 (6A) – pers. suppl. 5,50 € – frais de réservation 8 €
Location : 4 (4 à 6 pers.) 243 à 500 €/sem. – frais de réservation 8 € - **R** conseillée
1 borne artisanale – 2 🔲 22,40 €
Pour s'y rendre : rte du Col de Porte (3 km au sud-ouest par D 512, rte de Grenoble)
À savoir : site agréable au cœur de la Chartreuse

RHÔNE-ALPES

ST-REMÈZE

✉ 07700 – **331** J7 – 555 h. – alt. 365
Paris 645 – Barjac 30 – Bourg-St-Andéol 16 – Pont-St-Esprit 27 – Privas 60 – Vallon-Pont-d'Arc 14.

▲ Carrefour de l'Ardèche avr.-sept.
☎ 04 75 04 15 75, *carrefourardeche@yahoo.fr*,
Fax 04 75 04 35 05, *www.ardechecamping.net* – **R** conseillée
1,7 ha (90 empl.) plat, peu incliné, herbeux, pierreux
Tarif : 23,50 € ✶✶ 🚗 🅴 🚽 (6A) – pers. suppl. 5 € – frais de réservation 16 €
Location : 13 🏠 (4 à 6 pers.) 220 à 680 €/sem. – 5 🏡 (4 à 6 pers.) - 200 à 620 €/sem. – frais de réservation 18 € - **R** conseillée
Pour s'y rendre : rte de Bourg-St-Andéol (sortie est, par D 4,)

Nature : ≤ 🌳
Loisirs : 🍴 snack 🏊 🚴
Services : ♿ 🔑 🇬🇧 🚗 🅴 ♨ 📞 🍳 🚽
À prox. : canoë

▲ La Résidence d'Été de déb. avr. à mi-sept.
☎ 04 75 04 26 87, *mail@campinglaresidence.net*,
Fax 04 75 04 39 52, *www.campinglaresidence.net*
– **R** conseillée
1,6 ha (60 empl.) peu incliné à incliné, en terrasses, herbeux, pierreux, verger
Tarif : 23 € ✶✶ 🚗 🅴 🚽 (6A) – pers. suppl. 8 € – frais de réservation 10 €
Location : 19 🏠 (4 à 6 pers.) 220 à 520 €/sem. – frais de réservation 10 € - **R** conseillée
Pour s'y rendre : r. de la Bateuse (vers sortie est, rte de Bourg-St-Andéol)

Nature : ≤ 🌳
Loisirs : ✗ 🏊 🚴
Services : ♿ 🔑 🇬🇧 🚗 🅴 ♨ 📞 🍳
À prox. : canoë

▲ Domaine de Briange de déb. avr. à fin sept.
☎ 04 75 04 14 43, *briange@free.fr, www.campingdebriange.com* – **R** conseillée
4 ha (80 empl.) plat, peu incliné, herbeux, sablonneux, pierreux
Tarif : 20 € ✶✶ 🚗 🅴 🚽 (6A) – pers. suppl. 6 €
Location (permanent) : 3 🏡 (4 à 6 pers.) - 270 à 854 €/sem. – **R** conseillée
🚗 4 🅴 14 €
Pour s'y rendre : rte de Gras (2 km au nord par D 362)

Nature : 🌲 🌳
Loisirs : snack 🏊 ✗ 🚴
Services : ♿ 🔑 🇬🇧 🚗 🅴 ♨ 📞 🍳
À prox. : canoë

ST-SAUVEUR-DE-CRUZIÈRES

✉ 07460 – **331** H8 – 491 h. – alt. 150
Paris 674 – Alès 28 – Barjac 9 – Privas 81 – St-Ambroix 9 – Vallon-Pont-d'Arc 22.

▲ La Claysse de déb. avr. à fin sept.
☎ 04 75 35 40 65, *camping.claysse@wanadoo.fr*,
Fax 04 75 36 68 65, *www.campingdelaclaysse.com*
– **R** conseillée
5 ha/1 campable (60 empl.) plat et terrasses, herbeux
Tarif : (Prix 2008) 22 € ✶✶ 🚗 🅴 🚽 (10A) – pers. suppl. 4,50 € – frais de réservation 10 €
Location (Prix 2008) 🚫 : 13 🏠 (4 à 6 pers.) nuitée 50 € - 280 à 550 €/sem. – frais de réservation 10 € - **R** conseillée
Pour s'y rendre : au lieu-dit : La Digue (au nord-ouest du bourg, au bord de la rivière)

Nature : 🌳
Loisirs : snack 🏊 🚴 🚲 🏊‍♂️ 🎯 🛶
Services : 🔑 🚗 🅴 ♨ 📞 🍳
À prox. : site d'escalade

---

*Om een reisroute uit te stippelen en te volgen,
om het aantal kilometers te berekenen,
om precies de ligging van een terrein te bepalen
(aan de hand van de inlichtingen in de tekst),
gebruikt u de* **Michelinkaarten***,
een onmisbare aanvulling op deze gids.*

RHÔNE-ALPES

ST-SAUVEUR-DE-MONTAGUT

✉ 07190 – **331** J5 – 1 248 h. – alt. 218
🛈 *Syndicat d'initiative, quartier de la Tour* ✆ 04 75 65 43 13, Fax 04 75 65 43 13
Paris 597 – Le Cheylard 24 – Lamastre 29 – Privas 24 – Valence 38.

⛰ **L'Ardéchois** de fin avr. à fin sept.
✆ 04 75 66 61 87, ardechois.camping@wanadoo.fr,
Fax 04 75 66 63 67, *www.ardechois-camping.fr* – **R** conseillée
37 ha/5 campables (107 empl.) en terrasses, herbeux
Tarif : 27,50 € ✶✶ 🚗 🔲 🔋 (10A) – pers. suppl. 6,25 € – frais de réservation 23 €
Location : 19 🏠 (4 à 6 pers.) 295 à 645 €/sem. – 9 🏕 (4 à 6 pers.) – 285 à 585 €/sem. – frais de réservation 23 € - **R** conseillée
Pour s'y rendre : au lieu-dit : Le Chambon (8,5 km à l'ouest par D 102, rte d'Albon)
À savoir : au bord de la Glueyre

Nature : 🌿 ≤ 🌲🌲
Loisirs : 🍴✖ 🏠 🏇 🚴 ⛵ 🏊
Services : ♿ ⚡ 🚻 🚲 🏪 🍳 📞 🚿
🛒 ⚙
À prox. : canoë

Michelinkaarten en -gidsen zijn te koop in de meeste boekhandels.

ST-SAUVEUR-EN-RUE

✉ 42220 – **327** F8 – 1 105 h. – alt. 780
Paris 541 – Annonay 22 – Condrieu 39 – Montfaucon-en-Velay 24 – St-Étienne 29 – Vienne 61.

⛰ **Municipal des Régnières** de déb. avr. à fin sept.
✆ 04 77 39 24 71, bonocamping@orange.fr,
Fax 04 77 39 25 33 – places limitées pour le passage – **R** conseillée
1 ha (40 empl.) en terrasses, plat, herbeux, pierreux
Tarif : (Prix 2008) 16,50 € ✶✶ 🚗 🔲 🔋 (10A) – pers. suppl. 8 € – frais de réservation 8 €
Location (Prix 2008) : 7 🏠 (2 à 4 pers.) 200 à 270 €/sem. – **R** conseillée
Pour s'y rendre : 29 rte de Tracol (800 m au sud-ouest par D 503, rte de Monfaucon, près de la Deôme)

Nature : ≤ 🌳
Loisirs : 🍴 snack 🏠 ⛵ (bassin)
Services : ⚡ 🚻 🚲 ♿ 🚿 🏪
À prox. : 🏃

ST-SYMPHORIEN-SUR-COISE

✉ 69590 – **327** F6 – G. Lyon Drôme Ardèche – 3 069 h. – alt. 558
Paris 489 – Andrézieux-Bouthéon 26 – L'Arbresle 36 – Feurs 30 – Lyon 40 – St-Étienne 33.

⛰ **Intercommunal Centre de Loisirs de Hurongues**
✆ 04 78 48 44 29, camping.hurongues@wanadoo.fr,
Fax 04 78 48 44 29 – **R**
3,6 ha (120 empl.) peu incliné et en terrasses, pierreux
Pour s'y rendre : à Hurongues (3,5 km à l'ouest par D 2, rte de Chazelles-sur-Lyon, à 400 m d'un plan d'eau)
À savoir : Agréable cadre boisé autour d'un parc de loisirs

Nature : 🌿 🌳 🌲🌲
Loisirs : 🏠
Services : 🏪 🚲 ♿ 🚿 🏃
À prox. : 🏇 ✂ 🏞 🏊

ST-THÉOFFREY

✉ 38119 – **333** H8 – 342 h. – alt. 936
Paris 595 – Le Bourg-d'Oisans 44 – Grenoble 33 – La Mure 10 – Villars-de-Lans 61.

⛰ **Au Pré du Lac** de déb. mars à mi-oct.
✆ 04 76 83 91 34, info@aupredulac.nl, Fax 04 76 30 87 64,
www.aupredulac.com – **R** conseillée
Tarif : 🧍 3,90 € 🚗 🔲 6,50 € – 🔋 (10A) 3,75 € – frais de réservation 12,50 €
Location de déb. mars à fin oct.) 🛶 : 3 🏠 (4 à 6 pers.) 299 à 499 €/sem. – 2 🏕 (4 à 6 pers.) - 399 à 599 €/sem. – Huttes – frais de réservation 12,50 € - **R** conseillée
Pour s'y rendre : au lieu-dit : Petichet

Nature : 🌳 ⛺
Loisirs : ✖ 🏠 🏇 ⛵ 💧
Services : ♿ ⚡ 🚻 🚲 🏪 🏊 🌊
🚿 📞 sèche-linge 🧺
À prox. : 🛒

RHÔNE-ALPES

ST-VALLIER

✉ 26240 – **332** B2 – G. Lyon Drôme Ardèche – 4 154 h. – alt. 135
🛈 *Office de tourisme, avenue Désiré Valette* ✆ 04 75 23 45 33, Fax 04 75 23 44 19
Paris 526 – Annonay 21 – St-Étienne 61 – Tournon-sur-Rhône 16 – Valence 35 – Vienne 41.

▲ Municipal les Îsles de Silon de mi-mars à mi-nov.
✆ 04 75 23 22 17, etat-civil@saintvallier.com – **R** conseillée
1,35 ha (92 empl.) plat, herbeux, pierreux
Tarif : (Prix 2008) ✚ 2,20 € ⇔ 🅿 3 € – [✦] (10A) 2,30 €
Location (Prix 2008) : 4 🏠 (4 à 6 pers.) 260 à 400 €/sem. – **R** conseillée
Pour s'y rendre : av. de Québec (ex. N 7) (au nord, près du Rhône)

Nature : ≤ ⌂ 99
Loisirs : 🎣
Services : ⚬⎯ 🅖🅑 ♿ 🗑 🅿 🛁
À prox. : ✗ 🏊

STE-CATHERINE

✉ 69440 – **327** G6 – 856 h. – alt. 700
Paris 488 – Andrézieux-Bouthéon 38 – L'Arbresle 37 – Feurs 43 – Lyon 37 – St-Étienne 38.

▲ Municipal du Châtelard de déb. mars à fin oct.
✆ 04 78 81 80 60, mairie-ste-catherine@wanadoo.fr,
Fax 04 78 81 87 73, www.cc-paysmornantais.fr – alt. 800 – places limitées pour le passage – **R** conseillée
4 ha (61 empl.) en terrasses, herbeux, gravier
Tarif : ✚ 2,10 € ⇔ 🅿 2,40 € – [✦] (6A) 2,35 €
Pour s'y rendre : au lieu-dit : le Châtelard (2 km au sud)

Nature : 🌲 ≤ Mont Pilat et Monts du Lyonnais ⌂
Loisirs : 🏠
Services : ♿ 🗑 🅿 🛁

🅿 ✗ ATTENTION...
🐕 ces éléments ne fonctionnent généralement qu'en saison,
🏊 🐎 quelles que soient les dates d'ouverture du terrain.

SALAVAS

✉ 07150 – **331** I7 – 504 h. – alt. 96
Paris 668 – Lyon 206 – Privas 58 – Nîmes 77 – Avignon 79.

⛺ Le Péquelet de déb. avr. à fin sept.
✆ 04 75 88 04 49, info@lepequelet.com,
Fax 04 75 37 18 46, lepequelet.com – **R** conseillée
2 ha (60 empl.) plat, herbeux
Tarif : 26 € ✚✚ ⇔ 🅿 [✦] (10A) – pers. suppl. 7 € – frais de réservation 10 €
Location : 3 🏠 (4 à 6 pers.) 290 à 600 €/sem. – 9 🏠 (4 à 6 pers.) - 290 à 580 €/sem. - frais de réservation 10 € - **R** conseillée
🚐 1 borne artisanale 5 € – 🚐 [✦] 21 €
Pour s'y rendre : le Cros (sortie sud par D 579, rte de Barjac et 2 km par rte à gauche)
À savoir : Au bord de l'Ardèche (accès direct)

Nature : 🌲 ⌂ 99 ≜
Loisirs : 🏠 ✗ 🏊 🚣 canoë
Services : ♿ ⚬⎯ 🅖🅑 ♿ 🗑 🅿 🛁
☺ 🧺 🚿 🔌

SALLANCHES

✉ 74700 – **328** M5 – G. Alpes du Nord – 14 383 h. – alt. 550
🛈 *Office de tourisme, 32, quai de l'Hôtel de Ville* ✆ 04 50 58 04 25, Fax 04 50 58 38 47
Paris 585 – Annecy 72 – Bonneville 29 – Chamonix-Mont-Blanc 28 – Megève 14 – Morzine 42.

⛺ Village Center les Îles de fin avr. à mi-sept.
✆ 08 25 00 20 30, resa@village-center.com,
Fax 04 67 51 63 89, www.village-center.com – **R** conseillée
4,6 ha (260 empl.) plat, herbeux, pierreux
Tarif : (Prix 2008) 20 € ✚✚ ⇔ 🅿 [✦] (5A) – pers. suppl. 6 € – frais de réservation 30 €
Location (Prix 2008) : 10 🏠 – frais de réservation 30 € - **R** conseillée
Pour s'y rendre : 245 chemin de la Cavettaz (2 km au sud-est, au bord d'un ruisseau et à 250 m d'un plan d'eau)

Nature : ≤ ⌂ 99
Loisirs : 🍷 🎭 diurne ✗✗
Services : ♿ ⚬⎯ 🅖🅑 ♿ 🗑 🅿 🛁
🚐 🚿 🔌 🛁
À prox. : 🚣 🐎 (centre équestre)

763

RHÔNE-ALPES

LA SALLE-EN-BEAUMONT

✉ 38350 – **333** I8 – 241 h. – alt. 756
Paris 614 – Le Bourg-d'Oisans 44 – Gap 51 – Grenoble 52.

Le Champ Long de fin mars à mi-oct.
📞 04 76 30 41 81, *champlong38@orange.fr*,
Fax 04 76 30 47 21, *www.camping-champlong.com* – accès aux emplacements par forte pente, mise en place et sortie des caravanes à la demande – **R** conseillée
5 ha (97 empl.) non clos, en terrasses, plat, vallonné, accidenté, herbeux, pierreux
Tarif : 18,50 € ★★ ⛺ 🚗 🗐 ⚡ (10A) – pers. suppl. 3,80 € – frais de réservation 11 €
Location (permanent) : 3 🏠 (2 à 4 pers.) nuitée 43 € - 250 à 380 €/sem. – 12 🏠 (4 à 6 pers.) nuitée 60 € - 300 à 650 €/sem. – frais de réservation 11 € - **R** conseillée
🚐 1 borne artisanale 5 € – 🛁 10 €
Pour s'y rendre : chemin du Bas-Beaumont (2,7 km au sud-ouest par N 85, rte de la Mure et chemin à gauche, mise en place des caravanes pour les empl. à forte pente)

Nature : 🌲 ≤ Vallée et lac 🏞
♀♀ (sapinière)
Loisirs : 🍽 snack 🎱 🎯 🚲
Services : 🚻 🔑 🅖🅑 🚿 🚽 🔌 ♿

SAMOËNS

✉ 74340 – **328** N4 – G. Alpes du Nord – 2 323 h. – alt. 710
🅘 *Office de tourisme, gare routière* 📞 04 50 34 40 28, Fax 04 50 34 95 82
Paris 598 – Lyon 214 – Annecy 82 – Genève 63 – Lausanne 140.

Le Giffre Permanent
📞 04 50 34 41 92, *camping.samoens@wanadoo.fr*,
Fax 04 50 34 98 84, *www.camping-samoens.com* – **R** conseillée
7 ha (312 empl.) plat, herbeux, pierreux
Tarif : 23,30 € ★★ ⛺ 🚗 🗐 ⚡ (10A) – pers. suppl. 3,80 € – frais de réservation 50 €
Location ⚡ : 6 appartements - **R** conseillée
🚐 1 borne flot bleu 5 € – 🛁 10 €
Pour s'y rendre : la Glière
À savoir : Dans un site agréable, près d'un lac et d'un parc de loisirs

Nature : ❄ ≤ ♀
Loisirs : 🎱
Services : ♿ 🔑 🅖🅑 🚿 🚽 🔌 ♿
🚐 🛁 🔥
À prox. : 🍽 snack 🎱 🏇 🎯 🌊
⛸ ⛳ patinoire, practice de golf, parcours sportif, parc aventure, base de rafting

SAMPZON

✉ 07120 – 183 h. – alt. 120
Paris 660 – Lyon 198 – Privas 56 – Nîmes 85 – Avignon 86.

Yelloh! Village Soleil Vivarais ★★ – de déb. avr. à mi-sept.
📞 04 75 39 67 56, *info@soleil-vivarais.com*,
Fax 04 75 39 64 69, *www.soleil-vivarais.com* – **R** conseillée
12 ha (350 empl.) plat, herbeux, pierreux
Tarif : 43 € ★★ ⛺ 🚗 🗐 ⚡ (10A) – pers. suppl. 7 €
Location : 217 🏠 (4 à 6 pers.) 203 à 1 211 €/sem. – 🏠 – bungalows toilés - **R** conseillée
🚐
Pour s'y rendre : rte de Vallon Pont d'Arc
À savoir : au bord de l'Ardèche, sur la presqu'île de Sampzon, bel espace aquatique

Nature : ≤ ♀♀ 🏞
Loisirs : 🍽 ✕ pizzeria 🎵 nocturne
🎯 discothèque 🎱 🚲 🎯 🌊
🛁
Services : ♿ 🔑 🅖🅑 🚿 🚽 🔌 ♿
🚐 🛁 🔥 🔥 🎳
À prox. : canoë

Aloha Plage de déb. avr. à mi-sept.
📞 04 75 39 67 62, *reception@camping-aloha-plage.fr*,
Fax 04 75 89 10 26, *www.camping-aloha-plage.fr* – **R** conseillée
1,5 ha (120 empl.) plat, terrasses, peu incliné, herbeux, sablonneux
Tarif : 32,50 € ★★ ⛺ 🚗 🗐 ⚡ (10A) – pers. suppl. 6 € – frais de réservation 10 €
Location : 30 🏠 (4 à 6 pers.) nuitée 55 € - 225 à 722 €/sem. – frais de réservation 10 € - **R** conseillée
À savoir : au bord de l'Ardèche, sur la presqu'île de Sampzon (accès direct)

Nature : ♀♀ 🏞
Loisirs : 🍽 🛁
Services : ♿ 🔑 🅖🅑 🚿 🏊 ⚡ ♿
À prox. : canoë

RHÔNE-ALPES

SAMPZON

Sun Camping de déb. avr. à mi-sept.
𝒞 04 75 39 76 12, sun.camping@wanadoo.fr,
Fax 04 75 39 76 12, www.suncamping.com – **R** conseillée
1,2 ha (70 empl.) plat, terrasses, herbeux
Tarif : (Prix 2008) 26,20 € ⚭⚭ ⟶ 🅴 (¼) (10A) – pers. suppl. 6 € – frais de réservation 8 €
Location (Prix 2008) (de déb. avr. à fin sept.) : 7 🏠 (4 à 6 pers.) 294 à 590 €/sem. – frais de réservation 13 € – **R** conseillée
Pour s'y rendre : quartier Gadonnes (200 m de l'Ardèche)
À savoir : Sur la presqu'île de Sampzon

Nature : ♤♤
Loisirs : 🍴 pizzeria 🛶
Services : ♿ ⟶ (juil.-août) 🅶🅱 ⚙
🍳 🚿 🧺 ♻ 🚮
À prox. : 🚲 🍴 🚴 🏊

Le Mas de la Source de déb. avr. à fin sept.
𝒞 04 75 39 67 98, camping.masdelasource@wanadoo.fr,
Fax 04 75 39 67 98, www.campingmasdelasource.com
– **R** conseillée
1,2 ha (30 empl.) en terrasses, plat, herbeux
Tarif : (Prix 2008) ♀ 27 € ⟶ 🅴 – (¼) (6A) 4,10 € – frais de réservation 15,50 €
Location ⚭ : 3 🏠 (4 à 6 pers.) 240 à 655 €/sem. – frais de réservation 15,50 € - **R** conseillée
Pour s'y rendre : Les Trouilléres
À savoir : Sur la presqu'île de Sampzon, au bord de l'Ardèche (accès direct)

Nature : 🌳 🏞 ♤♤ ⛰
Loisirs : 🛶 🏊
Services : ♿ ⟶ 🅶🅱 ⚙ 🍳 🚿 🧺 ⛱
🚮 🍴 🚻
À prox. : canoë

Ask your bookseller for the catalogue of **MICHELIN** *publications.*

SATILLIEU

✉ 07290 – **331** L3 – 1 592 h. – alt. 485
Paris 542 – Annonay 13 – Lamastre 36 – Privas 87 – St-Vallier 21 – Tournon-sur-Rhône 29 – Valence 47 – Yssingeaux 54.

Municipal le Grangeon de déb. avr. à fin oct.
𝒞 04 75 34 96 41, camping.grangeon@orange.fr
– **R** conseillée
1 ha (52 empl.) en terrasses, herbeux
Tarif : (Prix 2008) ♀ 2,50 € ⟶ 1,90 € 🅴 2,60 € – (¼) (5A) 3,40 €
Location (Prix 2008) (permanent) ⚭ : 5 🏠 (4 à 6 pers.) - 205 à 375 €/sem. – **R** conseillée
Pour s'y rendre : 1,1 km au sud-ouest par D 578a, rte de Lalouvesc et à gauche
À savoir : Au bord du Ay

Nature : ≤ 🏞
Loisirs : 🍴 snack 🎮
Services : ♿ ⟶ ⚙ 🍳 🚿 ⛱ 🚮 🍴
À prox. : 🏊 (plan d'eau aménagé)

SCIEZ

✉ 74140 – **328** L3 – 4 268 h. – alt. 406
🛈 Syndicat d'initiative, port de Sciez 𝒞 04 50 72 64 57
Paris 561 – Abondance 37 – Annecy 69 – Annemasse 24 – Genève 25 – Thonon-les-Bains 9.

Le Chatelet de déb. avr. à fin oct.
𝒞 04 50 72 52 60, info@camping-chatelet.com,
Fax 04 50 72 37 67, www.camping-chatelet.com – places limitées pour le passage – **R** conseillée
2,5 ha (121 empl.) plat, herbeux, pierreux
Tarif : 21 € ⚭⚭ ⟶ 🅴 (¼) (10A) – pers. suppl. 5,50 € – frais de réservation 7 €
Location (de déb. mars à fin nov.) : 10 🏠 (4 à 6 pers.) - 278 à 745 €/sem. – frais de réservation 10 € - **R** conseillée
🚐 1 borne artisanale 4 €
Pour s'y rendre : 658 chemin des Hutins-Vieux (3 km au nord-est par N 5, rte de Thonon-les-Bains et rte du port de Sciez-Plage à gauche, à 300 m de la plage)

Nature : 🌳
Loisirs : 🛶 🚲
Services : ♿ ⟶ 🅶🅱 ⚙ 🚽 🍳 🚿 🏞
🚮 😊 🍴 🧺 sèche-linge
À prox. : 🍴 🏊 🛶 pédalos

765

RHÔNE-ALPES

SÉEZ

✉ 73700 – **333** N4 – 1 968 h. – alt. 904
🛈 *Office de tourisme, rue Célestin Freppaz* ☎ 04 79 41 00 15
Paris 638 – Albertville 57 – Bourg-St-Maurice 4 – Moûtiers 31.

▲ **Le Reclus** Permanent
☎ 04 79 41 01 05, contact@campinglereclus.com,
Fax 04 79 41 01 05, www.campinglereclus.com – **R** conseillée
1,5 ha (108 empl.) peu incliné et en terrasses, herbeux,
pierreux
Tarif : 17,10 € ★★ 🚗 🅴 🚿 (10A) – pers. suppl. 4,20 € –
frais de réservation 10 €
Location : 4 🏠 (4 à 6 pers.) nuitée 40 € - 280 à
500 €/sem. – yourte – frais de réservation 10 € - **R**
conseillée
🚐 1 borne 4 € – 6 🅴 12,40 € – 🍴 12,40 €
Pour s'y rendre : rte de Tignes (sortie nord-ouest par N 90,
rte de Bourg-St-Maurice, au bord du Reclus)

SERRIÈRES-DE-BRIORD

✉ 01470 – **328** F6 – 960 h. – alt. 218 – *Base de loisirs*
Paris 481 – Belley 29 – Bourg-en-Bresse 57 – Crémieu 24 – Nantua 69 – La Tour-du-Pin 33.

▲ **Le Point Vert**
☎ 04 74 36 13 45, nelly@camping-ain-bugey.com,
Fax 04 74 36 71 66, www.camping-ain-bugey.com – places
limitées pour le passage – **R** conseillée
1,9 ha (137 empl.) plat, herbeux
Location : 6 🏠
Pour s'y rendre : 2,5 km à l'ouest, à la base de loisirs
À savoir : Au bord d'un plan d'eau

SÉVRIER

✉ 74320 – **328** J5 – G. Alpes du Nord – 3 421 h. – alt. 456
🛈 *Office de tourisme,* ☎ 0450524056, Fax 0450524866
Paris 541 – Albertville 41 – Annecy 6 – Megève 55.

▲▲▲ **Le Panoramic** de fin avr. à fin sept.
☎ 04 50 52 43 09, info@camping-le-panoramic.com,
www.camping-le-panoramic.com – **R** conseillée
3 ha (209 empl.) plat, incliné, herbeux
Tarif : (Prix 2008) 23,40 € ★★ 🚗 🅴 🚿 (10A) – pers.
suppl. 4 € – frais de réservation 10 €
Location (Prix 2008) : 18 🏠 (4 à 6 pers.) 310 à
710 €/sem. – 16 🏡 (4 à 6 pers.) - 310 à 680 €/sem. –
frais de réservation 10 € - **R** conseillée
🚐 1 borne artisanale 5 €
Pour s'y rendre : 22 chemin des Bernets (3,5 km au sud,
en deux parties distinctes)
À savoir : Situation surplombant le lac

▲▲ **Au Coeur du Lac** de déb. avr. à fin sept.
☎ 04 50 52 46 14, info@aucoeurdulac.com,
Fax 04 50 19 01 45, www.campingaucoeurdulac.com
– **R** conseillée 🐾 (de fin juin à mi-août)
1,7 ha (100 empl.) en terrasses et peu incliné, herbeux,
gravillons
Tarif : (Prix 2008) 22,70 € ★★ 🚗 🅴 🚿 (6A) – pers.
suppl. 4 €
Location (Prix 2008) (de fin avr. à fin sept.) 🏖 : 10 🏠
(4 à 6 pers.) nuitée 45 € – frais de réservation 33 € - **R**
conseillée
🚐 1 borne flot bleu – 20 🅴 16,50 €
Pour s'y rendre : 3233 rte d'Albertville (1 km au sud)
À savoir : Situation agréable près du lac (accès direct)

RHÔNE-ALPES

SEYSSEL

✉ 01420 – **328** H5 – G. Franche-Comté Jura – 801 h. – alt. 258
Paris 517 – Aix-les-Bains 33 – Annecy 41 – Genève 52 – Nantua 48.

▲ **L' International** de déb. juin à fin sept.
☎ 04 50 59 28 47, camp.inter@wanadoo.fr,
Fax 04 50 59 28 47 – **R** conseillée
1,5 ha (45 empl.) en terrasses, herbeux
Tarif : 21,50 € ✻✻ ⇌ 🅴 ⚡ (10A) – pers. suppl. 4,50 € – frais de réservation 12 €
Location (de déb. avr. à fin oct.) : 13 🏠 (4 à 6 pers.) nuitée 58 € - 260 à 640 €/sem. – frais de réservation 15 € - **R** conseillée
Pour s'y rendre : chemin de la Barotte (2,4 km au sud-ouest par D 992, rte de Culoz et chemin à dr.)

Nature : 🌲 ≤ 🏠 ♀
Loisirs : snack 🎯 🚴 🛶
Services : ⚿ 🅶🅱 ♿ 🧺 ♨ 📶 🛎
🧯

LES GUIDES VERTS MICHELIN
Paysages, monuments
Routes touristiques
Géographie
Histoire, Art
Itinéraire de visite
Plans de villes et de monuments

SEYSSEL

✉ 74910 – **328** I5 – G. Franche-Comté Jura – 1 793 h. – alt. 252
🛈 Office de tourisme, 2, chemin Fontaine ☎ 04 50 59 26 56
Paris 517 – Aix-les-Bains 32 – Annecy 40.

△ **Le Nant-Matraz**
☎ 04 50 59 03 68, Fax 04 50 59 03 68 – **R** conseillée
1 ha (74 empl.) plat et peu incliné, herbeux
Pour s'y rendre : sortie nord par D 992

Nature : ≤ 🏠 ♀♀
Loisirs : 🍷
Services : ⚿ 🧺 ☺ 🧯
À prox. : 🛒

767

TAIN-L'HERMITAGE

✉ 26600 – **332** C3 – 5 503 h. – alt. 124
🛈 Office de tourisme, place du 8 mai 1945 ☎ 04 75 08 06 81, Fax 04 75 08 34 59
Paris 545 – Grenoble 97 – Le Puy-en-Velay 105 – St-Étienne 76 – Valence 18 – Vienne 59.

▲ **Municipal les Lucs** de mi-mars à mi-oct.
☎ 04 75 08 32 82, camping.tainlhermitage@wanadoo.fr,
Fax 04 75 08 32 82, www.campingleslucs.fr – **R**
2 ha (98 empl.) plat, herbeux, pierreux
Tarif : (Prix 2008) 17,20 € ✻✻ ⇌ 🅴 ⚡ (20A) – pers. suppl. 2,50 €
Pour s'y rendre : sortie sud-est par N 7, rte de Valence, près du Rhône

Nature : 🏠 ♀♀
Loisirs : 🎯 🛶
Services : ♿ ⚿ 🅶🅱 ♨ 🏛 🧺 ☺
🧯
À prox. : 🛒 snack ✂ 🛶

TANINGES

✉ 74440 – **328** M4 – G. Alpes du Nord – 3 140 h. – alt. 640
🛈 Office de tourisme, avenue des Thézières ☎ 04 50 34 25 05, Fax 04 50 34 83 96
Paris 570 – Annecy 68 – Bonneville 24 – Chamonix-Mont-Blanc 51 – Cluses 10 – Genève 42 – Morzine 16.

△ **Municipal des Thézières** Permanent
☎ 04 50 34 25 59, camping.taninges@wanadoo.fr,
Fax 04 50 34 39 78, www.taninges.com – **R** conseillée
2 ha (113 empl.) plat, herbeux, pierreux
Tarif : (Prix 2008) 12,05 € ✻✻ ⇌ 🅴 ⚡ (10A) – pers. suppl. 2,40 €
🚐 1 borne artisanale 3,70 € - 3 🅴 8,40 €
Pour s'y rendre : les Vernays-sous-la-Ville (sortie sud, rte de Cluses, au bord du Foron et à 150 m du Giffre)

Nature : 🌲 ≤ ♀♀
Loisirs : 🛶
Services : ♿ ⚿ 🅶🅱 ♨ 🏛 🧺 ☺ 📶
🧯 sèche-linge
À prox. : 🛒 🎯 ✂

RHÔNE-ALPES

TERMIGNON

✉ 73500 – **333** N6 – G. Alpes du Nord – 426 h. – alt. 1 290

🛈 *Office de tourisme, place de la Vanoise* ✆ *04 79 20 51 67, Fax 04 79 20 51 82*

Paris 680 – Bessans 18 – Chambéry 120 – Lanslebourg-Mont-Cenis 6 – Modane 18 – Susa 43.

▲ **Les Mélèzes** de mi-déc. à déb. oct.

✆ 04 79 20 51 41, *info@campingtermignon.com*,
Fax 04 79 20 51 41, *www.campingtermignon.com*
– **R** conseillée

0,7 ha (66 empl.) plat, herbeux

Tarif : ♣ 3,30 € 🚗 1,70 € 🅴 2,80 € – ⚡ (10A) 2,20 €

Location : 6 🛖 (2 à 4 pers.) nuitée 26 € - 240 à 320 €/sem. – 5 🏠 (4 à 6 pers.) nuitée 50 € - 300 à 390 €/sem. – 🏠 - **R** conseillée

🚐 1 borne artisanale 5 € – 🚐 ⚡ 12 €

Pour s'y rendre : rte du Doron (au bourg, au bord d'un torrent)

Nature : 🌳 ≤ 99
Loisirs : 🏠 🏊
Services : 👤 ⚲ (de mi-juin à mi-sept.) 🎨 🗑 ⊕ 🍴 🏠

Benutzen Sie
– zur Wahl der Fahrtroute
– zur Berechnung der Entfernungen
– zur exakten Lokalisierung eines Campingplatzes (mit Hilfe der Angaben im Ortstext)
die für diesen Führer unentbehrlichen **MICHELIN-Karten** .

THEYS

✉ 38570 – **333** I6 – G. Alpes du Nord – 1 572 h. – alt. 615

🛈 *Syndicat d'initiative,* ✆ *04 76 71 05 47*

Paris 595 – Allevard 18 – Le Bourg-d'Oisans 75 – Chambéry 38 – Grenoble 30.

▲ **Les 7 Laux** de déb. juin à mi-sept.

✆ 04 76 71 02 69, *camping.les7laux@wanadoo.fr*,
Fax 04 76 71 08 85, *www.camping-7-laux.com* – alt. 920
– **R** conseillée

1 ha (61 empl.) plat, peu incliné, en terrasses, herbeux, pierreux

Tarif : 22,10 € ♣♣ 🚗 🅴 (10A) – pers. suppl. 5,60 € – frais de réservation 7,60 €

Location 🚫 : 2 🏠 (4 à 6 pers.) 280 à 570 €/sem. – 1 🏠 (4 à 6 pers.) - 300 à 620 €/sem. – **R** conseillée

🚐 1 borne artisanale 5 €

Pour s'y rendre : le Col des Ayes (3,8 km au sud, à 400 m du col des Ayes)

À savoir : Agréable structure fleurie et soignée, belle situation dominante

Nature : 🌳 ≤ 🏔 ♀
Loisirs : 🏠 🎯 🏊
Services : 👤 ⚲ 🇬🇧 🎨 🗑 ⊕ 🍴
🏠 sèche-linge 🧺

TOURNON-SUR-RHÔNE

✉ 07300 – **331** L3 – G. Lyon Drôme Ardèche – 9 946 h. – alt. 125

🛈 *Office de tourisme, 2, place Saint-Julien* ✆ *04 75 08 10 23*

Paris 545 – Grenoble 98 – Le Puy-en-Velay 104 – St-Étienne 77 – Valence 18 – Vienne 60.

▲ **Les Acacias** de déb. avr. à fin sept.

✆ 04 75 08 83 90, *info@acacias-camping.com*,
Fax 04 75 08 83 90, *www.acacias-camping.com* – **R** conseillée

2,7 ha (80 empl.) plat, herbeux

Tarif : 19,96 € ♣♣ 🚗 🅴 (6A) – pers. suppl. 4,38 € – frais de réservation 10 €

Location : 12 🏠 (4 à 6 pers.) 280 à 600 €/sem. – 4 🏠 (4 à 6 pers.) - 260 à 590 €/sem. – frais de réservation 20 € - **R** conseillée

🚐 1 borne eurorelais 3 € – 7 🅴 15,40 € – 🚐 ⚡ 15,40 €

Pour s'y rendre : 190 rte de Lamastre (2,6 km à l'ouest par D 532, accès direct au Doux)

Nature : 99
Loisirs : snack 🏠 🎯 🏊 🎣
Services : 👤 ⚲ 🇬🇧 🎨 🗑 🏠 ⊕ 🍴
🏠
À prox. : ✕

RHÔNE-ALPES

LA TOUSSUIRE

✉ 73300 – **333** K6 – G. Alpes du Nord – alt. 1 690
Paris 651 – Albertville 78 – Chambéry 91 – St-Jean-de-Maurienne 16.

Caravaneige du Col de mi-déc. à fin août
☎ 04 79 83 00 80, *campingducol@free.fr*,
Fax 04 79 83 03 67, *www.camping-du-col.com* – alt. 1 640
– **R** conseillée
0,8 ha (40 empl.) plat, herbeux
Tarif : ★ 5 € 🚗 🅿 3,70 € – 🔌 (10A) 8,30 € – frais de réservation 10 €
Location : 5 🏠 (4 à 6 pers.) 455 à 550 €/sem. – 2 appartements – **R** conseillée
🚐 1 borne artisanale 6 €
Pour s'y rendre : la Toussuire (1 km à l'est de la station, sur la rte de St-Jean-de-Maurienne, navette gratuite pour la station)
À savoir : Navette gratuite pour la station

Nature : ❄ 🌲 ≤ Les Aiguilles d'Arves
Loisirs : 🍴 snack 🎱 🎬 diurne (thématiques) 🎾
Services : & ⛔ 🚐 🚗 🚿 ⚡ 🚰
🧺 sèche-linge

TREPT

✉ 38460 – **333** E3 – 1 540 h. – alt. 275 – Base de loisirs
Paris 495 – Belley 41 – Bourgoin-Jallieu 13 – Lyon 52 – Pérouges 35 – La Tour-du-Pin 21.

Les 3 Lacs du Soleil de fin avr. à fin sept.
☎ 04 74 92 92 06, *info@les3lacsdusoleil.com*,
Fax 04 74 83 43 81, *www.les3lacsdusoleil.com* – **R** conseillée
25 ha/3 campables (160 empl.) plat, herbeux
Tarif : 31 € ★★ 🚗 🅿 (6A) – pers. suppl. 7 €
Location : 8 🏠 (4 à 6 pers.) 689 €/sem. – 6 🏠 (4 à 6 pers.) 616 €/sem. – 27 bungalows toilés – **R** conseillée
Pour s'y rendre : la Plaine de Serrière (2,7 km à l'est par D 517, rte de Morestel et chemin à dr., près de deux plans d'eau)

Nature : 🌲 🏞 🌳
Loisirs : 🍴 snack 🎱 🎬 diurne 🎾 🏊 ⛵ (plage) 🚣
Services : & ⛔ 🚐 🚗 🚿 ⚡ 🚰
🧺 sèche-linge

TULETTE

✉ 26790 – **332** C8 – 1 714 h. – alt. 147
🛈 Syndicat d'initiative, place des Tisserands ☎ 04 75 98 34 53, Fax 04 75 98 36 16
Paris 648 – Avignon 53 – Bollène 15 – Nyons 20 – Orange 23 – Vaison-la-Romaine 16.

Les Rives de l'Aygues de déb. mai à fin sept.
☎ 04 75 98 37 50, *camping.aygues@wanadoo.fr*,
Fax 04 75 98 37 50, *www.lesrivesdelaygues.com* – **R** conseillée
3,6 ha (100 empl.) plat, pierreux, herbeux
Tarif : (Prix 2008) 20,90 € ★★ 🚗 🅿 (6A) – pers. suppl. 4,40 € – frais de réservation 10 €
Location (Prix 2008) 🏠 : 6 🏠 (4 à 6 pers.) - 340 à 556 €/sem. – frais de réservation 10 € - **R** conseillée
Pour s'y rendre : rte de Cairanne (3 km au sud par D 193 et chemin à gauche)
À savoir : cadre sauvage au milieu des vignes

Nature : 🌲 🏞 🌳
Loisirs : 🍴 snack 🎾 🏊
Services : & ⛔ 🚐 🚗 🚿 ⚡ 🚰
🍴 🧺 🚿

UCEL

✉ 07200 – **331** I6 – G. Lyon Drôme Ardèche – 1 750 h. – alt. 270
Paris 626 – Aubenas 6 – Montélimar 44 – Privas 31 – Vals-les-Bains 3 – Villeneuve-de-Berg 19.

Domaine de Gil de mi-avr. à mi-sept.
☎ 04 75 94 63 63, *info@domaine-de-gil.com*,
Fax 04 75 94 01 95, *www.domaine-de-gil.com* – **R** conseillée
4,8 ha/2 campables (80 empl.) plat, herbeux, pierreux
Tarif : 31 € ★★ 🚗 🅿 (10A) – pers. suppl. 6 € – frais de réservation 20 €
Location : 10 🏠 (4 à 6 pers.) 315 à 800 €/sem. – frais de réservation 20 € - **R** conseillée
🚐 1 borne artisanale
Pour s'y rendre : rte de Vals-les-Bains (sortie nord-ouest par D 578b)
À savoir : Au bord de l'Ardèche

Nature : ≤ 🏞 🌳 🌲
Loisirs : 🍴 🍽 🎱 🎬 nocturne 🎾 ✂ 🏊 🏌 golf (8 trous)
Services : & ⛔ 🚐 🚗 🚿 ⚡ 🚰
🚿 🍴 🧺

769

RHÔNE-ALPES

VAGNAS

✉ 07150 – **331** I7 – 430 h. – alt. 200
Paris 670 – Aubenas 40 – Barjac 5 – St-Ambroix 20 – Vallon-Pont-d'Arc 9 – Les Vans 37.

La Rouvière-Les Pins de déb. avr. à mi-sept.
☏ 04 75 38 61 41, *rouviere07@aol.com, www.rouviere07.com* – **R** conseillée
2 ha (100 empl.) plat et peu incliné, terrasses, herbeux
Tarif : (Prix 2008) 22,20 € ★★ ⚌ 🅴 ⚡ (6A) – pers. suppl. 4,50 € – frais de réservation 15 €
Location (Prix 2008) : 🛖 (4 à 6 pers.) 350 à 650 €/sem. – 🏠 (4 à 6 pers.) - 250 à 500 €/sem. – bungalows toilés – **R** conseillée
Pour s'y rendre : la Rouvière (sortie sud par rte de Barjac puis 1,5 km par chemin à dr.)

Nature : 🌳 ♀
Loisirs : 🍴 pizzeria, snack 🎣 🏇 ⚙
Services : 🚿 🛒 🅿 ♿ ⛲ 🏪

VALLIÈRES

✉ 74150 – **328** I5 – 1 277 h. – alt. 347
Paris 533 – Lyon 132 – Annecy 30 – Genève 59 – Chambéry 44.

Les Charmilles avr.-sept.
☏ 04 50 62 10 60, *les.charmilles.camping@wanadoo.fr*,
Fax 04 50 62 19 45, *www.campinglescharmilles.com* – **R** conseillée
3 ha (81 empl.) plat, herbeux
Tarif : (Prix 2008) 15,50 € ★★ ⚌ 🅴 ⚡ (8A) – pers. suppl. 3,50 €
Location (Prix 2008) : 23 🛖 (4 à 6 pers.) nuitée 53 € - 220 à 575 €/sem. – **R** conseillée
🚐 1 borne artisanale 10,50 €

Nature : ⛰ ♀♀
Loisirs : 🍴 snack 🎣 🏇 🎯 ⚙
Services : ♿ 🚿 🛒 🅿 🏪 ⛲ ♨ sèche-linge

VALLOIRE

✉ 73450 – **333** L7 – G. Alpes du Nord – 1 243 h. – alt. 1 430 – Sports d'hiver : 1 430/2 600 m ✂2 ✆31 ⚡
🛈 Office de tourisme, rue des Grandes Alpes ☏ 04 79 59 03 96, Fax 04 79 59 09 66
Paris 664 – Albertville 91 – Briançon 52 – Chambéry 104 – Lanslebourg-Mont-Cenis 57 – Col du Lautaret 25.

Ste Thècle de déb. déc. à fin sept.
☏ 04 79 83 30 11, *camping-caravaneige@valloire.net*, Fax 04 79 83 35 13, *www.valloire.net* – **R** conseillée
1,5 ha (81 empl.) plat, peu incliné, terrasses, herbeux, pierreux
Tarif : 22,70 € ★★ ⚌ 🅴 ⚡ (13A) – pers. suppl. 6,60 € – frais de réservation 10 €
🚐 1 borne flot bleu – 15 🅴 17,70 €
Pour s'y rendre : rte des Villards (au nord de la localité, au confluent de deux torrents)

Nature : ❄ 🌳 ⛰
Loisirs : 🎯 🏇
Services : ♿ 🚿 🛒 🅿 🏪 ⛲ ♨ 🏪
À prox. : patinoire, bowling 🎯 ⚙ 🎿 terrain omnisports

VALLON-PONT-D'ARC

✉ 07150 – **331** I7 – G. Lyon Drôme Ardèche – 2 027 h. – alt. 117
🛈 Office de tourisme, 1, place de l'ancienne gare ☏ 04 75 88 04 01, Fax 04 75 88 41 09
Paris 658 – Alès 47 – Aubenas 32 – Avignon 81 – Carpentras 95 – Montélimar 59.

L'Ardéchois de déb. avr. à fin sept.
☏ 04 75 88 06 63, *ardecamp@bigfoot.com*, Fax 04 75 37 14 97, *www.ardechois-camping.com* – **R** conseillée
5 ha (244 empl.) plat, herbeux
Tarif : 52 € ★★ ⚌ 🅴 ⚡ (10A) – pers. suppl. 7,20 € – frais de réservation 40 €
Location : 24 🛖 (4 à 6 pers.) 452 à 1 122 €/sem. – frais de réservation 40 € – **R** conseillée
🚐 1 borne artisanale 7 €
Pour s'y rendre : 1,5 km au sud-est par D 290
À savoir : Accès direct à l'Ardèche

Nature : ⛰ 🌳 ♀♀ ⚘
Loisirs : 🍴 ✕ snack 🎣 🌙 nocturne 🏇 🎯 ⚙ 🎿 ♨ balnéo, canoë
Services : ♿ 🚿 🛒 🅴 🏪 ⛲ ♨ 📶 🏪 ⚡ 🏪 ⛲
À prox. : 🏊

RHÔNE-ALPES

VALLON-PONT-D'ARC

▲▲▲ **Mondial-Camping** de fin mars à fin sept.
    ℘ 04 75 88 00 44, reserv-info@mondial-camping.com,
Fax 04 75 37 13 73, www.mondial-camping.com – **R** conseillée
4 ha (240 empl.) plat, herbeux
Tarif : (Prix 2008) 39 € ★★ 🚗 🔲 🛢 (10A) – pers. suppl. 8 €
– frais de réservation 30 €
Location (Prix 2008) 🏠 : 23 🏚 (4 à 6 pers.) 390 à
750 €/sem. – frais de réservation 30 € - **R** conseillée
🚐 1 borne artisanale 5 €
Pour s'y rendre : rte des Gorges de l'Ardèche (1,5 km au sud-est)
À savoir : Accès direct à l'Ardèche

Nature : ≤ 🌳 ≤
Loisirs : 🍷 ✗ snack, pizzeria 🏠
discothèque 🎣 ≈ 🛶 🎿 🐬
canoë
Services : ♿ ⚭ ⛽ ✗ 🚿 🎛 🛁 ⚙
🛋 🦺 🚮 🚽
À prox. : 🎯

▲▲▲ **La Roubine** ⚐ – de mi-avr. à mi-sept.
    ℘ 04 75 88 04 56, roubine.ardeche@wanadoo.fr,
Fax 04 75 88 04 57, www.camping-roubine.com – **R** conseillée
7 ha/4 campables (135 empl.) plat, herbeux, sablonneux
Tarif : 41,20 € ★★ 🚗 🔲 🛢 (10A) – pers. suppl. 8 € – frais
de réservation 30 €
Location (Prix 2008) 🏠 : 21 🏚 (4 à 6 pers.) nuitée
44 € - 385 à 973 €/sem. – frais de réservation 30 € - **R** conseillée
Pour s'y rendre : rte de Ruoms (1,5 km à l'ouest)
À savoir : Au bord de l'Ardèche (plan d'eau)

Nature : 🌿 🌳 ≤
Loisirs : 🍷 ✗ snack, pizzeria 🏠
🎣 🛶 🎿 🐬
Services : ♿ ⚭ ⛽ ✗ 🚿 🎛 🛁 ⚙ 🛋
🦺 🚮 🚽 🎯

▲▲▲ **Le Provençal**
    ℘ 04 75 88 00 48, camping.le.provencal@wanadoo.fr,
Fax 04 75 88 02 00, www.camping-le-provencal.com
3,5 ha (200 empl.) plat, herbeux
Location : 🏚
Pour s'y rendre : 1,5 km au sud-est
À savoir : Accès direct à l'Ardèche

Nature : ≤ 🌳 ≤
Loisirs : 🍷 ✗ 🏠 🎣 🛶 🐬
Services : ♿ 🛁 ⚙ 🛋 🦺
À prox. : 🎯 canoë

▲▲ **International**
    ℘ 04 75 88 00 99, inter.camp@wanadoo.fr, www.internationalcamping07.com – **R** conseillée
2,7 ha (130 empl.) plat, peu incliné, herbeux, sablonneux
Location : 10 🏚
🚐 1 borne – 🚐 15 €
Pour s'y rendre : 1 km au sud-ouest
À savoir : Bord de l'Ardèche

Nature : ≤ 🌳 ≤
Loisirs : 🍷 snack 🎣 🐬
Services : ♿ ⚭ 🎛 🛁 ⚙ 📶 🛋
🦺

771

Le lac de Serre-Ponçon

B. Kaufmann/Michelin

RHÔNE-ALPES

VALLON-PONT-D'ARC

⚠ **La Rouvière** ⚥ – de mi-mars à mi-sept.
℘ 04 75 37 10 07, ardbat@yahoo.fr, Fax 04 75 88 03 99, www.campinglarouviere.com – **R** conseillée
3 ha (152 empl.) en terrasses, peu incliné et plat, sablonneux, pierreux, herbeux
Tarif : (Prix 2008) 22,80 € ⚥⚥ 🚗 ▣ (6A) – pers. suppl. 5,80 € – frais de réservation 10 €
Location (Prix 2008) : 23 🏠 (4 à 6 pers.) 295 à 650 €/sem. – frais de réservation 15 € - **R** conseillée
Pour s'y rendre : rte des Gorges (6,6 km au sud-est par D 290, à Chames)
À savoir : Accès direct à l'Ardèche

Nature : 🌳 △
Loisirs : snack 🏃 🏊 🛶 canoë, terrain omnisports
Services : 🗝 GB ♻ 🔌 ☉ 🍴 ▣

⚠ **Le Midi** de déb. avr. à fin sept.
℘ 04 75 88 06 78, info@camping-midi.com, Fax 04 75 88 06 78, www.camping-midi.com – **R** conseillée
1,6 ha (52 empl.) en terrasses, peu incliné, herbeux, sablonneux
Tarif : 25 € ⚥⚥ 🚗 ▣ (10A) – pers. suppl. 6,50 € – frais de réservation 10 €
Location : 4 🏠 (4 à 6 pers.) nuitée 52 € - 320 à 630 €/sem. – frais de réservation 10 € - **R** conseillée
Pour s'y rendre : rte des Gorges de l'Ardèche (6,5 km au sud-est par D 290, à Chames)
À savoir : Accès direct à l'Ardèche

Nature : 🌳 ≤ 🏠 ♨♨ △
Loisirs : 🏊 🛶
Services : ♿ 🗝 ♻ 🔌 ☉ ▣ 🧺

⚠ **L'Esquiras** avr.-sept.
℘ 04 75 88 04 16, esquiras@wanadoo.fr, Fax 04 75 88 04 16, www.camping-esquiras.com – **R** conseillée
0,5 ha (34 empl.) plat, peu incliné, herbeux, pierreux
Tarif : 25,50 € ⚥⚥ 🚗 ▣ (6A) – pers. suppl. 6 € – frais de réservation 10 €
Location 🐕 : 20 🏠 (4 à 6 pers.) nuitée 50 € - 240 à 640 €/sem. – 2 🏡 (4 à 6 pers.) nuitée 50 € - 220 à 520 €/sem. – frais de réservation 10 € - **R** conseillée
🚐 1 borne artisanale 3 € – 11 ▣ – 🚐 🛎 10 €
Pour s'y rendre : quartier St-Martin (2,8 km au nord-ouest par D 579, rte de Ruoms et chemin à dr. apr. la station-service Intermarché)

Nature : 🌳 ≤
Loisirs : snack 🏠 🏊 🛶
Services : ♿ 🗝 GB ♻ 🔌 ☉ 🍴 ▣

VALLORCINE

✉ 74660 – **328** 04 – G. Alpes du Nord – 390 h. – alt. 1 260 – Sports d'hiver : 1 260/1 400 m ⚡2 🎿
🛈 Office de tourisme, Maison du Betté ℘ 04 50 54 60 71, Fax 04 50 54 61 73
Paris 628 – Annecy 115 – Chamonix-Mont-Blanc 19 – Thonon-les-Bains 96.

⚠ **Les Montets**
℘ 04 50 54 60 45, camping.des.montets@wanadoo.fr, Fax 04 50 54 60 45 – alt. 1 300 – **R** conseillée
1,7 ha (75 empl.) non clos, plat, terrasse, peu incliné, herbeux, pierreux
Pour s'y rendre : Rte de Chamonix-Mont-Blanc (2,8 km au sud-ouest par N 506, accès par chemin de la gare, au lieu-dit le Buet)
À savoir : Site agréable au bord d'un ruisseau et près de l'Eau Noire

Nature : 🌳 ≤ ♀
Loisirs : snack, (dîner seulement)
Services : ♿ 🗝 🅿 (tentes) 🇲 🚿
À prox. : 🍴 🛶

LES GUIDES VERTS MICHELIN
Paysages, monuments
Routes touristiques
Géographie
Histoire, Art
Itinéraire de visite
Plans de villes et de monuments

RHÔNE-ALPES

LES VANS

✉ 07140 – **331** G7 – G. Provence – 2 664 h. – alt. 170
🛈 Office de tourisme, place Ollier ☎ 04 75 37 24 48, Fax 04 75 37 27 46
Paris 663 – Alès 44 – Aubenas 37 – Pont-St-Esprit 66 – Privas 68 – Villefort 24.

▲ Le Pradal avr.-sept.
☎ 04 75 37 25 16, camping.lepradal@free.fr, www.camping-lepradal.com – **R** conseillée
1 ha (36 empl.) en terrasses, peu incliné, herbeux, pierreux
Tarif : 19 € ⚹⚹ 🚗 🅴 (6A) – pers. suppl. 6 €
Location : 3 🏠 (4 à 6 pers.) nuitée 45 € - 200 à 520 €/sem. – **R** conseillée
🅿 1 borne artisanale – 3 🅴
Pour s'y rendre : rte de Villefort (1,5 km à l'ouest par D 901)

Nature : 🌳 ♀
Loisirs : 🍽 🏊
Services : ♿ 🔑 🚿 🅿 🛒 ⊙

VERCHAIX

✉ 74440 – **328** N4 – 558 h. – alt. 800
🛈 Office de tourisme, e Forum ☎ 04 50 90 10 08
Paris 580 – Annecy 74 – Chamonix-Mont-Blanc 59 – Genève 52 – Megève 47 – Thonon-les-Bains 54.

▲ Municipal Lac et Montagne Permanent
☎ 04 50 90 10 12, accueil@mairie-verchaix.fr, Fax 04 50 90 10 12 – alt. 660 – **R** conseillée
2 ha (107 empl.) non clos, plat, herbeux, pierreux
Tarif : ⚹ 2,30 € 🚗 1,40 € 🅴 3,20 € – 🅸 (10A) 7,40 €
Pour s'y rendre : Verchaix-Gare (1,8 km au sud par D 907, au bord du Giffre)

Nature : ≤ ♀
Loisirs : 🏓 ✂ 🏊
Services : ♿ 🔑 🚿 🛒 🅿 ⊙ 🅿 sèche-linge
À prox. : 🍽 ✕ 🅼

VERNIOZ

✉ 38150 – **333** C5 – 888 h. – alt. 250
Paris 500 – Annonay 38 – Givors 25 – Le Péage-de-Roussillon 12 – Rive-de-Gier 41 – Vienne 14.

▲▲ Le Bontemps de fin mars à fin oct.
☎ 04 74 57 83 52, info@camping-lebontemps.com, Fax 04 74 57 83 70, www.camping-lebontemps.com – **R** conseillée
6 ha (175 empl.) plat, herbeux, étangs
Tarif : 27,50 € ⚹⚹ 🚗 🅴 🅸 (6A) – pers. suppl. 6 € – frais de réservation 20 €
Location : 12 🏠 (4 à 6 pers.) 350 à 672 €/sem. – 3 🏡 (4 à 6 pers.) - 280 à 525 €/sem. – frais de réservation 20 € - **R** conseillée
🅿 1 borne artisanale
Pour s'y rendre : 5 imp. du Bontemps (4,5 km à l'est par D 37 et chemin à dr., au bord de la Varèze, à St-Alban-de-Varèze)

Nature : 🌳 🌲 ♀♀
Loisirs : 🍽 snack 🎮 🎰 🎣 salle d'animation 🏓 🎯 ✂ 🅼 🏊 poneys
Services : ♿ 🔑 🆘 🚿 🅿 ♻ 🛒 ⊙ 🧺 🚰 ☕ 🅿 sèche-linge 🅶

VILLARD-DE-LANS

✉ 38250 – **333** G7 – G. Alpes du Nord – 3 798 h. – alt. 1 040 – Sports d'hiver : 1 160/2 170 m ⛷2 ⛷27 ⛷
🛈 Office de tourisme, 101, place Mure Ravaud ☎ 08 11 46 00 15, Fax 04 76 95 98 39
Paris 584 – Die 67 – Grenoble 34 – Lyon 123 – Valence 67 – Voiron 44.

▲▲ L'Oursière de déb. déc. à fin sept.
☎ 04 76 95 14 77, info@camping-oursiere.fr, Fax 04 76 95 58 11, www.camping-oursiere.fr – **R** conseillée
4 ha (186 empl.) plat, peu incliné, pierreux, gravier, herbeux
Tarif : 23 € ⚹⚹ 🚗 🅴 (10A) – pers. suppl. 4,85 € – frais de réservation 8 €
Location 🅿 : 13 🏠 (4 à 6 pers.) nuitée 37 € - 287 à 469 €/sem. – frais de réservation 8 € - **R** conseillée
🅿 1 borne artisanale 5 € – 35 🅴 16,50 €
Pour s'y rendre : sortie nord par D 531, rte de Grenoble, chemin piétonnier reliant le village

Nature : ❄ ≤
Loisirs : 🎰 🏓 🎯 🅼 ♨
Services : ♿ 🔑 🆘 🚿 🅿 ⊙ 📶 🅿 🅶
À prox. : 🎿 🛷 ⛸ bowling, patinoire

RHÔNE-ALPES

VILLAREMBERT

✉ 73300 – **333** K6 – 290 h. – alt. 1 296
🛈 *Office de tourisme, le Corbier* ☎ *04 79 83 04 04, Fax 04 79 83 02 90*
Paris 647 – Aiguebelle 49 – Chambéry 87 – St-Jean-de-Maurienne 12 – La Toussuire 7.

▲ **Municipal la Tigny** de déb. juil. à fin août
☎ 04 79 56 74 65, *mairie.villarembert@wanadoo.fr*,
Fax 04 79 83 03 64 – ℞
0,3 ha (27 empl.) non clos, plat et peu incliné, terrasses, gravier, herbeux
Tarif : ★ 3,30 € ⇔ 2,20 € 🅴 2,80 € – 🅶 2,80 €
Pour s'y rendre : la Tigny (sortie sud par D 78 et chemin à gauche)
À savoir : Cadre verdoyant près d'un ruisseau

Nature : ≤ ♀
Loisirs : 🏊
Services : ☺ 🚿 ⛺

VILLARS-LES-DOMBES

✉ 01330 – **328** D4 – G. Lyon Drôme Ardèche – 4 190 h. – alt. 281
🛈 *Office de tourisme, 3, place de l'Hôtel de Ville* ☎ *04 74 98 06 29, Fax 04 74 98 29 13*
Paris 433 – Bourg-en-Bresse 29 – Lyon 37 – Villefranche-sur-Saône 29.

▲ **Municipal les Autières**
☎ 04 74 98 00 21, *autieres@campingendombes.fr*,
Fax 04 74 98 05 82, *http://www.campingendombes.fr* – places limitées pour le passage – ℞ conseillée
5 ha (238 empl.) plat, peu incliné, herbeux
Pour s'y rendre : av. des Nations (sortie sud-ouest, rte de Lyon et à gauche, près de la piscine)
À savoir : Cadre agréable au bord de la Chalaronne

Nature : 🌳 ♀
Loisirs : 🍴 snack 🎱 🏊
Services : ♿ ⚡ 🚿 ☺ 🚻
À prox. : 🚴 🎣 ⛵ ⛱

Pour choisir et suivre un itinéraire
Pour calculer un kilométrage
Pour situer exactement un terrain (en fonction des indications fournies dans le texte) :
Utilisez les **cartes MICHELIN**,
compléments indispensables de cet ouvrage.

774

VINSOBRES

✉ 26110 – **332** D7 – 1 089 h. – alt. 247
🛈 *Syndicat d'initiative, place de la Mairie* ☎ *04 75 27 36 63, Fax 04 75 27 69 20*
Paris 662 – Bollène 29 – Grignan 24 – Nyons 9 – Vaison-la-Romaine 15 – Valence 107.

▲▲ **Sagittaire** 👥 – Permanent
☎ 04 75 27 00 00, *camping.sagittaire@wanadoo.fr*,
Fax 04 75 27 00 39, *www.le-sagittaire.com* – ℞ conseillée
14 ha/8 campables (274 empl.) plat, herbeux, gravillons
Tarif : (Prix 2008) 32,70 € ★ ★ ⇔ 🅴 🅶 (10A) – pers. suppl. 8 € – frais de réservation 25 €
Location (Prix 2008) : 🏠 (4 à 6 pers.) 259 à 826 €/sem.
– 🏡 (4 à 6 pers.) - 287 à 959 €/sem. – frais de réservation 25 € - ℞ conseillée
🚐 1 borne raclet 4 €
Pour s'y rendre : le Pont de Mirabel (angle des D 94 et D 4, près de l'Eygues (accès direct))
À savoir : Bel ensemble aquatique et ludique

Nature : ≤ 🌳 ♀♀
Loisirs : 🍴 🍽 snack 🎱 🎲 🏊 🏇
🚴 🎣 ⛱ 🏊 ⛵ ⛱ (plan d'eau) ⛱
terrain omnisports
Services : ♿ ⚡ 🇬🇧 ✂ 🚻 🗑 ☺
🚿 ⛺ 🍴 🧺 sèche-linge 🔌 🍳

▲ **Municipal Chez Antoinette** de déb. avr. à fin oct.
☎ 04 75 27 61 65, *camping-municipal@club-internet.fr*,
Fax 04 75 27 61 65 – ℞ conseillée
1,9 ha (70 empl.) plat, pierreux, herbeux
Tarif : ★ 2,80 € ⇔ 1,90 € 🅴 1,90 € – 🅶 (8A) 2,95 €
Location : 2 🏠 (2 à 4 pers.) 280 à 380 €/sem. – 1 🏡 (4 à 6 pers.) 340 à 440 €/sem. – ℞ conseillée
🚐 10 🅴
Pour s'y rendre : au sud du bourg par D 190, au stade

Nature : ≤ ♀♀
Loisirs : 🏊
Services : ♿ ⚡ (mai-oct.) 🇬🇧 ☺ 🚿
réfrigérateurs

RHÔNE-ALPES

VION

✉ 07610 – **331** K3 – G. Lyon Drôme Ardèche – 753 h. – alt. 128
Paris 537 – Annonay 30 – Lamastre 34 – Tournon-sur-Rhône 7 – Valence 25.

L'Iserand de mi-avr. à mi-sept.
☎ 04 75 08 01 73, iserand@tele2.fr, Fax 04 75 08 55 82, www.iserandcampingardeche.com – **R** conseillée (de déb. juil. à fin août)
1,3 ha (60 empl.) en terrasses, pierreux, herbeux
Tarif : 18 € ✲✲ ⇌ 🅴 🛉 (10A) – pers. suppl. 5 €
Location ✲ (de mi-avr. à déb. sept.) : 8 🏠 (4 à 6 pers.) - 400 à 530 €/sem. – **R** conseillée
🚐 1 borne artisanale – 5 🅴
Pour s'y rendre : 1307 r. Royale (1 km au nord par N 86, rte de Lyon)

Nature : ≤ ♀
Loisirs : snack, pizzeria 🍴 🛝 🏊
Services : ♿ ⛽ 🆘 📋 ♨ ⚡ ⚓
🚿 🚽

Si vous recherchez :
△ Un terrain au bord de l'eau avec possibilité de baignade
⚘ Un terrain agréable ou très tranquille
L Un terrain effectuant la location de caravanes, de mobile homes, de bungalows ou de chalets
P Un terrain ouvert toute l'année
🚐 Un terrain possédant une aire de services pour camping-cars
Consultez le tableau des localités

VIVIERS

✉ 07220 – **331** K7 – G. Lyon Drôme Ardèche – 3 413 h. – alt. 65
🛈 Office de tourisme, 5, place Riquet ☎ 04 75 52 77 00, Fax 04 75 52 81 63
Paris 618 – Montélimar 12 – Nyons 50 – Pont-St-Esprit 30 – Privas 42 – Vallon-Pont-d'Arc 35.

Rochecondrie Loisirs de déb. avr. à mi-oct.
☎ 04 75 52 74 66, campingrochecondrie@wanadoo.fr, Fax 04 75 52 74 66, www.campingrochecondrie.com
– **R** conseillée
1,5 ha (80 empl.) plat, herbeux
Tarif : 22,20 € ✲✲ ⇌ 🅴 🛉 (10A) – pers. suppl. 5,50 €
Location ✲ : 10 🚐 (4 à 6 pers.) 230 à 510 €/sem. – **R** conseillée
Pour s'y rendre : 1,5 km au nord-ouest par N 86, rte de Lyon, accès direct à l'Escoutay

Nature : 🏞 ♀
Loisirs : 🍽 🏠 🍴 🏊
Services : ⛽ 🆘 ⚡ 📋 ♨ 🔌
À prox. : 🎣

VIZILLE

✉ 38220 – **333** H7 – G. Alpes du Nord – 7 465 h. – alt. 270
🛈 Office de tourisme, place du Château ☎ 04 76 68 15 16, Fax 04 76 78 94 49
Paris 582 – Le Bourg-d'Oisans 32 – Grenoble 20 – La Mure 22 – Villard-de-Lans 49.

⚠ Le Bois de Cornage de mi-avr. à déb. oct.
☎ 06 83 18 17 87, campingvizille@wanadoo.fr, www.campingvizille.com – **R** conseillée
2,5 ha (128 empl.) peu incliné, en terrasses, herbeux
Tarif : 16,70 € ✲✲ ⇌ 🅴 🛉 (6A) – pers. suppl. 4,80 € – frais de réservation 10 €
Location (permanent) : 16 🚐 (4 à 6 pers.) 290 à 490 €/sem. – **R** conseillée
🚐 1 borne artisanale 3 € – 🅴 🛉 10 €
Pour s'y rendre : 110 chemin du Camping (sortie nord vers N 85, rte de Grenoble et av. de Venaria à dr.)
À savoir : en partie ombragé d'arbres centenaires

Nature : 🏞 ≤ ♀♀
Loisirs : pizzeria, le soir uniquement 🚴 🏊
Services : ⛽ 🆘 ⚡ 📋 ♨ 🔌
⚓ 🚿 🚽

RHÔNE-ALPES

VOGÜÉ

✉ 07200 – **331** I6 – G. Lyon Drôme Ardèche – 726 h. – alt. 150
🛈 Syndicat d'initiative, quartier de la gare ℘ 04 75 37 01 17
Paris 638 – Aubenas 9 – Largentière 16 – Privas 40 – Vallon-Pont-d'Arc 24 – Viviers 36.

▲▲▲ Domaine du Cros d'Auzon de déb. avr. à mi-sept.
℘ 04 75 37 75 86, cros.d.auzon@wanadoo.fr,
Fax 04 75 37 01 02, www.domaine-cros-auzon.com
– **R** conseillée
18 ha/6 campables (170 empl.) plat, pierreux, sablonneux, herbeux
Tarif : 29 € ★★ 🚗 🄴 [⚡] (6A) – pers. suppl. 7 € – frais de réservation 28 €
Location (de déb. avr. à mi-oct.) : 19 🏠 (4 à 6 pers.)
nuitée 32 € - 224 à 791 €/sem. – 19 🏠 (4 à 6 pers.)
nuitée 50 € - 350 à 889 €/sem. – hôtel, motel – frais de réservation 28 € - **R** conseillée
🚐 1 borne eurorelais 2 € – 🚐 13 €
Pour s'y rendre : Vogüé-Gare (2,5 km au sud par D 579 et chemin à dr.)
À savoir : Site et cadre agréables, au bord de l'Ardèche

Nature : 🌳 ⛰ ♤♤
Loisirs : 🍸 snack 🎱 🌙 nocturne
🏃 🏋 🚴 🛶 ⛱ 🛶 🏊 🎯
parcours sportif
Services : ♿ 🆎 🚿 🍽 ⊙ 🚻 ♨
🚽 🧺 🍴
À prox. : canoë

▲▲ Les Peupliers de déb. avr. à fin sept.
℘ 04 75 37 71 47, girard.jean-jacques@club-internet.fr,
Fax 04 75 37 70 83, www.campingpeupliers.com
– **R** conseillée
3 ha (100 empl.) plat, herbeux, sablonneux, pierreux
Tarif : 25,40 € ★★ 🚗 🄴 [⚡] (6A) – pers. suppl. 5,25 € – frais de réservation 19 €
Location (de déb. mai à fin sept.) : 4 🏠 (2 à 4 pers.)
240 à 390 €/sem. – 6 🏠 (4 à 6 pers.) 315 à 540 €/sem. –
12 🏠 (4 à 6 pers.) - 350 à 645 €/sem. – frais de réservation 19 € - **R** conseillée
🚐 1 borne eurorelais 4 €
Pour s'y rendre : Gourgouran (2 km au sud par D 579 et chemin à dr., à Vogüe-Gare)
À savoir : Au bord de l'Ardèche

Nature : 🌳 ♤♤
Loisirs : 🍸 snack 🏃 🎱 🏊 🛶
Services : ⚡ 🆎 🚿 🍽 ⊙ 🚻 🍴
🚽
À prox. : canoë

▲ Les Roches de mi-mai à fin août
℘ 04 75 37 70 45, hm07@free.fr, Fax 04 75 37 70 45,
www.campinglesroches.fr – **R** conseillée
2,5 ha (120 empl.) accidenté, plat, herbeux, rocheux
Tarif : (Prix 2008) 25,20 € ★★ 🚗 🄴 [⚡] (10A) – pers. suppl. 5,20 €
Location (Prix 2008) 🚐 : 8 🏠 (4 à 6 pers.) 245 à 600 €/sem. – **R** conseillée
🚐 1 borne artisanale 4 €
Pour s'y rendre : quartier Bausson (1,5 km au sud par D 579, à Vogüé-Gare, à 200 m de l'Auzon et de l'Ardèche)
À savoir : Cadre sauvage

Nature : 🌳 ♤♤
Loisirs : 🍸 🎱 🏃 🎱 🛶
Services : ♿ ⚡ 🚿 🍽 🏊 🚻 🍴
🚽
À prox. : 🛶

▲ Les Chênes Verts juil.-août
℘ 04 75 37 71 54, chenesverts2@wanadoo.fr, www.camping-chenesverts.com – accès aux emplacements par forte pente, mise en place et sortie des caravanes à la demande
– **R** conseillée
2,5 ha (42 empl.) en terrasses, pierreux, herbeux
Tarif : (Prix 2008) 23 € ★★ 🚗 🄴 [⚡] (16A) – pers. suppl. 4 €
– frais de réservation 30 €
Location (Prix 2008) (avr.-sept.) : 26 🏠 (4 à 6 pers.) -
270 à 710 €/sem. – frais de réservation 30 € - **R** conseillée
Pour s'y rendre : rte de St-Germain (1,7 km au sud-est par D 103)

Nature : ♤♤
Loisirs : snack 🏃 🏊
Services : ♿ ⚡ 🚿 ⊙ 🚻 🍽 🍴
À prox. : 🍴

RHÔNE-ALPES

VOGÜÉ

L'Oasis des Garrigues mars-oct.
📞 04 75 37 03 27, *oasisdesgarrigues@wanadoo.fr*,
Fax 04 75 37 16 32, *www.oasisdesgarrigues.com*
– **R** conseillée
1,2 ha (61 empl.) plat, herbeux, pierreux
Tarif : 24 € 👥 🚗 🔲 ⚡ (10A) – pers. suppl. 4,50 € – frais de réservation 20 €
Location (permanent) 🏠 : 3 🛏 (2 à 4 pers.) 200 à 360 €/sem. – 8 🛏 (4 à 6 pers.) 330 à 550 €/sem. – 5 🏠 (4 à 6 pers.) - 350 à 610 €/sem. – frais de réservation 20 € - **R** conseillée
🚐 1 borne artisanale 3 €

Pour s'y rendre : quartier Brugière (2 km au sud par D 579, au rd-pt. et à dr.)

Loisirs : 🍷
Services : ♿ 🔑 GB 🧺 🍳 ♨ 🚿
À prox. : 🏊 🎣 canoë

777

ANDORRE (PRINCIPAUTÉ D')

Canillo

343 H9 – alt. 1 531
Andorra-la-Vella 13.

Santa-Creu juin-sept.
(00-376) 85 14 62, Fax (00-376) 85 14 62 – **R** conseillée
0,5 ha peu incliné et terrasse, herbeux
Tarif : 3,90 € 3,90 € (3A)
Pour s'y rendre : au bourg (au bord du Valira-del-Orient (rive gauche))

Jan-Ramon de mi-juin à mi-sept.
(00-376) 75 14 54, *elsmeners@andorra.ad*,
Fax (00-376)75 14 55 – **R**
0,6 ha plat, herbeux
Tarif : 3,90 € 3,90 € 3,90 € (6A)
Location (permanent) : 4 – 16 appartements – frais de réservation 50 € - **R** conseillée
Pour s'y rendre : Carretera Gén. (400 m au nord-est par rte de Port d'Envalira, au bord du Valira del Orient (rive gauche))

La Massana

343 H9 – alt. 1 241
Office de tourisme, avenue Sant-Antoni (00-376) 82 56 93, Fax (00-376) 82 86 93
Andorra-la-Vella 6.

Xixerella de déb. juin à fin sept.
(00-376) 73 86 13, *c-xixerella@campingxixerella.com*,
Fax (00-376) 83 91 13, *www.campingxixerella.com* –
alt. 1 450 – **R**
5 ha plat, peu incliné, en terrasses, pierreux, herbeux
Tarif : 6,10 € 6,10 € 6,10 € – (5A) 5,70 €
Location (permanent) : – appartements – **R** conseillée
Pour s'y rendre : Ctra. de pal - Erts La Massana (3,5 km au nord-ouest par rte de Pal, au bord d'un ruisseau)

Ordino

343 H9 – alt. 1 304
Andorra-la-Vella 8.

Borda d'Ansalonga
(00-376) 85 03 74, *campingansalonga@andorra.ad*,
Fax (00-376) 85 03 74 – **R** indispensable
3 ha plat, herbeux
Location : appartements
Pour s'y rendre : 2,3 km au nord-ouest par rte du Circuit de Tristaina, au bord du Valira del Nord

Sant-Julia-de-Loria

343 G10 – alt. 909
Andorra-la-Vella 7.

Huguet
(00-376) 84 37 18, *campinghuguet@hot-mail.com*,
Fax (00-376) 84 38 03 – **R**
1,5 ha plat, terrasses, herbeux, gravillons
Pour s'y rendre : sortie sud, au bord du Gran Valira - rive droite

INDEX THÉMATIQUE PAR RÉGIONS	LOCALITIES TABLE

Légende	Key
Vous trouverez dans le tableau des pages suivantes un classement par région de toutes les localités citées dans la nomenclature.	You will find in the following pages a classification by "region" of all the localities listed in the main body of the guide.

BRETAGNE	Nom de la région		**BRETAGNE**	Name of the region
Carnac	(Localité en rouge) Localité possédant au moins un terrain agréable sélectionné (△ ... △△△)		Carnac	(Name of the locality printed in red) Locality with at least one selected pleasant site (△ ... △△△)
👥	Localité possédant au moins un camping "famille"		👥	Locality with at least one selected "family" site
🤫	Localité possédant au moins un terrain très tranquille		🤫	Locality with at least one selected very quiet, isolated site
P	Localité possédant au moins un terrain sélectionné ouvert toute l'année		P	Town with at least one selected camping site open all the year round
L – M	Localité dont le camping propose exclusivement la location de mobile homes, chalets ou autres habitations légères – Localité dont un terrain au moins propose, outre des empl. traditionnels, la location de mobile homes, chalets, caravanes ou autres habitations légères		L – M	Locality with a campsite offering only mobile home, chalet and other light recreational dwelling rental – Locality with at least one site offering mobile home, chalet, caravan and other light recreational dwelling rental, in addition to traditional camping spaces
🚐	Localité possédant au moins un terrain avec une aire de service ou des emplacements réservés aux camping-cars		🚐	Locality with at least one selected site with a service bay for campervans or areas reserved for camper vans
🎭	Localité dont un terrain au moins propose des animations		🎭	Locality with at least one selected site offering some form of activities

● **Se reporter à la nomenclature pour la description complète des campings sélectionnés.**

● **Refer to the body of the guide for a complete description of the selected camping sites.**

ORTSTABELLE | LIJST VAN PLAATSNAMEN

Zeichenerklärung | Verklaring van de tekens

Im folgenden Ortsregister werden alle im Führer erwähnten Orte nach Region geordnet aufgelistet.

In deze lijst vindt u alle in de gids vermelde plaatsnamen, indeling in streken.

BRETAGNE	Name der Region		**BRETAGNE**	Naam van de streek
Carnac	(Ortsname in Rotdruck) Ort mit mindestens einem besonders schönen Campingplatz (△ ... △△△)		Carnac	(Plaatsnaam rood gedrukt) Plaats met minstens één geselecteerd fraai terrein (△ ... △△△)
♂♀	Ort mit mindestens einem Familien-Campingplatz		♂♀	Plaats met minstens één Kampeerterrein voor families
💤	Ort mit mindestens einem sehr ruhigen Campingplatz		💤	Plaats met minstens één zeer rustig terrein
P	Ort mit mindestens einem ganzjährig geöffneten Campingplatz		P	Plaats met tenminste één gedurende het gehele jaar geopend kampeerterrein
L – M	Ort, dessen Campingplatz ausschliesslich Mobil-Homes, Chalets oder andere Unterkünfte in Leichtbauweise vermietet – Ort mit mindestens einem Campingplatz, der außer traditionellen Stellplätzen auch Mobil-Homes, Chalets, Wohnwagen oder andere Unterkünfte in Leichtbauweise vermietet		L – M	Plaats waar van de camping uitsluitend stacaravans, huisjes of andere eenvoudige accomodaties verhuurt – Plaats waar minstens één kampeerterrein niet alleen staplaatsen verhuut maar ook stacaravans, huisjes, caravans of andere eenvoudige accomodaties
🚐	Ort mit mindestens einem Campingplatz mit Service-Einrichtungen für Wohnmobile oder Stellplätzen, die nur für Wohnmobile reserviert sind		🚐	Plaats met minstens één terrein met een serviceplaats voor campers of met plaatsen die alleen bestemd zijn voor campers
🎭	Mindestens ein Campingplatz am Ort mit Animation		🎭	Plaats met minstens één kampeerterrein met animatieprogramma.

● **Die vollständige Beschreibung der ausgewählten Plätze befindet sich im Hauptteil des Führers.**

● **Raadpleeg het deel met gegevens over de geselecteerde terreinen voor een volledige beschrijving.**

INDEX THÉMATIQUE PAR RÉGIONS

ALSACE	Pages	👥	👟	Permanent	Location	🚐	🎭
Aubure	59	—	—	—	—	—	—
Bassemberg	59	—	—	—	M	🚐	🎭
Biesheim	59	—	—	—	M	—	🎭
Burnhaupt-le-Haut	59	—	—	—	M	🚐	—
Cernay	60	—	—	—	—	🚐	—
Colmar	60	—	—	—	—	—	—
Dambach-la-Ville	60	—	—	—	—	🚐	—
Eguisheim	61	—	—	—	—	🚐	—
Geishouse	61	—	—	P	M	—	—
Guewenheim	61	—	—	—	M	🚐	—
Heimsbrunn	61	—	—	P	M	🚐	—
Le Hohwald	62	—	—	P	—	🚐	—
Issenheim	62	—	—	—	M	—	—
Kaysersberg	62	—	—	—	—	—	—
Kruth	62	—	—	—	M	—	—
Lauterbourg	63	—	—	—	—	—	—
Lièpvre	63	—	—	—	M	—	—
Masevaux	63	—	—	—	M	—	—
Mittlach	63	—	👟	—	M	—	—
Moosch	64	—	👟	—	M	🚐	—
Mulhouse	64	—	—	—	M	🚐	—
Munster	65	—	—	—	M	🚐	🎭
Oberbronn	65	—	—	—	M	🚐	—
Obernai	65	—	—	P	—	🚐	—
Ranspach	66	—	—	P	M	🚐	—
Rhinau	66	—	—	—	M	🚐	—
Ribeauvillé	67	—	—	—	—	🚐	—
Rombach-le-Franc	67	—	—	—	M	🚐	—
Saint-Pierre	67	—	—	—	—	—	—
Sainte-Croix-en-Plaine	67	—	—	—	M	—	—
Saverne	68	—	—	—	—	🚐	—
Sélestat	68	—	—	—	—	🚐	—
Seppois-le-Bas	68	—	—	—	M	🚐	🎭
Strasbourg	68	—	—	P	—	🚐	—
Turckheim	69	—	—	—	—	🚐	—
Wasselonne	69	—	—	—	M	🚐	—
Wattwiller	69	👥	—	—	M	—	🎭

AQUITAINE	Pages	👥	👟	Permanent	Location	🚐	🎭
Agen	74	—	—	—	M	—	🎭
Ainhoa	74	—	—	P	M	🚐	—
Aire-sur-l'Adour	74	—	—	—	M	🚐	—
Alles-sur-Dordogne	75	—	—	—	M	🚐	—
Anglet	75	—	—	—	M	🚐	—
Angoisse	75	—	—	—	L	—	—
Antonne-et-Trigonant	76	—	—	—	M	—	—
Aramits	76	—	—	—	M	—	—
Arès	76	—	—	—	M	🚐	—
Atur	78	—	👟	—	M	—	—
Aureilhan	78	👥	—	—	M	🚐	🎭
Azur	78	👥	—	—	M	—	—
Badefols-sur-Dordogne	79	—	—	—	M	—	🎭
Barbaste	79	—	👟	—	L	—	—
Baudreix	80	—	—	—	M	—	—
Bazas	80	—	—	—	M	🚐	—
Beauville	80	—	👟	—	M	—	—
Bélus	80	—	—	—	M	—	—
Belvès	81	👥	👟	—	M	🚐	🎭
Beynac-et-Cazenac	81	—	—	—	M	🚐	—
Biarritz	82	—	—	—	M	—	—
Bias	82	—	—	—	—	—	—
Bidart	82	👥	—	—	M	🚐	🎭
Biganos	84	—	—	—	M	🚐	🎭
Biron	84	👥	—	—	M	🚐	🎭
Biscarrosse	84	👥	👟	—	M	🚐	🎭
Blasimon	86	—	—	—	—	—	—
Blaye	86	—	—	—	—	🚐	—
Brantôme	87	👥	👟	—	M	—	—
Le Bugue	87	👥	👟	—	M	🚐	—
Le Buisson-de-Cadouin	87	👥	👟	—	M	🚐	—
Bunus	88	—	—	—	—	—	—
Cambo-les-Bains	88	—	—	—	M	—	—
Campagne	88	—	—	—	M	🚐	—
Capbreton	88	—	—	P	—	—	—
Carsac-Aillac	89	—	👟	—	M	—	—
Casteljaloux	89	—	👟	—	L	🚐	—
Castelmoron-sur-Lot	89	—	👟	—	L	—	🎭

INDEX THÉMATIQUE PAR RÉGIONS

	Pages	👥	👟	Permanent	Location	🚐	♿
Castelnaud-la-Chapelle	90	—	👟	—	M	🚐	—
Castels	90	—	—	—	L	—	—
Castets	90	—	—	—	M	🚐	—
Castillon-la-Bataille	91	—	—	—	M	🚐	—
Castillonnès	91	—	—	—	M	—	—
Cazaux	91	—	—	—	—	🚐	—
Cénac-et-Saint-Julien	91	—	—	—	M	—	—
La Chapelle-Aubareil	92	—	—	—	M	—	—
Clairac	92	—	—	—	M	—	—
Coly	92	—	—	—	L	—	—
Contis-Plage	92	👥	—	—	M	—	♿
Cornille	93	—	👟	P	L	—	—
Courbiac	93	—	👟	P	M	🚐	—
Coux-et-Bigaroque	93	—	👟	—	M	—	—
Couze-et-Saint-Front	93	—	—	P	M	🚐	—
Cuzorn	94	—	—	—	L	—	—
Daglan	94	👥	—	—	M	🚐	—
Dax	94	👥	👟	—	M	🚐	—
Domme	95	👥	👟	—	M	🚐	—
Eymet	96	—	—	—	—	—	—
Les Eyzies-de-Tayac	97	—	👟	—	M	🚐	—
Fossemagne	97	—	—	—	—	—	—
Fumel	97	—	👟	P	M	🚐	—
Gabarret	98	—	—	—	M	—	—
Gradignan	98	—	—	P	M	🚐	—
Groléjac	98	👥	👟	—	M	—	♿
Hagetmau	99	—	—	—	—	—	—
Hasparren	100	—	—	—	M	—	—
Hautefort	100	—	—	—	L	—	—
Hendaye	100	—	—	—	M	🚐	♿
Hourtin	101	👥	👟	—	M	🚐	♿
Hourtin-Plage	102	👥	—	—	M	🚐	♿
La Hume	102	—	—	—	M	—	♿
Iholdy	102	—	—	—	—	—	—
Itxassou	103	—	—	P	M	🚐	—
La Bastide-Clairence	103	—	—	—	L	—	—
Labenne	103	👥	—	—	M	🚐	♿
Lacanau	104	—	—	—	L	—	—
Lacanau-Océan	104	👥	—	—	M	🚐	♿
Lanouaille	105	—	👟	—	L	—	—
Larrau	105	—	👟	—	M	—	—
Laruns	105	—	—	P	M	🚐	—
Lège-Cap-Ferret	106	—	—	—	M	—	—
Léon	106	👥	—	—	M	🚐	♿
Lescun	106	—	—	—	—	🚐	—
Lesperon	106	—	👟	—	M	—	—
Lestelle-Bétharram	107	—	—	—	M	🚐	—
Limeuil	107	—	—	P	M	🚐	—
Linxe	108	—	—	—	M	—	—
Lit-et-Mixe	108	👥	—	—	M	🚐	♿
Marcillac-Saint-Quentin	108	—	👟	P	M	—	—
Maubuisson	109	—	—	—	M	🚐	—
Mauléon-Licharre	109	—	👟	—	M	🚐	—
Ménesplet	109	—	—	P	M	—	—
Messanges	110	👥	—	—	M	🚐	—
Mézos	111	👥	—	—	M	—	—
Mialet	111	—	—	—	L	—	—
Mimizan	111	👥	—	—	M	🚐	♿
Molières	112	—	👟	—	M	—	—
Moliets-Plage	113	👥	—	—	M	—	♿
Monpazier	113	👥	👟	—	M	—	♿
Montignac	113	—	—	—	M	—	—
Montory	113	—	👟	—	L	—	—
Montpon-Ménestérol	114	—	—	—	M	—	—
Moutchic	114	—	—	—	M	🚐	♿
Navarrenx	114	—	—	—	M	—	—
Nontron	115	—	—	—	M	🚐	—
Oloron-Sainte-Marie	115	—	—	—	M	🚐	—
Ondres	115	—	—	P	M	—	—
Ossès	115	—	👟	—	—	—	—
Parcoul	116	—	—	—	M	—	—
Parentis-en-Born	116	—	—	—	M	—	—
Pauillac	116	—	—	—	M	🚐	—
Le Penon	117	👥	—	—	M	—	♿
Petit-Palais-et-Cornemps	117	—	—	P	M	—	—
Peyrignac	117	—	—	P	M	—	—
Peyrillac-et-Millac	118	—	👟	—	M	🚐	—
Pissos	118	—	—	—	M	—	—
Plazac	118	—	—	—	M	—	—
Pont-du-Casse	118	—	—	P	L	—	—
Le Porge	119	—	—	—	M	—	♿

783

INDEX THÉMATIQUE PAR RÉGIONS

	Pages	👥	🔶	Permanent	Location	🚐	🎭		Pages	👥	🔶	Permanent	Location	🚐	🎭
Pyla-sur-Mer	119	👥	—	—	M	—	🎭	Saint-Saud-Lacoussière	130	👥	🔶	—	M	🚐	—
Rauzan	119	—	🔶	—	M	—	—	Saint-Vincent-de-Cosse	131	—	—	—	M	—	—
Rivière-Saas-et-Gourby	120	—	—	—	M	🚐	—	Sainte-Eulalie-en-Born	131	—	—	—	M	—	—
La Roche-Chalais	120	—	—	—	M	—	—	Sainte-Foy-la-Grande	131	—	—	—	M	—	—
La Roque-Gageac	120	👥	—	—	M	—	🎭	Salies-de-Béarn	132	—	—	—	—	🚐	—
Rouffignac	120	—	🔶	—	M	🚐	—	Salignac-Eyvigues	132	—	—	—	M	—	—
Sabres	121	—	—	—	M	—	—	Salles	132	—	—	—	M	🚐	—
Saint-Antoine-d'Auberoche	121	—	—	—	M	🚐	—	Salles	133	—	—	—	M	—	—
Saint-Antoine-de-Breuilh	121	—	—	—	M	—	—	Sanguinet	133	👥	—	—	M	—	🎭
Saint-Aulaye	122	—	—	—	M	🚐	—	Sarbazan	133	—	🔶	—	L	—	—
Saint-Avit-de-Vialard	122	👥	🔶	—	M	—	🎭	Sare	133	—	—	—	M	—	—
Saint-Avit-Sénieur	122	—	—	—	L	—	—	Sarlat-la-Canéda	134	👥	🔶	—	M	🚐	🎭
Saint-Émilion	123	👥	—	—	M	🚐	—	Sauveterre-de-Béarn	136	—	—	—	—	—	—
Saint-Cirq	123	—	🔶	—	M	—	—	Sauveterre-la-Lémance	137	—	—	—	M	🚐	—
Saint-Crépin-et-Carlucet	123	👥	—	—	M	🚐	🎭	Seignosse	137	—	—	—	M	🚐	—
Saint-Cybranet	124	—	—	—	—	—	—	Sérignac-Péboudou	137	—	🔶	—	M	—	—
Saint-Cyprien	124	👥	—	—	—	—	—	Siorac-en-Périgord	138	—	—	—	M	—	—
Saint-Étienne-de-Baïgorry	124	—	—	—	—	—	—	Socoa	138	—	—	P	—	🚐	—
Saint-Geniès	125	👥	—	—	M	—	🎭	Sorde-l'Abbaye	138	—	—	—	—	—	—
Saint-Girons-Plage	125	👥	—	—	M	🚐	🎭	Soulac-sur-Mer	138	👥	—	—	M	🚐	🎭
Saint-Jean-de-Luz	125	👥	—	—	M	🚐	🎭	Soustons	139	—	—	—	M	—	🎭
Saint-Jean-Pied-de-Port	127	—	—	—	M	🚐	—	Tamniès	140	—	—	—	M	🚐	—
Saint-Jory-de-Chalais	127	—	—	—	M	🚐	—	Le Teich	140	👥	—	—	M	🚐	—
Saint-Julien-de-Lampon	127	—	—	—	M	—	—	Terrasson-Lavilledieu	140	—	—	—	—	—	—
Saint-Julien-en-Born	128	—	—	—	—	—	—	La Teste-de-Buch	141	👥	—	—	M	—	—
Saint-Justin	128	—	—	—	M	🚐	—	Thenon	141	—	—	—	M	—	—
Saint-Laurent-Médoc	128	—	—	—	M	🚐	—	Thiviers	141	—	—	—	M	—	—
Saint-Léon-sur-Vézère	129	👥	—	—	M	🚐	🎭	Tocane-Saint-Apre	142	—	—	—	M	—	—
Saint-Martial-de-Nabirat	129	—	—	—	M	—	—	Tourtoirac	142	👥	🔶	—	M	—	—
Saint-Martin-de-Seignanx	129	👥	—	—	M	🚐	—	Trentels	142	—	🔶	—	L	—	—
Saint-Médard-de-Guizières	129	—	—	—	—	—	—	Tursac	142	—	—	—	M	🚐	—
Saint-Pée-sur-Nivelle	130	—	🔶	—	M	🚐	—	Urdos	143	—	—	—	M	🚐	—
Saint-Rémy	130	—	—	—	M	—	—	Urrugne	143	👥	—	—	M	—	—
								Urt	143	—	—	—	M	🚐	—
								Vendays-Montalivet	144	—	—	—	M	—	—
								Vensac	144	—	—	—	M	🚐	🎭
								Vézac	144	—	—	P	M	—	—
								Saint-Girons	145	👥	—	—	M	🚐	🎭

INDEX THÉMATIQUE PAR RÉGIONS

	Pages	👥	👟	Permanent	Location	🚐	🎭
Vieux-Boucau-les-Bains	145	—	—	—	M	🚐	—
Vieux-Mareuil	146	—	👟	—	M	🚐	—
Villeréal	146	👥	👟	—	M	🚐	—
Vitrac	146	👥	—	—	M	🚐	🎭

AUVERGNE

	Pages	👥	👟	Permanent	Location	🚐	🎭
Abrest	151	—	—	—	M	🚐	—
Alleyras	151	—	—	—	M	🚐	—
Ambert	151	—	—	—	M	🚐	—
Arnac	151	—	—	—	L	—	🎭
Arpajon-sur-Cère	152	—	—	—	M	—	—
Aurillac	152	—	—	—	—	🚐	—
Aydat	152	—	👟	—	M	🚐	🎭
Bagnols	153	—	—	—	M	🚐	—
Billom	153	—	—	—	M	—	—
La Bourboule	153	—	—	—	M	🚐	🎭
Braize	154	—	👟	—	M	—	—
Cassaniouze	154	—	—	—	M	—	—
Céaux-d'Allègre	154	—	—	—	M	—	—
Ceyrat	154	—	—	P	M	🚐	—
La Chaise-Dieu	155	—	—	—	M	—	—
Chambon-sur-Lac	155	👥	—	—	M	🚐	🎭
Le Chambon-sur-Lignon	156	—	—	—	M	🚐	—
Champagnac-le-Vieux	156	—	—	—	M	—	🎭
Champs-sur-Tarentaine	157	—	👟	—	M	—	—
Châtelguyon	157	👥	—	—	M	🚐	🎭
Chaudes-Aigues	158	—	—	—	—	🚐	—
Couleuvre	158	—	—	—	—	—	—
Cournon-d'Auvergne	158	—	—	—	M	🚐	—
Courpière	158	—	—	—	M	—	—
Cunlhat	159	—	—	—	M	—	—
Dompierre-sur-Besbre	159	—	—	—	—	🚐	—
Ferrières-sur-Sichon	159	—	—	P	—	—	—
Gannat	159	—	—	—	M	🚐	—
Isle-et-Bardais	160	—	—	—	M	—	—
Issoire	160	—	—	—	M	🚐	🎭
Jaleyrac	160	—	—	—	M	—	—
Lacapelle-Del-Fraisse	161	—	—	—	L	—	—
Lacapelle-Viescamp	161	—	—	—	M	🚐	🎭
Lanobre	161	—	—	—	M	—	🎭
Lapalisse	161	—	—	—	M	🚐	—
Lapeyrouse	162	—	—	P	M	—	—
Lavoûte-sur-Loire	162	—	—	—	M	🚐	—
Massiac	162	—	—	—	—	—	—
Mauriac	162	—	—	—	—	—	—
Maurs	163	—	—	—	M	—	—
Le Mayet-de-Montagne	163	—	—	—	M	—	—
Monistrol-d'Allier	163	—	—	—	—	—	—
Montaigut-le-Blanc	163	—	—	—	M	🚐	—
Le Mont-Dore	164	—	—	—	—	—	—
Murat-le-Quaire	164	—	—	—	M	🚐	—
Murol	165	—	—	—	M	—	🎭
Nébouzat	165	—	—	—	M	🚐	—
Néris-les-Bains	166	—	—	—	M	—	—
Neussargues-Moissac	166	—	—	—	M	—	—
Neuvéglise	166	—	—	—	M	🚐	🎭
Nonette	166	—	—	—	M	—	—
Orcet	167	—	—	—	M	🚐	🎭
Orléat	167	—	—	—	M	—	—
Paulhaguet	167	—	—	—	M	🚐	—
Pers	167	—	—	—	M	🚐	—
Pierrefitte-sur-Loire	168	—	—	—	M	—	—
Pleaux	168	—	—	—	M	—	—
Pont-de-Menat	168	—	—	—	M	—	—
Pontgibaud	168	—	—	—	—	🚐	—
Le Puy-en-Velay	169	—	—	—	—	🚐	—
Puy-Guillaume	169	—	—	—	—	—	—
Le Rouget	169	—	—	—	L	—	🎭
Royat	170	👥	—	—	M	🚐	🎭
Saignes	170	—	—	—	—	—	—
Saint-Amant-Roche-Savine	170	—	—	—	M	🚐	—
Saint-Bonnet-Tronçais	170	—	—	—	M	—	—
Saint-Didier-en-Velay	171	—	—	—	M	—	—
Saint-Éloy-les-Mines	171	—	—	—	—	—	—
Saint-Flour	171	—	—	—	M	🚐	—
Saint-Germain-l'Herm	171	—	—	—	M	🚐	—
Saint-Gérons	172	—	👟	—	M	—	—

785

INDEX THÉMATIQUE PAR RÉGIONS

	Pages	👥	🐾	Permanent	Location	🚐	🎭
Saint-Gervais-d'Auvergne	172	—	—	—	M	🚐	—
Saint-Hippolyte	172	—	—	—	M	🚐	—
Saint-Just	172	—	—	—	M	🚐	🎭
Saint-Mamet-la-Salvetat	173	—	—	—	M	—	—
Saint-Martin-Valmeroux	173	—	—	—	M	🚐	—
Saint-Nectaire	173	—	—	—	M	🚐	🎭
Saint-Paulien	174	—	—	—	M	🚐	—
Saint-Pourçain-sur-Sioule	174	—	—	—	—	🚐	—
Saint-Rémy-sur-Durolle	174	—	—	—	M	—	—
Saint-Yorre	175	—	—	—	—	🚐	—
Sainte-Sigolène	175	👥	—	—	M	🚐	🎭
Saugues	175	—	—	—	M	🚐	—
Sauvessanges	175	—	—	—	M	—	—
Sazeret	176	—	—	—	M	🚐	—
Singles	176	👥	🐾	—	M	🚐	🎭
Tauves	176	—	—	—	M	🚐	—
Thiers	177	—	—	—	—	🚐	—
Thiézac	177	—	—	—	—	—	—
Treignat	177	—	—	—	M	—	—
Trizac	177	—	—	—	M	—	—
Vallon-en-Sully	177	—	—	—	—	—	—
Vic-sur-Cère	178	—	—	—	M	🚐	🎭
Viverols	178	—	—	—	—	🚐	—
Vollore-Ville	178	—	—	—	—	—	—
Vorey	179	—	—	—	M	🚐	—

BOURGOGNE

	Pages	👥	🐾	Permanent	Location	🚐	🎭
Ancy-le-Franc	183	—	—	—	—	—	—
Andryes	183	—	🐾	—	M	🚐	—
Arnay-le-Duc	183	—	—	—	M	🚐	🎭
Asquins	183	—	—	—	—	🚐	—
Autun	184	—	—	—	M	🚐	—
Auxerre	184	—	—	—	—	🚐	—
Avallon	184	—	🐾	—	—	🚐	—
Beaune	184	—	—	—	—	🚐	—
Bligny-sur-Ouche	185	—	—	—	—	🚐	—
Bourbon-Lancy	185	—	—	—	M	🚐	—
Chablis	185	—	—	—	—	—	—
Chagny	185	—	—	—	—	—	—
Chambilly	186	—	—	—	M	🚐	—
La Charité-sur-Loire	186	—	—	—	—	🚐	—
Charolles	186	—	—	—	M	🚐	—
Château-Chinon	187	—	🐾	—	—	🚐	—
Châtillon-sur-Seine	187	—	—	—	—	🚐	—
Chauffailles	187	—	—	—	M	—	—
Chevenon	187	—	—	P	—	—	—
Clamecy	188	—	—	—	—	🚐	—
La Clayette	188	—	—	—	M	🚐	—
Cluny	188	—	—	—	—	—	—
Corancy	188	—	—	—	—	🚐	—
Cormatin	189	—	—	—	M	🚐	—
Couches	189	—	—	—	—	🚐	—
Crêches-sur-Saône	189	—	—	—	—	🚐	—
Crux-la-Ville	189	—	—	—	M	🚐	—
Digoin	190	—	—	—	M	—	—
Dijon	190	—	—	—	M	🚐	—
Dompierre-les-Ormes	190	—	—	—	M	🚐	🎭
Épinac	191	—	—	—	M	🚐	—
Gigny-sur-Saône	191	—	🐾	—	M	🚐	—
Gimouille	191	—	🐾	—	L	—	—
Gueugnon	191	—	—	—	M	—	—
L'Isle-sur-Serein	192	—	—	—	M	🚐	—
Issy-l'Évêque	192	—	—	—	M	🚐	—
Laives	192	—	—	—	M	🚐	—
Ligny-le-Châtel	192	—	—	—	—	—	—
Louhans	193	—	—	—	—	—	—
Luzy	193	👥	—	—	M	—	🎭
Marcenay	194	—	—	—	M	—	—
Matour	194	—	—	—	M	🚐	—
Meursault	194	—	—	—	M	🚐	—
Migennes	195	—	—	—	M	🚐	—
Montbard	195	—	—	—	M	🚐	—
Montigny-en-Morvan	195	—	—	—	—	—	—
Nolay	195	—	—	P	M	🚐	—
Palinges	196	—	—	—	M	🚐	—
Pont-et-Massène	196	—	🐾	—	M	—	—
Pouilly-en-Auxois	196	—	—	—	—	🚐	—
Prémery	196	—	—	—	M	—	—

INDEX THÉMATIQUE PAR RÉGIONS

	Pages	👥	🐾	Permanent	Location	🚐	🛡️
Saint-Germain-du-Bois	197	—	—	—	M	—	—
Saint-Honoré-les-Bains	197	👥	—	—	M	🚐	—
Saint-Léger-de-Fougeret	197	—	🐾	—	M	—	—
Saint-Péreuse	198	—	—	P	M	🚐	—
Saint-Point	198	—	—	—	M	—	—
Saint-Sauveur-en-Puisaye	198	—	—	—	M	🚐	—
Salornay-sur-Guye	198	—	—	—	—	🚐	—
Santenay	199	—	—	—	—	🚐	—
Saulieu	199	—	—	—	M	🚐	—
Savigny-lès-Beaune	199	—	—	—	—	🚐	—
Les Settons	199	—	—	—	M	🚐	—
Tonnerre	200	—	—	—	M	—	—
Tournus	200	—	—	—	—	🚐	—
Vandenesse-en-Auxois	201	👥	—	—	M	🚐	—
Varzy	201	—	—	—	—	—	—
Venarey-les-Laumes	201	—	—	—	M	🚐	—
Vermenton	201	—	—	—	M	—	—
Vignoles	202	—	—	P	—	—	—

BRETAGNE

	Pages	👥	🐾	Permanent	Location	🚐	🛡️
Ambon	206	—	🐾	—	M	🚐	🛡️
Arradon	207	—	🐾	—	M	—	—
Arzano	207	👥	—	—	M	🚐	🛡️
Arzon	208	—	—	—	—	🚐	—
Baden	208	👥	—	—	M	🚐	🛡️
Bannalec	208	—	—	—	M	—	—
Bégard	208	—	—	—	M	🚐	—
Beg-Meil	209	👥	—	—	M	🚐	—
BELLE-ILE	210						
Bangor	210	—	—	—	—	—	—
Le Palais	210	—	🐾	—	M	—	—
Belz	210	—	—	—	M	—	—
Bénodet	211	👥	—	—	M	🚐	🛡️
Binic	211	—	—	—	M	🚐	—
Bono	212	—	—	—	—	🚐	—
Brest	212	—	—	P	M	—	—
Brignogan-Plages	212	—	—	—	M	🚐	—
Callac	213	—	—	—	—	—	—
Camaret-sur-Mer	213	—	🐾	—	M	🚐	—
Camors	213	—	—	—	—	—	—
Cancale	214	—	—	—	M	🚐	—
Cap-Coz	214	—	—	P	M	—	—
Carantec	214	—	—	—	M	—	🛡️
Carhaix-Plouguer	215	—	🐾	—	M	—	—
Carnac	215	👥	🐾	—	M	🚐	🛡️
Caurel	217	—	—	—	—	—	—
La Chapelle-aux-Filtzméens	217	—	—	—	M	—	🛡️
Châteaugiron	218	—	—	—	—	—	—
Châteaulin	218	—	—	—	—	🚐	—
Châtelaudren	218	—	—	—	—	—	—
Châtillon-en-Vendelais	218	—	—	—	—	—	—
Cléden-Cap-Sizun	218	—	—	P	—	—	—
Cléder	219	—	—	—	M	🚐	—
Concarneau	219	—	🐾	—	M	🚐	—
Le Conquet	220	—	—	—	—	—	—
Crach	220	—	🐾	—	M	—	—
Crozon	220	—	🐾	P	M	—	—
Dinéault	221	—	—	—	M	🚐	—
Dol-de-Bretagne	221	—	🐾	—	M	🚐	🛡️
Erdeven	222	👥	—	—	M	🚐	🛡️
Erquy	223	👥	🐾	—	M	🚐	🛡️
Étables-sur-Mer	224	—	—	—	M	—	—
Faouët	224	—	—	—	—	—	—
Feins	224	—	—	—	—	—	—
La Forêt-Fouesnant	225	👥	—	—	M	🚐	—
Fouesnant	226	👥	🐾	—	M	🚐	—
Fougères	226	—	—	—	—	🚐	—
Le Fret	226	—	—	—	M	—	—
Le Guerno	226	—	—	—	—	🚐	—
Guidel	227	—	—	—	—	🚐	—
Guilvinec	227	👥	—	—	M	🚐	🛡️
Huelgoat	227	—	—	—	M	🚐	—
Île-aux-Moines	228	—	—	—	—	—	—
Josselin	228	—	—	—	M	🚐	—
Jugon-les-Lacs	228	—	—	—	M	🚐	🛡️
Kervel	228	👥	—	—	M	🚐	🛡️
Kervoyal	229	—	—	—	M	🚐	—

INDEX THÉMATIQUE PAR RÉGIONS

Lieu	Pages	👥	✋	Permanent	Location	🚐	🛡
Lampaul-Ploudalmézeau	229	—	—	—	M	🚐	—
Lancieux	229	—	—	—	—	—	—
Landéda	229	—	—	—	M	🚐	🛡
Lanloup	230	—	—	—	M	🚐	—
Lannion	230	—	—	—	M	—	—
Lantic	230	—	—	—	M	—	—
Larmor-Plage	230	—	—	P	M	—	—
Lesconil	231	—	—	—	M	🚐	—
Locmaria-Plouzané	231	—	—	—	M	—	—
Locmariaquer	232	—	—	—	M	—	—
Locmiquélic	232	—	—	P	—	—	—
Loctudy	232	—	—	—	M	🚐	—
Logonna-Daoulas	232	—	—	P	—	🚐	—
Louannec	233	—	—	—	M	🚐	🛡
Marcillé-Robert	233	—	—	P	M	—	—
Martigné-Ferchaud	233	—	—	—	—	🚐	—
Matignon	233	—	—	—	M	🚐	—
Meucon	234	—	—	P	M	—	—
Moëlan-sur-Mer	234	—	✋	—	—	—	—
Morgat	234	—	—	—	M	🚐	—
Mousterlin	234	👥	—	—	M	🚐	—
Muzillac	235	—	—	—	M	—	—
Naizin	235	—	—	—	—	—	—
Névez	235	—	—	—	M	🚐	—
Noyal-Muzillac	236	—	✋	—	M	🚐	🛡
Paimpol	236	—	—	—	—	🚐	—
Paimpont	236	—	—	—	—	🚐	—
Paramé	236	—	—	—	—	🚐	—
Pénestin	237	👥	—	—	M	🚐	🛡
Penmarch	237	—	—	—	—	—	—
Pentrez-Plage	238	—	—	—	M	—	🛡
Perros-Guirec	238	👥	—	—	M	🚐	🛡
Le Pertre	238	—	✋	P	M	—	—
Plancoët	239	—	—	—	—	—	—
Planguenoual	239	—	—	—	—	—	—
Pléneuf-Val-André	239	—	—	—	M	🚐	—
Plestin-les-Grèves	239	—	—	—	M	🚐	—
Pleubian	240	—	✋	—	M	—	🛡
Pleumeur-Bodou	240	—	✋	—	M	🚐	—
Pléven	240	—	—	—	—	—	—
Plobannalec-Lesconil	241	👥	—	—	M	—	🛡
Ploemel	241	—	—	P	M	🚐	—
Ploéven	241	—	—	—	M	—	—
Plomeur	242	—	✋	—	M	🚐	—
Plomodiern	242	—	—	—	M	🚐	—
Plonéour-Lanvern	242	—	—	—	M	🚐	—
Plouarzel	243	—	—	—	—	—	—
Ploudalmézeau	243	—	—	—	—	—	—
Plouézec	243	—	✋	—	M	🚐	—
Plougasnou	244	—	—	P	M	🚐	—
Plougastel-Daoulas	244	—	—	—	M	🚐	—
Plougonvelin	244	—	—	—	L	—	—
Plougoulm	244	—	—	—	—	—	—
Plougoumelen	245	—	✋	—	M	🚐	—
Plougrescant	245	—	—	—	—	—	—
Plouguerneau	246	—	—	—	M	🚐	—
Plouguernével	246	—	✋	—	M	—	—
Plouha	247	—	—	—	M	—	—
Plouharnel	247	—	—	—	M	🚐	🛡
Plouhinec	247	—	✋	—	M	🚐	—
Plouhinec	248	—	—	—	M	🚐	🛡
Plouigneau	248	—	✋	—	M	🚐	—
Plounévez-Lochrist	248	—	—	—	M	—	—
Plozévet	249	—	—	—	M	🚐	—
Plurien	249	—	—	—	—	—	—
Pontrieux	249	—	—	P	—	—	—
Pont-Scorff	249	—	—	P	M	🚐	—
Pordic	250	—	—	—	M	🚐	—
Port-Manech	250	—	—	—	M	—	—
Le Pouldu	250	—	—	—	M	🚐	🛡
Poullan-sur-Mer	251	👥	—	—	M	🚐	🛡
Primel-Trégastel	251	—	—	—	—	—	—
Primelin	252	—	—	—	M	🚐	—
Priziac	252	—	—	—	M	🚐	—
Quiberon	252	👥	—	—	M	🚐	🛡
Quimper	253	👥	—	—	M	🚐	🛡
Quimperlé	253	—	—	—	—	🚐	—
Raguenès-Plage	253	—	—	—	M	🚐	🛡
Rennes	254	—	—	P	—	🚐	—
La Roche-Bernard	254	—	—	—	—	🚐	—
Rochefort-en-Terre	254	—	✋	—	—	—	—
Rohan	255	—	—	—	—	—	—

INDEX THÉMATIQUE PAR RÉGIONS

	Pages	👥	🏖	Permanent	Location	🚐	🎭
Rosporden	255	—	🏖	—	—	—	—
Saint-Benoît-des-Ondes	255	—	—	—	—	🚐	—
Saint-Briac-sur-Mer	255	—	—	—	M	🚐	—
Saint-Brieuc	256	—	—	—	M	🚐	—
Saint-Cast-le-Guildo	256	👥	🏖	—	M	🚐	🎭
Saint-Congard	257	—	🏖	—	—	—	—
Saint-Coulomb	257	—	🏖	—	M	—	—
Saint-Gildas-de-Rhuys	257	—	—	—	M	🚐	🎭
Saint-Jacut-les-Pins	258	—	🏖	—	—	—	—
Saint-Jean-du-Doigt	258	—	—	—	—	—	—
Saint-Jouan-des-Guérets	258	👥	—	—	M	🚐	🎭
Saint-Julien	259	—	—	—	M	🚐	—
Saint-Lunaire	259	—	—	—	M	🚐	—
Saint-Marcan	259	—	🏖	—	M	—	—
Saint-Michel-en-Grève	260	—	—	—	M	🚐	—
Saint-Père	260	—	—	—	M	🚐	—
Saint-Philibert	260	—	—	P	M	—	—
Saint-Pol-de-Léon	261	—	—	—	M	🚐	🎭
Saint-Renan	261	—	—	—	—	—	—
Saint-Samson-sur-Rance	261	—	—	—	—	🚐	—
Sainte-Anne-d'Auray	262	—	—	—	—	—	—
Sainte-Anne-la-Palud	262	—	—	—	M	🚐	—
Sarzeau	262	👥	🏖	—	M	🚐	—
Scaër	263	—	—	—	M	—	—
Sérent	263	—	—	—	M	🚐	—
Sizun	263	—	—	—	—	🚐	—
Taden	264	—	—	—	M	🚐	—
Taupont	264	—	🏖	—	M	—	🎭
Telgruc-sur-Mer	264	—	—	—	M	🚐	—
Theix	264	—	—	—	M	🚐	—
Tinténiac	265	—	—	—	M	🚐	—
Le Tour-du-Parc	265	—	—	—	M	—	—
Trébeurden	265	—	—	—	M	🚐	—
Tréboul	265	—	🏖	—	M	🚐	—
Trédion	266	—	—	—	—	—	—
Treffiagat	266	—	🏖	—	—	🚐	—
Trégastel	266	—	—	—	M	🚐	—
Tréguennec	267	—	—	—	M	🚐	—
Trégunc	267	👥	—	—	M	🚐	🎭
Trélévern	267	—	—	—	M	🚐	🎭
La Trinité-sur-Mer	268	👥	—	—	M	🚐	🎭
Vannes	268	—	—	—	—	🚐	—

CENTRE

	Pages	👥	🏖	Permanent	Location	🚐	🎭
Aubigny-sur-Nère	272	—	—	—	M	—	—
Azay-le-Rideau	272	—	—	—	—	🚐	—
Ballan-Miré	272	—	—	—	M	🚐	—
Baraize	272	—	—	—	M	—	—
La Bazoche-Gouet	273	—	—	—	—	—	—
Beaulieu-sur-Loire	273	—	—	—	—	—	—
Le Blanc	273	—	—	—	—	🚐	—
Bonneval	273	—	—	—	M	🚐	—
Bourges	274	—	—	—	—	—	—
Bourgueil	274	—	—	—	—	🚐	—
Bracieux	274	—	—	—	—	🚐	—
Briare	274	—	—	—	—	🚐	—
Buzançais	275	—	—	—	M	—	—
Candé-sur-Beuvron	275	—	—	—	M	🚐	—
Chaillac	275	—	—	P	M	🚐	—
Chartres	275	—	—	—	—	—	—
Châteaumeillant	276	—	—	—	M	🚐	—
Châteauroux	276	—	—	—	—	🚐	—
Châtillon-Coligny	276	—	—	—	—	🚐	—
La Châtre	276	—	—	—	M	🚐	—
Chaumont-sur-Loire	277	—	—	—	—	🚐	—
Chémery	277	—	—	—	—	🚐	—
Chemillé-sur-Indrois	277	—	—	—	M	🚐	—
Chinon	277	—	—	—	—	—	—
Cloyes-sur-le-Loir	278	—	—	—	M	—	—
Coullons	278	—	—	—	M	🚐	—
Courville-sur-Eure	278	—	—	—	—	—	—
Descartes	278	—	—	—	M	—	—
Éguzon	279	—	—	P	M	🚐	—
Fontaine-Simon	279	—	—	—	M	—	—
Fougères	279	—	—	—	—	—	—
Fréteval	279	—	—	—	M	—	—
Gargilesse	280	—	—	—	—	—	—
Gien	280	👥	—	—	M	🚐	🎭

INDEX THÉMATIQUE PAR RÉGIONS

	Pages	👥	👟	Permanent	Location	🚐	🎭
La Guerche-sur-l'Aubois	281	—	—	—	M	🚐	—
L'Île-Bouchard	281	—	—	—	M	🚐	—
Isdes	281	—	—	—	M	—	—
Jars	281	—	—	—	M	—	—
Lorris	282	—	—	—	—	—	—
Lunery	282	—	—	—	—	🚐	—
Luçay-le-Mâle	282	—	—	—	M	🚐	—
Marcilly-sur-Vienne	283	—	—	—	—	—	—
Mareuil-sur-Cher	283	—	—	—	—	—	—
Mennetou-sur-Cher	283	—	—	—	—	🚐	—
Mesland	283	👥	—	—	M	🚐	—
Montargis	284	—	—	—	—	🚐	—
Montbazon	284	—	—	—	M	—	—
Montlouis-sur-Loire	284	—	—	—	M	—	—
Montoire-sur-le-Loir	284	—	—	—	—	—	—
Morée	285	—	—	—	M	🚐	—
Muides-sur-Loire	285	👥	—	—	M	🚐	🎭
Neung-sur-Beuvron	286	—	—	—	M	🚐	—
Neuvy-Saint-Sépulchre	286	—	—	—	M	—	—
Nibelle	286	—	—	—	M	—	—
Nogent-le-Rotrou	286	—	—	—	—	—	—
Nouan-le-Fuzelier	287	—	—	—	M	🚐	—
Olivet	287	—	—	—	—	🚐	—
Onzain	287	👥	—	—	M	🚐	🎭
Pierrefitte-sur-Sauldre	287	👥	👟	—	M	🚐	🎭
Preuilly-sur-Claise	288	—	—	—	—	—	—
Romorantin-Lanthenay	288	—	—	P	M	🚐	—
Rosnay	288	—	—	P	—	🚐	—
Saint-Amand-Montrond	288	—	—	—	—	—	—
Saint-Avertin	289	—	—	—	M	🚐	—
Saint-Père-sur-Loire	289	—	—	P	M	🚐	—
Saint-Satur	289	—	—	—	—	🚐	—
Sainte-Catherine-de-Fierbois	289	👥	—	—	M	🚐	🎭
Sainte-Maure-de-Touraine	290	—	—	—	—	🚐	—
Salbris	290	—	—	—	M	🚐	—
Savigny-en-Véron	290	—	—	—	M	🚐	—
Sonzay	290	—	—	—	M	🚐	—
Suèvres	291	👥	—	—	M	🚐	—
Thoré-la-Rochette	291	—	—	—	—	—	—
Valençay	291	—	—	—	—	🚐	—
Vatan	291	—	—	—	M	🚐	—
Veigné	292	—	—	—	M	🚐	🎭
La Ville-aux-Dames	292	—	—	P	M	🚐	—
Villiers-le-Morhier	292	—	—	P	M	🚐	—
Vitry-aux-Loges	292	—	—	—	—	—	—
Vouvray	293	—	—	—	—	🚐	—

CHAMPAGNE-ARDENNE

	Pages	👥	👟	Permanent	Location	🚐	🎭
Aix-en-Othe	297	—	—	—	—	—	—
Andelot	297	—	—	—	M	🚐	—
Attigny	297	—	—	—	—	—	—
Bannes	297	—	—	P	—	—	—
Bourbonne-les-Bains	297	—	—	—	M	🚐	—
Bourg-Fidèle	298	—	—	P	M	🚐	—
Braucourt	298	—	—	—	M	🚐	🎭
Buzancy	299	—	—	—	M	🚐	—
Châlons-en-Champagne	299	—	—	—	—	🚐	—
Chesne	299	—	—	—	—	—	—
Dienville	299	👥	—	—	M	—	—
Épernay	300	—	—	—	—	🚐	—
Ervy-le-Châtel	300	—	—	—	—	—	—
Fismes	300	—	—	—	—	—	—
Froncles-Buxières	301	—	—	—	—	—	—
Géraudot	301	—	—	—	—	—	—
Giffaumont-Champaubert	301	—	👟	P	L	—	🎭
Haulmé	301	—	—	—	—	🚐	—
Les Mazures	301	—	—	P	M	—	—
Montigny-le-Roi	302	—	—	—	—	🚐	—
Radonvilliers	302	—	—	—	—	—	—
Sedan	302	—	—	—	—	—	—
Sézanne	303	—	—	—	—	🚐	—
Signy-l'Abbaye	303	—	—	—	—	—	—
Soulaines-Dhuys	303	—	—	—	M	—	—
Thonnance-les-Moulins	303	👥	—	—	M	—	🎭
Troyes	303	—	—	—	—	🚐	—

INDEX THÉMATIQUE PAR RÉGIONS

	Pages	👥	👟	Permanent	Location	🛡
CORSE						
Ajaccio	307	—	—	—	M	—
Aléria	307	—	—	—	M	🛡
Bastia	308	—	—	—	M	🚐
Belvédère-Campomoro	308	—	—	—	M	—
Bonifacio	308	👥	👟	—	M	🚐	🛡
Calacuccia	310	—	—	—	M	🚐
Calvi	310	—	—	—	M	🚐
Cargèse	311	—	—	—	M	—
Farinole	311	—	—	—	M	🚐
Figari	312	—	—	—	M	—
Ghisonaccia	312	—	—	—	M	🚐	🛡
L'Île-Rousse	312	—	—	—	M	—
Golfe-de-la Liscia	313	—	—	—	M	🚐
Lozari	313	—	—	—	M	🚐
Lumio	314	—	👟	—	M	—
Moriani-Plage	314	—	—	—	M	🚐
Olmeto	314	—	—	—	M	—
Palasca	315	—	—	—	M	—
Piana	315	—	—	—	—	🚐
Pianottoli-Caldarello	315	—	👟	—	M	—
Pietracorbara	315	—	—	—	—	—
Pinarellu	316	—	👟	—	—	🚐
Portigliolo	316	—	👟	—	M	—	🛡
Porto	316	—	—	—	M	🚐
Porto-Vecchio	317	—	—	—	M	🚐	🛡
Sagone	319	—	—	—	M	🚐	🛡
Saint-Florent	319	—	—	—	M	—
Sainte-Lucie-de-Porto-Vecchio	320	—	—	—	M	—
Serra-di-Ferro	320	—	—	—	—	🚐
Tiuccia	320	—	👟	—	M	—
Vivario	320	—	—	—	—	🚐
FRANCHE-COMTÉ						
Arbois	323	—	—	—	M	—
Belfort	323	—	—	—	M	🚐
Bonlieu	324	—	—	—	M	—
Bonnal	324	—	—	—	M	🚐	🛡
Chalezeule	324	—	—	—	M	🚐
Champagnole	324	—	—	—	M	🚐	🛡
Chancia	325	—	—	—	M	🚐
Châtillon	325	—	👟	—	M	🚐
Clairvaux-les-Lacs	325	👥	—	—	M	🛡
Cromary	326	—	—	—	M	—
Dole	326	—	—	—	M	🚐
Doucier	326	—	—	—	M	—
Foncine-le-Haut	326	—	👟	—	—	—
Fresse	327	—	—	—	M	🚐
Huanne-Montmartin	327	—	—	—	M	🚐
Labergement-Sainte-Marie	327	—	—	—	M	—
Lachapelle-sous-Rougemont	328	—	—	—	M	🚐
Levier	328	—	—	—	M	🚐
Lons-le-Saunier	328	—	—	—	M	🚐	🛡
Lure	329	—	—	—	—	—
Maîche	329	—	—	—	—	—
Maisod	329	—	—	—	—	—
Malbuisson	329	—	—	—	M	🚐
Mandeure	330	—	—	—	—	—
Marigny	330	👥	—	—	M	🚐	🛡
Mélisey	330	—	—	—	—	—
Mesnois	330	—	—	—	M	—
Monnet-la-Ville	331	—	—	—	M	—
Montagney	331	—	—	—	—	—
Ornans	332	—	—	—	M	🚐
Ounans	332	—	—	—	M	🚐	🛡
Pesmes	332	—	—	P	M	🚐
Poligny	333	—	—	—	—	—
Pontarlier	333	—	—	P	M	🚐
Pont-du-Navoy	333	—	—	—	M	🚐
Quingey	333	—	—	—	—	—
Renaucourt	334	—	—	—	—	—
Saint-Claude	334	—	—	—	—	—
Saint-Hippolyte	334	—	—	—	M	—
Saint-Laurent-en-Grandvaux	335	—	—	—	M	🚐
Saint-Point-Lac	335	—	—	—	—	🚐
Salins-les-Bains	335	—	—	—	M	—
La Tour-du-Meix	335	—	—	—	M	🚐
Uxelles	336	—	👟	—	L	—	🛡
Vesoul	336	—	—	P	M	🚐
Villersexel	336	—	—	—	M	—

791

INDEX THÉMATIQUE PAR RÉGIONS

ÎLE-DE-FRANCE

	Pages	👥	🐾	Permanent	Location	🚐	🎭
Bagneaux-sur-Loing	339	—	—	—	M	—	—
Blandy	339	—	—	—	M	🚐	—
Boulancourt	339	—	🐾	P	M	🚐	—
Crèvecœur-en-Brie	339	—	—	—	M	🚐	—
Étampes	340	—	—	—	—	—	—
La Ferté-sous-Jouarre	340	—	—	P	M	—	—
Jablines	340	—	—	—	M	🚐	—
Saint-Vallier-sur-Marne	340	—	—	—	L	—	🎭
Melun	341	—	—	—	M	🚐	—
Montjay-la-Tour	341	—	—	P	M	🚐	🎭
Paris	341	—	—	P	M	—	—
Pommeuse	342	👥	—	—	M	—	🎭
Rambouillet	342	—	—	—	M	🚐	—
Touquin	342	—	🐾	—	M	—	—
Veneux-les-Sablons	342	—	—	—	M	—	—
Verdelot	343	—	—	—	M	🚐	—
Versailles	343	—	—	—	M	🚐	—
Villiers-sur-Orge	343	—	—	P	M	🚐	—

LANGUEDOC-ROUSSILLON

	Pages	👥	🐾	Permanent	Location	🚐	🎭
Agde	348	👥	—	—	M	🚐	🎭
Aigues-Mortes	349	👥	—	—	M	🚐	🎭
Alet-les-Bains	349	—	—	P	—	—	—
Allègre-les-Fumades	349	👥	—	—	M	—	🎭
Anduze	350	👥	🐾	—	M	🚐	🎭
Argelès-sur-Mer	351	👥	—	—	M	🚐	🎭
Arles-sur-Tech	354	—	—	—	M	—	—
Bagnols-sur-Cèze	354	—	—	—	M	—	—
Balaruc-les-Bains	354	👥	—	—	M	—	—
Le Barcarès	355	👥	—	P	—	—	🎭
Barjac	356	—	🐾	—	M	🚐	—
Bédouès	357	—	—	—	—	🚐	—
Belcaire	357	—	—	—	M	—	—
Bessèges	357	—	—	—	M	—	—
Blajoux	357	—	🐾	—	L	—	—
Boisset-et-Gaujac	358	👥	—	—	M	🚐	🎭
Boisson	358	👥	—	—	M	🚐	🎭
Le Bosc	359	—	—	—	L	—	—
Bourg-Madame	359	—	—	P	M	—	—
Brissac	359	—	—	—	M	🚐	🎭
Brousses-et-Villaret	359	—	🐾	—	M	—	—
Canet	360	—	—	—	M	—	—
Canet-Plage	360	👥	—	—	M	—	—
Canilhac	361	—	—	—	M	—	—
La Canourgue	361	—	—	—	L	🚐	🎭
Le-Cap-d'Agde	362	—	—	—	M	—	—
Carcassonne	362	—	—	—	M	🚐	—
Carnon-Plage	362	—	—	—	M	—	—
Casteil	363	—	🐾	—	M	—	—
Castries	363	—	🐾	P	M	🚐	—
Cendras	363	—	—	—	M	🚐	🎭
Chambon	364	—	—	—	—	—	—
Chastanier	364	—	—	—	—	🚐	—
Chirac	364	—	—	—	L	—	—
Clermont-l'Hérault	364	—	—	P	M	🚐	—
Collias	365	—	—	—	M	—	—
Connaux	365	—	—	P	M	—	—
Crespian	365	👥	—	—	M	🚐	—
Domazan	365	—	—	P	M	—	—
Égat	366	—	🐾	P	—	—	—
Err	366	—	🐾	—	M	—	—
Estavar	367	👥	🐾	—	M	—	—
Florac	367	—	—	—	M	—	—
Formigueres	367	—	🐾	P	M	—	—
Frontignan	368	👥	—	—	M	🚐	—
Fuilla	368	—	—	—	M	🚐	—
Gallargues-le-Montueux	368	👥	—	—	M	🚐	—
Génolhac	368	—	—	—	—	—	—
Gignac	369	—	—	—	M	—	—
Goudargues	369	—	—	—	M	🚐	—
La Grande-Motte	369	👥	—	—	—	—	—
Grandrieu	370	—	—	—	—	—	—
Le Grau-du-Roi	370	👥	—	—	M	🚐	🎭
Ispagnac	370	—	—	—	M	—	—
Junas	371	—	—	—	M	—	—
Lanuéjols	371	—	🐾	—	—	—	—
Laroque-des-Albères	371	—	🐾	—	M	🚐	—
Lattes	372	—	—	—	M	—	—
Laubert	372	—	—	P	M	—	—

INDEX THÉMATIQUE PAR RÉGIONS

	Pages	👥	🐕	Permanent	Location	🚐	🎭
Laurens	372	👥	—	—	M	—	🎭
Lodève	372	—	—	—	—	—	—
Le Malzieu-Ville	373	—	🐕	—	M	—	—
Marseillan	373	👥	—	—	M	🚐	🎭
Le Martinet	374	—	—	—	—	—	—
Marvejols	374	—	—	—	M	—	—
Massillargues-Attuech	374	👥	—	—	M	—	—
Matemale	375	—	🐕	—	—	—	—
Maureillas-Las-Illas	375	—	—	P	M	—	—
Mende	375	—	—	P	M	—	—
Meyrueis	376	—	🐕	—	M	🚐	—
Molitg-les-Bains	377	—	—	—	—	🚐	—
Montclar	377	👥	🐕	—	M	🚐	—
Narbonne	377	👥	—	—	M	🚐	—
Nasbinals	378	—	—	—	—	—	—
Naussac	378	—	—	—	M	🚐	🎭
Palau-Del-Vidre	378	—	—	—	M	🚐	—
Palavas-les-Flots	378	—	—	—	M	🚐	🎭
Les Plantiers	379	—	—	—	M	—	—
Le-Pont-de-Montvert	379	—	—	—	—	—	—
Port-Camargue	379	👥	🐕	—	M	🚐	🎭
Portiragnes	380	👥	—	—	M	🚐	🎭
Prades	381	—	—	P	M	—	—
Quillan	381	—	—	—	M	🚐	—
Remoulins	382	👥	—	—	M	—	—
Rocles	382	—	—	—	M	🚐	—
Roquefort-des-Corbières	383	—	—	—	L	—	—
La Roque-sur-Cèze	383	—	—	—	M	—	—
Le Rozier	383	—	—	—	M	🚐	—
Saint-André-de-Sangonis	384	—	—	—	M	—	—
Saint-Bauzile	384	—	—	—	—	—	—
Saint-Cyprien	384	👥	—	—	M	🚐	🎭
Saint-Génis-des-Fontaines	384	—	—	—	M	—	—
Saint-Georges-de-Lévéjac	385	—	🐕	—	—	—	—
Saint-Germain-du-Teil	385	—	—	—	L	—	—
Saint-Hippolyte-du-Fort	385	—	—	—	M	—	—
Saint-Jean-de-Ceyrargues	385	—	🐕	—	M	—	—
Saint-Jean-du-Gard	386	—	🐕	—	M	🚐	—
Saint-Léger-de-Peyre	387	—	🐕	—	L	—	—
Saint-Paul-le-Froid	387	—	🐕	—	L	—	—
Saint-Victor-de-Malcap	387	👥	—	—	M	—	—
Sainte-Enimie	387	—	—	—	M	🚐	—
Sainte-Marie	388	👥	—	—	M	🚐	🎭
La Salvetat-sur-Agout	389	—	—	—	—	—	—
Sérignan	389	👥	—	—	M	🚐	🎭
Sète	390	👥	—	—	—	—	🎭
Sommières	390	—	🐕	—	—	—	—
La Tamarissière	391	—	—	—	—	—	—
Torreilles	391	👥	—	—	M	🚐	🎭
La Tour-sur-Orb	392	—	—	—	—	—	—
Trèbes	392	—	—	—	M	—	—
Uzès	393	👥	🐕	—	—	—	—
Vallabrègues	393	—	—	—	—	—	—
Valleraugue	393	—	—	—	—	—	—
Valras-Plage	394	👥	—	—	M	🚐	🎭
Vernet-les-Bains	395	—	🐕	—	—	—	—
Vers-Pont-du-Gard	395	👥	—	—	M	—	—
Vias	395	👥	—	P	M	🚐	🎭
Le Vigan	397	—	—	—	M	—	—
Les Vignes	398	—	—	—	M	🚐	—
Villefort	398	—	—	—	—	—	—
Villegly	398	—	—	—	M	—	—
Villemoustaussou	399	—	—	—	M	🚐	—
Villeneuve-lès-Béziers	399	—	—	—	M	🚐	—
Villeneuve-de-la-Raho	399	—	—	—	M	—	—
Villeneuve-lès-Avignon	400	👥	—	—	M	🚐	—

	Pages	👥	🐕	Permanent	Location	🚐	🎭
LIMOUSIN							
Aixe-sur-Vienne	403	—	—	—	M	🚐	—
Argentat	403	👥	—	—	M	🚐	🎭
Aubazines	404	👥	—	—	M	🚐	🎭
Auriac	404	—	🐕	—	M	—	—
Beaulieu-sur-Dordogne	404	—	🐕	—	M	🚐	—
Bessines-sur-Gartempe	404	—	—	—	—	—	—
Beynat	405	—	🐕	—	M	🚐	🎭

INDEX THÉMATIQUE PAR RÉGIONS

	Pages	👥	👟	Permanent	Location	🚐	🎭		Pages	👥	👟	Permanent	Location	🚐	🎭
Le-Bourg-d'Hem	405	—	—	—	—	—	—	Seilhac	415	—	—	—	M	🚐	—
Boussac-Bourg	405	—	👟	—	M	🚐	🎭	Treignac	415	—	—	—	M	🚐	—
Bujaleuf	406	—	—	—	M	—	—	Ussel	416	—	—	—	M	🚐	—
Bussière-Galant	406	—	—	—	—	—	—	Uzerche	416	—	—	—	M	🚐	—
Camps	406	—	—	—	M	—	—	Videix	416	—	👟	—	L	—	—
La Celle-Dunoise	406	—	—	—	M	🚐	—	Vigeois	416	—	👟	—	—	—	—
Chamberet	407	—	👟	—	L	—	—								
Châteauneuf-la-Forêt	407	—	—	—	M	—	—	**LORRAINE**							
Châteauponsac	407	—	—	P	M	—	—	Anould	419	—	—	—	M	🚐	—
Châtelus-Malvaleix	408	—	—	—	M	—	—	La Bresse	419	—	—	P	M	🚐	—
Corrèze	408	—	—	—	M	🚐	—	Bulgnéville	419	—	—	—	—	🚐	—
Cromac	408	—	—	—	—	—	—	Bussang	420	—	—	P	M	🚐	🎭
Donzenac	408	—	—	—	M	🚐	—	Celles-sur-Plaine	420	—	—	—	M	—	🎭
Évaux-les-Bains	409	—	—	—	M	—	—	La Chapelle-Devant-Bruyères	420	—	—	—	M	—	—
Eymoutiers	409	—	—	—	—	—	—	Charmes	420	—	—	—	—	🚐	—
Guéret	409	—	—	—	M	—	—	Contrexéville	421	—	—	—	—	—	—
Ladignac-le-Long	409	—	—	—	M	🚐	—	Corcieux	421	—	—	P	M	🚐	🎭
Liginiac	410	—	—	—	M	—	—	Dabo	421	—	—	—	M	—	—
Lissac-sur-Couze	410	—	👟	P	L	—	—	Fresse-sur-Moselle	422	—	—	—	—	—	—
Magnac-Laval	410	—	👟	P	L	—	—	Gemaingoutte	422	—	—	—	M	🚐	—
Masseret	410	—	—	—	M	—	—	Gérardmer	422	—	—	P	M	🚐	🎭
Meyssac	411	—	—	—	M	—	—	Granges-sur-Vologne	422	—	—	—	—	—	—
Neuvic	411	—	—	—	M	🚐	—	Herpelmont	423	—	—	—	—	—	—
Nexon	411	—	—	—	M	—	—	Jaulny	423	—	—	—	—	—	—
Objat	411	—	—	—	L	🚐	—	Lunéville	423	—	—	—	M	🚐	—
Palisse	412	👥	👟	P	M	—	—	Magnières	423	—	—	—	M	🚐	—
Pierre-Buffière	412	—	—	—	—	🚐	—	Mandres-aux-Quatre-Tours	424	—	—	—	—	—	—
Razès	412	👥	—	—	M	—	—	Metz	424	—	—	—	—	🚐	—
Reygade	412	—	—	—	M	🚐	—	Morhange	424	—	—	—	—	—	—
Royère-de-Vassivière	413	—	—	—	M	—	—	Neufchâteau	425	—	—	—	—	—	—
Saint-Germain-les-Belles	413	—	—	—	—	🚐	—	Plombières-les-Bains	425	—	—	—	M	🚐	—
Saint-Hilaire-les-Places	413	—	—	P	M	🚐	—	Revigny-sur-Ornain	425	—	—	—	M	🚐	—
Saint-Laurent-les-Églises	414	—	—	—	M	—	—	Saint-Avold	426	—	—	P	M	🚐	—
Saint-Léonard-de-Noblat	414	—	—	—	M	🚐	—	Saint-Dié-des-Vosges	426	—	—	P	M	—	🎭
Saint-Martin-Terressus	414	—	—	—	—	—	—	Saint-Maurice-sur-Moselle	426	—	—	—	M	🚐	—
Saint-Pardoux	414	—	—	—	M	—	—	Sanchey	426	—	—	P	M	🚐	🎭
Saint-Pardoux-Corbier	415	—	—	—	—	—	—	Saulxures-sur-Moselotte	427	—	—	P	M	🚐	—
Saint-Yrieix-la-Perche	415	—	—	—	M	🚐	—	Le Tholy	427	—	—	—	M	🚐	—

INDEX THÉMATIQUE PAR RÉGIONS

	Pages	👥	👍	Permanent	Location	🚐	🎭
Le-Val-d'Ajol	427	—	—	—	—	🚐	—
Verdun	428	—	—	—	M	🚐	—
Villey-le-Sec	428	—	—	—	M	—	—
Vittel	428	—	—	—	M	🚐	—
Xonrupt-Longemer	429	—	—	—	M	🚐	—

MIDI-PYRÉNÉES

	Pages	👥	👍	Permanent	Location	🚐	🎭
Agos-Vidalos	434	—	—	P	M	🚐	🎭
Aigues-Vives	434	—	👍	—	M	🚐	—
Albiès	434	—	—	P	—	—	—
Alrance	435	—	—	—	M	🚐	—
Aragnouet	435	—	—	—	M	—	—
Arcizans-Avant	435	—	👍	—	M	🚐	—
Argelès-Gazost	435	👥	—	—	M	🚐	🎭
Arras-en-Lavedan	436	—	—	—	—	—	—
Arrens	436	—	—	—	M	🚐	—
Arvieu	436	—	—	—	M	—	—
Aston	437	—	—	—	M	🚐	—
Auch	437	—	👍	—	M	—	—
Aucun	437	—	—	—	M	🚐	—
Augirein	438	—	—	—	M	—	—
Aulus-les-Bains	438	—	—	P	M	🚐	—
Aurignac	438	—	—	—	M	—	—
Ax-les-Thermes	438	—	—	P	M	🚐	—
Ayzac-Ost	439	—	—	—	M	—	—
Bagnac-sur-Célé	439	—	—	—	M	🚐	—
Bagnères-de-Bigorre	439	—	—	—	M	🚐	—
Bagnères-de-Luchon	440	👥	—	—	M	🚐	—
Barbotan-les-Thermes	441	—	—	—	M	🚐	—
Bassoues	441	—	—	—	—	—	—
La Bastide-de-Sérou	441	—	—	—	M	🚐	—
Beaumont-de-Lomagne	442	👥	—	—	M	🚐	🎭
Béduer	442	—	—	—	M	🚐	—
Bélaye	442	—	👍	—	M	—	🎭
Le Bez	443	—	👍	—	M	—	—
Boisse-Penchot	443	—	—	P	M	—	—
Boulogne-sur-Gesse	443	—	—	—	L	—	—
Bourisp	443	—	—	P	M	🚐	🎭
Brassac	444	—	—	—	—	—	—
Bretenoux	444	—	—	—	M	🚐	—
Brusque	444	—	👍	—	M	—	🎭
Bun	444	—	—	P	M	—	—
Les Cabannes	445	—	—	—	M	🚐	—
Cahors	445	—	—	—	M	🚐	—
Les Cammazes	445	—	—	—	M	🚐	—
Canet-de-Salars	445	👥	👍	—	M	🚐	🎭
Capdenac-Gare	446	—	—	—	M	—	—
Carlucet	446	—	👍	—	M	—	—
Carmaux	446	—	—	—	—	—	—
Cassagnabère-Tournas	447	—	—	—	—	—	—
Cassagnes	447	—	—	—	M	—	—
Castelnau-de-Montmiral	447	—	—	—	M	🚐	—
Castelnau-Montratier	447	—	—	—	—	—	—
Castéra-Verduzan	448	—	—	—	M	🚐	—
Caussade	448	—	—	—	—	—	—
Cauterets	448	—	—	—	M	🚐	—
Caylus	449	—	—	—	M	🚐	—
Cayriech	449	—	—	P	M	🚐	—
Cézan	450	—	👍	—	M	—	—
Condom	450	—	—	—	M	🚐	—
Conques	450	—	—	—	M	🚐	—
Cordes-sur-Ciel	450	—	—	—	M	—	—
Cos	451	—	—	P	—	—	—
Creysse	451	—	—	—	M	—	—
Damiatte	451	—	—	—	M	🚐	—
Duravel	452	👥	👍	—	M	—	🎭
Entraygues-sur-Truyère	452	—	—	—	M	🚐	—
Espalion	452	—	—	—	M	🚐	—
Estaing	453	—	—	—	M	🚐	—
Estang	453	👥	—	—	M	🚐	🎭
Figeac	453	—	—	—	M	🚐	—
Flagnac	454	—	—	—	M	🚐	—
Garin	454	—	—	—	L	—	—
Gavarnie	454	—	—	—	M	—	—
Girac	455	—	—	—	M	🚐	—
Gondrin	455	👥	—	—	M	🚐	—
Gourdon	456	—	—	—	M	🚐	—
Grand-Vabre	456	—	—	—	L	—	—
Hèches	456	—	—	P	M	🚐	—

INDEX THÉMATIQUE PAR RÉGIONS

Lieu	Pages	👥	👟	Permanent	Location	🚐	🛡️
L'Herm	456	—	—	—	—	—	—
L'Hospitalet-Près-l'Andorre	457	—	—	—	—	—	—
Lacam-d'Ourcet	457	—	👟	—	M	—	—
Lacapelle-Marival	457	—	—	—	M	—	—
Lacave	457	—	—	—	M	—	—
Lafrançaise	458	—	—	—	M	🚐	—
Laguiole	458	—	—	—	—	🚐	—
Lamontélarié	458	—	—	—	M	—	—
Lau-Balagnas	458	—	—	P	M	🚐	🛡️
Lavit-de-Lomagne	459	—	—	—	M	🚐	—
Lectoure	459	👥	—	—	M	🚐	🛡️
Lelin-Lapujolle	460	—	—	P	M	🚐	—
Loudenvielle	460	—	—	P	M	—	—
Loupiac	460	👥	—	—	M	🚐	—
Lourdes	461	—	—	—	M	🚐	—
Luzenac	461	—	—	P	M	🚐	—
Luz-Saint-Sauveur	462	—	—	P	M	🚐	—
Mane	463	—	—	—	M	🚐	—
Martres-Tolosane	463	👥	—	—	M	🚐	—
Masseube	464	—	—	—	L	—	—
Maubourguet	464	—	—	—	M	🚐	—
Mauroux	464	—	—	—	L	—	—
Mazamet	464	—	—	—	M	🚐	—
Mercus-Garrabet	465	—	—	—	M	🚐	—
Mérens-les-Vals	465	—	—	P	—	—	—
Miers	465	—	—	—	M	🚐	—
Millau	465	👥	—	—	M	🚐	🛡️
Mirande	466	—	—	—	M	🚐	—
Mirandol-Bourgnounac	466	—	👟	—	M	—	—
Mirepoix	467	—	👟	—	L	—	—
Moissac	467	👥	—	—	M	🚐	—
Monclar-de-Quercy	467	—	👟	—	L	—	—
Montcabrier	467	—	—	—	—	—	—
Montesquiou	468	—	—	—	M	—	—
Montpezat-de-Quercy	468	—	—	—	M	—	—
Nages	468	—	—	—	M	—	🛡️
Nailloux	469	—	—	P	M	🚐	—
Nant	469	👥	—	—	M	🚐	🛡️
Naucelle	469	—	—	—	M	🚐	—
Nègrepelisse	470	—	—	—	M	🚐	—
Orincles	470	—	—	—	—	🚐	—
Oust	470	—	—	—	M	🚐	—
Ouzous	470	—	—	—	—	—	—
Padirac	471	👥	—	—	M	🚐	—
Pamiers	471	—	—	—	M	🚐	—
Pampelonne	471	—	—	—	—	—	—
Parisot	471	—	—	—	L	—	—
Payrac	472	👥	—	—	M	🚐	—
Pons	472	—	—	—	M	—	—
Pont-de-Salars	472	👥	—	—	M	🚐	🛡️
Poueyferré	473	—	—	—	—	—	—
Pouzac	473	—	—	—	M	🚐	—
Puybrun	473	—	—	—	—	—	—
Puy-l'Évêque	473	—	👟	—	—	—	—
Puysségur	474	—	👟	—	M	🚐	—
Revel	474	—	—	—	—	🚐	—
Rieux	474	—	—	—	L	🚐	—
Rieux-de-Pelleport	475	—	—	P	M	🚐	—
Rignac	475	—	—	—	M	🚐	—
Rimont	475	—	—	—	L	—	—
Rivière-sur-Tarn	475	👥	—	—	M	🚐	🛡️
Rocamadour	476	—	—	—	—	—	—
Rodez	477	👥	👟	—	M	🚐	🛡️
La Romieu	477	👥	—	—	M	🚐	🛡️
Roquelaure	478	👥	—	—	M	🚐	—
Saint-Amans-des-Cots	478	👥	—	—	M	🚐	🛡️
Saint-Antonin-Noble-Val	479	👥	—	—	M	🚐	—
Saint-Bertrand-de-Comminges	479	—	—	P	M	🚐	—
Saint-Blancard	479	—	—	—	L	—	—
Saint-Céré	479	—	—	—	M	🚐	—
Saint-Cirq-Lapopie	480	👥	👟	P	M	🚐	🛡️
Saint-Gaudens	480	—	—	—	—	🚐	—
Saint-Geniez-d'Olt	480	👥	👟	—	M	🚐	🛡️
Saint-Germain-du-Bel-Air	481	👥	—	—	M	🚐	—
Saint-Girons	481	👥	—	—	M	—	—
Saint-Jean-du-Bruel	482	—	—	—	M	🚐	—
Saint-Lary-Soulan	482	—	—	—	—	🚐	—
Saint-Pantaléon	482	—	—	—	M	—	—
Saint-Pierre-Lafeuille	482	—	—	—	M	🚐	—

INDEX THÉMATIQUE PAR RÉGIONS

	Pages	👥	👟	Permanent	Location	🚐	🎭
Saint-Rome-de-Tarn	483	—	—	—	M	🚐	—
Sainte-Marie-de-Campan	483	—	—	P	—	🚐	—
Salles-Curan	483	👥	👟	—	M	🚐	🎭
Salles-et-Pratviel	484	—	—	—	M	—	—
Sassis	484	—	—	—	M	—	—
Seix	485	—	—	—	M	🚐	—
Sénergues	485	—	—	—	M	🚐	—
Séniergues	485	—	👟	—	M	🚐	—
Sévérac-l'Église	485	👥	—	—	M	—	🎭
Sorèze	486	—	—	—	M	🚐	—
Sorgeat	486	—	👟	P	M	—	—
Souillac	486	👥	👟	—	M	🚐	🎭
Tarascon-sur-Ariège	487	👥	—	P	M	🚐	🎭
Teillet	487	—	—	—	M	🚐	—
Thégra	487	👥	👟	—	M	🚐	—
Thoux	488	—	—	—	M	🚐	—
Touzac	488	—	—	—	M	🚐	—
Le Trein d'Ustou	488	—	—	P	M	—	—
Le Truel	489	—	—	—	M	—	—
Vayrac	489	—	👟	—	M	—	—
Vers	489	—	👟	—	M	🚐	—
Vielle-Aure	490	—	—	P	M	—	—
Le Vigan	490	—	👟	—	M	—	—
Villefranche-de-Panat	490	—	—	—	L	—	—
Villefranche-de-Rouergue	491	—	—	—	M	🚐	—

NORD-PAS-DE-CALAIS

	Pages	👥	👟	Permanent	Location	🚐	🎭
Avesnes-sur-Helpe	495	—	—	—	—	—	—
Buysscheure	495	—	—	—	—	🚐	—
Condette	495	—	—	—	M	🚐	—
Coudekerque	496	—	—	—	M	🚐	—
Fillièvres	496	—	—	—	M	—	—
Floyon	497	—	—	P	M	🚐	—
Grand-Fort-Philippe	497	—	—	—	—	🚐	—
Guînes	497	—	—	—	M	🚐	—
Isques	497	—	—	—	M	—	—
Leffrinckoucke	498	—	—	—	M	—	—
Licques	498	—	—	—	M	🚐	—
Maubeuge	498	—	—	—	—	—	—

	Pages	👥	👟	Permanent	Location	🚐	🎭
Oye-Plage	499	—	—	—	—	—	—
Rebecques	499	—	—	—	—	—	—
Saint-Omer	499	—	—	—	M	🚐	—
Willies	499	—	—	—	M	—	—

NORMANDIE

	Pages	👥	👟	Permanent	Location	🚐	🎭
Agon-Coutainville	504	—	—	—	—	🚐	—
Alençon	504	—	—	—	—	—	—
Annoville	504	—	👟	—	M	—	—
Argentan	504	—	—	—	—	🚐	—
Arromanches-les-Bains	505	—	—	—	M	🚐	—
Aumale	505	—	—	—	—	🚐	—
Bagnoles-de-l'Orne	505	—	—	—	M	🚐	—
Barneville-Carteret	505	—	—	—	M	—	🎭
Baubigny	506	—	👟	—	M	—	—
Bayeux	506	—	—	—	—	🚐	—
Bazinval	507	—	—	—	—	🚐	—
Beauvoir	507	—	—	—	M	🚐	—
Le Bec-Hellouin	507	—	👟	—	—	🚐	—
Bellême	507	—	—	—	—	—	—
Bernay	508	—	—	—	M	—	—
Bernières-sur-Mer	508	—	—	—	M	🚐	🎭
Les Biards	508	—	—	—	M	—	🎭
Blangy-le-Château	508	👥	—	—	M	—	🎭
Blangy-sur-Bresle	509	—	—	—	—	—	—
Bourg-Achard	509	—	—	—	—	🚐	—
Brécey	509	—	—	—	—	—	—
Bréhal	509	—	—	—	—	🚐	🎭
Bréville-sur-Mer	510	—	—	—	M	🚐	🎭
Cany-Barville	510	—	—	—	—	🚐	—
Carentan	510	—	—	—	M	🚐	—
Carteret	510	—	—	—	—	—	—
Colleville-sur-Mer	511	—	—	—	M	🚐	—
Courseulles-sur-Mer	511	—	—	—	M	🚐	—
Courtils	511	—	—	—	M	🚐	—
Creully	511	—	—	—	—	—	—
Denneville	512	—	—	—	M	—	—
Dieppe	512	—	—	—	M	🚐	—
Dives-sur-Mer	512	—	—	—	M	🚐	—
Domfront	513	—	—	—	—	🚐	—

797

INDEX THÉMATIQUE PAR RÉGIONS

	Pages	👥	🐾	Permanent	Location	🚐	🎭
Donville-les-Bains	513	—	—	—	—	🚐	🎭
Ducey	513	—	—	—	—	🚐	—
Étréham	513	—	🐾	—	M	🚐	—
Étretat	514	—	—	—	—	🚐	—
Falaise	514	—	—	—	—	🚐	—
Fiquefleur-Équainville	514	—	—	—	M	—	—
Flers	514	—	—	—	M	—	—
Genêts	515	—	—	—	M	🚐	—
Gonneville-en-Auge	515	—	—	—	M	—	—
Granville	515	—	—	—	M	🚐	🎭
Le Gros-Theil	516	—	🐾	P	—	—	🎭
Honfleur	516	—	—	—	M	🚐	—
Houlgate	516	👥	—	—	M	🚐	—
Incheville	516	—	—	—	—	—	—
Isigny-sur-Mer	517	—	—	—	M	🚐	—
Jullouville	517	—	—	—	M	🚐	—
Jumièges	518	—	—	—	M	🚐	—
Lisieux	518	—	—	—	M	—	—
Les Loges	518	—	—	—	M	🚐	—
Longny-au-Perche	518	—	—	P	M	🚐	🎭
Louviers	519	—	—	—	M	🚐	—
Luc-sur-Mer	519	—	—	—	M	🚐	—
Lyons-la-Forêt	519	—	—	—	M	—	—
Marchainville	519	—	—	—	—	—	—
Martigny	520	—	—	—	M	—	—
Martragny	520	—	—	—	M	🚐	—
Maupertus-sur-Mer	520	👥	—	—	M	🚐	🎭
Merville-Franceville-Plage	521	—	—	—	M	🚐	🎭
Le Mont-Saint-Michel	521	—	—	—	M	🚐	—
Moyaux	521	—	🐾	—	—	—	🎭
Offranville	522	—	—	—	M	🚐	—
Omonville-la-Rogue	522	—	—	—	M	🚐	—
Orbec	522	—	—	—	—	🚐	—
Les Pieux	522	—	—	—	M	🚐	🎭
Pont-Audemer	523	—	—	—	M	🚐	—
Pont-Authou	523	—	—	P	M	🚐	—
Pont-Farcy	523	—	—	—	M	—	—
Pontorson	523	👥	—	—	M	🚐	🎭
Port-en-Bessin	524	👥	—	—	M	🚐	—
Poses	524	—	—	—	—	—	—
Quiberville	524	—	—	—	—	🚐	—
Ravenoville	524	👥	—	—	M	🚐	🎭
Le Rozel	525	—	—	—	M	🚐	—
Saint-Arnoult	525	👥	—	—	M	🚐	🎭
Saint-Aubin-sur-Mer	525	👥	—	—	M	🚐	🎭
Saint-Aubin-sur-Mer	525	—	—	—	—	🚐	—
Saint-Evroult-Notre-Dame-du-Bois	526	—	—	—	—	🚐	—
Saint-Georges-du-Vièvre	526	—	—	—	M	—	—
Saint-Germain-sur-Ay	526	—	—	—	M	—	—
Saint-Hilaire-du-Harcouët	527	—	—	—	—	🚐	—
Saint-Jean-de-la-Rivière	527	—	—	—	M	—	🎭
Saint-Martin-en-Campagne	527	—	—	—	—	—	—
Saint-Pair-sur-Mer	527	—	—	—	—	🚐	—
Saint-Sauveur-le-Vicomte	528	—	—	—	—	—	—
Saint-Symphorien-le-Valois	528	—	—	—	M	🚐	—
Saint-Vaast-la-Hougue	528	—	—	—	M	🚐	🎭
Saint-Valery-en-Caux	528	—	—	P	M	—	—
Sainte-Marie-du-Mont	529	—	—	—	M	🚐	—
Sainte-Mère-Église	529	—	—	—	—	🚐	—
Siouville-Hague	529	—	—	P	—	🚐	—
Surrain	529	—	—	—	M	—	—
Surtainville	530	—	—	P	M	🚐	—
Thury-Harcourt	530	—	—	—	M	—	—
Touffreville-sur-Eu	530	—	—	—	—	—	—
Tourlaville	530	—	—	—	—	🚐	—
Toussaint	531	—	—	—	M	—	—
Le Tréport	531	—	—	—	M	🚐	—
Trévières	531	—	—	—	—	🚐	—
Veules-les-Roses	531	—	—	—	—	🚐	—
Le Vey	532	—	—	—	M	—	—
Villedieu-les-Poêles	532	—	—	—	M	🚐	—
Villers-sur-Mer	532	—	—	—	M	—	🎭
Vimoutiers	532	—	—	—	—	🚐	—
Vittefleur	533	—	—	—	—	—	—

INDEX THÉMATIQUE PAR RÉGIONS

PAYS-DE-LA LOIRE

	Pages	👥	🔶	Permanent	Location	🚐	🎭
L'Aiguillon-sur-Mer	538	—	—	—	M	🚐	—
Aizenay	538	—	—	—	M	🚐	—
Allonnes	538	—	—	—	M	🚐	—
Ambrières-les-Vallées	538	—	—	—	M	—	—
Ancenis	539	—	—	—	M	🚐	—
Andouillé	539	—	—	—	M	—	—
Angers	539	👥	—	—	M	🚐	—
Angles	540	👥	—	—	M	🚐	🎭
Apremont	540	—	—	—	M	🚐	—
Avoise	541	—	—	—	—	—	—
Avrillé	541	—	—	—	M	—	—
La Baule	541	—	—	—	M	🚐	🎭
Beaumont-sur-Sarthe	542	—	—	—	—	🚐	—
La Bernerie-en-Retz	542	👥	—	—	M	—	🎭
Bessé-sur-Braye	543	—	—	—	M	—	—
Blain	543	—	—	—	—	🚐	—
La Boissière-de-Montaigu	543	—	🔶	P	M	🚐	—
Bouchemaine	543	—	—	—	—	🚐	—
Bouère	544	—	—	—	L	🚐	—
Bournezeau	544	—	—	—	—	—	—
Brain-sur-l'Authion	544	—	—	P	M	—	—
Brem-sur-Mer	544	👥	—	—	M	—	🎭
Brétignolles-sur-Mer	545	👥	—	—	M	🚐	—
Brissac-Quincé	546	—	—	—	M	🚐	—
Careil	546	—	—	—	M	—	—
Chaillé-les-Marais	547	—	—	—	M	🚐	—
La Chaize-Giraud	547	—	—	—	M	—	—
Challain-la-Potherie	547	—	—	—	—	—	—
Chalonnes-sur-Loire	547	—	—	—	—	—	—
Chambretaud	548	—	—	P	M	🚐	—
La Chapelle-Hermier	548	—	—	—	M	—	—
Château-Gontier	548	—	—	P	M	—	—
Châteauneuf-sur-Sarthe	548	—	—	—	—	🚐	—
Chemillé	549	—	—	—	M	—	—
Cholet	549	👥	—	—	M	🚐	🎭
Commequiers	549	—	🔶	—	M	—	—
Les Conches	550	—	—	—	M	—	—
Concourson-sur-Layon	550	—	—	—	M	—	🎭
Conlie	550	—	—	—	—	—	—
Coutures	551	—	—	—	M	🚐	—
Craon	551	—	—	—	M	🚐	—
Daon	552	—	—	—	M	—	—
Durtal	552	—	—	—	M	🚐	—
Les Epesses	552	—	—	—	M	🚐	—
Les Essarts	552	—	—	—	M	🚐	—
Évron	553	—	—	P	M	🚐	—
La Faute-sur-Mer	553	—	—	—	M	—	—
Le Fenouiller	553	—	🔶	—	M	—	—
La Ferté-Bernard	554	—	—	—	—	—	—
La Flèche	554	—	—	—	M	🚐	—
Fresnay-sur-Sarthe	554	👥	—	—	M	🚐	—
Fromentine	554	—	—	—	M	🚐	🎭
Le Givre	555	—	🔶	P	M	—	—
Grand'Landes	555	—	—	P	M	—	—
Guémené-Penfao	555	—	—	—	M	🚐	—
Herbignac	555	—	—	—	—	🚐	—
ILE DE NOIRMOUTIER	556						
Barbâtre	556	—	—	—	M	—	—
La Guérinière	556	—	—	—	M	🚐	🎭
Noirmoutier-en-l'Île	556	—	—	—	M	🚐	—
L'Île-d'Olonne	557	—	—	—	M	—	—
Jard-sur-Mer	557	👥	—	—	M	—	🎭
Landevieille	558	👥	—	—	M	🚐	—
Laval	559	—	—	—	—	🚐	—
Lavaré	559	—	—	—	M	—	—
Le Lion-d'Angers	559	—	—	—	—	—	—
Longeville-sur-Mer	559	👥	🔶	—	M	🚐	🎭
Loué	560	—	—	—	M	🚐	—
Luché-Pringé	560	—	—	—	M	—	—
Les Lucs-sur-Boulogne	560	—	—	—	—	—	—
Maché	561	—	—	—	M	—	—
Machecoul	561	—	—	—	M	—	—
Maillezais	561	—	—	—	—	🚐	—
Malicorne-sur-Sarthe	562	—	—	—	M	🚐	—
Mamers	562	—	—	P	M	—	—
Mansigné	562	—	—	—	M	—	—
Mareuil-sur-Lay	562	—	—	—	—	—	—

799

INDEX THÉMATIQUE PAR RÉGIONS

	Pages	👥	👟	Permanent	Location	🎭
Marçon	563	—	—	—	M	🚐	—
Mayenne	563	—	—	—	M	—	—
Mayet	563	—	—	—	—	🚐	—
Le Mazeau	563	—	—	—	M	—	—
Ménil	564	—	—	—	M	—	—
Mervent	564	—	—	—	M	—	—
Meslay-du-Maine	564	—	—	—	M	🚐	—
Mesquer	564	—	—	—	M	—	—
Mézières-sous-Lavardin	565	—	—	P	M	🚐	—
Montreuil-Bellay	565	👥	—	—	M	—	🎭
Montsoreau	565	—	—	—	M	🚐	—
La Mothe-Achard	566	—	—	—	M	—	🎭
Mouchamps	566	—	—	—	M	—	—
Mouilleron-le-Captif	566	—	—	P	M	🚐	—
Nalliers	566	—	—	—	—	—	—
Nantes	567	—	—	P	M	—	—
Neuville-sur-Sarthe	567	—	👟	—	M	—	—
Nort-sur-Erdre	567	—	👟	—	—	—	—
Notre-Dame-de-Monts	567	—	—	—	M	—	🎭
Noyant-la-Gravoyère	568	—	—	—	M	🚐	—
Nyoiseau	569	—	—	—	—	—	—
Olonne-sur-Mer	569	👥	—	—	M	—	🎭
Le Perrier	570	—	—	—	M	—	—
Piriac-sur-Mer	570	👥	—	—	M	🚐	—
La Plaine-sur-Mer	571	👥	—	—	M	🚐	—
Pontchâteau	572	—	—	—	—	—	—
Les Ponts-de-Cé	572	👥	—	—	M	🚐	—
Pornic	572	—	—	—	M	—	🎭
Le Pouliguen	573	—	—	—	M	🚐	—
Pouzauges	573	—	—	P	—	—	—
Précigné	573	—	—	—	—	—	—
Préfailles	573	—	—	—	M	—	🎭
Pruillé	574	—	—	—	—	—	—
Roézé-sur-Sarthe	574	—	—	—	—	—	—
Les Rosiers-sur-Loire	574	—	—	—	M	🚐	—
Les Sables-d'Olonne	574	👥	—	—	M	🚐	🎭
Sablé-sur-Sarthe	575	👥	—	—	M	🚐	—
Saint-Berthevin	576	—	—	—	—	—	—
Saint-Brevin-les-Pins	576	👥	—	P	M	🚐	🎭

	Pages	👥	👟	Permanent	Location	🎭
Saint-Calais	577	—	—	—	M	—	—
Saint-Étienne-du-Bois	577	—	—	—	M	—	—
Saint-Georges-sur-Layon	577	—	—	—	M	—	—
Saint-Gilles-Croix-de-Vie	577	—	—	—	M	—	—
Saint-Hilaire-de-Riez	578	👥	—	—	M	🚐	—
Saint-Hilaire-la-Forêt	581	—	—	—	M	🚐	—
Saint-Hilaire-Saint-Florent	581	👥	👟	—	M	🚐	—
Saint-Jean-de-Monts	581	👥	👟	—	M	🚐	—
Saint-Julien-des-Landes	585	👥	👟	—	M	—	🎭
Saint-Lambert-du-Lattay	586	—	—	—	M	🚐	—
Saint-Laurent-sur-Sèvre	586	—	—	P	M	—	—
Saint-Michel-en-l'Herm	586	—	—	—	M	🚐	—
Saint-Père-en-Retz	587	—	—	—	M	—	—
Saint-Révérend	587	—	—	—	M	🚐	—
Saint-Vincent-sur-Jard	587	—	—	—	M	—	—
Sainte-Luce-sur-Loire	588	—	—	P	M	🚐	—
Saumur	588	👥	—	—	M	🚐	—
La Selle-Craonnaise	588	—	—	—	M	🚐	🎭
Sillé-le-Guillaume	588	—	—	—	—	🚐	—
Sillé-le-Philippe	589	—	👟	—	M	—	🎭
Sion-sur-l'Océan	589	—	—	—	M	🚐	—
Soullans	589	—	—	—	—	—	—
Talmont-Saint-Hilaire	589	—	—	—	M	—	🎭
Tennie	590	—	—	—	M	🚐	—
Tharon-Plage	590	—	—	—	M	—	—
La Tranche-sur-Mer	591	👥	—	—	M	🚐	🎭
Triaize	592	—	—	—	M	—	—
La Turballe	592	—	—	—	M	🚐	—
Vairé	593	—	—	P	M	🚐	—
Varennes-sur-Loire	593	👥	—	—	M	🚐	🎭
Vertou	593	—	—	—	—	🚐	—
Vihiers	593	—	—	—	—	—	—
Villiers-Charlemagne	594	—	—	—	M	🚐	🎭
Vix	594	—	—	—	—	—	—

INDEX THÉMATIQUE PAR RÉGIONS

PICARDIE

	Pages	👥	👟	Permanent	Location	🚐	🎭
Amiens	597	—	—	—	M	🚐	—
Berny-Rivière	597	—	—	P	M	🚐	🎭
Bertangles	597	—	—	—	—	—	—
Cappy	598	—	—	—	—	🚐	—
Carlepont	598	—	—	—	M	🚐	—
Cayeux-sur-Mer	598	—	—	—	M	🚐	—
Charly-sur-Marne	599	—	—	—	—	—	—
Le Crotoy	599	—	—	—	M	🚐	—
La Fère	600	—	—	—	—	—	—
Fort-Mahon-Plage	600	—	—	—	M	🚐	—
Guignicourt	600	—	—	—	—	—	—
Laon	601	—	—	—	—	🚐	—
Moyenneville	601	—	—	—	M	🚐	—
Nampont-Saint-Martin	601	—	—	—	M	🚐	🎭
Le Nouvion-en-Thiérache	601	—	—	—	—	🚐	—
Pendé	602	—	—	—	—	—	—
Péronne	602	—	—	—	M	🚐	—
Pierrefonds	602	—	—	—	—	—	—
Poix-de-Picardie	603	—	—	—	—	—	—
Quend	603	—	👟	—	M	🚐	—
Ressons-le-Long	603	—	—	—	M	—	—
Rue	603	—	—	—	—	🚐	—
Saint-Leu-d'Esserent	604	—	—	—	M	🚐	—
Saint-Quentin-en-Tourmont	604	—	—	—	M	🚐	—
Saint-Valery-sur-Somme	605	—	—	—	M	🚐	🎭
Seraucourt-le-Grand	605	—	—	—	—	🚐	—
Villers-sur-Authie	605	—	—	—	M	🚐	🎭
Vironchaux	606	—	—	—	M	🚐	—

POITOU-CHARENTES

	Pages	👥	👟	Permanent	Location	🚐	🎭
Aigrefeuille-d'Aunis	610	—	—	—	M	—	—
Angoulins	610	—	—	—	M	—	🎭
Archiac	610	—	—	—	—	🚐	—
Argenton-Château	610	—	—	—	M	🚐	—
Arvert	611	—	—	—	M	—	—
Aunac	611	—	👟	—	—	—	—
Availles-Limouzine	611	—	—	—	M	🚐	—
Avanton	611	—	—	—	M	—	—
Benon	612	—	—	—	—	—	—
Bonnes	612	—	—	—	M	—	—
Cadeuil	612	—	—	—	L	—	—
Châtelaillon-Plage	613	—	—	—	M	—	—
Châtellerault	613	—	—	—	M	🚐	—
Chauvigny	613	—	—	—	M	—	—
Cognac	613	—	—	—	M	🚐	—
Couhé	614	👥	—	—	M	🚐	🎭
Coulon	614	—	—	—	M	🚐	—
Coulonges-sur-l'Autize	614	—	—	—	—	—	—
Cozes	614	—	—	—	M	🚐	—
Dampierre-sur-Boutonne	615	—	—	—	—	—	—
Fouras	615	—	—	P	M	—	🎭
Gémozac	615	—	—	—	—	—	—
L'Houmeau	615	—	—	—	—	—	—
ILE-DE-RÉ	616						
Ars-en-Ré	616	👥	—	—	M	🚐	🎭
Le Bois-Plage-en-Ré	616	👥	—	—	M	🚐	🎭
La Couarde-sur-Mer	617	👥	—	—	M	🚐	🎭
La Flotte	617	👥	—	—	M	🚐	🎭
Loix	618	👥	—	—	M	🚐	—
Les-Portes-en-Ré	618	👥	—	—	M	🚐	🎭
Saint-Clément-des-Baleines	618	👥	—	—	M	🚐	—
Saint-Martin-de-Ré	618	—	—	—	M	🚐	—
ILE D'OLÉRON	619						
La Brée-les-Bains	619	—	—	—	M	—	—
Le Château-d'Oléron	619	👥	👟	—	M	🚐	🎭
Dolus-d'Oléron	620	—	—	—	M	🚐	—
Saint-Denis-d'Oléron	620	—	—	—	M	—	—
Saint-Georges-d'Oléron	620	👥	👟	—	M	🚐	🎭
Saint-Pierre-d'Oléron	622	—	—	—	M	—	—
Saint-Trojan-les-Bains	622	—	—	—	M	🚐	—
Île-d'Aix	623	—	—	—	—	—	—
Ingrandes	623	—	—	—	M	—	—
Jaunay-Clan	623	—	—	—	M	🚐	—

801

INDEX THÉMATIQUE PAR RÉGIONS

	Pages	👥	👟	Permanent	Location	🚐	🎭
Jonzac	623	—	—	—	M	🚐	—
Lagord	624	—	—	—	M	🚐	—
Landrais	624	—	—	—	—	🚐	—
Le Lindois	624	—	👟	—	M	—	—
Loudun	624	—	—	—	—	—	—
Mansle	624	—	—	—	—	—	—
Marans	625	—	—	—	M	🚐	—
Marennes	625	—	—	—	M	🚐	—
Les Mathes	625	👥	—	—	M	—	🎭
Mauzé-sur-le-Mignon	626	—	—	—	—	🚐	—
Médis	626	—	—	—	M	—	—
Meschers-sur-Gironde	627	—	—	—	M	🚐	—
Montbron	627	👥	👟	—	M	—	🎭
Montignac-Charente	627	—	—	—	—	—	—
Montmorillon	627	—	—	—	—	—	—
Mortagne-sur-Gironde	628	—	—	—	—	—	—
Mosnac	628	—	—	—	—	—	—
La Palmyre	628	👥	—	—	M	🚐	—
Pons	628	—	—	P	M	🚐	—
Pont-l'Abbé-d'Arnoult	629	—	—	—	M	🚐	—
Prailles	629	—	—	—	M	🚐	—
Pressignac	630	—	—	—	M	🚐	🎭
Rochefort	630	—	—	—	M	🚐	—
La Roche-Posay	630	—	—	—	M	🚐	—
Ronce-les-Bains	630	👥	—	—	M	🚐	🎭
Royan	631	—	—	—	M	🚐	🎭
Saint-Augustin	632	—	👟	—	M	—	—
Saint-Christophe	632	—	—	—	—	—	—
Saint-Christophe-sur-Roc	632	—	—	—	M	—	—
Saint-Cyr	633	—	—	—	M	🚐	—
Saint-Georges-de-Didonne	633	—	—	P	M	🚐	🎭
Saint-Georges-lès-Baillargeaux	633	—	—	P	M	🚐	—
Saint-Jean-d'Angély	634	—	—	—	M	🚐	—
Saint-Just-Luzac	634	👥	—	—	M	🚐	🎭
Saint-Laurent-de-la-Prée	634	👥	—	—	M	—	🎭
Saint-Nazaire-sur-Charente	635	—	—	—	M	🚐	—
Saint-Palais-sur-Mer	635	—	—	—	M	—	—

	Pages	👥	👟	Permanent	Location	🚐	🎭
Saint-Pierre-de-Maillé	635	—	—	—	—	—	—
Saint-Savinien	636	—	—	—	M	—	—
Saint-Seurin-d'Uzet	636	—	—	—	—	🚐	—
Saint-Sornin	636	—	—	—	M	—	—
Saujon	636	—	—	—	M	🚐	—
Secondigny	637	—	—	—	M	🚐	—
Sireuil	637	—	—	—	—	—	—
Souméras	637	—	—	—	—	—	—
Thors	637	—	—	—	M	🚐	🎭
Vaux-sur-Mer	638	—	—	—	M	🚐	🎭
Vouillé	638	—	—	—	—	—	—
Vouneuil-sur-Vienne	638	—	—	—	M	—	—

PROVENCE-ALPES-CÔTE D'AZUR

	Pages	👥	👟	Permanent	Location	🚐	🎭
Les Adrets-de-l'Esterel	642	—	—	—	M	—	—
Agay	642	👥	—	—	M	🚐	—
Aix-en-Provence	644	👥	—	P	M	🚐	—
Ancelle	644	—	👟	—	M	🚐	—
Antibes	644	—	—	—	—	—	—
Apt	644	—	👟	—	M	🚐	—
L'Argentière-la-Bessée	645	—	—	—	—	🚐	—
Arles	645	👥	—	—	—	—	🎭
Aubignan	645	—	—	—	—	—	—
Aups	646	—	—	—	—	—	—
Auribeau-sur-Siagne	646	—	—	—	M	🚐	—
Avignon	646	—	—	—	—	—	—
Baratier	646	—	👟	P	M	—	🎭
Barcelonnette	647	👥	—	—	M	🚐	—
Barret-sur-Méouge	648	—	👟	—	M	—	—
Le Bar-sur-Loup	648	—	—	—	M	—	—
Beaumes-de-Venise	648	—	—	—	—	🚐	—
Beaumont-du-Ventoux	649	—	👟	P	M	🚐	—
Bédoin	649	—	—	—	M	🚐	—
La Bocca	649	—	—	—	M	—	—
Bollène	650	—	—	P	M	—	—
Bonnieux	650	—	👟	—	—	—	—
Bormes-les-Mimosas	650	—	—	P	M	🚐	—
Briançon	650	—	—	—	M	🚐	—
Cadenet	651	—	—	—	M	🚐	—

INDEX THÉMATIQUE PAR RÉGIONS

	Pages	👥	👟	Permanent	Location	🚐	🏠
La Cadière-d'Azur	651	—	—	—	L	—	—
Cagnes-sur-Mer	651	—	—	—	M	🚐	—
Callas	652	—	—	—	M	—	—
Caromb	653	—	—	—	M	—	—
Carpentras	653	—	—	—	M	🚐	—
Carro	653	—	—	—	L	—	—
Castellane	653	👥	👟	—	M	🚐	—
Cavalaire-sur-Mer	654	—	—	—	M	🚐	—
Ceillac	655	—	—	—	—	—	—
Ceyreste	655	—	—	—	M	—	—
Châteaurenard	655	—	—	—	M	—	—
Chorges	655	—	—	P	M	—	—
Clamensane	656	—	—	—	M	—	—
La Colle-sur-Loup	656	👥	—	P	M	—	—
Colmars	657	—	—	—	—	—	—
Col-Saint-Jean	657	👥	—	—	M	🚐	🏠
La Couronne	657	👥	—	—	M	🚐	—
La Croix-Valmer	658	👥	—	—	M	—	🏠
Cros-de-Cagnes	658	👥	—	—	M	🚐	🏠
Cucuron	659	—	👟	—	M	—	—
Curbans	659	—	—	—	M	—	—
Digne-les-Bains	659	—	—	—	M	🚐	—
Embrun	660	—	—	—	M	🚐	🏠
Esparron-de-Verdon	660	—	—	—	M	🚐	—
Espinasses	660	—	—	—	M	—	—
Èze	661	—	—	—	—	—	—
Faucon	661	—	—	—	M	🚐	—
Plage-de-la-Favière	661	👥	—	—	M	🚐	🏠
Forcalquier	661	—	—	—	M	—	—
Fréjus	662	👥	—	—	M	🚐	🏠
Gap	663	—	—	—	M	🚐	—
Giens	663	👥	—	—	M	🚐	🏠
La Grave	664	—	—	—	M	—	—
Graveson	664	—	—	—	M	🚐	—
Gréoux-les-Bains	664	👥	👟	—	M	🚐	🏠
Grimaud	665	👥	—	—	M	🚐	🏠
Guillestre	665	—	—	P	M	🚐	—
Hyères	666	👥	—	—	M	—	🏠
L'Isle-sur-la-Sorgue	667	—	—	—	M	🚐	—
Isola	667	—	—	P	M	🚐	—
Larche	667	—	—	—	M	🚐	—
Le Lavandou	667	—	—	—	M	—	—
Lourmarin	668	—	—	—	M	🚐	—
Malemort-du-Comtat	668	—	—	—	M	—	—
Mallemort	668	—	—	—	M	🚐	—
Mandelieu	669	—	—	P	M	—	—
Maubec	669	—	—	—	M	🚐	—
Maussane-les-Alpilles	669	—	—	—	—	—	—
Mazan	670	—	—	—	M	—	—
Les Mées	670	—	👟	—	M	—	—
Menton	670	—	—	—	—	—	—
Méolans	670	—	—	—	M	🚐	🏠
Mézel	671	—	—	—	—	—	—
Montmeyan	671	—	—	—	—	—	—
Montpezat	671	—	—	—	—	—	—
Mouriès	671	—	👟	—	—	—	—
Moustiers-Sainte-Marie	672	—	—	—	M	🚐	—
Murs	673	—	👟	—	—	—	—
Le Muy	673	👥	—	—	M	🚐	🏠
Nans-les-Pins	673	👥	—	—	M	🚐	🏠
Névache	673	—	👟	—	—	—	—
Niozelles	674	👥	—	—	M	🚐	—
Orange	674	—	—	—	M	🚐	—
Orcières	674	—	—	—	—	—	—
Orpierre	675	—	—	—	—	🚐	—
Pernes-les-Fontaines	675	—	—	—	—	🚐	—
Pertuis	675	—	—	—	M	🚐	🏠
Peyruis	675	—	—	—	—	—	—
Pont-du-Fossé	676	—	—	—	M	🚐	—
Le-Pontet	676	—	—	—	M	🚐	—
Prunières	676	—	—	—	M	🚐	—
Puget-sur-Argens	677	👥	—	—	M	—	—
Puimichel	677	—	👟	—	—	—	—
Puyloubier	677	—	—	—	M	🚐	—
Ramatuelle	677	👥	—	—	M	🚐	🏠
Réallon	678	—	👟	P	—	—	—
Riez	678	—	—	—	M	—	—
La Roche-de-Rame	678	—	—	P	M	🚐	—
La Roche-des-Arnauds	679	—	—	P	—	—	—
Roquebrune-sur-Argens	679	👥	👟	—	M	🚐	🏠
Rosans	680	—	—	—	M	—	—

803

INDEX THÉMATIQUE PAR RÉGIONS

Lieu	Pages	👥	🐾	Permanent	Location	🚐	🎭
Roussillon	680	—	🐾	—	—	—	—
Saint-André-les-Alpes	681	—	—	—	—	🚐	—
Saint-Apollinaire	681	—	—	—	M	—	—
Saint-Aygulf	681	👥	—	—	M	🚐	🎭
Saint-Clair	682	—	—	—	M	—	—
Saint-Clément-sur-Durance	682	—	—	—	—	🚐	—
Saint-Cyr-sur-Mer	683	—	—	—	M	🚐	—
Saint-Étienne-de-Tinée	683	—	—	—	—	🚐	—
Saint-Étienne-du-Grès	683	—	—	P	M	—	—
Saint-Firmin	683	—	—	—	—	—	—
Saint-Mandrier-sur-Mer	684	—	—	—	L	—	🎭
Saint-Martin-de-Brômes	684	—	🐾	—	M	—	—
Saint-Martin-d'Entraunes	684	—	🐾	—	M	—	—
Saint-Martin-Vésubie	684	—	—	—	M	🚐	—
Saint-Paul-en-Forêt	685	👥	🐾	—	—	—	🎭
Saint-Pons	685	—	—	—	L	—	—
Saint-Raphaël	685	👥	—	—	M	—	🎭
Saint-Rémy-de-Provence	685	—	—	—	M	🚐	—
Saint-Sauveur-sur-Tinée	686	—	—	—	M	—	—
Sainte-Croix-de-Verdon	686	—	—	—	—	—	—
Saintes-Maries-de-la-Mer	687	—	—	—	M	🚐	—
Salernes	687	—	—	—	M	—	—
Les Salles-sur-Verdon	688	—	—	—	—	🚐	—
Salon-de-Provence	688	—	—	—	M	—	—
Sanary-sur-Mer	688	👥	—	—	M	🚐	—
Le Sauze-du-Lac	689	—	—	—	M	🚐	—
Serres	689	—	🐾	—	M	🚐	—
Seyne	690	—	🐾	—	M	🚐	—
Sisteron	690	—	—	—	M	🚐	—
Sospel	690	—	—	—	M	🚐	—
Le Thor	691	—	—	—	M	🚐	—
Tourrettes-sur-Loup	691	—	—	P	M	—	—
Vaison-la-Romaine	691	👥	—	—	M	🚐	🎭
Valensole	692	—	—	—	—	🚐	—
Vence	692	—	🐾	—	M	🚐	—
Le Vernet	692	—	—	—	M	—	—
Veynes	693	—	🐾	—	M	—	—
Villar-Loubière	693	—	—	—	—	—	—
Villars-Colmars	693	—	—	P	M	🚐	—
Villecroze	693	👥	—	—	M	🚐	—
Villeneuve-Loubet	694	—	—	P	M	🚐	—
Villes-sur-Auzon	694	—	—	—	M	—	—
Violès	694	—	—	—	M	—	—
Visan	695	—	—	—	—	—	—
Volonne	695	👥	—	—	M	🚐	🎭
Volx	695	—	—	—	—	—	—

RHÔNE-ALPES

Lieu	Pages	👥	🐾	Permanent	Location	🚐	🎭
Les Abrets	700	👥	🐾	—	M	🚐	🎭
Aigueblanche	700	—	—	—	M	🚐	—
Aix-les-Bains	700	—	—	—	M	🚐	—
Alex	700	—	—	—	—	—	—
Allevard	701	—	—	—	M	🚐	—
Anse	701	—	—	—	—	🚐	—
Argentière	701	—	—	—	—	—	—
Ars-sur-Formans	701	—	—	—	—	—	—
Artemare	702	—	—	P	M	🚐	—
Aubenas	702	—	—	—	L	—	—
Aussois	702	—	—	P	—	🚐	—
Autrans	702	👥	—	—	M	🚐	—
Balbigny	703	—	🐾	—	—	🚐	—
La Balme-de-Sillingy	703	—	🐾	—	M	—	—
Barbières	703	—	—	—	—	—	—
Beaufort	703	—	—	—	—	—	—
Belmont-de-la-Loire	704	—	—	—	M	🚐	—
Bénivay-Ollon	704	—	🐾	—	M	—	—
Berrias-et-Casteljau	704	—	—	—	M	—	—
Bilieu	705	—	—	—	—	—	—
Les Bossons	705	—	—	—	M	—	—
Bourdeaux	705	—	—	—	M	🚐	—
Le-Bourg-d'Arud	706	—	—	—	M	🚐	—
Le-Bourg-d'Oisans	706	👥	—	—	M	🚐	🎭
Bourg-en-Bresse	707	—	—	—	—	🚐	—
Le-Bourget-du-Lac	707	—	—	—	M	🚐	🎭
Bourg-Saint-Maurice	708	—	—	—	M	🚐	—
Bout-du-Lac	708	—	—	—	M	—	🎭

INDEX THÉMATIQUE PAR RÉGIONS

	Pages	👥	👟	Permanent	Location	🚗	🎭
Bramans	709	—	—	—	M	—	—
Brides-les-Bains	709	—	—	—	M	🚗	—
Buis-les-Baronnies	709	—	—	—	M	—	—
Casteljau	710	—	—	—	M	🚗	—
Chabeuil	710	—	👟	—	M	—	🎭
Challes-les-Eaux	711	—	—	—	M	🚗	—
Chamonix-Mont-Blanc	711	—	—	—	—	🚗	—
Champdor	711	—	—	P	M	—	—
Chanaz	711	—	—	—	M	🚗	—
Charavines	712	—	—	—	—	—	—
Chassagnes	712	—	👟	—	M	🚗	—
Chassiers	712	👥	—	—	M	🚗	—
Châteauneuf-de-Galaure	713	—	—	—	—	—	—
Châteauneuf-du-Rhône	713	—	—	—	—	—	—
Châtel	713	👥	—	—	M	🚗	🎭
Le Châtelard	713	—	—	—	M	🚗	—
Châtillon-en-Diois	714	—	—	—	M	🚗	🎭
Châtillon-sur-Chalaronne	714	—	—	—	M	🚗	—
Chauzon	714	—	—	—	M	—	—
Chavannes-sur-Suran	715	—	—	—	—	—	—
Le Cheylard	715	—	—	—	M	🚗	—
Chindrieux	715	—	—	—	M	—	—
Choranche	715	—	—	—	M	—	—
La Clusaz	716	—	—	—	M	—	—
Contamine-Sarzin	716	—	—	—	M	—	—
Les Contamines-Montjoie	716	—	—	—	M	—	—
Cordelle	716	—	—	—	M	—	🎭
Cormoranche-sur-Saône	717	—	—	—	M	🚗	—
Crest	717	👥	—	—	M	🚗	🎭
Cruas	717	—	—	P	M	🚗	—
Cublize	718	—	—	—	M	🚗	—
Culoz	718	—	—	—	M	🚗	—
Darbres	719	—	—	—	M	—	—
Dardilly	719	—	—	P	M	🚗	—
Die	719	—	—	—	M	—	—
Dieulefit	719	—	—	—	—	—	—
Divonne-les-Bains	720	—	—	—	M	🚗	—
Doussard	720	👥	—	P	M	🚗	—
Duingt	720	—	—	—	M	🚗	—
Eclassan	721	—	👟	—	M	—	—
Entre-Deux-Guiers	721	—	—	—	M	🚗	—
Excenevex	721	—	—	—	M	—	🎭
Faramans	721	—	—	P	—	🚗	—
Félines	722	—	—	—	M	🚗	—
La Ferrière	722	—	👟	—	M	🚗	—
Feurs	722	—	—	—	—	🚗	—
Fleurie	722	—	—	—	M	🚗	—
Les Gets	723	—	—	—	—	—	—
Gex	723	—	—	—	—	—	—
Le Grand-Bornand	723	—	—	—	M	🚗	—
Grane	724	—	—	P	M	—	—
Gravières	724	—	👟	—	M	—	—
Gresse-en-Vercors	724	—	👟	—	M	🚗	—
Grignan	725	—	—	—	M	—	—
Groisy	725	—	—	—	M	🚗	—
Hautecourt	725	—	—	—	M	—	—
Issarlès	725	—	—	—	—	—	—
Jaujac	726	—	—	—	M	—	—
Jeansagnière	726	—	👟	—	L	—	—
Joannas	726	—	👟	—	M	🚗	—
Joyeuse	727	—	—	—	—	—	—
Lablachère	727	—	—	—	M	—	—
Lalley	727	—	—	—	M	🚗	—
Lalouvesc	728	—	—	—	M	🚗	—
Lamastre	728	—	—	—	M	🚗	🎭
Landry	728	—	—	—	—	🚗	—
Lanslevillard	728	—	—	—	—	🚗	—
Larnas	729	👥	—	—	M	—	🎭
Lathuile	729	—	—	—	M	—	🎭
Laurac-en-Vivarais	730	—	—	—	M	—	—
Lépin-le-Lac	730	—	—	—	—	—	—
Lescheraines	730	—	—	—	M	—	—
Lugrin	731	—	—	—	M	🚗	—
Lus-la-Croix-Haute	731	—	—	—	M	🚗	—
Maison-Neuve	731	—	—	—	M	🚗	—
Malarce-sur-la-Thines	732	—	👟	—	M	—	—
Malbosc	732	—	—	—	M	—	—
Les Marches	732	—	—	—	M	🚗	—
Mars	732	—	👟	—	M	🚗	—

805

INDEX THÉMATIQUE PAR RÉGIONS

Nom	Pages	👥	👟	Permanent	Location	🚐	🎭
Massignieu-de-Rives	733	—	—	—	M	🚐	—
Matafelon-Granges	733	—	—	—	M	🚐	—
Les Mazes	733	—	👟	—	M	—	—
Méaudre	734	—	—	P	M	🚐	—
Megève	734	—	—	—	M	—	—
Menglon	735	👥	—	—	M	—	🎭
Menthon-Saint-Bernard	735	—	—	—	M	—	—
Meyras	735	—	—	—	M	—	—
Meyrieu-les-Étangs	736	—	—	—	M	—	—
Mirabel-et-Blacons	736	—	—	—	M	🚐	—
Montalieu-Vercieu	736	—	—	—	M	🚐	—
Montbrison	737	—	—	—	M	🚐	—
Montchavin	737	—	—	—	—	🚐	—
Montréal	737	—	—	—	L	—	—
Montrevel-en-Bresse	737	👥	—	—	M	🚐	🎭
Mornant	738	—	—	—	—	—	—
Morzine	738	—	—	—	M	🚐	—
Murs-et-Gélignieux	738	—	—	—	M	🚐	—
Neydens	738	—	—	—	M	🚐	🎭
Les Noës	739	—	—	—	L	—	—
Novalaise	739	—	—	—	M	—	—
Nyons	739	—	—	—	M	—	—
Les Ollières-sur-Eyrieux	740	👥	—	—	M	🚐	🎭
Orgnac-l'Aven	741	—	—	—	—	—	—
La Pacaudière	741	—	—	—	M	—	—
Paladru	741	—	—	—	—	—	—
Petichet	741	—	—	—	M	🚐	—
Le Poët-Laval	742	—	—	—	—	🚐	—
Poncin	742	—	—	—	M	🚐	—
Poncins	742	—	👟	—	L	—	—
Pont-de-Vaux	742	—	—	—	M	🚐	—
Pouilly-sous-Charlieu	743	—	—	—	—	—	—
Poule-les-Écharmeaux	743	—	—	—	—	—	—
Le Poët-Célard	743	—	—	—	M	—	🎭
Pradons	743	—	—	—	M	🚐	—
Pralognan-la-Vanoise	744	—	—	—	M	🚐	—
Praz-sur-Arly	745	—	—	P	M	🚐	—
Les-Praz-de-Chamonix	745	—	—	—	—	🚐	—
Privas	745	—	—	—	M	🚐	—
Recoubeau-Jansac	745	—	—	—	M	—	🎭
Ribes	746	—	—	—	M	🚐	—
La Rochette	746	—	—	—	M	🚐	—
La Rosière-1850	746	—	—	—	M	🚐	—
Rosières	746	—	👟	—	M	🚐	—
Ruffieux	747	—	—	—	M	🚐	—
Rumilly	748	—	—	—	M	🚐	—
Ruoms	748	👥	👟	—	M	🚐	🎭
Sablières	749	—	👟	—	M	🚐	—
Sahune	750	—	—	—	—	—	—
Saint-Agrève	750	—	👟	—	M	—	—
Saint-Alban	750	👥	—	—	M	🚐	🎭
Saint-Alban-de-Montbel	751	👥	—	—	M	—	—
Saint-Avit	751	—	—	—	M	🚐	—
Saint-Christophe-en-Oisans	751	—	👟	—	—	—	—
Saint-Cirgues-en-Montagne	751	—	—	—	M	—	—
Saint-Clair-du-Rhône	752	—	👟	—	M	🚐	—
Saint-Colomban-des-Villards	752	—	—	—	—	—	—
Saint-Donat-sur-l'Herbasse	752	—	—	—	M	🚐	—
Saint-Ferréol	753	—	—	—	—	—	—
Saint-Ferréol-Trente-Pas	753	—	—	—	M	—	—
Saint-Galmier	753	—	—	—	—	—	—
Saint-Genest-Malifaux	754	—	—	—	M	🚐	—
Saint-Gervais-les-Bains	754	—	—	—	—	🚐	—
Saint-Jean-de-Couz	754	—	👟	—	M	—	—
Saint-Jean-de-Maurienne	754	—	—	—	M	🚐	—
Saint-Jean-de-Muzols	755	—	—	—	M	—	—
Saint-Jean-le-Centenier	755	—	—	—	M	🚐	—
Saint-Jorioz	755	👥	—	—	M	🚐	🎭
Saint-Julien-en-Saint-Alban	756	—	—	—	M	🚐	—
Saint-Just	756	—	—	—	M	—	—
Saint-Lager-Bressac	756	—	—	—	M	🚐	—
Saint-Laurent-du-Pape	757	—	—	—	M	—	—
Saint-Laurent-du-Pont	757	—	—	—	M	—	—

INDEX THÉMATIQUE PAR RÉGIONS

	Pages	👥	👟	Permanent	Location	🚐	🎭
Saint-Laurent-en-Beaumont	757	—	—	—	M	🚐	—
Saint-Laurent-les-Bains	757	—	👟	—	M	—	—
Saint-Martin-d'Ardèche	758	—	—	—	M	🚐	—
Saint-Martin-de-Clelles	758	—	—	—	—	🚐	—
Saint-Martin-en-Vercors	759	—	—	—	M	🚐	—
Saint-Maurice-d'Ardèche	759	—	👟	—	M	—	—
Saint-Maurice-d'Ibie	759	—	—	—	M	—	—
Saint-Nazaire-en-Royans	759	—	—	—	—	—	—
Saint-Paul-de-Varax	760	—	—	—	M	🚐	—
Saint-Paul-de-Vézelin	760	—	👟	—	—	—	—
Saint-Privat	760	—	—	—	M	—	—
Saint-Pierre-de-Chartreuse	760	—	—	—	M	🚐	—
Saint-Remèze	761	—	—	—	M	🚐	—
Saint-Sauveur-de-Cruzières	761	—	—	—	M	—	—
Saint-Sauveur-de-Montagut	762	—	—	—	M	—	—
Saint-Sauveur-en-Rue	762	—	—	—	M	🚐	—
Saint-Symphorien-sur-Coise	762	—	—	—	—	—	—
Saint-Théoffrey	762	—	—	—	M	—	—
Saint-Vallier	763	—	—	—	M	—	—
Sainte-Catherine	763	—	👟	—	—	—	—
Salavas	763	—	—	—	M	🚐	—
Sallanches	763	—	—	—	M	—	🎭
La Salle-en-Beaumont	764	—	👟	—	M	🚐	—
Samoëns	764	—	—	P	M	🚐	🎭
Sampzon	764	👥	👟	—	M	🚐	🎭
Satillieu	765	—	—	—	M	—	—
Sciez	765	—	—	—	M	🚐	—
Séez	766	—	—	P	M	🚐	—
Serrières-de-Briord	766	—	—	—	M	—	—
Sévrier	766	—	—	—	M	🚐	🎭
Seyssel	767	—	—	—	M	—	—
Seyssel	767	—	—	—	—	—	—
Tain-l'Hermitage	767	—	—	—	—	—	—
Taninges	767	—	—	P	—	🚐	—
Termignon	768	—	—	—	M	🚐	—
Theys	768	—	—	—	M	🚐	—
Tournon-sur-Rhône	768	—	—	—	M	🚐	—
La Toussuire	769	—	—	—	M	🚐	🎭
Trept	769	—	—	—	M	—	🎭
Tulette	769	—	👟	—	M	—	—
Ucel	769	—	—	—	M	🚐	🎭
Vagnas	770	—	👟	—	M	—	—
Vallières	770	—	—	—	M	🚐	—
Valloire	770	—	—	—	—	—	—
Vallon-Pont-d'Arc	770	👥	—	—	M	🚐	🎭
Vallorcine	772	—	—	—	—	—	—
Les Vans	773	—	—	—	M	🚐	—
Verchaix	773	—	—	P	—	—	—
Vernioz	773	—	👟	—	M	—	🎭
Villard-de-Lans	773	—	—	—	M	🚐	—
Villarembert	774	—	—	—	—	—	—
Villars-les-Dombes	774	—	—	—	—	—	—
Vinsobres	774	👥	—	P	M	🚐	🎭
Vion	775	—	—	—	M	🚐	—
Viviers	775	—	—	—	—	—	—
Vizille	775	—	—	—	M	🚐	—
Vogüé	776	—	—	—	M	🚐	🎭

ANDORRA

	Pages	👥	👟	Permanent	Location	🚐	🎭
Canillo	779	—	—	—	M	—	—
La Massana	779	—	—	—	M	—	—
Ordino	779	—	—	—	M	—	—
Sant Julià-de-Lòria	779	—	—	P	—	—	—

807

INDEX DES LOCALITÉS

A

Localité	Page
Abrest	151
Les Abrets	700
Les Adrets-de-l'Esterel	642
Agay	642
Agde	348
Agen	74
Agon-Coutainville	504
Agos-Vidalos	434
Aigrefeuille-d'Aunis	610
Aigueblanche	700
Aigues Vives	434
Aigues-Mortes	349
L'Aiguillon-sur-Mer	538
Ainhoa	74
Aire-sur-l'Adour	74
Aix-en-Othe	297
Aix-en-Provence	644
Aixe-sur-Vienne	403
Aix-les-Bains	700
Aizenay	538
Ajaccio	307
Albiès	434
Alençon	504
Aléria	307
Alet-les-Bains	349
Alex	700
Allègre-les-Fumades	349
Alles-sur-Dordogne	75
Allevard	701
Alleyras	151
Allonnes	538
Alrance	435
Ambert	151
Ambon	206
Ambrières-les-Vallées	538
Amiens	597
Ancelle	644
Ancenis	539
Ancy-le-Franc	183
Andelot	297
Andouillé	539
Andryes	183
Anduze	350
Angers	539
Angles	540
Anglet	75
Angoisse	75
Angoulins	610
Annoville	504
Anould	419
Anse	701
Antibes	644
Antonne-et-Trigonant	76
Apremont	540
Apt	644
Aragnouet	435
Aramits	76
Arbois	323
Archiac	610
Arcizans-Avant	435
Ares	76
Argelès-Gazost	435
Argelès-sur-Mer	351
Argentan	504
Argentat	403
Argentière	701
L'Argentière-la-Bessée	645
Argenton-Château	610
Arles	645
Arles-sur-Tech	354
Arnac	151
Arnay-le-Duc	183
Arpajon-sur-Cère	152
Arradon	207
Arras-en-Lavedan	436
Arrens-Marsous	436
Arromanches-les-Bains	505
Ars-en-Ré	616
Ars-sur-Formans	701
Artemare	702
Arvert	611
Arvieu	436
Arzano	207
Arzon	208
Asquins	183
Aston	437
Attigny	297
Atur	78
Aubazines	404
Aubenas	702
Aubignan	645
Aubigny-sur-Nère	272
Aubure	59
Auch	437
Aucun	437
Augirein	438
Aulus-les-Bains	438
Aumale	505
Aunac	611
Aups	646
Aureilhan	78
Auriac	404
Auribeau-sur-Siagne	646
Aurignac	438
Aurillac	152
Aussois	702
Autrans	702
Autun	184
Auxerre	184
Availles-Limouzine	611
Avallon	184
Avanton	611

INDEX DES LOCALITÉS

Avesnes-sur-Helpe 495
Avignon 646
Avoise 541
Avrillé 541
Ax-les-Thermes 438
Aydat 152
Ayzac-Ost 439
Azay-le-Rideau 272
Azur 78

B

Badefols-sur-Dordogne 79
Baden 208
Bagnac-sur-Célé 439
Bagneaux-sur-Loing 339
Bagnères-de-Bigorre 439
Bagnères-de-Luchon 440
Bagnoles-de-l'Orne 505
Bagnols 153
Bagnols-sur-Cèze 354
Balaruc-les-Bains 354
Balbigny 703
Ballan-Miré 272
La Balme-de-Sillingy 703
Bangor 210
Bannalec 208
Bannes 297
Baraize 272
Baratier 646
Barbaste 79
Barbâtre 556
Barbières 703
Barbotan-les-Thermes 441
Le Barcarès 355
Barcelonnette 647
Barjac 356
Barneville-Carteret 505
Barret-sur-Méouge 648
Le Bar-sur-Loup 648
Bassemberg 59
Bassoues 441
Bastia 308
La Bastide de Sérou 441
La Bastide-Clairence 103
Baubigny 506
Baudreix 80
La Baule 541
Bayeux 506
Bazas 80
Bazinval 507
La Bazoche-Gouet 273
Beaufort 703
Beaulieu-sur-Dordogne 404
Beaulieu-sur-Loire 273
Beaumes-de-Venise 648
Beaumont-de-Lomagne 442
Beaumont-du-Ventoux 649
Beaumont-sur-Sarthe 542

Beaune 184
Beauville 80
Beauvoir 507
Le Bec-Hellouin 507
Bédoin 649
Bédouès 357
Béduer 442
Bégard 208
Beg-Meil 209
Belaye 442
Belcaire 357
Belfort 323
Belle-Île-en-Mer 210
Bellême 507
Belmont-de-la-Loire 704
Bélus 80
Belvédère-Campomoro 308
Belvès 81
Belz 210
Benivay-Ollon 704
Bénodet 211
Benon 612
Bernay 508
La Bernerie-en-Retz 542
Bernières-sur-Mer 508
Berny-Rivière 597
Berrias et Casteljau 704
Bertangles 597
Bessèges 357
Bessé-sur-Braye 543
Bessines-sur-Gartempe 404
Beynac-et-Cazenac 81
Beynat 405
Le Bez 443
Biards 508
Biarritz 82
Bias 82
Bidart 82
Biesheim 59
Biganos 84
Bilieu 705
Billom 153
Binic 211
Biron 84
Biscarrosse 84
Blain 543
Blajoux 357
Le Blanc 273
Blandy 339
Blangy-le-Château 508
Blangy-sur-Bresle 509
Blasimon 86
Blaye 86
Bligny-sur-Ouche 185
La Bocca 649
Le Bois-Plage-en-Ré 616
Boisse-Penchot 443
Boisset-et-Gaujac 358
La Boissière-de-Montaigu 543

INDEX DES LOCALITÉS

Boisson	358
Bollène	650
Bonifacio	308
Bonlieu	324
Bonnal	324
Bonnes	612
Bonneval	273
Bonnieux	650
Le Bono	212
Bormes-les-Mimosas	650
Le Bosc	359
Les Bossons	705
Bouchemaine	543
Bouère	544
Boulancourt	339
Boulogne-sur-Gesse	443
Bourbon-Lancy	185
Bourbonne-les-Bains	297
La Bourboule	153
Bourdeaux	705
Bourg-Achard	509
Le Bourg-d'Arud	706
Le Bourg-d'Hem	405
Le Bourg-d'Oisans	706
Bourg-en-Bresse	707
Bourges	274
Bourget-du-Lac	707
Bourg-Fidèle	298
Bourg-Madame	359
Bourg-St-Maurice	708
Bourgueil	274
Bourisp	443
Bournezeau	544
Boussac-Bourg	405
Bout-du-Lac	708
Bracieux	274
Brain-sur-l'Authion	544
Braize	154
Bramans	709
Brantôme	87
Brassac	444
Braucourt	298
Brécey	509
La Brée-les-Bains	619
Bréhal	509
Brem-sur-Mer	544
La Bresse	419
Brest	212
Bretenoux	444
Brétignolles-sur-Mer	545
Bréville-sur-Mer	510
Briançon	650
Briare	274
Brides-les-Bains	709
Brignogan-Plages	212
Brissac	359
Brissac-Quincé	546
Brousses-et-Villaret	359
Brusque	444
Le Bugue	87
Buis-les-Baronnies	709
Le Buisson-de-Cadouin	87
Bujaleuf	406
Bulgnéville	419
Bun	444
Bunus	88
Burnhaupt-le-Haut	59
Bussang	420
Bussière-Galant	406
Buysscheure	495
Buzançais	275
Buzancy	299

C

Les Cabannes	445
Cadenet	651
Cadeuil	612
Cadière-d'Azur	651
Cagnes-sur-Mer	651
Cahors	445
Calacuccia	310
Callac	213
Callas	652
Calvi	310
Camaret-sur-Mer	213
Cambo-les-Bains	88
Les Cammazes	445
Camors	213
Campagne	88
Camps	406
Cancale	214
Candé-sur-Beuvron	275
Canet	360
Canet-de-Salars	445
Canet-Plage	360
Canilhac	361
Canillo	779
La Canourgue	361
Cany-Barville	510
Capbreton	88
Cap-Coz	214
Le Cap-d'Agde	362
Capdenac-Gare	446
Cappy	598
Carantec	214
Carcassonne	362
Careil	546
Carentan	510
Cargèse	311
Carhaix-Plouguer	215
Carlepont	598
Carlucet	446
Carmaux	446
Carnac	215
Carnon-Plage	362
Caromb	653
Carpentras	653

INDEX DES LOCALITÉS

Carro	653
Carsac-Aillac	89
Carteret	510
Cassagnabère-Tournas	447
Cassagnes	447
Cassaniouze	154
Casteil	363
Casteljaloux	89
Casteljau	710
Castellane	653
Castelmoron-sur-Lot	89
Castelnau-de-Montmiral	447
Castelnaud-la-Chapelle	90
Castelnau-Montratier	447
Castels	90
Castéra-Verduzan	448
Castets	90
Castillon la Bataille	91
Castillonnès	91
Castries	363
Caurel	217
Caussade	448
Cauterets	448
Cavalaire-sur-Mer	654
Cayeux-sur-Mer	598
Caylus	449
Cayriech	449
Cazaux	91
Ceaux-d'Allegre	154
Ceillac	655
La Celle-Dunoise	406
Celles-sur-Plaine	420
Cénac-et-St-Julien	91
Cendras	363
Cernay	60
Ceyrat	154
Ceyreste	655
Cézan	450
Chabeuil	710
Chablis	185
Chagny	185
Chaillac	275
Chaillé-les-Marais	547
La Chaise-Dieu	155
La Chaize-Giraud	547
Chalezeule	324
Challain-la-Potherie	547
Challes-les-Eaux	711
Chalonnes-sur-Loire	547
Châlons-en-Champagne	299
Chamberet	407
Chambilly	186
Le Chambon	364
Chambon-sur-Lac	155
Le Chambon-sur-Lignon	156
Chambretaud	548
Chamonix-Mont-Blanc	711
Champagnac-le-Vieux	156
Champagnole	324
Champdor	711
Champs-sur-Tarentaine	157
Chanaz	711
Chancia	325
La Chapelle-Aubareil	92
La Chapelle-aux-Filtzmeens	217
La Chapelle-Devant-Bruyères	420
La Chapelle-Hermier	548
Charavines	712
La Charité-sur-Loire	186
Charly-sur-Marne	599
Charmes	420
Charolles	186
Chartres	275
Chassagnes	712
Chassiers	712
Chastanier	364
Château-Chinon	187
Le Château-d'Oléron	619
Châteaugiron	218
Château-Gontier	548
Châteaulin	218
Châteaumeillant	276
Châteauneuf-de-Galaure	713
Châteauneuf-du-Rhône	713
Châteauneuf-la-Forêt	407
Châteauneuf-sur-Sarthe	548
Châteauponsac	407
Châteaurenard	655
Châteauroux	276
Châtel	713
Châtelaillon-Plage	613
Le Châtelard	713
Châtelaudren	218
Châtelguyon	157
Châtellerault	613
Châtelus-Malvaleix	408
Châtillon	325
Châtillon-Coligny	276
Châtillon-en-Diois	714
Châtillon-en-Vendelais	218
Châtillon-sur-Chalaronne	714
Châtillon-sur-Seine	187
La Châtre	276
Chaudes-Aigues	158
Chauffailles	187
Chaumont-sur-Loire	277
Chauvigny	613
Chauzon	714
Chavannes-sur-Suran	715
Chémery	277
Chemillé	549
Chemillé-sur-Indrois	277
Le Chesne	299
Chevenon	187
Le Cheylard	715
Chindrieux	715

INDEX DES LOCALITÉS

Chinon	277
Chirac	364
Cholet	549
Choranche	715
Chorges	655
Clairac	92
Clairvaux-les-Lacs	325
Clamecy	188
Clamensane	656
La Clayette	188
Cléden-Cap-Sizun	218
Cléder	219
Clermont-l'Hérault	364
Cloyes-sur-le-Loir	278
Cluny	188
La Clusaz	716
Cognac	613
La Colle-sur-Loup	656
Colleville-sur-Mer	511
Collias	365
Colmar	60
Colmars	657
Col-St-Jean	657
Coly	92
Commequiers	549
Concarneau	219
Les Conches	550
Concourson-sur-Layon	550
Condette	495
Condom	450
Conlie	550
Connaux	365
Conques	450
Le Conquet	220
Contamine-Sarzin	716
Les Contamines-Montjoie	716
Contis-Plage	92
Contrexéville	421
Corancy	188
Corcieux	421
Cordelle	716
Cordes-sur-Ciel	450
Cormatin	189
Cormoranche-sur-Saône	717
Cornille	93
Corrèze	408
Cos	451
La Couarde-sur-Mer	617
Couches	189
Coudekerque	496
Couhé	614
Couleuvre	158
Coullons	278
Coulon	614
Coulonges-sur-l'Autize	614
Courbiac	93
Cournon-d'Auvergne	158
La Couronne	657
Courpière	158
Courseulles-sur-Mer	511
Courtils	511
Courville-sur-Eure	278
Coutures	551
Coux-et-Bigaroque	93
Couze-et-St-Front	93
Cozes	614
Crach	220
Craon	551
Crêches-sur-Saône	189
Crespian	365
Crest	717
Creully	511
Crevecoeur-en-Brie	339
Creysse	451
La Croix-Valmer	658
Cromac	408
Cromary	326
Cros-de-Cagnes	658
Le Crotoy	599
Crozon	220
Cruas	717
Crux-la-Ville	189
Cublize	718
Cucuron	659
Culoz	718
Cunlhat	159
Curbans	659
Cuzorn	94

D

Dabo	421
Daglan	94
Dambach-la-Ville	60
Damiatte	451
Dampierre-sur-Boutonne	615
Daon	552
Darbres	719
Dardilly	719
Dax	94
Denneville	512
Descartes	278
Die	719
Dienville	299
Dieppe	512
Dieulefit	719
Digne-les-Bains	659
Digoin	190
Dijon	190
Dinéault	221
Dives-sur-Mer	512
Divonne-les-Bains	720
Dol-de-Bretagne	221
Dole	326
Dolus-d'Oléron	620
Domazan	365
Domfront	513
Domme	95

INDEX DES LOCALITÉS

Dompierre-les-Ormes 190
Dompierre-sur-Besbre 159
Donville-les-Bains 513
Donzenac 408
Doucier 326
Doussard 720
Ducey 513
Duingt 720
Duravel 452
Durtal 552

E

Eclassan 721
Egat 366
Éguisheim 61
Éguzon 279
Embrun 660
Entraygues-sur-Truyère 452
Entre-Deux-Guiers 721
Épernay 300
Les Epesses 552
Épinac 191
Erdeven 222
Erquy 223
Err 366
Ervy-le-Châtel 300
Espalion 452
Esparron-de-Verdon 660
Espinasses 660
Les Essarts 552
Estaing 453
Estang 453
Estavar 367
Étables-sur-Mer 224
Étampes 340
Étréham 513
Étretat 514
Évaux-les-Bains 409
Évron 553
Excenevex 721
Eymet 96
Eymoutiers 409
Les Eyzies-de-Tayac 97
Éze 661

F

Falaise 514
Le Faouët 224
Faramans 721
Farinole (Marina de) 311
Faucon 661
La Faute-sur-Mer 553
La Favière 661
Feins 224
Félines 722
Le Fenouiller 553

La Fère 600
La Ferrière 722
Ferrières-sur-Sichon 159
La Ferté-Bernard 554
La Ferté-sous-Jouarre 340
Feurs 722
Figari 312
Figeac 453
Fillièvres 496
Fiquefleur-Équainville 514
Fismes 300
Flagnac 454
La Flèche 554
Flers 514
Fleurie 722
Florac 367
La Flotte 617
Floyon 497
Foncine-le-Haut 326
Fontaine-Simon 279
Forcalquier 661
La Forêt-Fouesnant 225
Formigueres 367
Fort-Mahon-Plage 600
Fossemagne 97
Fouesnant 226
Fougères 226
Fougères 279
Fouras 615
Fréjus 662
Fresnay-sur-Sarthe 554
Fresse 327
Fresse-sur-Moselle 422
Le Fret 226
Fréteval 279
Fromentine 554
Froncles-Buxières 301
Frontignan 368
Fuilla 368
Fumel 97

G

Gabarret 98
Gallargues-le-Montueux 368
Gannat 159
Gap 663
Gargilesse-Dampierre 280
Garin 454
Gavarnie 454
Geishouse 61
Gemaingoutte 422
Gémozac 615
Genêts 515
Génolhac 368
Gérardmer 422
Géraudot 301
Les Gets 723

INDEX DES LOCALITÉS

Gex	723
Ghisonaccia	312
Gien	280
Giens	663
Giffaumont-Champaubert	301
Gignac	369
Gigny-sur-Saône	191
Gimouille	191
Girac	455
Le Givre	555
Gondrin	455
Gonneville-en-Auge	515
Goudargues	369
Gourdon	456
Gradignan	98
Le Grand-Bornand	723
La Grande-Motte	369
Grand-Fort-Philippe	497
Grand'landes	555
Grandrieu	370
Grand-Vabre	456
Grane	724
Granges-sur-Vologne	422
Granville	515
Le Grau-du-Roi	370
La Grave	664
Graveson	664
Gravières	724
Gréoux-les-Bains	664
Gresse-en-Vercors	724
Grignan	725
Grimaud	665
Groisy	725
Groléjac	98
Le Gros-Theil	516
Guémené-Penfao	555
La Guerche-sur-l'Aubois	281
Guéret	409
La Guérinière	556
Le Guerno	226
Gueugnon	191
Guewenheim	61
Guidel	227
Guignicourt	600
Guillestre	665
Guilvinec	227
Guînes	497

H

Hagetmau	99
Hasparren	100
Haulmé	301
Hautecourt	725
Hautefort	100
Hèches	456
Heimsbrunn	61
Hendaye	100
Herbignac	555

L'Herm	456
Herpelmont	423
Le Hohwald	62
Honfleur	516
L'Hospitalet-près-l'Andorre	457
Houlgate	516
L'Houmeau	615
Hourtin	101
Hourtin-Plage	102
Huanne-Montmartin	327
Huelgoat	227
La Hume	102
Hyères	666

I

Iholdy	102
Île de Noirmoutier	556
Île de Ré	616
Île d'Oléron	619
Ile Rousse	312
Île-aux-Moines	228
L'Île-Bouchard	281
Île-d'Aix	623
L'Ile-d'Olonne	557
Incheville	516
Ingrandes	623
Isdes	281
Isigny-sur-Mer	517
Isle-et-Bardais	160
L'Isle-sur-la-Sorgue	667
L'Isle-sur-Serein	192
Isola	667
Ispagnac	370
Isques	497
Issarlès	725
Issenheim	62
Issoire	160
Issy-l'Evêque	192
Itxassou	103

J

Jablines	340
Jaleyrac	160
Jard-sur-Mer	557
Jars	281
Jaujac	726
Jaulny	423
Jaunay-Clan	623
Jeansagnière	726
Joannas	726
Jonzac	623
Josselin	228
Joyeuse	727
Jugon-les-Lacs	228
Jullouville	517
Jumieges	518
Junas	371

INDEX DES LOCALITÉS

K

Kaysersberg	62
Kervel	228
Kervoyal	229
Kruth	62

L

Labenne	103
Labergement-Ste-Marie	327
Lablachère	727
Lacam-d'Ourcet	457
Lacanau	104
Lacanau-Océan	104
Lacapelle-del-Fraisse	161
Lacapelle-Marival	457
Lacapelle-Viescamp	161
Lacave	457
Lachapelle-sous-Rougemont	328
Ladignac-le-Long	409
Lafrançaise	458
Lagord	624
Laguiole	458
Laives	192
Lalley	727
Lalouvesc	728
Lamastre	728
Lamontélarié	458
Lampaul-Ploudalmezeau	229
Lancieux	229
Landéda	229
Landevieille	558
Landrais	624
Landry	728
Lanloup	230
Lannion	230
Lanobre	161
Lanouaille	105
Lanslevillard	728
Lantic	230
Lanuéjols	371
Laon	601
Lapalisse	161
Lapeyrouse	162
Larche	667
Larmor-Plage	230
Larnas	729
Laroque-des-Albères	371
Larrau	105
Laruns	105
Lathuile	729
Lattes	372
Lau-Balagnas	458
Laubert	372
Laurac-en-Vivarais	730
Laurens	372
Lauterbourg	63
Laval	559
Le Lavandou	667
Lavaré	559
Lavit-de-Lomagne	459
Lavoûte-sur-Loire	162
Lectoure	459
Leffrinckoucke	498
Lège-Cap-Ferret	106
Lelin-Lapujolle	460
Léon	106
Lépin-le-Lac	730
Lescheraines	730
Lesconil	231
Lescun	106
Lesperon	106
Lestelle-Bétharram	107
Levier	328
Licques	498
Liepvre	63
Liginiac	410
Ligny-le-Châtel	192
Limeuil	107
Le Lindois	624
Linxe	108
Le Lion-d'Angers	559
La Liscia (Golfe de)	313
Lisieux	518
Lissac-sur-Couze	410
Lit-et-Mixe	108
Locmaria-Plouzané	231
Locmariaquer	232
Locmiquélic	232
Loctudy	232
Lodève	372
Les Loges	518
Logonna-Daoulas	232
Loix	618
Longeville-sur-Mer	559
Longny-au-Perche	518
Lons-le-Saunier	328
Lorris	282
Louannec	233
Loudenvielle	460
Loudun	624
Loué	560
Louhans	193
Loupiac	460
Lourdes	461
Lourmarin	668
Louviers	519
Lozari	313
Luçay-le-Mâle	282
Luché-Pringé	560
Les Lucs-sur-Boulogne	560
Luc-sur-Mer	519
Lugrin	731
Lumio	314
Lunery	282

INDEX DES LOCALITÉS

Lunéville	423
Lure	329
Lus-la-Croix-Haute	731
Luzenac	461
Luz-St-Sauveur	462
Luzy	193
Lyons-la-Forêt	519

M

Maché	561
Machecoul	561
Magnac-Laval	410
Magnières	423
Maiche	329
Maillezais	561
Maisod	329
Maison-Neuve	731
Malarce-sur-la-Thines	732
Malbosc	732
Malbuisson	329
Malemort-du-Comtat	668
Malicorne-sur-Sarthe	562
Mallemort	668
Le Malzieu-Ville	373
Mamers	562
Mandelieu-la-Napoule	669
Mandeure	330
Mandres-aux-Quatre-Tours	424
Mane	463
Mansigné	562
Mansle	624
Marans	625
Marcenay	194
Marchainville	519
Les Marches	732
Marcillac-St-Quentin	108
Marcillé-Robert	233
Marcilly-sur-Vienne	283
Marçon	563
Marennes	625
Mareuil-sur-Cher	283
Mareuil-sur-Lay	562
Marigny	330
Marne-la-Vallée	340
Mars	732
Marseillan	373
Martigné-Ferchaud	233
Martigny	520
Le Martinet	374
Martragny	520
Martres-Tolosane	463
Marvejols	374
Masevaux	63
La Massana	779
Masseret	410
Masseube	464
Massiac	162
Massignieu-de-Rives	733
Massillargues-Attuech	374
Matafelon-Granges	733
Matemale	375
Les Mathes	625
Matignon	233
Matour	194
Maubec	669
Maubeuge	498
Maubourguet	464
Maubuisson	109
Mauléon-Licharre	109
Maupertus-sur-Mer	520
Maureillas-Las-Illas	375
Mauriac	162
Mauroux	464
Maurs	163
Maussane-les-Alpilles	669
Mauzé-sur-le-Mignon	626
Mayenne	563
Mayet	563
Le Mayet-de-Montagne	163
Mazamet	464
Mazan	670
Le Mazeau	563
Les Mazes	733
Les Mazures	301
Méaudre	734
Médis	626
Les Mées	670
Megève	734
Mélisey	330
Melun	341
Mende	375
Ménesplet	109
Menglon	735
Ménil	564
Mennetou-sur-Cher	283
Menthon-St-Bernard	735
Menton	670
Méolans-Revel	670
Mercus-Garrabet	465
Mérens-les-Vals	465
Mervent	564
Merville-Franceville-Plage	521
Meschers-sur-Gironde	627
Mesland	283
Meslay-du-Maine	564
Mesnois	330
Mesquer	564
Messanges	110
Metz	424
Meucon	234
Meursault	194
Meyras	735
Meyrieu-les-Étangs	736
Meyrueis	376
Meyssac	411

INDEX DES LOCALITÉS

Localité	Page
Mézel	671
Mézières-sous-Lavardin	565
Mézos	111
Mialet	111
Miers	465
Migennes	195
Millau	465
Mimizan	111
Mirabel-et-Blacons	736
Mirande	466
Mirandol-Bourgnounac	466
Mirepoix	467
Mittlach	63
Moëlan-sur-Mer	234
Moissac	467
Molières	112
Moliets-Plage	113
Molitg-les-Bains	377
Monclar-de-Quercy	467
Monistrol-d'Allier	163
Monnet-la-Ville	331
Monpazier	113
Montagney	331
Montaigut-le-Blanc	163
Montalieu-Vercieu	736
Montargis	284
Montbard	195
Montbazon	284
Montbrison	737
Montbron	627
Montcabrier	467
Montchavin	737
Montclar	377
Le Mont-Dore	164
Montesquiou	468
Montignac	113
Montignac-Charente	627
Montigny-en-Morvan	195
Montigny-le-Roi	302
Montjay-la-Tour	341
Montlouis-sur-Loire	284
Montmeyan	671
Montmorillon	627
Montoire-sur-le-Loir	284
Montory	113
Montpezat	671
Montpezat-de-Quercy	468
Montpon-Ménestérol	114
Montréal	737
Montreuil-Bellay	565
Montrevel-en-Bresse	737
Montsoreau	565
Le Mont-St-Michel	521
Moosch	64
Morée	285
Morgat	234
Morhange	424
Moriani-plage	314
Mornant	738
Mortagne-sur-Gironde	628
Morzine	738
Mosnac	628
La Mothe-Achard	566
Mouchamps	566
Mouilleron-le-Captif	566
Mouriès	671
Mousterlin	234
Moustiers-Ste-Marie	672
Le Moutchic	114
Moyaux	521
Moyenneville	601
Muides-sur-Loire	285
Mulhouse	64
Munster	65
Murat-le-Quaire	164
Murol	165
Murs	673
Murs-et-Gelignieux	738
Le Muy	673
Muzillac	235

N

Localité	Page
Nages	468
Nailloux	469
Naizin	235
Nalliers	566
Nampont-St-Martin	601
Nans-les-Pins	673
Nant	469
Nantes	567
Narbonne	377
Nasbinals	378
Naucelle	469
Naussac	378
Navarrenx	114
Nébouzat	165
Nègrepelisse	470
Néris-les-Bains	166
Neufchâteau	425
Neung-sur-Beuvron	286
Neussargues-Moissac	166
Neuvéglise	166
Neuvic	411
Neuville-sur-Sarthe	567
Neuvy-St-Sépulchre	286
Névache	673
Névez	235
Nexon	411
Neydens	738
Nibelle	286
Niozelles	674
Les Noës	739
Nogent-le-Rotrou	286
Noirmoutier-en-l'Île	556
Nolay	195

INDEX DES LOCALITÉS

Nonette	166
Nontron	115
Nort-sur-Erdre	567
Notre-Dame-de-Monts	567
Nouan-le-Fuzelier	287
Le Nouvion-en-Thiérache	601
Novalaise-Lac	739
Noyal-Muzillac	236
Noyant-la-Gravoyère	568
Nyoiseau	569
Nyons	739

O

Oberbronn	65
Obernai	65
Objat	411
Offranville	522
Olivet	287
Les Ollières-sur-Eyrieux	740
Olmeto	314
Olonne-sur-Mer	569
Oloron-Ste-Marie	115
Omonville-la-Rogue	522
Ondres	115
Onzain	287
Orange	674
Orbec	522
Orcet	167
Orcières	674
Ordino	779
Orgnac-l'Aven	741
Orincles	470
Orléat	167
Ornans	332
Orpierre	675
Ossès	115
Ounans	332
Oust	470
Ouzous	470
Oye-Plage	499

P

La Pacaudière	741
Padirac	471
Paimpol	236
Paimpont	236
Paladru	741
Le Palais	210
Palasca	315
Palau-del-Vidre	378
Palavas-les-Flots	378
Palinges	196
Palisse	412
La Palmyre	628
Pamiers	471
Pampelonne	471

Paramé	236
Parcoul	116
Parentis-en-Born	116
Paris	341
Parisot	471
Pauillac	116
Paulhaguet	167
Payrac	472
Pendé	602
Pénestin	237
Penmarch	237
Le Penon	117
Pentrez-Plage	238
Pernes-les-Fontaines	675
Péronne	602
Le Perrier	570
Perros-Guirec	238
Pers	167
Le Pertre	238
Pertuis	675
Pesmes	332
Petichet	741
Petit-Palais-et-Cornemps	117
Peyrignac	117
Peyrillac-et-Millac	118
Peyruis	675
Piana	315
Pianottoli-Caldarello	315
Pierre-Buffière	412
Pierrefitte-sur-Loire	168
Pierrefitte-sur-Sauldre	287
Pierrefonds	602
Pietracorbara	315
Les Pieux	522
Pinarellu	316
Piriac-sur-Mer	570
Pissos	118
La Plaine-sur-Mer	571
Plancoët	239
Planguenoual	239
Les Plantiers	379
Plazac	118
Pleaux	168
Pléneuf-Val-André	239
Plestin-les-Grèves	239
Pleubian	240
Pleumeur-Bodou	240
Pléven	240
Plobannalec-Lesconil	241
Ploemel	241
Ploéven	241
Plombières-les-Bains	425
Plomeur	242
Plomodiern	242
Plonéour-Lanvern	242
Plouarzel	243
Ploudalmézeau	243
Plouézec	243

INDEX DES LOCALITÉS

Plougasnou	244
Plougastel-Daoulas	244
Plougonvelin	244
Plougoulm	244
Plougoumelen	245
Plougrescant	245
Plouguerneau	246
Plouguernével	246
Plouha	247
Plouharnel	247
Plouhinec	247
Plouhinec	248
Plouigneau	248
Plounévez-Lochrist	248
Plozévet	249
Plurien	249
Poët-Célard	743
Le Poët-Laval	742
Poix-de-Picardie	603
Poligny	333
Pommeuse	342
Poncin	742
Poncins	742
Pons	472
Pons	628
Pontarlier	333
Pont-Audemer	523
Pont-Authou	523
Pontchâteau	572
Pont-de-Menat	168
Le Pont-de-Montvert	379
Pont-de-Salars	472
Pont-de-Vaux	742
Pont-du-Casse	118
Pont-du-Fossé	676
Pont-du-Navoy	333
Le Pontet	676
Pont-et-Massène	196
Pont-Farcy	523
Pontgibaud	168
Pont-l'Abbé-d'Arnoult	629
Pontorson	523
Pontrieux	249
Pont-Scorff	249
Les Ponts-de-Cé	572
Pordic	250
Le Porge	119
Pornic	572
Port-Camargue	379
Port-en-Bessin	524
Les Portes-en-Ré	618
Portigliolo	316
Portiragnes	380
Port-Manech	250
Porto	316
Porto-Vecchio	317
Poses	524
Poueyferré	473
Pouilly-en-Auxois	196
Pouilly-sous-Charlieu	743
Le Pouldu	250
Poule-les-Écharmeaux	743
Le Pouliguen	573
Poullan-sur-Mer	251
Pouzac	473
Pouzauges	573
Prades	381
Pradons	743
Prailles	629
Pralognan-la-Vanoise	744
Les Praz-de-Chamonix	745
Praz-sur-Arly	745
Précigné	573
Préfailles	573
Prémery	196
Pressignac	630
Preuilly-sur-Claise	288
Primelin	252
Primel-Trégastel	251
Privas	745
Priziac	252
Pruillé	574
Prunières	676
Puget-sur-Argens	677
Puimichel	677
Puybrun	473
Le Puy-en-Velay	169
Puy-Guillaume	169
Puy-l'Évêque	473
Puyloubier	677
Puysségur	474
Pyla-sur-Mer	119

Q

Quend	603
Quiberon	252
Quiberville	524
Quillan	381
Quimper	253
Quimperlé	253
Quingey	333

R

Radonvilliers	302
Raguenès-Plage	253
Ramatuelle	677
Rambouillet	342
Ranspach	66
Rauzan	119
Ravenoville	524
Razès	412
Réallon	678
Rebecques	499
Recoubeau-Jansac	745

INDEX DES LOCALITÉS

Remoulins	382
Renaucourt	334
Rennes	254
Ressons-le-Long	603
Revel	474
Revigny-sur-Ornain	425
Reygades	412
Rhinau	66
Ribeauvillé	67
Ribes	746
Rieux	474
Rieux-de-Pelleport	475
Riez	678
Rignac	475
Rimont	475
Rivière-Saas-et-Gourby	120
Rivière-sur-Tarn	475
Rocamadour	476
La Roche des Arnauds	679
La Roche-Bernard	254
La Roche-Chalais	120
La Roche-de-Rame	678
Rochefort	630
Rochefort-en-Terre	254
La Roche-Posay	630
La Rochette	746
Rocles	382
Rodez	477
Roézé-sur-Sarthe	574
Rohan	255
Rombach-le-Franc	67
La Romieu	477
Romorantin-Lanthenay	288
Ronce-les-Bains	630
Roquebrune-sur-Argens	679
Roquefort-des-Corbières	383
La Roque-Gageac	120
Roquelaure	478
La Roque-sur-Cèze	383
Rosans	680
La Rosière 1850	746
Rosières	746
Les Rosiers-sur-Loire	574
Rosnay	288
Rosporden	255
Rouffignac	120
Le Rouget	169
Roussillon	680
Royan	631
Royat	170
Royère-de-Vassivière	413
Le Rozel	525
Le Rozier	383
Rue	603
Ruffieux	747
Rumilly	748
Ruoms	748

S

Les Sables-d'Olonne	574
Sablé-sur-Sarthe	575
Sablières	749
Sabres	121
Sagone	319
Sahune	750
Saignes	170
St-Agrève	750
St-Alban-Auriolles	750
St-Alban-de-Montbel	751
St-Amand-Montrond	288
St-Amans-des-Cots	478
St-Amant-Roche-Savine	170
St-André-de-Sangonis	384
St-André-les-Alpes	681
St-Antoine-d'Auberoche	121
St-Antoine-de-Breuilh	121
St-Antonin-Noble-Val	479
St-Apollinaire	681
St-Arnoult	525
St-Aubin-sur-Mer	525
St-Aubin-sur-Mer	525
St-Augustin-sur-Mer	632
St-Aulaye	122
St-Avertin	289
St-Avit	751
St-Avit-de-Vialard	122
St-Avit-Sénieur	122
St-Avold	426
St-Aygulf	681
St-Bauzile	384
St-Benoît-des-Ondes	255
St-Berthevin	576
St-Bertrand-de-Comminges	479
St-Blancard	479
St-Bonnet-Tronçais	170
St-Brévin-les-Pins	576
St-Briac-sur-Mer	255
St-Brieuc	256
St-Calais	577
St-Cast-le-Guildo	256
St-Céré	479
St-Christophe	632
St-Christophe-en-Oisans	751
St-Christophe-sur-Roc	632
St-Cirgues-en-Montagne	751
St-Cirq	123
St-Cirq-Lapopie	480
St-Clair	682
St-Clair-du-Rhône	752
St-Claude	334
St-Clément-des-Baleines	618
St-Clément-sur-Durance	682
St-Colomban-des-Villards	752
St-Congard	257

INDEX DES LOCALITÉS

St-Coulomb	257
St-Crépin-et-Carlucet	123
St-Cybranet	124
St-Cyprien	124
St-Cyprien	384
St-Cyr	633
St-Cyr-sur-Mer	683
St-Denis-d'Oléron	620
St-Didier-en-Velay	171
St-Dié-des-Vosges	426
St-Donat-sur-l'Herbasse	752
St-Éloy-les-Mines	171
St-Émilion	123
St-Étienne-de-Baigorry	124
St-Étienne-de-Tinée	683
St-Étienne-du-Bois	577
St-Étienne-du-Grès	683
St-Evroult-Notre-Dame-du-Bois	526
St-Ferréol	753
St-Ferréol-Trente-Pas	753
St-Firmin	683
St-Florent	319
St-Flour	171
St-Galmier	753
St-Gaudens	480
St-Genest-Malifaux	754
St-Geniès	125
St-Geniez-d'Olt	480
St-Genis-des-Fontaines	384
St-Georges-de-Didonne	633
St-Georges-de-Lévéjac	385
St-Georges-d'Oléron	620
St-Georges-du-Vièvre	526
St-Georges-lès-Baillargeaux	633
St-Georges-sur-Layon	577
St-Germain-du-Bel-Air	481
St-Germain-du-Bois	197
St-Germain-du-Teil	385
St-Germain-les-Belles	413
St-Germain-l'Herm	171
St-Germain-sur-Ay	526
St-Gérons	172
St-Gervais-d'Auvergne	172
St-Gervais-les-Bains	754
St-Gildas-de-Rhuys	257
St-Gilles-Croix-de-Vie	577
St-Girons	481
St-Girons-Plage	125
St-Hilaire-de-Riez	578
St-Hilaire-du-Harcouët	527
St-Hilaire-la-Forêt	581
St-Hilaire-les-Places	413
St-Hilaire-St-Florent	581
St-Hippolyte	172
St-Hippolyte	334
St-Hippolyte-du-Fort	385
St-Honoré-les-Bains	197
St-Jacut-les-Pins	258
St-Jean-d'Angély	634
St-Jean-de-Ceyrargues	385
St-Jean-de-Couz	754
St-Jean-de-la-Rivière	527
St-Jean-de-Luz	125
St-Jean-de-Maurienne	754
St-Jean-de-Monts	581
St-Jean-de-Muzols	755
St-Jean-du-Bruel	482
St-Jean-du-Doigt	258
St-Jean-du-Gard	386
St-Jean-le-Centenier	755
St-Jean-Pied-de-Port	127
St-Jorioz	755
St-Jory-de-Chalais	127
St-Jouan-des-Guérets	258
St-Julien	259
St-Julien-de-Lampon	127
St-Julien-des-Landes	585
St-Julien-en-Born	128
St-Julien-en-St-Alban	756
St-Just	172
St-Just	756
St-Justin	128
St-Just-Luzac	634
St-Lager-Bressac	756
St-Lambert-du-Lattay	586
St-Lary-Soulan	482
St-Laurent-de-la-Prée	634
St-Laurent-du-Pape	757
St-Laurent-du-Pont	757
St-Laurent-en-Beaumont	757
St-Laurent-en-Grandvaux	335
St-Laurent-les-Bains	757
St-Laurent-les-Églises	414
St-Laurent-Medoc	128
St-Laurent-sur-Sèvre	586
St-Léger-de-Fougeret	197
St-Léger-de-Peyre	387
St-Léonard-de-Noblat	414
St-Léon-sur-Vézère	129
St-Leu-d'Esserent	604
St-Lunaire	259
St-Mamet-la-Salvetat	173
St-Mandrier-sur-Mer	684
St-Marcan	259
St-Martial-de-Nabirat	129
St-Martin-d'Ardèche	758
St-Martin-de-Brômes	684
St-Martin-de-Clelles	758
St-Martin-d'Entraunes	684
St-Martin-de-Ré	618
St-Martin-de-Seignanx	129
St-Martin-en-Campagne	527
St-Martin-en-Vercors	759
St-Martin-Terressus	414
St-Martin-Valmeroux	173
St-Martin-Vesubie	684

821

INDEX DES LOCALITÉS

St-Maurice-d'Ardèche	759
St-Maurice-d'Ibie	759
St-Maurice-sur-Moselle	426
St-Médard-de-Guizières	129
St-Michel-en-Grève	260
St-Michel-en-l'Herm	586
St-Nazaire-en-Royans	759
St-Nazaire-sur-Charente	635
St-Nectaire	173
St-Omer	499
St-Pair-sur-Mer	527
St-Palais-sur-Mer	635
St-Pantaléon	482
St-Pardoux	414
St-Pardoux-Corbier	415
St-Paul-de-Varax	760
St-Paul-de-Vézelin	760
St-Paul-en-Forêt	685
St-Paulien	174
St-Paul-le-Froid	387
St-Pée-sur-Nivelle	130
St-Père	260
St-Père-en-Retz	587
St-Père-sur-Loire	289
St-Péreuse	198
St-Philibert	260
St-Pierre	67
St-Pierre-de-Chartreuse	760
St-Pierre-de-Maillé	635
St-Pierre-d'Oléron	622
St-Pierre-Lafeuille	482
St-Point	198
St-Point-Lac	335
St-Pol-de-Léon	261
St-Pons	685
St-Pourçain-sur-Sioule	174
St-Privat	760
St-Quentin-en-Tourmont	604
St-Raphaël	685
St-Remèze	761
St-Rémy	130
St-Rémy-de-Provence	685
St-Rémy-sur-Durolle	174
St-Renan	261
St-Révérend	587
St-Rome-de-Tarn	483
St-Samson-sur-Rance	261
St-Satur	289
St-Saud-Lacoussière	130
St-Sauveur-de-Cruzières	761
St-Sauveur-de-Montagut	762
St-Sauveur-en-Puisaye	198
St-Sauveur-en-Rue	762
St-Sauveur-le-Vicomte	528
St-Sauveur-sur-Tinée	686
St-Savinien	636
St-Seurin d'Uzet	636
St-Sornin	636
St-Symphorien-le-Valois	528
St-Symphorien-sur-Coise	762
St-Théoffrey	762
St-Trojan-les-Bains	622
St-Vaast-la-Hougue	528
St-Valery-en-Caux	528
St-Valery-sur-Somme	605
St-Vallier	763
St-Victor-de-Malcap	387
St-Vincent-de-Cosse	131
St-Vincent-sur-Jard	587
St-Yorre	175
St-Yrieix-la-Perche	415
Ste-Anne-d'Auray	262
Ste-Anne-la-Palud	262
Ste-Catherine	763
Ste-Catherine-de-Fierbois	289
Ste-Croix-de-Verdon	686
Ste-Croix-en-Plaine	67
Ste-Énimie	387
Ste-Eulalie-en-Born	131
Ste-Foy-la-Grande	131
Ste-Luce-sur-Loire	588
Ste-Lucie-de-Porto-Vecchio	320
Ste-Marie	388
Ste-Marie-de-Campan	483
Ste-Marie-du-Mont	529
Ste-Maure-de-Touraine	290
Ste-Mère-Église	529
Ste-Sigolène	175
Salavas	763
Salbris	290
Salernes	687
Salies-de-Béarn	132
Salignac-Eyvigues	132
Salins-les-Bains	335
Sallanches	763
La Salle-en-Beaumont	764
Salles	132
Salles	133
Salles-Curan	483
Salles-et-Pratviel	484
Les Salles-sur-Verdon	688
Salon-de-Provence	688
Salornay-sur-Guye	198
La Salvetat-sur-Agout	389
Samoëns	764
Sampzon	764
Sanary-sur-Mer	688
Sanchey	426
Sanguinet	133
Santenay	199
Sant-Julia-de-Loria	779
Sarbazan	133
Sare	133
Sarlat-la-Canéda	134
Sarzeau	262
Sassis	484

INDEX DES LOCALITÉS

Satillieu	765
Saugues	175
Saujon	636
Saulieu	199
Saulxures-sur-Moselotte	427
Saumur	588
Sauvessanges	175
Sauveterre-de-Béarn	136
Sauveterre-la-Lémance	137
Le Sauzé-du-Lac	689
Saverne	68
Savigny-en-Véron	290
Savigny-lès-Beaune	199
Sazeret	176
Scaër	263
Sciez	765
Secondigny	637
Sedan	302
Séez	766
Seignosse	137
Seilhac	415
Seix	485
Sélestat	68
La Selle-Craonnaise	588
Sénergues	485
Séniergues	485
Seppois-le-Bas	68
Seraucourt-le-Grand	605
Sérent	263
Sérignac-Péboudou	137
Sérignan	389
Serra-Di-Ferro	320
Serres	689
Serrières-de-Briord	766
Sète	390
Les Settons	199
Sévérac-l'Église	485
Sévrier	766
Seyne	690
Seyssel	767
Seyssel	767
Sézanne	303
Signy-l'Abbaye	303
Sillé-le-Guillaume	588
Sillé-le-Philippe	589
Singles	176
Sion-sur-l'Océan	589
Siorac-en-Périgord	138
Siouville-Hague	529
Sireuil	637
Sisteron	690
Sizun	263
Socoa	138
Sommières	390
Sonzay	290
Sorde-l'Abbaye	138
Sorèze	486
Sorgeat	486

Sospel	690
Souillac	486
Soulac-sur-Mer	138
Soulaines-Dhuys	303
Soullans	589
Soumeras	637
Soustons	139
Stes-Maries-de-la-Mer	687
Strasbourg	68
Suèvres	291
Surrain	529
Surtainville	530

T

Taden	264
Tain-l'Hermitage	767
Talmont-St-Hilaire	589
La Tamarissière	391
Tamniès	140
Taninges	767
Tarascon-sur-Ariège	487
Taupont	264
Tauves	176
Le Teich	140
Teillet	487
Telgruc-sur-Mer	264
Tennie	590
Termignon	768
Terrasson-Lavilledieu	140
La Teste-de-Buch	141
Tharon-Plage	590
Thégra	487
Theix	264
Thenon	141
Theys	768
Thiers	177
Thiézac	177
Thiviers	141
Le Tholy	427
Thonnance-les-Moulins	303
Le Thor	691
Thoré-la-Rochette	291
Thors	637
Thoux	488
Thury-Harcourt	530
Tinténiac	265
Tiuccia	320
Tocane-St-Apre	142
Tonnerre	200
Torreilles	391
Touffreville-sur-Eu	530
Touquin	342
La Tour-du-Meix	335
La Tour-du-Parc	265
Tourlaville	530
Tournon-sur-Rhône	768
Tournus	200

INDEX DES LOCALITÉS

Tourrettes-sur-Loup 691
La Tour-sur-Orb 392
Tourtoirac 142
Toussaint 531
La Toussuire 769
Touzac 488
La Tranche-sur-Mer 591
Trèbes 392
Trébeurden 265
Tréboul 265
Trédion 266
Treffiagat 266
Trégastel 266
Tréguennec 267
Trégunc 267
Treignac 415
Treignat 177
Le Trein d'Ustou 488
Trélévern 267
Trentels 142
Le Tréport 531
Trept 769
Trévières 531
Triaize 592
La Trinité-sur-Mer 268
Trizac 177
Troyes 303
Le Truel 489
Tulette 769
La Turballe 592
Turckheim 69
Tursac 142

U

Ucel 769
Urdos 143
Urrugne 143
Urt 143
Ussel 416
Uxelles 336
Uzerche 416
Uzès 393

V

Vagnas 770
Vairé 593
Vaison-la-Romaine 691
Val-d'Ajol 427
Valençay 291
Valensole 692
Vallabrègues 393
Valleraugue 393
Vallières 770
Valloire 770
Vallon-en-Sully 177
Vallon-Pont-d'Arc 770

Vallorcine 772
Valras-Plage 394
Vandenesse-en-Auxois 201
Vannes 268
Les Vans 773
Varennes-sur-Loire 593
Varzy 201
Vatan 291
Vaux-sur-Mer 638
Vayrac 489
Veigné 292
Venarey-les-Laumes 201
Vence 692
Vendays-Montalivet 144
Veneux-les-Sablons 342
Vensac 144
Verchaix 773
Verdelot 343
Verdun 428
Vermenton 201
Le Vernet 692
Vernet-les-Bains 395
Vernioz 773
Vers 489
Vers Pont du Gard 395
Versailles 343
Vertou 593
Vesoul 336
Veules-les-Roses 531
Le Vey 532
Veynes 693
Vézac 144
Vias 395
Vic-sur-Cère 178
Videix 416
Vielle-Aure 490
Vielle-St-Girons 145
Vieux-Boucau-les-Bains 145
Vieux-Mareuil 146
Le Vigan 397
Le Vigan 490
Vigeois 416
Les Vignes 398
Vignoles 202
Vihiers 593
Villard-de-Lans 773
Villard-Loubière 693
Villarembert 774
Villars-Colmars 693
Villars-les-Dombes 774
La Ville-aux-Dames 292
Villecroze 693
Villedieu-les-Poêles 532
Villefort 398
Villefranche-de-Panat 490
Villefranche-de-Rouergue .. 491
Villegly 398
Villemoustaussou 399

INDEX DES LOCALITÉS

Villeneuve-de-la-Raho 399
Villeneuve-lès-Avignon 400
Villeneuve-lès-Béziers 399
Villeneuve-Loubet 694
Villeréal 146
Villersexel 336
Villers-sur-Authie 605
Villers-sur-Mer 532
Villes-sur-Auzon 694
Villey-le-Sec 428
Villiers-Charlemagne 594
Villiers-le-Morhier 292
Villiers-sur-Orge 343
Vimoutiers 532
Vinsobres 774
Violès 694
Vion 775
Vironchaux 606
Visan 695
Vitrac 146
Vitry-aux-Loges 292
Vittefleur 533
Vittel 428

Vivario 320
Viverols 178
Viviers 775
Vix 594
Vizille 775
Vogüé 776
Vollore-Ville 178
Volonne 695
Volx 695
Vorey 179
Vouillé 638
Vouneuil-sur-Vienne 638
Vouvray 293

W

Wasselonne 69
Wattwiller 69
Willies 499

X

Xonrupt-Longemer 429

Mes Commentaires
My Commentaries
Meine Kommentare
Mijn Opmerkingen

Avec Michelin découvrez la France en camping-car

Pour sillonner la France le temps d'une escapade ou des grandes vacances, 100 circuits-découverte avec toutes les informations pratiques pour la réussite de votre voyage en camping-car.
- La découverte des étapes culturelles, naturelles et loisirs.
- Nos conseils pratiques et adresses utiles :
aires de service, campings, haltes chez le particulier, restaurants, boutiques, loisirs…
- La cartographie Michelin pour faciliter votre déplacement.

www.cartesetguides.michelin.fr

Mes Commentaires
My Commentaries
Meine Kommentare
Mijn Opmerkingen

Avec Michelin, découvrez l'Europe en camping-car...

En un seul guide Camping-car, découvrez 21 pays d'Europe en toute sérénité !
- **65 itinéraires** pour voyager d'une semaine à un mois.
- Des **cartes** détaillant les circuits.
- Une sélection de **sites touristiques** (culture, nature, loisirs).
- Des **informations pratiques** : aires de service et de stationnement, campings, restaurants.
- La **réglementation** et les **recommandations propres à chaque pays**.
- Un **lexique** de conversation.
- **Forum Internet** et **carnets de route** sur le site www.viamichelin.fr

www.cartesetguides.michelin.fr

Mes Commentaires
My Commentaries
Meine Kommentare
Mijn Opmerkingen

830

Manufacture française des pneumatiques Michelin

Société en commandite par actions au capital de 304 000 000 EUR.
Place des Carmes-Déchaux – 63 Clermont-Ferrand (France)
R.C.S. Clermont-Fd B 855 200 507

Toute reproduction, même partielle et quel qu'en soit le support est interdite sans autorisation préalable de l'éditeur.

© Michelin, Propriétaires-Éditeurs

Compogravure : A.P.S. Chromostyle, 37000 Tours
Impression et brochage : G. Canale & C.S.p.a. à Borgaro Torinese
Maquette : Jean-Luc Cannet
Dépôt légal : février 2009
Imprimé en Italie 01/2009